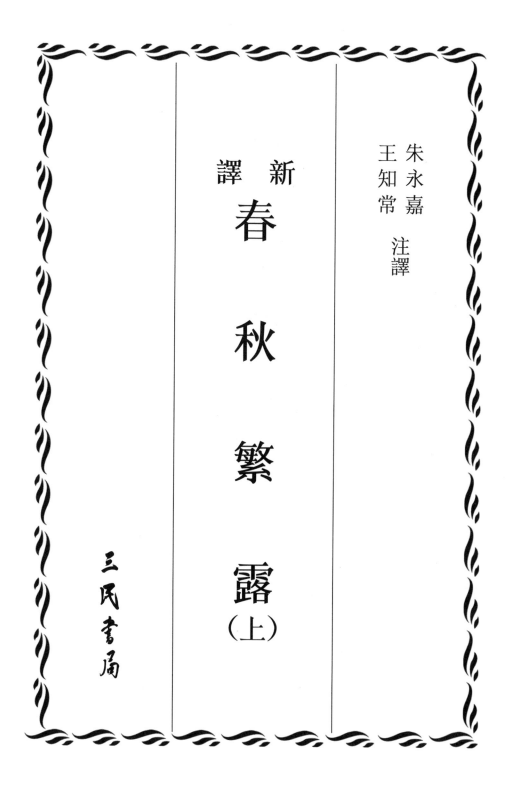

新譯春秋繁露（上）

朱永嘉
王知常　注譯

三民書局

董仲舒像　（《中國歷代帝王名臣像真迹》，河北美術出版社）

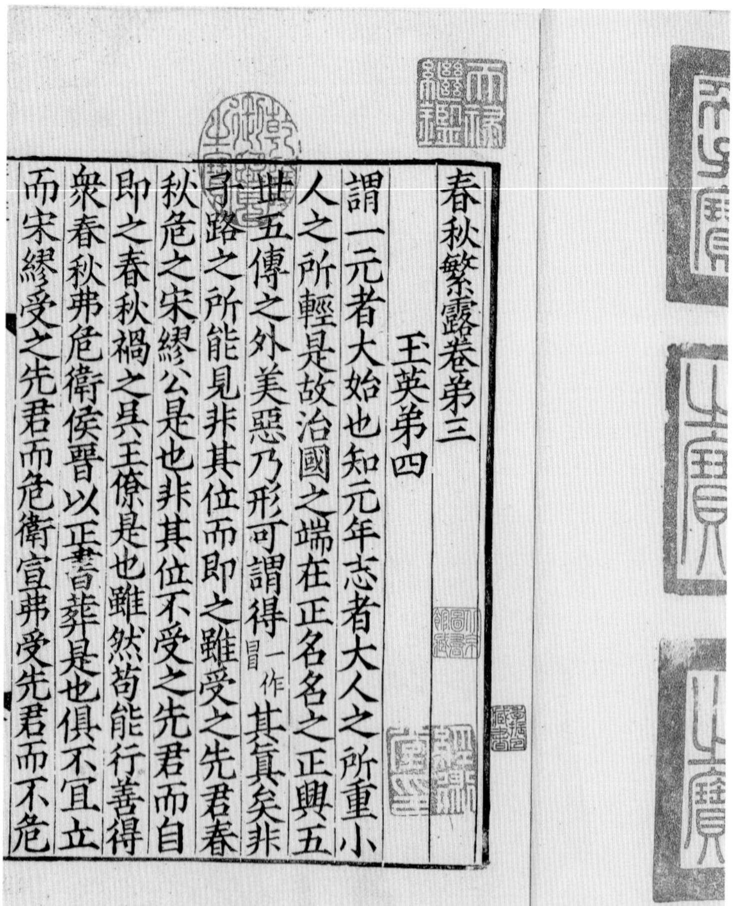
春秋繁露卷第三
玉英第四
謂一元者大始也知元年志者大人之所重小
人之所輕是故治國之端在正名名之正興五
世五傳之外美惡乃形可謂得一作冒其眞矣非
子路之所能見非其位而即之雖受之先君春
秋危之宋繆公是也非其位不受之先君而自
即之春秋禍之吳王僚是也雖然苟能行善得
衆春秋弗危衛侯晉以正書葬是也俱不宜立
而宋繆受之先君而危衛宣弗受先君而不危

宋嘉定四年江右計臺刻本《春秋繁露》十七卷本，此書已殘，自第三卷〈玉英〉篇起，原為清故宮所收藏，圖上鈐有「乾隆御覽之寶」的印章。今藏於北京國家圖書館。

刊印古籍今注新譯叢書緣起

劉振強

人類歷史發展，每至偏執一端，往而不返的關頭，總有一股新興的反本運動繼起，要求回顧過往的源頭，從中汲取新生的創造力量。孔子所謂的述而不作，溫故知新，以及西方文藝復興所強調的再生精神，都體現了創造源頭這股日新不竭的力量。古典之所以重要，古籍之所以不可不讀，正在這層尋本與啟示的意義上。處於現代世界而倡言讀古書，並不是迷信傳統，更不是故步自封；而是當我們愈懂得聆聽來自根源的聲音，我們就愈懂得如何向歷史追問，也就愈能夠清醒正對當世的苦厄。要擴大心量，冥契古今心靈，會通宇宙精神，不能不由學會讀古書這一層根本的工夫做起。

基於這樣的想法，本局自草創以來，即懷著注譯傳統重要典籍的理想，由第一部的四書做起，希望藉由文字障礙的掃除，幫助有心的讀者，打開禁錮於古老話語中的豐沛寶藏。我們工作的原則是「兼取諸家，直注明解」。一方面熔鑄眾說，擇善而從；一方面也力求明白可喻，達到學術普及化的要求。叢書自陸續出刊以來，頗受各界的喜愛，使我們得到很大的鼓勵，也有信心繼續推廣這項工作。隨著海峽兩岸的交流，我們注譯的成員，也由臺灣各大學的教授，擴及大陸各有專長的學者。陣容的充實，使我們有更多的資源，整理更多樣化的古籍。兼採經、史、子、集四部的要典，重拾對通才器識的重視，將是我們進一步工作的目標。

古籍的注譯，固然是一件繁難的工作，但其實也只是整個工作的開端而已，最後的完成與意義的賦予，全賴讀者的閱讀與自得自證。我們期望這項工作能有助於為世界文化的未來匯流，注入一股源頭活水；也希望各界博雅君子不吝指正，讓我們的步伐能夠更堅穩地走下去。

新譯春秋繁露　目次

卷第九

卷第十

卷第十一

卷第十二

卷第十三

附錄

主要參考書目

後記

導讀

《春秋繁露》的作者是漢代董仲舒。宋代司馬光曾為董仲舒寫過一首題為〈獨樂園詠讀書堂〉的詩：

吾愛董仲舒，窮經守幽獨。所居雖有園，三年不遊目。
邪說遠去耳，聖言飽充腹。發策登漢庭，百家始消伏。（《司馬溫公集》卷一二）

詩中頌揚了董仲舒在研習和講授儒家典籍時那種受到歷代學人稱道的「坐思三年，不及窺園」的專一精神。正是這種精神，使他能在秦火滅經後，遠離諸說，專攻孔學，「正誼明道」，成就了有漢一代的「醇儒」。末句「百家始消伏」，說的是董仲舒在向漢武帝對策時提出並為後者接受了的建議：「諸不在六藝之科、孔子之術者，皆絕其道，勿使並進。」（《漢書・董仲舒傳》）這一建議及漢武帝據此採取的相應措施，被後來史家概括稱之為「罷黜百家，獨尊儒術」。

的確，漢代自武帝以後，儒學不僅在思想界定於一尊，同時也逐步影響深入到朝政，成為大一統的指導思想。當時對儒家經典《詩》、《書》、《禮》、《易》、《春秋》等的訓釋、研習和闡發，蔚然成風，形成一種專門學問，稱經學。經學在西漢末期出現了今文經學和古文經學兩個流派。今文經學致力於「微言大義」的闡發；古文經學側重於史事及文本的考訂、訓釋，把經籍作為歷史來闡述。今文經學把孔子奉為儒學開創者，尊之為「素王」；古文經學奉周公為先聖，孔子為先師，並認為孔子在《春秋》等經書中並沒有多少「微言大義」。董仲舒生活在今古文經學分流之前，是漢代經學的代表人物，《春秋繁露》

則是當時經學最主要的著作。《春秋繁露》據《春秋公羊傳》立論，而《春秋公羊》學在當時是顯學，被立於學官，置博士。所以《春秋繁露》這部書，在儒學思想發展史上，或者說在儒學如何制度化和帝王制度如何儒學化的演變史上，曾經產生極為重要的作用。諸君若能捨得花一點時間讀一讀這部書，無論對於理解中國兩千多年來在傳統文化中佔據主流地位的意識形態的特徵，或是認識現實政治生活中諸如權力傳承、設官定爵、獎功罰罪等現象的歷史淵源，以至想研究一下東方人獨特的思維方式，包括了解一點廣泛流行於民間的種種導源於陰陽五行的術數文化，都可以從中獲得教益。

一、董仲舒與《春秋繁露》

(一)董仲舒其人其事

孟子有一段話說到交友與讀其書、論其世的關係。他說：「以友天下之善士為未足，又尚論古之人，頌其詩，讀其書，不知其人，可乎？是以論其世也，是尚友也。」(《孟子・萬章下》)今人讀古人的書，也可說是與古人交朋友。我們要結識兩千多年前董仲舒這樣一位善士，必須了解他的生平行事，弄清楚他所處的時代，也就是說只有做到知人論世，才能讀懂讀通他寫的書，交好他這個朋友。

《史記》和《漢書》都有董仲舒傳，說他是廣川人。廣川的今址是河北省景縣的廣川鎮。鎮上現有一座董故莊小學，據當地老人傳說那校舍便是董仲舒家的宅院。其實，歷經兩千多年的風雨消磨，董氏故宅是斷難保留至今的，鄉里人的上述說法，只是反映了他們對這位古代賢俊的追思。鎮南十多里，有大小董故莊各一，其中大董故莊便是董仲舒的出生地。莊西有座建立於明萬曆三十六年（西元一六〇八年）的董仲舒石雕坐像，頭戴冕旒，手握牙笏，三綹長鬚飄於胸前，儒者之風儼然。

董仲舒的生卒年月，《史記》和《漢書》都沒有明確記載，因而對其享年後人說法不一，多數主張七十多歲，個別也有以為活到九十多歲的。我們不妨看一看相關記載。《漢書・匈奴傳贊》中有「仲舒親見四世之事，猶若守舊文」云云一段話，其中「親見四世」一句對考訂董仲舒生卒年限極為重要。所謂四世，當指高帝、呂后與惠帝、文帝、景帝。《史記・儒林傳》則稱：「故漢興至於五世之間，唯董仲舒名為明於《春秋》，其傳公羊氏也。」五世，包括了武帝之世。據此，董仲舒的生年當在高帝時期。高帝在位十二年，姑取其中，則高帝六年或七年（西元前二〇一年或前二〇〇年）便是董仲舒的生年。至於其卒年，《漢書》本傳僅有「以壽終於家」一句。同書〈食貨志〉云：「董仲舒死後，功費愈甚，天下虛耗，人復相食。」又據同書〈武帝紀〉及〈五行志〉記載，「饑人相食」是在元鼎三年（西元前一一四年），那麼，董仲舒的去世應在此前不久。這麼算來，其享年可能在八十六、七歲左右。這在當時已是很難得的高壽了，確實稱得上「壽終於家」。

《漢書》本傳稱董仲舒「少治《春秋》，孝景時為博士。下帷講誦，弟子傳以久次相授業，或莫見其面。蓋三年不窺園，其精如此。進退容止，非禮不行，學士皆師尊之。」這說明董仲舒年輕時便攻治《春秋》，其時間當在呂后與惠帝及文帝時，至景帝之世，他已為博士。所謂博士，原是對博學之士的泛稱，到戰國末年，齊、魏、秦三國先後設置了博士官，博士才成為職官名稱。齊國的博士稱「稷下先生」，荀卿便曾任稷下祭酒。其定員，史稱稷下先生有七十人，秦、漢大體也為此數。關於博士的職掌，《漢書・百官公卿表》稱：「博士，秦官，掌通古今。」《後漢書・百官志》則載有兩項，一是「掌教弟子」，二是「國有疑事掌問對」。

在漢初，博士們以治學講授為其主業的頗為普遍。如叔孫通，為秦博士，後投漢，追隨其後的弟子有百餘人；他為劉邦演練朝儀時，又「徵魯生三十餘人」（《漢書・公孫弘傳》）。還有講授《詩》的申公，「弟子自遠方至受業者千餘人」（《漢書・儒林傳》）。董仲舒講授的是《春秋公羊》學。他那種「三年不窺園」的專一精神，當時可能就已為人們所稱道，因而從其就學的弟子也很多，以至新來的生員「或莫見其面」，只能向先已學有所成的大弟子授業。董仲舒的很多著作，包括我們現在讀到的《春秋繁露》，估計還在他講學過程中已具雛形，後經應詔對策後大體形成，及至晚年去位歸居事以修學著書為事，才最後完成這些傳之後世的巨篇。

博士的另一職責是「掌問對」，也就是「不治而議論」：不具體管理政事，但要參與朝廷重大決策的議論。這是戰國以來固有的傳統。秦始皇遇有疑難便曾多次召來博士詢問。當然在集權專制制度下，言者不可能無罪，倘言而有違君王意志，往往招來殺身大禍。在漢代，徵召博士議論政事的案例也有很多。如文帝時的賈誼、鼂錯，景帝時的轅固生等，都曾以博士身分參加過朝議。董仲舒作為博士，自然也需履行此項職責。如元光元年（西元前一三四年），他曾與同為博士的韓嬰，應武帝之召，就是否要與匈奴和親的問題展開論辯。據《漢書・儒林傳》載錄，結果是韓嬰「其人精悍，處事分明，仲舒不能難也」，看來還是董仲舒略遜一籌。在皇帝面前議論朝政，真可謂臨深淵履薄冰，險象環生，忌諱多多。所以漢初的博士們，大多拿前朝說事，以暴秦的二世而亡來比照時政的得失利弊，以為自己的議論增加一點安全係數。文帝時的賈誼、鼂錯是這樣，武帝時的董仲舒也不例外。據《漢書・食貨志》記載，正當因武帝「外事四夷，內興功利」，弄得民生凋敝的時候，董仲舒向上呈了一篇說詞，開頭竭力抨擊秦之苛政，指出秦因「用商鞅之法」，致使「富者田連阡陌，貧者亡立錐之地」，且力役「三十倍於古，田租口賦，鹽鐵之利，二十倍於古」，「故貧民常衣牛馬之衣，而食犬彘之食。重以貪暴之吏，刑戮妄加，民愁亡聊，亡逃山林，轉為盜賊，赭衣半道，斷獄歲以千萬數」。說了一大篇，似乎全是陳年往事。但到末了緊接一句：「漢興，循而未改。」既然「循而未改」，那就是說上述弊端至今依然，不過那是暴秦遺留下來的，與英明的當今皇上無關。最後提出了「薄賦斂，省徭役，以寬民力」的建議。之所以要採取這種「迂迴戰術」，無非為了讓武帝聽起來順耳些，以免自己招來不測。

綜觀董仲舒榮辱、起落無定的一生，見之於記載而又較為重大的事，有這樣幾件：

第一件，也是他一生中最重大的一件事，是參加了武帝元光元年（西元前一三四年）的對策❶。這次對策可說是漢初由尊崇黃老之術走向推重儒學的重要標誌。此前六年，即武帝登位的當年（建元元年，西元前一四〇年）冬十月，詔舉賢良方正直言極諫之士，丞相衛綰奏：「所舉賢良，或治申、商、韓非、蘇秦、張儀之言，亂國政，請皆罷。」（《漢書．武帝紀》）就是建議把研習法家及縱橫家一類的全都排斥在外。武帝以為「可」。所以各地推舉來京參加賢良對策的百餘人中，儒生佔了大多數，見於記載的，如董仲舒、公孫弘、嚴助等，均在其列。後因愛好黃老之術的竇太后的出面干涉，對策之事才延至竇太后去世後的元光元年進行。武帝在給董仲舒策文中有「今子大夫褎然為舉首，朕甚嘉之」（見《漢書》本傳）一語，說明董仲舒名列所舉賢良之首。第一次對策就受到武帝讚賞：「天子覽其對而異焉，乃復冊之。」（同上）這樣又有了第二次和第三次的對策。武帝的策文以堯舜與周文王作對比，表現了明顯的捨「無為」、取「有為」，尊儒學、退黃老的傾向，垂詢的總主題則是天人之應與古今之驗。董仲舒所對，旨在闡釋「天人相與」的觀念，並據以提出了推崇儒術、養士興教、貴德賤刑、移風易俗諸項建議，通稱〈天人三策〉，錄於我們現在能夠讀到的《漢書．董仲舒傳》。在最後一次對策中，董仲舒提出了影響極為深遠的「罷黜百家，獨尊儒術」的建議和實現「大一統」的思想。他說：「《春秋》大一統者，天地之常經，

---

❶ 關於董仲舒對策的時間，《史記》、《漢書》均無明確記載。《漢書》本傳稱：「武帝即位，舉賢良文學之士前後百數，而仲舒以賢良對策焉。」武帝即位是建元元年（西元前一四〇年），但因句中夾有「前後百數」這樣一個模糊的時間概念，難以斷定對策就在武帝即位當年。《漢書．武帝紀》於元光元年（西元前一三四年）五月記有詔賢良對策事，末句云：「於是董仲舒、公孫弘等出焉。」後世論者多以此為據，將董仲舒對策時間定在元光元年。也有例外。如《資治通鑑》於武帝建元元年下稱：「冬十月，詔舉賢良方正直言極諫之士，上親策問以古今治道，對者百餘人。廣川董仲舒對曰……」對此，洪邁《容齋續筆》卷六提出異議：「按策問中云：『朕親耕籍田，勸孝弟，崇有德，使者冠蓋相望，問勤勞，恤孤獨，盡思極神。』對策曰：『陰陽錯繆，氛氣充塞，群生寡遂，黎民未濟。』必非即位之始年也。」

古今之通誼（通「義」）也。今師異道，人異論，百家殊方，指意不同，是以上亡以持一統；法制數變，下不知所守。臣愚以為諸不在六藝之科、孔子之術者，皆絕其道，勿使並進。邪辟之說滅息，然後統紀可一而法度可明，民知所從矣。」

第二件是被任為江都王相。時間就在對策後不久。江都王亦稱易王，即漢武帝之兄劉非。景帝二年（西元前一五五年）立為汝南王，曾參與平定七國之亂，後改立為江都王，治故吳國之地。江都王其人，史稱其「好氣力」、「驕奢甚」（《漢書．景十三王傳》）。武帝以董仲舒相之，可能就帶有點要他管束管束這位桀驁不馴的兄長的意思。《春秋繁露》中收有一篇董仲舒與江都王的對話（即第三十二篇〈對膠西王越大夫不得為仁〉，題中「膠西王」當是「江都王」之誤）。江都王向董仲舒提出的問題是：范蠡、文種、泄庸三人曾經佐助越王句踐滅吳，他們是否可稱之為「越之三仁」？江都王還表示，他是像當年齊桓公決疑於管仲那樣決疑於董仲舒的，也即希望董仲舒成為他的管仲。這在當時可是個敏感而又棘手的難題啊！漢初曾先後發生過濟北王、淮南王以及吳楚七國等多起叛亂事件，諸侯王已成為朝廷的心腹之患。江都王提出這樣的問題，暗中透露了他有效仿齊桓公成就自己霸業的意向。董仲舒若是默認這一問題，順著對方的思路去回答，無異於踏進了一個極其危險的地雷區。他當然不會這樣做。他的回答極具智慧。在對話中，他給「仁人」下了這樣一個定義：「仁人者，正其通，不謀其利；修其理，不急其功。」按此標準，佐助句踐謀伐吳國的范蠡等三人顯然稱不上仁人。接著又申明：「仲尼之門，五尺之童子，言羞稱五伯。」這不僅表示了他董仲舒決不會去做當今的管仲，同時也暗中婉轉地規勸了江都王不該存有霸業之心。故《漢書》本傳稱：「仲舒以禮誼匡正，王敬重焉。」本書〈止雨〉篇所記之事也該是董仲舒在江都相任上做的。時間是在江都王二十一年，即武帝元光二年（西元前一三三年）。因「淫雨太多，五穀不和」，董仲舒以江都相的身分，傳告江都的內史與都尉，向所屬十七個縣、八十多個鄉發出文書令行止雨之祭禮，並告知其法。《春秋繁露》中另有求雨之法（見〈求雨〉篇）。看來董仲舒的這種所謂求雨、止雨之法，漢代曾在一定範圍內付諸實施。如《漢舊儀》就有記載：「儒術奏施行董仲舒請雨事，始令丞相以下求雨雪，曝城南，舞女童禱天神。」

第三件因〈災異之記〉而得禍。起因是建元六年（西元前一三五年）春夏間接連發生了兩起火災，一起是遼東高廟，另一起是京師高園便殿。由於火災發生地為皇家陵廟，這在當時被視為一個極嚴重的事件，以至武帝也要為之「素服五日」（《漢書・武帝紀》）。董仲舒作為一個《公羊》學家，慣以《春秋》所記史事觀照現實，引發特別的涵義。他起草了一篇題為〈災異之記〉的文章（篇名見《史記・儒林列傳》，內容見《漢書・五行志》），將這兩次火災與幾百年前魯國定公、哀公時期的幾起宮廷火災作了對應比附，認為武帝「正當大敝之後，又遭重難之時，甚可憂也」。其中最可憂的他以為就是諸侯王和大臣的驕奢僭越。於是假借天意寫下了這樣一段話：這兩次火災很可能就是上天在告知「陛下：『當今之世，雖敝而重難，非以太平至公，不能治也。視親戚貴屬在諸侯遠正最甚者，忍而誅之，如吾燔遼東高廟乃可；視近臣在國中處旁仄及貴而不正者，忍而誅之，如吾燔高園殿乃可』云爾」。這可是一個非同小可的建議！它要武帝對諸侯王及近臣中有劣跡者大動手術，大開殺戒。也許是事關重大，又覺得考慮不夠成熟，所以還未及定稿，不敢貿然上送朝廷。這時有個曾任中大夫叫主父偃的，到董仲舒家去，「侯仲舒，私見，嫉之，竊其書而奏焉」（《漢書・董仲舒傳》）。就是說此人趁董仲舒不在，偷了這份草稿，報告了皇帝。一個「私」字，一個「嫉」字，再一個「竊」字，可見史傳作者對主父偃的行徑十分鄙視。後人也有對董仲舒這篇〈災異之記〉持懷疑態度的，如《史記會注考證》引梁玉繩，以為此文「不免阿詞曲說，起天下誅殘骨肉之心，何以為醇儒」？因而「余疑主父偃竄易奏之」。不過懷疑只能是懷疑，在沒有見到足夠證據以前，我們還只能相信《漢書》。其實侵削諸侯、翦除異己，很可能正是雄心勃勃要有一番大作為的漢武帝想要做而不便貿然去做的兩件事。按常理，這樣大的事，如果沒有武帝此前已或明或暗表露過類似的意向，恐怕誰也不敢斗膽去開這個口的。無論如何，董仲舒卻為此付出了慘重的代價。《漢書》本傳稱：武帝將〈災異之記〉「召視諸儒，仲舒弟子呂步舒不知其師書，以為大愚。於是下仲舒吏，當死，詔赦之。仲舒遂不敢復言災異」。董仲舒因此文而罹禍的時間，書著無明確載錄，《漢書》本傳記於其授任為江都相與膠西相之間。獲赦後，「廢為中大夫」。在這期間，武帝曾命董仲舒向吾丘壽王傳授《春秋》（見《漢書・吾丘壽王傳》）。吾丘壽王時任光祿大夫侍中，為武帝所信用，後坐事被誅。著有《吾丘壽王》六篇，《漢書・藝文志》錄於儒家類。值得一提的是，到元朔六年（西元前一二三年），武帝興淮南、衡山諸王之獄，這才發覺原來諸王謀叛之事，江都王不僅事先「皆知其謀」，而且還「陰治兵弩，欲以應之」（《漢書・五行志》）。也許要到這個時候，武帝才醒悟到當年董仲舒〈災異之記〉中那一番藉天意而發的議論，並非故作危言而是事出有因？

第四件大事是，董仲舒曾向太子劉據傳授《公羊春秋》。《春秋》是古代王室及貴族子弟的必修課。《國語・楚語》記載楚莊王為太子箴請人準備的課程就是：《春秋》、《詩》、《書》、《禮》、《樂》。賈誼在《新書・傅職》中有關太子授課的內容，亦把《春秋》列在首位。太子的啟蒙教育一般從《詩》入手。如漢武帝在為太子時，作為太子少傅的王臧即先以《詩》授之。這是因為古代上層人物相與交往時，極講究辭令，往往要通過賦詩以言志，這樣既可委婉含蓄地表示意見，又可顯示自己的高雅和有修養。所以孔子甚至說：「不學《詩》，無以言。」（《論語・季氏》）但太子是未來的國君，而要懂得治國之道，還得著重學好《春秋》。孟子說：「《春秋》，天子之事也。」（《孟子・滕文公下》）本書〈俞序〉篇認為之所以發生「弒君亡國，奔走不得保社稷」那樣的事，就是因為「不明於道，不覽於《春秋》也」。又引子夏語稱：「有國家者不可不學《春秋》，不學《春秋》則無以見前後旁側之危，則不知國之大柄，君之重任也。」董仲舒向劉據傳授《公羊春秋》的時間，當在劉據被立為皇太子的元狩元年（西元前一二二年）前後。但這在時間上與下一件事即任膠西相事大體是平行的，不知是否由於在給太子傳授《公羊春秋》時因公孫弘排擠而改授膠西相，故並未正式任以太傅之職？待考。據《漢書・武五子傳》，劉據為武帝第六子，「少壯，詔受《公羊春秋》，又從瑕丘江公受《穀梁》」。這裡沒有指明傳授《公羊春秋》者就是董仲舒，然若考之以《漢書・儒林傳》，則大致可以肯定。其文稱：「瑕丘江公受《穀梁春秋》及《詩》於魯申公，傳子至孫為博士。武帝時，江公與董仲舒並。仲舒通五經，能持論，善屬文。江公吶於口，上使與仲舒議，不如仲舒。而丞相公孫弘本為《公羊》學，比輯其議，卒用董生。於是上因尊《公羊》家，詔太子受《公羊春秋》，由是《公羊》大興。太子既通，復私問《穀梁》而善之。」這段記載說明武帝對為太子擇師十分慎重，他是讓三人就各自所學進行較量，最後才選定董仲舒的。這也可算是古代「競爭上崗」一例。至於太子劉據因巫蠱事件兵敗自經而死，那已是征和二年（西元前九一年）的事，其時董仲舒已謝世多年。

董仲舒平生經歷的第五件大事，是因公孫弘的推薦而出任膠西王相。膠西王名瑞，景帝之子，武帝之兄。公孫弘於元朔五年（西元前一二四年）由御史大夫遷任丞相，《通鑑》即將推薦事繫於此年。據《漢書・董仲舒傳》記載，公孫弘此舉竟又是出於妒忌！其文稱：「仲舒為人廉直。是時方外攘四夷，公孫弘治《春秋》不如仲舒，而弘希世用事，位至公卿。仲舒以弘為從諛，弘嫉之。膠西王亦上兄也，尤縱恣，數害吏二千石。弘乃言於上曰：『獨董仲舒可使相膠西王。』」《古文苑》載有董仲舒〈詣丞相公孫弘記室書〉一文，說明董仲舒確實到膠西王處赴任的，且頗為盡職。文中稱：「方今關東五穀咸貴，家有饑餓，死傷者半；盜賊並起，發亡不至，良民被害。為聖主憂，咎皆由仲舒等典職防禁無素，當先坐仲舒。叩頭死罪、死罪。」推算起來，董仲舒此時該已年近古稀。幾經沉浮，讓他親歷了宦海的險惡，預感到在劫難逃，無非是遲早的事。於是「仲舒恐久獲罪，病免」（《漢書》本傳）。《漢書・敘傳》說到董仲舒有「致仕縣車」之句。古制官員年七十致仕。致仕即退休。這裡說「病免」，指以多病為由，要求免職歸居，或即提前退休，可能還不到七十歲。

董仲舒晚年除在家「修學著書」外，還要做一件事，就是「朝廷如有大議，使使者及廷尉張湯就其家而問之，其對皆有明法」（《漢書》本傳）。也就是退休後又做了個不在位的「顧問」。引文中提到的「廷尉張湯」，其任廷尉的時間是元朔三年至元狩三年（西元前一二六年—前一二〇年），這當是張湯這位朝廷聯絡員向董仲舒問事的時間段。其中的一次問對，即載錄於本書第七十一篇的〈郊事對〉。張湯所問為有關天子郊祀之禮，同時還問到春秋時魯國及對周公的祭祀其規格因何往往要超過一般諸侯等幾個具體問題。董仲舒一一作了明細的回答。所闡明的是體現在祭祀禮儀上的天子與諸侯之間那種嚴明的等級關係，其宗旨是要藉以顯示帝王至高無上的地位。值得注意的是問對完後董仲舒說的一段話：「臣犬馬齒衰，賜骸骨，伏陋巷。陛下乃幸使九卿，問臣以朝廷之事，臣愚陋，曾不足以承明詔，奉大對。臣仲舒昧死以聞。」一次一次的派人來「顧問」，老先生心有餘悸且不勝其煩，因而以年邁而又愚陋為由，婉言辭謝，請求從此不再「奉大對」。不過，《漢書》之〈食貨志〉和〈匈奴傳〉分別錄有董仲舒的鹽鐵歸民、輕徭薄賦，以及對匈奴不應多行征伐，而要「與之厚利以沒其意，與盟於天以堅其約，質其愛子以累其心」等奏議，都該是董氏暮年之作，說明此翁雖不願再「奉大對」，畢竟此心難釋，對國運民生，直至終老依舊念茲在茲。

《漢書》本傳在末尾對董仲舒的一生作了這樣的總結：「自武帝初立，魏其、武安侯為相而隆儒矣。及仲舒對冊，推明孔氏，抑黜百家，立學校之官，州郡舉茂才孝廉，皆自仲舒發之。年老，以壽終於家。」諺云：「伴君似伴虎。」董仲舒出任博士多年，又先後兩次相諸王，居然能以耄耋之年壽終正寢，該是難得的圓滿了。回過頭來看看，他在任膠西王相後期，因「恐久獲罪」而請求「病免」，實在是明智之舉。但老人暮年盤點自己的一生，卻覺得時乖運蹇，為平生抱負未能如願施展而喟歎不已。今收錄於《藝文類聚》及《古文苑》的〈士不遇賦〉，當係董氏垂暮之作：「嗚呼，嗟乎！遐哉，邈矣！時來曷遲，去之速矣。屈意從人，非吾徒矣。正身俟時，將就木矣。悠悠偕時，豈能覺矣。心之憂兮，不期祿矣。遑遑匪寧，只增辱矣。努力觸藩，徒摧角矣。不出戶庭，庶無過矣……」滿腹怨憤，揮之不去，真是抽刀斬水水更流，舉杯澆愁愁更愁啊！這可說正是中國古今知識分子心態的共相。在集權專制制度下，知識分子的出路似乎只有做官，但做官與作為一個學人的良心，卻又往往如同魚和熊掌那樣難以兼得。董仲舒說他不願「屈意從人」，這個「人」他當然只能泛指，但其實卻就是「今上」，也就是漢武帝。帝王制度決定了唯皇帝一人手握著對一切人的生殺予奪大權，只有他最有可能讓所有人「屈意」順從。從董仲舒一生行事看，縱然他也曾努力不「屈意從人」，但實際卻還是不得不「屈意從人」，只是有所保留而已，他的著述大多為應當時政治需要而作便是明證。一方面生性不願「屈意從人」，另一方面為著追求功名利祿又不得不「屈意從人」，這就是董仲舒矛盾而又痛苦的心理。作為後人，我們對這位古賢，除了敬仰、同情，也只好感嘆。

董仲舒去世後，葬於當時的京城長安郊外。據《陝西通志》引《馬溪田集》，其墓地稱下馬陵，「在長安故城二十里，武帝幸芙蓉園，過此下馬，一時文士罔不下馬，故名」。又據李肇《國史補》卷下：「舊說董仲舒墓，門人過皆下馬，故謂之下馬陵，後人語訛為蝦蟆陵。」唐代白居易〈琵琶行〉有「自言本是京城女，家在蝦蟆陵下住」之句，這說明蝦蟆陵後來又演化成了地名。

(二)產生《春秋繁露》的歷史背景

流傳至今的作品，多為歷史的產物，力求切合當世政治需要的《春秋繁露》更是如此。所以我們要讀懂這部書，不僅要知其人，還要論其世。

董仲舒一生經歷漢初五世，即高帝、呂后與惠帝、文帝、景帝和武帝前期。這個時期，劉漢王朝從建立到逐步鞏固並有所發展，在統治集團決策層的心目中，最凸出的並最想集中心力解決的問題，莫過於如何做到長治久安以期萬世不絕了。解決這個問題，用現代政治學語言來說，就是要為國家權力尋找法理基礎，或者說要解決政權的正當性、合理性的問題。你總得向世人回答：憑什麼你姓劉的一家可以永享天下？

德國政治社會學家馬克斯・韋伯分析了歷史上世界各國政治權力的狀況，把其合法性基礎歸結為理性、傳統性和克里斯瑪三類，由此形成了三種不同的權力統治類型：包括領袖人物在內的所有一切人都必須忠實於法律的法理型統治、父死子繼或兄終弟及的傳統型統治，和依靠領袖人物個人魅力的克里斯瑪統治。如果用這三種權力類型的理論來觀照中國兩千餘年封建王朝的歷史，似乎還不能把歷代王朝的統治權力籠統地一概歸之於其中某一種類型。姑且說是介於傳統型和克里斯瑪型之間，或二者兼而有之。但仍覺不那麼貼切，最主要是沒有把中國歷史上改朝換代時屢屢出現的那種「爭地以戰，殺人盈野；爭城以戰，殺人盈城」（孟子語）的暴力搏殺的特徵概括在內。暴力雖然帶著濃烈的血腥氣，但卻確實是集權專制制度的基礎。有一句曾被奉為「最高指示」的話，叫作「槍桿子裡面出政權」，倒的確說出了集權專制的特徵。當代中國的政權是用槍桿子殺出來的，古代中國的政權是用刀槍劍戟，有的甚至還是用木棍子打出來的。只是對這一點，古代的思想家大多有所忌諱，相比之下，由原為陽翟大賈的呂不韋組織編撰的《呂氏春秋》倒還說得比較坦率。其〈蕩兵〉篇就認為暴力爭鬥是統治權力的助產婆，而且從古以來都是如此：「五帝固相與爭矣，遞興廢，勝者用事。」即使在還沒有發明兵器以前，人們就「剝林木以戰矣，勝者為長。長則猶不足以治之，故立君。君又不足以治之，故立天子。天子之立也出於君，君之立也出於長，長之立也出於爭。」所以國家權力這個東西，不是像有些論者說的那樣是什麼聖人「為天下長慮」設計出來的，而是按照「勝者為王」的自然法則在相互搏殺中形成的，從「長」、「君」到「天子」，是爭鬥規模不斷擴大的結果。的確，證之於歷史，商滅夏，周克商，還不都是用戈矛弓箭殺出來的嗎？其後是春秋、戰國，前後六百餘年，相互間的搏殺不僅沒有停止，反而不斷升級，先為爭霸，後為爭天下。嬴秦以空前規模的暴力奪到了「天下共主」的資格，卻只是曇花一現，緊接著就是「秦失其鹿，天下共逐之」（《漢書・蒯通傳》）。鹿，就是帝位，就是國家權力。有一句成語叫「逐鹿中原」，形象而又生動地描畫了在中原大地上那種各路草莽英雄亂哄哄地爭奪國家權力的局面。曾做過泗上亭長而又好酒好色的劉邦，開頭還只是一個草頭王手下的小頭目。漢王朝是怎麼據有天下的呢？劉邦倒也說得坦白：「迺公居馬上而得之。」（《史記・陸賈傳》）就是說：老子是騎在馬上帶領一幫哥們搶奪得來的！

嚴格說來，漢不是直接從秦手裡奪到這匹鹿的。秦漢之間，還隔著一個短暫的楚。《史記・秦楚之際月表》稱：「太史公讀秦楚之際，曰：初作難，發於陳涉；虐戾滅秦，自項氏；撥亂誅暴，平定海內，卒踐帝祚，成於漢家。五年之間，號令三嬗，自生民以來，未始有受命若斯之亟也。」五年中間，國家權力由秦而楚，又由楚而漢，其變換之速，使太史公亦為之驚嘆。當陳勝起兵發難在陳這個地方建立了張楚的時候，劉邦還只是一個被輾轉於芒碭山澤之間的一群逃亡徒眾公推的頭領。後來他投靠了張楚，封為縣公，相當於縣一級政權的長官。陳涉失敗後，項梁立楚懷王心，劉邦到薛地去參加了擁立，並歸屬於楚懷王。項梁戰死，懷王親政，「懷王與諸將約，先入定關中者王之」（《漢書・高帝紀》）。此時劉邦被封為武安侯，任碭郡之長。根據懷王的約定，他率兵進入了關中。項羽在奮力打敗了章邯，進入關中後，自立為西楚霸王，立劉邦為漢王。同時接受項羽分封的共有十七王。實際上是各個有功的軍事將領一起瓜分了秦王朝天下，裂地而為王。隨後便是楚漢相爭，由群雄逐鹿演化為雙雄逐鹿。最後關鍵的一仗是垓下之戰。但即使到這時候，劉邦單靠自身的實力還不足以戰勝項羽。他向韓信、彭越等求援，諸王各有自己的打算，自然不會平白無故來幫這個忙。劉邦問張良該怎麼辦，張良獻計說：「君王能與共天下，可立致也。」所謂「共天下」，就是勸劉邦不要獨吞這隻鹿，而要答應凡是出了力的將來都能按功勞大小分享到不同等次的鹿肉。其具體建議是：用書面形式作出約定，把楚地給韓信，梁地給彭越。「能出捐此地以許兩人，使各自為戰，則楚易敗也」（《漢書・高帝紀》）。劉邦採納了此計。所以垓下戰役的勝利，主要靠的是韓信、彭越的軍隊。滅楚以後，劉邦率軍還定陶，與各勝利的諸侯王再一次共分天下。以此為條件，楚王韓信、韓王信、淮南王英布、梁王彭越、衡山王吳芮、趙王張敖、燕王臧荼等，共同擁戴劉邦為皇帝。據《史記・高祖本紀》記載，「諸侯及將相相與共請尊漢王為皇帝」時，他們說了這樣一番話：

大王起微細，誅暴逆，平定四海，有功者輒裂地而封為王侯。大王不尊號，皆疑不信。臣等以死守之。

由此可見，尊同為諸王之一的漢王劉邦為皇帝，是有前提的，這個前提就是「有功者輒裂地而封為王侯」。即使在翦除異姓王之後，劉邦仍然只好與諸功臣分別立下有關權力共享的盟約和誓詞，即所謂白馬之盟（因係殺白馬而盟，故有此稱）和封爵誓詞。其主要內容散見於史著。如白馬之盟，《漢書》之〈王陵傳〉、〈周亞夫傳〉均有載錄：「非劉氏不得王，非有功不得侯。不如約，天下共擊之。」封爵誓詞則見之於《史記・高祖功臣侯者年表序》：「使河如帶，泰山若厲，國以永寧，爰及苗裔。」前者是劉邦與功臣宿將們在權力結構上的約定，後者則進一步要將受封者的權益延及其子子孫孫世代永享。倘若有誰違約，將受到「天下共擊之」的懲罰。

但即使如此，開頭一段時間劉邦也很難擺出皇帝的威風來。就在登基大典上，「群臣飲爭功，醉或妄呼，拔劍擊柱」（《漢書・叔孫通傳》），亂哄哄的，簡直成了茶館酒肆！為什麼不把登基大典搞得莊嚴隆重一些呢？劉邦不是不想，而是不能。諸王之所以敢於如此放肆，是有潛臺詞的：什麼皇帝，還不是哥們把你捧起來的嗎？既然可以把你捧上去，當然也可以把你趕下來。這樣的事是記憶猶新，有例在先。君不見，當年項梁擁戴了楚懷王心，後來項羽覺得有些礙手礙腳，不就一巴掌把他趕下臺去了嗎？而且當時還流行著一種產生於秦末亂世的觀念：皇帝並不神祕，只要有機會誰都可以當。《史記》中對項羽、劉邦二人的這種心態就作過極為生動逼真的描述。〈項羽本紀〉載：「秦始皇帝遊會稽，渡浙江，梁與籍（即項羽）俱觀。籍曰：『彼可取而代也。』」〈高祖本紀〉載：「高帝常繇咸陽，縱觀，觀秦皇帝，喟然太息曰：『嗟乎，大丈夫當如此也！』」既然當年項羽、劉邦一見到秦始皇威風凜凜的出巡就作如是想，那麼如今看著劉邦高高坐在皇帝寶座上，殿下諸王為什麼就不可以這樣想呢？一次劉邦置酒雒陽南宮，席間提了個問題：我為什麼能得天下，而項羽卻失去了天下？臣下的回答是：「陛下慢而侮人，項羽仁而愛人。然陛下使人攻城略地，所降下者因以予之，與天下同利也。項羽妒賢嫉能，有功者害之，賢者疑之，戰勝而不予人功，得地而不予人利，此所以失天下也。」（《史記・高祖本紀》）這話聽起來是讚揚劉邦的，但也可以這樣來理解：倘若有一天你劉邦亦「戰勝而不予人功，得地而不予人利」，那不就要做第二個項羽了嗎？顯然那時的事還得聽實力來說話，刀槍來說話。歷史上的那些開國帝王，往往能在這種時候表現出所謂王者氣度。他們不會任著性子蠻來，而是先悠著點，明裡示之以恩寵，暗裡卻設下圈套，伺機逐個收拾。劉邦後來便是運用了詐術和武力，將當年擁他為帝的以楚王韓信為首的諸異姓王一個個置於死地。從那以後的兩千多年來，類似的活劇不知重複演出過多少次，劇名或者就叫「開國皇帝殺功臣」。當年韓信在被抓起來的時候說了這樣一段話：「狡兔死，良狗亨；高鳥盡，良弓藏；敵國破，謀臣亡。天下已定，我固當亨！」（《史記・淮陰侯列傳》）後人對此感慨甚多，如唐代劉禹錫就寫過一首〈韓信廟〉的詩：「將略兵機命世雄，蒼黃鍾室歎良弓；遂令後代登壇者，每一尋思怕立功！」

除了異姓王，還有同姓王。也許在劉邦看來，同姓的可信度總要高於異姓。因而在逐一翦除異姓王的同時，又分封同姓子弟九人為王，以拱衛初建的劉漢王朝。高帝死後不久，出現了諸呂專權的局面。同姓王在平定諸呂中發揮了極重要的作用：先由齊王劉襄發兵於外，繼由周勃、陳平等發動宮廷政變接應於內，最後迎立代王入主朝廷，即位為文帝。但諸呂既滅，諸王勢力卻迅速膨脹，對中央政權的威脅並不亞於異姓諸王。單就疆域而言，據《漢書・諸侯王表序》載錄，其總和要遠遠超過朝廷所直轄的地區。賈誼把這種態勢形象地喻之為：「一脛之大幾如要（通「腰」），一指之大幾如股。」（《漢書》本傳）諸王國又得以自行設置官屬，煮鹽鑄錢，無異於崛起了一個與中央分庭抗禮的第二朝廷。因而終文景二世，如何「削藩」也就是削減封國的疆域，抑制其勢力的發展，一直是中央政權存亡攸關的一件大事。

其間發生的吳、楚七國之亂，一王被殺，六王自殺，斬首十餘萬級（據《漢書・景帝紀》），深深刺痛了劉漢王朝的神經。

上述簡略的回顧說明，漢初中央政權從建立在契約基礎上的權力共享結構，轉變到由皇帝一人獨擅集權結構，經歷了自高帝至武帝五世、六十餘年的時間，並付出了慘重的代價，才大體完成。

與政治和權力方面鬥爭相應的，還有思想方面的鬥爭。漢初黃老之學頗為盛行，如繼蕭何為相的曹參，其治即用黃老之術。文景二帝亦尊崇黃老。武帝老祖母竇太后更以好黃老著聞，以至「帝及太子、諸竇，不得不讀《黃帝》、《老子》，尊其術」（《史記・外戚世家》）。而成書於景帝之時的《淮南子》，則是漢初黃老之學的集大成之作。黃老主張清靜自定，無為而治，不主張過多政府干預。一方面，歷經長期戰亂的社會需要休養生息；另一方面，權力共享的政治結構也使帝王較難有所作為：這該是黃老思想在漢初受到中央政權高層人物尊崇的客觀原因吧？但一種因循守舊、固步自封、唯求安定的社會秩序時間一長，在經濟有所復甦的同時，諸多弊端也因之而起。除了社會矛盾的日趨激化，諸侯王的驕縱和外患的凌迫，更成為朝野關注的焦點。在這種形勢下，黃老思想就顯得軟弱而難以應對。有鑑於此，文景之世曾施以內刑名外黃老之術，但秦以法而亡，殷鑑不遠，法家之術也非長久之計。比較起來，儒家注重進取和事功，更能切合業已建立的漢王朝進一步鞏固和開拓的需要。儒家有關嚴明上下尊卑秩序的學說，也有利於維護帝王制度。《史記・太史公自序》所記〈六家要指〉在論及儒家之旨時指出：「其序君臣父子之禮，列夫婦長幼之別，不可易也。」儒家又把帝王奉為「天下之儀表」，在君臣關係上主張「主倡而臣和，主先而臣隨」。這種尊君卑臣的政治理論，自然更能滿足帝王至高至上的權位欲。

建元元年（西元前一四〇年），年僅十六歲的漢武帝登上大位。武帝還在為太子時，受其舅氏田蚡和師傅王臧的影響，已對儒家的禮樂制度頗為嚮往。他一即位就頒詔推舉賢良方正直言極諫之士，推重儒學，起用新人，顯示出一種革故鼎新的宏大氣勢。這位頗有雄才大略的年輕皇帝，這時一定想到了要在觀念上或者理論上作一次終結性的了斷，一勞永逸地解決三個問題：一是要把劉漢王朝國家權力的真實來源掩蓋起來，不能讓人說是用血淋淋的暴力搶奪來的；二是要使臣民都懂得皇帝至高至上，國家權力只能由他一人獨擅，不容許包括同姓諸侯王在內的其他任何人分享；三是必須徹底清除以為常人也可以當皇帝的思想，絕不容許再冒出一個項羽來，大叫一聲：「彼可取而代也！」解決這三個問題最好的辦法，莫若借助於至高無上的天的力量。武帝詔賢良對策，在下給董仲舒的第一道制文中便提出：「三代受命，其符安在？」其後的第二、第三道制文亦貫串了天命這一主題。在他看來，只要給劉漢王朝打上一把「天命所歸」的大紅傘，上述三個問題便可一齊迎刃而解：既然君權是上天授予，當然不再存在暴力奪取的問題；上天只授予「天子」一人，不許他人分享，更禁絕任何人覬覦！

以上就是產生董仲舒的主要著作《春秋繁露》以及〈天人三策〉的大背景。

董仲舒是個博士官，與班列於朝堂上三公九卿相比，顯得位卑職微。因而他在對策時一再說明「臣愚不肖」，只是「述聽聞，誦所學，道師之言」而已，「若乃論政事之得失，察天下之息秏（同「耗」），此大臣輔佐之職，三公九卿之任，非臣仲舒所能及也」（《漢書》本傳）。但他實際所論，不僅是一系列有關現實的政事和為君為臣之道，而且還為劉漢王朝的永久存在提供了在那個時代被認為是最有說服力的理論。按照他在《春秋繁露》中提出的「天人合一」觀念，天、天子、封國的關係，形成了這樣一個完整的系統：「天子受命於天，天下受命於天子，一國則受命於君。」（〈為人者天〉）就這樣，歷史提出了需要，董仲舒作出了回答。所以董氏算得上是孟子說的「天將降大任於斯人也」那種人了，他恰逢其時地完成了一個歷史性的任務。當然，天命之說的出現要遠遠早於漢代。如《尚書》：「有夏多罪，天命殛之」（〈湯誓〉）；「我生不有命在天」（〈西伯戡黎〉）。再如《詩經・大雅・文王》：「文王在上，於昭于天。周雖舊邦，其命維新。」亦有周受命於天取代殷而有天下的涵義。孔子在《論語》中也曾提出過「知天命」、「畏天命」的命題。《春秋繁露》自然也汲取了這些思想資源。但它發義於孔子《春秋》，又引入陰陽之說，把「天人合一」提升到哲學的高度，作了完整、系統而且不少還具有可操作性的闡述，則是歷史上的第一次。天人合一、君權天授即所謂「奉天承運」的觀念，為中國封建皇權披上了一件神祕的外衣，亦算是提供了一種馬克斯・韋伯所說的國家權力的法理基礎，或者說合理性。不可否認，這個其實並非永遠合理的「合理性」，在漫長的歷史進程中，曾經為我們中華民族絕大多數人所接受，甚至可以說形成了某種共識，因而兩千多年來，它在維護封建帝王制度、穩定社會秩序方面起過極為重要的作用。回過頭來看，這種適應於一定歷史階段的制度而延續得如此之久長，實在並非好事，但也無法否定，因為它已是事實。

還應當看到，董仲舒作為我國古代著名的思想家，儘管他的著述大多切合了當時的政治需要，但卻無意成為劉漢宗室一己私利的工具，他的目光、他的思考，要遠遠超出這個範圍。國家的主要職能就是對社會公共事務進行有效管理，因而其目標應當是為全社會謀取共同利益。但帝王們無論做出何種宣告，就其本性而言總是把國家看作私產，往往要單為一己、一家或某個集團、某個階層的利益而濫用國家權力。當他們這樣做時，就會不可避免地與作為國家所必須具有的公共職能發生衝撞，從而引發沉重的社會危機。我們只要讀一讀董仲舒的著作，就不難發現他對此有極清醒的認識。例如，他抓住《春秋》「王正月」中一個「正」字大做文章，勸告君王首先應端正自己：「法正之道，正本而末應，正內而外應。」（〈三代改制質文〉）「故為人君者，正心以正朝廷，正朝廷以正百官，正百官以正萬民，正萬民以正四方。四方正，遠近莫敢不壹於正。」（〈天人三策〉）他在本書〈深察名號〉篇中對王號、君號作出的獨特解釋，亦無非是為了提醒當國者要德行「匡運周徧」，即關心社會全體成員的利益，並且認為這是做帝王的要訣：「故曰天覆無外，地載兼愛；風行令而一其威，雨布施而均其德，王術之謂也。」董仲舒一再論述的災異說，雖然並不科學，其初衷，當亦是想對帝王權力的濫施起點制衡作用。漢代發展至武帝之世，一方面國力已頗為強盛，另一方面，各種矛盾日益激化，社會危機也已相當嚴重。董仲舒並沒有閉著眼睛一味為「盛世」唱讚歌。早在向武帝對策時，他已揭示了諸如「法出而姦生，令下而詐起」（《漢書》本傳）種種現實弊端。晚年在任膠西王相期間，因親眼看到「關東五穀咸貴，家有饑餓，死傷者半；盜賊並起，發亡不至，良民被害」而「為聖主憂」，並深深感到內疚，提出若論罪「當先坐仲舒」。他說：「故聖王以治為首。或曰：發號出令，利天下之民者，謂之仁；疾天下害於人者，謂之仁心。」（〈詣丞相公孫弘記室書〉，錄於《古文苑》）其呼喚仁政之心，溢於言表。所以《春秋繁露》這部書及其倡說的「天人合一」觀念，不全是集權專制可以利用的東西，還有著人文關懷的另一個側面。論世才能知人，知人才能理解其矛盾的思想體系中豐富的內涵。何況即使是為集權專制服務的內容，作為歷史，同樣值得研究，所謂溫故而知新是也！

(三)《春秋繁露》的成書及其體例結構

《漢書》本傳稱，董仲舒「少治《春秋》」。《春秋》之傳有多種，流傳至今的有三傳，即《左傳》、《公羊》、《穀梁》。董仲舒雖是專攻《公羊》，但他闡釋的方式與《公羊》頗為不同。主要表現在經文和經義的分合上。《春秋》是一部編年體史書，所記史事起於魯隱公元年（西元前七二二年），迄於魯哀公十四年（西元前四八一年），以時間順序編列。《公羊傳》是依照經文原來編排的次序，逐句逐字解釋其涵義。這種體例，保留了經文也即歷史事件的完整性，但其闡發的經義，分散於字裡行間，即使讀完全書，若不下一番融會貫通工夫，仍很難獲得完整的認識。董仲舒走的是另一條路子。從《春秋繁露》前六卷集中闡釋《春秋》大義的十七篇文章來看，他的方式可說是「以論帶史，以史證論」。按照由他自行設定的論題的需要，擇取經文所提供的史實及其涵義，或綜而述之，或分而論之，由於擺脫了經文原來次序的束縛，取得了縱論的自由，可謂揮灑自如，酣暢淋漓。這樣只要將這十七篇閱讀一過，其所闡發的《春秋》大義就會有一個大體完整的認識。從經學發展的歷史來看，董氏的這種闡釋方式無疑是一個突破。但由於其對經文的證引是隨意的，因而《春秋》原文所記史事的完整性和順序性就被顛覆了。所以，你若是單讀《春秋繁露》，對《春秋》所記歷史就只能獲知若干孤立的個例，很難求得貫通。應當說，上述兩種闡釋方式各有短長，可以相輔相成。但若就從整體把握《春秋》所蘊含的所謂微言大義，特別是如何據以觀照現實這個方面來說，當以《春秋繁露》為勝。《史記・太史公自序》引董仲舒語云：「《春秋》文成數萬，其指數千，萬物之散聚皆在《春秋》。」的確，《春秋》及其所傳義旨千千萬萬，眾說紛呈，後人要讀也難。《春秋繁露》就是概括、整合眾多義旨並作了極大提升的一個文本，為了解和研究《春秋》學所必讀。近人康有為就曾說到過他的這種閱讀經驗：「及讀《繁露》，則孔子改制變周，以《春秋》當新王，王魯絀杞，以夏、殷、周為三統，如探家人筐篋，日道不休。」又道：「若其採本天元，著達陰陽，明人物生生之始，推聖人製作之源，揚綱紀，白性命，本仁誼，貫天人，本數未度，莫不兼運。」（〈春秋董氏學自序〉）

《春秋繁露》在流傳過程中，還有一段插曲，不妨在這裡提一下。《漢書》在載錄董仲舒著述時稱：「仲舒所著，皆明經術之意，及上疏條教，凡百二十三篇。而說《春秋》事得失，〈聞舉〉、〈玉杯〉、〈蕃露〉、〈清明〉、〈竹林〉之屬，復數十篇，十餘萬言，皆傳於後世。」其中沒有提到《春秋繁露》。《漢書・藝文志》僅有「董仲舒百二十三篇」一句，書名或篇名皆略而不記。《春秋繁露》這一書名，要到唐代編修的《隋書・經籍志》才第一次出現。就為了這個緣故，自宋以來，引發了若干學者，如程大昌、胡應麟、黃雲眉等，對此書作者提出了懷疑，以為可能非董氏所作，或出於眾家，或係後人偽託。程大昌更因否認《春秋繁露》為董氏之作，竟將其歸入小說家言，改書名為《演繁露》，一度也曾行於世。懷疑的原由，除《漢書》未予著錄外，還因為書中發義於《春秋》者僅六卷、十七篇，約佔全書十之四、五，其餘多為陰陽災異之說，以為既與書名不合，也與作為「醇儒」的董仲舒不類。其實這些說法都是不能成立的。關於董仲舒的著述，《漢書》本傳及《漢書・藝文志》，都錄有「百二十三篇」，可惜其中不少已散失於歷史長河。《隋書》所錄並流傳至今的《春秋繁露》，近人徐復觀先生據葛洪託名劉歆所著《西京雜記》載有董仲舒「作《春秋繁露》詞」一語，以為此書當是漢魏之際有人刪繁輯要選編而成。說到因書中言及陰陽災異內容駁雜，董仲舒就不像個「醇儒」，純屬誤解。儒學發展至漢代，早已對道、法、墨、陰陽諸家各有所汲取，與春秋時代的儒家大異其趣。《漢書．五行志》載：「漢興，承秦滅學之後，景武之世，董仲舒治《公羊春秋》，始推陰陽，為儒者宗。」《漢書．眭兩夏侯京翼李傳》亦稱：「漢興推陰陽言災異者，孝武時有董仲舒、夏侯始昌。」至於書名似乎與全書內容不合，也不難得到解釋。「繁露」即《漢書》本傳中的「蕃露」，繁、蕃古通。「繁露」原是全書第一篇的篇名，《隋書．經籍志》在著錄時依古例取之以為書名。今本首篇名〈楚莊王〉，疑出自傳寫者誤取，這一點前人早有指出。如俞樾《諸子平議》云：「董子原書，當以『《春秋》分十二世以為三等』節為首篇，其篇名即曰〈繁露〉。今書稱《春秋繁露》者，以首篇之名目其全書也。傳寫者誤取『楚莊王』及『晉伐鮮虞』二節列於其前，遂以〈楚莊王〉題篇，並〈繁露〉之名而失矣。」魏源〈董子春秋發微序〉亦謂：「〈繁露〉者，首篇之名，以其兼三科、九旨為全書之冠，故以〈繁露〉名首篇。」以首篇之名名全書，古書中屢見。如《儀禮》十七篇，首篇〈士相見禮〉，故《儀禮》亦稱《士禮》。再如〈離騷〉既為《楚辭》首篇，又常用以指稱全書。因而在歷史上，多數學者仍確認《春秋繁露》為董仲舒所作。《四庫全書總目提要》亦肯定此書係董氏撰作，同時又有「今觀其文，雖未必全出仲舒」一句，用語委婉，似含有個別篇章也可能係他人之作混入的意思。今人鍾肇鵬在他主編的《春秋繁露校釋》之末附有〈春秋繁露考辨〉一文，則作了明確的考定：「《春秋繁露》為董仲舒的代表作，其中有殘脫錯訛，而無偽篇。這就是結論。」

至於書名中「繁露」的涵義，《四庫全書總目提要》以為「其立名之義不可解」。前人也有作過一些揣摩性解釋的，如《中興館閣書目》稱：「《繁露》之名先儒未有釋者，案《逸周書．王會解》：『天子南面立，絻無繁露。』注云：『繁露，冕之所垂也，有聯貫之象。』《春秋》屬辭比事，仲舒立名，或取諸此。」這是說以冕旒的似露之垂，喻指《春秋》的屬辭比事，涵義綿密深邃。程大昌在《演繁露》中持有另解。他說：「故書繫《春秋》，明聖人屬辭褒貶，某事得，某事失，所以警心也；曰『繁露』，明王者之政，甘而不荼，與造化流通。當宵零若露，如脂如飴，徧萬物也。」比較起來，似以後一解稍洽。本書〈基義〉篇有「天為君而覆露之」之句，以「繁露」為書名，不知是否象徵《春秋》大義若雨露遍施，可應用於人間萬物萬事之意？

《春秋繁露》一書流傳至宋，已有多種版本，唯其所收篇目則多寡不一。《崇文總目》著錄為十七卷、八十二篇。歐陽脩在〈書春秋繁露後〉一文中提到「其書才四十篇」，以為「失其真」。又謂：「予在館中校勘群書，見有八十餘篇，然多錯亂重複。又有民間應募獻書者，獻三十餘篇，其間數篇在八十篇外，乃知董生之書，流散而不全矣。」（《歐陽脩文集》卷七三）至南宋，《中興館閣書目》所錄的《春秋繁露》僅有十卷、三十七篇，可見當時即使皇家館閣所藏，亦已殘缺不全。所幸民間尚有流傳。及至南宋末，幾經轉折，十七卷、八十二篇本終於天日重光。樓鑰記其事之經過稱：「余老矣，猶欲得一善本，聞婺女潘同年叔度景憲多收異書，屬其子弟訪之，始得此本，果有八十二篇，是萍鄉本猶未及其半也。喜不可言。」樓鑰本為十七卷、八十二篇，其中闕三篇，較十卷本多了四十二篇。此即南宋嘉定四年（西元一二一一年）江右計臺刻本之由來。《春秋繁露》的這個刻本，迄今唯北京圖書館尚有藏本。明人曾有重刻，惜闕失脫訛甚多。能比較完好地保存此書的，還是清代的《四庫全書》本，因為它是以《永樂大典》所存的樓鑰本做底本詳為考訂而成。由於此書舛誤與錯簡頗多，清代盧文弨、凌曙、蘇輿等都作過校訂，今人鍾肇鵬等又作了校釋，各有版本行世。

我們的這個注譯本，是以《四庫全書》本為底本，在參考和取捨各家刻本及校注的基礎上，作了較為詳細的注釋，除少數短篇一仍其舊外，其餘每篇各分了若干章節，並附加語譯和說明。所有這些，都是出於方便現代讀者閱讀的考慮。全書共十七卷、八十二篇；其中第三十九、四十、五十四為闕篇，實為七十九篇。各卷篇數不一，每卷字數則大體相近。卷與卷之間並無邏輯上或結構上的聯繫。從內容看，大體可分為四個部分。第一部分，自首篇〈楚莊王〉至第十七篇〈俞序〉，共十七篇，都是以闡發《春秋》經義為要旨，而〈俞序〉當是前面十六篇的概論或總綱。文中引子夏之言，強調「有國家者不可不學《春秋》，不學《春秋》，則無以見前後旁側之危，則不知國家之大柄，君之重任也」。第二部分自第十八篇〈離合根〉至第三十七篇〈諸侯〉，共二十篇，以制度規範為主體，從人之性情入手，論述為君者須以仁義為本的倫理觀念，以及君王如何才能順遂地駕馭整個國家機器，並恆久地保持自己權位的道術。第三部分自第三十八篇〈五行對〉至第六十四篇〈五行五事〉，其中有三篇闕文；再自第七十八篇〈天地之行〉至第八十二篇〈天地施〉，共三十篇，著重闡述陰陽五行的宇宙觀。以天人之際作為貫穿線，分為三個論述層次：一言天地之運行，二論陰陽四時之變化，三是描述五行相生相勝、或順或逆的運行軌跡。在這部分中，董仲舒用天、地、陰、陽、木、火、土、金、水、人這十個要素建構起來的認知宇宙運行的思維模式，對中國古代思想文化的發展起過重要作用，其影響至今猶在。第四部分自第六十五篇〈郊語〉至第七十六篇〈祭義〉，共十二篇，敘述祭祀天地、宗廟的禮制和意義，以及求雨、止雨的儀式。這些在董仲舒的理論體系中，被視為溝通天人之際或人鬼之間的渠道。其中第七十二篇〈執贄〉，則是闡述自天子以至於公、侯、卿、大夫等相見時，各自所持禮物的規制及其涵義。上述四個部分的劃分，未必允當，只是為讀者在閱讀本書前提供一個粗略的概貌。

董仲舒一生著述宏富，除《春秋繁露》外，見之於史籍記載者尚多。如《漢書》中，本傳有〈天人三策〉；〈藝文志〉有《公羊董仲舒治獄》十六篇（《隋書》及兩《唐書》亦記此書，有十卷，書名則略異）。又，《漢書》之〈食貨志〉、〈匈奴傳〉及〈五行志〉，多處載有董仲舒對經濟、邊事和災異等方面的言論。此外，《史記・儒林傳》稱其曾著〈災異之記〉，《古文苑》錄有他的〈雨雹對〉及〈詣丞相公孫弘記室書〉，《藝文類聚》中的〈士不遇賦〉亦著為董氏所作。這些著述，是董仲舒思想不同時期、不同側面的表現，是《春秋繁露》極好的輔助讀物。特別是《漢書》本傳所載的〈天人三策〉，與《春秋繁露》聯繫緊密，有些方面，較之後者敘述更為簡練和明確。至於《漢書・五行志》所載錄的董氏有關災異的言論，由於直接面對各個案例而發，因而較之本書中相關篇什的論述，尤為具體生動。所以我們從中選輯了若干片段，作為附錄置於書末，以供讀者參閱。

二、《春秋》：依據・方法・話語權

此下，我們將通過《春秋繁露》這部書，對董仲舒的以天人合一為特徵的哲學體系和由此引發出的政治主張，及其敘述的依據與方法，作一個概括的介紹。

(一)從百家爭鳴到百家釋經

《莊子》的〈天下〉篇，可說是評論先秦時期各個學派的一篇學術論文，開頭第一句便是：「天下之治方術者多矣，皆以其有為不可加矣！」那種百家爭鳴、學派林立、諸子文采風流的情景，讓後世學人一說來就無限嚮往。「六王畢，四海一」（杜牧〈阿房宮賦〉），隨著大一統的集權專制的秦帝國的建立，宛若昨日的百家爭鳴忽而成了遙遠的歷史陳跡。從那時以來的兩千多年，學術問題，特別是其中的政治學說的問題，已不再有獨立性和自由可言。歷史的前進有時需要以某些方面的後退為代價。大一統的出現和集權專制制度的建立，卻使學人們失去了話語權，他們不再有自由言說的資格。我們讀《孟子》，就會感到那時有一個頗為寬鬆的言論環境。首篇〈梁惠王〉記孟子去見梁惠王，惠王對這位大學者的到來表現出相當的尊敬和友好。一見面就主動打招呼：「叟（意猶老先生），不遠千里而來，亦將有以利吾國乎？」儘管後來梁惠王並未能真正聽從孟子的建議，至少對話是平等和親切的。但秦漢以後學人再也不能享受這種待遇了。你即使有幸受任為博士，也是官卑位低，與至高無上的皇帝的距離不啻天壤，無法形成平等的對話。當時臣下向帝王進言，規定得先有幾句套話：「臣某誠惶誠恐，稽首頓首，死罪死罪！」（蔡邕《獨斷》）在這種動不動就要掉腦袋的氛圍中，還叫人怎麼敢暢所欲言！《史記・滑稽列傳》中的東方朔，被當時一些人戲稱為「狂人」。其實他在朝堂上時而插科打諢，時而裝瘋賣傻，無非是藉以自容的一種方式。一次眾人取笑他說：你看人家「蘇秦、張儀一當萬乘之主，而都卿相之位」，何等風光！你老兄「修先王之術，慕聖人之義，諷誦《詩》《書》百家之言，不可勝數」，自以為「海內無雙」；可混了幾十年，怎麼還是「官不過侍郎，位不過執戟」，這是什麼緣故呀？東方朔長歎一聲，回答說是：「彼一時也，此一時也，豈可同哉！」接著又做了個假設：「使張儀、蘇秦與僕並生於今之世，曾不能得掌故，安敢望常侍侍郎乎？」我們不妨再加一個假設：假設蘇秦、張儀不識時務，還像在戰國時期那樣跑東跑西去向諸侯王遊說自己的主張，那麼非但當不上侍郎，十有八九連性命也難保！

當然，在集權專制條件下，學術還是需要、也准許研究的，只是已屬由帝王任命的學官的專利，與布衣無緣。漢初行黃老之學，文、景以後儒學地位漸次上升，武帝即位，訓釋、闡發儒家經典的經學成為官學，設學官，有五經博士。五經指儒家的五部經典，即《詩》、《書》、《禮》、《易》、《春秋》。五經加《樂》，稱六經或六藝❷。《荀子・勸學》說：「《禮》之敬文也，《樂》之中和也，《詩》《書》之博也，《春秋》之微也，在天地之間者畢矣。」最後一句話認為這幾部書已把天地間的學問包羅無遺。漢以後儒家定為一尊，《漢書・藝文志》甚至認為先秦諸子都只是「六經之支與後裔」。不過武帝選中這幾部書，看重的還是它們在經國治邦方面的作用。就像班固說的那樣：「六藝者，王教之典籍，先聖之所以明天

---

❷ 六經、六藝之稱，分別始見於《莊子・天運》和《史記・滑稽列傳》引孔子語。六經或六藝，即除《詩》、《書》、《禮》、《易》、《春秋》外，再加《樂》。《樂》早已無存。說有二。一說亡於秦火。另一說儒家本無單獨之樂書，「樂」已包含在《詩》《禮》中。據考證，以後說較妥。

道，正人倫，致至治之成法也。」（《漢書・儒林傳》）六藝是古代帝王治國之術的載體，為帝王者，都要「修古帝王之事」（《漢書・昭帝紀》）。

經學成為官學，五經設博士，是政治權力統制學術研究的產物。由此引出的結果，一是從此理論的研究，特別是政治理論的研究，只剩下一條路：從所規定的儒家經典中去尋找所謂微言大義。目的也是預設好了的：論證現存政權的合理性和永恆性。二是凡不按此規定做，或雖照著做，只是其所研究成果不符合現實政治需要的，即被視為「異端」，斥為「離經叛道」。《漢書・儒林傳》稱：「自武帝立五經博士，開弟子員，設科射策，勸以官祿，迄於元始，百有餘年，傳業者寖盛，支葉蕃滋，一經說至百餘萬言，大師眾至千餘人，蓋祿利之路然也。」表面上經學大師多到「千餘人」，且枝繁葉茂，煞是熱鬧，只可惜都已成了「祿利之路」。博士的官秩雖僅為六百石，但內遷可為九卿，外任可為郡國守相；博士弟子通一經即可補文學、掌故，優秀者為郎，都是很好的晉升階梯。他們吃著皇糧，穿著朝服，又做著升遷的美夢，就得殫精竭慮地為所效命的皇權編造神聖的光環，很難再有創造新學派的大智慧，也喪失了四處遊說自己主張的那種勇氣。

現在再來說董仲舒和他的《春秋繁露》。

董仲舒是漢初一位傑出的思想家。不妨設想一下，如果他生活在百家爭鳴的春秋戰國時代，相信他一定能成為與先秦諸子並列的一位大家。他顯然不願皓首窮經，碌碌終生。他的秉性和品格，規定了他總要想方設法表述自己的意見，宣揚自己的主張。但人不能超越時代。董仲舒生活在漢初，他的學術方向自然也只能從研習儒家經典起始。《漢書・儒林傳》有這樣一段記載：

武帝時，江公與董仲舒並。仲舒通五經，能持論，善屬文。江公吶於口，上使與仲舒議，不如仲舒。而丞相公孫弘本為《公羊》學，比輯其議，卒用董生。於是上因尊《公羊》家，詔太子受《公羊春秋》，由是《公羊》大興。

這段引文說明：第一，董仲舒五經皆通，尤精《春秋公羊》學。第二，他的學術成就高於當時並稱的江公與公孫弘。第三，武帝正是從三人所學的比較中，選中了《春秋公羊》學，「由是《公羊》大興」。

那麼五經皆通的董仲舒，為什麼要特別著力於《春秋》，而在《春秋》三傳中又專攻《公羊》呢？對治學的博與專的問題，董仲舒在〈玉杯〉篇中有一段論述。他說：「大節則知闇，大博則業厭。二者異失同貶，其傷必至，不可不察也。」博是基礎，專是提高。五經應全通，但不可能全精。至於為什麼選擇《春秋》和《公羊》，那是由這部書和這個學派的特殊性決定的。

據《史記・太史公自序》評價，《春秋》是一部王者之書，同時又是為人君父、為人臣子者所必讀。文中說：「夫《春秋》，上明三王之道，下辨人事之紀，別嫌疑，明是非，定猶豫，善善惡惡，賢賢賤不肖，存亡國，繼絕世，補敝起廢，王道之大者也。」又說：「故有國者不可以不知《春秋》，前有讒而弗見，後有賊而不知。為人臣者不可以不知《春秋》，守經事而不知其宜，遭變事而不知其權。為人君父而不通於《春秋》之義者，必蒙首惡之名。為人臣子而不通於《春秋》之義者，必陷篡弒之誅，死罪之名。」一部書居然能產生如此巨大作用，自然了不起。不過司馬遷說的大概是《春秋》經傳，即經過諸家闡釋後的《春秋》。至於《春秋》原來的文本，實在並未含有如此重大的主題，也無法起到如此巨大的作用。

《春秋》是一部以魯國十二君主為次序的編年簡史。其作者，在漢代公認為孔子，唐宋間曾有人提出懷疑，近代則多以為係孔子修訂《魯春秋》而成。全書一萬六千餘字（因年代及版本不同，另有多說），寫作體例類似我們現在常見的「大事記」，其史料價值自然十分珍貴，字裡行間也或隱含褒貶，但若從思想內涵來說，也許遠不如記錄孔子及其弟子言論的《論語》。

讀完《春秋繁露》可以看得很清楚，《春秋》對董仲舒來說，其實只是他藉以表述自己言論的一種依託，或者說是為了獲得話語權和某種安全保障的一種策略。在漢代，闡述《春秋》的遠不止董仲舒一家。《漢書・藝文志》稱：「凡《春秋》二十三家，九百四十八篇。」未被著錄的想必還有更多。那麼他們為什麼都選擇了《春秋》這樣一部書作為自己言論的依託呢？大體說來有內在、外在兩個方面的原因。

從外部原因來說，《春秋》一書，自戰國後期至秦漢之際，不僅身價已非同尋常，甚至還被附加了某種超文本的神祕力量。最先對孔子修《春秋》的動機及此書效用作出特別評價的該是孟子。《孟子・滕文公下》：「世衰道微，邪說暴行有作。臣弒其君者有之，子弒其父者有之。孔子懼，作《春秋》。《春秋》，天子之事也。」又云：「昔者禹抑洪水而天下平，周公兼夷狄、驅猛獸而百姓寧，孔子成《春秋》而亂臣賊子懼。」其後響應者甚眾，且紛紛作出進一步頌揚。如司馬遷《史記・孔子世家》稱：「《春秋》之義行，則天下亂臣賊子懼焉。」王充在《論衡・定賢》中說：「孔子不王，素王之業在於《春秋》。」董仲舒在〈天人三策〉中把孔子修《春秋》稱之為「見素王之文」，本書〈玉杯〉篇又說是「立新王之道」；〈符瑞〉篇說：孔子因有人「西狩獲麟」，認定是「受命之符」，於是「託乎《春秋》正不正之間，而明改制之義」；不僅「上通五帝，下極三王」，而且「以通百王之道，而隨天之終始」。總之，都把孔子作《春秋》這一個人行為，說成他是以素王的身分為王者立法，昭示後代，萬世不變。

從內在原因來說，《春秋》可說是孔子「述而不作」治學原則的忠實體現，只載錄史實，不發表議論。所覆蓋的時間、空間相當宏大（前後二百四十二年，涉及當時名義上尚存在的周天子和所轄各國），而敘述的文字則極其簡約。這些，都為學人們藉以闡發自己的言論留下了廣闊的天地。據元代陳則通在《春秋提綱》中的統計，《春秋》所記史事，計有「侵伐」二百七十二例，「朝聘」一百五十四例，「會盟」一百九十八例，「雜事」二百一十七例。如此眾多的案例，你倘要針對國家的存亡興衰、君主的升沉榮辱發表些什麼議論、感慨，猶若探囊取物，要什麼就揀什麼，想怎麼說就怎麼說，方便得很！

至於在《春秋》三傳中董仲舒何以專攻《公羊》，與五經中選擇《春秋》一樣，取捨的標準亦是何者能提供更多施展議論的空間。三傳雖同是詮釋《春秋》，但其旨頗異，前人曾有「《左傳》傳事不傳義，《公》《穀》傳義不傳事」之說。《左傳》從歷史文獻學的角度闡釋《春秋》，側重於史實的考訂和補充。《公羊》和《穀梁》則偏重於《春秋》書法詮釋其義理；特別是《公羊》，闡發了《春秋》王魯、孔子改制、張三世、通三統和天人感應等等「微言大義」，更能適應當世王者政治上的需要。試舉一例。《春秋》在莊公三年（西元前六九一年）秋下記：「紀季以酅入于齊。」此事牽涉到紀、齊二國。齊強大而紀弱小，齊、紀間又偏有九世之仇。齊襄公欲伐紀復仇，紀侯自知不敵，便命其弟紀季帶著紀的城邑酅去做齊的附庸，以此來保存紀的宗廟；自己則準備不惜為捍衛社稷而死。《左傳》在《春秋》原文下僅作了一句解釋：「紀於是乎始判。」意謂紀地從此被一分為二。《公羊傳》的解釋則側重於其中的貶褒涵義：「紀季者何？紀侯之弟也。何以不名？賢也。何賢乎紀季？服罪也。其服罪奈何？魯子曰：請後五廟，以存姑姊妹。」本書〈玉英〉篇將此事作為一例引入篇中，並在《公羊傳》的基礎上又作了這樣的闡發：

> 今紀季受命乎君而經書專，無善一名而文見賢，此皆詭辭，不可不察。
>
> 今紀侯《春秋》之所貴也，是以聽其入齊之志，而詭其服罪之辭也，移之紀季。
>
> 齊將復讎，紀侯自知力不加而志距（通「拒」）之，故謂其弟曰：「我宗廟之主，不可以不死也。汝以酅往，服罪於齊，請以立五廟，使我先君歲時有所依歸。」率一國之眾，以衛九世之主。襄公逐之不去，求之弗予，上下同心而俱死之。故謂之大去。《春秋》賢死義且得眾心也，故為諱滅。以為之諱，見其賢之也。以其賢之也，見其中仁義也。

如果我們將上述《公羊》和本書〈玉英〉篇兩段引文仔細作一對照，便可清楚地看到，董仲舒是如何利用《公羊》所提供的思想資料，加以引申、發揮，再充分展開自己的議論的。紀季，季是他的字，不是名。古禮以稱字表示尊敬。《公羊》便以「稱字不稱名」為據，說明《春秋》的記載是在「賢紀季」，即以紀季為賢者。本書則進一步以為《春秋》的這條記載使用了一種「詭辭」法，即有意不說明紀季的「以酅入于齊」是紀侯要他去這樣做的，原因就在於「紀侯《春秋》之所貴也」，所以要「為之諱」。從《春秋》為紀侯諱，說明《春秋》把紀侯視為賢者。《春秋》賢紀侯什麼呢？就賢他能夠「死義且得眾心」，而能夠「死義且得眾心」是「中仁義」的。就這樣，利用《春秋》一條僅有七個字的記載，董仲舒宣揚了他自己的一種政治主張：為君主者，應當把國家社稷看作高於自己生命，為國家社稷而死是符合仁義的！

(二)《春秋繁露》闡釋下的《春秋》

前人早有「我注六經」和「六經注我」之說。百家釋經，一個傳本就是一種《春秋》，從中不難看出闡釋者自己的理性品格。譬如《春秋左氏傳》和《春秋公羊傳》各自所解讀的《春秋》就面目迥異。前者對史事作了翔實的補充和擴展，其義理則內含於敘述之中；後者除了少量的史料補充外，以大量篇幅闡發尊王攘夷、上下貴賤、美刺褒貶等涵義，並認為這是萬世不變之道。董仲舒專攻《公羊》，他的《春秋繁露》雖並非以傳的形式撰作，但讀完全書，也會給你一個董氏的《春秋》版本，從中不僅可以看出他闡釋《春秋》的方法和治學的特點，還可以折射出時代的演進和歷史對經學提出的要求。

本書〈正貫〉篇和〈十指〉篇以為「天下之大，事變之博」，在《春秋》裡「無不有也」，因而強調讀《春秋》必須注重整體把握，才能通貫其大義。至於如何去從整體上把握，〈玉杯〉篇提出的方法是：「合而通之，緣而求之，伍其比，偶其類，覽其緒，屠其贅，是以人道浹而王法立。」這是指用綜合貫通的方法，抓住經義的脈絡，通過歸納和類推，刪繁就簡，由表及裡，引出所蘊含的為王之道的深意。如：

> 六學（即六經或六藝）皆大而各有所長。《詩》道志，故長於質。《禮》制節，故長於文。《樂》詠德，故長於風。《書》著功，故長於事。《易》本天地，故長於數。《春秋》〔正〕是非，故長於治人。（〈玉杯〉）

孔子知言之不用，道之不行也，是非二百四十二年之中，以為天下儀表，貶天子，退諸侯，討大夫，以達王事而已矣。（《史記・太史公自序》引董仲舒語）

這兩條引文便是從總體上對《春秋》的概括。前一條將《春秋》與諸經作了比較，得出了「《春秋》長於治人」的結論。後一條認為《春秋》撰作的指向是「貶天子、退諸侯、討大夫」，目的是「以達王事」，「為天下儀表」。此種強調首先從整體上去把握《春秋》要義的闡釋方法，有別於《公羊》、《穀梁》等傳本逐字逐句的詮釋，當為董仲舒所首創。由於它不再受具體經文的拘囿，闡釋者可以較為自由地施展理性思維的翅膀，以使自己的言論能更好地切中現實政治的鵠的。

基於這樣的總體把握，本書〈正貫〉篇和〈十指〉篇分別提出了「六科」和「十指」。科，科條；科目。指，即旨，要旨。這六科和十指，是董仲舒按照他的治學方法從《春秋》中概括出來的，經文原文並未有類此字句。六科以「援天端」起首，其下是「志得失」、「論罪定誅」、「立義定序」等，可說是由天道而王道，對《春秋》作了縱向的剖析和提升。十指以「舉事變見所重」起首，意謂要從《春秋》所記述的事變中去看出「重民」的重要；其下是「見事變所至而治」、「強幹弱枝，大本小末」、「別嫌疑，異同類」、「親近來遠，同民所欲」等，可說是從橫向上對《春秋》的剖析和提升。至九指、十指又出現「天之端」，即由王道又返回到天道。這中間的運行軌跡是：「《春秋》之法，以人隨君，以君隨天。」亦即所謂「屈民而伸君，屈君而伸天」（〈玉杯〉），是一條自上而下，再由下而上的來福線。在董仲舒看來，這個由六科和十指縱橫交錯而成的理性網路，可以應用於治國平天下中的一切方面：「統此而舉之，仁往而義來。德澤廣大，衍溢於四海，陰陽和調，萬物靡不得其理矣。」（〈十指〉）順便提一下，用若干科條來概括《春秋》大義這樣一種方法，亦始於董仲舒。至東漢，何休在《春秋文諡例》中提出了「三科九旨」之說，其後又有人對其中具體條目作了調整或改易，「三科九旨」被今文經學特別是《公羊》學派視為闡發《春秋》大義之綱。

在本書對《春秋》作整體闡釋這一部分中，最值得注意的是引進了天論。如上文提到的「六科」和「十指」，一以「天端」始，一以「天端」終。天端，原指春季。一年有四季，以春季為始端。但這裡的天端，卻別有更深廣的涵義。董仲舒在對策時作過一個解釋：「《春秋》之文，求王道之端，得之於正。正次王，王次春。春者，天之所為也；正者，王之所為也。其意曰，上承天之所為，而下以正其所為，正王道之端云爾。然則王者欲有所為，宜求其端於天。」這樣「援天端」就有了上承天意、下正王道的涵義。書中還常用「《春秋》之道」、「《春秋》之法」一類導語，將其實全是作者自己論述的一些有關天或天道的重要命題歸之於《春秋》。如〈楚莊王〉篇說：「《春秋》之道，奉天法古。」〈天人三策〉也說：「孔子作《春秋》，上揆之天道，下質諸人情，參之於古，考之於今。」「臣謹案《春秋》之中，視前世已行之事，以觀天人相與之際，甚可畏也。」再如〈玉杯〉篇關於「屈民而伸君，屈君而伸天」這個董仲舒理論體系中帶有根本性的命題，便是這樣推演出來的：

《春秋》之法，以人隨君，以君隨天。曰：緣民臣之心，不可一日無君。一日不可無君，而猶三年稱子者(諸侯之君死後，其嗣位之子依禮在三年居喪期內不得稱君)，為君心之未當立也，此非以人隨君耶？孝子之心，三年不當。三年不當而踰年即位者，與天數俱終始也。此非以君隨天耶？故屈民而伸君，屈君而伸天，《春秋》之大義也。

有關董氏的天人哲學，本文第五、第六節將作專門介紹。這裡單就天論與《春秋》關係說明兩點：一、《春秋》原文並未論及天或天道。將天論引入《春秋》，這是董仲舒《春秋公羊》學的最大特色。二、從全書構成來看，闡釋《春秋》這部分的內容，本來與後面論述制度及陰陽五行等三部分並無多少關聯，正是由於將天論引入了《春秋》，才使全書以天人為通貫，構成了一個有機的整體。

本書強調對《春秋》要注重整體把握，並非不要詞語的闡釋。書中對如何解讀經、傳（主要是《公羊傳》）原文，也多有論述，並依據其論題的需要作了具體的演繹。後世經學家對《春秋》三傳及《春秋繁露》對《春秋》的解讀總結出許多方法，最主要的是所謂「義、法」二法。義，指經文之涵義，或稱「微言大義」。其語源出自《史記・儒林列傳》評述《春秋》中的一句話：「辭微而指博。」其後劉歆在〈移書讓太常博士〉一文中又稱：「及夫子沒而微言絕，七十子卒而大義乖。」這樣便構成了「微言大義」一詞。法，指書法，亦稱書例，即《春秋》的書寫方法及其體例規格。但這裡說的書法或書例，不是要討論文章的作法，而是認為在某些特殊的書寫體例中，隱含著美刺褒貶等等複雜的大義，也就是通常所說的《春秋》筆法。

先說「義」。書中認為：「《春秋》之辭多所況，是文約而法明也。」（〈楚莊王〉）況，有比喻、比類的意思。這是說由於經文簡約，不妨連類而及其他，由個別而指向一般。又說：「《春秋》者，得一端而多連之，見一空而博貫之。」（〈精華〉）就是要舉一反三，由近及遠，以小見大，從而可以盡知天下之事。還說：「《春秋》之道，博而要，詳而反一也。」（〈玉英〉）反一，即回歸於一。這個「一」，就是《春秋大義，就是王道或天道。在〈精華〉篇中更提出了：「《春秋》無達辭」的命題，主張「從變從義，而一以奉天。」變，也即權，權變。古時權與經相對而言，相當於我們現在常說的原則性與靈活性。變，就是靈活性。這個「變」應用到對《春秋》的詮釋上，那就是在一定的語境下，正的可以反說，反的可以正說，經文沒有提到的也可以從中引出。這些論述，都是在為闡釋開拓空間，提升自由度。本書中依照上述方法闡釋的實例很多，最為典型的是《春秋》繫於魯隱公元年（西元前七二二年）下的一句話：「元年春王正月。」《公羊》、《穀梁》二傳已經對這六個字作了很大的發揮，本書在〈王道〉、〈三代改制質文〉等篇中，更據以作出了王者必受命於天、受命之王又必須如何如何等等一大篇文章。這個案例本文後面還將提到，此處從略。再舉一例，見於首篇〈楚莊王〉。其事發生在魯宣公十一年（西元前五九八年），陳國國君靈公和他的兩個大夫，與另一大夫夏徵舒的母親私通，公開淫亂，鬧到不可收拾的地步。夏徵舒不堪其辱，怒而射殺了陳靈公，並自立為侯。於是楚莊王便率領諸侯伐陳，殺了夏徵舒。《春秋》記載此事僅用了七個字：「楚人殺陳夏徵舒。」對事件的性質、當事者的是非，並未作任何評論，只是留下一個疑問：為什麼不依照慣例稱楚莊王為「楚子」而記為「楚人」呢？篇中作出了這樣的解釋：「《春秋》貶其文，不予專討也。」這裡包含著兩層意思：首先解釋不稱「子」而稱「人」的本義是對楚莊王的貶抑，然後再作進一步的引申，說這是表示孔子在為王者立法：討伐之令應出自周天子，你楚莊王作為一個諸侯國的國君，有什麼資格去討伐另一個諸侯國陳國呢？這還不夠，篇中又把這一具體事件推向一般，由個別案例引出普遍原理：「《春秋》常於其嫌得（嫌，近似。得，通「德」）者見其不得也。」就是說看起來像是在褒，其實是在貶。緊接著再把這一原理應用於眾多史例：「是故齊桓不予專地而封，晉文不予致王而朝，楚莊不予專殺而討。三者不得，則諸侯之得，殆貶矣。」不難看出，在上述闡釋中董仲舒的核心思想，無非是借古事說今事，力圖維護漢王朝的集中統一和漢天子的權威，不容許諸侯王有任何僭越行為。

再說「法」。在經文記敘中次序的孰先孰後，是否記下月、日，某個人名的出現或不出現，和出現一次或再次出現等等，都被視為有著某種特別的涵義。本書多處提到反對戰伐，贊同孟子的「《春秋》無義戰」說，這當然與維護劉漢王朝長治久安的政治需要有關。〈竹林〉篇假借有「問者」提出這樣的詰難：《春秋》「其書戰伐甚謹。其惡戰伐無辭，何也？」的確，《春秋》中沒有一個字說到它「惡戰伐」；但董仲舒用他獨特的闡釋方法，仍然可以認定孔子的反戰態度：「戰伐之事，後者主先。苟不惡，何為使起之者居下，是其惡戰伐之辭已。」奧妙就在記敘的次序上：挑起戰爭的一方記在被戰伐一方之後。如魯莊公二十八年（西元前六六六年）齊伐衛，《春秋》記：「衛人及齊人戰。」又如魯文公十二年（西元前六一五年）秦伐晉，《春秋》記：「晉人、秦人戰于河曲。」文中認為這便是孔子的「惡戰伐之辭」，是不言之言。並由此得出結論說：「《春秋》之所惡者，不任德而任力，驅民而殘賊之。其所好者，設而勿用，仁義以服之也。《詩》云：『矢其文德，洽此四國。』此《春秋》之所善也。」即反對霸道，提倡王道。再如《春秋》魯僖公十六年（西元前六四四年）記：「春王正月戊申朔，隕石于宋五。是月六鷁退飛過宋都。」這段看來平實不過的記載，《公羊》學家們同樣以為其中自有大義在。本書〈深察名號〉篇說：「名隕石則後其五，言退鷁則先其六。」就是說記隕石與記鷁鳥不一樣：前者數量詞在名詞之後，後者則相反，數量詞在名詞之前。篇中把這一具體書例引向它的論題：如何對待正名。提倡要像聖人那樣「無所苟而已」。而在另一處，董仲舒更將此例解釋為是上天垂象對宋襄公欲行霸道的警戒。其文稱：「石，陰類；五，陽數。自上而隕，此陰而陽行，欲高反下也。石與金同類，色以白為主，近白祥也。鷁，水鳥；六，陰數。退飛，欲進反退也。其色青，青，祥也，屬於貌之不恭。天戒若曰：德薄國小，勿持炕陽。欲長諸侯，與強大爭，必受其害。」（《漢書・五行志》）

本書對《春秋》還有一個闡釋的方法，就是所謂避諱問題。從空間上說，內外有別；從時間上說，遠近有別。關於內外有別，《公羊傳》在魯隱公十年（西元前七一三年）下稱：「《春秋》錄內而略外，於外大惡書，小惡不書；於內大惡諱，小惡書。」本書首篇〈楚莊王〉將其概括為：「於外道而不顯，於內諱而不隱。」也就是說，《春秋》記敘篡弒一類事，若是發生在魯國以外的，就書其事，正其罪，以明其義；如果發生在魯國的，則要為尊者諱，為賢者避，雖不隱其事，但要微其辭。同時這內與外又是相對的：從魯國與諸夏來說，魯國是內，諸夏是外；從諸夏與夷狄來說，諸夏是內，夷狄是外。再說關於遠近有別。《春秋》記載史事是以魯國十二公的世系為先後次序的，時間長達二百四十二年。這樣一個時間跨度，孔子當然不可能全都親歷，於是就有了「所見、所聞、所傳聞」的三世之說。其中「所見」最近，為孔子親歷；「所傳聞」最遠，已只能聽到一些傳聞。公羊學家認為《春秋》對三世中所發生的事，記敘時採取了不同的用辭和態度。本書首篇〈楚莊王〉：「於所見微其辭，於所聞痛其禍，於傳聞殺其恩。」之所以要這樣做，篇中解釋有兩層涵義：一是感情上的親疏：「近近而遠遠，親親而疏疏。」二是為了避免文禍：「義不訕上，智不危身。故遠者以義諱，近者以智畏。畏與義兼，則世逾近而言逾謹矣。」這後一層意思讀了著實讓人心寒。它說明即使在言論較為自由的春秋戰國時代，若要秉筆直書當代史，也是一件很危險的事。此意後人亦多有論及。如《史記・十二諸侯年表》：「七十子之徒口受（通「授」）其傳指（通「旨」），為有所刺譏褒諱挹損之文辭，不可以書見也。」所以「口受」而不用「書見」，就是怕落下「白紙黑字」帶來麻煩。《漢書・藝文志》說得更清楚：「《春秋》所貶損大人當世君臣，有威權勢力，其事實皆形於《傳》，是以隱其書而不宣，所以免時難也。」

不過《公羊》學家們在避諱問題作的文章，還是側重於所含「大義」，即要通過對避諱問題的闡釋，從中發掘出維護周天子權威、嚴明尊卑上下秩序一類涵義。如本書〈玉英〉篇：「《春秋》之書事時，詭其實以有避也；其書人時，易其名以有諱也。」這是說為了達到有所迴避和隱諱的目的，《春秋》有時不惜故意記錯史實、更改人名。接著舉了兩個實例。一例是為魯隱公避諱的：「詭莒子號謂之人，避隱公也。」魯隱公八年（西元前七一五年），隱公作為諸侯國的國君，與一個爵號僅為大夫的小國莒，會盟於包來這個地方。這是很讓魯隱公丟面子的，也有違尊卑秩序。為此《春秋》作了這樣的記載：「公及莒人盟于包來。」有意把莒國大夫稱之為「莒人」，這樣就更擡高了隱公的地位，顯出莒國對魯國的順從。還有一例是為周天子諱的：「詭晉文得志之實，以代諱避致王也。」魯僖公二十八年（西元前六三二年），其時已成為霸主的晉文公，在踐土這個地方大會諸侯，同時「召」周天子赴會。一個周王朝屬下的諸侯國居然向周天子發起號令來了，這不是太讓人難堪了嗎？但那時的所謂「天下共主」的周王朝早已成了傀儡，無可奈何的周天子只好打點行裝乖乖去了踐土。《春秋》卻硬是還要讓周天子打腫臉充胖子，作了這樣記載：「天王狩于河陽。」周天子去應「召」赴會了嗎？不，沒有的事！他是按照禮制上「春蒐、夏苗、秋獮、冬狩」的規定，到黃河北岸去狩獵的呀！此例司馬遷在《史記・孔子世家》亦特為徵引，並指出，孔子之所以要這樣做，目的就在於「推此類以繩當世」。而本書之所以要竭力闡發此義，也是為了「繩當世」，即維護劉漢王朝的大一統。

本書中此類案例還有很多，讀者諸君若是初次接觸，也許會覺得頭緒茫然，不勝其煩。但只要聯繫我們在注釋中提供的相關史實閱讀一過，相信就會意趣盎然。這一小節已寫得過長，請允許我再引〈竹林〉篇中的一段話作為結束：讀《春秋》，「辭不能及，皆在於指，非精心達思者，其孰能知之。《詩》曰：『棠棣之華，偏其反而。豈不爾思，室是遠而。』子曰：『未之思也，夫何遠之有？』」呵，美麗的棠棣花呀，你搖來擺去，不是我不思念你，是你離我實在太遠了啊！孔老夫子說：不！不是它離你太遠，而是你沒有好好思考；你若是好好思考了，哪裡還會覺得它遠呢！讀《春秋》是這樣，讀《春秋繁露》也是這樣。如果我們把它比作一樹棠棣花，諸君若能花一點時間，那麼它們就會在你面前爭奇鬥豔，朵朵怒放。

㈢以《春秋》之道治國平天下

在董仲舒看來，孔子是通過《春秋》為王者立法，因而《春秋》不僅蘊含著維護周統、尊王攘夷、嚴明尊卑貴賤秩序等大義，而且還提供了治國平天下的方法，即同時具有操作層面的涵義。這是因為《春秋》之作，原是為了達到「反王道之本，譏天王以致太平」（〈王道〉）的目的。

本書開卷第一篇〈楚莊王〉中提出：「《春秋》之道，奉天而法古。」「奉天法古」被認為是王者的頭等要事。而所以要法古，是因為「雖有巧手，弗修規矩，不能正方圓；雖有察耳，不吹六律，不能定五音；雖有知心，不覽先王，不能平天下。然則先王之遺道，亦天下之規矩六律已。」這段話說明古代聖王的「遺道」亦來自「法天」，所以「奉天」和「法古」是同源的，都是天。那麼王者為什麼要遵奉和效法上天呢？回答是因為「王者受命而王」（〈三代改制質文〉），即皇權在法源上為上天所授。應當說，這一問題漢武帝比董仲舒想得更多也更早。正是他，在給董仲舒的策問中，首先提出了「三代受命，其符安在」(《漢書・董仲舒傳》)的命題。在漢武帝看來，一旦君權天授這一觀念成為共識，自然也就否定了漢王朝建立之初劉邦與諸侯王、功臣宿將訂立的那種盟約關係，那樣皇權就能擺脫盟約的掣肘，從有限向無限轉化。但董仲舒無論在《春秋繁露》中，或是在〈天人三策〉中，對這個問題的思考遠沒有到此為止。他認為天以權授君是有條件的，這個條件就是君必須遵奉和效法天。〈王道通三〉篇說：「王者唯天之施。」又謂：「天，仁也。天覆育萬物，既化而生之，有養而成之，事功無已，終而復始，凡舉歸之以奉人。察於天之意，無窮極之仁也。人之受命於天也，取仁於天而仁也。」天是那樣普施恩澤於萬物，真正做到了「無窮極之仁」，作為受命者的君王，自然要效法上天而施仁於民。在這裡，董仲舒把孔子關於仁的學說與天道觀念結合了起來，應是他的一個創造。〈王道〉篇從《春秋》「何貴乎元」說起，元就是始，「王者，人之始也。王正，則元氣和順，風雨時，景星見，黃龍下；王不正，則上變天，賊氣並。」〈竹林〉篇則進一步把「上奉天施」與「下正人」作了對應：「《春秋》之序辭也，置王於春、正之間，〔豈〕非曰上奉天施而下正人，然後可以為王云爾。」這個「正人」，首先是指端正君王自己。此意在〈仁義法〉篇中說得極明白：「《春秋》為仁義法。仁之法在愛人，不在愛我；義之法在正我，不在正人。我不自正，雖能正人，弗予為義。人不被其愛，雖厚自愛，不予為仁。」王道的起點在君王正己愛人。這一點，董仲舒在〈天人三策〉中也作了強調：「故為人君者，正心以正朝廷，正朝廷以正百官，正百官以正萬民，正萬民以正四方。」

但是高踞於臣民之上、傲然君臨著天下的帝王，真能按照《公羊》學家們闡釋的《春秋》仁義之法來約束自己嗎？《漢書・汲黯傳》記了一件有趣的事。一次武帝正與一些文學儒者大談他將如何施行仁義，謁者汲黯提了個問題：「陛下內多欲而外施仁義，奈何欲效唐虞之治乎？」武帝一聽大怒，「變色而罷朝，公卿皆為黯懼」。後來總算僥倖，武帝不作追究，只是在別人面前罵了句：「甚矣，汲黯之戇也！」

汲黯太戇了，戇就戇在把帝王玩弄的仁義把戲當作了真有那麼一回事。讀董仲舒傳記，可知此公雖也難免有幾分學人的天真，但還不至於戇到汲黯的地步。他也知道單是向君王說說奉天、法天一類話，不會有多少效果，因而又直接援引天威來警示帝王，這就是他的災異說（詳後第六節）。災異說很難用現代科學作出說明，有一點倒是可以肯定：中國古代帝王大多深信不疑。雄才大略如漢武帝，也在對董仲舒的策問中特地提出：「災害之變，何緣而起？」（《漢書・董仲舒傳》）至於它對沒有任何制約機制的皇權究竟能有多少約束作用，也實在難說。

本書〈正貫〉、〈十指〉兩篇將《春秋》大義概括為六科、十指。這六科、十指不妨看作是董仲舒以現實政治需要為目標，從經傳文字中闡發、引申而成的一份治國方略或綱要。其中不少是告知君王如何正確處理與諸侯、臣、民等的關係，以期達到「德澤洽而國太平」（〈通國身〉）的目的。如：

【君與民】「十指」第一指是「舉事變見有重焉」，這個「重」就是指《春秋》重民。〈俞序〉篇說：「故子夏言《春秋》重人，諸譏皆本此。」譏是譏刺天子、諸侯之行事。所以要譏，是因為他們的作為傷害了民眾。〈竹林〉篇亦說：「《春秋》之敬賢重民如是。是故戰攻侵伐雖數百起，必一二書，傷其害所重也。」又謂：「是害民之小者，惡之小也；害民之大者，惡之大者也。」這層意思在〈盟會要〉篇中又作了強調：「聖人者貴除天下之患。貴除天下之患，故《春秋》重而書天下之患徧矣。」〈滅國〉篇從「王」「君」這兩個字的字義入手，說明當國者決不能脫離民眾：「王者，民之所往；君者，不失其群者也。故能使萬民往之，而得天下之群者，無敵於天下。」在〈王道〉篇中還就此意舉了個春秋時的小國梁的實例。梁國由於「內役民無已」，又「殺戮如屠，仇讎其民」，民眾只好紛紛逃亡，結果「國中盡空」。《春秋》記了兩個字：「梁亡。」本書評論說：「亡者，自亡也，非人亡之也。」〈竹林〉篇中《春秋》所記的一個特例，更說明了民眾的生命要高於君命的思想。楚、宋交戰，楚圍宋已達八月之久，軍中只剩下七天的糧食，楚莊王準備七天內發起攻城，命司馬子反去登山窺探宋城內虛實。據《公羊傳》

記載，在宋國大夫華元說出了城內已困難到「易子而食，析骨而炊」的情況後，子反亦把楚軍只剩下七天糧食的情況告知了對方。由於子反洩露了實情又不願留下來攻城，楚莊王只好下令撤圍回國。按常理，子反這樣做違反了君命，是不符合人臣之義的；但篇中解釋說：「《春秋》之道，固有常有變。變用於變，常用於常，各止其科，非相妨也。」這就是說，子反的這一做法屬於「變禮」：「子反往視宋，聞人相食大驚而哀之，不意之至於此也。是以心駭目動而違常禮。禮者，庶於仁，文質而成體者也。今使人相食，大失其仁，安著其禮？方救其質，奚恤其文？故曰『當仁不讓』，此之謂也。」子反的這種「廢君命」，不僅允許，還應當讚揚，故「《春秋》大之」。

特別值得一提的是第十三篇〈重政〉。此篇從《春秋》「變一為之元」說到重政，提出了大命（一稱正命）、隨命、遭命的三命說。大命即人之自然壽命，而隨命和遭命則同屬變命，都是由於政治原因致使不能盡享天年的：「政不齊則人有忿怒之志，若將施危難之中」，這樣就出現了人的壽命被減損的種種情況。董仲舒在對策時，亦把人生命的「或壽或夭」，歸之於「治亂之所生」（《漢書》本傳）。〈重政〉篇提醒當政者：對此「不可不省之，省之則重政之本矣」。三命之說，始見於《莊子．列禦寇》：「達大命者隨，達小命者遭。」還很不完備。王充《論衡．命義》引《公羊傳》三命為正命（即大命）、隨命、遭命，但今存《公羊傳》不見此語。《白虎通義．壽命》中提出的三命為壽命（或作受命）、隨命、遭命。但《論衡》、《白虎通義》成書時間均晚於《春秋繁露》，故較為系統地闡述三命，並明確與王者為政之道聯繫起來，當以董氏為始。重政之本在重民，尤其要重視人的生命。出現在兩千多年前的這一思想，有著極為珍貴的人道的閃光。

在儒家學說中，孟子的「重民輕君」思想一向為人所稱道。本書中的許多論述可以說明，董仲舒是繼承了這一思想的；但他所處的時代集權專制制度業已確立，出於維護這一制度的考慮，他在強調重民的同時又提出了「屈民」的命題。〈玉杯〉篇說：「故屈民而伸君，屈君而伸天，《春秋》之大義也。」

〈深察名號〉篇中反覆強調王者必須重視對民眾實施教化，說民眾就像「瞑者待覺，教之然後善」。他的〈天人三策〉則具有更強烈的現實感，文中建議王者要用教化這道「堤防」，去阻擋萬民趨利的洶湧之勢：「夫萬民之從利也，如水之走下，不以教化堤防之，不能止也。是故教化立而姦邪皆止者，其堤防完也；教化廢而姦邪並出，刑罰不能勝者，其堤防壞也。」（《漢書》本傳）

【君與臣】　首先要明確各自名分。「六科」之一便是：「立義定尊卑之序，而後君臣之職明矣。」〈王道〉篇亦強調要「明君臣之義，守國之正」。對君主來說，尊賢任能是治國之本。「論賢才之義，別所長之能」，被列為「十指」之一。〈精華〉篇在引錄了《春秋》中的多個實例後指出：「故天下雖大，古今雖久，以是定矣。以所任賢，謂之主尊國安；所任非其人，謂之主卑國危。萬世必然，無所疑也。」〈滅國上〉篇將《春秋》所載各國國君對待臣屬的實例，作了正反、前後的對比。如「楚王髡託其國於子玉得臣，而天下畏之」；但後來「髡殺得臣」，結果是「天下輕之」。再如「虞公託其國於宮之奇，晉獻患之」；但後來「虞公不用宮之奇」，結果是「晉獻亡之」。由此得出結論：「存亡之端，不可不知也。」

臣對君，應當盡忠盡職，一切惡名應全由臣子來承擔，功績和榮譽則盡歸之於君。〈陽尊陰卑〉篇稱：「是故《春秋》君不名惡，臣不名善，善皆歸於君，惡皆歸於臣。」一旦發生變亂，臣必須伏節死難，不惜其命。〈王道〉篇舉《春秋》之義說：「臣不討賊，非臣也。」「賊不討者，不書葬，臣子之誅也。」如果弒君之賊還沒有得到討伐，《春秋》就不記載國君的葬禮，以示對臣子沒有盡到責任的譴責。同篇還列舉了《春秋》所載錄的多個案例，對弒君之臣和殺賊之人分別予以貶斥和讚揚。如鄭相子駟因政見不合而殺鄭伯髡原，斥之為「強臣專君，君不得為善也」；衛國州吁、齊國公孫無知篡君自立，衛人、齊人起而殺之，則讚之曰：「明君臣之義，守國之正也。」

需要說明的是，本書對君民、君臣關係更為充分的論述，應是第六卷的〈離合根〉、〈保位權〉、〈立元神〉等三篇，和第十七卷中的〈天地之行〉篇。可能由於這四篇不再從《春秋》所記史事中引發，少了些掣肘和拘囿，敘述也更為酣暢淋漓，辯贍有序；所論對道、法諸家的思想皆有所汲取，而又蹊徑獨闢，自成面目。〈立元神〉篇指出君主是「國之元」、「國之本」、「國之證」；強調為君之道在於「尊」和「神」：「尊者所以奉其政也，神者所以就其化也，故不尊不畏，不神不化。」那麼如何才能做到「尊」與「神」呢？「夫欲為尊者在於任賢，欲為神者在於同心。賢者備股肱則君尊嚴而國安，同心相承則變化若神。」〈離合根〉篇和〈天地之行〉篇都提出君主應「法天」，臣子須「法地」，而〈天地之行〉篇的論述尤為詳盡。它將天、地及其種種自然情狀皆加以人格化、道德化，然後一一對應於為君、為臣之道。儘管都只是一些比附，但你還是不能不欽佩古人觀察事物的精到，若再加以細細玩味，也不難發現其中蘊含著君、臣這兩類社會角色的豐厚的實踐經驗。此篇末章還將君與臣喻之為心與體的關係，結論是：「君明，臣蒙其功，若心之神，體得以全；臣賢，君蒙其恩，若形體之靜而心得以安。」

關於君與民的關係，在古代社會裡，實際上就是君主如何統治、役使民眾的問題。〈保位權〉篇提出要在嚴明尊卑秩序的前提下，使民眾既有所欲又有所惡，因為：「民無所好，君無以權也；民無所惡，君無以畏也。無以權，無以畏，則君無以禁制，則比肩齊勢而無以為貴矣。故聖人之治國也，因天地之性情，孔竅之所利，以立尊卑之制，以等貴賤之差。」但民眾的欲望不可使之泛濫，必須控制在一定的「度」上，即所謂：「使之有欲，不得過節；使之敦樸，不得無欲。」為著掌握這個「度」，就得運用賞、罰兩手：「有所好然後可得而勸也，故設賞以勸之。有所好必有所惡，有所惡然後可得而畏也，故設罰以畏之。既有所勸，又有所惡，然後可得而制。」法家強調君權必須獨擅，董仲舒則主張德、權並舉。〈保位權〉篇中有一段話說得相當精彩，不妨看作是董氏對君民、君臣關係的結論：

國之所以為國者，德也；君之所以為君者，威也。故德不可共，威不可分。德共則失恩，威分則失權。失權則君賤，失恩則民散。民散則國亂，君賤則臣叛。是故為人君者，固守其德，以附其民；固執其權，以正其臣。

【天子與諸侯】 諸侯王的問題，可說是建立和鞏固集權專制制度的最大障礙，所以漢初自高帝至武帝，一直對此極為關注，為削弱其勢力，也曾先後採取過多種措施。可能基於這種考慮，本書在敘述君與民、君與臣等關係時，都是對雙方分別提出要求，唯此天子與諸侯的關係，一些限制性的規定全是針對諸侯一方；對君主，則是一再提醒謹防諸侯坐大，因而把「彊幹弱枝，大本小末」（〈十指〉）列為《春秋》十項要旨之一。〈滅國下〉篇更提出了「亂之本，存親內蔽」的警示：對君主權位最大的威脅，不是來自外部、異姓，而是來自內部、同姓。文中據《春秋》所載選錄了魯莊公一年內三處修築樓臺，結果發生了國君近親三次企圖篡位的內亂；邢國為進犯同姓的衛國不惜聯合狄人，後來又反為衛所滅等實例，得出結論說：「其行如此，雖爾親，庸能親爾乎？」的確，帝王權力的誘惑是如此強烈，以至在權力的角逐場上，其倫常關係往往恰好與世俗相反：愈是親近愈危險。漢初在異姓諸王先後被消滅後，對中央政權最具威脅力的，就剩下同姓諸王了。發生在景帝時期的吳楚七國之亂，作亂者不都是同一血脈的劉姓諸王嗎？

本書〈王道〉篇依據《春秋》所立之義，規範了天子與諸侯及大夫之間的倫常名分。如就出行來說：天子「內出言如，諸侯來曰朝，大夫來曰聘。」這如、朝、聘，就是一種嚴格的尊卑等第關係，絕不容許僭越。本書中對諸侯權力有諸多限制，且用語堅決、嚴厲。如首篇〈楚莊王〉以「楚莊王殺陳夏徵舒」而「《春秋》貶其文」為據，連類提出：「齊桓不予專地而封，晉文不予致王而朝，楚莊弗予專殺而討。三者不得，則諸侯之得，殆貶矣。」〈王道〉篇列出了《春秋》所記的種種「非諸侯所當為」的實例，並概括指出：「有天子在，諸侯不得專地，不得專封，不得專執天子之大夫，不得舞天子之樂，不得致天子之賦，不得適天子之貴。」在規定了這一連串「不得」以後，又特別告誡一句：「君親無將，將而誅。」

這個「將」是指謀害、篡位一類企圖。意謂對國君或父母，不必有謀害、篡位一類行動，只要有此種企圖便可人人得而誅之。語見《公羊傳》莊公三十二年：「公子牙今將爾，辭曷為與親弒者同？君親無將，將而誅焉。」這話的歷史背景是，魯莊王病危，其弟叔牙向他建議死後可讓莊王的另一個弟弟慶父繼位。就說了這麼一句話，並未付諸行動，在《公羊》學家看來已經犯了弒君之罪。這是因為像弒君這樣的大罪，被認為是一有動機便已成獄，未遂與已遂同罪。篇中引錄了這句話，其意自然是在警告諸侯：漢家天子至高無上，絕不容許有任何冒犯！

此外，漢代的《公羊》學家還直接把《春秋》作為治獄的依據。本書〈精華〉篇說：「《春秋》之聽獄也，必本其事而原其志。志邪者不待成，首惡者罪特重，本直者其論輕。」所謂「本其事而原其志」，指不僅要查清犯罪事實，還要探明其犯罪動機。「志邪者不待成」、「本直者其論輕」，則是要把犯罪動機列為定罪量刑的首要依據：同樣的犯罪，動機邪惡的，即使未遂也可定罪；動機善良的，則可以從輕發落。這也就是《鹽鐵論・刑德》所說的：「《春秋》之治獄，論心定罪，志善而違於法者免，志惡而合於法者誅。」同篇根據這些原則，舉了《春秋》所記的逢丘父等四個案例，接著說：「此四者罪同異論，其本殊也。俱欺三軍，或死或不死。俱弒君，或誅或不誅。聽訟折獄，可無審邪？」在漢代，這種《春秋》決獄，或稱經義決獄，頗為盛行。如攻治《尚書》的兒寬，因能「以古法義決疑獄」，不僅得到廷尉張湯的器重，還受到了武帝的讚揚（見《漢書》本傳）。據《漢書・藝文志》著錄，董仲舒有《公羊治獄》十六卷，《隋書・經籍志》則記為《春秋決事》十卷，均早已亡佚，僅有零星殘篇散見於他書。如《太平御覽》引錄一「子誤傷父」案：父與某相鬥，子助父而誤傷父。「或曰：毆父也，當梟首。〔仲舒〕論曰：臣愚以為，父子至親也。聞其鬥莫不有怵惕之心，扶伏而救之，非所以欲詬父也。《春秋》之義，許止父病進藥於其父而卒，君子原心赦而不誅，甲（指其子）非律所謂『毆父』，不當坐。」以《春秋》決獄，偏重人倫之情，總體上有利於救漢初因沿秦制而法煩刑酷之弊。但有較多主觀隨意性，用以定罪量刑往往出入很大，也帶來不少負面影響。

儘管上述諸項對一個帝王治國平天下來說都很重要，但書中也只是點到為止，並未作系統論述。另一個同樣以《春秋》為據引出的問題，在董仲舒看來不僅重大，而且緊迫，因而用了較多的篇幅作了系統的論述，那就是關於受命之君應如何改制的問題。下一節，我們將以改制問題為中心內容，對反映在本書中的歷史觀和政治觀作一個簡略的介紹。

三、三統論與新王改制——歷史觀、政治觀

㈠改制問題的提出

本書首篇〈楚莊王〉依據《春秋》「奉天法古」之道，提出了一個命題：「王者必改制」。此意書中有多篇論及，其中〈三代改制質文〉篇則為論述改制的專文。

改制問題，在漢初的中央政權上層，該是個一說起來既使人興奮又讓人感到棘手和沉重的話題。說興奮，是因為在當時改制被認為是接受天命的一種儀式、一個標誌。「故受命而四海順之，猶眾星之共北辰，流水之宗滄海也」（〈觀德〉），那是何等令人神往啊！說棘手、沉重，是由於這件事並不是你想要做就能做得起來的。最先提出這個問題的不是董仲舒，而是文帝時期的賈誼。而且事實上，問題也非始於文帝，早在高帝時就已經存在。當年劉邦起於細微而逐鹿中原，其後又與項羽相爭於楚河漢界，一直處在戎馬倥傯之中，漢王朝倉猝建立後，改制的問題雖屢有提及，但一直未能列入正式議事日程。當時流行一種「五德終始」的學說（詳後文），以為受命之君上天必降祥瑞，使其獲得土、木、金、火、水這五德中的一德。據《史記・封禪書》的記載，劉邦東擊項羽還而入關，問起秦時祭祀哪些天帝，回答說是

有白、青、黃、赤四帝之祠。又問應有五帝，為何只有四帝？無人能答。於是「高祖曰：『吾知之矣，乃待我而具五也。』乃立黑帝祠，命曰北畤。」因為立了這麼一個黑帝祠，後來劉邦便以此作為獲得水德的祥瑞：

> 漢興，高祖曰：「北畤待我而起。」亦自為獲水德之瑞。雖明習曆及張蒼等咸以為然。是時天下初定，方綱紀大基，高后女主，皆未遑，故襲秦正朔、服色。（《史記・律書》）

秦為水德，漢亦為水德，「故襲秦正朔、服色」，就是說什麼都沒有改。不僅如此，漢初其他典制亦多依秦之舊。《漢書・高帝紀》對此作了這樣概述：

> 初，順民心作三章之約。天下既定，命蕭何次律令，韓信申軍法，張蒼定章程，叔孫通制禮儀，陸賈造《新語》。又與功臣剖符作誓，丹書鐵契，金匱石室，藏之宗廟。雖日不暇給，規摹弘遠矣。

這段話說了兩件事：一是各項典制的修訂；二是「與功臣剖符作誓，丹書鐵契」，也即所謂白馬盟約和封爵誓詞。這些盟約和誓詞，又是「金匱石室」，又是「藏之宗廟」，差不多困擾了漢初四、五世帝王，使他們無法獨擅皇權，此意本文第一節中已有所介紹，這裡單說典制的制訂。所謂三章之約，是劉邦初進咸陽時，為收攬民心而與當地父老的臨時約定。後來蕭何定律令，只是在秦盜、賊、囚、捕、雜、具等六篇的基礎上，增加了戶、興、廄三篇，合而成《漢律九章》。韓信申軍法，即重申秦之軍法。張蒼定章程有二：一是曆法，依秦之舊，仍以孟冬之月即夏曆十月為歲首；二是統一度量衡，亦多用秦制。叔孫通制禮儀，主要是朝儀及園陵、宗廟祭祀的禮儀，其制訂原則是「采古禮與秦儀雜就之」（《漢書・叔孫通傳》），自然也不會超出秦禮儀的範圍。至於陸賈的《新語》，所言為秦亡、漢興之由，非屬典制之作。所以劉邦在位十二年，就制度建設來說，未能形成作為一個新朝的規模，無法與縱然短暫卻不僅典制完備且多具創意的秦相比。高帝後是呂后與惠帝時期，漢統能否延續也一度成為問題，遑論改制之事。這樣到文帝即位，一方面，那批自高帝以來的功臣宿將和同姓諸王依然在相當程度上左右著朝政，另一方面文帝又力圖擺脫他們的控制，確立自己至尊至上的地位，因而改制問題就顯得尤為凸出。賈誼關於改制的建議便是在這樣一種政治氣候下提出來的。

《漢書》本傳說賈誼年少而「頗通諸家之書」，被召為博士時才二十餘歲。「每詔令議下，諸老先生未能言，誼盡為之對，人人各如其意所出，諸生於是以為能。文帝說（通「悅」）之，超遷，歲中至太中大夫。」又是被諸生稱為能人，又是受到文帝越級提拔，真可謂春風得意。但年輕的賈誼卻忘了有朝堂上那班功臣宿將在，豈容得他一介洛陽書生如此輕狂！賈誼奏議改制的時間，《史記》、《漢書》本傳無記載，《通鑑》則繫於文帝即位的前元元年（西元前一七九年）。《史記》本傳記其事稱：

> 賈生以為漢興至孝文二十餘年，天下和洽，而固當改正朔，易服色，法制度，定官名，興禮樂。乃悉草具其事儀法，色尚黃，數用五，為官名，悉更秦之法。

這裡說的是「色尚黃」，屬土德，與前面提到的劉邦認定漢為水德不一樣。此外，奏文中還有很重要的一條「列侯悉就國」：命諸侯王全都離開京師，到他們各自的封地去。這自然是出於加強中央集權的考慮。

對賈誼的建議文帝作何反應呢？《漢書．禮樂志》云：「天子說（通「悅」）焉。」《史記》本傳則說：「文帝初即位，謙讓未遑也。」這說明他心裡是很想這樣做的，但真要付諸實施，卻又顧忌多多。原因是文帝本為代王，是在絳侯周勃、丞相陳平等聯合齊王劉襄一舉誅滅呂氏後，經過多方的謀議和挑選，才把他擁上尊位的。如今座席未暖，羽翼未成，要採取如此大動作豈可唐突！所以「未遑」，急不得，須等時機成熟了才能做。緊接著，文帝「議以為賈生任公卿之位」。把賈誼擢升到公卿之位，自然是在為採納並實施他的有關改制等建議創造條件。這下諸侯王及功臣發話了！《漢書》本傳稱：「絳、灌、東陽侯、馮敬之屬盡害之，乃毀誼曰：『雒陽之人年少初學，專欲擅權，紛亂諸事。』」這個毀傷賈誼的帶頭人「絳」，就是在誅滅諸呂和擁戴文帝中得了頭功的絳侯周勃。在這種強大的壓力下，文帝只好退卻，讓賈誼做了犧牲品，逐出京師，去做長沙王太傅。賈誼躑躅於湘江之畔，以屈原自況，作〈離騷賦〉，仰天號歎：「烏呼哀哉兮，逢時不祥！……」

其實文帝對賈誼的改制之議，又如何能忘！賈誼在湘江邊苦苦等待了四年，文帝終於又將他徵召回京，並於未央宮宣室作徹夜長談。只是此時文帝仍處在無奈中，所問竟無關改制而是鬼神之事。唐代李商隱作詩歎曰：「宣室求賢訪逐臣，賈生才調更無倫。可憐夜半虛前席，不問蒼生問鬼神。」此後有關改制之事，在文帝之世依然餘波不斷。如據《史記・封禪書》和《漢書・郊祀志》記載，前元十三年（西元前一六七年）魯人上書以為漢當土德，其符瑞為黃龍。丞相張蒼則持另說，以為漢應是水德。後來據說因在成紀這個地方果然出現了黃龍，文帝便支持了公孫臣的土德說，還曾一度命諸生草擬改革曆法及服色之事。前元十六年（西元前一六四年）文帝又「使博士諸生刺六經中作〈王制〉」。此〈王制〉即今存《禮記》中的〈王制〉篇，內容涉及到爵制、祿制、田制、官制、封建制和朝聘巡狩等，多與改制有關。但文帝也只是令博士諸生作此，並未付諸實施。另據《史記・曆書》記載，這期間還有個叫新垣平的人「以望氣見，頗言正曆服色事」，很受文帝寵信，後被人告發其言皆詐而謀反，遭夷族。大概就因為這件事太讓文帝掃興了，此後他才「怠於改正朔服色神明之事」（《史記・封禪書》）。

景帝時期矛盾集中在諸侯王問題上。這時又出了個焦點人物，便是鼂錯。據《漢書》本傳及《史記・禮書》記載，鼂錯原為太子家令，得幸於太子，被稱為「智囊」。「景帝即位，以錯為內史。錯數請間言事，輒聽，幸傾九卿，法令多所更定。」鼂錯如此鋒芒畢露，很快招來了丞相申屠嘉等人的詆毀和中傷。但景帝態度頗為堅決，又將鼂錯從內史遷升為御史大夫。鼂錯便著手草擬有關改革封侯之制的建議共三十章，又歷數諸侯王罪過，奏請削藩。他對景帝說：「諸侯藩輔，臣子一例，古今之制也。今大國專治異政，不稟京師，恐不可傳後。」景帝採用了他的建議。鼂錯的父親感到情勢危急，從家鄉潁川趕來規勸兒子，說是你建議皇上那樣做，不怕得罪了人遭到危險嗎？鼂錯回答說：「固也。不如此，天子不尊，宗廟不安。」老父親一聲長歎，說：「劉氏安矣，而鼂氏危，吾去公歸矣。」竟飲藥而死。老人死後不過十幾天，就爆發了以請誅鼂錯為名的吳楚七國之亂。本來就嫉恨鼂錯的爰盎這時便暗中向景帝獻計：殺鼂錯以謝七國，「則兵可毋血刃而俱罷」。為保住自己的皇位，景帝果然拋出了鼂錯這匹替罪羔羊。但殺了鼂錯七國仍不罷兵，其中原委，後來由將兵討伐吳楚因而深知內情的鄧公道出。他對景帝說：「吳為反數十歲矣，發怒削地，以誅錯為名，其意不在錯也。」到這時景帝才「喟然長息，曰：公言善，吾亦恨之。」

七國之亂發生在景帝前元三年（西元前一五四年）。這一年，後來當上漢武帝的劉徹已滿三歲。第二年他被立為膠東王，而前膠東王雄渠就是他的叔伯祖父，因參加七國之亂而自殺。年幼的劉徹親歷了這些刻骨銘心的事件，不能不影響到他後來的當政。建元元年（西元前一四〇年）武帝剛一即位，就頒詔薦舉賢良方正直言極諫之士，並授任竇嬰為相、田蚡為太尉、趙綰為御史大夫，頗有一種革故鼎新的氣勢。但不久又出現了曲折。據《漢書》本傳和〈竇田灌韓傳〉以及《史記》的〈儒林傳〉、〈封禪書〉等記載，在這期間，竇嬰、田蚡先後提出了「迎魯申公，欲設明堂，令列侯就國，除關，以禮為服制」等一系列改革和推崇儒學的舉措，又「舉謫諸竇宗室無行者，除其屬籍」，這下可激怒了愛好黃老的竇太后。於是竇太后便「使人微伺」，即派人暗中刺探。偏在這時，御史大夫趙綰又「請毋奏事東宮」，也即建議取消竇太后聽政的權力。竇太后抓住這「奸利事」當面怒斥武帝：「此欲復為新垣平邪！」意思是你難道要讓趙綰他們像文帝時的新垣平那樣謀反嗎？這時武帝才十七歲，在竇太后這位老祖母面前還是個孩子，無法違抗如此重責，只好免去了竇嬰的丞相和田蚡的太尉的職務；趙綰與王臧更下吏議罪，二人後皆自殺。直到建元六年（西元前一三五年）竇太后去世後，才重新啟用田蚡為相，「絀黃老刑名百家言，延文學儒者數百人」。第二年，即元光元年（西元前一三四年）五月，詔賢良對策。對策宗旨是如何效法五帝三王，以期天下洽和；內容包括天命、改制、祥瑞、災異和政事等等，要求「咸以書對，著之於篇」；「於是董仲舒、公孫弘等出焉」。董仲舒就是在這個時候應詔對策，作出了他的〈天人三策〉。儘管他此後依舊命途多舛，但他能夠完成《春秋繁露》以及其他多種著述，還是有賴於漢武帝開創的這樣一個時代。

㈡改制的內容及其理論依據

本書對改制的論述頗成系統，諸如改制的必要性，改制與天道的關係，改制涉及的內容，還有與正朔、服色相應的官制、服制、度制以及爵國之制的改革等等，均一一論及；而改制的理論依據，則是董仲舒自創的「三統論」。

首篇〈楚莊王〉指出新王之所以必須改制，是因其「受命於天」。特別說明：「易姓更王，非繼前王而王也。若一因前制，修故業，而無有所改，是與繼前王而王者無以別。受命之君，天之所大顯也。事父者承意，事君者儀志，事天亦然。今天大顯己，物襲所代而率與同，則不顯不明，非天志。」由於新王不是繼前王而王，而是受天命而王，所以必須對王制有所更改，以顯示區別，不然就無法體現天意。那麼是否全都要改呢？不，「非改其道，非變其理」，道和理都是不需、也不可改變的，因為董仲舒在對策時就說過：「道之大原出於天，天不變，道亦不變。」（《漢書》本傳）哪些該改，哪些不必改，〈楚莊王〉篇列出了明細的清單。必須改的包括「徙居處、更稱號、改正朔、易服色」等；不必改的「若其大綱、人倫、道理、政治、教化、習俗、文義盡如故，亦何改哉？」

那麼上述改與不改又是如何確定的呢？王制在以往的沿革中又有些什麼規律可以遵循呢？這就涉及到一個王朝因何興衰、歷史如何演進的大問題，需要製造出一種理論來加以支撐。還在戰國時期，當七國紛戰的上空依稀出現復歸一統的曙光的時候，就有一位叫鄒衍的陰陽家，為即將應運而生的天下共主設計了一種「五德終始」的學說。《史記・荀孟列傳》說鄒衍「深觀陰陽消息，而作怪迂之變，〈終始〉、〈大聖〉之篇十餘萬言，其語宏大不經。」還說他「稱引天地剖判以來，五德轉移，治各有宜，而符應若茲。」所謂「五德轉移」亦即五德終始說。另據《史記・封禪書》：「騶衍以陰陽〈主運〉顯於諸侯。」說明鄒衍還曾以「五德終始」向諸侯遊說過。但他的〈終始〉、〈大聖〉等著作早已散佚，對五德終始說較為完整的敘述，流傳至今的則僅見於《呂氏春秋》中的〈應同〉篇：

凡帝王者之將興也，天必先見祥乎下民。黃帝之時，天先見大蚓大螻，黃帝曰：「土氣勝。」土氣勝，故其色尚黃，其事則土。及禹之時，天先見草木秋冬不殺，禹曰：「木氣勝。」木氣勝，故其色尚青，其事則木。及湯之時，天先見金刃生於水，湯曰：「金氣勝。」金氣勝，故其色尚白，其事則金。及文王之時，天先見火，赤烏銜丹書集於周社，文王曰：「火氣勝。」火氣勝，故其色尚赤，其事則火。代火者必將水，天且先見水氣勝。水氣勝，故其色尚黑，其事則水。水氣至而不知，數備，將徙於土。

五德即五行。五行依次循環，依次用事，終而復始；相繼獲得五行中某一行的天子亦隨著依次循環，依次用事，終而復始。在上述引文中，土、木、金、火四德，已分別相繼為黃帝、夏禹、商湯和周文王受命的象徵，尚剩下一個水德，等待著未來統一列國後的天子。自「代火者必將水」以下一段話，《呂氏春秋》轉述時，在語氣上特別作了強調，顯然是作為此書編撰者的呂不韋在提醒秦王嬴政：時不我待，必須緊緊抓住，切莫眼睜睜看著水德數盡，再周而復始地轉到土德去。儘管嬴政後來威逼呂不韋飲鴆而死，但呂氏的這項建議，他還是接受並付諸實施的。《史記・秦始皇本紀》載：「始皇推終始五德之傳，以為周得火德，秦代周德，從所不勝。方今水德之始，改年始，朝賀皆自十月朔。衣服旄旌節旗皆上黑，數以六為紀。」又「更名河曰德水，以為水德之始」。

董仲舒顯然研讀過鄒衍的五德終始說，但他覺得此說理論上還相當粗疏，在操作層面上又很不完備，因而須另創更為系統的三統論以代之。在董仲舒看來，任何一個王朝都不能永世長存，新王朝的受命，舊王朝的被「革命」，都應是正常的事。這是歷史變化的一面。歷史還有不變的一面，那就是天命的更移，王朝的嬗替，都是在一個固定的系統內進行的；這個固定的系統就是體現天意的「道」，「天不變，道亦不變」。基於這樣一個構想，本書〈三代改制質文〉篇主要以《公羊傳》對經文「王正月」的釋文為據，將夏、商、周三代制度的沿革作了有序的編排，形成一個周而復始的完整系統。三代各成一統，各有自己的曆法、服色以及與之相應的朝會、祭祀等制度和冠、婚、喪諸項禮儀。各統以其所選定的正色為名，分別稱為白統、赤統、黑統。下面便是篇中所敘述的商、周和《春秋》應天作新王的白、赤、黑三統：

湯受命而王，應天變夏作殷號，時正白統。故親夏虞，絀唐謂之帝堯，以神農為赤帝。作宮邑於下洛之陽，名相公曰尹。作〈濩〉樂，制質禮，以奉天。

文王受命而王，應天變殷作周號，時正赤統，親殷故夏，絀虞爵謂之帝舜，軒轅曰黃帝，推神農以為九皇。作宮邑於豐，名相公曰宰。作〈武〉樂，制文禮，以奉天。……

《春秋》應天作新王之事，時正黑統。正魯，尚黑，絀夏，親周，故宋。樂宜親〈招〉、〈武〉，故以虞錄親，樂制宜商，合伯子男為一等。

以上還只是對白、赤、黑三統各自對前王的關係以及禮樂制度作了輪廓性的規定，篇中對與之相應的朝會、祭祀等項制度，「一商、一夏，一文、一質」四種循環往復的禮制模式，以及《春秋》如何行新王之法，還有更詳盡的論述。特別強調：能以三統統天下者，必為華夏中國；統天下之要在統正，「統正，其餘皆正。」

上述兩個系統都沒有提到秦。五德終始說中沒有提到秦很好理解：因為當時大一統的秦王朝尚未建立。三統論為什麼也沒有秦的位置呢？最簡便的解釋是由於秦行暴政，在漢人看來它不配入統，因而將它一腳踢出三統之外。不過董仲舒自有他更深層的理由。他的三統論認為，各種禮制都有它的長處和短處，在相互承續時，應避其短而揚其長。但秦之政卻反其道而行之，因而自外於三統。此意《史記・高祖本紀》贊語中作了這樣的解釋：

夏之政忠。忠之敝，小人以野，故殷人承之以敬。敬之敝，小人以鬼，故周人承之以文。文之敝，小人以薄，故救薄莫若以忠。三王之道若循環，終而復始。周秦之間，可謂文敝矣。秦政不改，反酷刑法，豈不繆乎？故漢興，承敝易變，使人不倦，得天統矣。

本書〈三代改制質文〉篇說：「《春秋》作新王之事，變周之制，當正黑統。」這個「新王」就是漢王，漢跳過秦繼周之赤統而為黑統。同篇對黑統的正朔、服色以及相關禮制表述如下：

正黑統者，歷正日月朔於營室，斗建寅。天統氣始通化物，物見萌達，其色黑。故朝正服黑，首服藻黑，正路輿質黑，馬黑，大節綬幘尚黑，旗黑，大寶玉黑，郊牲黑。犧牲角卵，冠於阼，昏禮逆於庭，喪禮殯於東階之上。祭黑牲，薦尚肝，樂器黑質。

上述改制內容，具有標誌意義的是正朔和服色兩項。正朔即曆法。為什麼曆法的變更會成為顯示天命的一項重要內容呢？我國古代使用的都為陰陽曆。一個回歸年是三百六十五日，一年十二個月，大月三十日，小月二十九日。每月的朔、望日要與月相相合。十二個月相加為三百五十四日到三百五十五日，比一個回歸年要少十日又二十一小時。為了彌補這一短缺，每隔二年或三年加一閏月，在十九年內共設置七個閏月。由於陰陽曆須同時對應於地球繞太陽和月球繞地球的運行週期，致使每年四季的區分和寒暑諸節氣以及二分、二至等的日期頗多差異，再加上閏月的是否設置，這些都需要有一權威機構提前作出統一預告，以便各地來年農事的安排，和催種催收政令的下達。此事在以農業為最主要經濟部門的古代社會裡關係極為重大，因而主持其事也就成了一個正統王朝行使統轄權的一種象徵。如周制，通常是天子於每年秋冬之交將第二年曆書頒給諸侯，稱「告朔」。諸侯於每月朔日告廟聽政。《史記．曆書》稱：「幽厲之後，周室微，陪臣執政，史不記時，君不告朔，故疇人（掌曆算者）子弟分散，或在諸夏，或在夷狄，是以其禨祥廢而不統。」在這裡，「君不告朔」就成了一個王朝衰落的標誌。所以新王朝一建立，就必須變更正朔，以顯示天命所歸。秦始皇統一中國後，頒行的是顓頊曆，以孟冬之月即夏曆十月為歲首，建亥。漢初沿用秦曆。此曆行用至漢代，由於每年的誤差遞相積累，致使「朔晦月見，弦望滿虧，多非是」（《漢書．律曆志》），弄到了該有滿月的月望偏是不見月亮，不該有月亮的朔晦反而皓月當空的混亂地步。再加上以孟冬之月為歲首，先冬後春，與四時次序也不相應。這說明漢初的改正朔，不僅為了顯示受命，同時也是客觀實際的需要。夏以夏曆正月為歲首，建寅；殷以夏曆十二月為歲首，建丑；周以夏曆十一月為歲首，建子。依照三統論「逆數三而復」（〈三代改制質文〉）的原則，漢應以孟春之月即夏曆正月為歲首，建寅。

服色，指所尚之色，包括天子和百官的朝正服以及車馬、旗幡、祭祀用牲等的顏色。歷代各有所尚。如《禮記．檀弓上》：「夏后氏尚黑，大事斂用昏，戎事乘驪（黑馬），牲用玄。殷人尚白，大事斂用日中，戎事乘翰（白馬），牲用白。周人尚赤，大事斂用日出，戎事乘騵（紅馬），牲用騂（赤色）。」各個王朝因何所尚之色互異，陳澔在注中作了一個多半出於猜測的解釋：「禹以治水之功得天下，故尚水之色。湯以征伐得天下，故尚金之色。周之尚赤，取火之勝金也。」這個尚什麼色的問題一進入「五德終始」的系統，便與符命與五行聯繫了起來。如商湯之所以尚白，是因為「天先見金刃生於水，湯曰：『金氣勝。』金氣勝，故其色尚白」（《呂氏春秋．應同》）。三統論則更將所尚之色與正朔、天象、物侯一一作了對應，尚什麼色取決於屬什麼統：白統尚白，赤統尚赤，黑統尚黑。按照董仲舒的論述，既然漢是繼周而「當正黑統」，故應尚黑。

三統論的出現，在中國帝王制度史上應是很重要的一頁。此前，也曾有過種種說法，意欲為出現在華夏大地上的最高政治權力提供某種正當性或合理性的證明。如散見於《尚書》、《詩經》、《左傳》中的天命觀念，孟子的「君薦天與」說❸，鄒衍的「五德終始」說，秦始皇的「宗廟之靈」說❹等。董仲舒的三統論，無論就其本身的完整性、系統性，或是對後世的影響，都要遠勝上述諸說。三統論的核心是君權天授。從此，帝王權力的至上性和永恆性有了最權威的理論支撐，即所謂：「道之大原出於天，天不變，道亦不變。」

但其實，這只是一個方面。完整地理解董仲舒的三統論，還應有另一個也許是更為重要的方面，那就是對君權的制約，包括必要時對君權的剝奪。三統論中不變的是道統，而不是具體某一姓世系的帝王權位；帝王權力的從一姓轉移到另一姓，本是三統論題中應有之義。漢昭帝時有個叫眭弘的符節令，是董仲舒的再傳弟子。他因看到大石自立、枯社木復生等異常現象而思考這是否就是「易姓告代」的徵兆時，引了「先師董仲舒」的話：「雖有繼體守文之君，不害聖人之受命。」（《漢書・眭弘傳》）這說明在董仲舒的理論中，帝王有受命之君與繼體守文之君的區別。受命之君通常指開國皇帝，但也有例外，如漢哀帝時便曾有「漢國再獲受命之符」的記載（見《漢書・李尋傳》）。繼體守文之君，倘若昏庸失德有違天命者，就該「求索賢人，禪以帝位，而退自封百里，如殷周二王后，以承順天命」（《漢書・眭弘傳》）。書中有關如何假借天命制約以至剝奪君權的論述，準備放到後文第六節中一起介紹。

---

❸ 見《孟子・萬章上》。萬章對「堯以天下與舜」的事提了一系列問題，孟子一一作了回答。孟子說「天子不能以天下與人」，舜有天下是堯「薦人於天」，然後「天與之者」。當然，天不會開口說話，那麼從何得知是天與之的呢？堯讓舜「主祭，而百神享之，是天受之」，由此證明「天與之」。

❹ 見《史記・秦始皇本紀》。秦統一六國後，秦始皇在詔令中說：「寡人以眇眇之身，興兵誅暴亂，賴宗廟之靈，六王咸伏其辜，天下大定。」

㈢以天道和天命規範相關諸制

本書中還有〈官制象天〉、〈考功名〉、〈諸侯〉、〈爵國〉、〈服制〉、〈度制〉和〈基義〉、〈陽尊陰卑〉、〈陰陽義〉等多篇，涉及到設官、考績、封爵、授土和與爵祿相應的衣服、宮室、舟車等諸項制度，以及德教與刑罰等等。儘管對這些制度先秦及漢初諸子也多有論及，本書的敘述自有其特點：除了稱引《春秋》，還依託於天道和天命，強調各項制度都要「象天」、「法天」，不可違逆「天數」、「天理」；其具體的設置則含有較多理想成分，與實際存在較大距離。

【設官與考績】 一個王朝的中央政權機構該設置多大的規模？〈官制象天〉篇作了這樣設計：「王者制官，三公、九卿、二十七大夫、八十一元士，凡百二十人，而列臣備矣。」這樣一個官制體系並非董仲舒首創，成書於漢文帝十六年（西元前一六四年）的〈王制〉（即今本《禮記》中的〈王制〉），對天子及其所分封的大、中、小諸國的官制已作過構想，其中天子為「三公、九卿、二十七大夫、八十一元士」。不過無論本書或〈王制〉，其實都只是對三代官制帶上理想成分的追憶，並非歷史實錄。三公、卿、大夫、士這些官稱，古代文獻只能零星見到。三公連稱，《尚書・周官》有一句：「茲惟三公，論道經邦，燮理陰陽。」能實際證明確有三公之設的，是戰國時的《縱横家書・蘇秦謂齊王章四》，文中載有「王舉霸王之業而以臣為三公」則如何如何一段話。卿、大夫、士官稱的形成，亦有一個歷史過程。《尚書・酒誥》提到天子諸臣有「百僚、庶尹、惟亞、惟服、宗工」。《尚書・立政》中的官稱有：「任人、準夫、牧作三事；虎賁、綴衣、趣馬、小尹、左右攜僕、百司庶府；大都小伯、藝人、表臣百司；太史、尹伯、庶常、吉士、司徒、司馬、司空、亞旅；夷、微、盧、烝；三亳、阪尹。」這些職官，單從名稱也可以看出皆係因人因事而設，並非事先完整地設計好了再設置的。君、卿、大夫、上士、中士、下士的排列，最早見於《孟子・萬章下》，而三公、九卿連稱，則以《呂氏春秋・孟春紀》為先，也當是泛指，並非定要湊足其數不可。如以九卿為例，歷代設置多寡不一，且又殊難確定哪九個京官屬於九卿。本書〈官制象天〉篇之所以作如是構想，主要似乎還是為了對應於「象天」。文中說：「吾聞聖王所取儀，金（法）天之大經，三起而成，四轉而終。」就是說天時是以三個月構成一季，四季合成一年，因而天子設官，亦應「三人而為一選，儀於三月而為一時也；四選而止，儀於四時而終也」。這樣，公、卿、大夫各選三人為組，合起來即為三公、九卿、二十七大夫、八十一元士。其具體演算法是：第一次天子設三公，第二次三公以三的二次方設公之卿而得九，第三次九卿以三的三次方設大夫而得二十七，第四次大夫以三的四次方設元士而得八十一。以四選而止儀於四時而終。三、九、二十七、八十一四數之和為一百二十，恰好與十二月相對應，即所謂「凡百二十人，而列臣備矣」。

公、卿、大夫、士，都是官爵，並非職事官稱。本書中另有〈五行相生〉、〈五行相勝〉等篇，設想王朝的中央政權應有司農、司馬、司營、大理司徒、司寇等五種機構和相應的職官，分別論述其職能和操守，並將之與五行、五方及五種德行（仁、智、信、義、禮）作了對應。以上兩篇不妨與〈官制象天〉聯繫起來讀。

對官員的考績問題，本書中屢有提到，〈考功名〉則是一篇專文。考績之制要遠遠後於職官之制。我國古代選官主要是世卿制，天子、公卿、大夫皆世有其位，世司其職，以親親的貴族身分確定其據官的資格，自然也不存在考核制度。大約自春秋末至戰國以降，列國在變法中，由任人唯親開始向任人唯賢轉變，選賢任能成為普遍呼聲，由各級官僚組成的科層式的行政機構逐步推廣開來。到這時，如何選拔、考核官員的問題才引起了人們的關注，儒、墨、法諸家各有所論。本書〈考功名〉篇要求君主對官員的考績須秉公從事，做到「是非不能混，喜怒不能傾，姦軌不能弄，萬物各得其真」。考績中強調「循名責實，不得虛言」。考績是考其所致之功：「有功者賞，有罪者罰；功盛者賞顯，罪多者罰重。」特別指出：「不能致功，雖有賢名，不予之賞；官職不廢，雖有愚名，不加之罰。賞罰用於實，不用於名；賢愚在於質，不在於文。」這是一種很可貴的求實精神。考績又是「考其所積」，而非「一善之功」。此意〈立元神〉篇中也有論及：君主對臣子的考察應「考其往行，驗之於今，計其蓄積」。考績的具體方法，〈考功名〉篇中有詳細介紹，只是有些似乎還停留在案頭設計上，很難實際操作。但其大框架，諸如共分九個等第，即上、中、下三個檔次，每個檔次再細分出上、中、下三個等第；其中上上稱「最」，中中稱「中」，下下稱「殿」。這些，多為歷代所採用，包括典制最為完備的《唐六典》，其考課之法也大略如此。

【封爵與授土】　本書論述封國之制有〈諸侯〉、〈爵國〉兩篇專文。〈諸侯〉僅百餘字，可能係殘篇。文中給諸侯下了個定義：「諸侯之為言，猶諸侯（候）也。」〈深察名號〉篇亦說：「號為諸侯者，宜謹視所候（一作「侯」），奉之天子也。」天子之所以要分封諸侯，不像通常所說的那樣是為了「鎮撫四海，承衛天子」（見《史記‧漢興以來諸侯王年表》），而是由於天子擁有天下，「其遠者目不能見，其隱者耳不能聞，於是千里之外，割地分民，而建國立君；使為天子視所不見，聽所不聞，朝者召而問之也」（〈諸侯〉）。簡言之：侯者，候也。諸侯是天子在邊遠地區的斥候，充當耳目而已。但漢初的諸侯王其勢咄咄逼人，絕不是天子的什麼耳目，而是朝廷的心腹之患。董仲舒曾先後出任過江都、膠西二王國之相，對諸侯王的實情不會不知道；鑑於當時談論諸侯王之事忌諱多多，他之所以給諸侯下了這麼一個與實際情況很不相符的定義，是否有著某些不便明言的涵義呢？

〈爵國〉篇對爵位、封地和封國內部的官屬及其所轄戶口、軍隊作了系統的論述。爵位分公、侯、伯、子、男五等。此下尚有字、名、人、氏四等屬附庸。其封地，公、侯方百里，伯方七十里，子、男方五十里。以上依次稱大國、次國、小國。小國以下的附庸：字方三十里，名方二十里，人、氏方十五里。所有諸侯國，都依爵位高低相互間保持著嚴格的等級秩序。諸侯國的屬官則有上卿、下卿、上士、下士四等。附庸小國屬官亦有四等，稱宰、丞、士、秩。授爵、授官的原則是：「有大功德者受大爵土，功德小者受小爵土。大材者執大官位，小材者受小官位。」當然，這也只是一種理想，並不見得就能認真實行。

各大小封國以至附庸，均設有後宮。如以方百里的大國為例，有「一夫人，一世婦，左右婦，三姬，二良人」。諸侯國還依據爵位高下配置相應的戶口，並根據戶口來組建軍隊。如「大國十六萬口，而立口軍三」。其所轄農民則按井田制編制在土地上：「方里而一井，一井而九百畝而立口。」又說：「上農夫耕百畝，食（意為供養）九口，次八人，次七人，次六人，次五人，多寡相補。」

〈爵國〉篇對五等封爵的設置及其構想，所據為《春秋》經文和《公羊傳》。在我們現在可以看到的有關西周的文獻及金文中，確有公、侯、伯、子、男等稱號，但其等級關係並不嚴格。就稱號的原初涵義而言，公是對長一輩諸侯的尊稱，伯是諸侯之長，如周文王亦稱西伯，就因為他曾是殷商西部諸侯之長。子起先指君王受封諸子，後來才演化成為封爵的稱號。至於將公侯伯子男依次排列作為完整的五等爵號來表述，那是戰國以後的事，首見於《孟子‧萬章下》。很可能孟子也是由典籍上的零星材料歸納而成。五等爵的定型，是在漢代文帝時由儒生們以五經六藝為據編纂而成的〈王制〉。本書〈爵國〉篇的敘述，大體仍依〈王制〉，只是它同樣引入了神祕的天地之數，如：「諸侯之爵或五何？法天地之數也。五官亦然。」又如：「諸侯之外佐四等，百二十人，法四時六甲之數也。通佐五，與下而六十人，法日辰之數也。」

其實在殷夏之時，不僅諸爵之間並無明確的等級關係，就是天子與諸侯之間也不存在嚴格的尊卑名分。王國維在《觀堂集林‧殷周制度論》中說：那時「諸侯之于天子，猶後世諸侯之于盟主，未有君臣之分也。」至周初依然如此，這可從《尚書‧周書》中〈牧誓〉、〈大誥〉這一類文告稱諸侯為「友邦君」得到證明。王國維認為周代天子與諸侯間的君臣關係的確立，當在周成王也即周公改制之時：「逮克殷踐奄，滅國數千，而新建之國皆其功臣昆弟甥舅，本周之臣子。而魯、衛、晉、齊四國，又以王室至親為東方大藩，夏殷以來古國方之滅矣。由是天子之尊，非復諸侯之長而為諸侯之君。」周初武王分封諸侯，還只是一種方國聯盟的形式，有點像漢初劉邦被諸異姓王推為皇帝，其性質也還是方國聯盟，雙方是一種盟約關係。後來劉邦殲滅異姓諸王，開始分封同姓諸侯王，這時大略相當於周公改制以後的狀況。但到文帝即位又後退了一步。由於文帝是諸王及大臣擁立的，君臣名分暫時還只能是名義上的，因而文帝之世有關改制的問題便出現了我們已在第二節中介紹過的那樣一些曲折的情況。無論〈王制〉還是《春秋繁露》，主旨都是想用制度去規範和逐步削弱諸侯王的勢力，但此種大多屬於案頭設想的「紙上談兵」，很難收到預期效果。思想家與政治家是兩類不同的社會角色。思想家可以「明其道而不計其功」，其所構想的方案往往是一個遠期的方向，且含有較多的理想成分以至浪漫色彩。政治家則不然。他所面對的是實實在在的、有血有肉的對手，這迫使他不能不考慮到力量的對比、時機的窺測、手段的擇取等等，以期達到成本最低、功利最大的目的。漢初對付諸侯王的問題，可說耗盡了幾代帝王及其謀臣的智力和心機，他們依靠的主要是手中的實力，而不是思想家們的藍圖設計。在歷經一百餘年的時間裡，大體用了文武兩手：前期高帝對諸異姓侯王的打擊，景帝對吳楚七國之亂的平定，用的都是武力；後期武帝推恩令的頒佈和酎金制的實施，可謂文攻。所謂推恩令，就是規定諸侯王死後，除長子繼承王位外，其他諸子都可以在王國範圍內分封為列侯，列侯則歸郡統轄。名稱很好聽叫推恩，即將皇恩推廣到諸侯王的所有兒子，使其各得為列侯；實際卻是將王國化整為零，愈推愈小，其勢其位，江河日下，從此朝廷便可以高枕無憂了。順便插一句：這提出推恩令的人，便是那位竊取〈災異之記〉草稿上奏武帝，致使董仲舒差點掉了腦袋的主父偃。主父偃對董仲舒可謂不義，但他對衛護劉漢王朝的中央集權卻是立了大功的。《漢書·高五王傳》贊語說：「自吳楚誅後，稍奪諸侯權，左官附益阿黨之法設。其後，諸侯唯得衣食租稅，貧者或乘牛車。」落花流水春去也。對坐在鄙陋的牛車裡的諸侯王來說，為王為侯的風光，只存在於他們呆呆地望著徐徐下落的夕陽，對往昔列祖列宗追慕不已的遐想裡。

【爵祿與度制】 帝王制度是依靠等級制度支撐起來的。爵祿之制的實質，就是權力和社會財富如何按等級進行分配，並在嚴明等級的前提下保持整個社會秩序的穩定。但等級制度與僭越心理可說是一對孿生兒，而後者恰好又正是前者最危險的敵人。為防止僭越，就必須「度制」，即我們現在說的調節與控制。這就是本書〈服制〉篇和〈度制〉篇論述的要旨。

在古代天子心目中，所謂天下是由兩部分人構成的：一部分是有官爵、封爵的臣，另一部分是以從事田間勞作為主體的民。臣在體制之內，民在體制之外。對體制內的人，在政治上授以不等的官爵、封爵，在經濟和文化上給予與等級相應的特權。對此，〈服制〉篇提出的原則是：「度爵而制服，量祿而用財。」前一句是在禮儀上強化等級制度，後一句則是在經濟上可以按等級享有各自的利益。具體要做到：「飲食有量，衣服有制，宮室有度，畜產、人徒有數，舟車、甲器有禁。」即衣、食、住、行的享有皆須與等級相對應。這種特權還可以延伸到死後，即喪葬時的棺槨、絞衾、壙襲亦有不同等級之分。此外，〈執贄〉篇還依據官爵的尊卑上下對晉見時各自所執持的禮品也作了規定：「公侯用玉，卿用羔，大夫用鴈（同「雁」）。」又賦予這些禮品以不同的涵義，如玉：「玉至清而不蔽其惡，內有瑕穢，必見之於外。故君子不隱其短，不知則問，不能則學，取之玉也。」如雁：「鴈乃有類於長者，長者在民上，必施然有先後之隨，必淑然有行列之治，故大夫以為贄。」

人們創造物質財富和精神財富原是為了人自身的享受，但在等級制度下它們卻異化成了顯示貴賤的標誌。以衣著為例：「凡衣裳之生也，為蓋形煖身也。然而染五采，飾文章者，非以為益肌膚血氣之情也，將以貴貴尊賢，而明別上下之倫，使教亟行，使化易成，為治為之也。」等級制度的森嚴甚至要達到這樣的程度：「雖有賢才美體，無其爵不敢服其服；雖有富家多貲，無其祿不敢用其財。」如果沒有一定的官爵、封爵，你即使有家財萬貫也不得隨意享用：「散民不敢服雜采，百工商賈不敢服狐貉，刑餘戮民不敢服絲元纁乘馬。」這不是董仲舒危言聳聽，當時確有此類法制。如漢初高帝八年（西元前一九九年）就曾頒發過「禁止商人衣錦繡和騎馬」的詔令。本書〈服制〉篇內容採自《管子・立政》，這說明此類規定發自先秦，至漢又進一步加強，其後世代相延。它通過法制把人為的等級關係轉化為物質性、精神性的存在，反過來又深深地影響著人們的思想觀念。至今我們還常常看到一些人寫文章說知識階層中的官本位思想如何嚴重、如何令人討厭，卻不知要打掉官本位思想先得打掉給予官的種種特權，要不然做官的味道這樣好，傻瓜才不想當官呢！

董仲舒作為一個古代的思想家，他所擔心的當然不會是由等級產生的特權，而是體制內的人享受了特權依然不滿足，依然有貪心。貪心的向上表現為僭越，向下表現為與民爭利。〈度制〉篇一開頭就引了孔子一句話：「不患貧而患不均。」這個「均」不是「平均」，而是「分」，即名分。不均就是不安於等級制度所規定的各自的名分。漢代公卿列侯的僭越行為不僅實際存在，而且相當嚴重。文帝時，賈誼在他的〈治安策〉中對僭越的問題可謂大聲疾呼。他說：「今民賣僮者，為之繡衣絲履偏諸緣，內之閑中，是古天子后服，所以廟而不晏者也，而庶人得以衣婢妾。」又說：「白縠之表，薄紈之裏，緁以偏諸，美者黼繡，是古天子之服，今富人大賈嘉會召客者以被牆。」還說：「今世以侈靡相競，而上亡制度，棄禮誼，捐廉恥，日甚，可謂月異而歲不同矣！」成帝時，情況依舊。永始四年（西元一三年）特地為此發了一道詔令，文中說：「方今世俗奢僭罔極，靡有厭足。公卿列侯親屬近臣，四方所則，未聞修身遵禮，同心憂國者也。或乃奢侈逸豫，務廣第宅，治園池，多蓄奴婢，被服綺縠，設鐘鼓，備女樂，車服嫁娶葬埋過制。吏民慕效，寖以成俗，而欲望百姓節儉，家給人足，豈不難哉！」

〈度制〉篇的論述，側重於公卿列侯的與民爭利。董仲舒很清醒，他知道社會財富的總量是既定的，「故有所積重，則有所空虛矣」：你貪了，別人就虧了；你大貪，別人就大虧。結果是：

大人病不足於上，而小民羸瘠於下，則富者愈貪利而不肯為義，貧者日犯禁而不可得止，是世之所以難治也。

類似的論述又見於《漢書》本傳所載的〈天人三策〉中，如：

> 身寵而載高位，家溫而食厚祿，因乘富貴之資力，以與民爭利於下，民安能如之哉！是故眾其奴婢，多其牛羊，廣其田宅，博其產業，畜其積委，務此而亡已，以迫蹴民，民日削月朘，寖以大窮。富者奢侈羨溢，貧者窮急愁苦；窮急愁苦而上不救，則民不樂生；民不樂生，尚不避死，安能避罪！此刑罰之所以蕃而姦邪不可勝者也。

這些論述之所以深刻，是因為它觸及到了帝王制度一個固有的、也是永遠無法解決的矛盾。「官逼民反」，中國歷史上多少次動亂皆由此而起。為此〈度制〉篇提醒當國者「凡百亂之源，皆出嫌疑纖微」，所以要及早為之「度制」，防患於未然。文中提出的「度制」的措施是兩條。一是求之於道德。引了孔子「君子不盡利以遺民」的話，又引了《詩經・小雅・大田》中收穫時要為孤兒寡母留些稻穗那幾句詩，勸告為官的人不要佔盡利益，也得為窮苦人留條活路。二是求之於「天理」。以獸類中「有角不得有上齒」為例，來證明「天不重與」的道理。當了官、封了侯已經得了「大利」，上天就不會再讓你們去兼得「小利」，你們怎麼還要去與民爭利呢？看來這些意見對後世還是有一點影響的，如據《後漢書・荀爽傳》載錄，荀爽在對策時就提到：「今臣僭君服，下食上珍。宜略依古禮尊卑之差，及董仲舒制度之別，嚴督有司，必行其命，此則禁亂善俗足用之要。」但貪欲幾乎已成為「大人」們的本性，當他們張開饕餮大口吞食社會財富的時候，無論「天理」的告誡，道德的說教，都顯得那樣蒼白無力，而「朱門酒肉臭，路有凍死骨」往往成為歷史之必然。這種貧富懸殊的情況，就是我們現在常說的兩極分化。「大富則驕，大貧則憂；憂則為盜，驕則為暴。」中國歷史上哪一次王朝崩潰前後的動亂不是以貧富兩極的極度分化為起因？也許對「大人」們的貪欲最為有力的遏制，還得有賴於「小民」們掌握了「不患貧而患不均」的觀念後自行奮起抗爭。從這個意義上說，孔老夫子的這一警示無論現在或將來都不會過時。

【德教與刑罰】　當然董仲舒的全部理論都是為了維護帝王制度，他是絕不會贊同小民們真的奮起抗爭的；倘若有人膽敢犯上作亂，自然也主張堅決鎮壓。本書有〈威德所生〉、〈王道通三〉、〈陽尊陰卑〉、〈陰陽義〉、〈陰陽位〉、〈天道無二〉、〈基義〉等多篇論及刑，足見董氏並不主張放棄刑罰。只是書中大凡提到刑，都是德、刑並舉，而且一再稱揚「厚德簡刑」之義。書中此意的說法很多，如「任德遠刑」、「先德後刑」、「貴德賤刑」、「尊德卑刑」、「大德小刑」等。〈天辨在人〉篇說：「刑者德之奉（輔），陰者陽之助也。」〈精華〉篇亦說：「教，政之本也；獄，政之末也。」所有這些都是在強調：刑不可沒有，只是切不可「好刑」。〈陰陽義〉篇把刑比作鹽醋一類調味品，說是「僅有」一點即可。

為政任德還是任刑，也是先秦諸子所關注的一個重要問題。法家任刑，《韓非子》的〈二柄〉篇雖也主張刑德並用，但它有一個獨特的解釋：「殺戮之謂刑，慶賞之謂德。」所謂刑德並用就是罰賞並用。〈六反〉篇更強調厚賞重罰。文中說：「凡賞罰之必者，勸禁也。賞厚，則所欲之得也疾；罰重，則所惡之禁也急。」儒家則強調教化，主張厚德簡刑。孔子說：「道之以政，齊之以刑，民免而無恥；道之以德，齊之以禮，有恥且格。」（《論語．為政》）當然儒家也不是從根本上反對刑殺，如果不接受教化，破壞禮治，亦主張必須予以懲罰。據《孔子家語．刑政》，孔子曾說過：「化之弗變，導之弗從，傷義敗俗，於是乎用矣。」總的原則是寬猛相濟：「寬以猛濟，猛以寬濟。」（《左傳》昭公二十年）「寬」是孔子德治、教化的重要內容。本書〈身之養重於義〉篇引錄了孔子的一句話說：「國有道，雖加刑，無刑也。國無道，雖殺之，不可勝也。」有道與無道就在於是否普施德教。

儘管漢人一開口總少不得要指斥秦的「繁刑嚴誅，吏治深刻」（賈誼〈過秦論〉），但實際上漢初並沒有改進多少，武帝時還用了不少酷吏，刑罰苛且濫。因而董仲舒有關貴德賤刑的論述，不僅是對儒家學說的繼承，也是針對現實而發。此外可能還隱含著一層意思：進言武帝把此時大多還控制在黃老刑名之士和文吏（治獄之吏）手中的刑法之權轉移到儒生這邊來。董氏的德刑之論與先秦儒家的不同處，在於他引入了天人觀念。〈王道通三〉篇運用音訓的方法，形象而有趣地把天說成是樂德而悲刑的。文中說：「陰，刑氣也；陽，德氣也。陰始於秋，陽始於春。春之為言，猶偆偆也；秋之為言，猶湫湫也。偆偆者，喜樂之貌也；湫湫者，憂悲之貌也。是故春喜夏樂，秋憂冬悲，悲死而樂生。」你看，天在佈施德氣時是那樣的高興，而在不得不降下刑氣時又是多麼悲傷啊！〈威德所生〉篇亦以天時為喻，則說明「寒暑冬夏不可不當其時而出」，因而君主的「喜怒威德」亦「不可以不直處而發」。文中提醒帝王們：

> 為人主者，居至德之位，操生殺之勢，以變化民。民之從主也，如草木之應四時也。喜怒當寒暑，威德當冬夏。冬夏者，威德之合也；寒暑者，喜怒之偶也。喜怒之有時而當發，寒暑亦有時而當出，其理一也。

任德不任刑既已被論定為天意，〈陰陽義〉篇和〈陽尊陰卑〉篇相繼發出警告說：「與天同者大治，與天異者大亂」；「為政而任刑，謂之逆天，非王道也」。〈基義〉篇把一年中暖暑和清寒對萬物生長的不同效應作了比較，再由此對應於德、刑分別對治國的不同作用，得出結論說：「不煖不生，不清不成。然而計其多少之分，則煖暑居百而清寒居一。德教其與刑罰猶此也。」這也就是說，德教與刑罰的比例，應是一百比一。

值得注意的是〈保位權〉篇中的一段話：「為人君者，固守其德，以附其民；固執其權，以正其臣。」從理論上說，德教與刑罰自然都是面對社會全體成員的，但在不同時期應有不同的側重點。對照一下〈天人三策〉，可知在董仲舒看來，當務之急應是懲治官吏的腐敗。在〈天人三策〉中他尖銳地揭露了秦時百官如何「造偽飾非，趣利無恥」，「又好用憯酷之吏，賦斂無度，竭民財力」等種種惡行，那不過是一種借古諷今的言說策略，其實抨擊的正是現實的吏治。話題轉到當今「陛下並有天下」後，先是幾句歌頌性的套話，緊接著便來了個「但書」：「然而功不加於百姓者，殆王心未加也。」所以〈保位權〉篇中的這段話似乎可以作這樣的理解：對民眾，應以德教為主，以使其歸附；對官吏，應多施威權，以正其政事。

四將堯舜和湯武亦歸之於天命

本書第二十五篇〈堯舜不擅移、湯武不專殺〉，說的是堯舜禪讓與湯武伐桀紂的事，似乎與前後不相關聯，孤立成篇，莫知所屬。但細究其論旨，知是將堯舜的禪位和湯武的討伐亦歸之於天命，可說是補充了三統論之所未及，因而有必要放在這一節之末作一點介紹。

堯舜禪讓、湯武革命的知名度都很高，特別是前者，一直作為上古時代政治清明的美好故事廣為流傳，被列為二十四孝之首的舜在中國更是婦孺皆知。但歷史上對這兩件事的評價一直分歧很大，在漢初景帝時的朝堂上，還曾就湯武伐桀紂是否正義的問題發生過一場爭論。此事《史記》和《漢書》的〈儒林傳〉皆有記載。爭論的雙方，一個是以治《詩》而任博士的轅固生，另一個是持黃老觀點的黃生。首先由黃生發難：「湯武非受命，乃殺也。」轅固生的回答針鋒相對：「不然！夫桀紂荒亂，天下之心皆歸湯武，湯武因天下之心而誅桀紂，桀紂之民弗為使而歸湯武，湯武不得已而立，非受命而何？」黃生反駁時，作了一個帽子與鞋子的比喻，他說：「冠雖敝必加於首，履雖新必貫於足，何者？上下之分也。今桀紂雖失道，然君上也；湯武雖聖，臣下也。夫主有失行，臣不正言匡過以尊天子，反因過而誅之，代立南面，非殺而何？」這時轅固生便把問題從歷史轉到現實，由學術引向了政治。他說：「必若云，是高皇帝代秦即天子之位，非邪？」這一詰問不讓對方有辯駁的餘地，爭論出現了僵局。這時景帝說了一句幽默話，才使這場劍拔弩張的爭論得以在輕鬆的氣氛中收場。景帝說：「食肉毋食馬肝，未為不知味也；言學者毋言湯武受命，不為愚。」景帝心裡自然明白：他們兩人雖然學派不同，其實都是在為劉漢王朝說好話：轅固生把劉邦的爭得天下喻之為湯武革命，黃生則強調君臣之分，絕不容許對漢家天子有任何侵犯行為。

對堯舜禪讓的爭論，不限於評價，還有事件本身的真偽問題。據顧頡剛先生考訂，禪讓之說發端於墨家而完成於儒家，皆因宣揚各自學派主張需要而有意造作出來的（見《古史辨・禪讓傳說起於墨家考》）。的確，證之先秦諸子，道、法諸家，包括後期儒家荀子，對禪讓說都持批判態度。《韓非子・說疑》還有這樣的話：「舜逼堯，禹逼舜，湯放桀，武王伐紂，此四王者，人臣弒其君者也，而天下譽之。」此外，大約成書於戰國、出土於晉太康年間的《竹書紀年》亦有「舜囚堯，復偃塞丹朱」等記載，說明堯舜與舜禹間的權力交替是一場殘酷的政變，而不是什麼溫文爾雅的禪讓。但漢代到武帝時期，隨著儒家學說的逐步受到推崇，儒家對堯舜禪讓、湯武革命的讚譽也漸次為多數人所接受，而禪讓和征伐卻是與董仲舒主張的天命說和他創立的三統論矛盾的。「近近而遠遠，親親而疏疏」，「貴貴而賤賤，重重而輕輕」（見〈楚莊王〉），是《春秋》大義的基本原則，亦是三統論的思想基礎。依照親親的原則，王位傳子是當然之義，並非血親的堯與舜、舜與禹怎麼可以擅自傳位呢？依照尊尊的原則，作為臣子的湯武又怎麼能討伐作為君主的桀紂並進而奪取他們的天下呢？本書中的〈堯舜不擅移、湯武不專殺〉便是專為解決這兩個矛盾而作。作為儒家，董仲舒自然對堯舜的禪讓和湯武的革命也持肯定態度。他的論旨已在篇名中作了明確表示：堯舜並沒有將天下「擅移」，湯武亦並非是對桀紂「專殺」，他們所遵奉的都是「天命」。

在歷史上，最先將禪讓與天命聯繫起來的是孟子。《孟子・萬章上》：「昔者，堯薦舜於天，而天受之；暴之於民，而民受之。故曰，天不言，以行與事示之而已矣。曰：敢問薦之於天，而天受之；暴之於民，而民受之，如何？曰：使之主祭，而百神享之，是天受之；使之主事，而事治，百姓安之，是民受之也。天與之，人與之，故曰，天子不能以天下與人。」孟子說得較為含糊，用以證明「天受之」的，僅僅是使之主祭而「百神享之」。〈堯舜不擅移、湯武不專殺〉篇中的論述則要明確、系統得多。它先引《孝經》：「事父孝，故事天明。」即把天命與儒家的親親原則對應了起來。然後說：「王者亦天之子也，天以天下予堯舜，堯舜受命於天而王天下，子猶安敢擅以所重受天者予他人也！」不僅堯禪位於舜、舜禪位於禹是天命，他們沒有傳位給各自的兒子亦是天命：「天有不以予，堯舜漸奪之。」這樣得出的結論便是：「故明為子道，則堯舜之不私傳天下而擅移位也，無所疑也。」

對認為湯武討伐桀紂「不義」的觀點的駁難，是從兩個方面進行的：「天理」與「人禮」。篇中強調：「天之生民，非為王也；而天立王，以為民也。」所以能否「安樂民」和是否「賊害民」便是上天授命為王或剝奪其為王的標準，一切討伐殘害民眾的無道者都應是天經地義的事：「故夏無道而殷伐之，殷無道而周伐之，周無道而秦伐之，秦無道而漢伐之。有道伐無道，此天理也。」也許當時人們對由秦末漢初戰亂帶來的苦難記憶猶新，因而對「秦無道而漢伐之」還頗難接受，文中接著便引入了「人禮」，出現了這樣一段話：

> 夫非湯武之伐桀紂者，亦將非秦之伐周，〔漢之伐秦，〕非徒不知天理，又不明人禮。禮，子為父隱惡。今使伐人者而信不義，當為國諱之，豈宜如誹謗者？此所謂一言而再過者也。

為長者隱、為尊者諱，也是《春秋》大義。即使漢從秦手裡奪取天下做得不那麼光彩，你也「當為國諱」呀，怎麼可以稀裡糊塗去做誹謗者呢？要不然你就是「再過」，犯了兩大錯誤：一是不懂得天理，二是違背了人禮。從禪讓說和湯武革命論的提出及其演變，很能發人深思。真偽問題姑且不論，單說動因。在先秦時期，諸家諸說主要還是基於學術因素，至漢初則已進入了政治範疇。學術一旦為政治所控制或收買，真理的面目就顯得模糊不清，有時甚至成了偽真理或反真理。這是因為對統治者來說，一種學說的是否有價值，不在於它的真理性而在於對他是否有用。所以要使學術真正有所發展，首先學人要從政治的籠罩下掙脫出來，成為一個獨立自由的人。

四、從人性三品到人倫三綱——倫理觀、養生觀

董仲舒的哲學思想的主要特徵是天人合一，或稱天人相副、天人相與（詳第五節、第六節）。在本節所介紹的董氏對人的生成、人性的本質的探究，包括由此引出的對倫理道德以及養心養身的思考和主張，自然也都是以天人哲學的思想為前導，或者說它們本身就是天人哲學的重要組成部分。其中三品說是基本思想，這一思想是他分析了抽象的自然人和具體的社會人的本性後作出來的，因而我們的介紹不妨就從他對人的認識開始。

㈠從抽象的自然人到具體的中民之性

在我國古代不可能產生現代意義上的人學。對人的本質的科學研究，有一個前提條件，那就是這人必須既是社會的成員又是一個獨立於社會的存在。而在我國古代環境下，思想家們還沒有取得這樣來思考人的條件。他們總也擺脫不了自己的第一讀者（或聽者）就是王者，因而原本是研究人的主題轉化成了王者如何對待、教化人的話題，本該是主體的人成了依附於王者視野中的人。孟子、荀子是這樣，他們的後繼者董仲舒自然也不可能例外。難得的是，在《春秋繁露》中，我們還是看到了某些閃光，那是在描述天人之際，人剛從天這位「曾祖父」那裡降生下來的時候：

人之人本於天，天亦人之曾祖父也，此人之所以乃上類天也。人之形體，化天數而成；人之血氣，化天志而仁；人之德行，化天理而義；人之好惡，化天之暖清；人之喜怒，化天之寒暑；人之受命，化天之四時。人生有喜怒哀樂之答，春秋冬夏之類也。喜，春之答也；怒，秋之答也；樂，夏之答也；哀，冬

之答也。天之副在乎人。人之情性有由天者矣。(〈為人者天〉)

是故人之身,首妢員(妢,讀為頒,大頭。員,通「圓」),象天容也;髮,象星辰也;耳目戾戾,象日月也;鼻口呼吸,象風氣也;胸中達知,象神明也;腹飽實虛,象百物也。百物者最近地,故要(通「腰」)以下,地也。天地之象,以要為帶。頸以上者,精神尊嚴,明天類之狀也;頸而下者,豐厚卑辱,土壤之比也。足布而方,地形之象也。(〈人副天數〉)

這真可說是一個頂天立地的大寫的人了!這個人是天生的,自然的,普遍而又純粹的,還沒有被打上尊貴卑賤的烙印。董仲舒把這樣一個人與世間萬物作了比較,然後指出:只有人能與天地相匹配,因而人是天地間最可寶貴的:

天地之精所以生物者,莫貴於人。人受命乎天也,故超然有以倚。物疢疾(指有缺陷)莫能為仁義,唯人獨能為仁義;物疢疾莫能偶天地,唯人能偶天地。(〈人副天數〉)

天、地、陰、陽、木、火、土、金、水,九,與人而十者,天之數畢也。故數者至十而止,書者以十為終,皆取之此。聖人何其貴者?起於天,至於人而畢。畢之外謂之物,物者投所貴之端,而不在其中。以此見人之超然萬物之上,而最為天下貴也。人,下長萬物,上參天地。(〈天地陰陽〉)

儘管這些描述大多出自想像和比附,並不一定符合科學,但它至少反映了我們民族那時的一種自強、自尊、自豪的精神風貌,他們堅信自己將永遠屹立在華夏大地上,與天地日月並存。

董仲舒強調論定人性的問題不能離開其本質:「性之名不得離質,離質如毛,則非性已。」(〈深察名號〉)毛,指細微。只要離開本質一點點,就已經屬於後天,不再是本性。他對人性的本質作了這樣的界定:

> 性之名非生與？如其生之自然之質，謂之性。性者，質也。（〈深察名號〉）性者，宜知名矣，無所待而起，生而所自有也。（〈實性〉）

這是說，人之性是與生俱來的、自然而然的、並不需要等到任何外力促使就具有的一種資質。〈天道施〉篇還特別指出：「積習漸靡，物之微者也。其入人不知，習忘乃為，常然若性，不可不察也。」即要把習性與本性區別開來。積「習」雖然可以成「性」，但它畢竟是後天的，不是與生俱來的，因而不應混入本性的範疇。

以上是本書對人的自然屬性的考察。接著又在〈深察名號〉篇中以音訓的方法，解釋了「心」字的涵義，實際上是對人性中的社會屬性作了探究。

> 栣眾惡於內，弗使得發於外者，心也。故心之為名栣也。人之受氣苟無惡者，心何栣哉？吾以心之名，得人之誠。人之誠，有貪有仁。仁貪之氣，兩在於身。身之名，取諸天。天兩有陰陽之施，身亦兩有貪仁之性；天有陰陽禁，身有情欲栣，與天道一也。

要理解這段話，「栣」這個字很重要，但諸家訓釋不一。比較下來，以劉師培釋為「捍禦」較妥。又，原注疑「栣」為「衽」。俞樾說：「衽者，衣襟也。襟有禦之義。」亦可通。把「心」解釋為具有監控眾惡不使之外發的功能，這心就有點類似弗洛伊德精神分析學中能以社會公德監督自我、控制本我的「超我」了。但本書之所以如此論述，只是為了證明人的本性中有著需要監控的潛質存在：「人之受氣苟無惡者，心何栣哉？」這種潛在的質既非全善，也非全惡，而是「有貪有仁。仁貪之氣，兩在其身」，即既有善，也有惡。那麼這些潛質，以及心的監控「眾惡於內」的功能，又是從哪裡來的呢？「天兩有陰陽之施，身亦兩有貪仁之性；天有陰陽禁，身有情欲栣，與天道一也。」就是說它們都原於天道，或者說先天具有，因而這是人的又一部分本性。據此，我們不妨把這種認為貪仁之性兩在於一身的人性論，稱之為二元人性論，或天賦善惡論。

應當說，董仲舒對人的本性的認識，有些地方是超出了先秦諸子的。孟子主性善，荀子主性惡，對人的自然屬性均未予足夠重視。告子主張「生之謂性」，而「性無善無不善」，又忽視了人的社會屬性。探究人的本性問題，應當兼及自然屬性和社會屬性。單以社會屬性去界定人的本性，忽視了人是地球上生物進化的產物，只要是人都具有相同的生命結構和生命性能；因此人生來是平等的，對人作出尊卑善惡的區分那是後天的事。單以自然屬性去界定人的本性，忘記了人畢竟不是純粹的生物人，而是社會人。人的肌體組織和神經結構的生物形式與社會生活的條件和要求是密切關聯的。人本身不僅是生物進化的產物，也是社會發展的產物。自然屬性和社會屬性既有區別，又可相通。如果二者完全異質，那麼天生的性善性惡也好，無善無惡也罷，都只能永遠如此，又如何能隨著人年歲的增長逐漸接受與本性完全異質的社會屬性呢？根據遺傳學的原理，後天獲得的屬性經過漫長的反覆過程，其中有些也會逐漸滲入基因而遺傳給後代。這一點，可以從不同民族、不同地區的人，大多具有不同氣質這一事實中得到證明。當然，人本性中與社會生活條件和要求密切關聯的那些因素究竟是如何形成的，遺傳基因中哪些部分能夠攜帶社會性的資訊，又是用了什麼方式、經由哪些途徑傳遞的，在這個過程中又會受到外界哪些影響，這些都還是需要科學家們繼續長期研究的問題。

很可惜，董仲舒也只是在人的本質論上稍作停留，很快就回到了他作為博士官的為王者顧問的崗位上。在現實中，他考察的人已經不是一般的人，而是劉漢王朝的臣民，是帝王實施教化的對象。作為社會成員的人是紛繁多樣的，董仲舒把他們分為上、中、下三等，並認為考察人性問題的主要對象應是「中民」。後人將他的這種主張概括稱之為三品說：

名性，不以上，不以下，以其中民。（〈深察名號〉）

聖人之性不可以名性，斗筲之性又不可以名性；名性者，中民之性。（〈實性〉）

在這三品中，上品即聖人是儒家的最高理想人格，孟子說：「聖人，人倫之至也。」（《孟子·離婁上》）董仲舒給聖人定了一個標準：「善過性，聖人過善。」（〈深察名號〉）聖人要比善人更高一個層次，而善人的具體標準則是：「循三綱五紀，通八端之理，忠信而博愛，敦厚而好禮，乃可謂善。」（同上）而在多數情況下，聖人就是明君聖王。如說「天令謂命，命非聖人不行」（《漢書·董仲舒傳》）。可見聖人是教化的實施者，自然不應列為名性的對象。

對屬於下品的斗筲之性，董仲舒沒有作出界定。〈官制象天〉篇把可入選官之人分為聖人、君子、善人、正直之人四等，又說：「由此以下不足選也。」這斗筲之人當在「不足選」之列。斗和筲分別為木、竹製作的容器，因其容量很小，故常用以喻指器識狹窄的小人。本書提到斗筲之人的還有一處，口氣十分輕蔑：「諸斗筲之民，何足數者？弗繫人數而已。」（〈玉杯〉）連人也算不上，實屬不可教也，故亦不必列入名性範圍。

中民之性是董仲舒選定的名性對象，書中對人性問題的論述大多針對中民而發。所以作這樣安排，當與其人性論的明確的政治意圖有關。董天工《春秋繁露箋注》云：「中民之性，指相近而言。聖人、斗筲不可以名性，一則上智不待於教，一則下愚教不可施。唯中民待教而善。」中民也即普通民眾，佔人口極大多數，他們居間不定，或善或惡，有很大的可塑性，因而被看作是王者實施教化的重點。《潛夫論·德化》云：「上智與下愚之民少，而中庸之民多。中民之生世也，猶鑠金之在爐也，從範變化，惟治所為，方圓厚薄，隨熔制爾。」董仲舒在對策時亦有過類似的論述：「夫上之化下，下之從上，猶泥之鈞，唯甄者之所為；猶金之在鎔，唯冶者之所鑄。」（《漢書》本傳）

孔子在《論語‧陽貨》中有「唯上知（通智）與下愚不移」的話。董仲舒確定以中民為名性的主要對象，避開了上智與下愚，這給他在論述上帶來了很大的方便。其具體的論述方法則是從正名入手。〈深察名號〉篇以《春秋》為範例，指出：「名生於真，非其真，弗以為名。」接著對「民」這個稱謂作了訓釋：

> 民之號，取之瞑也。
>
> 性如瞑之未覺，天所為也。效天所為，為之起號，故謂之民。民之為言，固猶瞑也。隨其名號以入其理，則得之矣。

瞑，在這裡指一種懵懵懂懂的狀態。民與瞑音近。同音或音近互訓，這是古人常用來解釋字義一種方法。如同是這篇〈深察名號〉，就解釋「王」的涵義分別為皇、方、匡、黃、往。將民之原初本性認定為一種懵懵懂懂的狀態，就有兩種可能：既可為善，亦可為惡。把中民之性論定為「瞑」這樣一種既可為善也可為惡的或然狀態上，作者在理論上有兩個指向：一是用以批駁孟子的性善說；二是用以作為強調教化的立論依據。

為了批駁孟子的性善說，說明人性並非生來就善，善是後天接受教化的結果，書中運用了禾與米、米與飯、繭與絲、卵與雛、麻與布、璞與玉等一系列通俗生動的比喻，其中後世論者引用得最多的是禾與米的比喻：

> 善如米，性如禾：禾雖出米，而禾未可謂米也；性雖出善，而性未可謂善也。米與善，人之繼天而成於外也，非在天所為之內也。天所為，有所至而止。止之內，謂之天；止之外，謂之王教。王教在性外，而性不得不遂。（〈實性〉）

就像穀粒只有經過加工才能成為米那樣，普通民眾也只有經過來自外部的王者的教化才能完善人性，完成人之所以為人。〈深察名號〉篇據此向孟子發出詰問：「民受未能善之性於天，而退受成性之教於王。王承天意，以成民之性為任者也。今案其真質，而謂民性已善者，是失天意而去王任也。萬民之性苟性已善，則王者受命尚何任矣？」後人也有因《春秋繁露》中對孟子的這類譏刺而詬病董仲舒的。對照孟子的性論，董氏對孟子的某些責難確有偏激之處。孟子並沒有說過「民性已善」的話。孟子的性善說以為人皆有惻隱、羞惡、辭讓、是非之心，這便是所謂「善端」。他說：「無惻隱之心，非人也；無羞惡之心，非人也；無辭讓之心，非人也；無是非之心，非人也。惻隱之心，仁之端也；羞惡之心，義之端也；辭讓之心，禮之端也；是非之心，智之端也。」（《孟子・公孫丑上》）董氏與孟子在性論上的區別，一是後者僅言人皆有善端，未言亦有惡；前者則認為「仁貪之氣，兩在於身」（〈深察名號〉），即既有潛在的善，也有潛在的惡。二是在人性從善質或善端至於善的途徑上，後者強調內省修養功夫，即所謂「凡有四端於我者，知皆擴而充之矣，若火之始然，泉之始達。苟能充之，足以保四海；苟不充之，不足以事父母」（《孟子・公孫丑上》）。前者則以為非經外力教化不可。二子在性論上的這些區別，自然有其時代、環境、個人學養等方面的原因，但也不應忽略一點：各自論述對象的不同。孟子上述那些話起先是在與梁惠王交談時說的，而董仲舒所論則專指中民之性。

那麼從理論上說，未善的中民之性又是如何經由教化達到已善的呢？書中作了如下的闡述：

第一，效法天道。即所謂「禁天所禁，非禁天也」：禁控天所要禁控的，並非禁絕全部天然本性。天禁什麼呢？「天有陰陽禁」，因而「人有情欲栣，與天道一也」。天為了不讓陰氣干擾春夏的來到，一直控制著月亮上陰影的圓缺；「天之禁陰如此，〔人〕安得不損其欲而輟其情以應天？」（〈深察名號〉）

第二，依據善質。對於普通民眾來說，王教是一種外在力量，「性不得不遂」，是帶有強制性的，這是一方面。另一方面，卻也並非「無中生有」，因為人的本性中原來就有一種潛在的「善質」，只是若無王者的教化作用不能自行為善。所以王教和善質是一種外力與內因相輔相成的關係：「無其質，則王教不能化；無其王教，則質樸不能善。」（〈實性〉）

第三，人性中可變的是量，不是質。〈玉杯〉篇中作了一個比喻：「人受命於天，有善善惡惡之性，可養而不可改，可豫而不可去，若形體之可肥臞（意為瘦）而不可得革也。」人的表徵可胖可瘦，但基本形體無法改變。同樣的道理，人性中的善質可以培養，惡質可以預防，但人性的本質無法徹底改變。這也就是說，人被認定的上、中、下三品中的某一品的屬性，將伴隨其終生。

收錄於《漢書・董仲舒傳》中的〈天人三策〉有這樣一段話：

> 天令之謂命，命非聖人不行；質樸之謂性，性非教化不成；人欲之謂情，情非度制不節。是故王者上謹於承天意，以順命也；下務明教化民，以成性也；正法度之宜，別上下之序，以防欲也：修此三者，而大本舉矣。

這段話可以看作是董仲舒研究人性問題的出發點，也是他的倫理觀的總綱。這些論述歸結到一點，就是推崇王教。本書對性善說的批判也最集中在這一點上：上天之所以授命王者，就是讓他教化萬民，使之由未善而臻於已善；「萬民之性苟性已善，則王者受命尚何任矣？」（〈深察名號〉）

下面我們就來介紹書中有關王者教化的論述。

(二)天成之，地養之，王者教化以成之

董仲舒在對策時，歷述古代聖王「南面而治天下，莫不以教化為大務」，而「今陛下貴為天子，富有四海」以來，當務之急也是教化（據《漢書》本傳）。本書有關教化的論述更是隨處可見。〈立元神〉篇強調君主要遵奉天、地、人「三本」，若能「肅慎三本」，則「民如子弟」，「邦如父母」，即使「退讓委國

而去」，民眾也會「襁負其子隨而君之」。三本說應是董仲舒教化思想的核心，其具體論述如左：

天地人，萬物之本也。天生之，地養之，人成之。天生之以孝悌，地養之以衣食，人成之以禮樂，三者相為手足，合以成一體，不可一無也。無孝悌則亡其所以生，無衣食則亡其所以養，無禮樂則亡其所以成也。

郊祀致敬，共事祖禰，舉顯孝悌，表異孝行，所以奉天本也。秉耒躬耕，採桑親蠶，墾草殖穀，開闢以足衣食，所以奉地本也。立辟雍庠序，修孝悌敬讓，明以教化，感以禮樂，所以奉人本也。

三本之一的「人」指天下所有生民；「人成之」中的主語「人」當指君主。把有足夠的衣食作為對萬民施行教化的前提條件是儒家的一個重要思想。人只有滿足了賴以生存的基本物質需要，才會願意接受教化。《論語．子路》載：「子適衛，冉有僕。子曰：『庶矣哉！』冉有曰：『既庶矣，又何加焉？』曰：『富之。』曰：『既富矣，又何加焉？』曰：『教之。』」說的亦是先讓民眾富庶，然後再施之以教化。

關於教化的方法，〈正貫〉篇提出應依照民之好惡情性，而不是拂逆情性強為之教。篇中說：「故倡而民和之，動而民隨之，是知引其天性所好，而壓其情之所憎者也。如是則言雖約，說必布矣；事雖小，功必大矣。」若能「引其天性所好」而「壓其情之所憎」，便可收到事半功倍的效果。此意《淮南子．泰族訓》也有論及：「故先王之教也，因其所喜以勸善，因其所惡以禁奸。故刑罰不用，而威行如流；政令約省，而化耀如神。故因其性則天下聽從，拂其性則法懸而不用。」依照情性施教，先得認識和區分情性。〈深察名號〉篇對情與性有個簡略的說明：「身之有性情也，若天之有陰陽也。」將性與陽、情與陰作了對應。又說：「天兩有陰陽之施，身亦兩有貪仁之性；天有陰陽禁，身有情欲栣。」據此可知這裡的情與性也即仁與貪。教化就是要引發人本性中的仁善而壓制其貪欲。所以〈正貫〉篇說：只有「明於情性，乃可與論為政」。

至於教化的內容，董仲舒在對策時提出主要就是禮樂。他說：「道者，所繇適於治之路也，仁義禮樂皆其具也。故聖王已沒，而子孫長久安寧數百歲，此皆禮樂教化之功也。」禮樂的教化，可以產生「接於肌膚，臧於骨髓」的深刻影響，發揮「變民風，化民俗」的重要作用。其實所謂禮樂，主要內容無非就是一些有關尊卑上下等級秩序的規定。如關於禮，《禮記・哀公問》稱：「丘聞之，民之所由生，禮為大。非禮，無以節事天地之神也；非禮，無以辨君臣上下長幼之位也；非禮，無以別男女父子兄弟之親，婚姻疏數之交也。」本書〈奉本〉篇亦把禮的主要功能認定為「序尊卑、貴賤、大小之位，而差內外、遠近、新故之級」。〈天道施〉篇中有一句話：「故禮，體情而防亂者也。」清代蘇輿在注釋中對「體情」二字大為讚賞，認為「最得作禮之意。學者不知此義，遂有以禮度為束縛，而迫性命之情者矣」。說禮體現了人之情當然也對，不過它體的是處於等級上層、特別是寶塔頂端的帝王之情，而不是處於下層、尤其是體制以外的民眾之情。所以禮法所體之情與民眾的本能欲望，與其說是相應的，不如說是對立的，經由王教希冀遏制、化解的正是人的這種超越等級制度的欲望。這一點《史記・禮書》已有明言：「人生有欲，欲而不得則不能無忿，忿而無度量則爭，爭則亂。先王惡其亂，故制禮義以養人之欲，給人之求，使欲不窮於物，物不屈於欲，二者相待而長，是禮之所起也。」董仲舒在對策時說得更明確：「正法度之宜，別上下之序，以防欲也。」（《漢書》本傳）儘管人皆生而有欲，但〈天道施〉篇認為君子與民眾對待欲望的態度是不一樣的：君子能夠自覺克制，做到「非禮而不言，非禮而不動」；民眾就沒有這種自覺：「民之情，不能制其欲。」所以要「使之度禮，目視正色，耳聽正聲，口食正味，身行正道」，用這四個「正」來節制和消解人的欲望。但又不能使民眾全無欲望。民無所欲，則君無所使；君主正是利用了民眾的欲望制訂出賞罰制度來役使民眾的。所以不是要禁絕民眾的一切欲望，而是將其控制在禮法所規定的那個「度」上，不能容許它無節制的泛濫。「好色而無禮則流，飲食而無禮則爭，流爭則亂。」（〈天道施〉）無節制的欲望不僅會引發嚴重的社會問題，其人性也會走向墮落，「各從其欲，家自為俗」，

「則民如麋鹿」(〈立元神〉)，即回復到禽獸狀態。

在我們現代人看來，董仲舒的這些論述顯得如此陳腐，但卻不可否認，在當時歷史條件下，這應是一種維繫和穩定社會秩序的較好理論。此外還應看到，在董仲舒的理論體系中，對行使教化權的君主也是有要求的，一個稱職的教化施行者必須首先注重自己的品德修養。「王者有明著之德行于世，則四方莫不回應，風化善於彼矣。」(〈郊祭〉)這話也可以反過來說：若王者無明著之德行於世，則四方莫能回應，風化惡於彼矣。〈身之養重於義〉篇就對君主能否「顯德以示民」的不同結果作了這樣比較：

先王顯德以示民，民樂而歌之以為詩，說(通「悅」)而化之以為俗。故不令而自行，不禁而自止。從上之意，不待使之，若自然矣。

今不示顯德行，民闇於義不能照，迷於道不能解，因欲大嚴憯以必正之，直殘賊天民而薄主德耳，其勢不行。

誠然，君主是教化民的，但教人者先要教自己，要別人做到的，自己得先做到。在上面〈立元神〉篇的引文中，為了「開闢以足衣食」，天子要「秉耒躬耕」，其后妃要「採桑親蠶」；儘管只是做個樣子，多少也說明思想上要重視。〈為人者天〉篇指出：縱使貴為天子，亦「必有尊也」，「必有先也」，一定亦有父親、兄長；所以亦應「教以孝也」，「教以弟(同「悌」)也」。君主須懂得一個道理：上行才能下效。

君者，民之心也；民者，君之體也。心之所好，體必安之；君之所好，民必從之。故君民者，貴孝弟而好禮義，重仁廉而輕財利。躬親職此於上，而萬民聽，生善於下矣。

教化的成敗得失，取決於君主能否將這些倫理觀念行之於自身，「躬親職此於上」，這也是儒家的一貫思想。如《禮記・緇衣》就記有孔子這樣的話：「下之事上也，不從其所令，從其所行。上好是物，下必有甚者矣。故上之所好惡，不可不慎也，是民之表也。」顯然，沒有哪個帝王真的會按照這些說法去做。但有這些主張總比沒有要好。它的存在和流傳，總會形成一種潛在的制約力量。而一個思想家能夠提出這樣的主張，不僅需要智慧，更需要有一種值得稱道的勇氣。

(二)由天道、陰陽引出三綱、五常

實施教化的目的，就是為了按照帝王制度的要求調節好人際關係，通過「正法度之宜，別上下之序」（〈天人三策〉），達到「貴賤有等，衣服有制，朝廷有位，鄉黨有序，則民有所讓而不敢爭，所以一之也」（〈度制〉）；即在嚴明等級的前提下，達到一種和諧而統一的社會景觀。

在我國封建社會漫長的歷史階段裡，人際關係概括起來有五種：君臣、父子、夫婦、兄弟、朋友，即所謂五倫。這五倫相互間的關係應當怎樣來踐行呢？《禮記·中庸》說：「天下之達道五，所以行之者三。曰君臣也，父子也，夫婦也，昆弟也，朋友之交也。五者天下之達道也。知（同「智」）、仁、勇三者天下之達德也，所以行之者一也。」這裡智、仁、勇三德當指人們應具備的修養，並非單就如何處理五倫關係而言。《孟子·滕文公上》則謂：「使契為司徒，教以人倫：父子有親，君臣有義，夫婦有別，長幼有敘（通「序」），朋友有信。」孟子提出的親、義、別、敘、信，就與五倫有了某種對應關係，如父子間要重視親情，朋友間要講究誠信。但無論是智、仁、勇或親、義、別、敘、信，都還是道德修養要求，並沒有規定五倫之間的關係孰主孰次，或誰應當事奉誰。最先提出人際關係須有主次之分的是法家。如《韓非子·忠孝》稱：「臣之所聞曰：臣事君，子事父，妻事夫。三者順，則天下治；三者逆，則天下亂。此天下之常道也，明王賢臣而弗改也。」韓非的論述較之儒家的五倫說，變化有二：一是對後二倫兄弟、朋友略而不論；二是將君臣、父子、夫婦間原來的平列關係，改成為後者對前者的事奉關係，並且認為只有這樣才能天下大治，不然就將天下大亂。

韓非生活的年代七國紛戰行將落幕，大一統的趨勢已十分明顯，他的這個在人倫關係上的「三事」說當是適應未來共主治國平天下的需要而提出來的。由秦而漢，大一統已成為事實。董仲舒在人倫關係上的主張，必須依據新的社會現實的發展的需要，在韓非三事說的基礎上再提升一步，他的王道三綱論就這樣應運而生。

《春秋繁露》中提到三綱的雖僅有〈基義〉篇和〈深察名號〉篇兩處，但相關的論述涉及多篇。為了把君臣、父子、夫婦間原來的相對關係，論定為臣、子、婦分別從屬於君、父、夫的絕對關係，書中援引了天道，對本屬自然物的天和地賦予尊卑上下的道德觀念。〈觀德〉篇說：「天地者，萬物之本。」這是說天與地的關係可以對應於世間萬事萬物。「天出至明」，「地出至晦」，「君臣、父子、夫婦之道取之此」。即由天之至明、地之至晦對應出君、父、夫的至尊和臣、子、婦的至卑。類似的論述還可見於〈五行對〉、〈天道施〉等篇。董仲舒的這些論述，在儒家經典中也可找到依據。如《周易・繫辭上》：「天尊地卑，乾坤定矣。卑高以陳，貴賤位矣。動靜有常，剛柔斷矣。」尊卑名位確定以後，接下去便是在下位者應如何舉止進退的問題。〈順命〉篇說：「天子受命于天，諸侯受命于天子，子受命于父，臣妾受命于君，妻受命于夫。諸所受命者，其尊皆天也，雖謂受命于天亦可。」這樣，臣、子、婦若不遵奉君、父、夫之命，就變成違抗天命了，而誰都知道天命是不可違抗的。篇中引錄了《春秋》中的一些實例來說明不遵奉天命所受到的懲罰：「臣不奉君命，雖善以叛，言晉趙鞅入于晉陽以叛是也」；「子不奉父命，則有伯討之罪，衛世子蒯聵是也」；「妻不奉夫之命，則絕，夫不言及是也」。最後的總論是一句警告：「曰：不奉順於天者，其罪如此。」

書中還引入了陰陽的概念，同樣加上了道德評價：陽尊陰卑。有些什麼根據可以證明陽尊而陰卑呢？〈基義〉篇提出的根據是：「陰陽二物，終歲各壹出。壹其出，遠近同度而不同意。陽之出也，常縣於前而任事；陰之出也，常縣於後而守空處」，由此證明「天之親陽而疏陰」。〈陽尊陰卑〉篇提到的有兩條。

第一條與〈基義〉篇所言相類，亦以陰陽二氣與自然界萬物生長、衰落的關係立論，陽主興，陰主衰；第二條是「三王之正隨陽而更起」，指夏、商、周三代曆法所規定的正月，分別是孟春之月、季冬之月和仲冬之月，即都是陽氣萌發之時：「以此見之，貴陽而賤陰也。」如果將這一結論應用於夫婦關係上，那就是：「丈夫雖賤皆為陽，婦人雖貴皆為陰。」

以上述天道、陰陽為發端，〈基義〉篇提出了「三綱」說，並作了如下的闡釋：

首先提出一個命題：「凡物必有合。」合，意為合偶、對偶。世間萬物皆合二而成一偶，二者相互間存在著一種對應關係，也即首篇〈楚莊王〉中所說的：「百物皆有合偶。偶之合之，仇之匹之，善矣。」〈基義〉篇舉了一連串這種「合」的例子，如美與惡，順與逆，喜與怒，寒與暑等。對應於人倫，就是：「妻者夫之合，子者父之合，臣者君之合。」

接著說明對偶之間並非並列關係，而是有上下尊卑之分：「合，必有上，必有下；必有左，必有右；必有前，必有後；必有表，必有裏。」

然後再將「合」與陰陽聯繫起來：「物莫無合，而合各有陰陽。」以此對應於人倫，便是：「君臣、父子、夫婦之義，皆取諸陰陽之道。君為陽，臣為陰；父為陽，子為陰；夫為陽，妻為陰。」處於卑下之位的陰，是沒有自己的獨立品格的，故而「陰道無所獨行，其始也不得專起，其終也不得分功，有所兼之義。」這個「兼」，本義雖為並，但在這裡較為確切的解釋似應為依附、從屬。「是故臣兼功於君，子兼功於父，妻兼功於夫，陰兼功於陽，地兼功於天。」

最後得出的結論是：

天為君而覆露之，地為臣而持載之；陽為夫而生之，陰為婦而助之；春為父而生之，夏為子而養之；秋為死而棺之，冬為痛而喪之。王道之三綱，可求於天。

對董仲舒的這個三綱說，後來《白虎通義》作了具體解釋：「三綱者，何謂也？謂君臣、父子、夫婦也。」「君臣、父子、夫婦，六人也。所以稱三綱何？一陰一陽之為道，陽得陰而成，陰得陽而序，剛柔相配，故六人為三綱。」緯書《含文嘉》又把三綱作了個直情徑行的概括：「君為臣綱，父為子綱，夫為妻綱。」三綱說對後世產生了極其深遠的影響，隨著封建帝王制度的逐漸衰落，其負面效應也日益凸顯出來。近一百多年來，特別是五四以後，對傳統倫常道德的批判高潮迭起，不僅限於口誅筆伐，還掀起了暴風驟雨般的群眾運動，而董仲舒也就難免成為眾矢之的。為此，徐復觀先生對董氏的三綱說也頗為抱憾。他說：「將先秦儒家相對性的倫理，轉變為絕對性的倫理，這是他在文化上所遺留的無可原諒的鉅大毒害。這是與董氏初心完全相反的。」（《兩漢思想史》卷二）的確，如果我們認真閱讀《春秋繁露》全書，從總體上去把握他的學說，還是不難見其「初心」的。三綱說所表述的確實是一種不平等的、一方統治另一方的人倫關係，但也並非絕對，而是有條件的，特別是對君主一方，書中多處有制約性的論述。在董仲舒看來，三綱只是整個仁義制度的一部分，就在集中論述三綱說的〈基義〉篇中他說：「仁義制度之數，盡取之天。」而何為仁義？〈仁義法〉篇作了這樣解釋：「仁之法在愛人，不在愛我；義之法在正我，不在正人。我不自正，雖能正人，弗予為義。人不被其愛，雖厚自愛，不予為仁。」但正像董仲舒在同篇中所擔心的那樣：「雖有亂世枉上（指君主），莫不欲正人。」那些當上皇帝的、做了大小官兒的，幾乎全都樂意拿三綱說正人，卻從不想到同時要用仁義法正己。這是董仲舒的悲哀，亦是歷史的悲哀。

除了三綱，還有與之對應的五常。如果說三綱是人倫之端的話，五常便是為之維繫的紐帶。五常指仁、義、禮、智、信。先秦儒家已有所論及，如孔子：「知者樂水，仁者樂山。」「君子義以為質，禮以行之，孫（通「遜」）以出之，信以成之。」（分別見《論語》之〈雍也〉、〈衛靈公〉）孟子的四善端便是仁、義、禮、智。董仲舒在孟子的基礎上增加了一個「信」，並稱之為五常。之所以要特別倡導信，可能與當時的社會風氣有關。秦任法術，又加上秦漢之際的動亂，至漢初仍是「法出而姦生，令下而詐起」（〈天人三策〉），誠信淪喪，積久難返。董仲舒在應詔對策時說：「夫仁、誼（通「義」）、禮、知（通「智」）、信五常之道，王者所當脩飭也；五者脩飭，故受天之祐，而享鬼神之靈，德施于方外，延及群生也。」（《漢書》本傳）關於五常的涵義，本書中也有所論述。如：

仁：「何謂仁？仁者憯怛愛人，謹翕不爭。」「仁者愛人，不在愛我。」「故其心舒，其志平，其氣和，其欲節，其事易，其行道，故能平易和理而無爭也。如此者謂之仁。」（〈必仁且知〉）

義：「何可謂義？義者謂宜在我者。宜在我者，而後可以稱義。故言義者，合我與宜，以為一言。」「故曰義在正我，不在正人。」對當國者來說，仁義有內外之分。「是故內治反理以正身，據祉以勸福；外治推恩以廣施，寬制以容眾。」（〈仁義法〉）

禮：「禮者，繼天地，體陰陽，而慎至容，序尊卑、貴賤、大小之位，而差內外、遠近、新故之級者也。」（〈奉本〉）強調君子應「非禮而不言，非禮而不動」（〈天道施〉）。

智：「何謂之知？先言而後當。凡人欲舍行為，皆以其知先規而後為之。」「知者見禍福遠，其知利害蚤（通「早」）。物動而知其化，事興而知其歸，見始而知其終，言之而無敢譁，立之而不可廢，取之而不可舍。前後不相悖，終始有類。思之而有復，及之而不可厭。其言寡而足，約而喻，簡而達，省而具，少而不可益，多而不可損。其動中倫，其言當務，如是者，謂之知。」（〈必仁且知〉）

信：「《春秋》尊禮而重信。信重於地，禮尊於身。」（〈楚莊王〉）「《春秋》之義，貴信而賤詐。詐人而勝之，雖有功，君子弗為也。」（〈對膠西王越大夫不得為仁〉）「明主賢君，出入於其信。」（〈立元神〉）

關於五常之間的相互關係，書中亦有所論述。如仁與義，強調有人我之分：「以仁安人，以義正我。」「仁謂往，義謂來；仁大遠，義大近。」（〈仁義法〉）仁與智，指出應相輔相成，不可偏廢：「莫近於仁，莫急於知。」「仁而不知，則愛而不別也；知而不仁，則知而不為也。故仁者所以愛人類也，智者所以除其害也。」（〈必仁且知〉）此外，還專門論述了義與利的關係，認為它們是一對既統一又相互對立的範疇。〈身之養重於義〉篇說：「天之生人也，使之生義與利。利以養其體，義以養其心。心不得義不能樂，體不得利不能安。義者心之養也，利者體之養也。體莫貴於心，故養莫重於義。義之養生人大於利。」〈玉英〉篇又說：「凡人之性，莫不善義，然而不能義者，利敗之也。故君子終日言不及利，欲以勿言愧之而已，愧之以塞其源也。」據此，〈對膠西王越大夫不得為仁〉篇為「仁人」提出了一個標準：他們必須是「正其道不謀其利，修其理不急其功」。

在董仲舒的倫理觀中，五常側重於尊者如何自律和對待卑者，至於卑者如何對待尊者，也即為臣子者如何對待君父的問題，則強調要忠和孝。如〈五行對〉篇以春生、夏長，季夏主養，和秋收而冬藏為據指出：「是故父之所生，其子長之；父之所長，其子養之；父之所養，其子成之。諸父所為，其子皆奉承而續行之，不敢不致如父之意，盡為人之道也。」由此得出的結論是：「父授〔之〕，子受之，乃天之道也。」這樣便把父子相承、子對父的孝論定為天經地義的事。同篇還以天地之義，引申出臣忠於君的觀念：「地出雲為雨，起氣為風。風雨者，地之所為。地不敢有其功名，必上之於天。命若從天氣者，故曰天風天雨也，莫曰地風地雨也。勤勞在地，名一歸於天，非至有義，其孰能行此？故下事上，如地事天也，可謂大忠矣。」〈五行之義〉篇還將陰陽觀念引入忠孝之義，其文曰：「木生火，火生土，土生金，金生水，水生木，此其父子也。」「木受水而火受木，土受火而金受土，水受金也。諸授之者，皆其父也；受之者，皆其子也。」「是故木已生而火養之，金已死而水藏之，火樂木而養以陽，水克金而喪以陰，土之事天竭其忠。故五行者，乃孝子忠臣之行也。」忠與孝，後者是家族宗法制度賴以維繫的紐帶，前者則是帝王制度因以確立的基礎。儒家歷來把二者統一在一起，並以孝為本源。《論語・學而》載：「有子曰：其為人也孝弟，而好犯上者，鮮矣；不好犯上，而好作亂者，未之有也。」漢代以孝立國，忠，自然亦是題中應有之義。董仲舒把天地陰陽五行的觀念引為孝的依據，即把原來的血緣關係提升為天人關係，意在追求一種更深廣、更恆久的本源，實際上卻是賦予倫理學以神學的意味，帶上了某種宗教的色彩。

(三)養生——養身・養心・養氣

由人之性進而引發倫理道德，再接下去便是如何修養身心的問題，這可說是我國古代研究人性問題的一條共同的思想脈絡。

前人概論儒家學說有「內聖外王」之說。梁啟超《儒家哲學》認為孔子所倡導的內聖外王思想，集中體現在「修己以安人」（《論語・憲問》）這一句話上：「做修己的功夫，做到極處，就是內聖；做安人的功夫，做到極處，就是外王。」如果按「內聖外王」來概括董仲舒的學說，那麼我們在上一節介紹的有關政治觀、歷史觀的內容就屬於「外王」，這裡要介紹的修養身心問題，則屬於「內聖」。過去人們研究漢代經學，對董仲舒思想的闡述大多偏重於外王方面，實際上他對內聖也有不少論述，且其中不乏精到之見。他在對策中有一段話完整地表述了一個君子的修養過程，從知性命開始，繼之以重禮義，然後安處善而樂循禮：

孔子曰：「天地之性人為貴。」明於天性，知自貴於物；知自貴於物，然後知仁誼（通「義」）；知仁誼，然後重禮節；重禮節，然後安處善；安處善，然後樂循理；樂循理，然後謂之君子。（《漢書》本傳）

儒家強調修身養心，道家主張養生，包括對飲食男女都有精細的研究。董仲舒繼承孔學而又相容道家的養生之道，但仍強調養心重於養身。如〈身之養重於義〉篇說：「天之生人也，使之生義與利。利以養其體，義以養其心。心不得義不能樂，體不得利不能安。義者心之養也，利者體之養也。體莫貴於心，故養莫重於義。」這裡提出了一個「樂生」的命題。樂生不是感官上的物質享受，而是注重「以義養其心」。文中以孔子弟子原憲等與一些「刑戮折夭之民」作了比較，前者「雖貧與賤」卻因「大有義」能「自好而樂生」，後者則「雖甚富」，終因「大無義」而「羞辱大惡」，「莫能以樂生而終其身」，從而得出結論說：「吾以此實義之養生人，大於利而厚於財也。」

關於如何養身和養心，〈循天之道〉篇提出應遵循「兩中兩和」。兩中兩和具體分別指冬至、夏至與春分、秋分，一年，四時，十二個月，天地間萬物的生息變化，都是在這兩中兩和之間循環往復。但中和作為儒家的一個重要的哲學範疇，要比這廣遠、豐富得多。《禮記·中庸》說：「喜怒哀樂之未發，謂之中；發而皆中節，謂之和。中也者，天下之大本也；和也者，天下之達道也。致中和，天地位焉，萬物育焉。」若單就養生而言，指的是人與自然、人與社會、人與自身和諧統一那樣一種狀態、一種境界。〈循天之道〉篇作了這樣論述：

> 循天之道，以養其身，謂之道也。天有兩和以成二中，歲立其中，用之無窮。成於和，生必和也；始於中，止必中也。中者，天下之所終始也；而和者，天地之所生成也。夫德莫大於和，而道莫正於中。中者，天地之美達理也，聖人之所保守也。是故能以中和理天下者，其德大盛；能以中和養其身者，其壽極命。

中指運行的起點，和則是其運行的過程。致中和，就是要使人的生理節奏與天地自然以年為週期的運行節律達到和諧統一，這樣才能健康長壽，盡享天年。同篇列了泰實、泰虛、泰勞、泰佚等十種有害中和的狀態或情緒，強調要「去其群泰，取其眾和」。泰，通「太」，也即違反了中和。中和的要求須貫徹於生活的各個方面。如衣食起居：「是故春襲葛，夏居密陰，秋避殺風，冬避重漯，就其和也。衣欲常漂，食欲常饑，體欲常勞，而無長佚，居多也。」（〈天地之行〉）要求飲食起居都須適應四時的變換，每餐常帶三分饑，身體勞逸有度。再如食物的選擇：「四時不同氣，氣各有所宜，宜之所在，其物代美。

視代美而代養之，同時美者雜食之，是皆其所宜也。」具體來說，冬宜薺，夏宜荼；這是因為：「冬，水氣也。薺，甘味也。乘於水氣而美者，甘勝寒也。」「夏，火氣也。荼，苦味也。乘於火氣而成者，苦勝暑也。」總的說來，「春秋雜食其和，而冬夏服其宜，則常得天地之美，四時和矣。」（〈天地之行〉）

〈循天之道〉篇還認為男女房事亦應與天地陰陽和四時運行相適應，不可「違天」。無論男或女，都必須發育完整和成熟，方可婚配交媾，也唯有如此，才能生育出優良的後代。房事時間應在陰氣旺盛的秋冬季節。強調「天地之氣，不致盛滿，不交陰陽。是故君子甚愛氣而遊於房，以體天也。」文中還依據中和的要求，為不同年齡層男女交媾的間隔時間具體作了規定，指出：「不與陰陽俱往來，謂之不時；恣其欲而不顧天數，謂之天並（疑為棄）。君子治身，不敢違天。」

本書有〈王道通三〉、〈天辨在人〉、〈天容〉、〈為人者天〉等多篇，論及天氣的寒暑清涼與人的喜怒哀樂情感變化之間的對應關係，認為「夫喜怒哀樂之發，與清煖寒暑，其實一類也。喜氣為煖而當春，怒氣為清而當秋，樂氣為太陽而當夏，哀氣為太陰而當冬。四氣者，天與人所同有也，非人所能畜（同「蓄」）也，故可節而不可止也。節之而順，止之而亂。」（〈王道通三〉）的確，凡人皆有喜怒哀樂，只可節制，不可止息。「節之而順」，就是要求人的情感起伏能像四時運行符合節令之宜那樣，達到中和狀態。〈循天之道〉篇引錄了公孫尼子的話，對種種過度的情緒表現提出了警告：「怒則氣高，喜則氣散，憂則氣狂，懼則氣懾。」認為這些有害健康的「氣」，「皆生於不中和」。糾正的辦法，是要控制和平衡自己的情緒，使之回復到中和的狀態：「故君子怒則反中而自說（通「悅」）以和，喜則反中而收之以正，憂則反中而舒之以意，懼則反中而實之以精。」

較之節制情緒、使之中和更為積極的一種養生方法，是貴氣和養氣。氣在我國古代是一個內涵十分豐富的概念，用於養生則指生命活力或生命象徵。如《管子．樞言》說：「有氣則生，無氣則死，生者以其氣。」古代人之將死，其旁有人「屬纊以俟絕氣」（《通典．禮四三》）。纊是些許新絲綿，遇到極輕微的氣流便會晃動。置於人之口鼻之上，人呼吸停止便不再晃動，因用以測知人生命之終結。本書〈循天之道〉篇說：「舉天地之道，而美於和，是故物生，皆貴氣而迎養之。」孟子亦說過：「我善養吾浩然之氣。」據孟子自己的解釋，這種「至大至剛」的氣，「是集義所生者，非義襲而取之也」（《孟子．公孫丑上》）。既是由「集義」而生，它就超越了自然或生理，已屬於倫理道德的範疇。而本書中的貴氣和養氣，則是介於養身與養心之間的一個命題。〈循天之道〉篇把這種氣稱之為「天氣」，並作了這樣的表述：

> 民皆知愛其衣食，而不愛其天氣。天氣之於人，重於衣食。衣食盡，尚猶有間，氣〔盡〕而立終。故養生之大者，乃在愛氣。氣從神而成，神從意而出。心之所之謂意，意勞者神擾，神擾者氣少，氣少者難久矣。故君子閑欲止惡以平意，平意以靜神，靜神以養氣。氣多而治，則養身之大者得矣。

這段話告訴我們養氣的過程是這樣的：閑欲止惡→平意→靜神→養氣。閑欲指防閑、遏制欲望。《孟子．盡心下》亦有「養心莫善於寡欲」的話。只有遏制貪欲，去除惡念，才能使自己意平神靜，天氣充沛。這裡說的天氣似可理解為人天然具有的那種生氣，也即生命活力。「心，氣之君也。」人的生命活力是受心支配的。這樣的表述不一定很科學，但不可否認人的心理活動會直接間接地介入人的生命活動的過程。人的生命活力既受外部物質條件的制約，也受到內在精神狀態的調節。文中以鶴、猿的長壽為例，說明氣應「常動而不滯」，不可使之鬱結成為「宛氣」；而欲、惡之念之所以有礙健康，就因為它們將導致「宛氣」。「故君子養而和之，節而法〔治〕之，去其群泰，取其眾和。」行為中正，意氣和平；味皆尚甘，聲皆尚和，無需高臺廣室，但求適之而已。以中和養其身，而以山水高其志。孔子有言：「知者樂水，仁者樂山。」（《論語．雍也》）本書有篇非同一般的〈山川頌〉，用詩化的語言讚頌了山之巍峨，水之浩蕩。既譽高山流水為天地間的君子，又以山水比況人世間的仁人志士。辛棄疾〈賀新郎〉詞云：「我見青山多嫵媚，料青山見我應如是。」物我兩忘，天人相惜。董氏的這篇〈山川頌〉，亦不妨如是讀。

結尾引孔子語曰：「逝者如斯夫，不舍晝夜。」激勵君子應永不停頓地追求品德修養上的最高境界。

一般認為養生的目的是長壽，或曰盡享天年。本書〈循天之道〉篇提醒人們：儘管人的天賦壽命有長有短，但後天的或損或益還是要看你自己：「是故天長之而人傷之者，其長損；天短之而人養之者，其短益。」我國從古以來有「仁者壽」的說法，同篇對此作了一個很好的詮釋：

故仁人之所以多壽者，外無貪而內清淨，心平和而不失中正，取天地之美以養其身，是其且多且治。

董仲舒認為「天地之精所以生物者，莫貴於人」（〈人副天數〉），人是天地間最可寶貴的，應當十分珍惜；但他同時又主張不可苟活。〈竹林〉篇說：「天之為人性命，使行仁義而羞可恥，非若鳥獸然，苟為生，苟為利而已。」人生天地間，必須有尊嚴，有羞恥感，以符合上天賦予人生命的本意。「故君子生以辱，不如死以榮。」又引曾子的話說：「辱若可避，避之而已。及其不可避，君子視死如歸。」其辭鏗鏗，其意峻峻，讀之凜然有悟。

五、天人合一：董仲舒哲學思想（上）

天人合一是董仲舒哲學思想的主要特徵，這一思想通貫於《春秋繁露》全書。我們在前兩節中介紹的有關歷史觀、政治觀、倫理觀和養生觀等方面的內容，也都統轄於天人思想。從書中的篇名看，以天、天地、天人和陰陽、五行為名的，有二十五篇；篇名雖不著天地陰陽五行字樣，而所論實際主要也為天地陰陽五行的，有三五篇，加在一起，佔了全書的五分之二還多。書的前六卷共十七篇，以闡發《春秋》經義為要旨，同樣引入了天道。不僅《春秋繁露》，董仲舒的包括〈天人三策〉在內的其他著述，也都貫串著天人合一的思想。所以任繼愈先生主編的《中國哲學發展史·秦漢卷》說：「董仲舒的全部理論活動和他畢生從事的工作，都是天人關係問題的探討。」這個概括應是符合實際的。

那麼怎樣才能進入和把握董氏所建構的這個既龐大而又帶點神祕氣息的哲學體系呢？我們在閱讀和注譯過程中，覺得首先細細研讀書中提出的「十端」，找出其相互間的內在聯繫，可能就是一條入門的捷徑。十端兩見於〈官制象天〉篇和〈天地陰陽〉篇，文字稍異，一起引錄如左：

天有十端，十端而止矣。天為一端，地為一端，陰為一端，陽為一端，火為一端，金為一端，木為一端，水為一端，土為一端，人為一端，凡十端而畢，天之數也。

天、地、陰、陽、木、火、土、金、水，九，與人而十者，天之數畢也。

十端是董仲舒建構的宇宙框架和它的運行模式。我們讀完《春秋繁露》全書，可知董氏為自己定下的學術使命是力圖探究天地宇宙間四個不同方面的問題：一是天地宇宙因何得以恆常而有序地運行，二是人體自身依據什麼構成又如何長養，三是人類群體生活和社會活動如何做到和諧統一，四是人又如何才能與天地互動與萬物共存。這四個方面的問題不僅層次不同，性質也有異，但這不會妨礙古人去探究它們之間可能存在著某個共同規則的勇氣和努力。董仲舒的這種學理意向，就蘊含在十端之中。

十端以天始而以人終，人以外的天地間的生物非生物皆不在十端之內。端數之所以至十而止，也是有原因的。書中有多篇提到「十」是一個「天數」。如〈陽尊陰卑〉篇說：「天之大數，畢於十旬。旬天地之間，十而畢舉；旬生長之功，十而畢成。十者，天數之所止也。古之聖人，因天數之所止，以為數紀，十如更始。」十端之間既非並列關係，也不是簡單的從屬關係，而是一個有機構成並有著旺盛生命力的統一體。統一於什麼？統一於氣。這有〈五行相生〉篇開頭的一段論述為據：「天地之氣，合而為一，分為陰陽，判為四時，列為五行。」氣這個詞，在我國古代涵義十分豐富，哲學、天文學、醫學、養生學等，都從各自不同的角度用以為範疇。氣在本書中被描寫為一種具有本體意義的存在。它充塞於天地宇宙之間，無處不在，無時不在，而又常常與萬物萬象渾為一體。書中的氣本體有多種義項，如陰陽之氣，五行之氣，四時之氣，精神之氣以至治亂之氣等等。氣既是物質的，又是精神的，甚至也是倫理的，你無法對氣的屬性作出明確的界定，只能說它是一種泛道德的終極性的普遍存在。

十端又是可分的。可分為四個層次：一、天、地；二、陰、陽；三、木、火、土、金、水；四、人。其中陰陽五行是抽象的存在，人是具象的存在；天與地，則是物質性和精神性的雙重存在。在書中，天與地或分說，或合說，多數情況下天包容了地的涵義，天地為一，即天。陰陽與五行，既是天意的象徵，又是天的作用力的展示；對人來說，既是認知模式，也是行為規範。但從屬性上說，陰陽五行都歸之於天。這樣，統而言之，十端可以歸結為二端，即天與人。作為主宰者的天以陰陽生養人和天地間萬物，人則遵奉天意，在陰陽五行的交互作用中繁衍生息，展開自己豐富多彩的生命活動。〈天地陰陽〉篇對人的生命活動作了熱情的讚頌：「人何其貴者？起於天，而至於人而畢（指十端）。畢之外謂之物，物者投（意為下）所貴之端，而不在其中。以此見人之超然萬物之上，而最為天下貴也。人，下長大萬物，上參天地。」但因董仲舒的全部理論活動都是在為君主進言，《春秋繁露》的第一讀者應是帝王，書中的「人」多數情況下是指天之子，即人間的帝王，因而其生命活動主要就表現為修身正己，治國平天下。

此下的介紹，便是沿著上述十端的路線來展開的。

(一)天與天道

如果我們不是從嚴密的科學要求，而是側重於人文的視角，也許就比較容易進入和理解董仲舒的天人哲學。

人在窮迫、無奈時，大都會情不自禁地仰天呼喊：「呵，天哪！」不難想像，我們的先人在與艱難的生存境遇作搏鬥中，曾經有過多少次這樣的呼喊，只是我們無法直接聽到；又因為那時還沒有出現流傳的工具，也無法間接聽到。我們現在能夠通過文字這樣一種流傳的工具間接聽到的，已經是西周與東周交接期間的聲音：

一個男子，來到曾經作為西周王朝國都的鎬京。昔日巍峨的宮殿已成廢墟，繁茂的黍子在蕭颯的秋風中低聲啜泣。據說他曾是一位大夫，西周王朝的覆滅同時也是他個人從峰巔墜入了谷底。他無法接受這一巨變，弄不懂冥冥之中有什麼超自然的力量在支配這一切。「知我者，謂我心憂；不知我者，謂我何求。」他仰首問天：「悠悠蒼天，此何人哉？……」

這是《詩經・王風・黍離》記錄下的聲音。詩有三節，這名男子向天這樣呼喊了三遍。司馬遷對這種幾乎是出於本能的呼喊作過一個解釋：「夫天者，人之始也；父母者，人之本也。人窮則反本，故勞苦倦極，未嘗不呼天也；疾痛慘怛，未嘗不呼父母也。」（《史記・屈原列傳》）

如果說尋常人呼天主要還是出於情緒宣洩的話，那麼哲學家卻要進一步對終極原因提出追問。屈原〈天問〉「問曰：遂古之初，誰傳道之？上下未形，何由考之？冥照瞢闇，誰能極之？馮翼惟象，何以識之？明明闇闇，惟時何為？」《莊子・天運》首章亦有一連串追問：「天其運乎？地其處乎？日月其爭於所乎？孰主張是？孰維綱是？孰居無事而推行是？……敢問何故？」我國古代許多思想家都曾企圖從不同角度來回答這些在天地宇宙間帶有根本性的問題。答案不外乎兩種，一種是從天地宇宙自身運行的過程中去尋求其所以如此的原因；另一種是在天地宇宙物質世界之外，尋找出一種精神存在，或者是人格神，或者是有程度不等的意志力量的造物主，來作為主宰者。當然這兩種不同的答案在不少思想家的作品中，往往很難截然劃分，更多的情況是二者交雜在一起，或游離於二者之間折衷調和。從作為顯學的儒、道、墨三家情況來看，道家傾向於前者，墨家傾向於後者。《墨子・天志上》說：「順天意者」，「必得賞」；「反天意者」，「必得罰」。《老子》則把天看得非常物質化，不存在絲毫神祕感。如第五章說：「天地之間，其猶橐籥乎？虛而不屈，動而愈出。」天地就像一隻鼓風用的皮袋子，裡面空空的，一旦鼓動起來，就會風雨雷電交加。不過在道家思想中最高層次還不是天，而是道：「有物混成，先天地生。寂兮寥兮，獨立而不改，周行而不殆，可以為天地母。吾不知其名，字之曰『道』。」（《老子》第二十五章）這「道」可說是從天地萬物發展規律中推衍出來的一種假設性的存在。儒家的情況要複雜些。孔子較為謹慎，他的弟子說：「夫子之言性與天道，不可得而聞焉。」（《論語・公冶長》）不過他也說過「天生德於予，桓魋其如予何」、「獲罪於天，無所禱也」（分別見《論語》中的〈述而〉、〈八佾〉）這樣的話，似乎還是相信有超自然的天的存在。孟子說得相當肯定：「順天者存，逆天者亡。」又說：「昔者，堯薦舜於天，而天受之」，「故曰天不言，以行與事示之而已矣」（《孟子・萬章上》）。這就把天看作是有某種智力和意志的。荀子則明確反對非自然的天的存在，否認天有意志和好惡。他說：「天行有常，不為堯存，不為桀亡。」（《荀子・天論》）

現在我們就來看看《春秋繁露》中的天是怎樣一種情況。

【天為百神之大君】　這話是在〈郊祭〉篇中說的。單看這句話，天成了完全脫離自然的最高之神。但聯繫前後文，可知作者意在強調天子祭天的重要性：「奈何受為天子之號，而無天子之禮？天子不可不祭天也，無異人之不可以不食（意為贍養）父。」接著說：「天者，百神之大君也。事天不備，雖百神猶無益也。」是從祭天與祭百神的重要性的比較中，說天是百神之大君的，並非直指天即神。類似的話又見於〈郊義〉篇：「天者，百神之君也，王者之所最尊也。」說的也是祭祀。書中的天，多數情況下是一個有智慧、意志和好惡情感的存在。如〈威德所生〉篇說：「天有和有德，有平有威，有相受之意，有為政之理，不可不審也。」而文中之所以要給天加上和、德、平、威這樣一些品格，目的是以此比附於君主的「為政之理」，提醒他們無論施德（指慶賞）或發威（指刑罰），都必須依順「天序」：「春者，天之和也；夏者，天之德也；秋者，天之平也；冬者，天之威也。天之序，必先和然後發德，必先平然後發威。」

【天是至善至美的道德化身】 書中多處稱頌天至尊至貴，並予以極高的道德讚譽。如說：「天高其位而下其施，藏其形而見其光。高其位，所以為尊也；下其施，所以為仁也；藏其形，所以為神；見其光，所以為明。故位尊而施仁，藏神而見光者，天之行也。」（〈離合根〉）又說：天「生育養長，成而更生，終而復始，其事，所以利活民者無已。天雖不言，其欲贍足之意可見也。」（〈諸侯〉）再如〈王道通三〉篇說：「仁之美者在於天。夫〔天〕，仁也。天覆育萬物，既化而生之，有養而成之，事功無已，終而復始，凡舉歸之以奉人。」其實如此熱情讚頌上天，用意仍在現實的人間。同篇在上述引文之後緊接著說：「察於天之意，無窮極之仁也。人之受命於天也，取仁於天而仁也。」這就給王者的必須施行仁政加上了一個不可違抗的天命的涵義。

再來看看書中對天道的表述。

【天道一而不二】 「天之常道，相反之物也，不得兩起，故謂之一。一而不二者，天之行也。」（〈天道無二〉）這是說天道是統一的，恆定的；在同一時空內，既不可能有兩種趨勢並行，也不可能有兩種結果並存。

【天道有序有度】 「天之道，有序而時，有度而節，變而有常，及而有相奉，微而至遠，踔而至精。」（〈天容〉）這是以一年四時的往復更移為背景，對天道的運行狀態作出的描述。總體是有序有度，縱然有所變化，仍不失恆常之軌。

【天道歸於中和】 「天地之經，生至東方之中而所生大養，至西方之中而所養大成，一歲四起業，而必於中。中之所為，而必就於和，故曰和其要也。和者，天之正也，陰陽之平也。」「天地之道雖有不和者，必歸之於和，而所為有功；雖有不中者，必止之於中，而所為不失。」（〈循天之道〉）把中和視為天道的必然趨勢，通行天下之達道。這也就是《禮記．中庸》說的：「中也者，天下之大本也；和也者，天下之達道也。致中和，天地位焉，萬物育焉。」

【天道終而復始】「天之道，終而復始。」這個天道終始循環論，也是董仲舒建立他的三統論的依據。在〈三代改制質文〉篇中，白、赤、黑三統及其相關禮制都被論定為循環往復，亙古不變。如說「主天法商」、「主地法夏」、「主天法質」和「主地法文」四法，「如四時然，終而復始，窮則反本」。又說：「王者有不易者，有再而復者，有三而復者，有四而復者，有五而復者，有九而復者」。其中「不易者」，指天與天道皆不變。「道之大原本於天，天不變，道亦不變。」（《漢書・董仲舒傳》）

綜上所述，呈現在《春秋繁露》中的天與天道，可說是一個矛盾的綜合體，具有雙重性。大致說來，書中所表述的天，是一個被賦予了某些人格因素的自然神；而對天道的論述，則多指物質實體的天，很少雜有精神因素。不過董仲舒的學理方向，明顯受著預設的政治意圖的支配，因而當天道與人事作對應時，天道又被說成是有了目的性。如〈天道無二〉篇說：「天之道，有一出一入，一休一伏，其度一也，然而不同意。」這裡說的「一出一入，一休一伏」指陰陽。意，指意向、意願。「意」之前的表述都屬自然性的，最後用「然而」做轉折，緊接一個「意」字，便加進了人格因素。作者為什麼要這樣做呢？因為他有一個預設的目的：建言王者崇尚德教而減少刑罰。既然體現天道的陰與陽有了不同意向，接下去的論述便是：「陽之出，常縣（通懸）於前而任歲事；陰之出，常縣於後而守空虛。」據此「天之任陽不任陰」，「尊德而卑刑之心見矣」。

儘管用心良苦，但學術應以追求真理為唯一目的，如此這般強為之說，仍難免受人詬病。不過董仲舒頗為坦然，在書中一再說明那種種「天意」，其實上天從沒有開過口，是人自己揣摩出來的。如〈天地之行〉篇說：「天無所言，而意以物。」「君子察物之異，以求天意，大可見矣。」〈深察名號〉篇也說：「天不言，使人發其意；弗為，使人行其中。」當然，「天意難見也，其道難理」（〈天地陰陽〉），因而「惟聖人能見之。聖人者，見人之所不見者也」（〈郊語〉）。

天處於十端之始，處於十端之末的人要與之感應和交流，還得通過中介，這個中介便是陰陽和五行。

〈五行相生〉篇說：「天地之氣，合而為一，分為陰陽，判為四時，列為五行。」陰陽和五行，是一種無形而奇妙的存在，在董仲舒哲學體系中有著極重要的地位。

(二)天道之大者在陰陽

陰陽在十端中屬第二個層次。董仲舒在對策時說：「王者欲有所為，宜求其端於天。天道之大者在陰陽。」（《漢書》本傳）本書以陰陽名篇的，有〈陽尊陰卑〉、〈陰陽位〉、〈陰陽終始〉、〈陰陽義〉、〈陰陽出入上下〉、〈天地陰陽〉等六篇；另有〈煖燠孰多〉、〈基義〉等，篇名雖不著陰陽字樣，所論實際主要亦為陰陽。

【陰陽觀念的由來】　陰和陽這兩個字原本的字義，據《說文解字》的解釋，陰為「闇」（同「暗」），陽為「明」，並無多少深奧的涵義。從字形結構看，左旁都為「阝」，即「阜」，土山。山在陽光照射下，面與背分出了明暗，故《說文》注云：山北為陰，山南為陽。陰陽之本字作霒昜。霒，雲覆於日。昜，開也。其字上為日，下為旗之象。雲開日出，地面建一旗，以示氣象開揚。雲或遮或開，日時出時沒，這是一種常見的自然現象。但這種自然現象卻是那樣令我們先人著迷：第一，雲和日都高懸在天上，讓人有一種神聖感；第二，雲與日或合或離，人間萬物也跟著忽陰忽陽，其間似乎存在著某種奇妙的因果關係；第三，陰陽變化的原因遠在天上，而其結果卻就在他們身旁；原因背後的原因不得而知，結果所產生的影響人卻無法躲避。這種變化來有影而去無蹤，看似有常卻又無常，著實讓人捉摸不定。也許正是這些緣故，使我們先人對這種自然現象又好奇又惶恐，既而產生無限的遐想和聯想，積之以漫長的歲月，逐漸將它從具體景象中分離出來，後來在他們構想認識世界、認識自己的模式時，就讓「陰」與「陽」這對神祕的學生兒扮演了極為重要的角色。

原始的陰陽觀念，大約發端於文明前夕。傳說還在黃帝時代我們先人出於農事的需要，就十分注意觀察「日月之行」、「陰陽之氣」（《淮南子・覽冥訓》）。長期的田間勞作，使人們認識到了「相其陰陽」（《詩經・大雅・公劉》）的重要。出現國家後，複雜的社會矛盾又使「燮理陰陽」成為當政者「論道經邦」的首要問題。不過這些「陰陽」概念，大多還止於形象直觀，尚未抽象成為哲學範疇。國家的存在既是社會安定的保障，同時又是週期性大規模動亂的溫床。動亂來臨時，千百萬人將被拋到無助無奈的境地，人們急需仰仗於某個事物或某種觀念對自己的命運作出預測。於是在《國語・周語》中，我們看到了用陰陽分析災變並據以預測吉凶的記載。周幽王二年（西元前七八〇年）發生了一次地震，周太史伯陽父作出的解釋是：「夫天地之氣，不失其序；若過其序，民亂之也。陽伏而不能出，陰迫而不能蒸，於是有地震。」由此得出的結論是：「周將亡矣。」也許是陰陽這對概念一開始就染上了某些神祕色彩的原故吧，主張不語怪力亂神的先期儒家對它採取了「王顧左右而言他」的做法，《論語》和《孟子》均未正面提到陰陽，要到戰國後期的荀子才開始有所論及。如《荀子》中的〈天論〉：「天地之變，陰陽之化。」又如〈禮論〉：「故曰天地合而萬物生，陰陽接而變化起。」雖僅有片言隻語，卻已明確把天地間萬物的生生不息與陰陽的交接變易聯繫到了一起。

梁啟超在〈陰陽五行說之來歷〉一文中，認為「陰陽二字意義之劇變，蓋自老子始。老子曰：『萬物負陰而抱陽。』」（見《古史辨》第五冊）也就是使陰陽有了形而上的符號的意義。第一次把陰陽觀念提升到哲學高度並作了頗為系統的論述的，是《周易》及《易傳》。《周易》原文即卦辭和爻辭雖然並未直接以陰陽作為範疇，但用了「⚊」和「⚋」這樣兩個基本符號，表示陰陽對立的觀念。這兩個基本符號的排列組合和錯綜配伍，形成了可對應於萬事萬物發展變化的八經卦和六十四別卦。《易傳》為解釋《周易》原文而作，包括〈彖〉、〈象〉、〈文言〉、〈繫辭〉、〈說卦〉、〈序卦〉、〈雜卦〉等七種，共十篇，故亦稱「十翼」。《周易》為什麼以「易」為名？〈繫辭〉的說法是「生生之謂易」，萬物是在不斷變化的過程中生生而不易，所以才能占卜其發展的趨勢。從「易」字的結構看，上為「日」，下為「月」，象徵著日月的來回往復。《說文解字》說：「日月為易，象陰陽也。」以陰陽兩種力量互相消長的過程，說明事物變化的動因。《周易》以乾坤二卦始，〈繫辭〉解釋說：「乾，陽物也；坤，陰物也。陰陽合德而剛柔有體，以體天地之撰，以通神明之德。」這是認為天地萬物的變化是由陰陽剛柔相推引起，而這種變化又直接間接地影響著人間的吉凶禍福。古人為什麼要用陰陽剛柔相推所產生的變化來預測吉凶呢？〈繫辭〉說：「乾以易知，坤以簡能；易則易知，簡則易從。」以其平易簡約，容易為人們所遵從。其實陰陽無非是如同正、反那樣兩個符號，如果我們撇開陰陽觀念中的神祕因素，把它們看作是一個統一體中兩個對立的稱謂，那麼陰陽確實也能成為一個相當好的認識工具：一切事物都是由被稱之為陰和陽的矛盾著的兩個方面組成的，正是雙方既對立又統一的相互作用，推動著事物的發展變化。這應是一條客觀規律。在《易傳》中，我們可以讀到許多既相互對立又相互依存的範疇，如天地、日月、晝夜、君臣、父子、男女、剛柔、進退、屈伸、吉凶、禍福、利害、得失、成敗、悲喜等等，它們都是從王者到平民百姓的日常生活中概括出來的，都可借用陰陽來加以表述，並不存在神祕的成分。但陰陽家們不想到此為止，他們要將陰陽應用於無所不包的大千世界，並使之發揮神奇的作用。

將陰陽引入四時變化並較為系統地論述了時令與政令的關係的，應是《管子》中的〈四時〉、〈禁藏〉諸篇。如〈四時〉篇說：「是故陰陽者，天地之大理也；四時者，陰陽之大經也；刑德者，四時之合也。刑德合於時，則生福，詭則生禍。」這裡把一年中春夏秋冬四時的推移與陰陽的消長聯繫了起來，並認為王者政令的是否與四時陰陽變化相符，決定著王者自身及其王朝的禍福。《管子》的此類論述是天人合一思想與陰陽觀念結合的最初表述。其後，《呂氏春秋・十二紀》、《淮南子・時則訓》以及《禮記・月令》等，都是這種思想發展演化的產物。從戰國時起，陰陽說成為一種時髦的學問，這當與鄒衍作〈主運〉大顯於諸侯王，以「五德終始」說預測王朝的興衰嬗替有關。漢初，此種風氣依然盛行，以至司馬談在論列六家要旨時，六家的次序是陰陽、儒、墨、名、法、道德，陰陽被列在首位（見《史記・太史公自序》)。古人對未來的預測，還離不開神學和巫術，故而陰陽家與鬼神巫術有著難以割捨的關係。而這一學派之所以備受王者推重，正與它濃厚的神學色彩密切相關。帝王或出於一己長生的追求，或基於國運永昌的期望，幾乎沒有一個不篤信鬼神和巫術的，秦始皇是如此，漢武帝亦是如此。所以董仲舒將陰陽引入《公羊春秋》，除了時尚，似乎還有著使自己的論述更易於為帝王所接受的考慮。

【陰陽與陰陽之氣】《漢書・五行志》說：「漢興，承秦滅學之後，景武之世，董仲舒治《公羊春秋》，始推陰陽，為儒者宗。」據此，董仲舒還是漢代倡說陰陽的帶頭人。《漢書・藝文志》著錄的陰陽之作有「陰陽二十一家，三百六十九篇」；另有「陰陽十六家，二百四十九篇，圖十卷」。這些書籍幾乎全都散佚，本書中的相關篇章則為我們留下了一個漢初陰陽學說的輪廓面貌。

書中對陰陽的表述，大多以一年的四時變化為論證對象。也就是說，在董仲舒看來，一年中的寒來暑往，春華秋實，都是陰陽交互作用的結果。陰陽原本是一種觀念，無形無跡；依附於一年四時的往來推移，就變得具象可視，這就給他在論述上帶來了很大的方便。如書中對陰陽在運行中與方位、四時及農作物春生秋成的關係作了這樣的描述：

> 天之道，終而復始。故北方者，天之所終始也，陰陽之所合別也。冬至之後，陰俛(同「俯」)而西入，陽仰而東出，出入之處常相反也。多少調和之適，常相順也。有多而無溢，有少而無絕。春夏陽多而陰少，秋冬陽少而陰多，多少無常，未嘗不分而相散也。(〈陰陽終始〉)

> 陽氣出於東北，入於西北，發於孟春，畢於孟冬，而物莫不應是。陽始出，物亦始出；陽方盛，物亦方盛；陽初衰，物亦初衰。

> 是故陽氣以正月始出於地，生育養長於上，至其功必成也。(〈陽尊陰卑〉)

大體說來，書中在作一般性的論述時，單用陰陽；聯繫具體對象論述，也即陰陽處於運動狀態，需要傳遞其能量和資訊時，又引入了「氣」這個概念，稱「陰氣」、「陽氣」，如〈陰陽位〉等篇；或合稱「陰陽之氣」，如〈如天之為〉篇。關於陰氣和陽氣，也可見之於《左傳》昭公元年所載：「天有六氣。……六氣曰陰、陽，風、雨，晦、明也。」這六氣其實是天空展示在人們面前的六種不同狀態。日光被雲遮住為陰，雲開日出為陽；風、雨是雲氣運行的不同景狀；晦為晚間，明即白晝。上文提到，十端統一於氣，本書中的氣似乎是一種具有終極性的普遍存在。這裡所說的陰陽之氣亦帶有本體的涵義，如〈天地陰陽〉篇說：

天地之間，有陰陽之氣，常漸人者，若水常漸魚者也。所以異於水者，可見與不可見耳，其澹澹也。然則人之居天地之間，其猶魚之離（假為麗，附也）水，一也。是天地之間，若虛而實，人常漸是澹澹之中。

陰陽之氣就像水那樣浸潤於人的周圍，不同的是水可見，氣看不見。這種奇妙的存在物，無處不在，無時不在，雖是看不到，卻又「若虛而實」，似乎有點像只存在於人們想像中的「以太」那樣一種媒質。

綜合起來，陰陽和陰陽之氣在運行過程有這樣一些規則：

第一，陰陽和陰陽之氣始終處於運動狀態。運動中的陰和陽，在同一時段內表現為一多一少；在同一方位上，表現為一當位，一輪休。也就是書中說的：「春夏陽多而陰少，秋冬陽少而陰多」（〈陰陽終始〉）；「陽以南方為位，以北方為休，陰以北方為位，以南方為休」（〈陰陽位〉）。

第二，單獨的陰或陽不可能存在。這從一對矛盾的兩個側面來說，它們既是對立的，又是相互依存的，缺一不可。書中則更多是就陰陽化生萬物而言。所謂「獨陰不生，獨陽不生，陰陽與天地參然後生」（〈順命〉）。陽與陰，一主一輔，相與一力而並功。「故少陽因木而起，助春之生也；太陽因火而起，助夏之養也；少陰因金而起，助秋之成也；太陰因水而起，助冬之藏也。」（〈天辨在人〉）董仲舒在對策時

亦說過：「天使陽出布施於上而主歲功，使陰入伏於下而時出佐陽；陽不得陰之助，亦不能獨成歲。」（《漢書》本傳）

第三，陰陽常常出入於不同時空。〈陰陽出入上下〉篇說：「天道大數，相反之物也，不得俱出，陰陽是也。」文中以一年為週期，作了這樣推演：「春出陽而入陰，秋出陰而入陽，夏右陽而左陰，冬右陰而左陽。陰出則陽入，陽入則陰出；陰右則陽左，陽左則陰右。是故春俱南，秋俱北，而不同道；夏交於前，冬交於後，而不同理，並行而不相亂，澆滑而各持分，此之謂天之意。」

第四，陰陽量之和為一常數。陰增則陽減，陽漲則陰落，其總量始終不變。這就是〈基義〉篇說的：陰陽二物，「有時損少而益多，有時損多而益少」，但「少而不至絕，多而不至溢」。〈陰陽終始〉篇還認為陰與陽在數量上有一種互補互濟的機制，文中對此作了這樣描述：「多勝少者倍入。入者損一，而出者益二。天所起一，動而再倍，常乘反衡再登之勢，以就同類，與之相報，故其氣相俠，而以變化相輸也。」

【陰陽與陰陽之氣對人事的介入】董仲舒為自己定下的學術使命是要探究人自身、人與社會、人與天地宇宙間的關係問題，而其最終目的都可歸結為切合現實政治。因而他對陰陽的論述，不會停留在自然現象的分析上，必須使之介入人事，為治國安邦所用，為嚴明尊卑關係、協調人際關係所用。

介入的方法，便是給陰陽這對範疇加上某些本不為它們所有的倫理屬性。我們前面介紹的，賦予陰陽以尊卑、上下的屬性，並據以推導出君為臣綱、父為子綱、夫為妻綱的三綱論，便是其中影響最為深遠的一項。君權、父權、夫權，說到底都是統治者的權力，都是政治權力；三綱論不僅將這種政治權力道德化，還論定它們基於陽尊陰卑的天理，原於亙古不變的天道，也就是說給了它們至上的、永恆的涵義。

在陰陽有了尊卑、上下屬性後，〈王道通三〉、〈陰陽終始〉和〈陽尊陰卑〉三篇又將陰陽與權經作了對應。權與經相對而言，經是常道，權是通變。或者說經是原則性，權是靈活性。孔孟對權皆有所論述，都主張權的使用應慎重。《孟子・離婁上》將禮與權對稱，舉例說：「男女授受不親，禮也；嫂溺援之以手者，權也。」男女授受不親被認為是萬世不變的常道，但事情已關涉到生命，也不妨援之以手，這便是權。《春秋公羊傳》桓公十一年亦有類似論述：「權者何？權者反於經，然後有善者也。權之所設，舍死亡無所設。行權有道，自貶損以行權，不害人以行權。」強調的是行權雖反經但仍須合道，不可離經用權。本書〈玉英〉篇亦說：「夫權雖反經，亦必在可以然之域。」將陰陽與權經聯繫起來，意在假借天意抑權揚經，為推行王道的政治主張張目，為自己在向王者進言時增加一點權威的力量。此意可應用於諸多方面，例如應用在德與刑的關係上：

> 刑反德而順於德，亦權之類也。雖曰權，皆在權成。是故陽行於順，陰行於逆。逆行而順，順行而逆者，陰也。是故天以陰為權，以陽為經。陽出而南，陰出而北。經用於盛，權用於末。以此見天之顯經隱權，前德而後刑也。（〈王道通三〉）

與法家強調厚賞重罰不同，儒家一貫主張厚德簡刑。〈陰陽義〉篇又把陰陽觀念引進到德刑之論。「天道之常，一陰一陽。陽者天之德也，陰者天之刑也。」〈天道無二〉篇則以一年四時「陽之出，常縣（同懸）於前而任歲事；陰之出，常縣於後而守空虛」，來說明「天任陽不任陰，好德不好刑」，「尊德而卑刑之心見矣」。〈王道通三〉篇和〈陽尊陰卑〉篇還把陰陽二氣與德刑對應起來，作了如下論述：

> 陽天之德，陰天之刑也。陽氣煖而陰氣寒，陽氣予而陰氣奪，陽氣仁而陰氣戾，陽氣寬而陰氣急，陽氣愛而陰氣惡，陽氣生而陰氣殺。是故陽常居實位而行於盛，陰常居空虛而行於末。天之好仁而近，惡戾之變而遠，大德而小刑之意也。（〈王道通三〉）
>
> 是故天數右陽而不右陰，務德而不務刑。刑之不可任以成世也，猶陰不可任以成歲也。為政而任刑，謂之逆天，非王道也。（〈陽尊陰卑〉）

董仲舒在對策時，亦反覆強調了這一點：

天道之大者在陰陽。陽為德，陰為刑；刑主殺而德主生。是故陽常居大夏，而以生育養長為事；陰常居大冬，而積於空虛不用之處。以此見天之任德不任刑也。天使陽出布施於上而主歲功，使陰入伏於下而時出佐陽；陽不得陰之助，亦不能獨成歲。終陽以成歲為名，此天意也。王者承天意以從事，故任德教而不任刑。(《漢書》本傳)

我們再來看看陰陽之氣如何在社會的或治或亂中發揮不同作用的。〈天地陰陽〉篇認為陰陽之氣瀰漫於天地之間，在良好的社會秩序下，「人氣調和而天地之化美」；一旦出現邪惡或動亂，則「治亂之氣，邪正之風，是殽天地之化者也」。「故其治亂之故，動靜順逆之氣，乃損益陰陽之化，而搖蕩四海之內」。這就是說，社會的「治亂之氣」與充斥其間的陰陽之氣會產生一種互動的作用。治氣和亂氣分別從正面和反面加入天地陰陽之化，從而給整個自然界和社會生活帶來完全不同的結果。篇中是這樣表述的：

世治而民和，志平而氣正，則天地之化精，而萬物之美起。世亂而民乖，志癖而氣逆，則天地之化傷，氣生災害起。是故治世之德，潤草木，澤流四海，功過神明。亂世之所起亦博。若是，皆因天地之化，以成敗物，乘陰陽之資，以任其所為。

文中要求為人主者懂得這個「治亂之氣，邪正之風」與「天地之化」交互作用的道理，從而使自己的行事切合天地陰陽之理，即做到所謂「配天」。配天的要求對應於具體的政事，便是：

予奪生殺，各當其義，若四時；列官置吏，必以其能，若五行；好仁惡戾，任德遠刑，若陰陽。此之謂能配天。

㈢天地之氣，列為五行

十端的第三個層次是五行。五行不僅是一種對事物進行分類的方法，也是用以觀察、分析事物內外因果關係的一種工具；在某些特殊情況下，它們還能顯示天意，創造萬物。本書以五行名篇的，有〈五行對〉、〈五行之義〉、〈五行相生〉、〈五行相勝〉、〈五行逆順〉、〈治水五行〉、〈治亂五行〉、〈五行變救〉、〈五行五事〉等九篇。在董仲舒的哲學體系中，五行具有與陰陽同等重要的地位。〈天辨在人〉篇指出：參與天地之化的，「其實非獨陰陽也」，還應有五行，「如金木水火，各奉其所主以從陰陽，相與一力而并功」。二者在春生秋成中各自所起的作用表現為：

> 少陽因木而起，助春之生也；太陽因火而起，助夏之養也；少陰因金而起，助秋之成也；太陰因水而起，助冬之藏也。

【五行觀念的由來】 這是一個眾說紛紜的問題。上個世紀二、三十年代，學界還曾就這個問題有過一場論戰，梁啟超、顧頡剛、錢穆、范文瀾諸先生先後著文，發微鉤沉，一時高論迭出，只是對五行究竟始於何時，仍無公允結論。《史記・曆書》有「蓋黃帝考定星曆，建立五行」一語，論者多以為係出自想像或傳說，不足為據。《尚書・甘誓》記夏啟的話說：「有扈氏威侮五行，怠棄三正。」郭沫若在《中國古代研究》中以此為據，認為「那當是殷代的文字，或者也就是周人假造的。〈甘誓〉的五行雖不曾說明就是『金木水火土』，但從那有非常神聖的性質看來，大約也就是這『金木水火土』吧？」（轉引自徐文珊〈儒家和五行的關係〉，見《古史辨》第五冊）若按郭說，五行觀念在漢代也已有了一兩千年的歷史。近人劉起釪則撰文另創別說，以為古籍中的「五行」有指行為規範的，有指天上星象的，不一定就是陰陽五行中的五行。因而他認為《史記・曆書》和《尚書・甘誓》中的「五行」皆指天宇五星，非金木水火土五行。記載中將五星稱為五行的還有不少，如《管子・五行》「作立五行，以正天時」；《河圖括地象》「天有五行，地有五嶽」，其中「五行」所指均指星象，特別是後一句，五行與五嶽相對為文，五嶽既是地上五座大山，五行顯然是指天上五顆大星無疑（見〈釋《尚書・甘誓》的「五行」與「三正」〉一文，收入《古史續辨》）。若按劉說，五行的最初出現，就不能定在夏代了。目前學界較為一致的看法是五行定型於《尚書・洪範》所作出的表述。但對〈洪範〉的撰作年代仍有分歧，有以為周初的，有以為應在春秋或戰國時期的。好在這些都是學術性的專門問題，這裡姑且從略。通常觀念的形成總要早於見諸文字的時間，所以五行的觀念的出現當早於〈洪範〉，將它定在戰國以前大致不會錯。

《尚書・洪範》所記的，是箕子依據傳為禹所得之《洛書》，向周武王細述九種治國大法，五行被列為第一法。文中說：

> 五行：一曰水，二曰火，三曰木，四曰金，五曰土。水曰潤下，火曰炎上，木曰曲直，金曰從革，土爰稼穡。潤下作鹹，炎上作苦，曲直作酸，從革作辛，稼穡作甘。

這段對五行的記述已相當完整。不僅五種物質元素的特性有簡明的表述，它們還分別與鹹、苦、酸、辛、甘五味作了對應。如果拘泥於這五種物質的具體特性是無法與五味對應的，譬如木、曲直，怎麼能「作酸」呢？可以看出，這裡的木已開始向符號化發展，它所表示的是與具體的木的物質屬性並沒有多少關聯的某一種抽象的功能屬性。這一特徵表明，〈洪範〉所記載的五行，已走過了遙遠的歷史路程，幾乎褪盡了它原初的雛形。事實上就在〈洪範〉前後的一些史著對五行的記載還是相當混亂的，包括稱謂、數量和內容都不盡一致。如《左傳》文公七年稱「六府」，其內容為「水、火、金、木、土、穀」，多了一項「穀」。此外還有稱「五材」或「五才」的。如《左傳》襄公二十七年宋子罕曰：「天生五材，民並用之，廢一不可。」《後漢書・馬融傳》引此作「五才」，注云：「五才，金、木、水、火、土也。」《國語・鄭語》亦稱「五材」。這些相互齟齬的記載，恰好真實地留下了五行走過的印跡。儘管陰陽五行說在後來發展過程中夾雜了不少迷信荒唐的東西，但絕不能因此否定它在認識史上的地位和我們先人為此作出的努力。不妨設想一下，要從紛紜繁雜的大千世界中挑選出這五種物質來，既保留原有主要特性，又不斷擴大其涵蓋面，即在相當程度上使之符號化、功能化，從而成為分類、測試以至生成天地間萬事萬物的依據或動力，這需要多大的智慧和創造勇氣！其間不知經歷過多少代人的觀察、比較、總結、提升，從雛型到定型，所經歷的漫長的時光，是我們現代人無法想像的。也許其意念的最初的萌發，真像司馬遷說的那樣，可以推至傳說中的黃帝時代？

五行觀念在〈洪範〉後並沒有止步，它還要發展。

【五行向縱橫兩個方向的發展】〈洪範〉中的五行，五個元素之間還是靜態的、平列的，既不分主次，也不存在相互作用。它在其後的歷史進程中，由靜態漸次進入運動狀態，不斷向縱橫兩個方向開拓發展：縱向是五個元素的前後次序又重新作了排列，使之產生所謂相生、相勝的關係；橫向是與五方、五時、五色、五味以至五帝、五神等等相對應，形成一個網狀互動結構。這自然又是一個很長的歷史過程，我們只能從一些零星的記載中看到它的一點行進的線索。相生、相勝二說比較起來，似乎相勝說出現得更早一些。如《左傳》在魯昭公三十一年（西元前五一一年）和魯哀公九年（西元前四八六年）分別記有「火勝金」和「水勝火」的話；《孫子・虛實》說：「故五行無常勝。」《墨子・經下》亦說：「五行毋常勝，說在多。」但都沒有展開論述，語焉不詳。戰國時，鄒衍將五行相勝說應用於王朝興廢，推演五德終始，他本人也因此而得以大顯於諸侯。至於相生說的起源，很難找到明確的記載，值得注意的是《國語・鄭語》中的一段話，內容為周太史伯向鄭桓公縱論西周末年天下興衰繼替大勢。談到如何治理國家時，史伯提到了「和」的命題：一物與不同質的他物調合謂之和。他說：「故先王以土與金、木、水、火雜，以成萬物。」這便把土從五行中單列了出來，與其他四元素相配比以造就萬物。五行之間不再是平列關係，其中土是最貴重也是最基本的，其他四元素只有分別與土配比才能造出新的事物來。這當是古人在以農業為主的自然經濟條件下，長期觀察、思考的結果。五行中的土一經單列出來，就比較容易想到生長在土地上的作物，又由作物的初生而至於成熟的過程，漸漸顯出了一個原先肉眼看不到的存在——時間，即時令或季節。這樣到了《管子・四時》，五行不僅與四時互為對應配比，還與五方、天象以及政事聯繫了起來，以一個年度為循環單元，構成了一個相當完整的陰陽五行與時令、政事相對應的運作圖式。

然仔細想來，仍有缺憾。那就是四時與五行無法逐一對應，留下一個土，居於中央，卻沒有與之配比的作為時間維度的季節。可能就是為了彌補這個空缺，《管子・四時》加了這樣一段話：土德「中正無私，實輔四時，春嬴育，夏養長，秋聚收，冬閉藏。大寒乃極，國家乃昌，四方乃服，此為歲德。」其後問世的《呂氏春秋・十二紀》和《禮記・月令》，在夏與秋之間加了個「季夏……中央土，其日戊己」，使四時變成了五時。但實際上這「季夏」仍然是個沒有時間的空頭季節。陳澔在為《禮記》作注時，為填實這個空頭作了這樣的解釋：「土寄旺四時，各十八日，共七十二日。除此，則木、火、金、水亦各七十二日矣。土於四時無乎不在，故無定位，無專氣，而寄旺於辰戌丑未之末。未月在火金之間，又居一歲之中，故特揭『中央土』一令於此，以成五行之序焉。」以干支紀日，每十日就有兩個戊己日，全年共七十二日。這樣空頭的「季夏」總算有了自己的「時間」。如此煞費苦心，也實在難為了注家。

不過五行的橫向發展，即五行與時間空間的對應，還是以《呂氏春秋・十二紀》和《禮記・月令》的敘述最為完備。在這裡，五行與五時、五方、五色、五帝、五神、五音、五味以及天象、地貌等都一一作了對應，相關的祭祀和政事亦都包羅其中；這個宏大的結構既是古人的認知模式，也是自天子以至於庶民每年的行事藍圖。從當時的社會發展階段和人們的認識水平看來，這應該已是完美無缺的了，至於歷代帝王是否真的全部一一照著這麼做，那當然又是另一回事。

本書〈五行逆順〉篇可說是《呂氏春秋．十二紀》的漢代微縮版。也許由於夏曆六月亦可稱季夏，董仲舒覺得五時中的「季夏」容易與季夏六月混淆，因而將其改為「夏中」：「土者夏中，成熟百種，君之官。」

關於五行的縱向發展，即五個元素之間的相生相勝關係，在漢以前，有取相勝說的，有取相生說的，本書則兼採相生相勝之說，有〈五行相生〉、〈五行相勝〉兩篇專文，應是歷史上最為完備的敘述。不妨把〈洪範〉中五行的次序，與《春秋繁露》中五行的次序作一個比較。〈洪範〉的次序是：水、火、木、金、土。本書是：木、火、土、金、水。前者五個元素之間是平列關係，因而前後次序可以隨意更移；後者則是一種所謂「比相生」、「間相勝」的關係，變更位置就會破壞這種關係。

比相生就是比鄰相生，即：木生火，火生土，土生金，金生水，水生木。

間相勝就是間隔相勝，即：金勝木，水勝火，木勝土，火勝金，土勝水。

〈五行相生〉篇認為五行相生、相勝之理，可以應用於百官治理國家之事。文中說：「天地之氣，合而為一，分為陰陽，判為四時，列為五行。行者，行也，其行不同，故謂之五行。五行者，五官也，比相生而間相勝也。故謂治，逆之則亂，順之則法。」

【五行對政事和倫常的介入】 介入的方法一種是以五行與五時相對應，對君主的行事提出建議或警示。在董仲舒之前，《呂氏春秋．十二紀》、《禮記．月令》和《淮南子．時則訓》亦曾這樣做過。如果作一比較，上述三書所提建議或警示，大多由時令引出，與季節變換結合得較為緊密。本書〈五行逆順〉等篇，則作了進一步政治化，不少內容就直接採自時政。如在建議中出現了這樣一些條目：「行什一之稅，進經術之士」；「舉良賢，進茂才，官得其能，任得其力」；「斷刑罰，執當罪，飭關梁，禁外徒」等。在警示中又有這樣的內容：「人君惑於讒邪，內離骨肉，外疏忠臣」；「欺罔百姓，大為臺榭」；

「人君好戰，侵陵諸侯，貪城邑之賂，輕百姓之命」等。這些內容顯然與時令的推移並無多少關聯。在這裡，五行與五時的對應成了一種進諫的形式。

再一種方法是五行與五事相對應，要求君主注重貌、言、視、聽、思的修養。五事出自《尚書·洪範》，原文與五行並無關聯，本書〈五行五事〉篇則分別將貌與木、言與金、視與火、聽與水、思與土作了對應，並說：

王者與臣無禮，貌不肅敬，則木不曲直，而夏多暴風。風者，木之氣也。
王者言不從，則金不從革，而秋多霹靂。霹靂者，金氣也。
王者視不明，則火不炎上，而秋多電。電者，火氣也。
王者聽不聰，則水不潤下，而春夏多暴雨。雨者，水氣也。
王者心（一作思）不能容（睿），則稼穡不成，而秋多雷。雷者，土之氣也。

在這五事中，貌、視、聽，是要求人在接受外界資訊時，應該有一個謙恭、客觀而又嚴肅認真的態度。思，是在接受資訊後，要冷靜地進行思考和分析，做出合乎情理的判斷，對不同意見要有寬容的襟懷。言，是作出應對；對一個王者來說，就是頒發詔令，付諸實施。應對須可行和有效，其結果要經得起實踐和時間的考驗。這五事確實是一個很好的經驗概括，不僅適用於主事者，對一般人際交往亦有啟發作用。當然，即使是王者，能否做到這五事也與天氣的風雨雷電毫不相干。董仲舒之所以煞有介事地作了如此這般的論述，無非是在集權專制制度下，給臣子們意欲對帝王的某些不當行為上疏進諫時，塗上一層保護色而已。

第三種方法是以五行與五官相對應，提醒為官者各守其道，相互制約。書中的〈五行相生〉篇和〈五行相勝〉篇便是論述此意的專文。五官指司農、司馬、司營、司徒、司寇。《禮記·曲禮下》亦記有五官，名稱略異。五官是泛指五類職官或五種機構，由五行的相生關係產生。東方者木，其官為司農，掌農事，勸民耕墾，做到家給人足。南方者火，其官為司馬，掌存亡之機，治亂之源，做到預禁於未然之前。中央者土，其官司營，掌稱述往古，微諫納善，做到滅惡絕源，執繩以制四方。西方者金，其官為司徒，掌執權而討有罪、伐不義，做到邊境安寧，寇賊不發。北方者水，其官為司寇，掌據法聽訟，依禮進退，做到君臣有位，長幼有序，至清廉平，賂遺不受。五官又與五常相對應，要求：司農尚仁，司馬尚智，司營尚信，司徒尚義，司寇尚禮。

五官若瀆職而為非作歹，則須依據五行相勝的原理，由其相勝一方負責監督或制裁。〈五行相勝〉篇提出：司農為奸，司農屬木，金勝木，由屬金的司徒來糾正司農的為奸。司馬為讒，司馬屬火，水勝火，由屬水的司寇來糾正司馬的為讒。司營為惡，司營屬土，木勝土，木者農也，農者民也，民眾自會以反叛的行動來糾正司營的為惡。司徒為賊，司徒屬金，火勝金，由屬火的司馬來糾正司徒的為賊。司寇為亂，司寇屬水，土勝水，由屬土的司營來糾正司寇的為亂。這些規定，全出想像，自然不會有操作層面上的任何意義。不過文中所羅列的為官者的種種惡行，當是董仲舒對官場現實狀況的觀察所得，並非子虛烏有。在〈天人三策〉中他對「法出而姦生，令下而詐起」的種種弊端亦多有揭示，可以互證。〈五行相勝〉篇附以五行相勝之理強為之說，也無非是一廂情願地想在各級各類官司機構建立一種橫向的監督制衡機制，以保障整個國家機器的正常運行。中國歷史上的監察制度，向來只有一種，那就是由皇帝欽定的以御史府或御史臺為首的自上而下的監察系統。再加一種橫向的制衡機制，也可能是件好事，但更為需要的則是自下而上的監督，特別是對手中握有至高無上權力的皇帝的監督。當然，這是只有集權專制制度瓦解以後才能做到的事。如果我們用這樣的要求去要求董仲舒，那就違反了歷史的常識。

第四種方法是以五行與五種德行相對應，強調土為忠臣之義，孝子之行。〈五行對〉篇說：「五行者，五行也。」後一個「五行」指五種德行。如儒家思孟學派以五行附會倫理道德，稱仁、義、禮、知、信五種德行為五行。本書的論述則側重於忠和孝。〈五行之義〉篇將五行相生關係對應於父子關係，文中說：「木生火，火生土，土生金，金生水，水生木，此其父子也。」「是故木受水而火受木，土受火而金受土，水受金也。諸授之者，皆其父也；受之者，皆其子也。」〈五行對〉篇將五行中的土喻作為臣為子者，並作了這樣的論述：

勤勞在地，名一歸於天，非至有義，其孰能行此？故下事上，如地事天也，可謂大忠矣。土者，火之子也，五行莫貴於土。土之於四時無所命者，不與火分功名。木名春，火名夏，金名秋，水名冬。忠臣之義，孝子之行，取之土。土者，五行最貴者也，其義不可以加矣。

孝這一觀念當始於以血緣為紐帶的氏族社會，後來成為儒家的一個基本倫理範疇。忠原指在人際交往中應忠敬誠實，後來才逐漸演化為專一忠於帝王之忠。最先將「孝親」與「忠君」聯繫起來的，可能是《孝經》：「君子之事親孝，故忠可移於君。」《呂氏春秋・八覽・孝行》又依據未來大統一的秦帝國的政治需要，進一步擴展孝的涵義，強調了它在治理整個國家中的根本性的地位。文中說：「凡為天下，治國家，必務本而後末，務本莫貴於孝。」「人主孝，則名章榮，下服聽，天下譽。人臣孝，則事君忠，處官廉，臨難死。士民孝，則耕芸疾，守戰固，不罷北。夫孝，三皇五帝之本務，而萬事之紀也。」本書把忠孝與五行結合了起來，更增加其神聖的色彩，使之成為天經地義的倫常道理。

六、天人合一：董仲舒哲學思想（下）

這一節介紹十端的末端：人。

董仲舒天人哲學的基準點就是人。十端中的前九端，其實皆為成全人而設。十端中唯天與人具有能動性。〈為人者天〉篇把天稱為人的「曾祖父」，天地宇宙間正因為有了天的這些子孫們，才變得如此多姿多彩，生氣勃勃。〈天地陰陽〉篇說十端之所以將天地與人置於始末二端，是為了「以此見人之超然萬物之上，而最為天下貴也。人，下長萬物，上參天地。」人何以能上參天地呢？書中解釋說，那是因為人如同天地一樣能主動調度陰陽五行參與天地之間的變化：「天有陰陽，人亦有陰陽。天地之陰氣起，而人之陰氣應之而起；人之陰氣起，而天之陰氣亦宜應之而起，其道一也。」（〈同類相動〉）故而人與萬物比較，萬物只能「旁折取天之陰陽以生活耳，而人乃爛然有其文理。是故凡物之形，莫不伏從旁折天地而行，人猶（獨）題直立端尚（向），正正當之。」（〈人副天數〉）唯有直立行走於天地間的人，才能窮究天地之本，與其相互感應，天人為一。有關天人合一的觀念，書中有多處徑直的表述，如：

天地人，萬物之本也。（〈立元神〉）

以類合之，天人一也。（〈陰陽義〉）

天地人主一也。（〈王道通三〉）

天人之際，合而為一。（〈深察名號〉）

㈠從天人相異到天人大同

近年來有學者認為，就像西方哲學史上以對存在與意識、物質與精神的關係的不同回答產生了不同哲學流派那樣，在中華傳統文化中，不同的哲學派別大多就是由對天人關係的不同指向的探究形成。此說是否公允姑且勿論，毋庸置疑的是，天人關係問題應是我國古代許多哲學家長期為之苦苦思考的一個共同主題。

在我們討論古人對天人關係的認識時，有一點先要弄清楚，那就是：遠古人類心目中的天，不可能是我們現在說的天宇或天體。那時人還沒有從自然界分離出來。人對天還無法作客觀的考察，只能是憑自己的身心感受。由於全部認識皆源於直覺感受，這就不難理解他們會把周圍的自然物和頭頂的天看作也像自己一樣有靈性、有意識、有喜怒哀樂感情的。人對天的最初、最直接因而也是最深切的感受，除了溫暖的陽光、和煦的春風以外，更多的還是可怕的暴風驟雨、雷鳴閃電和酷暑嚴寒。人在強大的自然力面前，顯得那樣無助和渺小。於是他們便想像主宰著這一切的一定是一個巨大無比的、威力無窮的、而其形貌又像是「人」(除了把它想像成具有人的形貌，還能想像成什麼呢？) 的存在，這個巨大的存在就叫作天。「天」這個漢字的結構就表徵著這樣的涵義。《說文》曰：「天，顛也。至高無上。从一、大。」段注：「天，顛也，丕大也，吏治人者也。」高懸在頭頂的天是管人的。這就是我們先人對天人關係的最初認識。

在地上出現了帝王後，又想像天上也存在著某個統治系統，於是又把天稱為天帝或上帝。在殷墟甲骨卜辭中，有這樣一些占卜紀錄：

甲辰，帝令其雨。(《殷墟文字乙編》六九五一片)

帝其令風？(《殷墟文字乙編》三〇九二片)

文中的帝，就是天帝或上帝。對人來說，這時的天是一種異己的力量，人不過是在天統治下的一個被動的存在。人對天，只能是匍匐、畏懼和聽命。這是一種原始的天人關係。天或發威或施恩，全憑一時興起，與人行事的對錯或人的道德狀況無關。人還沒有與天對話的資格。這裡所謂沒有資格，實際上就是人還沒有萌發作為類獨立存在於自然界的那種自我認識。

人在與自然的種種艱難的交往中，不斷發現和發掘自己的創造力、想像力，從而不斷認識和提升了自己，逐漸縮短了與天的距離。大約就在那時，這種與天日益接近的觀念，外化為兩個方面的成果：一是將某些自然力擬人化，創造了風伯、雨師、雷公、羲和等神話形象；二是將自己英雄化，產生了女媧補天、后羿射日、精衛填海、夸父追日等傳說故事。

當然，我們先人對天人關係的認識進程，應是交錯的、反覆的，不可能完全依照時間順序排列。譬如皐陶是傳說中的舜的管刑法的大臣，時代要遠遠早於上面引的殷墟甲骨卜辭，《尚書・皐陶謨》記有他對禹講的這樣一段話：

天聰明，自我民聰明；天明畏，自我民明畏。

皐陶的話，代表了當時少數處於高層的精英人物對天人關係的認識，可以看作是天人感應的最初表述。這裡就把天之所行與人之所欲聯繫了起來。認為天對人事的觀察、判斷及其所作出的對應，是依據臣民的意願來進行的。人在天的視野裡已是一個相當重要的存在，實際上也就是人開始認識到了自己在自然界的地位。這種觀念的進一步發展，便是將天對人事的干預說成是有道德評價的選擇。如《左傳》僖公五年記虞國大夫宮之奇在與虞公對話時，引了《周書》逸書中的話說：「皇天無親，唯德是輔。」上天對人君的授命絕無私情，唯一的標準是有無德行：有德者輔之，無德者棄之。類似的說法亦可見於《尚書・召公》。召公在與周成王的談話中，幾次提到夏、商滅亡的教訓就是：「惟不敬厥德，乃早墜厥命。」周人對天人關係的認識，在《詩經》中，特別是其中的〈大雅・文王之什〉，有不少生動的描述。詩人筆下的天人關係，已變得相當有人情味，天有時簡直就是一位既慈祥又威嚴的長者，只不過居住在天上罷了。如作為祝福詩的〈天保〉，前三節的首句都是「天保定爾」，把上天的佑護看作人間福祉之源。〈巧言〉視上天為父母：「悠悠昊天，曰父母且」；〈時邁〉又稱自己為上天之子：「時邁其邦，昊天其子之」。〈下武〉和〈思文〉都認為他們的祖先死後上了天，並且繼續關注著人間：「思文后稷，克配彼天」；「三后在天，王配于京」。天不僅可親可敬，還與人有了親緣關係。

當然詩歌偏重於抒情，詩句中的描述不一定就是當時人們對天人關係的清醒認識。在先秦諸子中，道家不承認天有意志，提出「人法地，地法天，天法道，道法自然」（《老子》第二十五章），以順道無為進而臻於天人合一的境界。《莊子》在〈逍遙遊〉中說：「乘天地之正，而御六氣之辯，以遊無窮。」又說：「乘雲氣，御飛龍，而遊乎四海之外。」儘管這是在用詩化的語言追求一種理想的人生境界，並非著意於天人，但也還是可以看出，在莊子心目中的天，就像老友一樣親近：「天地與我並生，而萬物與我為一。」（〈齊物論〉）儒家中荀子對天人關係作了最為清醒的論述。《荀子·天論》便是以此為論旨的專文。文中針對天人合一論提出了「天人之分」的著名命題：「故明於天人之分，則可謂至人矣。」在荀子看來，作為自然的天，不存在智慧、意志等精神因素，它是依照著一定的規律運行變化的，決不會因為人的請求或詛咒而有所更易。這個道理，只要用一個常識性的例子便可得到證實：「天不為人之惡寒也，輟冬；地不為人之惡遼遠也，輟廣。」至於日月之有蝕，旱澇而成災，那也只是一某種異常的自然現象，並非天在警戒人。那種鳴鼓救日、祭禱求雨的做法，「非以為得求也，以文之也」，無非藉以文飾政事而已。決定治亂的不是天象，而是當政者的是否聖明：「上明而政平，則是雖並世起，無傷也；上闇而政險，則是雖無一至者，無益也。」因而在天人關係上，荀子提出了「制天命而用之」的主張。他說：

> 大天而思之，孰與物畜而制之；從天而頌之，孰與制天命而用之；望時而待之，孰與應時而使之；因物而多之，孰與騁能而化之；思物而物之，孰與理物而勿失之也。願於物之所以生，孰與有物之所以成。故錯人而思天，則失萬物之情。

引文中的一連串排句，強調的都是要致力於人事，而不是祈求、等待天助。應當說，荀子的天人觀是比較符合科學的，它是對那時漸漸發展起來的科學技術成就，和古人長期觀察、實踐所積累的具體經驗，從哲學上加以總結、提升的結果。

在董仲舒之前，對天人合一作過比較系統論述的是《呂氏春秋》。書中的〈制樂〉篇說：「今室閉戶牖，動天地，一室也。」一個人在緊閉的居室內，他的行為竟然可以感天動地。舉的實例便是成湯之時有禾生於庭，一夜之間竟長到合抱粗。湯為此早朝晏退，問疾弔喪，安撫百姓，結果三天以後怪禾就自動消失。文中以此證明：「見祥而為不善，則福不至」；「見妖而為善，則禍不至」。那麼天、人又是依據什麼而能相互感應的呢？〈應同〉篇列舉了「氣同則合，聲比則應」等事實說明，其中的原理就是「類固相召」：同類的事物會相互招引。天、人之所以能相互感應，就因為天、人原本同構：「天地萬物，一人之身也，此之謂大同。」（〈有始〉）

董仲舒的天人合一思想，主要是在汲取《呂氏春秋》的基礎上，作了全面系統的發展。荀子與作為《呂氏春秋》編撰者的呂不韋，生活於戰國末期。他們一個力倡天人之分，一個張揚天人合一，固然有其品性、學養等方面的個人原因，但更須注意的是時代因素。天帝和天命的觀點，原是隨著統一王朝的出現而逐漸形成的，而荀子所面對的則是列國紛爭的現實，皇綱既已解紐，天帝和天命也就難覓歸依。各國國君都知道自己的存亡榮辱靠的是實力，讀書人亦知道要逞意於這亂世唯有憑藉自己的勇氣和才智。這可能就是產生天人之分論的歷史動因。而《呂氏春秋》則是應即將出現的天下共主之需，也即大秦帝國奠基之需而編撰的，因而整合前人有關天人的思想資料，提出天人大同說以重振皇綱，自然正當其時。同理，董仲舒之所以不薪傳荀子而承續呂氏，與個人品性、學養固然不無關係，但更為主要的還是基於現實政治所需，基於維護已經建立了一個甲子的劉漢王朝所需。這一點，本書〈王道通三〉篇說得很明確：「古之造文者，三畫而連其中，謂之王。三畫者，天地與人也，而連其中者，通其道也。取天地與人之中以為貫而參通之，非王者孰能當是？」這就是說，「天人合一」中的「人」，只能是王者！

㈡天人相應的依據

【天人以數相副、形相象】　按照本書的論述，人可以與天相互感應是不言而喻的，因為人原本由天所生，與天同類。〈人副天數〉篇和〈官制象天〉篇從數副天與形象天兩個方面將人與天作了對比。數副天：如人全身骨節小節三百六十六，副一年日數；大節十二，副一年月數；內有五臟，以副五行；外有四肢，以副四時。又人身有四肢，每肢三節，三四十二，十二節相持而形體立；恰似天有四時，每時三月，三四十二，十二月相受而一歲成。形象天：如上有耳目聰明，象日月；體有空竅理脈，象川谷；心有哀樂喜怒，象天氣。〈為人者天〉篇還認為人的心志、情性以至德行，也全是化天志、天理而成：「人之形體，化天數而成；人之血氣，化天志而仁；人之德行，化天理而義；人之好惡，化天之暖清；人之喜怒，化天之寒暑；人之受命，化天之四時。人生有喜怒哀樂之答，春秋冬夏之類也。喜，春之答也；怒，秋之答也；樂，夏之答也；哀，冬之答也。天之副在乎人。人之情性有由天者矣。」此類比附，在我們現代人看來自然十分勉強，但在古人卻也是長期觀察、思考的結果，有的還付諸實用，如在中醫理論裡就有不少類似的說法。《黃帝內經・靈樞》稱：「天有日月，人有兩目；地有九州，人有九竅；天有風雨，人有喜怒；天有雷電，人有音律；天有四時，人有四肢；天有五音，人有五臟；天有六律，人有六腑。歲有三百六十五日，人有三百六十節。」

不僅如此，書中還有多處將天人關係作了人倫化。〈為人者天〉篇說「天亦人之曾祖父」，〈順命〉篇則說：「父者，子之天也；天者，父之天也。無天而生，未之有也。」至於帝王，當然更要親一層了，可以堂而皇之地稱之為天之子：「故德侔天地者，皇天右（通「佑」）而子之，號稱天子。」（〈順命〉）

【物本同類相召】　〈人副天數〉篇說到天人相應有兩個方法：數與類。「於其可數也，副數；不可數者，副類。皆當同而副天，一也。」副數，上文已說過，這裡講副類。〈同類相動〉篇說：

今平地注水，去燥就濕；均薪施火，去濕就燥。百物其去所與異，而從其所與同。故氣同則會，聲比則應，其驗皦然也。試調琴瑟而錯之，鼓其宮則他宮應之，鼓其商而他商應之，五音比而自鳴，非有神，其數然也。

引文中提出的「同類相召」這一命題，先秦及秦漢間好些思想家都作過論述，且所舉例證以至所用語言也頗多彷彿，可見這是一個綿延數百年而依然共同感興趣的話題。如：

《周易・文言》：「同聲相應，同氣相求。水流濕，火就燥，雲從龍，風從虎，聖人作而萬物睹。本乎天者親上，本乎地者親下，則各從其類也。」

《莊子・漁父》：「同類相從，同聲相應，固天之理也。」

《鄧析子・轉辭》：「故抱薪加火，燥者必先燃；平地注水，濕者必先濡。」

《荀子・大略》：「均薪施火，火就燥；平地注水，水流濕。夫類之相從也，如此之著也。」

《鬼谷子・摩篇》：「抱薪趨火，燥者先燃；平地注水，濕者先濡。」

《尸子・仁意》：「平地而注水，水流濕；均薪而施火，火從燥，召之類也。」

《呂氏春秋・應同》：「類固相召，氣同則合，聲比則應。鼓宮而宮動，鼓角而角動。平地注水，水流濕；均薪施火，火就燥。」

《淮南子・覽冥訓》：「今夫調弦者，叩宮宮應，彈角角動，此同聲相和者也。」

有所不同的是，諸子大多偏重於對物理的探究，本書則旨在用以說明天人相應的原由。「觀人之體一，何高物之甚，而類於天也。」(〈人副天數〉)這就從「物」向前跨了一大步，進到了「人」，即所謂「察身以知天」(〈郊祭〉)。既然物本同類相應，天人亦相類，天人相應就有了充足理由。但董仲舒的天人哲學原為王者而設，因而他還須再向前跨一大步：從物理進入到倫理，將美惡觀念引進到天人相應。他在對策時說：「人之所為，其美惡之極，乃與天地流通而往來相應，此亦言天之一端也。」（《漢書》本傳）〈同類相動〉篇說：「美事召美類，惡事召惡類，類之相應而起也。如馬鳴則馬應之。」這組類比很牽強，因為馬鳴則馬應與美惡召美惡，是不同質的兩類事，無法互證。但篇中還是據以作出了如下推演：

> 帝王之將興也，其美祥亦先見；其將亡也，妖孽亦先見。……《尚書〔大〕傳》言：「周將興之時，有大赤烏銜穀之種，而集王屋之上者，武王喜，諸大夫皆喜。周公曰：『茂哉！茂哉！天之見此以勸之也。』」

值得注意的是，同篇特為指出：這種「同類相動」的現象「非有神，其數然也。」這似乎可以理解為董仲舒不想在神學的道路上走得太遠，他要守護作為儒家的道統。篇末又對同類相動的奇妙現象作了分析：「相動無形，則謂之自然。」但如果一切全都歸結於自然，又怎麼能與有意志的天聯繫起來，從而以天命來規範人間的政事呢？我們的董老先生勇敢地一腳跨過出現在自己筆下的悖論之河，又緊接一句：「其實非自然也，有使之然者矣。物固有實使之，其使之無形。」這個無形的「使之者」，當然就是天意！

【天人同有陰陽】陰陽在本書中被描寫成為一種充溢於天地之間而肉眼又無法看到的介質，並認為天有陰陽，人亦有陰陽。由於陰陽天人共有，因而陰陽便被認為是比之「數」和「類」更為經常的溝通天人的媒介。那麼如何來證明人亦有陰陽呢？〈同類相動〉篇舉了一些日常例證：「天將陰雨，人之病故為之先動，是陰相應而起也。天將欲陰雨，又使人欲睡臥者，陰氣也。有憂亦使人臥者，是陰相求也；有喜者，使人不欲臥者，是陽相索也。」〈人副天數〉篇還認為陰陽在人身上的分布以腰帶為界：「帶而上者盡為陽，帶而下者盡為陰，各其分。陽，天氣也；陰，地氣也。」書中對陰陽在天人關係中的作用作了這樣的表述：

天有陰陽，人亦有陰陽。天地之陰氣起，而人之陰氣應之而起；人之陰氣起，而天之陰氣亦宜應之而起，其道一也。（〈同類相動〉）

天地之符，陰陽之副，常設於身。身猶天也，數與之相參，故命與之相連也。（〈人副天數〉）

〈天辨人為〉篇還認為天人共有春秋冬夏和喜怒哀樂之氣。文中稱：

喜怒之禍，哀樂之義，不獨在人，亦在於天；而春夏之陽，秋冬之陰，不獨在天，亦在於人。故曰：天乃有喜怒哀樂之行，人亦有春秋冬夏之氣者，合類之謂也。

那麼人是如何通過陰陽觀察天意的呢？〈天地陰陽〉篇有這樣一段論述：

夫王者不可以不知天。知天，詩人之所難也。天意難見也，其道難理。是故明陰陽、入出、實虛之處，所以觀天之志；辨五行之本末順逆、小大廣狹，所以觀天道也。

一是判明陰陽的出入之所、虛實之處，二是辨別五行的順逆也即相生、相勝的關係，便可觀察到天志和天道。這是因為就像我們在上一節所介紹的那樣，五行的相生、相勝關係有恆定的次序，以一年為週期，陰陽出入的方向和數量也都有規律可以尋找，因而如果它們脫出了常規，便被認為是有某種天意驅使所致。例如旱與澇便被認為是陰陽之量失度的緣故，因而救治的方法就是「欲致雨則動陰以起陰，欲止雨則動陽以起陽」（〈同類相動〉）。《漢書・五行志》載有大量《春秋》所記災異實例，其中有多例董仲舒便是用陰陽說作了解釋。如魯昭公九年（西元前五三三年）陳國發生了一次火災。此前數十年，陳國曾因靈公淫亂被弒而招致楚國入侵討伐。董仲舒認為陳國上下如今對此事「尤毒恨甚，極陰生陽，故致火災」。《左傳》記此事引了鄭國裨竈所作的解釋，則用的是五行說。裨竈認為陳五年後將再次受封，五十二年後終將滅亡。原因是：「陳，水屬也。火，水妃（意為配）也，而楚所相也。今火出而火陳，逐楚而建陳也。妃以五〔成〕，故曰五年。歲五及鶉火（星次名，即二十八宿中之柳宿），而後陳卒亡，楚克有之，天之道也。」《漢書・五行志》作者亦用五行說作了詳細的補充，然後說：「凡五及鶉火，五十二年而陳卒亡，故曰『天之道也』。」

(三)天人對話的途徑與方式

儘管天人同類，天人可以相互感應，但在本書中的天人關係是不平等的，天在上位，人在下位。〈順命〉篇和〈郊語〉篇都提出要「畏敬天」。〈祭義〉篇把新熟的春麥秋黍稱之為「天賜」，必先薦之宗廟，然後才敢享用。全書有關天人關係的用語有多種，如「敬天」、「奉天」、「事天」、「順天」、「配天」、「參天」、「象天」、「效天」、「法天」等等，人都處於頂禮膜拜的下位。這當然也是董仲舒預設的。他的哲學體系之所以要援引天和天道，就是為了達到設想中的一箭雙雕的目的：既為皇權加上天命的光環，使之更加神聖不可侵犯；也欲借天帝之威制約一下在人間已是至高至上不再有任何力量可以制約的皇帝。

所謂天人對話，其實就是假借某種儀式以援引天意。主要有祭祀和求禱兩種。祭祀指每年年初的祭天，因祭於京畿之郊亦稱郊祭，或簡稱郊。求禱指因有所求而舉行的祭禱儀式，如旱澇時的求雨、止雨等。書中更為重視的是祭天，有〈郊祭〉、〈祭義〉、〈郊語〉、〈郊事對〉等四篇專文。求禱雖也有〈求雨〉、〈止雨〉各一篇，內容多為技術性的，未作充分論述。〈郊祭〉一再強調，郊祭高於包括宗廟祭在內的一切祭祀，即使遭遇災荒萬民多貧，或因國有大喪而停止了宗廟祭，也不應不舉行郊禮，並引孔子的話說：「獲罪於天，無所禱也。」〈郊語〉篇提醒說不敬畏天必將受到懲罰，只是「其殃來至闇」，「故曰：堂堂如天，殃言不必立校，默而無聲，潛而無形也」。

據《通典・禮六九》的載錄，祭天之禮極為隆重。除天帝神座外，其餘諸神、諸星之座竟多達五百六十七！祭祀前，皇帝及相關官員要散齋四日、致齋三日。祭祀之日的黎明時分，皇帝及五品以上文武官全都肅立於神座前。當太常卿引皇帝向昊天上帝神座跪拜時，所有官員一齊誠恐誠惶匍匐於地，在那一瞬間，似乎真會有一種天人同一的氣氛。接著是太祝為皇帝代讀祝文，祝文中皇帝得向天帝稱臣，感謝天帝「化育群生，裁成庶品，雲雨作施，普博無私」之恩。一年三百六十天，天天高踞於萬民之上的皇帝，至少在這一刻讓他感覺到了還有一個高於他的昊天上帝在！依照禮制，郊祭每年一次，時間是在正月上旬的辛日。但據《史記・封禪書》和《漢書・郊祀志》的記載，漢初高帝無祭，文景二帝也只祭過一兩次。武帝在位五十餘年，前後郊祭十一次。由此看來，董仲舒在書中這些論述，很可能是有所指而發。〈郊祭〉篇還直接對天子提出了責難：「聖人正名，名不虛生。天子者，則天之子也。以身度天，獨何為不欲其子之有子禮也？」

按照本書的說法，在平時，天意是通過陰陽五行的運行以及寒暑的更迭、物候的呈現顯示出來的；在特殊情況下，天意的宣告則是通過下降祥瑞或災異。祥瑞被認為是上天對人君善行的褒揚，災異則是對當國者惡行的譴告。本書論述的重點是在災異。祥瑞僅記有幾例，且多為遠古時代，其意無非是為當世人君提供效仿的榜樣。如〈王道〉篇說五帝三王之治天下，如何親親而尊尊，如何教民以德而使之以忠，因而民給家足，修德而美好，於是「天為之下甘露，朱草生，醴泉出，風雨時，嘉禾興，鳳凰麒麟遊於郊」。

災異之說，先秦典籍如《尚書》、《詩經》、《周易》、《左傳》、《墨子》、《呂氏春秋》等，均不乏記載。本書則溯其源於《春秋》。《春秋》對天象、地貌、物候一類的記載確以災異為主，但並未明言這是上天對人世的警示。本書〈二端〉篇則認為《春秋》中所記的日蝕、星隕、山崩、地震等等異常現象，均為人間「悖亂之徵」，是上天「天威」、「天譴」的顯示。在〈天人三策〉中，還對災異之起與王者失政的因果關係作了這樣具體的表述：

淫佚（通「逸」）衰微，不能統理群生，諸侯背畔（通「叛」），殘賊良民以爭壤土，廢德教而任刑罰。刑罰不中，則生邪氣；邪氣積於下，怨惡畜（通「蓄」）於上。上下不和，則陰陽繆盭而妖孽生矣。此災異所緣而起也。

把自然界的某些災異的出現，說成是上天有意作出的對人世的警告，在現代社會裡，除非是窮鄉僻壤，恐怕已很難有人相信；倘若把這樣一種說法寫進某種學說，當然更屬奇談怪論。那麼怎樣來理解這個災異說呢？古代思想家是否在憑空編造謊言呢？讀一讀列維·布留爾的《原始思維》有助於我們理解這些問題。原始人的思維具有前邏輯思維的特徵，他們在尋找事物的因果關係時，往往只注意時間上的前後相續，卻忽略了空間上的是否關聯。書中說：「一切奇異的現象都被看成是稍後必將發生的災難的徵兆，同時也是它的原因；但是，以另一個觀點看來，這個災難也同樣可以被看成是那個奇異現象的原因。所以，假如我們用因果律來解釋這些集體表相，那就是歪曲了它們，因為因果律要求前件與後件之間的不變的和不可逆的時間次序。實際上，這些集體表相服從於互滲律——原邏輯思維的固有的規律。任何奇異現象和以它為徵兆的災難之間是靠一種不能進行邏輯分析的神祕聯繫連結起來的。」（《原始思維》第二七九頁）在我國古代典籍中就有大量此類實例的記載。某種異常的天象或地貌出現在先，或長或短一段時間後，人間發生了動亂或災荒，人們就用「一種不能進行邏輯分析的神祕聯繫」將它們「連結起來」，認定二者之間有著必然的因果關係。後人無法斷言提出災異說的古代思想家是否在有意編造謊言，但可以肯定一點：儘管思想家的認識通常總是處於時代前列，卻也不可能完全超越時代。當然也不能排除他們之中有的自己對其中的謬誤或有所覺，但還是有意無意地利用了當時人們的此類認識，經過系統化和理論化，使之成為一種稱之為災異說的專門學說。如果真是這樣，那也還是應該看到他們的目的是真誠和無私的——無非是希望用以對至上的皇權有所制約，以期達到政通人和，國泰民安。

本書對災異說較為全面的論述是〈必仁且知〉篇。以下的摘錄是按論述層次排列的：

天地之物有不常之變者，謂之異，小者謂之災。……災者，天之譴也；異者，天之威也。

凡災異之本，盡生於國家之失。

國家之失乃始萌芽，而天出災害以譴告之；譴告之而不知變，乃見怪異以驚駭之；驚駭之尚不知畏恐，其殃咎乃至，以此見天意之仁而不欲陷人也。

謹按災異以見天意，天意有欲也，有不欲也。所欲所不欲者，人內以自省，宜有懲於心；外以觀其事，宜有驗於國。

故見天意者之於災異也，畏之而不惡也，以為天欲振吾過，救吾失，故以此救我也。

上述引文包含著四層意思。首先對「災」與「異」作出區分，它們有輕重之別：災是天之譴，異是天之威。接著指明天降災異的原由，全在於國君及其國事有失。三是天的本意並非要陷人於不幸，而是為了示人以仁愛，先是譴之告之，繼而驚之駭之，真正做到了仁至義盡。只是到了最後，才不得不降以殃咎。所以第四，為人君者，應當趕快內以自省而自懲，外以觀其事而有驗於國，不要辜負了上天「欲振吾過，救吾失」的一片美意。

關於君主應當如何對待災異的問題，散見於書中其他篇章，綜合起來是：

第一，要「畏敬天」。〈郊語〉篇列出了磁石取鐵、陽燧取火等十種當時還無法作出解釋的物理或自然現象，認為它們皆「非人所意而然」，因而「此等可畏也」。進而提出：「不畏敬天，其殃來至闇。闇者不見其端，若自然也。故曰：堂堂如天，殃言不必立校，默而無聲，潛而無形也。」〈郊祭〉篇還引了孔子的話：「獲罪於天，無所禱也。」

第二，要「貴微重始」。〈二端〉篇認為《春秋》之所以要記載那些災異實例，不僅是「推災異之象於前，然後圖安危禍亂於後者」；更重要的是在提醒君主：「小者不得大，微者不得著」，即在災異還處於萌芽狀態時，就能「省天譴而畏天威，內動于心志，外見于事情，修身審己，明善心以反道者也，豈非貴微重始、慎終推效者哉！」

第三，要及時「反道」。反道之說，見於〈二端〉篇和〈竹林〉篇。所謂反道，就是當上天以災異發出譴告時，君主應立即「救之以德」（〈五行變救〉），悔過自新，施行德政，返回正道。〈必仁且智〉篇還把楚莊王作為一個能夠自覺接受天譴的榜樣進行了表彰。楚莊王把天譴看作是「天之所欲救也」，因而當發覺自己有過錯而「天不見災，地不見孽」時，就主動「禱之山川，曰：天其將亡予邪？不說吾過，極吾罪也。」書中警告：倘若君主對天譴無動於衷，繼續逆天行事，那麼上天就會果斷地剝奪其權位。這是因為「天之生民，非為王也；而天立王，以為民也。故其德足以安樂民者，天予之；其惡足以賊害民者，天奪之」（〈堯舜不擅移、湯武不專殺〉）。而「天之所棄，天子（下）弗祐，桀紂是也。天子之所誅絕，臣子弗得立，蔡世子、逢丑父是也」（〈觀德〉）。王者一旦遭到天奪、天棄，那就會天人弗佑，陷入徹底孤立的境地。

秦漢之際，災異說已相當流行，後經董仲舒以及劉向、劉歆等人的鼓吹，形成為一種時尚的思潮，《漢書・五行志》就載有他們對《春秋》等所記的大量災異案例的解釋。從史著記載看，漢代遇有災異而能比較認真內省自責的皇帝，只有文帝一人。那是一次日蝕，發生在文帝被迎立後的第二年（西元前一七八年）。也許此時的文帝猶心存惶恐，因而能在詔書中責備自己「下不能治育群生，上以累三光之明，其不德大矣」；還要臣下「思朕之過失及知見之所不及」，並令「舉賢良方正能直言極諫者，以匡朕之不逮」（《漢書・文帝紀》）。文帝以後，再也見不到此類記載。在元帝、成帝時期，還曾發生過有了災異就讓大臣去做替罪羔羊的事。如「綏和二年（西元前七年）春熒惑（即火星）守心（指心宿）」，被認為不祥。時成帝正在病中，竟下詔把過錯全推在丞相翟方進身上，賜以酒、牛令自處，翟方進被迫自殺（據

《漢書・翟方進傳》)。當然對一種學說的評價不應脫離歷史，在古代那種人文環境下，災異說曾經在當時產生過的作用，還是不應忽視。清代學者皮錫瑞對此作過較為公允的評述。他在《經學歷史・經學極盛時代》中說：「當時儒者以為人主至尊，無所畏憚，借天象以示儆，庶使其君有失德者猶知恐懼修省。此《春秋》以元統天，以天統君之義，亦《易》神道設教之旨。漢儒借此以匡正其君。」又說：「後世不明此義，謂漢儒不應言災異，引讖緯，於是天變不足畏之說出矣。近西法入中國，日食、星變皆可預測，信之者以為不應附會災祥。然則，孔子《春秋》所書日食、星變豈無意乎？言非一端，義各有當，不得以今人之所見輕議古人也。」

㈣大一統：天人哲學所蘊含的政治理想

介紹完了十端，對董仲舒的天人哲學該有了一個大體的了解。書中一再提到「十」是個「天數」，「十而畢成」，宇宙間的一切有此十端便被認為是包羅無遺。十端是宇宙結構，也是識知模式，馮友蘭先生對此作過概括。他說：「照這個圖式，宇宙是一個有機的結構。天與地是這個結構的輪廓，五行是這個結構的間架，陰陽是運行於這個間架中的兩種勢力。從空間方面想像，木居東方，火居南方，金居西方，水居北方，土居中央。這五種勢力，好像一種『天柱地維』，支援著整個宇宙。從時間方面想像，五行中的四行，各主一年四時中的一時之氣：木主春氣，火主夏氣，金主秋氣，水主冬氣……土……兼主四氣。」(《中國哲學史新編》第三冊)這個概括簡明而形象，有助於我們從整體上去把握董仲舒的天人哲學。有所不足的是它是由九端構成的，缺了十端中最為重要的末端——人。董仲舒哲學思維的進路雖是從天道出發，尋找天人之際的相互感應關係；然其最終落腳點還是人，是人與人之間的相與之道，也即人道。從天出發，首先要探究的是天道是什麼，這時哲學思維的路向著眼於知性的追問。天地究竟是什麼，在那時還不可能作出具有實驗性的探究，只好或者像道家那樣，有賴於直觀體悟，展開宏博無際的想像；

或者像陰陽家那樣，依憑陰陽五行這些認識符號，構建人神莫辨的想像王國。董仲舒汲取了陰陽五行之說，縱然竭力想剔除其中的巫術因素，但它們畢竟是一些類比符號，帶有很大的臆想性，用以對天地宇宙作出解釋，就會不可避免地誤入神學軌道。追問進入到人性的領域，沿著古代思想家們的學理定向，所關注的重點不在人的自然屬性，而是人的社會屬性，這樣思維的進路便由哲學轉向了倫理。前者追求的是真，後者追求的是善與美。善與美（自然也包括真）都只能是相對的，不可能永恆。當董仲舒按照他預設的目的，想要把他所認定的善與美，即他所設計的三綱五常等倫理要求說成是絕對、永恆的時候，就不得不回過頭又去援引天道，用自己對善與美的構想去塑造那個「真」，這麼一來，天地宇宙反而成了人間倫理的倒影。所以有學者認為古代中國沒有真正的哲學，有的只是倫理學。話雖未免偏頗，卻也不無道理。中國古典的本體論帶有濃厚的泛道德色彩，探討宇宙本源並非其終極目的，為倫理原則和生命現象尋求形而上的依據才是其最關注的母題。

中國古代哲學這個特點的形成，可能與其肇始於春秋戰國那樣一個特殊的時代有關。其時列國紛爭，諸侯都想從思想家那裡獲得治國之道以制勝對手。思想產品與物質產品一樣，買方的需求，在相當程度上決定著賣方的生產方向。於是便出現了這樣的局面：「天下一致而百慮，同歸而殊塗。」（《史記・太史公自序》引〈六家要指〉語）「同歸」，指先秦諸子的學說就其宗旨而言，都是在為王者提供治國方案；「殊塗」，塗通「途」，指其方式有異，品牌不同。這一點，董仲舒尤甚。先秦諸子第一身分大多是學者，而董仲舒在當時的角色定位，首先是博士官，其次才是思想家。這樣的定位，不能不使他的哲學帶有明顯的官方性。漢武帝在對董仲舒的第三次策問中，提出過一個總綱性的要求：「善言天者必有徵於人，善言古者必有驗於今。」（《漢書・董仲舒傳》）現在我們可以看得很清楚，無論《春秋繁露》，還是〈天人三策〉，都忠實地體現了這個論天道為人事、解《春秋》為當今的撰作總綱。所以從這個意義上說，董仲舒的天人哲學可說是一種應制哲學，或者叫政治哲學。〈官制象天〉篇中有一句話：「王者受十端於天。」

據此似也可稱之為王者哲學。

董仲舒為自己的學術方向預設了一個總的目標：大一統。這既是他的哲學理想，也是他的政治主張。據董仲舒的論證，大一統思想來自《春秋》。他在〈天人三策〉中說：

《春秋》大一統者，天地之常經，古今之通誼（通「義」）也。

這個大一統思想，在本書中一再論及，只是用詞稍異。如：

謂一元者，大始也。（〈玉英〉）

《春秋》何貴乎元而言之？元者，始也，言本正也。（〈王道〉）

惟聖人能屬萬物於一而繫之元也。……是以《春秋》變一謂之元，元猶原也，其義以隨天地終始也。（〈重政〉）

《春秋》之道，以無（元）之深正天之端，以天之端正王之政，以王之政正諸侯之位，五者俱正而化大行。（〈二端〉）

此外，董仲舒在對策時亦說：「《春秋》謂一元之意，一者萬物之所從始也，元者辭之所謂大也。謂一為元者，視大始而欲正本也。」（《漢書》本傳）

其實這個所謂大一統思想，《春秋》原文只有一句話：「元年春王正月。」❺元年，指魯隱公元年（西元前七二二年），表明此下所記史事的時間歸屬。所以《左傳》僅言「元年，春，王周正月。」只對「王正月」作了簡釋，說明它用的是周曆，即以仲冬之月為正月，相當於夏曆十一月。《公羊傳》則大加發揮，

❺《春秋》是一部以魯國十二公為紀年的編年史，所以「元年春王正月」這句話除出現在卷首隱公元年處外，後面還重複了十一次。其中定公元年處僅言「元年春王」，無「正月」。不記正月的原因，杜預以為「公即位在六月故也」。

首次提出了「大一統」的說法：

元年者何？君之始年也。春者何？歲之始也。王者孰謂？謂文王也。曷為先言王而後言正月？王正月也。何言乎王正月？大一統也。

在本書〈三代改制質文〉篇中引錄了上述《公羊傳》的解釋後，又作了這樣的闡發：

何以謂之王正月？曰：王者必受命而後王。王者必改正朔、易服色、制禮樂，一統於天下。所以明易姓非繼仁（人），通以己受之於天也。王者受命而王，制此月以應變，故作科以奉天地，故謂之王正月也。

董仲舒在《公羊傳》的基礎上又發揮兩點：一是大一統的先決條件：王者必先受天命而後王天下；二是大一統的必由之路：實行改制，即所謂「故作科以奉天地」。如果我們現在再對全書作一番回顧，就會清楚地看到，大一統的思想就像一條紅線貫穿著全書。諸如對王者受命、改制的論述，包括作為受命標誌的曆法、服色和禮樂諸制，倫理道德方面的三綱五常，政令政事方面的設官考績、封爵授土、慶賞刑罰等項制度，還有在〈天人三策〉中提出的「諸不在六藝之科孔子之術者，皆絕其道，勿使並進」（《漢書》本傳），即所謂罷黜百家、獨尊儒術等等，無一不是為了實現一種政治理想：大一統。

中國社會經夏、商、周三代，歷春秋、戰國數百年紛爭和秦末的動亂而至於漢，大一統應是時代的潮流，歷史的要求。從這個意義上說，董仲舒的大一統思想儘管或有牽強附會之處，也宜從大處置評，不應過份苛求。從全書看，有關大一統的論述可簡介如下：

【大一統，臣民應「無二爾心」】 本書多處強調一，所謂「賤二而貴一」。如〈天道施〉篇說：「天道施，地道化，人道義。聖人見端而知本，精之至也；得一而應萬，類之治也。」〈天道無二〉篇還把「一」論定為天之常道。儘管事物在發展過程中有時會「開一塞一，起一廢一」，然而「至畢時而止，終有復始其（於）一」。又引《詩經》中的話說：「上帝臨汝，無二爾心。」文中列舉了日常生活中的多個實例，如「目不能二視，耳不能二聽，一手不能二事」，來說明「反天之不可行如是」。有一例說的是漢字結構：一個「中」加「心」是「忠」，兩個「中」加「心」就成了「患」：「患，人之忠不一也。不一者，故患之所由生也。」由此說明臣民應當忠心不二於大一統的天子。〈為人者天〉篇說：「惟天子受命於天，天下受命於天子，一國則受命於君。君命順，則民有順命；君命逆，則民有逆命。故曰：『一人有慶，萬民賴之。』此之謂也。」

【大一統，王者要「愛人類」】 孔子曾經提出過「仁者愛人」的命題（見《論語‧顏淵》），這「人」是否指所有人，孔子未有明說。本書在大一統思想的觀照下，對「仁者愛人」作了三個方面的發展。一是認為仁原於天。「天志人（仁），其道也義。」（〈天地陰陽〉）「人之血氣，化天志而仁。」（〈為人者天〉）二是明確指出：對君主來說，愛人是指愛臣民，而不是愛自己。〈仁義法〉篇說：「仁之法在愛人，不在愛我；義之法在正我，不在正人。我不自正，雖能正人，弗予為義。人不被其愛，雖厚自愛，不予為仁。」作出這樣的界定實在大有必要。因為很顯然，君主們缺少的不是愛自己，而是愛臣民。同篇就舉了晉靈公「殺膳宰以淑飲食，彈大夫以娛其意」的例子，指出：晉靈公「非不厚自愛也，然而不得為淑人者，不愛人也。質於愛民，以下至鳥獸昆蟲莫不愛。不愛，奚足謂仁？」三是提出要「愛人類」。〈必仁且知〉篇說：「何謂仁？仁者憯怛愛人，謹翕不爭，好惡敦倫，無傷惡之心，無隱忌之志，無嫉妒之氣，無感愁之欲，無險詖之事，無僻違之行。」仁者是這樣一個對所有人都充滿同情心而又襟懷坦蕩的人，「故仁者所以愛人類也」。這個「人類」當然不是指現代意義的地球人類，而是與「物類」相對而言，泛指超越血緣、等級關係以及地域範圍的所有人。〈仁義法〉篇甚至要求「鳥獸昆蟲莫不愛」。倡導泛愛，並不等於主張取消等級界限和華夏之地與周邊國家以及少數民族之間的差別。本書不僅隨處強調嚴明尊卑上下秩序，對《春秋公羊傳》「嚴夷夏之防」的思想也是認同的。如：「《春秋》常辭，夷狄不得與中國同禮。」

（〈觀德〉）「小夷言伐而不得言戰，大夷言戰而不得言獲，中國言獲而不得言執。」（〈精華〉）此類記述都明顯帶有那時已成為傳統的民族歧視的偏見。但在董仲舒看來，存在著尊卑、華夏的差別，並不妨礙泛愛。因而他同時指出作為大一統的王者應有「愛及四夷」（〈仁義法〉）的氣度和胸懷。考慮到當時漢武帝對周邊少數民族實施的是窮兵黷武的方針，董仲舒這樣針鋒相對地提出「愛及四夷」，是要有足夠勇氣的。〈竹林〉篇更明確指責好戰政策為「不義」：「《詩》云：『矢其文德，洽此四國。』此《春秋》之所善也。夫德不足以親近，而文不足以來遠，而斷斷以戰伐為之者，此固《春秋》之所甚疾已，皆非義也。」〈仁義法〉篇一再提到一個「遠」字：「仁大遠」、「仁厚遠」、「所恤遠」，並把區分王者與亡國之君的標準就定在施愛空間的遠近和大小這一點上：「故王者愛及四夷，霸者愛及諸侯，安者愛及封內，危者愛及旁側，亡者愛及獨身。獨身者，雖立天子諸侯之位，一夫之人耳，無臣民之用矣。如此者，莫之亡而自亡也。」特別值得注意的是後面一句話：如果你只愛自己，即使坐在天子、諸侯之位上，也不過獨夫民賊一個，等待你的只能是滅亡！

【大一統，統一於天道】　康有為對《春秋繁露》有一句概括：「道大一統，無不統於天。」（《春秋董氏學》卷六）此意在本書中最為典型的表述就是：「以人隨君，以君隨天。」「屈民而伸君，屈君而伸天。」（均見〈玉杯〉）前兩句是順從，後兩句是屈從。屈從是帶有強制性的：一方面要求自覺克制，另一方面又有外力使之不得不然。蘇輿在《春秋繁露義證》中對後兩句有個很好的解釋：「屈民以防下之叛，屈君以警上之肆。」這兩隨、兩屈，就使人間萬事全都一統於天道。

那麼天道在哪裡呢？其實本書所描述的那個天道，真所謂「上窮碧落下黃泉，兩處茫茫皆不見」，在外部物質世界中是根本不存在的。天道在哪裡？天道在人們的解釋中。這也就是說，誰擁有了解釋權，誰就擁有了天道。但天道並不是隨便什麼人都能解釋的，〈郊語〉篇說得很清楚：「天地神明之心」，「惟聖人能見之」。那麼這位能夠見到「天地神明之心」的聖人又是誰呢？〈隨本消息〉篇引了孔子能預見天命的三個實例，然後說：「天命成敗，聖人知之。」原來這位聖人就是孔子。孔子是董仲舒心目中的至聖先師。〈實性〉篇指出：就像「正朝夕者視北辰」那樣，判別天下的嫌疑都要求正於孔子這位聖人。因而毋庸置疑，天道就集中在孔子所作的《春秋》大義中。〈正貫〉篇和〈十指〉篇分別從總體上對《春秋》作出了六科和十指的概括，六科始於「援天端」，十指則終於「天之端」，清楚地說明了《春秋》大義原於天道，或者說天道就存在於《春秋》中。所以〈二端〉篇說：「《春秋》之道，以無（元）之深正天之端，以天之端正王之政，以王之政正諸侯之位，五者俱正而化大行。」

據《漢書》本傳，董仲舒是在對策時正式提出「大一統」建議的。大一統的內容自當包括疆域的統一，法令的統一，制度的統一等等。但董仲舒當時提出此項建議的主要指向則是思想的統一。「今師異道，人異論，百家殊方，指意不同。」這便是董仲舒以儒家的視角所看到的當時思想界的狀況。所謂「異道」、「異論」，是指儒學以外的諸家學說，尤以黃老、刑法為甚。包括漢武帝本人也是「內多欲而外施仁義」（《史記・汲鄭列傳》汲黯語），對儒學只是有選擇的利用，並非無條件的「獨尊」。董仲舒認為正是此種狀況的存在，造成了「上無以持一統」，「下不知所守」的局面，妨礙了大一統。因而主張以孔子的儒家學說作為大一統的漢王朝的思想基礎，同時宣布「諸不在六藝之科、孔子之術者」為「邪僻之說」，「皆絕其道，勿命並進」。只有這樣，才使「統紀可一而法度可明，民知所從矣」。

其實，經過《公羊》學家們闡釋的《春秋》已不是孔子原來的《春秋》，發展到漢代的儒學也不再是孔子初創時的儒學。所以按照本書的論述，大一統統一於天道，實際上也就是統一於以董仲舒為代表的漢代新儒學。

七、《春秋繁露》在漢代的實際作用及其對後世的影響

㈠歷史對大一統思想的尋找

董仲舒所以能提出大一統思想，並為漢武帝所接受；《春秋繁露》所以能成為體現大一統思想的代表作，並常為後世學者所稱引，絕非偶然，而是歷史使然。

春秋戰國數百年，擺開了兩個戰場：一個是金戈鐵馬，諸侯爭國；一個是脣槍舌劍，百家爭鳴。大一統思想從萌發到形成，應是這兩個戰場的爭戰、爭鳴不斷深化的結果。

百家爭鳴為中國古代學術開創了一個黃金時代。這種激烈競爭的形式，既是學術的賽場，也是諸家推銷各自思想產品的市場。就像《漢書・藝文志》說的那樣，諸家「各引一端，崇其所善，以此馳說，取合諸侯」。在爭鳴中，為了張揚本派的學說，有時甚至不惜用偏激的語詞攻訐對方。我們現在還可以從諸子集子中讀到此類揚己而抑彼的文字。如墨子在其著作中有〈非儒〉、〈非樂〉、〈非命〉等篇。老子對儒家的崇禮、墨家的尚賢都不以為然：「禮者，忠信之薄而亂之首也」；「不尚賢，使民不爭」（《老子》三十八章、十九章）。孟子力排楊、墨：「楊氏為我，是無君也；墨氏兼愛，是無父也。無父無君，是禽獸也。」（《孟子・滕文公下》）荀子認為諸子學說都有片面性：「墨子蔽於用而不知文，宋子蔽於欲而不知得，慎子蔽於法而不知賢，申子蔽於勢而不知知，惠子蔽於辭而不知實，莊子蔽於天而不知人。」只有孔子「仁知且不蔽」，完美無缺。他還逐一批判了六個學派、十二子，提出要令「六說者息，十二子者遷化」（見《荀子》之〈解蔽〉、〈非十二子〉）。韓非子作〈顯學〉，集中非難了儒、墨二家。又作〈五蠹〉，把儒家列為五蠹之一，比之為侵蝕國家的蛀蟲，建議人主務必「除此」。

其實諸子學說既各有長處，又各有短處。在劇烈的論戰中揚己抑彼或也在所難免，但長期拘囿於門戶之見而無視於眾家之長，只能造成封閉，阻礙著學術的進一步發展。至於要人為地清除某種思想，歷史已經證明是不可能的事。諸子之所以要那樣做，無非是為了爭取為諸侯所用。但一種學說能否為全社會所接受，既不取決於自我張揚，也不決定於某個國君，歸根結底最後要由歷史來作出選擇。

最先想到希望用一種思想、一種制度來統一當時列國紛爭那種局面的，該是孔子。他說：「周監於二代，郁郁乎文者，吾從周。」（《論語．八佾》）對周極盛時期的禮樂制度充滿著嚮往。但孔子對現實的觀察似乎有些片面。他只看到了「世衰道微」、「禮崩樂壞」的一面，沒有看到歷史的陣痛表明它正在孕育著新的生命。正是宗法貴族政體的相繼衰落，各級宗主對封域和民眾的統治權的逐步瓦解，將催生出一種新的政治、經濟制度，實現由城邦國家向領土國家的轉變。很顯然，新的國家體制需要有與之相適應的新的思想文化制度，周的禮樂制度縱然很完備，卻並不一定適用於未來。

由春秋而戰國，隨著兼併爭戰的不斷升級，統一的曙光彷彿依稀可辨，墨子、孟子和荀子先後對未來如何統一的問題作了思考。墨子力主「尚同」，一再說明「夫明乎天下之所以亂者，生於無政長」，因而主張從鄉里到天下自下而上逐級「尚同」，最後達到整個天下都由天子一個人說了算：「天子之所是必皆是之，天子之所非必皆非之。」墨子一廂情願地以為只要照此辦理，「治天下之國若治一家，使天下之民若使一夫」（見《墨子．尚同》上、中、下）。一次有人問孟子：「天下惡乎定？」孟子的回答是：「定於一。」又問：「孰能一之？」孟子說：「不嗜殺人者能一之。」但一想到現實，孟子卻有些悲觀：「今夫天下之人牧（指列國國君），未有不嗜殺人者也。」（《孟子．梁惠王上》）荀子倡導「貴一」。依據他的「明分使群」的社會觀，認為政治統一是社會發展的先決條件：「人何以能群？曰：分。分何以能行？曰：義。故義以分則和，和則一，一則多力，多力則強，強則勝物。」（《荀子．王制》）他說：「君者，國之隆也；父者，家之隆也。隆一而治，二而亂。自古及今，未有二隆爭重而能長大久者。」（《荀子．

致士》）荀子強調思想的統一是政治統一的前提，而思想統一的基礎應是孔子、子弓一派的儒學。只要當今「仁人」「上則法舜、禹之制，下則法仲尼、子弓之義」，那就能做到「天下之害除，仁人之事畢，聖王之跡著矣」（《荀子・非十二子》）。

上述三子還只能說是對未來的大一統有了一點朦朧的臆想，這主要因為歷史也還沒有演進到能夠觸發思想家們去具體設想、建構的那一步。

當秦始皇「奮六世之餘烈」，正欲「揮長策而御宇內」，「履至尊而制六合」（賈誼〈過秦論〉語）的時候，呂不韋以秦國相的身分組織門下學士編撰了一部意欲為未來大秦帝國提供理論工具的著作，那就是《呂氏春秋》。與先秦諸子不同，《呂氏春秋》對其他學派不是採取一概排斥的態度，而是以後期道家也即黃老學派為核心❻，力圖相容各家之長，建構自己的理論體系。此書「上揆之天，下驗之地，中審之人」（《呂氏春秋・序意》），其編撰宗旨就是為了給未來天下共主提供一個無所不包的治國方案。書中〈不二〉篇尊諸子皆「天下豪士」，並對十個學派的所長分別作出了一字之評：「老耼貴柔，孔子貴仁，墨翟貴廉，關尹貴清，子列子貴虛，陳駢貴齊，陽生貴己，孫臏貴勢，王廖貴先，兒良貴後。」呂不韋同樣認為作為一個大一統的王朝，思想也應該是統一的，諸家之長可以汲取，但必須擇一為主。故又作〈執一〉篇專論此意：「王者執一，而為萬物正。軍必有將，所以一之也；國必有君，所以一之也；天下必有天子，所以一之也；天子必執一，所以摶之也。一則治，兩則亂。」

但秦始皇卻偏愛法家，尤其是韓非子的著作。「人或傳其書至秦。秦王見〈孤憤〉、〈五蠹〉之書，曰：

❻《呂氏春秋》的學派歸屬問題，歷來爭論頗多。《漢書・藝文志》首次把它歸入「雜家」一類，多少帶有點貶意。第一個為此書作注的東漢高誘，則認定其為道家。以後也有認為它是儒家或墨家的。還有說是陰陽家的。近年來則較多稱之為新道家，即大體仍依高誘之說。詳見我們應三民書局之約而注譯的《新譯呂氏春秋》「導讀」部分。黃老著作一般都託名黃老，而呂不韋卻沒有這樣做。如果為了區別這種情況，我們在那篇「導讀」裡提議「徑稱本書為呂學，似乎也可作為一種考慮」。

『嗟乎，寡人得見此人與之遊，死不恨矣！』」（《史記・老子韓非列傳》）秦統一六國後，即以法家學說作為秦王朝的思想基礎。「剛毅戾深，事皆決於法，刻削毋仁恩和義，然後合五德之數。」（《史記・秦始皇本紀》）所謂「合五德之數」，指按鄒衍「五德終始」說秦為水德，水屬陰，主刑殺。秦自孝公用商鞅之法而得以從雍州之地崛起，法家的學說對秦王朝的確起了極重要的作用。但秦二世而亡，使人不能不想到法之術是否不利於守成致治。漢初陸賈、賈誼等思想家在總結秦二世而亡的教訓中，都提到了這一點。陸賈說：「秦非不欲為治，然失之者，乃舉措暴眾，而用刑太極故也。」（《新語・無為》）賈誼也說：秦「禁文書而酷刑法，先詐力而後仁義，以暴虐為天下始。」（〈過秦論〉）

漢初行黃老之術。如丞相曹參、陳平，以及文景二帝和竇太后，俱好黃老。這固然有鑑於秦行峻法嚴刑而失的原因，但主要還是由於迭經戰亂的社會需要有一個休養生息的安定期的緣故。《漢書・食貨志》稱：「漢興，接秦之敝，諸侯並起，民失作業，而大饑饉。凡米石五千，人相食，死者過半。高祖乃令民得賣子，就食蜀漢。天下既定，民無蓋臧（同「藏」），自天子不能具醇駟（謂拉車之馬只好用雜色），而將相或乘牛車。上於是約法省禁，輕田租，什五而稅一，量吏祿，度官用，以賦於民。」這裡說的一些措施，都可以從黃老著作中得到理論上的支持。如一九七三年長沙馬王堆漢墓出土的《黃老帛書》，思想上強調自然、虛靜、貴柔、守雌；政治上主張無為而治，先德後刑；生活上提倡節儉。其《十六經・觀》說：「春夏為德，秋冬為刑，先德後刑以養生。」

在秦以法術行暴政之時，先秦諸學中受到打擊最大的是儒。暴政的極端「焚書坑儒」，焚的多為《詩》、《書》等儒家典籍，坑的更幾乎全是儒生。在一片黑色恐怖中，儒學之士如孔鮒、孔騰、伏生等，不得不將倖存的《尚書》、《論語》、《孝經》等典籍，封藏於舊壁之中，然後或出逃流亡，或隱居深山，後來他們都成為保存和傳播儒學的中堅。而在楚漢爭戰中，魯地的儒生甚至在居處已被漢兵包圍的情況下，依然「講誦習禮樂，弦歌之音不絕」（《史記・儒林列傳》）。在漢初的幾十年，儒學的生存環境雖有所改善，但由於黃老思想的盛行，儒生依然得不到重用，直到武帝即位後，還曾發生過因竇太后的干預，而將推崇儒術的趙綰、王臧下獄，二人被迫自殺這樣的事。也許一種學說的傳承也像人生之旅一樣，所謂生於憂患而死於安樂。正是這段在逆境中匍匐著艱難行進的經歷，磨練和造就了儒學的新的品格：它不再封閉，學會了兼取諸家之長；它不再固執，學會了據經行權通權達變；它不再泥古，學會了如何去適應新的歷史需要。這樣，當歷史發出召喚的時候，儒學已練就了能夠承擔重任的雙肩。董仲舒就是漢儒的代表。他下帷發憤，潛心研習，以《公羊春秋》為基礎，全面繼承孔學，對孟、荀則既有汲取又有捨棄，同時兼採陰陽、道、法、墨、名諸家，建立了天人合一的目的論哲學體系。

這裡值得特別提一下《呂氏春秋》。《呂氏春秋》稱得上是中國古代第一部嘗試為未來大一統王朝提供理論工具的百科全書式的著作。在董仲舒的學說中，無論是天人思想、災異說，還是陰陽五行觀念，包括對諸家的兼容並蓄態度，都明顯從《呂氏春秋》中獲得過啟示。其實又何只是董仲舒，正如徐復觀先生說的那樣：「兩漢人士，許多是在《呂氏春秋》影響之下來把握經學」的，「離開了《呂氏春秋》，即不能了解漢代學術的特性」（《兩漢思想史》卷二）。儘管可能由於秦是漢勝國的緣故，漢人很少提到《呂氏春秋》這部書，但司馬遷還是對它作出了相當高的評價。《史記・太史公自序》稱：「蓋文王拘而演《周易》，仲尼厄而作《春秋》，屈原放逐，乃賦〈離騷〉，左丘失明，厥有《國語》，孫子臏腳，《兵法》修列，不韋遷蜀，世傳《呂覽》，韓非囚秦，〈說難〉、〈孤憤〉，《詩》三百篇，大抵聖賢發憤之所為作也。」這樣不僅將《呂氏春秋》與《周易》、《春秋》並舉，還讓呂不韋與文王、孔子等聖人站到了一起。

(二)董仲舒學說在漢代的實施

一種學說要付諸實施，即要爭取到能夠進入高層決策而成為政府行為，那就不只是學說本身的問題，還要牽涉到國家體制的問題，因而在討論董仲舒學說在漢代究竟有否實施或實施到何種程度以前，先得對漢代中央機構及其運作方式作一點說明。

董仲舒除曾二度出任王國之相外，在朝廷裡始終只是個博士官。博士雖是秩僅六百石的小官，但須通古博今，可以做皇帝的顧問。博士對國運大計以至具體政務都可以提出奏議，只是無任何實際施行之職權。在漢代，朝廷即中央政府的行為過程，大致包括三種不同的角色：一是決策者，即皇帝；二是智囊式的參議角色，三是實幹的執行者的角色。後兩個角色皆為群體，唯王者是寡頭。在漢武帝時期，董仲舒扮演的便是參議者的角色。當時職掌同為顧問應對的，還有侍中、左右曹、諸吏、散騎、中大夫、中常侍、給事中等，他們通稱內朝官。執行者則以丞相為首，其下便是太常、光祿勳、衛尉、太僕、廷尉、大鴻臚、宗正、大司農、少府等九卿，他們通稱外朝官。與董仲舒大致同時而代薛澤為相的公孫弘，扮演的則是執行者的角色。漢代自文帝開始有舉賢良之制。武帝時期正是通過賢良對策發現了大批人材，其中包括董仲舒這樣的思想家和公孫弘這樣的實幹家。有些重要政事，武帝還有意先讓參議和執行兩套班子在朝堂上一起辯論，然後由他做出決策，付諸實施。所以決策者、參議者和執行者這樣三個角色在政府行為中缺一不可，只有他們各守其位、各盡其職，才能把政府行為推上良性的軌道，一旦錯位，便會引起天下大亂。

思想家和實幹家是很不相同的兩種人材。思想家須有智慧、學養和理想，但往往不精於處事。武帝曾命董仲舒與亦為博士的韓嬰論辯，「其人精悍，處事分明，仲舒不能難也」（《漢書・儒林・韓嬰傳》）。在「精悍」的韓嬰面前，董仲舒未免略遜一籌。為了給太子選擇學習課目，武帝又讓董仲舒與治《穀梁》的江公論辯，江公「不如仲舒。而丞相公孫弘本為《公羊》學，比輯其義，卒用董生」（《漢書・儒林・江公傳》）。從這兩次論辯中也可以看出作為思想家的董仲舒的長處和短處。實幹家則除了須具備處理事務的才幹，還得善於權變；而在帝王制度這種特定條件下，尤為重要的是，必須精通如何去阿順和揣摩「上意」。《漢書・公孫弘傳》稱：弘「每朝會議，開陳其端，使人主自擇，不肯面折庭爭。於是上察其行慎厚，辯論有餘，習文法吏事，緣飾以儒術。上說（通「悅」）之。」這段記述說明，公孫弘確實是一塊做宰相的料。「不肯面折庭爭」，就是不在皇帝面前鋒芒畢露地執持己見，顯得恭謹馴順。「習文法吏事」，即能熟練地處理政務，將帝王決策付諸實施。「緣飾以儒術」，還懂得一點意識形態，能引經據典講出一點道理來，不是那種事務性的官僚。本傳還有一段更為傳神的記述：弘「嘗與公卿約議，至上所，皆背其約而順上指（同「旨」）。汲黯廷詰弘曰：『齊人（弘係菑川薛人，古屬齊）多詐而無情，始為與臣等建此議，今皆背之，不忠。』上問弘，弘謝曰：『夫知臣者以臣為忠，不知臣者以臣為不忠。』上然弘言。左右幸臣每毀弘，上益厚遇之。」公孫弘這種被同僚們視為不忠的行為，其實卻是符合集權專制下的所謂臣道的：作為臣子，他只能忠於皇上，而不能忠於與公卿們的約定。所以同僚們越是對他不滿，武帝反而越是信用他。後人常以此責弘「諛」，詎不知這也是其位使然。相國位極人臣，卻也是容易掉腦袋的差使。在公孫弘以前和以後為相的，或伏誅，或棄市，大都不得善終。唯有公孫弘「為丞相御史六歲，年八十，終丞相位」，很重要的一條，就是他能把握住自己的角色定位。

顯然，若論官場上的那一套，董仲舒遠不是公孫弘的對手。所以，儘管在學術辯論上他勝了公孫弘，但在權力傾軋中卻經不起對方一個小動作就敗下陣來。公孫弘因「治《春秋》不如仲舒」而「嫉之」。其時驕縱恣意的膠西王，「數害吏二千石」，「弘乃言於上曰：『獨董仲舒可使相膠西王。』」（《漢書．董仲舒傳》）這樣董仲舒就只好離開京師去做了膠西王相。董仲舒到垂暮之年覺得並未能如願地實現自己的抱負和理想，因作〈士不遇賦〉，發出了「時來曷遲，去之速矣」的歎息。

當然，董仲舒未能完全實現他的理想，並非全是由於公孫弘的嫉妒和干擾。在三個角色中，具有決定意義的只能是作為決策者的帝王。思想家對自己的學派有一種信仰，一份虔誠。但對帝王來說，選擇指導思想時的唯一考慮只能是何者更能鞏固和拓展皇權，根本不存在什麼信仰問題。漢武帝雄才大略，在歷史上以好大喜功著聞。他之所以要推崇儒學和採納董仲舒關於「罷黜百家，獨尊儒術」等建議，就因為從總體上說，當時以董仲舒為代表的儒家學說，較之主張無為而治的黃老思想更能滿足他積極進取、內外建功立業的需要。這也就是說，武帝的推崇儒學是受強烈的功利意識支配的，因而他不可能去考慮儒學體系的完整性，作出的選擇只能是以我為主的，即於其有用則取之，於其無用則捨之。事實上也正是這樣，儒學中有關王道的一些內容，武帝只是口頭上予以標榜，行動上則仍我行我素。

下面我們就來說說董氏學說在漢代的實施情況。

《春秋繁露》有多篇涉及改制，〈三代改制質文〉篇則是論改制的專文。篇中說：「《春秋》作新王之事，變周之制，當正黑統。」這個「新王」就是漢王，漢跳過秦繼周之赤統而為黑統。書中之所以要這樣說，實際上就是董仲舒要假借孔子這位「素王」的名義，為漢代改制設計一個方案。依照三統論的規定，作為接受了天命的漢王朝，在改制方面要做的是這樣幾件事：一、改國號；二、遷宮室；三、改正朔；四、改服色；五、與歷代前王依年代遠近變更親疏關係。前二項，漢代在高帝時已付諸實施，尚須改的，是後三項。正式將更改正朔、服色之事付諸實施，是在元封七年（西元前一〇四年）。武帝特「制詔御史曰：『蓋受命而王，各有所由興，殊路而同歸，謂因民而作，追俗為制也。議者咸稱太古，百姓何望？漢亦一家之事，典法不傳，謂子孫何？』」欲為漢家立制、為子孫傳法之心，溢於言表。《漢書・律曆志》稱：「是時御史大夫兒寬明經術，上乃召寬曰：『與博士共議：今宜何以為正朔？服色何上？』」兒寬與博士賜等經過商議，以為按照董仲舒的三統論，應行夏曆，建寅，即以孟春之月為歲首。但因「今二代之統絕而不序矣，唯陛下發聖德，宣考天地四時之極則，順陰陽以定大明之制，為萬世則」。因古代的曆法已絕而不傳，故須另行新造。同年，制定了漢的新曆，稱太初曆，元封七年也因此而改為太初元年。至於服色，最後確定以土德尚黃。之所以如此，《漢書・郊祀志》的解釋是：「太初改制，而兒寬、司馬遷等猶從臣、誼（指公孫臣、賈誼）之言，服色數度，遂順黃德。彼以五德之傳從所不勝，秦在水德，故謂漢據土而克之。」這樣，武帝太初改制的結果是：「正曆，以正月為歲首。色上黃，數用五，定官名，協音律。」（《漢書・武帝紀》）也就是說，選用了董仲舒三統論中的正朔，而去其服色；擇取了鄒衍五德終始說中的服色，而去其正朔。

最後一項是與歷代前王依年代遠近變更親疏關係。三統論以「親疏之義」為標準，將歷代先王按時代遠近分為四個梯級，即三王、五帝、九皇、民。本朝新王加上被封以大國的前二代王的後裔為三王，構成所謂三統；再往前推五代為五帝，封其後以小國；五帝以前諸先王為九皇，其後裔降為諸侯國之附庸；九皇再前諸先王的後裔則絕地而列為民。這個排列次序，類似於宗法制度中列祖列宗的昭穆之序，是要隨著王朝的興衰嬗替而不斷變更的。其中，五帝、九皇的後裔，由於年代久遠而無法找到，一般只是在祭祀中列位而已。三王中的本朝前二代王的後裔——簡稱「二王後」，則需分別與之「親」和「故」，封以國土，以示新朝的王者氣度。董仲舒的三統論是把秦排除在正統以外的，主張漢直接承周。據此，漢應親周、故商，存二王後，即要分封商、周二王的後裔，以顯示漢為華夏正統。此事武帝時也曾付諸實施。元鼎四年（西元前一一三年）武帝「過雒陽，下詔曰：『三代邈絕，遠矣難存。其以三十里封周後為周子男君，以奉先王祀焉』」（《史記・孝武本紀》）。《史記》沒有說這個找到的「周後」是誰，《漢書・武帝紀》說了，名叫「嘉」，是個「孽子」，即為妾媵所生，還是詢問了耆老才找到的。至於殷之後，終武帝之世也沒有找到。過了一百多年，成帝綏和元年（西元前八年）重提此事，下詔說：「蓋聞王者必存二王之後，所以通三統也。昔成湯受命，列為三代，而祭祀廢絕。考求其後，莫正孔吉。其封吉為殷紹嘉侯。」（《漢書・成帝紀》）把孔子的後代找來作為殷王的後裔，實在也是出於無奈。

董仲舒關於「罷黜百家，獨尊儒術」的建議，包括著兩個方面。一是發展儒學的具體措施；二是將儒學定為一尊，使之成為大一統的思想基礎。

關於發展儒學的具體措施有兩條，均可見於〈天人三策〉。一是興太學以養士。文中說：「養士之大者，莫大乎太學；太學者，賢士之所關也，教化之本原也。」又說：「臣願陛下興太學，置明師，以養天下之士，數考問以盡其材，則英俊宜可得矣。」二是令州郡薦舉賢良。文中說：「臣愚以為使諸列侯、郡守、二千石各擇其吏民之賢者，歲貢各二人以供宿衛，且以觀大臣之能；所貢賢者有賞，所貢不肖者有罰。」對薦舉的賢者，則「毋以日月為功，實試賢能為上，量材而授官，錄德而定位，則廉恥殊路，賢不肖異處矣」。這兩條均大體付諸實施。據《漢書・武帝紀》記載，建元五年（西元前一三六年）「置五經博士。」儒家的六藝正式被列為官學，為儒生進入仕途提供了階梯。又《資治通鑑・漢紀十》稱：元光元年（西元前一三四年）「初令郡國舉孝廉各一人，從董仲舒之言也。」在此前後，武帝「招選天下文學材智之士，待以不次之位。四方士多上書言得失，自昡鬻者以千數。上簡拔其俊異者寵用之」。在這樣的大背景下，以經學起家成了士子進入仕途的捷徑，在職官員亦以通經致用為時尚。如公孫弘，「少時為獄吏」，「年四十餘，乃學《春秋》雜說」。再如張湯，出身獄吏世家，因武帝「方鄉（通「嚮」）文學，湯決大獄，欲傅古義，乃請博士弟子治《尚書》、《春秋》，補廷尉史」（據《漢書》各自本傳）。

關於定儒學為一尊的問題，總體上雖也為武帝所採信，但實際並未真正執行。儒家倡導「內聖外王」，對君主內聖的要求，《論語》、《孟子》都曾反覆強調。在董氏學說中也有這方面的論述，如「為人君者正心以正朝廷」（〈天人三策〉），君主應「以仁安人，以義正我」（〈仁義法〉），「仁者所以愛人類也」（〈必仁且智〉）等等，武帝顯然都不會真的照著去做。武帝在推崇儒學的同時，對其他學派的人物，只要自己需要，照樣予以信用。如愛好黃老的汲黯、韓安國，刑法之士張湯、杜周等，以至欒大等方術之徒，都在朝堂上居有一席之地。至於連年對外用兵，又為彌補國用空乏而實行的鹽鐵官營、均輸平準、算緡、告緡等一系列斂民措施，更是與董仲舒的主張格格不入。所以若按儒家的評價標準，漢武帝不能算是一個合格的好皇帝。班固在《漢書・武帝紀》贊語中，單稱道武帝文治而不言其武功，並說：「如武帝之雄材大略，不改文、景之恭儉以濟斯民，雖《詩》、《書》所稱何有加焉。」實際上是委婉地提出了批評。司馬光在《資治通鑑・漢紀十四》中，更把漢武帝與秦始皇並舉，認為二者相差「無幾」，武帝之所以能

「免亡秦之禍」，原因在於「晚而改過，顧託得人」。這裡需要說明的是，儒家的評價標準不應看作是唯一的。武帝能兼用黃老、刑法之士，該是值得稱道的事。至於對他的功過評價，當顧及全部歷史事實。但此意已越出本文主題，恕不再論。

漢代直至宣帝時期，仍然沒有實行單一的「獨尊儒術」的政策，這從元帝還在為太子時與宣帝的一次問答中可以看得很清楚。《漢書・元帝紀》稱：及元帝「壯大，柔仁好儒。見宣帝所用多文法吏，以刑名繩下」，「嘗侍燕從容言：『陛下持刑太深，宜用儒生。』宣帝作色曰：『漢家自有制度，本以霸王道雜之，奈何純〔任〕德教，用周政乎！且俗儒不達時宜，好是古非今，使人眩於名實，不知所守，何足委任！』乃歎曰：『亂我家者，太子也。』」所謂「漢家自有制度，本以霸王道雜之」，說明自武帝、昭帝至宣帝這近一百年間，其實都沒有獨尊儒術，而是儒法並用，也兼及道與陰陽等。漢代要到元帝以後，思想才一統於儒學。耐人尋味的是，漢之國勢也正是從宣帝以後走向衰弱，元、成、哀、平可說一代不如一代。這當然不能籠統地歸因於儒學，但元帝的「優游不斷」、「號令溫雅」（《漢書・元帝紀・贊》）卻是不爭的事實。這樣的品格可以做一個好人，卻未必能當一個好皇帝。獨尊儒術的結果，儒家思想成為整個國家的統治思想，生員的教育制度、官員的選舉制度以及隋唐以後的科舉考試制度，都以儒家學說為基本內容。儒家思想的制度化，反過來深深地影響了我們全民族的價值觀、人生觀，以至具體到思想感情、民俗民風。對這樣一種歷史現象，後人自然會有不同的評價，但在他們追本溯源時，都不能不提到董仲舒以《春秋》大一統的名義提出的諸項建議。

㈢董仲舒的學術淵源與今文經學的興衰

中國傳統經學在漢初創立後，發展到西漢末年，因所據文本和闡釋方法以及對孔子尊崇程度的不同，分成了今文經學和古文經學兩派。董仲舒專攻《公羊春秋》，而此書被今文經學奉為圭臬。武帝為給太子選擇學習課目而讓董仲舒與治《穀梁春秋》的江公論辯，結果董勝了江。於是武帝「尊《公羊》家，詔太子受《公羊春秋》，由是《公羊》大興」（《漢書・儒林傳》）。所以在武帝時期，儒術既已受到推崇，《公羊》之學更是大行其時。

從學術淵源上說，《公羊》、《穀梁》皆出自子夏。子夏，孔子弟子，姓卜名商，衛國人。《論語》記載子夏向孔子問學有三處：問孝，問禮，問政；載錄其本人言論為十條。孔子去世後，子夏執教於魏國西河之上，為魏文侯師。對孔子《春秋》學的傳承，當推子夏第一人。東漢儒生徐防曾說過：「《詩》、《書》、《禮》、《樂》，定自孔子；發明章句，始於子夏。」（《後漢書》本傳）所謂「章句」，就是分章析句，以解釋經義。《春秋公羊傳註疏》徐彥引戴宏序記其傳承次序為：「子夏傳與公羊高，高傳與其子平，平傳與其子地，地傳與其子敢，敢傳與其子壽。至漢景帝時，壽乃與齊人胡母子都著於竹帛。」對這條傳承線有學者表示懷疑，以為不應限於公羊氏一族。又，在子夏與公羊高之間，很可能還有若干中間環節，從口授到著於竹帛的時間，估計也要比這早得多。大抵早年已有多種不同寫本，至公羊方始將其綜合為一，成為漢初《公羊傳》的共同祖本。這樣到了公羊壽和胡母子都，才最後寫出了今天我們能夠看到的《公羊傳》定本。

胡母子都即胡毋生。《史記・儒林傳》記其與董仲舒同為景帝時博士，唯胡毋生為齊人，董為趙人；又年長於董，景帝時即以老歸教授，董曾著書稱其德。如果說胡毋生是《公羊傳》的寫定者，那麼董仲舒便是《公羊傳》的發揚光大者。這一點《史記・儒林列傳》說得很清楚：「故漢興至於五世之間，唯董仲舒名為明於《春秋》，其傳公羊氏也。」

董仲舒因《春秋繁露》等著作而贏得了《公羊》學的宗師地位，門下弟子眾多，甚至到了「弟子傳以久次相授業，或莫見其面」（《漢書》本傳）的程度。《史記・儒林列傳》稱其弟子中有因精於《公羊》而「至於命大夫」的，「為郎、謁者、掌故以百數」。《漢書・儒林傳》記得更為具體些，提到弟子中「遂之者」，即以其所學進入仕途而頗有作為者，有「蘭陵褚大，東平嬴公，廣川段仲，溫呂步舒。大（指褚大）至梁相，步舒丞相長史。唯嬴公守學不失師法，為昭帝諫大夫，授東海孟卿、魯眭孟」。以嚴守師法著聞的嬴公，是董仲舒衣缽傳承者。嬴公的弟子眭孟，昭帝時以明經為議郎，有弟子百餘人，高足則有顏安東、嚴彭祖、貢禹等。其後遂有嚴、顏兩家之學。兩家相較，西漢時以顏氏為盛，東漢時則以受嚴氏傳習者最多。東漢末，時稱集今文經學之大成者何休，其師羊弼，雖不明其學所自，但在西漢末迄於東漢，以治《公羊》著聞者，唯顏、嚴兩家。這樣追溯起來，何休亦當淵源於董仲舒。

《春秋繁露》作為漢初經學的一部代表作，在經學史上具有原創的意義。書中提出的一些著名的命題，對後來經學的發展產生了巨大的影響。如在〈天人三策〉中稱孔子為「素王」，〈三代改制質文〉篇以「《春秋》應天作新王之事」。又如〈玉杯〉篇確定的六經的先後次序，並分別揭示其教化功能為：「《詩》、《書》序其志，《禮》、《樂》純其美，《易》、《春秋》明其知。六學皆大而各有所長。」再如〈楚莊王〉、〈深察名號〉、〈三代改制質文〉等三篇分別論述的三世說、三品說和三統論。還有〈基義〉篇和〈天人三策〉提出的三綱五常等等。這些基本命題一再吸引後世包括經今、古文兩個學派去探究、闡發或爭論，從一定意義上說，漢以後的經學就是圍繞著這些基本命題在不斷的論辯中發展起來的。

從西漢末期開始，經今、古文兩派曾發生過多次、前後延續兩百餘年的論戰。其時董仲舒雖早已作古，但仍被經今文學派奉為宗師，因而連及《春秋繁露》也或明或暗地被捲入了論辯的漩渦。漢自武帝後，一直以今文諸經立於學官並置博士，古文經學則為私學。哀帝時，以侍中光祿大夫領集校祕府典籍的劉歆發現了古文《春秋左氏傳》，以為較以口傳為據的《公羊》、《穀梁》更為可信，因而在主張以《左傳》解釋《春秋》的同時，奏請立《左傳》、《毛詩》、逸《禮》和古文《尚書》於學官，這便引發了第一次論戰。先是哀帝讓劉歆與屬今文經派的「五經博士講論其義」，博士們有意冷淡「不肯置對」。劉歆憤而作〈讓太常博士書〉，斥責他們「信口說而背傳記，是末師而非往古」，「保殘守缺」，「雷同相從」，「豈不哀哉」！此書引起諸儒一片怨恨，「及儒者師丹為大司空，亦大怒，奏歆改亂舊章，非毀先帝所立」，這樣便否決了劉歆立古文經於學官的動議（以上均據《漢書・楚元王傳》）。及至平帝即位，因王莽的總攬朝政，事情又出現了轉折。《漢書・儒林傳》贊語稱：「平帝時，又立《左氏春秋》、《毛詩》、逸《禮》、古文《尚書》，所以網羅遺失，兼而存之，是在其中矣。」所謂「又立」，即在今文經十四博士外，又立了古文經四家博士。但古文經學的這次勝出，多少帶有點劉歆與王莽曾是好友的因素。這樣到王莽篡漢、繼而新朝又很快滅亡，古文經學的官學身分不僅時間短暫，還因與王莽有這麼一點被視為不清不白的關係，而屢屢遭到今文經派的詬病。

進入東漢後，經今、古文之爭更趨激烈，論題集中在《左傳》等古文經能否立博士這一點上。建武初，尚書令韓歆上疏欲為《左傳》、古文《費氏易》立博士。光武帝詔下其議。博士范升與韓歆在朝堂上「互相辯難，日中乃罷」（《後漢書・范升傳》）。范升反對的理由是：「《左傳》不祖孔子，而出於丘明，師徒相傳，又無其人，且非先帝所存，無因得立。」（同上）正當雙方爭辯難解難分之時，時任為郎的陳元亦加入了進來。陳屬古文經派。他詣闕上疏，稱頌光武帝議立《左傳》於學官為「撥亂反正」之舉，又針對范升以為《左傳》等古文經「非先帝所存，無因得立」的觀點指出：「若先帝所行而後主必行者，則盤庚不當遷於殷，周公不當營洛邑，陛下不當都山東也。」還對范升對《左傳》的指謬一一作了批駁。最後慷慨陳言：

> 臣元愚鄙，嘗傳師言。如得以褐衣召見，俯伏庭下，誦孔氏之正道，理丘明之宿冤；若辭不合經，事不稽古，退就重誅，雖死之日，生之年也！

後來陳元與范升又經過十餘次論難，「帝卒立《左氏》學，太常選博士四人，元為第一」。但「諸儒以《左氏》之立，論議喧嘩，自公卿以下，數廷爭之」（以上均據《後漢書・陳元傳》），不久又將《左傳》

逐出了學官。不過《左傳》的影響卻因這一場爭論而日益擴大，以至在明帝年間，通《左傳》的儒生亦得以「擢高第，為講郎」（《隋書・經籍志》）。周予同先生在《經今古文學》中曾對這次論爭作過概括，說它「終於似有結果而無結果的而罷。但這一次爭論，相信古文的人漸漸增多，操有權威的帝王也漸漸傾向古文，而爭論的對象又漸漸由古文《尚書》、逸《禮》、《左氏春秋》而轉移到《左氏》，這很可見東西漢學術風氣的漸變和古文學漸興的現象」（轉引自沈玉成等《春秋左傳學史稿》）。

及至章帝即位之初，論戰再次爆發。這次是古文經學大家賈逵力陳《左傳》遠勝於《公羊》，指出：「《左氏》義深于君父，《公羊》多任于權變，其相殊絕，固以甚遠。」又特地援引光武帝深信的圖讖來推崇《左傳》：「又五經家皆無以證圖讖明劉氏為堯後者，而《左氏》獨有明文。」（《後漢書・賈逵傳》）今文經學名家李育則針鋒相對，作〈難左氏義〉四十一事，認為《左傳》雖有文采，但「不得聖人深意」；賈逵以圖讖論經，更是「不據理體」。後來在章帝親臨裁決的白虎觀經學大會上，二人當面再作較量，終於讓李育佔了上風。《後漢書・儒林傳》記其事稱：李「育以《公羊》義難賈逵，往返皆有理證，最為通儒。」

東漢末年桓靈之時，經今、古文學派之間發生了又一次、也是經學史上最後一次論戰。論戰一方是經學大師鄭玄，《後漢書》本傳稱其「囊括大典，網羅眾家，刪裁繁誣，刊改漏失，自是學者略知所歸」。鄭玄偏注群經，兼及今古，著作之富，冠於兩漢諸儒。其時有今文經學者何休，專攻《公羊》之學，十七年不窺門而成《春秋公羊解詁》，又作《公羊墨守》、《左氏膏肓》、《穀梁廢疾》，向古文經學發起總攻。鄭玄從容應戰，遂作《發墨守》、《鍼膏肓》、《起廢疾》，「義據通深，由是古學遂明」（《後漢書・鄭玄傳》）。由於鄭玄兼通今、古兩學，融會兩漢經學之大成，連何休也不得不為之折服。何休讀了鄭玄之作不禁感歎說：「康成（鄭玄字）入吾室，操吾矛，以伐我乎！」（同上）

今文經學因董仲舒及其《春秋繁露》而大興。受董氏之沾溉，後世今文經學家擁有了一百餘年優越的政治地位和學術領地。東漢以後，今文經學日趨衰微。經今、古文學各自之興衰嬗替，自有其多方面原因，單就學術本身而言，今文經學由於立於學官日久，學術進入了「利祿之路」（《漢書・儒林傳》語）而銳意消磨，漸趨因循固守；相比之下，古文經學為求自身的生存發展而奮力進取，顯出了蓬勃的生命活力。《漢書・藝文志》曾有這樣一段對比論述，著實令人深思：

> 古之學者耕且養，三年而通一藝，存其大體，玩經文而已，是故用日少而畜（通「蓄」）德多，三十而五經立也。後世經傳既已乖離，博學者又不思多聞闕疑之義，而務碎義逃難，便辭巧說，破壞形體；說五字之文，至於二三萬言。後進彌以馳逐，故幼童而守一藝，白首而後能言；安其所習，毀所不見，終以自蔽。此學者之大患也。

今文經學對孔子和儒家經典的過份神化，加上災異說和陰陽五行那一套，還使得它與西漢末期盛行起來的夾雜著眾多迷信成分的讖緯之學很難劃清界線。讖是假借自然或社會的某些偶然現象，用神秘的隱語作出吉凶禍福的預言。緯則是相對於經而言，假託孔子用詭祕的語言解釋諸經，如《易緯》、《春秋緯》等。東漢中元元年（西元六年）曾「宣佈圖讖於天下」（《後漢書・光武帝紀》）。章帝時又召集儒生大會白虎觀討論五經異同，由班固整理成《白虎通德論》，將讖緯與以《公羊》學為主的今文經學揉合在一起，使儒學進一步讖緯化。儘管《春秋繁露》絕非讖緯之作，但它的某些神學成分也常為後世讖緯之士所利用，甚至傳出一種說法：董仲舒因「夢蛟入懷，感而操觚」，乃作《春秋繁露》（劉歆《西京記》，轉引自趙維垣〈春秋繁露序〉）。這說明董仲舒後學中很可能也有人參與讖緯造作，為擡高先師而編出了此種神話。

今文經學的再次崛起，直至一度形成狂飆之勢，那已是到了清代末世。只是這種迴光返照式的復興，與其說是學術使然，不如說是時勢導致。乾嘉之世學界以樸學治經成就斐然，但自道光以降，內憂外患接踵而至，特別是鴉片戰爭炮聲陡起，儒生們的心靈受到了極大的震撼，再也無法安下心來去做那些繁瑣的考證了。正是在這種背景下，他們想起了董仲舒這位以《春秋》干時政的傑出先師，又拿起了《公羊》學這個古老的武器來應對風雨飄搖的現實。此前，清代今文經學的創始人莊存與和他的門人劉逢祿，已對董仲舒與《春秋繁露》以及何休與《春秋公羊解詁》推崇備至；其後，龔自珍和魏源開始直接引用《公羊》大義抨擊時政，鼓吹「變古」、「更法」。真正使《公羊》學盛行一時的則是集清代今文經學大成的康有為。這位南海先生因一八八八年以秀才身分上書清帝、一八九五年又聯合會試舉人「公車上書」而名震朝野。他力倡改制維新、變法圖強，其理論依據就多採自《公羊》學。康有為的《春秋董氏學》稱董仲舒及其《春秋繁露》「軼荀超孟，實為儒學群書之所無」。又引王充在《論衡》中的話說：「文王之文，傳於孔子；孔子之文，傳於仲舒。」從《新學偽經考》、《孔子改制考》、《大同書》等著作中可以看出，康有為作為今文經學歷史上最後一個鉅子，亦像董仲舒、何休那樣，極善於從經傳中發掘「微言大義」，然後加以引申鋪陳，製造出切合當世的皇皇理論來。不妨以「三世」說為例。董仲舒在《春秋繁露》中將《公羊傳》提到的「所見、所聞、所傳聞」作了引申，提出：「於所見微其辭，於所聞痛其禍，於傳聞殺其恩。」何休作《春秋公羊解詁》，三世說更被發揮成為：傳聞之世為「據亂」，所聞之世為「昇平」，所見之世為「太平」。其文稱：「於所傳聞之世，見治起於衰亂之中，用心尚粗觕，故內其國而外諸夏，先詳內而後治外」；「於所聞之世，見治昇平，內諸夏而外夷狄」；「至所見之世，著治太平，夷狄進至於爵，天下遠近小大若一」。康有為以上述幾種說法為基礎，將三世說推到了極致。他在《春秋董氏學》中說：「三世為孔子非常大義，託之《春秋》以明之。所傳聞世為據亂，所聞世託昇平，所見世託太平。亂世者，文教未明也；昇平者，漸有文教，小康也；太平者，大同之世，遠近大小如一，文教完備也。」這樣又將「昇平」、「太平」與「小康」、「大同」作了對應，成為未來社會發展的兩個理想階段。康有為的同道和弟子譚嗣同、梁啟超等，又沿著康氏的理論勇猛精進，盡情發揮，將大同世與西方的政治體制和社會制度聯繫了起來。康有為傾向於君主立憲，而譚、梁則對民主共和更感興趣。這樣的詮釋連「穿鑿附會」也談不上了，是十足的「無中生有」。在這裡，孔子及其經典是從幽遠而深邃的時間隧道裡投射過來的一個光影，人們只有仰仗於這個光影才能撐起膽量來大聲說話。我們在第二節的「從百家爭鳴到百家釋經」那一小節中曾經說過，大一統的集權專制制度的建立，在歷史獲得前進的同時，卻使學人們喪失了話語權，學術的研究，特別是政治學說的研究，不再有任何獨立性和自由可言。從董仲舒依託《春秋》說奉天法古、為新王立法之事，到康有為擡出孔子倡導小康、大同之說，可以看到前輩學人為爭取話語權而步履蹣跚地行進過來的那一串串讓我們後人感歎不已的腳印。南海先生早已作古，壯飛先生也高歌著「我自橫刀向天笑」悲壯離去，但他們留給我們的思考似乎還剛剛開始。

(四)董仲舒及其《春秋繁露》的歷史評價

說到對董仲舒的評價，漢代還有過一樁公案。成帝時官至中壘校尉的劉向及其子劉歆、曾孫劉龔，祖孫三代，先後對董仲舒作過兩種不同評價。事見《漢書・董仲舒傳・贊》：

> 劉向稱「董仲舒有王佐之材，雖伊、呂亡以加，管、晏之屬，伯者之佐，殆不及也。」至向子歆以為「伊、呂乃聖人之耦，王者不得則不興。故顏淵死，孔子曰：『噫，天喪余。』唯此一人為能當之，自宰我、子贛、子游、子夏不與焉。仲舒遭漢承秦滅學之後，六經離析，下帷發憤，潛心大業，令後學者有所統壹，為群儒首。然考其師友淵源所漸，猶未及乎游、夏，而曰管、晏弗及，伊、呂不加，過矣！」至向曾孫龔，篤論君子也，以歆之言為然。

劉向以為董仲舒有王佐之才，甚至可以與古代伊尹、呂尚那樣一些著名的輔佐大臣媲美。劉歆、劉龔則以為這個評價太高了，董仲舒只是在學術上有較大成就，稱得上是漢儒之首。發生劉氏祖孫之間這場有趣的筆戰，後世有不少學者也加入了進來。東漢王充贊同劉向的評價，他說：「董仲舒雖無鼎足之位，知在公卿之上。」（《論衡・別通》）宋代陸九淵亦說：「吾觀西漢董生〈三策〉，不能無恨。〈三策〉之辭，大抵粹然有皐、夔、伊、傅、周、召之風，使人增敬加慕。其首篇有『王者宜求端于天，任德不任刑』之說，尤切時病。」（《陸象山集》卷三十）葉適則另持別說，認為董仲舒對漢武帝「雖能泛然諷導其外，固不能戚然救止其內」，因而無法與伊、傅、周、召相比。他說：「皐陶、益、伊尹、傅說、周、召謀議規勸警，語近事切，常在目前，豈非極論？仲舒不能知，所能知者，《春秋》災異而已，此類者，非要非極也。」明代的李東陽、張治道和張宇初都認為董仲舒確是王佐之材，而之所以「不得公卿之位以行其志」，李東陽認為是由於董氏「廉直忤世」（《李東陽集・董子書院記》）。張治道更具體指明所謂「忤世」就是「忤」了公孫弘這個「小人」。他說：「先生之在當時，以正學倡諸生，以直道輔人主。而公孫弘杜遏阻嫉，以為膠西相，俾不得大展以沒，而其學百世之下，使人興起奮發；而公孫弘，讀史者罔不扼腕唾罵焉。」（〈下馬陵記〉，轉引自魏文華《儒學大師董仲舒》）張宇初則為董仲舒沒有遇到明主聖君深感惋惜。他說：「使仲舒遇其君，行其道，亦豈不伊、呂之效哉？」（《峴山集》卷一）清代凌曙先治《禮》，繼治《公羊》，同時亦是訓釋《春秋繁露》的卓然名家。他在〈春秋繁露注序〉中說：「當武帝時，公卿以下爭於奢侈，僭上無度，民皆背本趨末，仲舒乃從容說上，切中當世之弊。及仲舒死後，功費愈甚，天下虛耗，武帝乃悔征伐之事無益也。劉向謂：『仲舒有王佐之才，雖伊、呂無以加，管、晏之屬，殆不及也。』」

若是用現代觀點來看，這場延續了一兩千年的爭論似乎有些無聊：董仲舒不做輔佐大臣而能成為一代名儒不是更好嗎，有什麼可爭論的呢？可古人卻不這樣看。那時讀書人通行的價值觀是，學優則仕，做官還要做大的，不然就是終生遺憾。這種源於官本位的價值觀，還影響到歷史學家對人物的評價上。試舉一例。董仲舒有個高足叫嬴公，後成為《公羊》大家，弟子眾多。但直到司馬遷為董仲舒立傳時，嬴公還沒有撈到一官半職，所以現在我們看到的《史記・儒林・董仲舒傳》裡，提到的董仲舒的弟子僅有在學術上遠不如嬴公而做了官的褚大等三人，卻沒有嬴公。到司馬遷過世後的昭帝時期，嬴公終於當上了「諫大夫」這麼一個小官（秩比八百石）。這樣當東漢班固作《漢書・儒林傳》再列董仲舒的弟子時，不僅加上了嬴公，還特地讚揚一句：「唯嬴公守學不失師法，為昭帝諫大夫，授東海孟卿、魯眭孟。」司馬遷和班固的這種價值取向，應是當時上流社會的一種共識，董仲舒自然也不會例外。所以他在垂暮之年回首平生時，很可能亦曾為「不得公卿之位」而悽惶過，因而寫了那樣一首〈士不遇賦〉。其實，以董仲舒的品性和學養，如果真讓他坐上了公孫弘的位置，不見得就能勝過公孫弘；而不當公卿，能有足夠的時間和精力完成像《春秋繁露》這樣的傳世之作，又未必不是一件幸事。古人有言：塞翁失馬，安知非福？

對董仲舒學術的總體評價，歷代大體多沿《漢書・五行志》的說法，即：「漢興，承秦滅學之後，景、武之世，董仲舒治《公羊春秋》，始推陰陽，為儒者宗。」由於後世的評價多是在儒學已定於一尊的語境下作出的，所以論者對董仲舒最為稱道的一點，就是他在處於秦火滅經後諸說雜行之時，而能以三年不窺園的專一精神潛心於推明孔學。王充在《論衡・超奇》中甚至說：「文王之文在孔子，孔子之文在仲舒。」今存宋本《春秋繁露》的校定者樓鑰在跋文中說：「漢承秦敝，旁求儒雅士，以經學專門者甚眾，獨仲舒以純儒稱。人但見其潛心大業，非禮不行，對策為古今第一；余竊為惟仁人之對曰：『仁人者正其誼不謀其利，明其道不計其功。』又有言曰：『不由其道而勝，不如由其道而敗。』此類非一，是皆真得吾夫子之心法，蓋深於《春秋》者也。」具體到《春秋繁露》這部書，則是褒貶兼有，褒多而貶少。宋代朱熹說：「仲舒本領純正。如說『正心以正朝廷』與『命者天之令也』以下諸語，皆善。班固所謂『純儒』，極是。」特別指出〈對膠西王越大夫不得為仁〉篇中的「正其道不謀其利，修其理不急其功」兩句「極好」。但又說：「仲舒文大概好，然也無精彩。」（以上見《朱子語類》卷一三七、一三九）清代沈德潛在將《春秋繁露》閱讀一過後說：

覺董子推明孔氏，抑黜百家，原天地生成之心，究帝王授受之道，則上下十二公，二百四十二年行事，十七卷八十二篇指歸，蒙翳悉除，洞若觀火，不獨了然於江都著書之義，即孔子繫王於天，本天道以治人者，亦可窺尋而印合矣。

受到後人貶抑的，主要是《春秋繁露》中有關陰陽五行災異求禱一類內容。唐代柳宗元對此持激烈反對態度。當有人問起「董仲舒對三代受命符，誠然非耶」時，他的回答是：「非也。何獨仲舒爾。自司馬相如、劉向、揚雄、班彪、彪子固，皆沿襲嗤嗤，推古瑞物以配受命，其言類淫巫瞽史，誑亂後代，不足以知聖人立德之本。」宋代的歐陽脩則批評得較為委婉，他說：「董生儒者，其論深極《春秋》之旨，然惑於改正朔，而云『王者大一元者』，牽於其師之說，不能高其論以明聖人之道，惜哉！惜哉！」近人章炳麟說：「中國儒術經董仲舒而成教，至今陰陽尊卑等說，猶為中國通行之俗。」又說：「董仲舒以陰陽定法令，垂則博士，神人大巫也。使學者人人碎義逃難，苟得利祿，不識遠略。」（分別見《太炎別錄》三、《檢論・學變》）

要對一種學說作出切實的評價，還得聯繫歷史，看看它在歷史上起過一些什麼作用，產生過一些什麼影響。董仲舒的學說作為儒學發展史上的一個階段，若就其思想深度而言，自然遠不能與孔子、孟子相比，但它的許多命題是直接依據維護新的社會制度的需要提出來的，又為漢武帝所接受，因而大多具有政府行為層面的意義。中國社會自秦以後完成了由城邦國家向領土國家的歷史性轉變，建立了以集權專制為特徵的帝王制度，這是先秦諸子都未曾親歷的。新的現實需要用新的理論去解釋它、引導它。從這個意義上說，此前的一切學說都程度不等地失去了效用。是董仲舒第一個深刻地解剖和分析了他所面對的現實，提出了與之相應的大一統、三統論、受命改制、三綱五常等一系列思想和罷黜百家，獨尊儒術等建議。無論他的學說中存在著多少缺憾，不可否認的事實是，正是由於加入了他提出的這樣一些切中時代肯綮的思想和建議，才使儒學完成了一次蛻變，從而獲得了高度的適應性和蓬勃的生命力，這才得以在與諸家的競爭中贏得了定於一尊的地位。儒學成為統治思想，也即儒學成了帝王制度的組成部分。我們從漢唐盛世中可以一睹這種制度化了的儒學所能呈現的輝煌。但思想理應是活潑的，生生不息的；思想一旦制度化，就會逐漸停滯和凝固；又由於它有著強大的權力作支撐，時間一久，就變成一種堅硬的、甚至是可怕的東西。歷史曾經有過一次明智的選擇。此後，理應還有第二次、第三次選擇，以便在不斷的選擇中讓各種思想通過競爭優勝劣敗，由最具生命力的思想指導社會革故鼎新，依順其自身的規律加速前進。但制度化了的儒學和儒學化了的帝王制度卻阻遏了這條革新之路，稍有「離經叛道」即被斥之為「異端」，大肆討伐，必欲剷除而後已。這樣直到近代，深鎖的國門忽而被西方的堅船重炮一下轟開，國人這才驚恐地發覺，古老的中國無論政治、經濟抑或文化體制都已是那樣相形見絀，冥頑固陋，再不思變革，民族危亡已迫在眉睫。先覺者們於是振臂疾呼，發出了「打倒孔家店」、「打倒吃人的禮教」那樣激憤、悲愴的先聲。

董仲舒學說的這種歷史遭際，可以觸發我們去思考好多問題，其中特別值得反思的是這樣一個問題：學術與政治結合，一種思想得到權力支撐，究竟是好事還是壞事？對此，徐復觀先生在《兩漢思想史》卷二中有一段很好的論述。他說：

> 通觀古今中外，學術與現實政治，必有一相當距離，使其能在社會上生根，學術乃有發展可言；政治乃能真得學術之益。所以仲舒的一時用心過當，終於是貽害無窮的。

需要補充的只有一點：原因恐怕也不全是「仲舒的一時用心過當」，那該是一整部歷史。

在結束這篇導讀時，我們只想僅就學術層面對《春秋繁露》的現實意義再說幾句話。

本書是一部政治性很強的理論著作。受到作者極大關注的那些政治命題，除去藉以認識一下歷史，對於當前社會已毫無實際意義。但如果將其學說中的哲學涵義從政治軀殼中剝離出來，那就將獲得對我們現代人仍然頗具啟示作用的一種思想：天人合一。

如今談論天人合一真可稱得上是熱門了。提到東方思維特徵固然離不開天人合一，就是探討人生、藝術，包括繪畫、詩歌、音樂、戲曲以及建築、園林以及養生等等，也常常會把天人合一作為追求的最高境界。姑且不論時下人們所表述的天人思想是否確切，把天人合一看作是中國傳統思想的主要特徵是否允當，單就其談論的熱情而言，至少說明這種歷經數千年的古老思想至今依然還有吸引人的地方，依然具有相當的生命力。

人與浩瀚無垠的宇宙相比，實在渺小而又短暫，這使人生來就有一種孤寂、無助的感覺，需要從超自然的存在中去獲取精神慰藉，所以皈依於某一種宗教，是根植於人心理深處的普遍需求，凡地球人類幾乎無一例外，且古今同然。但如果我們將中外文化作一比較，中國卻沒有產生過與政權相平行的宗教，特別是士大夫階層，他們似乎也從未感到過有皈依宗教的心理需求。近年來有學者研究認為其實中國古代士大夫也沒有例外，只是他們所「皈依」的不是某種宗教教義，而是主要由儒、道學說組合起來的天人觀念。這種最先由董仲舒作了系統表述的天人觀念，後來又經由歷代文人墨客的玩味和經營，已經構建成了他們共同的精神家園。在這裡，人的有限意識，人的孤寂感，被融會進天人相通的宏大的想像中，短暫的人生也同時被擴張為無限、絕對的天，人成了與萬物同根、與宇宙同體的永恆存在。在這裡，普泛化的意識消解了所有的差異和對立，宇宙混沌大塊充塞於人的心胸，精神不需要有追逐的目標，意志不再有征服的對象，天人合一，物我兩忘。於是在這個醉眼朦朧的人看來，到處都可以安頓自己，無論深山大川，抑或亙古荒原，無非都是在天地之間，只要心凝形釋，皆可與之冥合。「舉杯向天笑，天回日西照。」（李白）天與人何等有情有致！「水枕能令山俯仰，風船解與月徘徊。」（蘇軾）大自然與人做起了遊戲。「暮春三月，江南草長，雜花生樹，群鶯亂飛。」（丘遲）一個多麼令人神往的「花鳥社會」！

李白忍不住再來一首：「花間一壺酒，獨酌無相親；舉杯邀明月，對影成三人。」你看，一下了來了兩位好友，難道還會寂寞嗎？

是的，董仲舒的天人合一的觀念是不科學的。但人的心靈，有時卻偏是需要某種模糊、朦朧，某種似是而非；偏是拒絕科學。再說，科學固然能精確計量出每個原子及由以構成的原子核和電子的質量，難道科學也能計量出人的生命的輕和重來嗎？

其實，如果我們換個角度想一想，天人觀念也並非完全不科學。時到如今，難道我們人類還沒有深切地感受到由於我們的貪婪和無知，正在不斷受到天也即大自然的懲罰嗎？當我們得悉保護地球生命的臭氧層已經出現了大窟窿；得悉地球沙漠化的速度已是每年六百萬公頃，森林消失的速度更達到每年一千一百萬公頃；作為中國人，又得悉我們的母親河——黃河已受到了嚴重的污染，她的百分之四十到七十的水質已降至最差的四類或五類；當我們得悉這一切的時候，難道我們還能說董仲舒關於要銘記天生萬物以養人的提醒，關於要順應天、效法天、敬畏天的警告，是不科學的嗎？環顧全球，戰爭的陰霾依舊籠罩著某些地區，特別是防不勝防恐怖活動已攪得普通億萬民眾日夜提心吊膽。人類自從掌握了高科技以後大概是太得意了，不僅用高科技相互殘殺，也用高科技大肆捕獵我們的動物朋友。從一九六〇年以來不到半個世紀，大約已有一百十三種鳥類和八十八種哺乳動物相繼在地球上消失。在這樣的時候，我們多麼需要靜下來認真聽一聽董仲舒這位智者在兩千多年前發出的關於要「愛人類」、直至「鳥獸昆蟲莫不愛」的忠告，那不僅是一個先知的聲音，也是一個偉大的仁者的聲音。

> 人，下長萬物，上參天地。人何其貴者！

這兩句摘自本書〈天地陰陽〉篇中的話，不妨看作是董老夫子留給我們後人的祝福。

卷第一

楚莊王　第一

【題　解】本篇取篇首三字為篇名。清蘇輿懷疑此篇原名〈繁露〉，後人為避免與書名重複，故改用今篇名。今根據全篇內容分列八章，可歸納為前後篇。前半篇占五章，主要論述《春秋》筆法。後半篇三章，主要論述《春秋》之道。

董仲舒以微言大義來闡明《春秋》如何通過「貶天子，退諸侯，討大夫」，以達到「上明三王之道，下辨人事之紀」（《史記・太史公自序》）。在上半篇的五章中，第一章以《春秋》貶責齊桓公擅封、晉文公致王、楚莊王擅殺為例來強調尊王之旨，並剖析《春秋》對楚靈王殺慶封這一記載的行文用辭以闡明《春秋》文約而法明的義例。第二章闡明《春秋》通過行文用辭以貶責「晉伐鮮虞」的微言大義，並列舉宋伯姬以身殉禮、齊桓公守信失地二事作為正面事例以相對照。第三章敘述《春秋》認為魯昭公受辱於晉是咎由自取。第四章敘述《春秋》對「所見世、所聞世、所傳聞世」這三世持不同處理的態度，其義例為「於所見微其辭，於所聞痛其禍，於傳聞殺其恩」。第五章敘述《春秋》微言大義與重視隱諱之理，強調世愈近而言愈謹。前三章通過個別案例的剖析以闡明《春秋》筆法，後二章則重在闡明《春秋》筆法運用的一般原則。這裡要特別提出的是：董仲舒提出「三世說」，本意是指出《春秋》對自己當世的事情隱約其辭，微加諷諭；對久遠的事情則可以直言其詳，不用避忌。但是，「三世說」一經提出以後，為後儒闡述《春秋》大義提供了廣闊的想像空間。到了近代康有為那裡，更是掀起軒然大波，成為維新變法的重要根據之一。

後半篇的三章中：第六章闡述奉天法古乃《春秋》之道。第七章強調王者雖必改制，但有改制之名，無易道之實。第八章以先王作樂為例來闡明應天改制與制禮作樂之間的關係。前半篇五章是通過微言大義以闡明尊王之旨，為今王即漢武帝的建立大一統的專制統治作輿論準備；後半篇三章則直接針對當前，一方面強調王者必改制與制禮作樂，以適應與滿足漢武帝封禪改制、振興禮樂的願望；另一方面強調奉天法古，不能更易先王之道，在應天改制與制禮作樂時千萬不能拋棄儒家的傳統。

第一章

「楚莊王殺陳夏徵舒❶，《春秋》貶其文❷，不予專討❸也；靈王殺齊慶封❹，而直稱楚子❺，何也？」曰：「莊王之行賢而徵舒之罪重，以賢君討重罪，其於人心善，若不貶，孰知其非正經❻？《春秋》常於其嫌得者見其不得也❼。是故齊桓不予專地而封❽，晉文不予致王而朝❾，楚莊弗予專殺而討。三者不得，則諸侯之得，殆貶矣❿。此楚靈之所以稱子而討也⓫。《春秋》之辭多所況⓬，是文約而法明⓭也。」問者曰：「不予諸侯之專封，復見於陳蔡之滅⓮；不予諸侯之專討，獨不復見慶封之殺⓯，何也？」曰：「《春秋》之用辭，已明者去之，未明者著之⓰。」

今諸侯之不得專討，固已明矣，而慶封之罪未有所見也⑰，故稱楚子以霸討之⑱，著其罪之宜死，以為天下大禁。曰：人臣之行，貶主之位⑲，亂國之臣⑳，雖不篡殺，其罪皆宜死。比於此其云爾也。」

【章　旨】本章以《春秋》貶責齊桓擅封、晉文致王、楚莊擅殺這三件事來強調尊王的宗旨，並剖析《春秋》對楚靈王殺慶封這一記載的行文用辭以闡明《春秋》文約而法明的義例。

【注　釋】❶楚莊王殺陳夏徵舒　楚莊王，春秋時楚國的君主，姓羋，名旅（一作呂、侶），即位於西元前六一三年，在位二十三年，國勢強盛，是當時的霸主。夏徵舒是陳國的大夫。陳國的君主陳靈公與大夫孔寧、儀行父三人與夏徵舒之母夏姬私通，荒亂淫戲，無所不為。一日，三人在夏家戲謔時互相指稱夏徵舒是對方的兒子。夏徵舒不堪受辱，怒而射殺陳靈公。孔寧與儀行父逃走，投奔楚國。陳國太子午逃奔晉國。夏徵舒便自立為陳侯。於是，楚莊王率諸侯伐陳，殺死了夏徵舒，將陳國變成了楚國屬下的一個縣。楚國賢臣申叔時諷諫楚莊王說：「有人牽牛在別人田裡行走，田主就奪取了他的牛。這樣做不是太過份了嗎？大王因為夏徵舒弒君，徵兵諸侯，以義伐之。現在取陳國之地以為楚地，伐陳便成了謀取私利的事，今後如何能號令天下呢？」楚莊王接納了申叔時的勸諫，迎接陳靈公太子午於晉，立他為陳國的國君，使陳復國。孔子評論這件事說：「賢哉楚莊王！輕千乘之國而重一言。」❷春秋貶其文　指《春秋》記載此事為「楚人殺陳夏徵舒」，對楚莊王不稱「楚子」而稱「楚人」，從文字上進行貶抑。❸不予專討　指楚莊王是諸侯，上有周天子在，不應擅自征討他國。予，通「與」。心許；讚許。專，專擅。❹靈王殺齊慶封　靈王，即楚靈王，姓羋，名圍，楚共王之子，弒其侄楚君羋員而自立，即位於西元前五四〇年，在位十二年。慶封，齊國大夫，黨附齊國權臣崔杼殺死國君齊莊公，立其異母弟杵臼，即齊景公。崔杼為右相，慶封為左相。慶封為了奪權，又設計逼死崔杼，滅掉崔氏。從此，齊國由慶封、慶舍父子把持國政，權傾朝野。齊國的田、鮑、高、欒諸氏聯合起事，殺死慶舍，趕走慶封。慶封先逃奔魯國，後又由魯奔吳。吳國讓慶封在朱方聚族而居，富甲一方。楚靈王即位後，為了成就霸業，派兵伐吳，圍困朱方，生俘慶封。楚靈王將慶封處死前在軍前示眾，數責其罪行說：「千萬別學齊國慶封弒其君而弱其孤，以盟諸大夫！」慶封當眾反唇相譏：「千萬別學楚共王庶子圍（即楚靈王）弒其兄子員而代之自立！」軍中士卒聽了，無不竊笑。楚靈王求榮反取其辱，趕緊下令殺掉慶封。❺直稱楚子　《春秋》記載靈王殺慶封事為「（昭公四年）秋七月，楚子、蔡侯、陳侯、許男、頓子、胡子、沈子、淮夷伐吳，執齊慶封，殺之。」楚子，指楚靈王。吳、楚之君自稱為王，但《春秋》貶之曰「子」。《春秋》記載楚莊王殺夏徵舒時貶稱其為「楚人」，而對楚靈王殺慶封則直稱其為「楚子」。楚莊王是賢王而楚靈王是暴君，《春秋》因何薄賢王而厚暴君？董仲舒在下面對此細加剖析以闡明《春秋》筆法的義例。❻孰知其非正經　孰，誰。正經，指「大德無踰閑者」（見本書〈玉英〉），也就是「恪守大節而無出格言行」的意思。非正經，指權變。正經與權變是一對相互對立而又相互補充的範疇。正經重視原則性而權變重視靈活性，但後者理應服從與保障前者。《春秋》之所以貶抑楚莊王殺陳夏徵舒，不稱「楚子」而稱「楚人」，是為了闡明楚莊王之所為不屬於正經，而屬於權變的範疇。❼春秋常於其嫌得者見其不得也　嫌，近似；好像是。得，通「德」。《春秋》別嫌疑，明是非，常在看上去好像是有德的事中辨別出其不德之處。楚莊王是賢君，夏徵舒弒君是重罪，以賢君討重罪，看上去好像是有德的義舉。如果不從文字上進行貶抑，誰能知道這是不合正經的權變措施呢？❽齊桓不予專地而封　齊桓公，春秋時齊國的國君。姓姜，名小白，即位於西元前六八五年，在位四十三年。他任用管仲進行改革，國力富強，以「尊王攘夷」相號召，曾九合諸侯，成為春秋時第一個霸主。《春秋》僖公元年記載：「齊師、宋師、曹師次於聶北，救邢。」這是指當時狄人攻邢國，齊桓公率齊、宋、曹等國軍隊去援救，但邢國已被狄人攻滅，只得在聶邑以北駐留多日。後來，齊桓公在夷儀築城，重建邢國。《公羊傳》稱其事云：「君則其稱師何？不與諸侯專封也。」指出明明是齊桓公指揮做這件事，但《春秋》卻不提齊君而稱「齊師」（齊國之軍），原因是上有周天子在，即使齊桓公幫邢國復國是件好事，但不請示周天子而擅自封國，便是不對。所以《春秋》在記載此事時從行文用辭上作了貶抑，表示不能贊許。❾晉文不予致王而朝　晉文公，春秋時晉國的君主。姓姬，名重耳，曾在外流亡十九年，六十二歲時由秦國送回國內於西元前六三六年即位，在位九年，國力強盛，曾平定周的內亂，迎接周襄王復位，以「尊王」相號召。晉文公在城濮之戰中，大勝楚軍，並在踐土（今河南滎陽東北）大會諸侯，並召致周襄王到會，成為霸主。《春秋》僖公二十八年記載：「公會晉侯、齊侯、宋公、蔡侯、鄭伯、衛子、莒子，盟於踐土。陳侯如會。公朝於王所。」《公羊傳》稱其事云：「曷為不言公如京師？天子在是也。則曷為不言天子在是？不與致天子也。」指出為什麼不說魯僖公前往京師，這是因為天子即周襄王在此（指踐土）。為什麼不說周襄王在此？這是因為不贊成晉文公以諸侯召致周天子到踐土來會盟。所以《春秋》只說是魯僖公去朝見周天子，但不明確說出是在何處朝見，從而在行文用辭上貶責晉文公，不贊成他這種召致周天子來踐土會盟的行為。❿三者不得三句　得，通「德」。殆，接近於；大概是。貶，各種版本皆作「此」字，只有《四庫全書》本作「貶」，但注云：「他本作此。」故蘇輿在《春秋繁露義證》中認為應是「此」而不應是「貶」。齊桓、晉文、楚莊三者都是春秋時賢君，由於專封、致王、專殺而不得褒獎。其他諸侯看上去好像是正確的行為，大概也是這種情形。又，《四庫全書》本在「殆」下注云：「原注恐是不待。」故「諸侯之得殆貶矣」又可解釋為「其他諸侯看上去好像是正確的行為，就用不到去貶責它了。」意思是不值一提，較前述三者更為不如。⓫此楚靈之所以稱子而討也　楚莊王是賢君，尚且不得專討，楚靈王是暴君，當然更不允許專討。即使「稱子而討」，也沒有人會認為楚靈王可以專討，不可能混淆是非。⓬春秋之辭多所況　況，比擬；譬喻。指由此及彼，連類而及其他，如由楚莊王之賢而不與專討，可以推知楚靈王之專討更不可能肯定，行文用辭上便用不到去特別指明這一層意思了。⓭文約而法明　文辭簡約而義理嚴明。《春秋》筆法，於寥寥數語之中寓評論是非、褒貶善惡之意在內。如吳、楚之君自稱王，而《春秋》貶之曰子。踐土之會，晉文公召致周天子與盟，而《春秋》諱之曰：「天王狩於河陽。」孔子以此警示當世，闡明是非標準，故云：《春秋》之義行，則天下亂臣賊子懼焉。⓮不予諸侯之專封二句　陳蔡之滅，事見《史記》之〈陳杞世家〉與〈管蔡世家〉。楚靈王七年（西元前五三四年），陳國司徒招趁國君陳哀公臥病，定計刺殺太子偃師，另立少子留為太子，陳哀公聞變而自縊身亡。楚靈王趁機派遣其幼弟棄疾率軍於楚靈王九年（西元前五三二年）攻滅陳國，占有其地，靈王命棄疾為陳公。楚靈王十二年（西元前五二九年），楚靈王以蔡靈侯弒父為理由，設計誘殺之，並派其幼弟棄疾率兵攻滅蔡國，命棄疾為蔡侯。楚滅蔡三年後，棄疾弒其君楚靈王自立，是為楚平王。楚平王新立，亟需邀結人心，求蔡靈侯之弟廬立之，是為蔡平侯。不久，楚平王又求故陳太子偃師之子吳立為陳侯，是為陳惠公。《春秋》昭公十三年記載其事曰：「蔡侯廬歸於蔡，陳侯吳歸於陳。」《公羊傳》評曰：「此皆滅國也，其言歸何？不與諸侯專封也。」因此，即使楚平王復立陳、蔡二國，但《春秋》由於不贊同諸侯專封，所以絕口不提楚平王，而只說是蔡侯歸蔡，陳侯歸陳。此處指出「復見於陳、蔡之滅」，這是因為《春秋》記載魯僖公元年（西元前六五九年）齊桓公「救邢」和魯僖公十四年（西元前六四六年）齊桓公為衛國「城楚丘」二事上，已闡明「不予諸侯專封」之《春秋》大義。⓯不予諸侯之專討二句　獨，唯獨。此句指《春秋》記載楚莊王殺陳國夏徵舒時，貶稱莊王為楚人而不稱楚子，以明諸侯不得擅討之義，為何在記載楚靈王殺齊國慶封時，唯獨就不再強調諸侯不得擅討呢！⑯春秋之用辭三句　此句指《春秋》在行文用辭上，對人們已經明白的道理就省略不提，對人們還沒有明白的道理，就特別指出以使其顯豁、彰著。去，省略不提。著，顯豁；彰著。⑰慶封之罪未有所見也　慶封與其子慶舍把持國政，齊景公要看他的臉色行事，故《公羊傳》稱：「慶封之罪何？脅齊君而亂齊國也。」脅齊君，指的是慶封為相，獨擅國政，致使國君無權。亂齊國，指擾亂齊國朝綱。但是慶封並沒有弒君，後來又出逃他國，所以人們不容易認識他的罪行。⑱故稱楚子以霸討之　參見注❹。董仲舒在此指出《春秋》之所以稱楚靈王為楚子，是為了強調楚靈王以霸主的身分執殺慶封，從而闡明慶封之罪當死。⑲貶主之位　貶低君主的地位，使其喪失尊嚴。⑳亂國之臣　清代俞樾認為此句當作「亂主之國」。㉑比於此其云爾也　清代蘇輿認為句末「其」字、「也」字是衍文。比，例也。指以慶封為例，強調凡人臣脅君亂國，即使沒有篡位弒君，其罪行皆屬可殺。

【語譯】問：「楚莊王殺了陳國的夏徵舒，《春秋》記載此事時，行文用辭中貶稱楚莊王為楚人，那是因為不贊成諸侯有擅自討伐別國之權。但是，無道的楚靈王討伐吳國，殺了齊國的慶封，《春秋》卻直稱他為楚子，這是為什麼呢？」

答：「楚莊王行為賢良而夏徵舒罪行嚴重。賢明的君主去討伐罪重的惡人，在人們的心目中都會認為這是件善舉。如果《春秋》不從行文用辭中進行貶抑，誰會知道這種行為違犯了諸侯不得擅自討伐的《春秋》大義呢？《春秋》常常在看上去似乎是應當褒獎的行為中指出它其實是不應當肯定的錯誤之舉。因此，對齊桓公不贊同他擅自封地，對晉文公不贊同他召致周天子到踐土來朝見，對楚莊王不贊成他擅自殺人和討伐別國。這三件事都是不應當肯定的錯誤之舉，那麼，其他諸侯類似的行為，大致上也像這三件事一樣，可以以此類推。這就是楚靈王殺慶封時所以被《春秋》稱作楚子的原因吧！（楚莊王是賢君，尚且反對他擅自討伐，對楚靈王當然不會肯定其擅自討伐，即使稱他為楚子，也不會引起是非混淆。）《春秋》在行文用辭上，常常連類而及其他，以此類推而不再重複，文辭簡約而義例嚴正，原則上決不作妥協。」

問：「不贊許諸侯擅自封國之理，《春秋》在記載楚國復立陳、蔡之主這件事上再一次提了出來，而不贊許諸侯擅自討伐、殺人之理，在楚靈王殺慶封這件事上卻不再表示貶責，這又是為什麼呢？」

答：「《春秋》在行文用辭上，人們已經明白之理就省略不提，人們尚未明白之理則設法使其顯豁、彰著。目前是大家對諸侯不得擅自討伐之理已經很清楚了。但是，慶封的罪行卻未為人們所認識清楚，所以稱楚靈王為楚子，強調以霸主的身分去討伐慶封，從而凸出表明慶封的罪該當死，勸禁天下臣民絕不可犯此重大罪行。《春秋》認為：臣子的行為，如果擅權而貶低君主的地位，使其喪失尊嚴，擾亂了國家的綱紀，雖然沒有篡國弒君，這種罪行同樣也理應處死罪。後世刑律可比照這個例子來辦理。」

第二章

「《春秋》曰：『晉伐鮮虞❶。』奚惡乎晉而同夷狄也❷？」曰：「《春秋》尊禮而重信。信重於地，禮尊於身。何以知其然也？宋伯姬恐不禮而死於火❸，齊桓公疑信而虧其地❹。《春秋》賢而舉之，以為天下法，曰禮而信❺。禮無不答，施無不報，天之數也❻。今我君臣同姓適女❼，女無良心，禮以不答，有恐畏我，何其不夷狄也❽。公子慶父之亂，魯危殆亡❾，而齊桓安之❿。於彼無親⓫，尚來憂我，如何與同姓而殘賊遇我。《詩》云：『宛彼鳴鳩，翰飛戾天。我心憂傷，念彼先人。明發不寐，有懷二人。』⓬人皆有此心也。今晉不以其同姓憂我，而彊大厭我，我心望⓭焉。故言之不好⓮。謂之晉而已，是婉辭⓯也。」

【章　旨】本章著力於闡明《春秋》通過行文用辭以貶責「晉伐鮮虞」的微言大義，並列舉宋伯姬以身殉禮、齊桓公守信失地二事作為正面事例以相對照，對「晉伐同姓」表明了深惡痛絕的態度。

【注　釋】❶晉伐鮮虞　《春秋》記載此事在魯昭公十二年（西元前五三〇年）。晉，指春秋時的晉國，周武王幼子唐叔虞之後，姬姓。晉伐鮮虞的時間在晉昭公二年（西元前五三〇年），當時晉國國政腐敗，政在私門，公室卑而六卿強。鮮虞，杜預注《左傳》以為鮮虞是白狄別種，《世本》則以為姬姓之國。《國語・鄭語》云：「北有衛、燕、狄、鮮虞……」韋昭注：「鮮虞，姬姓在狄者也。」孔廣森注《公羊傳》認為「白狄別種」之說為誤，應當是姬姓國，即後來的中山國。由此可見，晉與鮮虞都是姬姓，是同姓之國。《春秋》中對諸夏即中原各國的稱呼，連國稱爵，如晉侯、齊侯等。此處以國稱晉，是將它當夷狄來看，是一種貶斥。當時楚國行詐滅掉陳、蔡兩國，中原各國惴惴不安，希望盟主晉國出頭反對楚國。誰知晉國不僅害怕楚國而退縮不前，反而去討伐鮮虞這一同姓之國。因此，何休注《公羊傳》云：「（晉）不大綏諸侯，先之以博愛，而先伐同姓，從親親起，欲以立威行霸，故狄之。」孔廣森注《公羊傳》云：「晉為諸侯盟主，楚翦覆姬宗，坐視不救，又效楚之尤，亦加兵於同姓，故稱國狄之。」《穀梁傳》云：「其曰晉，狄之也。」意思是單稱晉，是把它當夷狄看待，與《公羊傳》同一看法。賈逵、服虔注《春秋左氏傳》，都引用了《穀梁傳》這一說法。由此證明，無論是古文經學家或今文經學家，對此皆持同一觀點。❷奚惡乎晉而同夷狄也　此句意為「為什麼如此憎恨晉國而將它當成夷狄來看待？」奚，為何。惡，憎恨；討厭。同，等同。❸宋伯姬恐不禮而死於火　《春秋》記載此事在魯襄公三十年（西元前五四三年）云：「五月甲午，宋災，伯姬卒。」《公羊傳》云：「宋災，伯姬存焉。有司復曰：『火至矣，請出。』伯姬曰：『不可。吾聞之也，婦人夜出，不見傅、母不下堂。傅至矣，母未至也。』逮乎火而死。」宋伯姬是魯宣公之女，在魯成公九年（西元前五八二年）嫁給宋共公為夫人，故又稱共姬。伯姬嫁後六年，宋共公死，寡居三十四年，此時已近六十歲。傅，傅母。母，保母。古代君主夫人身旁有傅母、保母，職責是為夫人輔正言行，保護人身安全。宋國火災，伯姬為了保母不到而寧願被火燒死，《左傳》、《公羊傳》都將此事看成是守禮的典範，讚她為賢女，實際上伯姬是禮教的殉葬品。❹齊桓公疑信而虧其地　西元前六八一年，齊魯交戰，魯國軍隊被打敗，魯莊公獻上遂邑求和，齊桓公答應了，在柯地與魯會盟。魯將曹沫在盟壇上手持匕首劫持齊桓公，要脅齊桓公返還過去所侵占的魯國土地。桓公被迫答應，曹沫才收起匕首站到臣位上去。齊桓公事後後悔，想不返還土地而殺掉曹沫。管仲勸阻他說：「被劫持時答應了曹沫，現在背信棄義而殺死他，一時固然痛快，在諸侯面前喪失信譽，今後如何能號令天下？」於是，齊桓公將曹沫三次戰敗所喪失的土地還給魯國。各國諸侯知道這件事後，都佩服齊桓公講信義，紛紛依附齊國。《公羊傳》評論此事云：「要盟可犯，而桓公不欺；曹子可讎，而桓公不怨。桓公之信，著乎天下，自柯之盟始焉。」疑，安定；止息。疑信，守信；維護信譽。俞樾認為「疑」字是「恐不」之誤。虧，虧蝕；損失。❺禮而信　疑有脫訛，依前文當為「尊禮而重信」。❻天之數也　數，道數。天數乃天道之意。❼今我君臣同姓適女　同姓，指鮮虞與晉國同姓。適，往；去到。女，通「汝」。❽禮以不答三句　以，通「已」。有，通「又」。何其不夷狄也，指《春秋》以夷狄來看待晉伐鮮虞的行為。《春秋》對中國與夷狄的區分，其標準並不限定於地域，還要根據其行為來斷定。中國各諸侯國行為不當，可以當成夷狄來看待，夷狄行為得當，也可以當成中國來看待，以此來進行褒貶。晉國雖屬於中國，但伐鮮虞的行為不當，所以將它當成夷狄來看待。❾公子慶父之亂二句　魯莊公即位時，才十三歲。其父魯桓公由於死得意外，來不及考慮為兒子定親。母親文姜，心思都在與同父異母兄齊襄公私通上，竟把兒子的婚姻大事耽擱下來。魯莊公成年後，與黨氏之女孟任割臂為盟，私定終身，生下一子名般，長大後被立為世子。這次婚姻在「奔則為妾」的年代裡得不到正式承認。莊公二十一年（西元前六七三年），母文姜死。又過了三年，才娶齊女哀姜為夫人，此時莊公已三十七歲。哀姜無子，但其妹叔姜隨姊同嫁，生子名啟方。莊公另有妾成風，生子名申。魯莊公有三弟，慶父、叔牙、季友。慶父、叔牙同母，都是庶出。季友與莊公同母，最受信任。莊公三十二年（西元前六六二年），莊公病危，心中欲立子般嗣位，又恐慶父、叔牙不服，故意召叔牙問以身後之事。叔牙力薦應當由慶父嗣位。莊公不悅，又召季友相問，季友力主由子般繼位。莊公告以叔牙力主慶父嗣位事，感到棘手。季友遂以莊公之命鴆殺叔牙。莊公死後，季友遵莊公遺命立子般為君。先時，慶父與哀姜私通，又有篡位野心，便派人去刺殺子般，季友出奔陳國，慶父立莊公幼子啟方為君，是為魯閔公，即位時只有八歲。魯閔公內畏哀姜，外畏慶父，度日如年，在與齊桓公相會時請求讓季友歸國，得到齊桓公支持，於是閔公親迎季友歸國。魯閔公即位不到二年，慶父與哀姜合謀，再次借刀殺人，結果了閔公年幼的生命。季友聞訊，立即與公子申同奔邾國避難。慶父想篡位，但魯國上下群起而攻之，慶父見人心不附，被迫出逃到莒國。季友見慶父出逃，國中空虛，便奉公子申返國，嗣位為君，是為魯僖公。季友以重金送給莒國，要莒國驅逐慶父歸國受罰，慶父走投無路，被迫自殺。魯閔公初即位時，齊桓公曾派大夫仲孫湫出使魯國，考察魯國內情。仲孫湫回國後說：「不去慶父，魯難未已。」這就是「慶父之亂」的經過。這場圍繞接班人的鬥爭，使魯國瀕臨滅亡的境地。❿齊桓安之　季友奉公子申歸國時，齊桓公派遣大夫高傒率領南陽甲士進入魯國，擁立公子申為君，並為魯國築城。《公羊傳》評論此事時說：「莊公死，子般弒，閔公弒，比三君死，曠年無君。設以齊取魯，曾不興師，徒以言而已矣。桓公使高子將南陽之甲，立僖公而城魯。」這裡明確指出，如果齊國要滅掉魯國，不必出動軍隊，只須開口說幾句話就行了。但齊國卻反而派兵來支持魯僖公即位，又為魯國築城以防止他國侵犯，使魯國得到安定。此後，魯僖公用季友為相，治理國政有方，國勢日強。⓫於彼無親　齊是姜姓之國，魯是姬姓之國，兩國並無同姓之親。⓬詩云宛彼鳴鳩七句　引詩見《詩經・小雅・小宛》。宛，小貌。彼，代詞。宛彼，指尾羽未長成的小鳥。鳴鳩，斑鳩。翰飛，高飛。戾，到達。先人，指祖先，即周文王、武王。明發，天剛亮，有通宵達旦之意。有，通「又」。二人，指父母。此詩本是周室同姓諷刺周幽王並勸戒兄弟如何在亂世免禍之詩。晉與鮮虞，同出姬姓，都是周文王、武王的後人，與此詩所指有相近之處。晉伐鮮虞，鮮虞認為欺壓同姓國是手足相殘，嚴重不滿而又無力反抗，自然要懷念共同的祖先了。⓭望　怨恨。⓮言之不好　指不予褒稱，提起你沒有好話。⓯婉辭　委婉的說法。《春秋》對衛伐凡伯、晉敗王師，直書為戎。此處只是革去爵號，與前者相較，當然是婉辭。董仲舒認為《春秋》在行文用辭上有正辭、婉辭、溫詞、微詞、詭詞等區別，用來為尊者、賢者諱與避難言之隱。

【語　譯】問：「《春秋》說：『晉國討伐鮮虞國。』為什麼《春秋》那樣憎恨晉國，竟把它等同於夷狄來看待呢？」

答：「《春秋》尊重禮制而又看重信譽。把信譽看得比土地重要，將禮制看得比生命尊貴。為什麼知道它持有這種看法呢？宋國的伯姬恐怕自己的行為不合禮制而寧願被火燒死，齊桓公為了維護自己的信譽而寧願損失土地。《春秋》推重他們的賢明行為，舉出來作為天下人的楷模，所以說要遵守禮制和看重信譽。遵守禮制不會得不到應答，對人施恩不會得不到回報，這就是天道。我鮮虞君臣將你晉國當同姓國看待來投靠，你晉國沒有良心，對我們的守禮不以禮相待，反而恐嚇和威脅我們的生存，怎麼能不把你當作夷狄來看待呢？魯國的公子慶父作亂，使魯國面臨亡國的邊緣，齊桓公幫魯國度過危難，穩定政局。魯國與齊國並無同姓之親，齊桓公尚且能為魯國分憂。為什麼晉國與我鮮虞國同姓，卻對我們進行殘酷迫害呢？《詩經・小雅・小宛》上說：『小小斑鳩在鳴喚，沖霄高飛入雲天，滿懷憂傷內心苦，想起文王我祖先。通宵達旦睡不著，又把父母掛心尖。』人人都會有這種心情呢！今天晉國不因為與我同姓而為我們分憂，卻反而依仗國力強盛來欺壓我們，我們內心充滿怨恨，所以談起晉國就沒有什麼好話。稱它為晉國，只不過是委婉的說法罷了。」

第三章

問者曰：「晉惡而不可親，公往而不敢至，乃人情耳。君子何恥而稱公有疾❶也？」曰：「惡❷無故自來，君子不恥。內省不疚，何憂何懼❸，是已矣。今《春秋》恥之者，昭公有以取之也。臣陵❹其君，始於文而甚於昭❺。公受亂陵夷，而無懼惕之心❻，囂囂然輕詐妄討❼，犯大禮而取同姓❽，接不義而重自輕❾也。人之言曰：『國家治則四鄰賀，國家亂則四鄰散。』是故季孫專其位，而大國莫之正❿。出走八年⓫，死乃得歸⓬，身亡子危⓭，困之至也⓮。君子不恥其困而恥其所以窮⓯。昭公雖逢此時，苟不取同姓，詎⓰至於是？雖取同姓，能用孔子自輔，亦不至如是⓱。時難而治簡⓲，行枉而無救⓳，是其所以窮也。」

【章旨】本章敘述《春秋》認為魯昭公受辱於晉是咎由自取，以闡明「君子不恥其困而恥其所以窮」之旨。

【注　釋】❶君子何恥而稱公有疾　君子，指孔子。孔子修《春秋》中所表示的褒貶，史家尊稱為君子而不直書其名。公，指魯昭公，姓姬名裯，魯襄公之子，在位三十二年（西元前五四一—前五一〇年）。魯襄公死時，他十九歲了，卻童心未泯，居喪不哀，還面有喜色，嬉耍如常。叔孫豹認為他不孝，又是庶出，不宜立他為君。權臣季武子卻自作主張，還是讓他登上了國君的寶座。魯昭公二十五年（西元前五一七年），他不甘心做一個傀儡國君，起兵討伐季氏，終以兵敗出奔而告終。他一生最後的七年四個月，流亡在齊國和晉國，過著寄人籬下的生活。恥而稱公有疾，指《春秋》在魯昭公二十三年（西元前五一九年）的記載：「冬，公如晉，至河，公有疾，乃復。」魯昭公朝晉，為什麼到了黃河邊上又返還？事實的真相並不是因為他真的有病，而是晉國拒絕接見他。當時魯國打敗了邾婁國的軍隊，侵占了邾婁國的土地。邾婁向盟主晉國告狀。晉國向魯國興師問罪。魯國派遣大夫叔孫婼為使者，到晉國去為魯國聲辯。晉國執政大臣韓宣子偏袒邾婁，把叔孫婼扣留下來，還想把他交給邾婁人處理。叔孫婼臨危不屈，晉國士景伯為他向韓宣子說情，總算倖免於難，過了一年，才被送回魯國。魯昭公為此事去朝晉，想請求釋放叔孫婼回國，結果到了黃河邊上，晉國拒絕接見，只得碰壁而歸。孔子認為這對魯國來說是恥辱，所以在修《春秋》時加上了「公有疾」，表示是自己半道折回，不是被晉國所辭退的，借此來掩飾魯國對晉國的屈辱地位。《公羊傳》評論這件事說：「何言乎公有疾乃復？殺恥也。」為什麼說魯昭公有病而回還？是為了消除恥辱呀！當時的背景是晉楚爭霸，魯國是弱國，依附於晉國，但晉國瞧不起魯國，常常給魯國臉色看。在此之前，《春秋》已記載有四次「公如晉，至河乃復。」《左傳》對此有較詳細的介紹。第一次在魯昭公二年（西元前五四〇年），那一年晉平公的寵妾少姜死去，魯昭公親自前往晉國弔祭，晉平公派人來辭退他說：「死的不是正配夫人，請您不要降低自己的身分。」晉國把話說那麼難聽，但魯昭公畏懼晉國的強大，不敢前進，只得忍氣吞聲地乖乖回去。《公羊傳》評論此事云：「其言至河乃復何？不敢進也。」本章一開頭說「公往而不敢至」，指的就是這件事。第二次在魯昭公十二年（西元前五三〇年），魯昭公朝晉。當時莒國因魯國季平子率軍伐莒，向盟主晉國控告魯國，因此，晉國藉口正在辦晉平公的喪事，拒絕接待，魯昭公只得打道回府。第三次在魯昭公十三年（西元前五二九年）。當時，邾婁、莒兩小國向盟主晉國控告魯國，說是一直受到魯國的攻伐，快要亡國了，無法向晉國朝貢。因此，當年八月晉國在平邱舉行同盟之會時，不讓魯昭公參加，還捉拿了魯國國相季平子，扣留在晉國。十月，魯昭公為此事朝晉，想去求情。荀吳對晉國執政大臣、中軍元帥韓宣子說：「諸侯相互朝見是為了修好，現在我們扣留了魯國的卿（指季平子），卻去接見魯國的君主，見面時多尷尬呀！不如不見。」韓宣子為此派士景伯在黃河邊上拒絕魯昭公來晉國。後來魯國大夫子服惠伯對晉國荀吳說：「魯與晉同姓，乃兄弟之邦，土地大過邾、莒十倍，何必為這種夷之小國而拋棄魯。如果，魯被迫改事齊、楚，對晉國有什麼好處呢？」荀吳認為有理，將這些話轉告韓宣子，於是韓宣子才將季平子放歸魯國。第四次在魯昭公二十一年（西元前五二一年），魯昭公朝晉，到了黃河邊上。當時晉國正在準備攻伐鮮虞，害怕洩漏軍事機密，就又拒絕接待。總之，晉國以盟主自居，對魯國的態度十分倨傲，對待魯昭公的朝見，常常為了表示對魯國的不滿而以種種藉口拒絕接待，迫使他半道而回，處處使魯國感到處於小國地位的屈辱。❷惡　指晉對魯的羞辱。❸何憂何懼　《四庫全書》本在其下注曰：「案他本何懼作於志。」蘇輿在《春秋繁露義證》中就認為「何懼」應當是「於志」。❹凌　欺凌；凌辱。❺始於文而甚於昭　文，指魯文公，魯僖公之子，姓姬名興。他在服喪期間就急於考慮婚姻大事，被《公羊傳》譏為「喪娶」，據說還因此在外交活動中遭到諸侯的輕視。他在位十八年（西元前六二六—前六〇九年），由於對國政感到厭倦，重用季文子。季文子是魯桓公之子季友之孫，名行父，歷事魯文公、魯宣公、魯成公、魯襄公四朝，曾長期為魯相。他死時家中沒有穿絲帛的姬妾，廄中沒有食粟的馬，府中沒有金玉，孔子誇讚他說：「季文子廉忠矣！」魯文公死後，公子遂殺嫡立庶，魯國從此公室卑而三桓強，政在季氏。三桓，指魯桓公之子仲慶父、叔牙、季友三兄弟之後，即孟孫、叔孫、季孫三氏。孟孫是慶父之後，叔孫是叔牙之後，季孫是季友之後，三家共執魯政，世稱「三桓」，其中以季孫氏（一稱季氏）最強，因季友誅慶父，復魯國，立有大功。季文子又號稱賢相，善於結納人心。季文子之子季武子，孫季悼子，曾孫季平子，其中除季悼子早年夭折外，文、武、平在宣公、成公、襄公、昭公四朝皆世為魯相，長期掌權。魯國國君面臨大權旁落的局面，對此並不甘心，宣公想除掉三桓，成公在其母脅迫下曾想殺掉季文子，但力量不夠，求助於晉，晉國不同意，終於都沒有成功。到了魯昭公時，本人的國君之位乃季武子所立，季平子繼季武子為國相後，更是大權在握，眼中沒有國君，甚至在家廟僭用天子的八佾之舞（按禮制卿大夫只能用四佾），連孔子都氣憤地說：「是可忍也，孰不可忍也。」魯昭公所受的凌辱更甚於前面的幾代國君，最後甚至被「三桓」聯合起來將他趕出魯國，被迫寄居他國。❻公受亂陵夷二句　此處意為魯昭公面臨政局越來越亂、國勢越來越弱的局面，卻喪失了憂懼警惕之心，不思奮發圖強。公，魯昭公。陵夷，衰頹；衰微。懼惕，憂懼警惕。❼囂囂然輕詐妄討　此處指魯昭公輕率地決定討伐季平子，結果季孫、叔孫、孟孫三家聯合起來反攻，魯昭公兵敗出奔於齊。囂囂然，輕狂、浮躁的樣子。據《史記・魯周公世家》記載：季平子與郈昭伯鬥雞，雙方搞小動作。季平子在雞羽上灑芥末，郈昭伯做得更絕，在雞爪上加銅甲。鬥雞結果，當然是郈昭伯一方的雞勝了。季平子見郈昭伯不肯讓他，發了脾氣，侵占了郈昭伯的領地。郈氏乃魯孝公之後，與國君同族，當然嚥不下這口氣。此事發展到後來，郈昭伯囚禁了季氏的族人，季平子則把郈氏的家臣抓了起來。郈昭伯向魯昭公告狀，魯昭公本來就對季平子嚴重不滿，就發兵攻打季平子。季平子請求出城遷居沂上待罪，昭公不答應。季平子又請求避居季氏家邑，昭公仍不答應。季平子又請求率車五乘出走他國，昭公還是不答應。子家駒勸昭公：「您還是答應了他吧。季氏執掌國政已很久遠了，徒黨眾多，逼急了，他們會合謀反攻。」魯昭公不肯聽從，郈昭伯咬牙切齒地嚷著非殺掉季平子不可。叔孫氏的家臣召集部下商議，究竟是有季氏好還是沒有季氏好，哪種狀況對叔孫氏有利？部下一致認為：脣亡齒寒，沒有季氏也就沒有叔孫氏。於是，叔孫氏發兵救季氏，打敗了魯昭公的軍隊。孟孫氏聽說叔孫氏獲勝，正好郈昭伯作為魯昭公使者在他那裡，於是就殺死郈昭伯，倒向季氏一邊。魯國三桓聯合起來攻打魯昭公，魯昭公大敗，只得出奔到齊國。從這件事中，可以看出魯昭公不僅輕舉妄動，貿然進攻季氏，而且不聽忠告，不肯見好就收，又不懂得爭取同盟軍，一味狂妄自大，輕狂躁動，終致失敗。❽犯大禮而取同姓　指魯昭公娶吳國孟姬為夫人。魯與吳是同姓國，都姓姬，故諱稱孟姬為吳孟子。古代同姓不婚。魯昭公娶同姓之女，是違犯了當時的禮法。據《論語·述而》記載：陳司敗（陳國的大夫，司敗為官名）問孔子：「昭公知禮嗎？」孔子回答：「知禮。」陳司敗等孔子走後，對孔子弟子巫馬期說：「君子不應包庇錯誤。魯昭公娶吳國同姓為妻，如果說他知禮，還有誰不知禮呢？」巫馬期後來將此事稟告孔子，孔子只能尷尬地說：「丘也幸。苟有過，人必知之。」意思是我很有幸，只要犯了錯誤，人家必定知道，便於我今後改正。❾接不義而重自輕　不義，指魯昭公娶同姓孟姬為夫人，犯大禮。重自輕，輕討季氏，已經是不自重的行為，又娶同姓犯大禮，更加是自輕自賤的舉止了。❿季孫專其位二句　季孫，指季孫意如，謚平，世稱季平子，季武子之孫，繼季武子為魯國的國相。魯昭公被逐出國，國內由季平子占據了國君的位置，雖未公開稱君，但國政實際上由他執掌，所以說是「季孫專其位」。大國莫之正，指齊、晉等大國不願糾正這件事，幫助魯昭公復國。據《史記·魯周公世家》：魯昭公投奔齊國的第二年春天，齊國攻取魯國的鄆地，讓魯昭公居住。當年夏天，齊景公準備發兵護送魯昭公返國。魯國大夫申豐汝賈是季氏黨徒，他許諾送給齊臣梁丘據八萬斗粟，要梁丘據設法阻止魯昭公返國。梁丘據受了賄賂，就去對齊景公說：「魯國群臣不願魯昭公當國君，反對的意見很激烈。宋元公為了魯國的事到晉國，想求晉國出兵送魯昭公回國，結果在半路上死去。叔孫婼勸季平子接納魯昭公回國，無病而亡。究竟是上天厭棄魯國呢，還是魯國的君主得罪了鬼神呢？君主還是把這件事暫且擱置一下，以後視情況再作決定也不遲。」齊景公聽從了他的意見就把這件事擱置下了。又過了二年，即昭公二十八年（西元前五一四年），魯昭公到晉國去，求晉國幫助他回到魯國。季平子送了大量財物給晉國掌權的六卿。六卿收受了賄賂，就去勸諫晉頃公別這樣做。晉頃公便依從他們，不送魯昭公回國，而讓他居住在晉國境內的乾侯。又過了三年，即昭公三十一年（西元前五一一年），晉頃公又想讓魯昭公回魯國，把季平子召到晉國來。季平子布衣赤腳來到晉國，裝出一副可憐兮兮的樣子，對晉國六卿一家一家登門謝罪。六卿就去對晉頃公說：「晉國如果護送魯昭公回國，晉國和魯國的民眾都不願從命，怎麼辦？」六卿都是晉國的權臣，他們這樣說，晉頃公不得不聽，魯昭公返國的事就又擱下了。又過了一年，即昭公三十二年，魯昭公在乾侯逝世。⓫出走八年　魯昭公在昭公二十五年（西元前五一七年）出奔齊國，到昭公三十二年（西元前五一〇年）於晉國境內乾侯逝世，總共八年（細算是七年四個月）。⓬死乃得歸　魯昭公死後，魯國立昭公之弟姬宋為君，是為定公。定公元年（西元前五〇九年）六月，昭公的屍骨才從乾侯返還魯國，在七月舉行葬禮。⓭身亡子危　魯昭公有四個兒子，公衍為世子。季平子因為昭公要殺他，不但趕走了昭公，也不想立他的兒子，生怕將來子報父仇，對季氏不利，所以立昭公弟公子宋為魯君。魯昭公身死異國，世子公衍及其他諸子都不得繼位為君，連性命也岌岌可危，故曰身亡子危。⓮困之至也　境遇艱難窘迫到了極點。困，窘迫。⓯恥其所以窮　此處指魯昭公不知防微杜漸，以致大權旁落，以後又輕舉妄動，自取其辱。窮，困窘。⓰詎　難道；哪裡。⓱能用孔子自輔二句　董仲舒認為魯昭公如果能任用孔子輔佐自己，就不會陷入如此窮困的境地。其實不然，魯昭公討伐季平子時，孔子雖已三十五歲，但他早年曾經為季氏委吏（管理糧食、倉庫）和乘田（管理畜牧），地位低微，名聲不大，而且一度與季氏關係比較密切，故昭公不可能啟用孔子。⓲時難而治簡　此處指魯昭公面臨如此艱難的時局而治國卻又如此簡慢。時難，時局艱難。治簡，治國簡慢。⓳行枉而無救　此處指魯昭公行為顛倒錯亂而左右無賢臣可以挽救、糾正。枉，行為不合正道。

【語　譯】問：「晉國的態度如此蠻橫而不可親近，魯昭公去朝晉而不敢進入晉國的國境，這可以說是人之常情。孔子在修《春秋》中為什麼會認為這件事是恥辱而諱稱昭公是因為有病才中途返回呢？」

答：「無緣無故地受別人傲慢而蠻橫的對待，君子不會認為這是恥辱。只要反省自己沒有任何過錯，問心無愧，又有什麼可以值得憂慮和畏懼！反正就是這麼一回事罷了。《春秋》之所以對昭公這件事感到恥辱，原因是昭公咎由自取。在魯國，臣下欺凌君主的狀況由來已久，從文公開始而到昭公時最為嚴重。魯昭公面對政局混亂、國勢日衰的處境，不但沒有憂懼、警惕之心，反而狂妄地洋洋自得，輕舉妄動，盲目決定討伐季孫氏，何況他又違犯禮法規定娶同姓之女為妻，這一連串不義之舉使他更加為人們所輕視。常言道：『國家治理得好，四鄰的國家都會來慶賀。國家政局混亂，四鄰的國家都會對它疏遠。』正因為這樣，季孫氏把持了魯國的國政，齊、晉等大國也不去挽救和糾正。魯昭公為『三桓』驅逐出國，被迫在外流浪八年，一直到死後才得以回國歸葬。這種身亡子危的境遇，艱難窘迫到了極點。孔子並不認為他這種艱難窘迫的境遇有什麼可恥，感到可恥的是他所以會淪落到這種境地的一系列行為。昭公雖然生逢這種時局，如果不違犯禮法娶同姓之女為妻，難道會淪落到這種地步嗎？即使是娶了同姓之女為妻，如果能夠重用孔子來輔佐自己，也不至於會有這樣的下場。時局艱難而治國卻漫不經心，行為顛倒錯亂而左右又無賢臣來補救、糾正，這就是魯昭公走上窮途末路的原因。」

第四章

《春秋》分十二世❶以為三等：有見，有聞，有傳聞。有見三世，有聞四世，有傳聞五世。故哀、定、昭❷，君子之所見也❸。襄、成、文、宣❹，君子之所聞也❺。僖、閔、莊、桓、隱❻，君子之所傳聞也❼。所見六十一年❽，所聞八十五年❾，所傳聞九十六年❿。於所見微其辭⓫，於所聞痛其禍⓬，於傳聞殺其恩⓭，與情俱也⓮。是故逐季氏而言又雩，微其辭也⓯。子赤殺，弗忍言日，痛其禍也⓰。子般殺而書乙未，殺其恩也⓱。屈伸之志，詳略之文，皆應之⓲。吾以其近近而遠遠，親親而疏疏也⑲，亦知其貴貴而賤賤，重重而輕輕也⑳。有知其厚厚而薄薄，善善而惡惡也㉑。有知其陽陽而陰陰，白白而黑黑也㉒。百物皆有合偶，偶之合之，仇之匹之，善矣㉓。《詩》云：「威儀抑抑，德音秩秩。無怨無惡，率由群匹。」㉔此之謂也。

【章　旨】本章敘述《春秋》對三世持不同處理的態度，其義例為「於所見微其辭，於所聞痛其禍，於傳聞殺其恩」。

【注　釋】❶春秋分十二世　《春秋》是記載魯國十二代國君的編年史，起於魯隱公元年（西元前七二二年），歷經桓公、莊公、閔公、僖公、文公、宣公、成公、襄公、昭公、定公至哀公十四年（西元前四八一年）為止，共計二百四十二年。❷哀定昭　哀，指魯哀公，名將，魯定公之子，在位二十八年（西元前四九四－前四六七年）。如按《史記・六國年表》以周元王元年（西元前四七五年）為戰國之始，則哀公生活在春秋末、戰國初，是個跨時代的國君。他不滿三桓把持國政，在即位的第二十七年時想借助越國的力量除去三桓，結果反被三桓逐出魯國。他先出奔齊國，輾轉流亡在越國，最後魯國迎哀公歸國，但返國後不久死去。子寧立，是為魯悼公。哀公十四年，西狩獲麟，孔子歎道：「吾道窮矣。」於是，修《春秋》就此擱筆。《公羊傳》、《穀梁傳》的經文都到此為止，相傳這是孔子所修《春秋》的原貌。《左傳》的經文則延伸到哀公十六年（西元前四七九年）夏四月孔子逝世，為孔門後人所續，而《左傳》傳文則直到哀公二十七年（西元前四六八年）為止。定，指魯定公，名宋，《左傳》和《史記》都說他是魯昭公之弟，魯襄公之子，在位十五年（西元前五〇九－前四九五年）。定公五年，季平子去世，季氏的家臣陽虎（一作陽貨）把持魯國國政，權傾朝野。定公八年，他囚禁季桓子，想除掉三桓嫡裔，另立自己的親信，但在攻伐孟孫氏時失敗，次年出奔到晉國，投靠在趙氏門下。由於陽虎之亂，三桓把持國政的局面一度出現了缺口。定公用孔子為中都宰、司空、大司寇，直到代理國相。當時，季孫氏建費都（今山東費縣），孟孫氏建成都（今山東寧陽東北），叔孫氏建郈都（今山東東平東南），三都之宰不但與公室對抗，也並不聽命於三桓。定公十二年（西元前四九八年），孔子使子路任季氏宰，打算墮三都，郈、費兩都先後都墮了，成都宰卻抗命不墮。定公親自率兵圍城，也仍沒有結果。定公十四年（西元前四九六年），孔子對魯定公和季桓子熱衷於齊國送來的女樂而三日不聽政感到絕望，悄然引退，魯國又回復到舊日的軌道上。昭，指魯昭公。事蹟請參見本篇第三章注❶。❸君子之所見也　君子，指孔子。由哀公上溯，包括定公、昭公三世，是孔子親自所見之三世。據《史記．孔子世家》記載：孔子生於魯襄公二十二年（西元前五五一年）。昭公即位時，孔子已十歲，卒於魯哀公十六年（西元前四七九年）四月，終年七十三歲，故孔子親自所見的指哀公、定公、昭公三世。

❹襄成文宣　襄，指魯襄公，名午，魯成公之子，在位三十一年（西元前五七二—前五四二年）。他即位時只有三歲，雖然他十二歲就行了冠禮，但畢竟只是個孩子，致使魯國的政局進一步被季氏為首的三桓所操縱。魯國建國之初，原有三軍（一軍的編制為一萬二千五百人）。後來國勢減弱，減為二軍，至魯襄公十一年（西元前五六二年）又重新增至三軍。中軍由季武子掌管，上下二軍分別由孟孫氏、叔孫氏掌管。無論在政治上還是在軍事上，魯國公室卑而三桓強、政在季氏的格局都已無法逆轉。當時晉、楚爭霸，魯國只是個依附於晉國的二等國家，處處得看晉國的臉色行事。古代貴族男子在成年時要行加冠之禮，即所謂「男子二十而冠」。天子、國君可以早一年，「十九而冠」。但魯襄公十二歲時，晉悼公在黃河邊上設宴招待他，宴會上問起魯襄公的年歲，認為十二歲應該舉行冠禮了。魯國隨行的大臣季武子不敢違背晉悼公的意旨，便在返國路上經過衛國時，向衛國借用鐘磬，匆匆忙忙地在衛成公的廟裡舉行了冠禮。魯襄公的一生，始終是個被世卿架空了的小國君主。成，指魯成公，名黑肱，魯宣公之子，在位十八年（西元前五九〇—前五七三年）。他於幼年即位，國政操縱在季文子、臧宣叔、孟獻子等世卿的手裡。成公四年（西元前五八七年），魯成公朝晉，晉景公在接見魯成公時，對他很不禮貌。魯成公很生氣，返國後想向楚國請求媾和而背叛晉國，後來遭到國相季文子的反對才沒有這樣做。成公十年（西元前五八一年）秋天，魯成公朝晉，正好遇上晉景公去世，晉國強留魯成公到冬天為晉景公送葬，其他諸侯都不在場。《春秋》沒有記載這件事，是為了隱諱魯國的恥辱。成公十六年（西元前五七五年），晉楚爭霸，發生鄢陵之戰。魯國是晉國的小夥伴，魯成公自然要出兵助晉攻楚。當時，魯國大夫叔孫僑如與魯成公之母穆姜私通，兩人合謀想除去季文子、孟獻子，占取他們的家產。魯成公出發前，穆姜送行時要魯成公將季文子、孟獻子兩人驅逐出境。魯成公說是等戰爭結束後再執行。穆姜大怒，生氣說：「你不同意嗎？你的兩個弟弟都可以當國君。」魯成公一見情況不妙，趕緊回去在駐地嚴密戒備，要孟獻子守在那裡，然後出征，這樣就耽擱

了行期，等他到戰場時，鄢陵之戰已經結束，以晉勝楚敗而告終。叔孫僑如以重金賄賂晉國權臣，誣衊成公意存觀望，不肯出兵，要等勝負分出後再倒向勝者一方。因此，晉厲公會見魯成公時要將他扣留下來。季文子挺身而出，將責任包攬到自己身上，於是晉國放掉魯成公而將季文子抓起來，關押在晉國。叔孫僑如又派人到晉國去進讒言，要求他們殺死季文子。幸虧范文子明白事理，勸執政大臣、中軍元帥欒武子釋放季文子回國。季文子一回國，叔孫僑如便出奔齊國。季文子九死一生，可謂險矣！文，指魯文公。事蹟請參見本篇第三章注❺。他的元配夫人是齊公族大夫之女，但這位姜氏雖然為魯文公生下了兩個兒子，卻得不到文公的寵愛，也不懂得結交權臣為兒子謀羽翼的道理。文公一死，權臣公子遂將姜氏夫人的兩個兒子全都殺死，另立庶出的姬俀。姜氏夫人只得回歸齊國，在鬧市上邊走邊哭，說：「天哪！襄仲（即公子遂）無道，殺嫡立庶。」市人都為她流下了同情之淚。因此，魯國人稱她為哀姜或出姜。宣，指魯宣公，名俀，魯文公的庶子，在位十八年（西元前六〇八—前五九一年）。魯文公有兩個嫡子，他原來不可能繼位當國君。但他結識了魯國政治上的實力派人物之一的公子遂，公子遂殺嫡立庶，讓他當上了魯國的國君。他出於政治上的考慮，急於與齊國聯姻以鞏固自己的地位，即位後不顧有喪在身，娶了夫人繆姜。又把濟西田賄賂齊國，取得了齊國的承認。雖然如此，他的國君座位仍然坐得不太安穩。起初是公子遂依恃自己曾把宣公推上國君寶座的功勞，一手把持國政。公子遂死後，三桓特別是季氏的勢力膨脹起來。宣公與公子遂之子公孫歸父想依靠晉國的力量來除掉三桓，不料宣公身先亡故，季文子又先下手為強，以「殺嫡立庶」的罪名驅逐了東門氏（公子遂之族），使公孫歸父不得不逃亡到齊國。從此，魯國國君大權旁落，政在季氏。❺君子之所聞也　君子，指孔子。文、宣、成、襄四世，是孔子祖父輩發生的事，孔子並未親眼目睹，而只能是從父輩、祖父輩處聽來的。❻僖閔莊桓隱　僖，指魯僖公，名申，魯莊公的庶子，魯閔公的庶兄，在位三十三年（西元前六五九—前六二七年）。他是莊公之妾成風所生，當上了國君後，母以子貴，成風也就取得了夫人的身分。僖公乃季友所立，詳參見本篇第二章注❾。他在位期間，季友為相，政治比較清明，國家治理得不錯。《詩經》中的〈魯頌〉四篇，都是歌頌魯僖公的，說他養了許多好馬，重視國防，君臣有道，農業豐收，戰勝淮夷，收復疆土，重興祖業等。閔，指魯閔公，又稱魯湣公，名啟方，在位僅二年（西元前六六一—前六六〇年）。參見本篇第二章注❾。莊，指魯莊公，名同，取名之由，是生日正巧與父親桓公相同之故，在位三十二年（西元前六九三—前六六二年）。參見本篇第二章注❾。桓，指魯桓公，名允，魯惠公的小兒子，魯隱公的異母弟，在位十八年（西元前七一一—前六九四年）。據《左傳》記載：魯惠公原娶宋國女孟子為元配夫人，無子，孟子早死，妾聲子作為繼室，生下兒子名息姑，即魯隱公。宋武公有個女兒仲子，天生手紋有點像「魯夫人」三字，所以也嫁給了惠公，生下允，即桓公。《史記》的說法略有不同，說是聲子生下兒子息（即息姑），息長大後，惠公為他娶宋女，把宋女迎來魯國後，惠公發現她十分美貌，就把她奪下做了自己的夫人，生下允。惠公在死前就立允為太子，但惠公死後，因桓公年少，由隱公攝政。後來，公子翬勸魯隱公殺死桓公，他願意去執行，條件是讓他任國相。隱公不同意，說是因桓公年幼，暫由自己攝政，將來他是要還政給桓公的。公子翬害怕桓公知道這件事後將來會殺他，就反過來向桓公進讒言，自告奮勇要為桓公去殺隱公。桓公同意了，公子翬就派人刺殺了隱公，立桓公為君，當時桓公還沒有成年。桓公同意公子翬殺隱公，所以何休、杜預都說桓公之立為「篡」。桓公就位第三年才成婚，娶的是齊僖公之女文姜。這件婚事，從政治角度上說是結兩姓之好，但同時也是桓公個人生活中最大的不幸，為此而付出了生命的代價。桓公十八年（西元前六九四年），魯桓公與夫人文姜一起到齊國去。文姜與異母兄齊襄公通姦，魯桓公窩著一肚子火。他與齊襄公一起飲酒時，喝醉後發牢騷說：「同（指魯莊公）不是我的兒子，是你的兒子。」這是暗指齊襄公與文姜兄妹亂倫通姦。齊襄公很不高興，就派公子彭生送魯桓公上車，彭生在車上活活打死了他。隱，指魯隱公，名息姑（據《世本》和《史記・十二諸侯年表》，《史記・魯周公世家》作「息」，脫「姑」字），是魯惠公的庶長子，在位十一年（西元前七二二－前七一二年）。從魯國第一位國君伯禽（周公的長子）算起，他是第七世孫，第十三位國君。魯惠公生前已立桓公為太子，但他死後因桓公年幼，由隱公攝政，隱公十一年為公子翬所弒，事前曾獲得桓公的同意，是一場弟弒兄的悲劇。❼君子之所傳聞也　隱、桓、莊、閔、僖這五代間的事，發生在孔子的曾祖、高祖生活的年代，既非孔子親眼所見，也非孔子親耳所聞，而只能是憑傳聞去了解。❽所見六十一年　指孔子所見之昭、定、哀三世六十一年間之事。❾所聞八十五年　指孔子所聞之文、宣、成、襄四世八十五年間之事。❿所傳聞九十六年　指孔子所傳聞之隱、桓、莊、閔、僖五世九十六年間之事。⓫於所見微其辭　這是董仲舒分析孔子在《春秋》中敘事用辭的態度，孔子對自己當世之事要隱約其辭，微加諷諭，這不僅是由於要為尊者諱，而且也是為了避禍保身。⓬於所聞痛其禍　孔子對自己親耳聽到的父親、祖父輩的事，痛惜人們所受到的災禍，所以也不得不避諱。⓭於傳聞殺其恩　傳聞的事發生在隱、桓、莊、閔、僖五世，年代久遠，可以直言其事，用不到避諱了，因為已經沒有直接的利害關係。殺其恩，情感上的因素越來越減少。⓮與情俱也　記載的詳略與修史者關係的親疏、遠近有聯繫。在專制主義政體下，有關歷史記載的褒貶，必須與現實保持適當的距離。即使是在現代，當時發生的事也往往必須過若干年後方能直書其事，對古人當然更不能苟求。⑮逐季氏而言又雩二句　魯昭公二十五年（西元前五一七年），魯昭公攻伐季氏。《春秋》對此事的記載是「秋七月上辛，大雩。季辛，又雩。」《公羊傳》云：「又雩者何？又雩者，非雩也，聚眾以逐季氏也。」雩是古代為求雨而舉行的祭祀，《公羊傳》認為「又雩」不是再次求雨，而是暗指昭公聚眾攻季氏這件事。《左傳》另有不同解釋，但董仲舒專攻《公羊學》，當然根據《公羊學》的說法。孔子為什麼不直書其事？這是因為定公是昭公之弟，為季氏所立。定、哀年間，季氏仍處於掌權地位。孔子之所以微其辭，是為了避禍保身。⑯子赤殺三句　指《春秋》在魯文公十八年（西元前六〇九年）記載：「冬十月，子卒。」《公羊傳》云：「子卒者孰謂？謂子赤也。何以不日，隱之也。何隱爾？弒也。弒則何以不日？不忍言也。」子赤是魯文公的嫡長子，文公死後理應由他繼位，但權臣公子遂與文公庶子俀交好，想殺嫡立庶。他對子赤的師傅叔彭生說：「君主年幼，怎麼辦啊？」叔彭生說：「您當國相，老夫抱著他上朝，年幼有什麼關係？」公子遂見叔彭生不從其命，就下毒手將叔孫生和子赤都殺死了，立俀為君，即魯宣公。何以不日，指為什麼不寫下子赤遭害的日子？這是因為痛其禍也。何休注《公羊傳》：「所聞之世，臣子恩痛王父深厚，故不忍言其日。」王父，祖父。⑰子般殺而書乙未二句　子般，魯莊公之子。魯莊公死後，季友依照莊公遺囑，立子般為君，但慶父派人去殺了他，另立魯莊公幼子啟方為君。《春秋》記載此事云：「十月己未，子般卒。」次年，閔公即位，《春秋》記載：「元年春王正月。」《公羊傳》云：「公何以不言即位？繼弒君不言即位。孰繼？繼子般也。孰殺子般？慶父也。」乙未，應是己未之誤。據《春秋長曆》十月無乙未，己未為十月初二日。《左傳》作「十月己未」，而《公羊傳》、《穀梁傳》俱作「十月乙未」。為什麼要寫下子般被殺的日子，是因為「殺其恩」，也就是減少了情感的因素。魯隱公元年《公羊傳》何休注云：「異辭者，見恩有厚薄，義有深淺，時恩衰義缺，將以理人倫，序人類，因制治亂之法。」這就說明年代久遠，恩衰義缺，就可以按照實際情況直書其事，據此而制定治亂之法。因此，子赤死，不書日期。子般死，直書其日。⑱屈伸之志三句　《春秋》的義例，屈遠而伸近，與文字上的詳略俱相對應。⑲吾以其近近而遠遠二句　指《春秋》在行文上對時代較近的人和事比較親近而對時代較久遠的人和事比較疏遠，親熱那些有親屬關係的人而疏遠那些關係疏遠的人。⑳亦知其貴貴而賤賤二句　尊重那些行為高貴的人而鄙視那些舉止低賤的人，看重那些重要的人和事，忽略那些無足輕重的人和事。㉑有知其厚厚而薄薄二句　有，同「又」。厚待那些行為忠厚的長者而鄙視那些淺薄無知的小人，讚揚好人好事而厭惡壞人壞事。司馬遷在《史記・太史公自序》中也引用了董仲舒的論述：「夫《春秋》上明三王之道，下辨人事之紀，別嫌疑，明是非，定猶豫，善善惡惡，賢賢賤不肖，存亡國，繼絕世，補敝起廢，王道之大者也。」㉒有知其陽陽而陰陰二句　陰陽是指君臣之間的尊卑關係，以陽譬喻君，以陰譬喻臣，以黑白譬喻賢愚、貴賤、是非的差別。此處意謂要像明辨陰陽黑白那樣區分君臣之間的賢愚、貴賤、是非關係。㉓百物皆有合偶四句　合偶，指事物內部相應的矛盾關係。本書〈基義〉篇云：「凡物必有合。合，必有上，必有下；必有左，必有右；必有前，必有後；必有表，必有裏。有美必有惡，有順必有逆，有喜必有怒，有寒必有暑，有晝必有夜，此皆其合也。陰者陽之合，妻者夫之合，子者父之合，臣者君之合。」仇之匹之，即偶之合之，兩者同義，意思是指對任何事物都需要注意其內部對立面的統一，看到對應方面的相互關係，才能對事物取得比較完整的認識。㉔詩云五句　《詩》指《詩經》，所引之詩見《詩經・大雅・假樂》，是歌頌周成王的詩篇。威儀，儀表風度。抑抑，通「懿懿」，莊美的樣子。德音，此處指政令教化。秩秩，清明的樣子。仇匹，群匹。群指群臣。匹指行事恰當，適合身分。詩的內容是歌頌周成王立朝時，君王的儀表風度莊重而美好，政令教化十分清明。人民愛戴君王無怨無恨，群臣稱職，行為得體。

【語　譯】《春秋》把魯國十二世君主，依照時間順序分為三個階段：親眼見到的時代，親耳聽到的時代，來自傳聞的時代。親眼見到的時代有三世，親耳聽到的時代有四世，來自傳聞的時代有五世。魯哀公、魯定公、魯昭公這三世是孔子親眼所見的時代，魯襄公、魯成公、魯文公、魯宣公這四世是孔子親耳所聞的時代，魯僖公、魯閔公、魯莊公、魯桓公、魯隱公這五世是孔子所傳聞的時代。孔子所見的三世共六十一年，所耳聞的四世共八十五年，所傳聞的五世共九十六年。孔子對於親眼所見的時代的人和事只能隱約其辭，對於親耳所聞時代的人和事，對其遭遇的災禍深表哀痛而有時不得不避諱，對於傳聞時代的人和事，就用不到顧忌情感方面的考慮，可以直書其事了。記載的詳略與否與修史者關係的親疏、遠近有密切的聯繫。因此，魯昭公出兵攻伐季孫氏而《春秋》上的記載卻是又一次舉行求雨的祭禮，這是用婉轉曲折的語言來表述這一事件。魯文公的兒子子赤被殺，《春秋》不忍寫出他被殺的日期，這是因為對子赤所遭受的災禍感到痛心。魯莊公的兒子子般被殺，就直接寫下乙未這一天的日期，這表示修史者不再受感情因素的影響了。孔子修史的宗旨是屈遠伸近，文字上的詳略與此相對應。我們從這裡可以知道，《春秋》對年代較近的人和事比較親近而對年代久遠的人和事則比較疏遠，對有親屬關係的人比較親熱而對關係疏遠的人則比較冷淡。我們也可以知道《春秋》尊重那些行為高貴的人士而鄙視那些舉止低賤的人士，看重那些重要的人和事而忽略那些無足輕重的人和事。我們又知道它厚待那些忠厚的長者而鄙視那些淺薄無知的小人，讚揚好人好事而厭惡壞人壞事。同時，又知道它如何辨明事物的陰陽善惡和區分事件的黑白是非。世上的事物都有其內在相對應的那種對立而統一的矛盾關係。所以在考察事物的這一側面時，還要注重與其相對立的另一側面。只有這樣去做，才能對事物取得完整的認識。正如《詩經・大雅・假樂》中所說的：「君王威儀令人敬，政令教化真清明。沒人怨來沒人恨，群臣稱職又和順。」上面所說的就正是為了達到這種境地啊！

【研　析】三世說是董仲舒為《春秋》概括總結其敘事用辭的義例。

所謂「所見、所聞、所傳聞」之說，最早見於《公羊傳》。《春秋》在魯隱公元年（西元前七二二年）有一條記載：「冬十有二月，公子益師卒。」《公羊傳》云：「何以不日？遠也，所見異辭，所聞異辭，所傳聞異辭。」日，在此作動詞，指的是記下日期。何以不日？為什麼不記載公子益師死亡的日期？《春秋》三傳對此有不同的說法。《左傳》認為魯隱公沒有參與益師小殮之禮，「故不書日」。益師是魯國的大夫。大夫卒而國君親臨小殮是當時之禮。魯隱公不行此禮，可能是他認為自己是攝政，謙讓不以國君自居。《穀梁傳》則認為「不日卒，惡也」，不寫下死亡日期，是因為討厭這個人，隱喻益師這個人行為不端。《公羊傳》則認為不寫死亡日期是由於年代久遠，各人的所見、所聞、所傳聞都各不相同。這是「所見、所聞、所傳聞」的提法最早見之於文字的記載。另一個例子是《春秋》在桓公二年（西元前七一〇年）的記載：「三月，公會齊侯、陳侯、鄭伯于稷，以成宋亂。」這件事的背景是宋國的太宰華父督殺死了國君宋殤公與大夫孔父嘉，魯、齊、陳、鄭四國國君在宋國境內稷這個地方集會，商量如何平息宋國的內亂。但是華父督派人分別向四國的國君行賄，結果四國國君非但沒有討伐華父督，反而承認了華父督新立的國君宋莊公，讓華父督繼續為宋國的國相，承認其既成事實。《公羊傳》評論此事云：「內大惡諱，此其目言之何？遠也，所見異辭，所聞異辭，所傳聞異辭。隱亦遠矣，曷為為隱諱？隱賢而桓賊也。」意思是說本國的大惡是要隱諱的，但這裡卻為什麼不隱諱呢？因為年代太久遠了，看到的、聽到的和傳聞的說法都不一樣。魯隱公的年代也很久遠了，但為什麼要為魯隱公隱諱？這是因為隱公賢明而桓公卑賤，所以用不到為魯桓公隱諱。《公羊傳》在這兩處所說的「所見、所聞、所傳聞」，都是並列舉出的，並沒有時間上的先後次序之分。

「所見異辭、所聞異辭、所傳聞異辭」在《公羊傳》中一共有三處出現，除了上述兩條外，還有一條是在魯哀公十二年西狩獲麟的記載中。這句話原來的涵義，只不過是《公羊傳》的作者說明《春秋》經中所記的事他也不能確定，存有「異辭」，也就是有不同的說法。《公羊傳》中的「所見異辭、所聞異辭、所傳聞異辭」雖然被歷代學者公認為三世說的思想源頭，但與後來的三世說差別極大。

董仲舒將《公羊傳》中提到的「所見、所聞、所傳聞」作了進一步引申，將它劃分為三個不同的時間階段，前後相續，推演為《春秋》敘事用辭的義例，而且強調「辭與情俱」，根據年代的遠近、關係的親疏來決定敘事的詳略，對所見、所聞、所傳聞的人和事作出不同的處理。這就具備了「三世說」的雛型。但是，這一段話在董仲舒的思想體系中並沒有特殊的地位，在《春秋繁露》的其他篇章中也沒有作進一步發揮。它本來的意思可能是強調「辭與情俱」。也就是說，對自己當世的事情隱約其辭，微加諷諭，對年代久遠的事情可直言其詳，不用避忌。

東漢何休在《春秋公羊傳解詁》中將三世說向前推進了一步。他說：「所見者，謂昭、定、哀，己與父時事也。所聞者，謂文、宣、成、襄，王父時事也。所傳聞者，謂隱、桓、莊、閔、僖，高祖、曾祖時事也。異辭者，見恩有厚薄，義有深淺，時恩衰義缺，將以理人倫，序人類，因制治亂之法……於所傳聞之世，見治起於衰亂之中，用心尚粗觕，故內其國而外諸夏，先詳內而後治外，錄大略小，內小惡書，外小惡不書。大國有大夫，小國略稱人。內離會書，外離會不書是也。於所聞之世，見治升平，內諸夏而外夷狄，書外離會，小國有大夫……至所見之世，著治太平，夷狄進至於爵，天下遠近小大若一，用心尤深而詳，故崇仁義，譏二名。」

這可以說是為後代《公羊》學提綱挈領的一段文字。在這裡，何休引申和發揮了董仲舒在《春秋繁露．王道》篇中所說的「內其國而外諸夏，內諸夏而外夷狄，言自近者始也。」董仲舒說這段話的原意只是空間上的自近及遠，與「辭與情俱」在時間上所顯示的「重近略遠」是同一精神。但是，何休強調的是中國、諸夏、夷狄之間的民族和文化的關係，兩者之間大不相同。同時，何休在這段議論中，出現了「據亂」、「升平」、「太平」的概念，而且推演出了歷史向前演進的觀念。從董仲舒到何休，「三世」的說法逐步豐富和完善。但是，後世的《公羊》學者，尤其是清朝末年《公羊》學者在上溯他們的學統時，徵引得最多的不是為《公羊傳》作注的何休，而是著《春秋繁露》的董仲舒。這是因為董仲舒將學術與政治作了密切的結合，並且思想的層次也非常豐富，對清朝末年的維新變法有很多啟發。

清代中期以後，「三世」史觀在今文學家中的地位日益受到重視。在傳統經學中，「三世」的詮釋對象是古史，而且局限於中國。但在和西方接觸之後，隨著西方政治、文化等思潮湧進中國，「三世」的模式所要處理的內容不僅不再限於中國古代，而且更有向未來推衍的趨勢。完成這一偉業的是近代戊戌變法的領袖康有為。梁啟超在《清代學術概論》中介紹道：「近人祖述何休以治《公羊》者，若劉逢祿、龔自珍、陳立輩，皆言改制，而有為之說，實與彼異。有為所謂改制者，則一種政治革命、社會改造的意味也。故喜言『通三統』。『三統』者，謂夏、商、周三代不同，當隨時因革也。喜言『張三世』。『三世』者，謂據亂世、升平世、太平世，愈改而愈進也。有為政治上『變法維新』之主張，實本於此。」

康有為後來將《禮記．禮運》中的「大同」觀念引進三世說之中，在《春秋董氏學》中指出：「三世為孔子非常大義，記之《春秋》以明之。所傳聞世為據亂，所聞世託升平，所見世託太平。亂世者，文教未明也。升平者，漸有文教，小康也。太平者，大同之世，遠近大小如一，文教全備也。大義多屬小康，微言多屬太平。為孔子學當分二類，乃可得之。此為《春秋》第一大義。」在這裡，將大同作為太平世，小康作為升平世，戰國紛爭作為據亂世。在清末民初的思想界中，「大同」逐漸變得比「太平」更被重視。這是因為「大同」中含有政治民主、經濟平均及社會保障等因素。「據亂」、「升平」、「太平」至多只能指出一種推移的方向，卻不能具體說明他們究竟是一種什麼樣的狀況。「大同」雖然只是一套政治理想，然而「大同」中所陳述的理想恰好和西方的政制十分類似，所以康有為及其信徒用「大同」來代替「太平」也就毫不足怪的了。

三世說不是一個固定不變的概念。從《公羊傳》經董仲舒、何休直到康有為，是一個不斷演化的過程。形式上看，大家都在闡述《春秋》的著述義例，實際上大家都在借此來闡述自己的理想與信念，即所謂舊瓶裝新酒。從形式上看，大家都在注經，實際上卻是以經注我。這一方面表明儒家的傳統觀念深入人心，影響深遠；另一方面說明了在當時那樣的時代，人們還不能獨立地闡述自己的理想和信念。這種現象不僅古代有，現代也有。人們往往離不開這個主義或那個經典來思維，而離經叛道則往往會視為大逆不道的背叛行為。這實際上是人類幼稚而不成熟的表現。認識到這一點，並不排斥我們在今天從儒家的傳統思想中吸取有益的養料，但更重要的是需要有獨立思考的創新精神，不為傳統思想所囿拘。

第五章

然則《春秋》，義之大者也❶。得一端而博達之❷，觀其是非，可以得其正法❸。視其溫辭，可以知其塞怨❹。是故於外道而不顯，於內諱而不隱❺。於賢亦然❻。此其別內外、差賢不肖而等尊卑也❼。義不訕上，智不危身。故遠者以義諱，近者以智畏❽。畏與義兼，則世逾近而言逾謹矣。此定、哀之所以微其辭。以故用則天下平，不用則安其身❾，《春秋》之道也。

【章　旨】本章敘述《春秋》微言大義與重視隱諱之理，強調世愈近而言愈謹。

【注　釋】❶然則春秋二句　指《春秋》以立義為宗，乃經世之大法。司馬遷《史記．太史公自序》云：「《禮》以節人，《樂》以發和，《書》以道事，《詩》以達意，《易》以道化，《春秋》以道義。撥亂世反之正，莫近於《春秋》。《春秋》文成數萬，其指數千。萬物之散聚皆在《春秋》。」指，即義。❷得一端而博達之　指得其義之一端，可以類推而知其他。董仲舒在本書〈精華〉篇中有同樣的論述：「是故為《春秋》者，得一端而多連之，見一空而博貫之，則天下盡矣。」❸觀其是非二句　司馬遷在《史記．太史公自序》中指出：「《春秋》辯是非，故長於治人。」故此處指觀察《春秋》肯定什麼、反對什麼，就可以得到正確的治國之法。正法，正確的治國之法。❹視其溫辭二句　溫辭，蘊蓄之辭。塞怨，幽怨。此處指《春秋》用辭委婉而涵義深遠。如魯隱公被弒，書薨而不言葬。《公羊傳》云：「何以不書葬？隱之也。何隱爾？弒也。弒則何以不書葬？《春秋》君弒賊不討，不書葬，以為無臣、子也。」原來不書葬是為了斥責魯國的臣不討賊、子不復仇，臣不像臣，子不像子，是表示不滿的意思。又如《春秋》魯哀公十二年（西元前四八三年）記載：「孟子卒。」《公羊傳》云：「孟子者何？昭公之夫人也。其稱孟子何？諱娶同姓，蓋吳女也。」昭公的夫人名孟姬，與魯昭公是同姓，違犯了同姓不婚的大忌。《春秋》為了掩飾這一醜聞，所以諱稱「孟子」或「吳孟子」，至多指出她是吳女，暗示她也姓姬。諸如此類的行文用辭，說明孔子在《春秋》中以委婉的方式表達自己對此類事件的深重憂慮。❺是故於外道而不顯二句　《春秋》強調內外有別，內其國而外諸夏，內諸夏而外夷狄。《公羊傳》魯隱公十年（西元前七一三年）云：「《春秋》錄內而略外，於外大惡書，小惡不書；於內大惡諱，小惡書。」孔子修《春秋》，在記載篡弒的事件時就內外有別，靈活處理，對他國犯上作亂之事，《春秋》書其事，正其罪，以明其義；對本國的弒逆之事，卻要更多地考慮為尊者諱，為親者諱，為賢者諱，即使說了也不顯眼，既有所諱，又微其辭而不隱其事。❻於賢亦然　《公羊傳》在魯閔公元年（西元前六六一年）的評論中提出了「《春秋》為尊者諱，為親者諱，為賢者諱。」孔廣森在《春秋公羊通義》中作了進一步解釋：「尊者有過，是不敢譏。親者有過，是不可譏。賢者有過，是不忍譏。」這裡可以舉出一個「為賢者諱」的例子。魯莊公三十二年（西元前六六二年），《春秋》記載：「秋七月癸巳，公子牙卒。」這件事的背景是公子叔牙夥同慶父一起合謀，想讓慶父在魯莊公死後繼位，季友為了能實現魯莊公的心願，保證公子般繼位，鴆殺其兄叔牙。《公羊傳》評論此事云：「何以不稱弟？殺也。殺則曷為不言刺？為季子諱殺也。曷為為季子諱殺？季子之遏惡也，不以為國獄，緣季子之心而為之諱。」季友是賢人，所以《春秋》為賢者諱。❼此其別內外二句　別內外，指為親者諱之義。差賢不肖，指為賢者諱之義。等尊卑，指為尊者諱之義。《春秋》就是用這種筆法來區別內外、賢與不肖、尊者與卑者，給予不同對待。只要是親者、尊者、賢者，一概都要隱諱，雖有其惡，也可轉嫁到不肖和賤者的身上，以保持親者、尊者、賢者的崇高形象。唐朝史學家劉知幾就不同意孔子的這種做法，在《史通‧惑經》篇中說：「國家事無大小，苟涉嫌疑，動稱恥諱，厚誣來世，奚獨多乎？」他又說：「蓋史之為用也，記功司過，彰善癉惡。得失一朝，榮辱千載。苟違斯法，豈曰能官？但古來唯聞以直筆見誅，不聞以曲詞獲罪。」（《史通‧曲筆》）❽遠者以義諱二句　指孔子在修《春秋》時所遵奉的宗旨：對所聞、所傳聞之世的事要根據義理來為尊者諱、賢者諱，對所見之世發生的事要明智地注意迴避，以免惹火燒身。孔子強調：「君子有三畏：畏天命，畏大人，畏聖人之言。」（《論語‧季氏》）畏大人，就是有畏於當世有權勢的大人物，不然，就不能避禍保身，弄得不好，連老命也得送掉。❾以故用則天下平二句　指如果被當局重用則施展抱負去治國平天下，若不被重用則也能全身保命，平安一生。這種認識，一直是歷代儒者的人生理想，即所謂「達則兼濟天下，窮則獨善其身」。

【語　譯】《春秋》是一部各種治國平天下義理集大成的書。只要掌握了其中某一方面的線索去觸類旁通，拓寬思路，觀察它肯定什麼，反對什麼，就可以得到治國平天下的正確方法。只要看它那委婉含蓄的言辭，就可以知道它鬱積著許多不便直說的怨恨和憂慮。因此，《春秋》記載魯國以外的事，能夠直說出來但並不顯眼；記載魯國國內的事，雖然言辭上有避諱的地方但並未全都隱瞞不說。對待賢者就是這樣處理的。《春秋》這樣地區別內外、尊卑、賢不肖而分別作出不同處理。從道義上說，在下位的臣民不應當譏訕在上位的君主、大夫，聰明的人也犯不著因為冒犯當局而去危及自身的安全。所以對時間已過去很久的事要從道義上去考慮為賢者避諱，對近世當代的事要運用智慧去避開當局的禁忌以免造成對自己的傷害。《春秋》將這二者結合起來，就是對離當代越近的人和事，言論就越要謹慎小心。這就是《春秋》

在記載定公、哀公這兩代的歷史在行文用辭上特別委婉的原因。因為這個緣故，孔子處世的宗旨是當局能重用自己則施展抱負去治國平天下，如果不獲重用，則力求全身保命，平安過日。這就是孔子修《春秋》時所持的宗旨。

【研　析】董仲舒在本章反覆強調孔子修《春秋》時使用了微辭、婉辭、溫辭等各種委婉而曲折的手法，反映了孔子那種吞吞吐吐、欲語還休的尷尬心情。如果考察孔子當時在魯國的處境，就不難理解他的這種心情了。孔子很希望自己能施展抱負，以實現治國平天下的理想。《論語・子罕》記了這樣一件事：一次弟子子貢用試探的口氣問如果有塊美玉放在那裡，是包裝起來藏在櫃中呢，還是求個好價錢賣出去？孔子立即回答：「沽之哉，沽之哉！我待賈者也！」就是說賣出去，賣出去！我正等人來買呢！可見他是多麼迫切地希望能經世致用呀！

但是，現實與他的理想發生了嚴重的衝突。孔子生活在昭公、定公、哀公的時期，魯國的政局為三桓所左右，特別是季孫氏成了魯國的真正主宰。這種局面由來已久，積重難返。孔子曾經這樣地慨歎：「祿之去公室五世矣！政逮於大夫四世矣！」(《論語・季氏》)這是指爵祿不由國君支配，已經有五世了！國政控制在大夫手裡也有四世了！五世是指宣公、成公、襄公、昭公、定公這五代國君，因為自從魯文公死後，權臣公子遂殺嫡立庶，另立宣公為君，魯國從此政在大夫。四世則指季文子、季武子、季平子、季桓子四代人連續執掌國政。孔子雖然曾經當過季氏的家宰，但他對季氏的權傾朝野非常不滿。季氏在家廟祭祀中擅自舉行八佾之舞，孔子氣憤地表示，「是可忍也，孰不可忍也！」(《論語・八佾》)

魯定公在位時，孔子曾一度被重用，從中都宰、司空、大司寇，直到代理國相。當時，季孫氏、孟孫氏、叔孫氏都各自建立自己的都城。定公十二年(西元前四九八年)，孔子使子路任季氏宰，打算毀掉三都的城牆。季孫氏、叔孫氏兩家都邑的城牆都毀掉了，孟孫氏卻拒不從命。定公親自率兵圍城，仍舊沒有結果。這次出師不利對孔子是一次沉重的打擊。過了二年，季桓子接受了齊國的女樂，與魯成公一起觀賞，流連沉湎，一連三天不聽政。孔子對此感到絕望，只得黯然離開魯國。他是因為與季氏鬧翻了，才被迫周遊列國，實際上是流浪在外的魯國持不同政見者。到了魯哀公十一年（西元前四八四年），由於季桓子已死，季康子執政。孔子的學生冉有對季氏有功，季康子才迎孔子歸國，這時孔子流亡在外已有十四個年頭了。

孔子歸回魯國以後，仍未受到季氏的真正重用，雙方在政見上也不一致。季氏要伐顓臾，孔子就不贊成，為此而嚴厲地批評了冉有和子路。在這段時期內，孔子的日子並不好過，只能依靠教授學生為生，同時在此前後開始修《春秋》。

《春秋》其實是孔子給學生講授魯國歷史的提綱。它所敘述的魯國二百四十二年間的人和事，很大一部分內容是孔子在世時的當代史。季氏雖不用孔子，但和孔子仍有來往。孔子雖然想對時事有所褒貶，但在這種條件下，不得不有所顧忌。再說，孔子已經受過了一次三桓的嚴重打擊，被迫在外流亡十四年，哪裡再敢明目張膽地得罪以季氏為首的三桓呢？他可以不畏懼定公和哀公，但不能不畏懼季氏為首的三桓。這就決定了他修《春秋》時，戰戰兢兢，如履薄冰，生怕下筆不慎，稀裡糊塗地掉了腦袋。

但是，孔子也並不甘心對這二百四十二年間歷史的是非曲直不發出自己的聲音。他修《春秋》的目的就是為了既然在世時不能發揮自己的抱負，那麼，就把自己的治世經驗留傳給後人以供參考。他說：「君子病沒世而名不稱矣。吾道不行矣，吾何以自見於後世哉！」（《史記·孔子世家》）他很想發出自己的聲音，又不敢直率地發出自己的聲音，於是便只能吞吞吐吐、欲語還休了。他之所以用了「微辭、婉辭、溫辭」等各種筆法，的確有其不得已而為之的苦衷。孔子並不是不知道修史時應當直筆，更沒有反對直筆的意思。《左傳》宣公二年記載：晉靈公要殺趙盾，趙盾出逃。這時，趙穿在桃園將晉靈公殺掉了。趙盾沒有走出晉國的山界，聽到這一消息回來了。晉國太史董狐記載道：「趙盾弒其君。」他還把這記載拿到朝廷上去公布。趙盾解釋說：「事情不是這樣的。」董狐說：「你是晉國的正卿，逃亡沒有走出國境，回朝以後又不討賊。弒君的罪名當然要算在你的賬上。」趙盾聽了只能歎氣默認。孔子聽到這件事說：「董狐，古之良史也，書法不隱。趙宣子，古之良大夫也，為法受惡。惜也，越境乃免。」趙宣子即趙盾。董狐對趙盾這位良大夫不搞為賢者諱，書法不隱，孔子誇獎他是良史。可是，他儘管欣賞董狐，但他自己修《春秋》時卻不敢像董狐那樣地直筆，而是許多地方都得搞隱諱，連他自己也對此很不滿意，慨歎地說道：「後世知丘者以《春秋》，而罪丘者亦以《春秋》。」（《史記・孔子世家》）

《春秋》之所以特別簡略，還因為孔子講授時對它採取口述的辦法，對具體事實及其評論不見於文字，以免被好事者抓住把柄鬧出許多麻煩。《漢書・藝文志》指出：「《春秋》所貶損大人、當世君臣，有威權勢力，其事實皆形於《傳》，是以隱其書而不宣，所以免時難也。」它又指出《傳》的形成，是因為孔子對當代歷史「有所褒諱貶損，不可書見，口授弟子，弟子退而異言。」《史記・十二諸侯年表》中也說到：「七十子之徒口受其傳指，為有所刺譏褒諱挹損之文辭不可以書見也。」這些都足以說明孔子畏避文字之禍，所以《春秋》從經文來看，十分簡約，語焉不詳。但他在口頭講授時，卻是對當代史事刺譏貶損，態度還是很鮮明的。但正因為是口授，不便見之於文字，弟子們聽了講授後，各人有各自的理解。於是，口頭流傳的結果，形成了許多種不同的說法。《春秋》原來有許多家傳，汰選到後來，才剩下了三家，即《左傳》、《公羊傳》、《穀梁傳》。《春秋》中的具體歷史及其評論，在「三傳」中獲得了充分的反映。如果離開了「三傳」，也就根本讀不通《春秋》。東漢桓譚在《新論》中說：「經而無傳，使聖人思之，十年不能知也。」那些微辭、婉辭、溫辭是《春秋》中的密碼，離開了「三傳」很難破譯。孔老夫子畢竟是個聰明人。他為了應付當局的專橫而設置「微辭、婉辭、溫辭」之類的密碼，雖屬被迫出於無奈，卻也不失是對付專橫當局之良法。如果孔子也像董狐那樣地直筆，恐怕《春秋》很有可能流傳不到後世了。

第六章

《春秋》之道，奉天而法古。是故雖有巧手，弗修規矩，不能正方圓❶；雖有察耳，不吹六律，不能定五音❷；雖有知心，不覽先王，不能平天下❸。然則先王之遺道，亦天下之規矩六律已。故聖者法天，賢者法聖，此其大數❹也。得大數而治，失大數而亂，此治亂之分也。所聞天下無二道，故聖人異治同理❺也。古今通達❻，故先賢傳其法於後世也。《春秋》之於世事也，善復古，譏易常❼，欲其法先王也❽。

【章旨】本章闡述奉天法古乃《春秋》之道。

【注釋】❶雖有巧手三句　巧手，能工巧匠。修，循；依據。規，圓規，校正圓形的工具。矩，曲尺，木工用以校正方形。《淮南子》：「規者，所以圓萬物也。矩者，所以方萬物也。」❷雖有察耳三句　六律，泛指音律，即黃鐘、太簇、姑洗、蕤賓、夷則、無射，共為六個音。在兩個音之間，有一個半音，稱之為呂，與六律相對應的有六呂，即大呂、夾鐘、仲呂、林鐘、南呂、應鐘。六律的音響定位根據律管的長度，即所謂「三分損益法」。如以黃鐘律管長九寸為基準，減去三分之一等分，便是六寸，用六寸律管吹出的聲音便是林鐘；再以林鐘律管為基準，管長六寸，加上其三分之一等分，管長八寸，吹出的聲音便是太簇。這樣一上一下地推衍，可以計算出十二律管的長度。這種律制將一個八度分為十二個不完全相等的半音，各律從低到高依次為黃鐘、大呂、太簇、夾鐘、姑洗、仲呂、蕤賓、林鐘、夷則、南呂、無射、應鐘。五音，指中國五聲音階中的宮、商、角、徵、羽五個音級。這些音階的確定，必須根據不同長度的律管吹出的聲音來確定，不能光憑耳朵的主觀感覺來判斷。❸雖有知心三句　知心，指個人的聰明才智。不覽先王，指不讀典籍上所記載的先王治國之道。平，治理；安定。❹大數　要旨；大局方針。❺聖人異治同理　指不同時代的聖人，治理國家的方法雖然不一致，但治國的道理是相同的。❻古今通達　古今治國道理是貫通的。《荀子・非相》：「聖人者，以己度者也。故以人度人，以情度情，以類度類，以說度功，以道觀盡，古今一度也。」❼春秋之於世事也三句　魯宣公十五年（西元前五九四年），魯國徹底廢除井田制，實行「初稅畝。」《春秋》對此作了簡單的記載：「初稅畝。」《左傳》說：「初稅畝，非禮也。」《穀梁傳》說：「初稅畝，非正也。」《公羊傳》則評論說：「初者何？始也。稅畝者何？履畝而稅也。初稅畝者何以書？譏。」它認為根據土地面積多少來收稅是應當受譏刺的。接著，《春秋》在同年記載：「冬，蝝生。」蝝是蝗蝻，即蝗蟲未生翅前的幼蟲。《公羊傳》對此大加發揮說：「蝝生不書，此何以書？幸之也。幸之者何？猶曰受之云爾。受之云爾者何？上變古易常，應是有天災。」魯國對徵收田賦的辦法作了改革，《春秋》就代表傳統勢力表示反對，甚至與天災掛鉤，認為田裡出現蝗蝻是上天示警，警告魯國在上位者不該改變古法常道。當時甚至有這樣的諺語：「變古亂常，不死則亡。」又，《春秋》在魯昭公五年（西元前五三七年）記載：「舍中軍。」《公羊傳》評論說：「舍中軍者何？復古也。」這件事的背景是魯國原來只有上、下兩軍，後來增設中軍，成為三軍，由三桓各居其一，三分公室。到了這時，季氏勢力進一步膨脹，不滿足於三分有其一，於是就廢除中軍，所存上、下兩軍又各分為二，實際上是四分公室，季氏有其二而孟孫、叔孫各有其一。這實際上是借復古為名，行權力再分配之實，進一步削弱公室。即使是這種名義上的復古，《春秋》與《公羊傳》仍予以肯定。❽欲其法先王也　「法先王」是孔子貫穿於《春秋》中的基本思想。《春秋》中的先王，實際上指的是周文王，法先王也就是法周。孔子說：「殷因於夏禮，所損益可知也。周因於殷禮，所損益可知也。其或繼周者，雖百世可知也。」（《論語・為政》）又說：「周監於兩代，郁郁乎文哉！吾從周。」（《論語・八佾》）

【語　譯】《春秋》治理國家的根本道理，是尊奉天道和效法古聖先王。能工巧匠如果不運用圓規和曲尺，就不能準確地畫出方形和圓形；人們雖有靈敏的聽覺，如果不通過律管的吹奏，就無法認定五音的標準；王者雖有很高的智慧，如果不去閱覽和熟悉典籍上所記載的先王的治國之道，就不能很好地治理天下。所以先王治理天下所遺留至今的根本道理，也就是當今王者治理天下所用的規矩和六律的律管。因此，聖人效法天道，賢人效法聖人，這是古今治理天下的基本法則。凡是遵循這一基本法則的可以做到天下大治，凡是違背這一基本法則就會導致天下大亂。這便是天下所以治亂的分界線。據我所知，除此以外天下再也沒第二條途徑可走。歷代聖人治理天下的方式雖然各有不同，但治理天下的基本道理是相同的。古今之間是可以互相貫通的，所以先賢能夠傳授其治國之道於後代。《春秋》對於世事，歷來是肯定和稱頌復古，反對和譏刺那種變易古代常法的做法，其目的就是為了讓後王能效法先王。

【研　析】 法先王還是法後王，是戰國至秦漢間在政治思想領域中的一場重要爭論。法先王是儒家的傳統觀念。孔子以後的儒家，孟子主張法先王，荀子主張法後王。但是，荀子的所謂法後王，指的是周文王、周武王，實際上仍然是法先王。荀子的確曾經強調：「彼後王者，天下之君也。舍後王而道上古，譬之猶舍己之君而事人之君也。」（《荀子・成相》）然而，他並不反對先王之道，相反地，他斥責別人「不法先王，不是禮義」、「略法先王而不知其統」（《荀子・非十二子》）。荀子反對的是用先王之道來否定後王，而他認為真正的先王之道正好保存在後王那裡。他說：「欲觀聖王之跡，則於其粲然者矣，後王是也。」（《荀子・非相》）

先秦諸子中，堅決而徹底主張法後王的是韓非。他的代表作是〈五蠹〉和〈顯學〉，這兩篇都態度鮮明地強調厚今薄古，反對「復古」，提倡「易常」。他在〈五蠹〉篇中說：「今有構木鑽燧於夏后氏之世者，必為鯀、禹笑矣。有決瀆於殷周之世者，必為湯武笑矣。然則今有美堯、舜、湯、武、禹之道於當今之世者，必為新聖笑矣。是以聖人不期修古，不法常可，論世之事因為之備。」他舉出了守株待兔的故事來嘲笑「法先王」者，認為「今欲以先王之政治當世之民，皆守株之類也。」他甚至把「稱先王之道」的儒者列為五蠹之首，鼓吹人主必須除此五蠹之民。在〈顯學〉篇中，韓非猛烈地攻擊孔子與墨子。他說：「孔子墨子，俱道堯舜，而取舍不同，皆自謂真堯舜。堯舜不復生，將誰使定儒墨之誠乎？殷周七百餘歲，虞夏二千餘歲，而不能定儒墨之真。今乃欲審堯舜之道於三千歲之前，意者其不可必乎？無參驗而必之者，愚也。弗能必而據之者，誣也。故明據先王必定堯舜者，非愚則誣也。愚誣之學，雜反之行，明主弗受也。」韓非以孔、墨兩家都崇拜堯舜為突破口，指斥孔、墨兩家誰也不能證明自己是真堯舜。堯舜生活在三千年以前，如何去考察和驗證堯舜之道？因此，強調提出法先王之道，非愚則誣。他的論述，在當時列國紛爭、社會變動劇烈之際，振聾發聵，氣勢很盛，不能說沒有道理。

秦始皇統一天下之後，政治上奉行的是法家的做法，「法後王」占有全面壓倒一切的優勢。秦始皇三十三年（西元前二一四年），博士齊人淳于越建議恢復分封制，秦始皇要群臣對此進行討論。丞相李斯說：「五帝不相復，三代不相襲，各以治。非其相反，時變異也。今陛下創大業，建萬世之功，固非愚儒所知，且越言乃三代之事，何足法也！」（《史記・秦始皇本紀》）李斯還認為「諸生不師今而學古，以非當世，惑亂黔首」，「聞令下則各以其學議之，入則心非，出則巷議」，建議「天下敢有藏《詩》、《書》、百家語者，悉詣守尉雜燒之，有敢偶語《詩》、《書》棄市，以古非今者族」（出處同前）。結果是導致了一場焚書坑儒的悲劇。韓非的「法後王」到了李斯那裡發展成為「法今王」，上面不管說什麼，臣民們都得乖乖聽從，不得「心非」、「巷議」，否則就得滿門抄斬，滅九族。這種做法當然符合秦始皇和一切專制帝王的心意，當時的確曾經得到切實的執行。只是這種做法不得民心，陳涉揭竿而起，天下景從。秦朝的壽命特別短促，只有短短十五年便結束了它的統治。

秦亡漢興。漢初有鑒於秦朝之失，放寬了思想統治，儒生逐漸抬頭。在總結秦二世而亡的教訓時，便很自然地又提出了「法先王」還是「法後王」的問題。漢朝賈誼在〈過秦論〉中說：「秦王懷貪鄙之心，行自奮之智，不信功臣，不親士民，廢王道，立私權，禁文書而酷刑法，先詐力而後仁義，以暴虐為天下始。夫兼併者，高詐力；安定者，貴順權；此言取與守不同術也。」賈誼認為取天下與治天下是不同的。前者是攻取，可以尚詐力；後者是守成，守成必須重視先王之道，吸取歷代治國的經驗，以仁義取得民眾的支持。董仲舒在此時提出「法先王」，正是這股時代思潮的產物。思潮的起伏總是順應著形勢的急劇變化而跌宕不定的。古今中外，莫不如此。

第七章

然而介以一言❶曰：「王者必改制❷。」自僻者得此以為辭❸，曰：「古苟可循先王之道，何莫相因❹？」世迷是聞，以疑正道而信邪言，甚可患也。答之曰：「人有聞諸侯之君射〈貍首〉之樂❺者，於是自斷貍首，縣而射之，曰：『安在其樂也。』此聞其名而不知其實者也。今所謂新王必改制者，非改其道，非變其理，受命於天，易姓更王❻，非繼前王而王也。若一因前制，修故業，而無有所改，是與繼前王而王者無以別。受命之君，天之所大顯也。事父者承意，事君者儀志❼，事天亦然。今天大顯已，物襲所代❽而率與同，則不顯不明，非天志。故必徙居處、更稱號、改正朔、易服色者❾，無他焉，不敢不順天志而明自顯也。若其大綱、人倫、道理、政治、教化、習俗、文義盡如故，亦何改哉？故王者有改制之名，無易道之實❿。孔子曰：『無為而治者，其舜乎？』言其主堯之道而已⓫。此非不易之效與？」

【章　旨】本章闡述「王者有改制之名，無易道之實」之理。

【注　釋】❶介以一言　插進一句話。介，間；夾在中間。❷王者必改制　指歷史上每一次改朝換代時，新王朝的君主（即王者）在受命之日起，必定要改制以應天命的傳統做法。漢武帝在垂詢董仲舒時就曾這樣說：「蓋聞五帝三王之道，改制作樂，而天下洽和，百王同之。」（《漢書．董仲舒傳》）由此可見，新王朝改制在當時已成慣例。❸自僻者得此以為辭　僻，不正；邪僻。自僻者，指心術不正、行為邪僻的人。辭，藉口；理由。❹古苟可循先王之道二句　此句指自僻者以「王者必改制」為藉口，反問如果古代可以遵循先王之道，一直沿用下去，為什麼不連制度也一起沿襲用下去？意思是既然必須改制，那麼，道同樣可以變，不必非得用先王之道不可。苟，如果。循，遵循；沿襲。因，因循；沿襲。❺諸侯之君射貍首之樂　之，赴。君，君主，此處指周天子。貍首，逸詩的篇名，詩的內容有指斥諸侯不赴朝會之意，後成為樂章名。《儀禮》中有關於〈鄉射禮〉、〈大射禮〉的記載。周制：天子要在春天行大射禮，而〈貍首〉之樂則象徵那些不來朝見君王的諸侯。君王舉行大射禮時，其中有一個內容是演奏〈貍首〉之樂，由君王來射箭靶，用以象徵懲罰那些抗命不朝的諸侯。❻受命於天二句　古代將改朝換代歸之天命，並通過或製造出種種符瑞來證明易姓更王是受命於天。劉邦起兵前，就有在芒碭山中斬大蛇的傳說，據說當時有老婦夜哭，說：「吾子白帝子也，化為蛇當道，今為赤帝子斬之。」（《史記．高祖本紀》）這件事後來成為劉邦當上開國皇帝的符瑞，用以證明他的建立漢朝是受命於天。班彪〈王命論〉就作了這樣的稱頌：「始起沛澤，則神母夜哭，以彰赤帝之符。」❼事父者承意二句　此句指兒子奉養父親要秉承父親的意旨，臣下事奉君主要表達和實現君主的心願。儀，表達。❽物襲所代　指正朔、服色等都沿襲前代不變。物，指正朔、服色之類。❾故必徙居處句　徙居處，指遷徙京城的所在。更稱號，即變更帝王的稱號，指國號、年號等。《白虎通義．三正》：「《詩》曰：『命此文王，於周於京。』此言文王改號為周，易邑為京也。」改正朔，正，指一年的始月。朔，指一月的始日。改正朔指改朝換代後要更改一年的歲首。《史記．曆書》云：「夏正以正月，殷正以十二月，周正以十一月。蓋三王之正若循環，窮則反本。天下有道則不失紀序，無道則正朔不行於諸侯。」天子每年要頒曆法於諸侯，即奉正朔。易服色，指變更服色。《通典》引《中候》云：「高陽氏尚赤，薦玉以赤繒。高辛氏尚黑，薦玉以黑繒。陶唐氏尚白，薦玉以白繒。」《尚書大傳》云：「夏以孟春月為正，殷以季冬月為正，周以仲冬月為正。夏以十三月（即正月）為正，色尚黑，以平旦為朔。殷以十二月為正，色尚白，以雞鳴為朔。周以十一月為正，色尚赤，以夜半為朔。」❿故王者有改制之名二句　改制，即更改稱號、正朔、服色等。無易道，即不更改先王治國的大道。《白虎通義．三正》云：「王者受命而起，或有所不改者，何也？王者有改道（制）之文，無改道之實。如君南面，臣北面，皮弁素積，聲味不可變，哀戚不可改，百王不易之道也。」《鹽鐵論．尊道》云：「聖王之治世，不離仁義。故有改制之名，無變道之實。上自黃帝，下至三王，莫不明德教，謹庠序，崇仁義，立教化，此百世不易之道也。殷周因修而昌，秦王變法而亡。」又，《禮大傳》云：「其不可得變革者則有矣！親親也，尊尊也，長長也，男女有別，此其不可得與民變革者也。」⓫孔子曰四句　孔子語見《論語・衛靈公》：「子曰：無為而治者，其舜也與！夫何為哉？恭己正南面而已矣。」孔子的原意是君王治其身而天下可垂拱而治。董仲舒進一步引申孔子之意，認為舜的無為而治是主堯之道。董仲舒在〈賢良對策〉中說：「三王之道，所祖不同，非其相反，將以救溢扶衰，所遭之變然也。故孔子曰：『亡為而治者，其舜乎？』改正朔，易服色，以順天命而已，其餘盡循堯道，何更為哉！故王者有改制之名，亡變道之實。」（《漢書・董仲舒傳》）董仲舒以此作為奉天法古、改制不改道在經典上的根據。

【語譯】然而我要在這裡插上一句，自古有「君王一定要變革制度」的說法。那些心術不正、行為邪僻的人以此為藉口，反問：「如果古代可以遵循先王之道，為什麼不連制度也一起代代相傳地沿襲用下去？」世人被這種說法所迷惑，因此而懷疑正道，輕信邪說，這是很值得憂慮的問題。我對此的答覆是：「有人聽說諸侯赴君王行大射禮時吹奏〈貍首〉的樂曲，於是，就自己去砍斷了貍貓的頭，懸掛起來用箭去射，還說：『這就是射貍首，何必要奏什麼樂曲？』這是只知道〈貍首〉之樂的名稱而不知道它的實質究竟是怎麼回事。所謂新王必須改制，並不是要改變先王治國的基本道理和方針，而是因為新王受命於天，改變了姓氏，更換了君王，並不是由於繼承前一個君王的位置而成為君王的。如果完全沿襲前朝的制度，遵循前朝的做法，一點也沒有作什麼改變，那就與繼承前君而成為君王的人沒有什麼區別了。新王是承受天命的君王，上天一定要大大地顯耀他所接受的使命和地位。兒子奉養父親要秉承父親的意旨，臣下事奉君主要表達和實現君主的心願，事奉上天也同樣如此。上天要使受命的新王顯赫於世，如果他對國號、正朔、服色等事物都沿襲前朝的舊規，那就不可能明白地顯示天命之所歸，這就違背了上天的意志與願望。所以新王即位，一定要遷徙都城、更改國號、改變正朔、更易服色，這樣做並沒有其他的用意，只是為了表示不敢不順從上天的意志，在百姓面前顯示自己成為新的君王是天命之所歸。至於治理天下的大綱、倫理道德、政治教化、文化習俗等都應當照舊，又有什麼可以改動的呢？所以王者只有改制的名義，但沒有變革治國之道的實質。孔子說：『能夠清淨無為而使國家大治的，說的就是舜吧！』這指的是舜所奉行的仍然是堯的治國之道。難道能說這不是不改易先王之道的效果嗎？」

【研析】改制的問題，始終是漢朝初年儒生們議論的一個主題。所謂改制，包括徙居處、更稱號、改正朔、易服色這四件事。漢代秦後，國號已由秦改漢，都城則由咸陽遷往長安，徙居處、更稱號都已經解決了，議論集中在改正朔、易服色這兩件事上。

關於正朔和服色，漢初皆沿襲秦制。當時天下初定，公卿大都是武將出身，只有張蒼在秦代當過柱下御史，熟悉天下圖書計籍與律曆。因此，漢初的正朔、服色都定自張蒼之手。張蒼認為漢高祖劉邦十月始至霸上，所以沿襲秦制，仍以十月為歲首。他又推五德之運，以為漢當水德之時，所以服色與秦代同樣尚黑。

漢初幫助劉邦制定禮儀制度的另一人是叔孫通。據《史記・禮書》記載：「至秦有天下，悉內六國禮儀，采擇其善，雖不合聖制，其尊君抑臣，朝廷濟濟，依古以來。至於高祖，光有四海，叔孫通頗有所增益減損，大抵皆襲秦故。自天子稱號，下至佐僚及宮室、官名，少所變改。」由此可見，叔孫通與張蒼一樣，在制定禮儀時沿襲秦制，沒有什麼大的改變。

漢文帝時，首先提出變更正朔、服色等制度的是賈誼。漢文帝召賈誼為博士時，只有二十餘歲，是博士中最年輕的人。漢文帝很欣賞他的學問和才能，將他提拔為太中大夫。賈誼認為漢興二十餘年，天下和洽，應當改正朔，易服色，重定官名與禮樂，起草了禮儀制度，色尚黃，數用五，並為此遞上了奏章。漢文帝雖然沒有完全採納他的建議，但是各種法令的更定與列侯就國等措施就是賈誼提出來的。漢文帝想重用賈誼為公卿，但是受到周勃、灌嬰等元老的反對，因此賈誼始終在朝中不得志。儘管賈誼是張蒼的弟子，但他的改制建議針對張蒼所制定的舊制度，當然要遭到張蒼的反對。當時上書建議改制的還有魯人公孫臣。他認為漢應土德，色尚黃，符瑞是黃龍出現，所以應當改正朔、易服色。丞相張蒼反對這一奏議，將這件事擱下來了。此事發生在文帝十四年（西元前一六六年）。第二年，民間相傳黃龍在成紀（屬甘肅天水）出現，於是文帝召見公孫臣，封他為博士，與諸生申明土德，起草改曆、更服色等事。西元前一六三年，文帝改元為後元年。

漢景帝時，竇太后執政，太后好黃老之言。當時轅固生與黃生發生過一場關於湯武是否應天受命的爭論。漢景帝調和折衷，說：「食肉毋食馬肝，未為不知味也。言學者毋言湯武受命，不為愚。」（《漢書・儒林傳》）暫時將這場關於應天受命的爭論擱置下來了。

到了漢武帝即位初年，董仲舒在〈賢良對策〉中又重新提出了改正朔、易服色的問題。他在本篇中所宣導的改制思想，實際上是為漢武帝的改制願望製造輿論，而改制的實施則要到武帝太初三年（西元前一〇二年）才真正實現。夏朝以正月為歲首，殷商以十二月為歲首，周朝以十一月為歲首，而秦朝則以十月為歲首，色尚黑，水德，數用六。漢初沿襲秦制，到了這時，才恢復夏曆以正月為歲首，改變秦朝推行的顓頊曆而代之以太初曆，色尚黃，土德，數用五，從而建立了漢朝自己的正朔、服色和制度。回顧漢初改制的歷史過程，可以幫助我們了解《春秋繁露》這本書的時代背景，同時也可看到即使是這種枝節性的皮毛改革，同樣也是舉步維艱，趑趄不前。中國傳統保守勢力的強大，於此可見一斑。

第八章

問者曰：「物改而天受顯矣❶，其必更作樂，何也❷？」曰：「樂異乎是❸。制為應天改之，樂為應人作之❹。彼之所受命者，必民之所同樂也。是故大改制於初，所以明天命也。更作樂於終，所以見天功也❺。緣天下之所新樂而為之文曲，且以和政，且以興德❻。天下未偏合和，王者不虛作樂❼。樂者，盈於內而動發於外者也❽。應其治時，制禮作樂以成之。成者，本末質文皆以具矣❾。是故作樂者必反天下之所始樂於己以為本。舜時，民樂其昭堯之業也，故〈韶〉❿。『韶』者，昭也。禹之時，民樂其三聖相繼，故〈夏〉⓫。『夏』者，大也。湯之時，民樂其救之於患害也，故〈頀〉⓬。『頀』者，救也。文王之時，民樂其興師征伐也，故〈武〉⓭。『武』者，伐也。四者，天下同樂之一也，其所同樂之端不可一也。作樂之法，必反本之所樂。所樂不同事，樂安得不世異？是故舜作〈韶〉而禹作〈夏〉，湯作〈頀〉而文王作〈武〉。四樂殊名，則各順其民始樂於己也。吾見其效矣。《詩》云：『文王受命，有此武功。既伐于崇，作邑于豐。』⓮樂之風也。又曰：『王赫斯怒，爰整其旅。』⓯當是時，紂為無道，諸侯大亂⓰，民樂文王之怒而詠歌之也。周人德已洽天下，反本以為樂，謂之〈大武〉，言民所始樂者武也云爾。故凡樂者，作之於終，而名之以始，重本之義也。由此觀之，正朔、服色之改，受命應天；制禮作樂之異，人心之動也。二者離而復合，所為一也。」

【章　旨】本章以先王作樂為例來闡明應天改制與制禮作樂之間的相互關係。

【注　釋】❶物改而天受顯矣　物改，指更稱號、改正朔、易服色等，即改制。受，通「授」。天受，指上天授以君王之位，或釋君王之位受之於天命。顯，顯彰；明顯。❷其必更作樂二句　指聖王既已改制，為什麼一定要另外作樂呢？❸樂異乎是　是，此。此處指作樂與改制是不同的。❹制為應天改之二句　改制與天命相對應，是為了順應上天要顯耀新君王的意志與願望。作樂與百姓相應，是為了教化百姓，表彰新君王的功德。《漢書・禮樂志》：「樂者，聖人之所樂也，而可以善民心，其感人深，其移風易俗易，故先王著其教焉」；「王者未作樂之時，因先王之樂以教化百姓，說（悅）樂其俗，然後改作，以彰功德。」❺更作樂於終二句　聖王必須先有了功德，然後才可以作樂表彰。董仲舒在〈賢良對策〉中對此作了進一步闡述：「王者未作樂之時，乃用先王之樂宜於世者，而以深入教化於民。教化之情不得，雅頌之樂不成。故王者功成作樂，樂其德也。」❻緣天下之所新樂而為之文曲三句　緣，因緣；依據。天下之所新樂，指天下百姓新近所產生的喜悅心情。文曲，指作詞與作曲，還應包括編舞。王者通過編制樂曲、歌詞、舞蹈以表達百姓們的感受。古代的樂是歌與舞結合在一起的。它需要歌詞、曲調、舞蹈這三方面的組合。《白虎通義・禮樂》云：「樂所以必歌者何？夫歌者，口言之也，中心喜樂，口欲歌之，手欲舞之，足欲蹈之。故《尚書》曰：『前歌後舞，假於上下。』」和政，和洽政治。興德，宣導教化。所以新王作樂，編制大型的歌舞，目的是為了給自己歌功頌德，並用以鞏固新王朝的統治。既然是歌功頌德，當然只能在太平盛世才能制禮作樂。《白虎通義・禮樂》云：「太平乃制禮作樂何？夫禮樂所以防奢淫。天下人民饑寒，何樂之乎？」當然，事實上也並非完全如此，制禮作樂也常被用來粉飾太平。❼天下未徧合和二句　指天下沒有普遍達到功成業就、政治安定之時，就不應該制禮作樂。《史記・樂書》云：「王者功成作樂，治定制禮，其功大者樂備，其治辨者禮具。」《毛詩周頌譜正義》引《尚書大傳》云：「周公將作禮樂，優遊之三年，不能作。君子恥其言而不見從，恥其行而不見隨。將大作，恐天下莫我知也；將小作，恐不能揚父祖德澤。然後營洛以觀天下之心，於是四方諸侯率其群黨，各攻位於其庭。周公曰：『示之以力役且猶至，況導之以禮樂乎？』然後敢作禮樂。」這裡，將周公的制禮作樂說得神乎其神，整整考慮了三年，還是不敢動手，生怕諸侯們不肯聽從與跟隨。大規模操辦，害怕天下人不能理解他。小範圍操辦，又怕不足以頌揚祖先的功德。於是他想了個辦法，通過營造洛邑的宮室來試探諸侯們的心意。結果是四方的諸侯都帶了人到洛邑來幫助建造宮室。這一下周公放心了，因為要諸侯們出力服役尚且都能到場，用禮樂來引導他們看來不會不聽從，於是他開始制禮作樂了。《尚書大傳》中所說的未必在歷史上真的發生過，但是它真實地反映了當時儒生們對制禮作樂的看法。❽樂者二句　指樂是由於人們內心充滿了情感，有所觸動才表現出來的。《史記・樂書》云：「金石絲竹，樂之器也。詩言其志也，歌詠其聲也，舞動其容也。三者本乎心，然後樂氣從之。是故情深而文明，氣盛而化神，和順積中而美華發外，唯樂不可以為偽。」這裡強調詩（歌詞）、歌（樂曲）、舞（舞蹈）三者必須發自內心，然後樂的神韻、氣質才能顯現出來，並認為樂的特點是情發乎中而形於外，無法作偽。❾成者二句　成者，指聖王制訂的禮樂制度。本末質文，指禮樂所表述的內容和表現的形式。本與質指內容，末與文指形式。孔子曰：「禮云禮云，玉帛云乎哉？樂云樂云，鐘鼓云乎哉？」（《論語・陽貨》）由此可見，孔子認為：禮之所貴者在於安上治民而不在於玉帛，樂之所貴者在於移風易俗而不在於鐘鼓。總之，孔子對禮樂重內容不重形式。聖王制禮作樂所追求的目標是本末質文兩者皆備。以，通「已」。司馬遷在《史記・樂書》中稱頌孔子對禮樂的論述為「禮樂之本」。唐朝顏師古也有同樣的論述：「《論語》載孔子之言也，謂禮以節人為貴，樂以和人為本，玉帛鐘鼓乃其末也。」（《漢書・禮樂志》注）❿舜時三句　舜，傳說時代的部落聯盟首領，姚姓，亦作媯姓，有虞氏，名重華，史稱虞舜。堯，傳說時代的部落聯盟首領，陶唐氏，名放勳。堯年老時，禪位於舜。〈韶〉在古籍中有種種不同的名稱。《白虎通義・禮樂》中稱為〈簫韶〉，《周禮・春官宗伯・大司樂》中稱為〈大磬〉，《漢書・禮樂志》中稱為〈招〉。「韶」、「簫韶」、「大磬」、「招」，異名而同曲。〈韶〉樂的內容是表彰舜能繼堯之業。⓫禹之時三句　禹，傳說時代的部落聯盟首領，姒姓，名文命，亦稱大禹、夏禹、戎禹。他因為治水有功，被舜選為繼承人。三聖，是堯、舜、禹，他們被認為是傳說時代前後相繼的三位聖王。《白虎通義・禮樂》云：「禹曰〈大夏〉者，言禹能順二聖之道而行之，故曰〈大夏〉也。」《呂氏春秋・仲夏紀・古樂》云：「禹立，勤勞天下，日夜不懈，通大川，決壅塞，鑿龍門，降通漻水以導河，疏三江五湖，注之東海，以利黔首。於是命皋陶作為〈夏籥〉九成，以昭其功。」夏籥，即〈大夏〉。九成，九章。⓬湯之時三句　湯，商朝的建立者，建都於亳（今山東曹縣南）。他曾率諸侯推翻了暴虐無道的桀的統治，取代夏朝而建立商朝。《白虎通義・禮樂》云：「湯曰〈大濩〉者，言湯承衰，能護民之急也。」《漢書・禮樂志》：「〈濩〉，言救民也。」頀、護、濩同字。⓭文王之時三句　文王，即周文王，姬姓，名昌。商紂時期為西伯，亦名伯昌。他曾攻滅黎、崇等國，在崇建立豐邑，作為國都。他的兒子姬發即周武王繼承其遺志，興師滅紂，推翻商朝，建立周朝。關於〈武〉，董仲舒在本篇中認為周文王時所作，但其他古代典籍中的記載與此不同，認為是周武王所作。《漢書・禮樂志》云：「武王作〈武〉，周公作〈勺〉。〈勺〉，言能勺先祖之道也。〈武〉，言以功定天下也。」《荀子》、《呂氏春秋》等都認為是武王作〈武〉。事實上，起兵推翻商朝滅紂的是武王，並不是文王。今文經學家以文王為受命王，強調伐崇是周朝征伐之始，將征伐作樂等功績都歸到他的身上。董仲舒是今文經學家，所以才會提出文王作〈武〉樂的說法。古文經學家服虔、杜預等也認為文王時有樂，但指出〈武〉不是文王時所作。⓮詩云五句　詩，指《詩經》，中國最早的詩歌總集，儒家列為經典之一，故稱《詩經》。引詩出自《詩經・大雅・文王有聲》，原詩為歌頌文王、武王的征伐功業和遷都豐、鎬的豐功偉績。文王，即周文王姬昌。受命，指受天命，也可釋為受紂王命被封為西伯。有此武功，指文王率兵平定周邊的鄰近國家，建立了武功。既伐于崇，指文王攻伐崇國。崇國的位置在豐、鎬之間（今陝西西安西南），當時崇國的君主是崇侯虎。據《史記・周本紀》記載：崇侯虎曾在紂王面前進讒言，說是西伯姬昌收買人心，在諸侯中的威望很高，將對紂王的統治不利。紂王聽信了他的話，就將西伯姬昌囚居羑里。姬昌後來回到西岐後，舉兵伐崇，攻滅崇侯虎。在周文王的歷次征伐中，伐崇是最後進行的一次戰役，武功也最顯赫。此役以後，西伯姬昌與殷紂王之間處於公開對立的狀態，雙方儼若敵國。作邑于豐，指周文築城於豐，並以豐邑為國都。⓯王赫斯怒二句　王赫斯怒，文王勃然大怒。爰，於是。旅，軍隊。這兩句話引自《詩經・大雅・皇矣》，原詩是周人敘述自己開國歷史的史詩之一。它先述太王開闢岐山，打退昆夷；次述王季繼承先祖德業，傳位給文王；末述文王伐崇伐密的勝利事蹟。這兩句話的背景是周向阮、組、共三個小國征伐，密（密須）國從中作梗，還入侵阮、組、共三國，引起文王赫然大怒，出動軍隊，征伐密國並取得勝利。孟子在說服梁惠王時，就曾經引用了「王赫斯怒，爰整其旅」這兩句話，說是「此文王之勇也。文王一怒而安天下之民。」⓰紂為無道二句　紂，一作受，亦稱帝辛，商代的最後一個君主，相傳他統治暴虐，刑罰苛重。周武王東伐之時，背叛殷紂而與周相會合的有八百諸侯國。

【語　譯】問者說：「變更稱號、正朔、服色等制度已經能充分表明新君王受命於天，但是還必須重新製作音樂，這又是為什麼呢？」

答者說：「重新製作音樂與改變制度是兩回事。制度是為適應上天的意旨而改變的，音樂是為順應民心而製作的。那個應天受命的君王，必定能夠與民同樂。當初他大張旗鼓地改制是為了顯示自己受命於天，最後作樂是為了顯示奉行天命所建立的功業。依據天下百姓新近的內心喜悅，編成歌詞、樂曲和舞蹈，既可以和洽國家的政治局面，又可以振興民間的道德風尚。天下沒有達到普遍和洽的境地，君王就不應該憑空去作樂。樂不是憑空出現的。只有當人們內心充滿喜悅和讚美，才能通過音響、歌唱、舞蹈等流露在外而表現出來。君王應當在天下大治之時，制禮作樂以顯示其文治武功上的成就。所謂功成業就，必須是本末、質文等各方面俱已具備。因此君王作樂，必須根據天下百姓當初最擁戴自己的內容來填詞、作曲與編舞。虞舜時，百姓們最高興的是他能繼承和發揚堯的事業，所以編制了〈韶〉樂。韶，就是繼承的意思。夏禹統治時，百姓們最高興的是堯、舜、禹三位聖王相繼統治天下，因此編制了〈夏〉樂。夏，就是能發揚光大前人事業的意思。商湯統治時，百姓們最高興的是他能拯救百姓於禍患與災難之中，所以編制了〈頀〉樂，頀，就是救護百姓的意思。文王在位時，百姓們最高興的是他出兵征伐，因此編制了〈武〉樂。武，就是出兵征伐的意思。以上這四部樂曲的編制，都是君王與百姓同樂，這是四者一致的地方，但是這四個朝代的君民同樂的原因和內容都是各不相同的。編制樂曲的方法，必須回顧當初百姓最初對自己讚賞和歡慶的事，以此作為根本的內容。各個時期的百姓所歡慶的事件各不相同，各個時期所製作的樂曲又怎麼能不是代代各不相同？所以舜製作〈韶〉樂，禹製作〈夏〉樂，湯製作〈頀〉樂，文王製作〈武〉樂。這四個朝代所製作樂曲的名稱不同，是由於四位聖王各自順應當初百姓們對自己所讚賞和歡慶的業績。我從這裡看到這些樂曲反映了四個朝代開創時期的治國政績。《詩經．大雅．文王有聲》中說：『文王姬昌受天命，武功赫赫真輝煌。舉兵討伐崇侯虎，遷都豐邑好地方。』樂在這裡顯示了它的教化作用。《詩經．大雅．皇矣》中說：『文王勃然發脾氣，整頓軍隊去攻密。』那個時候，殷紂王暴虐無道，天下各國諸侯大亂，百姓們歡呼文王為伸張正義而發怒，就作詩來歌頌他。等到周的德政已經普惠天下，就追溯當初成功的原因，並以此為主題創作了樂曲，稱之為〈大武〉，表明當初百姓的擁戴和歡慶的是文王的武功。所以，每個王朝的樂曲，都創作於功成業就之時，但是樂曲的名稱卻要根據各個王朝當初開創時期功業的內容而定，這是為了表示對王朝根本的重視。從以上的事實可以知道，正朔、服色的改變，是為了表示新王朝應天受命；制禮作樂則與它不同，為的是要表達百姓們內心的喜悅和衝動。改制和作樂，這二者在開始的時候是分開的，但到功成業就的時候，二者又會結合在一起，它們在歷史的影響是一致的。」

【研　析】制禮作樂，歷來被儒家認為是件大事。漢初，經過多年戰爭，經濟疲敝，百業凋零，將相們甚至只得乘牛車上朝，當然也就顧不上制禮作樂，大致上能應付過去也就可以了。但是，經過六十餘年的休養生息，到了漢武帝時，經濟繁榮，國勢日盛，武帝又是個勵精圖治、好大喜功的君王，儒生的勢力也在這時逐漸抬頭，制禮作樂就提到日程上來了。董仲舒在這時提出應天改制於初，功成作樂於終，既是順應了當時的時代潮流，也是為了迎合漢武帝的心意。

先王之樂，董仲舒在這裡只列舉了四樂，而《周禮・春官宗伯・大司樂》則列舉了六樂，黃帝的〈雲門大卷〉、堯的〈大咸〉、舜的〈大磬〉、禹的〈大夏〉、商湯的〈大濩〉、周文王的〈大武〉。《漢書・禮樂志》中列舉的先王之樂更是多達九種：「黃帝作〈咸池〉，顓頊作〈六莖〉，帝嚳作〈五英〉，堯作〈大章〉，舜作〈招〉，禹作〈夏〉，湯作〈濩〉，武王作〈武〉，周公作〈勺〉。」黃帝的樂，為什麼定名為〈雲門大卷〉？杜預認為：「黃帝受命有雲瑞，故以雲紀事，百官師長皆以雲為名號。」（《左傳》昭公十七年杜預注）至於黃帝的樂又名〈咸池〉，據《史記・天官書》司馬貞《索隱》云：咸池是天上星宿的名稱，屬白虎星座，共有五顆星，古人認為它主五穀的收成豐歉，故一名五帝車舍，舍即是宿，意思是以車載穀販運的星宿。這是農業民族圖騰崇拜在歌舞上的表現。至於堯的〈大章〉（《周禮》中作〈大咸〉），據《呂氏春秋・古樂》記載：堯被推立為帝後，命質製作樂曲。質就模仿山林谿谷之聲創作歌曲，讓人們裝扮成百獸翩翩起舞，再由瞽叟製成十五弦瑟，演奏的樂舞被命名為〈大章〉。它說明原始部落時代，除了農業外，狩獵也是維持生活的重要來源。其他樂曲名稱的出處在注中都已作了說明，此處便不贅述了。

漢初定型的先王之樂，是《周禮・春官宗伯・大司樂》中列舉的六樂，即天子在廟堂祀時用的六代之樂。它的內容隨帝王的變更而不斷變化。據《漢書・禮樂志》記載：漢高祖宗廟奏〈武德〉、〈文始〉、〈五行〉之舞，漢文帝宗廟奏〈昭德〉、〈文始〉、〈四時〉、〈五行〉之舞，漢武帝宗廟奏〈盛德〉、〈文始〉、〈四時〉、〈五行〉之舞。〈武德〉是漢高祖四年所作，象徵行武除亂。〈文始〉原來是舜的〈招〉舞，高祖六年更改樂名為〈文始〉，用以顯示新王朝的新氣象。〈五行〉原來是周代之舞，秦始皇二十六年更改樂名為〈五行〉。〈四時〉是漢文帝時所作之舞，用來表示天下安和。總之，這些樂舞由繼位的後王命人在繼承先王之樂的基礎上作更改，在宗廟祭祀時演奏，為列祖列宗歌功頌德，用以表示自己慎終追遠，不忘祖先的功德。

這一類樂舞的內容是通過舞蹈的形象來顯示祖先們建功立業的光榮歷史。《禮記・樂記》中曾記錄有對〈武舞〉內容的介紹。這個舞蹈共分六章。第一章：出場前先擊鼓，宣告樂舞即將開始。接著，舞隊從北面上場，舞者一上來頓足三次，即所謂「三步以見方」。舞者手持盾牌久久而立，像山峰般兀立不動，象徵等候武王的到來，然後是一段悠長、緩慢的抒情歌唱，意思是等待和捕捉戰機。第二章：急速地轉入戰鬥的場面，通過舞蹈來顯示戰鬥的勝利，武王的軍威震懾著整個中國；接著是大開大闔的舞蹈動作，表示太公呂尚的必勝信心；然後舞隊分成兩行前進，表示殷商的軍隊已被徹底消滅，戰爭已獲全勝。這是〈大武〉的第一次高潮，舞蹈到此暫告停頓。第三章：舞蹈表現周滅商後，向南方進軍，襲擊淮夷。第四章：舞蹈表現南方的邊疆已經鞏固。第五章：舞者又分成兩行，表現周公在左，召公在右，協助文王治理天下。這時，舞者左足舉起，右膝著地，用這一姿勢來表示天下大治的局面已經來臨。第六章：舞隊集合起來，作出向天子歡呼和慶賀的動作，以此作為全部樂舞的尾聲。從這裡可以看到，當時的樂舞具有史詩性質，祭祀的氣息非常濃厚。

凡遇吉慶日必在宗廟祭祀時演出樂舞的傳統，一直為歷代帝王嚴格遵守和維持，幾千年來始終未曾中斷過。例如，唐朝自高宗龍朔年間起，每次郊廟享宴時，都要演奏歌頌唐太宗的〈七德舞〉。白居易觀看後曾寫有〈七德舞〉詩來表達他的觀後感。此詩一開頭就是「太宗十八舉義兵，白旄黃鉞定兩京。擒充戮竇四海清，二十有四功業成。二十有九即帝位，三十有五致太平。」充，指王世充。竇，指竇建德。全詩接著敘述唐太宗的一生功業，結尾是：「爾來一百九十載，天下至今歌舞之。歌〈七德〉，舞〈七德〉，聖人有作垂無極。豈徒耀神武，豈徒誇聖文。太宗意在陳王業，王業艱難示子孫。」白居易在這篇題名〈七德舞〉的新樂府詩中，把先王之樂的內容和旨意作了淺顯而明白的表述。

這一類樂舞由樂曲、舞蹈、歌詠三個方面所組成。歌詠的詞章即歌詞，也就是詩。在周代，它便是收在《詩經》中的〈頌〉和〈雅〉。上海博物館最近整理館藏戰國時期的竹簡，其中有孔子為弟子講授《詩經》的記錄，在〈風〉、〈雅〉、〈頌〉的排列次序上與今本《詩經》不同，〈頌〉被列在首位，這正是因為〈頌〉是祭祀宴享用的詩，所以要居有顯要的位置。這些詩在當時是詞曲並存的，歌詠時有樂器伴奏。這些曲調被記錄下來了。上海圖書館收藏的竹簡中，可以看到古代唱詩時，有宮、商、徵、羽四個音階、九個音調，與現代人歌唱的音調相近。所謂先王之樂的詞章作者都由大人物來領銜，《呂氏春秋・古樂》中講到湯命伊尹作〈大濩〉，武王命周公作〈大武〉。唐朝〈七德舞〉的歌詞就是唐太宗命魏徵、虞世南等所作。因此，古代的樂是政治教化的重要組成部分之一，強調的是政治和道德因素，至於娛樂和審美方面，往往是處於從屬地位甚至是可以不予考慮的。

玉杯第二

【題解】篇名〈玉杯〉，其義不詳。《漢書．董仲舒傳》顏師古注認為，「玉杯」等「皆其所著書名也」。

本篇分列六章，可歸納為三個單元。第一單元包括四章：第一章敘述《春秋》譏刺魯文公「喪娶」是因為他在喪期內納幣，從而闡發《春秋》論事莫重乎志之旨。第二章敘述《春秋》論禮，重在質文兩備，否則寧可有質無文；在君臣關係上，則為屈民而伸君，屈君而伸天。至於對《春秋》的研究，認為須對全書融會貫通，深入剖析以理解其深層涵義。第三章強調性有善惡而不可改，為臣子者應為君親含容其惡。第四章闡述魯文公的失政是魯國政逮於大夫的禍因。這一單元從魯文公喪娶楔入，闡發《春秋》論事重志、重質、重內心的思想動機，並進而論述性有善有惡。

第二單元為第五章。這一章闡述六藝對諸侯的重要性及其各自之所長，並闡明為師者的教學之道。它起著承上啟下的作用。第一單元中指出人性中兼具善惡，必須「教之而後善」。於是，本章提出統治者必須接受六藝的教育，並向弟子們傳授如何為王者師之道。然後才能引出第三單元的內容，集中闡述《春秋》大義。

第三單元為第六章。這一章在篇幅上相當於前五章之和。它從剖析趙盾弒君入手，兼及許世子止弒父、楚公子比弒君兩事，用以闡明《春秋》責備賢者之意，由此而論述君臣大義與父子之道。

本篇要旨在於強調無論君臣都應學習六藝，特別是六藝中的《春秋》，尤應認真而細心地體會。

第一章

《春秋》譏文公以喪娶❶。難者曰：「喪之法，不過三年。三年之喪，二十五月❷。今按經，文公乃四十一月乃娶❸。娶時無喪❹，出其法也矣，何以謂之喪娶？」曰：「《春秋》之論事，莫重乎志❺。今娶必納幣❻，納幣之月在喪分，故謂之喪娶也。且文公以秋祫祭❼，以冬納幣，皆失於大蚤❽。《春秋》不譏其前而顧譏其後❾，必以三年之喪，肌膚之情也。雖從俗而不能終，猶宜未平於心❿。今全無悼遠之志，反思念娶事，是《春秋》之所甚疾也。故譏不出三年，於首而已，譏以喪娶也⓫。不別先後，賤其無人心也⓬。」

【章　旨】本章敘述《春秋》譏刺魯文公「喪娶」是因為他在喪期內納幣，從而闡發《春秋》論事莫重乎志之旨。

【注　釋】❶春秋譏文公以喪娶　文公，魯文公。姓姬，名興，魯僖公之子，詳見本書〈楚莊王〉篇第三章注❺。喪娶，古人父母死後要服喪三年（實際上是二十五個月）。違反這個規定的稱為喪娶，不合禮法。其實，魯文公在當時並沒有親迎齊女結婚，而是派了大臣公子遂到齊國去納幣（送聘禮）。《春秋》在魯文公二年（西元前六二五年）冬記載：「公子遂如齊納幣。」《公羊傳》云：「納幣不書，此何以書？譏。何譏爾？譏喪娶也。娶在三年之外，則何譏乎喪娶？三年之內不圖婚。」魯文公之父魯僖公死於西元前六二七年十二月，離文公納幣之時不到二年，而按照禮制為三年之內不謀求結婚。所以，儘管文公親迎齊女婚娶在三年喪期之外，《春秋》仍然要譏刺魯文公是喪娶。❷三年之喪二句　三年之喪，實際上是服喪二十五個月。這是根據《公羊傳》的說法，見《公羊傳》閔公二年：「三年之喪，實以二十五月。」《禮記・三年問》、《荀子・禮論》也都說是「三年之喪，二十五月而畢。」另一種說法是認為三年之喪為二十七月。《儀禮・士虞禮》指出「期而小祥」，「又期而大祥」，「中月而禫」。週年叫期，祥是吉祥的意思。父母死後一週年，即第十三個月上進行的祭祀叫小祥，又稱為練祭。父母死後二週年，即第二十五個月要舉行大祥之祭，大祥之祭仍屬於喪事。「中月」之「中」，東漢鄭玄釋為「間」，即隔一個月，到第二十七個月舉行「禫祭」。禫祭可以稱為「吉祭」，以後可以除去喪服，算是服喪期滿。這種說法把三年之喪說成二十七月，與《公羊傳》說法不同。❸文公乃四十一月乃娶　指魯文公是在文公四年（西元前六二三年）夏天迎娶姜氏於齊，離魯僖公去世時已有四十一個月。❹娶時無喪　指魯文公迎娶姜氏時已超過三年喪期的規定。❺春秋之論事二句　此處意謂《春秋》在褒貶時所看重的是當事人的心志。志，指人的思想動機。《詩．關雎序》：「詩者，志之所之也。在心為志，發言為詩。」唐虞世南《北堂書鈔》錄有董仲舒以《春秋》斷獄之詞：「意苟不惡，釋而無罪。」由此可見，董仲舒的著眼點在於人的行為動機而不在於效果。❻納幣　也稱納徵，古代婚禮「六禮」之一，由男方將聘禮送給女方。六禮是中國婚姻成立的手續，共分六步：第一步是納采，即男方送禮給女方求婚；第二步是問名，即男方向女方詢問名字和時辰八字（出生的年、月、日、時），以便卜其吉凶；第三步是納吉，即男方卜得吉兆後，備禮通知女方，決定締結婚姻，也就是訂婚；第四步是納徵，又稱納幣，即男女雙方締結婚姻之後，男方把聘禮送給女方；第五步是請期，即男方擇定婚期，備禮告訴女方，以求得對方同意；第六步是親迎，即新郎親自迎娶新娘進門。到了這時，才算是婚禮全部完成，婚姻成立。文公娶姜氏婚禮的前四項即納采、問名、納吉、納幣，都在三年喪期以內舉行，所以《春秋》譏刺文公是喪娶。❼祫祭　古時天子諸侯宗廟祭禮之一。祫祭是集合遠近祖先神主於太廟的大合祭。三年喪畢時舉行一次，次年禘祭後又舉行一次，以後每五年一次。魯文公二年（西元前六二五年）八月丁卯，《春秋》記載：「大事於大廟，躋僖公。」這裡的「大事」，指的就是大祫祭。❽大蚤　大，通「太」。蚤，通「早」。祫祭、納幣都必須三年喪畢以後方能舉行，而魯文公即位後第二年秋天舉行祫祭，冬天納幣，當時服喪尚未滿二十五個月，所以說是失於太早。❾春秋不譏其前而顧譏其後　前，指秋天舉行祫祭事。後，指冬天舉行納幣事。此外，文公在祫祭時對神主牌位排列不當。文公是僖公之子，而僖公是閔公的庶兄，所以文公在祫祭時把僖公的神主移在閔公之前。但從正統的宗法觀念上講，閔公為君時，僖公是臣，君臣關係等同於父子關係，閔公相當於僖公之父，也就是相當於文公之祖。所以《春秋》譏文公在祫祭時「躋僖公」，而《公羊傳》則斥之為「逆祀」，「先禰而後祖」。禰，指亡父。此事在《公羊傳》中認為是件大事，但董仲舒因為要凸出文公的「喪娶」，在此忽略不提。❿雖從俗而不能終二句　此處指如果由於某種原因而不能守滿三年喪期，但至少要表現出內心不安。終，指結束三年之喪期。另一種說法是認為父母死後，應終身服喪。聖人規定三年之喪，是從俗，是不得已的辦法。據《論語．陽貨》記載：宰我向孔子提問，認為三年之喪太長了，服喪一年也就可以了。孔子問他：

「食新稻，衣錦繡，你安心嗎？」宰我說：「我安心。」孔子說：「你既然安心，就這樣去做好了。君子居喪期中，吃不香，睡不安，聽音樂不快樂，所以不吃美味，不聽音樂，不睡舒適的床褥。你既然感到很安心，那麼你服一年喪也可以。」宰予走後，孔子認為宰予不仁，三年之喪是天下之通喪，而宰予竟認為三年之喪太長了，怎麼能對得起父母呢？孔子所說的「吃不香，睡不安，聽音樂不快樂」，就是內心不安的表現。董仲舒在這裡認為服喪要強調內心的哀悼，這比形式上遵守喪期更重要。⓫故譏不出三年三句　清代蘇輿在《春秋繁露義證》中認為「故譏不出三年，於首而已」有誤，應當是「故雖出三年逆婦」。逆婦，迎婦。此處指《春秋》譏魯文公服喪不滿三年，便著手婚禮的進行，納幣於齊之姜氏。⓬不別先後二句　指雖然文公正式迎娶在第四年，已經出了服喪的期限，但他在喪期內納幣，著手婚娶的進行，全無悼念亡父之心，所以《春秋》仍然譏刺他是「喪娶」。

【語譯】《春秋》譏諷魯文公在守喪期內婚娶。有人對此詰難說：「依照喪禮的規定，子女為父母守喪的時間不超過三年。三年的喪期，實際上是二十五個月。按照《春秋》經文的記載，文公是在父親僖公去世後四十一個月才婚娶的。娶親時已不在守喪期內，已經過了三年喪期很久了，憑什麼指責文公在喪期內婚娶呢？」

答者辯答：「《春秋》評論世事，最看重的是當事人的心志。婚娶的過程中包括行納幣之禮，文公行納幣禮時便在守喪期內，所以譏諷他在喪期內婚娶。況且文公在那年的秋天在太廟舉行祫祭，冬天又行納幣之禮，這兩件事都錯在行禮的時間太早。《春秋》不譏諷前一件事而只譏諷他的後一件事，一定是因為三年的守喪期，是子女用來感懷父母像肌膚般親切的感情。子女雖然有時迫於不得已而不能守滿父母的三年喪期，但至少應該表現出於心有愧。如今文公不僅完全沒有懷念亡父的心意，反而掛念著自己的娶親結婚之事，《春秋》對此特別感到痛心疾首，因此譏諷他沒有守滿三年之喪，事實上文公剛開始籌備娶親時，《春秋》就已經譏諷他在服喪期間婚娶了。至於不去分辨魯文公親迎齊姜結婚已經在喪期三年之後，是因為鄙視他缺少懷念亡父之心。」

第二章

緣此以論禮，禮之所重者在其志。志敬而節具，則君子予之知禮❶。志和而音雅，則君子予之知樂。志哀而居約，則君子予之知喪。故曰非虛加之，重志之謂也。志為質，物為文，文著於質❷。質不居文，文安施質❸？質文兩備，然後其禮成。文質偏行，不得有我爾之名❹。俱不能備而偏行之，寧有質而無文。雖弗予能禮，尚少善之，介葛盧來是也❺。有文無質，非直不予，乃少惡之，謂州公寔來是也❻。然則《春秋》之序道也，先質而後文，右志而左物❼。故曰：「禮云禮云，玉帛云乎哉❽？」推而前之，亦宜曰：「朝云朝云，辭令云乎哉？」「樂云樂云，鐘鼓云乎哉？」引而後之，亦宜曰：「喪云喪云，衣服云乎哉？」是故孔子立新王之道❾，明其貴志以反和❿，見其好誠以滅偽。其有繼周之弊⓫，故若此也。

《春秋》之法，以人隨⓬君，以君隨天。曰：緣民臣之心，不可一日無君。一日不可無君，而猶三年稱子⓭者，為君心之未當立也，此非以人隨君耶？孝子之心，三年不當。三年不當而踰年即位⓮者，與天數俱終始也，此非以君隨天耶？故屈民而伸君⓯，屈君而伸天⓰，《春秋》之大義也。

《春秋》論十二世之事⑰，人道浹⑱而王道備。法布二百四十二年之中，相為左右，以成文采⑲。其居參錯，非襲古也⑳。是故論《春秋》者，合而通之，緣而求之㉑，伍其比，偶其類㉒，覽其緒，屠其贅㉓，是以人道浹而王法立。以為不然㉔，今夫天子踰年即位、諸侯於封內三年稱子，皆不在經也，而操之與在經無以異。非無其辨也，有所見而經安受其贅也㉕。故能以比貫類、以辨付贅者，大得之矣。

【章　旨】本章敘述《春秋》論禮重在質文兩備，否則寧可有質無文；在君臣關係上，則為屈民而伸君，屈君而伸天。至於對《春秋》的研究，則須對全書融會貫通，深入剖析以理解其深層涵義。

【注　釋】❶君子予之知禮　此句意謂孔子就會讚揚他懂得禮儀。君子，指孔子。予，通「與」，心許；贊許。❷志為質三句　志，指人的內心世界，是禮儀活動的本質。物，指玉帛一類的器物，是禮儀活動的外在形式。文著於質，指玉帛之類器物的奉獻儀式必須依附於人的內心世界。❸質不居文二句　本質不存在於形式之中，形式怎麼能表現本質？此處指在禮儀活動中，奉獻玉帛等儀式中如果缺少了內心肅敬，那麼，這些禮儀活動就只能是空具形式，又怎麼能表示向對方的恭敬之意？❹文質偏行二句　指禮儀活動中，文和質各自都只代表一個片面，因此雙方必須結合在一起，不應當區別你我而偏重於一方。❺雖弗予能禮三句　《春秋》在魯僖公二十九年（西元前六三一年）記載：「二十有九年春，介葛盧來。」「冬，介葛盧來。」介，東夷國名，《列子・黃帝》稱之為「東方介氏之國」，杜預注《左傳》云：「在城陽黔陬縣。」故城在今山東膠縣，一說在魯南蕭北某地。葛盧，介國國君名。介葛盧在當年春天和冬天兩次來會見魯僖公。第一次來時，魯僖公正好在外與晉、宋、齊等國圍攻許國，沒有會面，所以介葛盧在冬天又到魯國來。《春秋》對他兩次來都作了記載。《公羊傳》評論此事云：「介葛盧者何？夷狄之君也。何以不言朝？不能乎朝也。」「不能乎朝」是指不懂得如何行朝禮。何休注《公羊傳》云：「不能升降揖讓也。介者國也，葛盧者名也。進稱名者，能慕中國。」董仲舒以此作為「有質無文」的例子，認為《春秋》兩次記載他來魯，又對他連國帶姓名作了稱呼，是

「少善之」，即稍稍有一點肯定和贊許。❻有文無質四句　州公，州國國君。州，姜姓國名，建都淳于（今山東安丘東北）。周代因爵稱公的有兩種情況，一是天子的三公，如周公；二是王者之後，如宋公。州是小國，所以稱公，並不屬於上面所說的任何一種情況，而是「寓公」的公。據《左傳》記載：州公訪問曹國期間，國內政局有變，他已回不去了，後來留在魯國成了「寓公」。《禮記・郊特牲》：「諸侯不臣寓公。」所以稱他為公。寔，是；此；這個人。魯桓公五年（西元前七〇七年）州公經過魯國到曹國去。魯桓公六年（西元前七〇六年），州公從曹回國，又路經魯國，聞國內有變而留止魯。《春秋》對前一件事的記載是「冬，州公如曹」。按照《春秋》義例，外國相互來往不寫，此處作記載是因為他經過魯國。《春秋》對後一件事的記載是「六年春正月，寔來。」《公羊傳》云：「寔來者何？猶曰是人來也。孰謂？謂州公也。曷為謂之寔來？慢之也。曷為慢之？化我也。」「化」在此是簡慢無禮的意思。孔廣森《春秋公羊通義》云：「此云化者，前自其國如曹，途出於魯。今自曹還，復過魯，遂止不去，將依於我，而猶不能修禮來朝，故責其化也。」董仲舒以《春秋》只記載「寔來」（「這個人來」）而不提姓名為例來表示對「有文無質」的厭惡。❼先質而後文二句　古代右尊於左，右志而左物即先志而後物。《春秋》敘述道之次序為質比文重要，志比物重要。❽禮云禮云二句　語見《論語・陽貨》：「子曰：禮云禮云，玉帛云乎哉？樂云樂云，鐘鼓云乎哉？」此處「禮云」、「朝云」、「樂云」、「喪云」等四句，意指孔子對禮、樂並不只是看重外在形式，禮並不僅僅是供玉獻帛等禮節儀式，樂並不僅僅是鳴鐘擊鼓等樂器演奏，孔子看重的是人們在執行禮樂制度時的態度與內心活動。由此類推，朝會也並不僅僅是賓主雙方在禮儀上的外交辭令，喪禮也不僅僅表現在身上穿的喪服，最主要的是在於內心的感情是否真誠。❾孔子立新王之道　指春秋時期，周道衰廢。孔子修《春秋》，為新王立治國之道。《春秋》在魯哀公十四年（西元前四八一年）結束記載，《公羊傳》在此有一段評論：「君子曷為為《春秋》？撥亂世反諸正，莫近諸《春秋》」；「制《春秋》之義以俟後聖，以君子之為亦有樂乎此也。」這裡明確指出《春秋》是留俟後代聖王撥亂世反諸正時用的治國之道。孔廣森《春秋公羊通義》：「（孔子）退修《春秋》，以俟後世王者復起，推明《春秋》之義以治天下，則亦君子之所樂也。」❿反和　蘇輿《春秋繁露義證》認為「和」是「利」字之誤。「反利」與下文「滅偽」是相對應的。⓫其有繼周之弊　周之弊，指周末文勝於質，一味講求繁文縟節，不顧忠義之情。《論語・八佾》：「林放問禮之本。子曰：『大哉問。禮，與其奢也，寧儉。喪，與其易也，寧戚。』」孔子的議論針對周末的文弊而欲救之以質。⓬隨　順從。⓭三年稱子　諸侯在三年服喪期間，志在思慕亡父，雖然迫於「一日不可無君」而即位稱君，但應在三年內自稱為子，將國政交給國相處理，自己不敢履位聽政。三年喪期滿後，除去喪服，方始即位統事，踐祚為主，南面朝臣下。⓮三年不當而踰年即位　《白虎通義・爵》：「踰年即位，所以繫民臣之心也。三年然後受爵者，緣孝子之心，未忍安吉也。」君位不能長期空缺，所以踰年就得即位。但是，三年喪期內，不忍當父位，所以即位後在他的封域內只稱子或小子。⓯屈民而伸君　指屈臣民不可一日無君之願，順諸侯三年孝子之心，故而諸侯三年喪期間在其封域內稱子。⓰屈君而伸天　天，指天數。天數終始之義是天子、諸侯未踰年不忍即位，因為一年不可有二君，這是遵天終之義。踰年不敢曠位，這是守天始之義。但君主三年不敢當父位，所以踰年即位是屈抑君主孝子之心以順天數。⓱春秋論十二世之事　指孔子修《春秋》論列自魯隱公元年（西元前七二二年）至魯哀公十四年（西元前四八一年）之事，前後共十二世。⓲人道浹　論述為人處世之道透徹而周到。浹，透徹而周到。⓳法布二百四十二年之中三句　指《春秋》對魯國二百四十年的史事布局有方，舉例不重複，文字很簡潔，前後左右，相互參證，使全書富有文采。⓴其居參錯二句　指孔子在《春秋》中即事論義，將具體道理穿插在各個朝代和章節中，並不因襲古代已有的成說。司馬遷也有類似看法，云：「聞之董生，孔子知時之不用，道之不行也。是非二百四十二年之中，以為天下儀表，貶諸侯，討大夫，以達王事而已矣。」（《史記・太史公自序》）㉑合而通之二句　合而通之，用綜合考察的方法去貫通全局，以求其意，如分魯國十二世為傳聞、所聞、所見異辭之類。緣而求之，指緣此例彼，如不贊成諸侯專討、專封，一律貶斥，而楚靈王殺慶封稱楚子，便知所以把這件事當成霸主去征討是為了證明慶封罪該當殺。㉒伍其比二句　伍其比，指同列相比。伍，行列。隅，應是「偶」字，偶其類，指同類相推。此處意指見於《春秋》經文而有類可推者，如《春秋》貶齊桓擅封、晉文召王而朝、楚莊擅殺屬同類事例，可以由此類推而知《春秋》的尊王大義。㉓覽其緒二句　緒，頭緒；脈絡。屠其贅，俞樾認為「屠」當作「杜」，「屠其贅」是刪去多餘內容的意思。蘇輿認為俞說有誤。屠是剖析之意，贅是經文雖未載但在《傳》中闡明之義。此處意指抓住經義的脈絡，通過深入剖析來引申出其中蘊含的深意。㉔以為不然　這裡是反詰詞，即如果不以為是這樣。㉕非無其辨也二句　有所見，指從經文上抓住脈絡、理清頭緒而挖掘出的深層涵義。安受，樂於接受之意。經安受其贅也，指從經文上理清頭緒而挖掘出來的涵義，與經文的大義相符，為《春秋》經所樂於接受。如魯文公九年（西元前六一八年）《春秋》記載：「毛伯來求金。」毛伯名衛，是周的大夫。當時周襄王逝世，子王臣立，是為頃王，由於在居喪期間，尚未稱王。他派周大夫毛伯到魯國求金，以供喪事所用。《公羊傳》云：「毛伯者何？天子之大夫也。何以不稱為使？當喪未君也。踰年矣，何以謂之未君？即位矣，而未稱王也。

未稱王，何以知其即位？以諸侯之踰年即位，亦知天子之踰年即位也。以天子三年然後稱王，亦知諸侯於其封內三年稱子也。踰年稱公矣，則曷為於其封內三年稱子？緣民臣之心，不可一日無君。緣始終之義，一年不二君，不可曠年無君。緣孝子之心，則三年不忍當也。」這裡的「毛伯來求金」是經義上有所見之緒，而「天子之踰年即位」、「諸侯於其封內三年稱子」，則是由經文引申之義，《春秋》經文中並無記載而由《公羊傳》加以闡明。事實證明，《公羊傳》根據的是當時通行的禮法，並非臆說，如《禮記・曲禮下》云：「天子未除喪，曰予小子，生名之，死亦名之。」天子三年（二十五個月）之內稱子不稱王。以此類推，諸侯當然也是在其疆域內三年喪期中稱子。「非無其辨」之「辨」，是指必須辨別那些不見於經文而出於臆說的內容，甚至改動經、傳來附會己說的惡劣做法。至於那些合理的引申，符合《春秋》大義與當時事實，為《春秋》經所樂於接受。

【語　譯】根據《春秋》對文公喪娶的態度來論定禮的本質，那麼，禮所看重的是當事人主觀上的思想動機。行禮者如果內心恭敬而禮節周到，孔子就會讚揚他懂得禮儀。歌詠者如果內心和順而樂曲典雅，孔子就會讚揚他懂得音樂。居喪者如果內心悲痛而生活儉約，孔子就會讚揚他懂得守喪。所以對文公的譏諷並非是憑空強加到他的頭上，而是為了重視人的心志的緣故。從禮儀來看，內心的誠摯才是本質，具體的禮節只是形式，形式依附於內在的思想本質。具體禮節的執行中如果缺少了內心思想的誠摯，那麼，這種空洞的禮節又怎麼能體現禮的本質呢？禮必須既有質方面的內心恭敬，又有文方面的禮節周到，然後行禮的過程才能算是真正完成。在行禮的過程中，文和質各自都只代表一個方面，因此兩者必須結合在一起，不應當區別你我而偏重於一方。如果兩者不能同時具備，並且只有選擇一方時，那麼寧願有質方面的內心誠摯和恭敬，而不求文方面的禮節在形式上的完備。這樣做雖然不能稱為知禮的君子，但仍舊能夠多多少少得到一些肯定，如《春秋》兩次記載介國國君葛盧來魯國就是這一類例子。如果徒具禮節的形式而缺少內心的恭敬即有文而無質，那就不僅不能同意這種做法，而且要程度不等地對它表示厭惡，如《春秋》記載「這個人來魯國」是由於州公在魯國行為失禮才對他輕蔑地作這樣的記載。《春秋》排列事理的順序時，先看思想本質，然後看外表形式；先看內心是否真誠，然後看行為是否合乎規範。

所以孔子說：「禮呀！禮呀！難道只是供玉獻帛嗎？」由此往前推論，也可以這樣說：「朝會呀！朝會呀！難道僅只是賓主雙方相互應答時的外交辭令嗎？」孔子還說：「樂呀！樂呀！難道只是鳴鐘擊鼓嗎？」由此往後引申，也應該這樣說：「喪事呀！喪事呀！難道守喪僅只是穿上喪服嗎？」孔子憑藉《春秋》去為新王建立治國之道，表明他重視內在的思想修養而反對急功好利，同時提倡真誠以消滅虛偽。這是由於當時的時尚繼承了周代衰敝後只重視繁文縟節的弊病，所以孔子才提出這種主張。

《春秋》的法則是臣民要順從國君，國君要順從上天。依照臣民的心願，國家不可以一天沒有君主。既然國家不能一天沒有君主，而新即位的君主仍然要在三年喪期內自稱為子，那是因為君主的心中認為自己居喪而不應當繼位，這不就是臣民們順從君主嗎？孝子的本心認為君主在三年喪期內不應當即位，但既然認為三年喪期內不應當即位，卻又在父死後的第二年即位登基，做到與天道相始終，這不就是君主順從上天嗎？所以屈抑臣民以伸展君主的心願，屈抑君主以伸展上天的意志，這就是《春秋》大義呢！

《春秋》通過對魯國十二世君主的行事論義，將為人處世之道講得透徹而周到，王者的治國之道也講得非常完備。《春秋》論述魯國二百四十二年的史事布局有方，前後左右，相互參證，使全書富有文采，而且即事論義，將具體道理穿插在各個朝代和章節中，並不因襲古人的成說。因此，研究《春秋》的人，要用綜合考察的方法去貫通全局，依據一定的線索探求，通過縱橫比較去歸納同類的事物，理清頭緒，抓住脈絡，通過深入剖析來挖掘出內中蘊含的深意，這樣就能通曉為人處世之道和建立王者治國之法。如果你認為不是這樣的話，那麼天子要在他父親死後的次年即位、諸侯在封國的疆域內守喪三年自稱為子，在《春秋》經上都沒有明文記載，但人們的實際做法與《春秋》經中所說的並沒有什麼兩樣。不是《春秋》經不去辨別這些事，而是由於那些從《春秋》經文中理清頭緒而挖掘出的深層涵義為《春秋》經所樂於接受。所以，研究《春秋》時能夠用比較的方法來貫穿於同類事例之中，而將辨析的內容交付給那些挖掘出來的深層涵義去解決，那麼就能真正掌握《春秋》的精神了。

【研　析】質和文，是儒家思想中常見的一對範疇。

這一對範疇最早是從對禮樂的論述中提出來的。質指的是人內在的思想感情，文指的是外在表現形式。董仲舒強調的前者，從而將質稱為志，而將文稱為物。以禮而論，各種具體禮節只不過是外在的表現形式，內心恭順而肅敬才是內在的思想感情。沒有各種具體禮節，內心的恭順肅敬無法表現出來，但如果只注意各種具體禮節的執行而內心缺乏恭順肅敬，那麼禮節再周到也不過是徒具形式。所以孔子感慨地說：「禮云禮云，玉帛云乎哉？樂云樂云，鐘鼓云乎哉？」（《論語・陽貨》）他認為在禮樂等活動的進行中，如果缺少內心的虔誠和恭敬，只注意走過場，禮樂之類便成為空洞的形式。董仲舒在這裡強調「禮之所重者在其志」，強調內容比形式重要，本質比外表重要，這是對孔子思想的很好發揮。

在質和文的關係上，董仲舒認為應當「質文兩備，然後其禮成」，就是要兩者兼備，不可缺一。只重質而不重文行不行？不行。據《論語・顏淵》記載：衛國大夫棘子成說：「君子質而已矣，何以文為？」意思是君子只要尚質就可以了，又何必還要尚文呢？孔子的學生子貢駁斥他說：「文猶質也，質猶文也。虎豹之鞟猶犬羊之鞟？」子貢明確地指出質與文同樣重要。鞟是去掉毛的光皮。從光板皮張來看，就難以分辨出虎豹皮與犬羊皮的差異，因為兩者的區別就正在於毛文的不同。孔子也曾經這樣說道：「質勝文則野，文勝質則史。文質彬彬，然後君子。」（《論語・雍也》）然而，要真正做到「質文兩備」、「文質彬彬」也難，兩者往往不可兼得。在這種情況下，董仲舒認為「寧有質而無文」。

這裡應當指出：這是思想家的選擇。從統治者的角度來看，正好適得其反。歷代帝王都倡導儒家的禮樂仁義，用來打扮和改善自己的形象，誘使臣民們拜倒在自己腳下，成為忠誠的馴服工具。但是，他們的內心世界究竟是怎麼一回事，那就不足為他人道也。漢武帝崇禮樂，倡改制，行封禪，下詔求賢良對策，一心想成為唐堯虞舜式的聖主賢君。但是，那個不識時務的汲黯卻毫不客氣地對他當面指出：「陛下內多欲而外施仁義，奈何欲效唐虞之治乎？」漢武帝氣得臉色都變了，當場為此而罷朝。但是，漢武帝還算是個有度量能容人的君主，並沒有因此去為難汲黯。他退朝後對別人說：「甚矣，汲黯之戇也！」

（以上見《史記》、《漢書》的〈汲黯傳〉）汲黯戇在哪裡？戇就戇在他不該傻頭傻腦地將這套把戲在大庭廣眾面前公開點穿。歷史上的絕大多數統治者都是「內多欲而外施仁義」，看重的是外在的形式，只要表面上搞得轟轟烈烈，至於實際上究竟執行得如何，那就只有天曉得了。這實質上是「重文輕質」、「寧有文而無質」。中國古代常見的景象往往是這樣：統治者制禮作樂是為了粉飾太平，號稱用刑寬恕是為了遮蓋事實上的峻法株連，口頭上的仁義道德被用來掩護骨子裡的男盜女娼。

質和文還有另一層政治上的涵義，就是為董仲舒的改制思想提供論據。早在春秋戰國時期，就有以文質論人或論政的說法。陰陽家的鼻祖鄒衍就曾經提出文質互救的觀念。據《漢書・嚴安傳》引用鄒衍的話說：「政教文質者，所以云救也。當時則用，過則舍之，有易則易也。故守一而不變者，未睹治之至也。」董仲舒在〈天人三策〉中提出了忠、敬、文三教之說。司馬遷在《史記・高祖本紀》末尾作了闡釋，說是夏之政忠，忠的弊病是小人流於粗野，所以殷人承之以敬。敬的弊病是小人崇信鬼神，所以周人承之以文。文的弊病是小人拘於細碎之禮，民風澆薄，所以應當救之以忠。但是秦政不去改正周代的弊病，反而實行嚴刑峻法，苛察酷罰，所以漢興應行「忠」政。董仲舒與司馬遷，可謂英雄所見略同。漢朝到了文景時代，政治上由於封建侯王的僭侈，社會上由於商業資本及地主經濟的發達，生活豪侈，成為風氣。董仲舒想用「質」的觀念加以補救，在本書的〈十指〉篇中提出「《春秋》承周文而反之質」，還在〈天人三策〉的第二策中提出：「夏上忠，殷上敬，周上文」；「今繼大亂之後，若宜稍損周之文致，用夏之忠者」。這種用質救文的說法，切中當時的時弊。

歷史上，王朝剛建立時大多數重質輕文，儘管經濟疲敝，百廢待興，但上下同心，生氣勃勃。隨著歲月的推移，承平日久，統治者會由重質輕文轉化為重文輕質，形式主義、文牘主義抬頭，好做表面文章，只圖外表好看，大話、假話、空話氾濫成災，明明是危機四伏，問題成堆，卻偏要說成是到處鶯歌燕舞，形勢一片大好，用華麗的外衣裹裝腐敗和無能。這時，常常會有一些知識分子挺身而出，大聲疾呼「寧質勿文」，反對那種華而不實、虛偽欺騙的腐朽作風，提倡粗獷而富有生命力的創新精神和實幹風格。歷代《公羊》學復興的契機，大都是在王朝的中衰之時，而《公羊》學者提出的口號又往往是「以質勝文」。這種現象，值得人們深思。

第三章

人受命於天❶，有善善惡惡之性❷，可養而不可改❸，可豫而不可去❹，若形體之可肥臞而不可得革也❺。是故雖有至賢，能為君親含容其惡，不能為君親令無惡❻。《書》曰：「厥辟不辟去厥祇。」❼事親亦然，皆忠孝之極也。非至賢安能如是❽？父不父則子不子，君不君則臣不臣❾耳。

【章　旨】本章言性有善惡而不可改，為臣子者應為君親含容其惡。

【注　釋】❶人受命於天　指人之性受命於天，即天命為性。《禮記・中庸》的開首第一句便是「天命之謂性」。《荊門郭店楚簡》中的《性自命出》篇的第一段：「性自命出，命自天降。道始於情，情生於性。」可見性受命於天是當時的流行說法，意謂人性出於天賦，是人的本能。❷有善善惡惡之性　善善惡惡，原應是喜好「善」與厭惡「惡」之意。但從此處來看，「有善善惡惡之性」是「兼具善惡之性」的意思，即性有善有惡，並不是只有善的一面。先秦諸子中，孟子主性善，荀子主性惡，告子認為性無善無惡，還有人認為人各有性，善惡不可化移（見《孟子・告子上》）。本章講性各具善惡，與孟子、荀子的說法不同。❸可養而不可改　意謂人之天性中有或善或惡的潛質，其善的潛質可以通過禮法的教化使之長養而致善，但人性的本質不可改變。關於養性，《孟子・盡心上》云：「孟子曰：『盡其心者知其性也，知其性則知天矣。存其心，養其性，所以事天也。』」養其性，指培育其善良之本性。如何養性呢？《荊門郭店楚簡・性自命出》云：「養性者，習也。」《大戴禮記・保傅》云：「孔子曰：『少成若天性，習貫之為常。』」此殷周之所以長有道也。」指善良的本性要通過學習與教育來培養。❹可豫而不可去　此處指人性中惡的一面可以在它發作之前進行預防和禁止，但不能將它從性中完全去除。《禮記・學記》：「大學之法，禁於未發之謂豫。」豫是事前預先防止的意思。❺若形體之可肥臞而不可得革也　此處指人的形體可以變得胖或瘦，但其容貌不可能因此而有根本性的變化。若，猶如；好像是。臞，消瘦。❻能為君親含容其惡二句　指為人之臣子者能含容君與親之惡，但無法使君與親從此不作惡。因為惡出於本性，故無法根絕。這是儒家一貫奉行的傳統思想。孔子就曾經強調：「父為子隱，子為父隱，直在其中矣。」（《論語・子路》）《公羊傳》隱公十年云：「《春秋》錄內而略外，於外大惡書，小惡不書；於內大惡諱，小惡書。」何休注：「因見臣子之義，當先為君父諱大惡也。」總之，儒家認為對君、父的大惡應當隱諱，必須保密。❼書曰二句　書，《尚書》，儒家六經之一。引文見《尚書・太甲上》，董仲舒引用時有變動。《尚書》原文為「祗爾厥辟，辟不辟，忝厥祖。」厥，其；那個。辟，指君王。《尚書》原文的意思為君王必須敬慎盡職，君王如果不像君王的樣子，就會給祖先帶來恥辱。衹，應是「祗」字之誤，除《四庫全書》本外，其他各種版本俱作「祗」。祗，通「疷」，病。厥辟不辟去厥衹，指君王如果缺乏君王應有的品德，那就設法幫助君王改去他的毛病。❽非至賢安能如是　不是至賢的人，又怎麼能做到如此含容君父之惡並幫助他們改正缺點呢？❾父不父則子不子二句　此句承接上文而來，即如果不能像至賢之人那樣去做，其結果便是如果做父親的行為不像父親，做兒子行為便不像兒子；做君主的不像君主，做臣子的也就不像臣子。「父不父則子不子，君不君則臣不臣」的出典見《論語・顏淵》：「齊景公問政於孔子。孔子對曰：『君君、臣臣、父父、子子。』公曰：『善哉！信如君不君，臣不臣，父不父，子不子，雖有粟，吾得而食諸？』」司馬遷則說：「夫君不君則犯，臣不臣則誅，父不父則無道，子不子則不孝。此四行者，天下之大過也。」（《史記・太史公自序》）

【語　譯】人的本性中有善與惡兩個方面，都受命於上天。人性中的善可以通過學習、教養來培育與發展，但無法改變人的本性；人性中的惡只能在其發作之前加以預防和禁止，但不能徹底根除。這就好像是人的形體可以變得肥胖或消瘦，但人的容貌不會因此而發生根本變化。因此，即使是最有智慧的賢人，只能替君主或父母隱瞞錯誤和罪行，卻不能保證使君主或父母沒有錯誤和罪行。《尚書》上說：「那位君王如果不像君王，就該設法幫他改掉毛病。」侍奉自己的父母也應當是這樣，這都是忠和孝達到極致時的表現。如果不是最有智慧的賢人，又怎麼能這樣去做呢？如果做父親的行為不像父親，那麼做兒子的也就不像兒子；做君主的不像君主，做臣子的也就不像臣子了。

【研　析】本章有人疑是偽作。

清代蘇輿在《春秋繁露義證》中就持有這種看法。他寫道：「此節非董子原文。董主性待教而善，既云有善善惡惡之性，又云不可得革，義相違反，可疑一。善善惡惡，本為美德，乃云可養而不可改，文不聯屬，可疑二。將順匡救，臣子之職，而云不能為君親令無惡，可疑三。《書》引偽〈太甲〉，可疑四。父子相隱，人道之常，目為至賢，可疑五。末二語雜入不倫，可疑六。朱子謂世傳《繁露》、《玉杯》等書，多非其實，謂此類邪？」

蘇輿一下子提出了六大疑點，而且還請出了朱熹這位理學大師作為他的後盾，看來本章非董仲舒原文似乎是證據確鑿、鐵案難翻的了。其實不然。本章並不能說是偽作，相反地倒是蘇輿在理解上頗有值得商榷之處。

關鍵在於對「善善惡惡之性」的解釋。如果將「善善惡惡」理解為兩個動賓結構，即「喜好善、厭恨惡」之意，那麼，前兩點可疑之處確實有自相矛盾之嫌。但如果這樣理解，董仲舒成了孟子性善說的信徒了。事實上，董仲舒根本不信孟子性善之說，而是認為「聖人（指孔子）言中本無性善名」。正如他在本書〈深察名號〉篇中所強調的：「人之誠，有貪有仁。仁貪之氣，兩在於身。」仁是善，貪是惡。兩在於身，就是人之性有善有惡。

「善善惡惡之性」應解釋成「善惡之性」。「善善惡惡」中的善、惡是疊字連用以加強語氣，猶言「好好壞壞」即是「好壞」之意。這在古代漢語中並不罕見。宋代李清照〈聲聲慢〉中的「尋尋覓覓，冷冷清清，淒淒慘慘戚戚」是膾炙人口的名句，其中「尋尋覓覓」即是「尋覓」，「冷冷清清」即是「冷清」，「淒淒慘慘」即是「淒慘」，此處疊字連用是為了加強語氣，以取得強烈的語言效果。這樣去理解「善善惡惡之性」，一切問題便迎刃而解。性既然兼具善惡，當然「不可得革」與「可養而不可改」，也無所謂美德不美德，因為人性只是自然之質，而臣子當然不能為君親令無惡。本章的《尚書》引文出自古文《尚書》中的〈太甲〉篇，蘇輿作為今文經學家便斥之為偽〈太甲〉，門戶之見太深，不足為憑。至於父子相隱而被目為至賢，必須結合當時的歷史背景來考察。漢景帝、漢武帝都歡喜任用酷吏，認為他們辦事幹練，善於治盜。《史記・酷吏列傳》中的郅都、寧成、周陽由、趙禹、張湯、義縱、王溫舒等酷吏，在景帝、武帝時都很得寵，盛極一時。他們都好濫施酷刑。三木之下，何患無辭？在這種氣氛中要做到父子相隱可謂難矣！知人必須論世。當時並不是春秋時代，孔老夫子如果吃夾棍、挨板子，恐怕也難以堅持為兒子或父親隱瞞罪錯了。董仲舒面臨這種境遇，當然有可能會發出「父子相隱，目為至賢」的慨歎！至於「父不父、子不子、君不君、臣不臣」等句，司馬遷在《史記・太史公自序》中也有類似說法，並不只是董仲舒的獨家創見。何況，《春秋繁露》一書原是董仲舒授課後由弟子們筆錄、整理，再由他自己修訂而成，在前後次序上出現稍有不順之處，在所難免，根本談不上什麼不倫不類。

董仲舒關於人性的論述，集中在本書的〈深察名號〉與〈實性〉兩篇之中。本章的論述與這兩篇的內容並無不合之處。因此，蘇輿認為本章非董仲舒原文的論斷似有武斷之嫌。

第四章

文公不能服喪，不時奉祭❶，倒序以不三年❷，又以喪娶，娶於大夫，以卑宗廟❸，亂其群祖以逆先公❹。小善無一而大惡四五，故諸侯弗予❺，命大夫弗為使❻，是惡惡之徵❼，不臣之效❽也。出侮於外，入奪於內，無位之君也。孔子曰：「政逮於大夫四世矣。」❾蓋自文公以來之謂也。

【章　旨】本章闡述魯文公的失政是魯國政逮於大夫的禍因。

【注　釋】❶文公不能服喪二句　此事出典見《春秋》在文公二年（西元前六二五年）二月的記載：「作僖公主。」《公羊傳》云：「作僖公主何以書？譏。何譏爾？不時也。其不時奈何？欲久喪而後不能也。」作僖公主，是為魯僖公即文公之父立神主牌位。此時離僖公去世已有十五個月。古代習俗是父母葬後，屍體雖進了墓，但亡魂要迎回家中，恐父母亡魂不安，要進行虞祭以安魂，虞祭時立桑木所作的神主。父母死後一週年，即第十三個月上要進行練祭，又稱小祥，要立栗木所作的神主，同時將虞主埋在廟堂的兩楹之間。練祭在第十三個月舉行，但文公卻在僖公死後第十五個月才舉行，所以稱為不時。為什麼《公羊傳》說文公欲久喪而不能呢？這是因為魯國自閔公二年（西元前六六〇年）五月對莊公舉行吉禘之祭，結束喪期，開了服喪不到三年（二十五個月）的頭，文公想延長服喪期以表示孝心，所以立練主的日子也推遲了。但後來文公出了「喪娶」的醜事，並沒有能延長服喪期，所以《公羊傳》認為《春秋》特意記載「作僖公主」這件事，意在譏刺文公。董仲舒是依照《公羊傳》的說法去指責文公不能服喪，不時奉祭。❷倒序以不三年　「倒序」二字疑是衍文，其他版本也有作「例序」的，因服喪例以三年為期。這裡是批評文公服喪不滿三年。❸又以喪娶三句　喪娶，指文公二年冬派公子遂到齊國去行納幣之禮。其實，早在元年冬，文公就派公孫敖到齊國去，也是為了婚娶之事，因為在納幣前尚需進行納采、問名、納吉之禮，它們都是在喪期內進行的。娶於大夫，指的是魯文公娶的不是齊侯之女，而是齊國大夫之女。齊魯兩國國君數代聯姻，門當戶對，如今娶了齊國大夫之女，不僅降低了自己的諸侯身分，而且使魯國宗廟降低了地位，會被其他諸侯國看不起。❹亂其群祖以逆先公　《春秋》記載：「文公二年八月丁卯，大事於大廟，躋僖公。」大事指祭祀，此處指大祫，大廟即太廟。祫是合祭之名，集合遠近祖先的神主於太廟祭祀，大祫是合祭中之大者。古代貴族死後，子孫要為他們建廟。天子七廟，諸侯五廟，大夫三廟，士一廟。諸侯五廟中，一是太祖廟，魯國的太祖是周公姬旦，其餘四廟為父至高祖之廟，高祖以上的祖先要把神主移到太祖廟，稱為毀廟。行大祫祭禮時，已毀廟和未毀廟的神主都在太廟內受祭。文公在這次合祭時，對神主牌位的排列上先禰而後祖，把他父親僖公的神主移在閔公之前，理由為僖公是閔公的庶兄。但中國古代宗法觀念認為，閔公為君時，僖公是臣，君臣關係等同於父子關係，閔公相當於僖公之父、文公之祖，所以文公「躋僖公」，被目為「逆祀」。董仲舒指責文公在大祫時擾亂了群祖神主排列的次序，把自己父親的神主排到祖父的位置上去了，是大惡之一。❺故諸侯弗予　予，與盟。指諸侯看不起魯文公不肯與他盟會。《春秋》在文公二年（西元前六二五年）三月記載：「及晉處父盟。」《公羊傳》云：「此晉陽處父也，何以不氏？諱與大夫盟也。」當時晉國稱霸，指責魯國不朝晉，所以文公前往晉國。但晉國看不起魯文公，晉襄公派大夫陽處父與他會盟以表示對他的輕蔑與羞辱。所以《春秋》記此事，一不書公如晉，二不書公與盟，三不書陽處父之氏，都是深諱此事。❻命大夫弗為使　魯文公於文公八年（西元前六一九年）命公孫敖為使，往京師為周襄王弔喪，結果中途折返。《春秋》記載此事云：「公孫敖如京師，不至復。」《公羊傳》：「不至復者何？不至復者，內辭也，不可使往也。」不至復，不到就往回走。內辭，內部的諱辭。不可使往，不能差遣他去。孔廣森《春秋公羊通義》評論此事云：「君使臣至於不可使，恥甚，故諱言不至復。」據《左傳》記載：此事的真相是公孫敖為襄仲迎莒女己氏，結果發現己氏十分美貌，就自己娶了她。襄仲大怒，要發兵攻公孫敖。後來經過調解，二人都不娶，送己氏返回莒國。這次公孫敖到京師去，本來是文公派去為周襄王弔喪的，結果卻中途折回，把送周的禮物都拿到莒國去會己氏了。❼惡惡之徵　指晉襄公因為惡（憎恨）文公之惡，所以自己不願見他，只派遣大夫來與文公會盟。❽不臣之效　效，徵驗。此句指公孫敖不將文公當君主看待，奉命弔唁而中途折回，將弔唁周襄王的禮物送到莒國去會己氏，這對文公是極大的恥辱。❾孔子曰二句　語見《論語・季氏》：「孔子曰：『祿之去公室五世矣，政逮於大夫四世矣，故夫三桓之子孫微矣。』」「祿之去公室五世」是指從文公開始，包括宣公、成公、襄公、昭公這五世都已喪失了政治權力，成為空頭君主。「政逮於大夫四世」，指政治權力落到了季氏的手裡。「四世」有兩種說法，一種說法是季文子、季武子、季悼子、季平子這四世，另一種說法認為季悼子雖為季武子之子與季平子之父，但因青年夭折，未能掌魯國國政，季武子死後由季平子把持魯國國政的，因此這四世應當是季文子、季武子、季平子、季桓子這四世。兩種說法中應以後者為是。

【語　譯】魯文公不能守禮服喪，又不按照禮制規定的時間舉行祭祀，不能堅持三年守喪的規定，反而在喪期內向女方送聘禮進行婚禮活動，娶的妻子又只是齊國大夫之女，使魯國宗廟遭人卑視，祫祭時又顛倒了祖先神主牌位的先後次序，舉行逆祀。魯文公從未有過一件細小的善舉，而大的惡行卻連續有四、五椿。所以諸侯因卑其為人而不願與他會盟，國內的大夫不把他當君主看待而不聽從他的派遣，這是人們厭惡壞人的證明，也是臣子對他瞧不起而不守臣節的跡象。文公出國對外訪問遭到諸侯侮辱，在國內又被臣下剝奪了政治權力，是一個有名無實的空頭國君。孔子說：「魯國的政治權力旁落到大夫手中已經有四代了。」大概指的就是文公以來的魯國國情吧！

第五章

君子知在位者不能以惡服人也，是故簡六藝以贍養之❶。《詩》《書》序其志❷，《禮》《樂》純其美❸，《易》《春秋》明其知❹，六學❺皆大而各有所長。《詩》道志，故長於質❻。《禮》制節，故長於文❼。《樂》詠德，故長於風❽。《書》著功，故長於事❾。《易》本天地，故長於數❿。《春秋》是非，故長於治人⓫。能兼得其所長而不能偏舉其詳也。故人主大節則知闇，大博則業厭⓬。二者異失同貶，其傷必至，不可不察也⓭。是故善為師者，既美其道，有慎其行⓮，齊時蚤晚⓯，任多少，適疾徐⓰。造而勿趨，稽而勿苦⓱，省其所為而成其所湛⓲，故力不勞而身大成⓳。此之謂聖化⓴，吾取之。

【章旨】本章闡述六藝各自之所長及對諸侯的重要性，並闡明為師者的教學之道。

【注釋】❶君子知在位者之不能以惡服人也二句　君子，指孔子。在位者，指在位的君主。惡，君主作為人，有善惡之性。魯文公的所作所為便是其本性中惡的外露，所以「出侮於外，入奪於內」，不足以服人。簡，通「柬」，假借為「揀」，選擇。六藝，指《詩》、《書》、《禮》、《樂》、《易》、《春秋》，即下文之六經、六學。《史記・滑稽列傳》：「孔子曰：『六藝於治一也。』」劉歆《七略》所著錄的六經經籍稱為〈六藝略〉，見《漢書・藝文志》。贍養，指以六藝誘導、涵養其本性中善的一面，預先防止、禁制其本性中惡的一面。❷詩書序其志　指學《詩》、《書》可使人在立志行事上不動邪惡的念頭。序，敘。《莊子・天下》：「《詩》以道志，《書》以道事」。❸禮樂純其美　指學《禮》、《樂》可以使人行為和美，不躁不厲。《莊子・天下》：「《禮》以道行，《樂》以道和。」❹易春秋明其知　指學《易》、《春秋》可以使人明白事物的陰陽順序，人際的倫理綱常。《莊子・天下》：「《易》以道陰陽，《春秋》以道名分。」前述志、美、知大體上類似於今天的所謂德育、美育與智育。❺六學　即六經、六藝。《漢書・儒林傳》：「六學者，王教之典籍，先聖所以明天道，正人倫，至治之成法也。」《史記・滑稽列傳》引孔子語，稱六藝。古人認為掌於官謂之藝，傳於師謂之學。至於六經的稱呼，漢以後比較流行，成為通行的官方稱呼。漢代六經、六學、六藝雜用並見，並無固定的統一稱呼。❻詩道志二句　《詩》言志，志不可偽，故曰質。❼禮制節二句　《禮》制節，指以禮儀來節制人們的行為。《論語・學而》中引用有子之言：「不以禮節之，亦不可行也。」指的就是人際關係如果不以禮來節制，那是行不通的。長於文，指長於周旋揖讓之敬、車服等級之文。禮通過相應的儀式區分人們之間的等級差別，從而使「貴賤有等，長幼有差，貧富輕重皆有稱者也。」（《荀子・禮論》）❽樂詠德二句　《禮記・樂記》：「德者性之端也，樂者德之華也」；「故樂行而倫清，耳目聰明，血氣和平，移風易俗，天下皆寧。」《樂經》中的內容大多是歌詠先王的功德，因此長於教化以移風易俗。❾書著功二句　司馬遷自稱是從董仲舒處聽到：「《書》紀先王之事，故長於政。」（《史記・太史公自序》）《荀子・勸學》：「《書》者，政事之紀也。」《書》即《尚書》，是追述古代先王言論和事功的彙編，所以說它長於政事。❿易本天地二句　司馬遷自稱從董仲舒聽到：「《易》著天地陰陽四時五行，故長於變。」數，指預測事物的發展和變化。此句指《易》根據天地的法象而作，它的特長在於洞悉萬事萬物的發展和變化之理。⓫春秋是非二句　《春秋》下疑脫一「正」字，除《四庫全書》本外，其他版本多作「《春秋》正是非」。司馬遷云：「夫《春秋》，上明三王之道，下辨人事之紀，別嫌疑，明是非，定猶豫，善善惡惡，賢賢賤不肖，存亡國，繼絕世，補敝起廢，王道之大者也。」治人，治理百姓。⓬故人主大節則知闇二句　大，通「太」，過份。節，減省；省略。闇，同「暗」，愚昧不明。博，指博而寡要。司馬談在〈六家要指〉中批評儒家的缺點是「六藝經傳以千萬數，累世不能通其學，當年不能究其禮，故曰博而寡要，勞而少功。」（《史記・太史公自序》）業厭，厭惡學業。此句指人主學的知識太少、太窄會愚昧淺陋，學的知識太廣太博又會抓不住要領，從而對學業產生厭惡情緒。⓭二者異失同貶三句　異失，出岔錯的內容不同。同貶，同樣要受到貶責。一說「貶」當作「敗」。傷，損傷；重大損失。賈誼《新書・容經》作「故人主太淺則知闇，太博則業厭。二者異失同敗，其傷必至。」⓮既美其道二句　美其道，發揚和讚美六藝所述之道。有，通「又」。慎其行，指謹慎地實施其教學。⓯齎時早晚　齎，應是齊，通「劑」，調節；調和。指教學時按照晝夜的長短對上課時間的早晚作適當的調節。⓰任多少二句　指應根據教學對象的接受能力來確定教學內容的多少，教學進度的快慢也必須適當。⓱造而勿趨二句　造，培養；造就。趨，指趕教學進度。稽，考核與檢查。此句指教學上重在培養和造就學生而不是一味趕進度，考核與檢查時不要出偏題、怪題去為難學生。⓲省其所為而成其所湛　省，觀察。湛，同「耽」，愛好；歡喜。此句指觀察他平時的所作所為，引導他學習平時最感興趣的內容，即因勢利導之意。⓳故力不勞而身大成　所以花很少的力氣而能收到很好的效果。⓴此之謂聖化　聖化，聖人教育學生的方法。聖人指孔子。

【語　譯】孔子知道在位的君主不能依靠惡行來使臣民信服，所以選擇六藝來加強他們的品德修養。《詩》《書》可以敘述與抒發他們的志向與情操，《禮》《樂》可以純淨和美化他們的言談舉止，《易》《春秋》可以使他變得聰明和富有智慧。這六個方面的學問都很重要，而且它們各有自己的長處。《詩》用以抒發志向和情操，長處是有利於加強人們的品德修養。《禮》用以節制人們的行為，長處是使人們的言談舉止合乎規範而彬彬有禮。《樂》用以歌頌聖王的美德，長處在於教化百姓、移風易俗。《書》用以著述先王的功業，長處在於有益於政事。《易》根據天地、陰陽、四時、五行的變化而作，長處在於可以借此來洞悉萬事萬物之理並預測其未來的變化。《春秋》判明歷史上的是非，長處是可以用來治理百姓。人們可以同時掌握這六種學問的長處，但不能一一舉出它們各自的詳盡細節。因此作為一國的君主在學習六藝時，如果學得太簡略而知識淺薄，就會變得愚昧淺陋；如果廣泛涉獵而掌握不住要點，又會對學業發生厭倦情緒。這二者失誤的情況雖然不同，但同樣地應當受到貶責。它們在學業上造成的巨大損失必定會到來，對此千萬要仔細審察。因此，善於當老師的人，既要發揚光大地闡述六藝中所包含的道理，又要非常謹慎地進行教學，要根據晝夜的長短及時調整上課時間的早和晚，根據學生的學業水平和接受能力來確定教學內容的多少和教學進度的快慢。造就和培育學生時不求一味趕進度，考核學生時不要去故意難為他，觀察他平時的學習狀況，從他的興趣愛好入手來引導他認真學習，這樣就能做到不花費太大的力氣來取得最大的學習效果。這可以說是聖人教化學生的方法，我主張這樣去做。

【研　析】本章著重闡明六藝的重要性、特徵及其傳授之道，看上去有點突兀。因此，蘇輿在《春秋繁露義證》中引錢唐語云：「此節泛論六藝與前後不類，不知何篇之文錯簡於此。」

其實，本章不僅與〈玉杯〉篇中前後各章有其內在的邏輯聯繫，而且是〈玉杯〉篇的要旨所在，是本篇的文眼。前面從文公喪娶楔入，是為了說明人性中兼具善惡，必須「教之而後善」，人性中之惡也要求通過教育來在事先防止與禁制其發作。總之，統治者必須接受六藝的教育，才能涵養本性中的善，防禁本性中的惡，董仲舒講《春秋》，是為了向弟子們傳授如何為王者師，並不是為知識而傳授知識。因此，強調六藝的重要性、特徵及其傳授方法始終是他重要的教學目標。本章泛論六藝後，下面便轉入《春秋》中具體事例的剖析，著力於闡明《春秋》大義，發揮其「正是非」與「長於治人」的作用。由此可見，本章在〈玉杯〉篇中承上啟下，是本篇的綱。有了它，全篇才能綱舉目張，全盤皆活。不然，〈玉杯〉篇中的內容便成了一盤散沙了。

古代的貴族教育，名目雖然各有不同，但大致上不出六藝的範圍。古代對王者即天子與諸侯的培育與教養，尤為重視；因為六藝中總結了統治百姓的經驗，是治理國家所不可或缺的重要內容。《國語・楚語上》就記載了申叔時論傳太子之道，說：「教之《春秋》，而為之聳善而抑惡焉，以戒勸其心；教之《世》，而為之昭明德而廢幽昏焉，以休懼其動；教之《詩》，而為之導廣顯德，以耀明其志；教之《禮》，使知上下之則；教之《樂》，以疏其穢而鎮其浮；教之《令》，使訪物官；教之《語》，使明其德，而知先王之務用明德於民也；教之《故志》，使知廢興者而戒懼焉；教之《訓典》，使知族類，行比義焉。」這九門科目中，《詩》、《禮》、《樂》、《春秋》與六藝同，但缺少《易》與《書》，又多出了《令》、《語》、《故志》、《世》、《訓典》五門。《令》指先王之官法、時令；「使訪物官」是使議知百官之事業。《語》指治國之善語，左丘明的《國語》即彙編周、魯、齊、晉、鄭、楚、吳、越八國之《語》而成。《故志》是記述前世成敗之書，即前代的治國經驗。這三個科目的內容在六藝中是由《書》(《尚書》)所包含與承擔的。《世》指先王之世系。《訓典》重在惇序九族，這是由於楚在當時被認為是蠻夷之邦，中原各國雖受其威懾但並不心服，動輒曰「非我族類，其心必異」，將楚國當成異類看待。因此，楚國貴族教育強調這兩門學科是為了抬高其祖先的地位，標榜自己出自天潢貴裔而非草莽之徒。至於《易》這門被孔子極其看重的學問，申叔時卻根本不提。這是由於《易》起源於占筮，是卦辭的彙編與闡釋。南方的楚國好巫覡之風，要問吉凶時不靠卜卦而由巫覡代表神來預言。因此，《易經》雖然在今天被認為是華夏文化的源頭，中國文化的第一篇章；但在當時的楚國卻不被重視，與中原各國重視《易》的情況迴然相異。

一九九三年十月，湖北荊門郭店楚墓出土了八百餘竹簡，墓主是楚懷王太子橫的老師。橫就是後來的楚頃襄王。墓中出土的竹簡經整理後，有道家著作兩種：《老子》與《太一生水》。儒家著作十一種：《緇衣》、《魯穆公問子思》、《窮以達時》、《五行》、《唐虞之道》、《忠信之道》、《成之聞之》、《尊德義》、《性自命出》、《六德》、《語叢》。簡文中既無世譜和故史，也無經書，因為此墓曾被盜，或許那些簡文已被盜去或遭毀。現存簡文以儒家為主，以道家為輔，結合墓主的身分是楚太子的師傅來看，可知六藝為王者學習的課程由來已久。

本章關於教師教育學生的態度、目的和方法等論述，有不少可取之處，如明確教學目標在於培養和造就學生，因而從課時的安排、教學內容的份量、教學進度的掌握、考核時不為難學生、教學中力求費力少而收效大與從學生的興趣愛好出發來引導學生努力學習等，處處以學生為中心，是教師圍著學生轉而不是學生圍著教師轉。這些經驗即使是在今天，對那些一味強調灌輸甚至進行填鴨式教學的教師，同樣可以有借鑒作用。我們當然也應注意到，董仲舒之所以如此細緻入微地講這些道理，與教育的對象是王者而不是一般士民有關。師道固然尊嚴，但如果惹得王者發起怒來，那就不僅無法維持尊嚴，而且很可能要斯文掃地了，明代的廷杖就是一個著名的例證。

第六章

《春秋》之好微與❶，其貴志也❷。《春秋》修本末之義❸，達變故之應❹，通生死之志❺，遂人道之極者也❻。是故君殺賊討，則善而書其誅❼。若莫之討，則君不書葬，而賊不復見矣❽。不書葬，以為無臣子也。賊不復見，以其宜滅絕也。今趙盾弒君，四年之後，別牘復見，非《春秋》之常辭也❾。古今之學者異而問之，曰：「是弒君何以復見？猶曰：賊未討，何以書葬❿？何以書葬者，不宜書葬也而書葬。何以復見者，亦不宜復見也而復見。二者同貫，不得不相若也⓫。盾之復見，直以赴問⓬而辨不親弒，非不當誅也。則亦不得不謂悼公之書葬，直以赴問而辨當故弒⓭，亦不當罪也。若是則《春秋》之說亂矣，豈可法哉⓮！」「故貫比而論是非，雖難悉得，其義一也⓯。今誅盾無傳，弗誅無傳，不交無傳⓰，以比言之法論也⓱，無比而處之，誣辭也。今視其比，皆不當死，何以誅之⓲？《春秋》赴問數百，應問數千，同留經中。憣援比類，以發其端⓳，卒無妄言而得應於傳者。今使外賊不可誅，故皆復見，而問曰：『此復見，何也？』[20]言莫妄於是，何以得應乎？故吾以其得應，知其問之不妄。以其問之不妄，知盾之獄不可不察也。夫名為弒父而實免罪者，已有之矣。亦有名為弒君而罪不誅者，逆而罪之，不若徐而味之[21]。且吾語盾有本，《詩》云：『他人有心，予忖度之。』[22]此言物莫無鄰[23]，察視其外，可以見其內也[24]。今按盾事而觀其心，願而不刑[25]，合而信之，非篡弒之鄰也[26]。按盾辭號乎天[27]，苟內不誠，安能如是？故訓其終始，無弒之志，挂惡謀者，過在不遂去，罪在不討賊而已[28]。臣之宜為君討賊也，猶子之宜為父嘗藥也[29]。子不嘗藥，故加之弒父。臣不討賊，故加之弒君，其意一也。所以示天下廢臣子之節，其惡之大若此也。故盾之不討賊為弒君也，與子之不嘗藥為弒父無以異。盾不宜誅，以此參之。」問者曰：「夫謂之弒，而有不誅，其論難知，非眾之所能見也[30]。故赦止之罪，以傳明之[31]。盾不誅，無傳，何也[32]？」曰：「世亂義廢，背上不臣，篡弒覆君者多[33]，而有明大惡之誅，誰言其誅[34]？故晉趙盾、楚公子比皆不誅之文[35]，而弗為傳，弗欲明之心也。」問者曰：「人弒其君，重卿在而弗能討者，非一國也[36]。靈公弒，趙盾不在。不在之與在，惡有厚薄。《春秋》責在而不討賊者，弗繫臣子爾也[37]；責不在而不討賊者，乃加弒焉，何其責厚惡之薄、薄惡之厚也㊳？」曰：「《春秋》之道，視人所惑，為立說以大明之。今趙盾賢而不遂於理，皆見其善，莫知其罪，故因其所賢而加之大惡，繫之重責，使人湛思而自省悟以反道㊴，曰：『吁！臣君之大義，父子之道，乃至乎此！』此所由惡薄而責之厚也。他國不討賊者，諸斗筲之民，何足數哉㊵？弗繫人數而已。此所由惡厚而責薄也。《傳》曰：『輕為重，重為輕。』非是之謂乎？故公子比嫌可以立，趙盾嫌無臣責，許止嫌無子罪㊶。《春秋》為人不知惡而恬行不備㊷也，是故重累責之，以矯枉世而直之。矯者不過其正，弗能直，知此而義畢矣。」

【章旨】本章從重點剖析趙盾弒君入手，兼及許世子止弒父、楚公子比弒君兩事，用以闡明《春秋》責備賢者之意，並由此而論述君臣大義與父子之道。

【注釋】❶春秋之好微與　《春秋》之微有兩層不同的涵義。一是微言，即「於所見世微其辭」，如逐季氏言又雩之類，那是因為「義不訕上，智不危身。故遠者以義諱，近者以智畏」，微言是為了全身避禍。二是微旨，即所謂事別美惡之細，行防纖芥之萌，寓意微渺，使人深思，比貫連類，以得其意，如本章之勸忠則罪趙盾、勸孝則罪世子止之類。本書〈精華〉篇云：「今《春秋》之為學也，道往而明來者也。然而其辭體天之微，故難知也。弗能察，寂若無。能察之，無物不在。」所以，康有為認為《春秋》：「若非董子發體微、難知、得端、貫博之例，則凡萬八千字會盟、征伐，寥寥大義，何能治天下哉？」（康有為《春秋董氏學》卷二）❷其貴志也　志，指行為人思想動機的善惡，即「禮所重者在其志。志敬而節具，則君子予之知禮」。又「《春秋》之聽獄也，必本其事而原其志」。這就是以案犯的思想動機來論罪。微詞之所指，往往與「志」相聯繫。❸春秋修本末之義　修本末之義，指由本逮末，皆循其自然之理，即強調守經之義，也就是說處理事物時要堅持原則性。本書〈玉英〉篇：「《春秋》理百物，辨品類，別嫌微，修本末者也。」❹達變故之應　變故，即適權，亦稱變禮或權變，即在特殊情況下處理事物時要有靈活性。如本書〈玉英〉篇云：「《春秋》有經禮，有變禮。為如安性平心者，經禮也。至有於性雖不安，於心雖不平，於道無以易之，此變禮也」；「夫權雖反經，亦必在可以然之域。不在可以然之域，故雖死亡，終弗為也。」經禮，指原則性；變禮，指靈活性。但權變也必須在經義允許的範圍之內，否則就寧可死亡也不能去做。❺通生死之志　以賢者之志以達其義，從不肖者之志以著其惡。無論是賢者或不肖者，也不論是生者或死者，《春秋》都將他們的心志充分表露出來以勸誡世人。❻遂人道之極者也　人道以仁義信禮為尚，反其道而生，不如由其道而死；反其道而勝，不如由其道而敗，做到了這一步，便是達到了人道的極致之境。❼是故君殺賊討二句　殺，當作弒。指《春秋》的筆法，如果君被臣弒後，弒君之賊被討，則記載其賊已遭誅之事。如魯隱公四年（西元前七一九年）三月，《春秋》記載：「衛州吁弒其君完。」《春秋》又接著記載：「九月，衛人殺州吁於濮。」❽若莫之討二句　指依照《春秋》的義例，如果弒君之賊尚未被討伐，則不書君之安葬，而《春秋》的記載中再也不提起弒君之賊的名字。如魯隱公十一年（西元前七一二年），《春秋》記載：「冬，十有一月壬辰，公薨。」《公羊傳》云：「何以不書葬？隱之也。何隱爾？弒也。弒則何以不書葬？《春秋》君弒賊不討不書葬，以為無臣子也。」又，魯襄公二十五年（西元前五四八年），《春秋》記載：「齊崔杼弒其君光。」由於崔杼未受征討被戮，《春秋》在記載上便不再出現崔杼的名字。❾今趙盾弒君四句　趙盾，晉國大夫，長期執掌晉國國政，被人們目之為賢相。趙盾弒君，指《春秋》在魯宣公二年（西元前六〇七年）記載：「晉趙盾弒其君夷獋。」夷獋，晉靈公之名。據《左傳》宣公二年記載：晉靈公要殺趙盾，趙盾出逃。這時，趙穿殺了晉靈公，趙盾得知後回來了。晉國太史董狐在史冊上記載：「趙盾弒其君。」趙盾不服，董狐說：「你是晉國正卿，逃亡沒有走出國境，回朝以後又不討賊，弒君的罪名當然要算在你的頭上。」孔子聽到這件事後說：「董狐，古之良史也，書法不隱。趙宣子，古之良大夫也，為法受惡。惜也，越境乃免。」孔子雖然同情趙盾，說是他出了國境就不受這冤枉罪了，但他修《春秋》時，同樣也是毫不留情地直書「晉趙盾弒其君」。別牘復見，指《春秋》在魯宣公六年（西元前六〇三年）記載：「晉趙盾、衛孫免侵陳。」復見趙盾之名，違反了弒君之賊不復見的書法義例，所以這裡說它是「非《春秋》之常辭」，而屬於「變故」一類的案例。《公羊傳》對此有一番議論：「趙盾弒君，此其復見何？親弒君者，趙穿也。親弒君者趙穿，則曷為加之趙盾？不討賊也。何以謂之不討賊？晉史書賊曰：『晉趙盾弒其君夷獋。』趙盾曰：『天乎，無辜！吾不弒君，誰謂我弒君者乎！』史曰：『爾為仁為義，人弒爾君而復國不討賊，此非弒君如何？』」❿賊未討二句　《春秋》在魯昭公十九年（西元前五二三年）記載：「夏五月戊辰，許世子止弒其君買。」許，許國。世子止，許悼公的太子止。買，許悼公之名。《左傳》云：「許悼公瘧，五月戊辰，飲太子止之藥卒。」《春秋》在同年冬天又記載道：「葬許悼公。」這又是違反了《春秋》書法的義例，因為沒有人去聲討世子止，世子止並沒有受戮，因此按理許悼公不得言葬。事實的真相是世子止只是進藥時事先沒有親口嘗藥，所以許悼公死後，《春秋》便記載他弒君以責備他沒有盡孝道。《公羊傳》對此評論說：「賊未討，何以書葬？不成于弒也。曷為不成于弒？止進藥而藥殺也。止進藥而藥殺，則曷為加弒焉爾？譏子道之不盡也。」「止進藥而藥殺，是以君子加弒焉爾。曰：『許世子止弒其君買』，是君子之聽止也；『葬許悼公』，是君子之赦止也。赦止者，免止之罪辭也。」《公羊傳》認為《春秋》記載「葬許悼公」是表示孔子饒赦了世子止，免去他的罪責。⓫二者同貫二句　指趙盾弒君與許世子止弒父這兩件事在性質上類同，所以《春秋》用變通的方法處理時也不得不相似。⓬直以赴問　赴問，當作「起問」，即發問之意。此處指有人直接發問。⓭而辨當故弒　蘇輿《春秋繁露義證》中作「而辨不成弒」，兩者異辭而同義。前者指辨明許止不能成為親弒，後者指許止的行為相當於故意弒君。⓮若是則春秋之說亂矣二句　指上述《春秋》記載趙盾弒君而復見與許止弒其君而書葬之事，擾亂了《春秋》書法的義例，怎麼能為後人所效法呢？自「是弒君者何以復見」到「豈可法哉」為作者設問之句，以下為設答之句。⓯故貫比而論是非三句　指通過前後貫串類比而論證孔子在《春秋》中的所是所非，雖然細節很難全部都弄清楚，但其義理應當是一以貫之的。⓰今誅盾無傳三句　「不交無傳」四字疑是衍文。今誅盾無傳，其中的「無」字疑為「有」字之訛。傳，指《春秋》經文上的記載。此句應為「今誅盾有傳」，指《春秋》在文字上誅伐趙盾弒君之罪，見於魯宣公二年秋九月。弗誅無傳，指赦盾之罪沒有明確的文字說明，而對許止則通過「葬許悼公」表示已赦其罪。⓱以比言之法論也　以比言之，指通過類比來論斷。法論，指《春秋》依據禮法所作的論斷。本書〈正貫〉篇：「論罪源深淺定法誅。」此處的意思是現在通過類比來推斷孔子在《春秋》中依照禮法所作的論斷。⓲今視其比三句　指現在通過類比，如趙盾與許止，都不應當死於《春秋》之法，為什麼又給他們加上「弒君」的罪名來口誅筆伐呢？⓳播援比類二句　此句指通過反覆援引和分類比較，可以發現其中的端緒和脈絡。播，當作繙，反覆。⓴今使外賊不可誅五句　外賊，指夷狄。《春秋》有內外之別。如本書〈王道〉篇云：「故內其國而外諸夏，內諸夏而外夷狄。」此處指他國或夷狄的惡人殺了本國的國君，國人不能誅殺他，而在《春秋》經文中再次出現，據此而問：「此復見，何也？」㉑逆而罪之二句　逆而罪之，其他版本作「逆而距之」，似較《四庫全書》本為妥。此句指由於內心的反感而拒絕接受，不如慢慢地細心體味其中的道理。㉒詩云三句　詩，指《詩經》。引文見《詩・小雅・巧言》，原詩諷刺統治者因聽信讒言而禍國殃民。這兩句詩的意思是「別人有心進讒言，我能揣度猜測到」。此處指趙盾若有弒君之心，必定能用心體味而忖度到這件事。㉓此言物莫無鄰　指事物和人的行為都有與其相聯繫的徵兆和跡象。㉔察視其外二句　指察視其外在的行為表現，可以看到其內心的思想動機，即觀微可以知著，鑒往可以知來。㉕愿而不刑　愿，忠厚；善良。刑，傷害。此處指趙盾內心善良而不願傷害他人。㉖合而信之二句　指結合趙盾內心的思想動機和外在的行為表現來看，可以信賴他並非是與篡弒之輩相鄰的人物。㉗按盾辭號乎天　指《公羊傳》宣公六年記載：「晉史書賊曰：『晉趙盾弒其君夷獆。』趙盾曰：『天乎，無辜！吾不弒君，誰謂我弒君者乎！』」晉史，指晉國太史董狐。他在史冊上記載：「趙盾弒其君。」趙盾不禁喊冤叫屈：「天呀，我是無辜的呀！我沒有弒君，哪個沒良心的來冤枉我是弒君者呀！」㉘挂惡謀者三句　指趙盾之所以被《春秋》掛上惡名，是由於他出亡沒有越過國境，回到朝中又沒有聲討弒君的趙穿，事出《左傳》宣公二年中董狐對趙盾的答覆：「子為正卿，亡不越境，反不討賊。」㉙臣之宜為君討賊也二句　此處又引許世子止弒父之事與趙盾弒君事作比。劉向敘述此事說：「許悼公得了瘧疾，喝了藥汁而死去。太子止責備自己不應當進藥之前不嘗藥，不肯即位，與他的弟弟緯專一起哭泣，悲痛到吃薄粥時連一粒飯米也嚥不下去，不到一年就死去了。所以，《春秋》認為他是有義之士。」（見《新序・節士》）㉚非眾之所能見也　盧文弨認為眾字當為蒙字。他說：「舊本訛作董，或改作眾，皆非也。此自卑小之稱，當作蒙。」《四庫全書》本作「眾」，下注：「案他本眾作董。」其實，眾字作普通人解釋，蒙或董，蒙，蒙懂之意，即模糊不明，是問者的自謙之辭。眾、蒙、董三字在古代可通借。㉛故赦止之罪二句　赦止之罪，指《春秋》書「葬許悼公」。《公羊傳》認為就是孔子赦止之罪的證據。㉜盾不誅三句　指趙盾的不誅，缺少如許世子止那樣的文字說明，那又是為什麼呢？㉝世亂義廢三句　司馬遷曾寫道：「《春秋》之中，弒君三十六，亡國五十二，諸侯奔走不得保其社稷者不可勝數。」（《史記・太史公自序》）由此可見當時背上不臣、篡弒覆君之多。㉞而有明大惡之誅二句　有，通「又」。大惡之誅，盧文弨云：「疑當作大惡之不宜誅。」指《春秋》若明言趙盾之大惡不宜口誅筆伐，誰又該說是由於篡弒而應當被口誅筆伐的人呢？㉟故晉趙盾楚公子比皆不誅之文　楚公子比，楚共王之子。楚共王有五子：楚康王、公子圍（後改名虔）、子比、子皙、棄疾。

康王立十五年卒，其子員立，為公子圍所殺。圍即位，是為楚靈王。當時子比出奔晉國，棄疾得楚靈王信任，在國內執政。楚靈王十二年（西元前五二九年），靈王在乾溪。棄疾召子比自晉歸國，在楚都發動政變，殺靈王太子及少子，立子比為王。靈王感到眾叛親離，遂自縊而死。棄疾又利用楚靈王下落不明的情況，製造楚靈王興兵討伐復國的輿論，逼公子比與子晳自殺，並由自己即位，是為楚平王。《春秋》在魯昭公十三年（西元前五二九年）夏四月記載：「楚公子比自晉歸于楚，弒其君虔于乾溪。」《公羊傳》云：「比弒其君，其言歸何？歸無惡於弒立也。」「楚公子棄疾脅比而立之。」又《春秋》同時又記載：「楚公子棄疾弒公子比。」《公羊傳》云：「比已立矣，其稱公子何？其意不當也。其意不當，則曷加弒焉爾？比之義宜乎效死不立。」按理公子比在楚靈王殺侄自立時出奔，十三年後歸國，楚靈王圍自縊，所以公子比自己認為對圍無一日君臣之義，何況這次政變的主謀者是公子棄疾。然而，孔廣森在《春秋公羊通義》中指出：「君子惡比受棄疾之君己而樂成其弒也，故歸弒於比以為後世大防。比不立而殺虔謂之討賊，比立而殺虔是弒而已矣。」這就是說，孔子憎惡公子比接受棄疾擁立他為君主而贊成棄疾發動的政變，所以加給他弒君的罪名。他如果不同意立自己為君主，殺楚靈王謂之討賊。如今他同意棄疾擁立自己為君主，那就得加上弒君的惡名。

㊱人弒其君三句　重卿，指實際執掌國政的卿，如晉國的趙盾。此處指他人弒殺國君，執政的卿在朝而不能討賊，這種情況並非只有一國是這樣。意思是何必對趙盾苛求？

㊲春秋責在而不討賊者二句　指《春秋》責備那些在朝而不能討賊的重卿根本不配為臣為子。《公羊傳》隱公十一年：「《春秋》君弒賊不討，不書葬，以為無臣子也。子沈子曰：『君弒，臣不討賊，非臣也。子不復讎，非子也。葬，生者之事也。《春秋》君弒賊不討，不書葬，以為繫乎臣子也。』」

㊳何其責厚惡之薄薄惡之厚也　《春秋》為什麼對罪惡深重的責備得輕而對罪惡較輕的責備得重？

㊴故因其所賢而加之大惡三句　湛思，深思。意謂重責賢者，能使人深思而省悟自身的過失，以為勸誡，即孔子所說的「見賢思齊焉，見不賢而內自省也」（《論語・里仁》）。清代錢大昕云：「《公羊傳》、《春秋》責賢者備，以其為賢者故責之。責之雖備，而其賢自在，所以為忠厚也。管仲器小，不害其為仁，臧武要君，不害其為知。孟公綽不可為滕薛大夫，不害其為廉。宰我、冉有，《論語》屢責之，不害其為十哲。聖人議論之公，而度量之大如此。王者知此道，則可無乏才之歎。儒者知此道，則必無門戶之爭矣。」（《十駕齋養新錄》十八）

㊵他國不討賊者三句　他國，指諸夏以外夷狄諸國。斗筲之民，指才識短淺的小人。斗和筲都是很小的容器。《論語・子路》：「斗筲之人，何足算也！」對小人不算其人數。蘇輿案：「賢者可以理論，而下愚不足齒數。罪顯易聽，鈇鑕治之，非筆削所能懲。其恕也，乃其所以為嚴也。《傳》所

謂不疾乃疾之意也。是故《春秋》之義，責下輕而責上重，責小人恕而責君子愈嚴。」簡言之，就是以鈇鑕治小人，以筆削責君子。㊶故公子比嫌可以立三句　嫌，嫌疑。本書〈楚莊王〉篇云：「《春秋》常於其嫌得者，見其不得也。」此處指《春秋》闡明公子比涉嫌可以立，即聽從棄疾擁立己為國君；闡明趙盾涉嫌未能盡為臣應盡之職，即董狐所言之「子為正卿，亡不越境，反不討賊」，因而稱「趙盾弒其君」；闡明許止未能盡為人子之道，即許止沒有為父嘗藥，導致許悼公飲藥而死。《公羊傳》云：「曷為加弒焉爾？譏子道之不盡也。」㊷春秋為人不知惡而恬行不備　此處指《春秋》深恐人們不知其惡而安心去做，對此不作任何戒備。恬行，安心去做。

【語譯】《春秋》歡喜作微言大義，因為它看重人行為動機的善惡。《春秋》闡明事物應分辨其主次輕重的道理，明察如何應付事物的變例，通曉選擇生或死的義理，進而達到為人之道的最高境界。《春秋》筆法的原則是如果國君被弒，而弒君之賊已遭聲討而受戮，《春秋》便肯定此事並明文記載逆賊已被誅殺。如果沒有能討滅弒君之賊，便不記載這個國君的葬禮，並且這個弒君的逆賊在《春秋》中再也不會出現了。不書葬禮，是表示君主身旁沒有能忠心盡責的臣子。逆賊的姓名不再在記載中出現，是認為這個人應該滅絕而不再活在世間。現在晉國的趙盾弒殺國君。四年以後，趙盾在另一處記載上又出現了，這不是《春秋》常見的記事方式。古今學者感到奇怪而發問：「這個弒君的趙盾為什麼在《春秋》中再次出現？這好比是說：還沒有討伐弒君的逆賊，為什麼記載了國君的葬禮？責問《春秋》為什麼記載了國君的葬禮，意思是說這次葬禮是不宜記載但卻作了記載。責問為什麼逆賊的姓名再次出現，也是說他的姓名不宜再在《春秋》上出現但卻又一次出現了。這兩件事在性質上互相貫通，在記載上也不能不相似。趙盾在《春秋》中再次出現，只是因為有人發問，才通過這種方式來辨明他沒有親自弒君，並不是認為不應當對他進行口誅筆伐。那麼，就不能不說是《春秋》所以記載許悼公的葬禮，只是因為有人發問，才通過這種方式來辨明許世子止不過是相當於故意弒父而沒有真正弒父，但並不認為許止沒有為父親嘗藥可以無罪。如果是這樣的話，《春秋》中充滿了自相矛盾的混亂說法，它又怎麼能為後世所效法呢？」

（答：）「將《春秋》上記載的史事前後貫穿、分類比較來論定是非，雖然很難完全弄清楚，但其中的基本道理是一以貫之的。現在《春秋》中有對趙盾進行口誅筆伐的文字，卻沒有赦免他罪責的言辭。對此，只有根據同類的事例進行比較，才能得出公正的結論；不和同類事例作比較就輕率地作出結論，那就是誣陷不實之辭，難以令人信服。現在通過同類事例如趙盾、許止等人作比較，兩人依法都不應當被《春秋》處以死罪，《春秋》又為什麼以「弒君」罪名來對他們進行口誅筆伐呢？《春秋》提出的問題有數百條，回答提問的有數千條，都保留在《春秋》的經文中，只要反覆援引同類事件進行比較，不難發現其中的脈絡，在經傳中始終找不到什麼荒誕不經的話。其他國家的惡人殺了本國的國君，國人沒有能誅殺這個惡人，而他的名字又在《春秋》中再次出現，如果有人因此而發問：『這個人為什麼在《春秋》中再次出現？』這種問話可以說是再也荒謬不過的了，怎麼能從經傳的文字上找得到相應的回答呢？那些可以從經傳中找得到相應回答的問題，足以證明它的發問並不荒謬。從這一發問的並不荒謬，由此可以推知『趙盾弒君』這一案例不可不細細體察。名其為弒父而實際上已赦免其罪名的，在《春秋》中已經有這樣的先例。《春秋》中也還有名其為弒君而不聲討其罪行進行口誅筆伐的例子。我們與其因為心中反感而排斥它，倒不如慢慢地品味其中的道理。何況這樣評論趙盾是有根據的。《詩經》上說：『別人有讒佞之心，我能揣度得到。』這是說任何事物都有與它相類似的例證。只要看它的外在表現，便可知道它內在的動因。現在我們根據趙盾的案例來觀察他的內心世界，他為人謹厚老實而不會傷害別人，綜合他的言行和內心活動來考察，可以相信他不是篡弒君主的那一類人。從趙盾對史官董狐那樣呼天搶地叫屈的情況來看，如果他內心不真誠，怎麼會有這種表現呢？所以順著事情的原委去探求，趙盾確實沒有弒害晉靈公的意思。他之所以被掛上弒君的惡名，過失在於他出亡沒有越出晉國國境，返朝後又沒有討伐逆賊罷了。臣子應該為國君討伐弒君的逆賊，就好比是兒子應該為父親先嘗藥一樣。兒子沒有在事先為父親嘗藥，所以加上弒父的罪名，臣子不討伐弒君的逆賊，所以加以弒君的罪名。二者的道理是一樣的。這是通過歷史來昭示天下，如果臣子不能恪盡臣職，他的罪惡之大可以達到如此嚴重的地步。所以，趙盾因為不討伐逆賊而被加上弒君的罪名，與許止不為父親先嘗藥而被加上弒父的罪名並沒有什麼不同。因此，趙盾的不應該受到口誅筆伐，從上述內容可以參證。」

問：「既說趙盾弒君，又不對他進行口誅筆伐，這種說法難以理解，不是一般人所能弄明白的。赦免許世子止的罪行，《公羊傳》上說得很明白了。但趙盾的不受口誅筆伐，經傳上沒有文字加以說明，這是為什麼呢？」

答：「當時世局混亂不堪，道義遭到廢棄，背叛君主、不守臣節、篡權弒君、顛覆國家的人很多。如果《春秋》明確地宣稱趙盾這種犯大惡者可以不受口誅筆伐，那麼還有誰該遭受口誅筆伐呢？所以晉國的趙盾、楚國的公子比都屬於不應該受到口誅筆伐的對象，但經傳在文字上都沒有明確的表示，那是因為作者內心就不想把這層意思明白地說出來。」

問：「有人弒殺了國君，在朝執政的卿相卻不能去討伐，這種情況並非晉國一國所獨有。晉靈公被弒時，趙盾當時不在朝廷，不在朝的與在朝的人相較，罪責顯然有輕與重的差別。《春秋》責備那些在朝的卿相而沒有討賊的，認為和這些臣子沒有關係；責備那些不在朝廷而不能討賊的臣下如趙盾那樣的人，卻加上了弒君的罪名。《春秋》為什麼對罪行輕的人的責罰得重，而對那些罪行重的人卻責罰得輕呢？」

答：「《春秋》的宗旨是看準人們容易困惑不解的地方，由此來立論評說，使人們能徹底明白其中的道理。趙盾為人賢明，但他的行為卻不合為臣的道理，人們往往只看到他的善良、賢明而不知道他所犯的罪錯。正因為他有賢明的名聲，所以要加之以弒君的惡名來嚴厲地責備他，使人們由此事得到啟發，進行深思而省悟自己的所作所為，返回到道義的正途上去。人們會說：『啊！君臣之間的大義，父子之間的孝道，原來竟是這樣地嚴肅而認真的！』這就是對罪過輕的人卻責備得重的原因。至於諸夏之外的其他國家中不能討伐逆賊的，只是一些才識短淺的小人，不值得一提，根本就不能把他們計算在人臣之數中的。這就是為什麼對罪過重的人卻反而責罰得輕的緣故。《公羊傳》中說：『罪過輕的責罰重，罪過重的責罰輕。』所指的不正是上述這種情況嗎？所以人們容易困惑於楚公子比可以被立為國君，趙盾對晉靈公被弒不負任何臣子的責任，許世子止對他父親的飲藥而死也沒有不盡子責的罪過，《春秋》因為人們不知這三人的罪錯究竟在哪裡，遇到類似情況會安然自若地依照他們那樣去做而不知道警惕和戒備，所以對他們加重責備，用以矯正當時的社會風氣，使它走到正道上去。矯枉如果不能過正，就不能使社會風氣回到正確的軌道上來。知道了這一點，就能完全而徹底地懂得《春秋》的義理了。」

【研析】本章原文的文字拖沓重複，這是由於《春秋繁露》一書原是董仲舒的講授記錄，由弟子們整理而成。整理者的功力有高有低，故各章的水平參差不齊，這就為語譯時帶來不少困難。今為力求保持原貌，本章仍採取逐字逐句的直譯方式。至於本章的主題，則是董仲舒通過對《春秋》的剖析來闡述君臣大義與父子之道，對倫理學中的忠與孝這兩個觀念作了深入的探討。

中國古代社會是農業社會，其社會結構是以家庭為基礎、家族為本位的宗法制度。家庭不僅是生殖的單元，而且還是社會的、經濟的、教育的、政治的，乃至宗教的、娛樂的單元。社會與政治的單元不是個人而是家庭。家庭中的成員以父與子的關係為主軸，其他種種關係都以這一主軸為中心而展開，家長則代表著傳統與權威，家庭中的其他成員只有服從的義務，並無獨立的人格。這就是「孝」這一觀念的社會基礎。父子關係不僅作用於家庭之中，而且擴及宗族乃至於國家。中國古代的君臣關係，其實是父子關係的投射，政治關係則是家庭關係的延長。這就是「忠」這個觀念的社會基礎。

先秦的諸子百家，雖然各持一說，互相攻擊，但沒有人敢於大膽攻擊忠和孝這兩個觀念的。在當時的各家學說中，將這兩個觀念抬高到全社會所必須遵奉的共同道德的地位，並不遺餘力地進行全面闡發的還得推儒家。

儒家將「孝」看成是人道之始。孔子在《論語》中曾反覆闡述了「孝」的觀念。孔子說：「父在，觀其志；父沒，觀其行。三年無改於父之道，可謂孝矣。」（《論語・學而》）父親是怎樣做的，兒子也應當怎樣去做，不准有絲毫改革、創新，否則就是不孝。孝不僅體現在「無改於父之道」這種大事上，而且也體現在日常生活這種小事上。「子夏問孝。子曰：『色難。有事弟子服其勞，有酒食先生饌，曾是以為孝乎？』」（《論語・為政》）這就是說，時時處處都要盡孝，要承順父母的心意，始終和顏悅色地侍奉父母，要做到這一點是比較困難的。否則，即使是有事時能為父兄效勞，有酒食先讓父兄品嚐，難道就算是孝子嗎？

要盡孝，孔子認為首先得對父母有恭敬之心，也就是對父母之命要無條件服從、執行。「子游問孝。子曰：『今之孝者，是謂能養。至於犬馬，皆能有養。不敬，何以別乎？』」（《論語・為政》）這是指能供養父母並不能算孝，養狗養馬也是養。如果對父母沒有恭敬之心，不能唯命是從，只是供養而已，那和養狗養馬又有什麼區別呢？又如關於三年之喪，孔子的學生宰我認為太長了。孔子聽了很反感，等到宰我走後，慨歎道：「予（即宰我）之不仁也！子生三年，然後免於父母之懷。夫三年之喪，天下之通喪也。予也有三年之愛於其父母乎？」（《論語・陽貨》）為什麼要服三年之喪？因為子女要到三歲後才能離開父母的懷抱，所以要服三年之喪來表示對父母的懷念。宰我嫌三年之喪太長，就是不仁。

孔子對學生們論述「孝」的觀念，因人因時因地而異。但他關於「孝」的基本觀念是一以貫之的。這就是單單在物質上供養父母不能算孝。要盡孝，得三年無改於父之道，要時時處處對父母先意承志，刻意承歡，要有恭敬之心，父母之命不可違，還得觀其志，也就是內心的誠敬程度。董仲舒在本章一開頭就說：「《春秋》之好微與。其貴志也。」就正是這種觀念的體現。

「忠」的觀念，是「孝」的觀念在政治上的延伸。《論語》上有這樣一則記載：「或謂孔子曰：『子奚不為政？』子曰：『《書》云孝乎惟孝，友于兄弟，施於有政，是亦為政。奚其為為政？』」（《論語・為政》）這裡是指為人孝弟，雖不從政，施於有政，也就是為政。《論語》中的另一則記載可以幫助說明這一觀點。「有子曰：『其為人也孝弟，而好犯上者鮮矣！不好犯上而好作亂者，未之有也。君子務本，本立而道生。孝弟也者，其為仁之本與！』」（《論語・學而》）這裡由孝弟而及於仁恕之道。總之，所有的封建倫常觀念都可由孝的觀念生發開來。《孝經》的〈開宗明義章〉指出：「夫孝，始於事親，中於事君，終於立身。」這裡強調的是事親孝，事君則忠，即所謂「忠臣必出於孝子之門」。董仲舒在本章中將許世子止弒父與趙盾弒君這兩件事相提並論，進行類比，正是對儒家傳統思想的闡發。對此，我們應該看到：古代社會的這種政治倫理化，以倫理的標準來衡量政治上的得失，正是它與現代社會相區別的標誌之一。現代社會要求有非政治化的經濟，非倫理化的政治，非宗教化的倫理。所謂非倫理化的政治，就是要求將政治與倫理劃分開來，即政治的目的不再是教化。現代人把國家看成一種人們在從事自利活動中所必須要的工具。國家所制定的規則使得它更容易幫助大家實現自利的目的。就這個意義上說，國家乃是替人們辦事的工具，而不是教育人民的機構。

本章的重點在於討論「趙盾弒君」，這裡有必要對此談一點看法。清初學者顧炎武曾經這樣說：「穿之弒，盾主之也，討穿猶不能免也。」（《日知錄》卷四「盾弒其君」條）這一論斷並非危言聳聽。趙穿是趙盾的族人，又是趙盾的屬下，趙盾應該深知趙穿之為人。以趙盾之賢，難道事先竟對趙穿之欲殺晉靈公一無所知？趙盾的出亡，有可能是迴避弒君的事態，為他回來後收拾局面留下餘地。不然的話，為什麼出不越境，又為趙穿迎回朝中，而且與趙穿並列朝中為臣（據《公羊傳》記載）。晉景公時，趙盾已死。司寇屠岸賈藉口治靈公之賊欲盡滅趙氏，遍告諸將說：「盾雖不知，猶為賊首，以臣弒君，子孫在朝，何以懲罪，請弒之。」（《史記．趙世家》）當時韓厥反對，屠岸賈不聽，率諸將發兵盡滅趙氏。幸得程嬰與公孫杵臼竭盡全力保護趙氏孤兒，使趙武得以倖存。趙武長大後，賴韓厥之助，攻滅屠岸賈，重興趙氏。從這一段歷史來看，趙盾的確有予人以口實之處。

當然，事情也還有另一側面。趙盾即使弒君，也是被晉靈公逼出來的。晉靈公的確是個無道的昏君。根據《左傳》、《公羊傳》的記載：晉靈公下令眾大夫到內殿朝見，他在臺上用彈弓向大夫們射彈丸，逼使大夫們東奔西跑躲避彈丸，供他取樂。膳宰進獻的熊掌沒有煮熟，晉靈公就打死了他，大卸八塊後命人扔掉。趙盾進諫，反而引起晉靈公的不滿，派人去刺殺趙盾。刺殺不成，他在宮中埋伏甲士，召趙盾赴宴，準備就地格殺，結果又被趙盾逃走。趙盾無可奈何，只得出亡。趙穿趁民眾對國君的不滿，發兵攻桃園，弒靈公，迎趙盾回朝。這一筆賬實在不容易算清楚。按照孔子的說法，君君臣臣，父父子子，如果君不君則臣不臣，父不父則子不子，這裡還是有一點契約論的氣味，權利與義務是對等的。但是，到了董仲舒這裡，便認為即使是君不君，臣不可不臣，只能束手待縛，聽憑誅殺。許世子止弒父，董仲舒認為《公羊傳》中已作了說明，原諒和赦免了他的弒父之罪；而趙盾和公子比，明明《公羊傳》中也作了說明，但董仲舒卻不認這個賬，硬說是經、傳中都沒有文字上的說明，是存心不願意為他們開脫，以此作為對人們的儆戒。這說明在董仲舒的眼中，君臣大義重於父子之道。這是他與孔子的不同之處。所以如此，是由於古代封建宗法制發展到了漢武帝的時代，已具備建立大一統專制制度的條件。董仲舒趁機推波助瀾，提出了《春秋》大一統的觀念，進一步抬高了君權的地位。國被看成是家。皇帝是這個大家庭中最高最大的家長。百姓們是「子民」，皇帝是民之父母。百姓們應當把對父母所盡的孝道，移到對皇帝的盡忠上來。當忠孝不能兩全時，孝得服從於忠。天下無不是的父母，當然也就無不是的君王。哪怕君王明明是個暴君，臣民們仍得為親者諱，為尊者諱，像韓愈那樣地匐伏在地，高喊：「天王聖明兮，臣罪當誅！」流風所被，至今不絕，良可歎也！

卷第二

竹林第三

【題解】篇名〈竹林〉，其義不詳。漢代司馬相如〈上林賦〉有言云：「覽觀《春秋》之林。」《文選》注如淳曰：「《春秋》義理繁茂，故比之於林藪也。」此說似也可以作為一種解釋。

本篇共分五章。第一章以晉楚之間的邲之戰為例，指出夷狄與君子之別，當以其行為是否合於禮義而定，而戰伐之事，後者主先，強調以仁義服人，從而闡明《春秋》敬賢重民、反對戰伐之旨。第二章指出「春秋無義戰」，並通過「偏戰勝於詐戰而不如不戰」這一論斷的剖析，以闡明《春秋》愛人之旨。同時，強調讀《春秋》重在領會其基本宗旨而不必拘泥於文辭。第三章以楚國司馬子反受命窺宋敵情作為案例，肯定其聞城內易子而食後不經請命而作出與宋媾和決定，從而闡明《春秋》之道有常有變，不能墨守成規。當事出非常之時，理應當仁不讓，不必為常禮所囿拘。第四章通過齊頃公一生榮辱轉化的過程，闡明「福之本生於憂，而禍起於喜」之理。同時，將祭仲與逢丑父比較，指出「逢丑父殺其身以生其君」不能算是知權，因為他使國君陷於至辱大羞之境，而《春秋》之義為「君子生以辱，不如死與榮」。第五章通過對「鄭伐許」這一案例的剖析，指出了鄭襄公伐喪叛盟，無信無義；其子鄭悼公以喪伐人，失恩於親，以犯中國。鄭國的擅自興兵侵犯鄰國與在晉楚兩大國之間的依違無常，導致楚與晉對鄭國的夾擊，使鄭國疲敝危困，陷於終生愁苦之境。這全是鄭悼公「行身不放義，興事不審時」的結果，足以為擅自輕易興兵肇戰禍者戒。

本篇要旨在於闡明儒家的戰爭觀，即戰爭必須接受儒家道德倫理的指導，強調愛人，譴責殺伐，以消弭戰爭為理想境界，通篇充滿了強烈的反戰情緒。

第一章

「《春秋》之常辭也，不予夷狄而予中國為禮❶，至邲之戰，偏然反之❷，何也？」曰：「《春秋》無通辭，從變而移❸。今晉變而為夷狄，楚變而為君子，故移其辭以從其事❹。夫莊王之舍鄭，有可貴之美❺。晉人不知其善而欲擊之，所救已解，如挑與之戰❻，此無善善之心，而輕救民之意也，是以賤之，而不使得與賢者為禮。秦穆侮蹇叔而大敗❼。鄭文輕眾而喪師❽。《春秋》之敬賢重民如是❾。是故戰攻侵伐❿雖數百起，必一二書，傷其害所重也。」問者曰：「其書戰伐甚謹。其惡戰伐無辭，何也？」曰：「會同之事，大者主小⓫。戰伐之事，後者主先⓬。苟不惡，何為使起之者居下，是其惡戰伐之辭已。且《春秋》之法，凶年不修舊⓭，意在無苦民爾。苦民尚惡之，況傷民乎？傷民尚痛之，況殺民乎？故曰：凶年修舊則譏，造邑則諱⓮。是害民之小者，惡之小也。害民之大者，惡之大也。今戰伐之於民，其為害幾何？攷意而觀指⑮，則《春秋》之所惡者，不任德而任力，驅民而殘賊之。其所好者，設而勿用，仁義以服之也⑯。《詩》云：『矢其文德，洽此四國。』⑰此《春秋》之所善也。夫德不足以親近，而文不足以來遠，而斷斷⑱以戰伐為之者，此固《春秋》之所甚疾已，皆非義也。」

【章旨】本章以晉楚邲之戰為例，指出夷狄與君子之別，當以其行為是否合於禮義而定，而戰伐之事，後者主先，強調以仁義服人，從而闡明《春秋》敬賢重民、反對戰伐之旨。

【注釋】❶春秋之常辭也二句　常辭，通常的說法。此處指《春秋》通常的做法是對諸侯稱其爵號而不稱其名，如吳楚等國自稱為王，但《春秋》貶之曰子。此類稱號一般只對中原各國的諸侯使用，對夷狄則直呼其名。如《春秋》在魯宣公三年（西元前六〇六年）記載：「楚子伐賁渾戎。」經文中對楚稱子，對賁渾戎只稱其名。賁渾戎在《左傳》作陸渾之戎，《穀梁傳》作陸渾戎，乃古戎人的一支。又如魯宣公九年（西元前六〇〇年），《春秋》記載：「九月，晉侯、宋公、衛侯、鄭伯、曹伯會于扈。」此處對晉、宋、衛、鄭、曹等國皆稱其爵號，因晉、宋、衛、鄭、曹等國都是中原的諸侯國。這種情況在今天遺風猶存，表現為有人在文字上稱呼某人時不書其名而稱其職務，如某董事長、某經理等，以此表示對某人的尊敬和禮遇。❷至邲之戰二句　邲，鄭國地名，在今河南鄭州附近。邲之戰是春秋時期的著名戰役。魯宣公十二年（西元前五九七年）春，鄭國叛楚投晉，楚莊王發兵圍困鄭國，三個月後，攻下了鄭國的都城，鄭襄公肉袒牽羊去迎接楚莊王，低頭認罪，表示願聽憑楚莊王處置。楚國大臣認為應當就此占領鄭國，但楚莊王不聽，下令軍隊後撤，答應與鄭國講和，兩國訂盟，鄭國公子去疾到楚國做人質。六月，晉國援軍至鄭，明知楚、鄭已訂盟講和，但晉軍將領為了邀功，主動進攻楚軍，雙方在邲地進行戰鬥，結果是晉軍大敗。偏然反之，指《春秋》記載此事時，與平常的做法完全相反，將原是夷狄的楚國當成中國的禮儀之邦來看待，而將晉國當成夷狄來看待。《春秋》對邲之戰的記載為「晉荀林父帥師與楚子戰於邲，晉師敗績。」荀林父是晉國大夫，晉軍的統帥。《公羊傳》評論此事云：「大夫不敵君，此其稱名氏以敵楚子何？不與晉而與楚子為禮也。」這就是說，大夫與國君不相當，這裡稱荀林父的名氏與楚莊王並列是為什麼？是不讚許晉國而讚許楚莊王的行為有禮。」何休注曰：「不與晉而反與楚子為君臣之禮，以惡晉也。」徐彥疏曰：「楚莊德進行修，同於諸夏。討陳之賊，不利其土，入鄭皇門而不取其地，既卓然有君子之信。」這裡強調楚莊王的行為合乎道義，等同於諸夏。他征討陳國夏徵舒，但沒有霸占陳國的國土，進入鄭國京城，也沒有占取鄭國的土地，卓然有君子的信義。❸春秋無通辭二句　指《春秋》用辭，常常出現不可貫通的情況。一般的情況是所敘述的事相同則用辭也相同，但也有所敘述的事相同而用辭卻相異，各有它的不同涵義。所以《春秋》的用辭以義為主，事情相同，但它的意義變了，用辭也就隨著變移而不相同。本書〈精華〉篇：「《春秋》固有常義，又有應變」；「《春秋》無達辭，從變從義，而一以奉天。」❹今晉變而為夷狄三句　指楚莊王的言行合乎君子的規範，而晉國的行為卻像夷狄一樣。因此，《春秋》把禮貌的用辭給予楚國一方。這說明《春秋》用辭按照其行為是否符合道義而定，沒有固定不變之理。韓愈〈原道〉云：「孔子之作《春秋》也，諸侯用夷禮則夷之，進於中國則中國之。」清代中葉的《公羊》學，比較重視這一點。他們強調「夷狄入中國則中國之」，只要滿族接納了中國的禮儀，即可以中國視之。❺莊王之舍鄭二句　莊王，即楚莊王。詳見本書〈楚莊王〉篇第一章注❶。舍鄭，指楚莊王攻陷鄭國都城而不佔有鄭國的土地。據《公羊傳》記載：當時楚國將軍子重乃楚莊王之弟，對楚莊王說：「這次戰役中，楚國死了好幾位大夫，士卒死了幾百人，如今君王戰勝了鄭國而不占有，豈不是白費了臣民的力氣？」但楚莊王不聽他的話，認為君子厚於禮而薄於利，要敵對一方的人服罪而不要他的土地，堅持與鄭國訂盟講和。❻晉人不知其善而欲擊之三句　如，通「而」，連詞。此事指晉人不顧楚國已與鄭國達成盟約，仍欲攻擊楚軍，從而挑起邲之戰。據《左傳》、《史記・晉世家》記載：楚莊王圍鄭，鄭向晉告急。晉國派荀林父為統帥，將中軍，先縠為中軍的副帥，率領三軍前往援鄭。晉軍到了河上，聽說鄭國已經降楚講和，荀林父就想率軍回國，說：「救鄭已經來不及，進軍何用？還是等楚軍回去再伐鄭吧。」統領上軍的士會同意荀林父的看法，主張退兵。但中軍副帥先縠剛愎自用，不聽主帥荀林父的指揮，擅自帶領著自己所統率的軍隊渡河。荀林父怕先縠孤軍深入，失陷敵陣，主帥照樣不能辭其咎，被迫率領全軍渡河。於是，晉楚兩國軍隊進行了邲之戰。鄭國剛投降楚國，害怕楚國的強大，反而幫助楚軍攻晉軍。晉軍大敗，殘餘的軍隊潰不成軍，乘夜渡河逃走。先登舟的人急欲返還對岸，後至者攀住船舷不放，舟中士兵急於逃走，舉刀亂砍，船中到處都是砍下的人的手指。楚莊王憑藉此戰的勝利，在與晉國爭霸的較量中占據了上風。《春秋》對邲之戰的記載中，褒楚貶晉，認為楚之所為堪稱君子，而晉之所為，猶如夷狄。❼秦穆侮蹇叔而大敗　秦穆，即秦穆公，秦國國君，姓嬴，名任好，在位三十九年（西元前六五九－前六二一年），春秋五霸之一。蹇叔，秦之大夫，秦穆公的謀臣。據《史記・秦本紀》記載：秦穆公三十二年（西元前六二八年），秦國起兵伐鄭，秦穆公徵詢蹇叔、百里奚的看法。蹇叔表示反對，理由是秦國與鄭國相隔數千里，途中要經過好幾個國家，遠道奔襲，很難獲勝。秦穆公不聽，堅持出兵。百里奚之子孟明視，蹇叔之兩子西乞術與白乙丙都是秦國的重要將領，秦軍由這三人率兵出征。大軍出發的那一天，百里奚與蹇叔兩人在送行時痛哭流涕。秦穆公知道這件事後，發怒說：「我發兵，你們兩人送行時痛哭流涕，沮喪我軍的士氣，是何道理？」兩位老臣說：「不是我們膽敢沮喪我軍的士氣。大軍出發，我們的兒子帶兵前往。我們老了，深恐他們回來得遲，到時我兩人已去世，父子不得相見，所以才哭得那麼傷心！」兩位老臣退朝後對他們的兒子說：「你們的軍隊如果吃敗仗，必定在崤這個地方。」第二年，秦軍襲鄭回師時果然在崤這個地方為晉軍所襲，秦軍大敗，統帥孟明視、西乞術、白乙丙都當了俘虜，後為晉國放回。這就是中國歷史上著名的崤之戰。❽鄭文輕眾而喪師　鄭文，鄭文公，姓姬，名踕，在位四十五年（西元前六七二－前六二八年）。輕眾而喪師，指魯閔公二年（西元前六六〇年），《左傳》記載：「鄭人惡高克，使帥師次於河上，久而弗召，師潰而歸，高克奔陳。」《詩・鄭風・清人》序：「〈清人〉刺文公也。高克好利而不顧其君，文公惡而欲遠之，不能。使高克將兵而禦狄於境，陳其師旅，翱翔河上，久而不召，眾散而歸，高克奔陳。公子素惡高克進之不以禮，文公退之不以道，危國亡師之本，故作是詩也。」這裡說的是高克貪利而不顧國君，鄭文公討厭高克，想疏遠他又不能夠做到，就讓他帶兵在邊境抵禦狄人入侵。同時，對高克及其軍隊置之不理，存心要高克難堪，結果軍隊潰散歸國，高克出奔到陳國去。君臣不和，不能正確處理矛盾，兒戲似地拿軍隊作為爭意氣的工具，置國家利益於不顧，所以鄭國公子素寫了〈清人〉這首詩來譏刺文公。《春秋》的記載是：「鄭棄其師。」貶責鄭文公拋棄了軍隊，輕視民眾的生命。《公羊傳》評論此事云：「鄭棄其師者何？惡其將也。鄭伯惡高克，使之將，逐而不納，棄師之道也。」❾春秋之敬賢重民如是　敬賢，指《春秋》、《公羊傳》敬重賢人蹇叔、百里奚。據《公羊傳》記載：秦穆公將要襲擊鄭國，百里奚、蹇叔勸諫。秦穆公發怒說：「像你們這把年紀，墳墓上的樹都雙手合抱了，你們知道什麼！」百里奚、蹇叔的兒子是出征秦軍的統帥，兩位老人在送行時諄諄囑咐要注意崤山這個地方，原意是想引起秦穆公的警覺，促使他回心轉意，但秦穆公不僅不接受兩人的勸誡和警告，反而一再發怒，訓斥這兩位老臣，最後導致了崤之戰的秦軍覆滅。《春秋》對此事的記載為：「晉人及姜戎敗秦於崤。」《公羊傳》闡發其旨云：「其謂之秦何？夷狄之也。」為什麼要把秦當作夷狄呢？是因為秦穆公不聽百里奚、蹇叔這兩位賢臣的忠告，由此可見《春秋》、《公羊傳》對百里奚和蹇叔這兩位賢臣的敬重。重民，指《春秋》貶鄭文公棄其師而輕其民。劉向《說苑・君道》：「鄭伯惡一人，而兼棄其師，故有夷狄不君之詞。」❿戰攻侵伐　指《春秋》對不同規模、不同程度的戰爭行為的書法。如《春秋》在魯莊公十年（西元前六八四年）記載：「公侵宋。」《公羊傳》對此評論云：「曷為或言侵，或言伐？觕者曰侵，精者曰伐。戰不言伐，圍不言戰，入不言圍，滅不言入，書其重者也。」據何休《春秋公羊傳解詁》解釋：侵，指兵臨其境，用兵較淺，被侵者如果服罪，就引兵離去，用意較粗（觕）。伐，較侵進了一步，指兵侵境後，責之不服，領兵入境，伐擊轉深，用意稍精密。戰，指合兵血刃，比伐在程度上更重。圍，指以兵圍城，兵臨城下。入，指攻入城內。滅，指攻取其國並進行占領。侵、伐、戰、圍、入、滅，依次表示軍隊進攻的程度和戰爭的規模。侵最淺，伐較重，軍隊用鐘鼓，聲討對方罪行。以下一步較一步為重，所以《公羊傳》說寫了戰，就不說伐。寫了圍，就不說戰。寫了入，就不說圍。寫了滅，就不說入，《春秋》只記載程度最重的一次。《周禮・夏官司馬》記載有「九伐之法」，也是分別戰爭程度的不同稱謂。⓫會同之事二句　會同，指會盟。《春秋》記載會盟之事，以大者主小者，大者在先，小者在後。如《春秋》在魯僖公二十八年（西元前六三二年）五月記載：「公會晉侯、齊侯、宋公、蔡侯、鄭伯、衛子、莒子，盟于踐土。」這裡的公指魯僖公，晉、齊、宋、蔡、鄭、衛、莒諸國的先後次序就依照國家的大小、國力的強弱來排列。⓬戰伐之事二句　指《春秋》對戰事的記載，一般以攻伐者為客，被攻伐者為主，反映了《春秋》反對和厭惡戰爭，把同情傾注於被攻伐的國家。如《春秋》在魯莊公二十八年（西元前六六六年）三月記載：「齊人伐衛，衛人及齊人戰，衛人敗績。」《公羊傳》對此評論云：「《春秋》伐者為客，伐者為主，故使衛主之也。」何休注：「伐人者為客，讀伐長言之，齊人語也。」「見伐者為主，讀伐短言之，齊人語也。」這兩個「伐者」的內容是不一樣的，前者是主動攻伐者，後者是被攻伐者，兩者的讀音也不一樣。清代孔廣森認為「長言之」就是讀去聲，表示主動語態（伐人）；「短言之」就是讀入聲，在宋以後形成的北方話中，入派三聲，入聲的伐字讀為陽平，表示被動語態（被伐）。又，魯文公十二年（西元前六一五年）十二月，秦國伐晉，但《春秋》上的記載是「晉人秦人戰於河曲」，將晉人放在秦人的前面，這就是《春秋》筆法的見（被）伐者在先，為主。⓭春秋之法二句　凶年，遇到災荒的年份，災荒包括旱災、水災、兵災等。修舊，修理或裝修舊有的建築設施。此處指《春秋》不主張在凶年裝修或翻新舊有的建築設施，以避免擾民。如《春秋》在魯莊公二十九年（西元前六六五年）

春記載：「新延廄。」《公羊傳》對此評論云：「新延廄者何？脩舊也。脩舊不書，此何以書？譏。何譏爾？凶年不脩。」延廄是馬廄之名。「新延廄」是翻新延廄，是修舊為新。修舊為新原應不作記載，這裡為什麼寫下？是譏諷。為什麼譏諷這件事？是因為凶年不修。⓮造邑則諱　造邑，指修造城邑，性質比修舊要嚴重多了，屬於惡之大者。但《春秋》的義例是對國內，小惡書，大惡不書；對外國，小惡不書，大惡書。所以，對國內造邑的事要避諱。如《春秋》在魯莊公二十八年（西元前六六六年）記載：「冬，築微。大無麥禾。」《公羊傳》對此評論云：「冬既見無麥禾矣，曷為先言築微，而後言無麥禾？諱以凶年造邑也。」麥、禾收成很不好，說明是災荒之年。《春秋》記載上先寫築造微邑，再寫麥禾無收，是為了避諱記載凶年造邑這件事。其實，明眼人見到這一記載，便知道魯莊公在凶年造邑。《春秋》在記載上前後次序顛倒一下，無非是修史者求得自己的心安而已。⓯攷意而觀指　指，宗旨。此處指考察上述用辭的意向，就可以看到《春秋》所指出的宗旨。⓰設而勿用二句　此處指為政理應任德而不任力，兵刑之屬，設而勿用，以仁義服人。《漢書・公孫弘傳》：「得其要則天下安樂，法設而勿用。」《鹽鐵論・論世務》：「兵設而不試，干戈閉藏而不用。」⓱詩云三句　矢，通「施」，施行。引詩見《詩經・大雅・江漢》。此詩是一位詩人敘述周宣王命令召虎帶兵討伐淮夷，興衰撥亂，故作詩歌頌。所引詩句是此詩的結尾。意思是「施行德政惠萬民，協和四方眾諸侯」。⓲斷斷　專一之義，此處指專以武事為治。

【語　譯】問：「《春秋》在用辭上的通常做法是不讚許夷狄而讚許中原諸國為禮儀之邦。但到了記載晉楚邲之戰，態度卻偏偏完全相反，這是為什麼呢？」

答：「《春秋》在用辭上，不存在固定不變的說法，總是隨著情況的變化而不斷改變說法。如今晉國的行為變得像夷狄一樣地不講禮義，而楚國的行為卻變成了彬彬有禮、講信守義的君子，所以在用辭上改變了通常的做法，以適應事態的變化。楚莊王主動放棄對鄭國領土的占領，這是值得人們尊敬和珍貴的美德。晉國軍隊不懂得這種行為應當稱道卻反而去進擊楚國的軍隊，晉國軍隊所要救援的鄭國已經解圍，在這種情況下挑起與楚軍的戰爭，既無肯定他人善行之心，又無拯救鄭國民眾之意，因此，《春秋》鄙視晉國，不讓晉國享有與其他中原各國同樣的禮遇。秦穆公輕侮蹇叔的忠諫，造成了秦軍在崤之戰中全軍覆滅。鄭文公不顧廣大士兵的死活，導致喪師辱國的結果。《春秋》對此表示讚責以敬重賢人和重視民眾。正因為如此，《春秋》對當時多達數百起的戰鬥、進攻、侵略、討伐等各種戰爭，都必定一一加以記載，哀傷人民在戰爭中所遭受的深重苦難。」

問：「《春秋》記載戰爭和討伐之事的態度非常嚴謹，但他厭惡戰爭和攻伐的態度卻沒有在文辭上通過直接讚責表現出來，這是為什麼呢？」

答：「《春秋》在記載有關會盟的事件時，以勢力強盛的大國諸侯來主持和統率勢單力微的小國諸侯。但是，在記載戰爭和攻伐之類的事時，在先後次序上將受攻伐的諸侯國排列在侵略一方的諸侯國的前面。如果不是憎惡這些諸侯國侵略別國的行為，為什麼會讓主動挑起戰端的一方處於下位，這就是《春秋》厭惡戰爭的態度在文字上的表現呀！按照《春秋》的義例，不主張在災荒年內修繕舊的建築設施，目的是不要人民為這些事而勞累受苦。對勞苦人民的事尚且如此厭惡，更何況是傷害人民。對傷害人民的行為尚且如此痛恨，更何況是殘殺人民！正因為這樣，《春秋》對災荒年修繕舊建築的事要加以譏刺，但對魯國災荒年營造城邑的惡行則反而不得不隱諱了。坑害人民小的行為，屬於小惡；坑害人民大的行為，屬於大惡。如今以戰爭和攻伐強加於人民，對人民造成的傷害程度會有多深也就可想而知了。考究《春秋》的用意，可以觀察到它的根本宗旨。《春秋》所憎惡的是不依靠德政而一味迷信武力的使用，驅趕人民走上戰場去遭受屠戮。《春秋》所愛好的是設置了兵和刑但備而不用，依靠仁義去感化人民，使他們心悅誠服地歸順。《詩經·大雅·江漢》中說：『施行德政惠萬民，協和四方眾諸侯。』這就是《春秋》所讚揚的精神。那些德行不足以使鄰邦來親近自己，教化又不足以使遠方的國家和百姓來歸服自己，卻一味依靠武力和戰爭來威脅別國的人，這正是《春秋》最感到痛心疾首的事，因為他們的所作所為完全違背了道義的要求。」

【研　析】本章論述了儒家的戰爭觀。

孔子修《春秋》時所使用的《春秋》筆法，開歷史學用倫理價值尺度評價戰爭之先河。本章所重點評述的邲之戰，就是一個明顯的例證。楚在那時被視為夷狄之國，但《春秋》在記載邲之戰時將它當成君子來看待；晉是中原的諸侯國，而且與周王室同姓，但《春秋》卻把它當成夷狄來看待。這是為什麼呢？董仲舒在這裡指出：楚莊王率兵攻進鄭國都城，鄭襄公肉袒投降，楚莊王並沒有趁機占領鄭國，只要鄭國加盟楚國一方，就撤圍退兵，而且維護鄭國的體面，彬彬有禮，並沒有盛氣凌人地侮辱鄭襄公。反之，晉軍一方明知楚國已撤圍退兵，卻為了邀功稱霸而主動挑釁，進擊楚軍，絲毫不顧士兵和百姓的死活，忘掉了救民的本意。所以《春秋》將它當成夷狄看待。董仲舒由此而進一步將它提到理論高度上來闡述，對主動挑起戰爭的一方進行嚴厲譴責，強調《春秋》筆法的特徵為「戰伐之事，後者主先」，將同情放在被侵略國的一方，目的是為了敬賢重民。他這樣做的目的是凸出《春秋》主張任德而不任力，兵（軍隊）與刑（刑法機構）雖然不能不設置，但不應輕易動用，應當以仁義服人，這才是治國之本。

這種戰爭觀與西方的戰爭觀完全不同。古希臘人的戰爭文化傳統是任力而不任德，與《春秋》所強調的任德而不任力卻正相反。希臘半島伸入地中海，克里特島和其他島嶼都位處愛琴海上，古希臘人以農業、畜牧業和航海商業為營生，人口的自然增長使得這片貧瘠的地區擁擠不堪。因此，希臘半島上的城邦有一種向外擴張生存空間的強烈需要。另外，希臘半島上人們的許多生活必需品來源依賴於同海外進行貿易，與東方漢民族農耕區域自給自足的生存方式截然不同。希臘各部落城邦間互相兼併、殖民擴張的持久性和對海上貿易航線的維護，使古希臘人倍感戰爭在自己生活中的重要性。在古希臘社會，以暴力掠奪財富是光榮和值得炫耀的事，勇敢是最高的品德，最完美的人是肌肉發達的體育運動員，而奧林匹克各種競賽項目的冠軍是當然的軍事指揮官，社會風尚流行英雄崇拜，提倡尚武精神。戰爭直接和財富（土地、奴隸、生活必需品和奢侈品）聯繫，或保衛財富，或掠奪財富，但幾乎不和道德倫理發生關係。斯巴達人征服希洛人後，以恐怖手段將全體希洛人世世代代淪為集體奴隸，依靠奴役和剝削希洛族為生。例如楚莊王那樣地打敗鄭國後又放棄占領國土並撤圍退兵的事，對斯巴達人來說完全是不可思議的蠢事。

儒家的戰爭觀不是憑空產生的。它是漢民族古代社會生活的反映與經驗總結。漢民族生活在典型的內陸農耕環境，生存的基礎依賴於耕地，土地提供一切生活必需品。農耕社會內部不存在希臘半島上那種強烈的、持久的向外民族擴張的欲望和衝動。漢民族生活的地域廣大，物產豐富，生活必需品的產銷可在自身生存空間內完成，不依賴海上貿易。這裡特別需要指出：漢民族的道德倫理意識是建立在家族血緣關係之上的，它的功能在於維護家庭和部族生活秩序的穩定。在周代，中央王權的凝聚力和社會生活秩序的和諧被迫借助於家族血緣關係，父與君相對應，諸侯臣子與子女相對應，君臣關係是父子關係的投射和延伸。這種社會政治要求促使源於家族血緣關係的道德倫理意識突破家庭範圍的局限，擴展成整個社會的政治意識，形成了建立在農耕基礎上的宗法制度的社會結構。在大一統的時代，這一道德倫理意識進一步擴展成為同周邊夷狄關係的外交意識。這樣，作為生存的物質手段的戰爭必然與作為生存的精神手段的道德倫理發生緊密聯繫。由於漢民族的政治秩序是一種宗法化的倫理秩序，戰爭作為政治的工具，也就成為道德倫理的工具。儒家的倫理主義戰爭觀就源於這一文化背景。它表現為血緣意識和倫理意識的社會化、政治化所造成的戰爭道德化。

儒家的戰爭觀有一個逐步形成與發展的過程。早在《詩經》所描述的時代，漢民族已具有朦朧的戰爭與倫理意識相貫通的文化特徵。孔子作為儒家的創始人，主張禮治，並由此派生了儒家的戰爭觀，使他成為東西方歷史上最早主張對戰爭暴力進行理性制約、用社會規範來約束戰爭暴力的思想家。孟子、荀子關於「仁義之師」的論述，使他們成為歷史上最早系統地考慮戰爭與道義關係的大思想家。孔子與孟子、荀子雖同屬於儒家，但對戰爭暴力的態度並不相同。孔子僅僅把戰爭暴力的合理性定位並局限於禮制，並不主張突破現實政治規範而進入屬於理想境界的道德領域。在屬於理想境界的仁的範圍內，孔子反對一切戰爭與暴力現象。孟子和荀子則不然，主張戰爭暴力不僅要為現實政治範圍中的仁政服務，而且還要進一步為實現理想境界服務。他們提出了「仁義之師」的觀點，實際上突破了現實政治的範圍，將戰爭暴力的功能擴張至孔子一直拒絕其進入的道德理想境界。孔子的仁並不接納暴力，而孟、荀的仁卻包含著暴力。

春秋時期，戰亂頻仍。戰爭帶給人民的破壞和禍害，在人們的心目中留下了深刻的影響，所以反戰的思潮在當時盛行，據《論語》記載「衛靈公問陳（陣）於孔子，孔子對曰：『俎豆之事，則嘗聞之矣。軍旅之事，未之學也。』明日遂行。」（《論語・衛靈公》）這裡反映了孔子對一切戰爭暴力的厭惡和憎恨，衛靈公問軍陣之事，他一口拒絕，第二天便離開了衛國。至於在現實政治領域中，孔子主張嚴格遵守禮制。他說：「天下有道，禮樂征伐自天子出。天下無道，則禮樂征伐自諸侯出。」（《論語・季氏》）春秋時期的戰爭皆出自諸侯，所以結論只能是孟子所說的：「春秋無義戰。」（《孟子・盡心下》）在先秦的思想家中，除了法家提倡耕戰政策外，反戰思潮遍及諸子百家。道家的老子強調「以道佐人主者，不以兵強天下」；「師之所處，荊棘生焉。大軍之後，必有凶年。」（《老子道德經》上篇）墨家的墨翟倡導非攻，名家惠施、公孫龍強調偃兵，他們的言論在當時滙聚成為一股強大的反戰思潮。儒家孟子發出的反戰聲音在其中調門最高也最為有力。他說：「爭地以戰，殺人盈野。爭城以戰，殺人盈城。此所謂率土地而食人肉，罪不容於死，故善戰者服上刑。」（《孟子・離婁上》）總之，儒家戰爭觀的核心是把戰爭作為倫理道德的工具，而不像古代西方戰爭觀那樣地一味崇尚功利。它可以接受道德上的巨人、軍事上的侏儒，但決不接受軍事上的巨人、道德上的侏儒。這種戰爭觀當然有其偏頗之處，但不能否認儒家倫理主義的戰爭觀對原始的尚武意識作了脫胎換骨的改造，強調英勇尚武應植根於倫理的土壤之中，它們是仁義培育出的道德之果，而非嗜血的野性的罌粟之花。這一思想的出現，無疑是文明程度的重要標誌之一。

第二章

難者曰：「《春秋》之書戰伐也，有惡有善也。惡詐擊而善偏戰❶，恥伐喪而榮復讎❷。奈何以『春秋為無義戰』而盡惡之也？」曰：「凡《春秋》之記災異也，雖畝有數莖，猶謂之無麥苗❸也。今天下之大，三百年之久，戰攻侵伐不可勝數，而復讎者有二焉❹。是何以異於無麥苗之有數莖哉？不足以難之，故謂之無義戰也。以無義戰為不可，則無麥苗亦不可矣。以無麥苗為可，則無義戰亦可矣。若《春秋》之於偏戰也，善其偏，不善其戰，有以效其然也。《春秋》愛人，而戰者殺人，君子奚說善殺其所愛哉？故《春秋》之於偏戰也，猶其於諸夏也。引之魯，則謂之外。引之夷狄，則謂之內❺。比之詐戰，則謂之義。比之不戰，則謂之不義。故盟不如不盟，然而有所謂善盟❻。戰不如不戰，然而有所謂善戰。不義之中有義，義之中有不義。辭不能及，皆在於指❼，非精心達思者，其孰能知之。《詩》曰：『棠棣之華，偏其反而。豈不爾思，室是遠而。』❽子曰：『未之思也，夫何遠之有？』❾由是觀之，見其指者，不任其辭❿。不任其辭，然後可與適道矣。」

【章旨】本章通過「偏戰勝於詐戰而不如不戰」這一論斷的剖析，以闡明《春秋》愛人之旨。同時，強調讀《春秋》重在領會其基本宗旨而不必拘泥於文辭。

【注釋】❶惡詐擊而善偏戰　《公羊傳》曾多處提到偏戰，偏戰是各據一面而戰。如《春秋》在魯桓公十年十二月記載：「齊侯、衛侯、鄭伯來戰于郎。」《公羊傳》評論此事云：「此偏戰也。」何休注曰：「偏，一面也。結日定地，各據一面，鳴鼓而戰，不相詐。」這說明偏戰是雙方事先約定日期、地點，然後正面對壘，各據一面，結陣而戰，鳴金擊鼓，擺出一副堂堂之陣、正正之旗的架勢，雙方都不搞偷襲、突擊，全憑兵力強弱來定勝負。這也是春秋時期車戰時代常見的作戰方式。到了以騎戰為主的戰國時期，偏戰就根本行不通了。詐擊，則為事先不定時間、地點，也不通知對方的突然襲擊。《春秋》贊成雙方堂堂正正地交戰以決勝負，反對不講信義的突然襲擊。❷恥伐喪而榮復讎　恥伐喪，趁別國國君居喪期間去進行討伐是可恥的事。魯襄公二年（西元前五七一年）六月，鄭國國君鄭成公逝世。當年冬天，據《春秋》記載：「冬，仲孫蔑會晉荀罃、齊崔杼、宋華元、衛孫林父、曹人、邾婁人、滕人、薛人、小邾婁人于戚，遂城虎牢。」《公羊傳》評論此事云：「虎牢者何？鄭之邑也。其言城之何？取之也。取之則曷為不言取之？為中國諱也。曷為為中國諱？諱伐喪也。曷為不繫乎鄭？為中國諱也。」夏天，鄭國國君死去，舉國正處於服喪期間。冬天，魯國與晉國、齊國、宋國、衛國等一齊去討伐鄭國，攻取了鄭國的虎牢。但因為這是伐喪，乃趁人於危的舉動，《春秋》認為這是件可恥的事，所以在記載時只說是「城虎牢」而不提攻取了鄭國的虎牢，這樣做的目的是為中原各國隱諱，因為他們的所作所為太可恥了。榮復讎，如果攻伐行動是為了復仇，《春秋》便認為這是件光榮的事。《春秋》在魯莊公四年（西元前六九〇年）夏記載：「紀侯大去其國。」《公羊傳》對此事評論云：「大去者何？滅也。孰滅之？齊滅之。曷為不言齊滅之？為襄公諱也。《春秋》為賢者諱，何賢乎襄公？復讎也。何讎爾？遠祖也，哀公亨乎周，紀侯譖之。以襄公之為於此焉者，事祖禰之心盡矣。盡者何？襄公將復讎乎紀，卜之曰：『師喪分焉。』『寡人死之，不為不吉也。』遠祖者幾世乎？九世矣。九世猶可以復讎乎？雖百世可也。」《公羊傳》在這裡指出：紀侯永遠離開了他的國家就是紀國被滅亡的意思。誰滅亡了它？是齊國滅亡了它。為什麼不說齊國滅亡了它？是為齊襄公隱諱。《春秋》為賢者諱，齊襄公有什麼賢明之處而值得《春秋》為他隱諱？是他復仇了。復什麼仇呢？復的是遠祖的仇。齊哀公在周朝被烹煮而死，是由於紀侯向周天子進了讒言。襄公在這件事上的作為來說，可以說是盡了服事祖先的心。為什麼這樣說？齊襄公在向紀國復仇出兵之前，曾進行占卜，得出的卜辭說是「軍隊要喪失一半。」齊襄公的回答是：「寡人即使死了，也不能算不吉利。」所謂遠祖有幾世了？有九世了。九世還可以復仇嗎？回答是即使百世也是可以復仇的。由此可見《春秋》提倡復仇，即使過了百世，也還可以算這筆老賬。❸雖畝有數莖二句　《春秋》記災異之辭，如魯莊公七年（西元前六八七年）秋，記載為「大水，無麥苗。」《公羊傳》對此事評論云：「無苗，則曷為先言無麥，而後言無苗？一災不書，待無麥，然後言無苗。何以書？記災也。」這是由於洪水造成的。周曆之秋，相當於夏曆之夏，正當夏收夏種之際。此時發生洪災，不僅夏熟作物麥無收，而且夏種作物的苗也都被淹死了。但儘管如此，這並不排除田畝內還是有可能留下數莖作物的。然而，《春秋》記載時仍可寫成「無麥苗」。❹復讎者有二焉　《春秋》記載屬於復仇的戰爭一共只有兩次。一次是本章注❷的齊襄公滅紀之戰。另一次在魯莊公九年（西元前六八五年）由魯莊公所發動的伐齊之戰，當時提出的起兵理由是當年齊襄公殺了魯桓公，所以魯莊公為了替亡父報仇雪恥而進攻齊國，但結果為齊國所敗。《春秋》的記載是「八月庚申，及齊師戰于乾時，我師敗績。」《公羊傳》評論此事云：「內不言敗，此其言敗何？伐敗也。曷為伐敗？復讎也。」何休注：「復讎以死敗為榮，故錄之。」按照《春秋》的義例，對本國不說戰敗。此處作記載是為了誇耀失敗，因為此是復仇之戰，雖敗猶榮。但其實此事的真相是齊襄公於七月剛剛死去，魯國在八月立即發動戰爭，是由於為了爭奪齊國國君由誰繼位的問題。齊國的公子糾與小白都是齊襄公的異母弟。當年齊國政局出現危機時，公子糾出奔魯國，小白出奔莒國，公子糾的母親是魯女，他本人是魯莊公的舅舅，所以齊襄公一死，魯國竭力支持他回國就位。但是，齊國的執政大臣高傒不歡迎公子糾回國，拒絕接納，同時暗中派人去莒國召小白回國，並為小白作內應，所以小白先於公子糾進入齊國即位，這就是齊桓公。齊桓公是齊襄公之弟，不是齊襄公之子，按理齊襄公的賬不應該算到齊桓公的頭上。魯國向齊國進攻，歸根到底是為了想將公子糾推上齊國國君的寶座，為父復仇只不過是藉口而已。所以，《公羊傳》並不贊同這次的所謂復仇之戰。❺引之魯四句　《公羊傳》成公十五年（西元前五七六年）云：「《春秋》內其國而外諸夏，內諸夏而外夷狄。」此處指諸夏（中原各國）與魯國及夷狄的內外關係都是相對的。諸夏（中原各國）與魯國相比較，屬於外；但與夷狄相比較則又屬於內了。❻盟不如不盟二句　《春秋》在魯桓公三年（西元前七〇九年）記載：「夏，齊侯、衛侯胥命于蒲。」《公羊傳》評論此事云：「胥命者何？相命也。何言乎相命？近正也。此其為近正奈何？古者不盟，結言而退。」齊侯，指齊僖公。衛侯，指衛宣公。胥命，相互訂立約定。胥，相互。命，辭命；盟會之辭。胥命指訂立約定的雙方地位平等，不存在誰號令誰的問題。胥命與訂盟的區別在於：訂盟有歃血的儀式，而胥命則不歃血，雙方在會上只要訂立口頭協定就可以了。《春秋》強調奉天而法古，而古時並沒有結盟這種形式，所以說「盟不如不盟」。齊侯與衛侯胥命於蒲，雙方平等地在口頭上訂立協定，有結盟的意義，但並沒有像結盟那樣地舉行歃血的儀式，所以《公羊傳》認為它「近正也」，即近似於不盟之盟，這也就是所謂善盟。❼辭不能及二句　指，旨。此處據孔子雖然沒有在言辭上直接指出「春秋無義戰」，但這一宗旨在《春秋》中已明白地表露出來了。❽詩曰五句　詩，指《詩經》。但《詩經》中無此內容。《詩經・小雅》中有〈棠棣〉，首句也為「棠棣之華」，但以下內容與此處所引詩完全不同。引文內容見於《論語・子罕》，但《論語》並未在其句尾冠以「詩曰」字樣。何晏注《論語》認為此是逸詩。棠棣，《論語》中作「唐棣」，也稱枎栘，落葉小喬木，花白色，有芳香，生於山坡、灌木叢中。偏其反而，指棠棣花開放的時間恰正和其他花開放的時間相反。全詩意為「棠棣花兒真清香，百花凋零始開放。心中不是不思念，無奈伊人在遠方。」漢儒將此詩與《論語》中關於「可與適道，未可與權」的論述聯繫起來。他們認為：權者，反於經而合於道，反於義而後有善。若棠棣之華，反而後合。❾子曰三句　出典見《論語・子罕》。此語緊接上述引詩而言。意思是「孔子說：『恐怕是沒有去思念吧，如果真正思念的話，怎麼會覺得遠呢？』」漢儒認為前引詩比喻思權而不得見，離道愈遠；而孔子強調思者當思其反常的一面，如果不思其所以反，離道就愈遠了。如果能思其所以反，則道又何遠之有？這也就是指思考問題，應當從正反兩方面去反覆推敲，那麼離開它內在的真正用意便不遠了。❿見其指者二句　指要掌握《春秋》的宗旨，不能光從字面上去推究。

【語　譯】詰難者說：「《春秋》在記載戰爭和討伐時，有的表示反對，有的表示贊成。反對的是使用詐術去攻擊別人的詐擊，贊成的是雙方光明正大地約定時間、地點對陣的偏戰。《春秋》認為乘人之危去征伐有喪事的國家可恥，但對那些為報復殺害君父之仇的討伐則引以為榮。為什麼會得出『春秋無義戰』的結論並從而反對一切戰爭呢？」

答：「《春秋》凡是在記載災異的時候，儘管田畝中還存留有幾莖麥子和禾苗，仍然稱它為麥子和禾苗沒有收成的災荒之年。春秋時期，天下如此之大，時間有三百年之久，其間發生的戰爭、攻掠、入侵、討伐，多得數也數不清，但是屬於復仇性質的戰爭只有兩次。這與說是麥子、禾苗沒有收成的災荒之年而田裡還留有幾莖麥子、禾苗又有什麼區別呢？這種非難是站不住腳的，所以說是『春秋無義戰』。如果認為不可以說『春秋無義戰』，那麼記載災異時也不可以說麥子和禾苗沒有收成。如果說麥子和禾苗沒有收成的說法可以成立，那麼，『春秋無義戰』的說法同樣也可以成立。例如《春秋》對那種光明正大地兩軍對陣的偏戰，肯定的是它的光明正大地兩軍對陣，但並不是肯定戰爭本身，這是有證據可以證明這一點的。《春秋》珍愛人的生命，而戰爭則要殺人，怎麼去解釋孔子會贊成戰爭去屠戮生靈呢？所以《春秋》對於光明正大地兩軍對陣的偏戰，就像他對待中原各國的態度一樣，如果與魯國相比，稱中原各國為外，但如果與夷狄相比，中原各國就成了內而稱夷狄為外。發動光明正大地兩軍對陣的偏戰，比起依靠欺詐手段、發動突然襲擊的國家來，可以說是合乎道義的。但是如果與不發動戰爭相比，偏戰同樣可以說是不合乎道義。所以從根本上說，結盟不如不結盟。退一步說，在各種結盟中也還有比較好的會盟。進行戰爭不如根本不發動戰爭，退一步說，那麼在眾多戰爭中也還有勉強算得上是符合正義的戰爭。在眾多不合道義的事中，總還會有一些事合乎道義。在眾多正義的事中，也會有一些事不完全合乎道義。其中有的道理在文字上難以直接表達，而是寄託在《春秋》的主旨之中，如果不去精心地深思熟慮，是無法窺知其中奧祕的。《詩經》上說：『棠棣花兒真清香，百花凋零始開放。心中不是不思念，無奈伊人在遠方。』孔子說：『恐怕是沒有思念吧，如果真正思念的話，那怎麼會覺得遠呢！』由此看來，能夠看透《春秋》主旨的人，不拘泥於《春秋》的文辭。能夠不拘泥於文辭，才能夠掌握其中所蘊含的深奧道理。」

【研　析】董仲舒在闡述《春秋》的義理時，一再強調研究《春秋》的方法論問題。例如他在〈玉杯〉篇講：「是故論《春秋》者，合而通之，緣而求之，伍其比，偶其類，覽其緒，屠其贅，是以人道浹而王法立。」這就是說，要研究《春秋》，必須貫通全書來考察，由此及彼，分類對比，從中推演或引申出其中蘊藏在深層的涵義，有的雖然在《春秋》的經文上沒有直接的文字記載，但由此而闡發出的道理可以完全符合經文的原意。

本章在論述戰爭觀時，同樣也是如此。他強調的是「見其指者，不任其辭。不任其辭，然後可與適道矣。」這裡就強調研究《春秋》時不能光憑經文上的文辭，有時候甚至要從文辭的反面去理解，最重要的是必須從根本上掌握《春秋》的主要宗旨。

同樣是對《春秋》的闡述，《左傳》與《公羊傳》便很不同。《左傳》重視史實的敘述與補充，而《公羊傳》則偏重於義理的發揮。兩者分別代表著經學中的兩大派——古文經學與今文經學。董仲舒雖然是著名的《公羊》學大師，但他對《春秋》的研究方法與《公羊傳》有所不同。無論是《左傳》、《公羊傳》、《穀梁傳》，對《春秋》都是逐章逐節闡述並補充史實，而《公羊傳》為了闡發《春秋》的義理，常常是逐段逐句地闡釋並加以評論，發《左傳》之未發，從而在三傳中獨具一格，卓然不群。但是，三傳從體例上看，都是對《春秋》經文從頭至尾、逐章逐節乃至逐段逐句的注釋，即使如《公羊傳》之時或闡發新義，大致上仍不脫離這一體例的囿拘。

《春秋繁露》對《春秋》義理的闡述，與上述三傳很不相同。它跳出了逐章逐節闡釋的框架，而是分別一個個專題，每個專題通過若干案例的對比，將《春秋》中的有關內容組織起來，闡述其中所包含的義理。這種做法是對《春秋》作詮釋，而不是一般意義的注釋。在董仲舒的心目中，《春秋》存在一個完整的深層次的結構，而且只有對文本作出整體性的解讀，才能透過它的表層語義，達到與進入其深層結構，理解其內在的涵義，這就是詮釋學的分析，它能啟迪人們洞見《春秋》的主旨而不受表面文辭的囿拘。這樣一來，《春秋》記載的許多事例便不再是一樁一樁孤立的事件，而成為一個互相聯繫的有機整體，從而凸出了孔聖人心目中的義理。

司馬遷對《春秋》發表了這樣一段見解，認為它「上記隱，下至哀之獲麟，約其辭文，去其煩重，以制義法，王道備，人事浹。七十子之徒口受其傳指，為有所刺譏褒諱挹損之文辭不可以書見也。」（《史記．十二諸侯年表序》）這就是說，《春秋》由於簡約其文辭，更由於那些有所刺譏褒諱挹損之文辭不可以在文字上表達出來以免惹禍，所以許多當時不便見之於世的義理便只能通過口頭傳授給七十子之徒的方式才得以保存下來。因此，董仲舒提出對《春秋》的研究需「屠其贅」的說法，獨具隻眼，有其歷史根據。

對董仲舒研究《春秋》的方法，還必須將它放在中國傳統文化的背景中考察。比較東西方的思維方式，古代希臘盛行邏輯思維，而古代中國則比較強調形象思維。古代希臘作為形式邏輯的發源地，尤其重視其中的演繹推理，在論辯中經常使用。但在古代中國，形式邏輯不受重視，在論辯中經常使用的不是演繹推理而是類比推理，本章中就使用了這種論證方式。例如，有人認為既然是「恥伐喪而榮復讎」，那麼，又怎麼能說「春秋無義戰而盡惡之」，這不是自相矛盾了嗎？董仲舒對此就使用了類比推理的方式來駁斥。他指出《春秋》記載災荒時，即使田裡還留有幾根麥苗，但在記載上仍說成是麥、苗無收。以此類推，春秋時期長達三百年，發生的戰爭不可勝數，而為復仇而進行的戰爭只有兩次，因此並不足以否定「春秋無義戰」的論斷，這與田裡雖然還有幾根麥苗，但仍然可以說成是「麥、苗無收」是同樣的道理。

董仲舒在本章中提出了「見其指者，不任其辭」的觀點，這在《春秋》的文辭中找不到任何直接的根據。他是通過兩個方面來進行論證的：一是借助於邲之戰這個案例的分析，一是借助於孔子在《論語．子罕》中所引的〈唐棣之華〉那首逸詩。這種「以詩證事」的方式在《春秋繁露》中曾多處出現。這一現象在先秦諸子和漢儒的典籍中相當普遍，西漢韓嬰撰著的《韓詩外傳》就是一個典型例證。它藉助豐富而生動的形象，運用類比推理的方式來進行論證。這種表達方式強調言有盡而意不盡，含蓄而耐人尋味。姜夔《詩說》云：「語貴含蓄。句中有餘味，篇中有餘意，善之善者也。」劉勰《文心雕龍．隱秀》云：「隱也者，文外之重旨也。」「夫隱之為體，義生文外，祕響旁通，伏采潛發，譬爻象之變互體，川瀆之韞珠玉也。」由此可見，董仲舒在本章中對《春秋》義理的表述，正是中國傳統文化在語言表達上的一種典型風格。

孔子在《論語》中就體現了這種語言風格。即以上述《論語．子罕》而言，其中就頗多具有此類風格的警句。如「子在川上，曰：『逝者如斯夫！不舍晝夜。』」這是用江水的川流不息來生動而形象地表示時間的消逝，既包含有人生須臾的無窮感慨，又包含有《易經》中「天行健，君子以自強不息」的哲理，從而深刻地反映了孔子這位哲人對人生意義的執著和追求。又如「子曰：歲寒然後知松柏之後凋也。」這裡以自然景物來比喻人的品德，用飽含激情的簡潔語言激發起人們無限的豐富想像。它們的說服力量，並不在於嚴密的邏輯推理，而是在於啟發與激活人們的豐富想像力，使人們通過聯想而感悟出其中所蘊含的哲理。這種強調體驗、感悟的直覺思維，可以說是中國傳統文化中的一大特色。

這種傳統的思維方式也有其缺陷，表現為由於語言的多義性而帶來了文本涵義的不確定性。它既為詭辯者偷換概念提供了方便，也為詮釋者的穿鑿附會開了口子。偷換概念固然應當否定，穿鑿附會卻需要作具體分析。有的時候，某一事物的長處恰正存在於它的短處之中，這就要問你從哪個角度去看。穿鑿附會會使對經義的詮釋出現歪曲，這是不容否認的。但是，詮釋者在詮釋經典的文本時，不可能不打上他所處時代的烙印。讀者和文本是相互關聯、相輔相成的。經典的意義並不內在於文本，而是存在於文本和讀者的交互作用之中。因此，詮釋者對經典的穿鑿附會往往屢見不鮮甚至可以說是難以避免的。同樣是對儒家經典的詮釋，漢代經學與宋明理學就很不同。儒家倡導「內聖外王」之學，漢儒就偏重「外王」而強調經世致用。《春秋》在儒家經典中，講的是治國、平天下之道的「外王」之學，因此特別受到漢儒的重視與偏愛，在漢代經學中居有凸出的地位。宋、明諸儒就與此不同，理學家們偏重「內聖」之學，強調修身養性的內省功夫，在儒家經典中特別重視《大學》、《中庸》、《論語》、《孟子》這類偏重於內聖之學的經典，而對《春秋》就不那麼重視了。董仲舒作為漢代大儒，詮釋經典時自然會打上漢代的時代烙印，這不僅表現在他對詮釋對象的選擇上偏重《春秋》，而且作為漢代《公羊》學派的領導人，繼承了《公羊傳》的學風，以闡揚《春秋》的「微言大義」為己任，有時不免穿鑿附會，甚至不惜為此而改造文本。例如他斷言《春秋》記載史事時，「戰伐之事，後者主先。」清代學者盧文弨便指出：「考《春秋》所書戰伐之事，不皆以後者為主，不知董子何以云然。」但在董仲舒的眼中看來，卻認為並不需要拘泥於字句的準確無誤，只要能符合《春秋》的基本宗旨就行，即所謂「見其指者，不任其辭。不任其辭，然後可與適道矣。」

第三章

「司馬子反為其君使❶，廢君命，與敵情，從其所請，與宋平❷。是內專政而外擅名也❸。專政則輕君，擅名則不臣，而《春秋》大之❹，奚由哉？」曰：「為其有慘怛之恩❺，不忍餓一國之民，使之相食。推恩者遠之而大❻，為仁者自然而美❼。今子反出己之心，矜宋之民，無計其間❽，故大之也。」難者曰：「《春秋》之法，卿不憂諸侯❾，政不在大夫❿。子反為楚臣而恤宋民，是憂諸侯也。不復其君而與敵平，是政在大夫也。溴梁之盟，信在大夫，而《春秋》刺之⓫，為其奪君尊也。平在大夫，亦奪君尊⓬，而《春秋》大之，此所問也⓭。且《春秋》之義，臣有惡，君名美⓮。故忠臣不顯諫，欲其由君出也。《書》曰：『爾有嘉謀嘉猷，入告爾君于內，爾乃順之于外，曰：此謀此猷，惟我君之德。』⓯此為人臣之法也。古之良大夫，其事君皆若是。今子反去君近而不復，莊王可見而不告，皆以其解二國之難為不得已也。奈其奪君名美何？此所惑也。」曰：「《春秋》之道，固有常有變。變用於變，常用於常，各止其科，非相妨也⓰。今諸子所稱，皆天下之常，雷同⓱之義也。子反之行，一曲之變，術修之義也⓲。夫目驚而體失其容，心驚而事有所忘⓳，人之情也。通於驚之情者，取其一美，不盡其失⓴。《詩》云：

『采葑采菲，無以下體。』㉑此之謂也。今子反往視宋，聞人相食大驚而哀之，不意之至於此也，是以心駭目動而違常禮。禮者，庶於仁，文質而成體者也㉒。今使人相食，大失其仁，安著其禮㉓？方救其質，奚恤其文㉔？故曰『當仁不讓』，此之謂也。《春秋》之辭，有所謂賤者㉕。夫有賤乎賤者，則亦有貴乎貴者矣。今讓者，《春秋》之所貴。雖然，見人相食，驚人相爨，救之忘其讓，君子之道有貴於讓者也㉖。故說《春秋》者，無以平定之常義，疑變故之大義㉗，則幾可論矣。」

【章　旨】本章以楚國司馬子反受命窺宋敵情作為案例，肯定其聞城內易子而食後不經請命而作出與宋媾和的決定，從而闡明《春秋》之道有常有變，不能墨守成規。當事出非常之時，理應當仁不讓，不必為常禮所囿拘。同時，本章還表達了強烈的反戰情緒。

【注　釋】❶司馬子反為其君使　司馬子反，名側，字子反，因其為楚國宗室，又稱公子側，他是楚國的司馬，故稱為司馬子反。據《左傳》記載：魯宣公十四年（西元前五九五年），楚莊王派遣大夫申舟到齊國聘問，吩咐不要向宋國借路，這是楚國蔑視宋國的表現。申舟對此有顧慮，認為這樣做了，自己一定會被殺。楚莊王仍然堅持這樣做，說是申舟若遭害，就出兵攻宋。申舟路經宋國時，遭宋人攔阻。宋國的執政大夫華元說：「經過我國而不請求借路，是把我國當成楚國的邊邑，這就是亡國。殺了它的使者，楚國來攻打我國，結果也不過是亡國。反正都是亡國。」於是，他就殺了申舟。楚莊王聞訊大怒，親自率軍出征，命司馬子反為楚軍主將。據《公羊傳》記載：楚軍於當年九月圍攻宋國起，一直圍困到第二年的五月，軍中只存留七天的糧食了。七天之內不勝，將被迫退兵回國。於是，楚莊王派遣司馬子反登上圍城的土山去窺探宋國都城內的狀況。❷廢君命四句　據《公羊傳》記載：司馬子反登上山窺探宋國都城內的情況時，宋國大夫華元也登上土山與司馬子反見面。司馬子反問：「你們都城內情況怎麼樣？」華元說：「疲憊極了。」司馬子反問：「疲憊到了什麼程度？」華元說：「易子而食，析骨而炊。」（交換子女吃人肉，拆出人骨當柴燒）司馬子反說：「你為什麼向我吐露真情？」華元說：「君子看到別人處於困厄之境會產生惻隱之心，小人看到別人處於困厄之境會幸災樂禍。我看你是個君子，所以向你吐露真情。」司馬子反說：「好，努力吧，我軍也只有維持七天的糧食了。七天之內不勝，將離開宋國回國了。」他作揖離去，返回楚營。楚莊王問：「城內情況怎麼樣？」司馬子反說：「疲憊極了。」楚莊王問：「到了什麼程度？」司馬子反說：「易子而食，析骨而炊。」楚莊王說：「唉，的確疲憊到了頂點。儘管如此，我還是要攻下這座城後，再回國。」司馬子反說：「不行，臣已經告訴他們，我軍只有七天的糧食了。」楚莊王發怒說：「派你去看看情況，你為什麼向他們洩漏我軍的底細？」司馬子反說：「區區宋國尚且有不欺人的臣子，難道楚國連他們都不如？所以我如實相告。」楚莊王說：「好，暫時可以不攻城，但是我還是要占領這座城後再回國。」司馬子反說：「既然這樣，請君王留在這裡，臣請求回國。」楚莊王說：「你離開我而回國，我留在這裡幹什麼？我跟你一起回國吧。」於是，率軍撤圍回國。《春秋》對此事的記載為：「宋人及楚人平。」《公羊傳》的評論是：「外平不書，此何以書？大其平乎已也。」這就是說，外國講和不記載，這裡為什麼記載？強調他們是自己講和的。《公羊傳》將這件事理想化了。《左傳》的記載與此有異，說是華元當夜潛入楚營，登上司馬子反之床，脅迫子反達成協定，華元自己還做了人質，並不像《公羊傳》所說的那樣地充滿仁、義、信、禮。❸是內專政而外擅名也　是，此。內專政，對內武斷擅權，擅自作出決定。外擅名，在外博取好名聲，而使君主處於尷尬的境地。❹春秋大之　此處指《春秋》肯定和讚美這種做法。大，讚美；肯定。❺慘怛之恩　此處指對宋國人民有為他們的不幸遭遇而憂傷、痛苦之恩，即孟子所謂的「惻隱之心」。慘怛，憂傷；痛苦。❻推恩者遠之而大　即孟子所說的「老吾老以及人之老，幼吾幼以及人之幼」之意，此處指推對本國人民之愛遠及於鄰國人民。❼為仁者自然而美　關於「仁」，《論語》中有多處記載。樊遲問仁。孔子說：「愛人。」（《論語・顏淵》）孔子對子貢說：「夫仁者，己欲立而立人，己欲達而達人。」（《論語・雍也》）仲弓問仁。孔子說：「己所不欲，勿施於人。」（《論語・顏淵》）這種說法，也就是推己及人，即將自己視作當事人，設身處地為別人著想，其出發點也就是孟子所說的「惻隱之心，仁之端也」（《孟子・公孫丑上》），孟子解釋說：今人突然看見孺子將掉進井裡去了，便會產生惻隱之心，既不是為了要討好、結交孺子的父母，也不是為了在鄉黨朋友中沽名釣譽。而是自然而然地出自人之本性，所以稱為「自然而美」。❽矜宋之民二句　此處指司馬子反憐憫宋國的百姓，不去計較因為這件事而使自己與楚莊王間的君臣關係，受到離間而可能會失去信任。矜，憐憫。計，考慮；計較。間，離間。❾卿不憂諸侯　指卿不能思慮諸侯權力範圍內的事，也即卿不應僭越諸侯的權力。憐憫宋國百姓人吃人而決定撤兵，應是楚莊王的事。司馬子反作為楚國的卿，無權也根本不應考慮這件原來應當由諸侯作出決定的事。卿，春秋時期諸侯國內統領軍隊、執掌國政的高級官吏，其地位在公之下，大夫之上。❿政不在大夫　此語出自孔子之口。據《論語．季氏》載：「孔子曰：『天下有道，則禮樂征伐自天子出。天下無道，則禮樂征伐自諸侯出。自諸侯出，蓋十世希不失矣。自大夫出，五世希不失矣。陪臣執國命，三世希不失矣。天下有道，則政不在大夫。天下有道，則庶人不議。』」在這裡，孔子為了維護原來的等級制度，既不贊成天子的權力下移，也不贊成諸侯的權力下移。禮樂征伐由諸侯作主，十代就不行了。由大夫作主，五代就不行了。由大夫的家臣把持政治，三代就不行了。天下有道，政治權力就不會在大夫手裡，老百姓也不會議論紛紛。愈接近變動的時代，即所謂天下無道，權力再分配的鬥爭就愈激烈，權力逐級下移的情況也就愈益常見。孔子對此深感厭惡。此處指子反不經過請示就向敵方洩漏己方軍情，使楚莊王不得不退兵，被迫與宋講和，兩國之間戰還是和的大事竟由大夫來決定，大悖常理。⓫溴梁之盟三句　溴梁之盟，事見《春秋》在魯襄公十六年（西元前五五七年）的記載：「三月，公會晉侯、宋公、衛侯、鄭伯、曹伯、莒子、邾婁子、薛伯、杞伯、小邾婁子於溴梁。戊寅，大夫盟。」溴梁，築在溴水旁邊的大堤。溴水在河南西北部，源出濟源西，東流入黃河，地屬晉國。它在當時非常有名，《爾雅．釋地》：「梁莫大於溴梁。」這次盟會是由晉國發起的。當時晉悼公去世，晉平公即位，他率領晉國軍隊沿黃河而下，隨行的有晉國正卿、中軍統帥荀偃，在溴梁與魯襄公、宋平公、衛殤公、鄭簡公、曹成公、莒犁比公、邾婁宣公、薛獻公、杞孝公、小邾婁穆公會盟。齊靈公沒有赴會，派遣大夫高厚參加。會上，晉國以盟主的身分命令各國諸侯退還相互侵占的土地，還拘捕了邾婁宣公、莒犁比公，責備他們和齊、楚兩國的使者私下往來。宴會時，晉國要與盟各諸侯國的大夫舞蹈。齊國大夫高厚歌詩與舞蹈不相配，晉國正卿荀偃很生氣，說：「諸侯有二心了！」讓各國諸侯的大夫與高厚盟誓，高厚逃走回國。當時，晉國荀偃會同各國大夫共同盟誓說：「共同討伐不忠於盟主晉國的人。」這次會盟的結果，導致齊、魯與齊、晉之間的戰爭。《春秋》記載此事為「大夫盟」，的確是當時的事實，同時也有譏諷這件事的意味。《公羊傳》云：「諸侯皆在是，其言大夫盟何？信在大夫也。何言乎信在大夫？徧刺天下之大夫也。曷為徧刺天下之大夫？君若贅旒然。」這裡就明確地指出：諸侯都在這裡，說大夫結盟是為什麼？是盟誓在大夫手裡。為什麼說盟誓在大夫手裡？是普遍諷刺天下的大夫。為什麼普遍諷刺天下的大夫？國君好像附綴在旗上的飄帶一般。當時各國國君大權旁落到大夫的手裡，所以《公羊傳》將國君比喻成旗上的飄帶那樣為臣下所操縱挾持。董仲舒據此認為《春秋》之所以譏刺大夫，是因為大夫們剝奪了君主們的尊貴地位和身分。⑫平在大夫二句　指楚國司馬子反與宋國華元之間達成了講和的默契並促使其實現，這實際上也是侵奪了君主的尊嚴，是對君主的蔑視。⑬此所問也　問，應是間字之誤。間，間隙；漏洞；破綻。此承上文「無計其間」之間。⑭臣有惡二句　指君臣之間，臣下應當替君主擔當惡名，而把美名歸於君主。這是中國古代處理君臣之間關係的傳統準則。⑮書曰七句　猷，謀劃；嘉謀嘉猷，好的謀劃。「謀」和「猷」二字同義，在此處是疊詞連用，如美和麗的連用成美麗、歡和喜連用成歡喜之類。書，指《尚書》，儒家經典之一，中國上古歷史文獻和部分追述古代事跡著作的彙編。文中所引出自《尚書・君陳》，屬古文《尚書》。此篇背景是周成王在周公去世後，命其子君陳繼承周公職掌，管轄遷於洛邑東郊的殷商移民。本文由史官對當時成王給君陳的策書記錄整理而成。引文的內容互見於《禮記・坊記》。但在古文《尚書》中這段話出於成王之口，而在《禮記・坊記》中則出於君陳之口，並用以引證「子曰：『善則稱君，過則稱己，則民作忠。』」清代蘇輿認為本書引文與《禮記・坊記》引文相同，理應屬於今文《尚書》，古文《尚書》是偽書，不可靠；而且這段話是對為人臣者所說的，理應出於君陳之口，若出於成王之口就不倫不類了。⑯春秋之道六句　常與變是一般與特殊的關係。董仲舒認為必須通過分析，把一般與特殊的不同案例在道義上統一起來，使兩者相輔相成。他在本書〈玉英〉篇中說：「《春秋》有經禮，有變禮。為如安性平心者，經禮也。至有於性，雖不安於心，雖不平於道，無以易之，此變禮也。」經禮是常科，變禮是變科。兩者需因時因地而對其中之一作出選擇，既不能以常科來強求變科，也不可因變科而忽視常科。至於如何作出選擇，則須以道義為準繩。⑰雷同　隨聲附和，也指不該相同而相同。《禮記・曲禮》：「毋雷同。」鄭玄注：「雷之發聲，物無不同時應者。人之言當各由己，不當然也。」⑱子反之行三句　一曲，指只知其一，不知其二。《荀子・解蔽》：「凡人之患，蔽於一曲而闇於大理。」楊倞注：「一曲，一端之曲說。」術，當作獨。術修之義，即獨到的見解。此處指楚國司馬子反與宋國華元達成講和、撤兵的默契，這種行為與蔽於一曲之見而闇於大理者不同，自有其獨到的見解。⑲目驚而體失其容二句　指人們面臨異乎尋常的突發性事態時容易失去自我控制，如目睹驚人恐怖的情景時會大驚失色，身體顫抖，內心受到驚嚇時就會忘掉應該記住的事情，不可能考慮周全。此處指司馬子反乍聽宋國都城內易子而食、析骨而炊後的反應，便是大驚失色，心慌意亂，只能憑直覺辦事，無法面面俱到地考慮周全。⑳通於驚之情者三句　能理解人們受到驚嚇時心情的人，在對待受驚者時，會認可他表現出來的某一長處，而不會求全責備地挑剔他的失誤。這也就是說在受驚的緊急情況下採取應變措施時，即使有某些失誤，也不應求全責備，而只能肯定其主導方面是對的就行了。如孟子就指出嫂溺援之以手，用不到去考慮男女授受不親之禮，否則便成了豺狼，連人也算不上了（《孟子・離婁上》）。㉑詩云三句　引文見《詩經・邶風・谷風》。〈谷風〉是一首棄婦訴苦的詩。她的丈夫原也是貧窮農民，經過夫妻努力，家境好轉，但男的變心了，另結新歡，將原來的妻子趕出家門，視若仇敵。葑，蔓菁，俗名大頭菜。菲，蘿蔔。以，用。下體，指根、莖。蔓菁、蘿蔔都是食用長在地下的根、莖而不食用長在地上的葉子的。這兩句的今譯是：「蔓菁蘿蔔收進門，難道要葉不要根？」董仲舒引這兩句詩是用以比喻不以小的缺點來否定大的善行。《禮記・坊記》鄭玄注云：「言人之交當如采葑采菲，取一善而已，君子不求備於一人。」又，東漢王符《潛夫論・論榮》云：「《詩》云：『采葑采菲，無以下體。』故苟有大美可尚於世，則雖細行小瑕，曷足以為累乎？」㉒禮者三句　庶，拾取。《釋名》：「庶，猶摭也。」文質，指文和質。本書〈玉杯〉篇云：「志為質，物為文」；「文質兩備，然後其禮成。」此處指禮由文、質而成體，但應以仁為出發點。司馬子反違犯的只是常禮，但有仁有質，雖不成為禮，已深得禮之本意。㉓大失其仁二句　仁者，禮之本。今楚軍圍困宋國都城，使城內人民互相殘食，深失仁者愛人之本意，禮的形式還能附著在哪裡呢？㉔方救其質二句　指子反急於救援城內人民易子而食的急難，顧不上去考慮那些應當讓美於君主的具體禮節。㉕春秋之辭二句　「有所謂賤者」下，漏「有賤乎賤者」一句。《春秋》在評價事物的措辭上，有稱為卑賤的，還有比卑賤更卑賤的。魯哀公四年（西元前四九一年）三月，《春秋》記載：「盜弒蔡侯申。」《公羊傳》評論此事云：「此其稱盜以弒何？賤乎賤者也。」這裡指的是大夫弒君稱名氏，對弒君者，身分低微的一律稱人，這裡稱盜賊是因為他們比身分低微的還要低微。㉖君子之道有貴於讓者也　指仁貴於禮。㉗無以平定之常義二句　指不要以平時一般情況下的常規之義去懷疑處理突發性變故之大義。

【語譯】「楚軍主將司馬子反奉楚莊王之命，往前線偵探宋國的軍情。結果卻把君主託付的使命擱置一旁，反而向敵人通報了己方的軍情，應允了宋國華元的請求，達成了與宋國媾和並撤兵的口頭協定。他這樣做，對內是擅權的行為，對外又為自己博得美名。擅權是對國君的藐視，對外為自己博取美名不符合臣子的身分，然而《春秋》卻讚揚他的這種做法，這是為什麼呢？」

答：「這是因為他有同情和憐憫他人的仁慈之心，不忍心看著宋國人民由於饑餓而淪落到了人吃人的地步。推己及人並能發揚光大而遠及鄰國人民，這是仁者出於自然本性的一種美德。現在司馬子反從自己的本心出發，同情和哀憐宋國人民所遭遇的苦難，不計較自己可能會招致擅權的嫌疑，所以《春秋》肯定和讚揚他這種行為。」

詰難者說：「《春秋》的宗旨是國卿不應越權分憂諸侯的事，政令不能旁落於大夫之手。子反身為楚國的臣子，卻去憐恤宋國的百姓，這是分憂了諸侯的事。再說，司馬子反沒有回去向楚莊王稟告與請示，就與敵方和談並達成協議，這實質上是政權旁落在大夫之手。溴梁之盟，由與會的各國大夫主持信誓儀式，所以《春秋》譏刺這次盟約，因為這些大夫侵犯了當時與會各國君主的尊嚴與權力。和談取決於大夫之間，這同樣也是對君主尊嚴與權力的侵犯，而《春秋》卻去肯定和讚揚這種行為，這是很難自圓其說的。況且根據《春秋》的是非標準，惡名應當由臣子來承擔，美名則應歸功於君主。所以忠臣不在公開的場合勸諫君主，希望由君主自己來改正過失或提出建議。《尚書》上說：『你如果有好的謀劃或建議，進宮去悄悄地稟告君主，然後在外面認真地推行，向人們宣稱這些謀劃和主意都是君主的德政。』這是為人臣下者所應當遵奉的宗旨。古代賢良的大夫在侍奉君主時都是這樣做的。如今司馬子反離君主很近而不趕回去覆命，可以在見到楚莊王後再採取措施，卻不在事先稟告和請示，即使是為了盡快解決楚、宋兩國之難而不得已才獨自作出決斷，但又如何解釋掠奪君主美名的問題呢？這正是我感到困惑不解之處。」

答：「《春秋》處理各種問題時，有常規的辦法，也有變通的辦法。變通的辦法用來適應已經變化了的情況，常規的辦法用來處理平常的一般情況，兩者各有各的適用範圍，並不互相妨礙。剛才諸位所說的，都是一般情況下所通常採用的處理辦法，不分析具體情況而強求千篇一律。子反的所作所為，是突然面臨特殊情況後所採取的變通辦法，有其獨到的見解。大凡一個人突然看到恐怖的情況時，在儀表舉止上會失去常態；內心受到驚嚇時，往往會忘記一些本來應該記住的事，這應當說是人之常情。如果理解與通曉人們在受到驚嚇時的精神狀態，就一定會肯定他當時立即表現出來的善良本性，而不會求全責備地去挑剔他的某些過失。《詩經・邶風・谷風》說：『蔓菁蘿蔔收進門，難道要葉不要根？』講的也就是這個道理。如今司馬子反前往宋國都城去偵察和探詢城內的守備情況，聽到城內百姓已經饑餓到了人吃人的嚴重地步，子反感到非常震驚而哀憐他們，他沒有料到宋國百姓會疲困到如此地步，因此而感到心驚肉跳，做的事違背了通常應當遵守的禮儀。禮來自於仁，由文和質也就是儀式和內涵兩個方面組成。現在宋國都城內出現了人吃人的景象，完全喪失了作為禮的本質的仁，那麼禮的形式又有何處可依附呢？當務之急是搶救禮的本質，哪裡還能去顧及禮的形式？孔子說的『當仁不讓』，指的就是這種情況。《春秋》中對事物的評論，有所謂卑賤的，還有比卑賤更卑賤的。既然有比卑賤更為卑賤的評價，當然也有比尊貴更為尊貴的評價。謙讓是《春秋》所看重的品德。儘管如此，當看到人吃人並用人骨當柴燒的景象而心驚時，因為急於拯救百姓而忘掉了這種謙讓的品德，那麼君子認為還有比謙讓更為重要的品德。所以研究《春秋》的時候，不能以平常處理一般問題時的常規措施，去懷疑非常情況下用變通手段去處理問題時所表現出的美德，那麼就可以接近於真正理解《春秋》中所蘊含的深刻道理了。」

【研析】本章所論述的內容，在《春秋》三傳中各有其不同的說法。

董仲舒在本章是根據《公羊傳》來進行論述的。楚國的司馬子反在聽到宋國華元介紹城內已經面臨「易子而食，析骨而炊」的絕境，大驚失色，動了仁愛之心，來不及向楚莊王覆命與請示，便作出了與宋國媾和的決定。董仲舒由此而闡明《春秋》之道有常有變，當事出非常之時，理應當仁不讓，立即作出決斷，不必墨守一定之成規。司馬子反在這裡是以仁者的形象出現的，董仲舒對他給了很高的評價。

但是，《左傳》與《穀梁傳》關於此事的記載，就與《公羊傳》大相徑庭。據《左傳》記載：楚莊王率軍圍宋，從魯宣公十四年（西元前五九五年）九月圍困到第二年的五月，眼看攻不下宋國的都城，就準備撤離宋國。申犀攔住楚莊王馬前叩頭說：「我明知自己會死，但始終不敢廢棄君王的命令。過去君王在申舟出使宋國時曾經答應他，若為宋國所殺，一定會征伐宋國。如今君王要退兵，那就是自食其言了。」楚王無言以答，楚臣申叔時正在為楚莊王駕車，接口說：「修築房屋，讓種田的農夫回來，擺出長期圍城的架勢，宋國一定會聽從君王的命令。」楚莊王依照申叔時的建議去做，宋國人害怕了，就派遣華元在深夜潛入楚營，登上楚軍主將子反的床，把他叫醒後說：「我國國君派我將宋國的疲困情況告訴你：『敝邑已經易子而食，析骨而炊。儘管如此，我們寧可讓國家滅亡，也決不會被迫與你國訂立城下之盟，喪權辱國地乞求無條件投降。你們退兵三十里，宋國將唯命是聽。』」子反身遭劫持，十分害怕，就和華元盟誓，然後報告楚莊王。楚軍退兵三十里，宋國與楚國媾和，華元做人質。盟誓說：「我不騙你，你不欺我。」從這裡可以看到司馬子反的形象並不高大。他是在被華元劫持的情況下，才不得不同意與宋訂立盟約，哪裡談得上什麼悲天憫人的仁者之風？

《穀梁傳》對此又另有一番說法。它認為宋、楚兩國之間的媾和，是由於魯國大夫公孫歸父在宋地會見楚莊王並從中調停的結果。

《史記・宋微子世家》對此事也有記載，與《春秋》三傳各不相同。《史記》認為當時楚軍圍宋都城，從第一年的九月圍困到了第二年的五月，宋國都城內糧食供應不上，百姓都餓著肚子。宋國華元在夜間私自謁見楚軍主將子反。子反將此事稟告楚莊王，楚莊王召見華元問道：「城中情況怎麼樣了？」華元回答：「析骨而炊，易子而食。」楚莊王歎道：「你很誠實，說的是實話。我軍也只有三日糧了。」楚莊王因為華元能做到以誠相見、取信於人，就罷兵撤圍離去。這種說法與《左傳》比較接近，從中可知宋、楚的媾和，楚莊王有其不得已之苦衷：一是軍糧供應困難，只餘下三日糧了；二是司馬子反遭華元劫持，已被迫訂立盟約，若是反悔，便失信於人，會被各國諸侯恥笑。

同一件歷史事實，竟有四種不同的記載。究竟是哪一種記載比較可靠呢？看來還是《左傳》與《史記》的記載比較接近歷史的真實面貌。《公羊傳》的表述，具有「以論帶史」的特徵。它為了宣揚仁愛、信義等觀念，將司馬子反這一人物理想化。在這裡，理論和觀念是第一位的。至於歷史事實則必須為理論和觀念服務，為此而不惜削足適履，強湊論據。董仲舒在《公羊傳》的基礎上，進一步借此以詮釋戰爭的道德使命意識，規定了對戰爭所持的評價尺度和褒貶態度。他認為在戰爭過程中，維護和弘揚儒家道德遠比戰爭的直接目的和結果更為重要。董仲舒為了達到這一目的，不遺餘力地為司馬子反塑造高大而完美的形象，連《公羊傳》上提到的楚軍只剩下七日糧的事實也忽略不提，從而凸出地強調了司馬子反聞宋國易子而食後而產生的仁愛之心，即使為此而被誤解、受委曲也在所不顧，從而表現出了貴乎貴者的仁者風度。

本篇引述了《尚書・君陳》中的一段話：「爾有嘉謀嘉猷，入告爾君于內，爾乃順之于外，曰：此謀此猷，惟我君之德。」蘇輿在《春秋繁露義證》中對此下了一段案語說：「本書與〈坊記〉引同，當是今文《尚書》說。此為為人臣者言之，故曰『人臣之法』。偽《書》以為成王語，則不倫矣。先儒所以有成王失言之記也。」其實，蘇輿雖然言之鑿鑿，但這一結論是值得商榷的。《禮記・坊記》中雖然是在「君陳曰」之下引述這段話的，但這一「君陳」是人名還是篇名並不能確定，如果這一「君陳」指的是《尚書・君陳》篇，則《尚書・君陳》篇中明明寫明這段話是周成王說的。周成王若說了這段話，也未必就如蘇輿所說的是不倫不類。在帝王制度下，為人臣者固然必須以此為言行的準則，帝王們也是以此來要求其臣屬的。據《舊唐書・劉禕之傳》記載，唐朝武則天當政時，宰相劉禕之就深諳此道。當時員外郎房先敏因為獲罪而貶官，降職為衛州司馬。房先敏不服，詣宰相申訴。內史蘇味道說：「這是皇太后處分的呀！」意思是即使處分不當，也與我們這些人無關。劉禕之對房先敏說：「官吏因為獲罪而改授官職，按例是根據臣下奏請而定的。」這裡的意思是說，應當由我們這些當宰相的人負責。武則天聽到了這件事，認為蘇味道「善則歸己，過則推君」，將他貶為青州刺史；劉禕之「推善於君，引過在己」，加授太中大夫，還賞賜綢緞、馬匹等。武則天對侍臣們說：「為臣應當揚君之德，君德發揚，豈非是臣下的美事？君為元首，臣為股肱。如果以手足之疾移於腹背，肢體難道會單獨安康嗎？味道不存赤膽忠心之意，已經摒退不用。禕之竭盡忠心奉上，情甚可嘉。」劉禕之究竟是不是個忠臣呢？武承嗣、武三思屢次勸太后武則天誅戮李唐皇族，劉禕之深怕惹禍上身，唯唯諾諾，不發一言，可見他是個見風使舵、明哲保身的偽君子。武則天強調臣下應當「善則稱君，過則稱己」，以此類推，周成王又何嘗不會這樣講呢！

為臣者為什麼甘願為君王擔當惡名呢？這裡面有實際利益在起作用，以致至今仍盛行不衰。把功勞和成績歸之於上面，將錯誤和過失推諉給下面，這被美稱為顧全大局。循此道而行者，深得上面之歡心，可以保證仕途亨通，平步青雲，所以二千年來許多人都樂此不疲，盡心竭力地鑽研這種官場登龍術。宋代王應麟在《困學紀聞》卷二中有一段論述：「爾乃順之於外，曰：『斯謀斯猷，惟我后之德。』先儒謂成王失言。蓋將順其美，善則稱君，固事君之法，然君不可以是告其臣。『順』之一字，其弊為諛。有善歸主，李斯所以亡秦也，曾是以為良顯乎？闇愎之君，誦斯言則歸過，求名之疑不可解矣。承弼昭事，稱文武而不及成王，其有以夫。推誠以待士，則欒氏之勇亦子之勇；用賢以及民，則田單之善亦王之善。故曰：『有容德乃大。』史伯論周之弊曰：『去和而取同。』與晏子之論齊、子思之論衛一也。西漢之亡，亦以群臣同聲。」王應麟認為從歸善於君到上下同聲，走的是一條亡國之路。這一見解要比董仲舒深刻而尖銳多了。

斯人斯言，入木三分。振聾發聵，令人深省。

第四章

《春秋》記天下之得失，而見所以然之故❶。甚幽而明，無傳而著❷，不可不察也。夫泰山之為大，弗察弗見，而況微眇者乎。故按《春秋》而適往事，窮其端而視其故❸，得志之君子，有喜之人，不可不慎也❹。

齊頃公親齊桓公之孫❺，國固廣大而地勢便利矣，又得霸主之餘尊，而志加於諸侯❻。以此之故，難使會同❼，而易使驕奢。即位九年，未嘗肯一與會同之事。

有怒魯衛之志[8]，而從諸侯于清邱、斷道[9]。春往伐魯，入其北郊[10]，顧返伐衛，敗之新築[11]。當是時也，方乘勝而志廣，大國往聘，慢而弗敬其使者[12]。晉魯俱怒，內悉其眾，外得黨與衛曹。四國相輔，大困之鞌[13]，獲齊頃公，斮逢丑父[14]。深本頃公之所以大辱身[15]，幾亡國，為天下笑，其端乃從懾魯勝衛起。伐魯，魯不敢出；擊衛，大敗之，因得氣而無敵國以興患也[16]。故曰得志有喜，不可不戒，此其效也。自是後，頃公恐懼，不聽聲樂，不飲酒食肉。內愛百姓，問疾弔喪[17]；外敬諸侯，從會與盟[18]。卒終其身，家國安寧[19]。是福之本生於憂，而禍起於喜也。嗚呼！物之所由然，其於人切近，可不省耶？

「逢丑父殺其身以生其君，何以不得為知權？丑父欺晉，祭仲許宋[20]，俱枉正以存其君。然而丑父之所為，難於祭仲。祭仲見賢而丑父猶見非，何也？」曰：「是非難別者在此。此其嫌疑相似而不同理者，不可不察。夫去位而避兄弟者，君子之所甚貴；獲虜逃遁者，君子之所甚賤。祭仲措其君於人所甚貴以生其君，故《春秋》以為知權而賢之；丑父措其君於人所甚賤以生其君，《春秋》以為不知權而簡之。其俱枉正以存君，相似也。其使君榮之與使君辱，不同理。故凡人之有為也，前枉而後義者，謂之中權[21]，雖不能成，《春秋》善之，魯隱公、鄭祭仲是也[22]。前正而後有枉者，謂之邪道[23]，雖能成之，《春秋》不愛，齊頃公、逢丑父是也。夫冒大辱以生，其情無樂，故賢人不為也，而眾人疑焉。《春秋》以為人之不知義而疑也，故示之以義，曰：『國滅，君死之，正也[24]。』正也者，正於天之為人性命也[25]。天之為人性命，使行仁義而羞可恥，非若鳥獸然，苟為生，苟為利而已。是故《春秋》推天施而順人理，以至尊為不可以生於至辱大羞，故獲者絕之[26]。以至辱為亦不可以加於至尊大位，故雖失位弗君也。已反國，復在位矣，而《春秋》猶有不君之辭[27]，況其溷然方獲而虜耶！其於義也，非君定矣[28]。若非君，則丑父何權矣[29]？故欺三軍，為大罪於晉。其免頃公，為辱宗廟於齊。是以雖難而《春秋》不愛。丑父大義[30]，宜言於頃公曰：『君慢侮而怒諸侯，是失禮大矣。今被大辱而弗能死，是無恥也。而復重罪，請俱死，無辱宗廟，無羞社稷。』如此，雖陷其身，尚有廉名。當此之時，死賢於生。故君子生以辱，不如死以榮，正是之謂也。由法論之，則丑父欺而不中權，忠而不中義[31]。以為不然？復察《春秋》。《春秋》之序辭也，置王於春、正之間[32]，非曰上奉天施而下正人，然後可以為王也云爾[33]。今善善惡惡，好榮憎辱，非人能自生，此天施之在人者也[34]。君子以天施之在人者聽之，則丑父弗忠也[35]。天施之在人者，使人有廉恥者，不生大辱㊱。大辱莫甚於去南面之位，而束獲為虜也。曾子曰：『辱若可避，避之而已。及其不可避，君子視死如歸。』㊲謂如頃公者也。」

【章旨】本章通過齊頃公一生榮衰轉化的過程，闡明「福之本生於憂，而禍起於喜」之理。同時，將祭仲與逢丑父作比較，指出「逢丑父殺其身以生其君」不能算是知權，因為他使國君陷於至辱大羞之境，而《春秋》之義為「君子生以辱，不如死以榮」。

【注釋】❶春秋記天下之得失二句　《春秋》記載了天下各國行事的得失，並且闡明了如何會造成這些得失的原因。❷甚幽而明二句　此處指事情的起源雖幽遠但後來的結果卻很顯豁，事情本身雖然沒有人直接進行闡釋，但其中的道理已經非常清楚而明白。傳，說；闡釋。過去有人認為此處之「傳」指《公羊傳》，誤。董仲舒乃《公羊》學大師，常將《公羊傳》當成《春秋》經看待，不可能說出「無傳而著」的話來。❸按春秋而適往事二句　此處指研究《春秋》所記載的行事，詳細推究往事演變的過程，追溯它的起源來觀察它的結果。按，考察；查驗。適，數。適往事，數往事。端，始。故，疑作效，指事情的結果。❹得志之君子三句　得志，有喜，指事遂人願，一切順利之時，但君子當此之時，應當謹慎從事，防患於未然，因微而知其著。❺齊頃公親齊桓公之孫　齊頃公，姓姜，名無野，乃齊惠公之子，齊桓公之孫，在位十七年。齊桓公是春秋時期的第一位霸主，在位時國勢強盛，稱霸天下。❻得霸主之餘尊二句　指齊頃公憑藉齊桓公曾為霸主的餘威，將自己的意志強加到別國諸侯的頭上，要他們根據自己的心意來行事。❼會同　指各諸侯國君主之間的會盟。❽有怒魯衛之志　此處指不滿魯、衛二國奉事於晉。❾從諸侯于清邱斷道　此句前脫「不」字，應為「不從諸侯于清邱、斷道」。清丘，衛國的地名，在今河南濮陽東南。魯宣公十二年（西元前五九七年），晉、宋、衛、曹各國會盟於清邱。這次盟會是由晉國發起的。晉在邲之戰中慘敗於楚後，陳、鄭二國完全依附於楚國。晉國舉行這一盟會的目的是為了保持其霸主的地位。齊國在晉、楚爭霸中保持了獨立的地位，沒有參加這次盟會。斷道，晉國的地名，在今河南濟源西部。魯宣公十七年（西元前五九二年），晉景公與魯宣公、衛穆公、曹宣公、邾定公在斷道舉行盟會，進一步確立中原各國聯合反楚的同盟。齊國仍堅持處於局外的地位，沒有參加這次盟會。❿春往伐魯二

句　春，指魯成公二年（西元前五八九年）的春天。齊頃公在當時因為魯國與晉國結盟而起兵攻伐魯國。在這次戰役中，齊軍一開始攻下了魯國的龍邑（今山東泰安東南），接著又南侵巢丘（在今山東泰安附近），其位置在魯國的北郊。❶❶顧返伐衛二句　齊國攻打魯國之際，衛國派孫良夫率兵進攻齊國以支援魯國。恰巧齊師已經從魯國返回，兩國軍隊在新築交戰，衛國的軍隊潰敗，主帥孫良夫差一點當了齊軍的俘虜。新築，衛國邑名，在今河北大名縣境內。齊頃公連續打了兩次勝仗，正是得志和大喜之時，因而助長了他的驕傲情緒。❶❷大國往聘二句　據《公羊傳》記載：魯宣公十七年（西元前五九二年），晉國的郤克與魯國的臧孫許同時奉命出使訪問齊國。齊頃公的母親名叫蕭同侄子，登上踏板窺視客人，見到客人中一個是跛子，一個是眇者（瞎了一隻眼）。於是，派跛子迎接跛子，眇者迎接眇者，用這種方式來嘲笑晉國、魯國使者在生理上的缺陷。郤克與臧孫許出來後，一個在門裡，一個在門外說話，直到日影移動了才互相分別。齊國人都說：「禍患的發生，一定從這裡開始。」兩位大夫回國以後，一起率領軍隊進行了鞌之戰，齊國軍隊大敗。據《左傳》記載：「郤子登，婦人笑於房。」杜預注：「跛而登階，故笑之。」這就是說郤克跛，臧孫許眇。《穀梁傳》的說法與此不同，將使者增為四人：「季孫行父禿，晉郤克眇，衛孫良夫跛，曹公子手僂，同時而聘於齊。齊使禿者御禿者，使眇者御眇者，使跛者御跛者，使僂者御僂者。蕭同侄子處臺上而笑之，聞於客。」在這裡，臧孫許變成了季孫行父，各人的生理缺陷也有變化。但孔穎達《春秋左傳正義》轉引沈文阿所引古本《穀梁傳》云：「魯行父禿，晉郤克跛，衛孫良夫眇，曹公子手傴。」可見《穀梁傳》本作郤克跛，與《左傳》相同。《史記・晉世家》則說：「齊頃公母從樓上觀而笑之，所以然者，郤克僂，而魯使蹇，衛使眇，故亦令人如之以導客。郤克怒，歸至河上，曰：『不報齊者，河伯視之！』」後來，郤克當上了晉國的執政大夫。這次當衛與魯告急時，郤克請示晉景公率兵車八百乘出戰，與齊國進行了鞌之戰。因此，各家說法雖有不同，但一致認為這次戰爭的起因與齊頃公使人侮辱晉、魯等國的使者有關。❶❸晉魯俱怒五句　晉、魯俱怒，指鞌之戰的直接原因是齊頃公侮辱了晉、魯兩國的使者郤克與臧孫許，但實際情況是郤克固然因受辱而懷恨在心，但當時晉景公並不願為此事而起兵。晉、齊交戰的直接起因是齊伐魯、衛，接連取得勝利，魯、衛告急於晉，晉乃使郤克、欒書、韓厥率兵車八百乘，與魯、衛共伐齊，在夏天與齊頃公戰於鞌。鞌是齊國地名，在今山東歷城附近。雙方血戰了一整天，郤克的腳被箭射傷，有點頂不住了，但御者解張勸他堅持下去，左手把韁繩握在一起，右手擊鼓，兵車帶頭往前猛衝，晉軍緊緊跟上，齊軍大敗。齊頃公被圍，但在逢丑父的掩護下，倖免於死。此戰的過程，《左傳》記載最詳。❶❹獲齊頃公二句　齊軍大敗後，齊頃公被晉軍俘獲，但這個齊頃公是假的，真的齊頃公已逃走了。據《公羊傳》記載：「逢丑父者，頃公之車右也，面目與頃公相似，衣服與頃公相似，代頃公當左。使頃公取飲，頃公操飲而至。曰：『革取清者！』頃公用是佚而不反。逢丑父曰：『吾賴社稷之神靈，吾君已免矣！』郤克曰：『欺三軍者，其法奈何？』曰：『法斫。』於是斫逢丑父。」據《左傳》記載，逢丑父未死，郤克說：「人不難以死免其君，我戮之不祥，赦之以勸事君者。」乃免之。在這裡，郤克認為逢丑父不把犧牲自己來保全國君看成難事，殺戮他是不祥之事，倒不如饒赦了他以勉勵臣子們如何服事君主，沒有殺他。《穀梁傳》則未提鞌之戰中有關逢丑父之事。董仲舒在這裡根據的是《公羊傳》的說法。⑮深本頃公之所以大辱身　此句指仔細地探究齊頃公之所以會遭受差一點被俘的奇恥大辱的原因。深本，探究其原因。⑯因得氣而無敵國以興患也　指齊頃公因勝利而沖昏頭腦，忘乎所以，認為天下沒有可以和他抗衡的國家，由此而埋下了禍根。⑰頃公恐懼五句　魯成公八年（西元前五八三年），晉景公派韓穿到魯國去，要求魯國將在鞌之戰獲勝後所侵奪的汶陽之田歸還給齊國。《公羊傳》對此事評論云：「鞌之戰，齊師大敗，齊侯歸，弔死視疾，七年不飲酒、不食肉。晉侯聞之曰：『嘻，奈何使人君七年不飲酒、不食肉，請皆反其所取侵地。』」因此，才會下令魯國等歸還鞌之戰後所侵占的土地。⑱外敬諸侯二句　鞌之戰以後，齊屈從於晉。戰後次年，齊頃公即朝於晉。此後，齊一反過去的獨立態度，參加由晉發起的歷次盟會。魯成公五年（西元前五八六年），齊頃公與晉景公、宋共公、魯成公、衛定公、鄭悼公、曹宣公、邾婁定公、杞桓公在蟲牢同盟（蟲牢為鄭國之地，在今河南封丘北）。魯成公七年（西元前五八四年）秋，齊頃公會合晉景公、魯成公、宋共公、衛定公、曹宣公、莒渠丘公、邾婁定公、杞桓公救援鄭國，因為鄭國這時投順晉國後，遭到楚國的進襲，接著，他們又在馬陵同盟（馬陵乃衛國之地，在今河北大名東南，一說在今河南范縣西南）。魯成公九年（西元前五八二年），齊頃公會見晉景公、魯成公、宋共公、衛定公、鄭成公、曹宣公、莒渠丘公、杞桓公，在蒲邑同盟（蒲邑乃衛國之地，在今河南長垣）。齊國是大國，如此謹慎小心地奉晉國為盟主，積極參與晉國所發起的盟會，自然博得盟主晉景公的歡心，所以下令與盟各國歸還過去所侵占的齊國的土地。⑲卒終其身二句　據《史記・齊太公世家》記載：鞌之戰後，齊頃公朝晉，用朝天子之禮來朝見晉景公，這實際上是尊晉景公為王。晉景公不敢受此大禮，一再表示謙讓，齊頃公回國後，廢弛掉那些供田獵和遊樂的園苑。輕傜薄賦，接濟孤兒和老人，深入民間問疾苦，散掉倉庫內的積聚來救濟百姓，百姓們非常高興。他還厚禮諸侯，重視外交。一直到齊頃公逝世時止，百姓歸附，諸侯再也不敢侵犯齊國。⑳祭仲許宋　祭仲是鄭國的卿，名足，字仲，祭為氏。據《史記・鄭世家》記載：鄭莊公初娶鄧女，生太子忽。

莊公後來又娶宋國雍氏女，生子名突。鄭莊公死後，祭仲立太子忽為國君。當時，雍氏在宋國很得寵。宋莊公聽說祭仲立忽為國君，就派人誘召祭仲到宋國，然後把他抓了起來，說：「不立突，將殺死你！」宋國同時也扣押了突，一面答應幫助他立為鄭國國君，一面向他索取財貨作為擁立的酬勞。祭仲答應了宋國的要求，與宋盟誓，答應讓突歸國，擁立他為國君。太子忽聽到祭仲受鄭國的要脅而擁立其弟突為君，就出奔到衛國。公子突回到鄭國，被擁立為鄭厲公。這就是「祭仲許宋」的經過。《春秋》在魯桓公十一年（西元前七〇一年）記載：「宋人執鄭祭仲。」《公羊傳》評論此事云：「祭仲者何？鄭相也。何以不名？賢也。何賢乎祭仲？以為知權也。」「莊公死已葬，祭仲將往省于留，途出于宋，宋人執之，謂之曰：『為我出忽而立突。』祭仲不從其言，則君必死，國必亡；從其言，則君可以生易死，國可以存易亡。少遲緩之，則突可故出，而忽可故反。是不可得則病，然後有鄭國。古人之有權者，祭仲之權是也。」後來，鄭厲公忌祭仲專國政，派祭仲的女婿雍糾去殺祭仲，雍糾將此謀告知其妻，其妻回家問其母：「父與夫，誰更親？」其母說：「父一而已，人盡可夫。」祭女就決定將此情告訴其父祭仲。祭仲殺了雍糾，又乘厲公出居邊邑時迎世子忽回國，立為國君，這就是晉昭公。❷❶前枉而後義者二句　《公羊傳》在魯桓公十一年（西元前七〇一年）的記載中有一番議論，比較清楚地對此作了闡釋：「權者何？權者反於經，然後有善者也。權之所設，舍死亡無所設。行權有道：自貶損以行權，不害人以行權。殺人以自生，亡人以自存，君子不為也。」這段話的今譯是：權宜之計是什麼？權宜之計違背了常道，但最後的效果良好。權宜之計的施行，只有面臨君死國亡才能這樣做，否則是不宜施行的。實行權宜之計的原則：貶損自己來實行權宜之計，不損害別人來實行權宜之計。殺害別人來為自己求生，讓別人的死亡來保存自己，君子是不會這樣做的。❷❷雖不能成三句　指以「權」的標準來衡量，雖然尚未能達到要求，但受到《春秋》肯定和褒獎的有二人，就是魯隱公和鄭祭仲。魯隱公，名息姑，姬姓，魯惠公的庶長子。據《史記・魯周公世家》記載：當初魯惠公的嫡妻無子，而他的妾生了一子，就是息姑。息姑長大後，魯惠公為他娶宋武公之女為妻，但將宋女迎娶回魯國後，魯惠公發現此女非常美麗，就將她奪來娶為自己的妻子，生下一子，名允。魯惠公立宋女為夫人，以允為太子。魯惠公去世時，允尚年幼，魯人擁立息姑攝政，不言即位，這就是魯隱公。魯隱公十一年（西元前七一二年），公子翬對魯隱公說：「百姓習慣於你當國君，諸侯們都喜歡你，為何不把國君當到底呢？我替你把子允殺死，你讓我當國相。」魯隱公說：「先君有命，要允繼位。我因為他年幼，才由自己攝政代理。現在允已年長，我正在想還政給他。」公子翬害怕子允知道這一情況後對己不利，甚至有可能送掉性命。他反過來向子允進讒言，請求由他謀殺隱公以便子允即位。子允同意了，於是他弒隱公而立子允為國君，這就是魯桓公。《春秋》善之，指《春秋》對魯隱公元年的記載為「元年春王正月」，不寫下隱公即位。《公羊傳》對此評論云：「公何以不即位？成公意也。何成乎公之意？公將平國而反之桓。桓幼而貴，隱長而卑。其為尊卑也微，國人莫知。隱長又賢，諸大夫扳隱公而立之。隱於是焉而辭立，則未知桓之將必得立也。且如桓立，則恐諸大夫之不能相幼君也。故凡隱之立，為桓立也。」《公羊傳》道出了魯隱公的一番苦心，他為了子允而不言即位，而且準備還政於桓公反而被弒，對他褒獎有加。董仲舒是《公羊》學者，凡是《公羊傳》中所說的話，他往往直接說成是《春秋》中所說的，將《公羊傳》作為《春秋》的組成部分來看待。這種情況在本書中多處出現。鄭祭仲，事見前述。㉓前正而後有枉者二句　邪與權並稱，不善用權則邪。前正，指逢丑父殺身以生其君。後枉，指逢丑父使其君陷於人所甚賤之境而受辱。㉔國滅三句　指國君為社稷而死乃天地之正道。《春秋》在魯襄公六年（西元前五六七年）記載：「齊侯滅萊。」《公羊傳》對此評論云：「曷為不言萊君出奔？國滅，君死之，正也。」《禮記．曲禮下》：「國君死社稷，大夫死眾，士死制。」意思是當國家受侵伐時，國君、大夫、士都應當死於職守。死社稷，指國亡時國君應當以身殉國。死眾，指兵敗後大夫應當以身殉眾。死制，指士應當為執行君命而以身殉職。㉕正於天之為人性命也　此處指將儒家以仁義為核心的倫理準則歸之於天，歸之於人的性和命。這一說法源自《孟子．盡心上》：「盡其心者，知其性也。知其性，則知天矣。存其心，養其性，所以事天也。殀壽不貳，修身以俟之，所以立命也。」㉖以至尊為不可以生於至辱大羞二句　指君王不能受辱。如果君王在戰爭中被敵人俘獲，應當自殺，以免受敵人的羞辱。如果仍然苟且偷生，那就不再承認他為國君。羞恥感是人們自我約束的一種道德意識。孟子說：「無羞恥之心，非人也。」（《孟子．公孫丑上》）《春秋》在魯隱公六年（西元前七一七年）記載：「鄭人來輸平。」《公羊傳》對此事評論云：「吾與鄭人則曷為未有成？狐壤之戰，隱公獲焉。然則何以不言戰？諱獲也。」這裡說的是魯國與鄭國為什麼不能和好？是因為狐壤之戰中，隱公被俘獲過。當時，魯隱公還沒有當上國君而只是個公子，曾與鄭人在狐壤（鄭國境內，今河南許昌市北）交戰，隱公被俘，囚禁在鄭國大夫尹氏的封邑內，向尹氏送了大量賄賂才得以逃回魯國，後來才即位為國君。何休注《公羊傳》，對此解釋說：「狄惡鄭擅獲諸侯，魯不能死難，皆當絕之。」《春秋》諱言魯隱公曾被鄭人俘獲之事，正是貶抑他不能為魯國死難。齊頃公在鞌之戰中已經面臨被晉軍俘獲的絕境，幸賴逢丑父當替身為他脫難。他不能為齊國死難，這是比魯隱公更不如了，因為魯隱公被鄭國俘獲時還不是國君。㉗已反國三句　《春秋》對那些出奔在外而後來又返國復位的君主，皆稱其名而不把他當君主看待。如《春秋》在魯莊公六年（西元前六八八年）記載：「衛侯朔入於衛。」衛侯朔即衛惠公姬朔。魯桓公十六年（西元前六九六年），姬朔出奔至齊國。過了八年，即魯莊公六年，齊襄公伐衛，復立惠公。《公羊傳》評論此事云：「衛侯朔何以名？絕。曷為絕之？犯命也。其言入何？篡辭也。」這裡說的是衛侯朔為什麼稱名？是斷絕他的爵位。為什麼斷絕他的爵位？是因為他觸犯了周王的命令。說他入是為什麼？是篡位的用語。孔廣森《春秋公羊通義》進一步闡明這層意思：「犯天子之命，當絕，賤不成諸侯，故生名之。」㉘況其溷然方獲而虜耶三句　指逢丑父救齊頃公時，正是齊頃公被晉俘虜而處於穢濁不堪的地步。溷，混濁；汙穢。據《公羊傳》記載：當時晉國軍隊已經包圍齊頃公。晉國的主將郤克扔下戟，欲進又止，在馬前拜了又拜，還叩了頭，舉行了謁見君主之禮。這時逢丑父冒充齊頃公站到了左面的位置，差遣齊頃公去取點水來喝。齊頃公拿了水來，逢丑父說：「換一點清水來！」齊頃公因此逃走了。逢丑父等到齊頃公逃走後才承認自己是冒牌貨，真的國君已經逃走了。郤克也因此斬了逢丑父。董仲舒認為，從道義上看，齊頃公當時已處於被人俘獲的混濁境地，已經不具備當國君的資格了。㉙若非君二句　指如果齊頃公在當時已經算不上是國君，那麼，逢丑父的行為又談得上什麼權變呢？㉚丑父大義　意思是「逢丑父如果懂得《春秋》的大義」。㉛由法論之三句　法，指禮法。這裡包括法制和道義兩重涵義。它作為衡量人物及其行為的是非標準，也可稱之為《春秋》大義。欺，指欺晉國三軍。據《公羊傳》記載：當時晉軍主將郤克知道逢丑父假冒齊頃公後問：「欺騙三軍的，按照軍法應該怎麼辦？」左右回答說：「軍法當斬。」於是郤克下令斬了逢丑父。不中權，指逢丑父救齊頃公稱不上是權變，因為那時齊頃公已被晉軍所俘獲，從《春秋》大義來看，他已經失位而不能算是國君了。忠而不中義，指逢丑父的行為雖忠於齊頃公，但齊頃公雖然保住了命卻終生受辱，陷於不義之境。㉜春秋之序辭也二句　指《春秋》行文的次序，把「王」放置在「春」與「正」二字之間，如《春秋》一開首就是「元年春王正月」，這是為了表示王者，上奉天時，下以正人。㉝非曰上奉天施而下正人二句　非曰，盧文弨認為應當是「豈非」，蘇輿認為「非」可能是「亦」字之誤。董仲舒在〈賢良對策〉中說：「臣謹案《春秋》之文，求王道之端，得之於正。正次王，王次春。春者，天之所為也。正者，王之所為也。其意曰：上承天之所為，而下以正其所為，正王道之端云爾。然則王者欲有所為，宜求其端於天。」（《漢書．董仲舒傳》）董仲舒將《春秋》中的「春王正月」，拆開來將「春」說成是天時，將「正」說成是「正人」，「王」字夾在中間，表示王道，從而得出「王者，上奉天時，下以正人」的結論。㉞今善善惡惡四句　此處指愛好榮耀、憎惡恥辱出於人之天性。《孟子．公孫丑》中也有類似說法，如孟子認為惻隱之心、羞惡之心、辭讓之心、是非之心都是人受命於天的本性。㉟君子以天施之在人者聽之二句　此處指天施於人之本性，必須順從它去做。好榮憎辱是人之本性。逢丑父既然不能使齊頃公臨難而從容就義，使齊國宗廟、社稷不蒙羞辱，而是使君陷於不義之境而終身蒙辱，所以說逢丑父不忠。聽，順從。㊱天施之在人者三句　《四庫全書》本在此處有脫漏。其他各種版本在此補「有廉恥心」四字，即「天施之在人者，使人有廉恥心。有廉恥者，不生大辱。」意思是：上天賦予人的本性，使人具有廉恥之心。懂得廉恥的人，決不會在蒙受嚴重恥辱的情況下苟且貪生。㊲曾子曰五句　引文見《曾子・制言》上。曾子，名參，字子輿，魯國武城（今山東費縣）人，孔子學生，比孔子小四十六歲，以孝著稱，相傳《大學》由他所著。曾子的著作收在《大戴禮記》中的有〈立事〉、〈本孝〉、〈立孝〉、〈事父母〉、〈制言〉、〈疾病〉、〈天圓〉諸篇。上述引文在《大戴禮記》中為：「生以辱，不如死以榮。辱可避，避之而已矣。及其不可避也，君子視死若歸。」

【語　譯】《春秋》記載了天下各國行事的得失，並且闡明了如何會造成這些得失的原因。從中可以看到事情的起源雖然幽遠，但後來的結果卻很顯豁，即使沒有任何解釋和說明，也可以使人清楚而明白地懂得了它的用意，這一點在閱讀《春秋》時必須仔細審察。泰山雖然高大，但如果不去親臨觀察是見不到泰山的，更何況是那些微小而渺遠的事呢？所以認真地考察《春秋》上記載的歷歷往事，追溯其最初的起源，看它之所以發生的緣故，並從中引申出有益的經驗教訓，這對於那些春風得意、喜事臨門的君子來說，尤其是不可不慎重對待的大事。

齊頃公是齊桓公嫡親的孫子，國家的疆域遼闊寬廣，地理形勢優越而便利，又能憑藉齊桓公曾經當過霸主的餘威，志得意滿地強令別國諸侯按照自己的心意來行事。正因為如此，很難使他能以平等的態度來參與各國諸侯的盟會，而是處處盛氣凌人地表現出居高臨下的倨傲姿態。他即位後的九年間，沒有參加過一次中原諸侯國的盟會。又因魯國和衛國冒犯了他而不滿，就因此而不參加清丘和斷道這兩次由晉國發起的聯合中原各國反對楚國的盟會。魯成公二年（西元前五八九年）春天，他帶領軍隊去討伐魯國，兵鋒攻入魯國都城的北郊，回師時又去討伐衛國，在新築打敗了衛國的軍隊。在那個時候，齊頃公因為接連打了勝仗而志高氣昂，不可一世。晉、魯等大國來朝聘，竟傲慢地侮弄來朝聘的使者，激怒了晉國和魯國。於是，晉、魯兩國在國內動員了所有的軍隊，在外面又聯絡了曹、衛二國作為羽翼，晉、魯、衛、曹四國軍隊聯合起來，在鞌地重創齊軍，一度俘虜了齊頃公，斬了逢丑父。深入追究齊頃公所以會遭受被晉軍俘獲的奇恥大辱，差一點要亡國，被天下人恥笑，它的起因是從威懾魯國、戰勝衛國開始的。齊頃公討伐魯國，魯國不敢出兵迎戰；回師時攻打衛國，又將衛國打得一敗塗地，因此而助長他的威風和驕氣，自以為可以打遍天下無敵手了，而後來的禍患也正是從這裡開始的呀！所以說，凡是志得意滿和喜事臨門的人，不能忘乎所以地不知顧忌，齊頃公在鞌之戰中的失敗，就是一個很有說服力的證據。自從這次失敗以後，齊頃公知道恐懼了，不再聽音樂，也不再飲酒食肉。在國內愛護百姓，生病的上門慰問，死亡的親自弔唁；對國外，尊敬各國諸侯，出席各種盟會並參與結盟，終其餘生，國家安寧。這說明幸福根植於時刻保持憂患意識之中，而災難則起源於歡樂而得意忘形之時。事物的發展之所以是這個樣子，究其原因與人們的平時行為有著密切的聯繫，人們怎能對此不細加省察呢？

「逢丑父用犧牲自己的代價來保護其國君的性命，為什麼不能說他是懂得權變呢？逢丑父用掉包計欺騙了晉國，祭仲應允了宋國的無理要求，都是以歪路代替正道來保存自己的國君。逢丑父的做法，比起祭仲來難得多。但是，祭仲被讚許為賢臣，而逢丑父卻要受到非難和責備，這是為什麼呢？」

答：「是非難以辨別的地方恰正是在這裡。這兩件事從表面上看極其相似，其實從道理上講完全是不同性質的兩回事，對這種疑似之處必須仔細辨別與審察。放棄君位以避免兄弟鬩牆之爭，這是孔子所非常看重的行為；被敵軍俘獲後不擇手段地逃出來，則是孔子所非常鄙視的舉動。祭仲安置他的國君處於人們尊崇的地位去保全國君的性命，所以《春秋》認為他懂得權變而加以讚許；逢丑父則安置他的國君處於人們普遍鄙視的地位去保全國君的性命，《春秋》就認為他不懂得權變而輕視他。這兩件事都是用歪路來代替正道以保存其國君的性命，在這一點上兩者是相似的。但從效果上來看，祭仲使國君得到榮譽而逢丑父使國君蒙受恥辱，兩者是性質不同的兩回事。因此，凡是人們的行為，起先走的是歪路但後來卻符合正道的，可以認為它合於權變之理。即使有的事最後沒有能夠辦成，《春秋》仍然肯定和讚許它，如魯隱公和鄭國的祭仲就是這樣的例子，如果起先走的是正道而後來卻走上了歪路，則稱之為邪道，即使是將事情辦成功了，《春秋》仍然不喜歡它，齊頃公、逢丑父就是這樣的例子。一個人蒙受奇恥大辱而苟且偷生，一定會非常不開心，所以賢人是不會這樣去做的，但大多數人卻對此感到疑惑，認為不妨這樣去做。《春秋》認為這些人所以如此是由於不明《春秋》大義，因此將《春秋》大義明白地告訴人們。這就是說：『國家滅亡時，君主以身殉國，這是正道。』正道正在哪裡？正就正在它符合上天賦予人以生命的本意。天之所以賦予人以生命，是為了讓他們去實行仁義而對可恥的行為感到羞辱，並不是讓他們像鳥獸那樣地苟且求生，苟且謀利。所以，《春秋》推演上天的意旨，遵從人間的公理，認為處於至尊地位的君主決不可以在蒙受奇恥大辱的境地中苟且偷生，因此一旦他被敵人俘獲而又不能以身殉國，就得與他斷絕來往。這是因為奇恥大辱不可以加到具有至尊地位的國君頭上，所以國君一旦失去君位，就不再承認他是國君。即使他後來回國重新恢復君位，可是《春秋》在行文用辭上還是不把他當國君看待，何況齊頃公當時混雜在被晉軍所俘獲的隊伍中呢！從《春秋》大義來看，他已經不能算是國君了。如果齊頃公不再是國君，那麼逢丑父有什麼權變可言呢？對晉國來說，逢丑父欺騙三軍，對晉國犯了大罪。對齊國來說，雖然他使齊頃公逃脫了當俘虜的下場，但使齊國的宗廟蒙受重大的恥辱。所以逢丑父能這樣做固然很不容易，但《春秋》並不肯定和讚許這種做法。如果逢丑父是一個深明大義的人，應該對齊頃公說：『君王傲慢自大，輕侮他人，激怒了別國的諸侯，這是嚴重的失禮行為。如今蒙受了巨大的恥辱而不能以死殉國，這是不知羞恥呢！您犯下了嚴重失禮與不知羞恥這雙重大罪，我請求與您一起去死，不要使宗廟受辱，不要使社稷蒙羞。』逢丑父如果這樣去做，雖然身陷囹圄，尚能保持廉貞的名節。在這種時候，活著不如死去。

對君子來說，與其受辱偷生，不如光榮死去，指的就是這種情況。依據禮法來評判，逢丑父所作所為的目的在於欺騙而根本不能算是權變，對齊頃公雖然忠心耿耿但卻違背了道義的要求。如果對這一結論不以為然的話，那麼可以再一次考察《春秋》。《春秋》在行文措辭的次序上，將『王』字放置在『春』

和『正』之間，無非是為了說明對上應當奉行天命之所施予，對下應當推行教化以正人心，然後才可以成為君王。

如今人們肯定善行，否定惡行，愛好榮譽，憎恨恥辱，這種心理狀態不是由人自己產生的，而是上天所賦予人類的。孔子按照這種由上天賦予人的本性來作出判斷，那麼逢丑父的行為就是不忠。上天賦予人的本性，使人具有廉恥之心。懂得廉恥的人，決不會在蒙受嚴重恥辱的情況下苟且貪生。恥辱之中，再也沒有比身為君主而束手受縛成為俘虜的事更嚴重的了。曾子說：『受辱如果可躲避，盡量設法躲避。如果無法可以躲避，君子視死如歸。』這可以說是針對齊頃公之類的遭遇來說的。」

【研　析】本章列舉了三個案例：逢丑父殺身以生其君齊頃公，祭仲許宋立公子突以存其君，魯隱公擬退位而避兄弟鬩牆之爭。在此基礎上，圍繞著「權」這個中心論題展開論爭：何為中權？何為不中權？層層剖析以深入論述《春秋》的義理。《公羊傳》借祭仲以言權，董仲舒則借逢丑父以言中權之難。

董仲舒在這裡闡述的觀點有三，今敘述於下：

第一，由齊頃公搴之戰的失敗，指出他在伐魯、伐衛相繼取得勝利後，志得意滿，狂妄自大，由此而招致戰爭失敗。但他在搴之戰失敗以後，能夠知所恐懼，發憤圖強，撫慰百姓，最後做到了「卒終其身，國家安寧」。董仲舒借此概括出了「得志有喜，不可不戒」與「福之本生於憂，而禍起於喜也」等人生格言。此類格言，言簡意賅，寓意深刻，語詞雋永，精警有力，在中國傳統文化中居有不可忽視的重要地位。

第二，借逢丑父之行不合權變之道（不中權），總結出「君子生以辱，不如死以榮」的榮辱觀。董仲舒強調「國滅君死」，也就是《禮記·曲禮》中所說的「國君死社稷，大夫死眾，士死制」。古代中國的政治組織原則，事實上是將家庭的組織原則擴延到整個國家而成為一種家長式的專制統治。春秋時期，整個中國是一個大家庭，天子在名義上是它的大家長。各個諸侯國，是一個個大大小小的家族，而各國國君則是各個家族的族長。當家族利益受到威脅時，當然要求家族中各個家庭的大大小小的家長各負其責，甚至必要時應當為此而獻出自己的生命。這種中國古代社會的倫理原則，在當時被普遍推崇。

但是，事情並非如此簡單。從歷史上看，君王能以身殉國的，可謂鳳毛麟角，希罕得很。董仲舒之前還能舉出幾個例子，如武王伐紂，紂王兵敗後在鹿臺舉火自焚；越王句踐滅吳，吳王夫差自刎而死；項羽兵敗烏江，寧願自刎而不肯過江東。但在董仲舒之後，這種情景便越來越罕見了。南宋最後一個皇帝趙昺，亡國時由陸秀夫背著跳海，但趙昺當時只有九歲，是個小孩子，自己作不得主。只有明朝末年的崇禎皇帝朱由檢，倒可以算是一個「國君死社稷」的例子。李自成軍隊兵臨城下時，京營兵潰敗，內城失陷。崇禎與內侍王承恩一起吊死在煤山，臨死前在自己的衣襟上寫道：「朕死無面目見祖宗，自去冠冕，以髮覆面，任賊分裂，無傷百姓一人。」（《明史‧莊烈帝紀》）

歷史上的大多數亡國之君，選擇的是另一條苟且偷生的道路。三國時期，東吳的孫皓、西蜀的劉禪，南北朝時期，北齊的後主高緯、南朝的陳後主，沒有一個能視死如歸的。北宋末年的徽、欽二帝，在位時橫徵暴斂，金兵來襲時不思抵抗，終於「東獲為虜」，被掠往金國為奴，金國貴族宴會時對他們百般侮弄，以此取樂，最後父子倆死於五國城（今黑龍江依蘭），連自殺的勇氣也沒有，更談不上以身殉國了。

第三，以魯隱公和祭仲許宋為例，指出「去位而避兄弟者，君子之所貴」，強調君主之位可以在兄弟之間互相謙讓。其實，這只是董仲舒的理想境界，實際情況要複雜得多。魯隱公雖然有意還政於其弟子允，但子允最後卻授意公子翬弒殺了魯隱公。這裡面雖然有公子翬的挑撥在起作用，但子允急於登位之心昭然若揭，難以推卸其罪責。兄弟二人的想法並不一致，終於釀成了弟弒兄的悲劇。至於祭仲許宋，公子忽出奔到衛國，由宋國送其弟公子突回鄭國即君位，也就是鄭厲公。過了四年，祭仲乘鄭厲公出居邊邑時，祭仲復迎公子忽回國即位稱君，即鄭昭公。這些事完全是祭仲一個人在安排，鄭國的政權實際上由祭仲在操縱，而公子忽的出走出於無奈，未必有「去位而避兄弟」的想法，否則就不會有後來的回國復位之舉了。至於祭仲的四年後迎立公子忽為國君，並非是完全出於公心。當時，鄭厲公不滿於祭仲獨擅朝政，密諭祭仲的女婿雍糾去殺祭仲。雍糾回家後將此密謀告知其妻，其妻回家問其母：「父親與丈夫相比較，誰更親？」她的母親說：「父一而已，人盡可夫。」於是，祭仲之女下決心將鄭厲公與雍糾策劃的密謀告知其父。祭仲一聽，那還得了！先下手為強，立時殺死雍糾，逼鄭厲公出居邊邑，然後迎公子忽復位為鄭昭公。如果鄭厲公對他恩寵有加，言聽計從，那就根本不會有迎鄭昭公復位之舉了。董仲舒為了要證明「去位而避兄弟者，君子之所貴」這一論點，大大地美化了祭仲，誇讚他是「《春秋》以為知權而賢之」。但從歷史記載來看，這種評價未免太抬高祭仲了。

明代有一個情況類似的案例。明英宗朱祁鎮在土木堡之變中為瓦剌的也先所俘獲，其弟郕王朱祁鈺接受兵部侍郎于謙為首的大臣擁立，在京師奉太后命即皇帝位，這就是景泰帝。後來明廷與也先達成和議，英宗被送還京師，但即使返國也仍不能復位。不僅如此，皇太子原是英宗之子朱見深，景帝將他廢為沂王，另立自己的兒子朱見濟為皇太子。不要說是讓誰當皇帝了，就是在立誰為皇儲的問題上，兄弟之間也絕無商量與妥協的餘地，更不要說什麼謙讓了。後來出現「奪門之變」，英宗復辟，那是趁景帝患病期間，由宦官曹吉祥、將領石亨、官僚徐有貞發起的一場宮廷政變。明英宗一復位，景帝隨即駕崩，而宦官曹吉祥被擢升為司禮太監、總管三大營。接著，逮捕了當年擁立景帝、擊退瓦剌軍有功的于謙，強加以「謀逆罪」而處決。

從上述多個歷史案例中，可以看出無論是「國滅君死」、「失位弗君」或者是「去位而避兄弟」，都只能是董仲舒所憧憬的儒家的政治理想，而在現實社會生活中，儘管君主們信奉並要求他的臣民遵循這種倫理觀念，但很少有君主願意自己去身體力行。「溥天之下，莫非王土；率土之濱，莫非王臣。」在中國古代君主面前，人人平等，但只有平等而沒有自由，因為誰都得服從君主的意志，而君主本人則高踞於臣民之上，率意而行。儘管從理論上說，他應當遵從道德倫理的準則，接受道德倫理的束縛，但事實上，君主的所作所為是受利害關係所決定的，往往會與道德倫理的要求背道而馳。

這種理想和現實脫節的情況，正是中國傳統文化的特徵之一。中國古代知識分子的最高政治理想就是「致君堯舜上」。但實際政治狀況卻多的是昏君庸相，有個中不溜秋的皇帝就算不錯的了，哪裡來什麼堯舜式的聖君賢主？桀紂式的暴君倒是並不罕見。

第五章

「《春秋》曰：『鄭伐許❶。』奚惡於鄭而夷狄之❷也？」曰：「衛侯速卒，鄭師侵之，是伐喪也❸。鄭與諸侯盟于蜀❹，以盟而歸諸侯❺，於是鄭伐，是叛盟也❻。伐喪無義，叛盟無信，無信無義，故大惡之。」問者曰：「是君死，其子未踰年，有稱伯不子，法辭其罪何❼？」曰：「先王之制，有大喪者，三年不呼其門❽，順其志之不在事也❾。《詩》云：『高宗諒闇，三年不言。』❿居喪之義也。今縱不能如是，奈何其父卒未踰年，即以喪舉兵也。《春秋》以薄恩，且施失其子心⓫，故不復得稱子，謂之鄭伯，以辱之也。且其先君襄公伐喪叛盟⓬，得罪諸侯。諸侯怒之未解，惡之未已，繼其業者，宜務善以覆之，今又重之，無故居喪以伐人。父伐人喪，子以喪伐人；父加不義於人，子施失恩於親，以犯中國。是父負故惡於前，己起大惡於後。諸侯果怒而憎之，卒而俱至，謀共擊之⓭。鄭乃恐懼，去楚而成蟲牢之盟⓮是也。楚與中國俠而擊之，鄭罷弊危亡⓯，終身愁辜。吾本其端，無義而敗，由輕心然。孔子曰：『道千乘之國，敬事而信。』⑯知其為得失之大也，故敬而慎之。今鄭伯既無子恩，又不熟計，一舉兵不當，被患不窮⑰，自取之也。是以生不得稱子，去其義也⑱。死不得書葬，見其窮也⑲。曰：有國者視此。行身不放義，興事不審時，其何如此爾⑳。」

【章旨】本章通過對「鄭伐許」這一記載的剖析，指出鄭襄公伐喪叛盟，無信無義；其子鄭悼公居喪伐人，失恩於親，以犯中國，導致楚國與中原各國對鄭國的夾擊，完全是鄭悼公「行身不放義，興事不審時」所造成的結果，足以為擅自輕易興兵者戒。

【注釋】❶鄭伐許　《春秋》在魯成公三年（西元前五八八年）冬十一月記載：「鄭伐許。」在同一年的夏天，《春秋》已有「鄭公子去疾帥師伐許」的記載。去疾字子良，鄭繆公之庶子，當時是鄭國的執政大夫。因此，《春秋》關於冬十一月「鄭伐許」的記載，已經是鄭襄公在當年的第二次討伐許國了。伐許的原因據《左傳》記載：許國原來是鄭國的屬國，後來許國投靠了楚國，有恃無恐，便不再奉事鄭國。鄭襄公所以在一年內兩次討伐許國，就是為了逼許國屈服於鄭國。❷奚惡於鄭而夷狄之　指《春秋》視鄭國為夷狄，在記載時稱鄭而不稱其爵位。何休注《公羊傳》云：「謂之鄭者，惡鄭襄公與楚同心，數侵伐諸夏。自此之後，中國會盟無已，兵革數起，夷狄比周為黨，故夷狄之。」鄭國是春秋時期晉、楚兩國爭霸的焦點。鄭國原來是晉國的盟國。楚莊王十七年（西元前五九七年）討伐鄭國，鄭襄公被迫投降楚國。晉國發兵援救鄭國，但為時已遲，鄭已降楚。在著名的邲之戰中，鄭襄公反過來幫助楚軍大敗晉師。此後，鄭國依仗楚國的勢力，攻擊中原諸侯國，成為楚國的一個過河卒子。《春秋》視楚為夷狄，鄭是楚的黨羽，所以將鄭國也當成夷狄來看待。❸衛侯速卒三句　衛侯速，《公羊傳》作衛侯遬，除《四庫全書》本外，他本多作「遬」，即衛穆公，在位十一年，卒於魯成公二年（西元前五八九年）九月。當時正是鞌之戰後不久，晉軍乘勝回師。衛作為晉的盟國，晉軍統帥郤克、士燮、欒書三人都從戰地領兵回國路上去弔唁。鄭師侵衛在同年冬天，是配合楚國軍隊出兵的。當時衛穆公剛去世不久，尚在喪期之中，所以董仲舒指責鄭襄公伐喪。❹鄭與諸侯盟于蜀　蜀，魯國地名，今山東汶上南有蜀山湖，湖中有蜀山。一說在今山東泰安西。《春秋》記載此事於魯成公二年（西元前五八九年）十一月：「公及楚人、秦人、宋人、陳人、衛人、鄭人、齊人、曹人、邾婁人、薛人、鄫人盟于蜀。」據《左傳》記載：此次盟會由楚國令尹公子嬰齊發起，目標是為了對付晉國。參加這次盟會的，除了主盟者為楚國公子嬰齊外，秦國為右大夫說，宋國為華元，陳國為公孫寧，衛國為孫良夫，鄭國為公子去疾，齊國也派了一名大夫來。此外，還有蔡國和許國的國君蔡景公和許靈公，他們是隨楚軍一起乘楚軍兵車而來的，楚共王自己沒有來，兵車上由楚國大夫彭名居中御車，蔡景公、許靈公分居他的左右，完全喪失了自己的國君身分，所以《春秋》在記載此事時不提蔡侯、許君以表示貶斥。這次盟會是由於各國諸侯害怕晉國而偷偷地和楚國結盟，與會各國缺乏誠意，所以《左傳》稱這次盟會是「匱盟」。❺以盟而歸諸侯　以，通「已」。此處指盟約已成，各諸侯歸國。❻於是鄭伐二句　魯成公二年（西元前五八九年）十一月的蜀之會，鄭襄公與許靈公都參加了，在楚國主持下，彼此結成了同盟。但次年夏天，鄭國派公子去疾率兵伐許。到了冬十一月，鄭國又第二次伐許。訂盟不到半年就翻臉不認人，兵戎相見。許靈公在參加蜀之會時還沒有成年，是楚國勉強給他行了冠禮，而且是搭乘楚國兵車隨楚軍赴會的，可見楚、許關係之深。鄭國於蜀之盟後，兩次舉兵伐許，難道不怕盟主楚國動怒？此事的背景是由於邲之戰中，鄭國背叛晉國倒向楚國，所以在魯成公三年（西元前五八八年）正月，由晉景公發起與主持，會同魯成公、宋共公、衛定公、曹宣公討伐鄭國，駐紮在鄭國的伯牛，氣勢洶洶。鄭國子偃率領軍隊抵禦，命令東部邊境軍隊在鄤地設下埋伏，在丘輿打敗以晉國為首的各國聯軍，事後還派人去楚國進獻俘虜以表忠心。鄭國既然在晉楚爭霸中為楚國出了大力，便有恃無恐地向同盟的許國開刀，而盟主楚國由於鄭國大敗晉國為首的各國聯軍並向楚國獻俘，使楚國臉上有光，也就對鄭國這種叛盟行為眼開眼閉地不聞不問了。❼是君死四句　此處指魯成公四年（西元前五八七年）「鄭伯伐許」之事。是君死，指這一年三月，「鄭伯堅卒」。鄭伯堅，即鄭襄公堅。其子，指鄭悼公。未踰年，指鄭悼公即位稱君時，其父鄭襄公剛死不久，尚未踰年。有，通「又」。稱伯不子，《春秋》義例對當年新喪父的國君都不稱呼其爵位，如宋桓公卒，《春秋》對新即位的宋襄公在當年稱為宋子而不稱他為宋公。但是在這裡卻稱鄭悼公為鄭伯而不稱他為鄭子。法辭其罪何，指《春秋》在記載此事時，為什麼不在行文用辭上對鄭悼公的稱呼貶其爵以稱其罪。此事的經過與背景，據《左傳》記載：這一年的十一月，鄭悼公在服父喪期間，命公孫申率兵到許國去占領前兩次伐許時所得之地，重新劃定兩國的疆界。許國拒絕土地被占領，打敗了公孫中的鄭軍。於是，鄭悼公親自率領軍隊去攻打許國，占領了鉏任、泠敦（兩地俱在今河南許昌境內）的土地。晉國命欒書任中軍元帥，荀首作副帥，率兵救援許國攻打鄭國，占領了氾（鄭國地名，在今河南襄城南）和祭（鄭國地名，在今河南中牟）。楚國子反率兵救援鄭國，鄭、許二國國君在子反面前爭訟，子反不能決斷，無法判定雙方的是非曲直，就要他們到楚國去在楚王面前對質，由楚王來作出決斷。關於「稱伯不子」，何休注《公羊傳》云：「未踰年君稱伯者，時樂成君位，親自伐許，故如其意以著其惡。」這就是說，鄭悼公服喪未踰年就稱伯，是因為他樂於當國君，親自伐許，連服父喪這樣的頭等大事也不顧了，所以《春秋》稱他的爵位來使他的惡行昭著天下。又，唐朝杜佑《通典》引《五經異義》云：「諸侯未踰年出朝會與不出會何稱？《春秋公羊》說云：諸侯未踰年，不出境，在國內稱子。以王事出亦稱子。非王事而出會同，安父位，不稱子，鄭伯伐許是也。未踰年以本爵，譏不子也。」這裡明確指出《春秋》稱鄭悼公為鄭伯而不稱鄭子，是譏刺他不像個兒子的樣子。❽有大喪者二句　大喪，指父母之喪。三年不呼其門，指古代大臣有父母之喪，君王在他三年服喪期間不使人登門傳呼他辦事。《公羊傳》宣公元年曾對此事評論云：「古者臣有大喪，則君三年不呼其門。已練，可以弁冕，服金革之事。」練，指練祭，父母去世第十一個月（一說為第十三個月）祭於家廟，可穿練過的布帛，故稱練祭。三年之喪，應為二十五個月，在此期間，國君不應上門召喚。但是，在已經舉行練祭以後，可以用弁冕代替首絰（服喪時頭上紮的麻帶），服事於戰爭之事。❾順其志之不在事也　指「有大喪者，三年不呼其門」，是為了順遂服喪之臣的守喪心志，不派遣他去辦公事。但是，如果服喪之臣已經舉行過練祭，那還是可以派人登門呼喚他辦公事的。但是，這樣做不太妥當。《公羊傳》對此評論云：「君使之，非也。臣行之，禮也。閔子要絰而服事，既而曰：『若此乎，古之道不即人心。』退而致仕。孔子蓋善之也。」這是說，服喪的臣子固然可以弁冕來代替首絰，服事於戰爭之事；但是，國君差遣他，是不對的，而臣子去做，是合於禮的。孔子的學生閔子騫腰裡束著麻帶去服事，事後說：「像這樣的事，古代的規矩不近人情。」退身辭去了官職。看來孔子是贊成他的。事實上，孔子就曾說過他的弟子中，德行好的要推顏淵、閔子騫等人（《論語・先進》）。《白虎通義・喪服》中同樣的說：「臣下有大喪，不呼其門者，使得終其孝道，成其大禮。」❿詩云三句　詩，當是「書」字之誤。《書》即《尚書》。引語見《尚書・說命上》。高宗，即殷高宗武丁。殷王盤庚去世後，他的兩個弟弟小辛、小乙相繼即位，殷商的國勢日益衰微。小乙去世後，由他的兒子武丁繼位，武丁死後，立其廟為高宗，故以高宗稱武丁。諒闇，指帝王居喪，又作「諒陰」、「涼陰」、「亮闇」、「梁闇」、「涼闇」，指帝王居喪廬而不講話，政事由宰相負責。《論語・

憲問》：「子張曰：『《書》云：「高宗諒闇，三年不言。」何謂也？』子曰：『何必高宗，古之人皆然。君薨，百官總己，以聽於冢宰三年。』」《白虎通義・爵》：「《尚書》曰『高宗諒闇三年』是也。《論語》曰：『君薨，百官總己，以聽於冢宰三年。』所以諒闇三年，卒孝子之道也。」⓫且施失其子心　指鄭悼公廢弛其為人子者應有之孝心。施，通「弛」。施失，廢弛。⓬其先君襄公伐喪叛盟　先君襄公，指鄭悼公之父鄭襄公，姬姓，名堅，在位十八年。伐喪，指鄭襄公在衛速公剛剛去世時伐衛。叛盟，指鄭襄公與許靈公共同參加楚國發起的蜀之盟，雙方是盟國。但過了不到半年，鄭襄公就起兵伐許。⓭諸侯果怒而憎之三句　此處指魯成公三年（西元前五八八年）正月，晉國、魯國、宋國、衛國、曹國共同組成聯軍伐鄭，但中了鄭國的埋伏，諸侯聯軍被打敗了。卒，終於；最後。⓮去楚而成蟲牢之盟　去楚，背楚。蟲牢，當是蟲牢之誤。蟲牢之盟，《春秋》記載於魯成公五年（西元前五八六年）十二月：「公會晉侯、齊侯、宋公、衛侯、鄭伯、曹伯、邾婁子、杞伯同盟於蟲牢。」蟲牢，鄭國地名，《後漢書・郡國志三》兗州：「陳留郡封丘有桐牢亭，或曰古蟲牢。」在今河南封丘北。蟲牢之盟是以晉國為首的中原各國針對南方楚國的盟會。據《左傳》記載：魯成公五年（西元前五八六年），許靈公在楚國向盟主楚共王控告鄭悼公。這一年六月，鄭悼公到楚國去，爭訟沒有得勝，楚國判許國勝訴，還囚禁了鄭國的大夫皇戌和子國。鄭悼公回國以後，派公子偃到晉國去請求媾和，轉而投奔晉國。八月，鄭悼公和晉國的執政大夫趙同在垂棘（晉地名，今山西路城縣北）結盟。當年冬天，晉、魯、齊、宋、衛、鄭、曹、邾婁、杞等國在蟲牢一起結盟，這是因為鄭國順服，中原各諸侯國商量再次會盟，但宋共公托詞沒有參加。⓯楚與中國俠而擊之二句　俠擊，夾擊。罷，通「疲」。據《公羊傳》記載：蟲牢之盟後的第二年，即西元前五八五年秋天，楚公子嬰齊率師伐鄭。冬天，晉國欒書率兵侵鄭。中國，指晉國。董仲舒依據《公羊傳》斷言楚國與晉國軍隊夾擊鄭國。但《左傳》的說法與此不同。據《左傳》記載：秋天，楚國公子嬰齊率兵伐鄭，原因是鄭背叛楚國投向晉國。冬天，晉國欒書率兵救鄭，與楚軍在繞角相遇。楚軍撤走回國，晉軍就襲擊蔡國。楚國公子申、公子成率兵救援蔡國，欒書就決定率晉軍撤兵回國。《穀梁傳》的說法與《左傳》相同。此後，鄭悼公去世，鄭成公繼位，鄭國仍一直游移於晉楚兩國之間。鄭成公三年（西元前五八二年），鄭成公又私自與楚共王結盟。當年秋天，鄭成公朝晉，被晉扣留，晉國派欒書率兵伐鄭。鄭國堅守，在第二年（西元前五八一年）另立鄭成公的庶兄為君，晉國見鄭國已另立國君，只得放回鄭成公。鄭國殺死新君迎鄭成公歸國。鄭成公十年（西元前五七五年），鄭國又背晉而與楚結盟，晉發兵伐鄭。楚共王率兵救鄭，導致晉楚鄢陵之戰，楚兵敗。鄭成公十三年（西元前五七二年）晉悼公伐鄭，鄭守城，晉兵撤離。鄭國親晉，楚國攻鄭。鄭國親楚，晉國攻鄭。鄭國在連綿不斷的戰爭中疲困不堪，日趨衰落。⓰孔子曰三句　孔子引語見《論語·學而》，說的是擁有千乘兵車的君主，治理國家時要敬重而謹慎，要講究信譽。敬指對人事、倫常、政務的敬畏和敬重，信是為政之本，孔子曾說過：「自古皆有死，民無信不立。」（《論語·顏淵》）守信是社會群體所要求其個體必須遵守執行的禮俗和法規，是人類總體共同生存的必然要求。董仲舒引用孔子的話是批評鄭襄公、鄭悼公伐許是叛盟，不守信約，而且在晉楚兩國之間反過來倒過去，毫無信用可言。⓱鄭伯既無子恩四句　鄭伯，指鄭悼公。他的父親鄭襄公剛去世，他自己尚處於服喪期間，就貿然舉兵，討伐許國，由此而引來楚國的干涉。鄭悼公於是背楚而投靠晉國，由此而引起晉楚之間一系列戰爭。所以董仲舒指責他一舉兵不當，被患無窮。孰，通「熟」。孰計，深思熟慮。⓲生不得稱子二句　指鄭悼公在魯成公四年（西元前五八七年）伐許，《春秋》記載時為「鄭伯伐許」，而按理對國君來說，父死未踰年，理應貶爵稱子，而《春秋》對他不稱鄭子，剝奪他享受道義的名譽。⓳死不得書葬二句　鄭悼公死於魯成公六年（西元前五八五年），《春秋》上只記載「鄭伯費卒」，但不記載他的葬禮。按照《春秋》義例，這是認為他沒有為之盡忠的臣子，是一種貶斥。⓴其何如此爾　清代蘇輿認為，「何」疑為「禍」之誤。另外，也可理解成「其何以有如此之結局爾」。

【語　譯】問：「《春秋》記載：『鄭國討伐許國。』為什麼那樣地厭惡鄭國，只稱呼它的國名而不稱呼爵號，把鄭國當成夷狄看呢？」

答：「衛侯速去世不久，鄭國便派遣軍隊侵犯衛國，這是討伐有喪事的國家。鄭國和各諸侯在蜀地會盟，會盟結束後，各諸侯都回國了，於是鄭國出兵討伐許國，這是背叛盟約的行為。討伐有喪事的國家是不講道義，背叛盟約是不遵守信誓。鄭國既不守信誓也不講道義，所以《春秋》非常厭惡它。」

問：「鄭國國君鄭襄公剛去世，他的兒子鄭悼公即位未滿一年，《春秋》就稱呼他為鄭伯，不稱呼為子，《春秋》為什麼不按照其義例貶爵稱呼以貶斥其罪責呢？」

答：「依據先王制訂的禮制，對於那些服父母之喪的人，在三年服喪期間不能登門要他出仕為國君辦事，這是為了順從他哀念父母、沒有心思處理政事的心情。《尚書》說：『殷高宗居住在喪廬內，三年不說話。』這才符合居喪的道理。如今鄭悼公即使不能像殷高宗那樣去做，又怎麼能在父親去世未滿一週年的居喪期間出兵討伐別國呢？《春秋》因為鄭悼公刻薄寡恩，對自己的父親完全喪失了當兒子應有的孝心，所以不再稱他為鄭子，而是稱他為鄭伯，是以此來羞辱他的。況且他已去世的父親鄭襄公曾經討伐有喪事的衛國，背叛與各諸侯共同訂立的盟約去討伐與盟的盟國，得罪了與盟的各諸侯國。各國諸侯對鄭國的怒氣尚未平息，憎惡尚未消失，繼承鄭襄公即位的鄭悼公本來應該努力行善來彌補他父親的過失，卻反而去重蹈覆轍，毫無理由地在自己守喪期間去起兵討伐許國。父親討伐有喪事的國家，兒子在自己守喪期內去討伐別人；父親對別人不講道義，兒子對自己的父親不顧親恩、不盡孝道，去侵犯中原的諸侯國。父親背負舊的惡名於前，自己又犯新的大罪於後。各國諸侯最後都憤怒地憎惡他，終於大家聯合起來，策劃一起來攻擊鄭國，這時候鄭國方始感到害怕了，於是又背叛楚國轉而投靠晉國，與晉、齊、魯、宋等國一起達成了蟲牢之盟。這樣做的結果，導致楚國和中原國家南北夾擊鄭國，鄭國疲敝危困，鄭悼公從此終身過著愁苦的日子。探尋他所以如此的原因，是由於他不講信義而造成的，處理國與國之間的關係又非常輕率，才會造成這種局面。孔子曾經說過：『統治一個擁有千乘兵車的國家，處理政務必須慎重而講信譽。』從這一點可以知道政事上的得失事關重大，影響深遠，所以必須抱著敬畏的態度去慎重處理。如今鄭悼公既沒有盡為子之道去報親恩、行動前又不深思熟慮地周密籌劃，一旦舉兵不當，後患無窮，這完全是咎由自取。所以他生時不能稱子，得不到道義上應有的尊重；死後《春秋》也不記載他的葬禮，用以表示他沒有為之盡忠的臣子，以至落到如此窮迫的地步。這等於告訴人們：各諸侯國的君主要以鄭悼公為鑑戒。為人行事不遵循道義的要求，舉兵又不審時度勢，它的禍患竟有如此之嚴重呢！」

【研析】春秋中葉，晉國和楚國兩大強國爭霸。鄭國恰正處兩國之間的中間地帶，從軍事上看，固然是晉楚交戰時的兵家必爭之地；從政治上看，鄭國的投靠哪一邊，對晉楚兩國勢力的此消彼長，同樣也具有舉足輕重的地位。

兩大之間難為小。這就給鄭國在外交上的選擇結盟出了難題。但鄭國卻對此缺乏慎重的通盤考慮和一貫的堅定方針，而是始終游移徘徊於晉楚二國之間，一會兒投靠晉國，一會兒又倒向楚國，舉棋不定，決策輕率，反覆無常。同時，鄭國又千方百計地要併吞或侵占其鄰近比它弱小的諸侯國，如對衛國和許國。它既要看大國的眼色行事，又想欺侮比自己弱小的鄰國，這就是鄭襄公和鄭悼公執政時處世行事的特徵和寫照。這父子倆舉措失當，四處樹敵，不僅使鄭國戰亂頻仍，飽受兵燹之苦；而且導致中原地區會盟屢舉，兵革數起，最終引發了晉楚之間的鄢陵之戰，以晉勝楚敗而告終，使晉國得以重振霸業。中原地區的戰火連綿不斷，肇禍者當然首推晉楚兩國，但鄭國外交上的決策輕率、舉措失當，也不能辭其責。

董仲舒在本章中，根據《春秋》對鄭襄公、鄭悼公這一時期所作所為的記載，貶責鄭襄公伐喪背盟，無信無義；鄭悼公以喪伐人，背棄親恩。但鄭國這樣做，實際上並沒撈到什麼好處。由於伐許，遭到盟主楚國的貶斥與懲罰，結果又轉而投靠晉國，偷偷地背楚而參加蟲牢之盟，激化了晉楚二國之間的矛盾。而鄭國由於連年處於戰火之中，自身的國力處於疲敝危困的境地。

本章結尾時，引用了孔子所說的話：「道千乘之國，敬事而信。」（《論語．學而》）在這裡，凸出了「信」在倫常中的地位，嚴厲地指斥了鄭襄公的「叛盟無信」。在本篇的第二章中，董仲舒曾提出偏戰比之於不戰，可以說是不義，但比之於詐戰，就可說是義了。可見在戰爭的問題上，董仲舒也同樣地將信義放在首位。這個觀點對董仲舒來說，可以說是一以貫之的，他在本書的〈對膠西王越大夫不得為仁〉篇中說：「《春秋》之義，貴信而賤詐。詐人而勝之，雖有功，君子弗為也。是以仲尼之門，五尺童子，言羞稱五伯，為其詐以成功。」

現實的戰爭領域是實用主義的天堂，戰爭的唯一目的是勝利。但是，儒家對戰爭的評價並不以勝負為唯一標準，而是更重視戰爭的道德倫理趨向。因此，先秦儒家的戰爭觀裡張揚著一種獨特的東方倫理主義精神。例如以泓之戰來說，這次戰爭發生在魯僖公二十二年（西元前六三八年），宋襄公與楚成王戰於泓，以楚勝宋敗而告終，但《春秋》與《公羊傳》都明顯地將同情與肯定偏向宋襄公這一邊。《春秋》的記載是「冬十有一月己巳朔，宋公及楚人戰于泓，宋師敗績。」儘管這次戰爭的結果是楚勝宋敗，但《春秋》記載時對楚稱人，對宋稱公；以夷狄視楚，而以中國視宋；一貶一褒，態度何等鮮明！《公羊傳》則稱泓之戰為偏戰，認為它是雙方約定日期、地點，各居一面，鳴鼓而戰，兩不相詐，云：「偏戰者日爾，此其言朔何？《春秋》辭繁而不殺者，正也。何正爾？宋公與楚人期，戰於泓之陽，楚人濟泓而來，有司復曰：『請迨其未畢濟而擊之。』宋公曰：『不可。我聞之也：君子不厄人。吾雖喪國之餘，寡人不忍行也。』即濟，未畢陳，有司復曰：『請迨其未畢陳而擊之。』宋公曰：『不可。吾聞之也：君子不鼓不成列。』已陳，然後襄公鼓之。宋師大敗。故君子大其不鼓不成列，臨大事而不忘大禮，有君而無臣，以為雖文王之戰，亦不過此也。」

《公羊傳》的這段話不大好懂，今譯成白話如下：「各據一方的交戰記下日子罷了，這裡說初一是為什麼？《春秋》用語繁而不簡約，是凸出正道。什麼正道呢？宋襄公與楚國人約好，在泓水之南交戰。楚國人渡過泓水而來，將領報告說：『請趁他們沒有全部渡河而向他們出擊。』宋襄公說：『不可以。我聽說：君子不乘人之危。我雖然已經喪失過一次國土了，我不忍心這樣行事。』楚軍渡河完畢，但還沒有列成陣勢，將領報告說：『請趁他們還沒有列成陣勢時向他們出擊。』宋襄公說：『不可以。我聽說：君子在對方沒有排列好軍陣時不擂鼓進軍。』楚軍排列好陣勢，宋襄公才擂響了戰鼓。宋國軍隊大敗。所以君子尊崇他不擂鼓進攻沒有列成戰陣的敵軍，臨大事而不忘大禮，可惜他身為國君而沒有得力的臣子來輔佐他，以為即使是周文王的交戰，也不過是這樣。」

《公羊傳》將拘泥於古禮的宋襄公比喻成周文王，可見其評價之高。對於宋襄公在泓之戰中的表現，在當時就有不同的看法。《左傳》借子魚的話批評宋襄公「未知戰」。《穀梁傳》也直斥他「不顧其力之不足」，已經受過楚一次辱了，結果又不自量力地再受一次辱。《左傳》、《穀梁傳》都對宋襄公不以為然。近人則直率地聲言：「我們不是宋襄公，不要那種蠢豬式的仁義道德。」（毛澤東《論持久戰》）

那麼，《公羊傳》的說法是否應當全部否定？否。對此必須進行深層的剖析與考察。漢民族的道德倫理意識是建立在家族的血緣關係之上的。這樣，作為生存的物質手段的戰爭必然與作為生存的精神手段的道德倫理發生緊密聯繫。由於漢民族的政治秩序本質是一種源於血緣關係的倫理秩序，戰爭作為政治的工具，也就成為道德倫理的工具。因此，從儒家戰爭觀的角度來看，仁義道德遠比戰爭的勝負更為重要。從這一點上來看，《公羊傳》對宋襄公在泓之戰中表現的看法，要比《左傳》和《穀梁傳》更接近《春秋》的本意。董仲舒是西漢的《公羊》學大師，一向奉《公羊傳》為圭臬，自然同意這種看法。他曾提出了「正其誼不謀其利，明其道不計其功」(《漢書・董仲舒傳》)的說法。這一名言垂傳久長，影響深遠。從擺脫了功利的角度來看問題，並不能輕易否定《公羊傳》的看法。

即使不從儒家戰爭觀的角度來看，評價戰爭也不能只限於戰爭本身的勝負得失。「兵不厭詐」固然歷來被軍事家奉為圭臬，但也不能完全不講信義。不講信義的突然襲擊固然能取得一時一地的勝利，但從長遠來看，往往會招致最後的失敗。近百年來的歷史經驗證明，最終取得勝利的仍還是講信義的一方。因為從根本上說，決定戰爭勝敗的是人心的向背。因此，《公羊傳》和董仲舒強調從道德角度來論述戰爭，自有其獨到之處，值得人們深思。

卷第三

玉英第四

【題解】本篇題名〈玉英〉。玉英乃玉之精英，即美玉，是寶物的名稱。《尸子》云：「龍淵生玉英。」《楚辭・涉江》云：「登崑崙兮食玉英。」《禮記・曲禮下》云：「君無故玉不去身。」可見玉英是君王隨身佩帶的寶物，沒有特殊的情況不能離身。董仲舒以玉英為篇名，是強調君王應該將本篇所闡述的思想作為隨身佩帶的寶物一樣，須臾不能離身。

本篇共分六章。第一章強調治國之端在正名，而正名之要在於君位傳承時必須遵循嫡長子繼承制的宗法制度。否則，不管是受之先君還是自行即位，都屬於非其位而即之，《春秋》危之。但若能行善得眾，則《春秋》弗危。不受之先君且不應即位而即位者，若能舉賢人、善補過，仍能成為賢君，如齊桓公。同時，強調君主應居安思危，如魯桓公忘其憂而禍逮其身，齊桓公憂其憂而立功名。第二章通過《春秋》貶魯隱公觀魚於棠的記載，強調君主應正確處理義與利的關係，嚴厲斥責君主求利為大惡。第三章闡明經禮與變禮的區別及其在不同場合的運用。第四章通過魯隱公與魯桓公的案例，闡明《春秋》筆法的深刻入微。同時，重點剖析宋宣公、宋繆公不遵循嫡長子繼承制傳位的案例，指明其得失與《春秋》對此的處理方式。第五章闡明在君位傳承上有在可以然之域與不在可以然之域的區別。前者是小德，可以權變行事；後者是大德，不可逾越半步。第六章通過對「紀季以酅入于齊」這一事例的剖析，闡明紀侯的行為符合仁義之旨，從而倡導崇尚名節與君死社稷之義；同時，強調了宗法社會中保存宗廟的重要性。

綜觀全篇，雖然不少篇幅在講《春秋》筆法中經與權的關係，但從全篇內容來看，貫穿其中的是國君如何對待君位繼承的問題，而闡述經與權的關係正是為君位繼承問題上的種種權變措施尋找經典根據。

第一章

謂一元者，大始也❶。知元年志者❷，大人之所重，小人之所輕。是故治國之端在正名❸。名之正，興五世❹，五傳之外，美惡乃形，可謂得其真矣，非子路之所能見❺。非其位而即之，雖受之先君，《春秋》危之，宋繆公是也❻。非其位，不受之先君，而自即之，《春秋》危之，吳王僚是也❼。雖然，苟能行善得眾，《春秋》弗危，衛侯晉以正書葬是也❽。俱不宜立，而宋繆受之先君而危，衛宣弗受先君而不危，以此見得眾心之為大安也。故齊桓非直弗受之先君也，乃率宜弗為君者而立❾，罪亦重矣。然而知恐懼，故舉賢人而以自覆蓋，知不背要盟以自湔浣也❿，遂為賢君而霸諸侯⓫。使齊桓被惡而無此美，得免殺滅乃幸已，何霸之有！魯桓忘其憂而禍逮其身⓬。齊桓憂其憂而立功名。推而散之，凡人有憂而不知憂者凶，有憂而深憂之者吉。《易》曰：「復自道，何其咎？」⓭此之謂也。匹夫之反道以除咎尚難，人主之反道以除咎甚易。《詩》云：「德輶如毛。」⓮言其易也。

【章　旨】本章強調國君治國之端在正名，而正名之要在於王位傳承時必須遵循嫡長子繼承的宗法制度。否則，不管是受之先君如宋繆公，或是自行即位如吳王僚，都屬於非其位而即之，《春秋》危之。但若能行善得眾如衛侯晉，則《春秋》弗危。不受之先君且不應即位而即位者，若能舉賢人、善補過，仍能成為賢君，如齊桓公。同時，強調君主應當居安思危，如魯桓公忘其憂而禍逮其身，齊桓公憂其憂而立功名。

【注　釋】❶謂一元者二句　稱一為元，是古人的習慣用法。《公羊傳》隱公元年：「元年者何？君之始年也。」人君即位稱元年是早從商朝就已開始了的。董仲舒在〈賢良對策〉中云：「臣謹案《春秋》謂一元之意：一者萬物之所從始也，元者辭之所謂大也。謂一元者，視大始而欲正本也。」如何正本呢？董仲舒說：「故為人君，正心以正朝廷，正朝廷以正百官，正百官以正萬民，正萬民以正四方。四方正，遠近莫敢不壹於正而亡有邪氣奸其間者。」《漢書・董仲舒傳》因此，他強調一元的目的是借此發揮治理國家需先端正王者之思想行為的觀念。❷知元年志者　這裡是指懂得君王即位稱元年的意義之所在。志，指立元之意。❸治國之端在正名　正名，訂正名分。這裡的名，指的是君臣、父子、夫婦之間的名分關係，是社會秩序規範禮制的具體法則。正名，即辨別與確定社會秩序中君臣、父子、夫婦之間的等級差別，所以，正名被認為是治國之開端。從下文看，董仲舒在這裡所說的名分，主要指王位繼承上嫡長制的名分。❹名之正二句　指名分一旦在社會生活中確立以後，可以傳承五世，即所謂「君子之澤，五世而斬。」❺非子路之所能見　指「正名」之所以如此重要，子路卻不能認識到這一點。子路，姓仲名由，字子路，一字季路，孔子弟子，為人剛直，少孔子九歲，後死於衛。據《論語・子路》記載：子路問孔子，說是衛國等著您去治理政治，您將從哪方面著手？孔子說是應當先從「正名」著手。子路認為孔子太迂腐了，何必要從正名著手呢？孔子批評子路說：「野哉，由也！君子於其所不知，蓋闕如也。名不正則言不順，言不順則事不成，事不成則禮樂不興，禮樂不興則刑罰不中，刑罰不中則民無所措手足。」從這裡可以看到，名分所表示的人們相互關係中的社會等級秩序若被從根本上動搖，便會對整個社會生活帶來極度的混亂。❻非其位而即之四句　指不是按照嫡長制的宗法制度這種名分關係而即位的君主，雖然他的即位是由先君所決定的，《春秋》認為由於在王位繼承中違反了宗法制度所規定的嫡長子繼承制，必然會給國家帶來動亂和不安，因而是一種非常危險的行為。孔廣森《春秋公羊通義》云：「水火兵寇，危之小者也。嫡嗣不定，國有爭禍，危之大者也。」這種把王位的接班人問題當作國家頭等大事的看法，二千多年來，歷久不衰，成為中國政治的傳統特色。宋繆公，即宋穆公，春秋時期的宋國國君，名和。他的兄長為宋宣公，名力。據《史記．宋微子世家》記載：宋宣公有太子與夷，但他病危時說：「父死子繼，兄死弟及，這是天下的通義。我要立和。」這樣，宣公死後，由弟和繼位，這就是宋穆公。穆公九年（西元前七二〇年）宋穆公病危，召大司馬孔父嘉來，說：「前代君主宣公，捨棄太子與夷而立我，我不敢忘記這件事。我死後，一定要立與夷為國君。」孔父嘉說：「群臣都願意立公子馮。」公子馮是宋穆公的兒子。穆公說：「不要立馮，我不能對不起宣公。」於是，宋穆公要公子馮出居鄭國。當年八月，宋穆公去世，與夷即位，這就是宋殤公。宋殤公即位後，因公子馮在鄭國，心中不安，受衛國挑撥，聯合伐鄭，從此宋鄭交惡，屢屢興兵。殤公十年（西元前七一〇年），太宰華督看中了孔父嘉之妻，派人揚言殤公即位十年而出兵與他國交戰十一次，百姓苦不堪言，都是孔父嘉的主意。軍士們被煽動起來後，華督趁機殺了孔父嘉，搶了他的妻子。殤公發怒，華督便殺了宋殤公，迎公子馮回國即位，這就是宋莊公。這次宮廷政變，《左傳》與《史記》都歸因於華督，而《公羊傳》則歸因於「莊公馮弒與夷」，認為「宋之禍，宣公為之也」。它強調這是宋宣公在王位繼承上違反嫡長制的名分而造成的後果。❼非其位五句　非其位，指不是他應居的王位。不受之先君，指不是前代國君所指定的王位接班人。而自即之，指通過陰謀政變擅自搶班奪權以即王位者。《春秋》危之，指《春秋》認為這也是一種危險的有害的行為。吳王僚，春秋時期的吳國國君。據《史記．吳太伯世家》記載：吳王壽夢有四個兒子，長子諸樊，次子餘祭，三子餘昧，四子季札。四人中以季札最賢，壽夢想立他為世子，但季札堅決推辭。於是，壽夢只得將王位傳給長子諸樊。諸樊即位後，服滿喪期，讓位給季札，季札仍然堅決推辭。諸樊當了十三年吳王，病危時傳位給二弟餘祭，定下兄終弟及的制度，想依次傳下去，讓季札即位，以實現父親壽夢的心願。餘祭臨終時，傳位給餘昧。餘昧臨終時，要傳位給季札。季札逃走，堅決不願接受王位。餘昧的兒子被立為王，這就是吳王僚。諸樊的兒子公子光不服，認為我父親兄弟四人，為了想把王位傳給季札，才定下兄終弟及的制度。現在季札不願接受王位，我父親最先立，現在應當由我即位。於是，他派遣專諸刺殺王僚，繼位為王，這就是吳王闔廬。董仲舒同意公子光的看法，認為吳王僚不遵從先君吳王壽夢的遺命，擅自即位，是導致吳國發生宮廷政變的原因。❽苟能行善得眾三句　衛侯晉，即衛宣公，名晉，故稱為衛侯晉。衛桓公有二弟，一為州吁，一為晉。衛桓公十六年（西元前七一九年），州吁聚眾襲殺衛桓公，自立為衛君。衛國大臣石碏、右宰醜定計殺州吁，迎立公子晉為國君，這就是衛宣公。董仲舒認為衛宣公行善得眾而為大臣們擁立。《春秋》在魯隱公四年九月記載此事：「衛人殺州吁于濮。」《公羊傳》評論此事云：「其稱人何？討賊之辭也。」同年冬十二月，《春秋》記載：「衛人立晉。」《公羊傳》評論此事云：「晉者何？公子晉也。立者何？立者不宜立也。其稱人何？眾立之之辭也。然則孰立之？石碏立之。石碏立之，則稱人何？眾之所欲立也。眾雖欲立之，其立之非也。」這裡指的是衛侯晉的即位，不符合宗法社會的嫡長制繼承的準則，所以說是「不宜立」。孔廣森《春秋公羊通義》云：「《春秋》以立子為正，立弟為不正。」但是，衛侯晉由於得到眾人的擁戴，所以就不會構成對國家的危害。衛宣公在位十九年，卒於魯桓公十二年（西元前七〇〇年）。以正書葬，指《春秋》在魯桓公十三年（西元前六九九年）三月記載：「葬衛宣公。」《春秋》為衛宣公記載葬禮是對他表示肯定的意思。❾齊桓非直弗受之先君也二句　齊桓，即齊桓公，名小白，為齊襄公之弟。他的即位非但不是受位於其父齊釐公，而是由於齊襄公的堂弟無知作亂，殺了齊襄公，自立為齊國國君。但無知在遊雍林時為雍林人所殺，雍林人派人通知齊國的大夫們請從諸公子中選立國君。齊國將亂時，齊襄公之弟公子糾由管仲、召忽為傅，出奔魯國。公子小白由鮑叔牙為傅，出奔莒國。公子小白在國內時與齊國正卿高傒交好。無知被殺時，高傒在大臣中威望最高。他與另一望族國氏聯合，暗中派人到莒國召回小白，並為小白作內應，所以小白能先於公子糾進入齊國，被擁立為國君，這就是齊桓公。《春秋》在魯莊公九年（西元前六八五年）記載此事：「齊小白入於齊。」《公羊傳》評論此事云：「其言入何？篡辭也。」這裡指出說他還入齊國，實際上是篡位的用語。所以董仲舒說齊桓公「乃率宜弗為君者而立，罪亦重矣」。❿故舉賢人以自覆蓋二句　舉賢人，桓公能啟用管仲、鮑叔、隰朋、高傒等共修齊國的政治，用以覆蓋自己的不足。不背盟，指齊桓公五年（西元前六八一年），齊魯二國會於柯。據《史記．齊太公世家》記載：在這次盟會上，魯國將領曹沫以匕首在壇上威脅齊桓公，要他返還在戰爭中所侵占的魯國土地。齊桓公被迫無奈，只得同意了。於是，曹沫拿走匕首，到北面去站在臣子應站的位置上去。事後，齊桓公感到後悔了，想不歸還魯國的土地和殺掉曹沫。管仲勸他說：「劫持您的時候表示同意而現在背信棄義地殺了他，不過是貪圖一時小小的痛快。但是，這樣在天下諸侯面前背棄了自己的信諾，喪失了天下之援，不能那樣做。」於是，齊桓公就將曹沫三次戰敗所喪失的土地歸還給魯國。諸侯們聽到了這件事，都對齊桓公感到信服而願歸附齊國。過了二年，諸侯們與齊桓公在鄄會盟，齊桓公開始成為霸主。《公羊傳》評論此事云：「要盟可犯而桓公不欺，曹子可讎而桓公不怨。桓公之信著乎天下，自柯之盟始焉。」這就是說，要脅之下結的盟是可以違背的，但齊桓公卻仍然遵守自己的諾言而不翻悔；對曹沫可以記仇而齊桓公不怨恨他。齊桓公的信義昭著於天下，是從柯邑的會盟開始的。湔浣，洗刷。⓫遂為賢君而霸諸侯　齊桓公在位時，先後曾「九合諸侯，一匡天下」。據《左傳》記載：其中兵車之會有三次，即魯莊公十三年，會北杏以平宋亂；魯僖公四年，侵蔡，遂伐楚；魯僖公六年，伐鄭，圍新城。乘車之會有六次，即魯莊公十四年，會於鄄；魯莊公十五年，又會於鄄；魯莊公十六年，同盟於幽；魯僖公五年，會於首止；魯僖公八年，同盟於洮；魯僖公九年，會於葵丘。劉向《說苑・尊賢》：「桓公於是用管仲、鮑叔、隰朋、賓胥無、寧戚，三存亡國，一繼絕世，救中國，攘戎狄，卒脅荊蠻，以尊周室，霸諸侯。」⓬魯桓忘其憂而禍逮其身　魯桓，即魯桓公，名允，魯襄公的小兒子，魯隱公的異母弟。他同意公子翬弒隱公而立，所以何休、杜預等都認為桓公之立為篡，董仲舒則認為魯桓公忘弒君而立之憂，結果死於非命。魯桓公十八年（西元前六九四年），魯桓公在齊國被齊襄公指使公子彭生將他拉殺於車上，所以董仲舒在這裡說是「禍逮其身」。⓭易曰三句　易，指《周易》，儒家經典之一，相傳為周人所作，內容包括經、傳兩個部分，經主要有六十四卦，三百八十四爻。卦、爻各有說明，作為占卦之用。傳相對經而言，是儒家學者對經所作的各種解釋，共有十篇，稱為「十翼」。引文出自《易經・小畜》卦辭的初九爻。復，返還。道，正路。咎，災禍。此處指如果能返還正道，那就不會有什麼災禍。〈象〉曰：「『復自道』，其義吉也。」〈繫辭上〉曰：「震無咎者存乎悔。」無咎是指善於補過，悔指能追悔往事之過失。⓮詩云二句　詩，指《詩經》，儒家經典之一。引文見《詩經》之〈大雅・烝民〉。輶，輕。此處指君王推行德政，猶如毛一樣地輕而易舉。《潛夫論・積微》：「德輶如毛，為仁由己。」與此同義。

【語　譯】《春秋》把「一年」稱為「元年」，是為了強調其開始的意義。弄清楚元年的涵義，君主們對此必須重視，而百姓們則是可以忽視的。所以治國的開端，在於王位的繼承上要端正名分關係。名分關係端正了，可以連續興旺五世。傳了五世以後，當初這種做法的好處和壞處充分顯露出來了，可以真正了解這樣做的用意了。這一點當然不是子路之輩所能認識到的。不應由他繼承君位而去即位，雖然是直接受命於先君，但《春秋》仍然認為這是有危險的，宋繆公就屬於這種情況。不應當由他繼承君位，又不是受命於先君，而是由自己直接即位，《春秋》認為這種行為是非常危險的，吳王僚就屬於這種情況。

不應繼承君位而當上了國君的，如果能推行德政，得到眾人的擁護，《春秋》認為這反而是沒有危險的，衛侯晉就是這樣的國君，他不僅得到善終，而且《春秋》為他記載葬禮。同樣都是不應該繼承君位的，宋繆公受命於先君的安排，也還是有危險的，而衛宣公沒有先君的授命，反而沒有危險，從這裡可以看到只有得到百姓的擁戴，才是最大的安全。所以齊桓公非但沒有受命於先君，而且從名分關係上來看，屬於不應該當國君而當上了國君的，罪責可以說很嚴重的了。但是他能夠知道恐懼，任用賢人來彌補自己的不足，知道不能違背即使是在要脅之下所作的盟誓，以此來洗刷自己過去的罪過，終於使自己成了賢明的君主，並因此而稱霸諸侯。如果齊桓公犯下錯誤以後，卻沒有做這些好事來彌補，那麼他能免遭殺身滅國之禍已經算是幸運的了，又哪裡能談得上稱霸諸侯呢！魯桓公忘掉了自己應該有的憂慮，結果災禍降臨到他的頭上。齊桓公能夠擔憂所存在的隱患，因此而建立了功名。推而廣之，凡是人有隱患而不保持憂患意識，那是非常凶險的。有隱患而能始終保持自己的憂患意識，就能化凶為吉。《易經》說：「只要返回到正道上來，怎麼還會有過失呢！」說的也就是這個道理。普通百姓想通過回到正道來彌補過失有一定的困難，但君主通過返回正道以消除過失和錯誤是很容易的。《詩經》說：「推行德政，輕如鴻毛。」指的是對君主來說，這樣做是很容易的。

【研　析】蘇輿在《春秋繁露義證》中認為：「是故治國之端在正名。名之正，興五世。五傳之外，美惡乃形，可謂得其真矣，非子路之所能見。」這一段與上下文不類，疑是〈深察名號〉篇文錯簡在此。同時，依照錢塘的看法，將〈重政〉篇中自「惟聖人能屬萬物於一」至「大其貫承意之理矣」近二百字移置於此。另外，他將〈二端〉篇中的「是故《春秋》之道，以元之深正天之端，以天之端正王之政，以王之政正諸侯之即位，以諸侯之即位正境內之治。五者俱正，而化大行。」這一段文字也移置於此，並兩存其文。

蘇輿如此處理是不夠妥當的。一是與全書的體例不符；二是本章的主旨並不在於全面論述《春秋》

改一為元之元字所含的意義，而是藉《春秋》將君王即位的第一年稱作元年，來引出君王治國之端在於正名這一命題。這裡的「正名」，主要指在王位交接上君臣、父子、兄弟之間的名分關係，也就是宗法制度中父死子承的嫡長子繼承制。「非其位而即之」，指的就是指違反王位交接的名分關係而即王位的情況。司馬遷在《史記・太史公自序》中引用董仲舒的話說：「《春秋》之中，弒君三十六……故曰臣弒君、子弒父，非一旦一夕故也，其漸久矣。故有國者不可不知《春秋》。」

王位繼承的無序狀態，說明王位可以通過陰謀、權術、宮廷政變乃至兵戎相見而互相爭奪，這樣就勢必帶來整個國家統治的不穩定與社會秩序的混亂。但是，從以往的歷史事實來看，這種王位繼承的無序反而是常態，有序倒是稀有現象。「名之正，興五世」只不過是表示王位交接的有序狀態，能夠保持五世已經是不錯的了。實際的情況是在位者與潛在的可能繼位的各個接班人之間，始終存在著錯綜複雜的利害和矛盾關係。「弒君三十六」、「臣弒君，子弒父」是這種利害關係在衝突劇烈時表現的一種形式。

各個通過「非其位而即之」的君主，即位時各有不同的狀況。有的是先君指定的，有的不是先君所指定的，也有的是為眾大臣擁立的。他們在即位後的狀況也各人不同，有的知所恐懼而兢兢業業執掌國政，有的得意忘形而禍及其身。董仲舒針對「非其位而即之」的實際狀況，在如何減少對自身、國家和社會可能帶來的禍害問題上提出對策，這就是「有憂而不知憂者凶，有憂而深憂之者吉」。他要求「非其位而即之」的君主，在奪取王位以後必須增強憂患意識，因為你取之不以正道，留下了別人取而代之的藉口。它始終是一種潛在的危險，所以在文中反覆強調「《春秋》危亡」。這也就是《易經・繫辭下》中所說的：「君子安而不忘危，存而不忘亡，治而不忘亂，是以身安而國家可保也。」只有這樣去做，才能帶來暫時相對安定的局面。然而，這一由王位傳承無序而引出的接班人問題，始終是帝王集權專制制度無法根治的痼疾。直到二十世紀，幾次重大的政治危機之所以在某些國家裡出現，都離不開這個問題上的無序和處理不當。這也許應當從制度上去刨根究底，由此可以窺見董仲舒在這個問題的認知上已經到達的深度。

第二章

公觀魚于棠，何惡也❶？凡人之性，莫不善義，然而不能義者，利敗之也。故君子終日言不及利❷，欲以勿言愧之而已，愧之以塞其源也。夫處位動風化者❸，徒言利之名爾，猶惡之，況求利乎！故天王使人求賻求金，皆為大惡而書❹。今非直使人也，親自求之，是為甚惡，譏。何故言觀魚？猶言觀社❺也，皆諱大惡之辭也。

【章旨】本章通過《春秋》貶魯隱公觀魚於棠的記載，強調君主即位後應正確處理義與利的關係，嚴厲斥責君主求利為大惡。

【注釋】❶公觀魚于棠二句　公觀魚于棠，《春秋》在魯隱公五年（西元前七一八年）記載此事。公，魯隱公。觀魚，《公羊傳》、《穀梁傳》俱為「觀魚」，《左傳》作「矢魚」。矢魚，即射魚，抓大魚要用箭射，如漢武帝射蛟江中。此處依照《公羊傳》的記載。魚，通「漁」，《史記・魯周公世家》作「觀漁」，是「魚」作動詞用。棠，地名，魯邑。《水經注・濟水》：「菏水又東逕武棠亭北，《公羊》以為濟上邑也，在方與縣故城北十里。」唐代以方與縣北有魯侯觀魚臺，改名為魚臺，在今山東魚臺偏南。何，為什麼。惡也，此處指《春秋》惡魯隱公去棠觀魚。為什麼要厭惡魯隱公觀魚呢？《穀梁傳》認為：「魚，卑者之事也。公觀之，非正也。」《公羊傳》則認為魯隱公張網捕魚是與民爭利，因為棠地有重達百斤的大魚。《漢書・五行志》載董仲舒在推測魯隱公五年秋天發生螟蟲災害的原因時說：「時公觀漁於棠，貪利之應也。」❷故君子終日言不及利　蘇輿對此事云：「漢世上下侈言利，賈誼陳疏，已言其弊。至武帝而誅求益甚。董子欲為人君塞言利之源，以化其下，故特假《春秋》以著戒。」儒家認為利乃亂之源，所以董仲舒有此議論。❸夫處位動風化者　「位」字之上疑脫一「高」字，此處指處於高位者，其言行直接影響民間的風化。《史記・孟荀列傳》：「太史公曰：『余讀《孟子》書，至梁惠王問「何以利吾國」，未嘗不廢書而歎也。曰：嗟乎！利誠亂之始也。夫子罕言利者，常防其源也。故曰：「放於利而行多怨。」自天子至於庶人，好利之弊，何以異哉！』」❹故天王使人求賻求金二句　天王，指周天子。賻，指助人辦喪事送的財幣。魯隱公三年（西元前七二〇年）三月，周平王崩，秋，周桓王派武氏子到魯國求賻。《公羊傳》認為《春秋》記載此事是譏諷，云：「何譏爾？喪事無求，求賻非禮也。」《穀梁傳》：「周雖不求，魯不可以不歸（饋）。魯雖不歸，周不可以求之。」求金，指魯文公九年（西元前六一八年），周襄王崩，其子周頃王立，派毛伯赴魯求金供辦喪事用。《公羊傳》對此評論云：「毛伯來求金何以書？譏。何譏爾？王者無求，求金非禮也。」劉向《說苑・貴德》：「周天子使家父、毛伯求金於諸侯，《春秋》譏之。故天子好利則諸侯貪，諸侯貪則大夫鄙，大夫鄙則庶人盜。上之變下，猶風之靡草也。」❺觀社　指《春秋》在魯莊公二十三年（西元前六七一年）記載：「公如齊觀社。」《公羊傳》評論此事云：「何以書？譏。何譏爾？諸侯越境觀社，非禮也。」何休注：「觀社者，觀祭社，諱淫。」祭社有什麼淫亂之處？《穀梁傳》解釋觀社非禮時說：「是以為尸女也。」《說文》：「尸，陳也，象臥之形。」這是指齊國祭社時有陳臥女以通淫之俗，所陳之女即神尸，代表部族所自出的女神，與之通淫即在宗教上完成人類繁衍的行為。所以，《墨子・明鬼》中指出：齊之社和宋之桑社、楚之雲夢、燕之祖一樣，「此男女之所屬而觀也」。董仲舒認為魯隱公觀魚與魯莊公觀社同屬大惡，求利與好色都屬於人的原始欲望的衝動。

【語　譯】魯隱公到棠這個地方去觀看捕魚，《春秋》為什麼厭惡這件事呢？那是因為人的本性沒有不肯定道義的，然而為什麼許多人不能按照道義的要求去做呢？那是因為人們貪圖私利而敗壞了原來的善良本性。所以君子在日常言談時從不涉及利的內容，希望通過這種做法來使那些逐利之徒對自己的行為感到羞愧，用羞恥感來堵塞人們追逐私利的源頭。那些身居高位、其言行直接影響民間教化的人，聽到別人談論「利」時尚且感到厭惡，何況是自己去孜孜求利呢！所以周天子派遣使臣到魯國去求賻、求金，《春秋》都因為他們犯了大錯而將它們記載下來。如今魯隱公不只是派遣使臣去，而是親自前往去謀求私利，這是極其嚴重的錯誤，所以《春秋》用譏諷的筆法將這件事記載下來。為什麼要說是觀魚呢？這正如《春秋》記載魯莊公赴齊觀社一樣，都是為他們隱諱重大過錯的文飾之辭。

【研析】本章對義和利的論述是針對君子即王公大人而言的。董仲舒認為君王不應孜孜求利，更不應與民爭利。他對魯隱公的觀魚於棠感到十分惱火，就是因為他身為君主而與民爭利。

義、利之辨是儒家的固有論題，起源於孔子所提出的「君子喻於義，小人喻於利。」（《論語．里仁》）宋明理學認為「義理之辨乃人禽之別」，君子、小人便成了絕對對應的道德觀。其實，孔子的本意並非如此。君子指王公大人，也就是統治者。小人指草民百姓，也就是被統治者。君子可以通曉義，小人只懂得利。清代焦循對此認為：「唯小人喻於利，則治小人者必因民之所利而利之，故《易》以君子孚於小人為利。君子能孚於小人，而後小人乃化於君子。此教必本於富，驅而之善，必使仰足以事父母，俯足以富妻子。儒者知義利之辨而捨利不言，可以守己而不可以治天下之小人。小人利而後可以義，君子以利天下為義。」（焦循《雕菰集》）這種理解比較符合孔子的原意。

《論語．子路》中有一段記述：「子適衛，冉有僕。子曰：『庶矣哉！』冉有曰：『既庶矣，又何加焉！』曰：『富之。』曰：『既富矣，又何加焉？』曰：『教之。』」由此可見，孔子並不主張如董仲舒所說的「君子終日言不及利」，而是主張人口多了（「庶矣哉」）以後，就應當是「富之」、「教之」，並且是先「富」後「教」。孟子說：「樂歲終身苦，凶年不免於死亡，此惟救死而恐不贍，奚暇治禮義哉？」（《孟子．梁惠王上》）無論是孔子或孟子，都很重視百姓的利，而且將利看成是「教化」或「禮義」的先決條件。但是，在利和義的關係上決不能見利忘義、唯利是圖，而必須是義重於利。在《論語》中，〈原憲〉篇強調「見利思義」，〈子張〉篇強調「見得思義」，說的都是同一個意思，就是決不能見利忘義，淪為不知羞恥的逐利之徒。

董仲舒為什麼要提出「君子終日言不及利」呢？這與他所處的時代有關。漢武帝對內封禪、改制、巡狩，對外屢次興兵征戰，不僅耗盡了文、景兩代的蓄積，而且加緊了財政上的聚斂，推行鹽、鐵、酒類的官營專賣，設立平準、均輸機構控制全國的貿易，打擊商賈，與民爭利，引起了眾多儒生的不滿。董仲舒指責魯隱公與民爭利，實際上是針對當時在上位者的與民爭利而有感而發的。

其實，董仲舒並不是不講利，而是反對只講功利，不講道義。他在本書的〈身之養重於義〉篇中指出：「天之生人也，使之生義與利。利以養其體，義以養其心。心不得義不能樂，體不得利不能安。義者心之養也，利者體之養也。體莫貴於心，故養莫重於義，義之養生人大於利。」由此可見，他強調的是端正義與利這二者的位置，並沒有偏廢一方的意思。

第三章

《春秋》有經禮，有變禮。為如安性平心者❶，經禮也。至有於性雖不安，於心雖不平，於道無以易之，此變禮也❷。是故婚禮不稱主人，經禮也。辭窮無稱，稱主人，變禮也❸。天子三年然後稱王，經禮也❹。有物故則未三年而稱王，變禮也❺。婦人無出境之事，經禮也❻。母為子娶婦，奔喪父母，變禮也❼。明乎經變之事，然後知輕重之分，可與適權矣❽。難者曰：「《春秋》事同者辭同。此四者俱為變禮，而或達於經，或不達於經，何也❾？」曰：「《春秋》理百物，辨品類，別嫌微，修本末者也❿。是故星墜謂之隕⓫，螽墜謂之雨⓬。其所發之處不同，或降於天，或發於地，其辭不可同也⓭。今四者俱為變禮也同，而其所發亦不同，或發於男，或發於女，其辭不可同也⓮。是或達於常，或達於變也。」

【章旨】本章闡明經禮與變禮的區別及其在不同場合的運用。

【注　釋】❶為如安性平心者　指其行為符合人的本性，為之而內心感到平和者。❷婚禮不稱主人二句　經禮，常禮。婚禮不稱主人，指夫家往女家行婚姻「六禮」（納采、問名、納吉、納徵、請期、親迎）時，不以新郎本人的名義，而以其父兄或母命前往。孔穎達《左傳正義》在魯隱公二年疏云：「主人謂婿也，為有廉恥之心，不欲自言娶婦。故卿為君婚行者，必稟君母之命。」《公羊傳》魯隱公二年評論此事云：「婚禮不稱主人。然則曷稱？稱諸父兄師友。」❸辭窮無稱三句　變禮，指變通之禮，與經禮、常禮相對。辭窮無稱，指行婚姻之禮時沒有可稱呼的名義。如魯成公八年（西元前五八三年），宋共公使其叔祖父公孫壽至魯國納幣（即納徵，婚姻六禮之一），便直接以宋共公的名義進行，《春秋》上的記載是「宋公使公孫壽來納幣。」《公羊傳》對此評論云：「宋公使公孫壽來納幣，則其稱主人何？辭窮也。辭窮者何？無母也。」這指的是宋共公父母雙亡，所以只能用自己的名義派遣使臣去魯國納幣。❹天子三年然後稱王二句　指依照常禮，天子去世後，世子踰年即位，三年之後方能稱王。《白虎通義・爵》：「《論語》曰：『君薨，百官總己聽於冢宰三年。』緣孝子之心，則三年不忍當也。故三年喪除，乃即位統事，踐阼為主，南面朝臣下，稱王以發號令也。故天子諸侯，凡三年即位，終始之義乃備，所以諒闇三年，卒孝子道。」❺有物故則未三年而稱王二句　指如果天子服喪未滿三年，因為有突然變故而稱王，即屬於變禮。如《春秋》在魯昭公二十二年（西元前五二〇年）記載：「天王崩。」次年，又記載：「天王居于狄泉。」「尹氏立王子朝。」「天王崩」的天王，指周景王，名貴，在位二十五年。此時，王室內亂，周景王欲立庶長子王子朝。單穆公則擁護王子猛。周景王猝死，單穆公擁立王子猛，這就是周悼王。四個月後，王子猛卒，立其同母弟匄，為周敬王。《春秋》在次年記載的「天王居于狄泉」中的天王，即是指周敬王。接著，單氏被尹氏打敗，尹氏立王子朝。《春秋》在天子喪期未滿的情況下，稱「天王居于狄泉」，是為了顯示出有天子，下言「尹氏立王子朝」，是為了顯示這是篡立。後來，晉國擁護周敬王還入京城，王子朝出奔楚國。❻婦人無出境之事二句　古代禮制規定：婦人出嫁以後，不能再離開夫家的國境。但何休《春秋公羊傳解詁》指出「諸侯夫人尊重。既嫁，非有大故，不得反。惟自大夫妻，雖無事，歲一歸寧。」可見婦人不出境只限於諸侯夫人。至於大夫的妻子，即使沒有事，一年可以回一次娘家。❼母為子娶婦三句　指母為子娶婦或是奔父母之喪，是可以出境的，但屬於變禮。如《春秋》在魯僖公二十五年（西元前六三五年）記載：「宋蕩伯姬來逆婦。」蕩伯姬是魯女，嫁給宋國大夫蕩氏，為其子回到魯國來迎娶其侄女為媳。又，《春秋》在魯僖公三十一年（西元前六二九年）記載：「杞伯姬來求婦。」杞伯姬也是魯女，回到魯國來為其子求娶。這是出境迎親、求娶的例子。至於弔喪，《禮記・雜記》：「婦人非三年之喪，不踰封而弔。如三年之喪，則君夫人歸。」三年之喪指的是父母之喪。《春秋》在魯文公九年（西元前六一八年）記載：「夫人姜氏如齊。」姜氏是齊國大夫之女，魯文公的夫人。「如齊」是回到齊國奔父母之喪。❽明乎經變之事三句　明乎經變之事，指懂得在經禮與變禮之間作出選擇，何者適於經禮，何者適於變禮。適權，指行事之時，懂得何者適用守常，何者適用權變。這也就是孟子所說的「懷其常道而挾其變權，乃得為賢。」（《韓詩外傳》）❾此四者俱為變禮四句　這是發難者的問句。四者，即前面所舉的屬於變禮的四個例子：一指婚禮；二指稱王；三指娶婦；四指奔喪。或達、或不達，指其義有的在《春秋》上有記載，有的在《春秋》上沒有記載。❿春秋理百物四句　此處說的是《春秋》的宗旨。理百物，指明萬物聚散之理。辨品類，指人辨其品，物區其類。別嫌微，指明人事之紀，區分是非，辨明美惡貴賤。修本末，由本逮末，闡明事物演變之理。⓫星墜謂之隕　《春秋》在魯莊公七年（西元前六八七年）記載：「夜中星隕如雨。」這是關於流星雨的記載，流星落地稱隕。⓬螽墜謂之雨　《春秋》在魯文公三年（西元前六二四年）記載：「雨螽于宋。」螽，蝗蟲。蝗蟲從天上落下，如下雨一般。⓭其所發之處不同四句　星降於天，所以稱隕。螽發於地，是從地面飛到天上再死後落下地面，所以稱雨。兩者性質不同，所以在用辭上也不相同。⓮或發於男三句　此處指前述四者，出發點不同。婚禮不稱主人與天子三年然後稱王，是男性的事，所以稱「發於男」。婦人出境，母為子娶與為父母奔喪，只與女性有關，所以稱「發於女」。由於上述四者各自的出發點不盡相同，因此用辭也不可相同。

【語譯】《春秋》在禮的記載方面，有經禮，也有變禮。行禮時能使人性情安謐、內心平和的，屬於經禮。行禮時使人性情不安謐、內心不平和，但從道義上說，只能這樣做的，屬於變禮。男方到女方去行婚禮時，不以新郎的名義而以其尊長的名義出面，這便是經禮。如果由於某種原因而無法由尊長出面而只能以新郎的名義行婚禮，那就屬於變禮。天子要守喪滿三年才能稱呼為王，這便是經禮。如果有特殊原因，不滿三年也可以稱呼為王，那便屬於變禮。婦人不能跨出國境去辦事，這便是經禮。如果母親為兒子娶親或者是回娘家參加父母的喪禮而越出國境，那便屬於變禮。懂得經禮和變禮各是怎麼一回事，就可以明白禮儀上有輕與重的區分，做到在循理守常的基礎上，以權變來適應情況的千變萬化。

詰難者說：「《春秋》在行文用辭上，相同的事情用相同的文辭。上面所說的四種情況，都屬於變禮的範疇，但有的在《春秋》的記載上有明確的表述，有的在《春秋》的記載上沒有明確的表述。這是為什麼呢？」

答：「《春秋》在記載上要處理各種各樣的情況，辨明它們的品格和類別，區分它們在相似之中的細微差異，窮本逐末地探求事物的究竟。因此，天上有流星的墜落稱作隕，大批蝗蟲的從空中落地稱作雨。這是由於它們開始發生的地點不同，有的是從天上降下來的，有的是從地面飛到空中再落回到地上的，因此所用的措詞也各不相同。上面所提到的四種情況，在都屬於變禮範疇這一點上是相同的，但他們所發生的對象就並不相同，有的發生在男性身上，有的發生在女性身上，因而在用辭上也就有所區別。它們之中，有的與常禮相通，有的與變禮相通。」

【研析】經和權，是董仲舒反覆強調的一對範疇。他在〈竹林〉篇說：「《春秋》之道，固有常有變，變用於變，常用於常，各止其科，非相妨也。」這裡的所謂變科與常科，都是因時因地因人而用，既不能以常而排斥變，也不能因變而否定常。實際上，這也就是處理事務中的原則性與靈活性的關係。世界上的情況是複雜的，因此必須區別情況，不同對待，對具體問題作具體分析，採用不同的方法去處理，既要講堅持原則性，又要講策略上的靈活性。本章只是從它的一個側面，即禮儀上的經禮和變禮來說明這個道理。

孟子與淳于髡對此有一段生動而形象的對話。「淳于髡曰：『男女授受不親，禮與？』孟子曰：『禮也！』曰：『嫂溺，則援之以手乎？』曰：『嫂溺不援，是豺狼也。男女授受不親，禮也。嫂溺援之以手者，權也。』」（《孟子・離婁上》）嫂溺援之以手，取其仁，不責其禮，這也就是權。董仲舒在〈竹林〉篇中，以楚國司馬子反與宋國華元達成和議為例，所闡述的是同樣的道理。當仁與禮相悖時，理應「當仁不讓」。但是，我們在實際生活中所見到的，往往是兩個極端：或者是只講原則性不講靈活性，死扣條文，不管人民的死活；或者是只講靈活性不講原則性，以靈活為藉口，不擇手段地謀取一己之私利。問題在於是否有愛人的仁者之心，是否能出於公心而不圖私利，是否能面對實際去實事求是地處理問題。

本篇的中心議題是君位傳承問題，董仲舒為什麼要在這裡插入這段經與權的論述？這是因為在君位傳承問題上雖然有嫡長子繼承的宗法制度作為經禮，但在實際執行過程中矛盾尖銳和困難重重，出現了多種違背經禮的做法。本章對經與權的論述，正是為了替以下各章論述君位傳承上的權變措施作鋪墊。

第四章

桓之志無王，故不書王❶。其志欲立，故書即位❷。書即位者，言其弒君兄也❸。不書王者，以言其背天子。是故隱不言正❹，桓不言王者，皆從其志以見其事也❺。從賢之志以達其義，從不肖之志以著其惡。由此觀之，《春秋》之所善，善也。所不善，亦不善也。不可不兩省也❻。

「《經》曰：『宋督弒其君與夷❼。』《傳》言：『莊公馮殺之。』❽不可及於經，何也？」曰：「非不可及於經，其及之端眇，不足以類鉤之，故難知也❾。《傳》曰：『臧孫許與晉郤克同時而聘乎齊❿。』按《經》無有，豈不微哉！不書其往而有避也。今此《傳》言莊公馮，而於《經》不書，亦有以避也。是故不書聘乎齊，避所羞也；不書莊公馮殺，避所善也⓫。是故讓者《春秋》之所善。宣公不與其子而與其弟，其弟亦不與子而反之兄子，雖不中法，皆有讓高⓬，不可棄也。故君子為之諱⑬，不居正之謂避⑭，其後也亂，移之宋督以存善志⑮。此亦《春秋》之義，善無遺也。若直書其篡，則宣繆之高滅，而善之無所見矣。」難者曰：「為賢者諱，皆言之。為宣繆諱，獨弗言，何也？」曰：「不成於賢也。其為善不法，不可取，亦不可棄。棄之則棄善志也，取之則害王法。故不棄亦不載，以意見之而已。苟志於仁無惡⑯，此之謂也。」

【章旨】本章通過魯隱公與魯桓公的案例，闡明《春秋》筆法的深刻入微之處。同時，重點剖析宋宣公、宋繆公不遵嫡長子繼承制傳位的案例，指明其得失與《春秋》對此的處理方式。

【注釋】❶桓之志無王二句　《春秋》在魯桓公三年（西元前七〇九年）記載：「春正月，公會齊侯于嬴。」依照《春秋》體例，此處當書「春王正月」，今缺「王」字。魯桓公在位十八年中，《春秋》記載時除元年、二年、十年、十八年有「王」字外，餘皆不書「王」。對此有二說。《穀梁傳》認為「桓弟弒兄，臣弒君，天子不能定，諸侯不能救，百姓不能去，以為無王之道，遂可以至焉爾。」側重點在於強調天子失權而不能行其道。董仲舒的側重點則在魯桓公身上，指出「不書王者，以言其背天子。」何休《春秋公羊傳解詁》承董說之意，云：「無王者，以見桓公無王而行也。」❷其志欲立二句　《春秋》在魯桓公元年（西元前七一一年）記載：「春王正月，公即位。」《公羊傳》對此事評論云：「繼弒君不言即位，此其言即位何？如其意也。」何休《春秋公羊傳解詁》：「弒君欲即位，故如其意以著其惡，直而不顯，諱而不盈。」❸書即位者二句　魯隱公是魯桓公的庶兄。公子翬發動政變殺死魯隱公，事先得到魯桓公的同意，所以說魯桓公弒君兄。❹是故隱不言正　正，他本作「立」，兩者通。《春秋》在魯隱公元年（西元前七二二年）記載：「元年春王正月。」其下未書「公即位」。《公羊傳》評論此事云：「公何以不言即位？成公意也。何成乎公之意？公將平國而反之桓。曷為反之桓？桓幼而貴，隱長而卑。」魯隱公名息，魯桓公名允。魯惠公以允為太子。惠公死時，允年幼，魯人共立息攝政。不言即位，是因為魯隱公表示將來要返政於魯桓公，自己只是暫時攝政。

❺皆從其志以見其事也　指順從魯隱公與魯桓公各人之志以見其行事，即魯隱公立意讓位於允，而魯桓公刻意弒君兄而簒立。❻不可不兩省也　指不可不省察《春秋》所指明之善與不善。省，省察。❼宋督弒其君與夷　事見《春秋》在魯桓公二年（西元前七一〇年）記載：「宋督弒其君與夷及其大夫孔父。」宋督，名督，字華父。宋戴公之孫，宋殤公堂叔，宋國太宰。與夷，即宋殤公。此事原由須上溯至宋殤公之父宋宣公。據《史記・宋微子世家》記載：宋宣公有太子與夷，但他病危時卻讓其弟和即位。宣公死後，弟和立，這就是宋穆公（穆與繆同，宋穆公也作宋繆公）。宋穆公有子馮，但他病危時召大司馬孔父嘉來，說：「先君宣公舍太子與夷而立我，我不能忘記此事。我死，必立與夷。」孔父嘉說：「群臣皆願立公子馮。」穆公說：「不要立馮，我不可以負宣公。」於是穆公使馮出居於鄭。穆公死後，兄宣公子與夷立，這就是宋殤公。殤公十年（西元前七一〇年），太宰華督攻殺孔父嘉，取其妻，殤公怒，華督遂弒殤公而迎穆公子馮於鄭而立之，這就是宋莊公。❽傳言莊公馮殺之　傳，指《公羊傳》。《公羊傳》隱公三年：「（穆公）終致國乎與夷。莊公馮弒與夷。」這是因為莊公馮自鄭國回宋國即位為國君後，明知弒殤公的是華督，卻不懲治兇手，所以《公羊傳》說是「莊公馮弒與夷」。❾非不可及於經四句　此處指《春秋》在經文中不是沒有觸及這件事，只是這件事的線索埋藏得很隱微，無法通過類推的方式來鉤取其真相，所以難以知道這件事。端，線索。眇，微小。❿臧孫許與晉郤克同時而聘乎齊　臧孫許，魯國的卿。郤克，晉國的卿。《春秋》在魯成公二年（西元前五八九年）記載：「秋七月，齊侯使國佐如師。己酉，及國佐盟于袁婁。」國佐，齊國的卿。袁婁，齊國地名。當時，晉、魯、曹、衛聯軍在鞌之戰中打敗了齊頃公率領的齊軍，齊頃公派卿國佐與晉郤克為首的聯軍達成停戰協定於袁婁。《公羊傳》敘述這一事件的背景云：「前此者，晉郤克與臧孫許同時而聘于齊。蕭同侄子者，齊君之母也，踊于棓而窺客，則客或跛或眇，於是使跛者迓跛者，眇者迓眇者。二大夫出，相與踦閭而語，移日然後相去。齊人皆曰：『患之起，必自此始。』二大夫歸，相與率師為鞌之戰，齊師大敗。」《春秋》的經文中只記載了事件的結果，《公羊傳》則敘述了事件的背景。董仲舒認為《春秋》之所以不記載這件事的背景是為了迴避齊頃公之母辱客尋隙導致了這次齊國軍隊的大敗。⓫不書莊公馮殺二句　指《春秋》不記載莊公馮殺殤公與夷，是為所肯定的人和事避諱。這是因為宋宣公將君位不與其子而與其弟宋穆公，宋穆公將君位不與其子而與其兄子與夷，其行事的動機皆有謙讓之善，但莊公馮殺殤公與夷這件事的禍端也正是宋宣公所埋下的。所以《公羊傳》評論此事云：「宋之禍，宣公為之也。」董仲舒認為，《春秋》為了替宋宣公、宋穆公的動機善良而行事不當避諱，所以不提莊公馮殺宋殤公與夷。⓬讓高　指謙讓是高尚的美德。高，美之

突出者。⓭故君子為之諱　指孔子在《春秋》中為宋宣公、宋繆公隱諱。⓮不居正之謂避　指孔子在《春秋》中避言宋宣公、宋穆公不堅持把君位傳給嫡長子的宗法制度的過失。⓯移之宋督以存善志　指《春秋》經文中把殺與夷的罪責移到宋督身上，用以保護宋宣公、宋穆公的善良用心。⓰苟志於仁無惡　指如果內心嚮往仁義就不會有大的過錯。

【語　譯】魯桓公的心目中沒有周天子所倡導的為王之道，所以《春秋》記載桓公的年代，不寫上「王」字。魯桓公心裡急著想做國君，《春秋》因此給他寫上「即位」。所以要寫上「即位」，是說他授意弒了當國君的兄長。不寫「王」字，是說他的行為背叛了周天子。《春秋》對魯隱公不寫他即位，對魯桓公不寫「王」字，是為了順從他們各自的意願，從中看出他們各自如何根據自己的意願去行事的。順從賢人的意願，是為了表彰他的仁義；順從不肖者的意願，是為了揭露他的罪惡。由此看來，《春秋》所贊成的，確實是美好的行為；《春秋》所不贊成的，也確實是醜惡的行為。我們不可不從這兩方面去省察《春秋》的記載。

問：「《春秋》經文上記載說：『宋督殺了他的國君與夷。』但《公羊傳》上說是宋莊公馮殺了宋殤公與夷。為什麼宋莊公馮殺與夷不見於經文呢？」

答：「並非是《春秋》的經文上沒有提到這件事，而是它提到這件事的線索非常隱蔽，不能用類推的方式去鉤勒事實的真相，所以很難弄清楚這件事。《公羊傳》記載有『魯國大夫臧孫許與晉國大夫郤克同時到齊國朝聘。』的具體情況，但在《春秋》經文中卻沒有記載，其中關係難道不是很微妙的嗎！《春秋》不記載齊頃公鞌之戰中兵敗的背景，是因為有所迴避。如今《公羊傳》講明是莊公馮殺與夷，而《春秋》經文中卻不提起它，也是因為有所迴避。《春秋》經文所以不記載臧孫許與郤克到齊國朝聘，是為了迴避齊頃公母親無理地對這兩人所作的羞辱；不記載宋莊公馮殺與夷，是為了替宋宣公的善良本意避諱。謙讓是《春秋》所讚許的美德。宋宣公不將君位傳給自己的兒子與夷而傳給他的兄弟，他的兄弟宋穆公也不將君位傳給自己的兒子而將君位返還給他的侄子與夷，這種做法雖然不符合嫡長子繼承制的禮法，但都具有謙讓的高尚品德，對此不能棄之不顧。所以孔子為他們隱諱，避而不談這種不遵守禮法的行為。

宋宣公的做法導致後來宋國的禍亂，因此把弒君的罪責移到宋督身上，用以保護宋宣公的善良本意。這也就是《春秋》對任何善良行為的表彰決不遺漏的道理。如果直截了當地記載宋莊公篡弒的事，那麼宋宣公、宋穆公的高尚品德就會被抹殺，而人們也就認識不到他們的美德了。」

詰難者說：「《春秋》為賢者隱諱，但對所發生的事在記載上都提到了的。為宋宣公、宋穆公隱諱，卻對所發生的事完全不作記載，這是為什麼？」

答：「宋宣公、宋穆公還不能夠算是賢人。他們的善良行為不符合禮法，這一點是不可取的，但是也不能棄之不顧。對這種善行棄之不顧，就是對善良本意棄之不顧。但如果表彰這種行為，則妨害了王法的執行。所以對它既不棄之不顧，也不在《春秋》的經文上作記載，只能在經文深藏不露的用意中才能認識到這層意思。如果內心能嚮往仁義，就不會有大的過錯，指的就是這件事。」

【研　析】董仲舒在本章借助對《春秋》筆法的剖析，再次論述君位交接班的問題，舉了兩個案例：一個是魯隱公與魯桓公兄弟。隱公是庶長子，桓公是嫡子。魯惠公死時，隱公年長而桓公年幼，魯國卿大夫擁立隱公即位。桓公長大以後，嫡庶之間在君位問題上的矛盾勢所難免。隱公稱攝而不書即位，立意等允長大後讓位給他。但桓公迫不及待地搶班奪權，弒隱公而自立。董仲舒通過對《春秋》筆法的分析來指出二者在品德上善惡有別。另一個案例在宋國。宋宣公傳位與其弟宋穆公，宋穆公又傳位於兄之子與夷即宋殤公，結果導致宋穆公之子馮殺與夷而自立的禍亂。董仲舒通過對《春秋》筆法的分析，指出既要維護宋宣公、宋穆公的謙讓美德，又要維護嫡長子繼承王位的宗法制度，用心可謂良苦。

宋宣公在傳位給宋穆公和時說：「父死子繼，兄死弟及，天下通義也。我其立和。」（《史記・宋微子世家》）可見兄終弟及的王位繼承在宋國是通行的做法，其淵源一直可以上溯至殷代。周武王死後，紂王之子武庚與管叔、蔡叔作亂。周公出兵鎮壓，殺了武庚、管叔，流放蔡叔，命微子開奉殷之先祀，建國於宋，統治殷之遺民。微子啟是殷紂王的庶兄，帝乙之子。殷代自商湯以後，在王位的傳承上，父死子繼與兄死弟及這二者是並行的。如湯崩，因太子太丁未立而卒，由太丁之弟外丙即位。外丙崩，立其弟中壬。中壬崩，由其兄太丁之子太甲繼位。這種傳承情況，與宋宣公傳宋穆公、宋穆公傳宋殤公的情況相似。太甲崩，其子沃丁立。沃丁崩，其弟太庚立，又是兄死弟及。太庚崩，子小甲立。小甲崩，弟雍巳立。雍巳崩，弟太戊立。自太甲至太戊，父死子繼、兄死弟及交替進行。太戊崩，子仲丁立。仲丁以後，傳八世至陽甲，其中四世傳弟，二世傳子，二世傳兄之子，所以《史記・殷本紀》云：「自中丁以來，廢嫡而更立諸弟子，弟子或爭相代立，比九世亂，於是諸侯莫朝。」

為什麼會反覆出現兄終弟及與兄之子繼位的情況，恐怕有其不得已之原因。兄終時，子尚幼小，或者無子，繼位有困難，只能是兄終弟及，或者以兄之子繼位，因為王位的繼承人畢竟以成年人較為相宜。同時，弟或兄子都是貴族而各自掌握有一定的實力，而選擇誰來繼承王位往往是各個貴族集團的勢力取得平衡的結果。但這樣一來，很容易出現「爭相代立」的亂局，國勢因此而衰落。

西周王朝建立了由嫡長子繼位的宗法制度，而且嚴格執行。但是，宋國沿襲殷王朝的傳統，情況就有點特殊。微子開去世時，嫡子早死，孫子年幼，微子就立其弟衍為君。衍三傳至宋湣公，宋湣公卒而其弟宋煬公熙立。由此可見宋國一向有兄終弟及的傳統，並非由宋宣公所首創。

董仲舒之所以借宋宣公傳位其弟宋穆公來發議論，一方面指責其違反禮法，是導致後來發生內亂禍害的根源；另一方面又表彰其謙讓的美德，認為不能輕易否定。這種做法與他所處的歷史背景有關。漢景帝劉啟與梁孝王劉武是竇皇后所生的同胞兄弟。據《史記・梁孝王世家》、《漢書・梁孝王列傳》載：漢景帝即位不久時，尚未立太子，曾經在與梁孝王一起宴飲時從容說道：「千秋萬歲後，傳位給你。」梁孝王趕緊辭謝，心中雖然知道漢景帝說的話不能當真，但還是暗中高興，竇太后心中也很歡喜。這樣一來，梁孝王的地位就很特殊了。漢景帝立栗太子時，對梁孝王便不得不加倍賞賜。不久，漢景帝廢了栗太子，竇太后心中欲以梁孝王為嗣，但朝中大臣袁盎和其他大臣都勸漢景帝不要這樣做，結果是膠東王也就是後來的漢武帝劉徹被立為太子。梁孝王怨恨反對立他為嗣的袁盎和其他議臣，居然暗中派人刺殺了他們。此事後來被漢景帝察覺，從此對梁孝王逐漸疏遠，幸虧竇太后從中化解，梁孝王又表示痛悔前非，兄弟倆儘管芥蒂甚深，表面上算是和好如初。然而，梁孝王的存在，對當時的太子劉徹畢竟是一個威脅，總算是梁孝王死得早，在漢武帝即位前去世，漢景帝又標榜以孝治國，不敢過份傷竇太后的心，梁孝王才免於被誅戮。董仲舒批評宋宣公傳弟「不中法」，漢武帝看了當然高興；而他表彰宋宣公有謙讓的美德，也就肯定了漢景帝對梁孝王的戲言，如果竇太后知道這段議論，也會感到深得吾心。董仲舒講《春秋》，並不是為講學而講學，而是處處聯繫現實，針對當時的政治生活有感而發，力圖將漢代的政治生活納入儒家的軌道。

君位傳承上的傳嫡還是傳賢，在古代社會是一個熱門話題。堯、舜、禹的禪讓被推崇為傳賢的典型，但這其實不過是古代儒家的理想政治而已。在古代宗法社會中，除了朝代的更替外，始終以傳嫡為主流。但以嫡庶而言，嫡者未必賢，庶者未必不賢。殷商末年，帝乙的長子微子啟賢，但因其母賤，不得立為嗣。少子辛之母為正后，是嫡子，得立為嗣，這便是殷紂王。他即位後暴虐無道，終於導致殷朝的滅亡。古人對此也有所認識，如明代黃宗羲就在《明夷待訪錄》中猛烈地攻擊「家天下」之害。然而，既然是宗法社會，就只能是傳嫡不傳賢。從實際操作來看，賢與不賢的標準難以掌握，而嫡長子繼承制可以對號入座，搞一刀切，操作方便，易於為統治集團所接受。所以，古代社會儘管對君位傳承問題十分重視，認為悠悠萬事，唯此為大，但終封建之世，這一問題始終未能妥善解決。

第五章

器從名、地從主人之謂制❶，權之端焉，不可不察也。夫權雖反經，亦必在可以然之域。不在可以然之域❷，故雖死亡，終弗為也❸，公子目夷是也❹。故諸侯父子兄弟不宜立而立者，《春秋》視其國與宜立之君無以異也，此皆在可以然之域也❺。至於鄫取乎莒，以之為同居，目曰莒人滅鄫❻，此不在可以然之域也❼。故諸侯在不可以然之域者，謂之大德，大德無踰閑者，謂正經。諸侯在可以然之域者，謂之小德，小德出入可也❽。權，譎也，尚歸之以奉鉅經耳❾。故《春秋》之道，博而要，詳而反一也❿。公子目夷復其君，終不與國⓫。祭仲已與，後改之⓬。晉荀息死而不德⓭。衛曼姑拒而弗內⓮。此四臣事異而同心，其義一也。目夷之弗與，重宗廟⓯。祭仲與之，亦重宗廟。荀息死之，貴先君之命。曼姑拒之，亦貴先君之命也。事雖相反，所為同，俱為重宗廟、貴先君之命耳。難者曰：「公子目夷、祭仲之所為之者，皆存之事君，善之可矣。荀息、曼姑非有此事也，而所欲恃者皆不宜立者，何以得載乎義？」曰：「《春秋》之法，君立不義立，不書；大夫立，則書。書之者，弗予大夫之得立不宜立者也。不書，予君之得立之也。君之立不宜立者，非也。既立之，大夫奉之是也。荀息、曼姑之所得為義也。」

【章　旨】本章闡明在君位傳承上，有在可以然之域與不在可以然之域的區別。前者是小德，可以權變行事，如公子目夷終不與國，祭仲已與而後改之，荀息貴先君之命而死，曼姑拒蒯聵而弗納；後者是大德，不可逾越半步，如莒人滅鄫。

【注釋】❶器從名地從主人之謂制　事見於《春秋》在魯桓公二年（西元前七一〇年）的記載：「夏四月，取郜大鼎于宋。」《公羊傳》評論此事云：「此取之宋，其謂之郜鼎何？器從名，地從主人。」器從名，指魯所取之鼎，原來就叫郜大鼎。為什麼這個鼎取此名？郜是姬姓國，始封的君主是周文王的兒子，故都在今山東成武東南，春秋初為宋所滅，郜鼎作為郜國的重器，遂為宋國所攫取。魯取此鼎是因為宋督弒其君與夷，迎公子馮回國立為莊公。魯桓公與齊僖公、陳桓公、鄭莊公在宋國的稷地相會，討論宋國的政局。宋督賄賂各國以求取支持，向魯國行賄的禮物便是郜大鼎。魯桓公收受了宋督的賄賂，便與其他與會國家一起承認了宋國的宮庭政變，並且容忍宋督為宋莊公的相。地從主人，指魯國所取此大鼎的所在地在宋國，故稱「地從主人」。本章一開頭所以引這一句話是指魯國向宋國所取之郜大鼎，其器物本身可以保留原來的名稱，所取之地可以根據現在的主人來稱呼，不執於一，此即權之端，符合制度的精神。❷不在可以然之域　指不在道義的範圍之內。❸故雖死亡二句　指按照道義來說，民為貴，社稷次之，君為輕。因此，君應死於社稷，故不能為保全君王的生命而葬送社稷和國家。❹公子目夷是也　指宋國公子目夷為了保全宋國的社稷，不顧楚人以所執之宋襄公為要挾，堅決守城，拒不投降。公子目夷，宋桓公後妻之子。據劉向《說苑・立節》記載：宋桓公立茲父為太子。茲父見父親歡喜公子目夷，就請求宋桓公立目夷為太子，自己願為國相，以兄佐弟。宋桓公將答應他的請求，目夷辭謝說：「兄立而弟在其下，是其義也。弟立而兄在其下，非其義也。」於是，目夷逃到衛國去，宋桓公只得立茲父為太子。宋桓公卒，茲父即位為宋襄公，目夷歸國為宋國司馬。魯僖公二十一年（西元前六三九年）春，宋襄公與楚國、齊國在鹿上結盟，目的是為了爭當盟主。公子目夷勸諫說：「小國（指宋）去爭當盟主，這是災禍的開始。」宋襄公不聽。秋天，宋襄公與楚成王、陳繆公、蔡莊公、鄭文公、許僖公、曹共公在霍邑會見，楚成王在這次會上將宋襄公抓了起來，然後帶了他去攻伐宋國。《公羊傳》僖公二十一年記載了這件事，云：「宋公與楚子期以乘車之會，公子目夷諫曰：『楚，夷國也，強而無義，請君以兵車之會往。』宋公曰：『不可，吾與之約以乘車之會，自我為之，自我墮之，曰不可。』終以乘車之會往。楚人果伏兵車，執宋公以伐宋。宋公謂公子目夷曰：『子歸守國矣。國，子之國也。吾不從子之言，以至乎此。』公子目夷復曰：『君雖不言國，國固臣之國也。』於是歸設守械而守國。楚人謂宋人曰：『子不與我國，我將殺子君矣。』宋人應之曰：『吾賴社稷之神靈，吾國已有君矣。』楚人知雖殺宋公，猶不得宋國，於是釋宋公。宋公釋乎執，走之衛。公子目夷復曰：『國為君守之，君曷為不入？』然後逆襄公歸。」從這裡可以看到，即使楚國以宋襄公的生命相威脅，公子目夷也還是堅持守城，拒不投降，楚國無可奈何，釋放了宋襄公，宋襄公不敢回國，到衛國去避難，公子目夷卻將他迎回國內，重當國君。❺故諸侯父子兄弟不宜立而立者三句　指父子、兄弟之間在立嗣的問題上，不依照嫡長子繼承的宗法制度而以兄弟相繼所立的嗣君，如果符合道義的，《春秋》對待他們與依照宗法制度所立的嗣君並沒有任何區別。如目夷為了救宋國而立為君，衛桓公被弒後，衛桓公之弟晉能得眾而被立為衛宣公，吳王諸樊立其弟餘祭為君，餘祭臨終時立餘昧為君，目的是為了想讓季札為君，這種兄弟之間相繼為君，雖然違反了嫡長子繼承制，但並不違反道義，所以《春秋》對他們與宜立之君一體看待，並沒有作什麼區別。❻至於鄫取乎莒三句　鄫，一作繒，古國名，姒姓，在今山東蒼山西北。《世本》稱：「夏太康封其子曲烈於鄫。」莒，古國名，己姓，一說曹姓，西周分封的諸侯國，春秋初年遷都於莒（今山東莒縣）。同居，清代學者俞樾云：「同居，疑是司君。司君者，嗣君也。」《春秋》在魯襄公六年（西元前五六七年）記載：「莒人滅鄫。」《穀梁傳》評論此事云：「莒人滅繒（鄫）。非滅也。非（責）立異姓以蒞祭祀，滅亡之道也。」所謂立異姓，是因為莒女嫁與鄫子為后夫人。夫人無男有女，其女又嫁給莒國，有外孫。鄫子愛后夫人，但夫人無子，欲立其外孫，這樣便變成立外姓當國君，也就是以異姓為後。《春秋》認為，這就是莒國滅掉了鄫國。❼此不在可以然之域也　指上述莒子以外孫為嗣君，立異姓為後，逾越了宗法制度所允許的範圍，為國君者即使面臨死亡，也不能這樣做。❽故諸侯在不可以然之域者七句　《論語・子張》：「子夏曰：『大德不逾閑。小德出入可也。』」大德、小德，猶言大節、小節。閑，界限。指大德不可以超越界限，小德允許稍有出入。大德是道義不允許逾越的範圍，小德指道義允許變通的範圍，可以稍有出入。正經，經義之正道。❾權譎也二句　權，與經相對而言。《公羊傳》桓公十一年：「權者何？權者反於經，然後有善者也。權之所設，舍死亡無所設。行權有道：自貶損以行權，不害人以行權。」譎，變化。此處指權衡輕重得失，因事制宜去處理政務，雖然變化多端而不同於經，但最後仍必須歸奉於經，即處事靈活不能背離為善的根本原則。❿故春秋之道三句　指要領會和掌握《春秋》大義，必須廣博而得其要領，詳盡而歸於其根本宗旨。⓫公子目夷復其君二句　指公子在答覆被楚人執持中的國君宋襄公時，不顧楚人要殺死宋襄公的威脅，堅決不把國家交給楚人。⓬祭仲已與二句　祭仲，鄭莊公時的執政大夫。鄭莊公娶鄧女，生太子忽，又娶宋女，生子突。鄭莊公卒，立太子忽為國君。宋莊公使人誘祭仲而執之，威脅說：「不立突，殺死你。」祭仲答應了，公子突歸國，立為鄭厲公，而忽則出奔於衛。鄭厲公執政四年以後，出居邊邑，祭仲復迎召公子忽入鄭即位，這就是鄭昭公。所以董仲舒說是「已與立，後改之。」詳參見〈竹林〉篇第四章注⓴。⓭晉荀息死而不德　德，其他版本作「聽」。荀息，字叔，晉國大夫。

晉獻公時為奚齊之傅。《公羊傳》僖公十年敘述荀息之事云：「荀息可謂不食其言矣。其不食其言奈何？奚齊、卓子者，驪姬之子也，荀息傅焉。驪姬者，國色也，獻公愛之甚，欲立其子，於是殺世子申生。申生者，里克傅之。獻公病將死，謂荀息曰：『士何如可謂之信矣？』荀息對曰：『使死者反生，生者不愧乎其言，則可謂信矣。』獻公死。奚齊立。里克謂荀息曰：『君殺正而立不正，廢長而立幼，如之何？願與子慮之。』荀息曰：『君嘗訊臣矣，臣對曰：「使死者反生，生者不愧其言，則可謂信矣。」』里克知其不可與謀，退，弒奚齊。荀息立卓子。里克殺卓子，荀息死之。荀息可謂不食其言矣。」董仲舒表彰荀息能堅守對晉獻公的信諾，不答應里克的要求，而在里克殺害奚齊、卓子後，寧願自殺也不自食其言。⓮衛曼姑拒而弗內　曼姑，即石曼姑，衛國的卿。內，通「納」。拒而弗內，指石曼姑遵衛靈公之命，維護衛出公輒為國君，拒絕接納太子蒯聵回國。此事的始末為衛靈公有太子蒯聵，而靈公寵夫人南子。蒯聵欲殺南子，沒有成功，於是出奔宋國，後來又投奔晉國的趙簡子。靈公為此欲立庶子郢為太子。郢認為太子蒯聵之子輒在，辭讓不受。靈公卒，於是立輒為衛出公。依照周代的宗法制度，國君應傳位給嫡子，嫡子不存，則傳位給嫡孫。從這一意義上說，立輒為出公可以說是遵奉衛靈公的遺命。但在這時，趙簡子卻送蒯聵回國，想立他為衛國國君。衛國石曼姑出兵拒納，最後圍蒯聵於戚。《公羊傳》哀公三年對此事評論云：「輒者曷為者也？蒯聵之子也。然則曷為不立蒯聵而立輒？蒯聵為無道，靈公逐蒯聵而立輒。然則輒之義可以立乎？曰：『可。』其可奈何？不以父命辭王父命，以王父命辭父命，是父之行乎子也。不以家事辭王事，以王事辭家事，是上之行乎下也。」《公羊傳》認為輒拒納父蒯聵回國是奉祖父衛靈公之命，是根據周代的制度行事，應當肯定。但是，在《論語・述而》中，子貢曾就此事問過孔子，孔子對輒聽祖父之命而與父爭國是不贊成的，與《公羊傳》的看法不同。孔廣森《春秋公羊通義》調和兩家說法，云：「輒之道雖當讓，而衛人奉輒自不失尊王父之意。若夫《論語》所言賢者之至行，又烏足以責輒也。」用今天的話來說，衛人立輒，是個法律問題；而輒不像伯夷、叔齊那樣讓國，則是個道德問題。道德應當服從法律，所以衛出公輒不應當受到責備。⓯宗廟　帝王諸侯祭祀祖先的場所，帝室或社稷的代稱。

【語　譯】（《春秋》記載「取郜大鼎於宋」，）表示器物可以保留原來的名稱，但對所取之地要依從它現在的主人，這是制度所規定的，從中可以知道凡事應當隨機應變，那便是權變的依據，在研究《春秋》時對此不可不明察。權變雖然違反了常規，但也必須在可以允許的範圍之內。如果不在可以允許的範圍之內，即使面臨死亡的威脅，終究也不去做，如宋國的公子目夷面臨楚國以君主的生命作為要挾，仍堅決守衛國土而不屈服，就是一個很好的案例。各諸侯國在父子、兄弟之間的君位傳承上，有的是違反嫡長子繼承制而被立為國君的，但是《春秋》對待他們與那些依照嫡長子繼承制而立的國君並沒有什麼差別，因為這些情況都屬於可以允許的範圍之內。至於鄫國國君娶了莒國的女子，又以在莒國的外孫作為鄫國的嗣君，《春秋》便把這一事件稱為「莒國滅掉了鄫國」，因為這不屬於可以允許的範圍之內。所以諸侯的君位傳承處於不被允許的範圍之內，這屬於大節問題。能恪守大節而未逾越範圍的，稱為正經。諸侯的君位傳承處於可以允許的範圍而隨機應變地處事的，屬於小節。小節即使有些出入，也是可以允許的。權，是變化多端的意思，但仍然崇尚歸依於常道，順奉於正經。《春秋》之道，廣博而要求能掌握要領，詳盡而最終歸之正道。宋國公子目夷答覆他的國君宋襄公，始終不把宋國拱手送給楚國。鄭國祭仲受宋國的威脅而被迫立公子突為君，但後來還是設法趕走了公子突而迎太子忽回國當國君。晉國荀息受晉獻公之託，先後立獻公的幼子奚齊和卓子為君，不肯聽從里克的要挾，最終以身殉難。衛國石曼姑奉衛靈公之命，扶立其嫡孫輒即位，拒絕太子蒯聵歸國即君位。這四位臣子所做的事情雖然各有差異，但其用心相同，在信守道義上是一致的。目夷不把國家交給楚國，是為了保全宋國的宗廟。祭仲受宋威脅而將君位交給公子突，也是為了保全鄭國的宗廟。荀息寧願獻出自己的生命，是為了忠於先君的遺命。石曼姑拒絕接受蒯聵回國即位，也是為了忠於先君的遺命。前後兩件事的情節雖然相反，但目的相同，都是為了尊重宗廟和遵從先君的遺命。

詰難者說：「公子目夷和祭仲所做的事，都是為了保存國家以盡忠於自己的君主，稱讚它是可以的。晉國的荀息、衛國的石曼姑並不屬於這種情況，他們所要扶持的君主，都是不應該立為國君的人，為什麼要把他們的行為歸入道義的範疇呢？」

答：「《春秋》的法則是國君立了不應該立的人繼承君位，不予記載；大夫立了不應該立的人繼承君位，就記載下來。記載下來，是不贊成大夫擁立不該做國君的人為君。不記載下來，是贊成國君可以選擇自己的繼承人。國君選擇不應該立為君主的人來作為自己的繼承人，這是不對的。但既然已經被立為國君了，大夫們就只能忠心不渝地事奉他。這就是讚賞荀息和石曼姑的行為合乎道義的原因。」

【研　析】宗法社會中，對正妻稱為嫡。正妻所生的長子為嫡長子，在傳承君位時有不容置疑的繼承權。中國古代社會在權位的繼承上有法定的順序：首先立嫡長子，無嫡長子立嫡長孫。沒有嫡長孫則依次立嫡長子的同母弟，他們都是嫡子。沒有嫡子的，才依次立庶子，即妾所生之子。沒有庶子的，立嫡孫，即嫡長孫的同母弟。再往後，就是立庶孫了。這種權力傳承的順序形成於殷周時代。殷代在執行時還不很嚴格。周取代殷商以後，通過分封制度建立了宗法社會的嚴格秩序，這種父子相承的權力繼承順序進一步嚴密起來，逐漸形成為成文法。到了唐代，唐律上就對此在書面文字上作了明確的規定。

本章的主旨便是講父子兄弟之間在權力的繼承上，什麼樣的情況是可以允許的，什麼樣的情況是不被允許，在可以允許的範圍內，有哪些是可以允許變通的。這裡面有許多界限需要劃定，有許多原則需要闡明。如果沒有明確的制度，那麼在權力的繼承上勢必會引起混亂。這種權力交接上的混亂和紛爭，不僅會導致宮廷內直接爆發政變，而且往往會引起整個國家的動盪，甚至使整個社會生活出現混亂的局面。古今沿襲成習，乃至在二十世紀，竟仍要把接班人的問題列為國家的首要問題。

宋宣公傳位給其弟和時，曾說：「父死子繼，兄死弟及，天下之通義也。」（《史記・宋微子世家》）這反映了在商代和宋國，父死子繼和兄死弟及這兩種傳承是並行而不悖的，但以父死子繼為主，兄死弟及為輔。本章所列舉的五個案例，矛盾的焦點都集中在權力的繼承上。從這些案例的具體情況來看，可以知道實際情況遠比制度上規定的順序要複雜得多。父子兄弟之間，一旦涉及權力的繼承與交接，矛盾非常尖銳。因為它不僅涉及男方的父子兄弟之間，還涉及女方的妻妾之間；不僅涉及王室的內部，還涉及朝廷上群臣之間的權力爭奪；不僅涉及人際關係上的親疏，還涉及政見上的分歧。錯綜複雜的矛盾攪和在一起，要在其中劃清界限，制定原則，辨明是非，又能適應千變萬化的政治生活，的確很不容易。

董仲舒對此沒有進行正面的論述，而是從《春秋》中摘取若干案例進行分析，這種做法比較主動，可以避免掛一漏萬的過失。

董仲舒所列舉的案例，在日後的歷史上確曾有過深遠的影響。如公子目夷在宋襄公被楚國所執的情況下，毅然接任君位而守城，維護宋國的宗廟社稷。此後，歷代仿此行事者不乏其例。晉代，晉愍帝被匈奴族劉曜所俘，晉元帝司馬睿當即在江南即帝位。宋代徽、欽二帝被金人俘往北方，宋高宗趙構在南方即帝位。明代英宗朱祁鎮在土木堡兵敗被瓦剌的也先汗所俘獲，景泰帝朱祁鈺在北京即帝位。他們都是依此成例行事。又如荀息守先君之遺命，以身殉難，石曼姑拒納蒯聵，其後也不乏仿此行事者。明代方孝孺遵守明太祖朱元璋的遺命，支持嫡孫建文帝，堅決不為明成祖起草登極詔書，不僅本人被殺，還被滅「十族」（九族加其學生）。

此外，如「莒人滅鄫」的案例，說明在中國的君位傳承上，絕不允許從父系轉入母系，孫子可以傳承，外孫決不可傳承，這一點是與歐洲國家不同的。中國古代的宗法制度認為由父系轉入母系，勢必要易姓，而易姓便是亡國。西漢一代，從漢初的呂后到竇太后，外戚對漢宗室的威脅不小，而且西漢最後還是為外戚王莽所滅。董仲舒把「莒人滅鄫」作為不可逾越的界限，認為對此絕無可以變通的餘地，應當是有感而發。王位的繼承，必須堅持由父系傳承，不能超越姓氏的界限。這在中國古代歷史上已成為不可動搖的傳統。在唐代，武則天廢了太子李顯和李旦以後，在能否立其內侄武承嗣為皇位繼承人的問題上，猶豫不決。當時宰相李昭德奏道：「臣聞文武之道，布在方策，豈有侄為天子而為姑立廟乎？以親言之，則天皇（唐高宗）是陛下夫也，皇嗣是陛下子也。陛下正合傳之子孫，為萬代計。況陛下承天皇顧託而有天下，若立承嗣，臣恐天皇不血食矣！」（《舊唐書・李昭德傳》）據史載：武則天聽了這一番話，立即醒悟，不再想立武承嗣為太子了。由此可見，武則天儘管敢肆無忌憚地自立為中國歷史上唯一的女皇帝，卻仍不敢擺脫宗法制度的羈絆，皇位只能傳給兒子。武則天最後再把李顯召回，立為太子。

第六章

難紀季曰：「《春秋》之法，大夫不得用地❶。又曰：公子無去國之義❷。又曰：君子不避外難❸。紀季犯此三者，何以為賢？賢臣固盜地以下敵，棄君以避患乎？」曰：「賢者不為是。是故託賢於紀季，以見季之弗為也。紀季弗為而紀侯使之可知矣。《春秋》之書事時，詭其實以有避也❹；其書人時，易其名以有諱也❺。故詭晉文得志之實，以代諱避致王也❻。詭莒子號謂之人，避隱公也❼。易慶父之名謂之仲孫❽，變盛謂之成，諱大惡也❾。然則說《春秋》者，入則詭辭，隨其委曲而後得之❿。今紀季受命乎君而經書專，無善一名而文見賢，此皆詭辭，不可不察⓫。《春秋》之於所賢也，固順其志而一其辭，章其義而襃其美⓬。今紀侯《春秋》之所貴也，是以聽其入齊之志，而詭其服罪之辭也，移之紀季⓭。故告糴于齊者，實莊公為之，而《春秋》詭其辭，以予臧孫辰⓮。以酅入于齊者，實紀侯為之，而《春秋》詭其辭，以予紀季。所以詭之不同，其實一也⓯。」難者曰：「有國家者，人欲立之，固盡不聽⓰。國滅君死之，正也⓱。何賢乎紀侯？」曰：「齊將復讎，紀侯自知力不加而志距之，故謂其弟曰：『我宗廟之主，不可以不死也。汝以酅往，服罪於齊，請以立五廟⓲，使我先君歲時有所依歸。』率一國之眾，以衛九世之主⑲。襄公逐之不去，求之弗予，上下同心而俱死之。故謂之大去⑳。《春秋》賢死義且得眾心也，故為諱滅。以為之諱，見其賢之也。以其賢之也，見其中仁義也。」

【章　旨】本章通過對紀季以酅入於齊這一事例的剖析，闡明紀侯之行為符合仁義之旨，從而崇尚名節，強調君死社稷之義，同時，還強調了宗法社會中保存宗廟的重要性。

【注　釋】❶難紀季曰三句　紀季，紀侯弟，季，以排行為字。《春秋》在魯莊公三年（西元前六九一年）記載：「紀季以酅入于齊。」《公羊傳》對此評論云：「紀季者何？紀侯之弟也。何以不名？賢也。」當時，齊國進攻紀國，而紀季用酅邑作為獻禮而歸順齊國，加入了齊國的勢力範圍。《公羊傳》認為《春秋》記載上對紀季不稱呼其名而稱呼其字，是認為紀季是賢者。詰難者就此發問：依照《春秋》規定的法則，大夫不容許擅自處理其土地。「用地」，疑是「專地」之誤。杜佑《通典．食貨一》：「夫《春秋》之義，諸侯不得專封，大夫不得專地。」如今紀季把他在紀國的封邑酅獻給齊國，並以作為降附齊國的見面禮，這種行為怎麼能與賢者的身分相符呢？❷公子無去國之義　公子，諸侯之子。此處指公子在有難的時候，不能離開自己的國家。如魯襄公二十九年（西元前五四四年），《穀梁傳》曾提到在這一年，「季子去之延陵，終身不入吳國」。指的是吳國季子為了逃避被推立為國君，逃亡到他的封地延陵（今江蘇常州），終身不回到吳國的國都。但是，延陵仍在吳國境內。何休《春秋公羊傳解詁》云：「禮，公子無去國之義，故不越境。」詰難者提出「公子無去國之義」，是責難紀季作為紀國的公子，國難當頭時，離開本國而投奔敵國，怎麼能與賢者的身分相稱呢？❸君子不避外難　語見《公羊傳》莊公二十七年：「君子避內難而不避外難。」指的是君子可以逃避宗族內部發生的禍難，但不能逃避外國入侵的禍難。詰難者提出這一問題是責難紀季在齊國進犯紀國時逃避禍難的行為怎麼能與賢者相稱？❹春秋之書事時二句　指《春秋》在記載歷史事實時，往往為了隱諱重要的歷史事實而有所迴避。此處是指《春秋》記載「紀季以酅入于齊」時，隱諱了是紀侯指使他這樣做的事實。紀侯考慮到齊大紀小、紀國必亡的現實，所以讓紀季投降齊國，今後可以在酅邑中保留紀國的宗廟，存續對宗廟的祭祀。❺其書人時二句　指《春秋》

在記載中涉及到有關人物時，為了替某個人物隱諱，往往張冠李戴，改變他的名字，以為賢者諱。此處指明明是紀侯指使紀季獻酅邑給齊國，但為了替紀侯隱諱，記載上說是「紀季以酅入于齊」。❻故詭晉文得志之實二句　代，當是「狩」字之訛。《春秋》在魯僖公二十八年（西元前六三二年）記載：「天王狩於河陽。」當時的事實其實不是周天子去河陽狩獵，而是晉文公在踐土之會時召致周天子赴會。《春秋》之所以要作這樣的記載，是為了替晉文公隱諱。《公羊傳》對此評論云：「狩不書，此何以書？不與再致天子也。」《史記・孔子世家》也曾就此事云：「踐土之會，實召周天子，而《春秋》諱之曰：『天王狩於河陽。』」❼詭莒子號謂之人二句　《春秋》在魯隱公八年（西元前七一五年）記載：「公及莒人盟于包來。」莒人，指莒國大夫。包來，在今山東沂水西北。古人講究身分地位的尊卑貴賤，魯隱公身為一國諸侯，與小國的大夫會盟，有失體面。所以不書「莒大夫」，是為避免魯隱公與小國的大夫處於對等關係。而書「莒人」，尊卑更為明顯，可以抬高魯隱公，顯出莒人對魯國的順從。孔廣森《春秋公羊通義》云：「位近則疑，遠則不疑。」指的就是大夫與諸侯地位接近，容易引起人們的疑問；而莒人與諸侯地位懸殊，不致引起人們的懷疑，反而使人們相信莒人的順從。❽易慶父之名謂之仲孫　慶父，也稱共仲、共慶父，又稱孟氏。春秋時魯國公子，魯莊公的庶兄。莊公去世，子般即位，他派人殺死子般。閔公繼立二年，他又派人殺死閔公，出走到莒。魯用賄賂求莒送歸，他在歸國途中自縊而死。詳參見〈楚莊王〉篇第二章注❾。仲孫，《公羊傳》、《穀梁傳》都認為是慶父，因為慶父的後代以「仲孫」為氏。《春秋》在魯閔公元年（西元前六六一年）記載：「齊仲孫來。」《公羊傳》闡釋所以稱慶父為齊仲孫是為了把他和齊國聯繫在一起，因為他是齊桓公的外甥，弒子般後，他在齊國住了一年多，如今要回國了，因此，為了把他當作外姓人看待，也為了替尊者、親者諱，故《春秋》寫成是「齊仲孫來」。《左傳》的說法與此不同，說是「齊仲孫湫來省難」。《左傳》認為仲孫是姓，名湫，仲孫湫是齊國的大夫，奉齊桓公之命來魯國探明情況。他回齊國後曾對齊桓公說：「不去慶父，魯難未已。」董仲舒在這裡根據的是《公羊傳》的說法。❾變盛謂之成二句　成，《左傳》、《穀梁傳》作郕。成是盛國的國都。盛，姬姓國名，始封國君為周武王之弟叔武，春秋時在成建都（今山東寧陽東北）。變盛謂之成，指《春秋》在魯莊公八年（西元前六八六年）記載：「師及齊師圍成，成降于齊師。」由於盛與魯同是姬姓之國，所以《春秋》諱「盛」為「成」，是為了避滅同姓國之惡，言「降于齊」是歸惡於齊，其實盛國滅後，成為魯邑。《公羊傳》評論此事云：「成者何？盛也。盛則曷為謂之成？諱滅同姓也。曷為言降吾師？辟（避）之也。」孔廣森《春秋公羊通義》：「成者，盛之都邑。本當言伐盛圍成，諱之，故但舉成不繫國也。」❿然則說春秋者三句司馬遷在《史記・十二諸侯年表》序中指出：「七十子之徒口受其傳指，為有所刺譏褒諱挹損之文辭不可以書見也。」所以各家說《春秋》者都有其口耳相傳的不同系列，涉及詭辭隱諱的部分，門弟子各有口說傳授，說明其中之曲折。這種憑口頭傳授的《春秋》經文，時間久了，難免會有各種出入，出現「人人異端，各安其意，失其真」的情況。後來的《春秋》講解者，只能從互相矛盾的陳述中，通過深入而細緻的分析，弄清楚其中曲折的事實真相。⑪今紀季受命乎君而經書專四句　指《春秋》在魯莊公三年（西元前六九一年）記載：「紀季以酅入于齊。」在這段經文中，不書此事受命於紀侯，而書紀季擅自行事。一，疑作之。經文上說紀季擅自獻地（專地），是表示他無善之名。但對紀季稱字不稱名，又是表示他為賢者。這種自相矛盾之處即是《春秋》之詭辭，對此不可不留心審察。⑫章其義而襃其美　此處指表彰其道義，褒揚其美德。章，通「彰」，表彰。襃，通「褒」。⑬今紀侯春秋之所貴也四句　紀侯，紀國國君，姜姓。紀國在今山東壽光南紀臺村。據《史記・齊太公世家》記載：齊襄公伐紀，是因為早在齊哀公時，紀侯在周天子面前進讒言，結果周烹了齊哀公。齊哀公是齊襄公的九世之祖，此時的紀侯只不過是當年紀侯的子孫，但《春秋》同意復九世之仇，認為齊國是有理由伐紀的。此時的紀侯抗拒不了齊國的進攻，又不肯屈辱投降，所以讓兄弟紀季以其封地酅投降於齊國，向齊國表示服罪，以此來保全紀國的宗廟，自己則堅持抵抗，寧願為齊國所滅，為義而死。《春秋》為此肯定了紀侯，為他隱諱了向齊國服罪的表示，把事情全部移到紀季的身上而為紀侯推卸責任。⑭故告糴于齊者四句　臧孫辰，謚文，字仲，魯國的卿，臧孫為其氏。魯孝公之子彄食采於臧，因以為氏。彄之後人即以臧孫為氏。事見魯莊公二十八年（西元前六六六年），這一年魯國麥禾皆無收成，魯莊公派遣臧孫辰去齊國請糴糧食，但《春秋》上只記載「臧孫辰告糴于齊」。這樣，就隱諱了魯莊公派他去的事，變成臧孫辰私自去齊國告糴。《公羊傳》對此事評論云：「告糴者何？請糴也。何以不稱使？以為臧孫辰之私行也。曷為以臧孫辰之私行？君子之為國也，必有三年之委，一年不熟，告糴譏也。」何休《春秋公羊傳解詁》：「古者三年耕，必餘一年之儲；九年耕，必有三年之積。雖遇凶災，民不饑乏。」⑮所以詭之不同二句　指《春秋》經文記載的「紀季以酅入于齊」與「臧孫辰告糴于齊」這兩件事的表述都屬於詭辭，都是為尊者諱，所以說「其實一也」。但所以採取詭辭的原因則不相同。告糴之譏是咎由自取，而以酅入齊的事出於形勢所迫，故稱其「所以詭之不同」。⑯有國家者三句　盡，當作辭。此處指某人如果被別人立為國君，他可以拒絕踐履君位，如吳王餘眛臨死時要將君位傳給其弟季札，季札堅辭而逃走。因此，紀侯如果認為自己的力量不足以存紀，也可以不踐履君位。⑰國滅君死之二句　語見《公羊傳》襄公六年。《禮記・曲禮下》：「國君死社稷。」鄭玄注：「謂見侵伐也。」死社稷，指國亡，君應與之俱亡。正也，指當然之義。⑱五廟　諸侯立宗廟的規格為五廟。《禮記・王制》：「諸侯五廟，二昭二穆，與太祖之廟而五。」太祖為始封之君，在宗廟的神主牌位排列時居中，以下父、子（祖、父），遞為昭穆，左為昭，右為穆。⑲以衛九世之主　指從齊國的角度看，是復九世之仇；而從紀國的角度看，則是衛九世之主。⑳大去　《春秋》在魯莊公四年（西元前六九〇年）記載：「紀侯大去其國。」《公羊傳》云：「大去者何？滅也。孰滅之？齊滅之。」《春秋公羊通義》云：「大去者，一去不返之辭，其君出奔而國為敵有也。」《穀梁傳》云：「紀侯賢而齊侯滅之。不言滅而曰大去其國者，不使小人加乎君子。」不講齊國滅掉紀國，而講紀侯永遠離開了他的國家，是表示對紀侯的尊敬，不讓齊襄公這種小人壓在紀侯頭上。

【語譯】《春秋》以紀季為賢者，有人對此非難說：「《春秋》的法則是大夫不能擅自將封地給別人，又說是公子沒有擅自離開自己國家的道理，還說是君子不能逃避外敵侵犯所造成的災難。紀季違犯了這三條規定，怎麼能認為他是賢者呢？難道賢者是那種盜竊國家的土地去投奔敵人，拋棄自己的君主以逃避國難的人嗎？」

答：「賢者是不會這樣去做的。所以要通過稱讚紀季是賢者的這種方式，來顯示出紀季是不想做這些事的。既然紀季自己不想做這些事，便可以知道這些事是紀侯指使他這樣做的了。《春秋》記載歷史事件時，往往因為要有所迴避而隱諱了其中的事實；《春秋》對人物作記載時，為了有所隱諱而往往改變他的名字。如《春秋》故意隱諱晉文公在踐土之會時召致周天子的事實，詭稱為「天王狩於河陽」；詭稱莒子為莒人，隱諱了魯莊公自貶身分與莒國大夫會盟的事實；改變魯國公子慶父的名字為仲孫，以此為魯國的尊者諱；改變盛國的稱號為成國，是為了隱諱魯莊公滅掉同姓之國的重大罪過。所以講解《春秋》的人，就是要通過那些與事實不符的詭辭，順著曲折複雜的事情經過去深入研究，才能弄清楚事實的真相。紀季本來是接受國君紀侯之命去執行的，可是《春秋》經文上卻寫成他擅自把自己的封邑酅獻給齊國，明明沒有好的名聲，卻在文字上通過稱字而不稱名來顯示出他是賢者，這就是掩飾事實真相的詭辭，在讀《春秋》時必須細心體會和審察。《春秋》對於賢人，固然要順從他的心志，運用同樣的文辭，表彰他的道義，褒揚他的美德。紀侯是《春秋》所尊重的賢君，所以審察他把鄑邑歸併到齊國的真實用心，隱諱和改變他向齊國服罪的事實，把這件事轉移到了紀季的身上。類似的情況如魯國有一年收成不好，魯莊公下令向齊國請求糴買糧食，《春秋》記載時卻說成是魯國大夫臧孫辰私自去進行的，將責任推到臧孫辰的身上。把鄑邑獻給齊國，實際上是紀侯作出的決定，而《春秋》卻用掩蓋事實真相的詭辭這種方式，把責任推到紀季身上。前後這兩件事所以要隱諱而在記載上改變事實的起因雖然各不相同，但在為尊者諱這一點上兩者是相同的。」

詰難者說：「能成為國家君主的人，當別人要立他為國君時，他可以堅辭而不聽從，逃避而不即位。既然即位而成為國君，那麼國家面臨將被人滅亡時，就應該為國而死，以身殉難，這才是為君者之正道。如果是這樣的話，又為什麼要稱紀侯為賢君呢？」

答：「齊國要復九世之仇。紀侯知道自己無力抗拒齊國的進攻，但又不甘心投降而立志要抵抗到底。在這種情況下，他對弟弟紀季說：『我是一國之主，不可以不為國而死。你可以把鄑邑獻給齊國，向齊國認罪服罪，請求建立和保存祖先的宗廟，使列祖列宗年年歲歲都能及時得到血食的供奉。』於是，紀侯率領一國之眾，保衛列祖列宗建立起來的家國。齊襄公驅趕紀侯，紀侯堅決不離開自己的國家；齊襄公要求紀國臣民交出國君，紀國臣民堅決不給。紀國上下一條心，都願為保衛祖國而死，所以稱之為『大去』——永遠離開了自己的國家。《春秋》尊敬那些為國捐軀並能得到百姓擁護的賢君，所以在記載中隱諱了紀國的滅亡。用這種隱諱實情的方式，從而顯示出《春秋》對紀侯的尊敬。因為《春秋》對紀侯的尊敬，可以看出紀侯的行為是符合仁義之旨的。」

【研　析】本章通過「紀季以鄑入于齊」的事例，一方面表彰紀侯能堅持抵抗、以身殉國，並能下決心命令弟紀季向齊國獻出鄑邑以保存宗廟；另一方面，通過這件事以闡明《春秋》筆法中的詭辭，為理解《春秋》大義提供線索。

董仲舒是《公羊》學家，但他並不迂拘《公羊傳》的見解，而是常常根據自己的理解去闡發新義，補《公羊傳》之不足。對《春秋》的「紀侯大去其國」這一記載，董仲舒對《春秋》大義所闡發的側重點與《公羊傳》就不相同。《公羊傳》認為：「大去者何？滅也。孰滅之？齊滅之。曷為不言齊滅之？為襄公諱也。《春秋》為賢者諱。何賢乎襄公？復仇也。何仇爾？遠祖也。哀公亨乎周，紀侯譖之。以襄公於此焉者，事祖禰之心盡矣。」（《公羊傳》莊公四年）在這裡，《公羊傳》肯定的是齊襄公，側重點在於齊襄公復九世之仇。

董仲舒在本章中肯定的是紀侯，側重點在於紀侯的仁義。紀侯能存宗廟，是仁；能為國而死，是義。所以，紀侯稱得上是仁義的賢君。蘇輿在《春秋繁露義證》中認為，董仲舒的看法是對《公羊傳》的補正。董仲舒在紀侯的仁和義上，更看重的是紀侯的死於義。他在〈竹林〉篇中批評逄丑父「殺其身以生其君」時，重視的也是君死社稷之義，強調「君子生以辱，不如死以榮」。董仲舒的這一看法，可以溯源於曾子。〈竹林〉篇中就有這樣的記述：「曾子曰：『辱若可避，避之可也。及其不可避，君子視死如歸。』」由此可見，董仲舒很強調氣節的意義與作用。這種現象的出現並不是偶然的。稍早於董仲舒的韓嬰，在其所著的《韓詩外傳》中，卷一的內容大多是講砥礪名節的人物事蹟。這些事蹟後來又多為劉向的《新序》、《說苑》所轉述，可見這種做法在當時是一種時代風尚。它對促成東漢士人重名節的風氣有一定的影響。長期以來，它沉澱在中華民族的集體潛意識之中，成為中華民族的民族心理。每當國難臨頭，總會有無數仁人志士挺身而出，奮不顧身，前仆後繼，不怕犧牲。這種士人重名節的傳統風尚，即使是在今天，同樣也彌足珍貴。

精華第五

【題解】篇名〈精華〉，是本篇所述內容乃《春秋》義理的精華之意。

本篇可分為六章。第一章從《春秋》慎辭於名物入手，闡釋事物大小、貴賤之間的區別，同時以天地陰陽比附人事中的尊卑貴賤，強調《春秋》變天地之位，正陰陽之序，直行其道而不忌其難。第二章指出《春秋》有常義與應變的區別，須視具體情況作出抉擇，從而闡明將帥用兵與大夫出使在境外應當如何行事的準則。第三章對齊桓公、管仲作出評價與分析，指出管仲輔齊桓公重信守諾，存亡繼絕，終成霸業，遠近諸國畢至，但其後矜功而驕，盛氣凌人而不修德，自是日衰，九國叛變。第四章闡述《春秋》聽獄，必本其事以原其志，對不同情況作出不同處理。同時，強調治獄與教化一致，兩者相輔相成。第五章通過對《春秋》記載中「晉里克弒其君之子奚齊」的剖析，指出《春秋》在行文用辭上有經與權、常與變的區別，從中反映了《春秋》對歷史的褒貶態度。同時，提出了「《詩》無達詁，《易》無達占，《春秋》無達辭」的命題。第六章強調《春秋》為道往以明來之作，從而闡明《春秋》尊賢之旨，指出魯僖公知親任季子，國家安寧；季子死後，國衰益危。不僅如此，知賢還須善任。魯莊公對季子，宋殤公對孔父嘉，知而不能任，前者國危，後者遭弒。

本篇要旨在於闡述君臣相處之道。為臣者應嚴格遵奉君臣倫常，行事時須視情況對經與權、常與變作出準確選擇；為君者則須重信守諾，知人善任，重用賢臣。

第一章

《春秋》慎辭，謹於名倫等物者也❶。是故小夷言伐而不得言戰，大夷言戰而不得言獲，中國言獲而不得言執，各有辭也❷。有小夷避大夷而不得言戰，大夷避中國而不得言獲，中國避天子而不得言執❸，名倫弗予，嫌於相臣之辭也❹。是故小大不踰等，貴賤如其倫，義之正也。

大雩者何？旱祭也❺。難者曰：「大旱雩祭而請雨❻，大水鳴鼓而攻社❼。天地之所為，陰陽之所起也❽。或請焉，或怒焉者何❾？」曰：「大旱者，陽滅陰也。陽滅陰者，尊壓卑也，固其義也，雖大甚，拜請之而已，無敢有加也❿。大水者，陰滅陽也。陰滅陽者，卑勝尊也，日食亦然，皆下犯上，以賤傷貴者，逆節也，故鳴鼓而攻之，朱絲而脅之，為其不義也⓫。此亦《春秋》之為強禦也⓬。故變天地之位，正陰陽之序，直行其道而不忘其難⓭，義之至也。是故脅嚴社而不為不敬靈⓮，出天王而不為不尊上⓯，辭父之命而不為不承親⓰，絕母之屬而不為不孝慈⓱，義矣夫。」

【章　旨】本章從《春秋》慎辭於名物入手，闡釋事物大小、貴賤之間的區別，同時以天地陰陽比附人事中的尊卑貴賤，強調《春秋》變天地之位，正陰陽之序，直行其道而不忌其難。

【注　釋】❶春秋慎辭二句　此處指《春秋》在行文用辭上十分謹慎，嚴格地判定人際關係與事物之間的尊卑、貴賤、大小的等級區別。名倫，名分與人倫。等物，事物的等級。❷是故小夷言伐而不得言戰四句　夷，泛指中原以外的各國，小夷如戎、狄，大夷如荊（楚）。此處指《春秋》對小夷、大夷、諸夏在行文用辭上各不相同。小夷打敗中原各國或俘獲君主只能說「伐」，不能言「戰」，如《春秋》在魯隱公七年（西元前七一六年）記載：「戎伐凡伯于楚丘以歸。」戎是小夷。凡伯是姬姓諸侯而為周天子之大夫，被戎所執，而這裡用「伐」來表述。大夷言戰而不得言獲，如《春秋》在魯僖公二十二年（西元前六三八年）記載：「宋公與楚人戰于泓，宋師敗績。」楚是大夷，所以這裡用「戰」來表述。❸有小夷避大夷而不得言戰三句　有，通「又」。避，迴避。此處指小夷要迴避大夷不能言戰，大夷要迴避中國而不能言俘獲。如《春秋》在魯莊公十年（西元前六八四年）記載：「秋九月，荊敗蔡師于莘，以蔡侯獻舞歸。」荊，指楚國，是當時中原諸夏對楚國的蔑稱。蔡侯獻舞，即蔡哀侯，名獻舞。蔡侯被楚人所俘，《公羊傳》評論此事曰：「曷為不言其獲？不與夷狄之獲中國也。」為什麼在記載中不說是「獲」呢？是不讚許夷狄之國俘獲中原國家的國君。至於中國言獲而不得言執，是因為只有周天子才能言執。中原各國的交戰，俘獲了對方的君主或重要人物，只能言「獲」而不能言「執」，如果言「執」，就是對被俘獲者的貶低。如《春秋》在魯僖公元年（西元前六五九年）記載：「公子友帥師敗莒師于犁，獲莒挐。」公子友即季友。莒挐是莒國的大夫，據《左傳》說是莒國國君之弟，這裡便用「獲」來表述。又，《春秋》在魯僖公二十八年（西元前六三二年）記載：「晉侯入曹，執曹伯畀宋人。」晉侯，指晉文公。曹伯，指曹共公。晉文公要稱霸，侵入曹國，抓了曹共公交給宋國，由各諸侯來審曹共公的罪。《公羊傳》評論此事曰：「曹伯之罪何？甚惡也。」這是由於曹共公對外屢次侵伐其他諸侯國以擴大本國的土地；對內盤剝百姓，人民流離失所。《春秋》為了貶低曹伯，所以用「執」來表達。董仲舒通過《春秋》在行文用辭上的區別來顯示周天子、諸侯、大夷、小夷之間的等級。其實《春秋》紀事並非完全如此，董仲舒的闡述中有不少牽強之處。❹名倫弗予二句　此處指如果不贊同或規定名分與人倫中的尊卑等級關係，就會在君臣之間分不清楚相互間的臣屬關係。予，通「與」，讚許；贊同。❺大雩者何二句　雩，古代為求雨而進行的祭祀。古代雩祭有二種：一種是孟夏四月舉行雩祭，因為那時萬物萌生，亟需春雨滋潤而生長，這是常雩。另一種是遇旱而行雩祭，稱為大雩。為什麼叫雩？是因為祭祀用的祭壇名雩。《春秋》在魯桓公五年（西元前七〇七年）秋記載：「大雩。」《公羊傳》對此評論曰：「大雩者何？旱祭也。然則何以不言旱？言雩，則旱見；言旱，則雩不見。何以書？記災也。」❻大旱雩祭而請雨　天旱時行雩祭以求雨，古人的習慣用語是「請」或「祈」，如《後漢書・禮儀志》以「請雨」列為專題，內稱：「其旱也，公卿官長以次行雩禮求雨。」❼大水鳴鼓而攻社　社，土地神。《春秋》在魯莊公二十五年（西元前六六九年）記載：「秋，大水，鼓，用牲于社。」

古人認為社神是土地之主，屬陰。水是由土地之神管轄的，洪水是陰侵陽。所以遇到洪水時，一方面對土地之神鳴鼓，表示怒而攻之，進行威脅；一方面又用牲畜祭祀，表示恭敬忠順，以利誘之，企圖用這軟、硬兩手誘迫社神就範，勒令洪水退去。❽天地之所為二句　指氣候上的乾旱與大水都是天地所造成與陰陽變化所引起的。❾或請焉二句　此處指問為什麼有的用「請」，有的用「怒」。或，有的。怒，似應為「攻」，上下文皆為「攻」字。❿陽滅陰者六句　此處用陽對陰過盛來說明乾旱的原因。在古代，陰陽觀念的形成有一個很長的演化過程。它可能萌生於男女之別，類推於天地、晝夜的變化。《莊子・天下》說：「《易》以道陰陽。」在《易經》中，一切變化都由陽爻一和陰爻--這兩個符號組合而成，天地間一切變化皆來源於陰、陽兩爻相對位置的變化。《易傳・繫辭上》中說：「天尊地卑，乾坤定矣。卑高以陳，貴賤位矣。動靜有常，剛柔斷矣。方以類聚，物以群分，吉凶生矣。在天成象，在地成形，變化見矣。是故剛柔相摩，八卦相盪，鼓之以雷霆，潤之以風雨，日月運行，一寒一暑，乾道成男，坤道成女。」這就把陰陽、天地的變化與社會倫理上的貴賤尊卑聯繫在一起。既然天尊地卑，則尊者貴者必在上，卑者賤者必在下，因此人們祈求天地時在形式和用辭上就有所不同。大旱是陰陽失調，陽過盛而陰過衰，祈求的對象是陽，是天。因為這是對尊者的祈求，所以祈求者只能用拜請的形式，同時嚴責自已的過失。何休《春秋公羊傳解詁》在解釋《春秋》在魯桓公五年（西元前七〇七年）關於「大雩」的記載時說：「雩，旱請雨祭。」「君親至南郊，以六事謝過而責，曰：『政不一與？民失職與？宮室崇與？婦謁盛與？苞苴行與？讒夫昌與？』使童男女各八人舞而呼雩，故謂之雩。」董仲舒在解釋《春秋》中有關「大雩」的記載時，往往把大旱的起因比附當時的政治情況並強調君王的過失。《漢書・五行志中之上》載：「釐（僖）公二十一年夏，大旱。董仲舒、劉向以為齊桓既死，諸侯從楚，釐尤得楚心。楚來獻捷，釋宋之執。外倚強楚，炕陽失眾，又作南門，勞民興役。諸雩旱不雨，略皆同說。」在這裡，可知董仲舒認為魯僖公二十一年的大旱，是由於魯僖公對外倚靠楚國，對內勞民興役，所以上天降旱災以表示懲罰與警示。⓫大水者十一句　依照陰陽學說，水屬陰，火屬陽，女屬陰，男屬陽，故大水是陰盛陽衰的標誌。《漢書・五行志》中記載了數十條董仲舒對災異的論述。《春秋》記載魯莊公二十四年（西元前六七〇年）「大水」。《漢書・五行志上》載：「董仲舒以為夫人哀姜淫亂不婦，陰氣盛也。」何休注曰：「夫人不制，逐淫二叔（指慶父與叔牙），陰氣盛，故明年復大水。」陰盛陽衰，意味著尊卑位置的顛倒，所以說是卑勝尊也。日蝕亦然，指日蝕與大水相似，也是陰氣太盛，屬於陰侵陽。《春秋》記載魯莊公十八年（西元前六七六年），「三月，日有食之。」據朱文鑫《春秋日食考》推算為西元前六七六年四月十五日之日全蝕。

董仲舒以為這是上天警兆，「後公子慶父、叔牙果通於夫人以弒公。」（《漢書・五行志下之下》）一次大水，一次日蝕，皆歸因於魯莊公夫人哀姜與慶父和叔牙私通。從倫理關係上來看，都屬於以下犯上、以賤傷貴的違反禮制的行為。古人對付日蝕的辦法與對付大水相同，如《春秋》在魯莊公二十五年（西元前六六九年）六月記載：「日有食之，鼓、用牲于社。」古人認為社神是土地之主，月是土地之精，都屬陰，日蝕為陰犯陽。當時民俗，遇日蝕則鳴鼓而用牲以祭社。《公羊傳》對此事評論曰：「日食則曷為鼓、用牲于社？求乎陰之道也。以朱絲營社，或曰脅之，或曰為闇，恐人犯之，故營之。」何休注：「朱絲為社助陽抑陰也。或曰脅之，與責求同義。」紅色的絲線用來圍繞社樹是為了助陽抑陰。《白虎通義・災變》：「日食必救之何？陰侵陽也，鼓用牲於社。社者眾陰之主，以朱絲縈之，鳴鼓攻之，以陽責陰也。」⑫此亦春秋之為強禦也　指上述這種遇大水和日蝕時採取「鳴鼓而攻之，朱絲而脅之」等措施，說明《春秋》不害怕那些強暴有力的對象。為，應是「不畏」之誤。強禦，強暴有力。⑬不忘其難　忘，當是「忌」字之誤。不忌其難，不害怕任何困難。⑭脅嚴社而不為不敬靈　脅嚴社，威脅莊嚴的社神，指鳴鼓以攻與朱絲縈樹等措施。何休《春秋公羊傳解詁》在闡釋《公羊傳》莊公二十五年中關於「日有食之」的評論時說：「社者，土地之主也。月者，土地之精也。上繫于天而犯日，故鳴鼓而攻之，脅其本也。朱絲營之，助陽而抑陰也。」不為不敬靈，不能算是不尊敬神靈，因為同時還有用牲祭社神等措施。何休《春秋公羊傳解詁》又稱：「先言鼓，後言用牲者，明先以尊命責之，後以臣子之禮接之，所以為順也。」⑮出天王而不為不尊上　事見《春秋》在魯僖公二十四年（西元前六三六年）記載：「天王出居于鄭。」天王，指周襄王。襄王娶狄女隗氏為后，隗氏與襄王之弟王子帶私通，襄王廢隗氏。狄人與王子帶一起攻襄王。襄王的左右都主張抵禦，但是周襄王卻因母親惠后偏愛少子帶，總是想立王子帶為周天子，所以不忍殺弟以失母意，就出居於鄭以避難。他的出居於鄭是因為與母后不相得，又不忍心殺弟以失母意，所以董仲舒認為《春秋》記載周襄王出居於鄭一事並沒有不尊敬周襄王之意。⑯辭父之命而不為不承親　事見《公羊傳》哀公三年中對衛國石曼姑拒納蒯聵之事的評論：「不以父命辭王父命。以王父命辭父命，是父之行乎子也。」指衛出公輒奉其祖父衛靈公之遺命，拒絕接受其父蒯聵之命，不讓蒯聵回國當國君。具見〈玉英〉篇第五章注⑭。⑰絕母之屬而不為不孝慈　事見《春秋》在魯莊公元年（西元前六九三年）的記載：「夫人孫于齊。」夫人，指魯莊公之母文姜。孫，逃遁，此處是避諱，實質上指文姜私奔到齊國。據《公羊傳》載：上一年正月，文姜與魯莊公之父魯桓公一起去齊國歸省，文姜與其兄齊襄公私通。魯桓公責備文姜，文姜就向齊襄公密告魯桓公，說是魯桓公認為姬同（即魯莊公）不是自己的兒子，而是齊襄公的兒子。齊襄公聽了大怒，就約請魯桓公飲酒，在魯桓公酒醉後，命公子彭生送他上車，趁機殺之。文姜從此便留在齊國，不再返回魯國。魯莊公即位以後，懷念自己的母親，在準備練祭時打算迎接母親回國，主持祭事，但文姜仍然留在齊國沒有回來。《公羊傳》對此事評論曰：「念母者，所善也，則曷為於其念母焉貶？不與念母也。」這是因為文姜參與弒夫的陰謀，所以不讚許魯莊公想念自己的母親。何休《春秋公羊傳解詁》作了進一步闡釋：「念母則忘父，背本之道也。故絕文姜不為不孝，距蒯聵不為不順，脅靈社不為不敬。蓋重本尊統，使尊行於卑，上行於下。」

【語　譯】《春秋》在行文用辭上十分慎重，凡是涉及名分和人倫的等級區別的地方都是十分嚴謹的。所以對於小夷與中原各國交戰只能說「伐」而不能說「戰」，大夷與中原各國交戰只能說「戰」而不能說「獲」，中原各國之間交戰時俘獲君主只能說「獲」而不能說「執」，在行文上各有其相應的用辭。又，小夷要迴避大夷不能叫作「戰」，大夷要迴避中原各國而不能叫作「獲」，中原各國要迴避周天子而不能叫作「執」，名分人倫上的差別不能同意隨便稱呼，以致造成相互之間臣屬關係的混亂。所以大小各不能逾越自己的等級，貴賤要與其在人倫中的地位相稱，這才是正確的道理。

大雩是什麼？是旱災時求雨的祭祀儀式。詰難者說：「大旱時所舉行的雩祭，要請求上天降雨。逢到大水時卻要擂鼓而責備社神。無論是大旱還是大水，都是天地的作為，由陰陽二氣的位置變化所造成的。那麼，為什麼有的要用請求的方式，有的卻用責備的方式呢？」回答說：「大旱的發生，是由於陽氣過盛而損滅陰氣。陽氣損滅陰氣，意味著尊上壓倒卑下，從道義上講是理所當然的事，雖然旱災非常嚴重，但對上天只能用拜請的祈求方式，不敢有絲毫觸犯。大水造成的澇災，是由於陰氣過盛而損滅陽氣。陰氣損滅陽氣，是卑下欺壓尊上，日蝕也屬於這種情況，都是處下位者冒犯在上位者，卑賤者損傷尊貴者，違反了禮制的規定，所以擊鼓而責備社神，用紅絲線縈繞在社樹上以脅迫社神，因為社神的行為違反了道義的要求，這也就是《春秋》所體現的不畏強暴的精神。所以把天地之間顛倒的關係改變回正常狀況，把陰陽之間倒置的次序糾正回原來狀態，率直地推行《春秋》的宗旨而不怕任何困難，這才是真正的《春秋》精神。因此，脅迫威嚴的社神不能認作是對神靈的不敬，《春秋》記載周天子被逐出都城不能認為是不尊敬君王，某些情況下拒絕接受父親的命令不能認為是不承奉尊親，某些情況下斷絕與母親及母方親屬的來往不能看作是不遵奉孝道，歸根到底要看這樣做是否合乎道義呢！」

【研　析】劉向在《說苑．辨物》中複述了董仲舒在本章中所表述的內容，而且篇幅進一步擴大，使內容更加豐富與通俗易懂。今節錄如下：

「夫水旱俱天地陰陽所為也。大旱則雩祭而請雨，大水則鳴鼓而劫社，何也？曰：陽者陰之長也，其在鳥則雄為陽，雌為陰；其在獸則牡為陽，牝為陰；其在民則夫為陽，而婦為陰；其在家則父為陽，而子為陰；其在國則君為陽，而臣為陰。故陽貴而陰賤，陽尊而陰卑，天之道也。今大旱者陽氣太盛，以厭於陰。陰厭陽，固陽其填也。惟填厭之太甚，使陰不能起也。亦雩祭拜請而已，無敢加也。至於大水及日蝕者，皆陰氣太甚，而上減陽精。以賤乘貴，以卑陵尊，大逆不義。故鳴鼓而懾之，朱絲縈而劫之。由此觀之，《春秋》乃正天下之位，徵陰陽之失，直責逆者，不避其難，是亦《春秋》之不畏強禦也。故劫嚴社而不為驚靈，出天王而不為不尊上，辭蒯聵之命不為不聽其父，絕文姜之屬而不為不愛其母。其義之盡耶？其義之盡耶？」

從劉向的這一番表述來看，可以知道它充分發揮了董仲舒關於天人感應的理論，用陰陽觀念來溝通天人之際。這種學說，淵源於戰國時期鄒衍創建的陰陽家學派。梁啟超在〈陰陽五行說之來歷〉（載《古史辨》第五冊）中說：「其（指陰陽五行之說）建設之傳播之，宜負罪責者，三人焉。曰鄒衍，曰董仲舒，曰劉向。」梁啟超將這三人視為「建設」、「傳播」陰陽五行「邪說惑世誣民」的三大罪人，恰正從一個側面說明了鄒衍、董仲舒、劉向這三人存在著淵源關係。

董仲舒在構築他的儒學理論體系時，曾經大量地汲取和容納了陰陽五行的思想，借助陰陽五行等理論來構建自己儒家正統思想的框架，同時也反過來改造和完善了陰陽五行的學說。這既是董仲舒對儒家學派的發展和改造，也是兩漢儒學或曰兩漢經學的特徵。其實，陰陽思想早在殷商末期即已出現，甲骨卜辭中有「陽冰」，即為其濫觴。

在儒家典籍中，最早反映陰陽觀念的，當推戰國年代成書的《易傳》，明確提出了「一陰一陽之謂道」、「陰陽之義配日月」(《易經‧繫辭上》)。所以，《莊子‧天下》中指出「《易》以道陰陽」。陰陽五行學說的系統形成並產生政治上的重大影響，當然要以戰國中晚期的鄒衍為其代表人物。鄒衍的原書已經失佚，但其學說的主要內容卻通過《呂氏春秋》與《史記‧孟子荀卿列傳》保存了下來。《呂氏春秋》在「十二紀」中依陰陽的消長來說明上至天地四時季節的轉換，下至神靈的祭祀以及帝王的政令，幾乎無所不包地納入一個完整的體系之中。但是，真正能用陰陽五行學說來改造和發展儒家學說並開創兩漢儒學一代風尚的，當然非董仲舒莫屬。他通過陰陽觀念，把天變所帶來的各種災異與人世間的政治與倫理上的得失，通過對《春秋》的闡述，把二者緊密地結合在一起，所以《漢書‧五行志》認為：「董仲舒治《公羊春秋》，始推陰陽，為儒者宗。」

用今人的眼光來看，作為人類認知的對象，天地屬於自然科學的範疇，政治、倫理屬於人文科學的領域，二者各有其不同的研究對象和方法，不能混同在一起。當然，二者在邊緣地帶會出現重疊之處，如科學史、科學哲學、系統論等。陰陽觀念，就是古人在溝通天人之際方面所作的嘗試。董仲舒之所以試圖建立人們認識世界和自身的共同的認知模式，是為了將上天置於君主之上，在強調君主具有絕對權威的封建專制制度的基礎上，通過天意對君主的權力作某些制約。它的成敗得失姑且勿論，但有一點可以斷定：如果對此忽視，便無法對兩漢的儒學或經學作出準確的理解和解釋。

第二章

難者曰：「《春秋》之法，大夫無遂事。又曰：出境有可以安社稷、利國家者，則專之可也❶。又曰：大夫以君命出，進退在大夫也。又曰：聞喪徐行而不反也❷。夫既曰無遂事矣，又曰專之可也；既曰進退在大夫矣，又曰徐行不反也。若相悖然❸，是何謂也？」曰：「四者各有所處。得其處則皆是也，失其處則皆非也。《春秋》固有常義，又有應變。無遂事者，謂平生安寧也。專之可也者，謂救危除患也。進退在大夫者，謂將率用兵也。徐行不反者，謂不以親害尊，不以私妨公也。此之謂將得其私，知其指❹。故公子結受命往媵陳人之婦于鄄❺，道生事，從齊桓盟，《春秋》弗非，以為救莊公之危❻。公子遂受命使京師，道生事，之晉，《春秋》非之❼，以為是時僖公安寧無危而救。故有危而不專救，謂之不忠。無危而擅生事，是卑君也。故此二臣俱生事，《春秋》有是有非，其義然也。」

【章　旨】本章指出《春秋》有常義與應變的區別，須視具體情況作出抉擇，從而闡明將帥用兵與大夫出使在境外時應當如何行事的準則。

【注　釋】❶春秋之法五句　此處提出了一組二律背反的命題。大夫無遂事，語見《春秋》在魯桓公八年（西元前七○四年）的記載：「祭公來，遂逆王后于紀。」《公羊傳》對此評論曰：「遂者何？生事也。大夫無遂事。」遂，於是。遂事，指引起另一件事。大夫在境外不能由個人專擅處理事務，不能輕易地引起另一件事。生事，指滋生事端。又，《春秋》在魯莊公十九年（西元前六七五年）記載：「秋，公子結媵陳人之婦于鄄，遂及齊侯、宋公盟。」《公羊傳》對此評論曰：「大夫無遂事，此其言遂何？聘禮，大夫受命不受辭。出竟有可以安社稷、利國家者，則專之可也。」

這是指大夫奉命出使訪問別的國家時，不受賓主對答之辭，原因是口頭答覆對方所提出的問題時，言辭沒有定準，容易出差錯。但是，出境時遇到有可以安社稷、利國家的大事，那麼專擅行事也是可以的。公子結送魯國隨嫁之女到衛國，半路上遇到齊、宋二國合謀伐魯，於是公子結擅自行事，矯君命與兩國結盟，使魯國免遭兵燹之禍。詰難者在這裡脫離了具體的歷史背景，孤立地抽象地將它們提了出來，結合成一組二律背反的命題，指責兩者之間互相矛盾，不能同時存在。❷大夫以君命出四句　這也是一組二律背反的命題。「大夫以君命出，進退在大夫也」，事見《春秋》在魯襄公十九年（西元前五五四年）的記載：「晉士匄帥師侵齊，至穀，聞齊侯卒，乃還。」《公羊傳》對此評論曰：「大其不伐喪也。此受命乎君而伐齊，則何大乎其不伐喪？大夫以君命出，進退在大夫也。」何休《春秋公羊傳解詁》：「禮，兵不從中御外，臨事制宜，當敵為師，唯義所在。士匄聞齊侯卒，引師而去，恩動孝子之心，服諸侯之君，其後兵寢數年。」這裡指晉國士匄率師伐齊，聽到齊國國君齊靈公逝世，就率兵回國。《春秋》、《公羊傳》都肯定了他這種不趁敵國辦喪事而去攻伐的做法，認為合乎禮制。至於他奉命出征後不向國君請示而擅自決定退兵返還的做法，《春秋》、《公羊傳》也都作了肯定，因為將在外，君命可以有所不受，這同樣也是合乎古軍禮的。聞喪徐行而不反也，語見《公羊傳》宣公八年：「大夫以君命出，聞喪徐行而不反。」這是指魯宣公八年（西元前六〇一年）魯國公子遂出使到齊國，因為有病而半途返回。《春秋》記載了此事，《公羊傳》認為這是對公子遂的貶責，聞父母之喪尚且不應當返回，何況只不過是有病。何休《春秋公羊傳解詁》對此注釋曰：「聞喪者，聞父母之喪。徐行者，不忍疾行，又為君當使人追代之。」又，《白虎通義・喪服》：「大夫使受命而出，聞父母之喪，非君命不反者，蓋重君也。」同樣是大夫帶兵或出使在外，前者是「進退在大夫」，後者則徐行以俟君命，因此詰難者認為這是自相矛盾，於理不通。❸若相悖然　相悖，互相背離；互相牴觸。❹此之謂將得其私二句　指凡是要以自己的決斷去做的事，必須清楚地弄懂這樣做的後果和意義。❺公子結受命往媵陳人婦于鄄　此事出典見本章注❶。公子結，魯國的大夫，魯莊公的庶弟。媵，指送魯國隨嫁之女到衛國，以與嫁到陳國為嫡夫人的衛女會合同行。陳人之婦，指將嫁到陳國去為嫡夫人的衛女。鄄，衛國地名，在今山東鄄城北舊城。❻道生事四句　此處指公子結在半路上矯君命專擅行事，與齊桓公結盟，解救魯莊公於危困之中。據何休《春秋公羊傳解詁》稱：「先是鄄幽之會，公皆不至。公子結出境，遭齊、宋欲深謀伐魯，故專矯君命而與之盟，除國家之難，全百姓之命，故善而詳錄之。先書地，後書盟者，明出境乃得專之。」救莊公之危，指由於公子結參加了齊、宋之盟，消除了齊、宋二國的伐魯行動。❼公子遂受命使京師四句　事見《春秋》在魯僖公三十年（西元前六三〇年）的記載：「公子遂如京師，遂如晉。」公子遂，魯國的大夫。先是周襄王派太宰周公為使聘於魯。於是，魯僖公派公子遂報聘於京師。但是公子遂沒有去京師，卻矯命往聘於晉。這是魯國大夫在晉文公當上方伯後初次訪晉。《公羊傳》對此事評論曰：「大夫無遂事，此其言遂何？公不得為政爾。」這裡貶責公子遂擅自作主訪晉，意味著魯僖公不得作主，是魯國權力下移的表現，而當時魯與晉之間並不存在影響魯國存亡的劇烈衝突。所以何休《春秋公羊傳解詁》稱：「不從公政令也。時見使如京師，而橫生事，矯君命聘晉，故疾其驕蹇自專。」這是說公子遂不服從魯僖公的政令。魯僖公命他出使到京師去朝見周天子，他卻橫生事端，矯君命去出訪晉國，所以《公羊傳》貶斥他這種驕蹇專橫、擅自行事的傲慢態度。

【語譯】詰難者說：「《春秋》的法則是大夫不得專斷行事。又說：大夫奉國君的使命出境，在境外遇到可以安定社稷、有利國家的事情，那麼矯君命以專斷行事也是允許的。又說：大夫奉君命出境，進退由大夫自己決定。但是又說：聽到父母去世的消息，只能放慢行程以等待國君的下一步調遣而不能擅自返回家中去奔喪。既然說了大夫不可以專斷行事，又說是大夫專斷行事是可以被允許的；既然說了進退由大夫自行決定，又說是聞父母之喪只能放慢繼續前進的行程而不能擅自返程奔喪。這種話好像是自相背離而抵觸的，應該如何去解釋呢？」

答：「上述的四種說法，各自有自己的具體背景。結合它原來的背景來看，都是正確的；脫離它原來的背景來看，就都是錯誤的。《春秋》固然有常規的處事準則，同時也有處理變故的處事準則。不准大夫專斷行事，指的是平時安定無事的情況下處理日常事務的準則。允許大夫矯君命專斷行事，指的是面臨情況緊迫時如何使國家和君主擺脫危難、消除大禍的處事準則。進退由大夫自己決定，說的是將帥統率軍隊在外作戰，所謂『將在外，君命有所不受』。聽到父母之喪仍然慢慢地向前繼續行進，指的是不以親情來影響對君主使命的執行，不因為個人的私事去妨害國家的公務。這就是說個人要以自己的決斷去獨立行事，必須清楚地弄懂這樣做的後果和意義。公子結奉魯莊公之命，送隨從嫁到陳國作嫡夫人的衛國女子作媵妾陪嫁，到了鄄這個地方，中途發現齊、宋二國合謀伐魯的重大情況，就與齊桓公相會結盟，

《春秋》並沒有非難公子結這種擅自專斷行事的決定，因為他這樣做的結果拯救魯莊公避免了戰禍的危難。公子遂奉魯僖公之命，出使京師去朝見周天子，但他中途卻自作主張地轉而出使到晉國去了，這件事受到了《春秋》的責難，因為當時魯僖公平安無事，並沒有處於危難之中而需要公子遂採取這樣的措施去拯救。所以當社稷與國君遭遇危難而大夫不能果斷地採取措施以挽救局面，那就叫作不忠。社稷與國君沒有遭遇危難，大夫卻獨斷專行，擅自生事，這是輕視君主的行為。因此公子結和公子遂這兩位大臣都是出使在國外半途中擅自行事，《春秋》對這兩個分別採取了褒揚和貶責的不同態度，道理就正是如此。」

【研　析】本章主旨在於根據《春秋》大義以闡明將帥用兵與大夫出使在境外時應當如何行事的準則。劉向在《說苑・奉使》有一段與此類似的論述，今錄於下：

「《春秋》之辭，有相反者四：既曰大夫無遂事，不得擅生事矣，又曰出境可以安社稷、利國家者，則專之可也。既曰大夫以君命出，進退在大夫矣，又曰以君命出，聞喪徐行而不反者何也？曰：此四者各止其科，不轉移也。不得擅生事者，謂平生常經也。專之可者，謂救危除患也。進退大夫者，謂將帥用兵也。徐行而不反者，謂出使道聞君親之喪也。公子結擅生事，《春秋》不非，以為救莊公危也。公子遂擅生事，《春秋》譏之，以為僖公無危事也。故君有危而不專救，是不忠也；君無危而擅生事，是不臣也。《傳》曰：『《詩》無通故，《易》無通吉，《春秋》無通義。』此之謂也。」

劉向的議論與董仲舒如此相似，絕不是偶然的現象，更不能簡單地歸之於劉向對董仲舒的剽竊與抄襲。西漢時，以《春秋》斷事、治獄是當時的風尚。朝廷上出現爭論、難定是非時，大家以引用《春秋》對此類事件的看法來作為自己的論據。這也是好言微言大義的《公羊》學在當時得以盛行的原因。司馬遷在《史記・太史公自序》強調「《春秋》辨是非，故長於治人」，又說「《春秋》上明三王之道，下辨人事之紀，別嫌疑明是非，定猶豫善善惡惡，賢賢賤不肖」，說的都是同一個道理。據《漢書・終軍傳》載：

漢武帝時，博士徐偃受命到漢帝國境內的各諸侯國視察。徐偃矯制同意遼東與魯兩諸侯國可以煮鹽冶鐵。徐偃返朝後，御史大夫張湯奏劾徐偃矯制，違犯王法，理應處死。徐偃辯解說：《春秋》之義，大夫出疆，有可以安社稷、利百姓的事，允許獨斷專行。張湯要對他繩之以法，但在道理上說服不了他。漢武帝下詔命終軍來審理此案。終軍詰問徐偃說：「古代各諸侯國風俗不同，相隔百里就音信不通，所以經常有聘會之事，安危之勢常在呼吸之間發生變化，因此可以由出使在外的大夫獨斷專行，擅自行事。如今天下統一，萬里同風。《春秋》認為『王者無外』，因為溥天之下，莫非王土。今天你徐偃巡行在漢朝疆域的範圍之內，怎麼能說是出疆呢？況且鹽、鐵在各郡國都有積存，並不短缺。遼東、魯這兩國不生產鹽、鐵，對國家並沒有什麼影響，怎麼能以安社稷、利百姓為藉口來下令當地鼓鑄鹽鐵呢？」徐偃辭窮，只得服罪。又如《漢書・馮奉世傳》載：馮奉世奉命出使西域期間，見莎車國勾結匈奴，殺掉了漢朝使者，煽動西域各國反叛漢朝，於是就以符節諭告西域各國國王，調集了一萬五千人，攻下了莎車國，莎車王自殺，首級被傳送長安，威振西域，各國莫不懾服。漢宣帝非常高興，下詔議封奉世。朝廷上出現了兩派意見。丞相、將軍認為《春秋》之義，大夫出疆有可以安國家者允許專斷行事，馮奉世功勞凸出，應當封侯。少府蕭望之則持不同看法，認為馮奉世擅自矯制發西域各國兵攻滅莎車，雖有功勞，不足為後世法，此風斷不可長。雙方爭論時，都引本章所述《春秋》之義以為論據，各執一端，互不相下。漢宣帝同意了蕭望之的意見，雖然封馮奉世為光祿大夫、水衡都尉，卻始終沒有封他為侯。由此可見，本章所闡述的《春秋》大義，在漢代風行一時，朝廷上發生爭端時，雙方都據此以判定是非，作為斷案的根據。

本章還提出了審處的觀念，指出人們在處理各種問題時，既應依照常規準則和程序來處理，又應考慮到在緊急情況下採取應變措施的變例。二者之間的選擇如何才能得當，得根據當時的環境和條件，對具體情況作出具體分析。但是，有一點是確定不變的，那就是必須考慮當事人內心的出發點，究竟是出於公心還是出於私心？是從考慮國家或民族的利益出發還是將個人的得失放在首位？更不能憑藉自己手中所掌握的權力去尋租，謀求個人的一己私利，並用常規或變例作藉口來掩飾內心的卑劣活動。

寫到這裡，正好讀到《新民晚報》上的一段新聞：上海吳涇有一家棉花倉庫，當火災發生時，有三個值班人員在場，卻無一人肯負責打一一九火警電話報警；一味互相推諉，層層請示，結果耽誤了二十四分鐘，以致大火成災，足足燒了三十五小時，經過五百多名消防警的全力搶救，方始將火撲滅。這對本章中所說的「有危而不專救，謂之不忠」，是一種觸目驚心的說明。可見董仲舒論述《春秋》要旨的某些精神，至今仍可借鑒，尚未過時。

第三章

齊桓仗賢相之能，用大國之資❶，即位五年，不能致一諸侯❷。於柯之盟，見其大信❸，一年而近國之君畢至。鄄、幽之會是也❹。其後二十年之間亦久矣，尚未能大合諸侯也。至於救邢、衛之事，見存亡繼絕之義❺，而明年遠國之君畢至。貫澤、陽穀之會是也❻。故曰親近者不以言，召遠者不以使❼，此其效也。其後矜功，振而自足，而不修德，故楚人滅弦而志弗憂❽，江、黃伐陳而不往救❾。損人之國而執其大夫，不救陳之患而責陳不離❿，不復安鄭而必欲迫之以兵⓫，功未良成而志已滿矣。故曰：管仲之器小哉⓬！此之謂也。自是日衰，九國叛矣⓭。

【章旨】本章對齊桓公、管仲作評價與分析，指出管仲輔齊桓公重信守諾，存亡繼絕，終成霸業，遠近諸國畢至；但其後矜功而驕，盛氣凌人而不修德，自是日衰，九國叛離。

【注釋】❶齊桓仗賢相之能二句　齊桓，指齊桓公小白，春秋時期的第一個霸主。賢相，指管仲、鮑叔、隰朋、高傒等。用大國之資，齊在春秋時為大國，國勢強盛。❷即位五年二句　齊桓公即位於魯莊公九年（西元前六八五年），至魯莊公十三年（西元前六八一年），共五年時間，連召致一個諸侯與盟也不能夠做到。齊桓公即位後，與魯國的關係特別緊張。這是因為魯莊公曾支持公子糾入齊國與齊桓公爭奪君位，以後齊國曾迫使魯國殺公子糾，交出管仲。次年（西元前六八四年），齊、魯二國在長勺（魯國地名，今山東萊蕪東北）交戰，魯國以弱勝強，大敗齊軍。長勺之戰以後，直至魯莊公十三年以前，魯國的國勢強於齊國。魯莊公十三年春，齊桓公在北杏（齊國地名，今山東東阿縣境）召集宋、陳、蔡、邾婁等國舉行盟會，想在會上約束各國諸侯尊天子，平宋亂，是一項企圖充當霸主的嘗試。但各國諸侯不買他的賬，只派遣微者（地位低微的人）赴會，使齊桓公臉上無光。當年冬天，齊軍打敗魯軍，齊國才開始在各國間逐漸享有聲威。❸於柯之盟二句　事見《春秋》魯莊公十三年（西元前六八一年）的記載：「冬，公會齊侯，盟于柯。」那一年，齊、魯之間發生戰爭，魯國戰敗，魯莊公表示願割讓遂邑（今山東肥城南）以求和，於是二國在柯（齊國地名，今山東東阿西南）地會盟。當時，魯將曹沬以匕首劫持齊桓公，威脅桓公歸還戰爭中所侵佔的魯國土地。齊桓公被迫答應，事後信守諾言，歸還所侵占的魯國土地，以此取信於諸侯。參見〈楚莊王〉篇第二章注❹。❹一年而近國之君畢至二句　此處指齊桓公由於在柯之盟中重諾守信，一年之內而附近各國諸侯都來參加盟會。鄄，衛國地名，在今山東鄄城北舊城。鄄邑之會的時間為魯莊公十四年（西元前六八〇年）冬至次年春，由齊桓公主盟，與會者有宋桓公、衛惠公、鄭厲公和魯國的大夫單伯。幽，宋國地名，今河南蘭考境內。幽邑之會的時間為魯莊公十六年（西元前六七八年）冬十二月，由齊桓公主盟，與盟者有宋桓公、陳宣公、衛惠公、鄭厲公、許穆公、滑伯、滕子，但魯國沒有參加。這兩次會盟與北杏之會大不相同，參加盟會的是各國諸侯。❺至於救邢衛之事二句　邢，國名，姬姓，侯爵，周公之子始封於此。先是狄人伐邢，齊桓公在管仲的建議下，在魯閔公元年（西元前六六一年）發兵救邢，因此在《春秋》上被作為善舉而記載下來。但是，邢還是被狄滅掉了。魯僖公元年（西元前六五九年）六月，齊桓公把被狄逐出故土的邢國安置在陳儀（今山東聊城西），並為其營建新的都城。衛，國名，姬姓，周武王同母少弟康叔始封於此，以治理殷之遺民，建都朝歌（今河南淇縣）。魯閔公二年（西元前六六〇年），狄人攻入衛國，殺死衛懿公，滅掉衛國。齊桓公率諸侯兵伐狄，至魯僖公二年（西元前六五八年），齊桓公將衛人遷至楚丘（今河南滑縣東），並為衛國修建新的都城。董仲舒認為齊桓公救邢、衛，存亡繼絕，是有道的國君，不愧為春秋的第一個霸主。❻明年遠國之君畢至二句　貫澤，宋國地名，在今山東曹縣南。《春秋》在魯僖公二年（西元前六五八年）記載：「秋九月，齊侯、宋公、江人、黃人盟于貫澤。」《公羊傳》對此事評論曰：「江人、黃人者何？遠國之辭也。遠國至矣，則中國曷為獨言齊、宋至爾？大國言齊、宋，遠國言江、黃，則以其餘為莫敢不至也。」江是嬴姓小國，在今河南正陽西南。黃也是嬴姓小國，在今河南潢川西。江、黃二國原來都是楚國的與國，在這次盟會上開始歸服齊國。故貫澤之會是齊桓公大合諸侯的標誌。次年秋，齊桓公在陽穀舉行盟會。陽穀，齊國地名，今山東陽穀縣北部。據《春秋》在魯僖公三年（西元前六五七年）記載：「齊侯、宋公、江人、黃人會于陽穀。」《公羊傳》評論此次盟會曰：「此大會也。」既然是大會，當然不會只是區區四國與會。孔廣森《春秋公羊通義》對此作了闡釋：「貫澤、陽穀，遠國悉至，桓公之會最盛。欲偏錄之，則《春秋》例不錄微國，故置江、黃極遠者包之而已。其中國常會之君亦不書……故亦舉齊、宋以包之。」關於陽穀之會的內容，《公羊傳》說是齊桓公在會上向各諸侯申明：「無障谷，無貯粟，無易樹子，無以妾為妻。」用今天的話來說，就是不要在本國境內築壩攔截下游各國的水源；不要囤積糧食，應當與別國互通有無；不要改立應該樹立的世子，即不要改變「立嫡以長，立子以貴」的原則，不要讓妾成為妻。《穀梁傳》說：「陽穀之會，桓公委端搢笏而朝諸侯，諸侯皆諭乎桓公之志。」《左傳》則認為「會于陽穀，謀伐楚也」。總之，在這兩次盟會上，齊桓公的威望達到了頂峰。❼親近者不以言二句　指使鄰近國家來親附用不到依靠動聽的語言，要招致遠方國家來歸附用不到派遣使者去遊說。❽楚人滅弦而志弗憂　事見《春秋》在魯僖公五年（西元前六五五年）的記載：「楚人滅弦，弦子奔黃。」弦，國名，姬姓小國，地在今河南光山縣西北息縣界。當時齊桓公剛與楚國達成召陵之盟，順勢又討伐了陳國，正是志高氣昂、不可一世之時，所以他對楚國滅弦以擴張其勢力的舉動並不放在心上，所以董仲舒說是「志弗憂」。❾江黃伐陳而不往救　事見《春秋》在魯僖公四年（西元前六五六年）的記載：「秋，及江人、黃人伐陳。」其實，這一次魯國與江國人、黃國人伐陳，本身就是受齊國的幕後指使而進行的，齊國當然不會前往援救。杜預注《左傳》中指出：「受齊命，討陳之罪，而以與謀為文者。時齊不行，使魯為主。」「與謀為文」指魯國與江國、黃國在事先一起商量過的。❿損人之國而執其大夫二句　離，盧文弨認為《四庫全書》本有誤，應作「納」字。損人之國而執其大夫，國，指陳國。大夫，指陳國大夫袁濤塗（媯姓，氏袁，字宣仲）。事見《春秋》在魯僖公四年（西元前六五六年）的記載：「齊人執袁濤塗。」齊桓公為何要將陳國大夫袁濤塗抓起來呢？此事背景據《左傳》載：魯僖公三年（西元前六五七年），齊桓公與夫人蔡姬在園囿中乘舟遊玩。蔡姬諳熟水性，故意搖晃船嚇唬齊桓公。齊桓公嚇得臉色都變了，禁止蔡姬這樣做，蔡姬不聽。齊桓公發怒，上岸後將蔡姬送歸蔡國，但是並沒有斷絕夫妻關係。誰知蔡穆侯很不高興，將她改嫁到別國去了。於是，次年夏天，齊桓公率領魯、宋、陳、衛、鄭、許、曹各國聯軍討伐蔡國，蔡軍崩潰。齊桓公趁機伐楚，理由是楚對周王室不敬，沒有交納應當進貢的成捆茅草。楚成王派大夫屈完與齊桓公率領的聯軍交涉，最後齊、楚間達成召陵之盟，聯軍以表面上的勝利凱旋而歸。齊軍回師時，陳國大夫袁濤塗與鄭國大夫申侯商議，認為齊軍回師時要經過鄭國和陳國，軍隊過境時地方上會因供給軍需而困乏，建議不如讓齊軍沿海濱向東方走，可以向東夷炫耀兵力，又可使鄭、陳二國免遭蹂躪。申侯同意了他的看法。袁濤塗就去向齊桓公提出，齊桓公同意了他的建議。這時，申侯卻反過頭來對齊桓公說：「軍隊在外日久，已很疲敝了，如果往東走遇見敵人，恐怕軍隊不能打硬仗。如果取道陳國、鄭國之間，兩國可以供給軍糧、軍鞋。」齊桓公聽了很高興，就賞賜給他虎牢之地，而把袁濤塗抓了起來。當年秋天，齊國指使魯國出面，與江、黃二國一起伐陳，聲討陳國不忠於盟主齊國。到了冬十二月，又由魯國大夫公孫慈率兵會合齊、宋、衛、鄭、許、曹等國的軍隊侵入陳國。這兩次戰爭，以陳國屈服求和而告終，齊國到這時才放袁濤塗歸還陳國。《公羊傳》評論此事曰：「濤塗之罪何？辟軍之道也。其辟軍之道奈何？濤塗謂桓公曰：『君既服南夷矣，何不還師濱海而東，服東夷且歸？』桓公曰：『諾。』於是還師濱海而東，大陷入沛澤之中。顧而執濤塗」；「古者周公東征則西國怨，西征則東國怨；桓公假途于陳而伐楚，則陳人不欲其反由己者，師不正故也，不脩其師而執濤塗，古人之討則不然也。」《公羊傳》的說法與《左傳》略有不同，指出齊桓公是由於聽了袁濤塗的話以致軍隊陷入沼澤之中，才把袁濤塗抓起來。但是，《公羊傳》認為齊軍紀律不好，大軍過境擾民，所以陳國不願接納它再次進入陳國。齊桓公不整頓軍隊的紀律而將袁濤塗抓了起來，不是高明的做法。⓫不復安鄭而必欲迫之以兵指齊桓公打敗鄭國以後，不作安撫卻反而出兵去逼迫鄭國。原因是齊國與楚國達成召陵之盟後，軍隊返還時，陳國大夫袁濤塗與鄭國大夫申侯一起商議，為了使陳國和鄭國免受軍隊過境的騷擾，建議齊國軍隊沿海濱東返。後來申侯出爾反爾，在齊桓公面前指出袁濤塗建議的失誤，受齊桓公賞賜而袁濤塗被抓了起來，齊國還因此而兩次討伐陳國。袁濤塗被齊國拘押時，招供並反誣鄭國的申侯，導致齊國伐鄭。齊桓公伐鄭前後有二次。第一次在魯僖公六年（西元前六五四年），由齊國會合魯國、宋國、陳國、衛國、曹國伐鄭，圍新城（鄭國地名，今河南密縣）。當年秋天，楚國為了救鄭而伐許。於是，諸侯聯軍只得先去救援許國。第二次在次年春天，齊國再次討伐鄭國。鄭國被迫殺死大夫申侯以討好齊國。⑫管仲之器小哉　語見《論語・八佾》：「子曰：『管仲之器小哉！』」器，器量。此處指齊桓公伐陳、伐鄭，違背了《春秋》倡導的「諸侯不得專討」的宗旨。同時，召陵之盟後，楚國的威脅依然存在，而齊桓公對此缺乏警惕，管仲也沒有對他及時提醒和補正。⑬自是日衰二句　事見《春秋》在魯僖公九年（西元前六五一年）九月的記載：「諸侯盟于葵丘。」《公羊傳》評論此事曰：「桓之盟不日，此何以日？危之也。何危爾？貫澤之會，桓公有憂中國之心，不召而至者，江人、黃人也。葵丘之會，桓公震而矜之，叛者九國。震之者何？猶曰振振然。矜之者何？猶曰莫若我也。」這是指齊桓公在葵丘之會時，盛氣淩人，老子天下第一，以致有九個諸侯國叛會而不參加結盟。九國是哪些國家？孔廣森《春秋公羊通義》稱：「九國未聞，蓋微國若江、黃、道、柏之屬。左氏稱晉侯如會，遇宰周公而歸，亦叛者之一也。」於此可見，叛而不盟的固然以小國居多，但也包括了晉國這樣的大國。

【語　譯】齊桓公憑仗賢相的才能，又擁有大國的實力，即位五年之久，仍舊沒有一個諸侯國歸順他。他在柯地與魯莊公會盟以後，恪守信諾，重視信譽，只有一年的時間，鄰近國家的國君就都親附齊國了。他在鄄邑與宋、鄭、衛等國會盟，不久又在幽邑與宋、陳、衛、鄭、許、滑、滕等國盟會。這兩次盟會以後，在長達二十年的時間內，齊桓公仍舊不能廣泛地召集天下諸侯來舉行盟會。一直到他討伐狄人，救援邢國和衛國，表現了他能使被滅亡的國家得以重新恢復存在、遭絕嗣的君主得以繼續流傳，到了第二年，齊桓公再次舉行盟會時，遠方國家的君主也都來參加了。例如貫澤之會，近處如宋國，遠處如江、黃等原來依附楚國的小國都來參加了。次年的陽穀之會，情況也是如此。所以說，使鄰近國家來親附用不到依靠動聽的語言，招致遠方國家表歸順用不到派遣使臣去遊說，齊桓公稱霸諸侯的事就是證明。但是此後齊桓公誇耀自己的功績天下無雙，盛氣淩人，志得意滿，不再修養自己的德行。所以當楚國滅掉弦國而擴張其勢力範圍時，他的內心並不為此擔憂。江、黃等國攻伐陳國，齊國也不去援救。齊伐楚時軍隊經過陳、鄭兩國，由於軍紀不肅擾民而損害了過境之國的利益，返程時陳國大夫袁濤塗建議別取他道而被齊桓公抓了起來。他不去解除陳國的憂慮而指使魯與江、黃等國討伐陳國去責備它不接納齊軍借道過境之罪。他不僅不去安撫鄭國，卻反而出兵脅迫鄭國殺了當時曾經參與提出另取他道之議的大夫申侯。功業還沒有完全成就，但齊桓公已經志得意滿，處處盛氣凌人。所以說：「管仲的器量真小啊！」指的就是這個意思。從此以後，齊國逐步走向衰落。到了葵丘之會時，有九個諸侯背叛齊國而不參加會盟了。

【研　析】董仲舒在本章中對齊桓公和管仲作出了自己的評價。他肯定齊桓公功業中的兩件事：一是「柯之盟，見其大信」；二是「救邢、衛之事，見存亡繼絕之義」。這是以倫理而不是以功利為價值取向。他並不看重齊桓公南征北討的赫赫武功，所以對齊楚的召陵之盟不置一詞；而對齊桓公支持江、黃等國伐陳和齊桓公伐鄭，則抱批評和責難的態度，因為這樣做違背了「諸侯不能專討」的原則。

如何評價齊桓公與管仲？早從孔子就已開始提出，並不自董仲舒始。《論語・憲問》中記載著孔子對齊桓公、管仲的三次論述。第一次：「子曰：『晉文公譎而不正，齊桓公正而不譎。』」同樣是霸主，孔子認為齊桓公要比晉文公高明。第二次：「子路曰：『桓公殺公子糾，召忽死之，管仲不死。』曰：『未仁乎？』子曰：『桓公九合諸侯，不以兵車，管仲之力也。如其仁，如其仁。』」召忽與管仲原來都是公子糾的臣子，齊桓公殺了公子糾，召忽自殺，管仲不死，所以子路懷疑管仲不仁，但孔子指出齊桓公九合諸侯，出於管仲之力，這就是仁。第三次：「子貢曰：『管仲非仁者與？桓公殺公子糾，不能死，又相之。』子曰：『管仲相桓公，霸諸侯，一匡天下，民到於今受其賜。微管仲，吾其被髮左衽矣。』」子貢在這裡也提出了子路提過的問題。齊桓公殺了公子糾，管仲不僅不以身殉難，反而去當齊桓公的宰相，所以子貢懷疑他不是仁者。但是，孔子認為管仲輔助齊桓公，稱霸諸侯，統一和匡正了天下，老百姓至今還受到他的好處。沒有管仲，恐怕要披頭散髮穿左開襟的衣服了。這也就是說，沒有管仲，中國文化滅亡，要淪為落後的少數民族那樣地生活了。

孔子以「正」許齊桓公，以「仁」許管仲，這是著眼於他們所建立的功業。至於在個人品德方面，孔子對管仲並不以為然，而是直斥「管仲之器小哉」（《論語・八佾》）。〈八佾〉篇中還有這樣的記載：有人問：「管仲儉乎？」孔子說：「管仲收取大量的租稅，專職人員很多，怎麼能算是儉？」又問：「然則管仲知禮乎？」孔子說：「國君興建宮殿照壁，管仲也興建照壁。國君招待別國國君時，有安放酒杯的器皿，管仲也有。管仲如果知禮，還有誰不知禮呢？」

孔子批評管仲不節儉，不知「禮」，但稱許管仲「仁」，將造福於民的功業大德看得比某些行為細節和個人小德為重。清初學者顧炎武曾指出：「君臣之分，所繫者在一身。華夷之防，所繫者在天下。故夫子之於管仲，略其不死子糾之罪，而取其一匡九合之功，蓋權衡於大小之間，而以天下為心也。」（《日知錄》卷七〈管仲不死子糾〉）

但是，儒家學派中有人並不同意孔子的這一論斷。起源於曾參的思孟（子思與孟軻）學派重視「內聖」之學，就對此不以為然。齊宣王問孟子：「齊桓、晉文之事，可得聞乎？」孟子對曰：「仲尼之徒，無道桓文之事者，是以後世無傳焉。臣未之聞也。」（《孟子・梁惠王上》）在這裡，孟子將齊桓、晉文的霸業一筆抹煞，說是從來沒有聽說過。至於曾參，則以他人將自己與管仲作比較而感到恥辱（《孟子・公孫丑上》）。

漢代《公羊》學重視事功，強調治國之道，與思孟學派重視內省修養不同，走的是一條重視「外王」的路線。董仲舒作為漢代《公羊》學的代表人物，對齊桓公、管仲的功業作了充分的肯定，並不拘泥於他們在個人品德上的缺陷。當然，董仲舒對這兩人同樣有褒有貶，但褒的是這兩人重信守諾，所以近國親附；又能尊王攘夷，存亡繼絕，終於遠國畢至，成就霸業，但後來志得意滿，盛氣凌人，行事驕橫，以致從葵丘之會開始，「自是日衰，九國叛矣」。他通過本章的論述，強調君主和大臣都不可恃功而驕，而是應當兢兢業業，善始善終，以天下為重。

據《漢書・董仲舒傳》記載：董仲舒在向漢武帝上〈賢良對策〉即「天人三策」以後，被任命為江都易王劉非的國相。劉非是漢武帝之兄，性情驕橫，好以勇力自負。他對董仲舒說：「桓公決疑於管仲，寡人決疑於君。」他以齊桓公自居，將董仲舒比作管仲。董仲舒回答說：「夫仁人者，正其誼不謀其利，明其道不計其功。是以仲尼之門，五尺之童羞稱五伯，為其先詐力而後仁誼也。苟為詐而已，故不足稱於大君子之門也。」

董仲舒在這裡所說的，似乎與孟子所說的同一個調子。其實不然。知人必須論世。董仲舒所處的時代，正是漢朝天子與諸侯王矛盾尖銳的時期，漢景帝時的吳楚七國之亂即是明證。漢武帝時，餘波未息。天子與朝廷對各諸侯王固然疑忌甚深，諸侯王也並不都是省油的燈，動輒找藉口殺害朝廷派到郡國而負有監視之責的國相。董仲舒兩次為諸侯王的國相，江都易王與膠西王都是性情暴戾、睚眥殺人的驕橫主子。董仲舒對江都易王與膠西王的垂詢，只講仁義，絕口不提霸術。這是他處於兩難境地之中唯一的自保之術。只要一談霸術，便會跌進陷阱之中而不能自拔，不是招致朝廷深忌而受戮，便是慘遭驕王毒手而送命。董仲舒所以能歷事江都、膠西兩位性情暴虐的諸侯王，最後仍能全身而退，絕非偶然。這可以說是理解董仲舒對齊桓公、管仲的評價之所以會在不同場合出現不同說法的一把鑰匙。

關於齊桓公、管仲與江、黃這兩個小國的關係，劉向在《新苑・善謀》有一段論述，側重點放在管仲的身上，可與本章參照閱讀。今錄於下：

「齊桓公時，江國、黃國小國也，在江淮之間，近楚。楚，大國也。數侵伐，欲滅取之，江人、黃人患楚。齊桓公方存亡繼絕，救危扶傾，尊周室，攘夷狄，為陽穀之會，貫澤之盟，與諸侯將伐楚。江人、黃人慕桓公之義，來會盟於貫澤。管仲曰：『江、黃遠齊而近楚，楚為利之國也。若伐而不能救，無以宗諸侯，不可受也。』桓公不聽，遂與之盟。管仲死，楚人伐江滅黃，桓公不能救，君子閔之。是後桓公信壞德衰，諸侯不附，遂陵遲不能復興。夫仁智之謀，即事有漸，力所不能救，未可以受其質。桓公受之，過也。管仲可謂善謀矣！」

第四章

《春秋》之聽獄也，必本其事而原其志❶。志邪者不待成❷，首惡者罪特重❸，本直者其論輕❹。是故逢丑父當斮❺，而轅濤塗不宜執❻；魯季子追慶父❼，而吳季子釋闔廬❽。此四者罪同異論，其本殊也。俱欺三軍，或死或不死。俱弒君，或誅或不誅。聽訟折獄，可無審邪？故折獄而是也，理益明，教益行。折獄而非也，闇理迷眾，與教相妨❾。教，政之本也。獄，政之末也。其事異域，其用一也，不可不以相順，故君子重之也。

【章　旨】本章闡述《春秋》聽獄，必本其事而原其志，對不同情況作出不同處理。同時，強調治獄與教化一致，兩者相輔相成。

【注　釋】❶春秋之聽獄也二句　漢代重視以《春秋》之義斷獄，強調聽理案情時要弄清楚事情的始末，追溯當事人犯案的主觀動機。漢宣帝時于定國當上廷尉後，「親迎師學《春秋》，身執經，北面備弟子禮」（《漢書・于定國傳》），從這裡可知漢代的風氣和時尚。據《漢書・薛宣傳》載：漢哀帝時，博士申咸屢次攻擊高陽侯薛宣不奉養後母、不服喪，過去曾被罷掉丞相之職，不配身居列侯，應該革除爵位，薛宣的兒子薛況聽了很生氣，就指使楊明在宮門外砍傷申咸的面目。此事廷議時，御史中丞等人提出：「《春秋》之義，意惡功遂，不免於誅。」薛況是首惡，楊明是動手者，都應處以棄市（殺頭）之罪。廷尉認為：毆鬥以刃傷人，處以城旦之刑（輸邊築長城四年）。此事與百姓間爭鬥沒有兩樣，殺人者死，傷人者刑。《春秋》之義，原心定罪。薛況由於父受謗而忿怒，沒有別的大惡，薛況、楊明應當減定為城旦之刑。丞相孔光、大司空師丹同意御史中丞的意見，將軍以下至博士支持廷尉的看法。最後定案是薛況罪減一等，流放敦煌，薛宣免為庶人，歸故郡，卒於家。從這件案子的審理和爭議的過程中，雙方都以《春秋》為審案的根據。

本其事，指審理時要針對案件本身的事實，廷尉一方定為鬥毆傷人，而御史中丞一方認為薛況、楊明傷朝臣於宮門外，應當以「大不敬」論罪。原其志，指當事人犯案的動機。在此案中，廷尉認為薛況因為父受謗而忿怒，沒有其他大惡；而御史中丞一方認為申咸所攻擊的是眾所周知的事實，因此而傷人是杜塞論議之端，不准別人講話，論罪當誅。最後是廷尉一方的意見占了上風。❷志邪者不待成　指當事人只有犯案的動機但還沒有構成犯案的事實，照樣可以定罪。這就是所謂思想罪。例如，只要有不同意朝廷行事的議論，即今之所謂不同政見，即可被認作是謀叛。漢武帝時，大司農顏異不同意漢武帝造白鹿皮幣的政策。當時有人以他事舉告顏異，由張湯來審理這件案子。顏異與客人言談，當客人說到詔令頒布有人感到不便，顏異沒有回答，只是嘴唇稍微動了一下，張湯就向漢武帝稟奏，顏異身為九卿，見詔令有不便之處不進奏皇帝而腹非（肚裡反對），應當處以死刑。從此，漢代又重新有了「腹非」之法，公卿大夫多方諂媚奉承皇上以求保自身的安全（《漢書·食貨志》）。這種所謂腹非之罪，就是志邪者不待其成而定其罪的案例。❸首惡者罪特重　指在共同犯罪中，要區分主次，對首惡者要從重處罰。《春秋》在魯僖公二年（西元前六五八年）記載：「虞師、晉師滅夏陽。」《公羊傳》對此評論曰：「虞，微國也，曷為序乎大國之上？使虞首惡也。曷為使虞首惡？虞受賂，假滅國者道以取亡焉。」夏陽，虢國都邑。這裡說的是唇亡齒寒、假虞滅虢的典故。晉獻公想滅掉虞、虢二小國，又怕二國唇齒相依互相援救，就聽從荀息之計，送名馬白璧給虞公，要求假道滅虢。虞國大夫宮之奇以唇亡齒寒之理勸虞公不要答應，但虞公貪得寶物，不聽。晉國假道滅虢後，不久又滅掉了虞國，收回了名馬與白璧。《公羊傳》認為虞公貪財，受晉國賄賂而借道滅虢，應是首惡，所以雖然虞是小國，但《春秋》在記載滅虢時將它列在晉國之前，凸出它是首惡。漢代多以此為例以斷獄。據《漢書·孫寶傳》載：孫寶為益州刺史時，廣漢太守扈商軟弱不稱職，境內盜匪橫行。孫寶到職後，親自進入山谷，諭告群盜，渠率皆得悔過自出，遣歸田里。然後，孫寶向朝廷自劾矯制，奏扈商為亂首，強調《春秋》之義，誅首惡而已。扈商奏孫寶縱放群盜，其中有渠率，理應坐罪。結果是扈商下獄，孫寶免職。渠率是群盜中的為首者，屬於首惡，理應處死。孫寶將這些人也放掉了，所以被罷了官。這也是漢代雙方都根據《春秋》之義以相互攻訐的典型案例。後世，《唐律》的〈名例律〉對首從即區分甚嚴，如規定：「諸共犯罪者，以造意為首，隨從者減一等。若家人共犯，止坐尊長。」這裡的「以造意為首」，就體現了《春秋》的「原其志」之意。❹本直者其論輕　指對動機正直者應當從輕論處。《鹽鐵論·刑德》：「法者緣人情而制，非設罪以陷人也。故《春秋》之治獄，論心定罪，志善而違於法者免，志惡而合於法者誅。」如《太平御覽》卷六百四十載：「董仲舒斷獄曰：『甲父乙與丙爭言相鬬，丙以佩刀刺乙，甲即以杖擊丙，誤傷乙，甲當何論？』或曰：『毆父也，當梟首。』論曰：『臣愚以父子至親也，聞其鬬，莫不有怵惕之心。挾杖而救之，非所以欲毆父也。《春秋》之義，許止父病，進藥於其父而卒。君子原心，赦而不誅。甲非律所謂毆父，不當坐。』」《唐律》的〈名例律〉中規定：「若同職有私，連坐之官不知情者，以失論。」「諸公事失錯，自覺舉者，原其罪。」這同樣是依《春秋》之義而論心定罪的體現。❺是故逢丑父當斮　逢丑父是齊頃公的車右，他的面貌與衣服都與齊頃公很相像。鞌之戰中，晉軍勝齊軍，逢丑父頂替齊頃公為晉軍所俘，齊頃公趁機逃脫。晉軍主帥郤　克認為逢丑父欺騙晉國的三軍，按軍法斬了他。董仲舒在本書〈竹林〉篇中認為逢丑父雖然保全了國君的生命，但違背了《春秋》大義，使國君陷於為人所不齒的不義之境，所以理應斬首。參見〈竹林〉篇第四章注⓮㉖㉘。❻轅濤塗不宜執　轅濤塗，陳國大夫，《公羊傳》、《穀梁傳》俱作袁濤塗，但《左傳》作轅濤塗，袁與轅通。齊桓公伐楚而達成召陵之盟後，回師時要經過鄭國與陳國。陳國大夫袁濤塗怕軍隊擾民而建議沿海濱向東走。齊桓公聽從了他的意見，結果軍隊陷入沼澤之中（此依《公羊傳》之說，《左傳》說是鄭國大夫申侯事先同意袁濤塗的意見，但接著又向齊桓公告了他的狀，反對向東行進）。齊桓公大怒，將袁濤塗抓了起來。《公羊傳》認為袁濤塗是因為齊軍紀律太差，才不願齊軍回師時經過自己的國家，而齊桓公不肯從嚴治軍而遷怒於袁濤塗並將他抓了起來，是驕橫無理的表現，所以董仲舒說是「轅濤塗不宜執」。參見本篇第三章注❿。❼魯季子追慶父　季子名友，他與慶父都是魯莊公的兄弟。莊公病死以後，季友遵莊公遺命立子般為國君。慶父使人刺殺般，另立莊公幼子啟方為君，是為魯閔公。次年，慶父又唆使人殺死魯閔公，欲自立為君。但是，眾怒難犯，魯國上下群起而攻之。慶父見大勢不妙，被迫出逃到莒國。於是，季友奉公子申回國嗣位，是為魯僖公，魯相季友以重金送給莒國，要莒國驅逐慶父回國受罰，慶父走投無路，被迫自殺。參見〈楚莊王〉篇第二章注❾。❽吳季子釋闔廬　吳季子，指吳國的季子，名札，乃吳王壽夢的幼子。闔廬，即公子光，為吳王諸樊之子，壽夢之孫。吳王壽夢有四個兒子，即諸樊、餘祭、夷眛、季札，其中以季札最賢。壽夢想立季札為國君，但季札堅決不受。長子諸樊與餘祭、夷眛相約，君位傳弟不傳子，最後便能讓季札當上國君。所以，諸樊死，餘祭即位。餘祭死，夷眛即位。夷眛死時，季子出使在外，於是由夷眛的庶長子僚即位，是為吳王僚。季子出使回國後，尊奉吳王僚為國君。據《公羊傳》襄公二十九年記載：當時諸樊之子闔廬不服，認為先君之所以傳弟不傳子，是為了讓季子當上國君。如果遵從先君之命，應當讓季子即位。如果不遵從先君之命，應當立我為君。這是因為闔廬是吳王壽夢的嫡長孫，按理應當由他繼位。闔廬派遣專諸刺殺了吳王僚，然後請季子來當國君。季子拒絕接受，說：「你殺了我的國君，我接受了你給我的君位，這不是我和你一起篡奪君位嗎？你殺了兄長，我又殺你，是父子兄弟間自相殘殺，這樣沒完沒了到哪一天？」所以季子離開國都，來到延陵，終身不進吳國國都。《公羊傳》評論說：「故君子以其不受為義，以其不殺為仁。」這就是吳季子釋闔廬弒君之罪。參見〈玉英〉篇第一章注❼。❾故折獄而是也六句　折獄，指審理訟案。教，指禮樂教化。孔子曰：「移民易俗，莫善於樂。安上治民，莫善於禮。」（《孝經．廣要道》）禮樂與刑法各有其實施的範圍，起相輔相成的作用。司馬遷引董生曰：「禮禁未然之前，法施已然之後。」（《史記．太史公自序》）理，義理。禮樂與刑法二者統一於義理。故通過審獄以明《春秋》之義，禮樂教化更能風行於世。反之，審理訟案背離了《春秋》之義，民眾不知義理，必然要妨礙禮樂教化的推行。

【語　譯】《春秋》在審理訟獄時，一定要依據案情的始末經過，推究當事人的內心想法。對於心術邪惡、意圖犯罪的人，不等到他的犯罪成為事實時就可對其定罪；對於共同犯罪中的首惡分子，罪要判得特別重；對於動機正直而由於過失犯罪的，應當從輕論處。所以逢丑父理應斬首，而袁濤塗不應被拘捕；魯國季子對慶父追捕不放，而吳國季子卻對闔廬釋而不問。這四個人在犯罪方式上是相同的，但《春秋》對他們論處各不相同，因為他們各人的動機並不一樣。逢丑父與袁濤塗的行為都屬於對軍隊的欺騙，有的該殺，有的不該殺。慶父與闔廬都有弒君的行為，有的該誅，有的不該誅。審理訴訟和折獄斷案，能夠不審慎從事嗎？所以，對訴訟和斷獄審理得當，義理就會更加明白暢曉，禮樂教化也會得到更加廣泛的推行。如果對訴訟和斷獄審理不當，義理不明，民眾受惑，會妨礙禮樂教化的推行。教化是政治的根本，刑法是政治的枝末。雖然這兩件事所涉及的領域不同，但兩者的效用是一致的，不可以不互相依從，所以君子對此都很重視。

【研　析】本章闡明《春秋》治獄的宗旨是「本其事而原其志」，也就是說既要弄清案情的始末，又要弄清當事人內心的真實思想，對不同情況應作出不同處理，方能治獄得當，有利於禮樂教化的推行。

在漢代，引《春秋》之義以斷事、治獄，是當時的時代風尚。當時掌刑獄的最高長官是廷尉。廷尉大多是獄吏出身，長於律令而昧於經術，為了適應時代風尚，大都要攻讀《春秋》以補上這一課。漢武帝時，張湯為廷尉。他是獄吏出身，因為漢武帝好文學，決大獄時要附會古意，就請博士弟子幫助他補習《尚書》與《春秋》。漢宣帝時，廷尉于定國出身於獄吏世家，當上廷尉後迎師學《春秋》，執弟子禮甚恭，對經術十分重視。有時朝廷上審獄逢到雙方爭執不下時，往往要去請教儒學大師。如董仲舒休致在家後，朝廷遇有大事決斷不下時，常會派遣使者到他家中去詢問應當如何處理。東漢末年，應劭在奏疏中說：「故膠西相董仲舒，老病致仕，朝廷每有政議，數遣廷尉張湯親至陋巷問得失。於是作《春秋決獄》二百三十二事，動以經對，言之詳矣。」（《後漢書・應劭傳》）這部著作是董仲舒的晚年作品，專門收錄他以《春秋》之義斷案治獄的案例。《漢書・藝文志》著錄有《公羊董仲舒治獄》十六卷，《隋書・經籍志》著錄有「《春秋決事》十卷，董仲舒撰」。《舊唐書・經籍志》則稱之為《春秋決獄》十卷。名稱雖然有異，看來應是同一部作品。此書今已散佚，現僅散見於《太平御覽》、《通典》、《白孔六帖》等書中，共有六則。

漢代以後，以經義斷獄已成為中國的歷史傳統。但在實際操作過程中，究竟是依經義還是依律例，往往會使審案者陷於進退兩難的尷尬境地之中。唐憲宗元和六年（西元八一一年），富平縣人梁懷為父報仇殺人，自投縣衙請罪。這是一件很棘手的案子。殺人抵命，律有明文規定。但為父伸冤，視死如歸，自詣公門請罪，又似應予以表彰，最後被判為減免死罪，決一百，配流循州。命是保住了，但挨板子、發配流放還是免不了的。為此，韓愈作〈復讎議〉一文來論述這個問題：

「復讎據禮經，則義不同天。徵法令，則殺人者死。禮法二事皆王教之端，有此異同，固必資論辨，宜令都省集議聞奏者。伏以子復父讎，見於《春秋》，見於《禮記》，見於《周官》，見於諸子、史，不可勝數，未有非而罪之者也。最宜詳於律，而律無其條，非闕文也。蓋以為不許復讎，則傷孝子之心，而乖先王之訓。許復讎，則人將倚法專殺，無以禁止其端矣。夫律本於聖人，然執而行之者有司也。經之所明者，制有司也。丁寧其義於經，而深沒其文於律者，其意將使法吏一斷於法，而經術之士得引經而議也。《周官》曰：凡殺人而義者，令勿讎。讎之則死。義，宜也。明殺人而不得其宜者，子得復讎也。

如百姓相讎者也。《公羊傳》曰：父不受誅，子復讎可也。不受誅者，罪不當誅也。誅者，上施於下之辭，非百姓之相殺者也。又，《周官》曰：凡報讎者，書於士，殺之無罪。言將復讎，必先言於官，則無罪也。」

韓愈在文章末尾建議，對因復仇而殺人者，「殺之與赦，不可一例，宜定其制曰：凡有復父讎者，事發，具其事申尚書省集議奏聞，酌其宜而處之，則經律無失其指矣。」（《唐會要》卷四十）最終還是臨事酌情而定，不能形成統一的法律條文。血親復仇，本是氏族遺風。儒家經典形成時受其影響甚深。但是，隨著時代的推移，這種做法越來越不適應於公共社會生活。但是，在儒術獨尊的時代，凡是儒家經典上的記載，必須照辦不誤，不得有絲毫懷疑和否定。於是，在實際社會生活中必定處處牴牾，自相矛盾，難以執行。儘管韓愈竭盡心力去調和彌縫，但事實上只能是可憐無補費精神。

第五章

難晉事者曰：「《春秋》之法，未踰年之君稱子，蓋人心之正也❶。至里克殺奚齊，避此正辭而稱君之子❷，何也？」曰：「所聞《詩》無達詁，《易》無達占，《春秋》無達辭❸，從變從義，而一以奉人❹。仁人錄其同姓之禍，固宜易操❺。晉，《春秋》之同姓也。驪姬一謀而三君死之❻，天下之所共痛也。本其所為為之者，蔽于所欲得位而不見其難也❼。《春秋》疾其所蔽，故去其位辭，徒言君之子而已❽。若謂奚齊曰：嘻嘻！為大國君之子，富貴足矣，何以兄之位為欲居之，以至此乎云爾。錄所痛之辭也。故痛之中有痛，無罪而受其死者，申生、奚齊、卓子是也。惡之中有惡者，己立之，己殺之，不得如他臣之弒君者，齊公子商人是也❾。故晉禍痛而齊禍重，《春秋》傷痛而敦重，是以奪晉子繼位之辭與齊子成君之號❿，詳見之也。」

【章　旨】本章通過對《春秋》記載中「晉里克弒其君之子奚齊」的剖析，指出《春秋》在行文用辭上有經與權、常與變的區別，從中反映了《春秋》對歷史的褒貶態度。同時，提出了「《詩》無達詁，《易》無達占，《春秋》無達辭」的命題。

【注　釋】❶未踰年之君稱子二句　未踰年之君稱子，指父死未踰三年之君稱子。《公羊傳》文公九年指出：天子踰年即位，三年然後稱王。諸侯踰年即位，於其封內三年稱子。這是因為「緣民臣之心，不可一日無君；緣始終之義，一年不二君，不可曠年無君；緣孝子之心，則三年不忍當也」。所以，諸侯踰年即位，但三年之內於境內稱子。參見本書〈玉杯〉篇第二章注⓭⓮㉕。❷至里克殺奚齊二句　事見《春秋》在魯僖公九年（西元前六五一年）的記載：「晉里克弒其君之子奚齊。」里克，字季，晉國大夫。奚齊，晉獻公之子，驪姬所生。驪姬害死原太子申生，逼走了公子重耳與公子夷吾。晉獻公死後，奚齊就成為嗣子。里克想納重耳立之為君，就殺死了奚齊。《公羊傳》對此評論曰：「此未逾年之君，其言弒其君之子奚齊何？殺未逾年君之號也。」未逾年，父死沒有過一年。為什麼說是「弒其君之子奚齊」？何休《春秋公羊傳解詁》：「欲言弒其子奚齊，嫌無君父；欲言弒其君，又嫌與弒成君同。故引先君冠『子』之上，則弒未逾年君之號定。」❸所聞詩無達詁三句　劉向《說苑・奉使》引《公羊傳》作：「《詩》無通故，《易》無通吉，《春秋》無通義。」王應麟《困學紀聞・春秋》引《春秋繁露》曰：「《易》無達吉，《詩》無達詁，《春秋》無達例。」在文字上略有差異。達，通也。通、達之義相通，都是適合於一切或通用於一切的意思。《詩》無達詁，詁指訓詁，即詮釋，此處指對《詩經》沒有一種適合於所有篇章的解釋。《易》無達占，《易經》本是占卦問吉用的卜筮之書。占卜所得的卦辭為《易》的經文，對經文的解釋為《易傳》。古人占卜問吉時，一占問一事，故任何一次占卜都不能通用於一切事項。《春秋》無達辭，因《春秋》即辭以見例，故「無達辭」與「無達例」相通。一般情況下，《春秋》中同事則同辭，然而也有事相同而用辭相異的，這是因為所取之義不同。故《春秋》的行文用辭有常有變，對同類事便不能作出統一的固定不變的評價，而是必須經具體分析後，視情酌定。❹從變從義二句　奉人，盧文弨指出「疑當作奉天」。〈楚莊王〉篇稱「《春秋》之道，奉天而法古」；〈竹林〉篇稱「上奉天施」，由此可見應以「奉天」為是。此處指《春秋》在行文用辭上，無論是依據權變，或者是依據常理，一概都是為了順奉天道。故蘇輿《春秋繁露義證》曰：「蓋事若可貫，以義一其歸；例所難拘，以變通其滯。兩者兼從，而一以奉天為主。《春秋》所以為體道盡性之書也。」❺仁人錄其同姓之禍二句　仁人，指奉天者。本書〈王道通三〉篇：「仁之美者在於天，天，仁也。故奉天者謂之仁人。」同姓之禍，指晉與周天子是同姓，晉的始封者唐叔虞是周武王之子，周成王之弟。晉獻公時，因寵愛驪姬而引起禍亂，故稱同姓之禍。固宜異操，異操是異科之意，有別於常科，也就是記載同姓之國的禍亂，應當採取與常經不同的權變做法。❻驪姬一謀而三君死之　驪姬，驪戎之女。晉獻公五年（西元前六七二年）伐驪戎，得驪姬及其妹，晉獻公對她們十分寵愛。三君，指太子申生、奚齊、卓子。申生雖未即位，但有為君的品德和風度，故也稱君。一謀而三君死之，指驪姬謀廢申生而立己之子奚齊，結果害死了太子申生，逼走了公子重耳與夷吾。晉獻公臨死時託荀息輔立奚齊，但大夫里克想納重耳進入晉國為君，殺死了奚齊。荀息復立卓子為君。卓子是晉獻公的幼子，為驪姬之妹所生。里克又殺死了卓子。參見〈玉英〉篇第五章注⓭。董仲舒認為事情的起因在於驪姬為立己子而在晉獻公面前陰謀挑撥，以致申生、奚齊、卓子三位君主俱死於非命，所以說是「天下之所共痛也」。❼本其所為為之者二句　指根據驪姬的所作所為與其所要達到的目的，可以看到她急於扶持自己的兒子奚齊嗣位為晉國國君的欲望，蒙蔽了她的心靈，使她看不到這樣做的結果與將導致的災難。❽春秋疾其所蔽三句　位辭，當作正辭。事指《春秋》在魯僖公九年（西元前六五一年）的記載：「晉里克弒其君之子奚齊。」當時奚齊已即位為君，但此處仍稱奚齊為君之子。這是《春秋》有意迴避正辭，以表明對驪姬蔽於私欲、陰謀篡權所造成的惡果感到痛心疾首。❾己立之四句　公子商人，齊桓公之子，齊昭公之弟。事見《春秋》在魯文公十四年（西元前六一三年）的記載：「齊公子商人弒其君舍。」齊昭公死後，公子商人扶太子舍即位。舍之母無寵於昭公，故舍孤弱無威信，商人趁機收買人心，殺死舍以自立。《公羊傳》評論此事曰；「此未逾年之君也，其言弒其君舍何？己立之，己殺之，成死者賤生者也。」舍與奚齊都是未逾年之君，但在《春秋》記載上是兩種不同的規格，舍死稱為弒其君，而奚齊死則被稱為弒其君之子。這是因為里克弒奚齊，自己不篡位，留君位以待重耳。商人立舍為君，又殺死了舍，自立為君，所以他不得與他臣之弒君者相比。《春秋》稱舍為君是為了貶低商人，這也就是《公羊傳》所說「成死者賤生者」的道理。孔廣森《春秋公羊通義》：「不於此正其君臣之分，則嫌商人有可立之道；故正名之，成舍為君。」❿春秋傷痛而敦重二句 敦，治。敦重，嚴治重罪。晉子，指奚齊，父喪未滿三年的國君在境內稱子，但《春秋》稱奚齊為「君之子」，比應有的規格低了一等。齊子，指舍，他也是未逾年之君，按理也應稱子，但《春秋》上卻說是「齊公子商人弒其君舍」，這是為了彰商人之惡而提升了對舍稱呼的等級，不稱子而稱君。此處意指《春秋》為痛心的事悲傷而對大惡則主張重治，所以剝奪了晉國奚齊即位後應有的稱呼，而對齊國舍卻提升等級用上了「君」的稱號。

【語　譯】有人以晉國的事詰難說：「《春秋》的法則是國君去世後新君即位未逾年的稱子，這是人們的正常心理。但是《春秋》在記載里克殺奚齊時，迴避了這一正常的稱呼，而稱奚齊為『君之子』，這是為什麼呢？」

答：「我曾經這樣聽說過：《詩經》中沒有一種適合於所有篇章的解釋，《易經》中沒有某一占卜能適合一切情況，《春秋》中沒有能適合一切事態的統一的行文用辭。無論是依據權變，或者是依據常理，一概都是為了順奉人（天道）。孔子作為仁人在記載與周天子同姓之國的災禍時，在行文用辭上本來就應當有所不同。晉國在《春秋》的記載中屬於周天子的同姓之國。驪姬的一場陰謀使得申生、奚齊、卓子三位國君都因此而喪生，天下人都為此而感到痛心。探究驪姬這樣做的思想動機和行為方式，她是被想讓自己的兒子當上國君的私心所蒙蔽，看不到這樣做所帶來的災難後果。《春秋》痛心於驪姬為私欲所蒙蔽而造成的災禍，所以不用正常的稱呼，只稱奚齊是『君之子』罷了。這就好像是對奚齊說：『唉，你作為大國國君的兒子，對所享的榮華富貴應該感到滿足了，何必要覬覦兄長的君位去搶占，以至於最後落到如此悲慘的境地呢！』這是孔子在記錄為此而感到痛心之事的行文用辭。痛心之中最令人感到痛心的，是申生、奚齊、卓子這三人無罪而被誅殺。可惡的事中還有更可惡的，自己立了國君，自己又殺了這個國君去取而代之，這種人的罪行比其他的臣子弒殺國君要嚴重得多，齊國的公子商人就是這種人。

晉國的災禍令人感到痛心而齊國的災禍令人感到嚴重。《春秋》為痛心的事而悲傷，對罪行嚴重的事則重責。所以《春秋》剝奪了晉子奚齊繼承君位後應該用的稱呼而給齊子舍以已成為國君的稱號，應該詳細審察這種做法的其中用意。」

【研　析】本章通過對《春秋》中「晉里克弒其君之子奚齊」這一記載的剖析，再次強調《春秋》在行文用辭上有經與權、常與變的不同變化，掌握這一特點，才能更深刻地理解《春秋》大義。

在闡述上述論題時，本章還提出「《詩》無達詁，《易》無達占，《春秋》無達辭」的命題。這一命題對中國傳統文化主體——儒學的影響甚大。以「《詩》無達詁」為例，孟子就曾說過：「故說《詩》者，不以文害辭，不以辭害志，以意逆之，是為得之。」（《孟子．萬章上》）文，指文采，是那些譬喻、形容的文字，具有誇張的特點，用來加強所敘事實的震撼力。辭，指言辭，是那些敘述事實的文字，但如果僅止於此，那還只是停留在表面的理解上，不能挖掘出《詩》的真正內涵。志，指作者的本意，反映出了作品的深層內涵。「以意逆志」，是以訓詁者或詮釋者自己的心情去忖度作者的本意，這是因為從人情來說，人同此心，心同此理，相去不遠，所以才有可能「以意逆志」。《詩經．大雅》中的〈雲漢〉是周宣王求神祈雨的詩，孟子引用了其中的「周餘黎民，靡有孑遺」這兩句詩，指出「信斯言也，是周無遺民也。」這就是說如果拘泥於表面上文辭，成了西周的百姓都死光了。但從其深層內涵來看，詩中說的是旱災嚴重，遍及各地，百姓中沒有人能倖免，反映了周宣王深感旱災威脅，憂國憂民的內心活動。

但是，要真正做到「以意逆志」並不容易。王國維就對此提出疑問，說：「顧意逆在我，志在古人，果何修而能使我之所意不失古人之志乎？」（〈玉溪生年譜全箋序〉）朱自清在〈詩言志辨〉中也說：「以意逆志，是以己意推作詩之志。」所以，後人在訓詁或詮釋古詩時，既要探索原詩作者之志，也包含有後人本身之意。訓詁或詮釋是兩者之間的融合。董仲舒在《春秋繁露》中對《春秋》大義的闡釋，就建立在他個人特有的理解基礎之上。這種理解基礎包括他的知識經驗、思維方式、語言習慣、思想感情，以及他所處的那個時代的歷史背景等等。總之，閱讀並不是消極地接受文本指導或控制的過程，而是存在於文本和讀者的交互作用之中。讀者和文本是相互關聯、相輔相成的。文本可以對讀者起控制作用，而讀者反過來也可以建構文本。閱讀既然如此，那麼，訓詁和詮釋就更其是如此了。

「《詩》無達詁」還有著另一層涵義。儒家原始經典中都強調「《詩》言志」。這是因為在先秦時期，列國之間賓客宴饗即今日之所謂外交活動場合中，賓主雙方常會引用《詩經》中的某幾句詩以表明自己的心志，先秦諸子著作與《左傳》中也常可見到引用《詩經》中的某些內容以供諷喻之用。這種引用，大多是斷章取義，為己所用，是對文本的重新建構。這就極大地豐富了訓詁或詮釋的內容，使原來的文本具有與前不同的嶄新面貌。

至於「《春秋》無達辭」這個命題，為董仲舒在《春秋繁露》中闡述《春秋》大義提供了廣闊的空間。這中間既有孔子著《春秋》的本意，又有董仲舒把儒學納入當時政治生活中的再創造。整個中國古代社會中儒學的發展，就處於這種對先秦儒學經典不斷闡釋的過程之中，為了謀求適應時代需要而不斷作出調整，或者是偏重於文辭的考證與注釋，如漢代的訓詁，其弊為流於繁瑣；或者是偏重於義理的開掘與闡發，如宋明的理學，其弊為流於空疏。不僅於此，由於各個闡釋者的著眼點不同，使二千多年來儒學的發展過程中形成了兩條不同的線索：一條是從曾子問仁開始，形成為孔子、孟子、程顥、程頤、陸九淵、王陽明為道統的「內聖」線索；另一條是從子張問政開始，形成為孔子、荀子、董仲舒、王通、陳亮、葉適、顧炎武、黃宗羲這條「外王」線索。「內聖」之學強調身心、性命的內省等道德修養，「外王」之學則強調制度、法律、政治等治國之道。在漫長的歷史長河中，它們構成為中國經學演化的歷程，是中華民族文化和思想傳統中的重要組成部分。現代的新儒學也同樣如此。它一方面著力於先秦原始儒學經典的闡述，提煉歷代經學研究的成果；一方面選擇適當的命題，設法將現代的思想觀念與傳統的思維框架調和、融合在一起，為儒學開創出新的局面。在這一過程中，既有繼承，又有揚棄，更有發展。思想和文化的發展是一條長河，無法一刀兩斷，而只能是抽刀斷水水更流，難以截然分離。即使是對外來先進文化的接受，同樣也需要有一個揚棄和融入傳統文化的歷史過程。

第六章

古之人有言曰：「不知來，視諸往❶。」今《春秋》之為學也，道往而明來者也。然而其辭體天之微，故難知也❷。弗能察，寂若無。能察之，無物不在❸。是故為《春秋》者，得一端而多連之，見一空而博貫之❹，則天下盡矣。魯僖公以亂即位，而知親任季子❺。季子無恙之時，內無臣下之亂，外無諸侯之患，行之二十年，國家安寧❻。季子卒之後，魯不支鄰國之患，直乞師楚耳❼。僖公之情，非輒不肖，而國衰益危者，何也？以無季子也。以魯人之若是也，亦知他國之皆若是也。以他國之皆若是，亦知天下之皆若是也。此之謂連而貫之。故天下雖大，古今雖久，以是定矣。以所任賢，謂之主尊國安；所任非其人，謂之主卑國危。萬世必然，無所疑也。其在《易》曰：「鼎折足，覆公餗。」❽夫鼎折足者，任非其人也。覆公餗者，國家傾也。是故任非其人而國家不傾者，自古至今未嘗聞也。故吾按《春秋》而觀成敗，乃切悁悁❾於前世之興亡也。任賢臣者，國家之興也。夫知不足以知賢，無可奈何矣。知之不能任，大者以死亡，小者以亂危，其若是何耶？以莊公不知季子賢耶？安知病將死，召而授以國政❿。以殤公為不知孔父賢耶？安知孔父死，己必死，趨而救之⓫。二主知皆足以知賢，而不決，不能任⓬。故魯莊以危，宋殤以弒。使莊公早用季子，而宋殤素任孔父，尚將與鄰國，豈直弒哉⓭。此吾所悁悁而悲者也。

【章　旨】本章強調《春秋》乃道往以明來之作，並以魯僖公對季子、魯莊公對季子和宋殤公對孔父嘉等正反案例，闡明《春秋》尊賢、知賢、任賢之旨。

【注　釋】❶不知來二句　語見《管子・形勢》：「疑今者察之古，不知來者視之往。萬事之生也，異趣而同歸，古今一也。」管仲認為對過去的審察可以預測未來。❷其辭體天之微二句　此處指《春秋》之辭，它所體現的天道幽微而精細，所以常人難以知曉。微，幽微。❸弗能察四句　此處指《春秋》所包含的道理，如果不能去認真體察，寂然若無。如果能仔細辨別，則各類事物的道理無所不在。物，事也。司馬遷在《史記・太史公自序》中引董仲舒的話說：「《春秋》文成數萬，其指數千，萬物之聚散皆在《春秋》。」❹是故為春秋者三句　此處指研究《春秋》的人，弄清楚了某一點後應當舉一反三，多方面去聯繫；有了一孔之見就應當廣泛地與同類事物相比較，以求得融會貫通。那麼，天下事物的道理就都可以知道了。空，同孔。一空，即一孔之見。《漢書・五行志上》載有董仲舒的〈廟殿火災對〉稱：「《春秋》之道，舉往以明來，是故天下有物，視《春秋》所舉與同比者，精微眇以存其意，通倫類以貫其理，天地之變，國家之事，粲然皆見，無所疑矣。」❺魯僖公以亂即位二句　魯僖公，名申，魯莊公之子。《史記・魯周公世家》說他是魯閔公之弟，但何休《春秋公羊傳解詁》、陸德明《經典釋文》、孔穎達《春秋左傳正義》都認為他是魯閔公的庶兄，理由是《春秋》在魯僖公十五年記載：「季姬歸于鄫。」季姬是魯僖公的小女兒。而魯閔公死時才九歲，故可推斷僖公比閔公年長。季子，名友，魯莊公之弟。季友遵魯莊公遺命，立子般為君，但被慶父所弒。慶父立魯莊公少子啟為君，是為魯閔公。但不久，慶父弒閔公而欲自立為君，遭魯國上下反對，懼而出逃到莒。季友奉公子申自陳入魯，是為魯僖公，所以說他是以亂即位。魯僖公即位後，立季友為相，終其一生，所以說他知親任季子。詳參見〈楚莊王〉篇第二章注❾。❻季子無恙之時五句　無恙，無病無憂。秦漢時稱「在世」為「無恙」；「季子無恙之時」即「季子在世之時」。魯僖公在位三十三年（西元前六五九至六二七年）。季友在世執政的二十年中，國家安寧，既無內憂，又無外患。劉向《說苑・尊賢》稱：「國家昏亂而良臣見。魯國大亂，季友之賢見。僖公即位而任季子，魯國安寧，外內無憂，行政二十一年。季子卒後，邾擊其南，齊伐其北，魯不勝其患，將乞師於楚以取全耳。」❼季子卒之後三句　季子卒於魯僖公二十年（西元前六四〇年）。次年，魯與邾婁發生爭執。邾婁出兵侵占了須句這個小國，而須句是魯僖公母成風的娘家。須句國君通過成風說動魯僖公在僖公二十二年（西元前六三八年）春天出兵攻邾婁，奪回須句，送須句國君返國。邾婁不服，於當年出兵攻魯。兩國在升陘交戰，僖公因輕敵而戰敗。邾婁奪得魯僖公的甲胄，將它懸掛於城門示眾。魯僖公二十六年（西元前六三四年），魯與莒、衛訂立盟約，沒有告知齊國，因而齊國派遣軍隊侵擾魯國。先是侵擾魯國的西鄙，接著又出兵攻魯國的北鄙。魯國被迫派遣公子遂與臧文仲去楚國乞援。魯僖公依靠楚國的軍隊伐齊，占領了齊國的穀地。楚在當時被認為蠻夷之邦，齊、魯都是中原的諸侯國而且一向結為姻親。魯依靠楚攻齊，被《春秋》認為是不光彩的行為。❽易曰三句　易，即《周易》，儒家經典之一，原為供占卜所用。引文見〈鼎卦〉中九四爻的爻辭，全文為「鼎折足，覆公餗，其形渥，凶。」覆，傾覆。公，指諸侯國的君主。餗，鼎中的食物，指湯菜、稀粥之類。渥，厚漬。鼎是卦名，又是器物，供烹飪用。鼎有三足，鼎足斷折，鼎身傾倒，鼎中供君主享用的湯菜、稀粥等食物倒翻在地上，形狀是一堆厚重而光亮的汙漬，是凶兆。它用以譬喻大臣無能，國事已敗，大勢已去，無可奈何。《易經・繫辭下》：「子曰：德薄而位尊，知小而謀大，力小而任重，鮮不及矣。《易》曰：『鼎折足，覆公餗，其形渥，凶。』言不勝其任也。」❾悁悁　憂鬱愁悶的樣子。《詩經・陳風・澤陂》：「寤寐無為，心中悁悁。」❿以莊公不知季子賢耶三句　莊公，魯莊公，名同，十三歲即位，在位三十二年。季子，即季友，魯莊公之三弟。魯莊公臨死前，將國事託付給季友，要他扶子般即位。季友為此而鴆殺了其兄叔牙，因叔牙主張讓慶父即位。參見〈楚莊王〉篇第二章注❾。⓫以殤公為不知孔父賢耶四句　殤公，宋殤公，名與夷，宋宣公之子。宋宣公死時，傳位其弟宋穆公。宋穆公病重時，囑立兄子與夷為君，命己子馮出居於鄭。穆公死後，與夷即位，是為宋殤公，在位十年，為宋督所弒。孔父，名嘉，宋微子之後，正考父之子，孔子的六世祖，宋國的大夫，任大司馬之職，為宋督所殺。關於孔父嘉之賢，事見《公羊傳》桓公二年：「督將弒殤公，孔父生而存，則殤公不可得而弒也，故於是先攻孔父之家。殤公知孔父死，己必死，趨而救之，皆死焉，孔父正色而立於朝，則人莫敢過而致難於其君者，孔父可謂義形於色矣。」督，指宋國太宰華父督，是宋殤公的堂叔。宋穆公要傳位於其侄與夷時，孔父嘉說是群臣皆願立穆公之子馮，但穆公堅持立與夷為君。所以，宋殤公即位後，任華父督而不任孔父嘉為太宰執政。這裡應當指出，董仲舒在此是據《公羊傳》的記載來論述的。《左傳》的說法與此有異，說是華父督看上孔父嘉之妻美而豔，為奪其妻而殺了孔父嘉。宋殤公因此發怒，於是華父督殺死宋殤公而迎立公子馮，參見〈玉英〉篇第四章注❼。《公羊傳》的作者公羊高，受業於孔子的門徒子夏，自然要對孔子先祖有辱家門的事有所隱諱。⓬二主知皆足以知賢三句　二主，指魯莊公與宋殤公。他們都知道季子與孔父嘉之賢，但由於猶豫不決而不能委以國事。魯莊公在病危時才召來季子委以國政，但為時已晚，無法避免魯國出現混亂的政治局面；宋殤公則以華父督為太宰而未任孔父嘉，結果為華父督所殺。劉向《說苑・尊賢》對此評論曰：「夫智不足以見賢，無可奈何矣。若智能見之，而強不能決，猶豫不用，而大者死亡，小者亂傾，此甚可悲哀也。以宋殤公不知孔父之賢乎？安知孔父死己必死，趨而救之？趨而救之者，是知其賢也。以魯莊公不知季子之賢乎？安知疾將死，召季子而授之國政？授之國政者，是知其賢也。此二君知能見賢，而皆不能用，故宋殤公以殺死，魯莊公以賊嗣。使宋殤早任孔父，魯莊素用季子，乃將靖鄰國，而況自存乎！」⓭豈直弒哉　疑脫「免」字。除《四庫全書》本外，其他版本作「豈直免弒哉」。

【語　譯】古人有這樣的說法：「不知道未來，就看它的過去。」《春秋》之所以能成為專門的學問，就由於它通過往事的敘述而為我們指明未來。然而，它體現天道的言辭是那麼微渺，所以很難明曉。如果不能細心體察，它就寂靜得好像什麼也沒有。如果能細心體察，那麼沒有什麼事物不被包括在內。所以研究《春秋》的人，要善於抓住一點線索，舉一反三地去多方面聯繫和分析；有一孔之得，便應當廣泛地貫通各個方面，那麼天下的事物也就盡在其中了。魯僖公在動盪、混亂的政局中登上了君位，由於知道並能信任和重用季子，所以季子在世的時候，國內沒有臣下作亂，國外沒有諸侯國來侵擾的禍患。季子執政的二十年內，魯國處於國泰民安之中。季子去世以後，魯國便不再能抵擋得住鄰國的侵擾，最後不得不乞求楚國出兵援助。從魯僖公本人的情況來看，並非始終是個無能之輩，為什麼魯國會國勢日益衰弱而面臨危急境地呢？這是因為沒有季子作為國家柱石的緣故。從魯國的情況來看是如此，由此可知其他國家興衰的原因也是如此。從其他國家都是這樣的情況來判斷，同樣可以知道天下治亂的情況也是如此。這就是聯繫其他事物而融會貫通的方法。所以天下雖然非常廣闊，古今雖然歷時久遠，用這種方法就能推斷和判定。只要能夠任用賢人，君主必定受到臣民的尊崇，國家安寧無事；如果任用的人不當，君主必定被人瞧不起，國家必定會處於危急的境地，千載萬世永遠如此，這一點不容懷疑。《易經》中說：「鼎折斷了足，鼎中供君主享用的食物倒翻在地上。」所謂鼎折斷了鼎足，指的是君主用人不當。鼎中君主享用的食物翻倒在地，指的是國家將要傾覆了。因此，君主用人不當而國家卻能免於傾覆的情況，自古至今還沒有聽說過。我按照《春秋》的歷史觀來考察各國歷代的成敗得失，深深地為前代的興亡而煩憂鬱悶。任用賢臣，是國家興旺的原因。如果君主的智慧不足以識別誰是賢人，那只能是無可奈何的事。如果君主知道誰是賢者卻又不能充分信任與使用，其後果嚴重的可以導致君主死於非命，後果較輕的也可以引起政局的混亂而使國家出現危機。情況真的會有上面所說的那麼嚴重嗎？請看下面的例子：魯莊公真的不知道季子的賢明？那麼他怎麼知道在病危時，召喚季子來見他，將國政託付給他。宋殤公真的不知道孔父嘉的賢明？那麼他怎麼知道孔父嘉如果被殺死，自己也必死無疑，所以要趕著去援救孔父嘉。這兩位君主的智慧都足以知道誰是賢人，然而都猶豫不決，不能及時而堅決地委以重任。所以魯莊公因此而使國家處於危難之中，而宋殤公卻因此而遭弒喪生。如果魯莊公能早日任用季子，宋殤公能一直任用孔父嘉，恐怕還能使鄰國興盛安靖，豈止是本人（免於）遭受弒害而已。這便是我考察前代興亡時感到煩憂鬱悶與悲哀的原因。

【研　析】本章以「尊賢」入手，闡明《春秋》是「鑒往以知來」的著作。魯僖公知任用賢者季子為相，國家安寧，無內憂外患。季子死後，國勢日衰，危機叢生。單是知賢仍不行，還需要能任賢。魯莊公、宋殤公知賢而不能任，結果是一個導致國亂，一個己身遭弒。

尊賢的思想由來已久，《尚書・大禹謨》中便有「野無遺賢，萬邦咸寧」、「任賢勿貳」的說法。所謂賢者，指的是德才兼備的人。《韓詩外傳》稱：「常謂之經，變謂之權，懷其常經而挾其變權，乃得為賢。」孔子也認為舉賢才是君主的為政之道。《論語・子路》載：「仲弓為季氏宰，問政。子曰：『先有司，赦小過，舉賢才。』」

君主必須禮賢下士，可以說是春秋、戰國時期中諸子百家的共識。但是，從賢者的出身和成分來看，前後還是有很大變化。本章所列舉的賢者，季友是公子，孔父嘉出身於宋國世卿，本人是宋的大夫。其他如晉文公復國以後所重用的賢者，大多出身於世卿。這是在親親的基礎上求賢，反映了春秋時期的特徵。戰國時期的情況就有所不同。墨子在〈尚賢中〉提出：「古者聖王甚尊尚賢而任使能，不黨父兄，不偏貧富，不嬖顏色。賢者舉而上之，富而貴之，以為官長。不肖者抑而廢之，貧而賤之，以為徒役。是以民皆勸其賞，畏其罰，相率而為賢者，以賢者眾而不肖者寡，此謂尚賢。」從任人唯親到任人唯賢，這種觀念上的轉變，意味著衝破了原有世卿制的束縛，孕育著專制主義的官僚制度的發生和發展。

許倬雲先生在《歷史分光鏡》一書中對班固的《漢書・古今人表》作了考察和分析。〈古今人表〉中列名者有一千九百九十八人，其中在魯隱公之前的有六百四十八人，秦統一以後有十三人，屬於春秋戰國時期的人物有一千三百餘人，其中見於《左傳》的有五百十六人。他抽取了從魯隱公元年（西元前七二二年）到魯穆公四年（西元前四六四年）這段時期，共二百五十八年，以三十年為一代，劃分為九個時期；人物則限於《左傳》中所見的五百十六人，剔除君主、婦女與存世時間不可考者，區分為公子、卿大夫、士三個集團。公子集團的身分最尊貴，是各諸侯國君主的兄弟與其子孫。他們在戰爭中是領兵的統帥或主將，君位更迭如易主、弒君時往往參與其事，各國盟會時可以作為國君的政治代表出席，在國內可以主持國家的政務，如魯國的季孫、叔孫、孟孫三大族，連國君也得看他們的臉色行事。卿大夫出身於功臣貴族，在各諸侯國內掌握實權，如晉國的中行氏、智氏、欒氏、郤氏、趙氏、魏氏都是世卿，是國內的強宗大族。士的身分，最早是大夫的家臣和武士，如孔子便出身於士的集團。從春秋早期來看，公子主持政務的情況很普遍。但隨著時間的推移，相對於卿大夫和士這兩個集團，公子集團在人數中所占的比例越來越低。從第二期開始，公子集團所占的比例從百分五十三下降至百分之十九點五。在第三期至第六期，其比例始終在百分之十到十六之間徘徊，構成一條下降的曲線。與此同時，卿大夫集團恰恰是一條上升的曲線，所占比例逐步上升，可見政治重心由公室即公子集團轉入卿大夫集團。士的集團，春秋時期在〈古今人表〉中人數不多，從第三期開始有士，此後人數逐漸增多，由百分之一上升到在第七期占百分之八，第八期為百分之十六，第九期為百分之二十二。士的集團在最後兩期有明顯上升的趨勢，而卿大夫集團則有下降的徵兆。這種情況顯示春秋末期卿大夫集團逐漸趨於崩潰，而士的集團則逐步呈現取而代之的趨向。這個變化的過程，正好反映了領主式的封建世卿制度向封建君主專制下的官僚制度轉化的過程。在這種時代背景下，為了適應政治制度轉折時期的需要，禮賢下士的呼聲越來越高。因此，從戰國至秦漢時期，尊賢的思想一直在思想領域中占據統治地位。

卷第四

王道第六

【題解】篇名〈王道〉，內容為論述君王治國之道。前五篇中雖已多次從不同角度涉及這一主題，但就事論事，似有散漫而無所統屬之感。本篇則集中《春秋》的有關記載，系統而完整地對這一主題作了深入的探討。

本篇內容較多，篇幅較長，大致可分為四個單元：

第一單元有四章，內容為王道的起源，五帝三王與桀紂的不同治國之道，以及天人感應之說等，著重於「上明三王之道」。分敘之則為：第一章從天人之際出發，強調王者治國之道自正本始。第二章強調五帝三王之治天下，不敢有君民之心，輕傜薄賦，重德輕刑，上天為之降臨種種瑞應。同時，敘述了溝通天人之際的種種禮儀，如封泰山、禪梁父、立明堂等。第三章敘述桀紂種種殘暴無道的罪行，終致國滅身亡，足以為有國者戒。第四章將《春秋》記載的種種災異，與人事相比附，以此見悖亂之徵，從而闡明天人感應之說。

第二單元有兩章，從正反兩個方面來闡明王道的內涵。第五章列舉周天子種種違反禮制與處事不當的行為，以致大權旁落，禮樂征伐自諸侯出，使中國出現「弒君三十六，亡國五十二」（《史記・太史公自序》)的無道局面，從而強調君王必須返王道之本，根絕細惡，方能致天下以太平。第六章從「《春秋》立義」出發，正面闡明王道的內涵，提出了君臣所必須共同遵循的行為規範與準則。

第三單元有四章，著重於「下辨人事之紀」，從正反兩個方面闡明諸侯應當如何行事以合乎王道。分敘之則為：第七章說明《春秋》通過文字上的褒貶以立《春秋》之義，著重論述齊桓、晉文之功過得失，肯定其能救中國、攘夷狄、復周室，但對其以諸侯行天子之事與其他僭越行為則有所保留。第八章以諸侯為重點論述對象，從君臣關係、國與國關係、宗族內部關係與君民關係等四個方面來別嫌疑、明是非、定猶豫、善善惡惡、賢賢賤不肖，從而闡明王道之大者。第九章列舉《春秋》所記載的諸侯失國的十二個案例，指出其所以失國的原因與歷史教訓，用反證的方式來論證王道的內涵。第十章列舉《春秋》中有關國君自以為是、拒絕納諫以致亡國或兵敗的案例，強調君王必須納諫。

第四單元只有一章，即第十一章。這一章有選擇地列舉前面已論述過的案例，逐條指出其歷史教訓。同時，強調人君不以己之心意示臣下，嚴格維護尊卑差別的秩序，以己之無為控馭臣之有為。

本篇的特色是不少案例重複出現，這是由於從不同角度、不同側面來進行分析的緣故。同一個假道滅虢的例子，第九章用以說明虞公之貪財，第十章則用以說明虞公之拒諫。分析角度雖有別，但其實是同一個例子，這樣就不免要重複出現了。

第一章

《春秋》何貴乎元而言之？元者，始也，言本正也❶。道，王道也❷。王者，人之始也❸。王正，則元氣和順，風雨時，景星見，黃龍下❹。王不正，則上變天，賊氣並見❺。

【章　旨】本章從天人之際出發，強調王者治國之道須自正本始。

【注　釋】❶春秋何貴乎元而言之四句　人君即位稱元年，並非自孔子修《春秋》始，而是早在商代就有「元祀」的稱呼。《春秋》紀年，原來只是為了說明記事的先後次序而已。董仲舒之所以貴元，是為了借此以強調正本必須貴始，即從君王自身開始。他在〈天人三策〉中說：「臣謹案《春秋》謂一元之意。一者，萬物之所從始也。元者，辭之所謂大也。謂一為元者，視大始而欲正本也。《春秋》深探其本而反自貴者始。」（《漢書．董仲舒傳》）類似的觀念見於劉向的《說苑．建本》：「孔子曰：『君子務本，本立而道生。』夫本不立者末必倚，始不盛者終必衰。《詩》云：『原隰既平，泉流既清。』本立而道生，《春秋》之義。有正春者無亂秋，有正君者無危國。《易》曰：『建其本而萬物理，失之毫釐，差以千里。』是以君子貴建本而重立始。」❷道二句　董仲舒在〈天人三策〉中說：「臣謹案《春秋》之文，求王道之端，得之於正。正次王，王次春。春者，天之所為也。正為，王之所為也。其意曰：上承天之所為，而下以正其所為，正王道之端云爾。然則王者欲有所為，宜求其端於天。」（《漢書．董仲舒傳》）在這裡，董仲舒認為王道之端在於天命，用以正王者之所為。❸王者二句　指王者之所為乃萬民之端。董仲舒在〈天人三策〉中說：「故為人君者，正心以正朝廷，正朝廷以正百官，正百官以正萬民，正萬民以正四方，四方正，遠近莫敢不壹於正，而亡有邪氣奸其間者。」（《漢書．董仲舒傳》）❹王正則元氣和順四句　此處言天人之間互相感應的關係。王正，指王者能正心修身，便有各種祥瑞顯現。元氣，指陰陽二氣混沌未分時的狀況。元氣和順，指陰陽二氣調和而順暢。風雨時，指風雨及時。董仲舒在〈天人三策〉中強調「為人君正心以正朝廷」以後，指出「陰陽調而風雨時，群生和而萬民殖，五穀熟而草木茂，天地之間被潤澤而大豐美。」（《漢書．董仲舒傳》）景星，大星，表示吉兆。《白虎通義．封禪》：「景星者，大星也，月或不見。景星常見，可以夜作，有益於人民。」《史記．天官書》：「黃帝時，景星見，形如半月，可以夜作。」《太平御覽》引《中侯》云：「帝堯即政七十載，比隆伏羲，景星出翼。」黃龍下，黃龍為傳說中的吉祥物。《白虎通義．封禪》：「德至淵泉則黃龍見，醴泉湧。」❺王不正則上變天二句　指王者不能正心修身，上天便會降災異以譴告君王。賊氣，指氣候反常，時令顛倒，引發各種災害。《管子．四時》：「是故春凋秋榮，冬雷夏有霜雪，此皆氣之賊也。刑德易節失次，則賊氣遫至，賊氣遫至，則國多菑殃。」

【語　譯】《春秋》為什麼特別看重「元」字而專門提到它呢？元，指事物的開始，君王開始執政時就應端正修身這個本。道，指王道，是君王治國的道理。王，是人道的開始，是天下的第一人。帝王能正心修身，天地間的陰陽二氣便會和諧而順暢，風雨便會及時來臨，天上會有景星出現，人間會有黃龍降臨。如果帝王不能正心修身，那麼上天就會出現各種異常的情況，妖邪之氣就會到處顯現。

【研　析】本章通過對《春秋》中「元」字的闡釋，強調君王的治國之道，以正本為始，並藉助於天人之際的相互感應，從正反兩個方面舉例，以此作為全篇的開局。

王道，即為君之道。董仲舒認為應當以正本為始。所謂正本，也就是《禮記・大學》中的「自天子以至於庶人，壹是皆以修身為本」。〈大學〉中強調「誠意、正心、修身、齊家、治國、平天下」，將儒家的內聖與外王統一起來，所以從宋代開始，朱熹將它與〈中庸〉從《禮記》中抽取出來，與《論語》、《孟子》合稱「四書」，而〈大學〉則位居「四書」之首。董仲舒也正是這樣做的。他在〈天人三策〉中強調：「謂一為元者，視大始而欲正本也。《春秋》深探其本而反自貴者始。」（《漢書・董仲舒傳》）這段話可以與本章互相發明，同樣也是從「元」字開始，強調王者以修身正己為本，然後才可以治國、平天下。

這種看法是儒家學派的共識。重視內聖之學的思孟學派固然如此，就是荀子這樣的外王路線的代表人物也同樣持有這種看法。《荀子・君道》篇中就記載著這樣一段話：「請問為國？曰：『聞修身，未嘗聞為國也。君者儀也，儀正而景正。君者槃也，槃圓而水圓。君者盂也，盂方而水方。君射則臣決。楚莊王好細腰，故朝有餓人。故曰聞修身，未嘗聞為國也。』」於此可見，荀子認為君王之道，重在修身，強調修身乃治國之本，否則就是捨本逐末。

董仲舒在「元」字上大做文章，但「元」字本身其實並沒有什麼深邃的內涵。宋代歐陽脩在《新五代史・漢高祖隱帝紀》末尾曰：「嗚呼！人君即位稱元年，常事爾，古不以為重也。孔子未修《春秋》，其前固已如此。雖暴君昏主、妄庸之史，其記事先後遠近，莫不以歲月一二數之，乃理之自然也。其謂一為元，亦未嘗有法，蓋古人之語爾。及後世曲學之士，始謂孔子書元年為《春秋》大法，遂以改元為重事。」在這裡，可以看出歐陽脩對這種在「元」字上大做文章的做法是很不以為然的。古人在記敘數字時，通常不說「一」，如一月稱正月，《周易》的六爻有「初九」、「九二」、「九三」、「九四」、「九五」等，「初九」其實就是「九一」，但卻稱「初九」而不稱「九一」，這與稱一年為元年是同一道理。

但董仲舒發明「元」的意義，倒也並非是曲學阿世，故弄玄虛，而是有其不得已的苦衷。他這樣做是為闡述王道找一個楔入點，以便於與王者對話。董仲舒以王者師自居，對話的對象是漢武帝。這就造成對話雙方的地位、身分很不相稱。董仲舒如果不借助於《春秋》大法和天人感應之說，限於尊卑有別，便無法與漢武帝坐而論道。他在本書的〈二端〉篇強調「《春秋》至意有二端」，一是貴微，即重視和加強災異的觀念，鼓吹天人感應之說；一是貴始，即強調和誇大「元」的觀念，「以元之深正天之端，以天之端正王之政」。他這樣地把歷史、人事與上天聯繫在一起，論述王道時便可以根據需要列舉正反兩方面的例子，以收左右逢源之效，而且在天意的掩護下，不怕因觸犯龍顏而遭致譴責。這就是本章為全篇所點明的主題。

第二章

五帝三王之治天下，不敢有君民之心❶。什一而稅❷。教以愛，使以忠❸，敬長老，親親而尊尊❹，不奪民時，使民不過歲三日❺。民家給人足，無怨望忿怒之患，彊弱之難❻，無讒賊妒疾之人❼。民修德而美好，被髮銜哺而游❽，不慕富貴，恥惡不犯。父不哭子，兄不哭弟❾。毒蟲不螫，猛獸不搏，抵蟲不觸❿。故天為之下甘露⓫，朱草生⓬，醴泉⓭出，風雨時，嘉禾⓮興，鳳凰麒麟遊於郊⓯。囹圄空虛⓰，畫衣裳而民不犯⑰。四夷傳譯而朝⑱。民情至樸而不文。郊天祀地，秩山川，以時至⑲，封於泰山，禪於梁父⑳。立明堂，宗祀先帝，以祖配天，天下諸侯各以其職來祭㉑。貢土地所有先以入宗廟㉒，端冕盛服而後見先㉓。德恩之報，奉元之應也㉔。

【章　旨】本章強調五帝三王之治天下，不敢有君民之心，輕徭薄賦，重德輕刑，民情至樸，四夷來朝，上天為之降臨種種瑞應。同時，敘述了溝通天人之際的種種禮儀，如封泰山、禪梁父、立明堂等。

【注　釋】❶五帝三王之治天下二句　五帝，傳說中的上古帝王。究竟是哪五位？有三種不同的說法：一、黃帝、顓頊、帝嚳、唐堯、虞舜（《世本》、《大戴禮記》、《史記・五帝本紀》）；二、太皞（伏羲）、炎帝（神農）、黃帝、少皞、顓頊（《禮記・月令》）；三、少昊（皞）、顓頊、高辛（帝嚳）、唐堯、虞舜（《尚書・序》、皇甫謐《帝王世紀》）。據近人研究，他們都是傳說時代中部落或部落聯盟的領袖。從卜辭來看，帝是對已去世的父王的尊稱。商代諸王常附帝號於父名，如稱父小乙為「帝小乙」，稱父武丁為「帝丁」，稱父祖甲為「帝甲」。《大戴禮記・誥志》：「（天子）卒葬曰帝。」《禮記・曲禮下》：「君天下曰天子……措之廟，立之主，曰帝。」在商代卜辭中，必須是具有直系身分的先王才稱「帝」，旁系如祖庚則未見稱「帝庚」之例，可見對已故先王稱帝，其中包含著嫡庶的區分。關於五帝的世系，據《大戴禮記・世繫》：顓頊乃黃帝之孫，昌意之子，而帝嚳則是黃帝生元囂，元囂生蟜極，蟜極生高辛，高辛即帝嚳。帝嚳生放勳，即為堯帝，而顓頊生窮蟬，窮蟬生敬康，敬康生句芒，句芒生蟜牛，蟜牛生瞽叟，瞽叟生重華，重華即帝舜。這樣一來，五帝都成了黃帝的後代，這其實是後世宗法觀念折射在傳說時代上的結果。三王，有兩種說法：趙岐注《孟子》說是夏禹、商湯、周文王；朱熹注《孟子》說是指夏禹、商湯和周代的文王、武王。不敢有君民之心，指王者雖撫有天下，但不敢自謂為民之君，而是有所敬畏，敬天畏民，即《尚書・皋陶謨》中所說的：「天聰明自我民聰明，天明威自我民明威。」劉向《說苑・政理》：「子貢問治民於孔子，孔子曰：『懍懍焉如以腐索御奔馬。』子貢曰：『何其畏也？』孔子曰：『夫通達之國皆人也，以道導之，則吾畜也。不以道導之，則吾仇也。若何而毋畏？』」在古代，「孤」、「寡人」、「不穀」是君王對自我的謙稱。孤是特立無德之意，寡是寡德少仁，不穀乃不善之意，歸納起來，是無德無能不善之人。「朕」在先秦原是「我」的謙稱，不分尊卑貴賤都可以用，到了秦代以後才成為帝王的專稱。從這些稱謂的溯源，反映了古代帝王不敢有君民之心，而是在努力爭取百姓追隨和服從自己。❷什一而稅　《孟子・滕文公上》：「夏后氏五十而貢，殷人七十而助，周人百畝而徹，其實皆什一也。」五十而貢是耕五十畝上貢五畝的收成，七十而助是耕七十畝而其中七畝是為公家助耕，百畝而徹是耕百畝而其中以十畝的收成作為賦而上交。三者名稱雖異，其實都是上交十分之一，所以說是「其實皆什一也」。古代實行井田制，一井八家，田九百畝，其中公田八十畝，在中間，每家受田一百畝，如井字形排列在公田外。餘下二十畝，每家二畝半廬舍。因八家共受田八百畝，種公田八十畝，故稱為什一而稅。《公羊傳》宣公十五年稱：「什一者，天下之中正也，什一行而頌聲作矣。」可見它對這種賦稅制度極其推崇。❸教以愛二句　指君王要以博愛教民，以忠誠使民。孔子認為虞舜治理天下時：「子民如父母，有憯怛之愛，有忠利之教。」（《禮記・表記》）劉向《說苑・政理》：「武王問於太公曰：『治國之道若何？』太公對曰：『治國之道，愛民而已。』曰：『愛民若何？』曰：『利之而勿害，成之而勿敗，生之而勿殺，與之勿奪，樂之勿苦，喜之勿怒，此治國之道，使民之理也，愛之而已。』」❹敬長老二句　《禮記・祭義》：「先王之所以治天下者五：貴有德，貴貴，貴老，敬長，慈幼。此五者，先王之所以定天下也。貴有德，何為也，為其近於道也。貴貴，為其近於君也。貴老，為其近於親也。敬長，為其近於兄也。慈幼，為其近於子也。」「子曰：『立愛自親始，教民睦也。立教自長始，教民順也。教以慈睦，而民貴有親。教以敬長，而民貴用命。教以事親，順以聽命，錯諸天下，無所不行。』」因此，親親而尊尊，概括地說，就是孝和忠。❺不奪民時二句　指力役的徵發不影響農時，一年不超過三天。《禮記・王制》：「用民之力，歲不過三日。」所謂用民之力，指治城郭、溝渠、宗廟等。❻無怨望忿怒之患二句　指沒有怨恨忿怒的憂患和以強淩弱的災難。《管子・君臣下》：「古者未有君臣上下之別，未有夫婦妃匹之合。獸處群居，以力相征。於是智者詐愚，強者淩弱，老幼孤獨，不得其所。故智者假眾力以禁強虐而暴人止，為民興利除害，正民之德，而民師之。」❼無讒賊妒疾之人　指沒有因妒忌而以讒言傷害別人的人。❽被髮銜哺而游　指民眾可以披頭散髮，口中含著食物而四處漫遊，形容民眾生活得優遊自在。❾父不哭子二句　指在聖王統治下，父親不會為幼子夭折而哭泣，兄長不會為早逝之弟而傷心，人們都能安享天年。《漢書・公孫弘傳》：「形和則無疾，無疾則不夭，故父不喪子，兄不哭弟。」《淮南子・原道訓》：「父無喪子之憂，兄無哭弟之哀，童子不孤，婦人不孀，虹霓不出，賊星不行，含德之所致也。」❿毒蟲不螫三句　毒蟲，指蠍子，又稱螫蟲。猛獸，指豺狼虎豹。抵蟲，淩曙注本中「抵」

作「鷙」。鷙是兇猛的鳥，如鷹、雕等。《禮記・儒行》鄭玄注：「鷙蟲，猛鳥獸也。」此處指在聖王統治下，毒蟲、猛獸、鷙鳥都不傷害百姓。⓫甘露　《白虎通義・封禪》：「甘露者，美露也。降則物無不盛者。」《太平御覽》引《瑞圖》曰：「甘露者，美露也。王者施德惠，則甘露降其草木。」⓬朱草生　《白虎通義・封禪》：「德至草木則朱草生，木連理。朱草者，赤草也，可以染絳，別尊卑也。」⓭醴泉　《白虎通義・封禪》：「醴泉者，美泉也，狀若醴酒，可以養老也。」⓮嘉禾　《白虎通義・封禪》：「嘉禾者，大禾也。」⓯鳳凰麒麟遊於郊　鳳凰與麒麟都是古代傳說中象徵吉祥的鳥獸。《禮記・禮運》把麟、鳳、龜、龍列為四靈，曰：「鳳凰麒麟，皆在郊棷，龜龍在宮沼。」《白虎通義・封禪》：「鳳凰者，禽之長也。上有明王，太平乃來，居廣都之野。」又曰：「黃帝之時，鳳凰蔽日至，東方止於東園，食常竹實，棲常梧桐，終身不去。」⓰囹圄空虛　指監獄內空虛，沒有在押的囚犯。《白虎通義・五刑》：「夏曰夏臺，殷曰牖里，周曰囹圄。」⓱畫衣裳而民不犯　《尚書・舜典》：「象以典刑。」《初學記》引《尚書大傳》：「唐虞象刑，而民不敢犯。」指在犯人的衣裳上畫圖以表示受刑之意，如畫鞭打、棒責等圖以示警誡，民因此而不敢犯法。⓲四夷傳譯而朝　指四夷通過傳譯來朝會。《周禮・秋官・司寇》：「象胥掌蠻夷閩貉戎狄之國，常傳王之言而諭說焉。」⓳郊天祀地三句　指先王能按時祭天祀地，並依次祭祀山川諸神。《尚書・舜典》：「肆類于上帝，禋于六宗，望于山川，徧于群神。」類、禋都是祭祀的名稱，此處指舜已依次序按時祭祀天地山川。古代君王冬至日祭天（上帝）於圜丘，稱郊天；夏至日祀地祇於澤中之方丘，稱地祀。相傳自黃帝起祭山川。周制四坎壇祭四方之山川，秦時則遍祭全國之名山大川。⓴封於泰山二句　封禪是天子在泰山祭祀天地的活動。古人認為泰山是萬物之始，陰陽交代之處。天子在泰山祭天，可以實現天人之際的交會。祭祀時要在泰山頂上修壇封土，所以稱封於泰山。梁父，又稱梁甫，是天子祭祀地祇的場所。《白虎通義・封禪》稱：「言禪者，明以成功相禪」；「三王禪於梁甫之山。梁者信也，甫者輔也，信輔天地之道而行之也。」古代君王都希望自己能到泰山去行封禪之禮，以表示自己受命於天，自己是有德者才居君位。漢武帝剛即位，就要赴泰山行封禪之禮。但由於竇太后好黃老之學而未成行。直至元封元年（西元前一一〇年）四月，漢武帝始登封泰山，至於梁父而後禪。當年十月，改元為「元封」。司馬遷之父司馬談，由於不得隨漢武帝封禪於泰山梁父而耿耿於懷，臨終前對司馬遷流淚說：「今天子接千歲之統，封泰山而余不得從行，是命也夫，命也夫！」（《史記・太史公自序》）㉑立明堂四句　明堂是古代天子宣明政治教化的場所，凡朝會及祭祀、慶賞、選士、養老、教學等大典，均於其中舉行。儒家糅合陰陽家的學說，把明堂的建置理想化，但各家說法不一。唐代顏師古就曾指出：「明堂之制，爰自古者，求之簡牘，全文莫見。始至黃帝，降及有虞，彌歷夏、殷，迄於周代，各立名號，別創規模，眾說舛駁，互執所見，巨儒碩學，莫有詳通，斐然成章，不知裁斷。究其旨要，實布政之宮也。」（《舊唐書・禮儀志二》）至於明堂的建置與功能，有的看重其朝會，如《禮記・明堂位》稱：「昔者周公朝諸侯於明堂之位，天子負斧依南鄉而立」；「明堂也者，明諸侯之尊卑也」；「武王崩，成王幼弱，周公踐天子之位，以治天下。六年，朝諸侯於明堂。制禮作樂，頒度量，而天下大服。」有的看重其祭祀，如《孝經・聖治》：「昔者周公郊祀后稷以配天，宗祀文王於明堂，以配上帝。是以四海之內，各以其職來祭。」《詩正義》引盧植注《禮記》曰：「明堂即太廟也。」又如鄭樵《通志・禮略・明堂》稱：「黃帝拜祀上帝於明堂，或謂之合宮，其堂之制，中有一殿，四面無壁，以茅蓋，通水，水圜宮垣，為複道，上有樓，從西南入，名昆侖，天子從之，入以拜祀。唐虞祀五帝於五府：蒼曰靈府，赤曰文祖，黃曰神計，白曰明紀，黑曰玄矩。夏后氏曰世室，商人曰重屋，周人曰明堂，其制度詳於禮經。」有的則強調其綜合功能，如《白虎通義・辟雍》稱：「天子立明堂者，所以通神靈，感天地，正四時，出教化，宗有德，重有道，顯有能，褒有行者也。上圓法天，下方法地。八窗象八風，四闥法四時，九宮法九州，十二坐法十二月，三十六戶法三十六雨，七十二牖法七十二風。」漢武帝即位初，曾議論過建置明堂，因竇太后好黃老言，不喜儒術，其事就擱置下來。漢武帝元封元年（西元前一一〇年），武帝封禪泰山後，曾降坐明堂，發布行封禪禮的詔書，次年秋又築明堂於泰山下，汶水之上。以後武帝行幸泰山時，便不一定再登泰山行封禪禮，而只令人增封，即增加封土的高度，而本人則在山下明堂內祭祀上帝。如太初元年（西元前一〇四年）冬，武帝行幸泰山，冬至日，祀上帝於明堂。「太始四年（西元前九三年）春三月，行幸泰山，壬午，祀高祖於明堂，以配上帝，因受封；癸未，祀孝景皇帝於明堂。甲申修封。」（《漢書・武帝紀》）由此可見，明堂既是祭祀上帝和列祖列宗的場所，也是武帝議政和頒發詔命的場所。東漢光武帝則在首都洛陽營建明堂。後世隋唐修建明堂時，都曾經參照兩漢修建明堂的構思。

㉒貢土地所有先以入宗廟　貢土地所有，指古代君王向宗廟薦新或時享的祭祀制度，它規定土地上收穫物要先薦於宗廟。《周禮・春官宗伯》：「以祠春享先王，以禴夏享先王，以嘗秋享先王，以烝冬享先王。」本書〈四祭〉篇講到春夏秋冬四季都要薦新，大致上春薦新韭夏獻麥，秋薦黍稷冬獻稻。漢代薦新除稻、麥外，還按時供獻時新水果。漢惠帝時，「（叔孫）通曰：『古者有春嘗果，方今櫻桃熟，可獻。願陛下出，因取櫻桃獻宗廟。』上許之，諸果獻由此興。」（《漢書・叔孫通傳》）先以入宗廟，指君王必須將四季時新穀麥果蔬都應先薦供宗廟而後方敢享食。

㉓端冕盛服而後見先　指君王必須端正自己的冠

冕，袍服整齊端莊，才能進宗廟去參拜祖先。㉔德恩之報二句　指上天所以對古代君王報以恩德，是由於君王能奉元正本、身體力行的感應。

【語　譯】五帝三王治理天下的時候，不敢懷有君臨萬民的念頭。賦稅的徵收限於十分之一。以仁愛之道去教化民眾，從忠心為民出發去役使民眾，敬重長輩和老人，親愛自己的親人，尊敬身分尊貴的人，不耽誤百姓耕種和收穫的時機，役使百姓的時間一年不超過三天。老百姓家家戶戶豐衣足食，沒有怨恨忿怒這樣的憂患，沒有強者欺凌弱者這樣的災難，也沒有因為妒忌而用讒言去傷害別人的人。人們重視道德修養而品德美好，悠閒地披散著頭髮邊吃邊逛，不羨慕富貴榮華，因為知道羞恥而不去違法作惡。人們的壽命很長，父親不會因為有夭折的幼子而痛哭，兄長不會因為有早逝的幼弟而悲傷。毒蟲不來螫咬人，猛獸不來搏殺人，鷙禽也不飛來冒犯人。上天為五帝三王的德治而從天上降下甘露，地上長出朱草，醴泉從地下湧現，風調雨順，田裡結出了碩大的禾穗，鳳凰和麒麟在國都的郊外漫遊，監獄裡沒有在押的犯人，判刑時只在服刑者的衣裳上畫圖以表示懲罰而人們因此而不敢犯法，四方夷狄通過翻譯前來朝見天子。民間風氣十分純樸而不尚奢華。君王能按時祭祀天地，依照次序祭祀名山大川，按時到泰山去封土修壇以祭天，感謝上天的恩賜；到梁父山祭祀地祇，報答大地的功德。建造明堂以祭祀上帝，並以列祖列宗來配享。天下諸侯各人依照自己的職位來朝拜和參與祭祀。一年四季按時在宗廟向祖先薦祭新收穫的稻、麥和時新果蔬，祭祀時事先端正冠冕、袍服整齊地來參拜祖先。上天所以能這樣地報以恩德，降下種種祥瑞，這是由於五帝三王能奉元正本所感應的呀！

【研　析】據《漢書・公孫弘傳》記載：元光五年（西元前一三〇年），漢武帝再次下詔徵賢良文學，頒發了一篇制文，它的內容是：

「蓋聞上古至治，畫衣冠，異章服，而民不犯。陰陽和，五穀登，六畜蕃，甘露降，風雨時，嘉禾興，朱草生，山不童，澤不涸，麟鳳在郊藪，龜龍游於沼，河洛出圖書。父不喪子，兄不哭弟，北發渠搜，南撫交趾，舟車所至，人跡所及，跂行喙息，咸得其宜，朕甚嘉之。今何道而臻乎此？子大夫修先聖之術，明君臣之義，講論洽聞，有聲乎當世。敢問子大夫：天人之道，何所本始？吉凶之效，安所期焉？禹湯水旱，厥咎何由？仁義禮知，四者之宜，當安設施？屬統垂業，物鬼變化，天命之符，廢興何如？天文地理，人事之紀，子大夫習焉。其悉意正議，詳具其對，著之於篇，朕將親覽焉。」

漢武帝制文中所描繪的上古至治的狀況，與董仲舒在本章中所敘述的五帝三王之治天下極其相似，這是時代風氣使然，是漢武帝與當時儒者的共識。但是仔細辨別一下，可以發現兩者的側重有所不同。董仲舒強調的是「五帝三王之治天下，不敢有君民之心」，這也就是孟子所說「民為貴」的民本思想。由此出發，經濟上輕徭薄賦，「什一而稅」，「使民不過歲三日」；政治教化上，「教以愛，使以忠，敬長老，尊尊而親親」，民風淳樸，「不慕富貴，恥惡不犯」。於是，感應上天，降下種種瑞應。然後講溝通天人之際的各種禮儀，如郊天祀地、封泰山、禪梁父與建置明堂等。出發點是奉元正本，無君民之心。但是，漢武帝的制文恰正相反，側重點在於「天人之道，何所本始？」在這裡，首先問的是天人之際應當如何溝通？接下來的一連串發問，如「吉凶之效，安所期焉？禹湯水旱，厥咎何由？」一直到「物鬼變化，天命之符，廢興何如？」他重視的是吉凶之兆與祥瑞如何降臨與鬼神喜怒如何掌握等等，至於董仲舒所強調的奉元正本、無君民之心的民本思想，則絲毫未曾涉及。由此可見，兩者存在著根本上的分歧。

君王借助於上天、天命、鬼神來進行統治，這是中國古代巫史文化的特徵之一。漢武帝對此特別重視。《漢書・郊祀志》中講到「武帝初即位，尤敬鬼神之祀」，可見武帝側重於借助上天與鬼神的力量，在民眾面前建立自己的權威。德國社會學家馬克思・韋伯將這種權威稱之為「克里斯瑪權威」，這種統治的合法性「是建立在神祕信仰、啟示信仰和英雄信仰上。這些信仰之源是由奇蹟、勝利和其他成就，由被統治者的康樂考驗出來的克里斯瑪品質」（《世界宗教的經濟倫理》）。漢武帝的「尤敬鬼神之祀」，就在於通過封禪、明堂、巡狩、改制這些由儒生策劃的溝通天人之際的活動，以證明自己的統治是天命之所歸，以增強自己的統治權威。

但是，這並不意味著漢武帝否定董仲舒這種「奉元正本」的看法。漢武帝元光五年徵賢良文學時，公孫弘在對策中就提出了與董仲舒類似的看法：「今人主和德於上，百姓和合於下。故心和則氣和，氣和則形和，形和則聲和，聲和則天地之和應矣。故陰陽和，風雨時，甘露降，五穀登，六畜蕃，嘉禾興，朱草生，山不童，澤不涸，此和之主也。故形和則無疾，無疾則不夭，故父不喪子，兄不哭弟。德配天地，明並日月，則麟鳳至，龜龍在郊，河出圖，洛出書，遠方之君莫不說義，奉幣而來朝，此和之極也。」那一次奏對者有百餘人，太常將公孫弘的對策貶居下等，而漢武帝卻將公孫弘的對策擢居第一（《漢書·公孫弘傳》）。不過，若要漢武帝去身體力行儒家的「誠意、正心、修身、齊家、治國、平天下」的這套道理，那是絕對做不到的。誠如汲黯對他所指出的：「陛下內多欲而外施仁義，奈何欲效唐虞之治乎？」《漢書·汲黯傳》漢武帝好大喜功，對內封禪、改制、巡狩與屢興建築，對外連年征戰，花錢猶如同流水一般，向他談「什一而稅」，「使民不過歲三日」，豈不是與虎謀皮？他雖然一再徵用賢良文學之士，但更其信任與重用的是善於聚斂錢財的理財能吏如桑弘羊等。公孫弘對這一點看得很清楚。他在奏對中可以泛泛而論仁、義、禮、智，但對輕徭薄賦的具體措施是絕口不提的，這正是他曲學阿世、為人圓滑之處。所以，儘管他治《春秋》的聲名不如董仲舒，但仕運卻遠比董仲舒亨通得多。董仲舒最高的官位是地方上諸侯王的國相，而且性命幾乎不保；而公孫弘卻位列三公，官居宰相，一生深受武帝寵幸。董仲舒治《春秋》是為了開創儒學的新局面以致天下之治；公孫弘治《春秋》則是為了「習文法吏事，緣飾以儒術」（《漢書·公孫弘傳》）。前者走的是學者的道路，後者走的是官僚的道路，結果當然是前者寥落而後者顯赫。但到後世評價青史時，兩者的地位就不免要顛倒過來了。

第三章

桀紂皆聖王之後，驕溢妄行❶，侈宮室，廣苑囿，窮五采之變，極飭材之工❷，困野獸之足，竭山澤之利，食類惡之獸❸。奪民財食，高雕文刻鏤之觀，盡金玉骨象之工❹，盛羽族之飾，窮白黑之變❺，深刑妄殺以凌下❻，聽鄭衛之音❼，充傾宮之志❽，靈虎兕文采之獸❾。以希見之意，賞佞賜讒❿。以糟為邱，以酒為池⓫。孤貧不養，殺聖賢而剖其心⓬，生燔人聞其臭⓭，剔婦孕見其化⓮，斮朝涉之足察其拇⓯，殺梅伯以為醢⓰，刑鬼侯之女取其環⓱。誅求無已，天下空虛⓲。群臣畏恐，莫敢盡忠，紂愈自賢⓳。周發兵，不期會於孟津之上者八百諸侯，共誅紂，大亡天下⓴。《春秋》以為戒，曰：「亳社災。」㉑

【章旨】本章敘述桀紂種種殘暴無道的罪行，終致國滅身亡，足以為有國者戒。

【注釋】❶桀紂皆聖王之後二句　桀，夏代國君，名履癸，夏禹之後。《竹書紀年》曰：「自禹至桀十七世，有王與無王，用歲四百七十一年。」無王是指后羿、寒浞之世，後為少康復國，繼續夏代統治。《史記・夏本紀》稱：「夏桀不務德而武傷百姓，百姓弗堪。迺召湯而囚之夏臺，已而釋之。湯修德，諸侯皆歸湯。湯遂率兵以伐夏桀。桀走鳴條，遂放而死。」紂，殷代國君，稱帝辛，湯的後代。紂是他的諡號。《諡法》：「殘義損善曰紂。」《竹書紀年》曰：「湯滅夏以至於受辛，二十九王，用歲四百九十六。」《史記・殷本紀》載有殷之世系，共三十王。紂沉迷酒色，統治暴虐，為周武王所滅。❷侈宮室四句　指桀與紂修築宮室，擴充苑囿，窮盡色彩的變化，在裝飾材料上極其講究工巧。《文選》劉淵林注〈吳都賦〉：「汲郡地中《古文冊書》：『桀作傾宮，飾瑤臺。』」《晏子・諫下》：「殷之衰也，其王紂作傾宮靈臺。」❸困野獸之足三句　指桀與紂把野獸驅趕到自己的苑囿之中，竭盡山澤之利，以供應各種野味美食。類惡之獸，指各種兇殘的野獸。《史記・殷本紀》：「(紂王)益廣沙丘苑臺，多取野獸蜚鳥置其中。」❹奪民財食三句　指桀與紂搜括民間財物，修築高大而雕刻精緻、裝飾華麗的樓臺，極盡工巧地用黃金、白玉、獸骨、象牙貴重材質製作器物。❺盛羽族之飾二句　羽族，當是「羽旄」之誤。羽是翟羽，旄是旄牛尾。古代帝王出巡時，以雉羽與旄牛尾裝飾旌旗，以顯示帝王的威嚴。又，古代宮廷舞蹈有文舞與武舞之分，文舞用羽與旄，武舞用干（盾）與戚（斧）。窮白黑之變，指羽旄上的色彩變化無窮。❻深刑妄殺以淩下　深刑，殘苛之刑。妄殺，亂殺人。《史記・殷本紀》：「百姓怨望而諸侯有畔者，於是紂乃重辟刑，有炮烙之法。以西伯昌、九侯、鄂侯為三公，九侯有好女，入之紂。九侯女不喜淫，紂怒殺之而醢九侯。鄂侯爭之，彊辨之。疾，並脯鄂侯。西伯昌聞之，竊歎。崇侯虎知之，以告紂。紂囚西伯羑里。西伯之臣閎夭之徒求美女、奇寶、善馬以獻紂，紂乃赦西伯。西伯出而獻洛西之地，以請除炮烙之刑，紂乃許之。」❼聽鄭衛之音　鄭衛之音，指亡國亂世的音樂。《史記・殷本紀》：「（紂）使師涓作新淫聲，北里之舞，靡靡之樂。」傳說春秋、戰國時的鄭、衛之音，即源於殷末紂王的音樂。❽充傾宮之志　指夏桀、殷紂搜羅年輕漂亮女子以充斥後宮。李賢《後漢書注》引《帝王世紀》曰：「紂時傾宮婦女衣綾紈三百餘人。」《後漢書・郎顗傳》：「武王下車，出傾宮之女。」注引《尚書大傳》：「武王入殷，歸傾宮之女。」❾靈虎兕文采之獸　兕，雌的犀牛。古代常與虎並稱。《論語・季氏》：「虎兕出於柙。」此處指夏桀與殷紂因虎兕身上有文采而將牠們看作是靈奇之物，在苑囿中畜養。❿以希見之意二句　指夏桀和殷紂都喜歡聽佞倖之徒的阿諛奉承和挑撥離間、造謠中傷的讒言。《史記・殷本紀》：「（紂）用費中為政，費中善諛好利，殷人弗親。紂又用惡來，惡來善毀讒，諸侯以此益疏。」⓫以糟為邱二句　《史記・殷本紀》：「以酒為池，懸肉為林，使男女裸，相逐其間，為長夜之飲。」《太公六韜》：「紂為酒池，迴船糟丘而牛飲者三千餘人為輩。」⓬殺聖賢而剖其心　《史記・殷本紀》：「紂愈淫亂不止。微子數諫不聽，乃與太師、少師謀，遂去。比干曰：『為人臣者，不得不以死爭。』迺強諫紂。紂怒曰：『吾聞聖人心有七竅。』剖比干，觀其心。」⓭生燔人聞其臭　指用炮烙之刑將人活活烤死。裴駰《史記集解》引《列女傳》曰：「膏銅柱，下加之炭，令有罪者行焉，輒墜炭中。妲己笑，名曰炮烙之刑。」⓮剔婦孕見其化　《呂氏春秋・慎行覽・過理》作「剖孕婦而觀其化」。高誘注：「化，育也，視其胎裏。」《帝王世紀》：「紂剖比干妻，以視其胎。」⓯斮朝涉之足察其拇　拇，當作脛。《尚書・泰誓下》作「斮朝涉之脛」。《淮南子・主術訓》：「紂斮朝涉之脛，而萬民叛。」酈道元《水經注》：「老人晨將渡水，而沉吟難濟。紂問其故，左右曰：『老者髓不實，故晨寒也。』紂乃斮脛而視髓。」⓰殺梅伯以為醢　《呂氏春秋・恃君覽・行論》：「昔者紂為無道，殺梅伯而醢之，殺鬼侯而脯之。」高誘注：「肉醬為醢，肉熟為脯。梅伯、鬼侯皆紂之諸侯也。梅伯說鬼侯之女美，令紂取之。紂聽妲己之譖，曰以為不好，故醢梅伯，脯鬼侯，以其脯燕諸侯於廟中。」其事又見《呂氏春秋·恃君覽·過理》。⑰刑鬼侯之女取其環　環，當是「瓌」字。《呂氏春秋·貴直論·過理》：「刑鬼侯之女而取其瓌。」高誘注：「聽妲己之譖，殺鬼侯之女以為脯，而取其瓌。」瓌，是懷於衣衾內的玉玦。⑱誅求無已二句　《史記·殷本紀》：「（紂）厚賦稅以實鹿臺之錢，而盈鉅橋之粟。」⑲群臣畏恐三句　《史記·殷本紀》：「（紂）知足以距諫，言足以飾非，矜人臣以能，高天下以聲，以為皆出己之下」；「王子比干諫，弗聽。商容賢者，百姓愛之，紂廢之。」⑳周發兵四句　孟津，今河南孟縣。據《史記·周本紀》載：周武王即位後九年，率兵至孟津，事先沒有約定而來到的有八百諸侯，都擁戴周武王而主張乘勢討伐殷紂王。但周武王認為時機尚未成熟而返師。兩年以後，殷紂王殺比干，囚箕子，微子去國，內部矛盾尖銳，處於分崩離析的前夕，周武王再次起兵，並聯合各地諸侯，從孟津渡過黃河，與殷紂王的軍隊會戰於牧野。紂軍雖眾，號稱七十萬，但人心不附，不願為紂作戰，在陣前倒戈。周武王率軍擊潰紂軍，紂軍崩潰，紛紛投降周軍，殷紂王逃奔到鹿臺之上，舉火自焚而死。周王朝從此代替了殷王朝。㉑春秋以為戒三句　《春秋》在魯哀公四年（西元前四九一年）記載：「六月辛丑，蒲社災。」《公羊傳》對此評論曰：「蒲社者何？亡國之社也。社者封也，其言災何？亡國之社蓋揜之，揜其上而柴其下。」此處所說的亳社，即《公羊傳》中所說的蒲社，《左傳》、《穀梁傳》俱作亳社，《禮記·郊特牲》中稱為「薄社」。《釋文》：「薄，本又作亳。」古代建國時必先立社，以祭祀地神。殷都於亳，所以稱作亳社。周滅殷後，亳社即成為亡國之社。古代立社，堆土為之。封，即堆土。立社時為了使它能夠上通於天，都是露天的。亡國之社則築屋掩蓋其上，使它不能上通於天，下部則以散木阻攔，使它不通四方。何休《春秋公羊傳解詁》：「揜、柴之者，絕不得使通天地四方，以為有國者戒。」社是堆土築成的，本來不會發生火災。但亳社是亡國之社，上有屋頂掩蓋（「揜其上」），下部四旁有散木阻攔（「柴其下」），所以才會發生火災。《春秋》為何要記錄這次火災？何休《春秋公羊傳解詁》對此作了解釋：「殷都於亳。武王克紂，而列其社於諸侯，為有國者戒。災亳社，所以示諸侯縱恣不自警之象，故謹記之。」

【語譯】桀與紂都是聖王的後代，可是他們狂妄自大，胡作非為，宮殿修築得奢侈而豪華，園林和獵苑一再擴大，宮室的塗飾窮盡五色繽紛的變化，裝飾用材極其工巧而精緻。園苑中放養著捕捉來的野獸以供狩獵取樂，竭盡山澤的物產以供自己揮霍，食用兇猛獸類等珍奇野味，掠奪百姓的財產和糧食，修建高大而雕刻精緻的樓臺，用黃金、美玉、獸骨、象牙等貴重材質製作工藝精巧的器物，隨從的儀仗大量地用雉羽與旄牛尾裝飾旌旗，窮盡色彩的變化，用酷刑濫殺來欺凌下屬和百姓，整日沉湎於靡靡之音，搜羅年輕漂亮女子充塞後宮以供淫樂，將身上有奇異花紋的猛虎、犀牛當作靈奇的神獸供養起來。桀紂還異想天開地賞賜和信任那些善於阿諛奉承和進讒言殘害忠良的奸佞小人。他們用酒糟堆積成山丘，用美酒灌滿池塘，在其中遊船淫樂。不願撫養和照顧那些孤弱貧窮的百姓，殺死進諫的聖賢還要剖胸挖心，用炮烙之刑將人活活燒烤至死來聞這種焦臭的氣味，剖開孕婦的肚子取出胎嬰來察看其在母腹內的發育變化，砍掉早晨冒寒渡河人的腳脛來察看他的骨髓。紂王諸侯梅伯斬成肉醬，殺死鬼侯的女兒而取走她隨身佩帶的玉玦。橫徵暴斂，沒完沒了地搜刮財富，將天下都弄空虛了。群臣害怕紂王動輒殺人，不敢盡忠去勸諫，紂王就更加認定自己是才德過人的賢君。周武王發兵征伐紂王，事先沒有約會而自動率領軍隊到孟津會合的有八百諸侯，大家齊心合力誅殺殷紂王，殷商由此徹底喪失了天下而為周朝所代替。《春秋》為了凸出殷商滅亡的歷史鑒戒，對殷商亳社發生火災這樣的事也要特別記上一筆說：「亳社災。」

【研　析】五帝三王作為聖王的典範，夏桀與殷紂則作為暴君的典型，這是先秦諸子在立論舉例時常見的共同特徵。這樣一來，桀紂成了罪惡和過錯的化身。

事實上，這種說法需要探討。《呂氏春秋．孝行覽．長攻》稱：「桀紂雖不肖，其亡遇湯武也。遇湯武，天也，非桀紂之不肖也。湯武雖賢，其王遇桀紂也。遇桀紂，天也，非湯武之賢也。若桀紂不遇湯武，未必亡也。桀紂不亡，雖不肖，辱未至於此。若使湯武不遇桀紂，未必王也。湯武不王，雖賢，顯未至於此。故人主有大功，不聞不肖，亡國之主不聞賢。」從這裡可以看到，聖王之所以賢，亡國之君之所以不肖，機遇在其中是重要的因素，同時也不排斥人為的因素在起作用。亡國之君之所以成為眾惡之所歸，其中不乏新王朝故意詆毀、添油加醬的成分在內，否則又何以顯示勝利者的賢德和才能？何以證明新王朝是順天應命而建立的？本章所言桀紂的暴行，集中在殷紂而不在夏桀，就因為周朝推翻殷朝而建立，周代諸子論述的矛頭自然集中在前代亡國之君——殷紂的身上。其實，早在先秦時就已有人對此發生懷疑。孔子的弟子子貢就曾說過：「紂之不善，不如是之甚也。是以君子惡居下流，天下之惡皆歸焉。」（《論語・子張》）

周代較早的典籍中，紂的罪行只有寥寥數條，而且語焉不詳，含混不清。清代崔述在《商考信錄》中曾根據《今文尚書》中所言紂之罪狀歸納整理，分為五類：「一曰聽好言，〈牧誓〉所謂牝雞之司晨者。二曰荒酒，〈酒誥〉所謂酣身，〈微子〉所謂酗於酒者也。三曰怠祀，〈牧誓〉所謂昏棄肆祀，〈微子〉所謂攘竊神祇之犧牲者也。四曰斥逐貴戚老臣，〈牧誓〉所謂昏棄王父母弟，〈微子〉所謂耄遜於荒，咈其耈長、舊有位者也。五曰收用憸邪小人，〈牧誓〉所謂多罪逋逃，是信是使，〈立政〉所謂羞刑暴德之人，同於厥邦，〈微子〉所謂大好草竊奸宄合於一者也。即〈大雅・蕩之什〉篇，為後人之托言，而其譏切紂失，亦不外此五端。蓋惟迷於酒失，是以不復畏天念祖，以致忠直逆耳，讒人倖進，故〈牧誓〉必推本於婦言，〈酒誥〉悉歸於荒腆，惟仁賢不用，而掊克在位，是以民罹其殃。故〈召誥〉於徂亡出執，必推本於智藏瘝在也。經傳之文，互相印證，紂之不善，了然可見，初無世俗所傳之云也。」

董仲舒在本章所說的紂王罪行，大體上與司馬遷《史記・殷本紀》相同，來源於戰國諸子著作如《呂氏春秋》等書中的附會、傳言或杜撰，目的無非是以紂之無道來襯托聖王的賢明。這也是古往今來的常見現象，如基督教就通過上帝與魔鬼的對立以取得佈道傳教的效果。

第四章

周衰，天子微弱，諸侯力政，大夫專國，士專邑，不能行度制法文之禮❶。諸侯背叛，莫修貢聘，奉獻天子❷。臣弒其君，子弒其父❸，孽殺其宗❹，不能統理，更相伐銼以廣地❺。以強相脅，不能制屬❻。強奄弱，眾暴寡，富使貧，并兼無已❼。臣下上僭，不能禁止。日為之食❽，星霣如雨❾，雨螽❿，沙鹿崩⓫。夏大雨水，冬大雨雪⓬，霣石于宋五，六鷁退飛⓭。霣霜不殺草，李梅實⓮。正月不雨，至於秋七月⓯。地震⓰，梁山崩，壅河，三日不流⓱。晝晦⓲。彗星見于東方，孛于大辰⓳。鸜鵒來巢⓴。《春秋》異之，以此見悖亂之徵㉑。

【章　旨】本章將《春秋》記載的種種災異，與人事相比附，以此見悖亂之徵，從而闡明天人感應之說。

【注　釋】❶周衰六句　文，指周文王。法文之禮，指遵奉周文王制定的禮法。此處指周代自厲王以後，周室衰微，天子微弱無權，諸侯以武力相征伐，不把天子放在眼裡，大夫壟斷諸侯國的大權，士把持大夫封邑內的權力，不能遵行由周文王制定的禮樂法度。《史記・十二諸侯年表》：「及至厲王，以惡聞過，公卿懼誅而禍作，厲王遂奔於彘。亂自京師始，而共和行政焉。是後或力政，彊乘弱，興師不請天子，然挾王室之義，以討伐為會盟，主政由五伯。諸侯恣行，侈不軌，賊臣篡子滋起焉。」❷諸侯背叛三句　指諸侯背叛天子，不再向天子行進貢、朝聘、奉獻之禮。❸臣弒其君二句　指世道大亂，臣子弒殺君主，兒子弒殺父親。《史記・太史公自序》：「《春秋》之中，弒君三十六，亡國五十二，諸侯奔走不得保其社稷者不可勝數。察其所以，皆失其本已。故《易》曰：『失之毫釐，差以千里。』故曰：『臣弒君，子弒父，非一旦一夕之故，其漸久矣。』」❹孽殺其宗　指庶孽殺其宗子。孽指庶子，宗為嫡子。❺不能統理二句　指周朝初年天子與諸侯之間建立在宗法封建制基礎上的上下隸屬關係處於崩潰的過程之中。周天子不再能統理諸侯，各諸侯之間以強淩弱，依靠攻伐他國來擴展本國的土地。據《史記・十二諸侯年表》載：齊、晉、秦、楚等國在周初時的疆域都不大，他們的封地有的是百里，有的只有五十里，但是通過不斷兼併他國的結果，都成了方圓千里的大國。❻以強相脅二句　指諸侯之間以武力相威脅，以強者為尊，沒有人能制約與統屬。《史記・十二諸侯年表》：「晉阻三河，齊負東海，楚介江淮，秦因雍州之固，四國迭興，更為伯主，文武所褒大封，皆威而服焉。」伯主，霸主。❼強奄弱四句　指民間貧富懸殊，強者壓制弱者，多數欺侮少數，富人奴役窮人，不停地互相兼併。《漢書・食貨志》引董仲舒言：「古者稅民不過什一，其求易供。使民不過三日，其力易足。民財內足以養老盡孝，外足以事上供稅，下足以畜妻子極愛，故民說從上。至秦則不然，用商鞅之法，改帝王之制，除井田，民得賣買。富者田連阡陌，貧者亡立錐之地，又顓川澤之利，管山林之饒，荒淫越制，踰侈以相高。邑有人君之尊，里有公侯之富，小民安得不困？又加月為更卒，已復為正，一歲屯戍，一歲力役，三十倍於古。田租口賦，鹽鐵之利，二十倍於古。或耕豪民之田，見稅什五。故貧民常衣牛馬之衣，而食犬彘之食……漢興，循而未改。古井田法雖難卒行，宜少近古，限民名田，以贍不足，塞并兼之路，鹽鐵皆歸於民，去奴婢，除專殺之威。薄賦斂，省繇役，以寬民力，然後可善治也。」❽日為之食　即日蝕。董仲舒強調天人感應之說，認為上垂天象，下應人事，日蝕意味著人間有重大禍亂發生。如《春秋》在魯桓公三年（西元前七〇九年）記載：「七日，壬辰朔，日有食之，既。」既，完畢的意思。這一次是日全蝕。朱文鑫《春秋日食考》推算為西元前七〇九年七月十七日之日食。關於與這次日食對應之人事情況，據《漢書・五行志下之下》載：「董仲舒、劉向以為前事已大，後事將至者又大，則既。先是魯、宋弒君，魯又成宋亂，易許田，亡事天子之心。楚僭稱王，後鄭拒王師，射桓王。又，二君相篡。」❾星霣如雨　霣，通「隕」。此處指流星下墜如雨。如《春秋》在魯莊公七年（西元前六八七年）記載：「夏四月辛卯，夜，恆星不見，夜中星霣如雨。」陳遵嬀《中國古代天文學簡史》認為：這次「星霣如雨」的記載，是世界上最早的一次關於天琴座流星雨的紀錄。《漢書・五行志下之下》載：「董仲舒、劉向以為常星二十八宿者，人君之象也。眾星，萬民之類也。列宿不見，象諸侯微也。眾星隕墜，民失其所也。夜中者，為中國也。不及地而復，象齊桓起而救存之也。鄉亡桓公，星遂至地，中國其良絕矣。」「劉歆以為晝象中國，夜象夷狄。夜明，故常見之星皆不見，象中國微也。」董仲舒、劉向父子都好以天象比附人事，崇尚天人感應之說，因此對流星雨作出了自己的解釋：列宿不見，是象徵諸侯衰微；眾星隕墜，也就是流星雨，象徵百姓流離失所。不及地而復，指的是流星雨未達地面即因與空氣摩擦燃燒而隕滅的現象。由於地面無隕石殘留，董仲舒、劉向便以為是隕星又回復到天上去了，而且比附人事，說成是由於出了個齊桓公，尊王攘夷，使中國不致淪亡於夷狄之手。如果沒有齊桓公，流星就會墜落地上而不再回復到天上，中國也就此淪亡了。❿雨螽　螽，即蝗蟲。《春秋》記載蝗蟲為災之事甚多，董仲舒、劉向都一一將它與人事相比附，作為天人感應的佐證。如《春秋》在魯文公三年（西元前六二四年）記載：「秋，雨螽于宋。」《公羊傳》對此評論曰：「雨螽者何？死而墜也。何以書？記異也。」董仲舒、劉向都以此比附人事。《漢書・五行志中之下》載：「文公三年，秋，雨螽于宋。劉向以為先是宋殺大夫而無罪，有暴虐賦斂之應。《穀梁傳》曰：『上下皆合言甚。』董仲舒以為宋三世內取，大夫專恣，殺生不中，故螽先死而至。」三世內取，指宋三世國君，不向別的諸侯國迎娶而內娶於本國的大夫之女。⓫沙鹿崩　沙鹿，地名。崩，山崩，即山體滑坡。此處指沙鹿地區山崩，致使沙鹿城坍陷。《春秋》在魯僖公十四年（西元前六四六年）記載：「秋八月辛卯，沙鹿崩。」《公羊傳》對此評論曰：「沙鹿者何？河上之邑也。此邑也，其言崩何？襲邑也。沙鹿崩何以書？記異也。」沙鹿當時屬晉國。鹿，通「麓」。《穀梁傳》認為，沙鹿即沙山之麓。沙鹿又為邑名，山之西有沙鹿城。孔廣森《春秋公羊通義》引《水經注》曰：「元城縣東有五鹿墟，墟之左右多陷城，《群國志》曰：『五鹿墟，故沙鹿是矣。』」其地在今河北大名。《漢書・五行志下之上》記載此事後曰：「劉向以為臣下背叛，散落不事上之象也。先是齊桓行伯道，會諸侯，事周室。管仲既死，桓德日衰。天戒若曰：伯道將廢，諸侯散落，政逮大夫，陪臣執命，臣下不事上矣。桓公不寤，天子蔽晦。及齊桓死，天下散而從楚，王札子殺二大夫，晉敗天子之師，莫能征討，從是陵遲。《公羊》以為沙麓河上邑也。董仲舒說略同。一曰河大川，象齊大國，桓德衰，伯道將移於晉文，故河為徙也。」⓬夏大雨水二句　此處文字疑有誤。《春秋》經文中無「夏大雨水，冬大雨雪」連在一起的記載。關於「夏大雨水」，《春秋》在魯桓公十三年（西元前六九九年）記載：「夏大水。」缺一「雨」字。關於「冬大雨雪」，《春秋》在魯昭公四年（西元前五三八年）記載：「春王正月，大雨雪。」此處指的是春天而不是冬天，而且《左傳》中之《春秋》經文作「大雨雹」。又，《左傳》僖公十年之《春秋》經文為「冬大雨雪」，但《公羊傳》之《春秋》經文作「大雨雹」。《漢書・五行志》上未見將夏、冬這兩種災異合在一起的記載。⓭霣石于宋五二句　《春秋》在魯僖公十六年（西元前六四四年）正月記載：「霣石于宋五。是月，六鷁退飛過宋都。」霣，通「隕」。鷁，形似鸕鶿的水鳥，古代畫鷁於船頭。六鷁退飛是因為高空有大風。此處意為五塊隕石落在宋國的土地上，六隻鷁退著飛過宋國的國都。五石六鷁作為奇異的自然現象而被《春秋》記錄下來。董仲舒則認為此天象下應人事。據《漢書・五行志下之下》載：「董仲舒、劉向以為象宋襄公欲行伯道將自敗之戒也。石，陰類，五，陽數。自上而隕，此陰而陽行，欲高反下也。石與金同類，色以白為主，近白祥也。鷁，水鳥。六，陰數。退飛，欲進反退也。其色青，青祥也，屬於貌之不恭。天戒若曰：德薄國小，勿持炕陽。欲長諸侯，與彊大爭，必受其害。襄公不寤。明年，齊威死，伐齊喪，執滕子，圍曹，為盂之會，與楚爭盟，卒為所執。後得反國，不悔過自責，復會諸侯，伐鄭，與楚戰于泓，軍敗身傷，為諸侯笑。」⓮霣霜不殺草二句　《春秋》在魯僖公三十三年（西元前六二七年）十二月記載：「霣霜，不殺草。李梅實。」周曆十二月，當夏曆十月，尚屬初冬，降霜而不殺草是可能的。李與梅此時理應枝葉脫落，今反而開花結果實，可能與暖冬有關。《漢書．五行志中之下》：「僖公三十三年十二月，隕霜不殺草。劉歆以為草妖也。劉向以為今十月，周十二月。於《易》五為天位，為君位。九月，陰氣至五，通於天位，其卦為〈剝〉。剝落萬物，始大殺矣。明陰從陽命，臣受君令而後殺也。今十月隕霜而不能殺草，此君誅不行，舒緩之應也。是時公子遂顓權，三桓始世官。天戒若曰：自此之後，將皆為亂矣。文公不寤，其後遂殺子赤，三家逐昭公。董仲舒指略同。」這是對「隕霜不殺草」的解釋。關於「李梅實」，《漢書．五行志中之下》載：「僖公三十三年十二月，李梅實。劉向以為周十二月，今十月也。李、梅當剝落，今反華實，近草妖也。先華而後實，不書華，舉重者也。陰成陽事，象臣顓君作威福。一曰冬當殺反生，象驕臣當誅，不行其罰也。故冬華者，象臣邪謀有端而不成，至於實，則成矣。時僖公死，公子遂顓權。文公不寤，有子赤之變。一曰君舒緩甚，奧氣不臧，則華實復生。董仲舒以為李、梅實，臣下彊也。」⓯正月不雨二句　《春秋》在魯文公十年（西元前六一七年）記載：「自正月不雨，至於秋七月。」在魯文公十三年（西元前六一四年）又記載：「自正月不雨，至於秋七月。」這些都是關於乾旱的記載。《漢書．五行志中之上》：「（魯文公）十年，自正月不雨至於秋七月。先是公子遂會四國而救鄭。楚使越椒來聘，秦人歸襚，有炕陽之應。十三年，自正月不雨至於秋七月。先是曹伯、杞伯、滕子來朝，郕伯來瞭，秦伯使遂來聘，季孫行父城諸及鄆。二年之間，五國趨之。內城二邑，炕陽失眾。一曰不雨而五穀皆熟，異也。文公時，大夫始顓盟會。公孫敖會晉侯，又會諸侯盟於垂隴，故不雨而生者，陰不出氣而私自行，以象施不由上出，臣下作福而私自成。一曰不雨近常陰不罰，君弱也。」由此可見，《漢書．五行志》認為魯文公時的兩次大旱不雨，是天象垂警，下應人事是魯國君弱臣強，大夫專權。⓰地震　《春秋》上對地震的記載共有五次：一、魯文公九年（西元前六一八年），「九月癸酉，地震。」二、魯襄公十六年（西元前五五七年），「五月甲子，地震。」三、魯昭公十九年（西元前五二三年），「五月己卯，地震。」四、魯昭公二十三年（西元前五一九年），「八月乙未，地震。」五、魯哀公三年（西元前四九二年），「四月甲午，地震。」《漢書．五行志下之上》對這些地震都逐次有所論述，強調上垂天象，下應人事。如魯文公九年的那次地震，「劉向以為先是時，齊桓、晉文，魯釐二伯賢君新沒，周襄王失道，穆王殺父，諸侯皆不肖，權傾於下，天戒若曰：臣下彊盛者將動為害。後宋、魯、晉、莒、鄭、陳、齊皆殺君。諸震略皆從董仲舒說也。」又如魯哀公三年的那次地震，「劉向以為是時諸侯皆信邪臣，莫能用仲尼。盜殺蔡侯，齊陳乞弒君。」⓱梁山

崩三句　《春秋》在魯成公五年（西元前五八六年）記載：「夏，梁山崩。」《公羊傳》對此評論曰：「梁山者何？河上之山也。梁山崩何以書？記異也。何異爾？大也。何大爾？梁山崩，壅河，三日不瀕。」梁山在今陝西韓城境，接洽陽縣界，臨黃河。瀕，古文流字。這次梁山崩坍，使黃河斷流三日，可見其規模之大。《漢書・五行志下之上》：「成公五年夏，梁山崩。《穀梁傳》曰：『壅河三日不流。』晉君帥群臣而哭之，乃流。劉向以為：山陽，君也。水陰，民也。天戒若曰：君道崩壞，下亂，百姓將失其所矣。哭然後流，喪亡象也。梁山在晉地，自晉始而及天下也。後晉暴殺三卿，厲公以弒。溴梁之會，天下大夫皆執國政。其後孫、甯出衛獻，三家逐魯昭，單、尹亂王室。董仲舒說略同。」⑱晝晦　指白天昏暗。《春秋》在魯僖公十五年（西元前六四五年）九月記載：「己卯，晦，震夷伯之廟。」《春秋》又在魯成公十六年（西元前五七五年）五月記載：「甲午，晦。」關於這兩次晝晦，《漢書・五行志下之上》稱：「釐公十五年九月己卯，晦，震夷伯之廟。劉向以為：晦，暝也；震，雷也。夷伯，世大夫。正晝雷，其廟獨冥。天戒若曰：勿使大夫世官，將專事暝晦。明年，公子季友卒，果世官，政在季氏。至成公十六年六月甲午，晦，正晝皆暝。陰為陽，臣制君也。成公不寤。其冬，季氏殺公子偃。季氏萌於釐公，大於成公，此其應也。董仲舒以為：夷伯，季氏之孚也，陪臣不當有廟。震者，雷也。晦暝雷擊其廟，明當絕去僭差之類也。向又以為此皆所謂夜妖者也。」⑲彗星見于東方二句　孛，即彗星。《爾雅・釋天》：「孛星，星旁氣孛孛然也。」《晉書・天文志》：「孛亦彗屬，偏指曰彗，芒氣四出曰孛孛然，非常惡氣之所生也。」大辰，有廣狹二義。廣義指蒼龍七宿中房、心、尾三宿，也稱為大火。房、心、尾三宿在古代曾被作為標誌星。《爾雅・釋天》：「大辰，房、心、尾也。大火謂之大辰。」中國古代原始農業為刀耕火種，古人以天文物候為曆法。每年春天，房、心、尾三宿在黃昏時從地平線上升起，就得抓緊燒荒耕地了，所以稱之為大火，又稱之為大辰。狹義指星名，屬心宿中的一顆星，即心宿二（天蠍座α星），又稱大火，簡稱火。《春秋》中記載孛星的出現共有三次，近代天文學認為這些記載為哈雷彗星之最早記錄。第一次記載在魯文公十四年（西元前六一三年），「秋七月，有星孛入于北斗。」第二次記載在魯昭公十七年（西元前五二五年），「冬，有星孛于大辰。」第三次記載在魯哀公十三年（西元前四八二年），「冬十一月，有星孛于東方。」《漢書・五行志下之下》記載了董仲舒、劉向等對這三次彗星出現從天人感應角度所作出的解釋。魯文公十四年那次哈雷彗星經過北斗星，「董仲舒以為孛者惡氣之所生也。謂之孛者，言其孛孛有所始蔽，闇亂不明之貌也。北斗，大國象。後齊、宋、魯、莒、晉皆弒君。劉向以為君臣亂於朝，政令虧於外，則上濁三光之精，五星贏縮，變色逆行，甚則為孛。北斗，人君象。孛星，亂臣類，篡殺之表也。《星傳》曰：『魁者，貴人之牢。』又曰：『孛星見北斗中，大臣諸侯有受誅者。』一曰魁為齊、晉。夫彗星較然在北斗中，天之視人顯矣，史之有占明矣，時君終不改寤。是後宋、魯、莒、晉、鄭、陳六國咸弒其君，齊再弒焉。中國既亂，夷狄並侵，兵革從橫，楚乘威席勝，深入諸夏，六侵伐，一滅國，觀兵周室。晉外二國，內敗王師，又連三國之兵大敗齊師於鞌，追亡逐北，東臨海水，威陵京師，武折大齊，皆孛星炎之所及，流至二十八年。」關於魯昭公十七年的「有星孛于大辰」，「董仲舒以為大辰心也，心為明堂，天子之象。後王室大亂，三王分爭，此其效也。劉向以為《星傳》曰：『心，大星，天王也。其前星，太子；後星，庶子也。尾為君臣乖離。』孛星加心，象天子嫡庶將分爭也。其在諸侯，角、亢、氐、陳、鄭也。房、心，宋也。後五年，周景王崩，王室亂。大夫劉子、單子立王子猛，尹氏、召伯、毛伯立子鼂。子鼂，楚出也。時楚彊，宋、衛、陳、鄭皆南附楚。王猛既卒，敬王即位。子鼂入王城，天王居狄泉，莫之敢納。五年，楚平王居卒，子鼂奔楚，王室乃定。後楚帥六國伐吳，吳敗之於雞父，殺獲其君臣。蔡怨楚而滅沈。楚怒，圍蔡。吳人救之，遂為栢舉之戰，敗楚師，屠郢都，妻昭王母，鞭平王墓，此皆孛彗流炎所及之效也。」關於魯哀公十三年十一月的「有星孛于東方」，「董仲舒、劉向以為不言宿名者，不加宿也。以辰乘日而出，亂氣蔽君明也，《春秋》事終。一曰周之十一月，夏九月，日在氐。出東方者，軫、角、亢也，軫，楚，角、亢，陳、鄭也。或曰角、亢大國象，為齊、晉也。其後楚滅陳，田氏篡齊，六卿分晉，此其效也。」這是董仲舒為代表的今文學派根據《公羊傳》對上述天象所作出的解釋。另有以劉歆為代表的古文學派根據《左傳》對上述天象所作出的解釋。兩者的不同，只是在具體解釋上略有差異；至於基本宗旨則趨於一致，都是以天象比附人事，這可以說是漢代儒家學者的風尚。⑳鸜鵒來巢　鸜鵒，《公羊傳》作鸛鵒，但《左傳》、《穀梁傳》俱作鸜鵒，《釋文》：「鸛音權。」古與鸜音近通用，即八哥。《春秋》在魯昭公二十五年（西元前五一七年）記載：「有鸜鵒來巢。」《公羊傳》對此評論曰：「何以書？記異也。何異爾？非中國之禽也，宜穴又巢也。」其實，八哥在我國中部和南部各省平原和山林都有留居，可能是魯國當時很少見到八哥，所以誤解成非中國之禽也。八哥選擇樹洞而築巢，所以說是「穴又巢也」。《春秋》將此作為異象記錄下來。這一年正好是魯昭公攻季氏失敗，流亡於外。《漢書．五行志中之上》將這兩件事聯繫起來，稱：「至昭公時，有鸜鵒來巢。公攻季氏，敗，出奔齊，居外野，次乾侯，八年，死於外，歸葬魯。昭公名稠，公子宋立，是為定公。」㉑春秋異之二句　此處指孔子在《春秋》中記載災異的目的是為了由此以見悖亂的徵兆。此言也見本書的〈兩端〉篇：「故書日蝕、星隕、有蜮、山崩、地震、夏大雨水、冬大雨雹、隕霜不殺草、自正月不雨至於秋七月、有鸛鵒來巢,《春秋》異之,以此見悖亂之徵。」劉向曾概括《春秋》所列之災異,稱:「周室卑微,二百四十二年之間,日食三十六,地震五,山林崩阤二,彗星三見,夜恆星不見,夜中星霣如雨一,火災十四。長狄入三國,五石隕墜,六鷁退飛,多麋,有蜮、蜚、鸛鵒來巢者,皆一見。晝冥晦,雨水冰,李梅冬實,七月霜降,草木不死,八月殺菽,大雨雹,雨雪雷霆,失序相乘。水、旱、饑、蝝、螽、螟,蠭午並起。當是時禍亂輒應,弒君三十六,亡國五十二,諸侯奔走,不得保其社稷者不可勝數也。」(《漢書・劉向傳》)

【語　譯】周朝衰落的時候,天子的勢力微弱,諸侯之間以武力相攻伐,大夫壟斷諸國的大權,士把持大夫封邑內的權力,不能遵行由周文王制定的禮樂法度,諸侯背叛天子,不再向周天子行進貢之禮,不把土地上出產的物品奉獻給天子。在各諸侯國內,臣子弒殺國君,兒子弒殺父親,庶子弒殺嫡長子,尊卑之間無法統屬和管理,各國諸侯通過攻伐他國來擴展本國的土地,用強大的武力來相互威脅,上下之間不能制約和統屬。強的欺壓弱的,人口多的欺侮人口少的,富有的役使貧弱的,相互之間不停地兼併,臣下僭越君主的行為再也不能禁止了。這種混亂的情況,使春秋時期出現了種種奇異的天象和物候,如太陽為此而虧蝕,流星如下雨一般墜落地上,蝗蟲降落如雨,沙鹿地區發生山崩,夏天出現大雨和洪水為災,冬天發生雹災,天上有五塊隕石落在宋國的土地上,有六隻鷁鳥倒飛經過宋國的國都,秋冬天下霜殺不死草,李和梅在枝葉凋落的季節卻反而開花結出了果實,從正月到秋天七月一直不下雨,有的地方發生強烈的地震,梁山從黃河邊上崩坍,堵塞住黃河,河水為之三天不流。白晝天色昏暗,彗星出現在東方,孛星進入房、心、尾三宿的區域,鸛鵒飛到魯國在樹洞裡築巢。《春秋》將這些反常的天象與物候作為災異而記錄下來,從這裡可以看到悖亂的徵兆。

【研　析】本章把春秋時期周朝衰落的種種情況,如天子微弱,諸侯爭霸,強弱相凌,以及二百四十二年中弒君三十六、亡國五十二等,與《春秋》中所記載的天象物候所表現的災異結合起來,進行比附,用以說明「災異之本,盡生於國家之失」(〈必仁且知〉),從而宣揚天人之間相互感應的理論。

《春秋》中有很多關於災異的記載。《公羊傳》、《穀梁傳》、《左傳》都對這些災異作出天人感應關係的解釋，希望王者能體察天意，引以自戒。天人感應的觀念起源甚早，可以一直追溯到《詩》、《書》、《易》諸經。如《易經》中〈咸〉卦的「咸」字，便包含有感應的意思在內。〈彖傳〉曰：「〈咸〉，感也。柔上而剛下，二氣感應以相與。」此卦的爻辭，便是以物象的感應來預測人事的吉凶。

在先秦，《呂氏春秋》比較系統地闡述了天人感應的關係。災異與祥瑞相對應，是上天告知人間禍福的預兆。前者言凶，後者言吉。《呂氏春秋．季夏紀．制樂》中就曾說到商湯時宮內發生異象，史臣要求占卜，商湯卻拒絕了這一請求說：「吾聞祥者福之先者也，見祥而為不善則福不至。妖者禍之先者也，見妖而為善則禍不至。」結果商湯早朝晏退，問疾弔喪，鎮撫百姓，三日而異象消失。《呂氏春秋．有始覽．應同》中引《商箴》云：「天降災布祥，竝有其職。」並得出了「以言禍福人或召之也」的結論，從而論述萬物同類相召相應，強調「故堯為善而眾善至，桀為非而眾非來」。這裡的天，是能主宰一切並預告人間禍福的人格神。這種觀念，經過從戰國到秦漢間的醞釀、發展和成熟，形成為當時人們的共識。漢武帝即位後，元光元年（西元前一三四年）徵賢良對策的制文中就曾先後提出：「三代受命，其符安在？災異之變，何緣而起？」「蓋聞『善言天者必有徵於人，善言古者必有驗於今。』故朕垂問乎天人之應。」（《漢書．董仲舒傳》）漢武帝後來又在元光五年（西元前一三〇年）徵賢良對策的制文中提出：「敢問子大夫：天人之道，何所本始？吉凶之道，安所期焉？禹湯水旱，厥咎何由？……物鬼變化，天命之符，廢興何如？」（《漢書．公孫弘傳》）在元光元年的賢良對策中，董仲舒脫穎而出，一連上了三道對策，倡言天人之際的關係，史稱〈天人三策〉。元光五年的賢良對策中，公孫弘獨佔鰲頭，深得漢武帝寵愛，後來位至三公，官居丞相，極一時之顯榮。上有所好，下必趨之。武帝好天人之道，崇尚鬼神迷信，於是天人感應之說成了當時最時髦的學問。就連司馬遷著《史記》，也自稱為了「究天人之際，通古今之變，成一家之言」（司馬遷〈報任安書〉）。

董仲舒在〈天人三策〉的第一策中，一開頭就明確提出：「臣謹案，《春秋》之中，視前世已行之事，以觀天人相與之際，甚可畏也。國家將有失道之敗，而天乃先出災害以譴告之；不知自省，又出怪異以警懼之；尚不知變而傷敗乃至，以此見天心之仁，愛人君而欲止其亂也。」這樣一來，便把《春秋》中關於災異的記載與當時的人事聯繫起來，看成是上天對當時天子與諸侯的警示和譴告。這種以天象、物候比附人事的做法，在漢代的學術界已成為時代風氣，大家都在這樣做，並不限於董仲舒一人而已。

漢代各家都說災異，但由於師承不同，大同之中又有小異。董仲舒以《公羊春秋》來說災異，劉向則根據《穀梁春秋》並結合《尚書・洪範》來講災異。劉歆是劉向之子，但他並不因襲父說，而是根據《春秋左氏傳》來說災異。京房則以《易》來說災異。班固著《漢書・五行志》，將漢代各家講述災異的說法，分類羅列於內，並對此作了概述，說：「漢興，承秦滅學之後。景武之世，董仲舒治《公羊春秋》始推陰陽，為儒者宗。宣、元之後，劉向治《穀梁春秋》，數其禍福，傳以〈洪範〉，與仲舒錯。至向子歆治《左氏傳》，其《春秋》意亦已乖矣，言〈五行傳〉又頗不同。是以攬仲舒，別向、歆，傳載眭孟、夏侯勝、京房、谷永、李尋之徒。所陳行事，訖於王莽，以傳《春秋》著於篇。」

漢代諸儒之所以熱衷於羅列《春秋》中所記載的災異並與人事相比附，目的是為了論證當前所發生的災異也應比附人事。儒家提倡忠臣孝子之說，當忠臣就得諫諍君王不去做那些不合禮法的事。但專制主義體制下，天威難測，君王一不高興就要殺進諫者的頭。進諫者借助於災異來議論時政的得失，是希望君王對上天的敬畏心理而對自己的行為有所制約，以保護進諫者免遭不測之禍。這種做法雖然不能說沒有效果，但效果畢竟有限。董仲舒自己就因為言災異而差一點掉了腦袋。漢武帝建元六年（西元前一三五年），遼東高廟與長陵高園殿曾遭火災。董仲舒在家中推論這兩次火災與人事的關係，準備上奏朝廷。他以為漢承秦敝，本已難治，又加上宗室骨肉之連，諸侯王驕奢恣睢，更為難治。高廟本不當居遼東，高園殿也不應在陵旁，上天所以燔毀它們，就是要借此來警戒當朝的君王，應當誅除諸侯及近身大臣中之驕奢不正者（見《漢書・五行志上》）。據《漢書・董仲舒傳》載：董仲舒深知這番議論觸犯時忌，遲遲不敢上奏。不料，此稿被主父偃在董家等候董仲舒接見時窺見，心生嫉妒，就偷竊了這個草稿去向漢武帝告發。董仲舒因此下獄，論罪當判處死刑。幸得漢武帝下詔赦免，廢為中大夫，總算保住了一條性命。

董仲舒還算是幸運的。據《漢書・儒林傳》載：董仲舒的弟子眭孟「坐說災異誅」，《易》學家京房「以明災異得幸，為石顯所譖誅」。他們的命運要比董仲舒慘得多了。

《漢書・董仲舒傳》中說是董仲舒自經牢獄之災後，「遂不敢復言災異」，這恐怕是一種誇張的說法。因為離開了災異之說，天人感應的種種說法就難以成立。天人感應在董仲舒的學說中居有核心的地位。它把陰陽、四時、五行的氣，視為天的具體內容，伸向學術、政治、人生的各個角度，直接影響到西漢其他經學在解釋上的轉折，乃至影響到先秦儒家思想在發展中的全面轉折，開創了漢代儒學的新局面。二千餘年來，陰陽五行之說深入於中國社會，醫、卜、星、相無不以此為根據，成為民間流行的人生哲學。這種狀況之所以發生，就與董仲舒所開創的以宣揚「天人感應」為核心內容的漢代儒學有著密切的聯繫。

第五章

孔子明得失，差貴賤，反王道之本❶。譏天王以致太平❷。刺惡譏微，不遺小大，善無細而不舉，惡無細而不去，進善誅惡，絕諸本而已矣❸。

天王使宰咺來歸惠公、仲子之賵，刺不及事也❹。天王伐鄭，譏親也❺。會王世子，譏微也❻。祭公來逆王后，譏失禮也❼。刺家父求車❽，武氏、毛伯求賻、金❾。王人救衛❿，王師敗于貿戎⓫。天王不養，出居于鄭⓬，殺母弟⓭，王室亂，不能及外⓮，分為東、西周⓯，無以先天下，召衛侯不能致⓰，遣子突征衛不能絕⓱，伐鄭不能從[18]，無駭滅極不能誅[19]。諸侯得以大亂，篡弒無已。臣下上偪僭儗天子。諸侯彊者行威，小國破滅。晉至三侵周，與天王戰于貿戎而大敗之[20]。戎執凡伯于楚丘以歸[21]。諸侯本怨隨惡，發兵相破，夷人宗廟社稷，不能統理[22]。臣子強，至弒其君[23]。法度廢而不復用，威武絕而不復行。故鄭魯易地[24]，晉文再致天子[25]。齊桓會王世子，擅封邢、衛、杞，橫行中國，意欲王天下[26]。魯舞八佾[27]，北祭泰山[28]，郊天祀地，如天子之為[29]。以此之故，弒君三十二，亡國五十一[30]。細惡不絕之所致也。

【章　旨】本章列舉周天子種種違反禮制與處事不當的行為，以致大權旁落，禮樂征伐自諸侯出，使中國出現「弒君三十六，亡國五十二」的無道局面，從而強調君王必須返王道之本，根絕細惡，方能致天下以太平。

【注　釋】❶孔子明得失三句　指孔子作《春秋》以闡明周天子行事之得失，區分貴賤、尊卑的差別，以返還王道之本。這層意思又見於本書的〈重政〉篇，語作「《春秋》明得失，差貴賤，本之天」。天道即王道。❷譏天王以致太平　周桓王派人向魯國索取賻、金、車等物，這些都是不合禮制的行為，《春秋》都一一予以記載，諷諫周天子以爭取天下太平局面的出現。譏，譏刺；諷諫。天王，指周天子。❸進善誅惡二句　指《春秋》對周天子的行為褒善誅惡，以求得從根本上起到防微杜漸的作用。❹天王使宰咺來歸惠公仲子之賵二句　《春秋》在魯隱公元年（西元前七二二年）秋記載：「天王使宰咺來歸惠公、仲子之賵。」天王，指周平王。春秋時期，楚、吳等國相繼稱王，原來稱王的周天子就尊稱為天王。宰，即宰夫，官名。咺，使者的名，以宰為氏，故稱為宰咺。何休《春秋公羊傳解詁》：「天子上士以名氏通，中士以官錄，下士略稱人。」意思是說，《春秋》記載身分是士的周天子的使者，通例是上士在名上加氏，中士則名繫於官，下士只稱「人」。古代的氏，是姓的支系，由封邑、官職、先輩的字等演變而來，是貴族宗族的標誌。男子稱名用氏不用姓。秦漢以後，氏也演變為姓，後世有些姓就是當初以官為氏發展而來的，如司馬、司徒等。宰咺以官為氏，故他在當時的官銜為中士。歸，通「饋」，贈送。惠公，即魯惠公，魯隱公之父，名弗湟，在位四十六年。魯隱公為其庶長子，桓公允為其幼子。《左傳》和《史記》都說惠公在死之前就立桓公為太子，惠公死後，因桓公年少，由隱公攝政。《公羊傳》則說是諸大夫因桓公年幼而隱公長而賢，故擁立了他。隱公如果推辭就位，桓公也不一定能即位，又怕諸大夫不肯輔佐年幼的國君，所以攝政當國君，準備桓公年長後還政給他。仲子，宋武公之女，魯惠公之妻，魯桓公姬允之母。魯惠公的嫡夫人是孟子，但無子。仲子出身雖貴，但不是嫡夫人。仲子去世在《春秋》之前，因屈於孟子，不得配惠公之廟，其名位只能是桓公之母，而桓公當時又未即位當國君，所以她不能被稱為夫人而只能稱為仲子。賵，贈給喪家用以送葬之物，指車馬等。刺，譏刺。不及事，指沒有及時趕得上喪事。周平王當時派遣使者宰咺對魯惠公與仲子兩人合在一起送禮是不合禮法的行為，因為仲子不是嫡夫人，尊卑有別，不能與魯惠公相提並論，要送禮得另外派遣一名使者分開來送。何休《春秋公羊傳解詁》：「禮不賵妾，既善而賵之，當使一使，所以異尊卑也。」周平王派遣宰咺饋賵，既沒有來得及趕上奔喪會葬，又亂了尊卑之別，所以《春秋》譏之。❺天王伐鄭二句　此處之天王，指周桓王，名林，乃周平王之孫，在位二十三年，伐鄭之事在桓王十三年。《春秋》在魯桓公五年（西元前七〇七年）記載：「秋，蔡人、衛人、陳人從王伐鄭。」據《左傳》載：當時周桓王解除了鄭莊公的卿士職務，不再讓他執掌王政，因而鄭莊公不再朝謁周桓王。魯桓公五年的秋天，周桓王率領蔡國、衛國、陳國的軍隊征討鄭國。鄭莊公率兵抵抗，並用子元的建議，設下「魚麗之陣」，發揮步兵與兵車相配合的優勢，擊潰了周桓王率領的聯軍，周桓王肩上還中了一箭。《穀梁傳》曰：「其舉從者之辭，何也？為天王諱伐鄭也。鄭，同姓之國也，在乎冀州，於是不服，為天子病矣。」《公羊傳》對此評論曰：「其言從王伐鄭何？從王，正也。」何休《春秋公羊傳解詁》：「以從王征伐錄之。蓋其時，天子微弱，諸侯背叛，莫肯從王者征伐，以善三國之君，獨能尊天子死節。稱人者，刺王者也。天下之君，海內之主，當秉綱撮要，而親自用兵，故見其微弱。」❻會王世子二句　《春秋》在魯僖公五年（西元前六五五年）夏記載：「公及齊侯、宋公、陳侯、衛侯、鄭伯、許男、曹伯會王世子于首戴。」公，魯僖公。齊侯，齊桓公。宋公，宋桓公。以下順次為陳宣公、衛文公、鄭文公、許僖公、曹昭公。王世子，周惠王的太子，名鄭。首戴，衛國地名，在今河南睢縣東南。此次齊桓公率領各諸侯會見周惠王的太子鄭，目的是為了安息周王室在接班人問題上的紛爭。事情的起因是周惠王的王后寵愛少子王子帶，勸周惠王廢鄭而立王子帶為太子。周惠王想依從她的意見去實行廢立，齊桓公聯合諸侯干涉此事。這次會盟的目的是提高世子的地位。《春秋》記載此事曰：「秋八月，諸侯盟于首戴。」《穀梁傳》評論此事曰：「桓，諸侯也。不能朝天子，是不臣也。王世子，子也。塊然受諸侯之尊己，而立乎其位，是不子也。桓不臣，王世子不子，則其所善焉何也？是則變之正也。天子微，諸侯不享覲。桓控大國，扶小國，統諸侯不能以朝天子，亦不敢致天王。尊王世子於首戴，乃所以尊天王之命也。世子含王命會齊桓，亦所以尊天王之命也。世子受之可乎？是亦變之正也。天子微，諸侯不享覲。世子受諸侯之尊己，而天王尊矣，世子受之可也。」事實上，周惠王對諸侯會王世子鄭這件事並不領情，在背後唆使與會的鄭文公逃離盟會。據《左傳》記載：當諸侯與王世子在首戴會盟時，周惠王召見鄭文公說：我讓你依從楚國，再讓晉國輔助鄭國。這樣，你就可以稍微得到安定了。所以鄭文公就逃離這次盟會。周惠王在這裡拆齊桓公的臺，流露出了他的不滿情緒。周惠王去世以後，太子鄭即王位，是為周襄王。然而，周襄王與其弟王子帶的矛盾並沒有停止而是繼續在發展著，周襄王仍須仰仗齊桓公的支持。董仲舒在此處認為《春秋》記載這件事，是為了譏刺周天子的微弱，連周王室的王位繼承問題也為諸侯所左右。❼祭公來逆王后二句　《春秋》在魯桓公八年（西元前七〇四年）記載：「十月，祭公來，遂逆王后于紀。」祭公，祭是國名，始封之君為周公旦之子，因是周公之後，世代在周天子的朝廷裡任三公，故被稱為祭公。祭公來，指周桓王派祭公去魯國，要魯國為媒人去娶紀國之女。范寧注《穀梁傳》稱：「時天子命祭公就魯，共卜擇紀女可中后者，便逆之，不復反命。」這就是說，祭公與魯國國君一起看中了紀女中可以當王后的女子，就直接迎娶回周室，不再回去請示。逆王后，迎娶王后。董仲舒為什麼說此事「失禮」呢？何休《春秋公羊傳解詁》對此作了解釋：「婚禮成於五：先納采、問名、納吉、納徵、請期，然後親迎。時王者遣祭公來使魯為媒可，則因用魯往迎之，不復成禮。疾王者不重妃匹，逆天下之母若逆婢妾，將謂海內何哉？故譏之。」媒可，能說了算的媒人。❽刺家父求車　《春秋》在魯桓公十五年（西元前六九七年）記載：「春二月，天王使家父來求車。」天王，周桓王，姓姬名林，在位二十三年。家父，周王之中大夫。何休《春秋公羊傳解詁》認為「家」是采邑，以邑為氏，父為其字。求車，指周桓王派家父向魯國索要車子。《公羊傳》對此評論曰：「何以書？譏。何譏爾？王者無求，求車非禮也。」何休《春秋公羊傳解詁》：「王者千里畿內，租稅足以供費；四方各以其職來貢，足以尊榮。當以至廉無為率先天下，不當求。求則諸侯貪，大夫鄙，士庶盜竊。」❾武氏毛伯求賻金　求賻與求金是兩回事。武氏為求賻，毛伯為求金。求賻之事，見《春秋》在魯隱公三年（西元前七二〇年）的記載：「秋，武氏子來求賻。」這一年的三月，周平王去世，依禮，應過七個月，在九月下葬。此時來求賻，是為下葬作準備。當時，周室由周平王的孫子姬林即位，是為周桓王。武氏，周天子之大夫。為什麼稱武氏子？這是因為古代父死，兒子要服喪三年，即使是世襲大夫，服喪期內也不得受命為大夫。武氏子因為父親雖死，但服喪期未滿，尚未受命為大夫，所以《春秋》記載時稱為武氏子，即武氏的兒子之意。求賻，指周桓王為辦喪事而向魯桓公求取助葬的禮物。《公羊傳》對此評論曰：「何以書？譏。何譏爾？喪事無求，求賻非禮也。」古代弔喪時只能贈送給死者的衣衾，名曰襚，不能贈送財幣。送葬時才有賵，即贈送車馬。特別恩厚的才加賻，即贈送貨財。所以，周天子向魯國求賻是非禮。何休《春秋公羊傳解詁》：「禮本為有財者制。有則送之，無則致哀而已。不當求，求則惶惶無孝子之心。」求金之事，見《春秋》在魯文公九年（西元前六一八年）的記載：「春，毛伯來求金。」毛伯，名衛，周大夫。毛是以食邑為氏，伯為字。求金，是為供喪事所用。年前，周襄王去世，子王臣立，是為周頃王。他為辦周襄王的喪事而派遣毛伯向魯國求取助葬的財幣。《公羊傳》評論此事曰：「毛伯來求金何以書？譏。何譏爾？王者無求，求金非禮也。」❿王人救衛　《春秋》在魯莊公六年（西元前六八八年）三月記載：「王人子突救衛。」王人，周莊王的使者，身分是下士，所以《公羊傳》稱其為微者，參見本章注❹。子突，《左傳》、《公羊傳》的注與疏，都以為是字，《穀梁傳》說「王人，卑者也，稱名，貴之也」，以為子突是名，而范寧集解卻以為「子突為字可知，明矣」，認為《穀梁傳》中的「名」當為「字」之誤。古人貴者才稱字。周莊王為什麼要子突為使者去援救衛國？這是因為上一年的冬天，齊襄公率領魯、宋、陳、蔡諸國的軍隊進攻衛國，目的是推翻周莊王所支持的衛國國君黔牟（又名留），而把在魯桓公十六年（西元前六九六年）出奔於齊的衛惠公即衛侯朔，送回衛國，所以周天子要派子突去救衛。這次救衛的行動是失敗了，齊襄公一方勢力雄厚，子突一方勢單力薄。當年六月，衛惠公在齊襄公率領的各國聯軍支持下，進入衛國，復為國君，而黔牟只能逃亡到周天子那裡去避難。董仲舒列舉此事，是為了說明當時天子微弱無力，對齊襄公恃強違抗王命，依仗武力強行送衛惠公回國復位之事無可奈何。⓫王師敗于貿戎　《春秋》在魯成公元年（西元前五九〇年）記載：「秋，王師敗績于貿戎。」王師，是周定王的軍隊。貿戎，《左傳》作茅戎，《公羊傳》、《穀梁傳》俱作貿戎。貿戎是戎的一支，其分布地一說即今山西平陸南之茅津渡，一說在河南修武一帶。王師敗績之事在當年的春季，但魯國在秋季由周天子派人通知才得知此事。所以記載此事的發生時間在秋季。據《左傳》記載，事情的起因是，魯文公十七年（西元前六一〇年）周大夫甘歜在邥垂乘戎人宴飲時，發起突然襲擊，打敗了戎人，由此結下了怨仇。魯成公元年春季，晉景公派遣大夫瑕嘉調解周天子和戎人的衝突。周王卿士單襄公到晉國去拜謝晉國的調停之功，但周王卿士劉康公妄想乘機打敗戎人，發動突然襲擊，結果反而被戎人所敗。董仲舒舉此事是為了說明周天子之行事不當與國力衰微。⑫天王不養二句　《春秋》在魯僖公二十四年（西元前六三六年）記載：「冬，天王出居于鄭。」天王，指周襄王，這一年為襄王十六年。周惠王時，襄王母早死，後母惠后生叔帶（即王子帶），有寵於惠王。惠王欲立叔帶為嗣。襄王由於得到齊桓公的支持，得以繼周惠王之後立為天子。叔帶亡奔於齊。齊桓公卒後，叔帶回周。襄王娶狄人之女隗氏為后，隗氏與襄王之弟叔帶私通，襄王為此廢了隗氏。狄人與叔帶一起攻周襄王，襄王遂出居於鄭國避難。次年，周襄王告急於晉，晉文公率兵送周襄王回國，誅王子帶，事變方始告一段落。天王不養，指周襄王出奔於鄭時，棄母不養。董仲舒列舉此事是為了說明周王室連內亂也只能依靠大國諸侯來平息，由此可見周天子之衰微。⑬殺母弟　《春秋》在魯襄公三十年（西元前五四三年）記載：「五月，天王殺其弟年夫。」天王，指周景王。年夫，《左傳》、《穀梁傳》作佞夫，《公羊傳》作年夫，年、佞音近得通。年夫是周景王之弟。周靈王去世時，周靈王之侄、周景王的堂兄弟儋括欲立年夫為君，但年夫不知其事。周景王即位後的次年，儋括作亂，包圍蒍邑，趕走了蒍邑大夫成愆。周景王不去查明事實真相，派尹言多等五大夫去殺死年夫，儋括等奔晉。年夫其實無罪，死得冤屈，所以《左傳》上說：「書曰（指《春秋》上的記載）：『天王殺其弟佞夫。』罪在王也。」《穀梁傳》對此事評論曰：「君無忍親之義。天子、諸侯所親者，唯長子母弟耳。天王殺其弟佞夫，甚之也。」⑭王室亂二句　《春秋》在魯昭公二十二年（西元前五二〇年）六月記載：「王室亂。」《公羊傳》評論此事曰：「何言乎王室亂？言不及外也。」其事的經過是：當年四月周景王去世，因太子壽早死，景王生前欲立庶長子王子朝，而周王卿士劉獻公與單穆公則欲擁立王子猛為繼承人，未定。周景王心臟病發作突然去世，單穆公就擁立王子猛即位，安葬了周景王。王子朝不服，依靠尹氏的擁戴而起兵作亂，互相攻殺。不能及外，指沒有力量去顧及王室以外的事。孔廣森《春秋公羊通義》：「景王不能齊其家，嫡庶分爭，亂自內作，故直刺之也。」⑮分為東西周　指由於王子猛與王子朝的互相攻戰，王室一度分裂為東、西周。周在洛陽地區有兩座城邑。周成王時，使召公營建洛邑，稱為王城，其地在今河南洛陽以西，這是西周。周成王後來又使周公營建成周，其地在今河南洛陽以東，這是東周。周平王東遷時，都王城。單穆公擁戴王子猛進入王城，此即西周。而周公所營建的成周則屬於尹氏支持的王子朝的勢力範圍，此即東周。直至魯昭公二十六年

(西元前五一六年)十月,《春秋》上才出現「天王入于成周」的記載。這裡的天王指周敬王,即王子猛之同母弟王子匄。他依靠晉國軍隊的支持才得以占領成周。此時,尹氏、召伯、毛伯擁王子朝奔楚,因當時晉、楚爭霸,楚是晉的對立一方。在此之前的四年內,周王室實際上是兩個政權並立。董仲舒在這裡所指的「分為東、西周」,即春秋時期在這一段時期內周王室內亂的狀況。⓰召衛侯不能致　《春秋》在魯桓公十六年(西元前六九六年)十一月記載:「衛侯朔奔于齊。」據《左傳》記載:這件事的背景是衛宣公和他的庶母夷姜通姦,生了急子,把他囑託給右公子職教育。衛宣公為急子在齊國娶妻,因為這個女子很美,宣公便自己娶了她,這就是宣姜。宣姜生了壽和朔,宣公把壽囑託給左公子洩教育。夷姜在這種情況下上吊自殺而死。宣姜和公子朔向衛宣公誣陷急子,衛宣公就派急子出使齊國,讓賊人在莘地埋伏,打算殺掉急子。壽子把這件事告訴急子,要他逃走。急子認為父命不可違,不肯聽從。於是,壽子在急子臨走時用酒將他灌醉,自己在車上豎起急子的旗幟先走,賊人殺了壽子。急子趕到,指責賊人不該殺壽子,要殺的人是他自己。賊人就把急子也殺了。衛宣公去世後,就由公子朔即位,是為衛惠公。壽子和急子的師傅左、右二公子因此而怨恨惠公。惠公即位的第四年,左公子洩、右公子職起兵攻衛惠公,立公子黔牟為國君,衛惠公逃亡到齊國,因為齊國為其母舅之家。《公羊傳》評論此事曰:「衛侯朔何以名?絕。曷為絕之?得罪於天子也。」《穀梁傳》評論此事曰:「朔之名,惡也。天子召而不往也。」因此,左、右二公子逐衛侯朔而立公子黔牟為國君是得到周天子支持的,而衛侯朔則得到齊國的支持。關於「天子召衛侯而不能致」的事,據《公羊傳》載,是由於周天子要徵發衛國的人眾,數量不大,但衛惠公卻假託有病,跑到泰山北面的齊國地界去了。周天子礙於齊國勢強大,只得對此事隱忍下去,不便發作,所以在背後支持左、右二公子的這場兵變。⓱遣子突征衛不能絕　此即前述「王人救衛」之事。黔牟即位八年後,齊襄公率各國諸侯聯軍伐衛,將衛侯朔送回衛國復為國君,殺死了左、右二公子,衛君黔牟逃奔到周天子那裡去避難。周天子曾派子突率兵救衛,但兵力單薄,勢孤力微,無法改變局勢,只能眼睜睜地看著衛侯朔復立為國君。十二年後,即西元前六七五年,衛惠公怨恨周惠王收留黔牟,聯合燕國攻伐周惠王,周惠王被逼出奔。衛、燕立惠王之弟姬頹為周天子,導演了一場廢立的鬧劇。又過了四年,即西元前六七一年,鄭國出兵支持周惠王回京城繼續當周天子。⓲伐鄭不能從　參見本章注❺。當時,周桓王解除了鄭莊公的卿士職務,鄭莊公從此對周天子不再來朝。魯桓公五年(西元前七〇七年),周桓王聯合各諸侯國伐鄭,但齊、晉、宋等大國都不肯隨從周桓王去討伐鄭國,而只有蔡、衛、陳諸小國跟隨。鄭莊公率兵抵抗,結果王師大敗,鄭國大夫祝聃用箭射王中肩。當天夜裡,鄭莊公派祭仲慰勞周桓王，周桓王討了個大大的沒趣。董仲舒列舉此事，是說明周桓王時天子已不能指揮和調動各諸侯國的軍隊。⑲無駭滅極不能誅　《春秋》在魯隱公二年（西元前七二一年）記載：「無駭帥師入極。」無駭是魯國的卿，任司空之職。極，國名，姬姓，為魯國的附庸，一說為戎邑。無駭，姬姓，其祖展為魯國公子，至無駭即以展為氏。展禽（柳下惠）即無駭之子。《春秋》對無駭稱其名而不稱氏，是貶斥魯滅同姓之國。董仲舒列舉此事是為了說明周天子只能坐視魯國的卿滅極而無力誅討。⑳晉至三侵周二句　晉國曾三次侵犯周天子。第一次是在魯宣公元年（西元前六〇八年），《春秋》對此記載：「冬，晉趙穿帥師侵柳。」《公羊傳》對此評論曰：「柳者何？天子之邑也。曷為不繫乎周？不與伐天子也。」趙穿是晉國大夫。這一次是晉國大夫趙盾率領宋、陳、衛、曹等國的軍隊救陳伐鄭，而趙穿則順路率師侵天子之邑柳。第二次是在魯成公元年（西元前五九〇年）秋，《春秋》對此記載：「王師敗績于貿戎。」《公羊傳》對此評論曰：「孰敗之？蓋晉敗之。或曰貿戎敗之。然敗曷為不言晉敗之？王者無敵，莫敢當也。」天王，指周定王。王師，周定王的軍隊。貿戎，戎之一支。參見本章注⑪。第三次是在魯昭公二十三年（西元前五一九年）春，《春秋》對此記載：「晉人圍郊。」《公羊傳》對此評論曰：「郊者何？天子之邑也。曷為不繫於周？不與伐天子也。」郊是周天子之邑，晉國乘周王室有內亂的機會，出兵侵犯周的邊境。㉑戎執凡伯于楚邱以歸　邱，《春秋》原文作「丘」，董仲舒為避諱孔子之名而改。楚丘，衛國地名，在今山東曹縣東；一說為戎州己氏邑。《春秋》在魯隱公七年（西元前七一六年）冬記載：「天王使凡伯來聘。戎伐凡伯于楚丘以歸。」天王，指周桓王。凡伯，凡本為姬姓國名，始封之君為周公之子，其地在今河南輝縣西南，一說在今河南浚縣東北。凡伯是以諸侯而為周天子的卿士，受天子派遣為使者到魯國訪問，在楚丘遭戎人武力劫持而被帶回戎地。《春秋》在記載時稱「伐」而不言「劫」，是為了尊崇凡伯的身分，因為他是天子的使者。董仲舒列舉此事是為了說明連周天子派遣出去的使者也不能保持其人身安全，可見周天子已衰微到了何等地步。㉒諸侯本怨隨惡四句　指各國諸侯因為相互怨恨而放縱本性中惡的一面，相互發兵去攻伐別國，毀滅別國的宗廟與社稷。周天子名義上雖然是天下的共主，但此時已無法統理各國諸侯，紀綱蕩然無存。㉓臣子強二句　司馬遷在《史記・太史公自序》中指出：「《春秋》之中，弒君三十六，亡國五十二，諸侯奔走不得保其社稷者，不可勝數，察其所以，皆失其本已」；「臣弒君，子弒父，非一旦一夕之故也，其漸久矣。」㉔鄭魯易地　此事見《春秋》在魯桓公元年（西元前七一一年）三月的記載：「公會鄭伯于垂，鄭伯以璧假許田。」關於鄭、魯兩國交換土地之事，據《左傳》記載：早在魯隱公八年（西元前七一五年），鄭莊公就曾派使者宛來魯國，建議用鄭國在泰山旁的祊（《穀梁傳》作邴）與魯國的許田相交換。鄭國為了表示誠意，在魯國尚未交出許田時，先把祊地送給魯國。但是，這件兩地交換的交易當時並沒有得到魯隱公的同意而未交換成功。魯桓公弒害魯隱公而即位為魯國國君以後，想討鄭國的歡心以換取其支持，就在垂邑（衛國地名，在今山東曹縣北之句陽店）與鄭莊公會面，答應與鄭國交換土地。周代，諸侯在王城的郊區都有朝宿的村邑，以供諸侯四時朝見天子時住宿用。許田是周成王賜給周公以作魯君朝見周天子時朝宿之邑。魯國在這裡還建立了宗廟以祭祀周公。許田是村邑，因為當地田多邑少，故稱許田。祊是鄭國祭祀泰山之邑（在今山東費縣東南）。鄭桓公是周宣王之母弟，因此宣王賜給他祊地，用做周天子祭祀泰山時的助祭湯沐之邑。鄭莊公見周天子已久廢對泰山的祭祀，助祭湯沐之邑已無用處，祊地又距離鄭國甚遠，而許田則在鄭國附近，所以要用祊地去交換許田。在這次交換中，鄭莊公還加上了玉璧，用以補償兩地價值不相當的差額。《春秋》為什麼稱「假」（借）而不直接指出是兩國易地？《公羊傳》指出，這是由於「有天子存，則諸侯不得專地也」。所以只能說是「借」而諱稱易地之事。董仲舒列舉此事，是為了說明當年周文王制定的法度在當時已廢而不復用。

㉕晉文再致天子　指晉文公前後二次召致天子，時間都在魯僖公二十八年（西元前六三二年）。第一次在當年五月，晉文公在城濮之戰中打敗楚國之後。《春秋》對此記載曰：「公會晉侯、齊侯、宋公、蔡侯、鄭伯、衛子、莒子，盟于踐土。」踐土，鄭國地名，在今河南原陽西南。晉文公在踐土舉行會盟，把周天子也召來參加會盟。《春秋》在記載中婉轉地表達了這一事實，曰：「公朝于王所。」《公羊傳》對此評論曰：「曷為不言公如京師？天子在是也。則曷為不言天子在是？不與致天子也。」公，即魯僖公，在會盟的場所朝見了周天子。所以，《公羊傳》指出：為什麼不說僖公前往京師？是因為天子在這裡。為什麼不明說是天子在這裡？是不讚許晉文公這種召致天子的行為。據《左傳》記載：當時晉文公向周襄王獻上城濮之戰中俘獲的楚國俘虜，還獻有四馬披甲的兵車一百輛，步兵一千人。周襄王設宴款待晉文公，任命晉文公為侯伯（諸侯之長，即諸侯的領袖），賜給他一套祭祀時乘的大輅車和相應的服飾，一套舉行軍禮時乘的戎輅車和相應的服飾，彤弓一把，彤矢百支，黑色的弓和箭一千支，以表示給予征伐之權。周襄王還命卿士王子虎主持諸侯訂立盟約，立下盟誓說：「皆獎王室，無相害也。有渝此盟，明神殛之。」第二次召致天子在當年冬季，《春秋》對此記載曰：「公會晉侯、齊侯、宋公、蔡侯、鄭伯、陳子、莒子、邾婁子、秦人于溫。天王狩于河陽。」《公羊傳》對此評論曰：「狩不書，此何以書？不與再致天子也。」溫是王畿內小國，故城在今河南溫縣西南。河陽，故城在今河南孟縣西，地近溫城。溫之會是晉文公第二次召見周襄王。《春秋》不讚許這種再次召致天子的行為，因為這是以臣召君的僭越舉動，因此諱稱

為「天王狩于河陽」。《左傳》直接指出了事實的真相，說：「是會也，晉侯召王以諸侯見，且使王狩。仲尼曰：『以臣召君，不可以訓。』故書曰『天子狩于河陽』。」㉖齊桓會王世子三句　齊桓公會王世子之事，是周惠王寵愛惠后所生的少子王子帶，欲廢世子鄭而立王子帶為太子。齊桓公率眾諸侯會見世子鄭的目的是為了阻止周惠王廢立太子的企圖，以維護周王室的安定。詳參見本章注❻。封邢，其事見《春秋》在魯僖公元年（西元前六五九年）的記載：「齊師、宋師、曹師城邢。」當時，邢為狄人所滅，齊桓公曾率諸侯救邢，但未成功，因此將邢都遷到陳儀（今山東聊城西）。《公羊傳》指出：《春秋》所以稱齊師而不稱齊侯，是因為不讚許諸侯專封。封衛，其事見《春秋》在魯僖公二年（西元前六五八年）的記載：「正月，城楚丘。」衛國原來都於朝歌（今河南淇縣），因為被狄人所滅，所以在齊桓公幫助下，把國都遷到楚丘（今河南滑縣東）。《公羊傳》評論此事曰：「曷為不言桓公城之？不與諸侯專封也。」封杞，其事見《春秋》在魯僖公十四年（西元前六四六年）的記載：「春，諸侯城緣陵。」當時，杞國受徐、莒諸國的威脅，齊桓公召集諸侯商議，最後的結果是決定在緣陵（即營陵，原為齊地）為杞國築新城，此故城在今山東昌樂東南營丘村。《公羊傳》評論此事曰：「桓公城之。曷為不言桓公城之？不與諸侯專封也。」董仲舒列舉這幾件事是為了說明齊桓公專封，對周天子不尊重，橫行中國，有王天下之意，而且在語言中有明白的流露。《史記・齊太公世家》載：「桓公稱曰：『寡人南伐至召陵，望熊山；北伐山戎、離枝、孤竹；西伐大夏，涉流沙，束馬懸車，登太行，至卑耳山而還。諸侯莫違寡人。寡人兵車之會三，乘車之會六，九合諸侯，一匡天下。昔三代受命，有何以異於此乎！吾欲封泰山，禪梁父。』」從齊桓公這些話中可見其野心之大與自視之高。㉗魯舞八佾　中國古代舞蹈時，八人為行，一行叫一佾。八佾即八行，八八六十四人，這是天子觀賞舞蹈時的規格。諸侯六佾，舞者六行，每行六人。大夫四佾，舞者四行，每行四人。士二佾，舞者二行，每行二人。《論語・八佾》：「孔子謂季氏八佾舞於庭，是可忍也，孰不可忍也！」季氏是大夫，只能用四佾，八佾舞於庭是僭用天子樂舞，所以孔子才這樣說。魯舞八佾，是指魯國僭用天子之禮樂。魯昭公二十五年（西元前五一七年），魯昭公與季氏矛盾激化，動兵討伐。《公羊傳》昭公二十五年記載了他和子家駒的一段對話：「昭公將弒季氏，告子家駒曰：『季氏為無道，僭於王室久矣，吾欲弒之，何如？』子家駒曰：『諸侯僭於天子，大夫僭於諸侯久矣。』昭公曰：『吾何僭矣哉？』子家駒曰：『設兩觀，乘大路，朱干玉戚以舞〈大夏〉，八佾以舞〈大武〉，此皆天子之禮也。』」於此可見魯國早已使用八佾之舞了。《禮記・明堂位》：「成王以周公為有勳勞於天下……命魯公世世祀周公以天子之禮樂。」《禮記・祭統》也說：「八佾之舞，此天子之樂也，康（褒大）

周公，故以賜魯也。」但八佾只能用於祭祀周公，在其他場合應按照本分用諸侯的規格。魯國歷代君主並沒有遵照這一規定，而是擴大了八佾使用的範圍，到處都用八佾之舞，甚至連大夫季氏居然也「八佾舞於庭」了。所以董仲舒將「魯舞八佾」作為「天子微弱」、「法度廢而不復用」的例證。㉘北祭泰山　唐代孔穎達《禮記正義》：「魯人祭泰山者以《論語》云『季氏旅於泰山』，明魯君祭泰山，季氏僭之也。」清代蘇輿在《春秋繁露義證》中指出：「『北祭泰山』之『北』，疑是『望』之剝文。《春秋》三望，謂祭泰山、河、海。〈王制〉云：『諸侯祭名山大川之在其地者。』魯居東國，宜親祭泰山，而上僭天子望祭之儀。」望祭是天子之儀，而魯國國君不去親祭泰山而僭用天子望祭之儀，故董仲舒舉此作為「法度廢而不復用」的例證。㉙郊天祀地二句　《春秋》在魯僖公三十一年（西元前六二九年）記載：「四月，四卜郊，不從，乃免牲，猶三望。」郊是祭天之禮，在南郊舉行，古代只有天子能行祭天之禮。魯的先祖是周公，因為他在成王幼小時攝行天子事，又制禮作樂，有大功於周，所以他死後成王以王禮葬之，特許魯國也舉行郊祭以彰周公之德。但魯國的郊祭不是常禮，要經過占卜，卜得吉，才舉行，不吉，則不舉行，這就叫卜郊。這一次卜郊，卜了四次，占卜的結果不吉，也就是不從。至於免牲，是指祭天要用牛為牲。免牲，也就是不舉行郊祭了。猶三望，但是仍然進行了三望。望是祭山川之禮，三望是祭泰山、河、海。望祭是附屬於郊祭之禮。《公羊傳》對此評論曰：「卜郊，非禮也。卜郊何以非禮？魯郊，非禮也。魯郊何以非禮？天子祭天，諸侯祭土。天子有方望之事，無所不通；諸侯山川有不在其封內者，則不祭也。」所以《公羊傳》認為魯國郊祭是不合禮法的。董仲舒是漢代《公羊》學派的領袖人物，當然認為魯國的郊天祀地，像天子那樣去行祭禮，是一種僭越的行為，理應受到譴責。㉚弒君三十二二句　司馬遷《史記・太史公自序》中作「弒君三十六，亡國五十二」。蘇輿在《春秋繁露義證》中指出：「三十六，合《經》、《傳》通數之。」

【語　譯】孔子通過《春秋》的撰著，闡明行事的得失，區分貴賤的差別，藉以指明和返回到王道的根本上來。他在《春秋》之中不斷地譏刺和諷諫周天子，目的是為了使天下太平。譏刺天子與諸侯的惡行，不論是大還是小，一律載明無遺。凡是善行，即使是很細微的小事，也沒有不將它標舉出來；凡是惡行，即使是微不足道的事，也要嚴厲貶斥而不會略而不載。褒揚善行，誅伐惡行，從根本上堵絕惡行的源頭，以防微杜漸。

《春秋》記載周平王派遣宰咺來魯國饋贈惠公及仲子葬禮所用的車馬，是譏刺送禮不及時，沒有趕上奔喪會葬的時間；還譏刺送禮時將不是正妻的仲子與國君惠公並提兼稱，從而違反了禮法上的規定。《春秋》記載周桓王伐鄭是譏刺他親自領兵去討伐，又打了大敗仗，有失天子的尊嚴。《春秋》記載齊桓公見周惠王的世子鄭，是譏刺周王室的衰微。《春秋》記載祭公到魯國去迎娶王后於杞，是譏刺周天子輕率地對待婚娶，沒有遵行周代的婚娶之禮。《春秋》記載周桓王派遣大夫家父到魯國去索取車子，周桓王派遣武氏、周頃王派遣毛伯去魯國索取資助葬禮的錢財，是譏刺周天子違反了「天子無求」的行為準則與在喪事上失禮的行為。《春秋》記載周莊王派遣子突為使者率兵救衛，以阻止衛侯朔在齊軍支持下入衛復君位，而此事未成；周定王的軍隊去襲擊貿戎而吃了大敗仗。這些事反映了周天子權力的衰落和微弱。《春秋》記載周襄王棄母不奉養，自己逃亡到鄭國去避難；周景王因疑心而錯殺了自己的同母弟年夫；周景王去世後，王室發生內亂，王子朝與王子猛之間互相攻伐，沒有精力去顧及各國諸侯，王室分裂為東周和西周，這足以說明周天子已失去了為天下作表率、號令天下諸侯的資格，連自己的天子地位也得仰仗於大國諸侯的鼻息。《春秋》記載周莊王要衛侯朔派遣人為王室服役，衛侯朔卻拒不從命，本人竟溜到齊國境內去了；後來衛侯朔為左、右公子所逐，逃亡到齊國，齊襄公率諸侯聯軍送衛侯朔回國，周莊王遣子突率兵去衛國阻止，結果仍告失敗；周桓王討伐鄭國，徵召各國諸侯，各國諸侯不肯聽命隨從出征，結果王師大敗；周平王眼睜睜地看著魯國大夫展無駭率兵滅掉極國而無力誅除。天子不能號令諸侯，各國諸侯因此大亂，篡奪君位、弒殺君父的事不斷發生，臣下逼迫君主，僭越身分，擅自行天子之禮。諸侯國中的勢力強大者到處恃強逞威，小的諸侯國相繼被攻滅，晉國曾先後三次侵犯周天子的疆域，曾因貿戎之事而在該地與周定王交戰並大敗周軍。周桓王派遣凡伯為使節去魯國聘問，中途在楚丘被戎人劫持回戎地去了。各國諸侯之間由於昔日的舊怨宿恨而放縱自己作惡，互相發兵攻殺，燒毀與平夷別國的宗廟與社稷，周天子對此根本無法統理與制止。臣子中勢力強大者，竟公開弒殺其君父，周文王創立和制定的法度遭到廢棄而不再被遵守，天子的威武早已蕩然無存而不再有人將它當回事了。正是在這種背景下，鄭國與魯國擅自交換土地，公然違背了「天子在，諸侯不得專地」的法度；晉文公一年內先後兩次召致天子，將天子當臣屬看待；齊桓公會見周世子鄭，干預王位的繼承，還擅自封邢、衛、杞諸國，為各國築城，根本不顧「諸侯不得專封」的法度，在中國肆意橫行，竟流露出了王天下的野心。此外，如魯國公然用只有天子才可以用的八佾之舞，違背禮制行望祭泰山之禮，郊祭天，祀祭地，僭擬天子的作為。正因為這樣，春秋時期內，臣弑君的事多至三十二（六）起，被滅亡的國家多至五十一（二）個。這種怵目驚心的景象是因為沒有在罪惡微細時就及早根絕而造成的呀！

【研　析】本章列舉了大量事例，說明自從平王東遷以後，周王室在春秋時期已極度衰落，號令不行於諸侯，而諸侯間則強者行威，小國破滅，乃至臣下上逼，僭擬天子，完全是一片天下大亂的景象。

孔子曾經指出：「天下有道，則禮樂征伐自天子出；天下無道，則禮樂征伐自諸侯出。」《論語・季氏》這兩句話，對理解本章的內容是一把鑰匙。因此，我們完全可以從禮樂和征伐兩個方面來對天下無道的狀況來作出分析。

先看禮樂。天子與諸侯之間的關係在禮制上主要體現為朝聘、巡狩、封禪、奉朔等禮儀活動。朝聘指諸侯朝見天子，貢獻方物；巡狩是天子定期出巡，考察諸侯的政績；封禪是天子出行到泰山去封泰山，禪梁父，祭祀天地；奉朔是諸侯奉行天子的正朔。《禮記・王制》載：「諸侯之於天子也，比年一小聘，三年一大聘，五年一朝。天子五年一巡狩。歲二月東巡狩，至於岱宗，柴而望祀山川，覲諸侯。」但是，在春秋時期，世道大變，諸侯不去朝聘於天子，而是去朝聘於大國諸侯，而對那些霸主即諸侯中的領袖，更是奉命唯謹，趨走唯恐不及。更有甚者，天子倒過來去朝聘於諸侯。顧棟高《春秋大事表・春秋賓禮志敘》載：「春秋之世，魯之朝王者二，如京師者一，而如齊至十有一，如晉二十」；「天王來聘者七，而魯大夫聘周者僅四，其聘齊至十有六，聘晉至二十四。」魯國號稱禮義之邦，但周天子在魯國的眼裡要比晉和齊差得遠了。周天子向魯國聘問七次，而魯國只派遣大夫向周天子聘問四次，連對等往來都說不上。不僅於此，晉文公兩次召致天子，對周天子呼過來喝過去，周天子竟成了他的臣屬了！周王室由於喪失了諸侯進貢、述職的收入，手頭拮据，一而再、再而三地派遣大夫去魯國求車、求賻、求金，窮得都快成乞丐天子了。周天子派遣到魯國去聘問的使節凡伯，半路上竟被戎人劫持到戎地去了，而周王竟無可奈何。至於天子巡狩、封禪等制度，也已破壞殆盡，無法維持。諸侯竟然「北祭泰山」，「郊天祀地，如天子之為」，可見諸侯們根本不把周天子當一回事。

再看征伐。這方面的情況就更可憐了。周桓王討伐鄭國，徵召各諸侯國出兵，但大國諸侯沒有人響應，只有蔡、衛、陳幾個小國隨從出征，結果周桓王被鄭國軍隊殺得大敗而歸，自己肩上還被鄭國大夫祝聃射中一箭。衛侯朔得位不正，又不服從周天子的徵發，後來被衛國大臣逐走，另立公子黔妻。齊襄公率諸侯聯軍攻衛，目的是幫助衛侯朔復位。周莊王派子突率兵救衛，但勢孤力單，以失敗告終，衛侯朔在齊兵的支持下重新當上了國君。最慘的是晉國三次出兵侵犯周天子疆域，周天子只得忍氣吞聲。周王室內王位繼承上發生糾紛，要依靠大國諸侯來調停與解決。周襄王鄭當世子時，周惠后向周惠王進讒，想另立自己的愛子王子帶。齊桓公率諸侯與世子鄭會面，使周惠王打消了廢立之念，世子鄭得以繼位為周襄王。後來周王室內亂，王子朝與王子猛互相攻擊，爭當天子，周因此分為東、西周。王子猛之同母弟王子匄依靠晉國軍隊的支持，占領成周，成為周敬王，而王子朝逃奔楚國。周王室的內亂，竟成了晉、楚爭霸的繼續。在這種情況下，周天子的地位要依靠大國諸侯的武力來支持和爭取，完全仰大國諸侯的鼻息來苟且圖存，這實在是夠可憐的了。

綜合這兩個方面來看，可知在春秋時期，根本不是「禮樂征伐自天子出」，而是「禮樂征伐自諸侯出」。這種狀況的結果，便是造成了「弒君三十六，亡國五十二」的天下無道的大亂局面。董仲舒認為這種局面之所以出現，與周天子自身不能「反王道之本」直接相關。周代自平王東遷以後，歷代天子行為不當，許多地方違反禮制，又不自量力，憑著性子蠻幹一起。前者如使宰咺饋魯惠公、仲子之賵，混在一起送禮，使尊卑無別，又如求車、求賻、求金，派祭公去魯國決定迎娶王后之事，違反了婚娶之禮的規定；

後者如周桓王親自率兵伐鄭，結果中箭大敗而歸，又如晉國出面調停周天子與貿戎之間的矛盾，而周軍統帥竟擅自決定對貿戎發動突然襲擊，不僅吃了敗仗，丟盡顏面，還得罪了晉國。更糟糕的是兄弟鬩牆，王室內亂，使周王室分裂為東、西周。物必自腐而後蟲生之。所以董仲舒在本章一開頭就指出：「孔子明得失，差貴賤，反王道之本。譏天王以致太平。」他在本章末尾又強調：「弒君三十二，亡國五十一。細惡不絕之所致也。」

所謂「反王道之本」，「細惡不絕之所致也」，看上去是指春秋時期的天王，其實是借古諷今，說給漢武帝聽的。這才是董仲舒這位「王者師」的本意。最後還必須指出：本章與前章相表裡。前章言天象以示警，本章明人事之得失，目的是借助於《春秋》來宣揚他所創建的「天人合一」的理論。

第六章

《春秋》立義❶：天子祭天地，諸侯祭社稷，諸山川不在封內不祭❷。有天子在，諸侯不得專地❸，不得專封❹，不得專執天子之大夫❺，不得舞天子之樂❻，不得致天子之賦，不得適天子之貴❼。君親無將，將而誅❽。大夫不得世❾，大夫不得廢置君命❿。立適以長不以賢，立子以貴不以長⓫。立夫人以適不以妾⓬。天子不臣母后之黨⓭。親迎以來遠，故未有不先近而致遠者也⓮。故內其國而外諸夏，內諸夏而外夷狄，言自近者始也⓯。

【章旨】本章從「《春秋》立義」出發，正面闡明王道的內涵，提出了君臣所必須共同遵循的行為規範和準則。

【注釋】❶春秋立義　《禮記・中庸》：「義者宜也。」義，即行為之合宜者，可以解釋為「合理」。就個體來說，它是行為的規範或準則。孔子曰：「君子義以為上。」（《論語・陽貨》）即指君子的行為以義為上。《春秋》立義，指孔子藉《春秋》辨明是非得失，進行褒貶以建立人們的行為規範和準則。孟子曾記錄了孔子自己對《春秋》的評論：「其事則齊桓、晉文，其文則史，其義則丘竊取之矣。」（《孟子・離婁下》）可見《春秋》是孔子表達自己政治觀點的著作。這裡的所謂義，也就是王者之道。司馬遷在《史記・十二諸侯年表序》中也同樣指出：「孔子明王道，干七十餘君莫能用。故西觀周室，論史記舊聞，興於魯而次《春秋》。上記隱，下至哀之獲麟。約其辭文，去其煩重以制義法。王道備，人事浹。」司馬遷強調的也是《春秋》的目的在於「制義法」。❷天子祭天地三句　指天子與諸侯對天地、社稷、山川的祭祀各有其法度，不能亂套。諸侯如果逾越其祭祀的範圍，便是違反禮法。《公羊傳》僖公三十一年稱：「天子祭天，諸侯祭土。天子有方望之事，無所不通。諸侯山川有不在其封內者，則不祭也。」方望之事，指郊祭時遙望四方山川而祭之，是郊祭的附帶之禮。諸侯不能行郊祭，也不能行望祭，因為這些都是天子之禮，諸侯不應僭越。又，《禮記・王制》：「天子祭天地，諸侯祭社稷，大夫祭五祀。天子祭天下名山大川，五嶽視三公，四瀆視諸侯，諸侯祭名山大川之在其地者。」所以，祭天是天子的專利，諸侯只能祭土或社稷，土與社稷是一回事，因社稷乃土地之神。上章指責魯國「郊天祀地，如天子之為」，就因為它屬於僭擬於天子的非禮行為。❸有天子在二句　周朝所建立的封建宗法制認為「溥天之下，莫非王土」，所以《春秋》義法強調有天子在，諸侯不得擅自侵占或處置土地。據《漢書・匡衡傳》載：匡衡為丞相，曾指使下屬在劃定縣界時，為其侵占四百頃土地，併入他的封邑之內，收取所還田租穀千餘石。司隸校尉王駿奏劾匡衡：「《春秋》之義，諸侯不得專地，所以壹統尊法制也。衡位三公，輔國政，領計簿，知郡實，正國界，計簿已定而背法制，專地盜土以自益。」漢成帝為此而免去匡衡的丞相之職，為庶人在家度過餘生。❹不得專封　指諸侯不能擅自封國。《春秋》在魯僖公十四年（西元前六四六年）春記載：「諸侯城緣陵。」《公羊傳》對此評論曰：「孰城之？桓公城之。曷為不言桓公城之？不與諸侯專封也。曷為不與？……諸侯之義不得專封也。」齊桓公在緣陵築城，是為了使杞國遷都於此以避徐、莒之脅，但《春秋》不讚許此事，連齊桓公的名字也不提，而只籠統地提「諸侯」。參見本篇第五章注㉖。❺不得專執天子之大夫　指諸侯不得擅自劫持天子之大夫。如《春秋》在魯隱公七年（西元前七一六年）記載：「戎伐凡伯于楚丘以歸。」凡伯是周天子之大夫，奉周天子之命為使者報聘於魯，返還途中，在衛國的楚丘被戎人所執，並劫持到戎地去了。《穀梁傳》對此評論曰：「凡伯者何也？天子之大夫也。國而曰伐，此一人而曰伐，何也？大天子之命也。戎者衛也。戎衛者，為其伐天子之使，貶而戎之也。楚丘，衛之邑也。以歸，猶愈乎執也。」《穀梁傳》認為《春秋》記載上的戎人，實際上是衛人，因為衛國執天子之使，所以貶稱其為戎。這種說法與《公羊傳》、《左傳》不同。《公羊傳》認為是戎人在衛地楚丘劫持了凡伯。《左傳》說得更為具體，曰：「初，戎朝於周，發幣於公卿，凡伯弗賓。冬，王使凡伯來聘，還。戎伐之於楚丘以歸。」這裡說的是戎人朝見周天子時，向公卿致送財幣。凡伯收了戎人的財幣而不回報，不把戎人當賓客款待。戎人懷恨在心，才在冬天趁凡伯出使魯國回歸之際，在半途劫持了他。董仲舒雖然是《公羊》學者，但在這裡採用了《穀梁傳》的說法而沒有用《公羊傳》和《左傳》的說法。參見本篇第五章注㉑。❻不得舞天子之樂　周代的歌舞是禮樂的組成部分，其規模例有定制。《公羊傳》的說法是天子用八佾，諸公用六佾，諸侯用四佾。《左傳》的說法是天子用八佾，諸侯用六佾，大夫用四佾，士用二佾。《春秋》在魯隱公五年（西元前七一八年）記載：「初獻六羽。」六羽是規格為六佾的羽籥舞。古代樂舞分文舞與武舞兩部分。文舞舞人執羽籥，武舞舞人執干戚，此處是為仲子的廟舉行落成典禮時所獻之舞。仲子不是嫡夫人，而六佾是諸公的規格，用於仲子就是「僭」了。所以《公羊傳》對此評論曰：「始僭諸公昉於此乎？前此矣。前此則曷為始乎？此僭諸公，猶可言也；僭天子，不可言也。」這就是說，開始超越本分仿效諸公在此之前，但是仿效諸公還可以說得過去，而仿效天子就說不過去了。參見本篇第五章注㉗。❼不得致天子之賦二句　指諸侯不能侵占與超過屬於天子的賦稅收入。諸侯的地位最尊貴也不能與天子相匹敵。總之，不能顛倒天子與諸侯之間的尊卑關係。適，敵；相當。如《春秋》在魯僖公二十八年（西元前六三二年）記載：「冬，公會晉侯、宋公、蔡侯、鄭伯、陳子、莒子、邾婁子、秦人于溫。」溫是王畿內小國，故城在今河南溫縣西南。溫之會是晉文公第二次召致周襄王。《穀梁傳》對此記載評論曰：「諱會天王也。」《春秋》同時還記載：「天王狩于河陽。」《穀梁傳》對此評論曰：「全天王之行也。為若將狩而遇諸侯之朝也，為天王諱也。」《左傳》則直接指出：「是會也，晉侯召王以諸侯見，且使王狩。仲尼曰：『以臣召君，不可以訓。』」《春秋》同時又記載：「王申，公朝于王所。」公，指魯僖公。王，指周襄王。《穀梁傳》對此評論曰：「朝於廟，禮也。於外，非禮也。獨公朝，與諸侯盡朝也。其日以其再致天子，故謹而日之。主善以內，目惡以外。言曰公朝，逆辭也，而尊天子。會于溫，言小諸侯。溫，河北地。以河陽言之，大天子也。日繫於月，月繫於時。王申，公朝于王所，其不月，失其所繫也，以為晉文公之行事，為已傎矣。」傎，是顛倒錯亂的意思。《穀梁傳》在這裡指責晉文公顛倒了天子與諸侯的關係，以臣召君，是顛倒錯亂的行為。參見本篇第五章注㉕。關於「不得適天子之貴」，《漢書・翟方進傳》載：「司隸校尉涓勳奏言：『《春秋》之義，王人微者，序乎諸侯之上，尊王命也。』」此處指出王之使者即使地位比諸侯低微，然而由於王命在身，序位時應在諸侯之上。❽君親無將二句　這裡的意思是說對君主和父母不能有謀害的企圖，如果有這種想法，便應該被誅滅。將，打算，此處指謀害。語見《公羊傳》莊公三十二年。當時魯莊公有三弟：慶父、叔牙、季友。他病危時想傳位給自己的兒子般，但當他徵詢叔牙意見時，叔牙認為魯國的傳位有父死子繼的，也有兄死弟繼的，現在應該讓慶父來繼位。莊公聽了，心中發愁，就召季友來，問自己死後，魯國應該交給誰？季友說：「有般在，你擔心什麼？」莊公就將叔牙的話告訴了季友，說是叔牙主張由慶父繼位。季友說：「這怎麼敢！這不是想要作亂嗎？」不久，叔牙連弒君的凶器都準備好了。季友奉莊公命，約見叔牙，事先調製了毒酒命他喝下去，並且曉以利害，指出如果叔牙不喝這酒，不僅會被天下人恥笑，而且會在魯國斷了後代。叔牙只得飲毒酒自殺。《公羊傳》對此事評論曰：「公子牙今將爾，辭曷為與親弒者同？君親無將，將而誅焉。」這段話譯成現代語就是：「公子牙如今只是打算罷了，傳文的用語為什麼與親自弒君一樣？對國君和父母沒有打算的事，只要有謀害的企圖就應當處決。」參見〈楚莊王〉篇第二章注❾。❾大夫不得世　指大夫不得世襲。《春秋》在魯隱公三年（西元前七二〇年）四月記載：「尹氏卒。」《公羊傳》對此評論曰：「尹氏者何？天子之大夫也。其稱尹氏何？貶。曷為貶？譏世卿，世卿非禮也。」何休《春秋公羊傳解詁》：「世卿者，父死子繼也」；「禮，公卿、大夫、士皆選賢而用之，卿大夫任重職大，不當世為。其秉政久，恩德廣大，小人居之，必奪君之威權。故尹氏世，立王子朝。齊崔氏世，弒其君光。君子疾其末則正其本。」孔廣森《春秋公羊通義》：「周之命官，或曰人，或曰師，或以掌司典職冠所事，唯世其職者乃曰氏。然三百六十之屬，以氏名者才四十有四，而其位貴者不過中大夫。則知卿之義不得世也。古者有世祿，無世卿。」《孟子・告子下》載：齊桓公葵邱會盟，有五命，其中的第四命為「士無世官」。東漢趙岐注：「士為大臣，不得世官，賢臣乃得世祿也。」又，《白虎通義・封公侯》：「大夫不世位何？股肱之臣任事者也。為其專權擅勢，傾覆國家。」❿大夫不得廢置君命　蘇輿在《春秋繁露義證》中認為「命」字疑是衍文。此處指大夫不得擅自廢立國君。《春秋》在魯文公十四年（西元前六一三年）記載：「晉人納接菑于邾婁，弗克納。」接菑是邾婁文公次妃晉姬之子。邾婁文公在魯文公十三年（西元前六一四年）春去世，邾婁人立其元妃齊姜之子貜且，是為郲婁定公。接菑投奔到外祖父家晉國，晉人遂想以武力納接菑回國為君。晉國大夫郤缺率領軍隊和八百輛兵車護送接菑回國，勢如泰山壓頂。郲婁國人當郤缺的面說：「接菑，母親是晉國人。貜且，母親是齊國人。如果用手指來計算，接菑只占四個指頭，而貜且要占六個指頭。你用大國來壓人，那麼就不知道齊國、晉國誰能擁有了。即使兩人都一樣尊貴，貜且也年長。」郤缺說：「不是我的力量不能納，是道理上不能這樣。」他帶領軍隊走了。《公羊傳》對此事評論曰：「此晉郤缺也，其稱人何？貶。曷為貶？不與大夫專廢置君也。」這是因為郤缺只不過是晉國的大夫，不應當由他來決定郲婁國君的廢立。⓫立適以長不以賢二句　語見《公羊傳》隱公元年，原文為：「隱長又賢，何以不宜立？立適以長不以賢，立子以貴不以長。桓何以貴？母貴也。母貴則子何以貴？子以母貴，母以子貴。」適，通「嫡」。這段話的背景魯惠公死後，魯桓公年幼而地位尊貴，魯隱公年長而地位卑賤，因此魯國眾大夫擁立魯隱公即位當國君。魯隱公年長而賢能，為什麼不合適即位？因為立嫡子根據年長而不根據賢能；立庶子根據地位尊貴而不根據年長。這就是「立嫡以長不以賢，立子以貴不以長」這兩句話的出處。嫡，指嫡長子，名正言順地成為國君的嗣子。立子，指在沒有嫡子的情況下，立庶子為嗣子。根據古代禮法，嫡夫人無子立右媵之子，右媵無子立左媵之子。何休指出，桓公母為右媵，而隱公母是一般媵妾，身分不如桓公母尊貴。在一夫多妻制下，正妻的兒子稱為嫡子，媵妾的兒子稱為庶子。嫡子的地位尊貴是因為母親的地位尊貴。如果無嫡子，則右媵貴於左媵，左媵貴於其他媵妾，她們的兒子也因此有了身分上的尊卑，這就是「子以母貴」。庶子如果被立為太子或做了國君，他母親的地位也會隨之提高，原來是媵妾的，可以成為正夫人，這就是「母以子貴」。《白虎通義．封公侯》：「曾子問曰：『立嫡以長不以賢何？以言為賢不肖不可知也。』」這說的是賢與不肖非短時間內可以察知，標準難以確立，而立嫡以長則可以作硬性規定，不易引起爭執。至於「立子以貴」，蘇輿在《春秋繁露義證》中指出：「立子以貴不以長，防愛憎也。」何休《春秋公羊傳解詁》亦云：「嫡謂嫡夫人之子，尊無與敵，故以齒。子謂左右媵及侄娣之子，位有貴賤，又防其同時而生，故以貴也。」這裡必須指出：董仲舒與《公羊》學派屬於經今文學；而奉《左傳》為圭臬的經古文學的說法與此有異。《左傳》在魯昭公二十六年（西元前五一六年）中記載王子朝派使者諭告各國諸侯時有這樣一段文字：「昔先王之命曰：『王后無適（嫡），則擇立長。年鈞以德，德鈞以卜。』」這裡的先王之命中說的是王后沒有嫡子，就選立年長的。年紀相同根據德行，德行相當根據占卜。因此，古文經學家主張「立子以長不以賢」，與今文經學家的「立子以貴不以長」恰正相反。董仲舒根據《公羊傳》而提出的「立嫡以長不以貴，立子以貴不以長」，為其後的歷代封建帝王所遵循，有其一定的合理性。《尚書・皐陶謨》載：「禹曰：『吁！咸若時，惟帝其難之。知人則哲，能官人，安民則惠，黎民懷之。』」可見禹認為帝王要能知人是件很難的事，連舜這樣的聖王，還用了鯀，治水無效，何況其他人呢？再說以賢、不肖作為選擇嗣子的標準，很容易引起諸子競立的忿爭。但能說這種選擇嗣子的做法是合理的嗎？未必。據《史記・殷本記》載：帝乙的長子是微子啟，因他的母親出身微賤而不得立為嗣子。少子辛的母親是正后，得立為嗣子，也就是殷紂王。立嫡的結果是立了一個亡國的君主。⑫立夫人以適不以妾　此語出處見《公羊傳》莊公十九年：「媵者何？諸侯娶一國，則二國往媵之，以侄娣從。侄者何？兄之子也。娣者何？弟也。諸侯一聘九女。諸侯不再娶。」此處意指按照古代禮制規定：諸侯一娶九女，分別來自三個國家，其中一國之女為夫人，另外二國之女為媵。媵是陪嫁之妾，也可稱為次夫人，有右媵、左媵之分。夫人或媵，又各有姪、娣各一人作為陪嫁。姪是侄女，娣是嫁者之妹。這三人中只要其中一人有子，即為三人共有，視為自己所生。何休《春秋公羊傳解詁》：「必以姪娣從之者，欲使一人有子，二人喜也。所以防嫉妒，令重繼嗣也，固以備親親尊尊也。」為什麼要同時娶三國之女？《白虎通義・嫁娶》：「娶三國女何？廣異類也。恐一國血脈相似，俱無子也。」如果姪、娣尚年幼，照樣也可隨從一起嫁人，以明人君無再娶之義，但同時也可嫁後再回家，等到年長後再出閣。如《春秋》在魯隱公七年（西元前七一六年）記載：「三月，叔姬歸于紀。」何休《春秋公羊傳解詁》：「叔姬者，伯姬之媵也。至是乃歸者，待年父母國也。婦人八歲備數，十五從嫡，二十承事君子。」這意味著女子八歲就可以充數當媵妾，十五歲就可以當陪嫁出閣，但是侍奉君子也就是同房陪寢，要到二十歲才行。在此之前，可以在隨嫡夫人出嫁後因年幼而回家等到了適當的年齡後再到夫家正式當媵妾。諸侯所娶的三國之女，一國為嫡，二國為媵。嫡夫人尊於媵，二媵之間，大國為尊。若兩國地位相等則看德行，德行相同則看容貌，即誰美貌誰為尊。她們的尊卑次序為嫡夫人，右媵，左媵，然後是右姪娣，左姪娣。齊桓公在葵丘之會中的誓命有五，其初命中就提出了「無以妾為妻」（《孟子・告子下》）。《春秋》在魯僖公八年（西元前六五二年）記載：「七月，禘于太廟，用致夫人。」《公羊傳》對此評論曰：「禘用致夫人，非禮也。夫人何以不稱姜氏？貶。曷為貶？譏以妾為妻也。其言以妾為妻奈何？蓋脅於齊媵女之先至者也。」用致夫人，即向宗廟祭告夫人至。為什麼說是「譏以妾為妻」？何休《春秋公羊傳解詁》：「僖公本聘楚女為嫡，齊女為媵，齊先致其女，脅僖公使用為嫡。」事實的真相是魯僖公依靠齊國才得以復國，因此儘管原定娶楚女為嫡夫人，齊女為媵，但在齊國要求與威脅下，不得不改立齊女為嫡夫人。但《春秋》與《公羊傳》都認為這是以妾為妻，於禮不合，故加以貶斥。如果嫡夫人去世，其處置方式見《白虎通義・嫁娶》：「適（嫡）夫人死，更立夫人者，不敢以卑賤承宗廟。自立其娣者，尊大國也。《春秋》傳曰：『叔姬歸於紀。』叔姬者，伯姬之娣也。伯姬卒，叔姬升於嫡，《經》不譏也。或曰：嫡死不復更立，明嫡無二，防篡殺也。祭宗廟，攝而已。以禮不聘為妾，明不升。」這裡說的是嫡夫人死後，或者是提升原來當媵妾的妹妹為夫人，或者是索性不再立夫人，即所謂「諸侯不再娶」，以表明嫡夫人只能有一個而不再有第二個，從而可以防止為了爭當嫡夫人而發生篡殺之事。但是，實際上情況並不與此相符，如齊桓公就前後娶過三位夫人。⓭天子不臣母后之黨　古代禮制規定：王者所不臣者三，妻之父母為其一。《白虎通義・王者不臣》：「不臣妻父母何？妻者，與己一體，恭承宗廟，欲得其歡心，上承先祖，下繼萬世，傳於無窮，故不臣也。」《春秋》在魯桓公九年（西元前七〇三年）記載：「春，紀季姜歸于京師。」紀季姜即周桓王新迎之后，紀為其國名，季謂其排行最小，姜為其姓。此處指紀國季姜嫁到京師。《公羊傳》對此評論曰：「其辭成矣，則其稱紀季姜何？自我言，紀父母之於子，雖為天王后，猶曰吾季姜。」譯成白話文就是：「王后」這用語已定下了，那麼叫她紀季姜是為什麼？從本國來說，紀國的父母對於女兒，即使是周天子的王后，還是說「我的季姜」。何休《春秋公羊傳解詁》明確指出：「明子尊不加於父母。」此事足為「王者不臣妻之父母」的佐證。又，《春秋》在魯僖公二十五年（西元前六三五年）記載：「宋殺其大夫。」《公羊傳》對此事評論曰：「何以不名？宋三世無大夫，三世內娶也。」何休《春秋公羊傳解詁》：「三世，謂慈父（宋襄公）、王臣（宋成公）、處臼（宋昭公）也。內娶大夫女也。言無大夫者，禮不臣妻之父母。國內皆臣，無娶道，故絕去大夫名，正其義也。」孔廣森《春秋公羊通義》：「禮，諸侯不娶女於其國者，杜漁色之漸也。下漁色則不君，妃族交征則不臣，三世失禮，君臣道喪，故奪其君臣之辭，示防亂於微，以為後戒。《春秋》有非常之文，必有非常之義，蓋唯《公羊》得之。」黨，指親族。「不臣母后之黨」，其中包括母族與后族。所以要提出「不臣」，不僅限於禮儀上的稱謂，還包括防止外戚專權擅政這一層意思。《漢書・外戚恩澤表序》：「漢興，外戚與定天下，侯者二人。故誓曰：『非劉氏不王，若有亡功非上所置而侯者，天下共誅之。』是以高后欲王諸呂，王陵廷爭。孝景將侯王氏，修侯犯色，卒用廢黜。」東漢李固在對策中稱：「今梁氏戚為椒房，禮所不臣，尊以高爵，尚可然也。而子弟群從，榮顯兼加。永平、建初故事，殆不如此，宜令步兵校尉梁冀及諸侍中還居黃門之官，使權去外戚，政歸國家，豈不休乎！」（《後漢書・李固傳》）椒房者，皇后所居。李固的對策以「天子不臣母后之黨」為根據，要外戚梁冀等離開權要位置。⓮親迎以來遠二句　迎，《四庫全書》本注認為當是「近」字。孔子曰：「近者悅，遠者來。」（《論語・子路》）由近而致遠，是儒家的一貫見解。《禮記・大學》：「自天子以至於庶人，壹是皆以修身為本。」從修身出發，由近而致遠地齊家、治國、平天下，內聖而外王，使親親尊尊之道由近而及遠地推廣。《管子・版法解》：「愛施之德，雖行而無私，內行不修，則不能朝遠方之君。是故正君臣上下之義，飾父子兄弟夫婦之義，飾男女之別，別疏數之差，使君德臣忠，父慈子孝，兄愛弟敬，禮義章明。如此則近者親之，遠者歸之，故曰召遠在修近。」⓯故內其國而外諸夏三句 《春秋》在魯成公十五年（西元前五七六年）十一月記載：「叔孫僑如會晉士燮、齊高無咎、宋華元、衛孫林父、鄭公子鰌、邾婁人，會吳于鍾離。」《公羊傳》對此評論曰：「曷為殊會吳？外吳也。曷為外也？《春秋》內其國而外諸夏，內諸夏而外夷狄。王者欲一乎天下，曷為以外內之辭言之？言自近者始也。」叔孫僑如是魯國的大夫，其他人分別是晉、齊、宋、衛等國的大夫。鍾離，吳國地名，在今安徽鳳陽東北。《公羊傳》的意思是說：「為什麼特別會見吳國？是以吳國為外。為什麼以吳國為外？《春秋》以魯國為內而以諸夏為外，以諸夏為內而以夷狄為外。王者要統一天下，為什麼用外、內的用語來說？統一天下是從近處開始的。」何休《春秋公羊傳解詁》：「明當先正京師，乃正諸夏。諸夏正乃正夷狄，以漸治之。」

【語譯】《春秋》所制定的人們行為準則是：天子祭祀天地；諸侯祭祀社稷，但是不能祭祀不在自己封域之內的山川。天下的土地俱為天子所有，諸侯不能專有土地，不能擅自分封土地給人，不能擅自拘捕天子的大夫，不能享用依據天子禮制規定天子享用的高規格的音樂和舞蹈，不能侵占與超過屬於天子的賦稅收入，不能與天子的尊貴相匹敵，不能懷有謀害君主和父母的惡念，懷有這種惡念的應當被誅殺。大夫的職位不能世代相襲，大夫不能擅自廢黜或置立國君。在君位繼承上，要區分嫡庶。立嫡子為嗣時選擇年長的而不以賢或不肖為標準；沒有嫡子而只能立庶子為嗣時，要選擇其母親地位尊貴的而不能依照年齡長幼的次序。立夫人時要立嫡妻而不能立寵妾。天子不得以母親和王后的親族為朝臣。君主應先親近周圍鄰國使其心悅誠服，用以招致遠方國家來歸附。在歷史上從未有一個賢明的君主不是先致治於旁近，然後延及到遠方的。《春秋》因此以魯國為內而以中原各國為外，進而以中原各國為內而以夷狄為外。所以要區別內外的原因，是由於王者之治理天下，必須從自己與周圍的正本開始，逐步地由內而外，由近及遠，直到使遠方夷狄都來歸服。

【研　析】本篇上一章重在明人事之得失，列舉周天子在春秋時期種種行事不當之處；本章則與之相反，從正面闡述王道的內涵，提出君臣所必須共同遵循的行為規範與準則。

《春秋》立義，立的是維護封建宗法制之義。此處所提出的若干行為準則，分析起來，不外乎兩類。一類是如何處理天子與諸侯之間的關係，實質上就是君臣關係，如有天子在，諸侯不得專地，不得專封，不得專執天子之大夫，不得舞天子之樂，不得致天子之賦，不得敵天子之貴，君親無將，將而誅等等。另一類是如何處理天子家族內部各成員之間的關係，也就是解決皇族內部成員之間的矛盾，如立嫡以長不以賢，立子以貴不以長，立夫人以嫡不以妾，天子不臣母后之黨等等。

封建宗法制的核心是維護尊卑次序，這種尊卑次序是按與封建統治者的親疏程度來決定的。這就是所謂親親尊尊之義，也就是董仲舒在本篇中反覆強調的「王道之本」。「立嫡以長不以賢」的準則便是最好的證明。封建宗法制並不反對賢人的重用，相反地倒是提倡和標榜「尚賢」的原則。伊尹、管仲出身微賤，原來與君王的關係都很疏遠，卻相繼被委以重任，成了歷史上有名的賢臣。但「尚賢」只是指任職而言；至於「封爵」，便只能論親疏了。漢高祖劉邦統一天下後，對異姓王一一翦除，功勞大如韓信者，照樣逃不了未央宮被縛斬首的下場。最後，劉邦與臣下約定：非劉氏不得王，非有功不得侯。如果違反了這一約定，天下共擊之。由此可見，親疏在天平秤上遠遠要比功勞為重。功勞再大的異姓，就是不得封王。但如果是劉邦的兒子，一出娘胎便可以封王，哪怕是個白癡或胡作非為的孽種。至於皇位的繼承，更是非嫡長子莫屬，與接班人的賢、不肖全不相干。

孔子作《春秋》，對二百四十二年間的歷史一一細加褒貶。其褒貶標準就是這種親親尊尊之義，直接目的是嚴格維護封建宗法制的尊卑次序，這就是《春秋》之義。孔子自己對這一點非常看重，自詡對《春秋》是「其義則丘竊取之矣」（《孟子·離婁下》）。司馬遷對此也有深刻的認識，強調「《春秋》以道義撥亂世反之正」；「有國者不可不知《春秋》」；甚至認為「君父而不通於《春秋》之義者，必蒙首惡之名；為人臣子而不通於《春秋》之義者，必陷篡弒之誅」（《史記·太史公自序》）。

董仲舒在本篇中，將《春秋》之義稱為「王道之本」，進一步鞏固和發展了《春秋》在朝廷中的地位和影響。漢武帝治淮南王劉安的謀反事時，命董仲舒的弟子呂步舒持節使決淮南獄，允許他專斷行事，不必事事請示彙報。呂步舒以《春秋》之義斷獄，漢武帝對他所作出的決定都表示滿意。當時，諸侯王四十三人討論與商議淮南王劉安罪行性質時，膠西王議曰：「《春秋》曰：『臣無將，將而誅。』安罪重於將，謀反形已定。」（《漢書·淮南衡山濟北王傳》）將，指謀反的企圖。「臣無將，將而誅」見於《公羊傳》莊公三十二年，正是董仲舒在本章中所提出的關於處理君臣關係的一項準則。

在漢代，無論是皇帝下詔、群臣奏事、折獄斷案以及相互攻訐等，都好引《春秋》作為根據，這已成為當時的時代風尚。據《漢書·翟方進傳》載：漢成帝時，丞相翟方進遣椽史與司隸校尉、部刺史一起查案。司隸校尉涓勳很不高興，因為司隸校尉掌糾察京師百官及所轄附近各郡，相當於州刺史，而椽史是丞相府分曹治事的椽屬。論官俸，前者是二千石，後者只有六百石。如今椽史竟對他負有督察之責，他如何嚥得下這口氣！於是，涓勳就向成帝上奏，說：「《春秋》之義，王人微者序乎諸侯之上，尊王命也。臣幸得奉使，以督察公卿以下為職。今丞相宣請遣椽史以宰士督察天子奉使命大夫，甚誖逆順之理。」此事經廷議後，朝臣一致認為「丞相椽不宜移書督趣司隸」，理由是根據《春秋》所強調的「不得敵天子之貴」的準則，椽史只是丞相的部屬，而司隸校尉是天子親自任命的大夫，不應由椽史督促。丞相翟方進輸了這場官司，心中自然很不服氣。涓勳不肯謁丞相，朝會相見時態度倨傲，十分無禮。翟方進趁機進奏：「《春秋》之義，尊上公謂之宰，海內無不統焉。丞相進見聖主，御坐為起，在輿為下。勳吏二千石，幸得奉使，不尊禮儀，輕謾宰相，賤易上卿，而又詘節失度，邪諂失常，色厲內荏，不宜處位臣。」請下丞相免勳。」結果涓勳被貶為昌陵令。從上可見，無論是涓勳攻訐翟方進，還是翟方進攻訐涓勳，雙方都是抬出了「《春秋》之義」這塊大招牌。

西漢如此，東漢也同樣如此。漢光武帝劉秀初立郭聖通為皇后，郭后之子劉彊被立為皇太子，而貴人陰麗華之子劉陽被封為東海王。建武十七年（西元四一年），光武帝廢黜郭后，另立陰貴人為后。皇太子劉彊心中不安，就屢次上書請求讓出皇太子位，到郡國去當藩王。建武十九年（西元四三年），光武帝下詔曰：「《春秋》之義，立子以貴。東海王陽，皇后之子，宜承大統。皇太子彊，崇執謙退，願備藩國。父子之情重，久違之。其以彊為東海王，立陽為皇太子，改名莊。」劉莊就是後來的漢明帝。郭聖通從貴人被封為皇后以後，其子劉彊也因此而成為皇太子。後來寵衰遭廢，兒子也就當不成皇太子了。陰麗華當貴人時，兒子被封為東海王，當不上皇太子。但當陰麗華從貴人進封為皇后後，劉莊就順理成章地上升為皇太子了，而原來的東海王藩位則讓給原來的皇太子劉彊去頂替了。漢光武的詔書中，就明確提出了「《春秋》之義，立子以貴」，可見東漢立皇嗣同樣也得以《春秋》之義為根據。（參見《後漢書》中的〈光武帝本紀〉、〈郭皇后紀〉、〈陰皇后紀〉、〈東海恭王傳〉等文。）

荀悅在《漢紀．論》中說：「聖人之制，必有所定，所以防忿爭、一統緒也。」他企圖為「立子以貴」的《春秋》之義作出總結，但實際上只是停留在表面現象上。就以光武帝劉秀的換皇嗣來說，表面上看是順從劉彊的請求，照顧到陰貴人已成為皇后的事實，所以換了劉莊當皇太子。其實，劉秀對這件事蓄志已久。陰麗華是南陽出名的美女，劉秀的同鄉。劉秀年輕時就對她十分渴慕，立下「仕宦當作執金吾，娶妻應娶陰麗華」的誓言。他後來將陰麗華、郭聖通分別迎娶進門，同為貴人，只因郭聖通先生兒子，按照傳統不得不封她為后。但陰貴人謙恭和順，絲毫未露出妒嫉之念，恪守婦道，頗有賢名。而郭后則恃寵而驕，對光武帝的移情別戀頗有怨言，引起劉秀的不滿，色衰寵弛，終致遭廢。劉秀沒有將她打入冷宮，而是將她貶到藩國去當王太后，對她已經算是夠客氣了。陰麗華年輕時是劉秀的夢中情人，年長後又善於應付各方面的關係，被譽為有母儀天下之德，成為皇后，是她在宮闈鬥爭中的勝利成果。從這一點來看，荀悅的「防忿爭、一統緒」可以說是隔靴搔癢的皮毛之談。

漢武帝崇尚儒術，對眾多賢良對策中的闡釋《春秋》之義頗加讚賞，但聞其言而觀其行，則實在令人不敢恭維。《春秋》之義是「立夫人以嫡不以妾」，但漢武帝原娶表妹陳阿嬌為后，還曾向其姑母許諾要做到金屋藏嬌。但後來陳皇后寵衰，貶入長門宮居住，雖然她以百金請司馬相如寫了〈長門賦〉，陳皇后因此曾經又得寵一時，但最後還是逃脫不了遭廢黜的命運。衛子夫的出身是漢武帝之姊平陽公主家裡的舞者，是個歌女，只因長得美貌乖巧，服侍漢武帝更衣時被看上了，平步青雲，竟被封為皇后。這明明是違背了「立夫人以嫡不以妾」的《春秋》之義，但漢武帝還不是我行我素，行若無事，汲黯面斥漢武帝「陛下內多欲而外施仁義」，的確是一針見血之談。漢武帝雖然採納了董仲舒的建議推行了「罷黜百家，獨尊儒術」的政策，但他所真正欣賞的是公孫弘這種「緣飾以儒術」的老官僚，而不是董仲舒這種強調身體力行的醇儒。漢武帝號稱崇尚儒術，但崇儒而不信儒，雖然追求建立「治國、平天下」的偉業，但要他做到以修身為本，卻不免比登天還要難。這是漢代儒學宗師董仲舒的遺憾和悲哀，也是歷代嚮往當王者師以「致君堯舜上」的儒者們的遺憾和悲哀。

第七章

諸侯來朝者得褒，邾婁儀父稱字❶，滕、薛稱侯❷，荊得人❸，介葛盧得名❹。內出言如，諸侯來曰朝，大夫來曰聘❺，王道之意也。

誅惡而不得遺細大❻，諸侯不得為匹夫興師❼，不得執天子之大夫，執天子之大夫與伐國同罪，執凡伯言伐❽。獻八佾，諱八言六❾。鄭魯易地，諱易言假❿。晉文再致天子，諱致言狩⓫。桓公存邢、衛、杞，不見《春秋》，內心予之，行法絕而不予⓬，止亂之道也，非諸侯所當為也。《春秋》之義，臣不討賊，非臣也。

子不復讎，非子也。故誅趙盾賊不討者⑬，不書葬，臣子之誅也⑭。許世子止不嘗藥，而誅為弒父⑮。楚公子比脅而立，而不免於死⑯。齊桓、晉文擅封，致天子，誅絕、繼絕、存亡，侵伐會同，常為本主⑰。曰：桓公救中國，攘夷狄，卒服楚，至為王者事⑱。晉文再致天子，皆止不誅⑲，善其牧諸侯，奉獻天子而復周室，《春秋》予之為伯⑳，誅意不誅辭之謂也㉑。

【章旨】本章說明《春秋》通過文字上的褒貶以立其義，著重論述齊桓、晉文之功過得失，肯定其能救中國，攘夷狄，復周室；但對其以諸侯行天子之事及其他僭越之處，則用隱晦而曲折的筆法表示並不贊同。

【注釋】❶邾婁儀父稱字　邾婁，國名，魯國附近的小國。儀父，邾婁的國君，名克，諡莊公。《春秋》在魯隱公元年（西元前七二二年）三月記載：「公及邾婁儀父盟于眛。」眛是魯國地名，故城在今山東泗水東五十里。《公羊傳》對此評論曰：「儀父者何？邾婁之君也。何以名？字也。曷為稱字？褒之也。曷為褒之？為其與公盟也。」稱字為什麼是「褒之」？《禮記・檀弓上》：「幼名，冠字。」指的是人出生之月就加名，到二十歲冠禮而加字，朋友們就稱字而不再呼其名，所以對別人稱字是尊敬的表示。《春秋》對附庸小國的稱呼有四個等級，從上到下是稱字、稱名、稱人、稱氏。按照邾婁國的地位，其國君應列在以名稱呼的一等，如果稱邾婁人便是貶稱，現在用字稱呼他，便寓有褒意。為什麼要褒稱邾婁儀父？何休《春秋公羊傳解詁》：「《春秋》王魯，託隱公為新受命王，因儀父先與隱公盟，假以見褒賞義。」孔廣森《春秋公羊通義》：「隱公以賢讓居位，邾婁之君能親義慕賢，講信修睦，於法當褒也。」❷滕薛稱侯　滕，姬姓國名，周武王封弟錯叔繡於滕，地在今山東滕縣西南。薛為任姓國，黃帝之後，都薛，地在今山東滕縣南。滕、薛都是小國，根據「大國稱侯，小國稱伯、子、男」的義例，只能稱子而不能稱侯，《春秋》自桓公以後的記事，對滕國國君就皆稱滕子。關於滕、薛稱侯之事見於《春秋》在魯隱公十一年（西元前七一二年）的記載：「滕侯、薛侯來朝。」《公羊傳》對此評論曰：「諸侯來曰朝，大夫來曰聘。其兼言之何？微國也。」何休《春秋公羊傳解詁》：「稱侯者，《春秋》託隱公以為始受命王，滕、薛先朝隱公，故褒之。」滕、薛稱侯是一種褒稱，是因為他們能朝魯，而當時的魯隱公被認為是賢君，雖被擁戴為君，仍自居攝政之位，準備日後還政於其弟桓公。孔子愛屋及烏，滕、薛二君能尊重魯隱公而朝魯，就在《春秋》中褒稱他們為滕侯、薛侯。❸荊得人　荊，楚國，此處指荊得到了「人」的稱呼。《春秋》在魯莊公二十三年（西元前六七一年）夏記載：「荊人來聘。」《公羊傳》對此評論曰：「荊何以稱人？始能聘也。」在此之前，《春秋》對楚國只稱荊。根據「州不若國，國不若氏，氏不若人」的《春秋》義例，荊是州名，從稱荊到稱荊人，提高了楚國的地位，上了三個等級。這一年，楚成王惲初即位，布德施惠，與中原各諸侯國結好，並派人向周天子獻禮。❹介葛盧得名　介，東夷國名，故城在今山東膠縣，一說在魯南蕭北之某地。葛盧，介國國君名。《春秋》在魯僖公二十九年（西元前六三一年）春記載：「介葛盧來。」據《左傳》記載：當時正好魯僖公應晉文公之召，會同其他諸侯一起圍攻許國，就派人送給介葛盧草料和糧食以盡地主之誼。《公羊傳》對此評論曰：「介葛盧者何？夷狄之君也。何以不言朝？不能乎朝也。」這是指介葛盧乃夷狄之君，不懂得中原的升降揖讓之禮。何休《春秋公羊傳解詁》：「介者，國也。葛盧者，名也。進稱名者，能慕中國朝賢君，明當扶勉以禮義。」次年秋，《春秋》記載：「介人侵蕭。」蕭是子姓小國，宋國的附庸，在今安徽蕭縣西北。何休《春秋公羊傳解詁》：「稱人者，侵中國，故退之。」從稱名到稱人，是根據其行為之不合禮義，便在稱呼上退了一個等級。❺內出言如三句　此處指王者無朝諸侯之義。周天子自京城內出發，到各諸侯國去，稱曰如。諸侯大夫自外至京城覲見天子，稱為朝聘，細分之，則諸侯來稱朝，大夫來稱聘。❻誅惡而不得遺細大　指《春秋》對惡行作口誅筆伐時，不遺漏和放過那些細微的惡事，所謂別惡美之細，以防纖芥之萌，使人能比貫連類，以得其意。「細大」在古漢語中屬於偏義複詞，雖由兩個單音的反義詞組成，其中一個詞素的本來意義成為這個複音詞的意義，另一個詞素只是作為陪襯。如《史記・孝文帝本紀》中的「生子不生男，有緩急，非有益也」，其中「緩」字無義。本句「不遺細大」中，「大」字無義。參見王力主編《古代漢語》上冊第一分冊中的〈古漢語通論〉。❼諸侯不得為匹夫興師　此語出自伍子胥之口。事見《公羊傳》定公四年：「伍子胥父誅乎楚，挾弓而去楚，以干闔廬。闔廬曰：『士之甚，勇之甚！』將為之興師而復讎於楚。伍子胥復曰：『諸侯不為匹夫興師，且臣聞之，事君猶事父也，虧君之義，復父之讎，臣不為也。』於是止。蔡昭公朝乎楚，有美裘焉，囊瓦求之，昭公不與。為是拘昭公於南郢，數年然後歸之。於其歸焉，用事乎河，曰：『天下諸侯苟有能伐楚者，寡人請為之前列。』楚人聞之，怒，為是興師，使囊瓦將而伐蔡。蔡請救於吳。伍子胥復曰：『蔡非有罪也，楚人為無道，君如有憂中國之心，則若時可矣。』於是興師而救蔡。曰：『事君猶事父也，此其為可以復讎奈何？』曰：『父不受誅，子復讎可也。父受誅，子復讎，推刃之道也。復讎不除害，朋友相衛而不相迿，古之道也。』」這裡說的是伍子胥的父親被楚國誅殺，他挾著弓離開楚國，去求見吳王闔廬。闔廬說：「士中的傑出者，勇敢極了！」打算為他起兵向楚國復仇。伍子胥回答說：「諸侯不為個人起兵，而且我聽說，服事國君好比是服事父親，為了報父之仇，而使國君道義有虧，我決不做這種事。」於是此事作罷。蔡昭公訪問楚國，有一件漂亮而貴重的皮裘，楚國的令尹囊瓦向他索取，昭公不肯給他。囊瓦為此而把蔡昭公拘留在南郢，幾年以後才放他回去。昭公在回去的路上向漢水祭告：「天下諸侯倘若有能攻伐楚國的，寡人請求充當先頭部隊。」楚國聽說後發怒了，為此而起兵，由囊瓦率兵攻伐蔡國。蔡國向吳國求救。伍子胥向吳王稟報：「蔡國無罪，楚人無道。國君如果有憂慮中原國家之心，現在是可以舉兵的時候了。」於是起兵救援蔡國。闔廬說：「你說過服事國君就好比是服事父親，這次怎麼可以向楚國國君復仇了呢？」伍子胥說：「父親沒有罪而被殺，兒子復仇是可以的。父親應該誅殺，兒子去復仇，一來一去的循環報復，永遠沒有了結之時。復仇不能斬草除根地將仇人的下一代也殺掉，因為罪及其身不能株連到下一代。朋友相互衛護但幫朋友復仇不爭先刺殺仇人，以讓孝子親自復仇。」由此可見，伍子胥認為其父無罪被殺，報仇是應該的，但不能因此而讓闔廬違反「諸侯不得為匹夫興師」的準則而道義有虧，但為蔡國而起兵趁機報父仇就是師出有名了。❽執凡伯言伐　凡伯，周天子之大夫。《春秋》在魯隱公七年（西元前七一六年）冬記載：「天王使凡伯來聘，戎伐凡伯于楚丘以歸。」當時周桓王派遣凡伯去魯國聘問，歸途中遭戎人襲擊並被劫持回戎地。董仲舒認為《春秋》記載此事時所以稱伐，是因為諸侯不得執天子之大夫，執天子之大夫與伐國同罪。詳參見本篇第五章注㉑。❾獻八佾二句　事見《春秋》在魯隱公五年（西元前七一八年）的記載：「初獻六羽。」六羽，規格為六佾的羽籥舞，屬於文舞，另有武舞，則舞人執干戚（盾、斧）以舞。此舞是獻給魯桓公之母仲子的，但當時的國君是魯隱公，他為桓公而祭祀其母親。仲子不是正夫人，按禮制規定，不得獻享此舞。《公羊傳》對此評論曰：「初者何？始也。六羽者何？舞也。何以書？譏。何譏爾？譏始僭諸公也。六羽之為僭奈何？天子八佾，諸公六，諸侯四。諸公者何？諸侯者何？天子三公稱公，王者之後稱公，其餘大國稱侯，小國稱伯、子、男。……始僭諸公昉乎此乎？前此矣。前此則曷為始乎此？僭諸公，猶可言也。僭天子，不可言也。」這裡指出「初獻六羽」是開始超越本分效仿諸公，但其實在此之前就已開始了。既然在此之前就已開始，為什麼又說始於此，是因為「僭諸公，猶可言也。僭天子，不可言也。」董仲舒認為《春秋》

記載上說是「初獻六羽」，是「諱八言六」，其實早在此以前，魯國就已僭用天子之八佾之舞了。參見本篇第五章注㉗與第六章注❻。❿鄭魯易地二句　指鄭莊公用鄭國在泰山的祊與魯國的許田相交換，可能魯國認為祊與許田尚不相當，所以鄭莊公又加上了璧。《春秋》在魯桓公元年（西元前七一一年）記載此事：「公會鄭伯于垂。鄭伯以璧假許田。」《公羊傳》評論此事曰：「其言以璧假之何？易之也。易之，則其言假之何？為恭也。曷為為恭？有天子存，則諸侯不得專地也。」何休《春秋公羊傳解詁》：「為恭孫（遜）之辭，復若暫假借之辭。」《穀梁傳》則直截了當指出：「非假而曰假，諱易田也。」參見本篇第五章注㉔。⓫晉文再致天子二句　晉文，即晉文公重耳。他在魯僖公二十八年（西元前六三二年）與楚國進行了城濮之戰，大獲全勝，打敗了楚國，於是在踐土（晉國地名，今河南原陽西南）召集諸侯會盟，晉文公召致周襄王來參加會盟。當年冬天，晉文公又與會盟的諸侯會於溫（王畿內小國，地在今河南溫縣西南），再次召致周襄王至溫。《春秋》記載此事為「天王狩于河陽」。《公羊傳》對此事評論曰：「狩不書，此何以書？不與再致天子也。」《左傳》則直接貶斥曰：「是會也，晉侯召王以諸侯見，且使王狩。仲尼曰：『以臣召君，不可以訓。』故書曰：『天王狩于河陽。』」參見本篇第五章注㉕。⓬桓公存邢衛杞四句　齊桓公，齊國君主，名小白，春秋五霸中第一個霸主。齊桓公在魯僖公元年（西元前六五九年）率師救邢，次年遷邢於陳儀（今山東聊城西），但《春秋》只記載「齊師、宋師、曹師，城邢」，不記載由齊桓公主持其事。《公羊傳》對此評論曰：「不與諸侯專封也。曷為不與？實與，而文不與。文曷為不與？諸侯之義不得專封也。諸侯之義不得專封，其曰實與之何？上無天子，下無方伯，天下諸侯有相滅亡者，力能救之，則救之可也。」此處指齊桓公不經過周天子，擅自在陳儀安置被狄人逐出故土的邢國，而諸侯之義不得專封，所以說是「文不與」；但因何又說「實與」，即實際上是贊同的呢？上無聖明天子，下無一方之長，天下諸侯有相互滅亡的，力所能救，就可以去救援。衛國在魯閔公二年（西元前六六〇年）十二月為狄人所滅。齊桓公在魯僖公二年（西元前六五八年）幫助衛國把國都遷到楚丘（今河南滑縣東），但《春秋》的記載是「城楚丘」，不提齊桓公主持其事。《公羊傳》對此評論曰：「然則孰城之？桓公城之。曷為不言桓公城之？不與諸侯專封也。曷為不與？實與而文不與。文曷為不與？諸侯之義不得專封。諸侯之義不得專封，則其曰實與之何？上無天子，下無方伯，天下諸侯有相滅亡者，力能救之，則救之可也。」這段話與前面針對齊桓公救邢的那段議論，幾乎一字不差。魯僖公十四年（西元前六四六年），杞國受徐、莒諸國的威脅，齊桓公召集諸侯商議，決定在緣陵（即營陵，原為杞地）為杞國築新城。但《春秋》的記載是「諸侯城緣陵」，仍然不提齊桓公主持其事。《公羊傳》評論此事曰：

「桓公城之。曷為不言桓公城之？不與諸侯專封也。」所以董仲舒在這裡指出：齊桓公存邢、衛、杞，分別為這三個國家築新城，但《春秋》在記載這三次築新城時，都不提齊桓公之名，是因為諸侯之義不得專封。但從孔子內心來講，實際上是贊同齊桓公這種「存滅國，繼絕世」的行為的。但在《春秋》的文字上絕不能贊同這種屬於天子職權的行為。所以如此，是為了防止和堵絕諸侯逼迫天子、臣下逼迫君主的途徑，是止亂之道。參見本篇第五章注㉖。⑬故誅趙盾賊不討者　趙盾，晉國大夫，是執掌國政的正卿，被世人目為古之良相。誅趙盾，指《春秋》在魯宣公二年（西元前六〇七年）記載：「晉趙盾弒其君夷獋。」夷獋，晉靈公之名。據《左傳》記載：晉靈公要殺趙盾。趙盾出逃，而趙穿殺了晉靈公。趙盾聞訊返還，但不誅弒君的趙穿，而且與他同朝為官，故《春秋》書「趙盾弒其君」，以誅趙盾作為臣子而不討弒君之賊之罪。當時晉國太史董狐便直書「趙盾弒其君」，趙盾不服，董狐指出：「子為正卿，亡不越境，返不討賊，非子而誰？」參見〈玉杯〉篇第六章注⑨。⑭不書葬二句　指君王被殺而臣子不能誅賊者，君不書葬，這是為了貶斥臣子不盡其職。如《春秋》在魯隱公十一年（西元前七一二年）記載：「冬，十有一月，壬辰，公薨。」《公羊傳》對此評論曰：「何以不書葬？隱之也。何隱爾？弒也。弒則何以不書葬？《春秋》君弒賊不討，不書葬，以為無臣、子也。」同此例，《春秋》不書晉靈公之葬，也是為了貶責趙盾未盡討賊的臣子應盡之責。⑮許世子止不嘗藥二句　許，許國。世子止，許悼公之子。許悼公生了重病，世子止在奉侍其父許悼公服藥時，事先沒有親口嘗過。許悼公服藥後，病情轉重而死去。因此，《春秋》在魯昭公十九年（西元前五二三年）夏記載：「許世子止弒其君買。」但是，《春秋》在當年冬天記載：「葬許悼公。」按照《春秋》義例，弒君的兇手未處罪，不得書君之葬禮，豈非是自相矛盾？《公羊傳》對此解釋說：「賊未討，何以書葬？不成於弒也。曷為不成於弒？止進藥而藥殺也。止進藥而藥殺，則曷為加弒焉爾？譏子道之不盡也。」這就是說，世子止並沒有弒父之罪，只是為了他並沒有盡人子之道，親口嘗藥，以致悼公服藥而亡。對他加上弒父的罪名，是為了強調孝道的重要性；而書葬禮，則表示孔子已經赦免了世子止的罪。參見〈玉杯〉篇第六章注㉙。⑯楚公子比脅而立二句　楚公子比，楚共王之子。楚共王有五子：楚康王、公子圍、子比、子晳、棄疾。楚康王立十五年而卒，其子員立，為公子圍所殺。圍即位，是為楚靈王。當時子比出奔晉國，棄疾得楚靈王信任，在國內執政。楚靈王十二年（西元前五二九年），棄疾乘楚靈王赴乾溪之機，召子比自晉歸國，在楚國都城發動政變，殺死楚靈王的太子與少子，立子比為王。靈王感到眾叛親離，遂自縊而死。棄疾又利用楚靈王一時下落不明的情況，製造楚靈王在乾溪起兵討伐以復國的假象，逼子比與子晳自殺，並由自己即位，是為楚平王。

楚公子比是為棄疾所脅迫而立為楚王的，結果還是在棄疾的陰謀下不免於死。《春秋》在魯昭公十三年（西元前五二九年）記載了此事：「楚公子比自晉歸于楚，弒其君虔於乾溪」；「楚公子棄疾弒公子比。」明明是棄疾為主謀，為什麼《春秋》將弒君之罪加到公子比身上？這是因為公子比接受了棄疾立其為君的建議，樂於坐視棄疾弒君，所以孔子歸弒君之罪於公子比，儘管他是被脅而王，而且最終難免一死。如果公子比拒絕接受棄疾的擁立，而去征討楚靈王圍，那麼他的行為便是討賊而不是弒君了。參見〈玉杯〉篇第六章注㉟。⓱齊桓晉文擅封五句　齊桓、晉文，即齊國國君姜小白與晉國國君姬重耳，曾先後相繼成為春秋時期的霸主。擅封，指齊桓公存邢、衛、杞，為三國築新城，不請示天子而擅自封國。致天子，指晉文公在城濮之戰中打敗楚國之後，在踐土和溫兩次會盟時，俱曾召致周襄王與盟。《史記・晉世家》：「孔子讀史記至文公，曰『諸侯無召王』、『王狩河陽』者，《春秋》諱之也。」誅絕，有二說。俞樾認為「誅絕」二字由上文誤植於此。上文應為「楚公子比脅而立，而不免於誅絕」。誅絕二字傳寫時誤入於下文，淺人遂臆補「死」字。俞樾斷言：「擅封是一事，致天下是一事，繼絕、存亡是一事，其間不得有誅絕二字。明是上文奪去，誤著於彼。」這是認為「誅絕」是衍文。蘇輿不同意俞說，認為「死，即誅也。〈玉杯〉篇『今視其比，皆不當死』，與此文正一律，下文誅亂又是一事，俞據誤文移之耳。」但蘇輿認為「誅絕」雖非衍文，卻是「誅亂」之誤，如晉文公發兵平定王室內亂，擁襄王入周，王子朝因而奔楚。二說相較，當以蘇輿之說為是。繼絕存亡，即指存邢、衛、杞之事，本書〈精華〉篇言齊桓公「至於救邢、衛之事，見存亡繼絕之義」，足資佐證。侵伐，侵指兵臨其境，若被侵者服罪，侵入者就引兵離去，戰爭規模較小，程度較淺。伐，指戰爭規模較「侵」進了一步，兵侵境後仍不肯服罪，於是領兵入境，伐擊較深。侵屬於威懾性，伐則屬於動真傢伙的了。會同，指會盟。《春秋》記載會盟之事，以大者主小者，大者在先，小者在後。齊桓公「九合諸侯」，也就是九次會盟。晉文公發起的踐土之盟，也是春秋時期比較有名的一次會盟。常為本主，指齊桓公、晉文公在擅封、致天子、誅亂、繼絕存亡諸事中，經常作為發起者或主持人。⓲桓公救中國四句　指齊桓公北面能救邢、衛於狄，南面能救蔡、鄭於楚。至於此語出典為《春秋》在魯僖公四年（西元前六五六年）記載：「楚屈完來盟于師，盟于召陵。」《公羊傳》對此事評論曰：「其言盟于師、盟于召陵何？師在召陵也。師在召陵，則曷為再言盟？喜服楚也。何言乎喜服楚？楚有王者則後服，無王者則先叛，夷狄也，而亟病中國。南夷與北夷交，中國不絕若綫。桓公救中國而攘夷狄，卒怗荊，以此為王者之事也。」南夷，指楚。北夷，指狄。何休《春秋公羊傳解詁》：「南夷謂楚滅鄧、穀，伐蔡、鄭；北夷謂狄滅邢、衛，至于溫：交亂中國。」此處指出「盟于師」與「盟于召陵」其實是一回事，《春秋》對此事重複說結盟是因為使楚國服從而欣喜。原因是楚國是夷狄，有王者則服從在後，無王者則反叛在先，屢次侵滅中原各國。南方的楚和北方的狄交相為亂，中原各國不絕若線，處於危急的境地。齊桓公救援中原各國而排斥夷狄，終於使楚國帖伏，這是王者的事業呢！董仲舒在這裡對齊桓公是肯定和讚揚的。⑲晉文再致天子二句　指《春秋》對晉文公的再致天子，並沒有在記載時直接進行口誅筆伐，而只是表示不贊同如此行事而已。《春秋》在魯僖公二十八年（西元前六三二年）的記載是「天王狩于河陽」。《公羊傳》對此評論曰：「狩不書，此何以書？不與再致天子也。」⑳善其牧諸侯三句　指晉文公能善於撫牧諸侯，在城濮之戰中打敗楚國後，將戰俘與戰利品奉獻給周襄王，其中有兵車百乘，徒兵千人等，從而恢復了周王室的權威。周襄王命王子虎當眾宣封晉文公為伯，即諸侯之長，並賞賜了弓矢等物，以表示賦予晉文公以征伐四方之權。晉侯三拜，表示謙讓，然後稽首受之，所以《春秋》贊同他為方伯，即霸主。參見本篇第五章注㉕。㉑誅意不誅辭之謂也　指《春秋》對齊桓、晉文的擅封、致天子等行為，有逼上之嫌，故在記載中誅其心意，但在文辭上並不進行直接的誅伐，因為他們有救中國、尊王攘夷、撫牧諸侯、奉獻天子、興復周室等功績。

【語譯】在《春秋》的記載中，凡是來魯國朝聘的諸侯、大夫，都可以相應地得到褒獎。如魯隱公時，邾婁的國君儀父來魯國與魯隱公結盟，《春秋》在記載時稱呼他的字以提高其地位。滕國、薛國等小國國君原應稱子，但《春秋》因其能來魯朝聘而稱其為侯。楚國是夷狄，原來只應按「州」稱荊，但《春秋》對來魯國聘問的使者稱為「荊人」，一下子提高了三個等級。介葛盧是東夷小國的國君，原應稱氏或人，但《春秋》因其來魯朝聘而稱其名。魯國國君或大夫外出稱作如，別國諸侯來魯國稱作朝，別國大夫來魯國稱作聘。這些稱謂上的區別，是為了體現王道的本意。

《春秋》對那些細微的罪惡行為，也照樣要進行口誅筆伐，決不遺漏和放過。諸侯不能為匹夫的個人恩怨而動用軍隊，諸侯不能劫持天子派遣出使的大夫。劫持天子派遣出使的大夫，與侵伐別國同一罪責。戎人劫持周天子派遣出使的大夫凡伯，被《春秋》稱作「伐」。《春秋》為魯隱公僭用八佾隱諱而只記載其初次向仲子之廟獻六佾之舞。鄭國和魯國擅自互換土地，違反了禮制上「有天子在，諸侯不得專地」的規定，《春秋》隱諱說交換而只說是借用。晉文公兩次召致周天子來見他，而《春秋》隱諱事實而只說是天子在河陽狩獵。齊桓公幫助邢、衛、杞重建城邑，為這些國家保存社稷，但在《春秋》上沒有記載，這是因為孔子雖然內心贊同這種興滅國、繼絕世的行為，但因為這種行為不合禮法，違反了諸侯不得擅自封國的規定，所以不在文字上作任何肯定，以堵絕這種行為的繼續發生，這是防止天下發生動亂的正確道路，原因是這類事應當由天子來處置而不應當由諸侯去做，否則就是僭越的行為。依照《春秋》大義，當臣子的不討伐弒君的亂臣賊子，就不能算是一個臣子。兒子不為父親復仇，就不能算是兒子。《春秋》所以對趙盾進行口誅筆伐，是因為他從邊境回到朝中後不去討伐弒君的趙穿。《春秋》不記載國君的葬禮，就是對臣子的譴責。許國世子止，因為沒有在父親服藥前親口嘗藥，以致其父服藥後身亡，《春秋》便誅責他有弒父之罪。楚國公子比受公子棄疾脅迫而立為國君，最後不免於死，仍無法避免弒君的罪責。齊桓公與晉文公，擅自封國，招致天子，平定王室內亂，繼絕世、興滅國，與諸侯們一起討伐有罪之國與集會結盟，常常由他們發起並主持其事。因此可以這樣說：齊桓公挽救中國於危殆境地之中，抗擊夷狄的侵擾並將他們驅逐出去，最終使楚國終於歸服，應該說他所從事的是王者的事業。至於晉文公，雖然他兩次召致天子，但《春秋》在記載中並沒有進行直接譴責的文辭，反而讚揚他能撫牧和率領各國諸侯，向天子奉獻貢品，使周王室得以復興，《春秋》肯定其功績，稱其為霸主，這是孔子責備他們內心沒有完全遵行《春秋》大義，但不在文辭上顯露其違反禮法的過錯。

【研　析】本章專論齊桓、晉文之功過得失。這兩人在春秋時期先後相繼為霸主。霸主者，諸侯之領袖也。孔子曰：「天下有道，則禮樂征伐自天子出。天下無道，則禮樂征伐自諸侯出。」（《論語・季氏》）這裡指的諸侯，便是諸侯的領袖，即霸主。諸侯們可以不買周天子的賬，甚至不怕以兵戎相見，鄭國大夫祝聃在交戰中用箭射中了周天子的肩也並不以為是大逆不道。但對霸主就不敢如此放肆了，而是按時朝聘，奉命惟謹，不敢失禮。如果對霸主不敬，霸主就會以盟主的身分，率領各國諸侯前來討伐。打出的雖然是周天子的旗號，但其實只不過是挾天子以令諸侯，一切是盟主說了算，事先根本不向周天子請示。

歷史上一向有春秋五霸之稱。但是五霸中，宋襄公只是充數而已，盟會時中楚國之計當了俘虜，在泓之戰中又打了大敗仗，誰也不把他當一回事。秦穆公、楚莊王二人，前者國處西陲，後者地處南疆，雖然聲勢煊赫，令人懾服，但始終未能在真正的意義上控制當時中國的全局。只有齊桓、晉文二人，可以稱得上是名符其實的霸主。這兩人先後充當霸主時，禮樂征伐自霸主出，周天子不過是名義上的共主，而他們卻真正能號令諸侯，隱然成為當時中國的主宰。因此，這兩人在《春秋》中被作為焦點人物來看待，孔子對他們在褒貶上特別下了功夫，自然也不足為怪了。

孔子對齊桓、晉文之事的態度是基本肯定，但有保留。肯定的是這兩人能救中國，攘夷狄，興滅國，繼絕世，興復周室（儘管只限於表面上）；保留的是他們以諸侯行王者之事，骨子裡對周天子並不尊重，有的甚至對天子呼來喝去，如晉文公的再致天子。而且，這兩人僭越禮制，擅自封國，橫行中國，意欲王天下。然而，由於當時周室衰微，諸侯僭擬天子之行是一種普遍的現象。誠如董仲舒在回答江都易王時所說的：「五伯（霸）比於他諸侯為賢；其比三王，猶武夫（即石而似玉者）之與美玉也。」（《漢書・董仲舒傳》）矮子裡挑長子，孔子不得不強調齊桓、晉文的主導方面，說：「管仲相桓公，霸諸侯，一匡天下，民到於今受其賜。微管仲，吾其被髮左衽矣。」（《論語・憲問》）

孔子對齊桓、晉文的評價是有區別的。他對齊桓公較有好感，而對晉文公則有點不以為然。他說：「晉文公譎而不正，齊桓公正而不譎。」（《論語・憲問》）其實，真要論事功，晉文公可比齊桓公強多了。即以尊王攘夷而言，主要的攘夷對象是楚國。齊桓公伐楚，最後達成召陵之盟，楚國並未受半點損失，言辭也針鋒相對，絲毫不讓。齊桓公興師動眾，勞民喪財，最後只徵收到了兩車茅草而已。晉文公在城濮之戰中將楚軍打得丟盔卸甲，潰不成軍。事後在踐土之盟中向周天子獻上戰俘，還加上兵車一百乘，徒卒千人，這可不是微不足道的獻禮，比起兩車茅草來可以說是有天淵之別。那麼，孔子為什麼要說是晉文公譎而不正呢？這主要是指晉文公兩次召致天子，將君臣關係完全顛倒過來了，觸犯了孔子的忌諱，他自然要恨聲不已地叨念「晉文公譎而不正」了。

同樣是儒家，孟子與荀子對齊桓、晉文的看法就與孔子不同。孟子說：「仲尼之徒，無道桓文之事者，是以後世無傳焉。」（《孟子・梁惠王上》）荀子則說：「仲尼之門人，五尺之豎子，言羞稱乎五伯（霸）。」（《荀子・仲尼》）這是時代的推移才會造成這種歧異的出現。春秋、戰國時期長達四百餘年，在這一期間，周初建立的分封諸侯的宗法封建制社會逐步崩潰，向封建大一統的中央集權的專制政權過渡。觀念的變革總是滯後於社會的變革。處於春秋時期的孔子竭力企圖維護原來的宗法封建制度，企圖恢復與維護周天子的威信，因此對能打出尊王攘夷旗號的齊桓、晉文還是具有好感的，儘管在很多地方對他們並不滿意。孟、荀的情況就不同了。他們處於戰國時期，諸侯兼併的結果形成了戰國七雄，秦、齊、楚、燕、韓、趙、魏俱已稱王，七國都想由自己去統一天下，誰也不想再去恢復周王室了。這種時代背景決定著孟子和荀子不可能再去欣賞齊桓、晉文這種尊王攘夷的霸主了。他們信奉的是五百年必有王者興，到了該改朝換代的時候，就得來上個湯武革命，只要統治者肯實行仁政就行了。

董仲舒所面臨的就又是另一番景象了。他在建元年間的賢良對策為漢武帝看中後，被任命為江都王相。江都易王劉非是漢武帝的兄長，驕而好勇，性格暴躁，但對董仲舒倒是挺尊重的。他對董仲舒說：「桓公決疑於管仲，寡人決疑於君。」當時正值吳楚七國之亂過去不久，朝廷對地方諸侯王疑忌甚深，劉非竟然將自己比作齊桓公，將董仲舒比作管仲，儼然以霸主自居，豈不犯了當時朝廷的大忌？董仲舒趕忙撇清自己，回答道：「仲尼之門，五尺之童羞稱五伯，為其先詐力而後仁誼也。苟為詐而已，故不足稱於大君子之門也。」（《漢書・董仲舒傳》）儘管劉非是個殺人不眨眼的驕王，董仲舒照樣用軟釘子將他的問話頂了回去。

董仲舒在本章暢談齊桓、晉文之功過得失，而在答江都王問時卻將齊桓、晉文之事用「詐力」二字一筆抹煞，表現出了不屑一顧的態度，前後判若兩人，這是怎麼回事呢？知人必須論世。漢初，鑒於秦朝因取消諸侯分封而推行郡縣制，子弟為匹夫致使朝廷孤立無援，在逐個消滅異姓王時，封了一批同姓王，形成地方諸侯王與郡縣制交錯並存的局面。藩國大者，跨州兼郡，連城數十，宮室百官，同制京師，不免出現了尾大不掉的局面。漢景帝時用鼂錯之計，削減吳、楚等國，結果出現了吳楚七國之亂，花了不少力氣才得以平定。江都易王在劉非就曾率兵參加平定吳楚七國的戰役。漢武帝元光年間，匈奴入邊，劉非上書請求率兵進擊匈奴，武帝不許。劉非不僅不知收斂，反而繼續操練士卒，廣招四方豪傑之士，而當時正值漢王朝對諸侯王加強防範之時，江都正是吳王濞的故地，是防範的重點。董仲舒作為江都王相，原本負有監督地方諸侯王的職責。現在劉非將他比作管仲，並向他請教如何充當霸主的方略，叫他如何自處？他當然只能拒絕談齊桓、晉文之事了。漢武帝元朔元年（西元前一二八年），江都易王劉非去世。次年，即元朔二年（西元前一二七年），漢武帝頒發了推恩令，允許諸侯王得分戶邑以封子弟，不再嚴格維護過去的嫡長子繼承制了。據《漢書．諸侯王表序》載：「自此以來，齊分為七，趙分為六，梁分為五，淮南分為三。皇子始立者，大國不過十餘城，長沙、燕、代雖有舊名，皆亡南北邊矣。」據《漢書．王子侯表》統計，城陽王在地方各諸侯王中勢微力弱，國土狹小，但這個小國在漢武帝頒布推恩令後，竟分封子弟達五十四人之多。每個人所封的土地能有多大，也就可想而知了。演變到後來，「諸侯惟得衣食稅租，不與政事。至於哀、平之際，皆繼體苗裔，親屬疏遠，生於帷牆之中，不為士民所尊，勢與富室亡異。」（《漢書．諸侯王表序》）董仲舒著《春秋繁露》應有一段相當長的時間，由於推恩令下達以後，各諸侯王一再分封子弟的結果，勢微力弱，已不成氣候了。所以董仲舒最後就能平心靜氣地根據孔子在《春秋》中的褒貶態度來談論齊桓、晉文之事，用不著再有顧慮。這就是他在不同時間、場合內，對齊桓、晉文之事的態度判若二人的根本原因。

第八章

魯隱之代桓立[1]，祭仲之出忽立突[2]，仇牧、孔父、荀息之死節[3]，公子目夷不與楚國❹，此皆執權存國，行正世之義，守惓惓之心，《春秋》嘉氣義焉，故皆見之，復正之謂也❺。夷狄邾婁人、牟人、葛人，為其天王崩而相朝聘也，此其誅也❻。殺世子母弟直稱君，明失親親也❼。魯季子之免罪，吳季子之讓國，明親親之恩也❽。閽殺吳子餘祭，見刑人之不可近❾。鄭伯髡頑卒于會，諱殺，痛彊臣專君，君不得為善也❿。衛人殺州吁⓫，齊人殺無知⓬，明君臣之義，守國之正也。衛人立晉⓭，美得眾也。君將不言率師，重君之義也⓮。正月，公在楚⓯，臣子思君，無一日無君之意也。誅受令⓰，恩衛葆，以正囹圄之平也⓱。言圍成，甲午祠兵，以別迫脅之罪，誅意之法也⓲。作南門⓳，刻桷⓴，丹楹㉑，作雉門及兩觀㉒。築三臺㉓，新延廄㉔，譏驕溢不恤下也。故臧孫辰請糴于齊㉕，孔子曰：「君子為國，必有三年之積。一年不熟乃請糴，失君之職也。」誅犯始者，省刑，絕惡疾始也。大夫盟於澶淵，刺大夫之專政也㉖。諸侯會同，賢為主，賢賢也㉗。《春秋》紀纖芥之失，反之王道㉘。追古貴信，結言而已，不至用牲盟而後成約㉙。故曰：齊侯、衛侯胥命于蒲㉚。《傳》曰：「古者不盟，結言而退。」宋伯姬曰：「婦人夜出，傅母不在，不下堂。」㉛曰：「古者周公東征，則西國怨㉜。」桓公曰：「無貯粟，無鄣谷，無易樹子，無以妾為妻。」㉝宋襄公曰：「不鼓不成列，不阨人。」㉞

莊王曰：「古者杅不穿，皮不蠹，則不出。君子篤於禮，薄於利，要其人不要其土，告從不赦不祥。㉟彊不凌弱。」齊頃公弔死視疾㊱，孔父正色而立於朝，人莫過而致難乎其君㊲，齊國佐不辱君命而尊齊侯㊳，此《春秋》之救文以質也㊴。

【章　旨】本章以諸侯為重點論述對象，著力於辨明人事之紀，從君與臣、國與國、宗族內部以及君與民等四個方面的關係來別嫌疑，明是非，定猶豫，善善惡惡，賢賢賤不肖，從而闡明王道之大者。

【注　釋】❶魯隱之代桓立　魯隱公名息姑，魯惠公的庶長子。桓，魯桓公，名允，魯惠公之少子，隱公之異母弟，母為仲子。《左傳》與《史記・魯周公世家》都說惠公在臨死前就已立桓公為太子。惠公死後，因桓公年少，故由隱公攝政。《公羊傳》則認為隱公年長而賢，諸大夫擁立他為國君。隱公若推辭不當國君，桓公不一定能當上國君，又怕諸大夫不願扶保幼主。所以隱公是為了將來還政於桓公而當上國君的。隱公年長又賢，為何不宜當國君？這是因為立嫡以長不以賢，立子以貴不以長。桓公貴是因為其母貴。董仲舒肯定魯隱公代魯桓公立為國君是因為魯隱公為存國而行權變，這種做法符合《春秋》大義。參見本篇第六章注⑪與〈竹林〉篇第四章注㉒。❷祭仲之出忽立突　祭仲，名足，字仲，祭為氏，鄭國的執政大夫。忽，鄭莊公的嫡長子，夫人鄧曼所生，即後來的鄭昭公。突為忽的庶弟，字子元，母雍姞為宋大夫雍氏之女。據《左傳》與《史記・鄭世家》載：雍氏在宋莊公面前很得寵，所以宋莊公聽說祭仲要立忽為國君，便派人誘召祭仲到宋國，然後把祭仲抓了起來，威脅說：「不立突，將死。」祭仲只得被迫答應改立公子突為國君。世子忽聽到這一消息後，出奔到衛國。公子突回到鄭國後即位，是為鄭厲公。這就是「祭仲之出忽立突」。但是四年以後，祭仲又逼迫鄭厲公出境而迎立公子忽回國立為國君，是為鄭昭公。《春秋》在魯桓公十一年（西元前七〇一年）記載此事：「宋人執鄭祭仲。」《公羊傳》評論此事曰：「祭仲者何？鄭相也。何以不名？賢也。何賢乎祭仲？以為知權也。……莊公死已葬，祭仲將往省於留，塗出於宋，宋人執之，謂之曰：『為我出忽而立突。』祭仲不從其言，則君必死，國必亡；從其言，則君可以生易死，國可以存易亡。少遼緩之，則突可故出，而忽可故反。是不可得則病，然後有鄭國。古人之有權者，祭仲之權是也。」參見〈竹林〉篇第四章注⑳。❸仇牧孔父荀息之死節　仇牧，宋國大夫。《春秋》在魯莊公十二年（西元前六八二年）記載：「宋萬弒其君接，及其大夫仇牧。」宋萬，即南宮長萬，南宮為氏，萬為名，長為字，宋國大夫。接，宋閔公之名。《公羊傳》對此評論曰：「何賢乎仇牧？仇牧可謂不畏強禦矣。其不畏強禦奈何？萬嘗與莊公戰，獲乎莊公，莊公歸，散舍諸宮中。數月，然後歸之。歸反為大夫於宋，與閔公博。婦人皆在側。萬曰：『甚矣，魯侯之淑，魯侯之美也。天下諸侯宜為君者，唯魯侯爾。』閔公矜此婦人，妒其言，顧曰：『此虜也！爾虜，焉知魯侯之美惡乎！』致萬怒，搏閔公，絕其脰。仇牧聞君弒，趨而至，遇之於門，手劍而叱之。萬臂摋仇牧，碎其首，齒著於門闔。仇牧可謂不畏強禦矣。」這裡指出仇牧的賢明在於他不畏強暴。宋國大夫南宮萬與魯國交戰時，被魯莊公一箭射中，當了俘虜。魯莊公回國後，把他放了，讓他閒住在宮中。過了幾個月，才讓他回國。南宮萬回國後重新當上了宋國的大夫。他與宋閔公博戲。婦女都在旁邊。南宮萬說：「魯侯很善良，魯侯很了不起。天下諸侯適合當國君的，只有魯侯罷了。」宋閔公在這些婦女面前要自誇其能，妒忌南宮萬對魯侯的讚美，回頭對婦女們說：「這是個俘虜啊！你是個俘虜，怎麼知道魯侯的好壞呢！」這話導致南宮萬發怒，起身搏擊閔公，折斷了他的脖子。仇牧聽說國君被殺，快步趕來，在門前遇到了南宮萬，手持劍而叱罵他。南宮萬用臂撞殺了仇牧，把仇牧的頭都擊碎了，牙齒飛濺到門扇上。仇牧可以說是不怕強暴了。孔父，名嘉，宋微子之後，正考父之子，孔子的六世祖，宋國大夫，任大司馬之職。《春秋》在魯桓公二年（西元前七一〇年）記載：「宋督弒其君與夷及其大夫孔父。」宋督，名督，字華父，宋殤公的堂叔。關於華父督殺孔父，《左傳》說是因為看中了孔父嘉的妻子美而豔，才攻殺了孔父嘉。宋殤公對此發怒，遂連宋殤公也一起殺死，迎立公子馮為宋莊公。《公羊傳》則認為孔父嘉被殺是受宋殤公的連累，把華父督看中孔父嘉妻的事隱諱過去了。《公羊傳》對此事評論曰：「何賢乎孔父？孔父嘉可謂義形於色矣。其義形於色奈何？督將弒殤公，孔父生而存，則殤公不可得而弒也，故於是先攻孔父之家。殤公知孔父死，己必死，趨而救之，皆死焉。孔父正色而立於朝，則人莫敢過而致難於其君，孔父可謂義形於色矣。」參見〈玉英〉篇第一章注❻與第四章注❼。荀息，字叔，晉國大夫，晉獻公時為奚齊之傅。《春秋》在魯僖公十年（西元前六五〇年）記載：「晉里克弒其君卓子，及其大夫荀息。」里克是世子申生之傅。晉獻公愛驪姬，欲立其奚齊、卓子，為此而殺死世子申生。他臨死時託孤於荀息。獻公死後，奚齊立。大夫里克與荀息商議，認為先君廢長立幼，怎麼辦？荀息說是他已經答應獻公扶立奚齊為君。里克知道荀息不同意，就殺了奚齊。荀息立卓子，里克又殺死卓子，荀息為此而自殺。《公羊傳》對此評論曰：「何賢乎荀息？荀息可謂不食其言矣。」參見〈玉英〉篇第五章注⓭。董仲舒讚揚這三人為賢大夫，能為國君守信而死節，行正世之義。❹公子目夷不與楚國　指宋國公子目夷為了保全宋國的社稷，不顧楚人以所執持之宋襄公為要挾，堅決守城，拒不投降。目夷，字子魚，宋襄公之庶弟。魯僖公二十一年（西元前六三九年）春，宋襄公與楚國、齊國在鹿上會盟，想爭當盟主。目夷勸諫說：「小國（指宋）去爭當盟主，這是災禍的開始。」宋襄公不聽。秋天，宋與楚、陳、蔡、鄭、許、曹等國在霍邑會見，楚成王在這次會上將宋襄公抓了起來，然後帶了他去攻伐宋國。公子目夷整頓守城器械，堅決抵抗。楚國以宋襄公的生命相威脅，公子目夷也還是堅決守城，拒不投降，楚國無可奈何，只得釋放了宋襄公。宋襄公不敢回國，到衛國去避難。公子目夷卻將他迎回國內，重當國君。參見〈玉英〉篇第五章注❹。❺春秋嘉氣義焉三句　氣，蘇輿在《春秋繁露義證》中疑為「其」字之誤。故皆見之，指祭仲、仇牧、孔父、荀息、公子目夷之名皆見於《春秋》的記載，足證孔子對他們很重視，而《公羊傳》則具體記述其事蹟。復正，指祭仲之出忽立突，公子目夷之不與楚國，雖執權存國，行正世之義，但其行為易遭人誤解，所以孔子特地在《春秋》上作記載以恢復其名聲。❻夷狄邾婁人牟人葛人三句　邾婁人，邾婁是魯國附近的小國，國君名儀父，稱人是貶稱，有貶責之意。牟，春秋時期的小國，故址在今山東萊蕪縣東。葛，嬴姓小國，在泰山近旁。三國皆為魯國的附庸小國。牟、葛稱人，理與邾婁人同，有貶意。天王，指周桓王。《春秋》在魯桓公十五年（西元前六九七年）三月記載：「天王崩。」接著在五月記載：「邾婁人、牟人、葛人來朝。」《公羊傳》對此評論曰：「其何以稱人？夷狄之也。」這是因為他們在周桓王喪期內來魯國朝見魯桓公，違反禮制，所以用稱呼夷狄的方式來稱呼他們。何休的說法與此有異，他在《春秋公羊傳解詁》中說：「桓公行惡，而三人俱朝事之。三人為眾，眾足責，故夷狄之。」❼殺世子母弟直稱君二句　指君主殺其世子或同母弟，《春秋》記載時直稱其君殺人，以表示他已失去親親之恩。如《春秋》在魯僖公五年（西元前六五五年）記載：「晉侯殺其世子申生。」《公羊傳》對此評論曰：「曷為直稱晉侯以殺？殺世子、母弟直稱君者，甚之也。」這裡的意思是「為什麼直接稱是晉獻公殺的？殺世子、同母弟而直接稱君的，是認為他太過份了。」又，《春秋》在魯襄公三十年（西元前五四三年）記載：「天王殺其弟年夫。」天王，指周景王。年夫，周景王之弟。周靈王去世時，周靈王之侄、周景王的堂兄弟儋括欲立年夫為君，但年夫不知此事。周景王即位後次年，儋括作亂。周景王不去查明事實真相，派尹言多等五大夫去殺死年夫。年夫其實無罪，死得冤枉。具參見本篇第五章注⓭。按照《春秋》親親之義，子弟無罪，父兄不得殺子弟。子弟有罪，父兄也不得辭其失教之咎。❽魯季子之免罪三句　魯季子，名友，魯莊公之弟。魯莊公有三弟：慶父、叔牙、季友。莊公病，欲立其子般，問叔牙該立誰為嗣，叔牙認為應當立慶父為嗣。莊公聽了很不高興，憂心忡忡。叔牙告退後，莊公又召季友問該立誰為嗣，季友力請立般為嗣。莊公擔心叔牙欲擁立慶父，可能會因此而作亂。季友奉莊公命鴆殺叔牙。《春秋》在魯莊公三十二年（西元前六六二年）記載：「公子牙卒。」《公羊傳》對此評論曰：「公子牙今將爾，辭曷為與親弒者同？君親無將，將而誅焉。然則善之與？曰：然。殺世子母弟，直稱君者，甚之也。季子殺母兄，何善爾？誅不得辟兄，君臣之義也。然則曷為不直誅而鴆之？行誅乎兄，隱而逃之，使託若以疾死然，親親之道也。」此處明確地指出：公子牙如今只是打算篡位罷了，傳文的用語為什麼與親自弒君一樣。這是因為對國君和父母不能動謀害的惡念，有了這種惡念就必須處死。那麼，季友這樣對待叔牙應該認為是對的了？回答說：應該是這樣。殺死世子和同母弟，直稱是國君幹的，是因為這種做法太過份了。季友殺同母兄長，為什麼是對的呢？處決不能迴避兄長，這是君臣之義。那麼，為什麼不直接處死而要用鴆酒毒死他？對兄弟施行處決的死刑，應當隱諱和迴避這件事，就假託成好像是生病死去的那樣，這是親親之道。因此，魯國季友雖然殺了叔牙，但因叔牙圖謀作亂，咎由自取，而季友又以鴆酒毒殺代替直接行刑，保存了叔牙的顏面，不讓這件事宣揚出去，保留了親親之恩，所以《春秋》免去他的殺兄之罪。參見本篇第六章注❽與〈楚莊王〉篇第二章注❾。吳季子，名札，吳王壽夢的幼子。壽夢有四子，依次為諸樊、餘祭、夷昧、季札。季札最賢，壽夢想立他為嗣子，季札堅決辭讓，於是立長子諸樊。《春秋》在魯襄公二十九年（西元前五四四年）記載：「吳子使札來聘。」吳子，指吳王餘祭未死之時。札，即季札、公子札，又稱季子。《公羊傳》對此評論曰：「何賢乎季子？讓國也。其讓國奈何？謁（即諸樊）也，餘祭也，夷昧也，與季子同母者四。季子弱而才，兄弟皆愛之，同欲立之以為君。謁曰：『今若是迮而與季子國，季子猶不受也。請無與子而與弟，弟兄迭為君，而致國乎季子。』皆曰：『諾。』故諸為君者皆輕死而勇，飲食必祝曰：『天苟有吳國，尚速有悔於予身。』故謁也死，餘祭也立；餘祭也死，夷昧也立；夷昧也死，則國宜之季子者也，季子使而亡焉，僚者長庶子也，即之。季子使而反，至而君之爾。闔廬曰：『先君之所以不與子國而與弟者，凡為季子故也。將從先君之命與，則國宜之季子者也。如不從先君之命與，則我宜立者也。僚惡得為君乎？』於是使專諸刺僚，而致國乎季子。季子不受，曰：『爾弒吾君，吾受爾國，是吾與爾為篡也。爾殺吾兄，吾又殺爾，是父子兄弟相殺，終身無已也。』去之延陵，終身不入吳國。故君子以其不受為義，以其不殺為仁。」闔廬，即公子光，是諸樊之長子。《公羊傳》在此以僚為吳王壽夢的長庶子，但《史記・吳太伯世家》則以僚為餘昧（即夷昧）之子。吳季子讓國，以免父子兄弟相殺，以全親親之恩。參見〈玉英〉篇第一章注❼。❾闔殺吳子餘祭二句餘祭，吳王壽夢之次子，吳王謁（諸樊）之弟。據《春秋》，他在位四年即被殺。《史記・吳太伯世家》則說吳子餘祭在位十七年卒，與《春秋》異。當以《春秋》為是。閽，守門人。刑人，受過刑的人，指閹人，即宦者。《左傳》說：「吳人伐越，獲俘焉，以為閽。」沒有說他是刑人。但馬王堆三號漢墓出土帛書《春秋事語》則說是吳伐越，俘其民而又刑之。此說與《公羊傳》合。吳、越是世仇，越人在戰爭中被俘後，又遭閹刑而為守門人，當然要伺機復仇。《春秋》在魯襄公二十九年（西元前五四四年）記載：「閽殺吳子餘祭。」《公羊傳》對此評論曰：「閽者何？門人也，刑人也。刑人則曷為謂之閽？刑人非其人也，君子不近刑人，近刑人則輕死之道也。」此處指出：受過刑的人守門是用非其人。君子不接近受過刑的人，接近受過刑的人是國君在找死，不想好好活下去。《穀梁傳》對此評論曰：「禮，君不使無恥，不近刑人，不狎敵，不邇怨。賤人非所貴也，貴人非所刑也，刑人非所近也。舉至賤而加之吳子，吳子近刑人也。閽弒吳子餘祭，仇之也。」❿鄭伯髡頑卒于會四句　鄭伯髡頑，即鄭僖公，《公羊傳》作「鄭伯髡原」，但《左傳》作「鄭伯髡頑」。董仲舒是《公羊》學者，但此處卻用《左傳》的說法，故本書的其他版本多有作「髡原」的。盧文弨指出：「他本從左氏作髡頑，非。」會，指鄬之會。鄢陵之戰，晉楚爭霸，以晉勝楚敗而告終。晉悼公召集中原各國諸侯在鄭國的鄬地盟會，要乘勝進伐背盟的鄭國。此時，鄭僖公欲與晉議和，背楚而與晉結盟。鄭僖公在赴會途中，鄭相子駟力主與楚結盟。鄭僖公不聽從他的意見，竟遭弒害。《春秋》在魯襄公七年（西元前五六六年）記載：「鄭伯髡原如會，未見諸侯，丙戌卒于操。」《公羊傳》對此評論曰：「操者何？鄭之邑也。諸侯卒其封內不地，此何以地？隱之也。何隱爾？弒也。孰弒之？其大夫弒之。曷為不言其大夫弒之？為中國諱也。曷為為中國諱？鄭伯將會諸侯于鄬，其大夫諫曰：『中國不足歸也，則不若與楚。』鄭伯曰：『不可。』其大夫曰：『以中國為義，則伐我喪。以中國為強，則不若楚。』於是弒之。鄭伯髡原何以名？傷而反，未至乎舍而卒也。未見諸侯，其言如會何？致其意也。」這裡指出：鄭伯髡原是為臣下所殺，所以不提此事是為中原各國隱諱。鄭僖公將要在鄬邑會見諸侯，他的大夫即鄭相子駟進諫道：「中原各國不值得去歸附，還不如與楚國結盟。」鄭僖公說：「不行。」子駟說：「如果認為中原各國重義，他們趁我國喪期內攻伐我們。如果說中原各國強大，則不如楚國。」結果他殺了鄭僖公。鄭伯髡原為什麼記名？因為他受傷返還時，沒有到住處就死了，沒有會見諸侯。說他前來赴會，是表達他的心意。因此，董仲舒認為《春秋》之所以諱鄭僖公被弒，是痛心於強臣專權，挾持君主，使君主不能為善。⓫衛人殺州吁　州吁，衛莊公的庶子，衛桓公的異母弟，因其驕奢無行而為桓公所黜。魯隱公四年三月（西元前七一九年），州吁聚集一批亡命之徒，襲殺衛桓公，自立為衛君。同年九月，州吁為衛國大臣石碏等殺死於濮水邊上。《春秋》對此記載道：「衛人殺州吁于濮。」《公羊傳》對此評論曰：「其稱人何？討賊之辭也。」這裡稱呼人，是人人都討賊的意思。⓬齊人殺無知　無知，指公孫無知，齊襄公的堂弟，僖公的同母弟夷仲年的兒子。僖公在世時對他很寵愛。齊襄公即位後卻對他疏遠，廢黜不用，因而他心懷不滿，便勾結連稱、管至父等發動宮廷政變，殺襄公自立。無知遊於雍林，為雍林人所殺。《春秋》在魯莊公九年（西元前六八五年）記載此事：「齊人殺無知。」《春秋》用「殺」不用「弒」，稱名不稱君，顯然不承認無知是國君，這就是一字褒貶。⓭衛人立晉　晉，衛宣公之名，衛莊公的庶子，衛桓公的異母弟，當時的身分是公子。石碏等殺州吁後，迎晉於邢，立為國君。《春秋》在魯隱公四年（西元前七一九年）冬十二月記載：「衛人立晉。」《公羊傳》對此評論曰：「晉者何？公子晉也。立者何？立者不宜立也。其稱人何？眾立之之辭也。然則孰立之？石碏立之。石碏立之，則稱人何？眾人所欲立也。眾雖欲立之，其立之非也。」詳參見〈玉英〉篇第一章注❽。⓮君將不言率師二句　指國君作為將帥親自率領軍隊討伐時，不言君主率師，是表示對君主地位的看重。《公羊傳》隱公五年：「曷為或言率師，或不言率師？將尊師眾，稱某率師。將尊師少，稱將。將卑師眾，稱師。將卑師少，稱人。君將不言率師，書其重者也。」將尊，指大夫以上。師眾，滿二千五百人以上。上面這段話的意思是：為什麼有的說率領軍隊，有的不說率領軍隊？將領身分高貴、軍隊人數眾多，稱某某率領軍隊。將領身分高貴而軍隊人數少，稱將領名。將領身分卑微、軍隊人數眾多，稱軍隊。將領地位卑微、軍隊人數又少，稱人。國君統領不說率領軍隊，是為了記載重要的事。」例如，《春秋》在魯隱公七年（西元前七一六年）記載：「公伐邾婁。」這是指魯隱公直接率領軍隊討伐邾婁，但《春秋》在記載上並未言明由魯隱公率師，因為國君的地位高於將帥。⓯正月二句　指魯襄公二十八年（西元前五四五年），襄公在十一月去楚國。次年正月，《春秋》記載：「公在楚。」《公羊傳》對此評論曰：「何言乎公在楚？正月以存君也。」存，省問。古代臣子正月有執贄省問國君之禮。何休《春秋公羊傳解詁》：「正月，歲終而復始，臣子喜其君父與歲終而復始，執贄存之，故言在。」董仲舒認為這是表示臣子思念在楚國的魯國國君，甚至是沒有一天不在思念，於此可見其忠君之心。⓰誅受令　蘇輿在《春秋繁露義證》中認為「疑當作『誅不受令』」。⓱恩衛葆二句　俞樾云：葆，義當從俘。意指寬待衛國的俘虜，使刑罰得以公正。《左傳》中之《春秋》經文在魯莊公六年（西元前六八八年）記載：「冬，齊人來歸衛俘。」此前魯莊公參加由齊國發動的送衛侯朔還入衛國的戰爭，戰後齊國分一部分俘虜給魯國是情理中事。《公羊傳》、《穀梁傳》中的《春秋》經文，「葆」皆作「寶」，恐有誤。⓲言圍成四句　成，《左傳》、《穀梁傳》作郕，姬姓國名，始封國君為周武王弟叔武，春秋時都郕，今山東寧陽東北。言圍成，指《春秋》在魯莊公八年（西元前六八六年）夏記載：「師及齊師圍成，成降于齊師。」這是說魯國與齊國的軍隊一起圍攻成邑。《公羊傳》對此評論曰：「成者何？盛也。盛則曷為謂之成，諱滅同姓也。曷為不言降吾師？辟之也。」孔廣森《春秋公羊通義》：「成者，盛之都邑。本當言伐盛圍成，諱之，故但舉成不繫國也。」《春秋》諱言魯伐同姓之國，所以不說成向魯軍投降而只說向齊軍投降，是有意避開這一點。甲午，日期。祠兵，《左傳》、《穀梁傳》作「治兵」，即出兵。在《春秋》關於「師及齊師圍成」的記載前有一段記載：「甲午，祠兵。」《公羊傳》對此評論曰：「祠兵者何？出曰祠兵，入曰振旅，其禮一也，皆習戰也。何言乎祠兵？為久也。曷為為久？吾將以甲午之日，然後祠兵於是。」何休《春秋公羊傳解詁》：「諱為久留辭，使若無欲滅同姓之意。」因此，它與「成降于齊」一樣，都是諱言魯滅同姓之國。以別迫脅之罪，指魯國是在齊國脅迫之下對成用兵，然而也點出了魯莊公參與用兵之事。誅意之法，即誅責其用意，但在文辭上並不直接地表現出來。⑲作南門　《春秋》在魯僖公二十年（西元前六四〇年）記載此事：「新作南門。」《公羊傳》對此評論曰：「何以書？譏。何譏爾？門有古常也。」孔廣森《春秋公羊通義》：「南門本名稷門，時僖公更高大之，改名高門。」門有古常，古常指古制常法。孔廣森《春秋公羊通義》引古語曰：「變古亂常，不死則亡。」⑳刻桷　桷，屋上承托瓦片的木條，圓的稱為椽，方的稱為桷。《春秋》在魯莊公二十四年（西元前六七〇年）春記載此事：「刻桓宮桷。」《公羊傳》對此評論曰：「何以書？譏。何譏爾？刻桓宮桷，非禮也。」桓宮，奉祭魯桓公牌位的廟寢。《穀梁傳》：「禮，天子之桷，斲之礱之，加密石焉。諸侯之桷，斲之礱之，大夫斲之，士斲本。刻桷，非正也。夫人，所以崇宮廟也，取非禮與非正而加之於宗廟，以飾夫人，非正也。」此處指魯莊公欲娶齊女為夫人，為此而加大宗廟的裝飾，屬於非禮的行為。㉑丹楹　指「丹桓宮楹」，即把桓宮的柱子漆成大紅色的。桓宮，指莊公父桓公的廟。《春秋》在魯莊公二十三年（西元前六七一年）秋記載此事：「丹桓宮楹。」《公羊傳》對此評論曰：「何以書？譏。何譏爾？丹桓宮楹，非禮也。」據《穀梁傳》載：禮制規定，天子、諸侯宗廟中的楹（柱子）漆成黑色和白色，大夫青色，士黃色。丹楹，是不合禮制的行為。何休《春秋公羊傳解詁》：「楹，柱也。丹之者，為將娶齊女，欲以誇大示之。」㉒作雉門及兩觀　雉門，諸侯宮有三門：庫門、雉門、路門。雉門是三門之一，魯之雉門是魯宮南門的中門。兩觀，雉門兩旁的門樓，以供張掛告示、法令之用。魯定公二年（西元前三〇八年）五月，雉門與兩觀失火。冬十月，重新修建。《春秋》記載此事曰：「冬十月，新作雉門及兩觀。」《公羊傳》評論此事曰：「其言新作之何？修大也。

修舊不書，此何以書？譏。何譏爾？不務乎公室也。」此處指的是說新修造是為什麼？是修造得大了。修舊的不寫，這裡為什麼寫下？是譏諷。為什麼譏諷這件事？是對公室的事沒有緊迫感。這說明《公羊傳》對此事有看法，一是五月失火，十月才修建完畢，拖拖拉拉，對公室的事缺乏緊迫感；二是修築時擴大了規模，所以《春秋》用了「新作」二字，是譏刺其「驕溢不恤下」。㉓築三臺　據《春秋》在魯莊公三十一年（西元前六六三年）記載：「春，築臺于郎」；「夏，築臺于薛」；「秋，築臺于秦。」郎、薛、秦都是魯國地名，其中郎邑是魯國國都近郊的城邑。春、夏、秋是農忙的季節，春耕、夏耘、秋收，不應在此時節勞農疲民，而魯莊公卻大興土木，不卹民力，一年之內，連續在三地築三臺，所以《公羊傳》指出《春秋》記載下這三件事都是為了譏諷魯君「驕溢不恤下」。㉔新延廄　延廄，馬廄之名。《春秋》在魯莊公二十九年（西元前六六五年）春記載此事：「新延廄。」《公羊傳》評論此事曰：「新延廄者何？修舊也。修舊不書，此何以書？譏。何譏爾？凶年不修。」這是因為上一年魯國遇到災荒，麥和穀都嚴重失收。按照荒年不興土木以節省民力的原則，魯國不應該在這一年去翻新延廄。㉕臧孫辰請糴于齊　臧孫辰，謚文字仲，魯國的卿，臧孫為其氏。魯孝公之子彄食采於臧，因以為氏。彄之後人即以臧孫為氏。糴，買進糧食。據《國語・魯語》：魯莊公二十八年（西元前六六六年），魯國發生災荒，臧孫辰到齊國求援。齊桓公不僅向魯國提供了救災的糧食，還歸還了魯國為告糴而貢獻的器物。《春秋》在魯莊公二十八年冬記載此事：「臧孫辰告糴于齊。」《公羊傳》對此評論曰：「告糴者何？請糴也。何以不稱使？以為臧孫辰之私行也。曷為以臧孫辰之私行？君子之為國也，必有三年之委，一年不熟，告糴，譏也。」此處指出臧孫辰是以私人名義到齊國去請求買糧的，因為君子治理國家，一定有三年的糧食儲備。一年沒有收成，就去請求買糧是要受到譏諷的。何休《春秋公羊傳解詁》：「古者三年耕，必餘一年之儲。九年耕，必有三年之積。雖遇凶災，民不饑乏。」㉖大夫盟於澶淵二句　澶淵，本為衛國湖泊名，此時其地為晉所取，故址在今河南濮陽西。一說，為宋國之澶淵聚，在今安徽濉溪附近。《春秋》在魯襄公三十年（西元前五四三年）記載此事：「晉人、齊人、宋人、衛人、曹人、莒人、邾婁人、滕人、薛人、杞人、小邾婁人會于澶淵，宋災故。」這次會盟的起因是由於宋國遭受火災，燒掉了宮闕。出席會盟的是各諸侯國的大夫，《春秋》上沒有記載他們的人名，據《左傳》載：與會的大夫有魯國的叔孫豹、晉國的趙武、齊國的公孫蠆、宋國的向戌、衛國的北宮佗、鄭國的罕虎等，都是卿。其他小國的大夫不見姓名。會盟的議題是各國如何出資財接濟宋國以彌補其因遭受火災而受到的損失，但結果大家都不肯拿出錢財來接濟宋國。《公羊傳》對此事評論曰：「宋災故者何？……錄伯姬也。諸侯相聚，而更宋之所喪，曰：

『死者不可復生，爾財復矣。』此大事也，曷為使微者？卿也。卿則其稱人何？貶。曷為貶？卿不得憂諸侯也。」伯姬是宋共公的夫人。當時的宋國國君宋平公為宋共公的少子，但非伯姬所出。伯姬死於這次火災之中。《公羊傳》這段話的意思是說各諸侯國在澶淵集會是為宋國火災的緣故。這次會上對死於火災的伯姬作了悼念，還討論湊錢以補償宋國的損失，說是「人死不能復活，錢財可以補償」。這是件大事，但出席的不是諸侯而是卿。卿在記載上稱人是貶斥，因為卿不能去擔憂諸侯之事，這是僭越。董仲舒認為《春秋》之所以如此處理是為了防微杜漸。㉗諸侯會同三句　諸侯會同，即諸侯之間的會盟，應以賢者為主。賢賢，指稱讚賢者所主持的會盟，如齊桓、晉文等。齊桓公所主持的魯僖公二年（西元前六五八年）的貫澤之盟和次年的陽穀之盟，都得到了《春秋》的肯定。《穀梁傳》對陽穀之會評論曰：「陽穀之會，桓公委端搢笏而朝諸侯，諸侯皆諭乎桓公之志。」《公羊傳》說是齊桓公在會上向各諸侯宣稱：「無障谷，無貯粟，無易樹子，無以妾為妻。」（參見〈精華〉篇第三章注❻）《孟子・告子下》稱：「五霸，齊桓為盛。葵丘之會諸侯，束牲載書而不歃血。初命曰：誅不孝，無易樹子，無以妾為妻。再命曰：尊賢育才，以彰有德。三命曰：敬老慈幼，無忘賓旅。四命曰：士無世官，官事無攝，取士必得，無專殺大夫。五命曰：無曲防，無遏糴，無有封而不告。曰：凡我同盟之人，既盟之後，言歸於好。」董仲舒提「諸侯會同，賢為主」，是針對「大夫盟於澶淵」而作的正面論述。㉘春秋紀纖芥之失二句　指《春秋》紀事別美惡之細，以防纖芥之失，使君臣之言行皆返於王道。劉向《說苑・至公》：「夫子道不行，退而修《春秋》，采毫毛之善，貶纖芥之惡。人事浹，王道備。」㉙追古貴信三句　指追念古代，重視信譽，各國諸侯之間訂約，在口頭上締結就可以了，用不到宰牲歃血立誓才算完成盟約。㉚齊侯衛侯胥命于蒲　齊侯，齊僖公。衛侯，衛宣公。胥，相互。胥命，相互訂立約定。胥命與訂盟的區別在於：訂盟有歃血的儀式，雙方中必有一方為主；胥命則不歃血，雙方處於平等的地位，不存在誰號令誰的問題。蒲，衛國地名，在今河南長垣。《春秋》在魯桓公三年（西元前七〇九年）夏記載此事：「齊侯、衛侯胥命于蒲。」《公羊傳》對此評論曰：「胥命者何？相命也。何言乎相命？近正也。此其為近正奈何？古者不盟，結言而退。」這是說胥命就是相互訂立約定。這種做法接近正道，因為締約雙方平等相待，講信義，重然諾，不依恃武力去逼迫對方歃血為盟、立誓守諾。古代就是這樣做的，雙方不舉行歃血結盟的儀式，口頭訂立約定就離去。㉛宋伯姬曰四句　宋伯姬，魯宣公之女，繆姜所生，魯成公的同母姊姊，嫁給宋共公為夫人，故稱為宋伯姬，又稱共姬。《公羊傳》前後六次提到「錄伯姬也」，強調她是古代婦女中守禮的典範。傅，傅母。母，保母。她們是后、夫人的貼身女官。傅母是輔導后、夫人知書識禮的女官，保母則是料理其生活的女官。《春秋》在魯襄公三十年（西元前五四三年）七月記載：「葬宋共姬。」《公羊傳》闡釋此事曰：「外夫人不書葬，此何以書？隱之也。何隱爾？宋災，伯姬卒焉。其稱謚何？賢也。何賢爾？宋災，伯姬存焉。有司復曰：『火至矣，請出。』伯姬曰：『不可。吾聞之也，婦人夜出，不見傅、母不下堂。傅至矣，母未至也。』逮乎火而死。」這段話譯成今天的文字，意思是：「外國的夫人不記載安葬，這裡為何作記載？是傷痛她。為什麼對她感到傷痛？宋國發生火災，伯姬死於這次火災之中。她稱謚號是為什麼？是因為她賢慧。為什麼說她賢慧？宋國剛發生火災時，伯姬還活著。女官報告說：『火燒過來了，請趕快出去。』伯姬說：『不行。我聽說，婦女夜間出去，不見傅母、保母不下堂。傅母到了，保母還沒有到。』火燒到她那裡，因而她被燒死了。」伯姬嫁後六年，宋共公死，寡居三十四年，此時已近六十歲，但她竟如此拘守禮制，保母不到，寧願被燒死也不出門。《左傳》、《公羊傳》都讚揚她是守禮的典範，罕見的賢女，其實她是禮教的殉葬品。《春秋》特地為宋共姬書葬，於此可見禮教之殘酷與不通人情。

㉜古者周公東征二句　語見《公羊傳》僖公四年：「古者周公東征則西國怨，西征則東國怨。」《公羊傳》舉此例用以說明齊桓公伐楚時因齊軍紀律不好，所過之處擾民，引起沿途國家不滿，而周公所率之軍則深受人民歡迎，兩相對照，而齊桓公不知自檢而反遷怒於人。又，《荀子・王制》：「周公南征而北國怨，曰：何獨不來也？東征而西國怨，曰：何獨後我也？」類似的話，最早見於《尚書・仲虺之誥》：「東征西夷怨，南征北狄怨，曰：奚獨後予？攸徂之民，室家相慶。曰：徯予后，后來其蘇。民之戴商，厥惟舊哉！」可見此語原來是歌頌商湯的，後來演變成為給周公唱頌歌。

㉝桓公曰五句　這段話是齊桓公在魯僖公三年（西元前六五七年）的陽穀大會上對與會各諸侯的諭告。語見《公羊傳》僖公三年，原文是：「無障谷，無貯粟，無易樹子，無以妾為妻。」次序上與董仲舒所引略有不同。無貯粟，指不要囤積糧食，而應當與別國互通有無。無鄣谷，鄣即障，指不要在本國境內築壩攔截下游各國的水源。無易樹子，指不要改立應該樹立的世子，即要嚴格維護「立嫡以長，立子以貴」的傳統。無以妾為妻，指不要讓妾成為妻。《孟子・告子下》載齊桓公在魯僖公九年（西元前六五一年）召開的葵丘之會上重申了這些誓言。參見〈精華〉篇第三章注❻與本章注㉗。

㉞宋襄公曰三句　古代兩軍作戰時，擊鼓進軍，鳴金收兵。不鼓，不擊鼓進攻。不成列，指尚未結成戰陣。不鼓不成列，指作戰時對方如果尚未列成戰陣，則不擊鼓向對方進攻。不阨人，《史記・宋微子世家》作「君子不困人於阨」，指君子不把作戰的對方困於險隘的場所。語見《公羊傳》僖公二十二年：「宋公與楚人期，戰於泓之陽。楚人濟泓而來，有司復曰：『請迨其未畢濟而擊之。』宋公曰：『不可。吾聞之也，君子不厄人。吾雖喪國之餘，寡

人不忍行也。』既濟，未畢陳，有司復曰：『請迨其未畢陳而擊之。』宋公曰：『不可。吾聞之也，君子不鼓不成列。』已陳，然後襄公鼓之。宋師大敗。故君子大其不鼓不成列，臨大事而不忘大禮，有君而無臣，以為雖文王之戰，亦不過此也。」在這次歷史上著名的泓之戰中，宋國將領要趁楚軍沒有全部渡河時向他們出擊，但宋襄公認為不可以，君子不乘人之危。楚軍渡完河，但還沒有列成陣勢，宋國將領要求乘機出擊。宋襄公又認為不可，君子在對方沒有排列好軍陣時不擂鼓進軍。楚軍排列好陣勢，宋襄公才擂響了戰鼓，結果宋軍大敗。但《公羊傳》卻充分肯定了宋襄公，認為他臨大事而不忘大禮，可惜他身為國君而沒有得力的臣子來輔佐他，以為即使是周文王的交戰，也不過是這樣。《公羊傳》將拘泥於古禮的宋襄公比喻成周文王，評價極高，但《左傳》認為宋國任司馬之職的公子目夷是賢臣，他就批評宋襄公「未知戰」。《穀梁傳》也對宋襄公頗有微詞，認為他不自量力，一再取辱。董仲舒在此沿襲了《公羊傳》的評價，將宋襄公當作正面形象來樹立，因為宋襄公的言論與他的「明其道不計其功」的說法頗為契合。㉟莊王曰九句　莊王，楚莊王，《春秋》五霸之一。魯宣公十二年（西元前五九七年）春，鄭國叛楚投晉，楚莊王發兵圍困鄭國，三個月後，攻克鄭國都城，鄭襄公肉袒牽羊去迎楚莊王，低頭認罪。楚國將軍子重認為應當就此占領鄭國，但楚莊王不從，講了上面這段話，下令軍隊後撤，答應兩國訂盟。六月，晉國援軍至鄭，明知楚、鄭已訂盟講和，但為了邀功而主動進攻楚軍，雙方發生了邲之戰，結果晉軍大敗。引語見《公羊傳》宣公十二年：「莊王親自手旌，左右撝軍，退舍七里。將軍子重諫曰：『南郢之與鄭，相去數千里，諸大夫死者數人，廝役扈養死者數百人，今君勝鄭而不有，無乃失民臣之力乎？』莊王曰：『古者杅不穿，皮不蠹，則不出於四方。是以君子篤於禮而薄於利，要其人而不要其土。告從，不赦，不祥。』」這裡說的是楚莊王接受了鄭襄公的投降後，親自手持旌旗，左右指揮軍隊，後退七里。楚莊王之弟、將軍子重進諫道：「南郢與鄭國相距數千里，在這次戰役中大夫死了好幾個人，服雜役的士卒死了幾百人，如今君王戰勝了鄭國而不去占領，豈不是白白地損失了臣民之力嗎？」楚莊王說：「古時候不到倉庫中的干盾多到爛穿的程度、皮幣多到蟲蛀的時候，就不出戰於四方。所以君子厚於禮而薄於利，要他的人歸服而不要他的土地。別人求饒投降，不肯赦免他的罪，不是件好事。」杅，通「盂」。另，姚鼐認為杅是「杆」字之誤，即干盾。皮，有二說，一說指皮裘，一說指皮幣。孔廣森《春秋公羊通義》：「杅，盂也。皮所以為幣。杅積而穿，器有餘也。皮藏而蠹，幣有餘也。此與《漢書》粟陳腐不可食，錢貫朽不可校，其喻相類。言師出則費財，故國必餘富，然後敢從四方之事。」將軍子重認為不占領鄭國是白白損失了民力，楚莊王回答是伐鄭有損失，是題中應有之義。國庫有積餘，可以也應當承擔這些損失。君子應當篤於禮而薄於利，只要鄭襄公能服罪認錯，誠心歸附就可以了，並不需要占領鄭國的國土。對降者不肯饒赦，不是件好事。楚莊王這一番言論的宗旨是「強不淩弱」。㊱齊頃公弔死視疾　齊頃公，姓姜，名無野，齊桓公之孫。弔死視疾之事指齊頃公在鞌之戰中失敗以後，能改過自新，盡洗驕矜之氣，關心百姓的疾苦。《春秋》在魯成公八年（西元前五八三年）春記載此事：「晉侯使韓穿來言汶陽之田歸之于齊。」《公羊傳》對此評論曰：「來言者何？內辭也。脅我使我歸之也。曷為使我歸之？鞌之戰，齊師大敗，齊侯歸，弔死視疾，七年不飲酒，不食肉。晉侯聞之曰：『嘻，奈何使人君七年不飲酒、不食肉，請皆反其所取侵地。』」汶陽之田，原為魯國的土地，後為齊國通過戰爭所侵占。齊國在鞌之戰中戰敗後，這塊土地被歸還給魯國。晉國要魯國將汶陽之田還給齊國，完全是在慷他人之慨，旨在挑起齊國與魯國的矛盾與不和，避免他們聯合起來對付晉國，以維持其中原霸主的地位。《公羊傳》卻把它說成是齊頃公弔死視疾的結果，並以此作為一個正面的例證。㊲孔父正色而立於朝二句　孔父，名嘉，宋微子之後，正考父之子，孔子的六世祖，在宋國任大司馬之職。正色而立於朝，指孔父嘉胸中懷有忠義之心，外形於顏色，立於朝堂，凜然難犯。人莫過而致難乎其君，指有孔父嘉在朝廷上，任何人都不敢有危害其君主宋殤公與夷的舉動。所以宋國太宰華督要廢掉宋殤公，就先攻殺孔父嘉，而宋殤公也知道孔父嘉死後，自身必定難保。所以他知道華督去攻打孔父嘉的宅第，便趨而救之，結果也為華督所殺。㊳齊國佐不辱君命而尊齊侯　國佐，齊國的卿，謚武，又稱國武子。齊國在鞌之戰中失利後，齊頃公派遣國佐到晉軍中與晉軍統帥郤克議和，最終在袁婁（今山東臨淄西）簽訂盟約，談判中義正詞嚴，保持了齊侯的尊嚴。關於國佐與郤克談判經過，《春秋》在魯成公二年（西元前五八九年）七月記載：「齊侯使國佐如師。己酉，及國佐盟于袁婁。」《公羊傳》詳述此事的經過曰：「齊侯使國佐如師，郤克曰：『與我紀侯之甗，反魯、衛之侵地，使耕者東畝，且以蕭同侄子為質，則吾舍子矣。』國佐曰：『與我紀侯之甗，請諾。反魯、衛之侵地，請諾。使耕者東畝，是則土齊也。蕭同侄子者，齊君之母也。齊君之母，猶晉君之母也，不可。請戰，壹戰不勝，請再。再戰不勝，請三。三戰不勝，則齊國盡子之有也，何必以蕭同侄子為質！』揖而去之。郤克眣魯、衛之使，使以其辭而為之請，然後許之，逮於袁婁而與之盟。」由此可見，這次談判中，郤克提出的條件非常苛刻，甚至提出要使農民把田壟都修成東西向的，晉國進攻齊國時，兵車就便於通過；還要求將齊頃公的母親蕭同侄子作為人質。國佐斷然拒絕了這一無理的要求，並提出：一戰不勝，請再戰；再戰不勝，請三戰；三戰不勝，那麼齊國全部歸你所有了，又何必以蕭同侄子為人質。他作了個揖就走。郤克向魯國、衛國的使者以目示意，讓他們以國佐的話為齊國求情，然後允許了，到了袁婁而與國佐結盟。㊴此春秋之救文以質也　戰國鄒衍就已提出文質互救的觀念，《漢書．嚴安傳》引鄒衍語：「政教文質者，所以云救也。當時則用，過則舍之，有易則易也。」董仲舒認為夏禮尚忠，殷禮尚敬，周禮尚文。周道衰而文敝，故《春秋》救文以質，強調禮的內容和本質，不在於外在的形式，從「齊侯、衛侯胥命于蒲」到「齊國佐不辱君命而尊齊侯」，所強調的是君子的內在品質。

【語　譯】魯隱公代替桓公被大夫們立為國君，鄭國大夫祭仲為了應付宋國的脅迫而暫時逐出公子忽而立公子突為鄭國國君，宋國大夫仇牧、孔父嘉和晉國大夫荀息為國君殉節而死，宋國公子目夷在宋襄公被楚人俘獲後能堅持守城，拒絕把國家交給楚國，這些事例都是通過權變措施來保存社稷和國家，奉行的是有益於世道人心的正義行為，內心始終保持著對國君的拳拳之心，《春秋》讚揚他們身上所體現的這種恪守道義的浩然正氣，將他們的姓名和事蹟全都記載下來，以引導世人重新走上正道。《春秋》所以用對待夷狄的方式來稱呼邾婁人、牟人、葛人對魯國的朝聘，是因為當時正值周天子駕崩之時，他們竟不服喪而仍相互朝聘，通過這種稱呼上降格以待的方式來表示對他們行為的貶責。諸侯殺世子或同胞兄弟，《春秋》都直接點明他的國君身分，以表示他已失去了愛護自己親人的情意。魯國季子用鴆酒毒殺庶兄叔牙而免遭《春秋》誅責，吳國季子堅決地讓出國君的位置而終身不入國都，都表明了他們有熱愛自己親人的恩情。《春秋》記載吳王餘祭被門衛殺死，是為了表明國君不可以讓刑餘之人接近自己。鄭僖公髡頑死在赴晉國會盟的途中，《春秋》記載時隱諱了他被鄭相子駟所殺害的事實，表明《春秋》痛心於國君受強臣的挾制，即使國君想做好事也不能實現。《春秋》記載衛國人殺了弒君自立的州吁，齊國人殺了弒君自立的無知，是為了闡明君臣之義，指出保住國家和社稷的正確道路。《春秋》記載衛國人擁立公子晉為國君，是表彰公子晉能得民心而受眾人擁護。國君親自帶兵出征，《春秋》記載時不說他帶領軍隊，是為了表明對君主的尊重，因為君主的地位高於統帥。《春秋》在魯襄公二十八年記載「正月，公在楚」，是表示國家一天也不能沒有君主，雖然魯襄公在楚國，但魯國的臣子時刻都在思念自己的國君。臣子不接受君令的要受誅責，寬待來自衛國的戰俘，這樣才能使刑罰變得更加公正。《春秋》記載魯國與齊國一起出兵包圍成國，因為成與魯是同姓之國，《春秋》記載「甲午，祠兵」，是表示魯國像往常一樣舉行出兵的典禮，並且說是「成降於齊」，都是為了表明魯國是在齊國脅迫下才對成用兵，目的在於隱諱魯國討伐同姓國的罪責。《春秋》雖然沒有在文辭上直接進行譴責，但提起這件事已經包含了譴責魯國的用意在內。《春秋》記載魯僖公新修了南門，在宗廟內雕刻方形的椽子，用大紅的顏色漆宗廟的柱子，魯定公修建雉門及其兩側的門樓，魯莊公在三地各自修築了樓臺，在災荒的年頭，翻新延廄，都是譏刺國君驕奢淫佚而不體恤百姓。所以，魯國大夫臧孫辰向齊國請求購買糧食，孔子批評說：「君子治理國家，必須積貯三年的糧食以備不時之需。現在只有一年的收成不好，就得向齊國去請求購買糧食，這可是國君的失職呀！」嚴責初次犯罪者，是為了減少刑罰的動用；要斷絕惡行的發生，就必須在它剛露出徵兆時就立刻加以處理與嚴懲。《春秋》記載各國大夫在澶淵會盟，是譏刺大夫們越權專擅國政。諸侯會盟，由賢者來主持，是為了尊重賢者。《春秋》記載極其細微的過失，是為了凡事都能依照王道去做。

追溯古代的時候，人們崇信譽，重然諾，諸侯間往來只要在口頭上訂立協定就行了，不需要通過犧牲、歃血、立誓等儀式去完成盟約的訂立。《春秋》上提到了齊侯和衛侯在蒲這個地方相互間訂立了口頭的協議。為此《公羊傳》指出：「古代各國之間用不到歃血立誓以訂立盟約，只要雙方在口頭上作出約定就可以回去了。」宋共公的夫人伯姬當所住宮闕發生火災時說：「婦女夜間要外出，保母、傅母不在，那是不能自行離開廳堂的。」《公羊傳》說：「從前周公到東邊征伐，西邊的百姓就抱怨他為何不到西邊來征伐。」齊桓公在陽穀盟會上對諸侯們宣稱：「不要囤積穀物，並在鄰國遇災時拒絕出售；不要在本國境內築壩攔截下游各國的水源；不要輕易換掉世子，嚴格維護嫡長子繼承制；不要把妾扶正為妻，要嚴格維持妻妾之間的尊卑關係。」宋襄公在泓之戰中說：「不能擊鼓進攻對方沒有排列好陣勢的軍隊，不能在對方處於危困的境地趁機進攻。」楚莊王在鄭襄公向他投降時說：「古時候，庫中的干盾沒有多到爛穿孔的程度，皮幣沒有多到被蟲蛀蝕的地步，不會出兵到四方去征伐。君子看重禮而輕視利，要的是別國君主的心悅誠服與歸附而不追求去占領別國的領土。敵人已經求饒降服，承認自己的罪錯，如果不肯寬恕和赦免，那可不是件好事。強國不能依恃自己的實力去欺淩弱國。」齊頃公在鞌之戰中戰敗以後，改掉驕矜惡習，努力奮發自強，弔唁死者，慰問病者，關心百姓疾苦，終於使國勢復振。宋國大夫孔父嘉正氣凜然地站在朝堂之上，別人就休想經過他面前去進行危害國君的舉動。齊國大夫國佐，當鞌之戰中齊國戰敗以後，奉命赴晉軍談判議和，義正詞嚴地拒絕和駁斥了晉軍統帥郤克的無理要求，維護了齊國國君的尊嚴，成功地完成了議和的使命。上述這些事例說明當周道衰敝而拘於瑣禮、民風澆薄之時，《春秋》能力挽狂瀾，救文以質，強調與重視禮的內容與本質。

【研　析】《春秋》是一部什麼樣的書？司馬遷在《史記・太史公自序》中引董仲舒之言指出：「夫《春秋》上明三王之道，下辨人事之紀，別嫌疑，明是非，定猶豫，善善惡惡，賢賢賤不肖，存亡國，繼絕世，補敝起廢，王道之大者也。」

本章以諸侯為重點論述對象，著力於辨明人事之紀，在短短五二〇字中，列舉了從《春秋》記載中挑選出來的三十七件案例，根據《公羊傳》的見解加以評論，企圖達到「別嫌疑，明是非，定猶豫，善善惡惡，賢賢賤不肖」的目的，從而闡明王道之大者。

將這些案例分類排列，主要是諸侯如何處理好四個方面的關係。哪四個方面呢？一是君臣關係；二是諸侯之間的關係，在春秋時期則表現為國與國的關係；三是宗族內部的關係；四是君民關係，即諸侯如何修身、治國以統馭民眾的問題。下面，我們將對此逐個進行考察。

諸侯處理君臣關係，有兩個方面的問題。一是如何處理諸侯與天子的關係，董仲舒強調在尊王這一點上不得有絲毫疏忽之處。邾婁、牟、葛等國的諸侯在周天子駕崩的喪期內去魯國朝聘，《春秋》對他們的稱呼立即降低等級，用對待夷狄的規格處理以表示貶責。二是諸侯與大夫的關係，大夫不得憂諸侯之事，如各國大夫盟於澶淵，所議之事為如何幫助宋國彌補火災的損失，但仍是越權的行為，必須否定。至於強臣專君，致使君不得為善，如鄭相子駟之弒鄭襄公，那就更其令人痛心了。此外，臣子思君，無一日無思君之意，應當為君父復仇，誅討弒君之賊。衛人殺州吁，齊人殺無知，董仲舒讚揚這是明君臣之義，守國之正也。如果勢微力薄，做不到這一點，那就應當如仇牧、孔父嘉、荀息之死節，不可苟且偷生。

諸侯與其他諸侯的關係，在春秋時期，也就是國與國之間的關係。在這方面，本章強調了三點：一是重信守諾。本章特地提到了《公羊傳》上所指出的：「古者不盟，結言而退。」還舉出了春秋時期的「齊侯、衛侯胥命于蒲」來作為正面的事例。二是和平相處，反對以鄰為壑，反對囤積糧食，反對在境內築壩攔截下游各國的水源（「無貯粟，無鄣谷」）。它還反對通過戰伐以滅人之國，尤其反對討伐同姓之國。成國與魯國同姓，但魯國與齊國一起圍困成國，儘管魯國受迫於齊國屬於脅從性質，但《春秋》仍然要誅意以表示反對。三是仁者無敵。本章強調「周公東征則西怨」，還讚揚楚莊王在接受鄭國投降時所說的「君子篤於禮薄於利，要其人不要其土」。事實上，迂腐的仁者不一定能無敵，有時會因迂拘古禮而到處碰壁，如宋襄公就是一個典型例子。但董仲舒仍然對他予以肯定，肯定他在泓之戰中所說的「不鼓不成列，不阨人」。儘管宋襄公被楚軍打得潰不成軍，慘不忍睹，董仲舒仍認為他有仁者之師的風度，雖敗猶榮。

諸侯的宗族內部關係，主要是君位的繼承。從孔子到董仲舒，都強調嫡長子繼承制，齊桓公在陽穀之會上就提出「無易樹子，無以妾為妻」。前者指不要無故換世子，後者指不要扶立媵妾為夫人，這都是為了保證嫡長子繼承制不受破壞。當然，對此不能機械地執行，如「魯隱之代桓立，祭仲之出忽立突」，以及國君宋襄公為楚人所執，楚以此脅宋投降，而公子目夷堅決守城不從，董仲舒認為「此皆執權存國，行正世之義，守惓惓之心，《春秋》嘉氣義焉，故皆見之，復正之謂也」。同時，諸侯在宗族內應強調親親之道。君主殺世子與同胞兄弟應受到譴責，因為這種做法失去了親親之義。至於魯季子之免罪與吳季子之讓國，則足以闡明親親之恩。

諸侯在處理君民關係上，要求能體恤下情，愛惜民力。魯國作南門，刻桷，丹楹，作雉門及兩觀，築三臺，甚至在災荒之年還翻新修建延廄，董仲舒認為《春秋》記載這些事是譏刺國君驕奢自滿，不恤下情，濫用民力。魯國當年遇到災荒，大夫臧孫辰到齊國去告糴，孔子說：「君子為國，必有三年之積。一年不熟乃請糴，失君之職也。」由此可知，董仲舒強調國君應愛惜民力，平時應注意糧食儲備，以備受災時所需。不僅糧食如此，其他物資與財幣的蓄積也同樣如此。倉庫裡的干盾如果不是多得到了爛穿的程度，財幣不是多得到了蟲蛀的地步，就不能出外征伐。這是因為兵馬未動，糧草先行。沒有財物和糧食的儲備，想對四方進行征伐便有困難。齊頃公驕矜自滿，引發了鞌之戰，導致了失敗的結果。但他在戰後弔死視疾，關心民間疾苦，終於使國勢復振，贏得了諸侯們的尊敬。

我國自秦漢以來，周初分封諸侯的宗法封建制已為中央集權的大一統的帝王專制制度所代替，董仲舒為什麼要在本章花那麼大力氣去對春秋時期的諸侯進行重點論述呢？這不僅是因為漢初大封同姓王而使諸侯王的問題一度重現於當時，更重要是農業社會變動緩慢，中國社會的性質在當時仍然是宗法封建社會，家族宗法仍然是社會的基本組織。春秋時期在君臣、君民、宗族內部以及國與國之間關係的處理準則，不僅在秦漢時期依然沿續著，而且在以後的近二千年的各個封建王朝中也依然沿續著。這一點已為歷史所證明，它也就是董仲舒撰述本章的根本原因。

第九章

救文以質，見天下諸侯所以失其國者亦有焉。潞子欲合中國之禮義，離乎夷狄，未合乎中國，所以亡也❶。吳王夫差行彊於越，臣人之王，妾人之妻，卒以自亡，宗廟夷，社稷滅❷，其可痛也。長王投死，於戲，豈不哀哉！晉靈行無禮，處臺上彈群臣，枝解宰人而棄❸，漏陽處父之謀，使陽處父死❹。及患趙盾之諫，欲殺之，卒為趙穿所殺❺。晉獻公行逆理，殺世子申生，以驪姬立奚齊、卓子，皆殺死，國大亂，四世乃定，幾為秦所從驪姬起也❻。楚昭王行無度，殺伍子胥父兄❼。蔡昭公朝之，因請其裘，昭公不與❽。吳王非之，舉兵加楚，大敗之❾。君舍乎君室，大夫舍大夫室，妻楚王之母，貪暴之所致也❿。晉厲公行暴道，殺無罪人，一朝而殺大臣三人⓫。明年，臣下畏恐，晉國殺之⓬。陳侯佗淫乎蔡，蔡人殺之⓭。古者諸侯出疆，必具左右，備一師以備不虞⓮。今蔡侯恣以身出入民間，至死閭里之庸⓯，甚非人君之行也。宋閔公矜婦人而心妒，與大夫萬博。萬譽魯莊公曰：「天下諸侯宜為君唯魯侯爾。」閔公妒其言，曰：「此虜也。爾虜焉知魯侯之美惡乎？」致萬怒，搏閔公，絕脰⓰。此以與臣博之過也。古者人君立於陰，大夫立於陽，所以別位明貴賤⓱。今與臣相對而博，置婦人在側，此君臣無別也。故使萬稱他國卑閔公之意，閔公藉萬而身與之博，下君自置。有辱之婦人之房，俱而矜婦人，獨得殺死之道也。《春秋》曰：「大夫不適君。」⓲遠此逼也。梁內役民無已⓳。其民不能堪，使民比地為伍，一家亡，五家殺刑⓴。其民曰：先亡者封，後亡者刑㉑。君者將使民以孝於父母，順於長老，守丘墓，承宗廟，世世祀其先。今求財不足，行罰如將不勝，殺戮如屠㉒。仇讎其民，魚爛而止，國中盡空。《春秋》曰：「梁亡。」亡者自亡也，非人亡之也㉓。虞公貪財，不顧其難，快耳說目，受晉之璧、屈產之乘，假晉師道，還以自滅㉔。宗廟破毀，社稷不祀，身死不葬，貪財之所致也。故《春秋》以此見物不空來，寶不虛出。自內出者，無匹不行；自外至者，無主不止，此其應也㉕。楚靈王行彊乎陳蔡，意廣以武，不顧其行㉖。慮所美，內罷其眾。乾谿有物女，水盡則女見，水滿則不見㉗。靈王舉發其國而役，三年不罷，楚國大怨㉘。有行暴意，殺無罪臣成然，楚國大懣㉙。公子棄疾卒令靈王父子自殺而取其國㉚。虞不離津澤，農不去疇土，而民相愛也㉛。此非盈意之過耶㉜？魯莊公好宮室，一年三起臺㉝。夫人內淫兩弟，弟兄子父相殺㉞，國絕莫繼，為齊所存，夫人淫之過也㉟。妃匹貴妾，可不慎耶？

【章旨】本章列舉《春秋》所記載的諸侯失國的案例，指出其所以失國的原因與歷史教訓，用反證的方式來論證王道的內涵。

【注釋】❶潞子欲合中國之禮義四句　潞子，名嬰兒，潞氏的國君，其夫人為晉景公之姊伯姬。潞氏為赤狄的一支，在今山東潞城東北潞縣故城。氏是古代對少數民族支系的稱號。關於潞氏之亡，《春秋》在魯宣公十五年（西元前五九四年）記載其事：「晉師滅赤狄潞氏，以潞子嬰兒歸。」此事的背景是潞氏國相酆舒執政擅權，竟殺死了潞子的夫人即晉景公之姊，還擊傷了潞子的眼睛。晉國趁機出兵滅潞，酆舒逃到衛國，衛國把他抓了起來，送給晉國，被處死。

晉國將潞子嬰兒也俘獲回晉國。《公羊傳》對此評論曰：「潞何以稱子？潞子之為善也，躬足以亡國。雖然，君子不可不記也。離於夷狄，而未能合於中國。晉師伐之，中國不救，狄人不有，是以亡也。」何休《春秋公羊傳解詁》：「疾夷狄之俗而去離之，故稱子。」潞子嬰兒用中國的禮義來改革夷狄的風俗，這是為善的表現，但卻在他的手裡亡了國。他雖然離開了夷狄，但卻沒有能和中國融合在一起。晉國軍隊討伐它，中國不救援，狄人也不出兵保它，所以亡了。❷吳王夫差行彊於越六句　吳王夫差，吳王闔廬之子，在位二十三年。魯哀公元年（西元前四九四年），吳國在夫椒打敗了越國。夫椒，山名，有二說，一說是今江蘇吳縣西南太湖中的西洞庭山；一說是在會稽之五湖。《春秋》未記載此事，但《左傳》有記載，說是在這一年吳王夫差在夫椒山打敗了越軍，報了吳王闔廬檇李之役中被越王句踐打敗並傷重而死的仇。吳軍接著進攻越國，越王句踐帶著五千名全副武裝的戰士，退守會稽山，同時派遣大夫文種通過吳國太宰伯嚭的門路請求講和。臣人之王二句是大夫文種去吳國乞和時之語。《史記・吳太伯世家》作「請委國為臣妾」。《國語・吳語》則作「句踐請盟：一介嫡女，執箕帚以晐姓於王宮；一介嫡男，奉槃匜以隨諸御」。吳王夫差遂允許與越國講和，將句踐當僕役，將句踐之妻當作婢女。句踐後來設法取得夫差信任而回國，回國後臥薪嚐膽，勵精圖治，終於在吳王夫差二十三年（西元前四七四年），越國打敗了吳國，夫差自剄而亡。吳王夫差因驕傲輕敵而亡於越，宗廟被夷平，社稷也遭滅而不得保存。❸晉靈行無禮三句　晉靈公，晉國國君，名夷獋，晉襄公之子，在位十四年，是晉國有名的暴君。《公羊傳》宣公六年載：「靈公為無道，使諸大夫皆內朝，然後處乎臺上，引彈而彈之，已趨而辟丸，是樂而已矣。趙盾已朝而出，與諸大夫立於朝，有人荷畚自閨而出者。趙盾曰：『彼何也？夫畚曷為出乎閨？』呼之不至，曰：『子，大夫也，欲視之，則就而視之。』趙盾就而視之，則赫然死人也。趙盾曰：『是何也？』曰：『膳宰也。熊蹯不熟，公怒，以斗摮而殺之，支解將使我棄之。』」此處說的是晉靈公行事無道，下令眾大夫進宮內朝見，然後他在臺上，扯開彈弓彈射進謁的大夫們，大夫們一個個跑步躲避彈丸，晉靈公以此作為取樂的方式。趙盾朝罷出宮，與眾大夫立在朝堂上，有人背著畚箕從宮門中出來，趙盾說：「那是什麼？畚箕怎麼會從宮中搬出來？」那個人被趙盾呼喚也不過來，說：「你是大夫，要看就自己過來看。」趙盾湊近一看，赫然是個死人。趙盾說：「這是為什麼？」回答說：「他是膳宰。熊掌沒有煮熟，主公發怒，用銅斗橫掃一擊，打死了他，將他肢解後叫我去扔掉。」趙盾去勸諫晉靈公，晉靈公感到羞惱，就想連趙盾也一起殺掉。❹漏陽處父之謀二句　承上文意謂晉靈公洩漏了陽處父建議的內容，致使陽處父被人殺死。陽處父，晉國大夫。其實說漏了嘴的不是晉靈公而是其父晉襄公。魯文公六年（西元前六二一年）春天，晉襄公在夷地閱兵，任命狐射姑為中軍元帥，趙盾當他的副手，任中軍佐。陽處父原是趙盾之父趙衰的屬下，偏向趙氏。他向晉襄公建議，狐射姑不得人心，不如趙盾有才能。於是，晉襄公改而任命趙盾為中軍元帥，狐射姑任中軍佐。晉襄公將此事始末告訴狐射姑，狐射姑當面同意，心中不服。當年八月，晉襄公去世，狐射姑趁機殺死陽處父。《春秋》在魯文公六年（西元前六二一年）十月記載此事：「葬晉襄公。晉殺其大夫陽處父。晉狐射姑出奔狄。」《公羊傳》評論此事曰：「晉殺其大夫陽處父，則狐射姑曷為出奔？射姑殺也。射姑殺，則其稱國以殺何？君漏言也。其漏言奈何？君將使射姑將，陽處父諫曰：『射姑民眾不說（悅），不可使將。』於是廢將。陽處父出，射姑入，君謂射姑曰：『陽處父言曰：射姑民眾不說（悅），不可使將。』射姑怒，出刺陽處父於朝而走。」晉襄公為什麼要這樣做呢？這是因為趙盾是趙衰之子，狐射姑是狐偃之子，趙衰、狐偃是晉文公復國的主要功臣，又是晉襄公時的股肱重臣。他對趙、狐二家都不想得罪，所以雖然用趙盾為帥，但又不想得罪狐射姑，所以洩漏陽處父之謀，將責任卸到了陽處父的身上。在當時的晉國，中軍元帥在平時是執政大夫，戰爭時則負統率三軍之責。狐射姑對趙盾搶去這一重要職位，耿耿於懷，故趁晉襄公逝世時，派遣續鞫居殺死了陽處父。陽處父為趙盾而死，趙盾自然要進行追究，為此而殺了續鞫居，狐射姑則出逃到狄人那裡。董仲舒在此移花接木，將賬都掛到了晉靈公的身上。《穀梁傳》也總結了這件事的經驗教訓，評論此事曰：「晉殺其大夫陽處父。稱國以殺，罪累上也。襄公已葬，其以累上之辭言之，何也？君漏言也。上洩則下闇，下闇則上聾，且闇且聾，無以相通。」❺及患趙盾之諫三句　趙盾，又稱趙宣子，趙衰之子，晉國的大夫，自晉襄公七年至晉成公五年，一直擔任晉國的中軍元帥與執政大夫，執掌晉國政權二十年，權傾朝野。趙盾入朝，見晉靈公因熊掌不熟殺宰夫，並命人肢解後扔出宮外。趙盾入諫，靈公不聽，反欲殺趙盾。趙盾出奔，未越國境，趙盾昆弟趙穿弒晉靈公於桃園，迎接趙盾回朝，另立晉襄公之弟、公子黑臀為君，是為晉成公。《春秋》在魯宣公二年（西元前六〇七年）記載：「晉趙盾弒其君夷獋。」晉靈公其實是趙穿所殺，所以說是「趙盾弒」者，理由有三：一，他是正卿，執政大夫；二，出事時他雖已逃亡，但未出境，而趙穿是他的昆弟又是屬下；三，趙穿迎趙盾回朝，趙盾不僅沒有誅殺兇手，反而與他同朝為官。故本書除《四庫全書》本外，其他版本皆作「卒為趙盾所殺」。

❻晉獻公行逆理八句　晉獻公，名詭諸，晉國的君主，在位二十六年。世子申生，晉獻公夫人齊姜（齊桓公之女）所生，為嫡長子。齊姜死後，晉獻公立驪姬為夫人。驪姬生奚齊，想以奚齊取代申生為世子，便想方設計陷害申生，申生為了成全晉獻公的心願，被迫自殺。此事發生在魯僖公四年（西元前六五六年）十二月，但《春秋》在魯僖公五年

（西元前六五五年）春記載：「晉侯殺其世子申生。」《公羊傳》對此評論曰：「曷為直稱晉侯以殺？殺世子、母弟直稱君者，甚之也。」指出所以如此記載，是因為晉獻公的這種做法太過份了。奚齊，晉獻公與驪姬所生之子。卓子，是晉獻公與驪姬之妹所生之子。二人皆被殺死。據《史記・晉世家》載：晉獻公病危時，對大夫荀息說：「我想立奚齊來接替我當晉國的國君，但他年紀小，諸大臣不服，恐怕會發生禍亂，你能扶立他嗎？」荀息回答：「能。」他還保證即使死者復生，他也能用行動證實自己遵守信諾而毫無愧色。於是，晉獻公將奚齊託孤給荀息，由奚齊繼立，荀息為相。不久，獻公死去。大夫里克、邳鄭想把公子重耳請回國內當國君，因為申生死時，公子重耳與公子夷吾都出逃國外。他們對荀息說：「申生、重耳、夷吾這三位公子的黨徒對奚齊立為國君不服，將要起事，秦、晉都支持，你看該怎麼辦？」荀息說：「我決不背負對先君的諾言。」里克見荀息不從，便殺了奚齊。荀息又立卓子為晉君。里克又殺了卓子，荀息遂以死殉主，堅決信守他對晉獻公的承諾。以後，里克迎夷吾回國，是為晉惠公。晉惠公世子圉在秦國為人質，當惠公病重時，他從秦國逃歸晉國，在晉惠公死後繼立，是為晉懷公。懷公怨秦，秦也怨懷公，就派兵送重耳回國，並聯絡晉國欒、郤之黨為內應，殺死懷公，重耳立為晉君，是為晉文公。四世乃定，指由於晉獻公在君位繼承問題上的過錯，以致四世動亂。四世，指奚齊、卓子、惠公、懷公，至晉文公方結束動亂局面，重告穩定。幾為秦所從驪姬起也，所字之下脫一滅字，指魯僖公十五年（西元前六四五年），晉惠公與秦穆公率師會戰於韓原（今山西芮城），晉軍戰敗，晉惠公為秦軍所俘。只因為晉君之姊為秦穆公夫人，流著淚為晉國說情，秦穆公才放晉惠公回國，還與他講和結盟，所以說是幾為秦所滅。從驪姬起也，指晉國的長期內亂與外禍，都是因為驪姬想廢掉太子申生而改立己子奚齊而引起的。❼楚昭王行無度二句　楚昭王應是楚平王之誤。楚平王是楚國的君主，即位前名棄疾，即位後改名熊居，在位十三年。據《史記・楚世家》載：平王即位時，立太子建，以伍奢為太子太傅，費無極為少傅。平王遣費無極去秦國為太子建娶婦，費無極回稟說秦女美豔，可自娶，平王聽從，竟自娶而另為太子建娶婦。費無極又讒太子建於平王，說太子在背後有怨言，平王欲廢建，伍奢則因直言保建而被囚。伍奢有二子，即伍尚與伍員。伍員字子胥。平王命伍奢召其二子，以俟到齊後一併誅殺。伍尚奉命至，伍員則奔吳。平王遂殺伍子胥之父兄伍奢與伍尚。

❽蔡昭公朝之三句　蔡昭公是蔡國君主，名申。據《左傳》定公三年載：蔡昭公朝楚時，身邊帶了兩塊玉佩和兩件皮裘，把一塊玉佩和一件皮裘獻給楚昭王。楚昭王設宴招待蔡昭公，楚昭王和蔡昭侯都穿上皮裘、佩帶玉佩。楚國大臣子常向蔡昭公索要皮裘、玉佩，蔡昭公不給，子常就把他扣留了三年才放回去。蔡侯回國時，到達漢水，將玉佩沉入

漢水，發誓永遠不再渡過漢水到楚國去。他到晉國去，用自己和大夫的兒子作為人質，請求攻打楚國。《公羊傳》定公四年也敘述了此事，說是楚相囊瓦向蔡昭侯索取皮裘，蔡昭侯不給，被扣留三年。蔡昭侯回國渡漢水時發誓必報此仇。楚國知道此事後，由囊瓦帶兵進攻蔡國。參見本篇第七章注❼。❾吳王非之三句　吳王，名闔廬，即公子光，在位十九年。《公羊傳》定公四年載：楚軍進攻蔡國時，「蔡求救於吳。伍子胥復曰：『蔡非有罪也，楚人為無道。君如有憂中國之心，則若時可矣。』於是興師而救蔡。」《史記．管蔡世家》：「楚怒攻蔡。蔡昭侯使其子為質於吳，以共伐楚。」《史記．吳太伯世家》：「吳王闔廬請伍子胥、孫武曰：『始子之言郢未可入，今果如何？』二子對曰：『楚將子常貪而唐、蔡皆怒之。王必欲大伐，必得唐、蔡乃可。』闔廬從之，悉興師與唐、蔡西伐。」戰爭過程中，漢水一戰，吳王弟夫概率五千人襲擊楚軍，楚軍大敗。吳王縱兵追擊，五戰五勝，楚昭王逃出郢都，吳兵進入郢這座楚國的都城。❿君舍乎君室四句　指吳王闔廬率領軍隊進入楚都城郢後，出於狹隘的報復心理和炫耀武力的自大心理，肆意蹂躪楚國君臣的妻妾，企圖以此來使楚國君臣喪盡顏面和顯示自己的威風。語見《公羊傳》定公四年與《穀梁傳》定公四年。《公羊傳》語為「吳何以不稱子？反夷狄也。其反夷狄奈何？君舍於君室，大夫舍於大夫室，蓋妻楚王之母也。」《穀梁傳》語為「何以謂之吳也？狄之也。何謂狄之也？君居其君之寢而妻其君之妻，大夫居其大夫之寢而妻其大夫之妻，蓋有欲妻楚王之母者，不正乘敗人之績而深為利，居人之國，故反其狄道也。」《左傳》定公三年對此也有記載，但較簡略，曰：「吳入郢，以班處宮。」這就是說按照官位高低，分別住進楚國宮室。為什麼《公羊傳》、《穀梁傳》都提到了「妻楚王之母」？楚王之母，指楚昭王之母。楚平王於即位後的第二年，為太子建娶秦女，因秦女美豔而自娶之，生子即昭王，故平王廢太子建而立昭王，此時她已四十餘歲。在闔廬與伍子胥眼中，她是禍首之一，所以要立意淫辱她以出氣。《史記．吳太伯世家》稱：「吳兵遂入郢，子胥、伯嚭鞭平王之屍，以報父仇。」董仲舒把楚國所受的這些屈辱歸之於楚平王貪暴所造成的結果。⓫晉厲公行暴道三句　晉厲公，晉國國君，名州蒲，《史記．晉世家》作壽曼，在位六年。殺大夫三人，指殺郤錡、郤犨、郤至。《春秋》在魯成公十七年（西元前五七四年）記載此事：「晉殺其大夫郤錡、郤犨、郤至。」據《左傳》載：晉厲公驕奢淫佚，寵幸讒臣。厲公寵信胥童，胥童之父胥克曾遭郤氏廢棄不用，故胥童深怨郤氏。晉厲公的其他寵臣夷陽五、長魚矯也都與郤氏因爭田而結仇。晉厲公想除去其他的大夫而重用胥童等人，胥童建議拿郤氏開刀。風聲傳出，郤錡主張先動手攻厲公，說：「郤氏雖死，昏君也沒有好下場。」郤至反對說：「人所以能立於世上，靠的是信、知、勇。信不叛君，知不害民，勇不作亂。喪失這三者，還有誰來和你在一起？」在郤至竭力反對下，三郤聽天由命，聽憑事態發展。晉厲公命胥童、夷陽五率八百甲士攻郤氏，長魚矯則假裝要與三郤議事而在座上抽戈殺死了郤錡和郤犨，郤至逃走，長魚矯追上用戈刺死了他。⑫明年三句　明年，即魯成公十八年（西元前五七三年），晉厲公為大夫欒書、中行偃所殺。據《左傳》載：晉厲公殺三郤時，胥童率領甲士在朝廷上劫持了欒書、中行偃。長魚矯說：「不殺這兩個人，君王必有後憂。」晉厲公說：「一天而殺三卿，我不忍心再增加死屍了。」長魚矯說：「君王不忍下手，別人可要忍心對君王下手了。」晉厲公不聽，派人向欒書和中行偃辭謝，說：「寡人討伐郤氏，郤氏已經伏罪。大夫請勿以受劫持為辱，還是復職復位吧。」他倆再拜叩頭說：「君討有罪，免臣一死，大恩大惠，永不敢忘！」晉厲公等他們退朝後，就封胥童為卿。不久，晉厲公在匠麗氏遊玩，欒書、中行偃乘機抓住了他。欒書、中行偃立即殺了胥童，接著又殺了晉厲公，放逐夷陽五等七個人，長魚矯早已逃到狄人那裡。他們迎回晉襄公的曾孫姬周，立為國君，是為晉悼公。⑬陳侯佗淫乎蔡二句　陳佗，字五父，陳文公之子，陳桓公之異母弟。陳桓公死後，陳佗殺太子免而自立為君。《史記・陳杞世家》以陳杞與五父為二人，又謂陳佗為厲公，誤，陳佗實未曾有諡號。然其記載陳佗被殺事無誤。陳佗娶蔡女，蔡女在蔡國有相好，陳佗也經常到蔡國去進行淫亂活動。陳佗所殺桓公太子免的三個弟弟躍、林、杵臼與蔡人串通以漂亮女子引誘陳佗，殺了他，立躍為君，是為陳利公。《春秋》在魯桓公六年（西元前七〇六年）記載此事：「蔡人殺陳佗。」⑭古者諸侯出疆三句　師，古代軍隊編制的單位，據《周禮・地官・小司徒》載：一師為二千五百人。此處指古時諸侯走出國境，左右必定要有武士警衛，隨身帶有一支二千五百人的軍隊，以備發生意外情況時應付緊急事變。⑮今蔡侯恣以身出入民間二句　蔡侯，當是陳侯之誤，即陳佗。閭里之庸，指鄉里傭作之人。⑯宋閔公矜婦人而心妒十一句　宋閔公，宋國國君，名接，《左傳》、《穀梁傳》、《史記》作捷，在位十一年。大夫萬，即宋國大夫南宮長萬，南宮為氏，萬為名，長為字，簡稱萬。他曾率宋師與魯莊公作戰，兵敗被俘，魯莊公讓其在宮中閒住數月，然後釋放回國，重任宋國大夫。博，古代的博戲，共十二棋，六黑六白，兩人相博，每人六棋，故又名六博。博時先擲采，後行棋。局分十二道，當中名為「水」，放「魚」兩枚，行棋至水則「食魚」，得二籌。得籌多者為勝者。脰，頸項；脖子。此處指宋閔公好在後宮婦女面前炫耀自己，十分愛面子，妒忌心特別強。他在婦女面前與宋國大夫南宮長萬博戲，為爭先行而發生爭執。南宮長萬在後宮婦女面前讚揚魯莊公是當代明君，奚落了宋閔公。宋閔公的自尊心受到刺激，就反唇相譏，說南宮長萬在魯國不過是一個俘虜，俘虜怎麼會知道魯莊公的好壞？這一下激怒了南宮長萬，他站起來搏殺了宋閔公，將宋閔公的脖子都拗斷了。董仲舒認為君臣之間應該嚴格維持尊卑的等級，不應該沒上沒下地相互博戲，以致最後鬧出這種令人痛心的結果來。參見本篇第八章注❸。⓱古者人君立於陰三句　北面為陰，南面為陽。古代君臣相會，上朝時君臣皆立，坐朝見於《荀子》，足證戰國時人君佚志，開始坐而見群臣。君臣相見之禮，堂上與室內不同。堂上之禮，君立於北面，面向南；臣立於南面，面向北。室內之禮則君立於西面，面向東；臣立於東面，面向西。此與古代堂室結構有關。《史記》描繪鴻門宴：項王、項伯東嚮坐，亞父南嚮。沛公北嚮坐，張良西嚮侍，行的便是室內之禮，從中可窺知各人地位之尊卑。古禮所以要把君臣相會時的方向、位置區別開來，是為了明確君臣之間尊卑、貴賤的差別。宋閔公與南宮長萬相對而行博戲，使君臣處於對等的位置，從而喪失了君臣之間上下尊卑的區別。⓲春秋曰二句　語見《公羊傳》宣公十二年：「大夫不敵君。」適，通「敵」。此處指大夫與國君二者不能匹敵，宋閔公與南宮長萬相對而博戲是違反了國君與大夫不能對等與相當的禮制。⓳梁內役民無已　梁，嬴姓小國，在今陝西韓城南。梁國君主在國內大興土木，勞民傷財，使百姓疲憊不堪。《左傳》僖公十九年：「梁伯好土功，亟城而弗處，民罷（疲）而弗堪。則曰：『某寇將至。』乃溝公宮，曰：『秦將襲我。』民懼而潰，秦遂取梁。」這裡說的是梁伯喜好土建工程，屢次築城而沒有居住，百姓疲勞得難以忍受。梁伯說：「某某敵人要來了。」於是在國君的宮室外挖深溝，說：「秦國要來襲我國。」百姓害怕而潰散，秦國就攻占了梁國。⓴其民不能堪四句　指梁國君主為了防止民眾的逃亡，實行五家為伍，一家逃亡，五家連坐的辦法。何休《春秋公羊傳解詁》：「梁君隆刑峻法，一家犯罪，四家坐之。一國之中，無不被刑者。」㉑其民曰三句　封，富厚。先逃亡的逃到別國，不受梁國君主的壓迫，勞作後變得富裕起來。後逃亡的因為受到連坐，受到刑罰，以致身體殘缺，成了殘疾人。意思是當時民間流傳：逃亡得越早越好，後逃亡的便得倒楣，不是被殺，就是受刑。㉒今求財不足三句　勝，盡。不勝，不盡。此處指梁國君主聚斂民財仍不足以滿足其欲求，對百姓的刑罰只恐不夠，殺戮民眾好像屠宰牲口一樣不當成一回事。比喻梁國統治者的暴虐無道。㉓春秋曰四句　語見《春秋》在魯僖公十九年（西元前六四一年）冬記載：「梁亡。」《公羊傳》對此評論曰：「此未有伐者，其言梁亡何?自亡也。其自亡奈何?魚爛而亡也。」何休《春秋公羊傳解詁》：「百姓一旦相率俱去，狀若魚爛，魚爛從內發，故云爾。」魚爛時，先從內臟爛起，故用來譬喻自亡。孔廣森《春秋公羊通義》：「梁實為秦滅，緣其民先亡，地乃入秦，故以自亡言之。」《左傳》說到梁亡於秦時曰：「民懼而潰，梁遂自潰。」古代民眾無今日之投票表決制度，但惹不起，躲得起，往往以逃亡到他國去以表示對當局的不滿。《穀梁傳》對梁之自亡另有一說：「梁亡，自亡也。湎於酒，淫於色，心昏，耳目塞，上無正長之治，大臣背叛，民為寇盜。梁亡，自亡也。」《春秋》三傳在具體說法上雖略有不同，但在認為「梁亡，自亡也」的認識上，倒是頗為一致的。㉔虞公貪財六句　虞公，虞國的君主。虞是姬姓國名，在今山西平陸北，開國君主是古公亶父之子虞仲的後代。快耳說目，說，通「悅」，即快耳悅目。屈產，出名馬之地，在今山西石樓東南。一說屈產為屈地所產，屈在今山西吉縣北，盛產良馬。乘，即駟，四馬一車謂之乘。此處指虞公貪晉國財物，答允晉師借道滅虢。虢滅後，晉又攻取虞國。《春秋》在魯僖公二年（西元前六五八年）記載：「虞師、晉師滅夏陽。」夏陽，虢國都邑，在今山西平陸縣境。《公羊傳》對此評述曰：「獻公朝諸大夫而問焉，曰：『寡人夜者寢而不寐，其意也何？』諸大夫有進對者曰：『寐不安與？其諸侍御有不在側者與？』獻公不應。荀息進曰：『虞、郭（虢）見與？』獻公揖而進之，遂與之入而謀曰：『吾欲攻郭，則虞救之；攻虞，則郭救之。如之何？願與子慮之。』荀息對曰：『君若用臣之謀，則今日取郭，而明日取虞爾，君何憂焉？』獻公曰：『然則奈何？』荀息曰：『請以屈產之乘與垂棘之白璧往，必可得也。則寶出之內藏，藏之外府，馬出之內廄，繫之外廄爾，君何喪焉？』獻公曰：『諾。雖然，宮之奇存焉，如之何？』荀息曰：『宮之奇知則知矣，雖然，虞公貪而好寶，見寶必不從其言，請終以往。』於是終以往。虞公見寶，許諾。宮之奇果諫：『記曰：唇亡而齒寒。虞郭之相救，非相為賜，則晉今日取郭，而明日虞從而亡爾。君請勿許也。』虞公不從其言，終假之道以取郭。還，四年，反取虞。虞公抱寶牽馬而至，荀息見曰：『臣之謀何如？』獻公曰：『子之謀則已行矣。寶則吾寶也，雖然，吾馬之齒亦已長矣。』」㉕自內出者五句　語見《公羊傳》宣公三年：「自內出者，無匹不行；自外至者，無主不止。」原本為論祭祀天地宗廟之事，用以解釋郊祭因何要祭周的始祖后稷，指的是從族內出來的先祖，沒有匹配不能行遠；從外面來的天帝，沒有主人不能止留。董仲舒在此借用來譬喻虞公失國的原因。自內出者，指出於內心的願望。無匹不行，指沒有相應的客觀條件便無法實施。自外至者，指事物的外部條件。無主不止，指若不具備內在的因素，那也不可能產生相應的結果。《淮南子・原道訓》：「故從外入者，無主於中不止。從中出者，無應於外不行。」其義同此。貪財是虞公的內因，晉國的行賄則是應之於外。如果虞公不貪財，晉國的行賄也就落了空，不能達到其目的。這一事件證明了內因與外因相互呼應，並非是孤立而存在的。㉖楚靈王行彊乎陳蔡三句　楚靈王，名圍，在位十二年。靈王是楚共王之子，楚康王之弟，未即位前稱公子圍。康王卒後，其子郟敖為楚王，公子圍任令尹。郟敖當了四年楚王。魯昭公元年（西元前五四一年），楚王病，公子圍借探病為由，入宮縊死楚王郟敖，又殺其二子，自立為王，是為楚靈王。行彊乎陳蔡，指楚靈王行強以吞併陳、蔡二國。陳，春秋時小國，媯姓，周武王滅商後，求得舜之後代媯滿封之於陳，建都於今之河南濮陽。魯昭公八年（西元前五三四年），陳國宗室因爭君位而內亂，靈王遣其弟公子棄疾發兵攻陳，滅陳後，以棄疾為陳公。蔡，春秋時小國，姬姓，始封者為周武王之弟叔度，建都於上蔡，後遷都於下蔡（今河南上蔡西南）。魯昭公十年（西元前五三二年），楚靈王誘蔡靈侯至申地，在酒宴上將他殺死，然後派公子棄疾率兵滅蔡，俘蔡世子友，帶回楚國作為祭祀用的犧牲，以棄疾為蔡王。意廣以武二句指楚靈王為了窮兵黷武而不擇手段行事，對陳是乘人之危，對蔡則誘騙欺詐，暴虐殘忍。㉗乾谿有物女三句　乾谿，楚國地名，在今安徽潁上東南。物女，有二說。一說物為物怪，物女指蛇女；一說物為鬼神，物女指鬼女。其形象為美女，溪水淺時可以看到，溪水滿時則看不到。㉘靈王舉發其國而役三句　楚靈王為了追求他想像中的美女，徵發國內的民眾在乾谿築臺。《公羊傳》昭公十三年載：「靈王為無道，作乾谿之臺，三年不成。」《史記・楚世家》稱：「楚靈王樂乾谿，不能去也，國人苦役。」靈王在乾谿大興土木建築，長期逗留不歸，百姓為此苦於勞役，因而引起楚國上下的怨恨和不滿。㉙有行暴意三句　有，通「又」。成然，楚國大夫。《左傳》在其所載之《春秋》經文中作「成熊」，但在其傳文中作「成虎」。《穀梁傳》作「成虎」。此處指楚靈王恣意行暴，濫殺無辜，大臣成然無罪而遭誅，引起楚國上層貴族的憤慨和不滿，從而導致內部的分裂和混亂。㉚公子棄疾卒令靈王父子自殺而取其國　公子棄疾，楚共王之幼子，楚靈王之幼弟，即後來的楚平王。楚共王生五子：康王招、公子圍、子比、子晳、棄疾。共王死，長子康王即位。康王死，子郟敖即位，公子圍弒郟敖而自立，即楚靈王，子比奔晉。魯昭公十三年（西元前五二九年），靈王長期在乾谿逗留，棄疾乘機接子比回國，在楚國國都發動政變，殺了靈王之太子祿，以子比為楚王，子晳為令尹，自任司馬以控制軍權，並鼓動在乾谿服勞役的民眾說：先回去的可以恢復其在故土的爵邑田室，後回去的將不予考慮。於是，在乾谿服役的楚民立時潰散，各回鄉土。至於楚靈王的情況有三種說法。《公羊傳》說靈王自縊而死。《左傳》說楚靈王絕食而亡。《史記・楚世家》說楚靈王徬徨山野之中，三日不食，最後餓死。參見〈玉杯〉篇第六章注㉟。㉛虞不離津澤三句　虞，古代掌管山澤的官。此處指虞不能離開山津藪澤而放棄職責，農夫不能離開自己的土地。言外之意指君主不能離開國都，放棄自己的職責，背離這些最基本的道理。㉜此非盈意之過耶　此是總結楚靈王敗亡的原因是長期離開國都，在乾谿逗留三年，大興土木，濫用民力，驕盈自滿，縱欲自恣所造成的結果。㉝魯莊公好宮室二句　魯莊公，名同，在位三十二年。他喜歡修築宮室，在魯莊公三十一年（西元前六六三年）那一年內，三次修築臺閣。春天，「築臺于郎。」郎為魯都城曲阜近郊之邑，在南門外，其地有逵泉，臺下臨水，故又名泉臺，為民女漱洗浣衣之處。

夏天，「築臺于薛。」薛是魯的屬國。魯莊公乘薛國國君去世時的機會，在薛築臺。秋天，「築臺于秦。」秦，為魯國地名。杜預注《左傳》：「東平范縣西北有秦亭。」《穀梁傳》曰：「魯外無諸侯之變，內無國事，一年罷（疲）民三時，虞山林藪澤之利，惡內也。」❸❹夫人內淫兩弟二句　夫人，指哀姜，齊桓公之女。魯莊公在二十四年（西元前六七〇年）娶哀姜為夫人。莊公有三弟：公子慶父、公子牙、公子友。哀姜背著莊公與慶父、牙私通，並以此挾制莊公。季友欲治其罪，則力有所不能；如果坐視不問，則又不忍與莊公同胞之情。於是，他請求莊公派自己去陳國，結果還是無法迴避父子兄弟之間的自相殘殺。季友奉魯莊公之命，鴆酒毒殺公子牙。慶父與哀姜私通，殺季友奉莊公之命所立之公子般，立哀姜妹所生之子啟方為國君，是為魯閔公。不久，哀姜與慶父又謀殺閔公，欲立慶父為君。此舉引起眾怒，魯人欲誅慶父，季友又自陳回國，立子申為國君，是為僖公。慶父出奔莒國，魯人賂莒，莒逐慶父，慶父被迫自殺。魯莊公死後，魯國父子兄弟之間自相殘殺。參見〈楚莊王〉篇第二章注❾。❸❺國絕莫繼三句　國絕莫繼，指魯國在短時期內接連有三位國君去世，莊公病逝，子般、閔公被弒。為齊所存，指此時齊桓公派使臣高傒來支援魯國，擁立魯僖公即君位。《公羊傳》閔公二年記載此事：「莊公死，子般弒，閔公弒，比三君死，曠年無君。設以齊取魯，曾不興師，徒以言而已。桓公使高子將南陽之甲，立僖公而城魯。」夫人淫之過也，指這次魯國在君位繼承問題上引起的政治危機，是由於夫人哀姜淫佚之過所造成的。《史記・魯周公世家》稱：「齊桓公聞哀姜與慶父亂以危魯，乃召之邾而殺之，以其屍歸，戮之魯。」參見〈楚莊王〉篇第二章注❿。

【語　譯】在如何以質救文的問題上，天下的諸侯也有對此處理不好而導致亡國或喪失政權的。潞國國君嬰兒傾慕中國的禮儀，改革夷狄的風俗，但由於沒有能融合進中原各國的圈子裡去，最後導致亡國的結果。吳王夫差對鄰國推行強權政治，把越國的君主作為臣僕看待，把越王的妻子當成婢妾使喚，結果吳國反而為越國所滅亡，宗廟被夷平，社稷遭毀滅，十分令人痛心！稱雄諸侯的吳王夫差自刭而亡，啊！這樣的結局難道不是很可悲的嗎？

晉靈公殘暴無禮，命群臣進宮朝謁，自己在樓臺上用彈弓發彈丸射擊群臣，看群臣狼狽躲避逃奔以取樂。因為廚師烹燒熊掌不熟他就殺了廚師，還命人將屍體肢解後帶往宮外扔掉。他洩漏陽處父勸諫的內容，使陽處父因此而被仇人殺死。他嫌惡趙盾對他的勸諫，這使他感到不自在，便派人去殺趙盾，結果自己反而被趙穿所殺死。晉獻公倒行逆施，逼死了世子申生，想方設法立他所寵愛的驪姬所生之子奚齊為世子，結果獻公一死，奚齊與其弟卓子先後被殺，導致國內政局大亂，前後歷四世之久，直到晉文公當政時才安定下來，在這混亂的過程中幾乎為秦國所滅，這所有的禍患都是由晉獻公寵幸驪姬所引起的。楚昭（平）王淫佚無度，殘害忠良，殺死伍子胥的父親伍奢及其兄長伍尚。蔡昭公到楚國朝見，楚人強索他所穿的皮裘。蔡昭公不肯給，竟被扣留在楚國達三年之久。蔡昭公回國後不服，楚國欲進攻蔡國，吳王闔廬看不慣楚國這種橫行霸道的作風，率兵攻伐楚國，將楚軍打得落花流水。吳國大軍進入楚國的國都後，吳國君主住進楚國君王的宮室，吳國大夫住進楚國大夫的內室，楚昭王之母為吳王陪寢，這一切都是楚平王暴虐無道所造成的結局。晉厲公也是一個暴虐無道的君主，他亂殺無罪之人，一口氣殺死郤氏家族的三名大夫，所有的大臣都對他感到害怕和恐懼，終日惶惶不安，最後晉國的臣民群起而攻之，殺死了這個暴君。陳國君主陳佗也是一個荒淫無道的君主，居然不帶武裝隨從去蔡國進行淫亂活動，在蔡國被人殺死。古代諸侯離開本國疆土，必定有武士隨從左右，率領一支武裝隊伍用以防備不時之虞。如今陳侯孤身一人出入於鄰國的民間，結果死在鄉里傭作之人的手裡，這實在是不應該發生在人君身上的行為。

宋閔公喜歡在後宮婦女面前炫耀自己，而且內心氣量狹隘，很容易妒忌別人。一次，他與大夫宋萬一起博戲，因為爭先行而發生口角，宋萬當著宋閔公面稱譽魯莊公說：「天下諸侯中夠資格當君主的，只有魯國的君主莊公。」宋閔公心中妒忌，就反唇相譏：「你是人家的俘虜。俘虜怎麼能知道魯莊公的好壞？」宋萬被揭發了短處，勃然大怒，一躍而起與閔公搏鬥，將閔公的脖子給扭斷了。這是與臣下對博的過失所造成的。古代朝會時，君王立在北面朝南，臣子立在南面朝北，通過站立的位置與面對的朝向來區別君臣之間的尊卑和貴賤。如今君王與臣子面對面博戲，讓後宮婦女在旁邊觀看，這樣一來，君臣之間便沒有什麼區別了。所以宋萬通過稱讚別國的君主來嘲笑自己的君主。宋閔公既要凌辱宋萬而又降低身分與他面對面博戲，是他自己放棄了君主的身分，在後宮婦女的房間裡受宋萬的嘲笑和侮辱，這兩人都想在婦女面前炫耀自己，最後宋閔公落得為人所殺的下場。《春秋》說：「大夫和國君不能相匹敵。」這是為了避免如宋萬那樣逼近國君的突然襲擊事件的發生。

梁國國君毫無節制地向百姓徵發徭役，百姓們感到難以忍受時，為了加強對百姓的控制，將居住靠近的民戶按照五戶一組的方式編組，連環相保，一家逃亡，五家受刑或斬首。梁國的百姓說：「先逃亡的到別國發財，後逃亡的在當地受刑。」君主應當使百姓們能孝順父母，尊敬長老，守好祖先的墳墓，承續宗廟的祭祀，世世代代奉祀其祖先。如今梁國君主在搜刮民財而沒有滿足其貪欲時，對百姓的刑罰沒完沒了，永無終止，殺戮百姓猶如屠宰牲畜一樣，視民眾如仇敵，梁國就像魚腐爛時那樣地從內臟爛起，國中百姓被迫逃亡一空。《春秋》記載：「梁國滅亡了。」這是梁國君主自取滅亡，並非是別人滅亡了梁國。

虞國國君非常貪財，不顧災難就在眼前，只圖一時耳目的歡悅，接受晉國送來的垂棘的白璧和屈產的名馬，允許晉國的軍隊借道虞國去進攻虢國。虢國被晉國滅掉以後，不久，虞國自己也被晉國滅掉了。虞國的宗廟遭毀滅，社稷得不到祭祀，虞國國君身死而無葬身之地，這都是虞國國君貪財所造成的結果。所以《春秋》借此表明，別人的東西不會白白送給你，別人的寶物不會憑空拿了出來。內心的貪欲，沒有相應的外部條件的配合，不會造成貪財受賄的事實；外人送來的財寶，如果沒有內心貪欲的驅使，也不會不顧後果去接受下來。一切事件都是由於內因和外因相配合才會變成現實。

楚靈王推行強權政治，吞併了陳國和蔡國，窮兵黷武，不顧信義，行事不擇手段。他為了思念自己想像中的美女，不惜濫用民力，使國內民眾疲憊不堪，在乾谿大興土木。乾谿那裡傳說有個美女居住在溪水中，溪水退盡時能見到她，溪水滿溢就見不到她。楚靈王為此在那裡大興土木，徵發全國民眾來這裡服勞役，持續了三年仍不能結束，楚國上下怨聲載道。楚靈王行事暴虐，殺了無罪之臣成然，引起楚國大臣們的一片憤怒和煩悶。公子棄疾終於設計逼使楚靈王父子自殺，攫取了楚國的統治權而自立為君。虞官不能離開自己所掌管的山澤河川，農夫不能離開自己所耕作的土地，人民才能安居樂業。楚靈王的失敗，難道不是他放縱自己、為所欲為所造成的嗎？

魯莊公愛好修築宮殿樓臺，在一年的春、夏、秋三季內連續在三地修建樓臺。在內廷則有夫人哀姜和他的兩個弟弟私通，結果在莊公死後，弟兄父子之間為了爭奪君位而自相殘殺，國家幾乎滅亡，幸虧齊國派遣大夫高傒率兵護送魯僖公回國，才使魯國得以存續下來。魯國這場動亂是由於夫人哀姜的淫亂所引發的。國君妃妾的行為能夠不檢點嗎？

【研　析】本章列舉《春秋》所記載的諸侯失國的十二個案例，指出其所以失國的原因與歷史教訓。

司馬遷曾勾勒了這樣一幅圖景：「《春秋》之中，弒君三十六，亡國五十二，諸侯奔走不得保其社稷者不可勝數。察其所以，皆失其本已。」（《史記・太史公自序》）由此可見，本章列舉的十二個案例，遠非全貌，僅只是略舉其例而已。這裡的所謂「本」，也就是《春秋》所立之義。這十二個案例是從負面來證明《春秋》之義的內涵，用以反襯出王道的重要性。

從這十二個案例來看，諸侯失國的原因各有其不同之處：有的可以歸結為某一單純原因；有的則是好幾個原因共同影響的結果；有的則在對各種記載排比、歸納和整理後，會發現在表層原因的背後，隱藏著更深層的原因。歸納這些案例中諸侯失國的原因，大致上可以分為以下四類：

第一類是在處理鄰國關係上背離《春秋》之義，或以強凌弱，或見利忘義。前者如吳王夫差行強於越，臣人之王，妾人之妻，還無道征伐，北上與齊爭霸，腹背受敵，結果導致吳亡於越，宗廟夷，社稷滅；後者如虞公因貪財受賂，不顧唇亡齒寒之理，同意晉國軍隊假道滅虢，但晉國在滅虢後把虞國也滅掉了。楚昭王欺侮小國，強索蔡昭侯的白璧與狐裘，無理扣留蔡昭侯三年，最後導致吳王闔廬與蔡昭侯聯合向楚國進攻，國都被占，王室受辱，王太后為吳王陪寢，顏面掃地以盡。

第二類是驕奢淫佚，大興土木，濫用民力，從而走向亡國之途。如梁國役民無已，求財不足，行罰如將不勝，殺戮如屠，國內民眾逃亡一空，終致為秦所滅。楚靈王築乾谿之臺，三年不罷，楚國大怨，終致失國而亡。魯莊公不恤民力，一年之內築三臺，身死後國家大亂。此類因大興土木而造成國破身亡之例，在歷史上屢見不鮮，如秦始皇修長城，築馳道，建阿房宮，造驪山墓，民眾不堪忍受，終於揭竿而起，導致秦朝的覆滅。

第三類是由於君臣關係處理不當，行事暴虐無道，如晉靈公彈擊群臣以取樂，肢解宰人而棄之，又欲殺國相趙盾，晉厲公一日而殺大臣三人，二人俱為臣下所弒。楚靈王殺無罪成然而引起舉國公憤，最後父子被逼身亡。宋閔公與大夫南宮萬博戲時互相挖苦，引起南宮萬狂怒而扼殺宋閔公。

第四類因好女色而導致國破身亡。晉獻公因為寵驪姬而逼死世子申生，立驪姬之子奚齊為君，引起晉國大亂，四世乃定，差一點為秦國所滅。魯莊公夫人內淫於慶父與叔牙，由於爭奪君位而引起兄弟父子相殺，致使魯國曠年無君。寵幸女色，並不只限於易使君王怠於政事，更重要的是使君位的繼承發生危機。受君王寵幸的姬妾只有使自己的兒子當上嗣君，才能使自己的地位得到鞏固。於是，「立嫡以長不以賢，立子以貴不以長」的規則受到破壞，在君位繼承上出現了無序的狀態，導致王朝動盪不安，政局混亂不穩。春秋時期的各諸侯國固然如此，春秋以後的各國和各個王朝也同樣如此，它堪稱為封建王朝的一大痼疾。

漢初，統治者總結了秦二世而亡的教訓，朝廷風氣為之一變。賈誼的〈過秦論〉便是這種新風氣的代表作。漢武帝時《公羊》學者的興起，也與這種風氣有關。憂患意識是古代儒生人文精神的特徵之一。司馬遷在《史記‧太史公自序》中就曾提到董仲舒曾認為孔子之所以著《春秋》是出於對周道衰廢的憂患，意欲撥亂世導之正。《春秋》所立之義在許多方面是通過反面的例子來論證的。同時，從不同角度、不同層次來探討「弒君三十六，亡國五十二」的歷史教訓始終是《春秋繁露》一書的基調之一。它在若干篇內都有集中探討何以亡國及其防止措施的專題論述，即是明證。

漢武帝建元元年（西元前一四〇年），下詔徵賢良文學。董仲舒送上〈天人三策〉的第一策後，漢武帝閱後很欣賞，要他接著送上第二策，並在制文中對當時形勢作了這樣的估計：「今陰陽錯繆，氛氣充塞；群生寡遂，黎民未濟；廉恥貿亂，賢不肖渾殽，未得其真。」從這裡可以看到漢武帝對當時的時局並不樂觀，而是懷有很深的憂慮，所以他要董仲舒「毋諱有司，明其指略，切磋究之，以稱朕意」。董仲舒則在〈天人三策〉的第二策中一開頭就說：「臣聞受命以天下為憂，而未以位為樂也。」在這一段對話中，君臣雙方都充滿了憂患意識，力圖奮發有為地幹一番事業，反映了蓬勃向上的堂皇氣象。董仲舒在這裡大談亡國的歷史教訓，列舉了那麼多亡國的案例，並非是漢帝國當時已面臨崩潰的邊緣，需要他出來大聲疾呼。恰正相反，漢帝國在當時正處於日趨強盛的境地之中。董仲舒之所以這樣做，體現了一種把握時代與命運的努力，體現了一種居安思危的理性精神，所以才能這樣地安而不忘危，存而不忘亡，治而不忘亂，得而不忘失。

歷史上，當一個王朝剛確立其統治時，這種思想往往為那些雄才大略、頭腦清醒的君主所掌握與發揚。漢、唐初期就都具有這種思想氛圍。唐初設館修史，唐太宗下詔編撰《晉書》、《梁書》、《陳書》、《北齊書》、《周書》、《隋書》，李延壽私修《南史》、《北史》。這八部史書的出現，便是這種氛圍的產物。龐樸先生說得好：「《詩》云：『如臨深淵，如履薄冰。』要點在一個如字上，未臨深淵而如臨，未履薄冰而如履，這才叫憂患意識。真的臨深淵而履薄冰了，斯時所需要的便不再是憂患意識，而恰恰是它的對立面——臨危不懼、履險如夷、樂以忘憂之類的理智、感情和意志了。」（《薊門散思》）人總是生於憂患，死於安樂，這是千古不易的道理。憂患意識是儒家思想的精髓之一，也是中華民族文化得以永存不衰的一個重要原因。

第十章

此皆內自彊從心之敗已，見自彊之敗，尚有正諫而不用，卒皆取亡[1]。曹羈諫其君曰：「戎眾以無義，君無自適。」君不聽，果死戎寇❷。伍子胥諫吳王，以為越不可不取。吳王不聽，至死伍子胥。還九年，越果大滅吳國❸。秦穆公將襲鄭，百里、蹇叔諫曰：「千里而襲人者，未有不亡者也。」穆公不聽，師果大敗殺中，匹馬隻輪無反者❹。晉假道虞，虞公許之。宮之奇諫曰：「脣亡齒寒，虞虢之相救，非相賜也。君請勿許。」虞公不聽。後虞果亡於❺。《春秋》明此，存亡道可觀也。

【章　旨】本章列舉《春秋》中國君自以為是、拒絕納諫以致亡國或兵敗的案例，強調君王必須虛心納諫。

【注　釋】❶此皆內自彊從心之敗已四句　內自彊從心之敗，指君主主觀上自以為是，從而導致決斷失誤與行為失當。正諫，指不同政見的諫諍。此處指君主既剛愎自用，又拒納不同意見的諫諍，最終只能是自取敗亡。這一段話是本章的主旨。❷曹羈諫其君曰五句　曹羈，曹國的大夫。曹是小國，本無大夫。《春秋》因其賢，故稱為大夫。戎為己氏之戎，與曹國毗鄰。戎國在今山東曹縣東南。曹國在今山東定陶西南。曹是姬姓小國，周武王封弟叔振鐸於曹，建都陶丘。《春秋》在魯莊公二十四年（西元前六七〇年）記載：「冬，戎侵曹。」《公羊傳》對此評論曰：「曹羈出奔陳。曹羈者何？曹大夫也。曹無大夫，此何以書？賢也。何賢乎曹羈？戎將侵曹，曹羈諫曰：「戎眾以無義，君請勿自敵也。」曹伯曰：「不可。」三諫勿從，遂去之，故君子以為得君臣之義也。」適，同「敵」。曹羈勸國君不要親自去抵敵戎人，因為戎人兵力眾多而又不講信義。勸諫三次，都不聽，就只能到陳國去了，所以孔子誇獎他懂得君臣之義，而曹國國君果然死在戎人的手下。❸伍子胥諫吳王六句　伍子胥，吳國的大夫，名員，字子胥。他的父、兄為楚平王所殺，本人投奔吳國，幫助闔閭立為吳國國君，又佐吳王率軍入楚都，報殺父之仇。吳王，指吳王夫差，闔閭之子。吳王夫差即位後，勵精圖治，打敗了越王句踐。句踐派大夫文種為使，向吳國求和。伍子胥勸諫吳王不能允許越國求和，而應堅決滅越，否則將來必定後悔。但吳王夫差不聽，終於與越王句踐結盟。至死伍子胥，伍子胥除了堅決主張滅越、反對與越結盟外，還勸諫吳王夫差不要北上伐齊。吳王夫差仍是不聽，反而派吳子胥使於齊。伍子胥在齊時，託孤於齊國的鮑氏。這件事惹怒了吳王夫差，於是賜劍自盡。伍子胥臨終時說：「抉我眼置之吳東門，以觀越之滅吳。」還九年，越果大滅吳國，案《史記・吳太伯世家》所載，吳王夫差十一年（西元前四八五年），伍子胥自盡。吳王夫差二十三年（西元前四七三年），越國滅吳國，離伍子胥死已十二年，並非是九年。❹秦穆公將襲鄭七句　秦穆公，秦國國君，名任好，在位三十七年，《春秋》五霸之一。百里，名奚，一作傒。原為虞國的大夫。晉國滅虞時為晉國所俘，後出走楚國，為楚人所執。秦穆公以五張羊皮將其贖回秦國，任為大夫，在秦穆公建立霸業的過程中起了重要作用。蹇叔，秦國大夫，為秦國的元老和重臣，其時已八十多歲了。《春秋》在魯僖公三十三年（西元前六二七年）四月記載此事：「晉人及姜戎敗秦于殽。」《公羊傳》對此評論曰：「秦伯將襲鄭，百里子與蹇叔子諫曰：『千里而襲人，未有不亡者也。』秦伯怒曰：『若爾之年者，宰上之木拱矣，爾曷知！』師出，百里子與蹇叔子送其子而戒之曰：『爾即死，必於殽之嶔巖，是文王之所避風雨者也。吾將移屍爾焉。』子揖師而行。百里子與蹇叔子從其子而哭之。秦伯怒曰：『爾曷為哭吾師？』對曰：『臣非敢哭君師，哭臣之子也。』弦高者，鄭商也，遇之殽，矯以鄭伯之命而犒師焉。或曰往矣，或曰反矣。而晉人與姜戎要之殽而擊之，匹馬隻輪無反者。」殽，同崤，山名，在今河南西部，為秦嶺東段支脈。殽之戰發生處，在洛寧以北，陝縣與澠池之間一段。秦伯，秦穆公。宰，墳墓。宰上之木拱矣，此處指秦穆公發怒說：「你們這把年紀，墳墓上的樹都已經可以雙手合抱了，你們知道什麼！」其子，指百里奚之子孟明視，蹇叔之子西乞術、白乙丙，這三人是統率這次襲鄭遠征軍的主要將領。晉人與姜戎要之殽而擊之，匹馬隻輪無反者，這是指秦軍在殽地被晉軍與姜戎邀擊，打了一次伏擊戰，秦國的三名主將孟明視、西乞術、白乙丙全都成了晉軍的俘虜，連一匹馬、一隻車輪都沒返回，意思是秦軍在這次伏擊中全軍覆滅，無一生還。參見〈竹林〉篇第一章注❼。❺晉假道道虞九句　此事一篇兩見，可參見本篇第九章注㉔。蘇輿在《春秋繁露義證》中認為「後虞果亡於」之下，各種版本俱脫一「晉」字，而此句應是「後虞果亡於晉」。上章側重論述虞國之亡是由於虞公貪財之所致也，此處則側重論述虞公因剛愎自用、拒諫不聽而導致亡國。其事雖一，但論述角度有所不同。虞，姬姓國名，在今山西平陸縣北。虢，也為姬姓國名，有東虢、西虢、北虢之分，此處指的是北虢，在黃河以北，虞國的西南面，今山西平陸與河南三門峽之間，故晉師滅虢必須假道於虞。《穀梁傳》對此事也有論述，可與《公羊傳》參照，曰：「晉獻公欲伐虢。荀息曰：

『君何不以屈產之乘、垂棘之璧而借道乎虞也?』公曰:『此晉國之寶也。如受吾幣而不借吾道,則如之何?』荀息曰:『此小國之所以事大國也。彼不借吾道,必不敢受吾幣;而借吾道,則是我取之中府而藏之外府,取之中廄而藏之外廄也。』公曰:『宮之奇存焉,必不使受之也。』荀息曰:『宮之奇之為人也,達心而懦,又少長於君。達心則其言略,懦則不能強諫,少長於君則君輕之。且夫玩好在耳目之前,而患在一國之後,此中知以上,乃能慮之。臣料虞君,中知以下也。』公遂借道而伐虢。宮之奇諫曰:『晉國之使者,其辭卑而幣重,必不便於虞。』虞公勿聽,遂受其幣而借之道。宮之奇諫曰:『語曰:脣亡則齒寒,其斯之謂與!』挈其妻子以奔曹。獻公亡虢,五年而後舉虞。荀息牽馬操璧而前曰:『璧則猶是也,而馬齒加長焉。』」

【語　譯】下面的事例都是由於自以為是、師心自用所招致的失敗。明明看到自以為是會造成失敗,仍然對於他人勸諫的正確意見不能接納,這樣做的結果最後只能是自取滅亡。戎國進攻曹國時,曹羈勸諫曹國國君說:「戎國兵力眾多,又不講信義。君王不能親自與他們交鋒。」曹國國君不聽,最後果然死在戎寇的刀下。吳國大夫伍子胥勸諫吳王夫差:越國不可以不滅,應該乘勝占領與吞併。吳王夫差不聽,反而賜伍子胥自盡。過了九年,越王句踐果然徹底滅掉了吳國。秦穆公作出了遠途奔襲鄭國的軍事決策,百里奚與蹇叔兩位老臣勸諫道:「襲擊遠在千里之外的國家,從來沒有不失敗的。」秦穆公不聽,剛愎自用,結果派出去襲擊鄭國的軍隊在崤這個地方受到伏擊,全軍覆沒,連一匹馬、一隻車輪也沒有返回秦國。晉國要假道虞國去襲擊虢國,虞公貪圖晉國的財賄,答應晉國軍隊過境。宮之奇勸諫虞公說:「脣亡齒寒。虞國與虢國互相救援,並不存在誰對誰恩賜的問題。請君王千萬別答應晉國借道的要求。」虞公不聽,後來虞國果然亡於晉國。《春秋》講清楚這些歷史事例,是為了使後人能懂得一個國家或一個君主之所以存亡的道理。

【研　析】本章的主題是君王必須虛懷納諫。

董仲舒認為君王能否納諫,即聽取不同意見,是關係到國家存亡的大事。本章從《春秋》中挑選了四個案例:曹羈諫曹君,曹君不聽而死於戎寇;吳王夫差不聽伍子胥諫諍,結果亡於越國;秦穆公不聽百里奚、蹇叔之諫，秦軍在殽之戰中全軍覆沒；虞公不聽宮之奇「唇亡齒寒」的勸諫，虞國亡於晉國。這四位君主的拒諫，都產生了嚴重的後果，或兵敗，或喪國，甚至連自己的性命也一起葬送掉了。

君王之所以拒諫，是由於「內自彊從心之敗」，也就是剛愎自用，自以為是，但一意孤行的結果只能是失敗。為了使君王避免國破身亡的下場，為臣子者應當對國王諫諍，而不應阿諛奉承，縱容放任。《郭店楚墓竹簡》中有一篇〈秦穆公問子思〉，內容為「秦穆公問子思曰：『何如而可謂忠臣？』子思曰：『恆稱其君之惡者，可謂忠臣矣！』」這裡就指出了忠臣的標準是不斷地向君主指出其過失。

但真要向君主直指其過失也難。良藥苦口，忠言逆耳。韓非在〈說難〉中指出：「夫龍之為蟲也，柔可狎而騎也。然其喉下有逆鱗徑尺，若人有嬰（攖）之者，則必殺人。人主亦有逆鱗，說者能無嬰（攖）人主之逆鱗，則幾矣！」直諫是批人主之逆鱗，一個不巧就會掉腦袋，這在歷史上是屢見不鮮的。故《禮記．曲禮》曰：「人臣之禮，不顯諫；三諫而不聽，則逃之。」於是，不少人便從進諫的技巧上動腦筋，使君王易於接受諫諍，又可保全自身不受傷害。《呂氏春秋．慎大覽》中有〈順說〉篇，要求進諫者能揣摩君主心理，順其思路，投其所好，然後因勢利導，以達到諫諍的目的。《戰國策．趙策四》中記載的「觸龍說趙太后」，便是「順說」的典範。觸龍的進諫處處為趙太后著想，絲絲入扣，通情達理，不由得趙太后不被牽著鼻子走，從見面時的怒氣沖沖到欣然同意送長安君去當人質，前後判若二人，可見觸龍進諫技巧之高明。

君主的權威越強，就越得講究進諫的技巧。劉向在《說苑．正諫序》中，有這樣一段論述：「人臣之所以蹇蹇為難而諫其君者，非為身也，將欲以匡君之過，矯君之失也。君有過失者，危亡之萌也。見君之過失而不諫，是輕君之危亡也。夫輕君之危亡者，忠臣不忍為也。三諫而不用，則去，不去則身亡。身亡者，仁人所不為也。是故諫有五：一曰正諫；二曰降諫；三曰忠諫；四曰戇諫；五曰諷諫。孔子曰：『吾其從諷諫矣乎！』夫不諫則君危，固諫則危身；與其危君，寧危身。危身而終不用，則諫亦無功矣。智者度君權時，調其緩急而處其宜，上不敢危君，下不以危身。故在國而國不危，在身而身不殆。昔陳靈公不聽洩冶之諫而殺之，曹羈三諫曹君不聽而去。《春秋》序義雖俱賢，而曹羈合禮。」孔老夫子是「聖之時者」，並不迂拘。儒家一向提倡中庸之道，不主張過激行動，對直來直去的炮筒子並不欣賞。所以三諫不聽而去合於禮；反之，諫而遭殺，雖賢，但儒家認為陷君於不義，並不提倡。但這樣一來，流弊所及，「明哲保身」、「事不關己莫開口」等不良習性深深植根於國民性之中，仗義直言之士便越來越顯得珍貴了。

這種情況的出現，與封建大一統帝國的形成有密切關係。相對地說，春秋、戰國時期君臣對話的環境畢竟比較寬鬆。春秋時期，諸侯奔走不得保其社稷者不可勝數。到了戰國時期，諸侯兼併的戰爭更趨於白熱化，爭地以戰，殺人盈野；爭城以戰，殺人盈城。諸侯們面臨外患內禍的嚴峻形勢，不得不禮賢下士，求賢若渴；而對於遊士來說，諸侯林立，不是只此一家。國家的優勢，說到底是人才的優勢。士作為知識分子，渴望待價而沽，連孔夫子也不例外，照樣念叨著「沽之哉，沽之哉！我待賈者也」（《論語．子罕》）。此處不留爺，自有留爺處。士子們周遊列國成為當時的社會風氣。那些小國的君主見到遊士，都以師友相待。《孟子．萬章下》中說到了兩件事，一件事是「費惠公曰：『吾於子思，則師之矣。吾於顏般，則友之矣。』」另一件事是「(魯)繆公亟見於子思，曰：『古千乘之國以友士，何如？』子思不悅，曰：『古之人有言曰：事之云乎，豈曰友之云乎？』」子思的所謂「事之云乎」，即師事之也。

翻開《戰國策》，可以看到各國國君在與遊士對話時，滿口都是「寡人不肖」、「寡人之罪」、「寡人年少，君幸教之」、「蒙君教之，敬以國從」，等等。這些國君對賢俊才能之士表現出了降尊紆貴、禮賢下士的姿態。馬王堆帛書《老子》說：「強良者不得死。」國君如果自以為強大而剛愎自用，那會不得好死。這與董仲舒所說的「內自彊從心之敗」在思想上是一致的。

然而，這些都是秦始皇統一六國以前的情況。當秦始皇建立了中央集權的統一的專制帝國以後，情況就完全不同了。君臣之間的關係發生了很大的變化。指斥乘輿、頂撞制使已都構成為十惡之一的大不敬罪。臣子見到君王只能像韓愈那樣地說「天王聖明兮，臣罪當誅」。當大一統的封建專制帝國建立後，君臣之間便不再有可以互相選擇的機會了。只有君能選擇臣，臣不能選擇君。封建綱常規定：君叫臣死，臣不得不死。臣子的命都要由君主支配，還談得上什麼互相選擇？儘管從制度上看，朝廷規定有封駁的廷制，還在機構上設置了專司諫議的御史，但若要使臣子的直諫和君王的納諫成為朝廷的風氣，那就非常困難了。二千多年來許多封建王朝的衰亡大多與此有關。「兼聽則明，偏聽則暗」，「天視自我民視，天聽自我民聽」，「民能載舟，也能覆舟」，沒有一個封建王朝會否認這些至理名言。但是，「吾皇聖明」、「輿論一律」仍是二千年來的基調，這卻是確鑿不移的事實。

第十一章

觀乎亳社，知驕溢之罰❶。觀乎許田，知諸侯不得專封❷。觀乎齊桓、晉文、宋襄、楚莊，知任賢奉上之功❸。觀乎魯隱、祭仲、叔武、孔父、荀息、仇牧、吳季子、公子目夷，知忠臣之效❹。觀乎楚公子比，知臣子之道，效死之義❺。觀乎潞子，知無輔自詛之敗❻。觀乎公在楚，知臣子之恩❼。觀乎漏言，知忠道之絕❽。觀乎獻六羽，知上下之差❾。觀乎宋伯姬，知貞婦之信❿。觀乎吳王夫差，知彊凌弱⓫。觀乎晉獻公，知逆理近色之過⓬。觀乎楚昭王之伐蔡，知無義之反⓭。觀乎晉厲之妄殺無罪，知行暴之報⓮。觀乎陳佗、宋閔，知妒淫之過⓯。觀乎虞公、梁亡，知貪財枉法之窮⓰。觀乎楚靈，知苦民之壤⓱。觀乎魯莊之起臺，知驕奢淫泆之失⑱。觀乎衛侯朔，知不即召之罪⑲。觀乎執凡伯，知犯上之法⑳。觀乎晉郤缺之伐邾婁，知臣下作福之誅㉑。觀乎公子翬，知臣窺君之意㉒。觀乎世卿，知移權之敗㉓。故明王視於冥冥，聽於無聲，天覆地載，天下萬國，莫敢不悉靖共職㉔。受命者不示臣下，以知之至也㉕。故道同則不能相先，情同則不能相使，此其教也㉖。由此觀之，未有去人君之權，能制其勢者也；未有貴賤無差，能全其位者也。故君子慎之。

【章　旨】本章作為全篇的結尾，有選擇地列舉出若干前面已作過論述的案例，逐條指出其歷史教訓。同時，強調人君應保持其神祕和尊嚴的地位，嚴格維護尊卑差別的秩序，以己之無為控馭臣之有為，方是治國之道。

【注　釋】❶觀乎亳社二句　亳社，又稱蒲社。《左傳》、《穀梁傳》作亳社，《公羊傳》作蒲社。亳為殷商都城，故商建社於亳。觀乎亳社，即觀察和了解商紂王所以亡國的原因，可以看到橫行不法、恃才自傲如紂王，最終難逃亡國的懲罰。《春秋》在魯哀公四年（西元前四九一年）六月記載：「蒲社災。」《公羊傳》對此評述曰：「蒲社災何？亡國之社也。」何休《春秋公羊傳解詁》：「災亳社，所以示諸侯縱恣不自警之象，故記之。」參見本篇第三章注㉑。❷觀乎許田二句　封，似是「地」字之訛。許田是魯國國君在京師朝見周天子時朝宿之邑，因當地田多邑少，故稱作田。魯桓公元年（西元前七一一年），鄭、魯兩國國君在垂邑相會，鄭莊公將鄭國祭祀泰山之邑的祊地與魯國的許田相交換，鄭莊公還送了一塊玉璧給魯桓公，用以補償兩地價值不相當的差額，《春秋》對此事記載為「鄭伯以璧假許田」。《春秋》為什麼稱「假（借）」而不直接指出是兩國易地？《公羊傳》對此作了解釋，指出：「有天子存，則諸侯不得專地也。」鄭、魯兩國不請示天子，擅自交換土地是違反禮制的行為。詳參見本篇第五章注㉔。❸觀乎齊桓晉文宋襄楚莊二句齊桓，名小白，齊襄公之弟，齊國國君，春秋五霸之首，在位四十三年，即位後能任用管仲、鮑叔、隰朋等賢能之士，尊王攘夷，前後曾九合諸侯，一匡天下。晉文，名重耳，晉獻公之子，因驪姬故，重耳出奔在外十九年，即位時已六十二歲，在位九年。晉文公有賢士五人：趙衰、狐偃、賈佗、先軫、魏犨。他們隨晉文公度過顛沛困頓的流亡生活，並幫助他在回國當國君後建立霸業，在城濮之戰中打敗楚成王的軍隊，會諸侯於踐土，以朝周天子。宋襄，名茲父，宋桓公之子，在位十四年，能重用其弟（一曰庶兄）目夷為司馬，泓之戰中曾提出「不鼓不成列，不阨人」的思想，為《春秋》所肯定，但本人在泓之戰中負傷身亡。楚莊，名侶，楚穆王之子，在位二十三年，即位後自稱「三年不蜚，蜚將沖天；三年不鳴，鳴將驚人」。三年後始聽政，誅佞人，進賢人，任用伍舉、蘇從，在邲之戰中大敗晉軍，陸續使魯、宋、鄭、陳等國歸附，成為霸主。❹覿乎魯隱祭仲叔武孔父荀息仇牧吳季子公子目夷二句　魯隱，名息姑，魯惠公的庶長子。惠公死，隱公長而賢，受國人推舉而攝政，在位十一年，他準備在桓公長大後讓位還政，但為公子翬所弒。魯隱公之忠表現為始終以攝政自居，不為公子翬的挑撥所動。參見本篇第六章注⓫、第八章注❶與〈竹林〉篇第四章注㉒。祭仲，名足，字仲，祭為氏，鄭國的執政大夫。祭仲之忠，指他在宋莊公逼迫下，出公子忽而立公子突，使鄭國不致為宋所滅。四年後，他又出突而立忽為鄭昭公。董仲舒稱讚他是「執政存國，行正世之義，守惓惓之心」。參見本篇第八章注❷與〈竹林〉篇第四章注⑳。叔武，衛成公鄭之弟。晉楚爭霸的城濮之戰中，衛成公站在楚國一方。楚軍在城濮之戰中大敗，衛成公怕晉國問罪，逃奔楚國，衛國由叔武留守。晉文公召集踐土之盟，叔武代表衛國出席，他為衛成公向晉文公求情，請求讓衛成公回國。但衛成公聽信讒言，認為叔武篡立，一回國就殺了叔武。此事引起晉文公的不滿，將衛成公抓了起來，押到京師，關入囚室，待周天子處理。《春秋》在魯僖公二十八年（西元前六三二年）冬記載此事：「晉人執衛侯，歸之于京師。」《公羊傳》評論此事曰：「衛侯之罪何？殺叔武也。何以不書？為叔武諱也。《春秋》為賢者諱，何賢乎叔武？讓國也。其讓國奈何？文公逐衛侯而立叔武，叔武辭立而他人立，則恐衛侯之不得反也，故於是已立然後為踐土之會，治反衛侯。衛侯得反，曰：『叔武篡我。』元咺爭之曰：『叔武無罪。』終殺叔武。」叔武忠心耿耿地為衛成公守國，還設法為衛成公說情讓他回國復位，而衛成公卻小肚雞腸，疑忌心重，回國後不分青紅皂白地殺了他。孔父嘉，正考父之子，孔子的六世祖，任大司馬之職，宋國的賢大夫，為華督所殺。參見本篇第八章注❸、〈玉英〉篇第一章注❻與第四章注❼。荀息，字叔，晉國賢大夫，重信守諾，以身殉職。參見本篇第八章注❸與〈玉英〉篇第五章注⓭。仇牧，宋國賢大夫，因宋閔公被弒而不畏強暴去討賊，遂為南宮萬所殺。參見本篇第八章注❸。吳季子，名札，吳王壽夢之幼子，以賢聞名於吳。他主動讓國而避免父子兄弟之間的自相殘殺。參見本篇第八章注❽與〈玉英〉篇第一章注❼。公子目夷，字子魚，宋桓公之子，宋襄公之庶弟（一說為庶兄），任宋國司馬之職。楚國執持宋襄公以伐宋，公子目夷守城拒楚，迫使楚國釋放宋襄公，目夷迎宋襄公復位，故《春秋》賢之。參見本篇第八章注❹與〈玉英〉篇第五章注❹。❺觀乎楚公子比三句　楚公子比，楚共王之子，楚靈王虔之弟。其弟公子棄疾殺靈王世子與少子，逼立子比為君，靈王在乾谿聞訊後被逼自殺。棄疾又利用楚靈王一時下落不明的情況，製造楚靈王起兵討伐以復國的假象，逼子比自殺，由自己即位，是為楚平王。子比雖被迫而立，最後仍不免於死，但《春秋》仍在魯昭公十三年（西元前五二九年）記載：「楚公子比自晉歸于楚，弒其君虔於乾谿。」為什麼要將弒君之罪歸結到公子比身上呢？《公羊傳》指出：「比之義宜乎效死不立。」這就是說，「楚公子比在道義上，應當寧願獻出生命而拒絕被立為君。孔廣森《春秋公羊通義》：「君子惡比受棄疾之君己而樂成其弒也，故歸弒於比以為後世大防。比不立而殺虔調之討賊，比立而殺虔是弒而已矣。」參見本篇第七章注⑯與〈玉杯〉篇第六章注㉟。❻觀乎潞子二句　詛，俞樾曰：「詛，當讀為作，言無輔而自作也。」盧文弨曰：「詛字或是沮字。」潞子，名嬰兒，潞氏的國君，潞氏為赤狄的一支。潞子慕中國的禮義，欲以此來改革夷狄的習俗，但由於沒有賢臣的輔助，反而為晉國所滅。參見本篇第九章注❶。❼觀乎公在楚二句　公，魯襄公。《春秋》在魯襄公二十九年（西元前五四四年）正月記載：「公在楚。」魯襄公是上一年十一月去楚國的，至次年正月仍未歸回。《春秋》作此記載，意思是指臣子思君，無一日不在思念，尤其是當國君身處異國時，更其關心他的安危，用以表示國家不可一日無君。參見本篇第八章注⑮。❽觀乎漏言二句　漏言，指晉襄公洩漏陽處父的密奏，以致陽處父為仇人殺死。此事的起因是晉襄公想任命狐射姑為中軍元帥，趙盾為軍佐。陽處父向晉襄公建議讓趙盾擔任中軍統帥，狐射姑當中軍佐。晉襄公同意了，將狐射姑與趙盾的職務對調，他還將陽處父所說的話洩漏給狐射姑。狐射姑恨陽處父，趁晉襄公死時混亂的機會，派人刺死了陽處父。臣盡忠於君，君洩漏其言，則臣不敢言，絕臣盡忠之道。參見本篇第九章注❹。❾觀乎獻六羽二句　周代的歌舞是禮樂的組成部分，其規模例有定例，用以顯示上下等級之差別。《公羊傳》說是天子用八佾，諸公用六佾，諸侯用四佾。《春秋》在魯隱公五年（西元前七一八年）記載：「初獻六羽。」六羽是規格為六佾的羽籥舞。此處是為魯桓公之母仲子的廟舉行落成典禮時所獻之舞。仲子不是嫡夫人，而六佾是諸公的規格，對仲子是僭用了。其實在此之前，魯國就已僭用天子之八佾之舞。董仲舒認為《春秋》記載「初獻六羽」，是「諱八言六」。參見本篇第五章注㉗、第六章注❻與第七章注❾。❿觀乎宋伯姬二句　宋伯姬，魯宣公之女，魯成公之姊，嫁宋共公為夫人，故稱宋伯姬。宋宮火災時，伯姬堅持「婦人夜出，不見傅、母不下堂」的禮制規定，後因傅母雖至而保母未至，拒不下堂，終被火焚死，從而顯示其守貞的品德。參見本篇第八章注㉛。⓫觀乎吳王夫差二句　「彊」字下脫一「不」字。吳王夫差，吳王闔廬之子，在位二十三年。吳王夫差即位以後，打敗了越國，行強於越，臣人之主，妾人之妻，卒以自亡。董仲舒以此例說明強不凌弱的道理。參見本篇第九章注❷。⓬觀乎晉獻公二句　晉獻公，名詭諸，在位二十六年，因寵幸驪姬而殺世子申生，立驪姬所生之子奚齊為世子。晉獻公死後，奚齊與驪姬妹所生之子卓子，先後皆為里克所殺，晉國一直動盪不安，經過奚齊、卓子、惠公、懷公這四世，直到晉文公即位，晉國方始安定下來，其間晉與秦交戰，晉懷公為秦國所俘，差一點晉為秦所滅。逆理，指晉獻公殺世子申生，不遵照「立嫡以長，立子以貴」的禮制規定，立奚齊為世子。近色，指晉獻公寵幸驪姬，違背嫡長子繼承制，立驪姬所生之子為世子。參見本篇第九章注❻。⓭觀乎楚昭王之伐蔡二句　據《左傳》定公三年載：蔡昭公朝楚時，帶了兩塊玉佩和兩件皮裘，把一塊玉佩和一件皮裘獻給楚昭王。楚昭王宴請蔡昭侯時，楚昭王和蔡昭侯都帶了玉佩，穿了皮裘。楚國令尹子常（《公羊傳》作「囊瓦」）在宴會結束後向蔡昭侯索要玉佩、皮裘，蔡昭公不肯給，子常就把他扣留在楚國，過了三年才放他回去。蔡侯回國時途經漢水，將玉佩沉入漢水，發誓必報此仇。楚國聞知此事，大怒，發兵攻蔡。蔡昭侯求救於吳王闔廬，並以其子留在吳國為人質，於是吳、蔡聯盟共同伐楚，五戰五勝，進入楚國國都，楚昭王出逃，吳國君臣入住楚國君臣之宮室，肆意侮辱楚國君臣的內眷。楚昭王伐蔡是無義之舉，結果適得其反，自取其辱。參見本篇第九章注❼、❽、❾、❿。⓮觀乎晉厲之妄殺無罪二句　晉厲公，名州蒲，寵信佞臣胥童等人，欲盡誅其他大臣而以胥童等人以代之，在一天之內妄殺郤氏三位大臣，胥童等人還拘捕了大夫欒書、中行偃，欲下毒手，斬盡殺絕，引起朝中大臣一片恐慌。晉厲公覺得一天之內殺人太多，才算暫時放過了這兩人。不久，欒書與中行偃等人利用機會抓了晉厲公並處死，殺了胥童，迎立晉襄公的曾孫姬周，立為國君，是為晉悼公。此處指晉厲公妄殺無罪者，結果自己也被人殺死，以此可知行暴政者是會遭到報應的。參見本篇第九章注⓫、⓬。⓯觀乎陳佗宋閔二句　陳佗，陳國的君主，字五父，陳文公之子，陳桓公之異母弟。陳桓公死後，陳佗殺太子免而自立為君。他經常單身一人去蔡國境內與人淫亂，為故太子免的三個弟弟與蔡人串通殺了他。宋閔，宋國的君主，名接，喜歡在婦人面前誇耀自己，氣量狹隘，聽不得別國君主比他賢良的話。他與大夫南宮萬在婦人面前博戲，因為爭先行而發生口角，互相挖苦對方，引起南宮萬暴怒而搏殺宋閔公。董仲舒認為從陳佗、宋閔公這兩個例子可以看到妒忌與喜淫的禍害。參見本篇第九章注⑬、⑯。⑯觀乎虞公梁亡二句　虞公，虞國的君主。虞國與鄰國虢國唇齒相依，但虞公貪晉國送來的良馬與玉璧，同意晉國軍隊假道滅虢。結果，晉軍在滅掉虢國後，還師時順道滅掉了虞國。梁國的君主誅求財貨，濫用民力，大興土木，並且用嚴刑峻法來對付民眾的逃亡，結果舉國民眾反而逃亡一空，導致為秦所滅。董仲舒通過虞、梁亡國的教訓指出貪財枉法的結果必然是窮途末路，自取滅亡。參見本篇第九章注㉓、㉔。⑰觀乎楚靈二句　楚靈，楚國的君主，名熊虔，即公子圍，在位十二年。楚靈王在乾谿修臺，三年不成，民眾長期服徭役，困苦不堪，舉國皆怨。公子棄疾乘虛而入，設計使楚靈王父子國破身亡，由自己登基稱君，是為楚平王。壞，通「傷」。此處用以說明楚靈王長期要民眾服徭役，使民眾困苦不堪，從而對國家和君主造成傷害。參見本篇第九章注㉘、㉚與〈玉杯〉篇第六章注㉟。⑱觀乎魯莊之起臺二句　泆，同「佚」。魯莊，名同，在位三十二年。起臺，指魯莊公在三十一年（西元前六六三年）這一年內在三地築臺。春，築臺於郎。夏，築臺於薛。秋，築臺於秦。《公羊傳》認為《春秋》記載魯莊公築三臺，是為了譏刺魯莊公驕奢淫佚之失。參見本篇第九章注㉝。⑲觀乎衛侯朔二句　衛侯朔，即衛惠公，名朔，衛宣公之子。衛宣公有長子，名急子，宣公為其娶妻於齊，但因見她生得美貌，就自己娶了，此女即宣姜，生二子，壽與朔。宣姜與公子朔在宣公處告急子的狀。宣公布置群盜伏擊急子致死，壽為了救兄也與之同死，於是立朔為世子。宣公卒，朔即位為衛惠公。太子急的傅是右公子職，公子壽的傅為左公子洩，二人起而率眾攻惠公，惠公奔齊。職與洩立太子急之弟黔牟（即公子留）為衛君，得到周天子的支持。「不即召之罪」指周天子要徵發衛國的人眾，數量不大，但衛惠公假託有病，拒不應召，跑到泰山北面的齊國地界去了。齊國勢力大，周天子只得隱忍下去，所以在背後支持左、右二公子的這場兵變。參見本篇第五章注⑯。⑳觀乎執凡伯二句　凡伯，凡是姬姓國名，始封之君為周公之子，其地在今河南輝縣西南，一說在今河南浚縣東北。凡伯的身分是以諸侯而為周王之卿士。魯隱公七年（西元前七一六年），周桓王派凡伯作為使者到魯國訪問，在楚丘遭戎人武力劫持而被帶回戎地。《春秋》記載時寫道：「戎伐凡伯于楚丘以歸。」這是表示對戎人執持天子使者的譴責，以使人知道犯上是違法的行為。參見本篇第五章注㉑。㉑觀乎晉郤缺之伐邾婁二句　郤缺，晉國的大夫。邾婁是魯國附近的小國。魯文公十三年（西元前六一四年）的春天，邾婁文公去世，邾婁人立其元妃齊姜之子貜且為君，是為邾婁定公。邾婁文公次妃晉姬之子接菑投奔到外祖父家晉國，晉人遂想用武力送接菑回國為君。晉國大夫郤缺率領軍隊和八百輛兵車護送接菑回國。邾婁人當面指責郤缺道：「接菑的母親是晉國人，貜且的母親是齊國人，齊、魯一向結為姻親，關係較晉、魯為近。

即使兩人都一樣尊貴，貜且也年長。」郤缺也感到即使憑借武力強立接菑為君，在道義上說不過去，再說人心不附，難以統治，便帶兵撤退了。《春秋》在魯文公十四年（西元前六一三年）記載此事時，稱郤缺為晉人。《公羊傳》對此評論曰：「此晉郤缺也，其稱人何？貶。曷為貶？不與大夫專廢置君也。」郤克不過是晉國的大夫，不應當由他來決定邾婁國君的廢立。臣下這樣做是在作威作福，所以《春秋》要對此作口誅筆伐了。參見本篇第六章注❿。㉒觀乎公子翬二句　翬，字羽父，魯國大夫，是魯隱公的異母弟。他主動參與並策劃了魯桓公弒害魯隱公的活動。魯隱公當國君是攝政，公子翬便窺探隱公的心意，以決定自己應當投靠哪一邊。《公羊傳》隱公四年記載此事曰：「公子翬諂乎隱公，謂隱公曰：『百姓安子，諸侯說子，盍終為君矣？』隱曰：『吾，否。吾使修塗裘，吾將老焉。』公子翬恐若其言聞乎桓，於是謂桓曰：『吾為子口隱矣，隱曰：吾不反也。』桓曰：『然則奈何？』曰：『請作難弒隱公。』於鍾巫之祭焉，弒隱公也。」從這裡可以看到公子翬這個人兩面三刀，到處挑撥離間。他先是拍隱公的馬屁，說：「百姓已習慣你當國君，諸侯們都喜歡你，你為何不把國君做到底呢？」但隱公卻說：「我嗎？不。我派人去修塗裘這個地方，將來我要在那裡養老。」公子翬怕自己的話傳到桓公耳朵裡，將來如果桓公接位，那可是對自己大大不利。他就到桓公那裡造謠說：「我為你的事對隱公說了，隱公不肯歸還國君的位置了。」桓公說：「那該怎麼辦呢？」公子翬說：「發動政變殺了隱公。」於是，在隱公祭鍾巫的時候把隱公殺了。隱公在私下向公子翬透露心事，給公子翬以造謠挑撥的可乘之機，結果惹來了殺身之禍。所以董仲舒反對君王在私底下向個別臣子吐露心意，以免在傳言過程生出事端惹禍。㉓觀乎世卿二句　按禮制規定，公卿、大夫皆選賢而用之，世卿則父死子繼，由於秉政久而世代相傳，君權必定下移。春秋時的實際情況是世卿已成為各諸侯國的普遍現象。在魯國便是季氏世代秉政，公室日弱，故孔子反對世卿的做法。《春秋》在魯隱公三年（西元前七二〇年）夏記載：「尹氏卒。」《公羊傳》對此評論曰：「尹氏者何？天子之大夫也。其稱尹氏何？貶。曷為貶？譏世卿，世卿非禮也。」㉔明王視於冥冥五句　明王，指聖王。視於冥冥，指即使在幽暗之處也能看清楚事物。聽於無聲，指即使在無聲之處，也能聽出究竟有什麼聲音。因此，天地之間，萬國之眾，沒有人敢不悉心盡力地供職。共，通「供」。《莊子・天地》論王德曰：「視乎冥冥，聽乎無聲。冥冥之中，獨見曉焉。無聲之中，獨聞和焉。故深之又深，而能物焉。神之又神，而能精焉。」㉕受命者不示臣下二句　受命者，指君王。不示臣下，不能明確地向臣下告知自己的看法。知之至也，這是最聰明的辦法。董仲舒在這裡所闡釋的，實際上是法家提倡的人君馭臣之術。《韓非子・主道》：「君無見其所欲。君見其所欲，臣自將雕琢。君無見其意。君見其意，臣將自表異。」㉖故道同則不能相先三句　指君臣不能同道，而應嚴上下之差，定是非之正。《呂氏春秋・季春紀・圜道》：「主執圜，臣處方，方圜不易，其國乃昌。」它強調君王應「無所稽留」，不任具體職事，臣下須「皆有分職」，按職盡能。以駕車為例，君主是駕車的馭手，臣子是拉車的馬，各有職司。君臣同道，意味著君主也和臣子像馬一樣去拉車，那就不能指揮馬去拉車了，這就是失職。何況馭手去拉車將永遠及不上拉車的馬。《管子・明法解》：「主行臣道則亂，臣行主道則危。故上下無分，君臣共道，亂之本也。」《莊子・天道》：「上無為也，下亦無為也，是下與上同德，下與上同德則不臣。下有為也，上亦有為也，是上與下同道，上與下同道則不主。上必無為而用天下，下必有為為天下用，此不易之道也。」

【語　譯】考察《春秋》對亳社發生火災的記載，可以知道這是對殷紂王驕縱自滿的懲罰。考察鄭國與魯國交換許田的記載，就會懂得周天子在，諸侯不能擅自處理自己的封土。考察齊桓公、晉文公、宋襄公、楚莊王的事功，就會懂得諸侯國的君主任用賢人、尊奉天子的功效。考察魯隱公、祭仲、叔武、孔父嘉、荀息、仇牧、吳季子、公子目夷的事蹟，就可以知道什麼是忠臣應該效法的榜樣。考察楚國公子比的下場，就可以知道為臣之道與為國效死之義。考察潞子之所以亡國，就可以知道沒有賢臣輔佐就會走上自我毀滅的失敗道路。考察《春秋》對「魯襄公在楚國」的記載，知道臣子時刻都在思念君王的恩德。考察晉襄公洩漏陽處父的建議而導致陽處父被殺的記載，就可以知道這樣做使臣子不敢進言，從而堵絕了臣子向國君盡忠的道路。考察《春秋》對魯國「初獻六羽」的記載，就可以知道在樂舞上有著嚴格的上下等級的差別，不能隨意逾越。考察宋伯姬的事蹟，就可以懂得貞節烈婦的重信守義。考察吳王夫差所以亡國的經過，可以懂得不能以強淩弱的道理。考察晉獻公的所作所為，就可以知道違背道義和親近女色的過失。考察楚昭王伐蔡的經過與結果的事實，可以知道君主行事不講道義會得到什麼樣的報應。考察晉厲公妄殺無罪的大臣以致最後自己也被國人所殺，可以知道君王多行不義的報應。考察陳侯佗與宋閔公被殺的記載，可以懂得嫉妒和淫亂所造成的禍害。考察虞公和梁國的滅亡經過，可以知道君主如果貪財枉法，便會走向窮途末路。考察楚靈王長期役使民眾在乾谿修築樓臺以致舉國皆怨的記載，可以知道勞頓民眾、使他們受苦不堪的壞處。考察《春秋》對魯莊公一年之內築三臺的記載，可以知道君主由於驕奢淫佚所造成的過失。考察衛侯朔對周天子不願應召徵發而躲到齊國去的事實，就可以知道不立即應天子之召是不盡臣道之罪。考察戎人拘捕周天子使者凡伯的記載，就可以懂得不能犯上的道理。考察晉國大夫干預邾婁國君廢立而遭貶的記載，就可以知道臣子作威作福會受到《春秋》的誅責。考察公子翬參與策劃弒君的罪行，可以知道臣下窺探君主心意的禍害。考察《春秋》對世卿的貶斥，可以知道世卿使君主權力下移，敗壞了政治和社會風氣。聖明的君王可以看到冥冥之中的事物，能夠聽到沒有發出來的內心呼聲。天地之間，萬國之眾，沒有人敢不盡心竭力地供職。受天命的君王，最聰明的辦法是不向臣下顯示自己的意圖。所以如果君道臣道不分，君主便不能領先於臣下；君臣愛好相同，君主便不能馭使臣下：這是當君主的基本道理。由此看來，沒有一個失去權力的君主可以控制國家的局勢；如果沒有貴賤的差別，沒有一個君主能夠保全其君位。所以，君子必須審慎地對待上面所提到的這些問題。

【研　析】本章是全篇的結尾。它從前面對王道所作的論述中，選擇出了二十三個案例，逐個說明其提供的歷史教訓。從表面上看，似乎有些隨意，顯得很散漫。但仔細分析，就可以看出其論述焦點仍是君臣之道。

君臣之道包括為君之道與為臣之道。本章在為君之道方面的論述，正面的例證只有一條，就是對齊桓、晉文、宋襄、楚莊等人作考察，可以看到他們的任賢奉上之功。反面的例證倒有十二條之多，可以概括成五個方面：一是窮兵黷武，以強凌弱，如殷紂王的驕佚亡國，吳王夫差以強凌弱而亡於越，楚昭王恃強伐蔡而大敗等等。二是貪財好貨，誅求無已，如虞公貪財，答應假道滅虢，卒以自亡；梁伯誅求無已，嚴刑峻法，民眾逃亡一空。三是馭臣不當，如晉襄公洩漏陽處父之謀致使其被狐射姑派人殺死，潞子無賢臣輔佐而敗亡，魯隱公被公子翬窺知心意而作亂，晉厲公妄殺無罪之大臣而導致自己為大臣所殺等等。四是不恤民力，大興土木，如楚靈王在乾谿大興土木、長期修築，魯莊公一年之內築三臺，都沒有好結果。五是好女色，違背禮制，如陳侯佗出入蔡國民間搞淫亂活動而被殺，宋閔公妒忌心強而又歡喜在婦女面前炫耀自己而終致為南宮萬搏殺，晉獻公寵驪姬而廢殺世子，引起晉國政局混亂等等。

本章在為臣之道方面的論述，正面的例證也只有二條，一條是過硬的，就是對魯隱、祭仲、叔武、孔父嘉、荀息、仇牧、吳國季子、公子目夷等人作考察，可以知道忠臣所起的重要作用，是後人效法的榜樣；另一條就顯得很勉強，那就是《春秋》記載魯襄公在楚國，表示了臣子無一日不在思念國君。反面的例證有六條，集中表現在臣子目無君主、不奉臣道上，如楚公子比受脅登君位而不能堅決拒絕，在《春秋》記載上落得個弒君的惡名，又如《春秋》記載魯國「初獻六羽」，其實是「諱八言六」，魯國早已在僭用天子的八佾之舞了。其他如鄭、魯兩國互換土地，違反了「天子在，諸侯不得專地」的規定；衛侯朔不立刻應天子的徵發民夫徭役之召，戎人執天子之使者凡伯，晉國大夫郤缺參與干涉別國國君的廢立等等。

此外還有兩條例證，一條指斥世卿。容忍世卿是君主之過，留戀世卿則是大臣之罪，君臣雙方都有不對之處。另一條是宋伯姬遵奉「不見傅、母不下堂」的古訓，保母不在，寧願被火燒死也不下堂，以頌揚婦女的信守貞節。在這二十三條例證中，重點論述的是諸侯。這是因為諸侯對天子是臣，而對臣民又是君主的身分。從諸侯身上所吸取的教訓，對後世的君和臣都有參考價值。

本章末尾提出了君主治國之術，這是值得注意的一點。董仲舒在包括〈王道〉的前面六篇，都只論君主治國之道而不談君主治國之術。所謂治國之術，其實就是法家所倡導的君主馭臣之術。他在本章末尾指出：「受命者不示臣下，以知之至也。」這就是說君主不能讓臣下知道自己的心意，這是最聰明的辦法。魯隱公讓公子翬知道了自己要讓位的心意，公子翬立即見風使舵，轉向投靠桓公，而且在傳言時造謠，挑撥離間，終成弒君之謀。在漢初，文帝就吸取了這一教訓。當時，周勃、陳平等人平定了呂氏之亂，迎接文帝進京，重興漢室。文帝以代王身分進京時，眾臣迎接，周勃要求文帝單獨接見，說是要彙報情況。文帝的謀士宋昌趕忙攔住，說：「所言公，公言之。所言私，王者不受私。」太尉周勃雖是迎接代王進京的首功之臣，也只得跪在地上進獻天子璽符（《史記・孝文帝本紀》）。宋昌強調「王者無私言」是很高明的做法。當時京城內人心未穩，呂氏餘黨人數眾多，深恐株連受戮。若容周勃私自進謁，他們心中不安，很有可能鋌而走險，出現京城大亂的境況，文帝的皇位就不那麼安穩了。

董仲舒的這一見解，並非來自儒家，而是來自法家。韓非早就指出：「明君無為於上，群臣竦懼乎下。明君之道，使智者盡其慮，而君因以斷事，故君不窮於智。賢者敕其材，君因而任之，故君不窮於能。有功則君有其賢，有過則臣任其罪，故君不窮於名。是故不賢而為賢者師，不智而為智者正。臣有其勞，君有其成。」（《韓非子・主道》）從領導藝術來看，這種說法不能說是沒有一點道理。但仔細想想，這對於在第一線上辦實事的人來說，實在是太可怕了。吃的是草，擠的是奶，還得不斷地挨鞭子抽，甚至有可能當替罪羔羊挨刀。所以世上盡多冒功的張士貴之流，卻少見三箭定天山的薛仁貴（見演義小說《薛仁貴征東》）。後世官僚大多諳熟此道：指示無妨空洞，出語必須圓滑，視下屬辦事如隔岸觀火，過則諉人，功則歸己，永遠立於不敗之地，可謂「知之至也」。

董仲舒號稱醇儒，怎麼會有這種法家的言論？其實，這並不奇怪。儒家的王道，韓非稱之為主道，都離不開人君馭臣之術即帝王南面之術。離開了這一點，漢武帝怎麼會對董仲舒及其學說發生興趣？再說，中國封建時代的統治思想歷來是儒法兼用，甚至可以說是「法裡儒表」。漢初曾經有過一段「法裡道表」的時期，自漢武帝尊崇儒術以來，「法裡道表」演變成為「法裡儒表」。漢元帝當太子時曾向漢宣帝進諫：「陛下待刑太深，宜用儒生。」漢宣帝立即拉下臉說：「漢家自有制度，本以霸王道雜之，奈何純任德教用周政乎？」（《漢書・元帝紀》）一語便道破了漢代「儒法雜用」、「法裡儒表」的本質。就是漢武帝本人，不僅所用多酷吏，而且真正賞識和重用的也還是獄吏出身、「習文法吏事，緣飾以儒術」的公孫弘而不是大儒董仲舒。

卷第五

滅國上 第七

【題解】篇名〈滅國〉，主要論述君主應如何保存國家與社稷之道，強調君主必須任用賢臣，對小國來說，尤應外結與國，內任賢臣。

本篇可分三章：第一章總結春秋時期失國、亡國的原因及其趨避之道；第二章強調君主任用賢臣的重要性，得賢臣則國興，失賢臣則國亡；第三章指出小國君主尤須外結奧援，內任賢臣，而君主本身行事尤須合乎禮制。

第一章

王者，民之所往❶。君者，不失其群者也❷。故能使萬民往之，而得天下之群者，無敵於天下。失國之君三十一，亡國之君五十二❸。小國德薄，不朝聘大國，不與諸侯會聚，孤特不相守，獨居不同群，遭難莫之救，所以亡也❹。非獨公侯大人如此，生天地之間，根本微者，不可遭大風疾雨，立鑠消耗❺。衛侯朔固事齊襄，而天下患之❻，虞虢并力，晉獻難之❼。

【章　旨】本章的主旨是總結春秋時期失國、亡國的原因及其趨避之道。

【注　釋】❶王者二句　王的稱號，始於周代，在殷商時原稱為帝。《史記・殷本紀》：「周武王為天子，其後世貶帝號，號為王。」王也是一種美好德行的稱號。《乾鑿度》稱：「王者美行焉。」《白虎通義・號》稱：「仁義合者稱王」；「王者，往也。天下所歸往。」《穀梁傳》莊公三年：「其曰王者，民之所歸往也。」❷君者二句　《廣雅・釋言》：「君，群也。」《韓詩外傳》：「君者，群也。」《周書・謚法》：「從之成群曰君。」《荀子・王制》：「能以使下謂之君。君者，善群也。」這裡強調為君的條件是能夠指揮、引導民眾並為民眾所擁戴的人。❸失國之君三十一二句　失國，指君位為人篡奪或為臣下所殺。亡國，指國家為他國所滅。這兩句即《史記・太史公自序》中之「《春秋》之中，弒君三十六，亡國五十二」。「失國之君三十一」之「一」，當是「六」之訛。《春秋》二百四十二年間，被弒的君主按時間順序排列是：衛桓公、魯隱公、宋殤公、晉小子侯、鄭昭公、齊襄公、宋閔公、鄭子、魯君子般、魯閔公、晉君夷齊、晉君卓子、晉懷公、楚成王、齊君舍、宋昭公、齊懿公、魯君子惡（《公羊傳》作子赤）、莒紀公、晉靈公、鄭靈公、陳靈公、晉厲公、鄭僖公、齊莊公、衛殤公、吳子餘祭、蔡景侯、莒君密州、楚君郟敖、楚靈王、吳王僚、薛君比、蔡昭侯、齊君荼、齊悼公，共為三十六個被弒的國君。亡國的次序是魯隱公二年，魯滅極；十年，鄭滅載；魯桓公五年，州國亡；八年，滅翼；莊公四年，紀國亡；十年，齊師滅譚；十三年，齊滅遂；十四年，楚滅息；十六年，楚滅鄧；三十年，齊滅鄣；閔公元年，晉滅耿、霍、魏三國；二年，齊滅陽；僖公五年，楚滅弦，晉滅虢，滅虞；十二年，楚滅黃；十七年，齊滅項；十九年，秦滅梁；二十五年，衛滅邢；二十六年，楚滅夔；三十三年，秦滅滑；魯文公四年，楚滅江；五年，楚滅六，滅蓼；十六年，秦、楚、巴滅庸；宣公四年，莒滅向；八年，楚滅舒蓼；九年，楚滅根牟；十二年，楚滅蕭；十五年，晉滅潞；魯成公六年，魯滅鄟；十七年，楚滅舒庸；襄公六年，莒滅鄫，齊滅萊；十年，晉滅偪陽；十三年，魯滅邿；二十五年，楚滅舒鳩；昭公四年，楚滅賴；十二年，晉滅肥；十三年，楚滅戎蠻氏；十七年，晉滅陸渾戎；二十一年，晉滅鼓；三十年，吳滅徐；定公四年，蔡滅沈；五年，楚滅唐；六年，鄭滅許；十四年，楚滅頓；十五年，楚滅胡；哀公八年，宋滅曹；十七年，楚滅陳等。❹小國德薄七句　這是總結春秋時小國所以滅亡的原因。一是德薄，如〈王道〉篇第十章言魯僖公十九年（西元前六四一年）梁亡，就是由於梁內役民無已，將民當仇敵，致使國家若魚爛而亡。魯文公五年（西元前六二二年），楚國滅了六和蓼。據《左傳》載：臧文仲聽說六與蓼被滅掉了，說：「皋陶、庭堅（指六與蓼的始祖），忽然沒人祭祀了。國君不修德行，百姓得不到救援，真是令人傷心啊！」由此可見六和蓼亡於國君德薄。二是不朝聘大國，如譚之滅亡。《左傳》莊公十年載：「齊侯之出也，過譚，譚不禮焉。及其入也，諸侯皆賀，譚又不至。冬，齊師滅譚。」譚國國君對齊桓公無禮，又不肯去朝聘齊國，結果為齊國所滅。三是不參加諸侯會盟以致為大國所滅，如魯莊公十三年（西元前六八一年）齊人滅遂。據《左傳》載：當年春天，齊桓公在北杏召集會盟，平定宋國的內亂，遂國拒絕參加。當年夏天，齊桓公便乘勢滅了遂國，並派兵戍守。❺立鑠消耗　指草木由於根淺，遇到狂風暴雨會迅速地損蝕消耗，以致死去。鑠，消蝕。❻衛侯朔固事齊襄二句　衛侯朔，即衛惠公，名朔，衛宣公之子。衛宣公有長子，名急子，宣公為其娶妻於齊，但因見齊女美豔，就自己娶了，以他女為急子妻。齊女宣姜得宣公寵，生二子，壽及朔。宣姜與公子朔在宣公面前進急子的讒言。宣公聽信，命急子出使，途中布置群盜伏擊。公子壽將內情告知急子，但急子認為父命不可違，堅持出行。壽設法灌醉急子，冒充急子出行，被群盜所殺。急子酒醒後急忙趕來，攔阻不及，也為群盜所殺。於是，宣公立朔為世子。宣公卒，朔即位為衛惠公。太子急子的傅是右公子職，公子壽的傅是左公子洩。他們為自己的學生遭陷害而死不服，兩人起而率眾攻惠公，惠公奔齊，職與洩立太子急子之弟黔牟（即公子留）為衛君。齊襄公，名諸兒，齊國國君。衛侯朔在齊八年，由齊襄公在魯莊公五年（西元前六八九年）冬，會同宋、陳、蔡等國的軍隊攻伐衛國，殺死左、右公子，黔牟奔周。朔復立為衛君。周天子曾派子突為使率兵救衛，但不能阻止齊襄公復立衛惠公。衛侯朔不仁不義，陰謀弒兄又抗拒周天子的徵召，但因他緊緊跟隨齊襄公，仰仗齊襄公的庇護，天下人都對他嫌惡但又無可奈何。參見〈王道〉篇第五章注⓰。❼虞虢并力二句　虞，姬姓國名，在山西平陸北。虢指北虢，國都上陽，地處今河南三門峽和山西平陸一帶。兩國土地相聯。晉獻，即晉獻公，名詭諸，晉國國君。晉國位處虞、虢二國的北面。晉獻公想吞併這兩個小國，但深恐兩國合力拒晉，深感為難。後用荀息之計，假道滅虢，兵還時又滅虞。具參見〈王道〉篇第九章注㉔與第十章注❺。

【語譯】王，就是人民歸依和嚮往的意思；君，就是不脫離群眾的意思。因此，能使廣大民眾嚮往而又能得到天下民眾擁戴的人，便能無敵於天下。

《春秋》所記載的君主失國事件有三十一（六）起，亡國事件則有五十二起。原因是小國君主的個人德行淺薄，不能按時向大國朝見聘問，不與各諸侯國會聚結盟，處於孤立狀態而不願與鄰國協同防守，單獨相處而不與鄰國合群，一旦遭到劫難便沒有別國來援救它，因此也就被滅亡了。這不僅對於執掌國政的公侯大人來說是這樣，只要是生長於天地之間的，如果根底淺薄，必定經不起狂風暴雨的襲擊，一旦遇上，不消片刻便會耗竭而毀滅。衛侯朔由於能盡心竭力地事奉大國君主齊襄公，周天子也對他無可奈何，天下人對這件事都感到嫌惡和頭痛。虞國與虢國如果能同心協力，晉獻公想消滅這兩個國家就會感到無從下手，十分為難。

第二章

晉趙盾一夫之士也，無尺寸之土，無一介之眾也。而靈公據霸王之餘尊，而欲誅之，窮變極詐，詐盡力竭，禍大及身❶。推盾之心，載小國之位，孰能亡之哉❷？故伍子胥，一夫之士也，去楚干闔廬，遂得意於楚。所託者誠是，何可禦耶❸？楚王髡托其國於子玉得臣，而天下畏之❹。虞公托其國於宮之奇，晉獻患之❺。及髡殺得臣，天下輕之❻。虞公不用宮之奇，晉獻亡之❼。存亡之端，不可不知也。

【章　旨】本章論述君主任用賢臣的重要性，得之則國興，失之則國亡。

【注　釋】❶晉趙盾一夫之士也八句　趙盾，又稱趙宣子，趙衰之子，晉國大夫。趙盾由於陽處父的推薦，自晉襄公七年（西元前六二一年）至晉成公五年（西元前六〇二年）任晉國中軍元帥、執政大夫。趙衰、趙盾父子二人長期執掌晉國國政，因為他沒有自己的封邑，所以可以說趙盾無尺寸之土，但是說他無一介之眾，則未免言過其實，因為趙盾身任中軍主帥，殺晉靈公的趙穿就是他的部將。董仲舒為了強調趙盾之賢，才採用了這種誇大其詞的說法。靈公，即晉靈公，晉國國君，名夷皋，晉襄公之子，在位十四年。他為趙盾所擁立，即位時是幼童，政權掌握在趙盾手裡。關於晉靈公欲誅趙盾事，是由於靈公暴虐無道，亂殺無辜，趙盾屢次進諫，晉靈公感到頭痛，就起意要殺趙盾。窮變極詐三句，指晉靈公想方設法，用盡各種手段，企圖殺害趙盾。《公羊傳》宣公六年、《左傳》宣公二年與《史記・晉世家》對此事都有論述。《公羊傳》宣公十年載其事曰：「靈公心怍焉，欲殺之。於是使勇士某者往殺之。勇士入其大門，則無人門焉者；入其閨，則無人閨焉者；上其堂，則無人焉。俯而窺其戶，方食魚飧。勇士曰：『嘻！子誠仁人也，吾入子之大門，則無人焉；入子之閨，則無人焉；上子之堂，則無人焉；是子之易也。子為晉國重卿，而食魚飧，是子之儉也。君將使我殺子，吾不忍殺子也。雖然，吾亦不可復見吾君矣。』遂刎頸而死。靈公聞之怒，滋欲殺之甚，眾莫可使往者，於是伏甲於宮中，召趙盾而食之。趙盾之車右祁彌明者，國之力士也，仡然從乎趙盾而入，放乎堂下而立。趙盾已食，靈公謂盾曰：『吾聞子之劍蓋利劍也，子以視我，吾將觀焉。』趙盾起，將進劍，祁彌明自下呼之曰：『盾食飽則出，何故拔劍於君所？』趙盾知之，躇階而走。靈公有周狗，謂之獒，呼獒而屬之，獒亦躇階而從之。祁彌明逆而踆之，絕其頷。趙盾顧曰：『君之獒，不若臣之獒也！』然而宮中甲鼓而起，有起於甲中者，抱趙盾而乘之。趙盾顧曰：『吾何以得此於子？』曰：『子某時所食活我於暴桑下者也。』趙盾曰：『子名為誰？』曰：『吾君孰為介？子之乘矣，何問吾名！』趙盾驅而出，眾無留之者。趙穿緣民眾不說（悅），起弒靈公，然後迎趙盾而入，與之立於朝，而立成公黑臀。」這裡指出晉靈公聽了趙盾的勸諫，心中感到羞愧，就想殺趙盾。晉靈公派勇士某去殺趙盾，趙盾家裡大門、小門都沒人看守，進了廳堂，也沒有人在那裡，低下頭來窺視內室的門，只見趙盾正在吃魚湯泡飯。勇士欽佩趙盾生活簡易，家中不設警衛人員，身為晉國的重臣正卿，只吃魚湯泡飯，生活節儉。他不忍遵國君之命殺趙盾，但又無法去再見國君，就用劍刎頸而死。晉靈公聽說這件事後大怒，更增強了想要殺趙盾的念頭。眾人中沒有人能派去行刺的，於是在宮中埋伏了甲士，召趙盾來吃飯。趙盾的車右祁彌明是國中的力士，他英勇地跟著趙盾入宮，站在堂下。趙盾用餐完畢，靈公對他說：「聽說你的劍很鋒利，拿來給我看看。」趙盾起身要呈劍，祁彌明在堂下喊：「趙盾，吃飽了該出來了，在國君面前拔劍想做什麼？」趙盾立即醒悟過來，越階奔下。靈公呼獒來追趙盾，要咬死他。祁彌明迎上一腳踢去，踢斷了狗的下巴。宮中的甲士擊鼓而起，但其中有一個人從甲士中奔出，抱著趙盾送上車。趙盾回過頭來說：「你為什麼救我？」他回答說：「某一天，你在茂密的桑樹下將自己的食物給一個餓得快死去的人吃，救活了他，這個人就是我。」趙盾說：「你叫什麼名字？」那個人說：「國君為誰埋伏下了甲士？你上了車就該趕快走，何必問我名字？」趙盾驅車出了國都，眾甲士沒有人去攔阻他。趙盾的昆弟趙穿乘民眾不滿的時機，起來殺了靈公，然後迎趙盾回國都，與他一起站立在朝堂上，立公子黑臀為君，是為晉成公。❷推盾之心三句　此處是董仲舒的假設，意思是如果晉靈公能對趙盾推心置腹，即使他只是一個小國的君主，又有誰能使他一命嗚呼呢！❸故伍子胥六句　伍子胥，楚人，名員。父伍奢，兄伍尚，俱為楚平王所殺。伍員出奔至吳，為闔廬所重用。闔廬，即公子光，吳王諸樊之子。當時吳國由吳王僚執掌國政，公子光依靠伍子胥推薦的刺客專諸刺殺王僚，由自己即位為王。所托者誠是，指吳王以國託付給伍子胥，而伍子胥是賢人，所以國勢日盛。遂得意於楚，指伍子胥得快意於楚，即為父兄復仇於楚。吳國後與蔡結成同盟伐楚，大敗楚兵。吳兵進楚都後，吳王命楚昭王之母陪寢，伍子胥命人掘平王墓，鞭平王屍，得以快意恩仇，其威勢無人可抵禦。參見〈王道〉篇第七章注❼，第九章注❼、❽、❾、❿。❹楚王髡托其國於子玉得臣二句　楚王髡，即楚成王，姓熊，名惲，楚文王之子，弒兄杜敖而自立，在位四十六年。子玉得臣，楚國大夫，任令尹之職，成氏，名得臣，字子玉，又稱成得臣。《公羊傳》僖公二十八年何休注稱：「子玉得臣，楚之驕蹇臣，數導其君侵中國。」楚成王以子玉為令尹時，屢次侵犯中原地區各國，如楚成王十八年（西元前六五四年）以兵北伐許，許君肉袒謝罪；二十二年（西元前六五〇年）伐黃；二十六年（西元前六四六年）滅蓼；三十三年（西元前六三九年），宋襄公欲當盟主，楚成王伏兵在會盟上執持宋襄公，挾以攻伐宋國，脅宋投降，但因宋公子目夷堅決守城抵抗，楚成王被迫釋放宋襄公；三十四年（西元前六三八年），楚與宋戰於泓，宋兵敗北，宋襄公傷重而死；三十五年（西元前六三七年），晉公子重耳（即後來的晉文公）流亡過楚，令尹子玉欲殺重耳，未成。子玉長於作戰，打了不少勝仗。楚成王以子玉為令尹時，天下畏楚之強大。❺虞公托其國於宮之奇二句　虞公，虞國的國君。宮之奇，虞國的大夫。晉獻，即晉獻公，名詭諸，在位二十二年。晉獻公欲滅虢，荀息獻計，以垂棘之璧與屈產之馬送給虞公以求假道於虞，但晉獻公感到虞國有宮之奇在，宮之奇必定會識破詭計，拒絕假道。荀息則認為虞公貪財，目光短淺，必定不聽宮之奇的勸諫，堅決主張實行此計。參見〈王道〉篇第九章注㉔與第十章注❺。❻及髡殺得臣二句　髡即楚成王，殺得臣事發生在晉楚城濮之戰結束之後。城濮之戰前，得臣子玉積極主戰而楚成王則猶豫不決。城濮之戰是晉楚爭霸之戰。這次戰爭以楚軍大敗而告終，戰後不久，晉文公成為霸主。得臣子玉是城濮之戰中楚軍的主帥，楚成王曾勸成得臣不要與晉文公交戰，成得臣堅持要打，所以城濮之戰中楚軍的失利，成得臣應負全責。《史記・楚世家》說：「成王怒誅子玉。」而《史記・晉世家》則說：「楚成王怒其不用其言，貪與晉戰，讓責子玉，子玉自殺。」《左傳》中則說，先是楚成王譴責子玉，有賜死之意，因而子玉自殺。楚成王後來又反悔了，派人去阻止他死，卻來不及了。晉文公聽到了這一消息，非常高興，因得臣一死，楚國要向晉復仇就難了，因為缺少了一位精明能幹的統帥。事實上，城濮之戰後，楚國再也無力與晉國在中原爭霸了，故天下輕之。楚成王四十六年（西元前六二六年），成王為其子商臣所弒。❼虞公不用宮之奇二句　虞公貪得晉國的名馬與玉璧，同意晉國假道滅虢。晉軍滅虢後，還師時把虞國也滅掉了。參見〈王道〉篇第九章注㉔與第十章注❺。

【語　譯】晉國的趙盾只不過是一個卿士，既沒有一尺一寸的封地，手下也沒有掌握一兵一卒。晉靈公作為晉文公霸主事業的繼承者，餘威仍存。他想誅殺趙盾，用盡了各種陰謀詭計，最後智窮力竭，反而身受其禍而死。如果晉靈公能對趙盾這樣的賢士推心置腹地任用，即使處於小國君主的地位上，又有誰能使他身敗名裂呢？伍子胥只不過是一個士子，被迫從楚國出奔，最後逃到吳國，得到吳王闔廬的重用，終於能夠使吳兵攻入楚國郢都，報了父兄之仇，出了一口惡氣。國君如果能將國事託付給賢人，必將所向無敵，又有誰能抵禦得了呢？楚成王將國事託付給令尹子玉得臣，結果中原各國都對強大的楚國感到非常害怕。虞公將國事託付給大夫宮之奇，晉獻公就對消滅虞、虢兩國感到困難，找不到下手之處。後來楚成王在城濮之戰後殺了子玉得臣，中原各國就輕視楚國了。虞公不聽宮之奇的勸諫，允許晉國軍隊假道虞國去滅虢國，晉獻公在滅掉虢國後便把虞國也一起給滅掉了。能否任用賢人，是國家存亡的根本道理，當國君的不可不知道！

【研析】本篇第一章一開頭就提出：「王者，民之所往。」但王者能否為民眾所嚮往，就得看國君能否信任與重用賢人，這就是本章主旨之所在。

《呂氏春秋・慎大覽・下賢》論述君主必須禮賢下士時，指出賢主的態度應當是：「士雖驕之，而己愈禮之，士安得不歸之？士所歸，天下從之。帝也者，天下之適也。王也者，天下之往也。」王者之所以能天下無敵，關鍵就在於能禮賢下士，使天下賢士歸之。因此，董仲舒認為對春秋時期的各國諸侯來說，存國之道在於求賢。晉靈公不能與賢臣趙盾相處，千方百計要殺趙盾，結果害了自己，終致遭弒。吳王闔廬任用賢人伍子胥，國威大振，終於攻入楚國郢都，得意於楚國，使中原各國對吳國刮目相看。這種得失還可以從相同的事與相同的人中看到。如楚成王任用令尹得臣子玉，天下畏之；他殺了得臣子玉以後，國內已找不到這樣的能臣猛將了，於是天下輕之。虞公任用宮之奇，晉獻公難以滅虞、虢二國，後來虞公不聽宮之奇的勸諫，同意晉國假道滅虢，宮之奇挈其妻子，離國而去。晉國在回程時終於把虞國也一起滅亡了。由此可見，尊賢與否，是決定一個國家存亡的大事。董仲舒在《春秋繁露》中，除了本篇外，在〈精華〉、〈王道〉等篇中都曾對此加以論述。

尊賢的思想雖然早在《尚書》中就已出現，但孔子卻沒有對此突出地集中論述。孔子在《春秋》中曾反對過世卿，在《論語》中更是如此。按照禮制來說，卿大夫應當擇賢任用，不應當世代相襲。但在春秋時期，各國的卿往往由貴族集團世代相襲。以魯國為例，三桓之權，重於公室；而三桓之中，又以季氏權力最大，世代高踞正卿之位，連國君也得看他的臉色行事。孔子反對世卿，也可以說是間接地提倡尊賢。

「尊賢」被作為正面的命題提出並進行論述，其時間大致為春秋的中、晚期到戰國的初期。諸子中對尊賢思想論述最充分的是墨翟。《墨子》中有〈尚賢〉分為上、中、下三篇，專門論述尊賢思想，在其他許多篇中也多有涉及。墨子將尚賢作為立政之本，而且尚賢時要「任使能，不黨父兄，不偏貴富，不嬖顏色。賢者舉而上之，富而貴之，以為官長；不肖者抑而廢之，貧而賤之，以為徒役」；強調「官無常貴，民無終賤」（《墨子・尚賢中》）。這種思想與孔子所提倡的「尊尊」、「親親」之義完全不同，一切以賢、不肖為標準。

這種情況的出現與時代在演變有關。周初分封諸侯，建立宗法封建制，將「親親」之義放在首位。分封時，首先考慮姬氏家族，「立七十一國，姬姓獨居五十三人」（《荀子・儒效》）。經過春秋時期的不斷兼併，到了戰國時期，只剩下少數幾個大國在攻伐，以決定最後究竟是誰能統一天下。在這種形勢下，各國國君禮賢下士，爭奪人才，便成了當時的風尚。戰國時期的段干木，魏文侯賜給他爵祿官職，都不受。魏文侯尊其為師，乘車過他的住所，必伏軾致敬。又如《孟子・萬章下》中提到的費惠公自稱師子思而友顏般，同樣地反映了這種禮賢下士的風氣。

諸子中，只有韓非是個例外。他為了適應帝王集權專制政體的需要，竭力加強君主的權威與貶低士大夫的地位，強調君主應統馭臣下而不應禮賢下士。他提出了這樣的看法：「人主有二患：任賢，則臣乘於賢以劫其君；妄舉，則事沮不勝。」（《韓非子・二柄》）韓非的所謂法治，是極端的專制統治，一切唯君主之命是從。他說：「賢者之為人臣，北面委質，無有二心，朝廷不敢辭賤，軍旅不敢辭難，順上之為，從主之法，虛心以待令，而無是非也。」（《韓非子・有度》）依照這一邏輯，賢者只能像一條狗一樣，連是非之心都不准有，君主叫你幹什麼便幹什麼，哪裡還談得上什麼師友相待？

韓非的這種理論，影響極其惡劣。二千年來的中國封建社會，一向是儒法兼用，甚至可以說在骨子裡始終是法家的一套做法，而士大夫——中國的古代知識分子的地位也因此而越來越低。在漢代，大臣們可以站著稟事，宰相上朝可以被賜之以座。但是，越到後來，地位越低。到了明清時代，哪怕是內閣首輔也好，軍機大臣也好，上朝時一律都得跪在地上稟事。摧殘和作賤知識分子的結果是社會停滯不前，知識、人才、氣節得不到尊重，君主成了真理的化身。韓非為始作俑者，自己最後像一條狗似地被秦王處死，作法自斃，豈不可悲也哉！

第三章

諸侯見加以兵，逃遁奔走，至于滅亡而莫之救，平生之素行可見也。隱代桓立，所謂僅存耳❶，使無駭帥師滅極，內無諫臣，外無諸侯之救❷；載亦由是也，宋、蔡、衛國伐之，鄭因其力而取之❸。此無以異於遺重寶於道而莫之守，見者掇之也。鄧、穀失地而朝魯桓，鄧、穀失地，不亦宜乎❹？

【章旨】本章強調弱小國家的君主若要保持本國不被消滅，必須外結奧援，內有諫臣，而君王本身的行事必須合乎禮制。

【注釋】❶隱代桓立二句　隱，指魯隱公，名息姑。桓，指魯桓公，名允。隱代桓立，指魯惠公死後，桓公年少，魯隱公代魯桓公立為國君。《左傳》與《史記·魯周公世家》皆稱魯惠公在生前已立桓公為太子，《公羊傳》隱公元年稱：「隱長又賢，諸大夫扳隱而立之。隱於是焉而辭立，則未知桓之將必得立也；且如桓立，則恐諸大夫之不能相幼君也。故凡隱之立，為桓立也。」所謂僅存耳，指隱公之立，只不過是為了保證桓公今後能即位而暫時保存社稷罷了。魯隱公在即位當年七月向各國報惠公之喪時，同時報桓公母仲子之喪，《公羊傳》對此事的解釋是「隱為桓立，故以桓母之喪告於諸侯」。❷使無駭帥師滅極三句　無駭，魯國的卿，任司空之職。無駭姬姓，其祖展為魯之公子，至無駭以展為氏，全稱為展無駭。極，古國名，姬姓，為魯國的附庸，位置在今山東金鄉之南。《春秋》在魯隱公二年（西元前七二一年）夏記載：「無駭帥師入極。」《公羊傳》對此評論曰：「無駭者何？展無駭也。何以不氏？貶。曷為貶？疾始滅也。……此滅也，其言入何？內大惡，諱也。」極的被滅，是《春秋》記載中第一個被滅的國家。記載上說「入」不說「滅」字，是為了替魯隱公諱滅同姓國之大惡。內無諫臣，指魯國行此大惡，國內沒有賢臣勸諫。外無諸侯之救，指極國被滅時，沒有前來救援的諸侯國。董仲舒認為要防止魯國作此滅同姓國的大惡，一是必須有鄰近各國對極國的救援，二是國內有賢臣勸諫。但魯國欠缺這兩個條件，故成此滅極國的大惡。❸載亦由是也三句　載，《左傳》作戴。

姬姓國名，杜預注《左傳》曰：「今陳留外黃縣東南有戴城。」外黃縣治所在今河南民權西北；一說故址在今河南蘭考附近。這是《春秋》記載中第二個被滅亡的國家。《春秋》在魯隱公十年（西元前七一三年）秋記載此事：「宋人、蔡人、衛人伐載。鄭伯伐取之。」《公羊傳》對此評論曰：「其言伐取之何？易也。其易奈何？因其力也。因誰之力？因宋人、蔡人、衛人之力也。」此事的背景是當年年初，魯國、齊國、鄭國聯軍以周天子之命攻伐宋國，蔡、衛二國不聽命，反而與宋國聯合起來。宋、衛二國軍隊進攻鄭國，蔡則乘機攻伐載國，結果宋、衛二國與蔡國不和而散，而鄭國的軍隊則乘機包圍載國，並把載國給滅掉了，所以說是鄭因其力而取之。載這樣的小國，不僅沒有一個能救援它的與國，而且交戰雙方都爭相欺侮它並力圖吞併它。❹鄧穀失地而朝魯桓三句　鄧，曼姓國名，在今湖北襄樊北郊鄧城鎮，一說疆域到達今河南鄧縣，後為楚國所滅。穀，嬴姓國名，杜預注《左傳》稱：「穀在南鄉筑陽縣北。」即今湖北穀城。《春秋》在魯桓公七年（西元前七〇五年）夏記載此事：「穀伯綏來朝。鄧侯吾離來朝。」《公羊傳》對此評論曰：「皆何以名？失地之君也。其稱侯朝何？貴者無後，待之以初也。」這裡指的是穀伯綏、鄧侯吾離所以稱名，是因為他們都是失去了土地的國君。至於稱他們侯、伯來訪，是因為他們曾經貴為諸侯，雖然沒有了後繼者，還是像當初一樣對待他們。何休《春秋公羊傳解詁》：「穀、鄧本與魯同貴為諸侯，今失爵亡土來朝，托寄也。義不可卑，故明當待之如初」；「不月者，失地君朝惡人，輕也。」《春秋》記載此事時，記年而不記月，何休認為這是失地之君朝見惡人，所以有意不記月以表示輕視之意。魯桓公弒兄自立，是惡人，穀伯、鄧侯卻去朝見他，行事如此不當，可見他們當時的失地是應該的了。

【語譯】諸侯看到別國軍隊來侵犯本國，就逃跑出奔到別處，以致國家被消滅了，也無人援手相救，從這種事實可以看出這些諸侯的平日所作所為究竟是怎麼一回事了。魯隱公代替魯桓公被立為國君，僅僅是為了保存社稷而已。他派遣展無駭率領軍隊消滅極國，這是滅同姓之國的大惡。所以會出現這種情況，是因為魯國內部沒有賢臣向魯隱公勸諫，在魯國外部又沒有諸侯去援救極國，致使魯國得以肆意橫行。載國被滅亡的情況也與此相同。先是宋國、蔡國、衛國聯合攻伐載國，在這過程中蔡國一方與宋國、衛國一方發生矛盾，雙方不和而散。鄭國乘虛而入，趁機滅了載國。這好比是將珍貴的寶物遺留在路旁而不派人去看守，被過路者看見順手撿了回去。鄧侯、穀伯這兩個喪失了國土的國君去朝見弒兄自立的惡人魯桓公，兩人行事如此不當，鄧、穀兩國君主的喪失自己的國土，不也是活該的嗎？

【研 析】本章舉了三個案例，都是在《春秋》記載中開始時期所發生的事。極國之亡是《春秋》記載中第一個被滅亡的國家，載則是第二個被滅亡的國家。這兩個案例都值得深思。

魯國被稱為禮義之邦，魯隱公被《春秋》認為是賢君。但這位賢君在任期間，派遣展無駭率兵滅掉了極國，開創了春秋這一時期滅國的先例。始作俑者，其無後矣！以《春秋》的準則來衡量，這個頭開得極其不好。何況極與魯是同姓之國，滅同姓國，直接違反了儒家的親親之義，這在《春秋》中是被視為大惡的。

魯隱公為什麼會肆無忌憚地犯此大惡？董仲舒指出，這是由於內無諫臣勸阻，外無諸侯干涉。極國如此軟弱可欺，孤立無援，魯隱公當然要將它視作俎上魚肉，毅然動刀。從這點可以看到，任何人都需要監督和制約。諫臣勸諫是來自內部的監督；諸侯的干涉包括出兵援極，則是來自外部的制約。這兩個條件當時都不存在，魯隱公雖號稱賢君，但見了便宜難免要怦然心動，伸手要撈的了。歷史上的統治者，暴君也好，賢君也好，大多具有狼和羊的兩重屬性：見到強者，便是羊；見到弱者，就難免不露出狼的猙獰面目來了。暴君和賢君的區別：只在於前者不願意接受制約與監督，一意孤行；後者則能夠接受制約和監督，比較明智。賢君如魯隱公者，一旦缺少了監督與制約，便會領頭滅國，甚至幹出滅同姓國這樣的大惡來了。

載的滅亡，又是另一番情況。當時，齊、魯、鄭結成聯盟，為一方；宋、蔡、衛也結成聯盟，為另一方。雙方交鋒，一片混戰景象。載國作為一個小國，既不參加齊、魯、鄭一方，也不參加宋、蔡、衛一方，企圖獨居不群，孤身自守，脫身是非之外。但自我封閉、自我孤立恰恰是一種最大的危險。交戰的雙方都對載國進行攻伐，因為這種攻伐決不會惹上別的麻煩，而載國最後終於被鄭國滅掉了。春秋無義戰。無論是齊、魯、鄭一方，還是宋、蔡、衛一方，都想從戰爭中謀取私利。宋、蔡、衛是聯盟，但因宋、衛與鄭作戰時，蔡國想撈便宜，乘機去攻載國，結果聯盟破裂；而當載國與蔡國鬥得已精疲力竭之時，鄭國乘機摘桃子，撈便宜，輕而易舉地攻取了載國。這個機會是宋、衛、蔡三國送給鄭國的。弱國無外交。狼要吃小羊並不需要理由。強國雙方作戰，中立的弱國若無自衛能力，一個不巧，就會被強國中的一方吃掉。

關於第三個案例即「鄧、穀失地而朝魯桓」，究竟應當如何解釋，在歷史上是個疑案。《公羊傳》認為鄧、穀兩國國君在魯桓公七年來朝時，都已經是失地亡國之君，而《春秋》記載上說是穀伯、鄧侯來朝，稱其爵號，是因為「貴者不後，待之以初也」。何休《春秋公羊傳解詁》也持有同樣的看法。但據《史記・楚世家》，楚文王十二年「伐鄧，滅之」，楚文王十二年當魯莊公十六年，顯見鄧國之滅在鄧侯吾離來朝魯桓公之後二十七年。在魯桓公七年時，鄧國尚未亡國，怎麼會是「失地之君」呢？再說，鄧、穀二國都是鄰近楚國的小國，怎麼會長途跋涉來魯國朝見魯桓公呢？有人認為《春秋》記載上的鄧，不是湖北襄樊鄧城鎮的古國，而是魯國的鄧邑。《左傳》隱公十年載：「公會齊侯、鄭伯于中丘，癸丑，盟于鄧。」魯國、齊國、鄭國是不可能遠到鄧國去會盟的。因此鄧侯吾離的鄧國有可能原是魯國的附庸，後為魯所滅，雖然是亡國之君，朝會時仍以國君之禮相待。關於鄧、穀兩國的屬地，孔穎達《五經正義》、顧炎武《日知錄》中都曾對此提出異議，成為歷史上的一個疑案。本章注釋中對此仍沿用舊說，但在研析中提出這一問題，以資讀者參照。

滅國下　第八

【題　解】篇名〈滅國〉，與前篇是一文，前篇是上篇，本篇是下篇。下篇繼續論述滅國的原因，並強調參加諸侯會盟的重要性。

本篇可分為四章。第一章列舉春秋時期大國攻滅小國的三個案例，強調小國必須事奉大國，以免孤立無援而陷入滅國的下場。第二章強調春秋時期諸侯參加會盟的重要性，小國如曹國，大國如魯國，都由於不尊重霸主、不參加會盟而陷於孤立無援的境地，從而遭受戎人的入侵。第三章闡述「亂之本，存親內蔽」的命題，指出弒君和滅國多出現在親屬之內，而在滅國的問題上則表現為對同姓之國的攻伐，對此尤應反對。第四章肯定齊桓公「興滅國，繼絕世」的功業，從而強調諸侯尤其是小國諸侯必須參加大國主持的諸侯會盟。這樣，即使在亡國之後，也仍有可能在大國主持下重新立國，使本國得以復興。

第一章

紀侯之所以滅者，乃九世之讎也❶。一旦之言，危百世之嗣，故曰大去❷。衛人侵成，鄭入成，及齊師圍成，三被大兵，終滅，莫之救，所恃者安在❸？齊桓公欲行霸道，譚遂違命，故滅而奔莒，不事大而事小❹。

【章　旨】本章列舉春秋時期大國攻滅小國的三個案例，強調小國必須事奉大國，以免陷於孤立無援的境地。不然，便逃脫不了滅國的下場。

【注　釋】❶紀侯之所以滅者二句　紀，古國名，一作己，姜姓，在今山東壽光南紀臺村。紀侯，紀國的君主。紀國地處齊、魯二國之間，與齊為同姓之國，與魯為姻親。齊襄公滅紀事在魯莊公四年（西元前六九〇年）。當時，由於襄公命公子彭生拉殺魯桓公，齊魯二國處於對立狀態，紀國則親於魯而疏於齊。齊襄公力圖迫使紀國接受其控制，紀國被逼無奈，經紀侯授意，紀侯之弟紀季在魯莊公三年（西元前六九一年）以酅地入於齊，作為齊國的附庸，萬一齊國滅紀，紀國的宗廟得以保存。次年的夏天，齊襄公滅掉了紀國。九世之讎，指齊襄公滅紀的藉口。齊國的始祖是姜尚，即姜太公，其後五世為齊哀公，為政荒淫怠慢，紀侯在周懿王處告了他一狀，周懿王便烹煮了齊哀公。自齊哀公到齊襄公，正好是九世。《公羊傳》對齊襄公復九世之仇持肯定態度，讚揚說：「何賢乎襄公？復讎也。何讎爾？遠祖也。哀公亨乎周，紀侯譖之。以襄公之為於此焉者，事祖禰之心盡矣。盡者何？襄公將復讎乎紀，卜之曰『師喪分焉』；『寡人死之，不為不吉也』。遠祖者幾世乎？九世矣。九世猶可以復讎乎？雖百世可也。」❷一旦之言三句　指當年紀侯在周懿王前說齊哀公的讒言，而讒言一旦出了口，其禍可以殃及百世後的嗣君。故曰大去，指《春秋》魯莊公四年（西元前六九〇年）記載：「紀侯大去其國。」大去，是去而不復返的意思，即國君出奔在外，國土為敵國所占領和吞併。❸衛人侵成七句　成，《公羊傳》作盛，《穀梁傳》、《左傳》作郕。成是姬姓古國，始封國君為周武王之弟叔武，故址在今山東汶上之北。衛人侵成，《春秋》在魯隱公五年（西元前七一八年）秋記載此事：「衛師入盛。」此事的背景是上一年衛國發生內亂，衛桓公之弟州吁弒其兄而自立，衛人殺州吁，立晉為宣公。《左傳》隱公五年載：「衛之亂，郕人侵衛，故衛師入郕。」這就是說，衛國發生內亂時，成國想趁機占便宜，侵入衛國。衛國新君衛宣公即位，自然要進行反擊，轉而將成人驅逐出境，攻進成國。鄭入成，《春秋》在魯隱公十年（西元前七一三年）記載此事：「齊人、衛人入郕。」據《左傳》記載：此事的背景是齊國、魯國、鄭國的軍隊奉周天子之命討伐宋國，而蔡、衛、成三國則站在宋國一邊。所以，齊國與鄭國的軍隊在打敗宋國以後，乘勝進攻成國。齊師圍成，《春秋》在魯莊公八年（西元前六八六年）記載此事：「師及齊師圍成，成降于齊師。」成與魯是同姓之國，這次戰爭是魯與齊聯合起來討伐同姓之國。據《左傳》記載：成降於齊後，魯國仲慶父曾請求出兵攻齊，因郕與魯是同姓之國。但魯莊公拒絕，說是他自己不好，齊軍沒有罪，罪是由我方引起的。所以只能「姑務修德以待時乎」。實際上是成國地處齊、魯之間，兩國都想侵占這塊土地。這次戰爭是由魯國主動發起，聯合齊國進行。成國不服魯伐同姓之國，魯又是首謀，所以寧願投降齊國。仲慶父為此想討伐齊國，但魯莊公限於國力，不敢與齊相爭，因而成國為齊國所滅。董仲舒認為成國三次遭受戰禍，被他國軍隊攻入本國，最後終於亡給齊國，其原因是成國不能與大國結盟，所以沒有依靠，孤立無援。❹齊桓公欲行霸道四句　齊桓公，春秋時期的第一個霸主，姓姜名小白，在位四十三年。譚，古國名，一說為子姓，故址在今山東濟南東龍山鎮一帶。《春秋》在魯莊公十年（西元前六八四年）冬記載此事：「齊師滅譚，譚子奔莒。」《左傳》莊公十年記載了這件事的背景：「齊侯之出也，過譚，譚不禮焉。及其入也，諸侯皆賀，譚又不至。冬，齊師滅譚，譚無禮也。譚子奔莒，同盟故也。」這裡說的是齊桓公還是公子小白時，因國內情況不穩，由鮑叔牙侍奉出奔於外，經過譚國，譚國國君不能以禮相待。等到齊襄公死後，齊桓公還入齊國，即位為君，各國諸侯都來慶賀，而譚又不至。所以，到了冬天，齊國軍隊滅掉譚國，因為譚國國君當年待齊桓公無禮。譚國國君出奔到莒國，因為莒國與譚國是同盟。譚對大國齊國倨傲無禮，而與莒這個小國結成同盟，所以董仲舒譏刺譚是不事大而事小，終致國滅而身被天下所笑。莒，古國名，己姓，開國君主是茲輿期，建都介根（今山東膠縣西南），春秋初年遷於莒（今山東莒縣）。

【語　譯】紀侯之所以會亡國，是因為與齊襄公存在著九世以前的宿怨。當年紀侯在周天子面前進讒言是一朝之事，但它的禍害會殃及百世以後的嗣君。紀侯的亡國，《春秋》上稱之為「大去」。衛國曾經派兵入侵成國，後來鄭國也曾經派兵進攻成國，最後齊國的軍隊包圍了成國，成國三次遭受了大軍入侵的兵燹之災，最後終於滅亡，沒有一個國家來救援它，它所能依靠的國家在哪裡呢？齊桓公想在各國諸侯間推行霸主之道，譚國公開違抗齊桓公，最終齊桓公派軍隊滅掉了譚國，譚國國君逃奔到莒國去，這是個不肯奉事大國而只願與小國結盟的例子。

【研　析】本章敘述春秋時期大國攻滅小國的普遍現象：齊國藉口九世之仇攻滅了紀國；成國想置身於兩個大國聯盟的相互攻伐之外，但三次遭受入侵，最後以降於齊而告終；譚國不事大而事小，對齊國無禮，終為齊軍所滅。通過這三個案例，本章強調小國必須事奉大國，以免陷於孤立無援、終致亡國的境地。

小國如何保存自己？這一問題的提出與春秋時期的特定背景有關。周初，武王伐紂、建立周朝後，建立了宗法分封制度。周公的東征，鞏固和加強了這一過程。當時周室在東方要衝地區封了許多同姓、異姓或古代帝王之後的諸侯國，用以作為周王室的屏藩。究竟封了多少諸侯？《荀子・儒效》稱：「立七十一國，姬姓獨居五十三人。」《左傳》昭公二十八年載：「昔武王克商，光有天下。其兄弟之國十有五人，姬姓之國者四十人，皆舉親也。」可見當時新封的諸侯大致上有七十餘人，而原來在那裡的諸侯還不包括在內。

春秋時期見於記載的諸侯國究竟有多少？顧棟高在《春秋大事表・列國爵姓存滅》中作了統計，有姓氏可求的為一百四十八諸侯國，其中較大的諸侯是齊、楚、秦、晉、曹、鄭、宋、衛、燕、陳、蔡、吳、越等國，其中最大最強的是齊、秦、晉、楚四國，堪稱為當時的超級大國。除此以外，極大多數是小國。除了周初分封的諸國之外，還有大量由戎、蠻、夷、狄在當地建立的國家，與西周分封的各諸侯國犬牙交錯地雜居在各地。

小國要繼續生存下去，來自外部的威脅有兩個方面。一個方面是來自戎、蠻、夷、狄的侵擾，另一方面是來自大國的兼併活動。周初分封了那麼多諸侯國，西周時王室的力量較強，尚能勉強維持這一局面。但到了春秋時期，王室日衰，逐漸蛻化成為名義上的共主，諸侯間的兼併則越演越烈，出現了「弒君三十六，亡國五十二」的局面。許多小國為大國所吞併，而大國也正是在吞併小國的過程中壯大起來。例如魯之滅極，齊之滅紀，就都是大國吞滅小國的例子。至於那些介於兩個大國之間或是兩個互相對立的大國聯盟之間的小國，更是左右為難，動輒得咎，成了刀俎上的魚肉。除了本章中提出的載國之外，還可以舉出另一個例子。魯莊公十三年（西元前六八一年），齊、魯二國發生戰爭，齊勝魯敗，兩國在柯地訂立盟約。因為魯國是戰敗國，魯莊公在會上請獻遂邑以求和，齊桓公表示同意（見《史記・齊太公世家》）。這個遂邑，原來是魯國的附庸國，媯姓，國君是舜的後裔。儘管在訂盟約之前，齊國已經占領了這片土地，但魯國在柯之盟中，還是將它作為一份禮物獻給了齊國。至於遂邑的君主與民眾有什麼想法，齊、魯二國都根本不加理睬。弱國在當時根本不能主宰自己的命運，只有聽憑強國來宰割自己。即使參加會盟，善於事奉大國，最後仍難逃滅國的下場。

董仲舒在這裡強調小國事奉大國，可以逃脫覆滅的命運，只不過是反映了他所處的那個時代的統治需要。漢代建立了大一統的專制帝國，再也不會出現那種列國林立的景象。中央集權的帝國需要臣民對統治者尊卑有別，貴賤有差，才能取得長治久安的效果。正是從這一點出發，董仲舒才會那樣地強調事上的作用，甚至將它看作是存亡之道。這是時代賦予他的局限性，對此不可苛求於前人。

第二章

曹伯之所以戰死於位，諸侯莫助憂者。幽之會，齊桓數合諸侯。曹小，未嘗來也❶。魯大國，幽之會莊公不往❷。戎人乃窺兵於濟西，由見魯孤獨而莫之救也❸。此時大夫廢君命，專救危者❹。魯莊公二十七年，齊桓為幽之會，衛人不來。其明年，桓公怒而大敗之❺。及伐山戎，張旗陳獲以驕諸侯❻。

【章　旨】本章強調春秋時期諸侯參加會盟的重要性。小國如曹國，大國如魯國，都由於不尊重霸主、不參加會盟而陷於孤立無援的境地，從而遭受戎人的入侵。衛國則由此而遭受霸主的討伐。

【注　釋】❶曹伯之所以戰死於位六句　曹，古國名，姬姓，始封之君為周武王之弟叔振鐸，建都陶丘，今山東定陶西南。曹伯之所以戰死於位，《春秋》在魯莊公二十四年（西元前六七〇年）冬記載其事：「戎侵曹。曹羈出奔陳。」《公羊傳》對此評論曰：「戎將侵曹，曹羈諫曰：『戎眾以無義，君請勿自敵也。』曹伯曰：『不可。』三諫不從，遂去之，故君子以為得君臣之義也。」但曹伯與戎人親自作戰的結果，是曹伯戰死。幽之會，齊桓公數合諸侯，指齊桓公於魯莊公十六年（西元前六七八年）冬十二月在幽邑召集盟會，齊桓公、宋桓公、陳宣公、衛惠公、鄭厲公、許穆公、滑伯、滕子與會同盟。在此前後，齊桓公曾多次召集諸侯會盟。魯莊公十四年（西元前六八〇年），會盟於鄄（今山東鄄城），參加會盟的有齊、宋、衛、鄭諸國；魯莊公十六年（西元前六七八年）即上述之幽之會。幽為宋國地名，地在今河南蘭考境內。董仲舒認為曹國是個小國，卻不參加這兩次盟會，所以曹國遇到戎人入侵時，各國諸侯都不來救援，故而導致亡國。❷魯大國二句　魯莊公十六年（西元前六七八年），齊桓公在幽邑召集諸侯會盟，魯莊公沒有去參加。但《公羊傳》之《春秋》經文中說魯莊公是參加了的。「公會齊侯、宋公、陳侯、衛侯、鄭伯、許男、曹伯、滑伯、滕子同盟于幽。」《穀梁傳》之經文無「公」字，有曹伯。《左傳》之經文無「公」字，也無曹伯。據此則董仲舒所見之《公羊春秋》與《左氏春秋》經文相同。清人阮元認為「公會」二字當是衍文。❸戎人乃窺兵於濟西二句　戎，古國名，己氏之戎所建。濟西，指濟水以西。《水經注‧濟水》：「濟瀆自濟陽故城南，東經戎城。」《春秋》在魯莊公十八年（西元前六七六年）夏記載此事：「公追戎于濟西。」實際上這一次是戎人進犯魯國，《春秋》為魯國諱，所以成了魯莊公追逐戎兵於濟西。董仲舒以戎人進犯魯國為例來說明，由於魯國國君沒有參加齊桓公發起與主持的幽之會，處於孤立無援的境地。❹此時大夫廢君命二句　齊桓公的鄄之會、幽之會，魯莊公都不去參加，於是齊桓公與宋桓公合謀商議討伐魯國的事。魯莊公十九年（西元前六七五年），魯國大夫公子結奉命送魯國隨嫁之女到衛國，以與嫁到陳國為嫡夫人的衛女會合同行。在半路上遇到齊、宋合謀伐魯的事，公子結擅矯君命而與齊、宋結盟，使魯莊公逃脫了危困的境地，魯國也得以免除兵燹之禍。魯國大夫公子結不遵君命，使魯國擺脫了危困的境地，起源是魯莊公不參加鄄、幽之會惹下的禍。所以董仲舒在這裡說是「此時大夫廢君命，專救危者」。參見〈精華〉篇第二章注❶、❺。

❺魯莊公二十七年五句　魯莊公二十七年是西元前六六七年，齊桓公在這一年又在幽邑召集各國諸侯盟會。魯莊公參加了這次會盟，此外尚有宋宣公、陳宣公、鄭文公等與會，但衛國沒有來參加這次會盟。第二年，齊國因此而興兵伐衛，衛國大敗。董仲舒將齊國討伐衛國的原因歸之於衛國不來參加幽之會，但《左傳》的說法與此不同，指出這次齊國伐衛是奉周惠王之命而進行的。《左傳》莊公二十七年載：「王使召伯廖賜齊侯命，且請伐衛，以其立子頹也。」召伯廖，召康公之後，周王卿士。賜齊侯命，賜齊侯命為侯伯。立子頹事發生在魯莊公十九年（西元前六七五年）。子頹是周惠王之弟，周朝廷上的五大夫奉子頹作亂，結果失敗了。子頹奔衛。衛惠公即衛侯朔與周惠王有宿怨，聯合燕國軍隊伐周，立子頹為周王，周惠王出奔到鄭國。鄭國聯絡周大夫虢叔，在莊公二十一年（西元前六七三年），鄭國與虢叔同伐王城，殺死王子頹與五大夫，周惠王復位為天子。周惠王記恨衛人立子頹之仇，故命齊桓公伐衛，其實衛國當時已換了新國君了。《左傳》莊公二十八年載：「齊侯伐衛。戰，敗衛師，數之以王命，取賂而還。」齊桓公正好乘機提高自己的霸主威望。在這段時間內，齊桓公滅譚，滅遂，敗魯，敗衛，大有順我者昌、逆我者亡之勢。❻及伐山戎

二句　山戎，又稱北戎，分布在今河北北部。《史記・匈奴列傳》：「山戎伐燕，燕告急於齊。齊桓公北伐山戎，山戎走。」《春秋》在魯莊公三十年（西元前六六四年）記載：「公及齊侯遇于魯濟。齊人伐山戎。」魯濟，指濟水流經魯國境內的部分。齊桓公在這裡與魯莊公會面，是為了討論伐山戎之事。山戎在齊國北面，魯在齊的南面。齊北伐山戎，深恐魯國襲擊後方，使齊國處於腹背受敵的局面。到了次年，齊桓公獲勝率兵歸回，到魯國那裡奉獻俘虜和戰利品。《春秋》在魯莊公三十一年（西元前六六三年）六月記載此事：「齊侯來獻戎捷。」《公羊傳》對此評論曰：「齊，大國也，曷為親來獻捷？威我也。其威我奈何？旗獲而過我也。」何休《春秋公羊傳解詁》：「建旗，懸所獲得以過魯也。」《左傳》莊公三十一年：「夏六月，齊侯來獻戎捷，非禮也。凡諸侯有四夷之功，則獻於王，王以警於夷。中國則否。諸侯不相遺俘。」這裡指出：凡是諸侯討伐四方夷狄有功，就奉獻給周天子，周天子用來警戒四方夷狄。在中原各諸侯國間就不能這樣做。諸侯之間不能互相贈送俘虜和戰利品。

【語譯】曹莊公所以死在戰場，諸侯中沒有一個來救援的，原因是齊桓公在幽邑召集諸侯會盟時，曹國是一個小國，卻沒有前去參加。魯國是一個大國，齊桓公在幽邑召集諸侯會盟，魯莊公不去參加，戎人於是就去侵犯魯國的濟水以西之地，這是由於魯國在當時處於孤獨而無人來救援的境地。在那個時候，魯國大夫公子結在途中擱置了國君的使命，專擅決定參加齊、宋二國的同盟，拯救魯國於危難的境地之中。魯莊公二十七年，齊桓公又在幽邑召集各國諸侯會盟，衛國不來參加，齊桓公大怒，在第二年起兵大敗衛國。以後，齊桓公為了援燕而討伐山戎勝利歸來時，在魯國大張旗鼓地陳列戰俘與戰利品，向各諸侯國顯示自己的力量，耀武揚威，不可一世。

第三章

於是，魯一年三築臺❶，亂臣比三起於內❷。夷狄之兵仍滅於外❸，衛滅之端，以失幽之會❹。亂之本，存親內蔽❺。邢未嘗會齊桓也，附晉又微，晉侯獲於韓而背之，淮之會是也❻。齊桓卒，豎刁、易牙之亂作❼。邢與狄伐其同姓，取之。其行如此，雖爾親，庸能親爾乎❽？是君也，其滅于同姓，衛侯燬滅邢是也❾。

【章旨】本章闡述「亂之本，存親內蔽」這一主旨，指出弒君和滅國多出現在親屬之內，而在滅國的問題上則表現為對同姓之國的攻伐，對此尤應反對。

【注釋】❶魯一年三築臺　指魯莊公在三十一年（西元前六六三年），一年內三築臺。春季，築臺於郎。夏季，築臺於薛。秋季，築臺於秦。郎、薛、秦都是魯國地名。魯莊公不恤民力，一年之內連續在三地築三臺。《穀梁傳》將魯莊公與齊桓公作了對比，稱：「桓外無諸侯之變，內無國事，越千里之險，北伐山戎，為燕辟地。魯外無諸侯之變，內無國事，一年罷（疲）民三時，虞山林藪澤之利，惡內也。」惡內，指《春秋》之所以對魯莊公築三臺作記載，是為了表示對這種勞民傷財、濫用民力行為的憎惡和譏諷。參見〈王道〉篇八章注㉓。❷亂臣比三起於內　指魯莊公去世前後，亂臣賊子在朝廷內三次作亂，一是叔牙欲立慶父為君，季友奉莊公命鴆殺叔牙；二是子般為慶父遣人所弒；三是魯閔公為慶父遣人所殺。❸夷狄之兵仍滅於外　《春秋》在魯閔公二年（西元前六六〇年）記載：「狄入衛。」當時衛國是衛懿公在位。《史記·衛康叔世家》：「懿公即位，好鶴，淫樂奢侈。九年，翟伐衛。衛懿公欲發兵，兵或畔。大臣言曰：『君好鶴。鶴可令擊翟。』翟於是遂入，殺懿公。」因此，衛滅於狄。❹衛滅之端二句　指衛之被狄人所滅，起源於它沒有參加齊桓公在魯莊公二十七年（西元前六六七年）召開的幽之會。又，從上下文來看，「夷狄之兵，仍滅於外，衛滅之端，以失幽之會」句，似應在上一章「桓公怒而大敗之」之下，疑是錯簡而使句子顛倒。❺亂之本二句　亂之本，指魯國內亂的根本原因。存親內蔽，蔽當作「敝」。亂起家庭，是自敝。此處指敝壞起於親屬內部，魯莊公的兩個親兄弟慶父與叔牙與魯莊公妻私通，慶父一心要篡位，魯國的三次內亂，都與這三人離不開。❻邢未嘗會齊桓也四句　邢，古國名。姬姓，始封之君為周公之子，故址在河北邢臺。魯莊公三十二年（西元前六六二年），狄人伐邢。管仲對齊桓公說：「戎狄豺狼，不可厭也。諸侯親暱，不可棄也。」次年，齊桓公出兵救邢，然而，邢國卻未曾參加齊桓公與各國諸侯的會盟。邢長期依附於晉國，地位低微。晉侯，即晉惠公。韓，即韓原，今陝西韓城西南。

魯僖公十五年（西元前六四五年），晉惠公與秦穆公交戰於韓原，晉惠公戰敗被俘，邢國也因此而背晉。次年，邢便參加了齊桓公在淮召集的會盟。《春秋》在魯僖公十六年（西元前六四四年）十二月記載：「公會齊侯、宋公、陳侯、衛侯、鄭伯、許男、邢侯、曹伯於淮。」淮，指淮河，當時為淮夷所居之地，約在今河南南部。《穀梁傳》稱這次會盟是兵車之會。《左傳》說是由於淮夷侵犯繒國，故會師救繒，並打算向東擴展勢力，後來因齊國發生內亂，計畫未能實現。

❼齊桓卒二句　齊桓公卒於魯僖公十七年（西元前六四三年）十二月。豎刁是齊桓公寵信的宦者，豎刁亦作豎貂。易牙，即雍巫，巫為其名，是為桓公烹調飲食的廚師。這兩人都是小人，但在桓公面前很得寵。齊桓公好色，多內寵，如夫人有六人，有子十餘人。桓公以公子昭為太子，但易牙、豎刁與桓公寵愛的衛共姬勾結，欲立其子無詭。齊桓公卒，易牙入，與豎刁一起，殺諸大夫，立無詭為君。太子昭奔宋，諸子互相攻擊，誰也不服誰。《史記・齊太公世家》：「桓公病，五公子各樹黨爭立。及桓公卒，遂相攻，以故宮中空，莫敢棺。桓公屍在床上六十七日，尸蟲出於戶。十二月，乙亥，無詭立，乃棺赴，辛巳夜，斂殯。」無詭立三月，宋襄公率兵送太子昭歸齊，齊人恐，殺其君無詭。四公子之徒攻太子，宋敗四公子軍，太子昭立，是為孝公。到次年八月，齊桓公才得安葬。從齊桓公卒起，由於豎刁、易牙挑起諸公子爭立的內亂，前後歷時長達八、九個月。❽邢與狄伐其同姓五句　齊桓公死後，齊國內亂。宋襄公聯合曹國、衛國等伐齊，而狄人出兵救齊。於是邢國與狄人聯合起來討伐衛國。邢與衛是同姓之國。邢國的始封國君是周公旦之子，衛國的始封國君為周武王弟康叔，同為姬姓。邢伐衛，是伐同姓之國，所以董仲舒認為「其行如此，雖爾親，庸能親乎？」意思是指邢國的行為如此悖於理義，雖然二國是同姓的親屬關係，能夠相互親近嗎？❾是君也三句　指邢國最後還是被同姓國所滅。衛侯燬，即衛文公，當初抵禦邢與狄人侵的是他，至魯僖公二十五年（西元前六三五年）滅掉邢國的也是他。《春秋》在這一年記載其事曰：「衛侯燬滅邢。」《公羊傳》評論此事曰：「衛侯燬何以名？絕。曷為絕之？滅同姓也。」無論是邢與狄伐衛，還是衛滅邢，都是同姓之國相伐，《春秋》對此都抱著譴責的態度。

【語　譯】魯莊公三十一年那一年，魯莊公濫用民力，在魯國一年中三處修築樓臺，接著魯國便發生了三起內亂，都是由於國君的近親企圖篡立而引起的。狄的軍隊從外面攻擊中原的諸侯國，滅掉了衛國；而衛國所以滅亡的原因，可以往前追溯到它沒有參加齊桓公在幽邑召集的諸侯會盟。一切動亂的根本原因，在於家族內部親屬關係的敝壞而自相殘殺。邢國沒有參加過齊桓公召集的會盟，它原來依附於晉國，地位低微，晉惠公與秦穆公在韓原作戰失敗被秦國所俘，從這以後，邢國背叛了晉國，參加了齊桓公在淮地召開的諸侯會盟。齊桓公去世以後，齊國內部由於豎刁、易牙作亂而國勢急遽削弱，邢國在此時聯合狄人進犯同姓的衛國，它的行為這樣地背悖義理，雖說它與衛國有同姓之親，但這種親屬關係怎麼能夠靠得住呢？這一位邢國君主，最後仍然被同姓國滅掉了。這就是衛侯燬在魯僖公二十五年滅掉了衛國。

【研　析】 本章探討和闡述「亂之本，存親內蔽」的主旨，指出弒君和滅國的原因，往往出現在親屬之內。在滅國的問題上，表現為對同姓之國的攻滅，如邢與衛。有的屬於異姓姻親之國，如齊與魯之間就相互攻伐不止。齊與譚有姻親關係，但齊桓公滅譚時毫不手軟。

《春秋》經傳中記載了許多同姓國或異姓姻親國互相攻滅的案例。比如晉是姬姓之國，《左傳》閔公三年記載晉滅耿、霍、魏三小國，它們都是山西境內的姬姓小國。又如晉攻滅虢、虞二國，這兩個國家都是姬姓，與晉是同姓之國。《春秋》在魯昭公十二年（西元前五三〇年）記載：「晉伐鮮虞。」韋昭注：「鮮虞，姬姓在狄者也。」何休《春秋公羊傳解詁》：「晉不大綏諸侯，先之以博愛，而先伐同姓。從親親起，欲以立威行霸，故狄之。」事實上，晉國正是靠滅同姓之國而起家的，根本不顧什麼親親之義。它的立威行霸，首先便是向同姓國開刀。

北方的晉國是如此，南方的楚國也是如此。例如魯宣公八年（西元前六〇一年），楚滅舒蓼。舒蓼是楚的同宗小國。楚國的實力，也是依靠滅掉一系列同宗小國而開始壯大起來的。在這種兼併的基礎上，楚國變得越來越強大，才會有力量北進中原與晉國爭霸。

至於弒君的情況，也大都發生在親親之間，與親屬內部爭奪權力有關。春秋時期的初期，魯國三個君主隱公、桓公、莊公，三人中有兩人被弒。隱公被弒，其原因是桓公急於爭奪君位，而桓公與齊襄公是郎舅關係，卻在醉後被齊襄公指使公子彭生將他拉殺。同時期齊國的三個君主：襄公、無知、桓公。齊襄公被無知所弒，無知是齊襄公的異母弟。無知即位後，死於雍村人的叛亂。齊桓公即位後，打敗了魯國，殺了兄弟公子糾，政局才穩定下來。在衛國，衛莊公死，桓公立。他的異母兄弟州吁弒桓公而自立，衛人殺州吁，迎桓公之弟晉即位為宣公。宣公死，朔即位，為惠公。衛侯朔曾譖殺太子急及公子壽，兩人的傅左公子洩、右公子職不服，發兵攻惠公，惠公出奔，立黔牟為君。衛國五個君主，二人被殺，一人遭逐，另外惠公未即位時還譖殺了同父異母兄太子急，誤殺了同母兄弟公子壽，衛國內亂不斷，根子仍在於兄弟之間對權力的角逐。在鄭國，鄭莊公伐段，段是鄭莊公的同母兄弟，兄弟間的權力爭奪以段的被殺而告終。《左傳》一開頭就記載了這段歷史。鄭莊公死後，立突，由於宋國的干涉，出突立忽，但國相祭仲後來又趕走忽而立突，引起宋國與鄭國之間的戰爭。在宋國，宋殤公被華督所弒，華督是宋殤公的堂叔。從中原地區這幾個主要諸侯國來看，在這短短的三十七年中，弒君的人數超過國君人數的一半。而弒君者大多是君主的兄弟與子侄。其他國家的情況也大致如此。

齊桓公作為春秋五霸之首，在位四十三年，但他的身後事卻是一團糟。齊桓公病危時，五公子便各人結黨爭立。死後由於豎刁、易牙的參與，局面更加混亂。先立無詭，三月後被殺。在宋國的干預下，送齊太子昭回國，即位後為齊孝公。孝公死後，其弟潘依靠衛公子開方殺孝公之子，潘立為齊君，是為昭公。昭公卒，以其子舍為君，而其弟商人殺舍而自立，是為懿公。懿公驕淫無道，斷臣足，奪臣妻，結果為臣下所弒。齊人廢其子而立其弟元，是為惠公。桓公五子，依次經過篡弒的方式，相繼登上了君位，其中被殺的有三人，一個夭折，所以禍亂起於蕭牆之內的父子兄弟之間。這才是一切禍亂的根本。

為什麼會出現這種狀況？矛盾的焦點在於權力高度集中於個人，同時卻又缺少監督與制約這種權力的制度。因此，一旦權力失控，或者是權力交接時出現短暫的真空狀態，父子、兄弟、君臣之間對權力的爭奪便會顯得特別殘酷，變成你死我活的白熱化爭奪，形形色色的篡弒便出現於這種關鍵時刻。

儒家對這種狀況開出的藥方是禮義治國。齊景公問政於孔子，孔子對曰：「君君、臣臣、父父、子子。」齊景公聽了說：「善哉！信如君不君、臣不臣、父不父、子不子，雖有粟，吾得而食諸？」（《論語．顏淵》）孔子企圖用禮制與倫理來規範君臣、父子之間的行為，並在《春秋》中充分體現了這種思想。

正因如此，司馬遷才會大聲疾呼：「夫不通禮義之旨，至於君不君，臣不臣，父不父，子不子。夫君不君則犯，臣不臣則誅，父不父則無道，子不子則不孝。此四行者，天下之大過也。以天下之大過予之，則受而弗能辭。故《春秋》者，禮義之大宗也。」（《史記・太史公自序》）

然而，言者諄諄，聽者藐藐。從道理上來說，大家都可以接受。但到了權力爭奪白熱化時，便全都丟到腦後去了。這是君主制度的本質所決定的，即使是在今天，也並不能例外。二〇〇一年六月在尼泊爾宮廷中所發生的那件慘絕人寰的血案，就是帝王制度下父子、兄弟之間權力爭奪的歷史悲劇的重現。要消滅這種歷史的醜惡現象，便得真正做到「還政於民」，結束各種形態的君主專制制度。捨此之外，別無他法。

第四章

齊桓為幽之會，衛不至，桓怒而伐之。狄滅之，桓憂而立之❶。魯莊為柯之盟，劫汶陽❷，魯絕，桓立之❸。邢、杞未嘗朝聘，齊桓見其滅，率諸侯而立之❹。用心如此，豈不霸哉？故以憂天下與之。

【章旨】本章肯定齊桓公「興滅國，繼絕世」的功業，從而強調諸侯尤其是小國諸侯必須參加大國主持的諸侯會盟。這樣，即使在亡國之後，也還有可能在大國支持下重新立國，使本國得以復興。

【注釋】❶狄滅之二句　《春秋》在魯閔公二年（西元前六六〇年）記載此事：「狄人入衛。」據《左傳》記載：魯閔公二年十二月，北方的狄人攻打衛國。衛國國君衛懿公一向喜歡養鶴，鶴出門享受大夫待遇，乘大夫所乘的車。狄人攻進衛國後，衛懿公命令軍隊去抵抗。士兵們氣憤地說：「派鶴去抵抗敵人吧，鶴享有很高的官位和俸祿，我們哪裡能打仗！」衛懿公只得親自率兵出戰，結果被狄人所殺。狄人攻進衛國國都，衛國滅亡。七年前（西元前六六七年），齊桓公曾經因為衛懿公不來參加他所主持召開的幽之會而發怒，在第二年興師問罪，大敗衛國。但見到狄人滅衛後，齊桓公心憂衛國，在魯僖公二年（西元前六五八年）為衛國城楚丘，故址在今河南滑縣東部。當時衛國逃出了七百五十人，由戴公率領，加上各地來依附的百姓共五千人，先寓居於曹，後遷居在齊桓公為衛國新建的楚丘城內，重建衛國。❷魯莊為柯之盟二句　魯莊公十三年（西元前六八一年），齊桓公與魯莊公在柯（今山東陽穀東北）訂立盟約。在這次會上，齊桓公受曹沫劫持，被迫答應歸還汶陽之地，簽訂了盟約。汶陽，指汶水以北的土地，原為魯國領土，後在戰爭中為齊國所侵占，在這次會上，齊桓公被曹沫以匕首劫持，只得答應歸還。會後，桓公後悔，想不返還土地並殺曹沫，但為管仲所勸阻，認為這樣做將會失信於諸侯。於是，齊桓公堅守信諾，把曹沫三次戰敗所喪失的土地全部歸還給魯國。參見〈楚莊王〉篇第二章注❹。❸魯絕二句　指魯莊公去世後，魯國內亂，齊桓公派大夫高傒來魯國，支持僖公即位。《春秋》在魯閔公二年（西元前六六〇年）記載：「冬，齊高子來盟。」《公羊傳》對此評論曰：「高子者，齊大夫也。何以不稱使？我無君也。然則何以不名？喜之也。何喜爾？正我也。其正我者奈何？莊公死，子般弒，閔公弒，比三君死，曠年無君。設以齊取魯，曾不興師，徒以言而已矣。桓公使高子將南陽之甲，立僖公而城魯。或曰，自鹿門至於爭門者是也；或曰，自爭門至於吏門者是也。魯人至今以為美談，曰：『猶望高子也。』」這段話可以譯成今天的語體文來看：高子是什麼人？是齊國的大夫。為什麼不稱派遣？是因為我國沒有國君。為什麼不記他的名？是為這件事高興。為什麼要高興？是因為他來對我國撥亂反正。他怎樣來撥亂反正？莊公死了，子般被弒，閔公也遭弒，接連三位國君死去，到年底仍沒有國君。如果齊國要占領魯國，不必動用軍隊，只要說句話說行了。齊桓公派遣高傒帶領南陽的甲士，立僖公為國君而修築魯國的城牆。有人說，修的是從鹿門到爭門的這一段城牆；有的說，修的是從爭門到吏門的這一段城牆。魯國人至今把這件事當作美談，說：還盼望著高子來呢！在這裡，滿腔喜悅之情，躍然紙上。❹邢杞未嘗朝聘三句　邢國為狄人所滅後，齊桓公在魯僖公元年（西元前六五九年）正月率領齊國、宋國、曹國的軍隊在聶北（邢國地名）趕走了狄人的軍隊。原來齊桓公是想救邢驅狄的，但因軍隊調度不及時，等到軍隊開進邢國時，邢國已為狄人所滅。同年五月，齊桓公把邢國遷到夷儀（今山東聊城西南），重新建立邢國，並為邢國營建新的都城。杞，古國名，姬姓，相傳是夏朝的後代，始封國君相傳是夏禹後裔東樓公，其都城始在雍丘（今河南杞縣）。杞國被徐、莒二國所滅。魯僖公十四年（西元前六四六年），齊桓公幫助杞國遷國都到緣陵，故址在今山東樂昌南之營丘村。邢國和杞國都沒有參加齊桓公召集的諸侯會盟，但當他們面臨滅國之難時，齊桓公能不計前嫌，出兵支援並幫助他們建立新的國都，恢復原來的國家。董仲舒在這裡讚揚齊桓公能興滅國，繼絕世，稱得上是心憂天下的霸主。《左傳》僖公元年對齊桓公救邢之事評論曰：「凡侯伯，救患、分災、討罪，禮也。」侯伯是諸侯之長，此處指齊桓公。

【語　譯】齊桓公在魯莊公二十七年召開幽之會，衛國不來參加，齊桓公發怒，在次年發兵討伐衛國。但當衛國被狄人滅掉以後，桓公對此憂心忡忡，在楚丘為衛國修築新的都城。魯莊公與齊桓公在柯地談判盟約，曹沫乘機用匕首劫持齊桓公，逼迫齊桓公歸還戰爭中侵占的汶陽之地。但是當魯國在魯莊公死後發生內亂而曠年無君時，齊桓公派遣大夫高傒率領南陽甲士到魯國去幫助僖公即位為國君。邢國和杞國都沒有參加過齊桓公召集的會盟，也沒有向齊桓公行朝聘之禮，但當這兩個國家遭到滅國之禍時，齊桓公能率領諸侯們幫這兩個國家重新立國。齊桓公用心如此良苦，怎麼會不當上霸主呢？所以，孔子讚揚他能以天下之憂為憂。

【研　析】清代蘇輿在《春秋繁露義證》中認為本節文義，與上文似不相屬，懷疑是衍文或他節竄入本篇。其實不然。本節列舉齊桓公立衛、存魯、立邢之功績，正是為了說明小國只有參加大國主持的會盟，尋求大國的保護，才能挽救亡國的命運。即使是已經亡了國，也能在大國的支持下，重新立國，得以復興。

齊桓公立衛、存魯、立邢，為「存滅國，繼絕世」提供了正面的案例。董仲舒在本章中的議論，早在《管子・小匡》中就已作了闡發。該篇作了這樣的闡述：「桓公憂天下諸侯，魯有夫人、慶父之亂，而二君弒死，國絕無後。桓公聞之，使高子存之」；「狄人攻邢，桓公築夷儀以封之」；「狄人攻衛，衛人出旅於曹，桓公城楚丘封之」；「天下諸侯稱仁焉」。由此可見，本章中的見解不僅有所本，而且本的是早期法家的議論。

春秋時期的大國，是否真的成了小國挽救自己命運的保護神呢？否。晉、楚諸大國是依靠吞併周邊小國而使自身壯大起來的，齊國又何嘗能夠例外？齊桓公在位期間，滅譚，滅遂，取陽，取鄣，光是在經傳上有記載的就有這四個小國給齊國滅掉。至於齊桓公屢次召集諸侯會盟，也決非只是為了保護那些小國免受侵擾。諸侯的會盟有兩種：一種是兵車之會，即由某一大國作為主持者約定與會各諸侯國出兵助戰，有時往往會出現對立的兩個會盟。如魯隱公十年（西元前七一三年），齊、魯、鄭三國在中丘會盟，討論如何討伐宋國；而宋國則與蔡、衛聯合起來，進行對抗。在雙方交戰的區域有兩個小國：一個是成國，由於它站在宋、衛、蔡聯盟一邊，所以受到了鄭國的圍困；另一個小國是載國，企圖保持中立，不參加交戰中的任何一方，但結果先是宋、蔡、衛聯盟中的蔡國向它進攻，想實行占領和兼併，後來因為是宋、鄭、蔡聯盟中發生矛盾，蔡國撤走，齊、魯、鄭聯盟中的鄭國緊接著來撿便宜，乘載國已打得精疲力盡之時占領了它。對小國來說，這種兵車之會往往是災難臨頭的徵兆。

另一種會盟是乘車之會或曰衣裳之會，以尋盟修好為宗旨。衣裳之會共有十一次，其中比較典型的是魯僖公三年（西元前六五七年）的陽穀之會。據《公羊傳》記載：齊桓公在這次盟會上，與各國諸侯約定：「無障谷，無貯粟，無易樹子，無以妾為妻。」《穀梁傳》稱：「陽穀之會，桓公委端搢笏而朝諸侯，諸侯皆諭乎桓公之志。」魯僖公九年（西元前六五一年），齊桓公在葵丘舉行會盟，也屬於衣裳之會，其盟辭載於《孟子・告子下》：「初命曰：誅不孝，無易樹子，無以妾為妻。再命曰：尊賢育才，以彰有德。三命曰：敬老慈幼，無忘賓旅。四命曰：士無世官，官事無攝，取士必得，無專殺大夫。五命曰：無曲防，無遏糴，無有封而不告。曰：凡我同盟之人，既盟之後，言歸於好。」

從這些盟辭的內容來看，對小國似乎可以求得短暫的穩定，暫時喘一口氣。但小國參加會盟，得對霸主有餽贈或貢獻。到了春秋時代的中後期，這筆贈禮或奉獻成為小國的沉重負擔。鄭國處於晉、楚、齊三大國之間。當時正好是晉楚爭霸，事晉則楚怨，事楚則晉怒。朝晉暮楚，則晉、楚二國都不滿，真是左右為難。魯文公十七年（西元前六一〇年），鄭國執政大夫子家即公子歸生寫信給晉國執政大夫趙盾訴苦，說是國君一年三次朝晉，不勝負擔，苦不堪言，而晉國仍不滿意，已經如此屈從，可謂不遺餘力，請求晉國諒解。晉國見子家說得如此可憐，總算同意與鄭國媾和修好了。鄭國在春秋早期屬於中原大國的行列之中，到了春秋中期，在大國面前竟已淪落到如此屈膝乞憐的地步，其他小國的境遇也就可想而知的了。

從春秋經戰國到秦統一天下，弱肉強食是當時社會發展的趨勢。儘管人們對小國、弱國傾注了無限同情，但小國相繼被滅已成為不可逆轉的命運，「存滅國，繼絕世」只能是孔子的空想而已。歷史就是那樣地殘酷無情，它永遠不為人們的意志所左右。

隨本消息 第九

【題解】篇名〈隨本消息〉，看上去似乎覺得突兀，實際上其中涵義甚深。《文選‧幽通賦》曹大家注：「人之行各隨其命。命者神先定之，故為徵兆於前。雖然，亦在人消息而行焉。天命祐善災惡，非有爽也。」因此，本篇從壽夭窮通，聖人可以預知而無法改變著手，進而闡述國家興亡盛衰的消息俱有其徵兆，可以從觀察其國內政局的基本面如政治、經濟、軍事、道德倫理等狀況而推知其發展趨勢和結局。

本篇可分為三章。第一章闡述壽夭窮通、生死成敗皆屬命定。聖人雖可根據某些徵兆而預知，但無法改變其命運。第二章通過魯國君主在大國之間見風使舵地不斷變換事奉對象的過程，指出小國君主如果「所行從不足恃，所事者不可不慎」，強調這是國家存亡榮辱的大事。第三章以楚國的興起、成長與中原各國的衰落作對照，指出楚國不為侵奪而隆盛強大，而中原各國的行徑卻顯示出亡國的跡象，從中可以窺知一個國家興亡盛衰的消息，從而推測出其發展趨勢和結局。

第一章

顏淵死，子曰：「天喪予。」❶子路死，子曰：「天祝予。」❷西狩獲麟，曰：「吾道窮，吾道窮。」❸三年，身隨而卒❹。階此而觀，天命成敗，聖人知之，有所不能救，命矣夫❺。

【章旨】本章闡述壽夭窮通、生死成敗，皆屬命定。聖人雖可根據某些徵兆而預知，但無法改變其命運。

【注釋】❶顏淵死三句　顏淵，魯人，名回，字子淵，少孔子三十歲，生於魯昭公十九年（西元前五二三年），卒於魯哀公三年（西元前四九二年），終年三十二歲。孔子稱讚顏回：「賢者回也！一簞食，一瓢飲，在陋巷，人不堪其憂，回也不改其樂。」「回也如愚，退而省其私，亦足以發，回也不愚。」「用之則行，舍之則藏，唯我與爾有是夫！」（《史記・仲尼弟子列傳》《論語・先進》：「顏淵死。子曰：『噫！天喪予！天喪予！』」又：「孔子哭之慟，曰：『自吾有回，門人益親。』」「魯哀公問弟子孰為好學？孔子對曰：『有顏回者好學，不遷怒、不貳過，不幸短命死矣。今則亡。』」（《史記・仲尼弟子列傳》）❷子路死三句　子路，名仲由，字子路，卞人，少孔子九歲，生於魯襄公三十年（西元前五四三年），卒於魯哀公十五年（西元前四八〇年），終年六十二歲。子路好勇，曾問孔子：「君子尚勇乎？」孔子曰：「義之為上。君子好勇而無義則亂，小人好勇而無義則盜。」（《史記・仲尼弟子列傳》）子路拜孔子為師並當上了孔子的侍衛以後，孔子曰：「吾自得由，惡言不聞於耳。」孔子根據子路的性格，曾經預測他可能會不得善終，說：「若由也，不得其死然。」（《論語・先進》）子路為衛大夫孔悝之邑宰，孔悝與蒯聵作亂，衛出公奔魯，子路趕進城去阻止。蒯聵與孔悝登臺，子路對蒯聵說：「你為什麼用孔悝？請你將他交給我，讓我殺了他。」蒯聵不聽，於是子路要燒臺。蒯聵害怕了，只得下臺。石乞、壺黶攻子路，擊斷子路的冠纓。子路說：「君子死時不能掉下冠來。」遂結纓而死。孔子聽說衛國發生動亂，說：「嗟乎！由死矣！」（《史記・仲尼弟子列傳》）祝，詛咒。子路之死，對孔子是一個沉重的打擊。據《史記・孔子世家》載：「子路死於衛。孔子病，子貢請見。孔子方負杖逍遙於門，曰：『賜，汝來何其晚也！』孔子因歎歌曰：『泰山壞乎？樑柱摧乎！哲人萎乎！』因以涕下。」後七日，孔子卒。所以孔子在當時會發出「天祝予」的感慨。祝，斷絕。❸西狩獲麟四句　麟，麒麟的簡稱，古代傳說中的神獸，《爾雅・釋獸》作麐，麟的形狀為「麕身，牛尾，一角」。古代稱龜龍麟鳳為四靈，麒麟被喻為人中英傑。靈物被狩獲，令英雄頓生末路之感，故孔子有「吾道窮矣」之歎。《史記・孔子世家》：「魯哀公十四年（西元前四八一年）春，狩大野。叔孫氏車子鉏商獲獸，以為不祥。仲尼視之曰：『麟也。』取之。曰：『河不出圖，洛不出書，吾已矣夫！』顏淵死。孔子曰：『天喪予！』及西狩見麟，曰：『吾道窮矣！』」❹三年二句　指魯哀公十四年（西元前四八一年）西狩獲麟後，不出三年，即魯哀公十六年（西元前四七九年）四月，孔子去世，終年七十三歲。❺階此而觀五句　此處指一個人的壽夭窮通，生死成敗，都是命中註定的，事前雖有預兆，但即使如孔子那樣的聖人，事先能夠預知，但也無法挽救它發展的必然趨勢。

【語　譯】顏淵死的時候，孔子感慨地說：「老天爺不讓我活了！」子路死的時候，孔子悲傷地說：「老天爺在斷絕我的命啊！」魯哀公十四年，在魯國西部狩獵時獲得了麒麟，孔子悲傷地說：「我的日子快到頭了！我的日子快到頭了！」不出三年，孔子也就告別人世了。由此看來，一個人的壽夭窮通、生死成敗，事先雖有各種徵兆，聖人自己也能知道，但卻不能挽救和改變它的趨勢，這是命中註定的呀！

【研　析】本章列舉孔子去世前對種種預兆所發出的感慨，說明一個人的壽夭窮通、生死成敗俱屬命定，但事前存在種種徵兆，聖人可以根據某些徵兆推知其未來發展的趨勢和結果，但無法改變其命運。

從表面上看，本章不過寥寥數語，但其中包含了董仲舒的天人合一的思想。為什麼命運可以預知，就是因為天人合一，人生即天命，由人事可以推知上天對命運的安排。顏淵、子路之死，不僅意味著孔子喪失了兩個優秀的弟子，同時也反映了他在事業上斷折了左膀右臂。孔門有三千弟子，其中傑出者為七十二賢人（《史記・仲尼弟子列傳》中說是孔子認為受業身通者七十有七人）。後世又有孔門四聖、十哲之稱。十哲是「德行顏淵、閔子騫、冉伯牛、仲弓；政事冉有、季路（即子路）；言語宰我、子貢；文學子游、子夏」（《史記・仲尼弟子列傳》）。四聖之說，起於宋代，當孟子被尊為亞聖之後，孔門四大弟子——顏淵、子貢、子路、曾參也得以附祀孔廟，尊為四聖，其地位自較十哲又高了一層。無論是四聖、十哲，顏淵、子路都名列其內。如果說孔門弟子可以分為文、武兩班的話，文班當以顏淵為首，武班的領頭者自非子路莫屬。這兩人的去世，自然會使孔子頓興「吾道窮」、「天喪予」之歎。至於西狩獲麟，孔子則認為是上天對自己的警示和預兆，因為獸中之麟與人中之聖屬於同一等級，因此麒麟之死，很自然地會引起孔子的聯想，使他發出了自己將不久於人世的感慨。

《詩經》的表現手段有「賦、比、興」之說。宋代朱熹認為「興者，先言他物以引起所詠之詞也」。本章在全篇中所起的作用就與「興」的這種表現手法有點類似。個人的壽夭窮通、生死成敗並不是董仲舒所要論述的重點。他之所以作出這一段論述，是指個人的命運雖由上天安排而定，但有種種徵兆可以查知並可據而對此作出預測。由小及大，連類而及其他，從中可以推知國家的興亡盛衰同樣地有著種種徵兆。這些徵兆存在於國家的政治、經濟、軍事、思想文化以及道德倫理等狀況的基本面之中。考察和分析一個國家的基本面，就可以窺知它的未來發展趨勢及其最後結局，從而可以趨利避害，力爭能較好地掌握自己的命運。這也就是本篇題名為〈隨本消息〉的主旨所在。

第二章

先晉獻公之卒，齊桓為葵邱之會，再致其集❶。先齊孝未卒一年，魯僖乞師取穀❷。晉文之威，天子再致。先卒一年，魯僖公之心分而事齊❸。文公不事晉，先齊侯潘卒一年，文公如晉，衛侯、鄭伯皆不期來❹。齊侯已卒，諸侯果會晉大夫於新城❺。魯昭公以事楚之故，晉人不入❻。楚國彊而得意，一年再會諸侯，伐彊吳，為齊誅亂臣，遂滅厲❼。魯得其威以滅鄫❽。其明年，如晉，無河上之難❾。先晉昭之卒一年，無難❿。楚國內亂，臣弒君⓫。諸侯會於平邱，謀誅楚亂臣，昭公不得與盟，大夫見執⓬。吳大敗楚之黨六國於雞父⓭。公如晉而大辱，《春秋》為之諱而言有疾⓮。由此觀之，所行從不足恃，所事者不可不慎。此亦存亡榮辱之要也。

【章旨】本章通過魯國君主在大國之間見風使舵地不斷變換事奉對象的過程，指出小國君主如果「所行從不足恃，所事者不可不慎」，強調這是關係到國家存亡榮辱的大事。

【注釋】❶先晉獻公之卒三句　晉獻公，名詭諸，在位二十六年，卒於魯僖公九年（西元前六五一年）。魯閔公元年（西元前六六一年），晉作二軍，晉獻公將上軍，太子申生將下軍，滅霍、魏、耿三國，然後南下滅虢與虞，接著伐翟，伐屈，故晉當獻公在位時是中原北方的強國，與齊國相對峙。齊桓，即齊桓公，名小白，在位四十三年，是春秋時第一個霸主。先晉獻公之卒，指魯僖公九年（西元前六五一年）齊桓公在葵丘（今河南蘭考東）召集會盟，參加這次會盟的有齊、魯、宋、衛、鄭、許、曹諸國。《穀梁傳》稱：「葵丘之盟，陳牲而不殺，讀書加於牲上，壹明天子之禁，曰：『毋雍泉，毋訖糴，毋易樹子，毋以妾為妻，毋使婦人與國事。』」這是春秋時期一次有重要影響的會盟，當時齊桓公正處於鼎盛時期。周王派來參加會盟的宰孔先於諸侯回國，途中遇見晉獻公正在趕路赴會。宰孔對晉獻公說：「你可不必去參加會盟了。齊侯不致力於修德而勤於遠征，所以向北邊攻打山戎，向南邊攻打楚國，在西邊舉行了這次會盟，是否要向東邊征伐還不知道。攻打西邊看來是不可能的了。晉國大概會有禍亂吧！君王應該致力於安定國內禍亂，不要忙於遠行參加會盟。」晉獻公於是就回國了。回國後不久，晉獻公便去世了。晉國大夫里克相繼弒新立國君奚齊與卓子，還殺了大夫荀息，晉國內的權力機構處於真空狀態。齊桓公率領諸侯之師伐晉，企圖為晉平亂，但軍隊進至高梁（今山西臨汾東北）而還師。這次齊桓公召集諸侯的號令沒有通知魯國，所以《春秋》上對此沒有記載，但《左傳》上保留了這一記載。齊桓公為什麼到了高梁便返還呢？這是因為秦穆公已發兵送夷吾回國即位，是為晉惠公。晉惠公即位後，賜里克死，故齊桓公只得退兵。但晉內亂仍未停止，直至晉文公回國即位，局勢方始穩定下來。此句說明晉獻公去世之前，已有內亂的徵兆。獻公之死，成為動亂接踵而至的導火線。❷先齊孝未卒一年二句　齊孝，即齊孝公，原是齊桓公之太子，名昭。齊桓公死後，五子爭立，太子昭奔宋。宋襄公出兵打敗齊四公子的軍隊而立太子昭，是為齊孝公，在位十年，卒於魯僖公二十七年（西元前六三三年），卒前一年，禍亂的徵兆已有顯示，魯僖公在那一年向楚國借兵攻取齊地穀（故址在今山東平陰西南東阿鎮）。此事說明魯國以楚國為後盾，公然與齊國對抗，奪取齊地。齊孝公死後，齊國內亂又起。孝公弟潘殺死孝公之子而自立，是為齊昭公。此時，晉文公即位，晉國重又強大起來。晉楚在中原爭霸，而齊國在中原的地位開始衰落。❸晉文之威四句　晉文，即晉文公，名重耳，晉獻公之子，太子申生死後因避禍出亡於外，先後在外流亡十九年，後由秦穆公派兵送回國內即位，此時已六十二歲，在位九年而卒。他即位後的第五年，在城濮之戰中大敗楚軍。同年五月，在踐土舉行盟會。周襄王二次親臨其地，晉文公獻楚俘於周天子，周天子封晉文公為方伯，即諸侯之長，有權征伐四方。此時，晉文公處於軍威最盛的鼎盛時期，魯國轉而事晉。先卒一年，指晉文公卒前一年。晉文公卒於魯僖公三十二年（西元前六二八年），卒前一年為魯僖公三十一年。魯僖公之心分而事齊，指魯僖公三十年（西元前六三〇年），魯僖公派公子遂去京師，但公子遂擅自去了晉國，這是魯國大夫首次去朝晉，但同時也說明了魯僖公在當時已不願事晉。❹文公不事晉四句　文公，魯文公，名興，在位十八年。魯文公即位後，不立即去晉國朝謁晉襄公，因此晉國指責文公，據《左傳》載：「晉人以公不朝來討，公如晉。」魯文公被迫至晉國朝見，晉國派大夫陽處父與他會盟。國君應當與國君盟會，如今晉國派遣大夫來與魯文公會盟，這是故意羞辱他。齊侯潘，即齊昭公，齊桓公之子，齊孝公之弟，在位十九年，卒於魯文公十四年（西元前六一四年）。先齊侯潘卒一年，即魯文公十三年（西元前六一五年）。文公如晉，魯文公在十三年冬到晉國與晉靈公會盟。此處意指魯文公見齊國不行了，又轉而改變初衷，主動投靠晉國。衛侯、鄭伯皆不期來，指魯文公在去晉國的路上，在沓地與衛侯相見。衛侯即衛成公，他過去曾得罪過晉文公，而且修好於楚，此時欲藉魯文公之力以修好於晉。魯文公從晉回國的途中，又與鄭穆公在棐相會。鄭國始終徘徊於晉楚之間，在這次與魯文公的相會中，鄭穆公希望通過魯文公與晉國修好。《左傳》文公十三年：「公如晉朝，且尋盟。衛侯會公於沓，請平於晉。公還，鄭伯會公於棐，亦請平於晉。公皆成之。」杜預注：「鄭、衛貳於楚，畏晉，故因公請平。」此事與「先齊侯潘卒一年」的時間聯繫起來，說明齊國在這時已趨於衰落，處於晉、楚之間的魯、衛、鄭都紛紛轉而向晉國尋求保護。❺齊侯已卒二句　此事指齊昭公在魯文公十四年（西元前六一三年）五月去世以後，當年六月，晉國與魯、宋、陳、衛、鄭、許等國同盟於新城。新城，宋國地名，在今河南商丘之東南。晉國方面由大夫趙盾主持這次會盟。《穀梁傳》文公十四年：「癸酉，同盟於新城。同者，有同也。同外楚也。」《左傳》文公十四年：「六月，同盟於新城，從於楚者服。」杜預注：「從楚者，陳、鄭、宋。」這次會盟是中原諸國謀求共同對付南方楚國的一次會盟，原來與楚國修好的陳、鄭、宋等國，此時轉而服從反楚的會盟。此事之所以與「齊侯已卒」聯繫起來，是為了指出齊昭公去世以後，齊國衰落，不再是中原各國與楚國抗衡的領袖，而晉國則取代齊國的地位。晉國的大夫趙盾實際上是這次會盟的組織者與主持者。❻魯昭公以事楚之故二句　魯昭公，名裯，在位三十二年。自魯文公起，魯國的君主於在位期間都要到晉國去朝謁晉國的君主並與晉國結盟。魯宣公時，齊國強大，魯轉而朝齊。至魯成公時，齊晉鞌之戰中齊國大敗，齊頃公差一點當了晉軍的俘虜。於是，魯成公轉而朝晉。魯襄公時，曾三次朝晉。魯昭公二年（西元前五四〇年），魯昭公朝晉，到了黃河邊上，晉平公派人通知，謝絕他去晉朝謁，魯昭公只得返還。《春秋》對此事的記載為：「公如晉，至河乃復。」《左傳》昭公二年：「晉少姜卒。公如晉，及河。晉侯使士文伯來辭曰：『非伉儷也。請君無辱！』公還。」晉人拒絕魯昭公入晉，對魯國來說是一種屈辱的待遇。晉國拒絕魯昭公入晉的理由在表面上顯得冠冕堂皇，說少姜不是國君的正式配偶，所以請魯昭公不必辱臨。其實，真正的原因是魯襄公（魯昭公之父）在位的後期由事晉轉而事楚。魯襄公二十八年（西元前五四五年）十一月，襄公如楚，至次年的五月，才自楚回國。這件事使晉國很不高興。❼楚國彊而得意五句　一年再會諸侯，指魯昭公四年（西元前五三八年）夏，楚靈王派遣使臣出使晉國，告以欲會諸侯。六月，諸侯皆會於申。申本為國名，為楚所滅，其地在今河南南陽之北。至秋七月，楚靈王再次會集諸侯，以諸侯之兵伐吳，圍攻吳地朱方（其地在今江蘇鎮江東），打出的旗號是為齊國誅亂臣慶封。慶封原是齊國的大夫，他在齊國曾黨從崔杼弒齊莊公，立齊景公。後慶封又設計逼殺崔杼，由他和其子慶舍把持國政。不久，齊國的田、鮑、高、欒等強宗大族聯合起來，殺死慶舍，逼走慶封。慶封先奔魯，後轉投吳國。吳國與以朱方之地，慶封聚族而居，富於在齊時。楚靈王率諸侯兵攻陷朱方，執齊慶封而盡誅其族。楚靈王在殺慶封前，為了樹立威信，當眾向諸侯宣告：「別學齊國慶封弒其君而使國君的後嗣孤弱的壞樣，以此與各國的大夫盟誓！」慶封臨死前反唇相譏：「不要像楚共王庶子圍（即楚靈王）弒其君，殺了姪子員而篡位自立！」楚靈王揚威不成，反取其辱，就派遣其弟棄疾監刑，殺了慶封（《史記・楚世家》）。參見〈楚莊王〉篇第一章注❹。「遂滅厲」中之厲，《左傳》作「賴」，故址在今湖北隨縣西北之厲山鄉。楚軍攻入厲國時，厲國國君雙手背縛，口銜玉璧，向楚靈王請罪。楚靈王收受了厲國國君的玉璧，將厲國遷往鄢地，原來的厲國國土併入楚國疆土。❽魯得其威以滅鄫　鄫，小國名，魯襄公六年（西元前五六七年）時曾為莒國附庸，但莒人只不過是迫使鄫國立莒人之後，並非以武力吞滅，故鄫在當時仍為獨立的諸侯國。此時，魯國乘楚國滅厲之機滅掉了它，將它併入魯國疆土。《春秋》在魯昭公四年（西元前五三八年）九月記載此事：「取鄫。」按《春秋》義例，不用軍隊而占領其地曰取。❾其明年三句　其明年，指魯昭公五年（西元前五三七年）。如晉，指魯昭公去晉國朝謁。無河上之難，指這次去晉國朝謁比較順利，晉平公沒有像上次那樣地派人在黃河邊上攔阻和勸他返還，而是允許進入晉國。其實，魯昭公在晉時仍遭到晉國君臣的輕視。《左傳》昭公五年：「公如晉，自郊勞至於贈賄，無失禮。晉侯謂女叔齊曰：『魯侯不亦善於禮乎？』對曰：『魯侯焉知禮？』公曰：『何為？自郊勞至於贈賄，禮無違者，何故不知？』對曰：『是儀也，不可調禮。禮所以守其國，行其政令，無失其民者也。今政令在家，不能取也。有子家羈，弗能用也。奸大國之盟，凌虐小國。利人之難，不知其私。公室四分，民食於他。思莫在公，不圖其終。為國君，難將及身，不恤其所。禮之本末，將於此乎在，而屑屑焉習儀以亟。言善於禮，不亦遠乎？』」這裡說的是魯昭公到晉國去，從郊外慰勞一直到贈送財物，沒有失禮的地方。晉平公對女叔齊說：「魯侯不亦是很懂得禮的嗎？」女叔齊回答說：「魯侯哪裡算得上知禮？」晉平公說：「為什麼？從郊外慰勞一直到贈送財物，沒有一點違背禮儀之處，為什麼要說他不知禮？」女叔齊回答說：「這是儀式，不能說是禮。禮用來保存國家，推行政令，得到人民的擁護。現在魯國的政令操縱在卿大夫的手裡，國君不能將它奪取回來。子家羈是良臣，而國君不能重用他。觸犯大國的盟約，欺侮虐待小國，將別人的危難看作是自己謀取私利的機會，不知道自己這裡也正存在著危難。公室的軍隊一分為四，百姓依靠季孫、叔孫、孟孫三家大夫來取得生存。國君把民心全部喪失掉了，居然還不去考慮會有什麼樣的後果。作為一國之君，大禍即將臨頭，還不去考慮自己的處境。禮的根本內容與細枝末節，就在這裡得到區分，魯昭公卻急著學習瑣細的儀式。如果說他精通禮，那麼，離開禮的根本內容不是太遠了嗎？」當年夏天，莒國大夫牟夷帶了年婁、防、茲等地逃奔魯國，魯國收留了牟夷並將這些莒地歸併入魯國疆土。莒人向晉國告狀，晉平公想將魯昭公扣留起來，後因范獻子的勸阻而作罷，魯昭公才得以在秋七月從晉國回到魯國，從這裡可以看到魯昭公在晉國君臣心目中地位之低。❿先晉昭之卒一年二句　晉昭，即晉昭公，名夷，晉平公之子，在位六年，卒於魯昭公十六年（西元前五二六年）。先晉昭之卒一年，即魯昭公十五年（西元前五二七年）。這一年的冬天，魯昭公去晉國朝謁。無難，指這次去晉國朝謁沒有遭到留難。但是，當時晉國原來是想將魯昭公扣留在晉國的。《左傳》昭公十六年：「十六年春，王正月，公在晉，晉人止公。不書，諱之也。」此處明確指出晉人扣留魯昭公在晉國。《春秋》對此事不作記載，是為了避諱。一直到了這一年的五、六月間，即晉昭公死前不久，魯昭公才被從晉國放回到魯國。晉昭公卒時，《史記・晉世家》稱：「六卿強，公室卑。」《左傳》記載跟隨魯昭公到晉國去的魯大夫子服昭伯在回國後對國相季平子說：「晉國公室的地位將要越來越低了。國君年幼而力量薄弱，六卿強大而奢侈驕傲，將要由此而成習慣，習慣久了成為常例，國君的地位能不越來越低嗎？」可見當時晉國內部正在發生變化，權力由國君向世卿轉移。⓫楚國內亂二句　此事指魯昭公十三年（西元前五二九年），即楚靈王十二年，楚國發生內亂。當時，楚靈王久居乾谿，在那裡大興土木。公子棄疾將公子比自晉國召回國內，殺死靈王太子祿，立子比為國君。楚靈王部眾散盡，靈王自縊（一說為餓死），死於乾谿之荒野。公子棄疾又弒公子比，自立為國君，即楚平王。參見〈王道〉篇第九章注㉚。⑫諸侯會於平邱四句　平邱，衛國地名，在今河南長垣南。參加這次會盟的有晉、魯、齊、宋、衛、鄭、曹、莒、邾婁、滕、薛、杞等國，會盟的議題是討論如何對付楚國的這次內亂。何休《春秋公羊傳解詁》：「時諸侯將征棄疾，棄疾乃封陳、蔡之君使說（悅）諸侯，諸侯從陳蔡之君言，還反不復討楚，楚亂遂成。」原來楚靈王滅掉了陳國和蔡國，楚平王篡位以後，為了取悅於中原各國諸侯，復立陳、蔡之後，使陳、蔡兩國得以復國。在陳、蔡兩國的新國君勸說下，中原各國放棄了對楚國的討伐，各自返還本國，楚平王得以坐穩國君之位。但是，魯昭公在當次會盟時，不得參與盟約。這是因為魯昭公為了討好楚靈王，曾去楚國朝謁，這被看成是對中原各國盟主晉國的背叛。《史記・魯周公世家》：「（昭公）八年，楚靈王就章華臺，召昭公。昭公往賀，賜昭公寶器。已而悔，復詐取之。」魯昭公如此趨奉楚國，引起晉國的不滿，後來魯昭公幾次朝晉，到了黃河邊上就遭到拒絕，不接納他進入晉境。大夫見執，指平邱這次會盟中，晉國原來要扣留魯昭公，魯國大夫季平子（即季孫意如）挺身而出，願代昭公受扣留，於是晉國把季平子抓了起來，帶回晉國，扣押了一年多，才將他放回魯國。魯昭公在十五年（西元前五二七年）朝晉，就是為了感謝晉國釋放季平子。這次朝晉，正好遇上晉國辦晉昭公的喪事，就把魯昭公留了下來，要他參加晉昭公的葬禮。這對魯國來說，也是一種恥辱。⑬吳大敗楚之黨六國於雞父　《春秋》在魯昭公二十三年（西元前五一九年）記載其事：「吳敗頓、胡、沈、蔡、陳、許之師於雞父。」這六個國家都是黨附楚國的，連同楚國共為七國。雞父，楚國地名，《穀梁傳》作雞甫，在今河南固始東南。這次戰爭是由吳國討伐州來而引起的。楚國派遣薳越率領楚軍與頓、胡等六國軍隊去援救州來。雙方在雞父交戰。吳國運用各個擊破的方式，首先進攻楚國聯軍的薄弱環節，擊潰了胡、沈、陳三國的軍隊，抓獲了胡、沈兩國的國君與陳國的大夫，其他三國的軍隊聞訊潰敗，楚軍也隨之而潰散。這場戰爭在七月間結束，以楚國為首的七國聯軍大敗而告終。⑭公如晉而大辱二句　《春秋》在魯昭公二十三年（西元前五一九年）記載其事：「冬，公如晉，至河，公有疾，乃復。」《公羊傳》評論此事曰：「何言乎公有疾乃復？殺恥也。」此事的起因為邾人在翼地築城，回去時取道離姑，遭到魯國武城人的伏擊，邾軍大敗，邾國的大夫徐鉏、丘弱、茅地被魯國俘獲。邾人向盟主晉國告狀，晉國向魯國問罪，魯國派遣叔孫舍（《左傳》、《穀梁傳》俱作叔孫婼，古音近得通）在魯昭公二十三年（西元前五一九年）前往晉國去辯解，但晉國聽信邾人一面之辭，將叔孫舍扣留了下來。晉國執政大夫韓宣子還準備將叔孫舍交給邾人去處理，後由士彌牟勸阻而作罷。當年冬天，魯昭公朝晉，想去晉國為叔孫舍說情，請求釋放叔孫舍回國，但到了黃河邊上，晉國拒絕魯昭公入境。在此之前，《春秋》已記載有四次「公如晉，至河乃復」，都是昭公要去朝晉，晉國卻以種種藉口拒絕他，使他半道而回。但是，《春秋》在這一次記載時加上了「公有疾」，表示魯昭公因有病而自動半道而回，不是被晉國辭退的。這是為魯昭公受辱而避諱。所以《公羊傳》說是「殺恥也」，即減除恥辱之意。叔孫舍後來在第二年的春、夏間被晉國釋放，回到魯國。

【語　譯】晉獻公去世之前，齊桓公在葵丘召集諸侯會盟，在會上宣布了諸侯們必須共同遵守的約定。在齊孝公去世之前一年，魯僖公向楚國請求出兵來幫助他討伐齊國，攻取並占領了齊國的穀邑。晉文公憑藉他在城濮之戰中大勝楚國所取得的威望，兩次召致周天子來參加他所主持與召開的踐土之盟；但在晉文公去世之前一年，魯僖公已經對晉國有了異心，開始考慮去轉而事奉齊國了。魯文公即位後，不再事奉晉國；但在齊昭公死之前一年，魯文公主動到晉國去朝謁晉靈公，衛國的成公、鄭國的穆公都不期而來，先後在路上與魯文公相會，希望能通過魯文公與晉國修好並結成同盟。齊昭公去世以後，各國諸侯與晉國執政大夫趙盾會盟於新城。魯昭公因為事奉楚國的緣故，晉平公不允許他進入晉境朝謁。楚靈王時國力強大，在魯昭公四年這一年內，曾兩次召集諸侯會盟，討伐強大的吳國，替齊國誅殺作亂的臣子慶封，同時滅掉了厲國，魯國也依仗楚國的威勢，乘機滅掉了鄫國。第二年，魯昭公去晉國朝謁，在黃河邊上沒有遇到晉國刁難。在晉昭公去世前一年，即魯昭公十五年，魯昭公去晉國朝謁，在黃河邊上也沒有受到留難。但是，在楚國發生臣弒君的內亂時，諸侯由晉國主持在平邱會盟，商討如何討伐楚國以誅殺楚國的亂臣。魯昭公雖然赴會參加，卻不准他參加這次盟誓，而且連魯國的執政大夫季平子也被晉人抓了起來，帶回晉國去扣押。魯昭公二十三年，吳國在雞父打敗了楚國與頓、胡、沈、蔡、陳、許等六個國家的聯軍。那一年，魯昭公去晉國朝謁，在黃河邊上被攔阻，受到了嚴重的屈辱。《春秋》為了隱諱魯昭公的受辱，說他是因病而中途折返。由此看來，自己的國勢衰弱不足憑恃，去事奉如齊、晉、楚等大國時必須小心謹慎。這可是關係到一個國家存亡榮辱的大事呢！

【研　析】本章的主題是講魯國事奉各大國的情況，大致上可以分為兩個時期。前期為魯僖公與魯文公當政的時期，魯國在當時周旋於齊國與晉國之間；後期以魯襄公、魯昭公當政的時期為代表，魯國周旋於晉國和楚國之間。

春秋時期的前期，齊桓公與晉文公先後稱霸。當時魯國的外交方針是隨風倒。晉獻公時，國力強盛，魯國便追隨晉國。齊桓公興起後，齊國強盛，魯國轉而事齊。齊桓公死後，齊國內亂，此時晉文公興起，代替齊桓公為霸主，魯國又轉而事晉。晉文公去世前，眼看晉國國內紛爭將起，魯僖公又轉而事齊。魯文公原來不事晉而事齊，但到了齊昭公死前一年，眼看齊國內亂將起，魯文公就主動朝晉，並與鄭、衛諸國一起事晉，甚至晉國在新城由大夫趙盾主持盟會，而魯、鄭等國的國君也都以參與這次盟會為榮。

魯國在外交上如此見風使舵，隨風倒來倒去，在國與國之間的交往中當然得不到別國的尊重，而只能是受大國的擺布，聽命於大國的指揮，其根子在於國內的政治、經濟狀況不穩定。國家的根基不穩固，在列國紛爭中便只能求助於大國的支持和保護。

魯襄公與魯昭公當政時的春秋時期，列國之間的形勢發生了變化，由原來的齊、晉爭霸轉變為晉、楚爭霸。於是，魯國便忙著周旋於晉國與楚國之間。楚國強大時，投靠楚國，狐借虎威，乘機撈便宜，如在楚滅隨國時，魯趁勢滅掉鄫國，晉國憚楚之強，不敢對魯國發威，在魯昭公去晉朝謁時便不在黃河邊上留難，儘管晉國君臣在心裡仍然看不起魯昭公，但表面上總得給點面子。楚國內亂，臣弒君，魯昭公趕緊轉而投靠晉國。但晉國這時可不給面子了，反過來要算魯昭公事楚的老賬，在平丘之會中不僅不讓魯昭公參加盟誓，還將魯國隨國君來參加盟會的執政大夫季平子抓了起來，帶回晉國扣押。魯昭公曾多次去晉國朝謁，晉國因魯國事楚而不滿，曾五次拒絕魯昭公進入晉境。但有時也允許魯昭公入境朝見，那是因為楚國威勢正盛時，打狗得看主人面，在這種情形下便不得不接待魯昭公。到了吳國大敗楚國與六國聯軍於雞父之時，晉國眼見楚國勢弱，便毫不客氣地第五次在黃河邊上拒絕魯國進入晉境，使魯昭公受到嚴重屈辱，以致《春秋》不得不為此事隱諱，說是魯昭公因有病而自動在中途返回國內。從這裡可以看出：在晉、楚爭霸的過程中，魯國在當時基本上站在楚國一方，儘管它不敢得罪晉國，而且多次去朝謁，極盡其陪小心之能事。正是在這一點上，引起晉國對它的強烈不滿。當楚國勢盛時，晉國為了防止楚、魯結成同盟來對付自己，便給魯國一點面子，以求得魯國能維持表面上的中立。一當楚國發生內亂或吃了敗仗而勢衰時，便馬上對魯國放下臉來，甚至要清算魯國事楚的老賬。

按照《春秋》大義，晉國是中原各國的領袖，而楚國是南方蠻夷的領袖。魯國與晉國是同姓之國，理應站在中原各諸侯國的一方，真心實意地奉晉國為盟主，而不應去事奉蠻夷大邦的楚國。所以，董仲舒在這裡提出了「所行從不足恃，所事者不可不慎」，責備魯國不應去事奉楚國，並且提到了「存亡榮辱之要」的高度來看待這一問題。孔子在《春秋》中要為父母之邦的魯國隱諱，但董仲舒既無此義務，也無此必要，提問題時自然要比孔子尖銳得多了。

從本篇的結構來看，本章所講的魯國與下一章所講的楚國恰正形成明顯的對比。魯國的做法背離了「天行健，君子以自強不息」的治國之道，妄想通過事奉大國來謀求一線生機，但得到的結果只能是屈辱和苟延殘喘。楚國則不然，勵精圖治，日趨強盛，在外交上著著佔先。通過這一反一正的實例，董仲舒認為一個國家存亡榮辱的消息，應當從它的道德倫理、政治、經濟、軍事等基本面去考察，不能機會主義地搞隨風倒，自輕自賤，那樣做只能給自己帶來屈辱和輕侮。弱國處在強國之間，小國處在大國之間，兩大之間難為小，日子確實很不好過；但這並不意味著可以完全放棄抗爭。如《左傳》文公十七年所載鄭國公子歸生給晉國執政大夫趙盾的信中，抗爭得有理有利有節，頗有一點寧為玉碎、毋為瓦全的氣概，從中體現出凜然不屈的人格與國格。

本章中還體現了一個特點，就是魯國君主的轉向都是在原來事奉的大國君主的去世前夕或逝世以後。董仲舒認為這段時期是一個國家強弱盛衰轉化的契機和徵兆，這種看法有一定道理。這是一個英雄的時代，是一個由世襲制這種傳統的權力結構統治的時代。君主或領袖的個人品德和決策的能力，以及能否團結和指揮一批能人賢士，對一個國家的興衰往往有著重大的影響。春秋五霸在個人品格上都各有其獨特的魅力，但任何超凡的英雄人物都不可避免地受到年齡、精力和健康的限制，晚年時面對繁劇的國家事務，會感到精力不濟，力不從心，從而在處理國事時會出現各種失誤的行為，而內部爭奪未來權力的鬥爭也會逐漸浮出檯面。如魯國這樣的弱國，要在兩個或更多的強國之間周旋，必須不斷地辨別風向的變化，隨風而倒。這些君主或領袖人物的健康狀況的變化，不可避免地會透露出各國政治氣候的變化。在傳統的世襲制下，雖然嫡長制規定了王位繼承的順序，但實際上君位交接的過程，正是權力紛爭不斷的時期，要經過相當一段時間的衝突和鬥爭，直到新的強有力人物的出現，才能使權力結構重新穩定下來。晉獻公、齊桓公、晉文公這些強國的君主，生前曾有過重大作為，晚年對身後事也曾有過長期的策劃和安排，但一旦去世，政局往往動盪不定，這是人治社會中無法逃避的難題。這些偉人死亡前後，往往包含著許多淒涼而悲慘的故事，與他們生前轟轟烈烈的豐功偉業相對照來進行思索，真可謂別有一番滋味在心頭。即使在當代社會，這種現象也往往屢見不鮮。在傳統體制下，人們既盼望有一個那種頭戴光環的、具有極大個人魅力的所謂克里斯瑪型的偉大領袖，但對他的身後事則又憂心忡忡。這可以說是傳統體制型社會中一個很難解開的死結。

第三章

先楚莊王之卒三年，晉滅赤狄潞氏及甲氏、留吁❶。先楚子審卒之三年，鄭服蕭魚❷。晉侯周卒一年❸，先楚子昭之卒年，與陳、蔡伐鄭而大克❹。其明年，楚屈建會諸侯而張中國❺。卒之三年，諸夏之君朝於楚❻。楚子卷繼之，四年而卒❼。其國不為侵奪，而顧隆盛彊大，中國不出年餘，何也❽？楚子昭蓋諸侯可者也，天下之疾其君者，皆起愬而乘之❾。兵四五出，常以眾擊少，以專擊散，義之盡也⑩。先卒四五年，中國內乖，齊、晉、魯、衛之兵分守，大國襲小⑪。諸夏再會陳儀，齊不肯往⑫。吳在其南，而二君殺⑬；中國在其北，而齊、衛殺其君⑭。慶封刲君亂國⑮，石惡之徒聚而成群⑯，衛衎據陳儀而為諼⑰。林父據戚而以畔⑱，宋公殺其世子⑲，魯大饑⑳。中國之行，亡國之跡也。譬如於文宣之際，中國之君，五年之中五君殺㉑。以晉靈之行，使一大夫立於斐林，拱揖指撝，諸侯莫敢不出㉒，此猶濕之有拔也㉓。

【章　旨】本章以楚國的興起與中原各國的衰落作對照，指出楚國不為侵奪而隆盛強大，而中原各國的行徑卻顯示出亡國的跡象，從中可以窺知一個國家興亡盛衰的消息，從而推測出其發展趨勢和結局。

【注　釋】❶先楚莊王之卒三年二句　楚莊王，姓羋，名侶，在位二十三年，重用孫叔敖等賢臣，整頓內政，興修水利，攻滅庸國（在今湖北竹山一帶），國勢大盛。接著又進攻陸渾之戎，伐陳，圍鄭，在邲之戰中大敗晉軍，使魯、宋、鄭、陳等國向其歸附，成為霸主。楚莊王卒於魯宣公十八年（西元前五九一年），先楚莊王之卒三年為魯宣公十六年（西元前五九三年）。晉國在這一年中滅掉了赤狄潞氏及甲氏、留吁。赤狄，狄人的一支，活動於晉國的北部。晉人趁赤狄內亂之際，將其中的潞國給滅掉了。潞氏是赤狄中的一個小國，以氏為國名，故稱潞氏。甲氏、留吁是赤狄內的兩個分支，甲氏居地在今河北曲周一帶，留吁在今山西屯留東南。赤狄原來對晉國北部構成重要威脅。晉楚在魯宣公十二年（西元前五九七年）發生邲之戰，以晉國大敗而告終，此後晉國的勢力受到很大的削弱。但到了楚莊王卒前三年時，滅掉了赤狄中的潞氏、甲氏和留吁，說明晉國的國力得到了恢復與發展。❷先楚子審卒之三年二句　楚子審，楚莊王之子審，即楚共王，在位三十一年。魯成公十六年（西元前五七五年），楚軍與晉軍在鄢陵交戰，晉軍以欒書為中軍元帥，楚軍以司馬子反為中軍元帥，兩國國君晉厲公與楚共王都隨軍出征。楚軍將帥不和，隊伍混雜，紀律鬆弛；晉軍則當楚軍迫近時在營壘中填井平灶，擴大列陣空間，猛攻楚軍薄弱的左、右軍。戰鬥中，楚共王傷目，中軍後退，未及支援兩翼，楚軍傷亡慘重，只得收兵。楚共王下令連夜修繕兵器，補充兵卒，準備雞鳴再戰。但因主帥子反醉酒，不能參加楚共王的議事，無法指揮，楚共王被迫率軍宵遁，子反失職自殺，鄢陵之戰以晉軍大勝而告終。故楚共王時的國勢已遠不能和楚莊王時相比。楚共王審卒前三年為魯襄公十一年（西元前五六二年）。關於「鄭服蕭魚」之事，蕭魚為鄭國地名，在今河南原武東。當年，楚共王聯合鄭國討伐宋國，而晉悼公則召集魯襄公、宋平公、衛獻公、曹成公、齊國的太子光、莒犁比公、邾婁宣公、滕成公、薛獻公、杞孝公、小邾婁穆公在蕭魚集合，準備攻伐鄭國。鄭國無力抵抗，趕緊派大夫子展去參加蕭魚之會，與晉悼公訂立盟約，背叛楚國而投靠晉國，故稱「鄭服蕭魚」。此事反映了晉楚爭霸中晉國的強大和楚國的削弱。❸晉侯周卒一年　此六字之上下，疑有脫漏，其位置可能在上一章「魯昭公以事楚之故」句之前，傳抄過程中誤植於此。晉侯周，即晉悼公，名周，為晉大夫智氏、欒氏、中行氏所擁立，在位十五年，卒於魯襄公十五年（西元前五五八年），只活了三十歲。晉悼公在位期間，晉、楚二國處於相持階段，但晉國已出現了由盛轉衰的趨勢，國內政局操於世卿之手，而公室則日益卑弱。晉悼公死後，即魯襄公十六年（西元前五五七年），晉平公召集並主持了溴梁之會，參加會盟的有魯襄公、宋平公、衛殤公、鄭簡公、曹成公、莒犁比公、邾婁宣公、薛獻公、杞孝公、小邾婁穆公，加上晉平公自己，共有十一個國家的國君。齊國國君沒有來，而是派了大夫高厚參加這次會盟。宴會時讓各國大夫舞蹈，齊國大夫高厚的詩與舞蹈不相配合，晉國執政大夫荀偃生氣地說：「諸侯有二心了！」讓諸侯的大夫和高厚盟誓，高厚逃走回國，不肯參加盟誓。宋、衛、鄭等國的大夫盟誓說：「共同討伐不忠於盟主的人。」從齊國高厚逃盟這件事來看，反映晉國的勢力在下降。以後齊國與楚國聯合攻魯，魯襄公被迫轉而事楚。❹先楚子昭之卒年二句　盧文弨認為「先楚子昭之卒年」訛，應為「先楚子昭卒之二年」，即魯襄公二十六年（西元前五四七年）。楚子昭，即楚康王昭（《史記・楚世家》作招），在位十五年。他是楚共王的長子，有弟四人，其中公子圍即後來的楚靈王，幼弟棄疾則為後來的楚平王。康王卒後，子員即位，公子圍為令尹，四年後圍乘員病時弒之，自立為靈王。《春秋》在魯襄公二十六年（西元前五四七年）記載伐鄭之事：「冬，楚子、蔡侯、陳侯伐鄭。」這次討伐鄭國是楚國應許靈公之請而進行的，陳、蔡為楚之與國，所以一起參加了。據《左傳》襄公二十六年載：當時許靈公到楚國去，請求楚國攻打鄭國，說：「不發兵，我不回國了！」八月，許靈公死在楚國。楚王說：「不攻打鄭國，怎能求得諸侯？」冬季十月，楚王攻打鄭國。鄭人準備抵抗楚軍，鄭國大夫子產說：「晉、楚兩國要媾和，楚王冒昧來進攻，不如讓他稱心如願回去，就容易媾和了。」於是，鄭人就不作抵抗。楚軍攻進鄭國後，拆毀那裡的城牆。鄭國放下內城的閘門，楚軍俘獲了九個被關在城外的鄭國人。楚軍見難以攻進內城，只得徒步渡過了汜水回國，然後葬了許靈公。這次戰役，從表面上看，楚軍大克鄭國，其實鄭國並沒有受到多少損失。❺其明年二句　其明年，魯襄公二十七年（西元前五四六年）。屈建，字子木，楚國的宗族，當時任楚國的令尹。當年夏天各國諸侯在宋國舉行弭兵之會。這次會的倡議者是宋國的向戌。據《左傳》襄公二十七年載：宋國向戌與晉國執政大夫趙孟、楚國令尹屈建都有來往，想提出弭兵的建議以成名。他先到晉國告訴趙孟。趙孟和大夫們商議，韓宣子認為戰爭是百姓的禍害，對小國來說是場大災難。有人提出弭兵，即使辦不到，也一定要答應他。我國不答應，楚國將會答應，用來號召諸侯，我國就要失去盟主的地位了。晉國於是就答應了向戌。向戌又到楚國、齊國、秦國去遊說，這些國家都答應了。於是由晉、楚、齊、秦這四個國家通告小國，在宋國召開弭兵之會。七月初五，在宋國的西門外結盟，晉、楚兩國率先歃血盟誓，相約大國不以兵力侵伐小國，小國要事奉大國，與會者共四十國。這次弭兵之會使中原諸國得到一段短暫休整的時間，所以董仲舒認為此次會盟是張中國之舉。❻卒之三年二句　「三」當是「明」字之訛。楚康王昭去世後的次年，即魯襄公二十九年（西元前五四四年），魯襄公去楚國朝謁。當時除了魯襄公外，鄭伯、宋公、陳侯、許男也相繼朝楚。這是因為在弭兵之會上，約定除了齊、秦二國外，無論是跟隨晉國的一方或者是跟隨楚國的一方，都必須對晉、楚二國交相朝謁。過去中原諸國只需要朝謁一個大國，或晉或楚，兩者居其一；現在同時要朝謁兩個大國，晉、楚兩者不可缺其一，實際上是增加了負擔。❼楚子卷繼之二句　楚子卷，楚康王之子，名員，即郟敖，在位四年，後因病為其叔父令尹公子圍所弒，公子圍即位為楚靈王。楚子卷的卒年為魯昭公元年（西元前五四一年）。❽其國不為侵奪四句　「中國不出年餘」與「何也」之間似有脫文。此句所指的時間應在楚子卷卒年的前後，即公子圍任楚令尹及即位為楚靈王的前期。魯昭公元年（西元前五四一年），各國諸侯由楚人發起在漷召集了一次會盟，《春秋》記載其事曰：「叔孫豹會晉趙武、楚公子圍、齊國酌、宋向戌、衛石惡、陳公子招、蔡公孫歸生、鄭軒虎、許人、曹人于漷。」國酌，《左傳》、《穀梁傳》作齊惡。軒虎，《左傳》、《穀梁傳》作罕虎。漷，《左傳》作虢，《穀梁傳》作郭。此處所引皆據《公羊傳》之《春秋》經文。楚國發起這次會盟的目的，在於延續弭兵之會的盟誓，保持晉、楚分享霸權的格局。其實，晉國此時已無力遏止楚國勢力北上延伸。據《左傳》昭公元年載：這次會盟在當年春天舉行。當時楚國令尹公子圍到鄭國聘問，並在公孫段家娶妻。公子圍在正月十五日進入鄭國國都迎新婦而出，召開了這次會盟，公子圍請求在會上用犧牲，宣讀在宋國會盟的舊盟約後，把盟約放在犧牲上便作罷。晉國同意他這樣做。楚國在會上咄咄逼人，晉國則憂心忡忡。當時，魯伐莒，莒國向盟會報告。楚國公子圍對晉國趙孟說：「重溫過去的盟會還未結束，魯國攻莒國，褻瀆盟約，應當誅殺魯國使者叔孫豹。」趙孟再三為叔孫豹向楚國說情，楚國才答應赦免叔孫豹。公子圍設宴招待趙孟，吟詩時有圖謀不軌之心。宴會完畢後，趙孟對叔向說：「楚國令尹想當楚王呢，你看怎麼樣？」叔向說：「楚王弱，令尹強。他的圖謀可以成功，但不能善終。」趙孟說：「為什麼？」叔向答：「強大而不合道義，滅亡一定很快。令尹當了楚王，一定要謀求諸侯的擁護。晉國有點懦弱了，諸侯會去投靠他。他得意後必定比以前更加暴虐。民眾不能忍受，他怎麼能善終？」叔向對晉國面對楚國的步步進逼而處處退卻表示憂慮，「中國不出年餘，何也？」即是對晉國由於世卿掌權、公室卑弱而對楚國在外交上處處遷就和退讓問為什麼。❾楚子昭蓋諸侯可者也三句　楚子昭，即楚康王，在位十五年，董仲舒認為他是天下各諸侯中比較好的君主。他治國甚嚴，重視整頓吏治。據《左傳》襄公二十二年載：當時楚國觀起寵於令尹子南，俸祿未增加，家中卻有幾十輛車子的馬匹，巨額財產來源不明。子南的兒子棄疾是楚康王的御士。康王見了他便流淚。棄疾問他為何要這樣，是誰的罪過？楚康王說：「令尹的行為不良，你是知道的。國家要懲處他的罪行，你能留下不走嗎？」御士說：「父親被殺，兒子留下不走，君王還能任用他嗎？但我也不會洩露君王的意圖。」於是楚康王處死子南，車裂觀起，並任命薳子馮任令尹。受寵於薳子馮的有八個人，都沒有俸祿但卻有很多馬匹。朝臣申叔豫用子南為例向令尹勸諫，令尹遽然醒悟，就辭退了這八個人。康王能從令尹著手整頓吏治，倡導吏風清廉，所以在楚康王執政的十五年間，楚國日趨強大。愬，訴說。此處指天下各國君主如果有使臣民痛苦不堪的，那些臣民都到楚國來向康王鳴冤叫屈。當時中原各諸侯國的大夫，有不少人投奔楚國。僅以《春秋》上有記載的來看，魯襄公二十年（西元前五五三年），有蔡國公子履與陳侯之弟光出奔楚，次年有晉國欒盈奔楚，三年後又有陳國的宜咎出奔楚。❿兵四五出四句　楚康王時，楚國前後幾次出兵，都取得了較好的戰果。魯襄公二十四年（西元前五四九年），齊國與晉國之間發生戰爭，齊向楚求援。當年八月，晉國在陳儀（衛國地名，今山東聊城西南）召集各諸侯國，商議如何討伐齊國。這一年的冬天，楚康王召集蔡、陳、許等國的軍隊，一起討伐晉國的盟國鄭國，以幫助齊國擺脫困境。晉國被迫召集與盟各諸侯國商討救鄭，無力組織力量去進攻齊國了。次年，楚國與吳國交戰，戰事的起因是舒鳩背楚。楚國令尹屈建率軍向舒鳩進攻，而吳王諸樊則率軍援救舒鳩。當年十二月，吳王諸樊攻打巢邑的城門。巢邑守將打開城門而伏兵於側。吳王諸樊衝進城門時被伏兵射死，吳軍敗退，楚軍乘勢滅了舒鳩。魯襄公二十六年（西元前五四七年），楚靈王應許靈公的請求，再次起兵伐鄭。鄭國在子產的建議下，不作抵抗，讓楚軍在鄭國耀武揚威了一番，給足了楚軍的面子。次年，便是弭兵之會的召開，使晉、楚兩大霸主暫時休戰，進入比較穩定的兩國相持局面，而楚國相對地處於優勢。⓫先卒四五年四句　先卒四五年，指楚康王去世前四、五年間。楚康王卒年為魯襄公二十八年（西元前五四五年）。當時，齊、晉、魯、衛等國分兵把守，相互之間離心離德，力量渙散。大國襲小，指在魯襄公二十三年至二十八年間，中原諸國如齊、晉、衛、魯之間分崩離析，四分五裂，相互間戰事紛起，襲擊不斷。先是由於晉國內亂，齊莊公趁機伐衛，又由伐衛而伐晉。魯國則由叔孫豹率領軍隊去救援晉國，齊莊公見勢不佳，就率師回國，回國途中又去襲擊莒國，結果反而為莒國所敗，齊莊公只得與莒國媾和而回國。次年，晉國在國內平定了欒盈的叛亂，準備出兵討伐齊國。齊莊公派遣陳無宇隨楚國大夫薳啟強去楚國求援。崔杼領兵護送，竟又趁機攻打莒國，侵襲莒邑介根。⓬諸夏再會陳儀二句　諸夏，指中原各諸侯國。魯襄公二十四年（西元前五四九年），晉國在陳儀（今山東聊城西南）召集諸侯會盟，準備出兵討伐齊國，當時因大水而未成行。當年冬天，楚國出兵攻擊鄭國以解救齊國的困境。魯襄公二十五年（西元前五四八年），齊國崔杼率兵討伐魯國。魯國向晉國求救，齊軍只得回師返國。不久，崔杼弒其君齊莊公，立齊景公。於是，晉國再次在陳儀召集諸侯會盟，準備再次討伐齊國。崔杼派遣慶封去向晉國求和，最終齊、晉二國在重丘（今山東聊城東南五十里）正式結盟媾和。⓭吳在其南二句　吳在其南，指吳國的地理位置在楚國的南面。楚康王時，吳國先後有二位君主被殺，其一為吳王諸樊，名謁，在魯襄公二十五年（西元前五四八年）末攻打巢邑，為楚國伏兵射殺於巢門；其二為吳王餘祭，在魯襄公二十九年（西元前五四四年）為閽人（守門人）所殺。據《左傳》襄公二十九年載：閽人是吳伐越時抓到的俘虜，讓他當閽人派去看守船舶。餘祭是吳王諸樊之弟。諸樊去世後，餘祭即位。在餘祭察看船舶時，看守船舶的閽人用刀將他殺了。⓮中國在其北二句　中國在其北，指中原諸國如齊、魯、鄭、衛等國的地理位置都在楚國的北面。齊、衛殺其君是兩件事，其一指魯襄公二十五年（西元前五四八年）齊國崔杼弒其君齊莊公，原因是莊公與崔杼妻通姦，經常出入崔家，崔杼關起門來將齊莊公殺了，另立其庶弟杵臼為國君，是為齊景公；其二是衛國寧喜弒衛殤公，《春秋》在魯襄公二十六年（西元前五四七年）記載此事：「二月辛卯，衛寧喜弒其君剽。」據《左傳》襄公二十六年載：衛侯衎（即衛獻公）被大夫孫文子、寧惡子逐出而另立殤公後，在此時進入陳儀，與寧喜談判，以「政由寧氏，祭則寡人」為條件，要寧喜殺死衛殤公剽，讓他重新進入衛國復位。衛殤公聞訊後，逃入孫林父的采邑戚避難。寧喜攻破戚邑，殺死衛殤公。衛獻公進入衛國重新當上國君，但他並不實現許諾，反而不久便殺了寧喜。⓯慶封刦君亂國　慶封，字子家，齊國大夫。他黨附齊國權臣崔杼殺死國君齊莊公，立其異母庶弟杵臼為君，是為齊景公，崔杼為右相，慶封為左相。慶封為了篡權，又設計逼死崔杼，盡滅崔氏之族，他被封為相國，與其子慶舍共同把持齊國國政。齊國的田、鮑、高、欒諸大族聯合起來，殺死慶舍，逼走慶封。慶封先逃奔魯國，後又由魯奔吳，在朱方聚族而居，後為楚靈王所滅。參見〈楚莊王〉篇第一章注❹。⓰石惡之徒聚而成群　石惡是衛國的卿，在魯襄公二十七年（西元前五四六年）夏，曾代表衛國出席弭兵之會。《公羊傳》稱石惡為惡人之徒；何休《春秋公羊傳解詁》則認為惡人指衛獻公衎，因他是策劃殺害衛殤公的主謀；孔廣森《春秋公羊通義》認為惡人指寧喜；《左傳》則認為石惡是寧喜之黨。寧喜籌劃害衛殤公時，寧喜之黨包括石惡等人皆與會。⓱衛衎據陳儀而為諼　衛衎即衛獻公，衛定公之子，在位十八年。大夫孫文子、寧惡子攻獻公，獻公奔齊，齊國安置衛獻公於聚邑。孫、寧立定公之弟剽為衛國國君，是為衛殤公。十二年後，即魯襄公二十五年（西元前五四八年），重丘會盟之後，晉平公派人迎取衛侯衎，要衛殤公讓他入居陳儀（今山東聊城）。衛殤公同意了。但衛侯衎入居陳儀以後，卻與寧喜密謀殺衛殤公。諼，欺詐之意。《公羊傳》稱其「諼君以弒也」，即指他通過欺詐以達到殺害國君衛殤公的目的。⓲林父據戚而以畔　林父，即孫林父，衛國的執政大夫，孫文子之子。魯襄公二十六年（西元前五四七年）二月，寧喜攻打孫林父的采邑戚。孫林父便帶著戚邑去投奔晉國。戚邑在今河南濮陽北，古黃河的東岸，為當時的交通要道。畔，通「叛」。指孫林父以衛地投奔晉國，對衛國是背叛的行為。⓳宋公殺其世子　宋公，指宋平公，名成，為宋共公之少子，在位四十四年。世子，宋平公的太子，名痤。寺人惠牆、伊戾是太子的內師，但不為太子寵信。於是，他們趁太子接待楚國來使時，向宋平公誣告太子有通楚謀反之心，宋平公誤信讒言而殺了太子。宋平公後來發現太子痤無罪，十分後悔，便烹殺伊戾。⓴魯大饑　魯襄公二十四年（西元前五四九年）冬，魯國發生大饑荒。《穀梁傳》襄公二十四年：「五穀不升，為大饑。一穀不升，謂之嗛；二穀不升，謂之饑；三穀不升，謂之饉；四穀不升，謂之康；五穀不升，謂之大侵。大侵之禮，君食不兼味，臺榭不塗，弛侯，廷道不除，百官布而不制，鬼神禱而不祀。此大侵之禮也。」古代是農業社會，遇上五穀欠收的荒年是大事，國君要為此而行大侵之禮，食時不兼味（只吃一道菜肴），樓臺亭榭不加粉飾，取消宴射等活動，官員編制不增加新的職位，向鬼神祈禱時不用供品祭祀。總之，朝廷應在各方面盡量節省開支。㉑譬如於文宣之際三句　文宣之際，指魯文公與魯宣公在位期間。中國之君，指中原各國的君主。五年之中五君殺，中原地區諸國在五年之內有五位君主遭弒。據《春秋》記載：一、魯文公十四年（西元前六一三年）九月，「齊公子商人弒其君舍。」商人為齊桓公之子。桓公死，太子昭立為孝公。孝公死，其弟潘立，為昭公。昭公死，立其子舍，商人在墓前弒舍而自立為君，是為齊懿公。二、魯文公十六年（西元前六一一年）十一月，「宋人弒其君處臼。」處臼，《穀梁傳》作「杵臼」，即宋昭公。據《左傳》文公十六年載：宋昭公無道，其弟公子鮑卻對國人優禮，宋國發生饑荒時把自己家中的糧食拿出來施捨。宋昭公的祖母是宋襄公的夫人王姬，王姬深愛公子鮑而憎恨宋昭公。魯文公十六年（西元前六一一年）冬十一月，宋昭公準備去孟諸狩獵，沒有到達，宋襄公夫人王姬派遣帥甸（甸地之帥，一說帥甸為郊甸之師）進攻並殺了他，以公子鮑即位，是為宋文公。三、魯文公十八年（西元前六〇九年）五月，「齊人弒其君商人。」商人就是齊懿公，弒其姪舍而自立為君。據《史記・齊太公世家》載：齊懿公當公子時，與丙戎之父打獵時爭獵物不勝，即位後斷其足而用其子丙戎為僕。又，齊懿公見庸職之妻生得漂亮，將她搶到宮中為妾，命庸職當驂乘。丙戎與庸職二人開玩笑，庸職嘲笑丙戎是「斷足子」，丙戎嘲笑庸職是「奪妻者」。二人都深怨懿公，一個要報父親斷足之仇，一個要報奪妻之恨，二人合謀，弒懿公於車上，然後將屍體丟棄在竹林中逃走。齊國從衛國迎回公子元當國君，即齊惠公。四、同年十月，魯文公去世，太子惡即位。據《左傳》文公十八年載：魯文公夫人哀姜生有二子，長子名惡，為太子，次子名視。文公次妃敬嬴深受文公寵愛，生子倭。敬嬴與魯國權臣公子遂勾結，欲廢惡立倭，但哀姜是齊女，深怕齊國會干涉此廢立之事。於是，公子遂便乘去齊國賀齊惠公即位之際，徵求齊國的看法，得到同意。公子遂回國後便殺了惡和視，改立倭為國君，即魯宣公。齊文公夫人哀姜只得回轉齊國。《春秋》為了替魯國隱諱這一醜事，記載時只寫「子卒」，其他便不提了。五、《春秋》在同年又記載：「莒弒其君庶其。」《公羊傳》對此評論曰：「稱國以弒何？稱國以弒者，眾弒君之辭。」據《左傳》載：莒紀公庶其生太子僕，又生一子名季佗。莒紀公愛季佗而黜僕，而且行事在國內很不得民心。太子僕依靠國人的力量殺了莒紀公，帶了傳世寶玉投奔魯國，將寶玉獻給魯宣公。魯宣公自己也是個篡位者，又收受了寶玉，就下令給僕城邑，說：「今天一定得給。」魯國執政大夫季文子讓司寇把他驅逐出國境，說：「今天一定得執行。」魯國政在季氏，僕當然被趕走了。季文子的理由是弒父不孝，偷了寶玉是盜賊，寶玉本身是賊贓。因此，人不能留，寶玉不能收。以上五個例子，說明五年之內，中原各國中有五個國君被弒，弒君成了家常便飯，可見號稱禮義之邦的中原國家在文、宣之際已根本無禮義可言。㉒以晉靈之行四句晉靈，即晉靈公，名夷獋，晉襄公之子。襄公卒，夷獋年幼，為執政大夫趙盾所擁立。靈公長大後，成為晉國歷史上的著名暴君，後為趙穿所殺。一大夫，指趙盾。蜚林，《公羊傳》作蜚林，《左傳》、《穀梁傳》作棐林，但《春秋繁露》

《四庫全書》本作「蜚林」，不知何所本。此是鄭國地名，在今河南之新鄭。《春秋》在魯宣公元年（西元前六〇八年）記載此事：「晉趙盾帥師救陳。宋公、陳侯、衛侯、曹伯會晉師于棐林，伐鄭。」《公羊傳》評論此事曰：「此晉趙盾之師也，曷為不言趙盾之師？君不會大夫之辭也。」趙盾是晉國的大夫，而宋、陳、衛、曹等國的國君率軍與他會合並接受他的指揮，所以《春秋》對此事要用隱諱的用語。拱揖指撝，諸侯莫敢不出，指趙盾兩手作揖，指揮各諸侯國出師救陳，而各國諸侯沒有人敢不出兵的。㉓此猶濕之有拔也　拔是泮字之誤。泮即畔，岸涯。此處指中原各國淹沒在深水之中，聽到晉國號令，猶如看到前方出現岸涯，莫不踴躍向前，由此可見中原各國歸附晉國的情景。此次戰爭，晉軍並未取勝，由於楚國出師救鄭，晉軍因此便回國了。晉軍之所以不能戀戰，是因為晉靈公與趙盾的矛盾已經越來越尖銳了。晉國內部不安穩，所以無法挽回中原各國對楚處於頹勢的局面，並藉此以反襯出楚國此時所以強大的原因。

【語譯】楚莊王去世之前三年，晉國滅了赤狄的潞氏、甲氏和留吁。楚共王審去世之前三年，鄭國在蕭魚會盟中向晉國屈服。晉悼公周去世的那一年，楚康王昭去世之前二年，楚國與陳、蔡二國聯軍討伐鄭國，取得了很大的勝利。第二年，楚國令尹屈建在宋國與中原各國會盟，達成弭兵的約定。楚康王去世後的第三年，中原各國的君主都到楚國去朝謁楚王。楚康王死後，他的兒子卷繼位，在位四年後去世。楚國在這個時期中並未對外大規模用兵去侵奪別國的領土，但是國勢卻隆盛而強大，在這一年多的時間內，中原各國對楚國退讓、屈服，這又是為什麼呢？楚康王在各國諸侯中是一位比較好的國君，天下各國中有因受迫害而怨恨本國君主的，都投奔楚國來向他訴說自己的冤曲。楚康王曾經四五次出兵，經常做到用自己的多數兵力去打擊對方的少數兵力，集中優勢兵力去打擊分散的敵人，在政治上將道義發揮得淋漓盡致。楚康王去世前的四、五年間，中原各國離心離德，四分五裂，齊、晉、魯、衛各國分兵把守，大國襲擊小國，自相殘殺，以強凌弱。中原各國兩次在陳儀會盟，齊國都不去參加。吳國在楚國的南面，在這期間有兩位君主先後被人殺死；中原各國在楚國的北面，齊國和衛國的君主都為大夫所弒。齊國國相慶封挾持君主，篡權亂國，衛國大夫石惡等惡徒結黨成群，衛侯衎被允許回到衛國的陳儀後用欺詐手段去弒君篡位，孫林父將戚地進獻晉國以背叛衛國，宋平公聽信讒言而殺死世子痤，魯國大部分土地上五穀沒有收成，發生嚴重的饑荒。中原各國的所作所為，顯示出了亡國的跡象。譬如在魯文公、魯宣公之際，中原各國的君主，五年之內有五個君主為人所弒。晉靈公這樣的昏庸君主，派大夫趙盾在蜚林之會中抱拳作揖去接待各國諸侯並指揮他們作戰，各國諸侯中沒有一個人敢拒絕出兵的。這說明中原各國諸侯猶似淹沒在深水之中的人，見到前面有涯岸就拚著命前往，感到有了可以依託之處。

【研　析】本章以楚國的興起、成長與中原各國的衰落作明顯的對照，指出楚國走的是一條與魯國完全不同的道路。

楚國在楚莊王統治時期，國勢強盛，成為春秋時期的霸主。但是，在楚莊王去世前三年以及楚共王去世前三年的一些跡象來看，楚國的力量已漸趨沒落而晉國的力量正日趨強大。然而，在楚康王執政的十多年間，被中原國家視作夷狄的楚國又轉而強大起來。反之，中原國家中雖然出現過齊桓公、晉文公那樣煊赫一時的霸主，曾經遏阻住楚國北上的勢頭，在這時又趨而衰落下去。董仲舒在探討局勢所以發生如此微妙變化的原因時，發現問題在於各國的內部，特別是各國君主的所作所為在起著決定性的作用。楚國所以能重新強大起來，就在於楚康王在國內能嚴格整頓吏治，雷厲風行地懲治腐敗現象，從令尹子南身上開刀，從懲治高層貴族官僚的失職著手，改造與轉變全國的風氣，使楚國出現欣欣向榮、眾望所歸的局面。在對外用兵方面，楚康王不僅能集中兵力去打擊分散之敵，以多擊少，在軍事上占有壓倒的優勢；而且在政治上能強調伸張正義，使天下人心歸楚。如弭兵之會的倡議，雖然由宋國向戌所發起，而楚國則在實際活動過程中占有主動的優勢。向戌到晉國去謀求對弭兵之議的支持，晉國執政大夫趙孟要大夫們談看法，韓宣子直率地指出：如果晉國不贊同，楚國必定會支持，以此來號召諸侯，我國就不成其為盟主了。由此可見，晉國之所以贊同是害怕楚國在政治上占了先著。

魯昭公元年（西元前五四一年），由楚國發起，在漷再次召集諸侯會盟，重申弭兵之會的舊約。楚人還提出了這次盟會的內容、程序和儀式，得到了晉人的同意，在政治上又一次奪了晉人的先聲。因此，楚國的強大，不僅僅是只依靠其軍事上的優勢，而是內政、外交等各方面在道義上都占了優勢。中原各國與楚國相比之所以處於劣勢，是由於各國國內的基本面出了問題。晉國國內的政局是公室卑，六卿強，權力由國君轉移到了卿大夫的手裡。魯、齊、衛各國又相繼發生了弒君的行為。晉靈公是著名的暴君，最後終於為臣下所弒。中原國家在五年之中有五個君主被弒，宋國誤殺世子。中原各國之間分兵把守，彼此離心離德，四分五裂，大國襲擊小國，根本不講信義。

楚國與中原各國的明顯對比，從正反兩個方面說明了全篇的主旨：一個國家的興亡盛衰，要觀察它的基本面，即它在國內政治、經濟、軍事等各方面的狀況。基本面健康向上，即使有屈折也只是暫時的，過後仍能欣欣向榮地向上發展；如果基本面的趨勢向下，即使暫時能逞強於一時，但畢竟無法改變其滅亡的結局。

興亡盛衰的消息從何而來？就是要「隨本」，即觀察該國的基本面所作所為是否符合道義，也就是所謂「得道多助，失道寡助」。這就是董仲舒在本篇中闡述的主旨。它的意義極其深遠，無論是國家或企業的興衰，都脫離不了這一規律的支配。即使是在今天的市場競爭中，如果經濟倫理上不能自律，在營銷上熱衷於誇大其詞的虛假廣告，一味迷信兵行詭道和奸譎行徑，蔑視民眾的智商，不遵守市場的遊戲規則，即使能取得短暫的輝煌，但由於基本面上的敗局鑄就了一批暴發戶式目光短淺的企業和企業家，最後等待他們的往往是身敗名裂的下場。同時，董仲舒在本篇中所闡述的主旨，還有另一層深遠的意義，那就是道德倫理的淪喪，決不可能換來真正的輝煌。這對於任何人、任何行業來說，都是如此。

盟會要　第十

【題　解】篇名〈盟會要〉，一作〈會盟要〉。然其主旨為強調聖人貴除天下之患，而盟會並不能達到這一目的。只有孔子修《春秋》才是解決這一問題的正確途徑。

本篇可分為兩章。第一章強調《春秋》遍書天下之患的目的是為了除天下之患，從而使天下達到清廉之化流，王道舉，禮樂興。第二章強調盟會不能除天下之患，只有如《春秋》那樣地通過褒貶以正名號，明尊卑之分，別嫌疑，明是非，善善惡惡，賢賢賤不肖，方能使天下歸一於王道。

第一章

至意雖難喻，蓋聖人者貴除天下之患❶。貴除天下之患，故《春秋》重而書天下之患徧矣❷。以為本於見天下之所以致患，其意欲以除天下之患，何謂哉❸？天下者無患，然後性可善❹。性可善，然後清廉之化流❺，清廉之化流，然後王道舉，禮樂興，其心在此矣❻。

【章　旨】本章強調《春秋》遍書天下之患的目的是為了除天下之患，從而使天下達到清廉之化流，王道舉，禮樂興。

【注　釋】❶至意雖難喻二句　至意，指《春秋》所蘊含的深意。喻，曉喻；知曉。聖人，指孔子。除天下之患，指孔子修《春秋》的本意是消除天下的禍患，其方式為記載過去曾經發生的禍患，使後人知所戒懼，從而可以消除未來可能遇到的禍患。《荀子・大略》：「天子即位。上卿進曰：『如之何憂之長也。能除患則為福，不能除患則為賊。』授天子一策。中卿進曰：『配天而有下土者，先事慮事，先患慮患。事至而後慮者謂之後，後則事不舉。患至而後慮者謂之困，困則禍不可禦。』授天子二策。下卿進曰：『敬戒無怠。慶者在堂，弔者在閭。禍與福鄰，莫知其門。豫哉豫哉，萬民望之。』授天子三策。」這裡說的是天子即位，上、中、下卿都要上奏策。上卿的奏策強調「除患」，中卿的奏策強調「先事慮事，先患慮患」，下卿的奏策強調「禍與福鄰」，因此必須事先作準備，做到凡事豫則立。總之，除天下之患，必須通過《春秋》使天下知道何者為患，做到有備而無患。❷貴除天下之患二句　徧，同「徧」，即「遍」。此句指《春秋》看重消除天下之禍患，因而遍書天下之禍患。❸以為本於見天下之所以致患三句　此處指《春秋》認為從探究天下所以發生禍患的原因出發，用意在於由此得以消除天下之禍患，孔子這樣做的用心是什麼呢？❹天下者無患二句　性，此處指人性。《荀子・正名》：「生之所以然者謂之性。」意指性是人與生俱來的自然本性。董仲舒在本書〈深察名號〉篇中對「性」作了比較詳細的闡釋：「如其生之自然之資謂之性」；「天兩有陰陽之施，身亦兩有貪仁之性」；「故性比於禾，善比於米。米出禾中，而禾未可全為米也。善出性中，而性未可全為善也。」又曰：「性如繭如卵。卵待覆而成雛，繭待繅而為絲，性待教而為善。」善，董仲舒認為善有兩種，一種是孩童之愛父母，善於禽獸，這是孟子之所謂善；另一種是「循三綱五紀，通八端之理，忠信而博愛，敦厚而好禮，乃可謂善。此聖人之善也」。此處所指的善，是後一種善，即聖人之善。性可善，是對孟子的「性善」說的駁斥，指人性可以成為善，但並非是「人之初，性本善」。人性之善是需要有條件的。萬民之性，需待教化然後能善，正如禾之轉化為米、繭轉化為絲、卵轉化為雛那樣，需要有外部的條件。性可善的外部條件，就是聖人的教化。通過教化，人性便可趨向於聖人之善，抑制住性中貪的一面而發展仁的一面。董仲舒在〈賢良對策〉（即〈天人三策〉）中就特別強調了學校教育的重要性。❺性可善二句　指人的本性向善的方面轉化，就能使清正廉潔的社會風氣得以流行。❻清廉之化流四句　指清正廉潔的社會風尚形成以後，王道得以實行與推廣，禮樂得以興隆昌盛。其心在此矣，指聖人的良苦用心就在於此。

【語　譯】《春秋》所蘊含的深意雖然很難完整地理解與掌握，但可以清楚地認識到聖人很重視消除天下的禍患。正因為重視消除天下的禍患，所以《春秋》顯得特別重要，因為它詳盡地遍錄天下的禍患。《春秋》認為只有從根本上弄清楚導致天下禍患的原因著手，才能達到消除天下禍患的目的。孔子為什麼要這樣做呢？天下沒有禍患了，人的本性便能趨向於善。人的本性趨向於善，清正廉潔的風氣才得以在社會上流行。清正廉潔的社會風尚形成後，王道便能夠實行推廣，禮樂得以興隆昌盛，孔子的良苦用心就正體現在這裡呢！

【研　析】董仲舒強調《春秋》遍書天下之患的重要意義，目的在於強調儒家思想中的憂患意識。

「憂患意識」說由徐復觀先生在《中國人性論史》中首先提出，後來牟宗三先生在「中國哲學的特質」講演中曾予以闡釋。他們認為，中國的人文精神躁動於殷周之際，其基本動力便是憂患意識。從古代典籍看，憂患意識最早出現於《易經》中的〈繫辭〉。〈繫辭〉是戰國時期的作品，作者是孔門弟子，屬於儒家學派。《易・繫辭下》中提出：「《易》之興也，其於中古乎？作《易》者，其有憂患乎？」〈繫辭〉的作者認為《易經》興起於殷周之際，而撰著《易經》的起因是對時代動盪和禍患頻興的憂慮，總結殷代滅亡的歷史教訓，從變易中探索消除禍患的根源，這與本章中所闡述的內容是基本一致的。

《易・繫辭下》稱：「子曰：『危者，安其位者也。亡者，保其存者也。亂者，有其治者也。是故君子安而不忘危，存而不忘亡，治而不忘亂，是以身安而國家可保也。』」在這一記載中，孔子認為執政者如果時刻把安危、存亡、治亂掛在心間，警惕地注視著各種各樣潛在的威脅，國家就穩定而不易動搖。《左傳》中也有類似記載，如魏絳就曾經對晉悼公說：「《書》曰：『居安思危。』思則有備，有備無患。敢以此規。」（《左傳》襄公十一年）總之，要存而思亡，安而思危，治而思亂，得而思喪。「亡、危、亂、喪」是憂患，而「思」則是意識，合起便是憂患意識。所謂憂患意識，就是通過過去曾經出現過的亡、危、亂、喪作為鑑戒，以警惕今天潛在的可能出現的亡、危、亂、喪，使執政者時時處於戒懼戒慎的狀態之中，以求得能保持長治久安的局面，做到有備無患。本章所強調的除天下之患，實際上就是要求執政者時刻保持戒備的狀態。至於《春秋》遍書二百四十二年之中「弒君三十六，亡國五十二」之患，無非是為執政者的保持戒備狀態提供了一面歷史鏡子。

本章中提到的「性可善」，目的不在於泛指一般人的本性，而是那些為人君父、為人臣子的統治者的本性如何向善的方面轉化。這裡的統治者，指的是君主與政府各級官吏即所謂幹部隊伍。只有他們的素質提高了，才能使清正廉潔之風在全社會流行；而政府各級官吏的提高素質，就必須使他們牢固地樹立憂患意識。「生於憂患，死於安樂」儘管是老調子了，但要能真正實行卻也不易。孔子不怕被人們看作是專門報憂的烏鴉，在《春秋》中遍書當時天下之患，這種精神為後世的治史者提供了楷模。二千多年來，《春秋》及其三傳始終是人們研究春秋時期歷史的基本典籍，而那些熱衷於為當時執政者唱讚歌的史籍又能經得起多長的時間檢驗呢？

第二章

《傳》曰：「諸侯相聚而盟。」❶君子修國曰：「此將率為也哉。」❷是以君子以天下為憂也，患乃至於弒君三十一，亡國五十二，細惡不絕之所致也❸。辭已喻矣❹，故曰立義以明尊卑之分，彊幹弱枝以明大小之職❺。別嫌疑之行，以明正世之義❻。采摭托意，以矯失禮❼。善無小而不舉，惡無小而不去，以純其美❽。別賢不肖以明其尊❾。親近以來遠，因其國而容天下❿，名倫等物不失其理⓫。公心以是非，賞善誅惡而王澤洽⓬。始於除患，正一而萬物備⓭。故曰大矣哉其號，兩言而管天下。此之謂也⓮。

【章　旨】本章闡述諸侯之間的盟會不能除天下之患，只有如《春秋》那樣地通過褒貶以正名號，明尊卑之分，別嫌疑，明是非，善善惡惡，賢賢賤不肖，方能使天下歸一於王道。

【注　釋】❶傳曰二句　傳，此處指《公羊傳》。盟，又曰盟會或會盟，指古代諸侯聚會在神前立誓締約，是春秋時期特有的政治現象。盟會舉行時的方式為先在地上挖掘方坎，在坎上宰殺牲口，這種牲口按規定用牛，先割牛的左耳盛盤，再取牛血盛在碗中，用血寫在策上，稱為盟書，盟書又稱「載書」，是向神盟誓時寫在策上的載辭。然後歃血在神前宣讀盟書。歃血是將牛血塗在嘴唇上或是喝一口混有牛血的酒，用以表示誠意。盟會主持者稱為盟主，牛耳歸他執持。訂立盟約的諸侯，要將自己的子弟送到對方國家去當人質，以保證對盟約的遵守。同時，要求參加盟會的諸侯對盟主的服從。盟約帶有強制性質，與會各國間地位並不平等，而是以盟主的利益為重。盟約的形成有一個過程。《公羊傳》認為「古者不盟，結言而退」。這是指古代兩國間只要訂立口頭協定就可以了，用不著歃血結盟這套形式，彼此間是平等關係。本書〈王道〉篇中就肯定了「齊侯衛侯胥命于蒲」，胥命就是彼此訂立口頭約定，沒有歃血結盟這種儀式，沒有強制性的成分在內。何休《春秋公羊傳解詁》在魯隱公元年（西元前七二二年）注中指出：「凡書盟者，惡之也。為其約誓太甚，朋黨深，背之生患禍重。胥命於蒲，善近正是也。」為什麼要對盟會「惡之也」？這是因為結盟形式的出現，標誌著周天子地位的低落，諸侯之間的關係只能以結盟的形式來調節。《冊府元龜》卷二四六：「《傳》稱：『詛誓不及五帝，盟詛不及三王。』自周室東遷，諸侯力政，彊陵弱，大侵小，或夷狄交亂於中國，或霸王臨長於庶邦，由是坎牲歃血之事作矣。若夫稱之以先代，要之以明神，形於載書，以著其信，誓及後世，以圖其終，固宜守之而勿渝，奉之而可久。」《冊府元龜》中的《傳》指《穀梁傳》，與本章中之《傳》指《公羊傳》不同。❷君子修國曰二句　俞樾曰：「『修國』二字，當在『也哉』之上。『君子曰：此將率為修國也哉。』言將相率而修治其國也。」治國的根據是什麼呢？是指在盟書上規定的內容。從各諸侯國訂立的盟書內容來看，它不僅涉及各國相互關係上的約定，也涉及各諸侯國如何治國的內容。《春秋》三傳中，《公羊傳》、《穀梁傳》對盟書或載書的具體內容較少記載，它大都集中記載在《左傳》內。春秋時期的盟書，在近年的考古發掘中時有發現，如一九六五年在山西侯馬郊外發現春秋末期晉國盟會的遺址與當時的盟書，由文物出版社彙編成《侯馬盟書》於一九七六年出版。魯僖公九年（西元前六五一年），齊桓公召集葵丘之會，《孟子．告子下》載有葵丘之會中盟書的內容：「葵丘之會諸侯，束牲載書而不歃血。初命曰：誅不孝，無易樹子，無以妾為妻。再命曰：尊賢育才，以彰有德。三命曰：敬老慈幼，無忘賓旅。四命曰：士無世官，官事無攝，取士必得，無專殺大夫。五命曰：無曲防，無遏糴，無有封而不告。曰：凡我同盟之人，既盟之後，言歸於好。」從這一盟書的內容來看，當是西周時周天子對諸侯的禁令或約束，齊桓公只不過是重申這些禁令而已。所謂載書而不歃血，就是重申過去盟書所規定的各項禁令和約束，而不是重新議定新的內容。從葵丘之會的盟書內容來看，只有「無遏糴，無曲防，無有封而不告」以及「同盟之人，既盟之後，言歸於好」屬於諸侯之間相互關係上的約定，而從初命至四命的內容中如誅不孝、無易樹子，無以妾為妻以及士無世官、官事無攝、取士必得、無專殺大夫等，都屬於各諸侯國如何處理內政方面的事宜，但卻成為盟書上記載的主要內容。所以，「此將率為修國也哉」指的是盟書上所記載的這些內容，應當作為與盟各國處理內政和外交的基本方針和指導思想。如果不這樣做，就是背盟，盟主就可以對該國聲討。❸是以君子以天下為憂也四句　弒君三十一，其他版本皆作弒君三十六。此句指雖有會盟對各國諸侯的行為作出規定和約束，但各國諸侯並不能按照盟書上的規定去執行，結果使盟書成了一紙空文。《孟子・告子下》在敘述了葵丘之會的盟約中「五命」之後，稱：「今之諸侯，皆犯此五禁。故曰：今之諸侯，五霸之罪人也。」盟會的本意並不是弒君亡國，但弒君亡國的根子恰正是出於盟會。這是因為盟會之所以發生，是由於天下禮樂征伐不自天子出而自諸侯出，由盟主代替天子來主宰局面，所以孟子在〈告子〉篇中指出「今之諸侯，五霸之罪人也」的同時，又指出「五霸者，三王之罪人也」。盟約不能明尊卑之分、別嫌疑之行與明正世之義，故細惡不絕，終致禍患達到了「弒君三十一，亡國五十二」的嚴重程度。❹辭已喻矣　指前文對《春秋》遍書天下之患的宗旨已經明白曉喻，用不著再多說了。❺立義以明尊卑之分二句　此處正面闡明《春秋》之宗旨為立義以明尊卑之分，強幹弱枝以明大小之職。董仲舒在本書〈王道〉篇中指出：「《春秋》立義：天子祭天地，諸侯祭社稷，諸山川不在封內不祭。有天子在，諸侯不得專地，不得專封，不得專執天子之大夫，不得舞天子之樂，不得致天子之賦，不得敵天子之貴。」這是從禮樂上來強調天子與諸侯的尊卑之分。至於從征伐方面來看，天子與諸侯的尊卑之分更應重視。《尚書大傳》：「諸侯之義，非天子之命，不得動眾起兵殺不義者，所以強幹弱枝，尊天子，卑諸侯也。」《史記・漢興以來諸侯王年表序》：「漢郡八九十，形錯諸侯間，犬牙相臨，秉其阸塞地形，彊本幹、弱枝葉之道也，尊卑明而萬事各得其所矣。」關於諸侯與卿、大夫之間，同樣也要求立義以明尊卑之分與大小之職，《公羊傳》隱公三年：「譏世卿。世卿非禮也。」何休《春秋公羊傳解詁》：「禮，公、卿、大夫、士皆選賢而用之。卿、大夫任重職大，不當世為，其秉政久，恩德廣大，小人居之，必奪君之威權。故尹氏世，立王子朝；齊崔氏世，弒其君光。君子疾其末，則正其本。」反對世卿制度，也是為了強幹弱枝，使大小各司其職，不得逾權。❻別嫌疑之行二句　此處著重闡明《春秋》在別嫌疑、明是非方面的作用。董仲舒在〈王道〉篇中指出：「魯隱之代桓立，祭仲之出忽立突，仇牧、孔父、荀息之死節，公子目夷不與楚國，此皆執權存國，行正世之義，守惓惓之心，《春秋》嘉氣義焉，故皆見之，復正之謂也。」魯隱公是為了保證魯桓公今後能當上國君而暫時攝政，祭仲雖迫於宋國壓力而出忽立突，但只是權宜之計，後來仍讓忽復位而當上鄭國的國君，公子目夷不顧楚國執持宋襄公迫降，堅持守城，是為了保存宋國，最後楚人迫於無奈只得釋放宋襄公歸國，這三人看上去似有篡權之嫌疑，但事實證明他們都是執權存國、行正世之義的忠君愛國之士，所以《春秋》將他們與仇牧、荀息、孔父嘉這些死節之士一起記載與表彰。❼采摭托意二句　指《春秋》採集拾取古人的行事，進行褒貶，藉以區別嫌疑，明辨是非，揚善抑惡，賢賢賤不肖，託意於微辭，用以幫助後來者矯正其不合禮法的行為。❽善無小而不舉三句　此處指《春秋》在記載上，舉小善使之擴充，去小惡絕其萌芽，使人性中善良的一面更加純淨而完美。陸賈《新語・術事》：「《春秋》上不及五帝，下不及三王，述齊桓、晉文之小善，魯之十二公，至今之為政，足以知成敗之效，何必於三王。」❾別賢不肖以明其尊　指國君若能區別賢與不肖，做到任賢使能，便是恪盡職責，使己身尊榮，國家安寧。董仲舒在〈王道〉篇中指出：「觀乎齊桓、晉文、宋襄、楚莊，知任賢奉上之功。」又在〈精華〉篇中以魯國為例，強調任賢則興，失賢則衰，指出：「魯僖公以亂即位，而知親任季子。季子無恙之時，內無臣子之亂，外無諸侯之患，行之二十年，國家安寧。季子卒之後，魯不支鄰國之患，直乞師楚耳。僖公之情非輒不肖，而國衰益危者，何也？以無季子也。」董仲舒由此得出結論：「以所任賢，謂之主尊國安。所任非其人，謂之主卑國危。萬世必然，無所疑也。」❿親近以來遠二句　此處指王者欲行王道以統一天下，必須從近者開始，也就是從自己的國家做起，然後使天下都能推行王道，故稱「因其國而容天下」。董仲舒在〈王道〉篇中指出：「親近以來遠，未有不先近而致遠者也。故內其國而外諸夏，內諸夏而外夷狄，言自近者始也。」⓫名倫等物不失其理　名倫等物，語見〈精華〉篇。此處指在處理天子與諸侯、諸夏與夷狄以及國與國之間的關係時，必須「大小不踰等，貴賤如其倫」，不能亂了套。不失其理，指不失《春秋》之理，具體表現在《春秋》的用辭為以貴治賤，而不能以卑臨尊，對外則大夷小夷不同辭，對小夷言伐不得言戰，如狄伐邢、伐鄭之類；對大夷言戰而不得言獲，如楚與宋戰於泓之類；對中原的諸侯國言獲而不得言執，如秦、晉戰於韓，秦獲晉侯之類。此外，小夷避大夷而不得言戰，大夷避中國而得言獲，中國避天子而不得言執，等等。所以如此，是為了在現實生活中能做到「大小不踰等，貴賤如其倫」。具參見〈精華〉篇第一章。⓬公心以是非二句　指孔子在《春秋》中以公心論萬事之是非，以褒賞善，以貶誅惡，通過一字之褒貶，使王道之澤遍洽天下。⓭始於除患二句　本篇以除患始，以正一終。始於除患，指為君主者須憂天下之憂，除天下之患，防患於未然。正一，指為君主者須一心於王道。董仲舒在〈王道無二〉篇中指出：「目不能二視，耳不能二聽，心不能二用，手不能二事。一手畫方，一手畫圓，不能成。」又曰：「古之人物而書文，心止於一中者，謂之忠；持二中者，謂之患。患，人之中不一者也。不一者，故患之所由生也。是故君子賤二而貴一。」此處的所謂正一，指的是「一於王道」，做到了這一點，就能萬物皆備，無論遇到什麼樣的變化，都能應付裕如。⓮故曰大矣哉其號三句　號，指《春秋》中之名號，寓褒貶之意在內，字字有千鈞之重。兩言，指褒與貶。《春秋》以褒貶兩言管束天下之人和事。

【語　譯】《春秋公羊傳》說：「諸侯相聚在一起結盟立誓。」孔子說：「各國諸侯在結盟以後要按照盟約上的規定來修治自己的國家。」但是，孔子正是因為這一點而為天下的未來感到憂慮，因為這樣做並不能杜絕那些細微的惡行，而這些細微的惡行逐漸發展使禍患演化成為「弒君三十一（六），亡國五十二」這樣的嚴重後果。《春秋》以除天下之患為自己的宗旨，這一點已經講得很清楚了。所以說，《春秋》所立之義是為了使人們明白尊貴者與卑賤者的區別，加強本幹，削弱枝葉，使天子、諸侯、卿、大夫、士等人都能恪守自己的大小職責而不逾越範圍。辨別那些容易引起嫌疑的行為，闡明使世道人心走向正確途徑的道理。採擇歷史上古人的行事，或褒或貶，託意於微辭，用以矯正後人那些不合禮法的行為。善事再小也應當舉出來，惡行再小也應當去除掉，使美好的品德更加純粹而完美。君主要能區別臣下的賢與不肖，才能保持尊榮的地位。親近鄰近之國，招徠遠方之國，從治理好自己的國家做起，然後去包容天下各國，使各國都能歸附自己，使事物的稱呼都能符合自己的等級而不違反《春秋》所闡明的道理。《春秋》用公正之心去判定是非，通過褒貶的方式去賞善罰惡，使王道的恩澤能滋潤和洽於天下。總之，以除患為出發點，一心專注於王道，就能萬物俱備，無論遇到什麼樣的變化都能應付裕如。所以說：《春秋》中的名號真是了不起！褒與貶這兩個字能夠管束天下的人和事，指的就是這一點呢！

【研 析】盟會是春秋時期所特有的政治現象。一部春秋史充滿著形形色色的盟會，國家之間的強與弱、和與戰、控制與反控制無不通過盟會得到充分的反映。

春秋時期，周室衰微，周天子對各國諸侯處於失控狀態，淪落成為名義上的共主，甚至連周天子自身的存在，也得依靠諸侯中強有力者的支持。於是，盟會便成為各國諸侯間調節政治利益和相互關係的一種重要方式。它的出現，意味著周朝初年以血緣關係為基礎所建立的宗法封建制統治出現了裂縫，而且縫隙越來越大，難以繼續維持下去。各國諸侯間實力的變化，要求進行權力再分配以適應新的形勢。盟會便反映了這種權力重新調整後的狀況，並通過盟約（盟書、載書）的形式把它固定下來，要求參加盟會的各國嚴格遵守。

盟會中各國的地位是不平等的。從《春秋》三傳的記載來看，參加盟會的諸侯國有多有少，少的只有兩國，多的可以有十幾國或幾十國。但無論與會的諸侯國是多還是少，凡是盟會必帶有一定的強制性質，由強國來控制與支配局面。例如魯莊公十三年（西元前六八一年）的柯之盟，參加者只有齊、魯二國，背景是齊、魯交戰，魯國戰敗，請獻上遂邑以求和。因此，柯之盟中，齊國占支配地位，魯國居於被支配的地位。但是，會上突然出現了魯將曹沫以匕首劫持齊桓公的場面，逼迫齊國歸還戰爭中所侵占的魯國土地。齊桓公被迫許諾並訂立盟約。事後，齊桓公想反悔，不還魯地並殺掉曹沫，但管仲勸他不要棄信於諸侯，最後還是歸還了戰爭中所侵占的魯國土地。各國諸侯認為齊桓公能守信，紛紛歸附齊國。齊國之所以能通過恪守受劫持時所訂的盟約來向各諸侯國展開外交攻勢，歸根到底是由於齊國在當時是個強國。反之，如果魯強齊弱，則齊桓公的恪守盟約便成了人們嘲笑的對象了。如魯僖公二十一年（西元前六三九年）秋的霍邑之會，參加者有宋、楚、陳、蔡、鄭、許、曹等國。這次會上，宋襄公與楚成王爭當盟主。會前，雙方約定這是一次乘車之會。宋國公子目夷認為楚人強而無義，應當帶兵前往。宋襄公認為應當遵守信諾，不肯帶兵，結果楚人埋伏下兵車，把他抓了起來，帶著他進攻宋國。幸得目夷堅決守城，不受楚人威脅，才使宋國得以保存下來。宋弱楚強，宋襄公一味強調在盟會上守信，使自己成了楚國刀俎上的魚肉。總之，盟會實際上是雙方力量較量的場合，誰的力量強便得聽誰的。

盟約的強制性表現為在盟誓上都寫明對背盟者的懲罰，並且罰神賭咒，意圖通過神明的監督來保證盟誓的信守，從《左傳》上記載的盟誓內容來看，到處充塞著「渝盟無享國」、「有渝此盟，明神殛之」這類的詞句。然而，光憑這點畢竟難以令人放心。因此，除了向神明立誓之外，訂盟約的雙方中的弱國還必須向強國交付人質以作抵押，如魯宣公十五年（西元前五九四年），楚軍圍困宋國，宋國城內「易子而食，析骨而炊」。楚軍主帥司馬子反動了惻隱之心，與宋軍主將華元訂立盟約，兩國講和。據《左傳》記載：「宋及楚平，華元為質。盟曰：『我無爾詐，爾無我虞。』」盟約上說得很好聽，宋、楚二國之間不要爾虞我詐；但事實上卻是宋軍主將華元要到楚國去充當人質，兩者的地位是完全不平等的。楚國背盟，不會受到什麼損失；而宋國背盟，華元就得被殺頭。

不少盟會往往有許多國家參加，它由其中某個強國發起或召集，目的是為了發動某一戰爭或為了某種政治利益而集會。這種利益在名義上是參與者的共同利益，實際上多數情況只是代表發起國或召集國的利益。這個發起國或召集國便是這次盟會的盟主。會盟的地點在與會各國中某小國的境內，這個小國便成為尸盟者，須盡地主之誼，招待蒞盟各國與負責供應會盟所需用物。如果這次盟會的參加國中有兩個或幾個力量接近的強國，誰充當盟主就得經過一番爭奪。如魯襄公二十七年（西元前五四六年）在宋國舉行弭兵之會，晉、楚兩國在爭當盟主上就鈎心鬥角，互不相下，最後以楚國略占上風而告終。

會盟時，主盟的大國作為盟主，往往還需要處理一些小國之間的糾紛。魯昭公十三年（西元前五二九年），晉國在平邱召集齊、魯、宋、衛、鄭、曹、莒、邾、滕、薛、杞等國會盟。邾人、莒人向盟主晉國控訴魯國侵奪土地，弄得他們幾乎到了亡國的地步，所以對晉國不能按時進貢。在晉國主持下，魯昭公被迫未能出席盟會，丟盡了面子，而且當盟會結束時，晉國還將魯國的執政大夫季孫意如扣留下來，帶回晉國。但是，晉國之所以如此對待魯國，從表面上看，是為邾、莒等小國主持公道，但事實的真相卻是因為魯國與楚國勾搭在一起，在晉、楚爭霸的鬥爭中偏向楚國一邊。這使得晉國十分惱火，但礙於楚國力量的強大，而魯國在表面上又承認晉國為中原霸主，一時撕不破臉皮。但只要楚國勢衰，就千方百計設法整魯國，平邱之會上就藉機將魯國狠狠地修理了一通，出了一口惡氣。說到底，盟會畢竟是為盟主的利益服務的。

盟會是與會各國力量對比的結果，以實力為背景。然而，各國力量對比的平衡是相對的，一旦力量對比發生變化，原先信誓旦旦的盟約也就靠不住了。於是，便出現了「尋盟」的提法。所謂尋盟，即是重申過去的盟約。晉國主持召開的平邱之會，就屬於尋盟性質。齊國原先不同意召開此盟會，晉國大夫叔向為此向齊國責難。齊國辯解說：「諸侯討貳，則有尋盟。若皆用命，何盟之尋？」意思是諸侯若對盟主晉國有二心，才需要尋盟。現在大家都聽盟主的話，何必需要尋盟？叔向駁斥說：「如今是晉國主盟，齊國卻一定要廢除盟會，反對尋盟，希望你們好好考慮一下。」當時晉強齊弱，齊國聽到叔向帶有威脅語氣的話，便害怕了，說：「小國言之，大國制之，敢不聽從？」齊國低聲下氣地自稱小國，稱晉為大國，順從地參加了平邱之會。所以，盟會只能是各方實力較量的結果。春秋時期，儘管幾乎是年年有盟會，但又總是不斷地有人在背叛盟約。盟會雖然有時也能維持暫時的平穩局面，但終究改變不了「弒君三十六，亡國五十二」的亂世趨勢。

正是基於上述原因，董仲舒在本篇中對盟會只是輕描淡寫地提了一句，而將全篇的重點致力於闡明孔子修《春秋》的宗旨是為了除天下之患而遍書天下之患，凸出地體現了《春秋》所蘊含的憂患意識。董仲舒強調《春秋》通過褒貶以明尊卑之分，別嫌疑，明是非，賞善誅惡，賢賢賤不肖，方能使天下歸一於王道。但董仲舒是否真正找到了使天下歸一於王道的正確途徑？這個問題恐怕就很難說了。

正貫第十一

【題解】篇名〈正貫〉，源出於《荀子·天論》，其原文為「百王之無變，足以為道貫。一廢一起，應之以貫，理貫不亂。不知貫，不知應變，貫之大體未嘗亡也」。荀子主禮，認為以禮為貫，百王不易，足以應變。因此，正貫也就是以何者來貫穿全局之意。董仲舒認為貫穿《春秋繁露》全書的主旨是本篇所說的《春秋》六旨，而要害是辨別情與性的區分及弄清其各自的內涵。

本篇分為二章。第一章敘述《春秋》大義為六旨，它們分別反映了董仲舒的天道觀、歷史觀、司法觀、君臣觀、經權觀與對《春秋》的解讀觀，強調從整體上去把握《春秋》的主旨。第二章重在區別情與性的各自內涵，由此而闡述王者如何轉化成為聖王之途。

第一章

《春秋》，大義之所本耶❶？六者之科，六者之指之謂也❷。然後援天端，布流物，而貫通其理，則事變散其辭矣❸。故志得失之所從生，而後差貴賤之所始矣❹。論罪源深淺，定法誅，然後絕屬之分別矣❺。立義定尊卑之序，而後君臣之職明矣❻。載定下之賢方，表謙義之所在，則見復正焉耳❼。幽隱不相踰，而近之則密矣。而後萬物之應無窮者，故可施其用於人，而不悖其倫矣❽。

【章　旨】本章敘述《春秋》大義為六旨，即援天端、志得失、論罪定誅、立義定序、載賢方表謙義與如何溝通幽隱並應變施用。它們分別反映了董仲舒的天道觀、歷史觀、司法觀、君臣觀、權經觀與對《春秋》的解讀觀，強調從整體上去把握《春秋繁露》的全書主旨。

【注　釋】❶春秋二句　董仲舒強調以《春秋》治國，大義要以《春秋》為根據與標準，一切以《春秋》之是非為是非。大義，治理天下的根本道理。❷六者之科二句　科，類別。六科，即分為六個類別，具體指下文的六類內容。指，其他版本作恉，指與恉在此俱同「旨」，指旨意或要旨。六者之指，指六科的要旨，即援天端、志得失、論罪定誅、立義定序、載賢方表謙義與如何溝通幽隱並應變施用，合計為六類要旨。❸然後援天端四句　天端，指春。天有四季，而春為四季之始端。《春秋》的開頭第一句為「元年春王正月」。何休《春秋公羊傳解詁》對此解釋曰：「（春）以上繫元年，在王正月之上，知歲之始也。春者，天地開闢之端，養生之首，法象所出，四時本名也。」董仲舒〈天人三策〉曰：「《春秋》之文，求王道之端，得之於正。正次王，王次春。春者，天之所為也。正者，王之所為也。其意曰上承天之所為，而下以正其所為，正王道之端云爾。然則王者欲有所為，宜求其端於天。」援天端，即上承天之所為，一年四季，從春開始，「春氣暖者，天之所以愛而生之。秋氣清者，天之所以嚴而成之。夏氣溫者，天之所以樂而養之。冬氣寒者，天之所以哀而藏之。春主生，夏主養，秋主收，冬主藏」；「然而主之好惡喜怒，乃天之春夏秋冬也，其俱暖清寒暑而以變化成功也」；「人主出此四者，義則世治，不義則世亂」（〈王道通三〉）。布流物，即布流天地之氣於萬物，即所謂「天常以愛利天下為意，以養長為事，春秋冬夏皆其用也」（同上）。貫通其理，指貫通天人相通之理。董仲舒認為人理應與天道相符合。他在本書〈陰陽義〉篇中指出：「以類合之，天人一也。春，喜氣也，故生；秋，怒氣也，故殺；夏，樂氣也，故養；冬，哀氣也，故藏。四者天人同有之。有其理而一用之。與天同者大治，與天異者大亂。故為人主之道，莫明於在身之與天同者而用之，使喜怒必當義而出，如寒暑之必當其時乃發也。」事變散其辭矣，指《春秋》將天人合一之理分散在各種事變的記載與褒貶中來闡明。❹故志得失之所從生二句　類似的論述在本書多處出現，如〈王道〉篇：「孔子明得失，差貴賤，反王道之本。」〈重政〉篇：「《春秋》明得失，差貴賤，本之天。」志，記載。此處指《春秋》記載事變是非得失的原因，然後便知因何須區別與重視貴賤的等級差別。如《春秋》在魯隱公五年（西元前七一八年）記載：「初獻六羽。」這是魯隱公為其父次妃仲子的廟舉行落成典禮所獻之舞。

仲子不是嫡夫人，而六羽之舞是諸公的規格，用於仲子屬於僭用。從《春秋》這一記載可以看出魯隱公混淆了上下、尊卑的等級差別，埋下了今後魯國發生禍亂的根子。❺論罪源深淺三句　屬，連屬；通續。此處指依照犯罪者的思想動機和行為來判斷其罪惡的深淺，用以確定懲罰的輕重，並從而區別何者應當堵絕，何者應當繼續。例如〈精華〉篇曰：「《春秋》之聽獄也，必本其事而原其志。志邪者不待成，首惡者罪特重，本直者其論輕。是故逢丑父當斮，而轅濤塗不宜執；魯季子追慶父，而吳季子釋闔廬。此四者罪同異論，其本殊也。俱欺三軍，或死或不死；俱弒君，或誅或不誅。聽訟折獄，可無審耶！」❻立義定尊卑之序二句　《春秋》所立之義中，董仲舒認為當前最迫切需要的是辨上下、尊卑之序，以明確君臣的各自職責。這在當時是普遍流行的看法，如《漢書·朱博傳》稱：「《春秋》之義，用貴治賤，不以卑臨尊。」董仲舒在本書的〈天地之行〉篇中強調「君臣之道，法於天地」，「為人君者，其法取象於天」，其職責是「任賢使能」、「量能授官」等；「為人臣者，其法取象於地」，其職責是「委身致命，事無專制」、「伏節死難，不惜其命」等。故君臣必須各守其位，各司其職。《呂氏春秋·審分覽·審分》中就把君王譬喻作駕車的馭手，把臣子譬喻作拉車的馬匹，指出如果是「人與驥俱走，則人不勝驥矣；居於車上而任驥，則驥不勝人矣。人主好治人官之事，則是與驥俱走也，必多所不及矣。」❼載定下之賢方三句　定下，當是天下之誤。賢方，指賢明的方法。謙義，指謙讓，此處是後退一步之意，用以闡述權與經的關係。本書〈玉英〉篇中指出：大德不能踰閑，謂之正經；小德可以有出入，謂之執權。後退一步是為了執權。復正，指經過曲折而仍復歸於正經。本書〈王道〉篇：「魯隱之代桓立，祭仲之出忽立突，仇牧、孔父、荀息之死節，公子目夷不與楚國，此皆執權存國，行正世之義，守惓惓之心，《春秋》嘉氣義焉，故皆見之，復正之謂也。」❽幽隱不相踰五句　踰，疑當是諭字之誤。幽隱不明顯曉諭其宗旨，但若能深入鑽研，便可知道其深藏之密旨。掌握了這一點，就能夠應付世上萬物的無窮變化。本書〈竹林〉篇：「《春秋》甚幽而明，無傳而著，不可不察也。夫泰山之為大，弗察弗見，而況微渺者乎？」〈玉杯〉篇：「論《春秋》者，合而通之，緣而求之，五其比，偶其類，覽其緒，屠其贅，是以人道浹而王法立。」「故能以比貫類，以辨付贅者，大得之矣。」這些論述，都是強調研究《春秋》時，必須貫通全書，由此及彼，推論出未直接見於經文的內容，但須通過辨別以明其義，最後的落腳點則在於應萬物之無窮變化而不離其宗，並以此施用於現實的政治實踐。

【語　譯】《春秋》這部書，是治國平天下之道的本源。它可以分為六大門類，即六大要旨。這六大要旨，從援引天之端始於春開始，天地的元氣分布於萬事萬物之中，能夠貫通其中的道理，就能理解《春秋》將天人合一之理分散在敘述史事中各種事變的記載與褒貶來闡明。《春秋》記載歷史事件的是非得失並追溯其所以發生的原因，便能知道為什麼要建立貴賤尊卑等級差別的起源。討論犯罪動機的深淺，從而決定誅罰的輕重，從而分清何者應當斷絕，何者可以存續。確定尊卑之間的次序是《春秋》所立的大義，有了這一條才能使君臣各自明確自己的職責。記載天下各種賢明的方法，表明它們如何通過迂迴的方式曲折地前進，可以看出最終的目的都是為了回到王道的正途上來。《春秋》在表述其大義時幽深隱晦，不顯諭於人，但只要深入考察，仍能掌握它所深藏其內的要旨。做到了這一點，便能應付萬事萬物的無窮變化，以此去治理國家，施用於人事，就不會背離倫常之道了。

【研　析】本篇以〈正貫〉為題，目的在於從整體上把握貫穿於《春秋》全書的基本觀念和方法。董仲舒認為《春秋》從整體上作考察，包含了六個方面的基本觀念，即本章中所提出的六科之旨（指）。

六旨中處於第一位的觀念是天道觀，即本章中的所謂「援天端」。董仲舒將天的哲學引入《春秋》經學，有兩條途徑：一是通過災異講天人之間的互相感應；二是通過《春秋》劈頭第一句「元年春王正月」，闡釋元、春、王、正的辭序來講天人感應的關係。此處用的是後一條途徑。正如本書〈竹林〉篇所指的：「《春秋》之序辭也，置王於春正之間，（豈）非曰上奉天施而下正人，然後可以為王也云爾。」董仲舒治《春秋》學，基本思想是「奉天而法古」。奉天，就是「援天端」，即援引天道以言王道。只有這樣，董仲舒才能取得為王者師的資格，從而得以向漢武帝議論現實政治得失。〈天人三策〉第一策中指出：「臣謹案《春秋》之文，求王道之端，得之於正。正次王，王次春。春者，天之所為也。正者，王之所為也。其意曰：上承天之所為，而下以正其所為，正王道之端云爾。然則王者欲有所為，宜求其端於天。」（《漢書・董仲舒傳》）這就是援天端以言王道的例證。同時在春之上，還有一個元字，董仲舒認為指的是元氣。它布流於萬物，貫通天理與王道，散見於《春秋》所記載各種史事的文辭之中。其推論的方式，是由天道而王道而至各項具體事物之是非得失，也就是把《春秋》大義作為衡量和判斷人們行為的標準。董仲舒認為這種天道觀是先驗的，不證自明，不需要經過任何驗證，在其思想體系中居有原始基點的位置，由此出發而展開其對全部問題的論述。

六旨之二為「志得失」，它反映了董仲舒的歷史觀。天道是一個非常抽象的概念，必須通過《春秋》的文辭，對其所記載的史事之得失進行剖析，方能體現出來。本書〈精華〉篇指出：「《春秋》之為學也，道往而明來者也。然而其辭體天之微，故難知也。弗能察，寂若無。能察之，無物不在。」〈竹林〉篇則強調：「按《春秋》而適往事，窮其端而視其故。」這裡的「故」就是天道在萬事萬物上的具體化，也就是「志得失之所從生」。而《春秋》所記載的史事之得失，集中到一點，就是如何維護與保持天子與諸侯、君與臣之間貴賤差別的秩序，使其符合天尊地卑之義，這便是董仲舒對應其天道觀而建立的歷史觀。

六旨之三為「論罪定誅」，它反映了董仲舒的司法觀。《春秋》針對二百四十二年間人與事的種種得失，深入探究其原因和動機，然後分別通過褒貶以給予道德上的裁判，即所謂口誅筆伐。董仲舒在《春秋繁露》中將道德上的口誅筆伐與司法中的量刑定罪聯繫起來，並提倡以《春秋》經義作為論罪定獄的根據。本書〈精華〉篇稱：「《春秋》之聽獄也，必本其事而原其志。志邪者不待成，首惡者罪特重，本直者其論輕」；「故折獄而是也，理益明，教益行。折獄而非也，闇理迷眾，與教相妨。教，政之本也。獄，政之末也。其事異域，其用一也。不可不以相順，故君子重之也。」這段話闡述了法吏以《春秋》折獄斷案時所必須遵守的準則，即一要根據犯罪的事實，二要推究當事人的動機。動機邪惡者，不等待它成為事實，就應當加以防範。如「君親無將，將而誅」（《公羊傳》魯莊公三十二年）。這就是說臣子只要動了弒君的念頭，雖未成為事實，也必須加以誅戮，其流弊是只要根據「誅心」、「腹誹」之類的罪名，便可任意羅織成獄。在漢代，以《春秋》斷獄在司法實踐中是切切實實地付諸執行了的。漢代不少獄吏都致力於《春秋》之學。公孫弘以《春秋》之義繩下，酷吏張湯不僅以《春秋》斷案，還親赴董仲舒家中求教。董仲舒的弟子呂步舒「持節使決淮南獄，於諸侯擅專斷不報，以《春秋》之義正之，天子皆以為是」(《史記・儒林列傳》)。這種狀況反過來又促使《春秋》大義法定成為全國所必須共同遵奉的觀念，進一步鞏固了它在思想統治中的地位。

六旨之四為「立義定序」，它反映了董仲舒的君臣觀，其核心內容為明確君臣之間的尊卑次序及其各自所司的職責。專制國家由君、臣、民三者組成，其中君與臣是統治者，民是被統治者。至於國家機構即政府的組成，只包括君與臣二者，而民是被排斥在外的。理順君臣之間的相互關係，在專制國家中是保障國家機器正常運轉的前提。董仲舒在本書中把天道觀引入君臣之間，倡導「為人主者法天之行」；「為人臣者法地之道」(〈離合根〉)。同時由此生發，通過《春秋》中對具體人、事得失的褒貶來論述君臣之間的尊卑關係。他反對臣子擅權與篡弒，在〈王道〉篇中貶斥鄭相子駟因政見不合而弒鄭伯髡原，說是「痛強臣專君，君不得為善也」；對衛國州吁、齊國公孫無知的篡君自立，則讚賞「衛人殺州吁，齊人殺無知，明君臣之義，守國之正也」。同時，他也反對君主濫殺無辜之臣，振筆直書晉厲公「一朝而殺大臣三人。明年，臣下畏恐，晉國殺之」；楚靈王「殺無罪臣成然，楚國大懟」。董仲舒還強調君主應當任賢使能，說是：「觀乎齊桓、晉文、宋襄、楚莊，知任賢奉上之功；觀乎魯隱、祭仲、叔武、孔父、荀息、仇牧、吳季子、公子目夷，知忠臣之效；觀乎楚公子比，知臣子之道，效死之義；觀乎潞子，知無輔自詛之敗。」(以上見〈王道〉)總之，君主必須遵奉《春秋》所闡明的君臣之道，得臣則昌，失臣則亡。

六旨之五為「載賢方表謙義」，反映了董仲舒的經權觀。所謂經權，實際上就是如何處理原則性與靈活性，兩者應當如何結合的問題。所謂「載天下之賢方」，是指處理複雜問題的最佳方案；而「表謙義之所在」，則指如何以退為進，通過迂迴曲折的道路去解決問題。董仲舒反覆強調如何處理經與權、常與變的關係，原則性就是經與常，靈活性就是權與變。策略上的靈活運用，其目的不是背離根本原則而是為了最終能回歸到原則性上來，也就是復正，即通過權與變而恢復經與常。本書〈玉英〉篇指出：「夫權雖反經，亦必在可以然之域。不在可以然之域，故雖死亡，終弗為也」；「故諸侯在不可以然之域者，謂之大德。大德無踰閑者，謂正經。諸侯在可以然之域者，謂之小德，小德出入可也。權譎也，尚歸之以奉鉅經耳。」這也就是「表謙義之所在，則見復正焉耳」。〈玉英〉篇還指出：「《春秋》有經禮，有變禮」；「明乎經、變之事，然後知輕重之分，可與適權矣。」這裡說的是只有能堅持原則性的人，才能談得上靈活性的運用，否則就是隨風倒的牆頭草，根本不配談經與權的問題。

六旨中的最後一點反映了董仲舒對《春秋》的解讀觀，其中包含了兩個方面的內容：一是「幽隱不相踰，而近之則密矣」，強調《春秋》的「微言大義」。荀子在〈儒效〉中論述六經的各自特點時指出：「《春秋》言是其微也。」唐代楊倞注：「微為儒之微旨，一字為褒貶，微其文、隱其義之類是也。」《春秋》好微言是為了全身避禍，因為撰述當代史必然要涉及在位者及與其有牽連的人和事，一個不巧就會惹禍上身，微言可以為作者增加保護色。同時，微言也是為了防微杜漸，通過一字褒貶，區別善惡之細，行防纖芥之萌，啟發人們連類深思，從而得以闡發《春秋》大義。因此，董仲舒強調必須琢磨《春秋》的用辭，指出「為《春秋》者，得一端而多連之，見一空而博貫之，則天下盡矣」（〈精華〉）。二是強調只要解讀了《春秋》，就能「萬物之應無窮」，「施其用於人而不悖其倫」。宋代趙普認為半部《論語》可以治天下，董仲舒則認為解讀《春秋》即可治天下。而要做到這一點，董仲舒認為解讀《春秋》時，必須突破文字的藩籬，即所謂「《春秋》無通辭，從變而移」（〈竹林〉）；「《春秋》無達辭。從變從義而一以奉人（天）」（〈精華〉）。「從變從義」去解讀《春秋》，就能達到其借古以喻今，由史以言天的目的。

徐復觀先生在《兩漢哲學史》中指出：董仲舒「強調權變的觀念而把古與今連上；強調微、微渺的觀念，把史與天連上。這不僅是把《公羊傳》當作構成自己哲學的一種材料，而是把《公羊傳》當作是進入到自己哲學系統中的一塊踏腳石。由文字以求事故之端，由端而進入於文義所不及的微渺；由微渺而接上了天志：再由天志以貫通所有的人倫道德，由此以構成自己的哲學系統。」（〈先秦儒家思想的轉折及天的哲學的完成〉）所以，六旨所言，不僅是如何從整體上把握《春秋》大義的要旨所在，也是如何去掌握董仲舒思想體系的要旨所在。

第二章

是以必明其統於施之宜，故知其氣矣，然後能食其志也❶。知其聲矣，而後能扶其精也❷。知其行矣，而後能遂其形也❸。知其物矣，然後能別其情也❹。故倡而民和之，動而民隨之，是知引其天性所好，而壓其情之所憎者也❺。如是則言雖約，說必布矣；事雖小，功必大矣❻。聲響盛化運於物，散入於理，德在天地，神明休集，並行而不竭，盈於四海而頌聲詠❼。《書》曰：「八音克諧，無相奪倫，神人以和。」❽乃是謂也。故明於情性，乃可與論為政。不然，雖勞無功❾。夙夜是寤，思慮惓心，猶不能覩，故天下有非者❿。三示當中，孔子之所謂非，尚安知通哉⓫！

【章　旨】本章從情與性的區別生發開去，闡述王者如何轉化成為聖王之途。

【注　釋】❶是以必明其統於施之宜三句　此處意指因此而可以知道凡是能掌握《春秋》大義並能因地制宜地付諸實施的人，具備了君子即仁者乃至理想中聖王所需要的氣質。明其統，指弄明白《春秋》大義的綱要，即前述六科之旨。施之宜，指適宜地施用於當前的方針政策。故知其氣矣，氣指氣質，即孟子的所謂浩然之氣。然後能食其志，指然後方能不斷地養育其高尚的志向和節操。❷知其聲矣二句　此處指通過王者的言論，可以知道他內心嚮往《春秋》大義，然後扶助其精氣，使之能溝通於百姓。知其聲矣，指言為心聲，通過王者的言論可以知道王者的心聲。精，指精氣、精神。《呂氏春秋．季秋紀．精通》：「聖人南面而立，以愛利民為心，號令未出而天下皆延頸舉踵矣，則精通於民也。」❸知其行矣二句　此處指知道王者將《春秋》大義付諸實踐，見於行動，然後便能為他在百姓中樹立起王者的高大形象。行，行為；實踐。❹知其物矣二句　全句指從王者之行所產生的結果來看，可以知道他的心志與出於情的利欲貪心有著嚴格的區別。物，指事物，即按照前述過程進行後的結果。情，指情欲，區別於性。本書〈深察名號〉篇：「身之有性情也，若天之有陰陽也。」性與陽對應，而情則與陰對應。故性通仁，而情通欲。許慎《說文解字》：「情，人之陰氣，有欲者」；「性，人之陽氣，性善者也。」❺故倡而民和之四句　此處指王者忠於《春秋》大義，其精氣與百姓溝通，所以他每有倡導，百姓就隨聲而和，有所行動，百姓就緊隨其後，這是由於知道引發人們天性中善良的一面，而壓抑人們情欲中可憎的邪念。❻如是則言雖約四句　此處所言主體為董仲舒理想中的王者，因其所言所行俱從《春秋》大義出發，故所言雖簡約，卻能廣為傳布；所行雖為瑣細小事，其功效卻十分顯著。理想化的王者形象一旦樹立，其一言一行在民間的效應會成倍放大，此即所謂暈輪效應，在個人崇拜盛行時期尤其如此。❼聲響盛化運於物六句　此處指王者的言語與教化在人民中引起廣泛回響，運行於萬事萬物之中，普遍進入人們的內心而成為他們生活的理念。一旦進入這種境界，王者的德行充塞天地之間，天上的神祇聚集於此降賜福祉，各類善事同時施行而不竭，四海之內洋溢著一片對聖王的歌頌讚揚之聲。原注指出「案他本無聲字」，故後一「聲」字疑是衍文。❽書曰四句　此處用以描述社會各界和諧協調的境界，指樂師們演奏時，各類樂器發出的音響協調而有節奏，相互間沒有絲毫的干擾，神和人之間非常和諧。古人認為音樂是人和神溝通的管道之一。上述描繪被認為是歌舞昇平、天下大治的盛世景象。書，指《尚書》，引文出自《尚書・舜典》。八音，古代對樂器的統稱，指金、石、土、革、絲、木、匏、竹八類。鐘、鈴等屬金類，磬等屬石類，塤屬土類，鼓屬革類，琴、瑟等屬絲類，柷、敔等屬木類，管、簫等屬竹類。❾故明於情性四句　情、性之別，見前章注❺。在董仲舒所構築的天的哲學體系中，性屬陽，情屬陰。性代表仁和善，而情代表貪和欲，只有懂得如何去壓抑情中的貪和欲，發揚性中所具有的仁和善，才能與其談論為政之道。否則，一切努力都是勞而無功，白費辛苦。❿夙夜是寤四句　此處指晝夜不睡，殫精竭慮地思索，仍然不能看到情與性的區別，那麼，即使能辛勞治國，天下對他仍有非議，不以為然。夙，早。寤，醒。⓫三示當中三句　王字的字形結構為三橫加當中一豎。董仲舒據此認為王者能貫通天地人三者。孔子之所謂非，指孔子對王者仍有所非難，並不一味頂禮膜拜，如孔子在《春秋》中「是非二百四十二年之中，以為天下儀表，貶天子，退諸侯，討大夫，以達王事而已。」（《史記・太史公自序》）尚安知通哉，指那些遭受孔子貶斥的天子與諸侯又怎麼能貫通《春秋》大義呢？

【語　譯】所以，王者必須系統地掌握《春秋》大義的綱要，因地制宜去付諸實施，這樣就可以知道他已具備了作為聖王的仁者氣質，然後就能不斷地培育其高尚的志向和節操。通過王者的言論，可以知道他嚮往《春秋》大義的心聲，然後可以扶持其精氣與百姓溝通。通過王者將《春秋》大義付諸實踐、見於行動，然後便能使他在百姓心目中樹立起王者的高大形象。從王者之行所產生的效果來看，可以知道他的心志與出於情的利欲有著嚴格的區別。所以王者有所倡導或行動，百姓皆緊隨其後，群起響應。這是由於王者懂得引發人的天性中善良的一面而壓抑人的情欲中可憎的邪惡之念。一旦形成這樣的氛圍，王者所說的話雖簡約，但很快便會迅速地廣泛傳布；所做的事雖小，但其功效卻很顯著。他的言語與教化在民眾中引起廣泛的回響，運行於萬事萬物之中，普遍成為人們的生活理念，王者的功德充塞於天地之間，神祇聚集到此降賜福祉，各類善事同時施行而不會中斷，四海之內洋溢著一片對聖王的讚揚歌頌之聲。《尚書》中說：「各類樂器發出的音響協調而有節奏，相互間沒有絲毫干擾和噪音，神和人之間的溝通非常和諧。」指的就是這種景象呀！因此，只有懂得了何者為情、何者為性，才能與他談論為政之道。否則，一切努力都是徒勞而無功。即使白天黑夜都不睡眠，殫精竭慮地思索，仍然不能看到情與性的區別，即便你廢寢忘餐地治理國家，天下人仍對你不以為然，有所非議。雖然王是貫通了天地人三者，但孔子對不懂得情與性區別的王者照樣要進行批評，他們怎麼能稱得上融會貫通《春秋》大義呢？

【研　析】本章要旨為如何使王者成為聖王。

實現這種轉換的前提，在董仲舒看來當然是完整而系統地掌握《春秋》大義，即前述六科之旨並能因地制宜地付諸實施。而要做到這一點，首先就必須掌握性與情的區別。董仲舒認為人性是兩元的，本書〈深察名號〉篇中就把天道的陰和陽與人的情和性聯繫起來，強調「身之有性情，若天之有陰陽也」。〈陽尊陰卑〉篇則指出：「惡之屬盡為陰，善之屬盡為陽。」於是，情、陰、惡歸為一類，而性、陽、善則歸為另一類。董仲舒認為：「天有陰陽禁，身有情欲栣，與天道一也」；「天之禁陰如此，安得不損欲而輟其情以應天。天所禁而身禁之，故曰身猶天也。」（俱見〈深察名號〉）這裡強調的是天道好陽而惡陰，所以要禁陰而使其不干擾陽，枉情欲之惡而不使其傷性之善。援天端，依照天地陰陽之道，發揚性中的仁與善，壓抑情中的貪與惡，絕對不能放縱自己的情欲去貪圖私利。這也就是本章中所提到的「別其情」的主旨。如果不能區別情與性及其各自的內涵，也就掌握不了理解本章內容的鑰匙。那樣一來，就勢必會墜入五里霧中，對本章所言只覺得滿紙煙雲而不知所云。

董仲舒認為王者要能成為聖王，就應當如他在〈天人三策〉中所說的那樣：「上承天之所為，而下以正其所為，正王道之端云爾。然則王者欲有所為，宜求其端於天，天道之大者在陰陽。」引天之端以正王之所為，也就是助陽抑陰，發揚性中的仁和善，壓抑情中的貪和惡。這也就是儒家的所謂內聖功夫，提倡由內聖而外王，進而治國平天下。

這是一條儒家傳統的修養途徑，源遠流長，由來已久。孟子在〈盡心上〉稱：「盡其心者，知其性也，知其心則知天矣。存其心，養其性，所以事天也。」〈中庸〉強調：「天命之謂性，率性之謂道，修道之謂教。」〈大學〉三綱八目中首重「正心誠意」，講的都是一個道理：先內聖，後外王，由內聖而外王。內聖是基本功夫，但只有外王才能顯示成效。內聖只能獨善其身，而外王卻可兼濟天下。

至於情和欲，原本就是與生俱來的。人要維持自己的生存便有欲，告子就曾說過：「食色性也。」《荀子・正名》指出：「性之好惡喜怒哀樂謂之情。」情所表達的是人在生理上的各種需要，抽象地說便是欲，故情與欲緊密相連。情與性的區分，在宋明理學家那裡，便表現為「存天理，滅人欲」。董仲舒對情、性的區分，往上可追溯至孔、孟、荀，往下可推演至宋、明理學，可見這是條一脈相承的儒家思想傳統之鏈，而董仲舒的論述正是這條思想之鏈中承上啟下的重要環節。

然而，在歷史的實際生活中，先內聖後外王只能是一種空想。孔子做到了「內聖」，但並沒有成為王者，所以只能稱為素王，孟子更只是一個亞聖而已。從歷史上看，只有那些已經登上了天子寶座的王者，然後才有興趣來探討儒家的「內聖外王」功夫。董仲舒的今上是漢武帝。他曾在〈求賢良策〉的制文中表達了對五帝三王之道與古代聖王的嚮慕之情，但他是否肯在內聖上下一番功夫呢？答案只能是「否」。汲黯曾面斥漢武帝說：「陛下內多欲而外施仁義，奈何欲效唐虞之治乎！」（《漢書・汲黯傳》）漢武帝為此勃然大怒而罷朝。所謂「內多欲」，就是不能「別其情」。「別其情」是內聖的前提，但漢武帝無法照辦，畢竟他要的只是唐虞盛世的虛名，真要他像唐堯、虞舜那樣地儉樸自持，他才不會那麼傻呢！漢武帝走的道路是先王而後聖，而不是先聖而後王。他追求的「聖」，是由公孫弘這樣的儒生在他的頭上編織聖人的光環。至於「聲響盛化運於物」、「德在天地」、「盈於四海而頌聲詠」以及「神人以和」的境界，也完全可以由阿諛奉承者來營造。公孫弘在其對策中說：「氣同則從，聲比則應。今人主和德於上，百姓和合於下。故心和則氣和，氣和則形和，形和則聲和，聲和則天地之和應矣。故陰陽和，風雨時，甘露降，五穀登，六畜蕃，嘉禾興，朱草生，山不童，澤不涸，此和之至也……德配天地，明並日月，則麟鳳至，龜龍在郊，河出圖，洛出書，遠方之君莫不悅義，奉幣而來朝，此和之極也。」（《漢書・公孫弘傳》）你看，公孫弘說得多麼肉麻！五帝三王的盛世就那麼輕易地再現於漢武之世了。這就難怪公孫弘官運亨通，位列三公，官至丞相，封平津侯，一時寵榮之盛，無與倫比。董仲舒的見解雖較公孫弘為高明，但馬屁功夫卻有欠缺，最後只好去位家居，以修學著書為業。董仲舒的不如公孫弘之處，也正是董仲舒的高於公孫弘之處。其實，四海洋溢讚美之聲、頌歌響徹雲霄之時，往往有可能是歷史上的黑暗時期。反過來，民眾毫無忌憚地抨擊當局，指摘時弊，倒有可能是廣開言路的標誌呢！

十指第十二

【題解】篇名〈十指〉，內容為貫通《春秋》全書的十個要旨，與〈正貫〉篇中提出的六科之旨互相發明。〈正貫〉從天道而論及王道，本篇則由王道而論及天道。六科十指強調從整體上去把握《春秋》大義。從形式上看，與何休用三科九旨去闡釋《春秋》大義有別。

本篇可分為兩章：第一章提出了十指的具體內容；第二章則對十指的內容分別作了說明，強調只要確實執行了這些要旨，便能取得陰陽和調，萬物靡不得其理的成效。

第一章

春秋二百四十二年之文，天下之大，事變之博，無不有也。雖然，大略之要有十指。十指者，事之所繫也，王化之由得流也。舉事變見有重焉，一指也❶。見事變之所至者，一指也❷。因其所以至者而治之，一指也❸。彊幹弱枝，大本小末，一指也❹。別嫌疑，異同類，一指也❺。論賢才之義，別所長之能，一指也❻。親近來遠，同民所欲，一指也❼。承周文而反之質，一指也❽。木生火，火為夏，天之端，一指也❾。切刺譏之所罰，考變異之所加，天之端，一指也❿。

【章旨】本章提出十指是貫通《春秋》全書的十個要旨，強調從整體上去把握《春秋》大義。

【注　釋】❶舉事變見有重焉二句　本書〈俞序〉篇：「故子夏言《春秋》重人，諸譏皆本此。」這是指《春秋》譏刺天子、諸侯之行事，是從重視民眾出發，因為他們這樣做對民眾造成了傷害。〈竹林〉篇：「《春秋》之敬賢重民如是。是故戰攻侵伐，雖數百起，必一二書，傷其害所重也。」何休《春秋公羊傳解詁》魯隱公二年注：「凡書兵者，正不得也。內外深淺皆舉之者，因重兵害眾。」重，指《春秋》重民。❷見事變之所至者二句　指《春秋》褒善貶惡，以見事變之得失。〈王道〉篇：「古者人君立於陰，大夫立於陽，所以別位，明貴賤」；「孔子明得失，差貴賤，反王道之本。」《春秋》認為貴賤差別明確則為得，貴賤地位顛倒則為失。❸因其所以至者而治之二句　此處指天下之事變，皆有其發生的原因，必須尋根究源去著手治理，方能撥亂返正。如《春秋》在魯桓公十五年（西元前六九七年）記載：「天王使家父來求車。」《公羊傳》對此評論曰：「何以書？譏。何譏爾？王者無求，求車非禮也。」何休《春秋公羊傳解詁》：「（王者）不當求，求則諸侯貪，大夫鄙，士庶盜竊。」求車事雖小，但顛倒了尊卑關係，而且王畿千里，按理應可自給，不當再向諸侯求取。任其發展下去，會形成貪鄙盜竊的社會風氣，這件事的性質就嚴重了。❹彊幹弱枝三句　指天子與諸侯、諸侯與大夫之間的君臣關係，應當強幹以弱枝，本大而末小，切不可本末倒置，枝強幹弱。比如，有天子在，「齊桓不予專地而封，晉文不予致王而朝，楚莊弗予專殺而討」（〈楚莊王〉）。《春秋》之所以不贊成齊桓、晉文、楚莊的做法，是因為他們侵犯了天子的權限，根本不把天子放在眼裡，違反了強幹弱枝、大本小末的原則。❺別嫌疑三句　此處指有些事看上去相同但其實有著原則上的區別，如逢丑父欺晉，祭仲許宋，都是為了保存自己的國君，但「祭仲見賢而丑父猶見非，何也？曰：是非難別者在此。此其嫌疑相似而不同理者，不可不察。夫去位而避兄弟者，君子之所甚貴。獲虜逃遁者，君子之所甚賤。祭仲措其君於人所甚貴以生其君，故《春秋》以為知權而賢之。丑父措其君於人所甚賤以生其君，《春秋》以為不知權而簡之。其俱枉正以存君相似也，其使君榮之與使君辱不同理」（〈竹林〉）。這裡指出鄭國國相祭仲答應宋國立公子突為國君而讓太子忽出奔他國，太子忽雖失去國君之位但能得到不與兄弟爭位的賢名，為君子所貴，而且祭仲後來讓忽復國為君，是前枉而後義，謂之中權。齊國逢丑父冒充國君齊頃公欺騙晉國三軍，使國君從俘虜中脫逃，但使國君從此蒙受恥辱的名聲，為君子所賤，是前正而後枉，故謂之邪道。❻論賢才之義三句　此處指《春秋》強調為人主者應當尊賢任能，國家方能長治久安。董仲舒在〈精華〉篇中指出：「故天下雖大，古今雖久，以是定矣。以所任賢，謂之主尊國安；所任非其人，謂之主卑國危。萬世必然，無所疑也。」❼親近來遠三句　此處指只要能同民所欲，急民眾之所急，樂民眾之所樂，就能由近而遠地使其他國家來歸附本國。董仲舒在〈王道〉篇中指出：「親近以來遠，未有不先近而致遠者也。故內其國而外諸夏，內諸夏而外夷狄，言自近者始也。」❽承周文而反之質二句　此處指文質可以互救。董仲舒在〈王道〉篇中就曾提出：「此《春秋》之救文以質也。」董仲舒認為夏禮尚忠，殷禮尚敬，周禮尚文。周道衰而文敝，故《春秋》救文以質，強調禮的內容和本質，不在於外在的形式。❾木生火四句　木生火是中國古代五行相生理論中的命題。董仲舒在本書〈五行對〉篇中指出：「天有五行，木火土金水是也。木生火，火生土，土生金，金生水。水為冬，金為秋，土為季夏，火為夏，木為春。春主生，夏主長，季夏主養，秋主收，冬主藏。」木生火，為五行之始，所以木為春，主生，而春為天之端。在這裡，董仲舒不僅將五行與四季相配合，而且與人事中的生、長、養、收、藏相配合。所以如此，是為了說明王道之端在於天，天人之間互為感應。如〈王道〉篇稱：「王正則元氣和順，風雨時，景星見，黃龍下。王不正則上變天，賊氣並見。」❿切刺譏之所罰四句　指《春秋》所刺譏之事，天降災異以示警。董仲舒在〈天人三策〉中說：「孔子作《春秋》，上揆之天道，下質諸人情，參之於古，考之於今。故《春秋》之所譏，災害之所加也。《春秋》之所惡，怪異之所施也。書邦家之過，兼災異之變，以此見人之所為，其美惡之極，乃與天地流通而往來相應，此亦言天之一端也。」

【語　譯】《春秋》對二百四十二年歷史的記載，儘管天下是那麼廣大，事變是那麼博雜，但仍無不包括在內。雖然如此，從大體上來看，重要之處也就是十個要旨。這十個要旨，聯繫著所有的事變，也是王者的教化之所以得到傳布的根由。在《春秋》記載的各種事變中，最受到看重的是百姓所受到的傷害，這是第一個要旨；顯示事變所造成的後果，這是第二個要旨；從事變的後果尋找事變所以發生的原因，並提出治理的措施，這是第三個要旨；在君與臣（包括天子與諸侯、諸侯與大夫）之間做到強幹弱枝、重本輕末，這是第四個要旨；區別那些相似而易引起嫌疑的情況與貌似同類而其實相異的事物，這是第五個要旨；論述重視賢才的道理，根據其各人之所長來任用以發揮其才能，這是第六個要旨；親撫近處的百姓，以招徠遠處的百姓，想百姓之所想，急百姓之所急，這是第七個要旨；矯正周朝重文輕質的時弊，力主返歸崇奉質樸的風尚，這是第八個要旨；按照五行相生的理論，木生火，而火象徵夏並意味著木象徵春，春是一年四季的開端，所以君王要依天之端來端正自己的行為，這是第九個要旨；審視並譏刺為上天所懲罰的人和事，考察天象變異之所出現在人間的原因，以了解天的開端與其天人感應的情況，這是第十個要旨。

【研　析】本篇所言的十指，與上篇〈正貫〉所言的六科，都是從整體上去把握《春秋》大義的要點，只是各篇的側重面和視角有所不同而已。

〈正貫〉的六科之旨是縱向的剖析，由天道而王道，一上來就強調「援天端」。本篇的十指是橫向的剖析，由王道而最後返還到天道，一上來就強調「舉事變見有重焉」，實質上也就是重民，即百姓的利益有沒有受到傷害。董仲舒的這一思想貫穿於全書之中。〈竹林〉篇：「《春秋》之法，凶年不修舊，意在無苦民爾。苦民尚惡之，況傷民乎？傷民尚痛之，況殺民乎？」「是害民之小者，惡之小也。害民之大者，惡之大也。」〈王道〉篇：「五帝三王之治天下，不敢有君民之心。什一而稅，教以愛，使以忠，敬長老，親親而尊尊，不奪民時，使民不過歲三日，民家給人足，無怨望忿怒之患。」〈滅國上〉：「王者，民之所往，君者不失其群者也。故能使萬民往之而得天下之群者，無敵於天下。」本篇的第七指「親近來遠，同民所欲」，強調想民之所想，急民之所急，同樣是對重民這層意思的補充。

〈正貫〉尊天，〈十指〉重民，兩者其實是一致的。《尚書・泰誓中》：「天視自我民視，天聽自我民聽。」《尚書・皋陶謨》：「天聰明自我民聰明，天明畏自我民明畏。」這樣就把天意與民意溝通起來。所以尊天與重民這兩者是統一的。然而，〈十指〉中的第二指至第六指，〈正貫〉中六科之旨中的第二旨至第五旨，都在強調君尊臣卑，甚至在闡述君臣關係時不將民的因素考慮在內，使民處於完全被動的地位。董仲舒還在〈玉杯〉篇內提出了這樣的命題：「屈民而伸君，屈君而伸天，《春秋》之大義也。」對此又應當如何理解呢？

通觀《春秋繁露》全書，董仲舒繼承了孟子所強調的「民為貴，社稷次之，君為輕」的思想，重民輕君。他在〈堯舜不擅移、湯武不專殺〉中提出：「天之生民，非為王也；而天立王，以為民也。故其德足以安樂民者，天予之；其惡足以賊害民者，天奪之。」由此可見，董仲舒繼承和發展了儒家的民本思想，始終將民眾的利益放在第一位。至於「屈民而伸君，屈君而伸天」的提法，恰正證明了重民與尊天的一致性。「屈民而伸君」，這是對現實生活中君民關係實際狀況的反映：君王是統治者，民眾是被統治者。至於重民，則要借助於天意，要通過「屈君而伸天」才能實現。「天視自我民視，天聽自我民聽」，說明了民意即是天意。無奈是歷代君主視民如子，如羊，如草芥，打罵役使和踐踏慣了的，能將民意當天意看待的究竟有幾人？董仲舒為了解決這一難題，引進了陰陽五行與災異的觀念，將天說成是有意志的人格神，而自然的天象變異與災害發生都說成是天意示警，以求得君王能對自己的行動有所約束，對民意有所尊重。這也就是十指中最後兩指即第九指、第十指所闡明的道理。〈十指〉重在闡述王道，但最後仍得歸之於天道，借助於天道來推行王道，這也可以說是無可奈何之舉。

董仲舒重民，但這是在嚴格維護君主統治的前提下的重民。正如《荀子・王制》中提出的：「君者舟也，庶人者水也。水則載舟，水則覆舟，此之謂也。」重民是為了安民，而安民是為了使君王能安於位，保持住皇帝的寶座。君主與民眾的利益的平衡點，也就是舟與水的關係。歷代明智的封建君主大多持有這種看法，唐太宗就曾諄諄告囑太子李治關於「水能載舟，也能覆舟」的道理。

第二章

舉事變見有重焉，則百姓安矣❶。見事變之所至者，則得失審矣❷。因其所以至而治之，則事之本正矣❸。彊幹弱枝，大本小末，則君臣之分明矣❹。別嫌疑，異同類，則是非著矣❺。論賢才之義，別所長之能，則百官序矣❻。承周文而反之質，則化所務立矣❼。親近來遠，同民所欲，則仁恩達矣❽。木生火，火為夏，則陰陽四時之理相受而次矣❾。切刺譏之所罰，考異變之所加，則天所欲為行矣❿。統此而舉之，仁往而義來⓫。德澤廣大，衍溢於四海，陰陽和調，萬物靡不得其理矣⓬。說《春秋》者凡用是矣，此其法也。

【章　旨】本章對十指中的各個要旨，分別作了說明，強調只要能依此確實執行，便能陰陽和順，萬物靡不得其理。

【注　釋】❶舉事變見有重焉二句　此處是對前述第一指的說明，指《春秋》通過事變的記載來表明其所重視的是百姓由此而受到的傷害，君主能認識到這一點，百姓們就能安居樂業了。〈竹林〉篇指出：「今戰伐之於民，其為害幾何？攷意而觀指，則《春秋》之所惡者，不任德而任力，驅民而殘賊之。其所好者，設而勿用，仁義以服之也」；「夫德不足以親近，而文不足以來遠，而斷斷以戰伐為之者，此固《春秋》之所甚疾已，皆非義也。」❷見事變之所至者二句　此處是對前述第二指的說明。事變之所至，指事變的結果，根據其結果來考察其得失。本書〈重政〉篇指出：「《春秋》明得失，差貴賤，本之天。」所謂得與失的標準，本之於天道，天道即王道，也就是君臣之間（包括天子與諸侯、諸侯與大夫）貴賤尊卑的差別和秩序。❸因其所以至而治之二句　此處為前述第三指的說明。所以至，指產生得失的原因。〈竹林〉篇：「《春秋》記天下之得失，而見所以然之故。」指的就是這個道理。治，是針對所以然的原因，進行治理，這樣做方能正本清源，抓住事物的根本，使它返還到正道上來。❹彊幹弱枝三句　此處是對前述第四指的說明。從天子與諸侯的關係來說，天子是樹木的主幹，諸侯是樹木的枝葉；從諸侯與大夫的關係來看，諸侯是樹木的主幹，而大夫是樹木的枝葉。大本小末的情況與強幹弱枝相同。這樣一來，君臣的名分便明確了。君臣之間的強弱大小的關係不能顛倒，顛倒了便會天下大亂。所謂強幹大本，主要是為了保持住君主的權位。〈王道〉篇：「未有去人君之權，能制其勢者也。未有貴賤無差，能全其位者也。故君子慎之。」董仲舒對這一點的反覆強調，反映了漢初諸侯王坐大成患，已形成尾大不掉之弊，而削弱諸侯王的勢力，始終是漢代文、景、武諸帝的基本國策。❺別嫌疑三句　此處是對前述第五指的說明。只有區別開看上去嫌疑相似的內容與貌似同類而其理相異的事物，事變的是非才能清楚地顯示出來，不致引起混淆。〈竹林〉篇：「是非難別者在此。此其嫌疑相似而不同理者，不可不察。」❻論賢才之義三句　此處是對前述第六指的說明。這裡有兩層意思：一是君主要善於任賢，〈精華〉篇：「《易》曰：『鼎折足，覆公餗。』夫鼎折足者，任非其人也。覆公餗者，國家傾也。是故任非其人而國家不傾者，自古至今，未嘗聞也。」二是各任其能，用其所長，以序百官。《韓非子．外儲說左下》：「桓公問置吏於管仲。管仲曰：『辯察於辭，清潔於貨，習人情，夷吾不如弦商，請以為大理。登降肅讓，以明禮待賓，臣不如隰朋，請立以為大行。墾草仞邑，辟地生粟，臣不如寧武，請以為大田。三軍既成陳，使士視死如歸，臣不如公子成父，請以為大司馬。犯顏極諫，臣不如東郭牙，請立以為諫臣。治齊此五子足矣。將欲霸王，夷吾在此。』」管仲根據各人的才能，推薦弦商管司刑，隰朋司禮賓，寧武（戚）司農，公子成父領兵，東郭牙任諫臣，而他自己則當宰相，輔助齊桓公成就王霸之業，可謂知人善任而百官有序。❼承周文而反之質二句　此處是對前述第七指的說明，指《春秋》承衰周重文輕質之弊，返還和恢復夏代崇尚質樸的風氣，那麼所致力的道德教化就能樹立起來了。❽親近來遠三句　此處是對前述第八指的說明，指君主之治天下，應以仁恕之道，推己及人，由近至遠。何休《春秋公羊傳解詁》魯成公十五年（西元前五七六年）注：「明當先正京師，乃正諸夏；諸夏正，乃正夷狄，以漸治之。」❾木生火三句　此處是對上述第九指的說明。本書〈五行相生〉篇：「天地之氣，合而為一，分為陰陽，判為四時，列為五行。」五行為木、火、土、金、水。五行相生為木生火，火生土，土生金，金生水，水生木。以五行與四時相配，則木為春，火為夏，土為季夏，金為秋，水為冬。此處所說的「木生火，火為夏」，即由春而夏，表示春、夏、秋、冬順時而至，而春為一年四季之端，也就是天之端。本書〈四時之副〉：「王者配天，謂其道。天有四時，王有四政。四政若四時，通類也，天人所同有也。慶為春，賞為夏，罰為秋，刑為冬。慶賞罰刑之不可不具也，如春夏秋冬不可不備也。」董仲舒認為君主治理天下，應依照四時的變化，運用慶、賞、罰、刑，視情況處理，四政中不可缺一，方是治國之道，這也就是所謂王道。❿切刺譏之所罰三句　此處是對前述第十指的說明。此處指貼近《春秋》所譏刺的事變，考查和追究上天因此而加給人間的災異，那麼所行之事就是在實現上天所希望做的事。切，貼近。《春秋》在魯隱公五年（西元前七一八年）記載：「公觀魚于棠。」又在同年秋記載：「螟。」《漢書．五行志下之上》：「隱公五年秋，螟。董仲舒、劉向以為時公觀漁於棠，貪利之應也。」

這是指魯隱公貪利而觀漁，於是上天以螟災示警。董仲舒在〈天人三策〉中一開頭就強調這種天人之間的感應：「臣謹案《春秋》之中，視前世已行之事，以觀天人相與之際，甚可畏也。國家將有失道之敗而天乃先出災害以譴告之；不知自省，又出怪異以警懼之；尚不知變，而傷敗乃至，以此見天心之仁愛人君而欲止其亂也。」（《漢書・董仲舒傳》）董仲舒用陰陽五行來解釋《春秋》上所記載的災異，並用以指導人間之行事，從而在此基礎上構築其天人感應的政治學說。因此，《漢書・五行志上》稱：「漢興，承秦滅學之後。景、武之世，董仲舒治《公羊春秋》，始推陰陽，為儒者宗。」⓫統此而舉之二句　統此，總舉十指之要。仁往而義來，指仁者愛人，施諸於外，故謂之往。義在正己，嚴於自責，薄於責人，所重在反自躬而求諸己，故謂之來。仁往即外王，義來即內聖。十指之要，總而言之，無非仁義二字。⓬陰陽和調二句　董仲舒認為天道之常是陰陽二氣此消彼長、循環往復的過程，相應於一年四時，少陽成春，主生發；太陽為夏，主長養；少陰為秋，主收穫；太陰為冬，主收藏與埋葬。陰陽二氣的此消彼長，構成了一年四季的運行過程。陰陽和調，指陰陽二氣的消長，符合四時運行的規律，那麼萬事萬物的生長和消亡，也就順理成章地符合其自身的發展規律了。

【語　譯】《春秋》在列舉二百四十二年中的人事變化時，所看重的是百姓有沒有受到傷害與能否安居樂業。在探討與分析那些人事變化所以發生的原因時，事情的得失就很清楚了。根據這種人事變化所造成的後果去進行治理，政事就能從根本上得到端正。君與臣之間能強壯主幹，削弱枝葉，做到重本輕末，那麼君臣之間的名分也就更加明確了。要區分那些現象相似而本質有別的情況與看上去同類而實質上相異的事物，孰是孰非也就一清二楚了。懂得尊重與任用賢才的道理，區別各人之所長去任命與使用，各級官吏就能有條不紊地恪盡各自的職責。上承周代衰敗後重文輕質的流弊，返回到崇尚質樸的道路上來，那麼就可以知道如何去樹立道德教化的風尚了。君主治理天下，必須與民同欲，才能做到親近而來遠，使其仁德和恩惠到達民眾的身上。木生火，木是春，火為夏，陰陽消長與四季變化就能依照規律而前後相承並有序地運行了。弄清楚《春秋》通過譏刺所表示的懲罰，考察與探究上天降臨的災害和天象變異的原因，那麼就會依照上天所希望的那樣去行事了。上述十指統而舉之，不過是「以仁愛人，以義律己」

而已。君主倘若能這樣去做，那就能德澤廣大，充塞與洋溢於四海之內了。到了那時候，陰陽調和，萬物都能順理成章地蕃衍和生長。凡是講說《春秋》的人，都要強調遵照這十個要旨去做，它可是《春秋》的根本大法哪！

【研　析】「十指」是貫通《春秋》全書的十個要旨。

孔子對《春秋》曾說過這樣的話：「我欲載之空言，不如見之於行事之深切著明也。」（原文見《春秋緯》，此處轉引自《史記・太史公自序》）他通過二百四十二年行事的記載來闡明《春秋》大義。《公羊傳》則通過對經文中文辭涵義的開掘，然後以自問自答的方式來展開對《春秋》大義的論述。《春秋》屬編年體史著，所以《公羊傳》對《春秋》大義的闡述只能散見於各年的記載之中。

董仲舒的《春秋繁露》在闡述《春秋》大義的方式上，便不同於《公羊傳》。它不是逐年逐事地通過經文文辭的開掘來闡述《春秋》大義，而是強調「合而通之，緣而求之，五其比，偶其類，覽其緒，屠其贅」（〈玉杯〉），也就是貫通全書，連類而及其他，通過綜合、比較而求其義。有的時候，要「攷意而觀指」（〈竹林〉），即通過分析、抽象、概括等思維過程，才能掌握其要旨之所在。比如對戰爭的分析，「不義之中有義，義之中有不義。辭不能及，皆在於指，非精心達思者，其孰能知之？」董仲舒還認為，「由是觀之，見其指者，不任其辭。不任其辭，然後可與適道矣」（均見〈竹林〉）。所以，董仲舒強調對《春秋》要旨的掌握，不能停留在分散於各年的經文文辭上，因為它們不能直接指出《春秋》要旨之所在。

本篇對十指的排列與組合，並沒有直接引用《春秋》經文的文辭，也沒有引用《公羊傳》中的解釋與評論，而是董仲舒自己會通《春秋》與《公羊傳》的全部要旨，摻雜了他建立在陰陽五行學說基礎上的天人感應之說，形成為開創了漢代儒學新風的一家之言。

董仲舒通過這種研究方法與表述方式，將經文中分散於各處闡述的《春秋》大義集中起來，進行了系統化的整理與概括，便於後人的學習、掌握與運用。董仲舒對《公羊春秋》的闡述之所以在漢代成為主流，便與他的研究方法與表達方式有關。

《春秋繁露》與《公羊春秋》，二者之間猶如經與緯的關係，起到了相互補充的作用，為《春秋》大義的傳播提供了有利的條件。任何一種思想或理論，要能得到廣泛的傳播與普及，除了它的內容必須反映社會的需要與統治者的大力提倡之外，而且要求其自身必須條理化、簡約化，形成為由若干條基本原理組成並能通過它來囊括一切的思想體系，用現代語言來表達，就叫作主義或曰意識形態。它一旦與現實政權結合在一起，就往往會出現政教合一的統治形式，對社會生活發生重大的影響與作用。弄清楚這一點，對理解董仲舒在儒家思想發展中的地位和作用有著重要的意義。

重政第十三

【題解】篇名〈重政〉，強調應重視施政方針及其執行的結果。

本篇可分為四章。第一章強調元者為萬物之本，天地之元與人之元合一，天道與王道合一。第二章著重討論經師的學風，強調經師的講授應以經傳為本，重在傳道與闡明仁義之說。第三章提出了三命說，強調君王應致力於使臣民得享其天年。由此出發去省察自己的施政方針及其實踐的結果，便是抓住了重政之本。第四章指出孔子與湯武同而有異。兩者都主張推行王道，但湯武是聖王，大權在握，能以仁政治天下；而孔子只能修《春秋》以明得失，差貴賤，總結歷史經驗以供後來之王者採擇。

第一章

惟聖人能屬萬物於一而繫之元也。終不及本所從來而承之，不能遂其功❶。是以《春秋》變一謂之元，元猶原也，其義以隨天地終始也❷。故人唯有終始也，而生不必應四時之變❸，故元者為萬物之本❹，而人之元在焉。安在之？乃存乎天地之前❺。故人雖生天氣及奉天氣者，不得與天元本、天元命而共違其所為也❻。故春正月者，承天地之所為也，繼天之所為而終之也❼，其道相與共功持業，安容言乃天地之元？天地之元奚為於此惡施於人？大其貫承意之理矣❽。

【章　旨】本章通過對《春秋》開頭第一句「元年春王正月」的闡釋，強調元者為萬物之本，天地之元與人之元合一，天道與王道合一，為其「天人合一」的學說張本。

【注　釋】❶惟聖人能屬萬物於一而繫之元也三句　這裡具體解釋《春秋》開首第一句「元年春王正月」中「元」字的涵義，本來這是紀年月時間的標誌，但董仲舒在這裡藉「一」字和「元」字引入有關創世哲學的內容以闡述其天道觀。元，始。《說文》：「元，始也。」又可釋本，指事物的根本。顧炎武《日知錄》：「元者本也。本官曰元官，本籍曰元籍，本來曰元來。唐宋人多此語，後人以原字代之。」聖人能屬萬物於一，指聖人追溯萬物的起源和根本在於一，而用元字來表達。董仲舒凸出元字，反映了他從哲學上探索天地萬物始源的企圖。《易經》釋〈乾卦〉：「大哉乾元，萬物資始。」釋〈坤卦〉：「聖哉坤元，萬物資生。」這裡的元字成了天地之始，萬物賴此以生長，故其用意並不限於在紀年上用「元」代替「一」。終不及本所從來而承之，指不知道將一繫之元所包含的深邃涵義，而將變一為元只看成是紀年數的易字，就不能體現它在人們思想觀念上所能發揮的功效。❷是以春秋變一謂之元三句　何休《春秋公羊傳解詁》：「變一為元，元者氣也，無形以起，有形以分，造起天地，天地之始也。故上無所繫，而使春繫之也。」何休的說法，來自董仲舒而有所發展，把天地的原始狀態歸結為氣，即元氣。❸故人唯有終始也二句　蘇輿認為「不，疑當作死」。生應春，死應冬。❹故元者為萬物之本　《昭明文選・遊天台山賦》注引阮籍《通老子論》：「道者自然。《易》謂之太極，《春秋》謂之元，《老子》謂之道也。」元、太極、道、自然，都是古人從哲學上對萬物本源狀態的描述與探討。❺而人之元在焉三句　此處指構成人的元氣，存在於有天地之前，因為天地也是由元氣分解而成。❻故人雖生天氣及奉天氣者二句　天氣，《左傳》昭公元年：「天有元氣，陰、陽、風、雨、晦、明也。」董仲舒則認為天有陰陽二氣，他在〈天人三策〉中強調：「天道之大者在陰陽。」人之為人，本於天地之間陰陽二氣運行變化而生。奉，承受。人由天與元氣變化而生，又承奉天與元氣之變化而生老病死。天、元，本為同一涵義，是人的始原與根本。天元命，即天命。董仲舒指出：「天令之謂命。命非聖人不行。」（〈天人三策〉）王者之成為王者，是由於奉天命。所謂《河圖》、《洛書》皆為王者受命之符。全句指的是人雖生於天地間陰陽二氣並承奉陰陽二氣的運行，既不能違反產生天地之元氣的根本，也不能違反天命之所歸。❼故春正月者三句　《春秋》經文第一句為：「元年春王正月。」董仲舒將句中的「春」、「王」兩字分別與其天道觀、王道觀掛鉤，藉「春」字以言天道，藉「正」字以言王道，而王道就是天地所為的終點。因此，「春」不僅是一年四季之首，而且是天地之所為的象徵；「正」不僅是正月的標誌，而且是端正君王所作所為的標誌。所以，董仲舒在〈天人三策〉中強調：「求王道之端，得之於正。正次王，王次春。春者，天之所為也。正者，王之所為也。其意曰：上承天之所為，而下以正其所為，正王道之端云爾。」❽其道相與共功持業四句　其道相與共功持業，指天地之元與人之元，二者須協同方能一起立功持業。下面接連二句反詰：「安容言乃天地之元？天地之元奚為於此惡施於人？」意思是指怎麼能說是只有天地之元在發揮作用？僅僅只是天地之元又怎麼能對人施加影響呢？大其貫承意之理矣，指王者受命於天，與天合德，所以王者易姓受命，要改正朔，易服色，都是為了推本天元，順承其意。「承意」還有另一層意思，即「事父者承意」，而為君王者則「不覽先王，不能平天下」（〈楚莊王〉）。這裡強調的是《春秋》之道，奉天而法古。奉天，即承奉天地之元；法古，則為承人之元，即承奉先王之道。

【語　譯】只有聖人能夠把萬物歸結為「一」而和「元」聯繫起來。如果人們不知道所以這樣做的來龍去脈，那就不能充分發揮它在思想觀念上應有的功效。《春秋》之所以把「一」改稱為「元」字，是因為元是本原的意思，它的涵義隨天地而始終。人有始終，也就是生死。它也是隨一年春夏秋冬四時的變化而變化，所以說「元」是天下萬物的根本，而人的本原也就包含在其內。人的本原即人之元究竟存在於何處？它存在於天地之前。人雖然秉承天與元氣的運行而生成，並承奉天與元氣的變化而變化，卻不能違背產生天地之元氣的根本，也不能違反天命之所歸。所以《春秋》上「春正月」的意思是順應天地運行的規律，繼承上天的作為去完成它，這也是人與天同心協力地去共同創造功業的過程，怎麼能說這僅只是天地的本原呢？如果僅只是天地的本原，又怎麼能對人們的行為施加影響呢？《春秋》讚美聖君賢王能奉天而法古，便是讚美他們能上承天意而又能貫通先王之道，把兩者統一起來呢！

【研　析】董仲舒在本章通過對《春秋》中「元年春王正月」這句話的闡釋與發揮來建立他自己的思想體系。

「元年春王正月」是《春秋》經文的開頭第一句，本來是關於魯隱公即位時間的記載。《公羊傳》對此闡釋道：「元年者何？君之始年也。春者何？歲之始也。王者孰謂？謂文王也。曷為先言王而後言正月？王正月也。何言乎王正月？大一統也。」

《公羊傳》的意思很清楚。元年是紀年，指魯隱公即位後的始年。春是別四時。《春秋》對時間的記載，不僅紀年，而且區別四時，指出此事發生在何季，有的事還載明發生在何月，有的甚至載明干支以紀日。王正月，指周曆正月。夏商周三代不同曆：「夏正以正月，殷正以十二月，周正以十一月。」（《史記・曆書》）可見周曆以夏曆的十一月為正月。《公羊傳》為什麼把「王正月」與「大一統」聯繫起來？這是指天下諸侯皆奉周曆為正朔，周天子為此每年要向各諸侯國頒行周的曆書，以達到全國統一時間的記載。儘管如此，但實際上各諸侯國仍未能統一曆法，如杞國奉行夏曆，宋國奉行殷曆，晉、楚等大國都不用周曆，只有齊、魯等國用的是周曆。因此，「元年春王正月」只不過是表明用周曆作時間記載，並無其他深意。

但是，「元年春王正月」這寥寥六個字，在董仲舒手裡卻被做出了一篇大文章，竟與他的思想體系掛起鉤來了。中國沒有上帝創造世界的傳說，但董仲舒通過「元」字的闡釋，建立了他自己的獨特的創世說。他把「元」字解釋為萬物之本源，認為這個「元」既是天地之元，又是人之元，因而他斷言人之元存在於天地之前。反映在《春秋》大義上，便是奉天與法古。對君王來說，那就是既要奉天命，又要法先王。儒家學說認為，舊君王去世，新君王即位後，必須服三年之喪，像殷代高宗武丁那樣，做到「高宗諒闇（居喪），三年不言」；「君薨，百官總己聽於冢宰三年」（《論語・憲問》）。這就是所謂「三年無改於父之道，可謂孝矣」（《論語・學而》）。董仲舒通過這種方式，將「元」與大始、正本聯繫起來，正如他在〈天人三策〉中所提出的：「臣謹案《春秋》謂一元之意：一者萬物之所從始也，元者辭之所謂大也。謂一為元者，視大始而欲正本也。《春秋》深探其本而反自貴者始，故為人君者，正心以正朝廷，正朝廷以正百官，正百官以正萬民，正萬民以正四方。」從這裡可知董仲舒對「元」的闡釋，落腳點在於推行與實現他心目中理想的王道政治，即正朝廷要從為人君者正己之心開始。

董仲舒對「元」字闡釋的目的，同樣適用於他對「春」字的闡釋。他把「春」解釋為順應天地運行的次序，承奉天命，並把「春」與「正」聯繫起來，目的是為了以天道來推行王道，藉此以端正君王的行為。董仲舒在〈天人三策〉中提出：「臣謹案《春秋》之文，求王道之端，得之於正。正次王，王次春。春者天之所為也，正者王之所為也，其意曰上承天之所為而下以正其所為，正王道之端云爾。」有了這一段文字，董仲舒才能有資格對漢武帝暢言何謂王道，並通過王道的闡述來說出他自己的政治理想與施政方針。在專制時代，皇權高於一切。董仲舒只不過是一介寒儒，如果不憑藉天道這塊招牌來為上天充當代言人，根本無法與帝王坐而論道。漢代經學家在「元年春王正月」上大做文章，對這寥寥六個字竟洋洋灑灑說上萬言而猶刺刺不休，今人看來固然未免牽強可笑，有望文生義、死鑽牛角尖之嫌，但對漢代經學家來說，實在有不得已的苦衷。流弊所及，至今遺風猶存，竟成為我國學術界的痼習，這一點也就不去說它了。

這裡還必須指出：《公羊傳》中所說的「大一統」，指的是曆法上的統一，僅此而已，別無他意。但到董仲舒那裡，其涵義起了極大的變化。董仲舒在〈天人三策〉的第三策中指出：「《春秋》大一統者，天地之常經，古今之通誼也。今師異道，人異論，百家殊方，指意不同，是以上亡以持一統，法制數變，下不知所守。臣愚以為諸不在六藝之科、孔子之術者，絕其道勿使並進，邪僻之說滅息，然後統紀可一而法度可明，民知所從矣。」這裡將「大一統」偷樑換柱地說成是思想上的大一統，與《公羊傳》中所指的曆法、紀年上的大一統相較，兩者相距不啻以道里計。這種思想上的大一統，是董仲舒建議漢武帝「罷黜百家，獨尊儒術」的經典依據。說白了，也就是董仲舒要把由他所闡述的、經過改變了的《春秋公羊傳》這種儒家思想作為漢王朝施政的指導思想與基礎理論。

其實，思想上的禁錮是決不能長久維持下去的。儘管漢武帝採納了董仲舒的建議，但從《漢書・藝文志》來看，西漢時學術流通的情形頗為宏富，對學術的態度也堪稱公允，而其後如魏晉玄學、六朝佛學，皆凌駕儒學而上之，可見「罷黜百家，獨尊儒術」的收效並不大。還有一點也不能否認，就是董仲舒所說的「勿使並進」，並不是勿使流通或勿使研究，而是指朝廷不為其立博士。漢承秦後，朝廷所立的博士所學較雜，並不限於儒學。秦漢方士盛行，博士中甚至混雜有方士在內。董仲舒認為朝廷要立博士，只能限制在「六藝之科，孔子之學」的範圍之內，其結果是漢武帝在建元五年（西元一三六年）下詔立五經博士。

董仲舒提出這一建議的出發點，是為了保證大一統的完整與效率，要求作為政治指針的學術思想，有一個統一的內容與方向，故而不能說是沒有一點道理在內。然而，這種做法的弊端，正如徐復觀先生在《兩漢思想史》中所指出的：「第一，統治者決不因獨尊孔氏而即實行孔子之教；徒授以由權勢把持學術，歪曲學術的途轍；開宋、明、清制義八股之先河；使孔子之教，因受到政治權勢的利用、歪曲，而腐濫殆盡。第二，在專制時代，政治力量，壓倒一切。得立為博士的，藉朝廷之力，假『師法』之名，以凌壓未得立博士之部門；同為六藝，亦妨嫉排擠，無所不至，藉以保持其獨佔的地位與利益；於是在博士之狹隘範圍內，亦少真誠從事學術研究之人，學術反因此而更空虛敗壞。」因此，徐復觀先生得出了這樣的結論：「通觀古今中外，學術與現實政治，必有一相當距離，使其能在社會上生根，學術乃有發展可言，政治乃能真得學術之益。」斯人斯言，發人深省。

第二章

能說鳥獸之類者，非聖人所欲說也❶。聖人所欲說，在於說仁義而理之，知其分科條別，貫所附，明其義之所審，勿使嫌疑，是乃聖人之所貴而已矣❷。不然，傳於眾辭，觀於眾物，說不急之言而以惑後進者❸，君子之所甚惡也❹。奚以為哉❺？聖人思慮不厭，晝日繼之以夜，然後萬物察者，仁義矣❻。由此言之，尚自為得之哉？故曰：於乎！為人師者，可無慎耶！夫義出於經。經傳，大本也❼。棄營勞心也❽，苦志盡情❾，頭白齒落，尚不合自錄也哉❿？

【章　旨】本章著重討論經師應有的學風，批評了兩種不良傾向：一種是致力於名物訓詁，其弊為失之瑣細；另一種是脫離經傳文字去冥思苦索，其弊為失之空疏。因此，經師的講授應以經傳為本，重在傳道授業，闡明仁義之說。

【注　釋】❶能說鳥獸之類者二句　鳥獸之類者，指博物方面的知識，即所謂多識於草木蟲魚鳥獸之名。此處指有關博物方面的知識，並非是聖人想要講授的內容。❷聖人所欲說七句　仁義而理之，指仁義各有其理，需加以區分，即以仁待人，以義正己。理，區分。分科條別，指仁與義各有所施之對象。本書〈仁義法〉稱：「仁之法在愛人，不在愛我；義之法在正我，不在正人。」即是此意。貫所附，把人們的行為分門別類地貫附於相關的方面，如「晉靈公殺膳夫以淑飲食，彈大夫以娛其意，非不厚自愛也，然而不得為淑人者，不愛人也。」（同上）晉靈公愛自己而不愛人，所以不得貫附於仁。又如「楚靈王討陳蔡之賊，齊桓公執袁濤塗之罪，非不能正人也，然而《春秋》弗予，不得為義者，我不正也。」楚靈王、齊桓公不能正己之身，雖能正人，仍不得謂之義。明其義之所審，勿使嫌疑，指要嚴格區別外內、人我之分，不要因嫌疑相似而混淆是非。〈仁義法〉篇：「《春秋》之所治，人與我也。所以治人與我者，仁與義也。以仁安人，以義正我，故仁之為言人也，義之為言我也。」兩者涇渭分明，不容混淆。例如所謂「讓一部分人先富起來」，如果不是讓老百姓先富起來，而是官吏及其子女先富起來，這就是違反了人我、外內及順逆的次序，《春秋》弗予也。❸傳於眾辭四句　此處指講授儒家經典的原則與方法。傳於眾辭，指廣徵博引，傅會以各種說法而不判明其是非曲直。觀於眾物，指能說草木蟲魚鳥獸之名這一類的博物知識而疏於《春秋》大義。說不急之言而以惑後進者，指講授的內容是一些無關緊要的雞毛蒜皮之類的事，以此來蠱惑後進的學者在學問上不走正路走岔道。❹君子之所甚惡也　指孔子最厭惡這種人了。❺奚以為哉　怎麼能這樣做呢？❻聖人思慮不厭四句　指聖人殫精竭慮，夜以繼日地思索，然後考察了萬事萬物，得出的結論無非是仁義二字而已。❼夫義出於經三句　此處指《春秋》的經文與《公羊傳》是闡述《春秋》大義的根本途徑與方式，而經師講授《春秋》，不能離開經與傳的內容去廣徵博引地牽扯上許多無關緊要的知識去解釋經義。義，指《春秋》大義。經，指《春秋》的經文。傳，指《公羊傳》。❽棄營勞心也　指放棄從經、傳的文字上下功夫以謀求《春秋》大義。❾苦志盡情　指空自勞心費神去冥思苦索。❿頭白齒落二句　這是一句反問句，指到了頭髮花白、牙齒脫落的晚年仍然不能從根本上去掌握經義，難道還不需要自我反省一下嗎？

【語　譯】能夠解說鳥獸之類的名物訓詁，這其實不是聖人所想要講授的內容。聖人想講授的是仁義，是區分仁與義各自施行的不同對象及其不同的具體要求，把人們的行事分別附著於有關方面，審明它們所包含的具體意義，區分其中的外內人我之別，不能因為嫌疑相似而混淆是非，這才是聖人所珍貴的啊！如果不是這樣去做，而是廣徵博引各種說法而不去判明是非曲直，或者是停留在各種事物的表面現象上，說一些與《春秋》大義毫不相干的題外話，蠱惑後進的學者在學問上不走正途走歪路，這是君子所深惡痛絕的不良學風。怎麼能去這樣做呢？聖人殫精竭慮，夜以繼日地苦心思索，然後明察萬事萬物的得失，無非是圍繞著仁義二字而已。由此來看，那些廣徵博引去說不急之言的學者還能認為自己掌握了《春秋》大義嗎？所以說：啊！為人之師者，能夠不謹慎嗎？《春秋》大義出自於《春秋》的經文，《春秋》經文與《公羊傳》反映了《春秋》大義的根本內容。如果離開了《春秋》的經與傳去探求《春秋》大義，空自勞心費神，冥思苦索，到了頭髮花白、牙齒脫落的晚年仍然不能從根本上去掌握《春秋》大義，難道還不需要去自我反省一下嗎？

【研　析】本章著重討論了經師應有的學風問題。

董仲舒認為經師應當以傳道為業，要求經師必須以經傳之文字為本，講授仁義之說。這一觀點對中國學術界影響甚大，已成為根深蒂固的學術傳統。唐朝韓愈在〈師說〉中一開頭就指出：「師者，所以傳道、受業、解惑也。」他以此表明自己繼承了儒家的學術傳統，代表了中國學術的正統。

董仲舒認為經師在學風上應當反對兩種傾向：一種是停留在名物訓詁上，致力於瑣細事物的鑽研，忘記了對《春秋》大義這一根本內容的闡述；一種是離開了經傳文字的探究，獨自去殫精竭慮，冥思苦索，直到頭髮熬白，牙齒脫落，仍不可能掌握《春秋》大義。

這兩種傾向都屬於學風不正。孔子在《論語・為政》中就批評了這兩種不良學風，指出「學而不思則罔，思而不學則殆」。宋代葉適在《習學記言》中說：「其祖習訓詁、淺陋相承者，不思之類也。其穿穴性命、空虛自喜者，不學之類也。士不越此二塗也。」由此可見，或失之瑣細，或失之空疏，這兩種不正學風可說是由來已久，而且於今為烈。但如果一味指責學者，同樣也未免有欠公正，因為在客觀上還有一個大環境的問題。在政教合一的社會環境中，動輒強調學術直接為政治服務，為學者缺乏應有的獨立人格，學術上也就談不上什麼獨立性，出現上述這兩種不良傾向自然也就在所難免了。

第三章

人始生有大命，是其體也❶。有變命存其間者，其政也❷。政不齊則人有忿怒之志❸，若將施危難之中，而時有隨、遭者，神明之所接，絕屬之符也❹。亦有變其間，使之不齊如此，不可不省之，省之則重政之本矣❺。

【章　旨】本章提出了三命說：正命（大命）、隨命與遭命。君王應致力於改善臣民的生存條件，使人人得享其天年。若能從這一點出發去省察自己的施政方針及其實踐效果，即是抓住了重政之本。

【注　釋】❶人始生有大命二句　大命，又稱正命，指人的自然壽命，即生理壽命。董仲舒認為這是上天所賦予人所應享有的壽命年限，為人之本體所固有，所以說是其體也。❷有變命存其間者二句　變命，指人的實際壽命。它與自然壽命並不一致，須視當時君王的施政情況而定。政治清明，幸逢盛世，人得終其天年。政治乖亂，身處亂世，隨時都有可能夭折，人不得終其天年。❸政不齊則人有忿怒之志　政不齊，指君王施政不當，暴虐無道，致使百姓不能安居樂業，人人皆有忿怒怨恨之心。❹若將施危難之中四句　若將施危難之中，指君王施政暴虐無道，使人們生活於危險與苦難之中。隨，即隨命，指人們的命運隨其行為之善惡而獲得相應的報應，如行善得善報，作惡得惡報等。王充《論衡・命義》：「隨命者，戮力操行而吉福至，縱情施欲而凶禍到，故曰隨命。」遭，即遭命，指無辜遇暴而夭折。《論衡・命義》：「遭命者，行善得惡，非所冀望，逢遭於外而得凶禍，故曰遭命。」《白虎通義・壽命》：「遭命者，逢世殘賊，若上逢亂君，下必災變暴至，天絕人命，沙鹿崩，水襲邑是也。冉伯牛危行正言，而遭惡疾。孔子曰：『命矣夫！斯人也而有斯疾也，斯人也而有斯疾也。』」無論是隨命還是遭命，都與執政者推行的政治是否清明有關。君王暴虐無道，施政乖張混亂，便會造成人們不得終其天年的結果。神明之所接，絕屬之符也，指上述君王施政的好壞情況，會上通於神明，神明將視情況而賜福或降禍。絕屬，即絕續，指君王施政的好壞，是決定社稷將滅絕或存續的符瑞。❺亦有變其間四句　亦有變其間，指百姓之所以會有隨命與遭命，是因為其間存在著變化的因素，這便是君王施政的狀況。使之不齊如此，指各人的遭遇為什麼如此不齊？這就意味著君王不可不省察自己的政治措施與施行狀況。如果能注意到各人遭遇不齊的狀況，特別是那些身遭不幸的民眾們的苦難，那就懂得了如何去觀察與重視自己施政中所存在的根本問題了。

【語譯】人一生下來就有他的大命，那是人的本體所固有的。但這中間也有變命，它與君王施政的狀況有關。政治乖離混亂，百姓生活不安定，就會產生怨恨忿怒的心情，人們就像是處於危難的境地之中，各人的遭際就會很不一樣，有的屬於隨命，隨其行為善惡而遭受相應的報應，善有善報，惡有惡報；有的屬於遭命，無辜而遭遇災害與暴亂，以致生命在中途夭折，不得終其天年。君王施政所造成的後果，上與天上的神明相接，也是社稷能存續還是斷送的符瑞。這中間也有變化的因素，那就得看君王施政的狀況。如果政治不清明，百姓們各人的遭遇就會很不一樣，君王對此不可不省察。君王能對此進行審視和考察，那就能懂得什麼是自己施政中所必須重視的根本問題了。

【研析】董仲舒在本章中提出了「三命」的觀念。

三命的提法，始見於《莊子・列禦寇》：「達大命者隨，達小命者遭。」但當時這只是一種萌芽的想法。王充《論衡・命義》引《公羊傳》指出三命為正命（即大命）、隨命、遭命，但今存《公羊傳》不見此語。《白虎通義・壽命》中提出三命為壽命（或作受命）、隨命、遭命，但《論衡》、《白虎通義》的成書時間都較《春秋繁露》為晚。因此，比較系統地闡述三命並且將它與君王為政之道聯繫起來，當推以董仲舒為始。

所謂正命，指人的自然壽命或曰生理壽命，即人應享之天年。所謂隨命，指由於人的行為使其壽命發生變化，從而使人不得終其天年。這種變化，有的來源於自己的生活習慣，如生活習慣良好，身體健康，壽命便長，生活習慣不良，易罹疾病，壽命便短，且易早年夭折；有的來源於人際關係，作惡多端，引起怨怨相報而不得善終，或是刑事犯罪而遭受法律懲治。這固然是自作孽，不可活，但統治者也不得辭其咎，因為其中不僅有教育的問題，還有社會環境的整治問題。所謂遭命，即非正常死亡，其原因可分為二類。一類是自然所造成的，即天災，如洪水、地震、乾旱、雷擊等。但若仔細推究，其中仍有種種不同的情況，有的是人力所無法抗拒的，有的是可以預防或減輕損失的，有的則是由於人們破壞環境所造成的結果。因此，即使是天災，統治者仍不得推卸其應負的責任。另一類則是人為所造成的，即人禍，如戰爭會帶來大量人口的死亡，有的直接死於殺戮，有的間接死於逃亡途中與戰後的災荒。儒家重民，強調民為本，因此從孔、孟到董仲舒，都具有反戰思想的傳統，因為戰亂給百姓造成的傷害實在是太慘重了。又如統治者政策上的失誤，也會造成上百萬人的死亡，其慘烈程度並不亞於戰亂。遭命與隨命不同。遭命中的死亡者，本身完全是無辜的。因此，董仲舒認為必須追究這種大批人非正常死亡的原因與統治者應負的責任，這也是董仲舒在本章中所強調的「不可不省之」的內容。

本章中所提出的「政不齊」，包括了政令不能齊一的意思在內。政令不能齊一，其間也有著種種不同的情況：或者是政出多門，政令不齊；或者是政策不配套，各種政策之間相互牴牾；或者是政令下達與執行的過程中，在地方上被各級官吏所扭曲了，出現了與政策制訂者的初衷截然相反的結果。這中間確實存在著種種變數；但是執政者在審視政策失誤的原因時，往往不從自身去尋找，而是或者諉過於天災，或者諉過於少數奸佞，更有甚者，則諉過於下級與基層政權的素質，所以說是「不可不省之」。由此可見，君王要能「省」出真正的原因也不容易。董仲舒認為君王若能從審視自己的施政方針及其實施效果著手，省察自己是否尊重平民百姓的基本生存權，這就是抓住了重政的要害了。因此，三命說既是本章的主旨，也是本篇的主旨所在。

第四章

撮以為一，進義誅惡絕之本，而以其施❶，此與湯武同而有異❷。湯武用之治仁，故《春秋》明得失，差貴賤，本之天❸，王之所失天下者，使諸侯得以大亂之，說而後引而反之❹。故曰：博而明，切而深矣❺。

【章　旨】本章指出孔子與湯武同而有異。相同處都主張推行王道；相異處為湯武是聖王，大權在握，以仁政治天下，而孔子只能修《春秋》以明得失，差貴賤，總結周天子之所以失天下而諸侯得以大亂的經驗，撥亂反正，以供後來之王者的採擇。

【注　釋】❶撮以為一三句　撮以為一，指《春秋》大義集中到一點上。撮，摘取；集中。進義誅惡絕之本，義，疑作善。〈王道〉篇：「善無細而不舉，惡無細而不去，進善誅惡，絕諸本而已矣。」此處指進善誅惡，不分巨細大小，從根本上去防微杜漸。而以其施，指因此而施以《春秋》之教。❷此與湯武同而有異　此處指《春秋》之施教與湯武之施政相同而又有相異之處。相同處為進善誅惡絕之本，相異處見下文。湯，商湯，滅夏桀之殷代聖王。武，周武王，滅殷紂王之周代聖王。❸湯武用之治仁四句　指商湯與周武王以仁政來治理天下，因為他們是執政者。孔子修《春秋》，明二百四十年的得失，根據天道來表明天子與諸侯、君主與臣民之間必須遵循尊卑貴賤的秩序，才能恢復王道。孔子不是執政者，不能直接施政，只能為後來之王者指明施政的方向。❹王之所失天下者三句 指《春秋》總結周王朝對天下失控、尊卑貴賤失序而使諸侯得以大亂的經驗，弄清楚所以如此的原因，然後有針對性地矯正其失，做到撥亂反正。❺故曰三句 指《春秋》對時弊的分析，廣博而明晰，深入而切要，為君王指明了施政的方向。

【語　譯】《春秋》大義集中到一點上，那就是進善誅惡，從根本上防微杜漸，並據此施政於民。《春秋》與商湯、周武王的治道相比較，既有相同之處，又有相異之處。相異之處在於商湯與周武王以仁政治天下，而《春秋》只是指出二百四十二年間政治上的得失，根據天道來闡明天子與諸侯、君主與臣民之間應保持尊卑貴賤的秩序，說明周天子因何衰微而失天下與諸侯因何能打亂尊卑、貴賤的秩序而大亂天下，弄清楚這些原因後便能去撥亂反正，引導走上正道了。所以說：《春秋》對時弊的分析，真是廣博而明晰，深入而切中要害啊！

【研　析】本章重點在於闡明湯武與孔子相同而又有別。相同處在於兩者都提倡王道，勸善誅惡，從根本上防微杜漸。不同之處在於湯武是聖王，而孔子只是聖人。湯武是執政者，可以運用手中掌握的權力，施行仁政以治天下，在全國推行王道。孔子只是素王，手中無權，只能通過修《春秋》以議論二百四十二年間政治上的得失，說明王道之所本，以待後來之聖王的採納。

董仲舒的這段議論並非是無的放矢，而是有所指的。他心目中的後來之聖王就是漢武帝。他希望漢武帝能採擇他的政治主張，在中國推行王道政治。這種待價而沽的心理永遠是中國儒生的傳統特色之一。他們只能議政，但沒有勇氣與魄力主政。他們的最高理想是為王者師，而王者卻往往是劉邦、朱元璋這類出身於市井的流氓。這是中國傳統知識分子的悲哀，也是中國傳統知識分子的無奈。

卷第六

服制象 第十四

【題 解】篇名〈服制象〉，旨在通過以四象與服制相配的方式，闡釋儒者的服制在於表明君子貴文德而不尚武力。

本篇可分為二章，第一章將四象與服制相配，強調儒者的服制體現了武備的最高境界是備而不用；第二章強調文德為貴而威武為下，儒者的服制能使勇武者消除強悍的心志，化戾氣為祥和，而周武王克殷後的偃武修文，說明不能以殺戮為威，而應以禮樂為本。

第一章

天地之生萬物也以養人，故其可食者以養身體，其可威者以為容服，禮之所為興也❶。劍之在左，青龍之象也❷。刀之在右，白虎之象也❸。鉤之在前，赤鳥之象也❹。冠之在首，元武之象也❺。四者，人之盛飾也❻。夫能通古今，別然不然，乃能服此也❼。蓋亢武者，貌之最嚴有威者也，其像在右，其服反居首❽，武之至而不用矣❾。聖人之所以超然，雖欲從之，末由也已❿。

【章　旨】本章通過將天文上的四象與服飾相配的方式，強調儒者的服制體現了武備的最高境界是備而不用的意圖。

【注　釋】❶天地之生萬物也以養人四句　天地之生萬物也以養人的思想源於《荀子・禮論》，其義可分為兩個層次：一是「其可適者以養身體」，如可食者以養口，可嗅者以養鼻，可視者以養目，等等。但這種養不能任意放縱，而需禮來節制。《荀子・禮論》：「人生而有欲。欲而不得，則不能無求。求而無度量分界，則不能不爭。爭則亂，亂則窮。先王惡其亂也，故制禮義以分之，以養人之欲，給人之求，使欲必不窮乎物，物必不屈於欲，兩者相持而長，是禮之所起也。」二是「其可威者以為容服」，指在服飾上利用動物的毛皮來顯示尊者的威嚴。《荀子・禮論》：「寢兕，持虎，蛟韅，彌龍，所以養威也。」因此，古人在服裝上繪或繡「鳥獸蛇，雜四時五色之位以章之」（《周禮・冬官考工記・畫繢之事》）。荀子認為禮的功用就是這樣兩個方面：「故禮者養也。君子既得其養，又好其別。曷謂別？曰：貴賤有等，長幼有差，貧富輕重皆有稱者也。」（《荀子・禮論》）食，其他版本作適。蘇輿認為食字義較狹隘，應以適字為宜。❷劍之在左二句　青龍，四象之一。中國古代天文家為了觀察天象及日、月、五星在天空中的運行，在黃道帶與赤道帶的兩側繞天一周，選取了二十八個星官作為觀測時的標誌，稱為二十八宿。它又平均分為四組，每組七宿，與東、西、南、北四個方位和青龍（蒼龍）、白虎、朱雀（赤鳥）、玄武（龜、蛇）的形象相配，稱為四象。東方青龍包含二十八宿中的角、亢、氐、房、心、尾、箕等七宿，其排列圖形構成龍象，東方屬木，木色青，故曰青龍。董仲舒認為，服制上左邊佩劍為青龍之象。❸刀之在右二句　白虎，四象之一。西方白虎包含二十八宿中的奎、婁、胃、昴、畢、觜、參等七宿，其排列圖形構成虎象，西方屬金，金色白，故曰白虎。董仲舒認為服制上右邊佩刀為白虎之象。❹鉤之在前二句　古代服制，將領在上戰場戰鬥時，前身皆配置蔽膝。鉤，其他版本作韍。韍是以熟皮製成的蔽膝。赤鳥，也稱朱雀，四象之一。南方朱雀包含二十八宿中的井、鬼、柳、星、張、翼、軫等七宿，其排列圖形構成鳥象，南方屬火，火色紅，故曰赤鳥或朱雀。董仲舒認為服制上的身前有韍（蔽膝）為赤鳥之象。❺冠之在首二句　元，通「玄」。玄武，四象之一。北方玄武包含二十八宿中的斗、牛、女、虛、危、室、壁等七宿，其排列圖形構成龜蛇象，北方屬水，水色黑，龜似盔甲而蛇似矛，故曰玄武。董仲舒認為服制上頭上所戴之冠為玄武之象。❻四者二句　四者，指青龍、白虎、赤鳥、玄武這四種服飾。盛飾，雍容華貴的服飾。❼夫能通古今三句　什麼人才能服這四種盛飾呢？他必須能貫通古今，明辨是非，才配得上服用的資格。這裡指的是士。《白虎通義・爵》：「故《傳》曰：『通古今，辨然否，謂之士。』」《說苑・修文》：「辨然否，通古今之道，謂之士。」《玉篇・士部》引《傳》曰：「通古今，辨不然，謂之士。」由此可見董仲舒所說的服制是士的服飾，也就是儒服。❽蓋元武者四句　此句指玄武在四象中具有最為威武的外貌。四象的位置是左右前後，即左青龍，右白虎，前朱雀，後玄武。《禮記・曲禮上》：「行，前朱鳥而後玄武，左青龍而右白虎。」這裡指的是軍隊列陣行進時，前隊的旗章是朱鳥，後隊的旗章是玄武，左隊的旗章是青龍，右隊的旗章是白虎。軍隊行進時為什麼要列舉四象的旗章並將玄武的旗章殿後？孔穎達疏對此作了回答：「明軍行逢值之禮也。此明軍行象天文而作陣法也。前南後北，左東右西。朱鳥、玄武、青龍、白虎，四方宿名也。軍前宜捷，故用朱鳥；軍後須殿捍，故用玄武。玄武，龜也。龜有甲，能禦侮用也。左為陽，陽能發生，象其龍變生也；右為陰，陰沉能殺，虎沉殺也。軍之左右，生殺變應，威猛如龍虎也。」在行軍時隊伍的旗章上，四象的布局是左右前後，但在服制上則變為左右上下。韍雖在前，但作為蔽膝，其相對位置在下；冠則在首，其相對位置在上。其他版本中，元武作玄武，其像在右作其像在後。❾武之至而不用矣　何休《春秋公羊傳解詁》注「西狩獲麟」稱：「武備而不為害，所以為仁也。」武，備而不用是為仁。《孫子・謀攻》：「百戰百勝，非善之善者也；不戰而屈人之兵，善之善者也。」儒家認為兵是凶器，最好還是備而不用。❿聖人之所以超然三句　盧文弨云：「三句後人妄竄入，刪之文義乃能貫通。」盧說為是。今從其說，語譯中刪而不譯，以便於全文之貫通。

【語　譯】天地之所以生長萬物，是為了供養人之用。那些可以適合用來供人養身體的；那些外觀威武，可以用來裝扮人的容貌和服飾。禮就正是由於這種需要而興起的。劍佩在左邊，用以作為青龍的象徵；刀佩在右邊，用以作為白虎的象徵；蔽膝穿在身前，用以作為赤鳥的象徵；冠戴在頭上，用以作為玄武的象徵。這四種服飾，是威武莊嚴而又雍容華貴的打扮方式。只有那些博通古今、明辨是非的儒者，才有資格服用這種服飾。玄武即龜蛇，外貌最莊嚴而威武，在四象中的位置居於最後面，但在服制上卻作為冠而戴在頭上，居有首腦的位置，這是為了顯示武備的最高境界是備而不用。

【研析】董仲舒在《春秋繁露》中把古代天文上的四象和服制結合在一起，這是他對中國傳統文化所作出的一項創舉。

四象起源於天文上的二十八宿。二十八宿是天象上分布於黃道帶、赤道帶兩側繞天一周的二十八個星宿的位置。我國古代天文學家選取它們作為觀察日、月、五星在天空中運行時測定其相對位置的座標。古代天文學家把這二十八宿分為四組，每組七宿，分別與東、西、南、北四方，青、白、赤、黑四色，龍、虎、鳥、龜與蛇這四類動物，構成為青龍、白虎、赤鳥（朱雀）、玄武（龜、蛇），四象分別標誌東、西、南、北四個天文區域。

在《史記・天官書》和《漢書・天文志》中，對四象和二十八宿都有記載，但這已經是比較晚的記錄了。它的出現，最早應當是在戰國年間。據考古發現，戰國時期的墓葬中，已出現了四象和二十八宿的圖象。《禮記・曲禮》中對四象也有記載，但指的是行軍時前、後、左、右各隊旗章上所繪的圖案，供作戰中變動陣勢時指揮與調動各隊位置時所用，與天象上的二十八宿並沒有直接的關係。宋代朱熹對《禮記》中的這篇〈曲禮〉提出了這樣的看法：「〈曲禮〉雜取諸書精要之語，集以成編，雖大意相似而文不連屬。」（〈朱子答潘恭叔書〉）這話不錯。〈曲禮〉中有不少寫明是曾參之語，但從全文來看，應當是由孔門諸弟子傳《禮》時講授、闡述的內容揉合而成的文字，其時間應當推定在戰國時期。

四象這種把青、白、赤、黑四色，東、西、南、北四方，春、夏、秋、冬四時，與龍、虎、鳥、龜和蛇這四類動物相互配置而成青龍、白虎、赤鳥、玄武四種圖象的做法，應當屬於戰國時期齊、魯地區陰陽家流行的思維模式，在《管子》的〈幼官〉、〈四時〉、〈五行〉、〈輕重己〉諸篇中對此俱已有所涉及。董仲舒把服制與四象結合起來，是藉助上符天象的大旗來闡述儒家重文輕武的基本觀念。

在制度上規定冠服、飾物及其佩戴方式，以此作為某種身分的象徵，並賦以一定的社會意義，這種做法在中國古代源遠流長，有著悠久的歷史傳統，構成為中國傳統文化的一個側面。舉個例子：天子冕服上繡繪的十二章花紋如日、月、星、龍、山、華蟲、火、宗彝、藻、粉米、黼、黻，都有其獨特的象徵意義。日、月、星，稱三辰，表示光耀，龍取其能變化，山取其人所仰止，火取其明，宗彝尊其神明。在繪畫上，龍要登於山，火登於宗彝，華蟲中之華，象草花，蟲為雉，藻即水草，取其文象，粉米取其潔白以養人，白與黑相間為黼，作斧，取其斷割之利，黑與青相間謂之黻，取其臣民背惡向善，君臣有合離之義。這樣就把天地萬物和社會事狀都集中反映在服制上了。董仲舒將四象和服制結合起來，同樣也是這種思維模式的一種表現，體現了天人合一的政治趨向。

第二章

夫執介冑而後能拒敵者，故非聖人之所貴也❶。君子顯之于服，而勇武者消其志于貌也矣❷。故文德為貴，而威武為下，此天下之所以永全也。于《春秋》何以言之？孔父義形於色，而姦臣不敢容邪❸；虞有宮之奇，而獻公為之不寐❹；晉厲之彊，中國以寢尸流血不已❺。故武王克殷，裨冕而搢笏❻，虎賁之士說劍，安在勇猛必任武殺然後威❼？是以君子所服為上矣，故望之儼然者，亦已至哉，豈可不察乎！

【章旨】本章強調聖人以文德為貴而威武為下。儒者的服制便體現了這種意圖，使勇武者通過這種服飾而化戾氣為祥和。同時，通過周武王克殷後偃武修文的事實，強調不能依靠殺戮來樹立威信。

【注　釋】❶夫執介冑而後能拒敵者二句　《論語·衛靈公》：「衛靈公問陳於孔子。孔子對曰：『俎豆之事，則嘗聞之矣。軍旅之事，未之學也。』明日遂行。」衛靈公向孔子問軍陣之事，孔子拒絕回答，第二天就離開了衛國，可見他對衛靈公的重視軍旅之事而忽視禮制非常反感。重禮輕兵，重儒生而輕武夫，是儒家的傳統思想。介，鎧甲。冑，頭盔。執介冑者，指武夫、軍人。❷君子顯之于服二句　四象中的玄武，圖象為龜蛇，代表防身禦侮用的甲冑，在軍陣行列中則屬後隊，但在服制上卻反映為冠而戴在頭上，這是君子在服制上顯示「武之至而不用」的道理，勇猛慓悍的武夫見了儒者的這種服飾，便使他們打消了好勇鬥狠的悍志，而在外貌上流露出了祥和之態。❸孔父義形於色二句　宋督欲弒害宋殤公與夷，但礙於孔父在朝，故先攻殺孔父嘉。《公羊傳》桓公二年：「孔父可謂義形於色矣。其義形於色奈何？督將弒殤公，孔父生而存，則殤公不可得而弒也，故於是先攻孔父之家。殤公知孔父死，己必死，趨而救之，皆死焉。孔父正色而立於朝，則人莫敢過而致難於其君者，孔父可謂義形於色矣。」參見〈玉英〉篇第一章注❻、第五章注⓭與〈王道〉篇第八章注❸、第十一章注❹。孔父，名嘉，宋國大夫，正考父之子，孔子的六世祖，當時任宋國的大司馬。姦臣，指宋督華父，當時任宋國的太宰。❹虞有宮之奇二句　魯僖公二年（西元前六五八年），晉獻公想滅掉虢國，但虞、虢二國唇齒相依，相互支援，因而不敢起兵。荀息向晉獻公建議以屈產之乘與垂棘之白璧向虞公行賄，以求得虞公允許借道虞國去伐虢國。但晉獻公擔心虞國賢臣宮之奇會勸阻虞公不同意此事，因此夜不成寐。但荀息斷言虞公貪而好寶，不會聽從宮之奇的勸諫，後來果然借道滅虢成功，連虞國也一起滅掉了。參見〈王道〉篇第九章注㉔、第十章注❺與〈滅國上〉篇第一章注❼、第二章注❺。虞，姬姓國名，在今山西平陸北。宮之奇，虞國大夫。獻公，晉獻公，晉國國君，名詭諸，在位二十六年。❺晉厲之彊二句　此處指晉厲公在鄢陵之戰後威震天下，自以為天下第一，強橫地擅作威福，國內大臣接連被殺，死屍枕藉，流血不已，終致自己也被殺死，身敗名裂。參見〈王道〉篇第十一章注⓮。盧文弨曰：「中國，國中也。」晉厲，晉國國君晉厲公，名州蒲（或作州滿，《史記·晉世家》作壽曼），在位十四年。晉厲公即位後，先敗秦軍於麻隧，接著又在鄢陵之戰中打敗了楚共王率領的楚軍，威震諸侯，號令天下。這時，晉厲公寵信佞臣胥童等人，欲盡誅諸大夫而以胥童等人以代之。郤氏是晉國貴族中的大族，結怨甚多，勢力又大，被用來首先開刀。晉厲公依靠胥童等人，用暗殺方式殺了郤錡、郤州與郤至，一天之內誅三位大臣，胥童等人還拘捕了大夫欒書、中行偃，欲下毒手斬盡殺絕，引起朝中大臣一片恐慌。晉厲公覺得一天之內殺人太多，才暫時放過了這兩人。不久，欒書與中行偃等人利用機會抓住晉厲公並處死，殺了胥童，迎立晉襄公的曾孫姬周，立為國君，是為晉悼公。❻故武王克殷二句　此處指周武王攻克殷京城朝歌而入城時，並沒有身穿戎裝，而是頭戴冕旒，身穿袞服，腰帶上插著玉笏，是準備接見臣民的樣子，並不顯得殺氣騰騰。武王，姬發，文王之子，周朝的開國之君，率軍伐殷。牧野之戰中，殷朝的軍隊陣前倒戈，殷亡，殷紂王自焚而死。裨冕，頭戴冠冕而身穿裨衣。裨衣即袞服，是古代君王的禮服。冕，冕旒，古代天子的禮帽和禮帽前後的玉串。笏，古代君臣朝會時手中所執的狹長板子，用玉、象牙或竹片製成，供指畫與記事之用。搢笏，把笏插在衣帶上。❼虎賁之士說劍二句　指武王克殷進城以後，不是炫耀自己的武力之盛，而是命武士們解下自己的佩劍。「裨冕搢笏，而虎賁之士說劍」之語，出自《禮記・樂記》。原文為「濟河而西。馬散之華山之陽而弗復乘；牛散之桃林之野而弗復服；車甲衅而藏之府庫而弗復用；倒載干戈，包之以虎皮；將帥之士，使為諸侯，名之曰建櫜，然後天下知武王之不復用兵也。散軍而郊射，左射貍首，右射騶虞，而貫革之射息也。裨冕搢笏，而虎賁之士說劍也。祀乎明堂而民知孝。朝覲，然後諸侯知所以臣。耕藉，然後諸侯知所以敬。五者，天下之大教也。」周武王的這些措施，意味著他在克殷之後，不是炫耀武力以揚威，而是刀槍入庫，馬放南山，制禮作樂，表示不再用兵。董仲舒用這一例子來說明不能依靠勇猛殺戮來立威。虎賁，勇士；武士。言其勇猛如虎。《尚書・牧誓》稱武王有虎賁三百人。說，通「脫」。說劍，解去其所佩之劍。

【語　譯】手執戈矛、身穿盔甲而去抵拒敵人進攻的武士，並不為聖人所看重。君子在制定服飾時已將這層意思明白地顯示出來，那些好勇鬥狠的武夫見了儒者的冠服便在外貌上不再流露出那種強悍好鬥、桀傲難馴的氣質，化戾氣為祥和。所以聖人以文德為上，威武為下，這是天下之所以永遠安定的原因。《春秋》中對此是如何表述的呢？孔父嘉站在朝廷上，神色凜然，一身正氣，使奸邪之臣不敢為非作歹；虞國有宮之奇這位賢臣，晉獻公為此而睡不著覺；晉厲公強暴無道，濫殺無辜，國中的大夫接連被殺，死屍枕藉，流血不止。所以周武王攻克殷朝都城朝歌以後，頭戴冕旒，身穿袞服，腰帶上插著笏板而進城，他讓虎賁之士解下身上的佩劍，勇猛怎麼能依靠殺戮來樹立自己的威信呢？君子通過服制來顯示自己的威嚴，這才是上策。看上去神色莊嚴而不可侵犯，也就可以達到樹立威信的目的了。我們對此怎麼能不加以審察呢？

【研 析】董仲舒把四象與服制結合起來，用以論證修文偃武的觀念，從邏輯上看確實不免有牽強附會、任意比附之嫌，但重文輕武的思想並非由董仲舒所獨創，而是儒家的傳統思想，也是中國民族文化的傳統。同時，董仲舒在當時這樣做有其鮮明的針對性，那就是針對漢武帝的窮兵黷武。

當時，持有這種觀點的儒者大有人在。班固在《漢書・武帝紀》末贊曰：「孝武初立，卓然罷黜百家，表章六經，遂疇咨海內，舉其俊茂，與之立功，興太學，修郊祀，改正朔，定曆數，協音律，作詩樂，建封禪，禮百神，紹周後，號令文章，煥焉可述，後嗣得遵洪業，而有三代之風。如武帝之雄才大略，不改文景之恭儉，以濟斯民，雖詩書所稱，何有加焉！」班固對漢武帝的文治褒獎備至，但對漢武帝擊匈奴、通西域、開疆拓土的赫赫武功卻不置一詞，而且挖苦漢武帝雖有雄才大略，但不如文、景二帝的恭儉，濫用民力，海內囂然，對此頗有不滿。漢宣帝時，經學名儒夏侯勝在議論關於為武帝立廟樂的詔書時直率地指出：「武帝雖有攘四夷、廣土斥境之功，然多殺士眾，竭民財力，奢泰亡度，天下虛耗，百姓流離，物故者半，蝗蟲大起，赤地數千里，或人民相食，畜積至今未復，亡德澤於民，不宜為立廟樂。」（《漢書・夏侯勝傳》）這種對漢武帝窮兵黷武的批評，比董仲舒、班固都要尖銳得多了。

重文輕武的傾向，不僅反映在儒者對帝王評價時文治重於武功，而且在當時已形成為朝廷上的風氣，即文臣的地位要高於武將。劉邦殺掉項羽即帝位後，論功行賞，蕭何被率先封侯。眾武將不服，認為蕭何沒有汗馬功勞，徒持文墨議論，沒有資格居於眾功臣之上。但劉邦卻用狩獵作例子，將武將譬喻成追殺獵物的功狗，而蕭何是發號指示的功人，使眾將目瞪口呆，啞口無言。功臣們受封後排位次，大家認為曹參身被七十創，攻城略地功最多，宜第一。謁者鄂千秋提出：野戰略地是一時之事，蕭何為劉邦保全關中這一後方基地是萬世之功，一旦之功比不上萬世之功，應當是蕭何第一，曹參第二。劉邦聽了非常高興，就依此處理（《史記・蕭相國世家》、《漢書・蕭何傳》）。

這裡還可以舉一個例子：陸賈在漢高祖劉邦面前稱說詩書，劉邦很反感，罵道：「乃公居馬上得之，安事詩書？」陸賈反駁道：「馬上得之，寧可馬上治乎？且湯武逆取而以順守之，文武並用，長久之術也。」（《漢書・陸賈傳》）其實，雖然說是文武並用，實際上還是有輕有重。開國時期或者是動亂用兵的時期，將領的地位受到重視，武臣的地位相對地要高一些；和平穩定時期，則文臣的地位要遠遠高於武官。此外，在任何情況下，朝廷對驕兵悍將的防範與控制總是比對文官要嚴厲得多。在這種體制的長期影響下，中華民族的傳統文化要比周邊民族更加重視和愛好和平。孫中山先生提出「忠孝仁愛信義和平」以垂訓世人，良有以也。

從歷史上看，軍隊的地位要使其保持威嚴而令人嚮慕，同時又不致成為朝廷的隱患，這的確是個不易處理的難題。歷代太平盛世，軍隊的地位漸趨低下，一旦面臨動亂，朝廷便會束手無策，徒呼奈何。唐代的府兵，最初是隨高祖李淵在太原起兵時的三萬人，後來逐步擴大，成為世兵制，其主要職責是輪番宿衛京師。他們大多是功臣的子弟，唐初時地位較高。武則天執政以後，府兵的下層軍官與士兵竟被派遣到姻戚之家去當僮僕役使，地位越來越低。到了唐玄宗天寶年間發生安史之亂時，各折衝府竟已無兵可調，徒有兵額和官吏，府兵成了紙面上的軍隊。其實，又何僅是府兵才會面臨這種命運，各朝各代又何嘗不是如此？往上追溯，北魏的六鎮；往下推究，北宋的禁軍，金人的猛安、謀克，元代的怯薛，明朝的衛所，清朝的八旗，無不如此，概莫能外。反之，軍隊的地位一高，驕兵悍將不可制約，成為王朝內部的隱患，皇帝在龍椅上的屁股坐不穩，日子也並不好過。因此，董仲舒認為軍隊應當僅限於保持其威懾的作用，不能任其無限制膨脹力量，應當由儒者的教化來化解其戾氣，使其處於可控制的狀態。在帝王的心目中，兵精將悍可不一定是好事呢！

二端 第十五

【題解】篇名〈二端〉，旨在闡明天人感應的思想，強調事端的發生有小大、微著之分，而災異則是悖亂的微兆。君主應認識到災異是天意示警，省天譴而畏天威，通過修身審己而使它不致由小到大、由微而著，從而達到消除禍亂、長治久安的目的。

本篇可分為二章。第一章闡明二端指小大、微著之分。天意示警，先災後異，由小到大，由微而著。聖人能繫心於微，所以能預測出事變的發生與結局。第二章強調災異是悖亂的微兆，因此君主必須貴微慎始，修身審己，不讓它由小到大，由微而著地釀成禍亂。

第一章

《春秋》至意有二端，不本二端之所從起，亦未可與論災異也。小大、微著之分也❶。夫覽求微細於無端之處，誠知小之為大也，微之將為著也。吉凶未形，聖人所獨立也，雖欲從之，末由也已。此之謂也❷。故王者受命，改正朔，不順數而往，必迎來而受之者，授受之義也❸。故聖人能繫心於微而致之著也❹。是故《春秋》之道，以無之深正天之端，以天之端正王之政，以王之政正諸侯之位，五者俱正而化大行❺。

【章　旨】本章闡明二端指的是小大、微著之分。上天示警，先災後異，由小到大，由微至著。聖人能繫心於微，所以能在吉凶未形之時，已能預測出事變的發生與結局。

【注　釋】❶春秋至意有二端四句　二端，指事物由小至大，由微至著，形成為事物之二端。小與微是一端，大與著是另一端。由小與微的一端，可以推知其必將演化為大與著的另一端。災異，在董仲舒的著作中有其特定的內涵。本書〈必仁且知〉篇對此作了解釋：「天地之物有不常之變者，謂之異。小者謂之災。災常先至而異乃隨之。災者，天之譴也；異者，天之威也。譴之而不知，乃畏之以威。《詩》云：『畏天之威。』殆此謂也。」災是天譴之微，異是天譴之著，所以說是「不本二端之所從起，亦未可與論災異也」，即不探究二端之所以發生的本源，就沒法去議論災異。❷吉凶未形五句　吉凶未形，指吉凶的徵兆尚未形之於外，也就是尚未顯露出來。「聖人所獨立也，雖欲從之，末由也已」三句，並見於〈服制象〉篇，盧文弨認為「三句後人妄竄入，刪之乃得通貫」，此說有理。但是，他對本篇的這三句話，同樣斷定：「『聖人所獨立也』數句，與上不相承接。又引《論語》語，其為妄竄益顯然。」這就未免有武斷之嫌。這三句話在這裡與上下文是相承接的，而且完全可以解釋得通，即吉凶的徵兆尚未形之於外時，只有聖人能夠單獨察覺到它。至於其他人，即使如顏淵這樣的大賢，雖然想要跟隨在後面前進，卻也不知道該如何走了。這是指聖人比別人高明，能察知吉凶於其尚未出現徵兆之前。聖人為什麼能夠做到這一點呢？《易．繫辭下》：「爻象動乎內，吉凶見乎外。」聖人精通《易經》，通曉事理，掌握規律，可以在吉凶尚未見乎外之時，就已得知吉凶將於何時出現，這是其他人根本做不到的，想跟也無法跟隨。「雖欲從之，末由也已」，出自《論語．子罕》，是顏淵對孔子的讚歎之語。原文為：「顏淵喟然歎曰：『仰之彌高，鑽之彌堅。瞻之在前，忽焉在後。夫子循循然善誘人，博我以文，約我以禮，欲罷不能。既竭我才，如有所立卓爾。雖欲從之，末由也已。』」❸故王者受命五句　受命，受天命，指王者受天命而王天下。正朔，正，一年的開始；朔，一月的開始。正朔就是一年中第一天開始的時候。中國古代，夏、商、周三代不同曆。夏曆以孟春之月（即冬至後二月，相當於現今夏曆正月）為正，平旦（天明）為朔，色尚黑。殷曆以季冬之月（即冬至後一月，相當於現今夏曆十二月）為正，雞鳴為朔，色尚白。周曆以仲冬之月（即包括冬至的月份，相當於現今夏曆十一月）為正，夜半為朔，色尚赤（見《尚書大傳．略說》）。古代天子在當年冬天向諸侯頒布明年的正朔，諸侯接受到以後，要在本國的宗廟內祖先神主牌位前舉行稟告的儀式，即所謂稟正朔（見顧炎武《日知錄．王正月條》）。

所謂王正月，就是表示奉周天子之正朔。王者受命改正朔時，要通告諸侯改而奉新朝的正朔。春秋時，周衰，天子不再頒布正朔，故魯曆不正，置閏不得其月，月大小不得其度，因而當時各國的曆法實際上並不統一。不順數而往二句，指改朝換代而變更正朔時，不是順著數字的次序，而是逆著數字順序而循環往復。《禮記・檀弓》孔穎達疏引鄭玄義云：「伏羲以下，女媧以十二月為正，神農以十一月，黃帝以十三月，少昊以十二月，高陽以十一月，高辛以十三月，堯以十二月，舜以十一月，夏以十三月，殷以十二月，周以十一月。是三王之相承，若循環也。」授受之義，通過改正朔以表示王者受命於天，不是受命於前朝。❹故聖人能繫心於微而致之著也　微，指三正之微。三正，指夏、商、周三代之正朔。《後漢書・章帝紀》唐代李賢注引《斗威儀》稱：「三微者，三正之始。萬物皆微，物色不同，故王者取法焉。」《白虎通義》引《禮三正記》曰：「正朔三而改，文質再而復也。三微者，何謂也？陽氣始施黃泉，動微而未著也。十一月之時，陽氣始養根株黃泉之下，萬物皆赤。赤者盛陽之氣也，故周為天正，色尚赤也。十二月之時，萬物始芽而白。白者，陰氣也，故陰為地正，色尚白也。十三月之時，萬物始達，孚甲而出，皆黑，人得加功，故黑為人正，色尚黑。」改正朔，正是為了使微以致著。《後漢書・陳寵傳》：「三微成著，以通三統。」唐代李賢注曰：「統者，統一歲之事，王者三正遞用，周環無窮，故曰通三統。」《易乾鑿度》：「『三微而成著，三著而體成。』當此之時，天地交，萬物通也。」以上都是漢代讖緯家對三正何以由微以致著的解釋。❺是故春秋之道五句　「以無之深」，其他版本作「以元之深」。元與無在此同義，但應以元為宜。又，其他版本在「以王之政正諸侯之位」下面尚有「以諸侯之即位正竟內之治」一句，從全文來看，當以其他版本為是，因《四庫全書》本中僅有四者，與「五者俱正」之義不合。《春秋》之道，指《春秋》經文中開首第一句「元年春王正月」這六個字所蘊含的意義。董仲舒此處的闡釋源自《公羊傳》。《公羊傳》隱公元年：「元年者何？君之始年也。春者何？歲之始也。王者孰謂？謂文王也。曷為先言王而後言正月？王正月也。何言乎王正月？大一統也。」這裡指的是《春秋》紀元奉周之正朔，即以十一月為每歲的歲首。大一統指統一於周之正朔，即魯國接受周天子所頒的正朔。董仲舒在〈重政〉篇中指出：「《春秋》變一謂之元，元猶原也，其義以隨天地終始也」；「元者為萬物之本。」總之，這個「元」字就是天道的始端；而「春王正月」，則正是王者「承天地之所為也」。正因如此，才能說是「以天之端正王之政，以王之政正諸侯之位」。何休在《春秋公羊傳解詁》中對此作了進一步的發揮，云：「以天之端正王之政，以王之政正諸侯之即位，以諸侯之即位正境內之治。故言正月，而後言即位。政不由王出，則不得為政，故先言王而後言正月也。王者不承天以制號令，則無法，故先言春而後言王。天不深正其元，則不能成其化，故先言元而後言春。」所以，「五者俱正」中的五者，包括元（即元氣）、天、王、諸侯、諸侯境內之民這五者。它的起點是以元氣正天之端，終點是正諸侯境內之民。只有這五者皆正，才能使王道的教化大行於天下。何休闡述的內容，在董仲舒的〈賢良對策〉中可得到印證：「《春秋》謂一元之意：一者，萬物之所以始也；元者，辭之所謂大也。謂一為元者，視大始而欲正本也。《春秋》深探其本而反自貴者始。故為人君者，正心以正朝廷，正朝廷以正百官，正百官以正萬民，正萬民以正四方。四方正，遠近莫敢不壹於正而亡有邪氣奸其間者。是以陰陽調而風雨時，群生和而萬民殖，五穀熟而草木茂。天地之間被潤澤而大豐美，四海之內聞盛德而皆倈臣，諸福之物，可致之祥莫不畢至而王道終矣。」這就是董仲舒理想中的王道樂土，也就是本章所要表述的從受命改正朔起，由微細而至顯著這一實現王道的完整過程。

【語譯】《春秋》最深刻的用意在於二端，不弄清楚二端所以發生的本源，是無法去討論災異的。所謂二端，就是指事物在小與大、微與著二者之間的區別與轉化。從無窮的天地之間觀察、探究那些微小的跡象，便可真切地預知小將發展為大，微將轉化為著。當吉凶的徵兆尚未形之於外時，聖人就已經獨自察覺到了，其他人雖然想隨從在他的後面，卻也不知道該走哪一條途徑。這就是聖人的高明之處。因此，王者接受天命，改變正朔，不是順著數字的順序而改變，而是承接上一個朝代，逆向改變其正朔而循環往復，其中蘊含著天命的授與和接受的道理。聖人能細心地觀察極其微小的變化而使它趨向於顯著與明朗化。所以，《春秋》之道就在於以天地起源的元氣來端正天道的起端，以天道的起端來端正王者的政事，以王者的政事來端正諸侯即位後的作為（，以諸侯即位後的作為來端正其境內對民眾的治理）。這五個方面的位置都擺正了，王道的教化必然大行於天下。

【研析】二端指小大、微著之分。上天示警，先災後異，由小到大，由微至著。董仲舒還在本章中將「王者受命，改正朔」納之於二端的這一範疇之內。

漢承秦制。漢初奉行的正朔沿襲秦朝，以十月為歲首。漢文帝時，年輕的賈誼提出了改正朔等建議，結果在朝中掀起一場軒然大波。據《漢書・賈誼傳》記載：

「誼以為漢興二十餘年，天下和洽，宜當改正朔，易服色、制度，定官名，興禮樂，乃草具其儀法，色上黃，數用五，為官名悉更，奏之。文帝謙讓未皇也。然諸法令所更定及列侯就國，其說皆誼發之。於是天子議以誼任公卿之位。絳、灌、東陽侯、馮敬之屬盡害之，乃毀誼曰：『洛陽之人，年少初學，專欲擅權，紛亂諸事。』於是天子後也疏之，不用其議，以誼為長沙王太傅。」

改正朔，看上去不過是變更曆法紀年而已，何以會引起雙方如此激烈的衝突？但此事並不像表面上那麼簡單，其實質是皇帝與功臣集團之間發生了利益衝突。賈誼的奏議不過是反映了皇帝的意願，道出了皇帝的心聲。但賈誼儘管才調絕倫，卻被漢文帝玩弄於股掌之間而不自知。漢文帝在利用賈誼打擊和削弱了功臣集團的勢力以後，為了安撫功臣集團，平息他們的憤怒，又將賈誼拋了出來充當替罪羊。血氣方盛的賈誼，哪裡玩得過老奸巨猾的漢文帝呢？

現在來看這樁公案的來龍去脈。

漢高祖十二年（西元前一九五年），劉邦與功臣們訂立了白馬之盟，約定非劉氏不得封王，非有功不得封侯，若有人違反這一約定，天下共誅之。這樣就在漢初形成了皇帝與宮廷集團、功臣集團及諸侯王這三駕馬車控馭的統治局面。呂后當政後，欲封諸呂為王，為此徵求朝中大臣的意見。丞相王陵提出白馬之盟以反對，但周勃、陳平卻贊成諸呂封王以討好呂后。這是因為這件事反映了皇室集團中劉氏集團與呂氏集團的衝突，並未影響到功臣集團的利益，從三公九卿到地方郡守仍由功臣集團控馭。但是，呂后臨終前的一年，任命呂祿、呂產統領南、北軍，這就直接侵犯了功臣集團的利益。因為統領南軍的衛尉與統領北軍的中尉一向由功臣集團中人擔任，而呂氏宮廷集團竟掌控衛尉、中尉，直接統領南北軍，控制京城長安及各宮殿之守衛，致使長安城內的功臣官僚人人自危。於是由陸賈穿針引線，太尉周勃與丞相陳平串通起來，並由灌嬰與吳、楚等國諸侯王聯手響應，終於盡滅諸呂。功臣集團根據自己的利益，選擇代王劉恆進京即帝位，是為文帝。周勃功高震主，文帝心不自安。賈誼的改正朔等建議，是要改變原來的傳統觀念，加強皇權，打破原來由功臣集團控制朝廷的格局，自然會博得皇帝的歡心與引起周勃、灌嬰等功臣宿將的不滿。何況賈誼還提出列侯就國的建議，要功臣列侯到地方上去，分散他們的力量，以免他們在京城中串連一起，再次出現政變，這就加重了功臣宿將對賈誼的嫉恨與厭惡。

漢文帝三年（西元前一七七年），文帝下詔曰：「前日詔遣列侯之國，辭未行。丞相朕之所重，其為朕率列侯之國。」（《漢書・文帝紀》）在此之前，文帝二年（西元前一七八年）十月已下列侯之國的詔書，但功臣列侯頂著不執行，拖延一年餘仍不肯離京，逼得文帝再下第二道詔書，並解除周勃的丞相之職，要他帶頭到地方上的封邑中去。同一年中，文帝為了平息功臣列侯的不滿和怨恨，下令賈誼離開長安，到僻遠的長沙國去任國相，實際上是政治流放。賈誼就這樣地為加強皇權而成了犧牲品。

這樣一來，功臣集團的勢力急劇削弱與衰落。在漢高祖和惠帝呂后朝間，功臣集團在三公九卿、王國相及郡太守總和中所占的比例，分別高達百分之九十六和百分之八十一；至文帝時期，下降至百分之五十；而至景帝時，則下降到百分之三十（以上數字統計據李開元《漢帝國的建立與劉邦集團——軍功受益階層研究》）。到了漢武帝即位後，為了進一步擴大皇權與大一統的需要，改正朔就再一次提到議事日程上來了。漢武帝元封七年，同一年改元為太初元年（西元前一〇四年），「大中大夫公孫卿、壺遂、太史令司馬遷等，言曆紀壞廢，宜改正朔。上詔兒寬與博士賜等共議，以為宜用夏正。夏五月，詔卿、遂、遷等，共造漢太初曆，以正月為歲首，色尚黃，數用五，定官名，協音律，定宗廟百官之儀，以為典常，垂之後世。」（《資治通鑑》卷二十一）

漢初開始的這場有關改正朔的爭論，至此方告結束。從此，皇權進一步加強與擴大，功臣集團徹底衰落，代之而起以填補空缺的是儒吏、法吏、軍吏等職業官僚集團。董仲舒在這一問題上的看法，與司馬遷完全一致，因為他們都屬於儒吏一類的學術型官僚集團。

第二章

然書日蝕❶、星隕❷、有蜮❸、山崩❹、地震❺、夏大雨水❻、冬大雨雪❼、隕霜不殺草❽、自正月不雨至於秋七月❾、有鸜鵒來巢❿，《春秋》異之，以此見悖亂之徵。是小者不得大，微者不得著，雖甚末，亦一端⓫。孔子以此效之，吾所以貴微重始是也。因惡夫推災異之象于前，然後圖安危禍亂于後者，非《春秋》之所甚貴也⓬。然而《春秋》舉之以為一端者，亦欲其省天譴而畏天威，內動于心志，外見于事情，修身審己，明善心以反道者也，豈非貴微重始、慎終推效者哉！

【章旨】本章強調災異是悖亂的徵兆，因此君主必須省天譴而畏天威，修身審己，不讓它發展成大的禍亂。

【注釋】❶日蝕　《春秋》記載的日蝕共有三十六次。第一次日蝕的記錄在魯隱公三年（西元前七二〇年）：「二月己巳，日有食之。」晉杜預在《春秋經傳集解》中推算這次日蝕發生在二月初一日，屬於朔日而不言朔，說明魯曆不正，不言朔而實朔。近人馮澂著有《春秋日蝕集證》一書推算這次日蝕的「食甚」為該日的九點五十一分四十八秒。參見〈王道〉篇第四章注❽。❷星隕　指流星墜落的天文現象。《春秋》記錄隕星在魯莊公七年（西元前六八七年）：「四月，辛卯，夜恆星不見，夜中星霣如雨。」《公羊傳》對此評論曰：「君子脩之曰：『星霣如雨。』何以書？記異也。」對於這一次星隕如雨，董仲舒以天象災異來解釋人事，認為：「常星二十八宿者，人君之象也；眾星，萬民之類也；列宿不見，象諸侯微也；眾星隕落，民失其所也。夜中者，為中國也。不及地而復，象齊桓起而救存之也。鄉亡桓公，星遂至地，中國其良絕矣。」（《漢書・五行志下之下》）參見〈王道〉篇第四章注❾。❸有蜮　蜮有兩種解釋：一說為古代傳說能含沙射人的動物。《詩經・小雅・何人斯》：「為鬼為蜮。」毛傳：「蜮，短狐也。」陸德明釋文：

「狀如鱉，三足，一名射工，俗呼之水弩，在水中含沙射人，一曰射人影。」另一說為食禾葉的害蟲。《呂氏春秋・士容論・任地》：「大草不生，又無螟蜮。」高誘注：「蜮或作螣。食心曰螟，食葉曰蜮。兗州謂蜮為螣，音相近也。」《公羊傳》對此評論曰：「何以書？記異也。」《漢書・五行志下之上》載：「劉向以為蜮生南越，越地多婦人，男女同川，淫女為主，亂氣所生，故聖人名之曰蜮。蜮猶惑也，在水旁能射人，射人有處，甚者至死。南方謂之短狐，近射妖，死亡之象也。時嚴（魯莊公）將取齊之淫女，故蜮至。天戒若曰：勿取齊女，將生淫惑篡弒之禍。嚴（魯莊公）不寤，遂取之。入後淫於二叔，二叔以死，兩子見弒，夫人亦誅。」劉向的解釋固然荒唐，然由此可見由災異以議時政得失之一斑。❹山崩　這是土石流引起的自然現象。《春秋》在魯成公五年（西元前五八六年）記載：「夏，梁山崩。」梁山，今陝西韓城境，臨黃河。《公羊傳》對此評論曰：「梁山者何？河上之山也。梁山崩，何以書？記異也。何異爾？大也。何大爾？梁山崩，壅河三日不流。外異不書，此何以書？為天下記異也。」《穀梁傳》則對此評論曰：「晉君召伯尊而問焉。伯尊來，遇輦者。輦者不辟，使車右下而鞭之。輦者曰：『所以鞭我者，其取道遠矣。』伯尊下車而問焉，曰：『子有聞乎？』對曰：『梁山崩，壅遏河三日不流。』伯尊曰：『君為此召我也，為之奈何？』輦者曰：『天有山，天崩之。天有河，天壅之。雖召伯尊，如之何？』伯尊由忠問焉，輦者曰：『君親素縞，帥群臣而哭之，既而祠焉，斯流矣。』伯尊至，君問之曰：『梁山崩，壅遏河三日不流，為之奈何？』伯尊曰：『君親素縞，帥群臣而哭之，既而祠焉，斯流矣。』孔子聞之曰：『伯尊其無績乎！攘善也。』」從這裡可以看到古人當時對自然災害無能為力時所採取的態度。董仲舒與劉向又以此附會於人事。「劉向以為山陽，君也，水陰，民也。天戒若曰：『君道崩壞，下亂，百姓將失其所矣。』哭然後流，喪亡象也。梁山在晉地，自晉始而及天下也。後晉暴殺三卿，厲公以弒。溴梁之會，天下大夫皆執國政。其後孫、寧出衛獻，三家逐魯昭，單、尹亂王室。董仲舒說略同。」（《漢書・五行志下之上》）參見〈王道〉篇第四章注⓱。❺地震　《春秋》在魯文公九年（西元前六一八年）記載：「九月癸酉，地震。」《公羊傳》對此評論曰：「地震者何？動地也。何以書？記異也。」對於這次地震，「劉向以為先是時，齊桓、晉文、魯釐（僖公）二伯賢君新沒，周襄王失道，楚穆王殺父，諸侯皆不肖，權傾於下，天戒若曰：『臣下彊盛者將動為害。』後宋、魯、晉、莒、鄭、陳、齊皆殺君。諸震皆略從董仲舒說也。」（《漢書・五行志下之上》）此外，《春秋》記載的地震尚有魯襄公十六年（西元前五五七年）五月，魯昭公十九年（西元前五二三年）五月，魯昭公二十三年（西元前五一九年）八月，魯哀公三年（西元前四九二年）四月等。參見〈王道〉篇第四章注⓰。❻夏大雨水　《春秋》在魯桓公十三年（西元前六九九年）記載：「夏，大水。」關於大水的記載，《春秋》上僅此一次。參見〈王道〉篇第四章注⑫。❼冬大雨雪　《左傳》與《穀梁傳》的《春秋》經文中，在魯僖公十年（西元前六五〇年）記載：「冬，大雨雪。」《公羊傳》的《春秋》經文中則作：「冬，大雨雹。」《公羊傳》對此評論曰：「何以書？記異也。」對於這次災異的解釋：「劉向以為先是釐公（魯僖公）立妾為夫人，陰居陽位，陰氣盛也。」董仲舒以為公脅於齊桓公，立妾為夫人，不敢進群妾，故專壹之象見諸雹，皆為有所漸脅也，行專壹之政云。」（《漢書・五行志中之下》）參見〈王道〉篇第四章注⑫。❽隕霜不殺草　〈王道〉篇作「隕霜不殺草，李梅實。」《春秋》在魯僖公三十三年（西元前六二七年）記載：「隕霜不殺草，李梅實。」《公羊傳》對此評論曰：「何以書？記異也。何異爾？不時也。」當時的時間在周曆十二月，相當於夏曆十月，應為初冬，完全有可能降霜不殺草。李梅實，李樹與梅樹結果，這同樣也有可能。秋冬之交，天氣暖和，出現這種現象並不奇怪。但這裡提出此事同樣也是為了比附人事。「董仲舒以為李梅實，臣下彊也。」（《漢書・五行志中之下》）參見〈王道〉篇第四章注⑭。❾自正月不雨至於秋七月　《春秋》在魯文公二年（西元前六二五年）記載：「自十二月不雨，至于秋七月。」《公羊傳》對此評論曰：「何以書？記異也。大旱以災書，此亦旱也，曷為以異書？大旱之日短而云災，故以災也；此不雨之日長而無災，故以異書也。」又，魯文公十年（西元前六一七年）記載：「自正月不雨，至于秋七月。」魯文公十三年（西元前六一四年）記載：「自正月不雨，至于秋七月。」劉向以為《春秋》記大旱，「其夏旱雩祀，謂之大雩。不傷二穀，謂之不雨。」陰陽家認為旱災是炕陽之應。魯僖公二十一年（西元前六三九年）「夏，大旱。董仲舒、劉向以為齊桓既死；諸侯從楚，釐（僖公）尤得楚心。楚來獻捷，釋宋之執。外倚強楚，炕陽失眾。又作南門，勞民興役，諸雩旱不雨，略皆同說。」（《漢書・五行志中之上》）參見〈王道〉篇第四章注⑮。❿有鸜鵒來巢　鸜鵒，即今之八哥。《春秋》在魯昭公二十五年（西元前五一七年）記載：「夏有鸜鵒來巢。」鸜，《公羊傳》作「鸛」字。《左傳》與《穀梁傳》的《春秋》經文皆作「鸜」。《公羊傳》對此評論曰：「何以書？記異也。何異爾？非中國之禽也，宜穴又巢也。」其實，八哥在我國中部和南部各省平原和山林都有留居，可能是當時魯國很少見到八哥，所以誤解成非中國之禽也。八哥選擇樹洞而築巢，所以說是「穴又巢也」。《漢書・五行志中之上》將這件事與魯昭公攻季氏失敗而流亡聯繫起來，稱：「《左氏傳》：文、成之世，童謠曰：『鸜之鵒之，公出辱之。鸜鵒之羽，公在外野，往饋之馬。鸜鵒跦跦，公在乾侯，徵褰與襦。鸜鵒之巢，遠哉搖搖，裯父喪勞，宋公以驕。鸜鵒鸜鵒，往歌來哭。』至昭公時，有鸜鵒來巢。公攻季氏，敗，出奔齊，居外野，次乾侯。八年，死於外，歸葬魯。昭公名裯，公子宋立，是為定公。」《漢書．五行志》將有關鸜鵒的童謠說成是讖言，而且一一得到應驗。參見〈王道〉篇第四章注⑳。⑪是小者不得大四句　指《春秋》所以記災異的目的，是為了使小事不變大，微者不使著。帝王只要能改弦易張，便能消災致祥。《呂氏春秋．季夏紀．制樂》稱：「王處高而聽卑。」這是指上天根據君主的言行，示之以祥瑞或災異，但並不立刻應驗，而是留有一個考察的階段。對君主來說，「祥者福之先者也，見祥而為不善則福不至；妖者禍之先者也，見妖而為善則禍不至。」（出處同上）從天人感應的思想來看，即使發生了災異，君主若能修身正己，就能使小者不得大，微者不得著。董仲舒認為這就是孔子所立的「貴微重始」之《春秋》大義。⑫因惡夫推災異之象于前三句　指事先厭惡根據災異所警示的徵兆去推算出事變的發生，事變發生後才提出如何克服禍亂以圖治安的措施，這種做法不為《春秋》所看重。「安危」在此是偏義複詞，危字無義，此處即「治安」之意。《呂氏春秋．季夏紀．制樂》中記載了這樣一個故事：宋景公在位，熒惑（火星）出現在心宿的位置。司星子韋說是災禍將降臨到君王身上，但可設法轉移到宰相身上。宋景公認為宰相幫他治理國家，怎麼能讓他死，不同意。子韋又提出可以將災禍轉移給百姓和年成。宋景公都不同意，說是百姓都死了還當什麼國君，而年成不好會導致百姓挨餓而死，我作為國君怎麼能這樣做？還是讓我獨自死去的好。子韋認為宋景公有這樣的仁心，必定會感動上天，熒惑會遷移三舍，君主將延壽二十一年。後來的結果固然如此。漢代講災異，皇帝往往要身邊的大臣去作替身，代皇帝去死，而本章則強調君王應修身審己，才能消災除禍。

【語　譯】《春秋》記載了許多災異現象，有日蝕，隕星，蜮蟲出現，山陵崩塌，地震，夏季出現大雨和洪水，冬天大雨雪成災，初冬降霜而不殺草，從正月到七月，不下雨造成乾旱，鸜鵒來築巢等等。《春秋》所以記錄這些災異，是為了顯示悖理逆亂的徵兆，引起人們警覺而使小的事端不擴大，萌芽狀態的事端不發展。這些徵兆看上去微不足道，但往往是禍事的起端，孔子以此來作為驗證，這就是我重視萌芽狀態的事端並注意從開始階段就加以解決的原因。事前厭惡借助於災異徵兆來推測出事變的發生，到了事變發生後才去謀求平定禍亂以圖治安，這不是《春秋》所看重的做法。《春秋》所以列舉災異作為一端而提出，是希望人們能省察上天的譴責，畏懼上天的威嚴，從而向內審察自己的心志，向外省察自己的行為，修養品德，嚴責自身，彰明自己的善良心志而重返於王道，這難道不是貴微重始而從事終來推究它的效驗嗎？

【研　析】《春秋》對天象、物候等自然現象的記載，以災異為主。這是因為古人對這些現象不能解釋，便以為它們是上天示警世人的徵兆。警告的程度，災為輕，異為重，但也僅限於此，並未與社會人事有更多的比附。《公羊傳》對這些現象的評論，也只限於「何以書？記災也」、「何以書？記異也」等，並未作進一步的發揮。

「天人感應」的觀念源自天人之間可以通過媒介進行對話聯繫的原始宗教思想。這種媒介原先是由巫祝擔任的。《說文解字》：「巫祝者，能齊肅事神明者。在男曰覡，在女曰巫。」後來，則逐漸由災異來擔當這一任務。先秦典籍中的《尚書》、《詩經》、《周易》、《左傳》、《墨子》、《呂氏春秋》等，都不乏這方面的記載。這種風尚一直延續到漢初，已發展成為人們的共識。如漢文帝二年（西元前一七八年）發生日蝕，文帝下詔稱：

「人主不德，布政不均，則天示之災以戒不治。乃十一月晦日有食之，適見于天，災孰大矣！朕獲保宗廟，以微眇之身，託于士民君王之上。天下治亂，在予一人。唯二三執政，猶吾股肱也。朕下不能治育群生，上以累三光之明，其不德大矣。令至，其悉思朕之過失及知見之所不及，匄以啟告朕，及舉賢良方正能直言極諫者，以匡朕之不逮。」（《漢書・文帝紀》）

漢文帝對日蝕這種災異，主動承擔責任，還求直言以匡正過失，可見他對天譴是認真對待的。所以，董仲舒將災異與社會人事相比附，從天人感應的角度出發，認為這些都是天譴的徵兆，從而要求王者貴微重始，修身審己，只不過是反映了漢初的社會風尚而已。

但是，董仲舒也有其獨創之處。他將天人感應這種思想系統化、理論化了，從而使災異比附於人事成為一種流行的社會思潮。《漢書・五行志》對有關將災異比附社會人事的各家之言作了專門記載。考察〈五行志〉所載的各家，董仲舒專攻《公羊傳》，劉向專攻《穀梁傳》，劉歆專攻《左傳》，三人都推崇《春秋》，但卻各有所宗，對《春秋》三傳取捨不同。只有一點是相同的，就是都大談災異之說，而且比附社會人事十分具體，直接指明針對何人何事。此外，如夏侯勝專攻《尚書》，著有《洪範五行傳》，京房專攻《周易》，著有《易傳》，他們也都大談災異，比附人事，其言論也被收入《漢書・五行志》內。這些儒家學者，所攻讀的經典不同，學派有異，如《左傳》屬古文學派而《公羊傳》屬今文學派，但卻都熱衷於將災異與社會人事相比附，開東漢盛行讖緯之學的先河，可見這在當時學術界的確是一種流行的思潮。

將災異與人事相比附，對時事發議論、談看法，這是要冒很大風險的，董仲舒就吃過這方面的苦頭。據《漢書・董仲舒傳》載：「先是遼東高廟、長陵高園殿災。仲舒居家，推說其意，草稿未上。主父偃候仲舒，私見，嫉之，竊其書而奏焉。上召視諸儒，仲舒弟子呂步舒，不知其師書，以為大愚，於是下仲舒吏，當死，詔赦之，仲舒遂不敢復言災異。」遼東高廟和高園殿的這兩次失火發生在武帝建元六年（西元前一三五年）的六月和四月，當時言災異已成為風氣，何以主父偃看到會妒忌，而呂步舒則會認為大愚，一直鬧到董仲舒下獄而甚至罪重當死？問題的答案在於董仲舒的「推說其意」，其內容保存在《漢書・五行志》內：「故天災若語陛下：『當今之世，雖敝而重難，非以太平至公，不能治也。視親戚貴屬在諸侯遠正（遠離正道）最甚者，忍而誅之，如吾燔遼東高廟乃可；視近臣在國中旁仄及貴而不正者，忍而誅之，如吾燔高園殿乃可。』云耳。」

董仲舒不是傻瓜。他之所以作出這種推論，是看到了漢武帝與諸侯王、貴戚等存在矛盾。諸侯王在國內設置百官，鼓鑄鹽鐵，形成尾大不掉之勢；而貴戚如武安侯田蚡是漢武帝的母舅，權傾朝野，曾鼓勵淮南王劉安爭取繼武帝位。武帝對田蚡不滿，但礙於太后而無可奈何。田蚡曾與竇嬰發生爭執，竇嬰是武帝祖母竇太后的從姪，與田同是貴戚。武帝不便表態，下詔廷議。汲黯站在竇嬰一方，其他大臣不肯表態。太后知道此事，氣得不肯吃飯，說是我活著就欺侮吾弟，我死後不知道會怎樣整他呢！此事弄得武帝十分為難，可見田蚡氣焰之盛與後臺之硬。後來淮南王劉安謀反事發，漢武帝派董仲舒弟子呂步舒持斧鉞以《春秋》之義斷淮南獄。當田蚡與劉安勾結事揭發後，漢武帝說：「如果田蚡還活著，該當處以滅族之罪了。」董仲舒的「推說其意」在時間上太超前了。當時太后在世，武帝怎麼敢得罪自己的親生母親呢？當然也不能完全怪董仲舒不識時務，他原來有點猶豫，想上奏而又不敢上奏，是主父偃偷了他寫的奏章而上報漢武帝的。

漢儒想借助於災異說來勸諫皇帝，皇帝則以其人之道還治其人之身。每當出現大的災異時，皇帝就要身邊大臣去替罪。元帝永光元年（西元前四三年），春霜，夏寒，日青無光。元帝下詔書責難丞相御史，丞相于定國繳上侯印，主動去職。薛宣做了丞相，恰逢永始二年（西元前一五年）的隕星和日蝕，成帝把一切過失全推到丞相身上，要他繳印罷歸。薛宣免職後，翟方進為丞相。翟是當代名儒，為相九年，到了綏和二年（西元前七年），熒惑（火星）入心宿，漢成帝恰巧有病，就下詔書把翟方進大罵一通，賜酒十石，牛一頭，要他自處，牛、酒作為臨死前的犒賞。翟方進被迫即日自殺。但過了一月，成帝自己也還是去世了，白白送了翟方進的一條性命。翟方進以後，有董賢步其後塵。哀帝死後，太后對大司馬董賢下詔書，說是：「間日以來，陰陽不調，災害並臻，元元蒙辜。夫三公，鼎足之輔也。高安侯賢未更事理，為大司馬不合眾心，非所以折衝綏遠也，其收大司馬印綬罷歸第。」（《漢書・董賢傳》）詔書一下，董賢與妻即日自殺。

漢文帝遇到日蝕，下詔自責，說是「二三執政，猶吾股肱」；而元、成、哀帝之世，一遇災異，就要股肱大臣去頂罪，這是為什麼呢？歸根到底，這是皇權日隆、相權日衰的結果。文帝之世，朝廷上由功臣宿將掌權，連文帝本人也是由周勃、陳平篩選接班人而被推上皇位的，他怎麼敢諉罪於丞相、太尉等股肱之臣呢？但到了武帝改正朔並推行大一統之後，功臣集團死的死，散的散，以後的股肱之臣都是職業官僚，無力與皇權抗衡，地位越來越低。所以元、成、哀帝之世，動輒把他們當替罪羊去消災避禍。這是奴才們的悲哀和不幸，任誰也無法挽回這種局面。

符瑞第十六

【題解】篇名〈符瑞〉，旨在闡明《春秋》載「西狩獲麟」乃孔子受天命之符瑞，從而突出孔子所修之《春秋》為後來王者的百世之法。

本篇絕短，清代蘇輿對其有「此篇文似未全」之評，故本篇不再分章。

有非力之所能致而自致者，西狩獲麟，受命之符是也❶。然後託乎《春秋》正不正之間，而明改制之義❷。一統乎天子，而加憂于天下之憂也，務除天下所患❸。而欲以上通五帝，下極三王，以通百王之道，而隨天之終始❹，博得失之效❺，而攷命象之為❻，極理以盡情性之宜❼，則天容遂矣❽。百官同望異路，一之者在主，率之者在相❾。

【注釋】❶有非力之所能致而自致者三句　有非力之所能致而自致者，除《四庫全書》本外，其他版本中「自致者」之「致」作「至」，應以其他版本為是。因《漢書・董仲舒傳》所載〈賢良對策〉中也有此句，「致」亦為「至」。此處指天賜受命之符，非人力所能致者。董仲舒在〈賢良對策〉中稱：「臣聞天之所大奉使之王者，必有非人力所能致而自至者，此受命之符也。天下之人同心歸之，若歸父母，故天瑞應誠而至。」（《漢書・董仲舒傳》）麟，古代傳說中的神獸。《爾雅・釋獸》作麐，敘其狀曰：「麕身，牛尾，一角。」在古代的傳說中，聖王之時，則有麒麟至。《禮記・禮運》云：「聖王之時，山出器車，河出馬圖，鳳凰麒麟，皆在郊棷。」相傳黃帝、堯、舜皆曾致麟。西狩獲麟，見於《春秋》在魯哀公十四年（西元前四八一年）的記載。《公羊傳》對此評論曰：「何以書？記異也。何異爾？非中國之獸也。然則孰狩之？薪采者也。薪采者則微者也，曷為以狩言之？大之也。曷為大之？為獲麟大之也。曷為為獲麟大之也？麟者，仁獸也。有王者則至，無王者則不至。有以告者曰：有麕而角者。孔子曰：『孰為來哉？孰為來哉？』」受命之符，指孔子獲麟為聖人受天命之符，從而提高《春秋》的地位。董仲舒在〈奉本〉篇稱：「今《春秋》緣魯以言王義。」指《春秋》託之新王受命於魯，故孔子就魯史而作《春秋》，以言王義，從而也就提高了董仲舒自己論述《春秋》大義的地位。❷然後託乎春秋正不正之間二句　正不正，指孔子依託《春秋》大義，是非二百四十二年之中，通過貶天子、退諸侯、討大夫以明王事，以為王天下儀表，從而撥亂世以反之正。改制之義，指新王受命必改制，即改正朔，易服色，制度以應天命。因為易姓更王，不是繼前王而王，如果一切因襲前朝，則何以顯示自己是受命於天呢？但是改制不是改其道與變其理，那是因為天不變，道亦不變。❸一統乎天子三句　一統乎天子，指《春秋》之事，一統乎天子如何治理天下之大事，集天下之憂於一身，以除天下之患。所以在董仲舒的心目中，《春秋》是顯示聖人憂患意識之書，而憂患意識為中國儒家的傳統觀念。《易．繫辭下》：「君子安而不忘危，存而不忘亡，治而不忘亂，是以身安而國家可保也。」❹而欲以上通五帝四句　此處指《春秋》所闡明的王道，上可以貫通五帝三王，下可以歷百代之王而不衰，與天地相終始。這也就是董仲舒在〈天人三策〉第三策中所提出的：「《春秋》大一統者，天地之常經，古今之通誼也。」五帝，古代傳說中的五個聖王，歷來有三種不同的說法：《史記．五帝本紀》、《大戴禮記》、《世本》以黃帝、顓頊、帝嚳、唐堯、虞舜為五帝；《禮記．月令》以太皞（伏羲）、炎帝（神農）、黃帝、少皞、顓頊為五帝；《尚書．序》、皇甫謐《帝王世紀》以少昊（皞）、顓頊、高辛（帝嚳）、唐堯、虞舜為五帝。他們都是傳說時代中部落或部落聯盟的領袖。三王，有兩種說法，趙岐注《孟子》說是夏禹、商湯、周文王；朱熹注《孟子》說是指夏禹，商湯和周代的文王、武王。以上可參見〈王道〉篇第二章注❶。百王，後世之王。❺博得失之效　指以《春秋》明得失於王道的效驗。〈重政〉篇稱：「《春秋》明得失，差貴賤，本之天。王之所失天下者，使諸侯得以大亂之，說而後引而反之。故曰博而明，深而切矣。」❻而攷命象之為　命，指天命。象，指天象吉凶。《易．繫辭上》：「天垂象，見吉凶，聖人象之。」❼極理以盡情性之宜　指極理以盡事物之理。情性，董仲舒把情與性譬喻作陰與陽。他在〈深察名號〉篇稱：「天兩有陰陽之施，身亦兩有貪仁之性。天有陰陽禁，身有情欲栣，與天道一也。」性是人的本質即仁，情是人的欲望即貪。故陽氣是表現愛人的仁，陰氣則是表現利欲的貪。情性之宜，即是調和陰陽於和洽，通過窮盡事物的根本道理以使仁與貪、愛人與利己作出恰到好處的協調。❽天容遂矣　此處指恢復或者達到天道的本來面貌。天容是指天地本來的容貌。董仲舒在〈人副天數〉篇將人身譬喻作天容：髮象星辰，耳目象日月，口鼻呼吸象風和雲氣，胸中達知象神明，等等。❾百官同望異路三句　清人錢塘云：「三句不知何篇之文脫在此。」錢說為是。此處既與上文不相貫通，故語譯時省略。

【語　譯】有的事情不是人力所能夠招致而是自行到來的。如魯哀公十四年有人在西邊狩獵得到麒麟，這正是孔子接受天命的符瑞。此後孔子通過《春秋》以闡明什麼樣的行為符合王道，什麼樣的行為不符合王道，以及為什麼王者受命後要改制，天下應當如何由天子來統一治理，憂慮天下人的憂慮，消除天下的禍患，從而藉以上通五帝，下達三王，貫通百王的治國之道，使其隨天地而終始，博採《春秋》記載的政事得失及其效驗，同時考察當時天象所顯示的吉凶，窮盡事物的道理，把人的情和性二者作出恰到好處的協調，從而達到恢復天道的本來面貌。

【研　析】本篇的立旨是把孔子在《春秋》中關於魯哀公十四年（西元前四八一年）「西狩獲麟」的記載作為孔子承受天命的符瑞，其根據是《公羊傳》曾對此闡釋道：「麟者，仁獸也。有王者則至，無王者則不至。」儒家把西狩獲麟中的麒麟，說成是為孔子而出現的，從而把孔子推上素王的地位。何謂素王？這是指孔子有聖王之德，而無聖王之位，只不過是一介平民，所以稱為素王。這樣一來，孔子所修《春秋》是為了撥亂反正，為後世百代之主制訂實現王道之法，從而大大地擡高了《春秋》的歷史地位，同時也為治《春秋》的經師們大大地提高了地位，證明他們確實具有帝師的資格。

但是，把「西狩獲麟」說成是受命之符，早在東漢時便有人提出懷疑。王充在《論衡・指端》中指出：「《春秋》曰：『西狩獲死麟。人以示孔子，孔子曰：「孰為來哉？孰為來哉？」反袂拭面，泣涕沾襟。』儒者說之，以為天以麟命孔子，孔子不王之聖也。夫麟為聖王來，孔子自以不王；而時王魯君無感麟之德，怪其來而不知所為，故曰：『孰為來哉？孰為來哉？』知其不為治平而至，為己道窮而來，望絕心感，故涕泣沾襟。以孔子言『孰為來哉』，知麟為聖王來也。曰：前孔子之時，世儒已傳此說。孔子聞此說而希見其物也。見麟之至，怪所為來。實者，麟至無所為來，常有之物也，行邁魯澤之中，而魯國見其物，遭獲之也。孔子見麟之獲，獲而又死，則自比於麟，自謂道絕不復行，將為小人所徯獲也。故孔子見麟而自泣者，據其見得而死也，非據其本所為來也。」

王充認為《公羊傳》關於「麟者，仁獸也。有王者則至，無王者則不至」的說法並不可靠，孔子之所以涕泣沾襟，是由於觸境生情，以麟自喻，所以孔子才會因此而有「吾道窮矣」之歎。然而，《公羊傳》編織的這個故事，在當時及後來一直為儒家學者所頌揚，信者甚眾，影響深遠，直到清末。在意識形態領域中為什麼會出現這種現象？這倒是一個值得深思的問題。因為即使是在現代生活中，類似的現象在宗教領域或類宗教的領域中仍然屢見不鮮，而信奉者也仍不乏其人。救世主的觀念得不到根絕，個人崇拜乃至偶像崇拜便仍然會有滋生的土壤和巨大的市場。

俞序第十七

【題解】篇名〈俞序〉，凌曙認為「俞」是「答」之意，俞序即答序。蘇輿認為「此篇說《春秋》大旨，蓋亦自序之類。董子原書散亡，藉此窺見著書次第，得其用心，讀者當寶貴之。」本書從第一篇〈楚莊王〉起，到第十七篇〈俞序〉止，都是對《春秋》微言大義的闡述與發揮，而本篇則是前面十六篇的總綱。但若認為本篇是全書的總序，似不夠妥當。

本篇可分為四章。第一章闡述孔子作《春秋》在於上探天端，下明得失，以待後聖，並引述孔門弟子如子貢、子夏等人對《春秋》的論述。第二章強調王霸之道皆本於仁，而仁是天心的體現。君主重仁，雖敗猶榮；君主不仁，禍及於身，不得善終。第三章強調孔子修《春秋》時重仁，重恕，緣人情，赦小過，對人不求全責備。第四章闡明《春秋》始言大惡如殺君亡國，終言赦小過，而歷史的發展必將到達教化流行、德澤大洽的理想境界。

第一章

仲尼之作《春秋》也，上探正天端王公之位❶，萬民之所欲❷；下明得失❸，起賢才❹，以待後聖❺。故引史記❻，理往事❼，正是非❽，見王公❾。史記十二公之間，皆衰世之事，故門人惑❿。孔子曰：「吾因其行事而加乎王心焉⓫。以為見之空言⓬，不如行事博深切明⓭。」故子貢、閔子、公肩子⓮，言其切而為國家賢也⑮。其為切而至於殺君亡國，奔走不得保社稷，其所以然，是皆不明於道，不覽於《春秋》也⑯。故衛子夏言：「有國家者不可不學《春秋》。不學《春秋》，則無以見前後旁側之危，則不知國之大柄，君之重任也。」故或脅窮失國，揜殺於位，一朝至爾。苟能述《春秋》之法，致行其道，豈徒除禍哉，乃堯舜之德也⑰。故世子曰：「功及子孫，光輝百世，聖王之德，莫美於恕。」故予先言《春秋》詳己而畧人，因其國而容天下⑱。

【章　旨】本章闡述孔子作《春秋》之旨在於上探天端，下明得失，以待後聖。同時，較多引述孔門弟子的言論，提到的人物有子貢、閔子騫、公肩子、子夏、世碩等。

【注　釋】❶上探正天端王公之位　這句的意思應是孔子所以作《春秋》，是為了上援天之端，以正王公之作為。蘇輿認為「探」當是「援」字之誤，「正」字在「王公」之上，故應為「上援天端正王公之位」。本書〈正貫〉篇有「援天端，布流物，而貫通其理」。天端，即春也。春為一年之始，覆育萬物化而始之，故稱春為天之端。援天端是為了正王公之所作所為。魯隱公元年（西元前七二二年），何休《春秋公羊傳解詁》云：「正次王，王次春。春者，天之所為也；王者，王之所為也。其意曰：上承天之所為，而下以正其所為，正王道之端云爾。」❷萬民之所欲　他本在「萬」字下有「物」字，此處指春天是化育與生長萬物的季節，王者在施行政令時應依照春天的這一特點，養育萬物以滿足百姓的需要，如《禮記・月令》在孟春正月的政令中規定：「王命布農事，命田舍東郊，皆脩封疆，審端經術，善相丘陵、阪險、原隰，土地所宜，五穀所殖，以教道民，必躬親之。田事既飭，先定準直，農乃不惑。」還規定：「是月也，不可以稱兵。稱兵必天殃。兵戎不起，不可從我始。毋變天之道，毋絕地之理，毋亂人之紀。」這些規定依照農事的需要而制定，如果違反它而施行其他時令應施行的政令便會帶來巨大危難。故《禮記・月令》又稱：「孟春行夏令，則水不時，草木蚤落，國時有恐；行秋令，則其民大疫，猋風暴雨總至，藜莠蓬蒿並興；行冬令，則水潦為敗，雪霜大摯，首種不入。」這就是依照天道四時來端正王者之施政方針。❸下明得失　指《春秋》以王道為標準，據此衡量二百四十二年間行事之是非得失。❹起賢才　指《春秋》闡明得失之理以後，後人有所依據，因而賢才能由此而起用。❺以待後聖　指孔子撰著《春秋》的目的。《公羊傳》魯哀公十四年（西元前四八一年）曰：「制《春秋》之義，以俟後聖。」董仲舒突出地強調這一點，是為了使《公羊》學能與今上即漢武帝的統治相結合。在董仲舒的心目中，孔子作《春秋》是為後之聖王立法，說白了即是為漢朝立法。他希望通過漢武帝的改制，使《春秋》大義成為漢帝國的憲章，依此而行使政令。❻故引史記四句　此處之史記指魯之《春秋》，即魯國未經孔子整理前之歷史記載，孔子據以作《春秋》。《孟子・離婁下》：「王者之跡熄而《詩》亡，《詩》亡然後《春秋》作。晉之《乘》、楚之《檮杌》、魯之《春秋》，一也。其事則齊桓、晉文，其文則史。孔子曰：『其義則丘竊取之矣。』」❼理往事　指孔子整理過去的歷史記載。今存引用《春秋》的古文獻如《禮記・坊記》中兩次引用《魯春秋》，其內容俱與今《春秋》不同。《春秋》中載齊桓公事三十次，晉文公事七次，可見孔子修《春秋》時剪裁並引用了其他各國的史記，如晉國的《乘》，楚國的《檮杌》等。《公羊傳注疏》徐彥題下疏引《閔因敘》云：「使子夏等十四人求周史記，得百二十國寶書。」《閔因敘》雖是漢代的緯書之說，不足憑信。但也不致事出無因。孔子搜羅各國史記，以供修《春秋》時參考，當是事實。❽正是非　指《春秋》以褒貶正二百四十二年間行事之是非得失。❾見王公　據下文，此處當作「見王心」，指據此察知王公的心跡。何休《春秋公羊傳解詁》魯隱公元年：「《春秋》上刺王公，下譏卿大夫而逮士庶人。」此處即指據王公之心跡而譏刺。❿史記十二公之間三句　史記，指《魯春秋》。十二公之間，指魯國自魯隱公至魯哀公十二位國君期間。《春秋》記載此十二公二百四十二年間之行事。《魯春秋》記事當始於周公、伯禽。顧炎武《日知錄・魯之春秋》云：「《春秋》不始於隱公。晉韓宣子聘魯，觀書於太史氏，見《易象》與《魯春秋》，曰：『周禮盡在魯矣。吾乃今知周公之德與周之所以王也。』蓋必起自伯禽之封，以洎於中世，當周之盛，朝覲會同征伐之事皆在焉，故曰周禮，而成之者古之良史也。」可見韓起所見之《魯春秋》，必自周公旦及伯禽開始敘起。《魯春秋》的結束，也不是止於魯哀公十四年（西元前四八一年），如《左傳》即終於魯哀公二十七年（西元前四六八年），而《左傳》之記事當應有魯之史記為據。《春秋》的起訖，當是由孔子所截取。由於自魯隱公至魯哀公這十二世，正是魯國的衰世，所以門徒才會問孔子為什麼要選取這一段衰世的歷史而筆削為《春秋》呢？⓫吾因其行事而加乎王心焉　行事，指往事，即「其事則齊桓、晉文，其文則史」。加乎王心，指王者所應有的仁愛之心，即《春秋》大義，故《孟子‧離婁下》指出：「孔子曰：其義則丘竊取之矣。」董仲舒在對漢武帝第二次對策中說：「今陛下並有天下，海內莫不率服……此太平之致也。然而功不加於百姓者，殆王心未加焉。曾子曰：『尊其所聞，則高明矣；行其所知，則光大矣。高明光大，不在於它，在乎加之意而已。』願陛下因用所聞，設誠於內而致行之，則三王何異哉！」（《漢書‧董仲舒傳》）王心未加，是指漢武帝還沒有對百姓體現出其仁愛之心。⑫見之空言　指魯哀公不聽孔子的話。《史記‧魯周公世家》：「十四年（西元前四八一年），齊田常弒其君簡公於舒州。孔子請伐之，哀公不聽。」《左傳》則載其事稱：「齊陳恆弒其君壬於舒州。孔丘三日齋，而請伐齊三。公曰：『魯為齊弱久矣，子之伐之，將若之何？』對曰：『陳恆弒其君，民之不與者半。以魯之眾，加齊之半，可克也。』公曰：『子告季孫。』孔子辭，退而告人曰：『吾以從大夫之後也，故不敢不言。』」總之，魯哀公不願伐齊。⑬不如行事博深切明　指與其言而不用，不如藉《春秋》十二公之行事，以明天理人倫與王者立國之道。此語亦見於《史記‧太史公自序》：「子曰：『我欲載之空言，不如見之於行事之深切著明。』」⑭故子貢閔子公肩子　子貢，姓端木，名賜，字子貢，孔子的弟子，善於經商。田常作亂於齊，欲起兵伐魯。孔子使子貢出使，挑動齊、吳交戰，吳勝齊後攻晉，不勝，反遭越襲其後，而魯則安然無恙。司馬遷稱讚曰：「子貢一出，存魯，亂齊，破吳，彊晉而霸越。子貢一使，使勢相破，十年之中，五國各有變。」（《史記‧仲尼弟子列傳》）閔子，即閔損，字子騫，小孔子十五歲，魯人。孔子曰：「孝哉！閔子騫。」公肩子，即公肩定，字子巾，孔子弟子。⑮言其切而為國家賢也　此處言《春秋》切入人事而足以為國之鑑戒。賢，他本作「資」，當以他本為是。劉向《說苑‧建本》：「公扈子曰：『有國者，不可以不學《春秋》，生而尊者驕，生而富者傲，生而富貴又無鑑而自得者，鮮矣。《春秋》國之鑑也。』」公扈，疑為公肩之誤。⑯其為切而至於殺君亡國五句　殺，當為弒字之誤。切，切入於人事，此為孔子弟子子貢、閔子、公肩子等之語。《史記‧太史公自序》作「《春秋》之中，弒君三十六，亡國五十二，諸侯奔走不得保其社稷者不可勝數。察其所以，皆失其本已。」〈太史公自序〉中引董仲舒論《春秋》之語，其源頭皆出自孔子弟子對《春秋》的論述。⑰故衛子夏言十三句　子夏，姓卜，名商，字子夏，衛人，少孔子四十四歲。孔子曾對子夏說：「汝為君子儒，無為小人儒。」孔子死後，子夏居西河教授，為魏文侯師。田子方、段干木、吳起、禽滑釐等人，皆受業於子夏。「有國家者」以下文字皆為子夏之言。董仲舒關於《春秋》的論述，有的即出自子夏之言，如：「有國家者不可不學《春秋》，不學《春秋》則無以見前後旁側之危。」《史記‧太史公自序》引董仲舒言作「有國者不可以不知《春秋》，前有讒而弗見，後有賊而不知」。又如：「不知國之大柄，君之重任也，故或脅窮失國，揜殺於位，一朝至爾。」此處指的是君臣之間應保持上下尊卑的秩序。劉向《說苑・君道》引：「孔子曰：《春秋》作而後君子知周道亡也。故上下相虧也，猶水火之相滅也。人君不可不察，而大盛其臣下，此私門盛而公家毀也。人君不察焉，則國家危殆矣。」此語當是孔子弟子之言。董仲舒在〈王道〉篇中論述了類似的觀念，如「觀乎公子翬，知臣窺君之意。觀乎世卿，知移權之敗。」「未有去人君之權，能制其勢者也；未有貴賤無差，能全其位者也。」⑱故世子曰七句　世子，《漢書・藝文志》錄有《世子》二十一篇，名碩，陳人，七十子之弟子。世子以恕道為孔子的美德，符合孔子的基本思想。孔子在《論語》中曾反覆強調仁恕的精神，如：「夫仁者，己欲立而立人，己欲達而達人。」（《論語・雍也》）「子貢問曰：『有一言而可以終身行之者乎？』子曰：『其恕乎？己所不欲，勿施於人。』」又說：『君子求諸己，小人求諸人。』」《論語・衛靈公》）此即律己以嚴，待人以寬。故予先言《春秋》詳己而畧人，因其國而容天下，此句可以有兩種解釋。一說是俞樾認為「予」為「子」字之誤，下文為子先所言。子先，未詳其出處，可能屬於孔子七十子之弟子。己，指魯國。人，指諸夏。其意為董仲舒所反覆強調的「異內外，辨夷夏」。「因其國而容天下」，指先治理好魯國，然後再兼濟天下。此說需改「予」為「子」，而子先其人又名不見經傳，不免有牽強附會之嫌。另一說則以予為董仲舒自稱。詳己畧人，即躬自厚而薄責於人，如董仲舒在本書〈仁義法〉篇稱：「《春秋》為仁義法。仁之法在愛人，不在愛我；義之法在正我，不在正人。我不自正，雖能正人，弗予為義。人不被其愛，雖厚自愛，不予為仁。」在〈盟會要〉篇則強調為君者應「善無小而不舉，惡無小而不去，以純其美。別賢不肖以明其尊。親近以來遠，因其國而容天下」。此說的缺陷是全篇皆引孔子弟子的言論，而此處卻認為是董仲舒以第一人稱語氣作陳述，與全篇體例不合。二說俱能成立，今姑從後說。

【語　譯】孔子作《春秋》，是為了往上援引天道的始端，從而端正王公的政令，使其適應上天化育萬物的節令，以滿足百姓的願望和需要；向下闡明人事的得失是非，樹立與制定賢才的標準，以提供給後世的聖王採擇錄用。他為此而搜集魯國與其他各國的歷史記載，整理與分析往昔的史事，辨明是非，以顯示王者的心志。《春秋》記載了魯國自隱公至哀公的十二代君主之間這段時期的各國歷史，正是屬於周王室衰落時期的政事，因此引起孔子門人的疑慮。孔子說：「我根據這一段時期的歷史，以王者的仁愛之心來評價行事中的是非得失。這是因為與其流於空洞的說教，不如通過這段時期內歷代各國君主及其臣僚們行事的分析評價，倒是更加廣博、深刻而鮮明地切入主旨。」所以孔子的弟子如子貢、閔子騫、公肩子等都曾經說過《春秋》能切入事理，可以此作為後來治國者的鑒戒。它所切入事理之深，一直講到了那些亡國弒君的醜行，以及諸侯奔走而不能保全其社稷等事。追究其原因，都是由於不明白治國的道理，沒有認真地讀過《春秋》才會落到如此下場。衛國的子夏曾經說過：「治理國家的君主，不可以不學習《春秋》。不學習《春秋》，就無法識別潛伏在身旁的前後左右的各種危險，不懂得掌握國家的權力是君主最重要的職責。」有的君主由於喪失了權力而受臣下脅迫退位，喪失了國家；或者是在位時遭人偷襲或暗殺而死，而這些事往往都是突然發生的。如果能夠紹述《春秋》的義法，施行王道，豈止可以免除殺身與失位的禍患，而且可以具有堯舜那樣的德行，從而達到天下大治的境界。世碩曾經說過：「功德可以延續到子孫，光輝可以照耀百世，聖王的德行中，沒有比恕道更美好的了。」我本人過去也曾經講過：《春秋》強調對己嚴而對人寬，那樣的國君便能通過治理好自己的國家而進一步容納天下。

【研　析】本章闡述孔子作《春秋》的用意是上探天端，下明得失，以待後聖。闡述時引用了孔子弟子與再傳弟子們對《春秋》的論述，提及的人物有子貢、閔子騫、公肩子、子夏、世碩等。《史記・太史公自序》中，司馬遷引述了董仲舒有關《春秋》的長篇論述，如果以此與本章所引的孔門弟子言論相對照，可以明顯地看出兩者的繼承關係。如董仲舒強調「《春秋》之中，弒君三十六，亡國五十二，諸侯奔走不得保其社稷者不可勝數。察其所以，皆失其本已」（《史記・太史公自序》），而本章則引述子貢、閔子騫、公肩子等人認為《春秋》「言其切而為國家賢（資）也。其為切而至於殺君亡國，奔走不得保社稷，其所以然，是皆不明於道，不覽於《春秋》也」。又如，董仲舒指出「有國者不可以不知《春秋》。前有讒而弗見，後有賊而不知」（《史記・太史公自序》），本章則引述「衛子夏言：『有國家者不可不學《春秋》。不學《春秋》，則無以見前後旁側之危，則不知國之大柄，君之重任也。』」兩者口吻，如出一轍。

從這裡可以看到，董仲舒對《春秋》的論述，固然有許多創新的獨到見解，但亦自有其思想淵源，即孔子弟子及其再傳弟子們對《春秋》的論述。董仲舒繼承了他們的研究及其成果，並作了綜合與發展。事實上，直接引述孔門弟子對《春秋》的論述，在董仲舒的《春秋》學中僅只是水面上露出的冰山一角而已，更大量是對其理念的運用。如孟子對《春秋》有過許多論述：「世衰道微，邪說暴行有作。臣弒其君者有之，子弒其父者有之。孔子懼，作《春秋》。」（《孟子・滕文公下》）「王者之跡熄而《詩》亡，《詩》亡然後《春秋》作。晉之《乘》、楚之《檮杌》、魯之《春秋》，一也。其事則齊桓、晉文，其文則史。孔子曰：『其義則丘竊取之矣。』」（《孟子・離婁下》）董仲舒在《春秋繁露》中雖然絕少直接稱引，但這些理念在本書有關《春秋》的論述中被一再闡述、引申與發揮，在許多地方都可以看到它們的影子。

本章對孔門弟子言論的稱引中，子夏居於突出的地位。除本章所引之外，本篇第二章中還作了「子夏言《春秋》重人」的引述。一篇之中，兩次引述，可見董仲舒對子夏之重視。其實，董仲舒對子夏思想的紹述，是多方面的。如《韓非子・外儲說右上》載：「患之可除，在子夏之說《春秋》也。善持勢者蚤（早）絕其姦（奸）萌。」「子夏曰：『《春秋》之記，臣殺君、子殺父者，以十數矣，皆非一日之積也，有漸而以至矣。凡姦（奸）者，行久而成積，積成而力多，力多而能殺。故明主蚤（早）絕之。』」「故子夏曰：『善持勢者，蚤（早）絕姦（奸）之萌。』」董仲舒在本書的〈盟會要〉篇中，與子夏同樣地提出了「貴除天下之患，故《春秋》重」的說法；而在本章中則引述子夏之言：「不學《春秋》，則無以見前後旁側之危，則不知國之大柄，君之重任也。」從這裡可以看到，董仲舒與子夏同樣地重視防微杜漸。他還在〈王道〉篇中提出：「《春秋》防纖芥之失，反之王道。」「觀乎公子翬知臣窺君之意。觀乎世卿，知移權之敗。」「未有去人君之權，能制其勢者也；未有貴賤無差，能全其位者也。」這些論述，都是對子夏的「善持勢者，蚤（早）絕其姦（奸）之萌」這一論斷的進一步發揮，強調君主必須持勢，掌握與保持手中權力，維護貴賤的等級秩序，杜絕臣子的弒逆之萌。

董仲舒在思想淵源上與子夏有著如此緊密的聯繫，這並不奇怪。董仲舒專治《公羊春秋》，在漢代是著名的《公羊》學者。從傳承關係上看，《春秋》的《公羊傳》和《穀梁傳》都出自子夏，而且相傳孔子著重將《春秋》傳授給子夏。《孝經鉤命決》載：「孔子曰：《春秋》屬商，《孝經》屬參。」商是指子夏，參是指曾參。這種說法雖然出自緯書，不可全信；但空穴來風，不為無因。對孔子《春秋》之學的傳承，當推子夏為第一人。據《春秋公羊傳注疏》徐彥疏引戴宏序：「子夏傳與公羊高，高傳與其子平，平傳與其子地，地傳與其子敢，敢傳與其子壽。至漢景帝時，壽乃與齊人胡毋子都著於竹帛。」漢景帝時，胡毋子都與董仲舒同治《公羊春秋》，二人皆為博士。此時，傳《春秋》者有五家（除《左傳》、《公羊傳》、《穀梁傳》外，另有鄒、夾二家，但因「鄒氏無師，夾氏未有書」而不傳），只有《公羊傳》一家立於學官。漢武帝時，還曾詔太子受《公羊春秋》，可見《公羊傳》在當時的顯赫地位。《穀梁傳》要到漢宣帝時方始立於學官，而《左傳》則要到漢平帝時才一度立於學官，不僅在時間上要晚得多，而且終漢之世，《公羊傳》在官學中的地位始終沒有動搖過，《左傳》、《穀梁傳》難以望其項背。從時間上推算，子夏傳與公羊高之間或許還可能有中間環節，但這並不能撼搖《公羊傳》出自子夏及其門弟子的論斷。

子夏留下的事跡不多，僅能從《史記・仲尼弟子列傳》與《論語》中窺知一二。子夏姓卜名商，衛國人，少於孔子四十四歲。子貢曾問孔子：子張與子夏誰更賢？孔子回答：「師也過，商也不及。」子貢說：那麼子張比子夏更賢了。孔子說：「過猶不及。」（《論語・先進》）子張銳意進取，子夏墨守成規，孔子認為兩者皆不可取。孔子曾對子夏說：「汝為君子儒，無為小人儒。」（《論語・雍也》）這是鼓勵子夏應當敢作敢為，氣象恢宏，不要謹小慎微，恪守官場禮制。《論語》中記載子夏向孔子問學有三處：問孝，問禮，問政。問政的那一次，孔子告誡子夏：「無欲速，無見小利。欲速則不達；見小利，則大事不成。」（《論語・子路》）孔子對弟子的回答多具有針對性，看來子夏比較看重眼前的政績，討上級的歡心，以致急功好利，不顧長遠利益，故孔子會有此誡。此外，《論語》中對子夏言論的記載有十條左右，諸如「學而優則仕」、「大德不逾閑，小德出入可也」等言論，皆出自子夏之口（《論語・子張》）。由此可見，子夏這一系比較熱衷於利祿名位，與官方比較靠近。孔門四科：德行、言語、政事、文學。子夏與子游同屬文學科。這裡的文學與後世不同，指的是禮儀文獻與典章制度。但子游卻對子夏有看法，曾指責說：「子夏之門人小子，當灑掃應對進退，則可矣，抑末也。本之則無，如之何？」（《論語・子張》）子夏聽了，不以為然，認為應當循序漸進，灑掃應對進退雖是小事，卻是入仕為官的進身之階，不容忽視。

從上述殘存記載中，已可從片鱗隻爪中勾略出子夏的為人及其治學之道。孔子去世後，子夏執教於魏國西河之上，為魏文侯師，比孔子生前要風光得多了。《春秋》諸傳中，子夏所傳的《公羊傳》、《穀梁傳》在漢代先後被立於學官，實非偶然。而《春秋》在漢初能成為顯學，確實是仰仗於《公羊傳》。這是因為《公羊傳》的微言大義，強調維持君臣綱紀，對漢王朝維護其統治有利。

韓非子在〈顯學〉篇中指出：孔子死後，儒家分為八派，但只提名稱，沒有具體說明各派學說的內容。據筆者之見，早期儒家中至少有三派特別值得注意。一是思孟學派，以子思、孟軻為代表，強調心性之學，重視民本思想，對各國諸侯保留了一定的獨立抗議精神。二是以子夏為代表，以通曉傳統的典籍為其能事，尤以《公羊傳》最為著稱。康有為說：「傳經之學，子夏為最。」這一派比較注重與統治者合作。董仲舒治《公羊春秋》，在傳承關係上自然與子夏比較密切。三是以曾子為代表的踐履學派，主要人物為曾參及其弟子樂正子春等。這一派以孝道的踐履為基點。董仲舒的《春秋》學在思想淵源上固然受子夏學派的影響較深，但他不受門戶之見的囿縛，並不攻乎異端，而是吸收了思孟學派的不少內容，這一點可以從《春秋繁露》中得到證明。只要細心查找，就可在書中許多地方找到這一派學說的蹤影。

第二章

《春秋》之道，大得之則以王，小得之則以霸❶。故曾子、子石❷盛美齊侯安諸侯，尊天子。霸王之道，皆本於仁。仁，天心，故次以天心❸。愛人之大者，莫大於思患而豫防之❹，故蔡得意於吳，魯得意於齊，而《春秋》皆不告❺，故次以言怨人不可邇，敵國不可狎，攘竊之國不可使久親，皆防患為民除患之意也❻。不愛民之漸乃至於死亡，故言楚靈王、晉厲公生弒於位，不仁之所致也❼。故善宋襄公不厄人，不由其道而勝，不如由其道而敗，《春秋》貴之，將以變習俗而成王化也❽。故子夏言《春秋》重人，諸譏皆本此。或奢侈使人憤怨，或暴虐賊害人，終皆禍及身。故子池言魯莊築臺，丹楹刻桷，晉厲之刑刻意者，皆不得以壽終❾。

【章　旨】本章強調王霸之道，皆本於仁。仁是天心的體現。愛人之大者，在於預防禍患的發生。君主重仁，雖敗猶榮，如宋襄公。君主不仁，禍及於身，不得善終，如楚靈王、晉厲公、魯莊公等。

【注　釋】❶春秋之道三句　此處指能大得《春秋》之義則成王者。董仲舒對王者從各個角度進行了闡釋。他在〈滅國上〉篇從社會意義的角度指出：「王者，民之所往。君者，不失其群者也。故能使萬民往之，而得天下郡者，無敵於天下。」在〈王道通三〉篇則從文字起源的角度指出：「古之造文者，三畫而連其中謂之王。三畫者，天、地與人也；而連其中者，通其道也。取天、地與人之中，以為貫而參通之，非王者孰能當是？」在〈王道〉篇則從天人感應的角度闡述：「王者，人之始也。王正則元氣和順，風雨時，景星見，黃龍下。王不正則上變天，賊氣並見。」能小得《春秋》之義，則可以成為霸主，即齊桓、晉文之類的人物，能尊王攘夷，憂天下之憂。董仲舒在〈王道〉篇稱：「桓公救中國，攘夷狄，卒服楚，至為王者事。晉文再致天子，皆止不誅，善其牧諸侯，奉獻天子而復周室，《春秋》予之為伯。」〈滅國下〉：「齊桓為幽之會，衛不至，桓怒而伐之。狄滅之，桓憂而立之。魯莊為柯之盟，劫汶陽。魯絕，桓立之。邢杞未嘗朝聘，齊桓見其滅，率諸侯而立之。用心如此，豈不霸哉？故以憂天下與之。」❷曾子予石曾子，曾參，字子輿，少孔子四十六歲，孔子以為能通孝道，曾子作《孝經》，死於魯。予石，乃子石之誤，予當為子，見《史記·仲尼弟子列傳》載：「公孫龍，字子石，少孔子五十三歲。」此人與談堅白同異的趙人公孫龍不是一人。趙人公孫龍的生卒時間比公孫子石晚，曾任平原君客，與孟子同時。❸霸王之道五句　儒家重仁，思孟學派尤其強調仁者愛人，把仁作為人的天性，亦即是天地之本心。在《論語》中，孔子關於仁的論述頗多。他說：「夫仁者，己欲立而立人，己欲達而達人，能近取譬，可謂仁之方也已。」（《論語·雍也》）這是強調推己及人，把愛人作為前提。《孟子·公孫丑上》：「所以謂人皆有不忍人之心者，今人乍見孺子將入於井，皆有怵惕惻隱之心，非所以內交於孺子之父母也，非所以要譽於鄉黨朋友也，非惡其聲而然也。」「惻隱之心，仁之端也。」董仲舒把這種出於人之本能的愛心，歸之於天心。他在〈王道通三〉中指出：「仁之美者在於天。天，仁也。」故無論是禹、湯、文、武那樣的王者，還是齊桓、晉文那樣的霸主，都必須從仁者愛人這一基點出發，所謂「王者愛及四夷，霸者愛及諸侯」。❹愛人之大者二句　董仲舒在〈盟會要〉篇稱：「聖人者貴除天下之患。」《荀子·大略》：「先患慮患謂之豫，豫則禍不生。」❺故蔡得意於吳三句　蔡得意於吳，指魯定公四年（西元前五〇六年），楚攻蔡，蔡昭侯使其子為質於吳，共同伐楚。冬，蔡與吳王闔閭破楚都郢。魯得志於齊，指魯哀公十一年（西元前四八四年），齊國的國書率兵伐魯，魯哀公聯合吳國軍隊伐齊，戰於艾陵（今山東萊蕪東北）。齊軍大敗，吳軍殺敵三千，繳獲戰車八百輛，俘虜了齊軍統帥國書。吳國把戰俘和戰利品交給了魯國。「告」當作「與」字解，指《春秋》記載此事時對蔡國和魯國的行為都不贊同。對於蔡得意於吳，《春秋》記載為：「蔡侯以吳子及楚人戰于伯莒，楚師敗績。」它讚揚的是吳王闔閭。《公羊傳》對此評論曰：「吳何以稱子？夷狄也而憂中國。」但對蔡昭侯姬申則不置一詞，此即所謂「不告」。此後蔡昭侯依附於吳。楚後又侵蔡，蔡向吳求援，吳令蔡遷都，由此而引起蔡國內部矛盾，蔡昭侯為其大夫所殺。魯得意於齊事，《春秋》記載為：「公會吳伐齊。甲戌，齊國書帥師及吳戰于艾陵。齊師敗績，獲齊國書。」記載中講齊師與吳戰而敗績，不提魯國，對魯含有貶意。《公羊傳》則對此不置一詞，即不告。此後齊、魯之間戰亂和糾紛不斷。蔡國與魯國藉助於夷狄的吳國而取得短暫的勝利，但卻留下了後患，故《春秋》都對此不表示贊同。❻故次以言怨人不可邇四句　此處總結蔡、魯二國所以遭受戰亂挫折的教訓，一是對有宿怨的人不可接近，二是對敵國不能輕忽，三是對動輒攘竊他國的國家不能長期親近，目的是為民眾防患於未然。以蔡昭侯為例，《史記·管蔡世家》：「昭侯十年（西元前五〇九年），朝楚昭王持美裘二，獻其一於昭王而自衣其一。楚相子常欲之，不與。子常讒蔡侯，留之楚三年。蔡侯知之，乃獻其裘於子常。子常受之，乃言歸蔡侯。」這是與「怨人邇」而帶來的不良結果。昭侯十三年（西元前五〇六年），楚國攻蔡，「蔡昭侯使其子為質於吳，以共伐楚。冬，與吳王闔閭遂破楚入郢。蔡怨子常，子常恐，奔鄭。十四年（西元前五〇五年），吳去而楚昭王復國。十六年（西元前五〇三年），楚令尹為其民泣以謀蔡，蔡昭侯懼。二十六年（西元前四九三年），孔子如蔡。楚昭王伐蔡，蔡恐，告急於吳。吳為蔡遠，約遷以自近，易以相救。昭侯私許，不與大夫計。吳人來救蔡，因遷蔡於州來。二十八年（西元前四九一年），昭侯將朝於吳，大夫恐其復遷，乃令賊利殺昭侯。」（同上）楚相子常是易於結怨的人，蔡昭侯與他接近而又不肯獻裘，以致被拘禁在楚國三年，雙方結怨。楚是蔡之敵國，蔡昭侯卻對它輕忽而不認真對待，以致連年戰爭不斷。吳是攘竊之國，昭侯久親吳，而遷其國於州來，引起蔡國內亂，給自己帶來殺身之禍。❼不愛民之漸乃至於死亡三句　楚靈王，春秋時楚國國君，姓羋，名圍，楚共王之子，楚康王之弟。康王卒，子員立，子圍為令尹，殺員自立，為靈王，在位十二年。楚國在其統治下曾一度強盛，然由於他對外窮兵黷武，對內窮奢極侈，大興土木，濫用民力，舉國皆怨。楚國公子棄疾乘機發動政變，逼令靈王父子自殺，最後篡國自立，是為楚平王。參見〈王道〉篇第九章注㉖、㉗、㉘、㉙、㉚。晉厲公，春秋時晉國國君，姓姬，名壽曼，晉景公之子，在位六年。他曾在鄢陵之戰中打敗楚軍，威鎮諸侯，因而對外謀求充當天下之霸主，對內則寵信佞臣，濫殺無辜，先後誅殺伯宗、郤至、郤錡、郤州等大夫，結果引起欒書與中行偃二大夫聯合起來，殺死佞臣胥童，捕殺厲公，迎立公子周為晉悼公。參見〈王道〉篇第九章注⓫、⓬。董仲舒把楚靈王與晉厲公被殺的原因歸結為不愛民與沒有仁心。❽故善宋襄公不厄人五句　宋襄公，春秋時期的宋國國君，名茲甫，宋桓公之子，在位十四年。宋襄公十三年（西元前六三八年）伐鄭，楚伐宋以救鄭。是年冬，襄公與楚成王戰於泓。《史記・宋微子世家》稱：「楚人未濟，目夷曰：『彼眾我寡，及其未濟擊之。』公不聽。已濟未陳，又曰：『可擊。』公曰：『待其已陳。』陳成，宋人擊之。宋師大敗，襄公傷股。國人皆怨公。公曰：『君子不困人於阸，不鼓不成列。』」《公羊傳》評論泓之戰時，盛讚宋襄公的這次失敗：「故君子大其不鼓不成列，臨大事而不忘大禮，有君而無臣，以為雖文王之戰，亦不過此也。」董仲舒在〈王道〉篇中認為這是君子重於禮而薄於利的榜樣。❾故子池言魯莊築臺四句　子池，當是孔門之弟子，其事蹟不見記載。魯莊，即魯莊公，春秋時魯國的國君，名同，魯桓公之子，在位三十二年。他在三十一年（西元前六六三年），先後築臺於郎、薛、秦三地。一年之內連修三臺，故《春秋》記載其事以譏之。參見〈王道〉篇第八章注㉓，第九章注㉝。丹楹刻桷，指魯莊公二十三年（西元前六七一年），丹桓宮楹，即把祭奠魯桓公的廟寢的柱子漆成大紅的顏色。次年又刻桓宮桷，即為桓宮的椽子刻上圖案。《春秋》記載這兩件事，是譏刺魯莊公違反了禮制。參見前注❼與〈王道〉篇第八章⓴、㉑。晉厲之刑刻意者，指晉厲公濫殺無辜，一天殺三大夫。參見前注❼與〈王道〉篇第九章注⓫、⓬。皆不得以壽終，指魯莊公奢侈使人憤怨，莊公死後，嗣位之子般被公子慶父所弒。晉厲公則為大夫欒書與中行偃所弒。

【語　譯】《春秋》的道理，君王能把握它的大部分，可以成為統治天下的王者；能把握它的小部分，則可以成為率領諸侯的霸主。所以曾子、子石極力讚美齊桓公能安定諸侯，尊奉天子。要成為霸主和王者，根本途徑在於以仁為本。仁是上天的本心，所以接下來要談論上天的本心，也就是愛人，即仁。愛人中最重要的是關心與思慮人們可能遭遇的禍患，預先防止這些禍患的發生。因此如蔡昭侯對吳國幫助它攻打楚國而得意，魯國對借助吳國的力量討伐齊國而得意，但是《春秋》對這些事都並不贊同，不置一詞。接著則強調不要去接近那些容易結怨的人，不能輕忽敵國的動向而放鬆警惕，不能長久地親近那些企圖攘竊他國的國家，這都是為了預防禍患的發生，消除百姓們將會遭受的禍患。有一些君主不懂得愛惜百姓，以至於自己付出了生命作為代價，如楚靈王、晉厲公都是在位時遭人弒殺，就是由於他們所行不仁的緣故。《春秋》讚揚與肯定宋襄公能不乘人之危的行為，並認為如果不能遵循正道而取勝，寧可由於遵循正道而失敗。《春秋》之所以看重和珍視這種思想和行為，是為了改變社會的風氣和習俗，養成遵循王者教化的風尚。所以子夏說：「《春秋》最看重的是人，《春秋》中的各種譏刺都本著這一精神而針對當時的統治者進行指責的。」那些無道的君主，或者由於窮奢極侈而遭致百姓的憤怒與怨恨，或者推行暴政，虐害他人，最終災禍降臨到自己的身上而喪生。所以子池講魯莊公一年中三次築臺，為桓公寢殿的柱子塗上紅漆，椽子上刻各種圖案和花紋，晉厲公刻意推行嚴刑峻法，濫殺無辜，因而他們都得不到善終。

【研　析】仁是儒家倫理思想的核心，由此出發，它涵蓋著倫理思想的各個方面。一部《論語》，孔子講到仁的地方多達一〇九處。儘管孔子在不同場合與各個弟子對話時，對仁的解釋不盡相同，各有其不同的說法；但在這些不同的解釋中，一以貫之的是他對樊遲問仁的答覆，即「愛人」（《論語・顏淵》），這就是說對他人要有仁愛之心。董仲舒在《春秋繁露》中把「仁者愛人」與《春秋》大義結合在一起，強調「子夏言《春秋》重人，諸譏皆本此」。總之，仁是衡量一切事物的是非標準，《春秋》的褒貶皆由此出發。在本章中，即是「孔子曰：『吾因其行事而加乎王心焉。』」這個王心，也就是藉《春秋》以明王者所應有的仁愛之心。換一個角度說，亦即是「霸王之道，皆本於仁」。董仲舒在本章中把「仁」上通於天之端：「仁，天心，故次以天心。」〈王道通三〉篇則云：「仁之美者在於天。天，仁也。」「人之受命於天也，取仁於天而仁也。」故王者之施政，必須治其志而歸之於仁，也即「加乎王心」而已。

這種以仁為本的思想，落實到《春秋》對人們行事的褒貶上，從為民防患的角度去論述如何處理國與國之間的關係時，強調「怨人不可邇，敵國不可狎，攘竊之國不可使久親」。根據這種原則，董仲舒批評蔡昭侯借助吳國的力量去打擊楚國，結果給國家和人民帶來深重的災難，本人也因此而喪命。魯哀公借助吳國的力量而對齊國取得一時的勝利，但事後齊、魯之間的糾紛連綿不斷，對魯國人民增加了憂患和禍難。《春秋》不贊同這種做法，董仲舒當然也是如此。

在戰爭的問題上，董仲舒突出地表彰了宋襄公在泓之戰中那種「君子不困人於阨，不鼓不成列」的精神，認為「不由其道而勝，不如由其道而敗」。重道義而不重輸贏，目的是為了變習俗而成王化。〈竹林〉篇中也出現過類似的看法，那就是表彰楚國大夫司馬子反與宋國華元達成停戰協議是「當仁不讓」，而《春秋》之所以對此肯定是「為其有慘怛之恩，不忍餓一國之民，使之相食。推恩者遠之而大，為仁者自然而美」。董仲舒通過這一事例來展現孔子對子貢所說的：「夫仁者，己欲立而立人，己欲達而達人，能近取譬，可謂仁之方也已。」（《論語・雍也》）這也就是，「己所不欲，勿施於人」（《論語・衛靈公》），即孔子一貫提倡的推己及人的忠恕之道。同時，董仲舒在本章中還以楚靈王、晉厲公的為君不仁作為典型：前者是對外窮兵黷武，對內窮奢極侈；後者則是對下不仁，一日誅殺三大夫，濫殺無辜。這兩人最後都禍及於身，遭臣下弒殺，不得善終。這樣便從「天心」與「行事」兩個側面來闡述孔子作《春秋》的主旨。單以倫理角度來評價政治，有時頗難自圓其說，因為施政者的動機與效果並不都是一致的。惡的動機如貪欲等在歷史發展過程中曾經起過槓桿的作用，而齊桓公的霸主之道，亦並非皆本於仁。然而，如果完全拋棄倫理而只講功利，一味崇拜「成者為王，敗者為寇」，不講人道而只講弱肉強食的獸道，那又將會是一幅何等慘酷的世界圖景呢？這就不免令人不寒而慄了。

第三章

上奢侈，刑又急，皆不內恕，求備於人❶，故次以《春秋》緣人情，赦小過，而《傳》明之曰：「君子辭也。」❷孔子明得失，見成敗，疾時世之不仁，失王道之體，故緣人情，赦小過，《傳》又明之曰：「君子辭也。」❸

【章　旨】本章強調孔子修《春秋》時重仁，重恕，緣人情，赦小過，對人不求全責備。

【注　釋】❶上奢侈四句　此處指春秋時天子微弱，諸侯力政，大夫專國的大背景。上奢侈，指諸侯們皆崇尚奢侈。刑又急，指在刑罰上嚴刑峻法，過於急苛。皆不內恕二句，指諸侯對自己內心不講恕道，對人則求全責備。❷故次以春秋緣人情四句　指接下來論述的是《春秋》根據人之常情，赦免人們的小過失。《論語・子張》：「子夏曰：大德不逾閑，小德出入可也。」董仲舒在〈玉英〉篇對此作了進一步闡述：「諸侯在不可以然之域者，謂之大德。大德無逾閑者，謂正經。諸侯在可以然之域者，謂之小德，小德出入可也。」《傳》，指《公羊傳》。君子辭也，指孔子在《春秋》的用辭上，對人們的某些過失，表現出寬恕的精神。語見《春秋》在魯宣公十二年（西元前五九七年）的記載：「春，葬陳靈公。」《公羊傳》對此評論曰：「討此賊者，非臣子也，何以書葬？君子辭也。」《春秋》書法是君弒，臣不討賊，不書葬；父弒，子不復仇，不書葬。弒陳靈公的是夏徵舒，而誅夏徵舒的是楚莊王。在這種情況下，陳靈公的臣子即使要討賊，也無法進行。所以《春秋》寬恕了陳國的臣子，而對陳靈公書葬採取了通融的靈活措施。君子，指孔子。君子辭也，指只有孔子才會這樣地處理文字，不對陳國的臣子求全責備，具有寬恕的精神。❸孔子明得失八句指孔子辨明諸侯行事的是非得失，指出其後果的成功和失敗，憎惡和不滿於春秋時期的風氣不仁，不依照王道去行事，所以對人們評價時，根據人情之常，不去計較那些比較小的過錯。如魯國季友是賢臣，《春秋》錄其功，而掩蓋其因兄弟親情而不追究逆臣慶父之過。《漢書·鄒陽傳》：「魯公子慶父使僕人殺子般，獄有所歸，季友不探其情而誅焉。慶父殺閔公，季子緩追免賊，《春秋》以為親親之道也。」慶父是季友之兄。慶父兩次弒君，季友在第一次只誅殺兇手而未追究主使者，第二次則在追趕時行動緩慢而讓慶父逃走。但根據親親之道，《春秋》對季友不予深究。此即所謂赦小過。又，《漢書·陳湯傳》：「論大功者不錄小過，舉大美者不疵細瑕。昔齊桓公前有尊周之功，後有滅項之罪，君子以功覆過而為之諱行事。」滅項事見《春秋》在魯僖公十七年（西元前六四三年）的記載：「夏，滅項。」《公羊傳》對此評論曰：「齊滅之也。不言齊，為桓公諱也。桓有繼絕存亡之功，故君子為之諱。」這兩個例子，都說明孔子為齊桓、晉文赦其小過。

【語　譯】君主們崇尚奢侈，刑罰又嚴苛峻急，內心中毫無寬恕之念，對他人求全責備，所以接著講《春秋》根據人之常情，不去計較人們小的過錯。《公羊傳》對此明白地指出：「這是君子的言辭。」孔子在《春秋》中辨明人們行事的得失，指出其成敗的後果及所以會如此的原因，由於痛心於那個時代風氣的不仁，根本不遵循王道行事，所以根據人之常情，不去計較人們所犯下的小過錯。《公羊傳》明確地指出：「這是君子的言辭。」

【研　析】本章反覆強調《春秋》「緣人情，赦小過」，提倡寬恕精神，反對對人求全責備，而且在短短一段內，兩次引用《公羊傳》對這類事件的評論：「君子辭也。」這是在闡明孔子對待事物的態度不矯情，不走絕端，重視人之常情，不計較那些小的過失和錯誤。孔子在修纂《春秋》時就是遵循這一原則去作文字處理的。

孔子的這種忠恕之道，貫徹時有兩種不同的情況。一種是由於條件所限，犯了過錯，對此就不應求全責備。如《春秋》的編寫義例是凡國君遭逆賊所弒，臣子若不能征討逆賊為國君復仇，就不能對國君的葬禮作記載，用以貶責其臣子不能恪盡忠孝之道。但是，陳靈公為其臣下夏徵舒所弒殺，楚莊王出兵把夏徵舒抓起來殺掉，以致陳國的臣子未能盡到自己的職責，這是由於條件所限。楚莊王出兵主持其事，征討與誅殺夏徵舒，陳國的臣子根本無法插手。所以《春秋》對陳靈公「書葬」（對葬禮作記載），以表示對陳國臣子不作貶責，這說明孔子非常通情達理，不對他人求全責備。二是對齊桓、晉文這類霸主，有功有過，大功小過，孔子在《春秋》中仍然對他們作了充分的肯定，肯定他們興復周室、尊王攘夷、存亡繼絕之功，不因為他們有過錯而對他們一筆抹煞。這同樣也是不求全責備，而是錄其大功，忽其小過，體現了「緣人情，赦小過」的忠恕之道。

孔子對齊桓公是如此，對管仲也同樣如此。《論語·憲問》中有這樣一段記載：「子路曰：『桓公殺公子糾，召忽死之，管仲不死。』曰：『未仁乎？』子曰：『桓公九合諸侯，不以兵車，管仲之力也，如其仁，如其仁。』」子糾是齊桓公之兄，召忽和管仲都是公子糾的臣屬。齊桓公和公子糾爭奪齊國的國君寶座，齊桓公獲勝，殺死了公子糾，召忽自殺，死於君難，而管仲不死君難，卻反而當了齊桓公的臣屬，所以子路責問：「管仲這種行為能算是仁嗎？」但是孔子回答：「齊桓公不憑藉武力，而多次聯合諸侯，統一了天下，這是管仲的力量。這是仁呀，這是仁呀。」《論語·憲問》中緊接著還有另一段類似的記載：「子貢曰：『管仲非仁者與？桓公殺公子糾，不能死，又相之。』子曰：『管仲相桓公，霸諸侯，一匡天下，民到於今受其賜。微管仲，吾其被髮左衽矣。豈若匹夫匹婦之為諒也，自經於溝瀆而莫之知也！』」

孔子在這裡說得非常明確，對待事物要分清主次與輕重，不能用是否死於君難來評價管仲的一生，而要看到他協助齊桓公安定天下的大功。正如顧炎武在《日知錄》中所指出的：「君臣之分，所繫者在一身。華夷之防，所繫者在天下。故夫子之於管仲，略其不死子糾之罪，而取其一匡九合之功，蓋權衡於大小之間，而以天下為心也。」

孔子許管仲以仁，但並不認為管仲知禮。他曾嚴厲地批評：「管仲之器小哉！」（《論語·八佾》）〈八佾〉篇還有這樣一段記載：「或曰：『管仲儉乎？』曰：『管氏有三歸，官事不攝，焉得儉？』『然則管仲知禮乎？』曰：『邦君樹塞門，管氏亦樹塞門。邦君為兩君之好，有反坫，管氏亦有反坫。管氏而知禮，孰不知禮？』」孔子因為管仲收取大量租稅，專職人員很多，所以不能稱儉；又因為管仲仿照國君之制興建照壁，有安放酒盅的反坫，認為不知禮。孔子可以取管仲一匡九合之功，略其不死子糾之罪，這裡為什麼就不能「緣人情，赦小過」呢？這不是自相矛盾嗎？

其實不然。這裡的批評「管仲之器小哉」，是指管仲不知聖賢大學之道，故局量褊淺，規模卑狹，不能正身修德，對自己在品行上要求不嚴，不知禮制。從造福於民的政治事功方面來看，孔子可以略其不死君難的小節而肯定其功業大德。但是，不儉、不知禮等屬於倫理道德範圍內個人修身上的缺陷，與政治事功不屬於同一個範疇，所以孔子就事論事，不為管仲隱諱。歷史上往往有這樣一些大人物，在政治事功上是巨人，在道德倫理上卻是侏儒，其品行常會經不起後人的仔細推敲。怎麼辨呢？封建史家的態度是為尊者諱，將它們歸之於防擴散的範圍之內，以免影響與破壞大人物的形象。西方諺言有云：「偉人身邊侍從的眼中無偉人。」這倒的確是經驗之談。但在個人崇拜乃至偶像崇拜的氛圍內，有損偉人形象的言論屬於禁區，絕對不允許逾越雷池半步。其實，對歷史人物的評價固然不能因生活小過而否定其事功大業，但也不必因其事功大業而掩蓋或抹煞其生活小過。倘有取捨，便失之公正，這同樣不是實事求是的客觀評價。美國前總統柯林頓的緋聞醜事在總統任職期間被傳媒曝光，從某種意義上說，未始不是衡量民主程度的一個尺度。

第四章

孔子曰：「吾因行事，加吾王心焉。」❶假其位號❷以正人倫❸，因其成敗以明順逆❹。故其所善，則桓文行之而遂❺；其所惡，則亂國行之終以敗❻。故始言大惡殺君亡國，終言赦小過。是亦始於麤觕，終於精微❼，教化流行，德澤大洽，天下之人，人有士君子之行而少過矣❽。亦譏二名之意❾也。

【章旨】本章強調《春秋》始言大惡殺君亡國，終言赦小過，而歷史的發展必將到達教化流行、德澤大洽的天下大治這種理想境界。

【注釋】❶孔子曰三句　孔子之因魯《春秋》所記之往事，以王者愛民之心進行筆削褒貶，用以體現《春秋》大義。《孟子・離婁下》：「孔子曰：其義則丘竊取之矣。」即是此意。行事，指往事。❷假其位號　指假周天子之位以號令天下。《白虎通義・號》：「號者，功之表也，所以表明功德，號令臣下者也。」❸正人倫　指端正人倫之綱常名教。❹因其成敗以明順逆　指依據諸侯行事之成敗，來表明他們在禮法上的順逆，如齊桓、晉文，因其成以明其順，楚靈、晉厲，因其敗以明其逆。但也有特殊情形，如宋襄則為因其敗而知其順。❺故其所善二句　指孔子在《春秋》中稱善的行事，由齊桓、晉文依照《春秋》禮法行之而遂其功。❻其所惡二句　指孔子在《春秋》所憎惡之行事，如魯莊一年之中三築臺觀，窮奢極侈，楚靈王、晉厲公暴虐濫殺無辜，行暴政，最後終於導致國家大亂，自己則身敗名裂。❼故始言大惡殺君亡國四句　《春秋》十二世，所見世六十一年，所聞世八十五年，所傳聞世為九十六年。《春秋》起於隱公元年（西元前七二二年）的所傳聞之世。何休《春秋公羊傳解詁》：「於所傳聞之世，見治起於衰亂之中，用心尚麤觕，故內其國而外諸夏，先詳內而後治外，錄大略小，內小惡書，外小惡不書。」《春秋》始於所傳聞之世，大惡至弒君亡國，如子般被弒殺，《春秋》直書其事；於所見之世，如定哀之間，文致太平，魯昭公逐季氏而書「又雩」，用辭隱諱，因這些事直接涉及當世，不得不有所忌諱，正如《史記・十二諸侯年表》中所指出的：「有所刺譏褒諱挹損之文，不可以書見。」所以說是終言赦小過。《春秋》之行文，對開始時的所傳聞之世，可以粗疏一些，不妨放手記載，但到了定、哀之世，便不得不精細而謹慎，只能粉飾太平，以免觸犯了當權者而惹來殺身之禍。麤，粗的異體字。盧文弨、蘇輿都認為「麤觕」當作「麤粗」，乃粗疏或魯莽之意。❽教化流行四句　董仲舒把聖王統治的理想世界視為王道教化已流行於世，王者的德澤使天下和洽，人們都具備了士君子的優良品德，已經很少有人犯過失了，因而可以講赦免小過了。此時的社會已經進入了《禮記‧禮運》篇中所言之大同時代。❾亦譏二名之意　二名，指人們取名時，取了兩個字的名字，即雙名。春秋時的風尚，取名都取單名。取二名者，自古就有，春秋時也有，如《春秋》在魯定公六年（西元前五〇四年）記載：「季孫斯、仲孫忌帥師圍運。」《公羊傳》對此評論曰：「此仲孫何忌也，曷為謂之仲孫忌？譏二名，非禮也。」季孫名隱如，仲孫名何忌，都是雙名。為什麼提倡單名，而雙名受譏呢？一說是非禮，一說是因為它難以避諱。從《史記》、《漢書》、《後漢書》來看，當時的單名多於雙名。此處指到了理想時代，既然沒有大惡可書，小過亦已赦免，那麼《春秋》還能譏刺什麼呢？那時如果發生有人取了雙名，也還是要受到譏刺的。王莽便認為自己所建立的新朝已進入理想的時代，所以禁止人們取雙名。

【語　譯】孔子說：「我依據往事指明得失，用來提高今天王公們的仁愛之心。」那是假借周天子的位號，用來端正人倫綱常；從諸侯行事的成功和失敗，闡明其行為是順應於禮還是悖逆於禮。孔子在《春秋》中所肯定和推崇的行為，齊桓公、晉文公這樣做了而取得成功；孔子所否定和憎惡的行為，亂國之君如楚靈王、晉厲公等人這樣做了而導致身敗名裂。《春秋》在開始的部分舉出那些弒君亡國的重大罪惡，在結束的部分不去計較那些小的過錯。這也就是開始時寫得粗略而直率，而在結尾時寫得精細而謹慎。通過《春秋》，可以使教化得以流行，恩澤遍及百姓，使天下人都具有士君子的品德而很少有過錯。到了那個時候，《春秋》只能去譏刺人們取名時用雙名這種小事了。

【研　析】本篇的文字不易通曉。從「予先言《春秋》詳己而畧人」開始，下面提了一連串「次以」，但為什麼要這樣排列次序？目的是為了什麼？頗費猜測。

清代學者孫詒讓對此提出自己的看法：「此篇文多難通，似是董子著書之序，若《淮南子‧要略》及《法言‧自序》之類。後云故次以天心，又云故次以言怨人不可邇云云，又云故言楚靈王、晉厲公云云，又云故善宋襄公云云，又云故次以《春秋》緣人情，赦小過，又云故始言大惡殺君亡國，終言赦小過，皆述其文先後序次之意。惜今篇第缺互，無可推校耳。」清代學者蘇輿是研究《春秋繁露》的卓有成就者，也對孫詒讓的看法表示贊同。

但是，這種說法其實是有問題的。《春秋繁露》全書八十二篇，涉及範圍甚廣，而本章所敘要點難以涵蓋全書篇目，而只能涵蓋全書中的一部分內容，即限於講述《春秋》學的範圍，也就是從第一篇〈楚莊王〉起，至第十七篇〈俞序〉止。董仲舒在〈精華〉篇中指出：「古之人有言曰：不知來，視諸往。今《春秋》之為學也，道往而明來者也。」講災異，是對自然現象吉凶徵兆的未來預測；講成敗得失，是對歷史事件的總結，用以應付未來的類似事件的出現。此外，還有對歷史發展總趨勢的預測，本章就接觸到了這一論題。

本章的主旨與首篇〈楚莊王〉第四章的「三世說」遙相呼應。「三世說」強調「於所見微其辭，於所聞痛其禍，於傳聞殺其恩，與情俱也」。所見世是孔子親身經歷的時代，所以必須為尊者諱，否則會得罪當權者，招惹來殺身之禍。所聞世距孔子所處時代較遠，顧忌較少，但有時仍須為賢者諱，所謂「痛其禍」也。至於所傳聞之世，年代久遠，可以毫無顧忌地直書其事。但是，本章在講到《春秋》「始言大惡殺君亡國，終言赦小過」時，在意義上對「三世說」作了某些轉換，強調三世是個不斷進化的過程，最終將達到「教化流行，德澤大洽，天下之人，人有士君之行而少過」的天下大治這種理想境界。

如果說董仲舒對這種進化過程僅限於朦朧而不明確的猜測；那麼，何休在《春秋公羊傳解詁》中對此作了大量的引申和發揮。他在《公羊傳》隱公元年注中說：「於所傳聞之世，見治起於衰亂之中，用心尚麤觕，故內其國而外諸夏，先詳內而後治外，錄大略小，內小惡書，外小惡不書，大國有大夫，小國略稱人，內離會書，外離會不書是也。於所聞之世，見治升平，內諸夏而外夷狄，書外離會，小國有大夫。……至所見之世，著治太平，夷狄進至於爵，天下遠近大小若一，用心尤深而詳，故崇仁義，譏二名。」

從何休的這段論述，可以看出它與《春秋》對三世的不同書法這種理解有所不同，而是脫胎於董仲舒在本章中的議論。何休的論述包含兩層意思：一是三世在書法上的變化，那僅僅是以時間與空間上的遠近而有不同的記載方式；二是提出三世包含了據亂世、升平世、太平世這三個階段，是一個歷史進化的過程。特別是太平世，是人類的大同社會，儒家的理想境界。

在世界的早期文化中，各民族都有這種歷史發展階段論與理想世界的描述。基督教的千年天國，柏拉圖的理想國，延及近代，如莫爾的烏托邦，乃至聖西門、傅利葉、歐文對社會主義的理解，都是對理想社會的憧憬與嚮往。當這種理想社會與歷史發展階段論結合起來時，便會被神聖或科學的光環所籠罩，形成為一種社會意識形態，並在社會上得到流行。它對歷史的作用，往往是一把雙刃劍。作為一種信仰，它可以鼓舞人們不惜為實現這一理想而獻身，前仆後繼地為之奮鬥，直至獻出自己的生命。中國近代史上的戊戌變法，就以康有為所提倡的《公羊》三世說為其理論基礎。然而，這種理想境界畢竟以空想的成分居多，經不起現實生活的檢驗，最後不免會導致理想的崩潰與幻滅。即以據亂世、升平世、太平世這種三世說而言，就並不符合魯國當時的歷史情況。從魯隱公至魯哀公的十二世的歷史演變情況來看，不僅不是由據亂世而升平世而太平世這樣地進步，相反地，可以說是每況愈下，一代不如一代。

回顧中國各民族的歷史發展狀況，情況很不相同。有的民族經過漫長的歷史過程而逐步發展，有的民族長期處於閉塞、停滯的狀態，有的民族則其興也勃而其衰也速，在迅速興起後而又突然衰落乃至消亡了。漢民族作為中國歷史的主體，其發展過程同樣也是曲折的而非直線式的，有的時期飛速地向前發展，有的時期則停滯不前甚至出現倒退。放眼世界，各種文明的發展也莫不如此，並不存在一個社會按部就班地分幾個歷史階段向前發展的固定公式。這是因為各個民族及其文明，並不是孤立地存在於世界上，而是要受到內外各種因素的制約與交互作用，決非公式化的歷史發展階段論與歷史發展的終極世界說所能概括得了的。過份地執著於意識形態，追求理想世界並付諸大規模的社會實踐，同樣也是一把雙刃劍。它能鼓舞人們前進，造就巨大的、令人震驚的事業；但也有可能會帶來巨大的災難和破壞。中國近代史上諸如太平天國、義和團這種帶有宗教色彩的政治運動，在政治狂熱的驅使下，極易使人們喪失理智，自己摧殘自己，出現與其初衷相違背的現象。「九一一」事件之由某些伊斯蘭宗教狂熱分子所策動，與上述現象有某些類似之處。

離合根 第十八

【題解】篇名〈離合根〉，出典見老子《道德經》：「元牝之門，是謂天地根。」本篇強調君主應取法於天，臣下應取法於地。君臣各守其職，是「離」；君臣相互配合，是「合」；「根」，指天地之道。「離合根」指君臣各行其道而又相互為用，強調無為而治的治國方針。

本篇可分為兩章：第一章闡述君主應當法天之行，以無為為道，以不私為寶；第二章強調人臣應當法地之道，竭情悉力而見其短長，使主上得而器使之。

第一章

天高其位而下其施，藏其形而見其光❶。高其位，所以為尊也❷；下其施，所以為仁也❸；藏其形，所以為神❹；見其光，所以為明❺。故位尊而施仁，藏神而見光者，天之行也❻。故為人主者，法天之行❼，是故內深藏，所以為神❽；外博觀，所以為明也❾；任群賢，所以為受成❿；乃不自勞於事，所以為尊也⓫；汎愛群生，不以喜怒賞罰，所以為仁也⓬。故為人主者，以無為為道，以不私為寶⓭，立無為之位而乘備具之官⓮，足不自動而相者導進，口不自言而擯者贊辭⓯，心不自慮而群臣效當⓰，故莫見其為之而功成矣⓱。此人主所以法天之行也。

【章　旨】本章闡述君主應當法天之行，高其位而下其施，藏其形而見其光，以無為而治作為治國方針。做到以無為為道，以不私為寶，驅使群臣各盡其職。

【注　釋】❶天高其位而下其施二句　此處藉天道以言君道，強調君主應當高高在上，與臣民保持一定的距離，不讓臣民了解自己的真面目，保持充分的神祕感。君主應當向臣民普施恩澤，就像上天降臨陽光雨露一樣，但必須高其位而藏其形，以免臣民知曉真相以後，生起了窺視與占據皇位之念。中國二千年來，封建君主一向採取這種統治方式來控馭臣民的。所謂內外有別、防擴散之類，皆其餘波。施，指雷霆風雨。見，即「現」。顯現。❷高其位二句　主語為「天」，《說文・一部》：「天，顛也，至高無上，从一大。」天是會意字，意味著頂巔，至高無上，沒有比它更高的了。這裡有兩層意思，一是自然意義上的天，一是天在人間的代表，即君王。兩者的地位都尊貴無比，高踞於萬物之上，居高以臨下。在政治和倫理上，指臣以君為天，子以父為天，妻以夫為天，即三綱。❸下其施二句　此處指天上降風雲雨露是上天仁心的體現。《易・繫辭上》：「在天成象，在地成形，變化見矣。是故剛柔相摩，八卦相盈，鼓之以雷霆，潤之以風雨。日月運行，一寒一暑。」以此施於萬物，促成萬物的生長，故稱其為仁。❹藏其形二句　指無法具體知曉天的形狀，卻又處處具體感覺到天的存在，這就是天之所以為神的原因。《荀子・天論》：「列星隨旋，日月遞炤，四時代御，陰陽大化，風雨博施。萬物各得其和以生，各得其養以成，不見其事而見其功，夫是之謂神。皆知其所以成，莫知其無形，夫是之謂天功。」人功有形而天功無形，不見天之所事而人獲其功，故名之曰神。❺見其光二句　《說文・火部》：「光，明也。从火，在人上，光明意也。」在古代，光是神靈的象徵。《山海經・中山經》記楚境內諸神「出入有光」。《舊約聖經》中講耶和華創造世界的活動時，第一句話就是「要有光」，到了第四天，耶和華又特地「造了兩個火光，大的管晝，小的管夜」，這是指的日和月。明由日、月二字構成。《易・繫辭下》：「日往則月來，月往則日來，日月相推而明生焉。」天在古人的直覺中，是由日、月、星辰這些發光的天體組成，借助其光才照明了一切事物。❻故位尊而施仁三句　董仲舒在此處將「位尊而施仁，藏神而見光」概括成為上天行為的規則，為人主者要法天之行，君主的行為規則也應當是「位尊而施仁，藏神而見光」。在董仲舒的心目中，天道、王道、君道是統一的。君是天在人間的代表，依天道而行即是王道。❼故為人主者二句　此處是對為君之道的闡釋，指出君王應當效法天的行為法則，依此去處理君臣與君民之間的關係，從而實現君王控馭臣民的長治久安局面。❽內深藏二句此處用以強調為君者必須將自己的意圖深藏於內，不能讓臣子窺測知自己的心意。如果讓臣子獲悉君王的意圖，便能乘機利用以達到自己的目的。本書〈王道〉篇：「觀乎公子翬，知臣窺君之意。」此處指的就是魯隱公讓公子翬知道了自己要讓位給桓公的心意，公子翬立即轉而投靠桓公，而且造謠挑撥，唆使桓公弒殺隱公，釀成弟弒兄、臣弒君的慘禍。《韓非子・揚權》：「明君貴獨道之容，君臣不同道」；「主上不神，下將有因。」所說的也是同一道理。又，《韓非子・主道》：「君無見其所欲。君見其所欲，臣自將雕琢。君無見其意。君見其意，臣將自表異。」這裡也同樣強調君王必須喜怒不形於色，對自己的好惡意圖深藏不露，讓臣下莫能測知自己的心意。神，指隱而不見而又無處不在，令人莫測其所由。❾外博觀二句　此處指君王必須廣泛觀察，博採眾議，所謂兼聽則明，偏聽則暗，絕對不可為左右近臣所包圍，偏聽偏信，自以為是。《荀子・君道》：「兼聽齊明，則天下歸之」；「兼聽齊明而百事不留，如是，則臣下百吏至於庶人，莫不修己而後敢安正，誠能而後敢受職。百姓易俗，小人變心。」❿任群賢二句　指君主的職責是任賢使能，使自己能坐享其成。《韓非子・主道》：「明君之道，使智者盡其慮，而君因以斷事，故君不窮於智。賢者敕其材，君因而任之，故君不窮於能。有功則君有其賢，有過則臣任其罪，故君不窮於名。是故不賢而為賢者師，不智而為智者正。臣有其勞，君有其成功。」《呂氏春秋・開春論・察賢》：「立功名亦然，要在得賢。魏文侯師卜子夏，友田子方，禮段干木，國治身逸。天下之賢主，豈必苦形愁慮哉？執其要而已矣。」⓫乃不自勞於事二句　此處指君主自己不能辛勞地操持具體事務，才能保持自己的至尊地位。《韓非子・主道》：「人主之道，靜退以為寶。不自操事，而知拙與巧。不自計慮，而知福與咎。」⓬汎愛群生三句　此處包含兩層意思：第一層意思是為君者必須泛愛眾生，愛人即仁。《荀子・君道》：「故有社稷者而不能愛民、不能利民，而求民之親愛己，不可得也。民不親不愛，而求其為己用、為己死，不可得也。」君愛民的目的，是為了求得民為己用、為己死。另一層意思是君主不能以個人的喜怒行賞罰，這樣才能取得賞罰的功效。《韓非子・主道》：「明君之行賞也，曖乎如時用，百姓利其澤。其行罰也，畏乎如雷霆，神聖不能解也。故明君無偷賞，無赦罰。偷賞，則功臣墮其業；赦罰，則奸臣易為非。是故誠有功，則雖疏賤必賞。誠有過，則雖近愛必誅。近愛必誅，則疏賤者不怠，而近愛者不驕也。」⓭故為人主者三句　無為，指君主處事必須順應自然，以虛馭實，以靜制動。不私，指君主不能以個人好惡去處事，不能固執己見，恃己之能包打天下。《韓非子・主道》：「故有智而不以慮，使萬物知其處。有行而不以賢，觀臣下之所因。有勇而不以怒，使群臣盡其武。是故去智而有明，去賢而有功，去勇而有強。群臣守職，百官有常，因能而使之，是謂習常。故曰寂乎其無位而處，謬乎莫得其所。明君無為乎上，群臣竦懼乎下。」君主無為而治的思想起源於老子。老子《道德經・上篇》：「是以聖人處無為之事，行不言之教，萬物作焉而不辭。生而不有，為而不恃，功成而弗居。夫唯弗居，是以不去。」這裡強調君主應當無為而治，行不言之教，用不到動輒發表重要指示，使萬事萬物能順應其勢而自然成長。君主在這一過程中不應處處去作出硬性的規定，突出自己的作用，成功了不應將功勞據為己有。如果那樣做了，人們反而會將功勞歸之於君主。這種以「無為」為特徵的君道，對君主來說，有兩層意思：一是君主可以以簡馭繁，藏拙避愚，使臣下莫測高深。《呂氏春秋・審分覽・知度》：「明君者，非徧見萬物也，明於人主之所執也。有術之主者，非一自行之也，知百官之要也。知百官之要，故事省而國治也。明於人主之所執，故權專而姦止。」反之，「人主自智而愚人，自巧而拙人，若此則愚拙者請矣，巧智者詔矣，詔多則請者愈多矣，請者愈多，且無不請也。主雖巧智，未無不知也，以未無不知，應無不請，其道固窮。為人主而數窮於其下，將何以君人乎？」二是君若有為，臣下容易探知君主的意圖並加以利用，可以投其所好，鑽營而謀己之私利。《呂氏春秋・審分覽・君守》：「凡姦邪險陂之人，必有因也。何因哉？因主之為。人主好以己為，則守職者舍職而阿主之為矣。阿主之為，有過則主無以責之，則人主日侵而人臣日得。」這樣一來，便造成大權下移的局面。

⓮立無為之位而乘備具之官　無為之位，指君主之位。乘，因；憑藉；依靠。備具之官，指百官配備齊全，各稱其職。《呂氏春秋・審分覽・君守》：「大聖無事，而千官盡能」；「君也者，以無當為當，以無得為得者也。當與得不在於君，而在於臣，故善為君者無識，其次無事」；「奚仲作車，蒼頡作書，后稷作稼，皋陶作刑，昆吾作陶，夏鮌作城，此六人者所作當矣，然而非主道者，故曰作者憂，因者平。惟彼君道，得命之情，故任天下而不彊，此之謂全人。」這種君主無為而治而令群臣各盡其職的君道，在先秦各家中可以說是共識，道、儒、法各家都持此看法。《呂氏春秋・審分覽・勿躬》中記載了管仲與齊桓公的這樣一段對答：「管子復於桓公，曰：『墾田大邑，辟土藝粟，盡地力之利，臣不若甯遬，請置以為大田。登降辭讓，進退閑習，臣不若隰朋，請置以為大行。蚤入晏出，犯君顏色，進諫必忠，不辟死亡，不重貴富，臣不若東郭牙，請置以為大諫臣。平原廣城，車不結軌，士不旋踵，鼓之，三軍之士，視死如歸，臣不若王子城父，請置以為大司馬。決獄折中，不殺不辜，不誣無罪，臣不若弦章，請置以為大理。君若欲治國彊兵，則五子足矣。君欲霸王，則夷吾在此。』桓公曰：『善。』令五子皆任其事，以受令於管子。十年，九合諸侯，一匡天下，皆夷吾與五子之能也。管子，人臣也，不任己之不能，而以盡五子之能，況於人主乎？人主知能、不能之可以君民也，則幽詭愚險之言無不職（識）矣，百官有司之事畢力

竭智矣。」同樣的內容見於《韓非子・外儲說左下》。⓯足不自動而相者導進二句　此處以王者接待賓客的禮制為例，指出君主一舉足，便有相者扶持和引導前行，應答時有擯者負責司儀和代君主致答辭，因此君主的舉止言語皆能循禮而行。《禮記・禮器》：「故禮有擯詔，樂有相步。」鄭玄注：「擯詔，告道賓主者也。相步，扶工也。」古代樂工是盲人，需扶工即相者引路。《淮南子・主術訓》：「人主之術，處無為之事，而行不言之教，清靜而不動，一度而不搖，因循而任下，責成而不勞。是故心知規而師傅諭導，口能言而行人稱辭，足能行而相者先導，耳能聽而執正進諫，是故慮無失策，謀無過事，言為文章，行為儀表於天下。」⓰心不自慮而群臣效當　此處指君主不自慮其事而由群臣任其職。《韓非子・主道》：「明君之道，使智者盡其慮，而君因以斷事，故君不窮於智。」這是因為君主一己之力有限，不可能事事思慮周詳。因此治理國家必須依靠眾臣的群策群力，發揮眾臣的集體智慧。《呂氏春秋・審分覽・君守》：「今之為車者，數官然後成。夫國豈特為車哉？眾智眾能之所持也，不可以一物一方安車也。」這是用造車作譬喻：造一輛車子，需要許多部門協作才能完成。治理國家又豈僅是造一輛車子所能比擬的呢？它需要眾智眾能才行，不能用一種物件、一種方法就能安裝起一輛車子來的。所以君主必須無為而治，心不自慮而由群臣盡其職。當，任。⓱故莫見其為之而功成矣　此處指君主無為而治，群臣各盡其職，君主便能坐享其成功。《韓非子・主道》：「是故不賢而為賢者師，不智而為智者正。臣有其勞，君有其成功。此之謂賢主之經也。」《呂氏春秋・審分覽・君守》：「天無形而萬物以成，至精無象而萬物以化，大聖無事而千官盡能。此乃謂不教之教，無言之詔。」

【語　譯】上天，它一面高升自己所在之位，一面又對下普施陽光和雨露；它一面把自己的形體深深地隱藏起來，一面又充分顯現它的光芒。天的位置所以高高在上，是為了顯示它的尊嚴；它對土地降施陽光和雨露，是為了顯示它的仁慈；隱藏自己的形體，是為了顯示出自己的神妙無方；它所以散發出耀眼的光芒，是為了照亮整個世界。位置尊嚴而又能普施仁愛，神幻地隱藏自己而又處處顯露出光芒，這就是上天的運行規律。作為眾人之主的君王，應該效法上天的運行規律，也應當深深地隱藏自己的內心意圖，使臣下莫測高深而對自己崇若神明；要廣泛地觀察並博採各方面的意見，從而使自己能明察秋毫，並顯示出自己的高明和偉大；放手地任用賢能之士，使自己可以坐享其成；用不到自己去操勞任何具體事務，正是為了顯示自己地位的尊嚴；廣泛地熱愛百姓，決不以個人一時的喜怒進行賞罰，正所以顯示自己的仁愛之心。所以作為一個君王，應當順應自然，無為而治，以此作為治國的方針，處理問題時不抱私心，以此作治國之寶。君主應當使自己居於無為而無所不為的地位，駕馭和驅使朝廷的百官各盡其職，走路時尚未舉步便有相者在前面引導，應對賓客時，用不到自己開口，而有擯者來代替應答，碰到問題時，自己不必動腦筋思慮，群臣自然會盡職去想出辦法解決，所以看不到君主有什麼作為而豐功偉業已經宣告完成。這就是君主所以要效法上天無為而治的原因。

【研　析】本篇強調治國之道應取法於自然，君主取法於天，臣下取法於地。君臣各守其道，叫作「離」；君臣相互配合，叫作「合」。離合的根本，就是取法於天地之道。

戰國中後期，黃老思想逐漸擡頭。在道家與法家的影響下，無為而治的思想曾經風靡一時。它的背景，是由於中央集權的專制主義的帝王制度在當時已粗具雛形，而三家分晉、田氏代齊，使臣篡君位、取而代之已成為公開的事實，而且與春秋時期不同的是由異姓代替了同姓，不再需要從原國君的同宗中挑選人來繼位而由自己直接當上國君。在這種背景下，君主如何治國與駕馭群臣在當時成了突出的政治問題。

《易．大傳》指出：「天下一致而百慮，同歸而殊塗。」這正說明了當時的各種思想學派各自從不同的角度論述了帝王治國的南面之術。各思想學派的代表人物，在當時是一批待價而沽、奔走各國的士，也就是當時的知識分子。他們要爭取博得各國君主的青睞，獲得信任與重用，就必須涉及帝王之術，為各國君主提出治國方略，並為其規範治國的行為。而君主在其勢力範圍內居有至高無上的地位，而且對那些遊說之士儼然以主上自居。王者師是王者的指導者，但王者卻是王者師的主上，而且對王者師握有生殺大權。這種微妙的關係決定了王者師向王者提供建議與治國方針時，有著形形色色的不同表現。

第一類是以老子為首的道家。老子強調君主應無為而治，所謂「聖人處無為之事，行不言之教」。在君臣關係上強調：「道大，天大，地大，王亦大」，「聖人抱一為天下式：不自見，故明。不自是，故彰；

不自伐，故有功；不自矜，故長。夫唯不爭，故天下莫能與之爭。」（老子《道德經・上篇》）總之，以靜制動，以無馭有，至於究竟如何駕馭群臣，則恍兮惚兮，說得很玄，由你君主自己去體會。這種說法，雖然不易說動君主而一下子躍居高位，但絕對可以明哲保身。

第二類是以韓非為首的法家。韓非剖析君臣關係，絲絲入扣，精闢入微，說得非常透徹，以致秦始皇讀了他的〈孤憤〉、〈五蠹〉等篇後感歎地說：「寡人得見此人與之遊，死不恨矣！」（《史記・老子韓非列傳》）但是，秦始皇儘管將韓非找到了身邊，卻沒有重任和使用他。韓非將君臣之間的利害關係說得直率露骨，君臣之間，「上下一日百戰」（《韓非子・揚權》），一幅血淋淋的圖景，令人看了毛髮悚然。這樣的人太精明了，留在身邊令君主不安，放他出去就更令人擔心了，所以最後秦始皇殺了韓非。韓非雖然寫了〈說難〉，縱論進言之不易，卻不知道精明外露易遭人君之忌，會惹來殺身之禍。在中國，許多事歷來是做得而說不得，說出來會暴露了君主的真面目。即使是對君主忠心耿耿，同樣也會犯了大忌。在這一點上，韓非比老子差得遠了。

第三類是以呂不韋為首的雜家。呂不韋借助於天道以言治國之道。《呂氏春秋・季春紀・圜道》提出「天道圜，地道方」的論點，要君主效法圜道，以行君道。它對君道的實現勾勒了這樣一個循環圈：君主出令——百官行令——遍布四方——深入民心——復歸君主。要實現這個循環，一是要百官各處其職，治其事以待主；二是百官要聽從君主的使喚，而君主則不能越俎代庖去包攬臣下的事務。總之，君主應當無為而治。呂不韋著《呂氏春秋》，目的是為秦始皇提供治國方針。秦始皇好獨斷專行，事必躬親，「博士雖七十人，特備員不用。丞相諸大臣皆受成事，倚備於上」；「天下之事，無大小皆決於上。上至以衡石量書，日夜有呈，不得休息」（《史記・秦始皇本紀》）。言者諄諄，聽者藐藐，秦始皇才不要聽「無為而治」這一套議論呢。

漢初，有鑒於秦朝嚴刑峻法之弊，崇尚黃老的無為而治。因此，董仲舒吸取了《呂氏春秋》中以天道而言君道的形式，將天道擬人化，用理想中的君道無為來描述天道的運行。他所描述的天道在外貌上有自然現象上的某些特徵，但實質上是有意志的人格神，具有威嚴而神祕的性格和威力。他還賦予天以倫理的特徵，將天上降下陽光雨露理解為天的仁慈，從而得出了「天者仁也」的結論。然後強調人主應當法天之行，以天道來規範君主的行為。他通過這種方式，給至高無上、為所欲為的君權加上了天道的限制。儘管這種限制是極其有限的，但至少可以給進言者多加上一道安全的屏障。

董仲舒將天道與君道攪和在一起，從思想史的角度來看，在當時是一種退步。早在先秦時期，荀子就已反對將天道的運行與人間的吉凶禍福攪和在一起，說是「天行有常，不為堯存，不為桀亡。應之以治則吉，應之以亂則凶。彊本而節用，則天不能貧；養備而動時，則天不能病；脩道而不貳，則天不能禍」。反之，「本荒而用侈，則天不能使之富；養略而動罕，則天不能使之全；倍道而妄行，則天不能使之吉」（《荀子・天論》）。天道是天道，人事歸人事，兩者毫不相干。然而，為人主者，大多熱衷於文過飾非，只要臣民歌功頌德，深嫉臣民指摘是非。明明是人禍，卻偏要諉之於天災。形勢一好轉，便長了瘡疤忘了痛，而瘡疤也被說成是戰天鬥地的豐功偉績。所以，董仲舒之較荀子倒退，是客觀形勢使然。戰國時期處士橫議，百家爭鳴，民主氣氛可以允許荀子發出治亂的責任在於君主的議論；但到了漢代，隨著中央集權專制主義的帝王制度的建立與加強，董仲舒便只能哼唱天人合一的調頭了。

第二章

為人臣者法地之道❶，暴其形，出其情以示人❷，高下、險易、堅耎、剛柔、肥臞、美惡❸，累可就財也❹。故其形宜不宜，可得而財也❺。為人臣者比地貴信而悉見其情于主❻，主亦得而財之❼，故王道威而不失❽。為人臣當竭情悉力而見其短長，使主上得而器使之，而猶地之竭竟其情也，故其形宜可得而財也❾。

【章　旨】本章強調為人臣者法地之道，竭情竭力將自己的短長暴露給主上，不應當有絲毫保留，以便主上能量才錄用，作出適當安排。

【注　釋】❶為人臣者法地之道　此處指地道即是妻道，臣道，地順從天，妻順從夫，臣順從君。地道無所成，成在於天；但地道也能順承天道，年年滅代，生養萬物。由此類推，臣道亦無所成，成在於君；但臣能順承君命，時時更代完成王事。《易・坤・文言》：「地道也，妻道也，臣道也。地道無成而代有終也。」❷暴其形二句　此處指地以山川、湖泊、平地露其形，臣以才能之愚巧顯其情。❸高下險易堅耎剛柔肥臞美惡　此處以地形的變化來譬喻為臣子者的才能、性情與品德。高下，指地勢之高低。險易，指山川之險峻與平易。堅耎，堅硬與柔軟。耎同「軟」。剛柔，剛強與柔弱。肥臞，肥沃與貧瘠。美惡，美好與醜惡。❹累可就財也　指為人臣者必須盡情顯露自己的才能與性情，由君王來裁斷和選擇。財與裁同。❺故其形宜不宜二句　指君王裁斷與選擇臣子的標準是視其才能與性情是否適宜行政的需要。《韓非子・揚權》：「夫物者有所宜，材者有所施。各處其宜，故上下無為。使雞司夜，令狸執鼠，皆用其能，上乃無事。」所以為人臣者必須一切聽從君主的安排和調遣。《韓非子・有度》：「賢者之為人臣，北面委質，無有二心，朝廷不敢辭賤，軍旅不敢辭難，順上之為，從主之法，虛心以待令而無是非也。」不辭賤，即在朝廷上不爭名位。不辭難，指作戰時不貪生怕死，為勝利而甘願犧牲。❻為人臣者比地貴信而悉見其情於主　為人臣者比地貴信，就要臣下應當委身致命，事無專制，所以為忠也；竭愚寫情，不飾其過，所以為信也。《管子・乘馬》：「君舉事，臣不敢誣其所不能。君知臣，臣亦知君知己也，故臣莫敢不竭力俱操其誠以來。」地貴信，董仲舒在〈天地之行〉篇中對此有進一步的闡述，指出地「暴其形所以為忠也，著其情所以為信也」。❼主亦得而財之　指君主能根據臣子的才能、性情、品行而有所選擇和裁斷，從而決定其所宜而任用之。財，通「裁」。❽王道威而不失　指君主主動地選擇與任用其臣下，能享有威望與尊嚴而不失其權柄。《韓非子・二柄》：「為人臣者陳而言，君以其言授之事，專以其事責其功。功當其事，事當其言，則賞；功不當其事，事不當其言，則罰。」如此則群臣畏其威。❾為人臣常竭情悉力而見其短長四句　此處指人臣之才行有短長，君主需依其才能、品行的短長而善用之。《管子・君臣上》：「名為明君者，君善用其臣，臣善納其忠也。信以繼信，善以傳善。是以四海之內，可得而治。是以明君之舉其下也，盡知其短長，知其所不能益，若任之以事。賢人之臣其主也，盡知短長與身力之所不至，若量能而授官。上以此畜下，下以此事上，上下交期於正，則百姓男女皆與治焉。」

【語　譯】作為臣子，應當效法地之道，像大地那樣坦率地暴露自己的形貌，充分地表露自己的性格，無論地勢的高凸和低窪，險峻和平易，堅硬和鬆軟，剛強和柔弱，肥沃和貧瘠，美好與醜陋，都顯示給人們以供識別，同時讓人們了解其特性來確定其是否適宜於提供何種用途。臣子應當如土地那樣地重視反映真實情況，毫不掩飾地向君主坦露自己的情況，使君主可以依照自己的長處和短處來作出妥善的安排和任用，從而使君主能保有威嚴而不失其權柄。作為臣子，應該竭力顯示自己在各方面的長處和短處，使君王得以量才錄用，正如土地那樣地坦露自己的本性，使君王對他的安排和使用能作出比較客觀而正確的判斷。

【研　析】董仲舒以天道對應於君道，以地道對應於臣道，以天地之道推演出君臣之道，從天尊地卑推演出君尊臣卑。君對臣，高高在上，神祕莫測；臣對君，坦露胸懷，唯命是從。董仲舒認為，如果君臣之間的尊卑貴賤關係發生錯位或混淆，政局就會動盪不安乃至發生動亂。至於人臣如果有貶抑其君主的言行，便屬於大逆不道的罪行。本書〈楚莊王〉篇中指出：「人臣之行，貶主之位，亂國之臣；雖不篡殺，其罪皆宜死。」

本章中提出一個值得注意的命題：「為人臣者比地貴信而悉見其情于主，主亦得而財之。」這就意味著要求臣下向君主坦露出自己的一切，絲毫隱私也不允許保留，實際上就是不允許臣子有獨立人格。從表面上看，這樣做是為了使君主能量才錄用，適當安排其職務；但骨子裡是為了「使主上得而器使之」，也就是把臣下看作是器具、工具來適當安排其使用。臣對君必須無限忠誠，不得有絲毫隱瞞；君對臣則恰好相反，要「高其位而下其施，藏其形而見其光」，說白了，就是要高高在上，恩威並施，喜怒不形於色，使臣下揣摩不出君主的心意，戰戰兢兢，臨深履薄，一切聽從君主的調遣，不得有半點違抗的念頭。總之，臣子不僅是工具，而且得是馴服工具，唯君主之命是從，不得有自己的獨立意志。這種理論，在歷史上影響甚為深遠，直至今天，在上級領導與下屬幹部之間，不是依稀仍可看到這種馴服工具論的影子嗎？它甚至還被作為衡量組織觀念的標準呢！

君臣關係之發展成為單方面的無條件服從關係，有一個過程。在先秦時期，即使是儒家學說，也沒有提倡這種做法。《論語・八佾》中有這樣一段記載：「定公問：『君使臣，臣事君，如之何？』孔子對曰：『君使臣以禮，臣事君以忠。』」孔子這段話的潛臺詞就是：「君若無禮，則臣亦不忠。」中國古代雖然沒有能像西方古代在君臣間形成某種契約，但也並不提倡像董仲舒說的那樣盲目屈從。孔子這種臣對君有條件地相對服從的思想，還可以從下列兩段記載中得到佐證：

《論語・顏淵》：「齊景公問政於孔子。孔子對曰：『君君，臣臣，父父，子子。』公曰：『善哉！信如君不君，臣不臣，父不父，子不子，雖有粟，吾得而食諸？』」這是強調社會群體必須有結構和秩序，人生活在群體之中，任何個體都以這種群體秩序為其生存條件，不得違反。這在當時被稱之為倫常。如果君沒有君的樣子，臣也就沒有臣的樣子；父沒有父的樣子，子也就沒有子的樣子，這樣就會世道大亂，誰也別想過安穩日子，對國君也同樣不會例外。所以齊景公說是：「雖有粟，吾得而食諸？」

另一則記載見於《論語・先進》篇。季子然問孔子，子路、冉求可不可以算是大臣？孔子認為這兩人具備了為臣的素質，但不能算是大臣。孔子認為：「所謂大臣者，以道事君，不可則止。」當季子然問到臣子是否應當服從君主的命令時，孔子回答：「弒父與君，亦不從也。」這裡就強調臣對君的服從是有條件的，不能盲目聽從，前提是必須符合道義的原則。君主不肯依照道義辦事，大臣就應當辭職不幹。弒父與君，這是違反道義的行為，就不能聽從君主的命令去做。總之，臣對君的服從是相對的，有條件和前提的。這個條件和前提就是「道」。當道和君發生衝突時，應當服從道而不能服從君。從這裡可以看到孔老夫子在倫常之道上並不固執，倒是頗有一點原始民主與人權的氣息。

孔子之後，儒家中的思孟學派較好地繼承了這一傳統。郭店楚墓竹簡中記載了這樣一段對話：「魯穆公問於子思曰：『何如而可為忠臣？』子思曰：『恆稱其君之惡者，可謂忠臣矣！』」子思認為敢於經常指摘君主的短處與錯誤的人才能算是忠臣，而董仲舒則強調君主應「藏其形而露其光」，使臣下莫測其高深，更不用說是鼓勵臣下來批評和指責君主了。思孟學派比較強調士即知識分子的氣節，認為士與國君的關係來說，不僅限於君臣關係，也可以是師友關係。《孟子・萬章下》載：「費惠公曰：『吾於子思，則師之矣；吾於顏般，則友之矣；王順、長息，則事我者也。』非惟小國之君為然也，雖大國之君亦有之。」從這裡可以看到，戰國時期君主與士之關係確有師友與君臣兩類。孟子還講了這樣一則故事：「繆公亟見於子思曰：『古千乘之國以友士，何如？』子思不悅。」（《孟子・萬章下》）魯繆公自以為禮賢下士，不視子思為臣，而欲與之為友。但子思卻不高興了，堅持以師自居，要魯繆公正師弟之誼。子思對魯繆公搭足了架子，但孟子認為這是理所當然，因為論位，則魯繆公與子思為君臣；但論德，則魯繆公理應以子思為師，根本沒有資格為友。不僅如此，孟子還認為君臣關係是可以變動的。《孟子・萬章上》載：齊宣王問孟子，卿難道有不同類別嗎？孟子回答：「當然有不同類別。一類是貴戚之卿，一類是異姓之卿。」齊宣王問：「貴戚之卿怎麼樣？」孟子說：「國君有重大過失則勸諫，反覆勸諫不肯聽則換別人來當國君。」齊宣王聽了，馬上連臉色都變了。孟子說：「請您別動怒。您再三問我，我不敢不老實回答。」齊宣王情緒穩定後又問：「異姓之卿怎麼樣？」孟子說：「君王有過失應當勸諫。反覆勸諫不肯聽，則辭職離開。」這是因為貴戚之卿與國君同一宗族，為了考慮宗廟、社稷的安全，國君不成樣子便可廢掉。至於異姓之卿，則可以合則留，不合則去。孟子還曾說過「民為貴，社稷次之，君為輕」一類的話，以致明太祖朱元璋對孟子很不高興，曾經一度動了將孟子趕出孔廟的念頭。

荀子是先秦儒家中最後一個大儒。他與孟子不同，在〈臣道〉篇中認為即使是在暴君的統治下，也應當隱暴君之惡，揚暴君之善，盡量採取維護的辦法，不能如孟子那樣地廢掉國君，換主易位。他還強調「主道知人，臣道知事」；又說：「諸侯召其臣，臣不俟駕，顛倒衣裳而走，禮也。」（《荀子・大略》）

但是，荀子雖然強調君臣倫常，但仍認為道在君先，並不主張放棄道義以遷就君之所欲，也不主張完全放棄士的獨立人格。他借周公之口說道：「夫仰祿之士，猶可驕也，正身之士，不可驕也。彼正身之士，舍貴而為賤，舍富而為貧，舍佚而為勞，顏色黎黑而不失其所。是以天下之紀不息，文章不廢也。」《荀子・堯問》楊倞注云：「賴守道之士不苟循人，故得綱紀文章尚存也。」荀子這種對道的強調，並不僅止一處。《荀子・大略》載：「古之賢人，賤為布衣，貧為匹夫。食則饘粥不足，衣則豎褐不完。然而非禮不進，非義不愛，安取此？子夏貧，衣若縣鶉。人曰：『子何不仕？』曰：『諸侯之驕我者，吾不為臣。大夫之驕我者，吾不復見。』」可見荀子認為士當以弘道為己任，並應自重人格，為正身之士而不為仰祿之士。

首創臣對君必須單方面無條件地絕對服從的，始自法家。韓非就認為：為人臣子者，只能「順上之為，從主之法，虛心以待令而無是非」《韓非子・有度》。這就意味人臣不應當有獨立意志，也不應有是非之心，只要對君主的命令去盲目執行就是了。用現代的語言講，那就是理解的要執行，不理解的也要執行。《韓非子・二柄》中還記載了這樣一個故事：韓昭侯酒醉睡了。典冠怕他受寒，為他蓋上了被子。韓昭侯醒後知道是典冠為他蓋了被，就殺了典冠，懲罰了典衣。處罰典衣是因為他沒盡到自己的責任，殺了典冠是因為他逾越了自己的職責範圍。為君主添蓋衣被是典衣的職責，典冠不應當越俎代庖，因此也必須受到懲罰。這個例子說明人臣不應當有獨立意志，叫你做什麼，你就做什麼，奉命唯謹，不得逾越雷池半步。不然的話，即使是好心辦了好事，同樣還得受罰，因為你破壞了規矩。中國兩千年來，人們長期生活在中央集權專制主義的帝王制度的氛圍之中，行為久了成習慣，習慣久了成天性。為人臣者都心甘情願地充當封建帝王的馴服工具，對獨立人格的喪失感到心安理得，要改變這種傳統決非是一朝一夕的事。從儒家與法家對君臣關係理解的不同，從孔、孟到韓非對君臣關係認識上的變化，從中可以悟到文革期間提出「評儒尊法」的奧妙之處。強調尊法和反儒，無非是不容許人們有獨立意志，要天下以一人之意志為意志。歷史的嘲笑是無情的：當人們高喊推翻傳統、破除四舊之時，恰正是在回歸到古老的陳舊的封建帝王制度所形成的傳統中去！

董仲舒之提出君臣之道應效法天地之道，實際上是現實生活在他身上的反映。秦漢以來，隨著帝王集權專制制度的確立，從政治現實生活到人們的思想觀念都起了很大的變化。《史記・滑稽列傳》褚少孫補中有這樣一則記載，反映了秦始皇建立大一統帝國前後士子地位的變化。這則故事說是漢武帝時博士們挖苦東方朔，問道：「蘇秦、張儀謁見萬乘之主，都當上了卿相，澤及後世。您自稱修先王之術，飽讀詩書，精通百家之言，但至今官不過侍郎，位不過執戟，這是什麼原因呀？」東方朔回答：「此一時彼一時也。蘇秦、張儀之時，周室大亂，列國爭雄，得士者強，失士者亡，所以蘇秦、張儀能身處尊位，澤及後世。如今天下一統，聖帝在上，德流天下，威振四夷，賢與不肖在今天沒有什麼兩樣。蘇秦、張儀活在今天，連侍郎也當不上呢！天下太平，即使是聖人也無從施展其才能，你們對我又有什麼可以懷疑的呢？」博士們聽了啞口無言。列國並立時，各國君主為了爭雄於世，要爭相禮賢下士，吸取人才；但到了中央集權專制主義的大一統帝國建立以後，君臣關係起了變化，封建帝王需要的是奉命唯謹的奴才，最討厭的是處士橫議，由不得那些士即知識分子們議論朝政，指摘帝王的是非。漢武帝採納董仲舒的建議，「罷黜百家，獨尊儒術」。其實，這種儒術是受法家思想嚴重影響的儒術，是儒法互補的儒術，並非是先秦時孔、孟的儒術。因此這一措施也可以說是對漢代知識分子的思想改造。「春秋大一統者」，統一思想也，其目的是為了建立專制主義帝王制度的絕對權威。

立元神　第十九

【題解】篇名〈立元神〉，闡述的主題是回答君臣關係。本篇強調君主是國家之「元」；君主之道為貴「神」立「元」。治國的基本路線是奉三本，即郊祀致敬，供事祖禰以奉天本；墾草殖穀，衣食豐足以奉地本；修孝悌，明教化以奉人本。同時，強調君主的南面之術是奉行無為虛靜的君道以達到神化自己的境界。

本篇可分為三章。第一章闡述君主的用人之道。君主選人時不應帶有任何成見，而應依靠在位群臣的推薦，重視鄉里宗族的輿論，對被選拔者進行多方面的考察。第二章通過君主治國必須崇奉天、地、人三本的論述，強調君主必須以民為本，才能獲得民眾的擁戴，使國家長治久安。第三章強調治國之道在於尊神，欲為尊者在於任賢，欲為神者在於同心。君主應虛靜無為，處陰而向陽，執無源之慮，行無端之事，使群臣對君主無從揣測，只能奉若神人。

第一章

君人者，國之元。發言動作，萬物之樞機❶。樞機之發，榮辱之端也❷。失之毫釐❸，駟不及追❹。故為人君者，謹本詳始，敬小慎微❺，志如死灰❻，形如委衣❼，安精養神，寂寞無為❽。休形無見影，揜聲無出響❾。虛心下士，觀來察往。謀於眾賢，考求眾人，得其心偏見其情❿，察其好惡，以參忠佞。考其往行，驗之於今⑪，計其蓄積，受於先賢⑫。釋其讎怨，視其所爭⑬，差其黨族，所依為臬⑭。據位治人，用何為名，累日積久，何功不成⑮。可以內參外，可以小占大，必知其實，是為開闔⑯。

【章旨】本章闡述君主的用人之道。君主選人時應不帶有任何先入為主的成見，依靠在位群臣的推薦，重視鄉里宗族的輿論，對被選拔者進行多方面的考察，並在使用過程中循名責實，繼續考察。

【注釋】❶君人者四句　君人者，指君主。元，始也；事之端也。〈王道〉篇：「王者，人之始也。王正則元氣和順。」發言動作，指王者之一言一行，皆為治理國家的指令。樞機，制動事物的開關。《易‧繫辭上》：「君子居其室，出其言善，則千里之外應之，況其邇者乎；居其室，出其言不善，則千里之外違之，況其邇者乎。言出乎身，加乎民。行發乎邇，見乎遠。言行，君子之樞機。」王弼注：「樞機，制動之主。」❷樞機之發二句　《易‧繫辭上》：「樞機之發，榮辱之主也。」指君王的一言一行，皆為導致其榮辱之始端。❸失之毫釐　指其始點只是差失毫釐。《史記‧太史公自序》：「《易》曰：『失之毫釐，差以千里。』」裴駰：「今《易》無此語，《易經》有之。」❹駟不及追　此處指君子如果失言，一言既出，即使以四匹馬套的車去追，也無法追及。因此，君王的一言一行需十分謹慎。古代以四馬套一車，謂之駟。❺故為人君者三句　謹本詳始與敬小慎微是指君王處事應有的態度，對涉及根本的大事，在一開始時就要反覆端詳，即使是微小的事，也要恭恭敬敬，戰戰兢兢，如履薄冰。《易‧繫辭上》：「言行，君子之所以動天地也，可不慎乎。」❻志如死灰　指君王在處理事務時，其心志要非常平靜，不抱任何成見，以極其客觀的態度去處置。語出自《莊子‧齊物論》顏成子游語：「形固可使如槁木，而心固可使如死灰乎？」亦見於《莊子‧知北遊》中被衣說的一段話：「形若槁骸，心若死灰，真其實知，不以故自持。」皆謂主體對外界事物不矜持自己的任何成見，才能獲得真知灼見。❼形如委衣　語出於《淮南子‧原道訓》：「是故聖人將揚其神，和弱其氣，平夷其形，而與道沉浮俛仰，恬然縱之，迫則用之。其縱之若委衣，其用之若發機。」謂其神態形狀如放置的衣裳那樣，處於充分放鬆的狀態，一旦需要用到它時，它會如弩機那樣迅疾地作出反應。❽安精養神二句　《淮南子‧原道訓》：「聖人內修其本而不外飾其末，保其精神，偃其智故，漠然無為而無不為也，淡然無治也而無不治也。所謂無為者，不先物為也；所謂無不為者，因物之所為。所謂無治者，不易自然也；所謂無不治者，因物之相然也。」安精養神，是休養其內在的根本。寂寞無為，是一切順應其自然，順應其變化而變化，那樣才能進入無所不為的境界。❾休形無見影二句　此處指君王在臣子面前決不顯山露水，要使臣子對於君王，始終處於恍恍惚惚不可捉摸的神祕狀態，才能使君王始終處於主動地位。君主應當因臣子的具體狀況而憑藉其成事，決不能讓臣子因君主的意願而乘機利用，以此來謀取他們的私利。形與影相關聯，有形才見其影。休形，即無形，當然也就不見其影。聲與響相關聯，有聲才能引起回響。揜聲，把聲音掩藏起來，無聲也就不可能引起回響。老子《道德經・上篇》：「視之不見名曰夷，聽之不聞名曰希。」夷，即無形。希，即無聲。老子《道德經・上篇》中又說：「是謂無狀之狀，無物之象，是謂惚恍。迎之不見其首，隨之不見其後。」❿虛心下士五句　此處言君主如何考察和選用士人。虛心下士，指君主須傾心於賢士大夫。《呂氏春秋・開春論・察賢》：「魏文侯師卜子夏，友田子方，禮段干木，國治身逸。天下之賢主，豈必苦形愁慮哉？執其要而已矣。」觀來察往，指觀察士人過去的經歷，從而可以察知其今後的表現。謀於眾賢，指君王謀求賢士，須依仗在位之賢臣的推薦。春秋以前，世卿世祿，不允許選用其他階層出身的人。戰國至秦漢，世卿世祿廢除後，列國有客卿制和養士的制度，官吏由賢臣保薦，《史記・范雎列傳》：「秦之法，任人而所任不善者，各以其罪罪之。」任，作保舉講。被保舉的人不善，保舉者有罪。董仲舒在〈賢良對策〉中曾提出「使諸列侯、郡守、二千石各擇其吏民之賢者，歲貢各二人以給宿衛，且以觀大臣之能。所貢賢者有賞，所貢不肖者罰。夫如是，諸侯、吏二千石皆盡心於求賢，天下之士可得而官使也。」（《漢書・董仲舒傳》）考求眾人，指選舉士人時需聽取地方和鄉黨的評議，如東漢時名臣馮衍之子馮豹，字仲文，「時人稱其孝。長好儒學，以《詩》、《春秋》教麗山下，鄉里謂之語曰：『道德彬彬馮仲文。』舉孝廉，拜尚書郎。」（《後漢書・馮衍傳》）漢代察舉中的「孝悌力田」、「賢良方正」皆來自於地方郡國的薦舉。得其心偏見其情，指通過這種方式選用的賢士，既能得其忠心，又能偏見其在各方面的情況。⓫察其好惡四句　此處指君主考察士人賢不肖的方法，既要考察其以往的言行，又要用以參驗其目前的表現。《大戴禮記・文王官人》：「觀其所由，察其所安；以其前占其後。」即判斷一個人要觀察他的經歷，審察他的感情寄託與人生理想，可以從他過去的經歷以測知他今後的表現，從而斷定其目前的行為是否適宜。一個人平日的好惡，出於內心的思想活動與其對待人生的態度，從他的好惡可以揣度一個人的忠佞。孔子指出：「唯仁者能好人，能惡人。」（《論語・里仁》）朱熹注：「惟仁者無私心，所以能好惡也。」怎樣來測度一個人的忠佞？《呂氏春秋・季春紀・論人》有八觀六驗之說曰：「凡論人：通則觀其所禮，貴則觀其所進，富則觀其所養，聽則觀其所行，止則觀其所好，習則觀其所言，窮則觀其所不受，賤則觀其所不為，喜之以驗其守，樂之以驗其僻，怒之以驗其節，懼之以驗其特，哀之以驗其人，苦之以驗其志，八觀六驗，此賢主所以論人也。」這八觀六驗是觀察一個人在各種境遇下所表現的好惡，以此來斷定這個人的賢與不肖。⓬計其蓄積二句　蘇輿云：「考其所積，證其受於先賢之道，為淺為深，或合或否。」⓭釋其讎怨二句　此處指觀察一個人要看他放棄和不計較的是哪些仇怨，而其所爭的又是些什麼內容，由此可以察知其為人的品格。如果一個人在小處即非原則的問題上肯容讓而在大處即原則問題上則要力爭而不放棄，這個人就可以歸入仁者之流了。《大戴禮記・文王官人》：「小讓而好大爭，隱於仁質也。」⓮差其黨族二句　指應當區別士子出身的鄉黨宗族關係。古代士子的選拔與地方大族密切相關，族望的高低影響與決定士子出身的貴賤。所依為宗，指用人時在區別其鄉黨宗族關係的基礎上，聽取其宗子的意見。臬當為宗。《大戴禮記・宗子》：「族則任宗。」由此可見宗子的推舉，對本族士子出仕有著重要的影響。《呂氏春秋・季春紀・論人》有六戚四隱之說，其說云：「論人者，又必以六戚四隱。何謂六戚？父母兄弟妻子，何謂四隱？交友、故舊、邑里、門郭。」考察一個士子，必須注意其家庭成員和出身成分以及鄰里友人等的社會關係。⓯據位治人四句　此處指君王據位以治人。「何」當是「言」字，「用何」當是「用言」，指因其所言以為名，由名而責其實。《管子・心術》：「督言正名，故曰聖人。」《韓非子・二柄》：「為人臣者陳而言，君以其言授之事，專以其事責其功。功當其事，事當其言，則賞；功不當其事，事不當其言，則罰。」如此以往，君王治國，又有什麼功業而不能成就呢？⓰可以內參外四句　指對士子的考核，內外、大小皆可以互相參驗其真偽。《大戴禮記・文王官人》：「汝推其往言，以揆其來行；聽其來言，以省往行；觀其陽，以考其陰；察其內，以揆其外。是隱節者可知，偽飾無情者可辨，質誠居善者可得，忠惠守義者可見也。」此即為開闔之術，即揭露事物真相的方法。

【語　譯】君主，是國家中政府行為的起始。他的言談和舉止，是萬事萬物的樞紐。這個樞紐的啟動，往往就是日後光榮或者恥辱的起點。從起點出發時，如果差失一毫一釐，即使派四匹馬拉的車去追也難以追回。所以作為君主的人，在起步時要謹慎地反覆地端詳，處事要敬小而慎微，內心的思想要平靜如死灰，沒有一絲一毫的雜念，形貌要像放置的衣服那樣紋絲不動，安心蓄養自己的精神，看上去是那麼孤獨寂寞而無所作為。隱蔽自己的形體，使人們連影子也見不到，掩蓋自己的聲息，使外面聽不到任何回響。虛心地接待下面的士子，冷靜地觀察他們過去的經歷以察知他們今後的表現。考察眾人的賢與不肖時，要與在位的賢臣們商討，並謀求他們的推薦，既要贏得士子們對自己的忠心，又要全面地掌握和了解其各方面的情況，要觀察他在平時愛好什麼與厭惡什麼，可以參驗他究竟是忠臣還是奸佞。既要考察他過去的經歷，又要參驗其目前的表現，既要考察其學問和品行，又要了解其對先賢之道接受程度的深淺。通過他平日放棄了哪些仇怨，又對哪些內容堅持勢所必爭的態度，可以了解他的品性和德行，還要弄清楚他所出身的族望和鄉黨，要聽從和依照宗子的推舉。君主占據君位以治理眾人，對臣子要依照他的言論來參驗他的實際業績，如此來管理臣民，時間一長，還有什麼功業不能成就呢？可以從一個人的內心活動來參驗他的外在表現，還可以從小的地方去占驗他在大處的表現，凡是人和事必須透過表象以知道它內在的實質，這就是君主必須掌握的開闔之術，即揭示人與事真相的方法。

【研　析】戰國時期，一方面以君主為主體的集權制度、層層制約的官僚機構在各國陸續建立起來，它需要一支龐大的官僚隊伍來運轉日益龐大的國家機器；另一方面隨著世卿制的崩潰，社會上出現了士這個階層，它為官僚機構的運轉提供了官員的來源，而客卿制度便是招徠各國的士來為本國服務的有效方式，養士制度則是為本國官僚機構造就未來的官僚隊伍。戰國時，如孟嘗君、平原君、信陵君以及呂不韋等人皆養了大量食客，也是一種養士的方式。董仲舒在〈賢良對策〉中建議設太學以養士。他說：「夫不素養士而欲求賢，譬猶不琢玉而求文采也。故養士之大者，莫大乎太學；太學者賢士之所藏也，教化之本原也。」

「學而優則仕」，做官是士的主要出路。《史記・儒林列傳》說：「七十子之徒，散遊諸侯，大者為師傅、卿相，小者友教士大夫。」連孔子自己也是「三月無君，則皇皇如也。出疆必載質」（《孟子・滕文公下》）。孟子明確地指出：「士之仕也，猶農夫之耕也。」（《孟子・滕文公下》）

這種政治形勢，決定著對君主來說，最重要的是如何選拔合適的人才來運轉國家機器，那就有一個怎樣識別人才的賢與不肖的問題。「樊遲問仁。子曰：『愛人。』問知。子曰：『知人。』」（《論語・顏淵》）從這裡可以看到，孔子認為所謂智慧，那就是知人、識人。「仲弓為季氏宰，問政。子曰：『先有司，赦小過，舉賢才。』」（《論語・顏淵》）何以為政？首先要注意那些在位的官員，要赦免小過，提拔優秀的人才。二者都離不開如何識別人才。戰國至秦漢，有不少人對這個問題有過專門的論述，比較集中的有二篇，一篇是《呂氏春秋・論人》，一篇是《大戴禮記・文王官人》。此外，諸子的許多篇目亦多有涉及如何識人的問題。

在如何識人的問題上，包括兩個方面，一是認識的主體，即君主自身應抱怎樣的態度，二是認識的客體，即各類士子的不同情狀。本章的論述便包括這兩個方面。從君王的角度看，那就是要不抱任何偏見，以純客觀的態度虛心以下士。它強調為君者，要「志如死灰，形如委衣，安精養神，寂寞無為」，在《呂氏春秋・季春紀・論人》中，認為為君者必須「事心於自然之塗」，即保持自然而又客觀的態度，事先不抱任何偏見，同時還要「謀於眾賢，考求眾人」，那就是依靠在位眾賢臣的推薦，考察於鄉里之輿論。對於人才的賢與不肖，更是必須從各個方面去考察，既要考察他的過去經歷，又要看他目前的表現，要看他厭惡什麼，愛好什麼，怨恨什麼，爭奪什麼。在《呂氏春秋・季春紀・論人》中，對此稱為八觀六驗，即在各種不同情況中去考察和檢驗一個人的性情和品德。此外還要考察一個人的家庭出身和社會關係，要區別和弄清他的鄉黨族望，對於在位的官員要以其言責其功，由其內而見其外，由小而見其大，既要得其忠心，又要動態地全面掌握其方方面面的情況。這樣的考察，與中國當今對幹部的審查非常相似，既要查閱他的履歷，又要掌握他目前的表現，還要了解他的家庭出身和主要社會關係，才能決定對幹部的選擇和使用。對已經任用的官員，則要循名而責實，繼續考察。這種用人方式有其科學而合理的一面。然而，若與現代文官制度相較，就不免顯得陳舊與落後了。特別是從家庭出身和主要社會關係等方面的考察去決定幹部的選擇與使用，帶有濃厚的封建時代的陳腐氣息，與當代的世界潮流頗不相合。

第二章

君人者，國之本也❶。夫為國，其化莫大於崇本。崇本則君化若神，不崇本則君無以兼人❷。無以兼人❸，雖峻刑重誅，而民不從❹，是所謂驅國而棄之者也❺，患孰甚焉❻。何謂本？曰：天地人，萬物之本也。天生之，地養之，人成之。天生之以孝悌，地養之以衣食，人成之以禮樂，三者相為手足，合以成體，不可一無也❼。無孝悌則亡其所以生，無衣食則亡其所以養，無禮樂則亡其所以成也。三者皆亡，則民如麋鹿，各從其欲，家自為俗❽。父不能使子，君不能使臣，雖有城郭，名曰虛邑。如此者，其君枕塊而僵，莫之危而自危，莫之喪而自亡，是謂自然之罰。自然之罰至，裹襲石室，分障險阻，猶不能逃之也❾。明主賢君必於其信，是故肅慎三本。郊祀致敬，共事祖禰，舉顯孝悌，表異孝行，所以奉天本也。秉耒躬耕，採桑親蠶，墾草殖穀，開闢以足衣食，所以奉地本也。立辟雍庠序，修孝悌敬讓，明以教化，感以禮樂，所以奉人本也❿。三者皆奉，則民如子弟，不敢自專；邦如父母，不待恩而愛，不須嚴而使，雖野居露宿，厚於宮室。如是者，其君安枕而臥，莫之助而自彊，莫之綏而自安，是謂自然之賞。自然之賞至，雖退讓委國而去，百姓襁負其子隨而君之，君亦不得離也⓫。故以德為國者，甘於飴蜜，固於膠漆，是以聖賢勉而崇本而不敢失也⑫。

【章　旨】本章通過君主治國必須崇奉天、地、人三本的論述，強調君主必須以民為本，才能獲得民眾的擁戴，使國家長治久安。

【注　釋】❶君人者二句　此處指君主是國家的根本。《後漢書・酷吏傳》注引作「君者，國之本也」。本，元始也，事物之根本。❷夫為國四句　此句指君王治國，必須保持其崇高的威望，只有堅持崇本的國策，才能出神入化而勝過別人。為國，指國家的治理。崇本，有二義。一為尊君，董仲舒認為只有尊君，其治國才能出神入化，故崇本即尊君。一為君王治國的基本國策。劉向在《說苑・建本》稱：「孔子曰：君子務本，本立而道生。夫本不正者末必倚，始不盛者終必衰。《詩》云：『原隰既平，泉流既清，本立而道生。』有春正者無亂秋，有正君者無危國。《易》曰：『建其本而萬物理，失之毫釐，差以千里。』是故君子貴建本而重立始。」兼人，指能勝過他人。《論語・先進》：「求（冉求）也退，故進之；由（仲由）也兼人，故退之。」此處言子路兼人，謂其好勝心重，勇猛過頭，容易有生命危險，所以孔子要對他進行抑制。❸無以兼人　指君王不崇本，便不可能有超過一般人的威望，那麼他的統治也就不能穩定。❹雖峻刑重誅二句　指君王不可能依靠嚴刑峻法維護自己的威望。「令苛則不聽，禁多則不行。」（《呂氏春秋・離俗覽・適威》）物極必反，到那時，「民不畏死，奈何以死懼之？」（老子《道德經・下篇》）這叫做威極必敗，故它不可能取得百姓的信從。❺是所謂驅國而棄之者也　君王因濫用暴力而失去民眾的景從，那就等於主動放棄手中的權力。國，指屬於君王的國家權力。❻患孰甚焉　就君王而言，還有什麼樣的禍患能超過它呢？❼何謂本十三句　此處指君王崇本須奉三本：提倡孝悌以奉天本，獎勵生產以奉地本，禮樂教化以奉人本。天生之以孝悌，孝悌代表基本的德性，即天以其德生長萬物。《易・乾・象傳》：「大哉乾元，萬物咨始，乃統天。」指的是萬物創始於天。地養之以衣食，《易・坤・象傳》：「至哉坤元，萬物資生。」指的是地德至善，萬物賴以生長，人之衣食皆依賴於大地養育。人成之以禮樂，指聖人制禮作樂以治理萬民。《禮記・樂記》：「先王之制禮樂，人為之節。」「禮節民心，樂和民聲，政以行之，刑以防之，禮樂刑政，四達而不悖則王道備矣。樂者為同，禮者為異，同則相親，異則相敬。」「禮義立則貴賤等矣，樂文同則上下和矣。」「故聖人作樂以應天，制禮以配地，禮樂明備，天地官矣。」此是董仲舒從正面論述天、地、人三者為一體，互為手足，缺一不可。❽無孝悌則亡其所以生七句　此是從負面論述天地人三本為一體，背棄了三本，人將回到禽獸那樣的狀態。不以天為本，「其風雨則不適，其甘雨則不降，其霜雪則不時，寒暑則不當，陰陽失次，四時易節」（《呂氏春秋．季夏紀．明理》）。不以地為本，「禽獸胎消不殖，草木庳小不滋，五穀萎敗不成」（同上）。衣食足而後知榮辱，倉廩實而後講禮樂。人喪失了衣食的來源，也就喪失了禮樂的社會基礎。不以人為本，則「君臣相賊，長少相殺，父子相忍，弟兄相誣，知交相倒，夫妻相冒，日以相危，失人之紀，心若禽獸」（同上）。劉向《說苑．修文》云：「傳曰：觸情從欲，謂之禽獸。苟可而行，謂之野人。」《禮記．曲禮上》云：「鸚鵡能言，不離飛鳥。猩猩能言，不離禽獸。今人而無禮，雖能言，不亦禽獸之心乎。夫惟禽獸無禮，故父子聚麀。」家自為俗，指各家都有自己的習俗，也就是人類社會喪失了維持共同生活的禮樂了。❾父不能使子十三句　此處指君主背棄了三本，國將不成其為國，雖有城郭，亦是廢墟，父不能差使其子，君不能差使其臣，雖然有城郭，其實只能稱為空城。莫之危，指沒有外在的威脅。莫之喪，謂沒有外來的侵略。枕塊而僵，指君主處在國將不國的情況下，便只能枕著土塊僵臥在地上死去，沒有人去威脅和傷害它，它卻自行消亡了。董仲舒曾指出：「《春秋》曰：『梁亡。』亡者自亡也，非人之亡也。」（〈王道〉）這樣的懲罰，董仲舒名之曰自然之罰，即天罰也。自然之罰至四句，指自然之罰到來，將無處可逃。《淮南子．覽冥訓》：「上天之誅也，雖在壙虛幽閒，遼遠隱匿，重襲石室，界障險阻，其無所逃之亦明矣。」此處「分障險阻」，當作「界障險阻」。❿明主賢君必於其信十七句　此處指君主如何奉行崇本政策的各項具體措施。信，指君主必須信奉崇本的觀念。肅慎，恭敬和謹慎。三本，指天本、地本和人本。郊祀，在郊外祭祀天地，即〈王道〉篇中所言「郊祀天地」。古代在冬至日祭天於圜丘，稱郊天；夏至日祀地祇於澤中之方丘，稱地祀。漢成帝時，匡衡奏稱：「帝王之事，莫大乎承天之序，承天之序莫重於郊祀，故聖王盡心極慮以建其制。祭天於南郊，就陽之義也；瘞地於北郊，即陰之象也。天之於天子也，因其所都而各饗也。」（《漢書．郊祀志下》）共事祖禰，指祭天時，以祖配天。禰是在宗廟祭祖時設置的神主。舉顯孝悌，漢代察舉的科目中有孝廉，實為孝悌與廉吏二個科目，舉孝悌的目的是為了表彰孝行。漢文帝十二年（西元前一六八年），詔曰：「孝悌，天下之大順也。力田，為生之本也。三老，眾民之師也。廉吏，民之表也。」「遣謁者勞賜三老，孝者帛人五匹，悌者、力田二匹，廉吏二百石以上率百石者三匹。」「以戶口率置三老、孝悌、力田常員，令各率其意以道民焉。」（《漢書．文帝紀》）此即董仲舒所言之表異孝行。以上為奉天本的具體措施。秉耒躬耕，指古代君主在每年孟春三月，舉行躬耕籍田的儀式。採桑親蠶，指古代皇后每年四月要在東郊行親自採桑養蠶的儀式，漢孝文帝十三年（西元前一六七年）二月詔曰：「朕親率天下農耕以供粢盛，皇后親桑以奉祭服，其具禮儀。」（《漢書・文帝紀》）墾草殖穀二句，指君王應以農為本，鼓勵開墾荒地，增加農產品的生產。如漢孝文帝十三年六月，為了鼓勵農耕，免除民田的租稅。其詔曰：「農，天下之本，務莫大焉。今廑身從事，而有租稅之賦，是謂本末者無以異也，其於勸農之道未備，其除田之租稅。」（同上）以上為奉地本的具體措施。立辟雍庠序，即自中央至地方，建立學校以崇尚教育。辟雍為天子所設的大學，《禮記・王制》：「大學在郊，天子曰辟雍，諸侯曰泮宮。」蔡邕在《明堂月令》稱：「辟雍之名，乃取其四面周水，圜如壁。」東漢以後歷代皆有辟雍，為奉行祭禮的場所。庠序，是設在地方的學校名稱。據《禮記・學記》載：古代二十五家為閭。閭設塾，兒童受教於塾。五百家為黨，黨的學校稱庠，教由閭塾升學的少年。州萬二千五百戶，設學校稱序，而序亦是地方行射禮的場所。天子、諸侯國中之學校則稱國學。《禮記・學記》云：「君子如欲化民成俗，其必由學乎。玉不琢，不成器；人不學，不知道。是故古之王者，建國君民，教學為先。」學校教育的內容主要是修禮樂教化，倡孝悌敬讓以提高人們的品德素養，倡導教育為奉人本的主要措施。⓫三者皆奉十七句　此處言君王崇奉天地人三本，得到民眾擁戴，以與前面的三者皆無，則民為禽獸，國將不國，君不成其君相對比。「王者，民之所往。」（〈滅國上〉）「君者何也？能群也。」（《荀子・君道》）君主要得到民眾的擁戴方成其為君主。民如子弟，不敢自專，邦如父母，這是指君主與百姓之間如父兄與子弟的關係，子弟不敢背著父母自作主張。邦，疑是君字。《呂氏春秋・恃君覽・長利》：「伯成子高曰：『當堯之時，未賞而民勸，未罰而民畏，民不知怨，不知說，愉愉其如赤子。』」此處的不待恩而愛，即《呂氏春秋》中所謂堯之時的「未賞而民勸」。不須嚴而使，即《呂氏春秋》中的所謂「未罰而民畏」。民之於君，如赤子之於父母。如此則君主雖野居露宿，亦遠優於華麗的宮室殿庭。自然之賞，與自然之罰相對待，皆指天對君王的賞罰。莫之助而自彊二句，此處指君以民為本，為君者便能安枕而臥，不需要有外來的幫助，便能自強不息；用不到去安撫，百姓便能安寧。綏，安撫。《禮記・緇衣》：「子曰：『民以君為心，君以民為體。心莊則體舒，心肅則容敬。心好之，身必安之。君好之，民必欲之。心以體全，亦以體傷。君以民存，亦以民亡。』」闡述的是同樣的道理。退讓委國而去，指有的人不願當國君，棄國而去，如越國的王子搜即是一例。《呂氏春秋・仲春紀・貴生》：「越國無君，求王子搜而不得，從之丹穴。王子搜不肯出，越人熏之以艾，乘之以王輿。王子搜援綏登車，仰天而呼曰：『君乎，獨不可以舍我乎！』」百姓襁負其子隨而君之二句，襁負，指將兒女用布幅兜負在背上，形容民眾拖男帶女追隨於君王之後。《論語・子路》：「子曰：「上好禮，則民莫敢不敬；上好義，則民莫敢不服；上好信，則民莫敢不用情。夫如是，則四方之民襁負其子而至矣。」⑫故以德為國者四句　此處指君主以德治國者，其味比飴蜜還要甜，君民之間的關係比膠漆還要牢固而不可分離。這是聖賢治國崇本而不敢有所閃失的原因。飴蜜，飴為麥芽糖，蜜為蜂蜜。

【語　譯】君主是國家的元首。治理國家施行教化沒有比崇尚根本更重要的了。崇尚根本，君主對百姓的教化如神明那樣地靈驗；不崇尚根本，君主就無法勝過別人。既然不能勝過別人，那麼即使採取嚴刑峻法，老百姓仍不會跟從他，這就是將整個國家都拋棄掉了，哪裡還有比這更嚴重的禍患啊！什麼是治理國家的根本？答案是：天、地、人是萬事萬物的根本。天生長萬物，地養育萬物，人造就萬物。天以孝悌生長萬物，地以衣食養育人們，人以禮樂成就社會，這三者的關係就好比人的手和足，互相構成一個整體，缺一不可。沒有了孝悌，就失去了生長的基礎；沒有了衣食，就失去了養育的條件；沒有了禮樂，人們也就不能形成其社會秩序了。三者都沒有，那麼老百姓會像麋鹿一樣，只有出自本能的生存欲望，各戶自成習俗。那樣的話，父親不能指使兒子，君主不能指揮臣屬，雖然有堅固的城郭，其實只不過是空城廢墟。君主只能頭枕土塊僵臥在地上而死，儘管沒有外人去威脅它，但是自己在危害自己，沒有什麼人去傷害它，而是自取滅亡，這就是天地自然的懲罰。當自然的懲罰降臨時，即便居住在石頭砌成的重屋裡，在險要的地方設置各種屏障，也無法逃避這樣的懲罰。賢明的君主真誠地信奉崇本的道理，因此恭敬而謹慎地對待天、地、人三本。在郊外祭祀上天時表示崇高的敬意，恭敬地事奉祖先的神主，表彰和發揚孝悌的德行，獎勵和表彰有孝行的人，這些是奉行天本所採取的措施；君主在春天手執耒耜犁田以奉行籍田的儀式，皇后在四月間舉行親自採桑養蠶的儀式，鼓勵民眾開闢荒地，種殖五穀，使百姓們都能豐衣足食，這些是奉行地本所採取的政策措施；在都城設置名為辟雍的學校，在地方設置名為序的學校，在鄉黨設置名為庠的學校，通過學校教育以教化人們，講究孝悌的道理，懂得恭敬和廉讓，用教化來陶冶人們的品德，以禮樂來感化百姓，這些是奉行人本所採取的政策措施。天、地、人三本都能被奉行，那麼民眾便會像君王的子弟那樣，不敢擅自專斷獨行；對待君王如自己的父母一樣，不需恩施便會愛戴自己的君王，不需嚴峻刑罰便能驅使他們，那時君王即使野居露宿在外，也比住在宮室殿庭要厚實得多。那樣的話，君主可以安然入睡而高枕無憂，沒有任何外力的幫助，也能自強不息不受人侮，沒有派人去安撫百姓也能使國家安定團結，這便是自然對你的賞賜。自然的賞賜降臨時，君王就算退讓避國丟棄王位而離去，老百姓還會用襁褓揹負著嬰兒去追隨自己的君主，君主也就無法離開自己的王位了。所以君主以德去治理國家，那麼君主和人民的生活，會比蜜糖還甘甜，君民之間的關係，會比膠漆還要緊密牢固。這就是聖賢們勉勵自己崇尚根本而不敢有任何閃失的緣故。

【研　析】 奉行三本在具體措施上，一是郊天、祀祖，二是獎勵農耕，三是設置學校，發展教育。這三方面的措施，有的在漢初已經付諸實施，有的是正在擬議之中。

郊天，是對上帝的祭祀，由來已久。西周時，天子在明堂祭祀上帝，以始祖后稷配天。秦始皇去泰山行封禪禮，亦是一種祭天地的形式，是君王與上天溝通的一種儀式。漢初承襲秦的祭祀儀式，高祖劉邦時，曾經全部恢復故秦祀官的設置，復置太祝、太宰，恢復過去的儀禮活動。他曾下詔曰：「吾甚重祠而敬祭。今上帝之祭及山川諸神當祠者，各以其時祠如故。」（《漢書・郊祀志下》）君主行郊祀禮則始於漢文帝十五年（西元前一六五年）四月，郊祀五帝，次年郊祀五帝於渭陽。景帝舉行過一次郊祀，是在中元六年（西元前一四四年）。漢武帝舉行過十一次郊祀，故郊天是漢代正在實施的措施。儘管祭祀的地點，對上帝的稱謂，祭祀的儀式，前後有過許多變化，也有不少爭議，但君主郊天的儀式，終漢一代始終綿延不絕。

對祖先的祭祀是早在漢初便已奉行的禮儀活動。漢代宗廟不僅設置在京都，而且在郡國亦設置宗廟。太常是專門執掌宗廟禮儀的官職，在宗廟舉行的祭祀認真而隆重，一年要舉行十二次祭祀。太常負責祭祀時要進行齋戒，漢代周澤為太常，時人稱其「一歲三百六十日，三百五十九日齋。一日不齋醉似泥，既作事（指回家與其妻進行房事），復昏迷」（《漢官儀》）。

漢代宗廟設置的情況，在劉邦時，已令諸侯王皆立太上皇廟。至景帝時，凡先帝行幸所到郡國皆設宗廟。宣帝時，尊武帝為世宗廟，其行所巡狩所到之地亦立宗廟。韋玄成稱：宗廟在郡國的有六十八處，合百六十七所。而京師自高祖下至宣帝，並為百七十六所。又，園中各有寢、便殿。日祭於寢，月祭於廟，時祭於便殿。在寢殿的上食，每天要四次；在宗廟每年二十五祠；便殿則每歲四祠，每月遊一次衣冠。這樣，每年上食要二萬四千四百五十五次，用衛士四萬五千一百二十九人，祝宰樂人有一萬二千一百四十七人，飼養犧牲（牛、羊、豬）的士卒還不計在內，這是漢成帝時每年宗廟祭祀的規模和耗費。

奉行地本的主要措施是提倡和獎勵農耕，這也是漢代統治者的基本國策。漢文帝即位的次年（西元前一七八年），便下詔曰：「農，天下之大本也，民所恃以生也，而民或不務本而事末，故生不遂，朕憂其然，故今茲親率群臣農以勸之。」在文帝十三年（西元前一六七年），又下詔：「朕親率天下農耕以供粢盛，皇后親桑以奉祭服，其具禮儀。」（《漢書·文帝紀》）那就是天子舉行籍田，皇后舉行親桑的禮儀活動。漢武帝在給董仲舒的制文中說：「朕親耕籍田，以為農先。」（《漢書·董仲舒傳》）至於鼓勵農耕的措施，在漢初察舉時，設置「力田」的科目，在鄉村的基層政權，依照戶口的多少設置孝悌、力田、三老諸常員。此外，還有下詔減免田租等措施。

關於奉行人本，主要是通過興辦學校，以成禮樂教化。這方面的措施，漢初要滯後於前面二項。《漢書·儒林傳》說到高祖時，「尚有干戈，平定四海，亦未遑庠序之事也。孝惠、高后時，公卿皆武力功臣。」真正關心學校教育，那是景帝、武帝時的事。從戰國經秦到漢初，學校屬於私人教學，劉邦引兵圍魯，「魯中諸儒尚講誦習禮，弦歌之音不絕」（《漢書·儒林傳》）。如高祖時，叔孫通降漢，跟從的弟子有百餘人。漢代設太學，為博士官置弟子，是漢武帝時，由太常和郡國縣官推薦。地方設置始於景帝末年，文翁為蜀郡守，「修起學官於成都市中，招下縣子弟以為學官弟子，為除更繇，高者以補郡縣吏，次為孝悌、力田」；「縣邑吏民見而榮之。數年，爭欲為學官弟子，富人至出錢以求之。繇是大化，蜀地學於京師者比齊魯焉。至武帝時，乃令天下郡國皆立學校官，自文翁為之始云。」（《漢書·循吏傳》）

從漢初已經實施的或準備實施的以及正在擬議中的這些行政措施來看，可以知道董仲舒在本章提出的崇三本的論述，實際上只是這些相關措施的綜合和闡釋。這些措施本來是分散的、個別的，甚至是零亂的，董仲舒把它們集中起來，通過天地人三者關係的論述，賦予這些措施以重大的意義，為它們披上一件神聖的外衣，這正是當時統治者所迫切需要的，也是知識分子在理論思維上所能發揮的作用。以天地人三者關係來論述重大議題，從戰國到秦漢時期是一個很普遍的現象。所謂「究天人之際，通古今之變，成一家之言」（司馬遷〈報任安書〉），在當時是非常流行的風氣。《易經．說卦》：「昔者聖人之作《易》也，將以順性命之理，是以立天之道曰陰與陽，立地之道曰柔與剛，立人之道曰仁與義。」荀子在〈天論〉篇中說：「天有其時，地有其財，人有其治，夫是之謂能參。」在〈禮論〉篇中說：「禮有三本。天地者，生之本也；先祖者，類之本也；君師者，治之本也。無天地惡生，無先祖惡出，無君師惡治，三者偏亡焉無安人。故禮上事天，下事地，尊先祖而隆君師，是禮之三本也。」《慎子．威德》：「天有明，不憂人之暗也。地有財，不憂人之貧也。聖人有德，不憂人之危也。」《呂氏春秋》的〈圜道〉篇稱「天道圜，地道方，聖人法之，所以立上下」，因而「主執圜，臣處方，方圜不易，其國乃昌」。這是以「天道圜，地道方」來譬喻君臣上下關係，闡釋君臣之道，實際上這也是一種闡述天人之際的思想。董仲舒借助於天地人以論事，並不限於本章，如他在〈王道通三〉篇的開首便說：「古之造文者，三畫而連其中，謂之『王』。三畫者，天地與人也，而連其中者，通其道也。」在〈為人者天〉篇中說：「天生之，地載之，聖人教之。」在〈天道施〉篇中說：「天道施，地道化，人道義。」在董仲舒之後，亦有不少以天地人三者論事者。東漢王符在《潛夫論．本訓》中說：「天道日施，地道日化，人道日為，為者蓋所謂感通陰陽而致珍異也。」在這許多論述中，有關天、地、人三者概念的內涵與外延，不可能完全一致。它往往因人而異，即使在同一個人身上，在論述不同的問題時，亦往往前後差異甚大。

本章從論題看，討論的是何謂天地人三本；就其實質性內容而言，則是論述君民之間的關係，君主要以民為本，強調王者民之所往也。君主要有民眾的擁戴，要能使百姓襁負其子隨君而去，方能成其為君主。這不能依靠嚴刑峻法來取得，最終還得依靠德治。這種以民為本的觀念，無論在當時還是後世，都有其進步意義。

第三章

君人者，國之證也❶，不可先倡，感而後應❷。故居倡之位而不行倡之勢，不居和之職而以和為德❸，常盡其下，故能為之上也❹。

體國之道，在於尊神。尊者所以奉其政也，神者所以就其化也，故不尊不畏，不神不化❺。夫欲為尊者在於任賢，欲為神者在於同心❻。賢者備股肱則君尊嚴而國安，同心相承則變化若神，莫見其所為而功德成，是謂尊神也。

天積眾精以自剛，聖人積眾賢以自彊❼。天序日月星辰以自光，聖人序爵祿以自明❽。天所以剛者，非一精之力；聖人所以彊者，非一賢之德也❾。故天道務盛其精，聖人務眾其賢❿。盛其精而壹其陽，眾其賢而同其心⓫。壹其陽然後可以致其神，同其心然後可以致其功。是以建治之術，貴得賢而同心。為人君者，其要貴神⓬。神者，不可得而視也，不可得而聽也，是故視而不見其形，聽而不聞其聲⓭。聲之不聞，故莫得其響；不見其形，故莫得其影。莫得其影，則無以曲直也；莫得其響，則無以清濁也。無以曲直，則其功不可得而敗；無以清濁，則其名不可得而度也⑭。所謂不見其形者，非不見其進止之形也，言其所以進止不可得而見也。所謂不聞其聲者，非不聞其號令之聲也，言其所以號令不可得而聞也。不見不聞，是謂冥昏。能冥則明，能昏則彰。能冥能昏，是謂神人⑮。君貴居冥而明其位，處陰而向陽⑯。惡人見其情而欲知人之心，是故為人君者執無源之慮，行無端之事⑰，以不求奪，以不問問⑱。吾以不求奪則我利矣，彼以不出出則彼費矣⑲。吾以不問問則我神矣，彼以不對對則彼情矣⑳。故終日問之，彼不知其所對；終日奪之，彼不知其所出㉑。吾則以明而彼不知其所亡㉒。故人臣居陽而為陰，人君居陰而為陽。陰道尚形而露情，陽道無端而貴神㉓。

【章　旨】本章強調治國之道在於尊神，欲為尊者在於任賢，欲為神者在於同心。君主應虛靜無為，處陰而向陽，執無源之慮，行無端之事，使群臣對君主無從揣測，只能懾服而奉君主為神人。此即所謂陽道無端而貴神。

【注　釋】❶君人者二句　此處指君主的職責是驗證臣子的建言與事功。董仲舒在君道上持道家與法家的學說。證，驗證也。❷不可先倡二句　倡，即唱，始歌為唱，隨歌為和，先有唱而後有和。在君臣關係上，這個「倡」表示君主特具的發號施令的權力。在君臣之間的倡和關係上，儒家與道家持不同的態度，司馬遷在《史記・太史公自序》中有一段概括性的論述，即儒家是「主倡而臣和，主先而臣隨。如此則主勞而臣逸。」故司馬遷對此持批評的態度。董仲舒與司馬遷相同，在君臣關係上，傾向於道家的主張，認為為君者不可先倡，應等待臣子建言以後，擇善而從，作出相應的決策，故稱感而後應。法家也有類似的主張，如管子就強調：「故道貴因。因者，因其能者，言所用也。君子之處也若無知，言至虛也。其應物也若偶之，言時適也。若影之象形，響之應聲也。故物至則應，過則舍矣。舍矣者，言復所於虛矣。」（《管子・心術上》）❸居倡之位而不行倡之勢二句　在儒家看來，君唱臣和是天經地義的事。君居唱之位，臣居和之職。如《荀子・正論》：「主者，民之唱也。上者，下之儀也。彼將聽唱而應，視儀而動。唱默則民無應也，儀隱則下無動也。不應不動，則上下無以相有也。」董仲舒在君臣關係上則持道家與法家之說，主張反其道而行之。為什麼要主張君居倡之位而不行倡之勢呢？因為如果「人主以好暴示能，以好唱自奮，人臣以不爭持位，以聽從取容，是君代有司為有司也，是臣得後隨以進其業」（《呂氏春秋・審分覽・任數》），這樣做的結果，使群臣能依君主的好惡來乘機利用，侵奪君主的權力來謀取私利。《韓非子・二柄》指出：「君見惡則群臣匿端，君見好則群臣誣能。人主欲見，則群臣之情態得其資矣。故子之託於賢以奪其君者也，豎刁、易牙因君之欲以侵其君者也，其卒子噲以亂死，桓公蟲流出戶而不葬。此其故何也？人君以情借臣之患也。人臣之情，非必能愛其君也，為重利之故也。」這裡說的是君主嫉惡，群臣就隱瞞自己的過失；君主重賢，群臣各誇己能，總之是迎合君主的心意來表現自己，乘機利用。燕王噲好賢，其相子之偽裝是賢人而趁機奪權篡位；齊桓公好色、好吃，豎刁閹割自己以進宮，易牙殺了自己的兒子烹調後供齊桓公食用，齊桓公以為二人忠心，加以重用。結果是燕王噲在子之作亂後死去，齊桓公死後無人收葬，死屍上的蟲都爬到戶外來了。人臣看重的是利益，並不一定愛其君主。那麼，君主又如何方能統御臣下呢？《呂氏春秋・審分覽・知度》指出：「故有道之主，因而不為，責而不詔，去想去意，靜虛以待，不伐之言。不奪之事，督名審實，官使自司，以不知為道，以奈何為寶。」這就是說不堅持自己固有的主見，遇到問題向臣下詢問究竟應當如何辦，於是「為人臣者，陳而言，君以其言授之事，專以其事責其功。功當其事，事當其言則賞；功不當其事，事不當其言則誅」（《韓非子・二柄》）。如此則君王能始終立於主動地位而處於不敗之地，同時又能博採眾議，擇善而從。以和為德是使國家的治理能達到中和的境界。「中也者天下之大本也，和也者天下之達道也。致中和，天地位焉，萬物育焉。」（《禮記・中庸》）❹常盡其下二句　下，指臣子，上指君主，合起來指常使為下的臣子能竭竟其情。〈離合根〉篇云：「為人臣者法地之道，暴其形，出其情以示人……故其形宜不宜，可得而財也。」即只有臣下說真話，道真情，在上位的君王才能在這基礎上對其擔任某一職務宜與不宜作出比較正確的判斷。才能擇善而從。「江海所以能為百谷王者，以其善下之，故能為百谷王。」（老子《道德經・下篇》）故君主亦要善於為人之下，有容則大，那就是要善於禮賢下士，方能為眾人之上也。如果情況相反的話，君主以好唱自奮，臣子不能竭竟其情，君主所得到的是滿足其好勝自負的虛假信息，那就成了「盲人騎瞎馬而臨深淵」，勢必陷於亡國的危險境界。❺體國之道六句　體國之道，意謂為君者要實行治國之道。體，實行。《淮南子・氾論訓》：「故聖人以身體之。」尊，指尊君之位，尊卑貴賤之差。《韓非子・愛臣》：「萬物莫如身之至貴也，位之至尊也，主威之重，主勢之隆也。此四美者，不求諸外，不請於人，議之而得之矣。」議，當作義，宜也。君臣合其誼則得之。〈解老〉篇作：「義者，君臣上下之事也。」君主唯有保持尊貴和威勢，臣子才能奉行其政令。不尊則臣子不畏，君王亦無以推行其政令。神，玄妙之道也。《易・繫辭上》：「陰陽不測之謂神。」又云：「故神無方而易無體。」無方，無固定方向。無體，無固定形體。玄妙之道變化無端，故無固定的形態，神者在此處指君主之意願高深而不可測，無端可尋，才能變化無窮以應對臣子。不神，指君王的意願，臣子可以窺測而知其深淺，如此亦就不能變化無窮，不能使君王在君臣之間處於主動的地位，而是受制於臣屬。❻夫欲為尊者在於任賢二句　此二句為下文之綱領。董仲舒在〈精華〉篇言：「以所任賢，謂之主尊國安。所任非其人，謂之主卑國危。萬世必然，無所疑也。其在《易》曰：『鼎折足，覆公餗。』夫鼎折足者，任非其人也。覆公餗者，國家傾也。是故任非其人而國家不傾者，自古至今未嘗聞也。」劉向在《說苑・尊賢》云：「治亂之端在乎審己而任賢也。國家之任賢而吉，任不肖而凶，案往世而治己事，其必然也如合符。此為人君者不可以不慎也。」欲使國家的治理能出神入化，君主必須與賢臣同心同德，所謂同心，亦即君王要知賢而能任。若不同心，即使知賢亦不能任。董仲舒在〈精華〉篇稱：「夫知不足以知賢，無可奈何矣。知之不能任，大者以死亡，小者以亂危，其若是何邪？以莊公不知季子賢邪？安知病將死，召而授以國政。以殤公為不知孔父賢邪？安知孔父死，己必死，趨而救之。二主知皆足以知賢，而不決不能任。故魯莊公以危，宋殤以弒。使莊公早用季子，而宋殤素任孔父，尚將興鄰國，豈直免弒哉！此吾所悁悁而悲者也。」❼天積眾精以自剛二句　奉天以論人事是董仲舒的一貫思想，這一組並列的四句，都是以天行來對應論證君王所必須具備的行為準則。精，指精氣，氣的精華，氣中的「細微優良者」。《易・繫辭上》：「精氣為物，遊魂為變，是故知鬼神之情狀，與天地相似。故不違，知周乎萬物而道濟天下。」《淮南子・天文訓》：「天地之襲精為陰陽，陰陽之專精為四時，四時之散精為萬物。」剛，與柔相對，古人認為天體常動，支配地，故為剛；地體常靜，順承天，故為柔。天動地靜，既各有常，則天剛地柔，因之以方。故《易・繫辭上》：「動靜有常，剛柔斷矣。」在董仲舒看來，天是積各種精氣而得以剛。聖人，指君主。對應於天行，君主亦必須集眾賢方能自強不息。❽天序日月星辰以自光二句　古人認為日月星辰都是由精氣凝結而成的。《淮南子・天文訓》：「積陽之熱氣生火，火氣之精者為日，積陰氣之寒者為水，水氣之精者為月；日月之淫為精者星辰。天受日月星辰，地受水潦塵埃。」爵祿，爵指封爵，祿謂俸祿。《禮記・王制》云：「王者之制爵祿，公侯伯子男凡五等。」顧炎武《日知錄》云：「代耕而賦之祿。故班祿之意，君卿大夫士與庶人在官一也，而非無事之食。」《白虎通義・封公侯》：「王者所以立三公九卿何？曰：天雖至神，必因日月之光。地雖至靈，必有山川之化。聖人雖有萬人之德，必須俟賢之治。三公、九卿、二十七大夫、八十一元士，以順天成其道。」明，意謂明國家之治理。❾天所以剛者四句　《鶡冠子・道端》：「夫寒溫之變，非一精之所化也。天下之事，非一人之所能獨知也。是以明主之治世也，急於求人，不獨為也。」❿故天道務盛其精二句　《說苑・尊賢》：「周公旦白屋之士所下者七十人，而天下之士皆至矣。晏子所與同衣食者百人，而天下之士亦至矣。」⓫盛其精而壹其陽二句　壹其陽，即陰兼功於陽，地兼功於天，指天尊地卑的貴賤之位不可移易。董仲舒以陰陽論天地、君臣、父子、夫婦之間的關係。董仲舒認為：凡物必有合，陰者合於陽，天為陽，地為陰。「君臣、父子、夫婦之義，皆取諸陰陽之道。君為陽，臣為陰；父為陽，子為陰；夫為陽，妻為陰。陰道無所獨行，其始也不得專起，其終也不得分功，有所兼之義。是故臣兼功於君，子兼功於父，妻兼功於夫，陰兼功於陽，地兼功於天。」（《基義》）同其心，指君臣之間要同心同德，《管子・心術上》：「心之在體，君之位也。九竅之有職，官之分也。耳目者，視聽之官也，心而無與於視聽之事，則官得守其分矣。夫心有欲者，物過而目不見，聲至而耳不聞也。故曰：上離其道，下失其事。」君守道，眾賢便能與其同心同德，君主為取得眾賢之同心，還應當用人不疑。《荀子・君道》：「今人主有六患：使賢者為之，則與不肖者規之；使知者慮之，則與愚者論之；使脩士行之，則與汙邪之人疑之。雖欲成功，得乎哉？譬之是猶立直本而恐其景之枉也，惑莫大焉。」這是指雖能任用賢者、智者、潔行之士，但用不肖者、愚者、汙邪之人去牽掣他們，那是什麼事也做不成功的。⓬為人君者二句　神，指能超乎尋常地主宰一切事物的力量。作為君主，最重要的便是要重視並具備這樣的力量。《管子・心術上》：「神者，至貴也。」⓭神者五句　神者，指人在認知事物時一種虛靜的客觀心態。《管子・心術上》：「虛其欲，神將入舍。掃除不潔，神乃留處。」「去私毋言，神明若存。紛乎其若亂，靜之而自治。強不能獨立，智不能盡謀。物固有形，形固有名，名當謂之聖人。故必知不言無為之事，然後知道之紀。」這是借助於人在認知事物過程中，必須具備虛靜以待事物的客觀態度，排除一切私慾和主觀的成見，才能認知事物的本來面目。名與物相當，便是聖人的智慧。這也是君主處理萬物必須遵循的基本道理。它決不能憑藉個人的強勢和過去的智謀得到它。這樣一種處理事物的心態屬於「不可得而視也」，即看不到；「不可得而聞也」，即聽不見，亦即所謂「視而不見其形，聽而不聞其聲」。它只能憑自己的心智去體味。⓮聲之不聞十二句　這是指人們處理認知事物時必備的虛靜而又客觀的心態，引申為君主在處理君臣之間的關係時，必須懂得如何使自己保持不言無為的道理，使臣子無法揣摩自己的意圖。聲有清濁之分，形有曲直之別；聲的回音為響，形的背面投為影。為臣子者既無以見其形和聞其聲，也就無法揣度君王的心態和意圖，那就無從通過迎合以滿足個人的私慾。反之，「主上不神，下將有因」（《韓非子・揚權》）。君主處處好表現自己，好唱自奮，那便是有聲有形，便不是君無為，臣有為，君因臣之為而為，而是變成君有為，臣因君之為而自為。這樣，為臣者便得以度其名而敗君之功。⓯不見不聞六句　不見不聞，指臣子不見君主所以進退的原因，不聞所以號令的緣故。是謂昏冥，指臣子對君主的意願始終處於捉摸不透的狀態。當臣子捉摸不透君主時，反而能弄清臣子的所言所行，使自己始終保持清醒冷靜的狀態。《韓非子・主道》：「道在不可見，用在不可知。虛靜無事，以暗見疵。見而不見，聞而不聞，知而不知。」譬如君居於暗室，內能見外，外則不可見內，自暗處而可見人之過。見指君，不見指臣。神人，古代道家理想中得道而神妙莫測的人。《莊子・逍遙遊》：「至人無己，神人無功，聖人無名。」無己是去欲，無功是無為，君主唯有使自己保持讓別人始終感到神祕而捉摸不透的狀態，才能使自己進入超越常人的神人境界。《史記・秦始皇本紀》：「始皇帝幸梁山宮，從山上見丞相車騎眾，弗善也。中人或告丞相，丞相後損車騎。始皇怒曰：『此中人洩吾語。』案問莫服。當是時，詔捕諸時在傍者，皆殺之。自是後莫知行之所在。」秦始皇見丞相李斯車騎眾多，不以為然。侍從在旁的內侍將此語洩漏給李斯，李斯因此減少車騎的數目。秦始皇發現此事後大怒，認為內侍洩漏了他的話，但沒人肯承認。於是，秦始皇將當時在身旁的人都殺掉了。從這個故事可以知道帝王希望自己的一切行動能保持一種神祕不可捉摸的狀態。⓰君貴居冥而明其位二句　君位處於明處，而君主的起居生活與日常言行，必須有屏蔽而處於昏冥的狀態，不讓臣下窺知其奧祕。古代朝會時，君王站在北面，面向南，君臣不同向而立，故稱「處陰而向陽」。〈王道〉篇稱：「古者人君立於陰，大夫立於陽，所以別位，明貴賤。」《管子・心術上》：「位者，謂其所立也。人主者立於陰，陰者靜，故曰動則失位。陰則能制陽矣，靜則能制動矣。」⓱惡人見其情而欲知人之心三句　指為人君者，厭惡人見己之情，但又想知道臣下之心。故必須使自己所慮所行處於周密而隱祕的狀態，不讓臣下窺測其源與其端。《管子・九守》：「人主不可不周。人主不周，則群臣下亂。寂乎其無端也。外內不通，安知所怨？關閈不開，善否無原。」君主周密，臣下便無源可窺，無端可尋，如此則群臣能各守其分。⓲以不求奪二句　這裡指的不是用直接追求的辦法，而是採用迂迴的辦法，使別人自己送上門來。想要知道的事情，用不到去詢問，可以使別人自動地告訴你。老子《道德經．上篇》：「將欲奪之，必固與之。」⓳吾以不求奪則我利矣二句　如以男女情愛為例，我沒有表現出要奪取她的願望卻得到了她的心，她不感到自己在付出什麼，實際上卻付出了。⓴吾以不問問則我神矣二句　我以不問達到了問的目的，即不是直接詢問，而是啟發誘導他主動說給我聽，這就能顯示我的神明。他似乎沒有回答我任何詢問，實際上卻回答了我要詢問的所有問題，而且把感情顯露在我面前。㉑故終日問之四句　如果我終日不斷地露骨追問他，那他將不知如何來回答我；如果我終日不斷地追逐他，那他就不知如何應對才好呢。㉒吾則以明而彼不知其所亡　我自己的目的很明確，而他則不知不覺地失去了自己。《韓非子．主道》：「函掩其跡，匿其端，下不能原；去其智，絕其能，下不能意。保吾所以往而稽同之，謹執其柄而固握之。」這裡實際講的是君主對臣子的南面之術。君主要把自己的意向和目的隱蔽起來，不讓臣子知道，用啟發誘導的辦法，使臣子暴露真實感情，稽同參合，有選擇地以適應自己的需要。在這個過程中，君主始終要把握對臣子取捨的主動地位。㉓故人臣居陽而為陰四句　古代朝會時，君主立於北而朝南，臣子立於南而朝北。立於北為居陰，朝南為持陽道；人臣立於南為居陽，朝北為持陰道。君道為陽道，臣道為陰道。陽道無端，即君王要不使人見其所欲，不使人見其所惡，以靜退為寶。這種無端可尋的可貴之處在於使人感到神祕而莫測其奧妙。陰道尚形，即為人臣者法地之道，暴其形，出其情以示人，使君主可以對他量才錄用（見〈離合根〉）。

【語　譯】君主的職責在於驗證。作為君主不能以首倡來矜誇和炫耀自己的才能，而應該靜候時機，感物而應。君王雖居於倡導的地位，卻不能利用首倡的形勢；雖不居於應和的職位，但卻要以善於應和為自己的品德。君主唯有使臣下竭盡其智能，方能使自己處於君主的上位。

治理國家的道理，就在於君王如何使自己處於尊貴而神聖的地位。尊貴，可以使人們奉行其政事；神聖，可以使人們接受他的教化。沒有尊貴的地位，人們便不會有畏懼；沒有對神聖的景仰，人們便不會接受君主的教化。君主要使自己保持尊貴的地位，那就必須善於任用賢者；要使人們對自己如神聖那樣景仰，在於全國上下同心同德。有賢者充任君王左右的輔佐大臣，君主就尊嚴而崇高，國家也得到安寧。全國上下都能同心同德，國家的治理便能出神入化。看不到君主有什麼作為，功業和德行皆能告成。這就是君主的尊敬與神聖之處。

天是積累了許多精氣才使自己具備剛健的特徵，聖人是積聚眾賢才能使自己強大。上天排列日月星辰的次序來顯示自己的光輝，聖人是安排爵位和俸祿的次序來使自己變得英明。天所以那麼剛健，決不是一種精氣的力量；聖人之所以強大，也不是靠一個賢才的德行而成。因此天道一定要使它的精氣旺盛，聖人也一定要使用眾多的賢才。上天使它的精氣旺盛並統一於陽氣，聖人則擴大其賢才的隊伍，並使大家同心同德。上天只有使精氣統一於陽氣，才能達到出神入化的境地；全國上下只有同心同德，才能成就國家的宏偉功業。建邦治國之道中，最重要的是招徠賢才並使其能同心協力。作為君王，最重要的是要使自己具備能神奇而超乎尋常地主宰一切事物的能力和品德。神奇的能力和品德，是常人看不到也聽不見的。如果有人用眼睛去看，也不可能看到它的形狀；用耳朵去聽，也無法聽到它的聲音。由於聽不到它的聲音，因而也無從聽到它的回響；由於看不到它的形狀，所以也無法看到它的影子。由於看不到它的影子，也就無法判斷它的曲直；由於聽不到它的回響，也就無法判別它的清濁。由於無法評判它的曲直，它的功業也就不會因其曲直而敗亡；由於無法判別其音響的清濁，那麼它的名聲也就無法度量。所謂不見其形狀，並非是不見君主進止的行跡，而是看不到其所以進和所以止的原由；所謂聽不到他的聲音，並非是聽不到君主發號施令的聲音，而是不清楚君主為什麼要如此發號施令的原因。看不見和聽不見，這就叫做「冥昏」。能夠使自己在幽暗處，卻能看到在明處的他人；能使自己在昏暗處，就能使他人顯眼而明彰。能使別人對自己看不清與捉摸不透的人便是「神人」。君主的王位雖居於明處，其行止與思考卻要處於暗處。朝會時君主立在北面的陰處而面南向陽。作為君主，厭惡人們看到他的真實情況，卻要知道別人內心在想些什麼。所以君主要使自己的思慮不顯示任何源頭，對自己的行事要不顯示任何端倪，要做到不向別人要求什麼，卻又能得到它；不問別人什麼，別人卻會主動來告訴他，從而達到問的目的。我不主動提出要求而能得到它，那對我就最有利；對方不感到自己已貢獻什麼卻貢獻出了自己的東西，這對它無疑是損失。我不去詢問，卻得到了我所要知道的東西，這正是我神奇的地方。他沒有感到自己在回答我的問題，卻回答了我想要知道的內容，這樣流露出來的是他的真情。如果我整天不斷地詢問他，他會弄不清究竟應如何來回答我才好。如果我整天在向他索要，那他將會思考如何應對我才好。我必須做到的是對自己的目的非常明確，而又要讓他在不知不覺中失去了自我，一切皆聽從於我。為人臣的在朝會時站在南面而面向北，亦即居陽而為陰；為君主的，站在北面而面朝南，亦即居陰而為陽。為人臣的居於陰道，必須暴露自己的真情實狀；為君王的居於陽道，要不露任何端倪，以神奇不測為貴。

【研　析】本章的主題是論述有關君道的問題，即君王何以治國之道。這個問題在先秦主要存在兩種不同的觀念：一是以儒家為代表的孔孟學派；一是以道家與法家為代表的黃老思想。

儒家在君道問題上，把重點放在君主的修身上。《論語．顏淵》載：「季康子問政於孔子。孔子對曰：『政者，正也。子帥以正，孰敢不正？』」所謂君道首先是君主帥國以正。荀子在〈君道〉篇進一步發揮修身這個觀念：「請問為國？曰：聞修身，未嘗聞為國也。君者儀也，儀正而景正。君者槃也，槃圓而水圓。君者盂也，盂方而水方。君射則臣決，楚莊王好細腰，故朝有餓人。故曰聞修身，未嘗聞為國也。」《禮記．大學》把它概括為「格物、致知、誠意、正心、修身、齊家、治國、平天下」這八個節目。在這八個節目中，君主自身的修養反省處於關鍵的位置。董仲舒完全接受了這個觀念，他在〈王道〉篇便強調：「王正則天氣和順，風雨時，景星見，黃龍下；王不正則上變天，賊氣並見。」也就是把君王自身的修養反省放在治國的第一位。董仲舒在對策中，也是強調君主必須以正心、修身為治國之本。他說：「《春秋》深探其本，而反自貴者始。故為人君者，正心以正朝廷，正朝廷以正百官，正百官以正萬民，正萬民以正四方。」

戰國時期，稷下黃老學派與儒家不同，它是從君主南面之術的角度來論述君道的，中心思想是君道無為，《管子．心術》的上、下二篇是其代表作。它說：「心之在體，君之位也。九竅之有職，官之分也。耳目者視聽之官也。心而無與於視聽之事，則官得守其分矣。夫心有欲者，物過而目不見，聲至而耳不聞也。故曰：上離其道，下失其事。故曰：心術者，無為而制竅者也。故曰：君無代馬走，無代鳥飛」；「位者，謂其所立也。人主者立於陰，陰者靜，故曰動則失位，陰則能制陽矣，靜則能制動矣。故曰：靜乃自得。道在天地之間也，其大無外，其小無內，故曰不遠而難極也。虛之與人也無間，唯聖人得虛道」；「故道貴因。因者，因其能者，言所用也。君子之處也若無知，言至虛也。其應物也若偶之，言時適也。若影之象形，響之應聲也。故物至則應，過則舍矣。舍矣者，言後所於虛也。」從這裡可以看到，它是以人的認識過程作譬喻來論述君主治國的靜因之道。靜則能客觀認知和應對外部的事物，因則能調動各方面的積極性來為我所用，同時使自己始終處於主動的地位。韓非子在〈主道〉等篇，《呂氏春秋》在〈審分覽〉諸篇中所論述的靜因之道，也都離不開〈心術〉篇中所闡述的基本觀念，但各自亦都有所發揮。董仲舒在本章中所闡述的君道無為和靜因之道的論述基本上也是在這個範圍之內。

董仲舒接受了黃老之學中道、法家在君道上的思想，但也有超越法家的地方。如君臣關係上，韓非在〈揚權〉篇引述：「黃帝有言曰：『上下一日百戰。』」而董仲舒在本章則強調「貴得賢而同心」。在君臣關係這個問題上，韓非把二者中的對立鬥爭的一面絕對化了，而董仲舒除了對立鬥爭外，更強調二者之間的同一性。矛盾的對立與同一是不可分割的，沒有同一性，整個王朝就無法維持一個相對穩定的局面。

從〈王道〉到〈立元神〉，我們可以知道董仲舒在君道的問題上對儒道兩家抱著兼容並蓄的態度。司馬遷在〈六家要指〉中偏袒道家，對儒家有所批評。他認為儒者「以為人主天下之儀表也。主倡而臣和，主先而臣隨，如此則主勞而臣逸」，這個批評應該說有一定道理。要君王以己身正來帥國以正，實際上是做不到的。在倫理修養上，君主從來不用來約束自己，而只是要求別人能身體力行。君主對主倡臣和這一點倒是比較熱衷的，但它帶來的弊病和危害也是非常明顯的。歷代君主，沒有不貪戀權勢的，沒有不好作秀以表現自己才能的，然而那種「好暴示能，好唱自奮」的君主中，失敗的案例屢見不鮮。他們總是喜歡衝在第一線，一旦出現閃失，就得付出沉重的代價，而且旁人很難幫助他改正。那些好大喜功的君王，晚年的結局都並不太妙。秦始皇「天下之事無大小皆決於上，上至以衡石量書，日夜有呈。不中呈，不得休息，貪權勢至於如此」（《史記・秦始皇本紀》）。君王如此勞累，為臣子者並未見得能安逸，對治國也並無多大好處，結果是二世而亡。漢武帝被汲黯指責是「內多欲而外施仁義」，但漢武帝好大喜功、窮兵黷武的結果是民變四起，晚年只能下輪臺罪己詔以扭轉危局。所以，要那些具有雄才大略的君主來奉行靜因無為之道，那將是很難的一件事。迷戀權勢的人怎能耐得住無為而治的寂寞呢？只有那些平庸無能的君主才會接受君道無為的觀念。如漢惠帝是一個平庸無能的君主，十七歲即位，曹參為相。惠帝怪相國不治事，以為他不能勝任相國的職務。曹參的回答是反詰：「陛下自以為與高皇帝比較起來誰聖武？」惠帝曰：「朕安敢望先帝？」曹參又問：「陛下認為我曹參與蕭何比較起來誰更賢？」惠帝曰：「君似不及也。」曹參曰：「陛下言是也。高皇帝與蕭何定天下，法令既明具，陛下垂拱無為，參等守職，遵而勿失，不亦可乎？」惠帝曰：「善，君休矣。」（《漢書・曹參傳》）

當然，那些比較聰明的君主，在某些時段、某些人事關係上，運用靜因之道這種南面之術以駕馭臣下，也是可能並有效的。無論什麼人一旦登上皇位以後，都希望自己的權力是神聖而不可侵犯的，希望自己的皇冠上能生成神靈的光圈。君主為了保持自己的權力，總希望自己能洞察一切，而別人永遠無法窺測自己的心思，為自己披上一層神祕的面紗。儒家以天命說滿足了君主們在這一方面的需要。漢武帝策問董仲舒的制文中，最關心的是「三代受命，其符安在？」他給公孫弘的制文中最關心的也是如何才能「麟鳳在郊藪，龜龍游於沼，河洛出圖書」？董仲舒關於天命改制的那些論述滿足了漢武帝這一方面的需要，武帝那樣熱衷於敬鬼神之祀，其中一個重要的原因是為了神化自己的權力。它的現代版便是神化個人的才能，推行個人迷信。道家在這方面也對君主們作出了貢獻，提出君主要使自己成為神，那就是自己的行蹤必須處於極端詭祕的狀態，即董仲舒在本章所說的「不見不聞，是謂冥昏」的「神人」狀態，這樣才能使自己一出手便可以出人不意地出奇制勝。《韓非子・外儲說右上》：「申子曰：『獨視者謂明，獨聽者謂聰，能獨斷者，故可以為天下主。』」神人的狀態，也就是使王者達到獨斷的狀態，故任何窺探和洩漏王者言論和行蹤的事都被認為是有罪的。如洩漏皇帝的言語在漢代被列為不道罪。賈捐之因「洩漏省中語」而被棄市（殺頭），事見《漢書・賈捐之傳》。京房也是因為「洩漏省中語」給諸侯王被治罪的，事見《漢書・宣元六王傳》。另，陳咸因「洩漏省中語」而被治罪，事見《漢書・陳萬年傳》。王莽時，洩漏罪被列為國之綱紀六條之一。由此可見，帝王的一言一行按例不得在法定渠道之外傳布。今之所謂防擴散者，可以說是其苗裔或變種。

保位權　第二十

【題解】篇名〈保位權〉，主題為闡述君王如何方能妥善處置君、臣、民三者之關係，以保住其位和權。清代蘇輿認為此篇頗參韓非之旨，其實本篇兼用道家與法家之言，以闡述君王南面之術在於重視與掌握刑賞二柄。

本篇可分為二章。第一章強調君王必須使民有欲，但不得過節，這是君王行使賞罰的基礎。同時，君王必須牢固地掌握賞罰的權柄，不可須臾離手，否則便會民散國亂，君賤臣叛。第二章闡述君王必須冷靜、細緻而客觀地分析臣屬的狀況，使賞罰各得其當，方能令群臣分職而治，做到功出於臣，名歸於君。

第一章

民無所好，君無以權也；民無所惡，君無以畏也。無以權，無以畏，則君無以禁制也。無以禁制，則比肩齊勢而無以為貴矣❶。故聖人之治國也，因天地之性情，孔竅之所利，以立尊卑之制，以等貴賤之差❷。設官府爵祿，利五味，盛五色，調五聲，誘其耳目，自令清濁昭然殊體，榮辱踔然相駁，以感動其心，務致民令有所好❸。有所好然後可得而勸也，故設賞以勸之。有所好必有所惡，有所惡然後可得而畏也，故設罰以畏之❹。既有所勸，又有所畏，然後可得而制。

制之者，制其所好，是以勸賞而不得多也。制其所惡，是以畏罰而不得過也❺。所好多則作福，所惡過則作威❻。作威則君亡權，天下相怨；作福則君亡德，天下相賊❼。故聖人之制民，使之有欲，不得過節；使之敦朴，不得無欲。無欲有欲，各得以足，而君道得矣❽。國之所以為國者，德也；君之所以為君者，威也。故德不可共，威不可分。德共則失恩，威分則失權。失權則君賤，失恩則民散❾。民散則國亂，君賤則臣叛。是故為人君者，固守其德，以附其民；固執其權，以正其臣。

【章　旨】本章闡述君主要保持其位和權，必須使民有欲，但不得過節；使民敦樸，但不得無欲。只有這樣，賞罰方能有效。同時，君主必須牢牢掌握賞罰的權柄，恩威並舉以治其臣民。賞罰之權離手，君主便會失恩失權，其結果是民散國亂，君賤臣叛。

【注　釋】❶民無所好九句　此處言民無好惡，則君王既無以勸勉，又無以使之畏懼。君王既然無以行使其權力，那麼君王與民眾也就沒有什麼貴賤之別。好，指慾望。權，他本多作「勸」。勸，勸勉。類似的思想亦見於《管子・明法解》：「明主之治也，縣爵祿以勸其民，民有利於上，故主有以使之。立刑法以威其下，下有畏於上，故主有以牧之。」《呂氏春秋・離俗覽・為欲》：「使民無欲，上雖賢猶不能用。夫無欲者，其視為天子也與為輿隸同，其視有天下也與無立錐之地同，其視為彭祖也與為殤子同。天子至貴也，天下至富也，彭祖至壽也，誠無欲則是三者不足以勸。輿隸至賤也，無立錐之地至貧也，殤子至夭也，誠無欲則是三者不足以禁。」❷故聖人之治國也五句　此句指君王應利用民眾出於天地自然本性的各種慾望，在人們相互關係上建立尊卑、貴賤之類各種等級上的差異。孔竅，指耳目口鼻。

譬喻人在官能上的各種慾望，如目之好色，耳之好音，口之好味。❸設官府爵祿九句　全句指君主以封爵俸祿和聲色口味物質待遇上的不同來顯示人品在清濁上的明顯差異，藉以推動人們追逐名位和利祿的慾望，使民有所好。爵，指封爵，分公、侯、伯、子、男五等。祿，指俸祿。五味，指酸、苦、辛、鹹、甘。五色，指青、赤、黃、白、黑五色。五聲，指宮、商、角、徵、羽。清濁殊體，指不同人在品秩上的明顯差異，官分清要和濁流。踔然相駁，指不同人品在社會地位的榮耀和屈辱，灼然相異。❹有所好然後可得而勸也五句　民有好惡，君主才能有賞罰的依據，賞其所好以勸之，罰其所惡以畏之，以賞罰為槓桿，以引導其臣民使生活有序。《韓非子・二柄》：「明主之所導制其臣者，二柄而已矣。二柄者，刑德也。何謂刑德？曰：『殺戮之謂刑，慶賞之謂德。』為人臣者，畏誅罰而利慶賞。故人主自用其刑德，則群臣畏其威而歸其利矣。」❺既有所勸八句　制，控制。民有所勸，有所畏，君主才能利用其所好與所畏以控制和誘導民眾的行為。《管子・明法解》：「明主之道，立民所欲，以求其功，故為爵祿以勸之；立民所惡，以禁其邪，故為刑罰以畏之。」制，亦作節制解。勸賞和刑罰皆不能濫用而沒有節制。《左傳》襄公二十六年（西元前五四七年），蔡公子歸生在回答楚令尹子木的詢問時說：「善為國者，賞不僭而刑不濫。賞僭，則懼及淫人；刑濫，則懼及善人。」❻所好多則作福二句　指君主所好或所惡超過一定的限度，違反了人的本性，那便成了人為的作威作福，亦會使勸賞和刑罰失去其作用。《呂氏春秋・離俗覽・適威》云：「亂國之使其民，不論人之性，不反人之情，煩為教而過不識。數為令而非不從，巨為危而罪不敢，重為任而罰不勝。」此處指亂國的君主在控制民眾的行為上，違反了人的本性，不順應人之常情，他們頻繁地頒布各種教令，而又埋怨百姓不能認識、理解和遵守；他們大量地制定各種法令，又非難百姓不能聽從與遵守；他們向百姓提出各種危險而困難的任務，同時又懲治那些不敢臨危而赴難的百姓；他們沒有節制地加重百姓的負擔，又任意地處罰那些無力承擔的百姓。這樣的結果，民力窮竭，逼得百姓只能弄虛作假，誠如《莊子・則陽》中所指出的：君主如果「匿為物而愚不識，大為難而罪不敢，重為任而罰不勝，遠其塗而誅不至。民知立竭，則以偽繼之。」百姓被迫弄虛作假以應付君主，上面又從而責罰其弄虛作假，最後必定如《呂氏春秋・離俗覽・適威》所云：「是以罪召罪，上下之相讎也，由是起矣。故禮煩則不莊，業煩則無功，令苛則不聽，禁多則不行。」故君主利用刑賞來調控民眾的行為有一個限度，要有所節制，過了限度，那就是作威作福。這樣一來，君主控制和誘導民眾的手段就會失去作用而走向自身的反面。呂不韋在〈適威〉篇末講了這樣一個故事：「子陽極也好嚴，有過而折弓者，恐必死，遂應猘狗而弒子陽，極也。」鄭相子陽好嚴刑峻法，僕人折了一張弓，害怕被殺，乘著人群追趕瘋狗的機會，弒殺了子陽，這便是使用刑罰過份到了極點的緣故。❼作威則君亡權四句　作威，言君主刑罰過度。法不罰眾，刑罰濫了就失去其威懾作用，君王也因此而失去其所擁有的權柄。君王的刑罰不再能禁止作惡，結果是惡行泛濫，民眾之間互相怨恨。作福，指君王賞賜過濫，它不再能激勵百姓向善，使民眾不再認為君王有恩德於百姓。君王的政策不再具有勸善的功能，好心善良的人會被人們視作傻子，結果是天下百姓自相賊害，故刑賞濫用會使民眾不辨好惡，把社會推向混亂無序的狀態。❽故聖人之制民八句　董仲舒認為聖人制民，必須要讓他們有慾望，但有慾望卻「不得過節」，何以節？節之以禮。《荀子·禮論》：「禮起於何也？曰：人生而有欲。欲而不得，則不能無求；求而無度量分界，則不能不爭。爭則亂，亂則窮。先王惡其亂也，故制禮義以分之，以養人之欲，給人之求，使欲必不窮乎物，物必不屈於欲。兩者相持而長，是禮之所起也。」所謂「節」還包括長幼貴賤貧富之間的差別。使之敦朴二句，此處言使民保持敦樸的風氣，但不能無欲，無欲則君不得以賞罰勸禁於民。朴，同「樸」。《韓非子·說疑》：「若夫許由、續牙、晉伯陽、秦顛頡、衛僑如、狐不稽、重明、董不識、卞隨、務光、伯夷、叔齊，此十二人者，皆上見利不喜，下臨難不恐，或與之天下而不取。有萃辱之名，則不樂食穀之利。夫見利不喜，上雖厚賞無以勸之；臨難不恐，上雖嚴刑無以威之；此之謂不令之民也。此十二人者，或伏死於窟穴，或槁死於草木，或飢餓於山谷，或沉溺於水泉。有民如此，先古聖王皆不能臣，當今之世，將安用之？」故君道在於使無欲者能有欲，有欲者則得以有一定節制。❾國之所以為國者德也八句　國君以施恩為德，以刑罰為威，君主用刑德來控馭臣下和百姓。君主以權勢自重，則民眾相聚於君之周圍，群臣畏威而不敢起叛念。故言君王之德不可與臣共，君王之威不可與臣分。《韓非子·二柄》云：「人主者以刑德制臣者也。今君人者，釋其刑德而使臣用之，則君反制於臣矣。故田常上請爵祿而行之群臣，下大斗斛而臨於百姓，此簡公失德而田常用之也，故簡公見弒。子罕謂宋君曰：『夫慶賞賜予者，民之所喜也，君自行之；殺戮刑罰者，民之所惡也，臣請當之。』於是宋君失刑而子罕用之，故宋君見劫。田常徒用德，而簡公弒；子罕徒用刑，而宋君劫。」故君失恩德於民，則民離散而去，國將不國；君失刑罰之權，則君賤於臣。齊國田常對群臣取得了賞賜爵祿之權，對百姓則大斗借出糧食、小斗收進糧食來收買人心，結果齊簡公遭他弒害。宋國子罕從宋國國君手中騙取到了刑罰殺戮之權，結果宋君遭受劫持。因此，君主必須緊緊控馭刑、德二權，不可須臾離手。

【語譯】民眾沒有什麼喜好，君王便無法去勸勉他們；民眾沒有什麼厭惡，君王便無法使他們感到畏懼。

如果民眾不能勸勉，也不能使他感到畏懼，那麼君王也就無法約束他們。如果君王無法約束自己的民眾，那麼君王與民眾便會處於同等的地位，於是也就無法顯示出君王的尊貴。所以聖人治理國家時，順應天地自然所賦予人們的性情，利用人們耳鼻口舌的喜好，藉以在人們之間建立尊卑的制度，區分貴賤等級的差別。通過設置官府和爵祿，用各種不同的口味來刺激人們在味覺上的需要，以各種不同鮮豔的色彩來刺激人們視覺上的需要，用各種不同的曲調來刺激人們聽覺上的需要，用這些手段來誘使人們追求感官上的滿足，同時將人們區分為清流與濁流，使清濁之間的區分標準一望便知，並在榮耀與恥辱上鮮明地顯示二者的差別，從而打動和感化民眾的心志，一定要使民眾有所愛好。只有使民眾有所愛好，才能對民眾進行勸勉，才能設立各種獎賞來勸勉他們。既然有所愛好，必然有所厭惡。既然他們有所厭惡，那就可以設法使他們有所畏懼，這樣便能設置刑罰來使他們產生畏懼。既可對民眾進行勸勉，又能使他們感到有所畏懼，那就可以管束他們了。君王又如何管束他們呢？管束民眾時要利用他們的愛好，這樣一來，因勸勉而給予的賞賜便不能太多太濫；管束民眾要利用他們的厭惡，然而使他們感到畏懼的刑罰不能超過一定的限度。如果君王的賞賜過多過濫，那就叫作福；君王對刑罰使用得太多太濫，那就叫作威。君王對百姓作威，反而要喪失權力，天下百姓會怨恨君王；君王對百姓作福，那君王實際上也無法再施恩於百姓，百姓之間反而會自相賊害。所以聖王對民眾的管束，既要使他們對生活的改善有所期望，又要對他們的慾望進行節制，使其不能超過一定的限度。既要在民眾中提倡敦厚樸素的生活作風，又不能使他們對日後的生活不抱任何指望。對不抱任何指望的人要使他們感到自己的前途還是有指望的。要使各種各樣人，都能在不同程度上滿足他們的慾望，那麼君王就掌握了治理國家的根本道理了。君王之所以能治理好國家，由於他能施恩澤於百姓；君王之所以能保持君王的威嚴，因為有刑罰的威懾作用。君王對民眾施恩的德行，不可以與他人共享；君王實施刑罰的威懾權力亦不可以分與他人。施恩的權力與他人共有，那麼民眾便不會再對君王感恩；實施刑罰的威懾權力與他人分享，那麼君王便會喪失自己在民眾中的權威。君王失去在民眾中實施刑罰的威懾作用，那麼君王便會被人所看輕；君王失去了對民眾施捨恩澤的形象，那麼民心便會渙散。民心渙散的結果，會使國家引起動亂；君王被人所看輕，臣子便會背叛國君。所以作為一國之君的君王，要保持住自己給民眾施捨恩澤的權力，使百姓都歸附於他；要牢固掌握自己實施刑罰的權力，才能使臣子不敢存有覬覦君位的野心。

【研　析】本章闡述君王用以控馭其臣民者為刑德二柄，運用二柄的目的是維護自己的王位和權勢，它涉及到君、臣、民三方面的關係。

本章從理論上對以下問題作出了回答：刑德所以能發揮作用的基礎在哪裡？什麼是君王運用刑德調控社會生活的限度？君臣之間在運用刑德這二柄時相互之間有哪些利害矛盾？董仲舒對這三個問題的論述，皆淵源於齊國稷下之學中的《管子》。《管子》這本書以齊威王、齊宣王變法圖強為其歷史背景。它本身具有儒、道、法三者合流的特徵。

董仲舒關於君王運用刑德二柄所以能發揮作用的社會基礎是民有所好惡，這一點在《管子・形勢解》中說得很明白：「人主之所以令則行，禁則止者，必合於民之所好，而禁於民之所惡也。民之情莫不欲生而惡死，莫不欲利而惡害。故上令於生利人，則令行；禁於殺害人，則禁止。令之所以行者，必民樂其政也，而令乃行。故曰：貴有以行令也。」一切法令推行的基礎是民之好惡，法令順乎民情，便能令行禁止。反之，一切法令便喪失其存在的基礎。《管子・禁藏》篇云：「夫凡人之情，見利莫能勿就，見害莫能勿避。」趨利避害是人的天性所具有的本能，慶賞刑罰所依靠的正是人的這種本能。

君王以刑德二柄來調控人們的社會生活，有其必不可少的前提，那就是要取信於民，真正做到言必信，行必果。《管子・權修》篇說：「賞罰不信，則民無取。」具體地講：「見其可也，喜之有徵；見其不可也，惡之有刑。賞罰信於其所見，雖其所不見，其敢為之乎？見其可也，喜之無徵；見其不可也，惡之無刑。賞罰不信於其所見，而求其所不見之為之化，不可得也。」由其所見而及於其所不見。便是信的作用，由此而類推，也就是《荀子・大略》所說的：「慶賞刑罰通類而後應。」通過信，使百姓明其類，同類的都能得到相應的慶賞刑罰。慶賞刑罰所達到的效果，即其實施的目標有一個限度，過猶不及。《管子・牧民》云：「明必死之路者，嚴刑罰也；開必得之門者，信慶賞也；不為不可成者，量民力也；不求不可得者，不彊民以其所惡也；不處不可久者，不偷取一世也；不行不可復者，不欺其民也。」這個限度便是民眾實際的承受能力，以及這種做法是否順乎民心。「不欺其民，則下親其上。」（同上）超過了這個限度，君王利用慶賞刑罰的權柄，強逞一時的好惡而作威作福，其結果便是董仲舒所說的：「作威則君亡權，天下相怨；作福則君亡德，天下相賊。」也就是《管子・牧民》所說的：「刑罰不足以畏其意，殺戮不足以服其心。故刑罰繁而意不恐，則令不行矣；殺戮眾而心不服，則上位危矣。」所以君王手中的權力不是萬能的，不是沒有限度的。

權柄在君臣之間，歸屬於誰，那就是誰受制於誰的問題。故君王必使慶賞刑柄的權力出於己手，決不能與臣下分享。韓非子在〈二柄〉中說：「夫虎之所以能服狗者，爪牙也。使虎釋其爪牙而使狗用之，則虎反服於狗矣。人主者，以刑德制臣者也。今君人者釋其刑德，而使臣用之，則君反制於臣矣。」他在〈喻老〉篇中又說：「賞罰者，邦之利器也。在君則制臣，在臣則勝君。君見賞，臣則損之以為德；君見罰，臣則益之以為威。人君見賞而人臣用其勢，人君見罰而人臣乘其威。故曰：『邦之利器不可以示人。』」這同樣是在強調君王必須緊緊地掌握賞罰這種邦之利器，不可以交給別人。賞可收買人心，罰能誅除異己。封建帝王是一批獨裁者，離開了這二手，其統治便難以維持下去。

第二章

聲有順逆，必有清濁❶；形有善惡，必有曲直❷。故聖人聞其聲則別其清濁❸，見其形則異其曲直❹。於濁之中，必知其清；於清之中，必知其濁。於曲之中，必見其直；於直之中，必見其曲❺。於聲無細而不取；於形無小而不舉❻。不以著蔽微，不以眾揜寡，各應其事以致其報。黑白分明，然後民知所去就，民知所去就，然後可以致治，是為象則❼。為人君者居無為之位，行不言之教❽，寂而無聲，靜而無形❾，執一無端，為國源泉❿。因國以為身，因臣以為心。以臣言為聲，以臣事為形。有聲必有響，有形必有影。聲出於內，響報於外；形立於上，影應於下⓫。響有清濁，影有曲直。響所報非一聲也，影所應非一形也。故為君虛心靜處，聰聽其響，明視其影，以行賞罰之象⓬。其行賞罰也，響清則生清者榮，響濁則生濁者辱，影正則生正者進，影枉則生枉者絀⓭。擥名考質，以參其實。賞不空施，罰不虛出⓮。是以群臣分職而治，各敬而事，爭進其功，顯廣其名，而人君得載其中，此自然致力之術也⓯。聖人由之，故功出於臣，名歸於君也⓰。

【章　旨】本章闡述君王必須居無為之位，行不言之教，冷靜、細緻而客觀地分析臣屬的狀況，由響而知聲之清濁，由影而知形之曲直，使賞罰各得其當，方能令群臣分職而治，做到功出於臣，名歸於君。

【注　釋】❶聲有順逆二句　聲之清濁，見《禮記・樂記》鄭玄注：「清謂蕤賓至應鐘也，濁謂黃鐘至仲呂。」我國古代以十二個不完全相等的半音階來區分音域中的一個八度，即「十二律」，最早見於《國語》。十二律可分為六律與六呂。六律即黃鐘、太簇、姑洗、蕤賓、夷則、無射。六呂為大呂、夾鐘、仲呂、林鐘、南呂、應鐘。六律與六呂交叉排列。自蕤賓至應鐘為清音，黃鐘至仲呂為濁音，同一音階內高半階為清音，低半階為濁音。聲有順逆，這是以人所發出的聲響而表達出的人的心志之順逆。《禮記・樂記》：「凡音者，生人心者也。情動於中，故形於聲。聲成文，謂之音。故治世之音，安以樂，其政和。亂世之音，怨以怒，其政乖。亡國之音，哀以思，其民困」；「鄭衛之音，亂世之音也，比於慢矣；桑間濮上之音，亡國之音也，其政散，其民流，誣行私而不可止也。」❷形有善惡二句　指人之行事有善有惡，而行事的過程則有曲有直。這是以人之事狀的曲直譬喻人的品性才情之善惡。形，指事也。❸聖人聞其聲則別其清濁　此處指聖人能辨別其聲調之清濁以識別人的才性之順逆。《禮記・樂記》：「凡音者，生於人心者也；樂者，通倫理者也。是故知聲而不知音者，禽獸是也；知音而不知樂者，眾庶是也；唯君子為能知樂。是故審聲以知音，審音以知樂，審樂以知政，而治道備矣。」❹見其形則異其曲直　依據臣子的行事可以進一步區分其曲直，喻指聖人能以人之行事之曲直而知人之善惡。形，謂事也。❺於濁之中八句　聖人不僅能辨別人之清濁曲直，並且要從清濁曲直的類別中區分其內部微妙的差異，從而對人的善惡及其長處和短處作出判別。金無足赤，人無完人。善人亦有其不足之處，惡人亦有其天性尚未完全泯滅之處，在同一個人身上，它的長處在一定場合下會轉化為他的短處，短處亦會轉化為長處。全句透過聲與形的清濁曲直，喻指君王要善於在微細之處區別臣子在品性才能上的善惡與長短，及其在不同環境下的不同結果。《管子・宙合》有一個生動的比喻：「聖人參於天地，鳥飛準繩，此言大人之義也。夫鳥之飛也，必還山集谷，不還山則困，不集谷則死。山與谷之處也，不必正直，而還山集谷，曲則曲矣，而名繩焉，以為鳥起於北，意南而至於南；起於南，意北而至於北。苟大意得，不以小缺為傷。故聖人美而著之。曰：千里之路，不可扶以繩，萬家之都，不可平以準。言大人之行，不以先帝常義立之謂賢。故為上者之論其下也，不可以失此術也。」看人要看其行為的大方向，論人要視其大節，用人要根據所要達到的目的。聖人說鳥是筆直而飛的，這是指的大方向。鳥的飛行，必定要回到山谷中來，但山谷的位置，不一定是筆直的。明明是曲的，卻說鳥是筆直飛的，這是因為鳥從北起飛，飛到南面；或者是從南起飛，飛到北面，從南至北或從北至南是條直線，中間飛行時有些曲折，就不去考慮它了。千里之路，不能用繩來衡量要求始終保持筆直，只要總體上大致是直的就行了。這裡講的曲直平準，其中充滿著辯證法。❻於聲無細而不取二句　指人之言行，須從小處做起，以小見大。《管子・權修》：「凡牧民者，欲民之修小禮，行小義，飾小廉，謹小恥，禁微邪，此厲民之道也。」小者不修，欲民之行大禮、大義、大廉、大恥，那是根本不可能的。❼不以著蔽微八句　指必須尊重客觀事物存在的實際狀況。事物總有功過、優劣，雖然各有主次，不能因其主要方面的優點而掩飾其次要方面的不足，不因多數人的狀況而掩蓋個別人的特殊問題。只有具體地分清每個人每件事上的功過優劣，那麼在處理上才能黑白分明，才能使百姓明白何者應該靠攏，何者應該遠離。則，榜樣。象則，模仿學習其榜樣。要使國家得到治理，便須充分發揮榜樣的作用。春秋時，衛國北宮文子對衛侯說：「有威而又畏謂之威，有儀而可象謂之儀。君有君之儀威，其臣畏而愛之，則而象之。故能有其國家，令聞長世。」（《左傳》魯襄公三十一年）這裡的「則」與「象」，就是榜樣與模仿的意思。全句意謂君王啟用和獎懲其臣子時要「不以著蔽微，不以眾揜寡」，於細微之處察見人臣之真情，用賞罰來顯示君王黑白是非的分明，用以發揮榜樣的作用，以此作為君王治國之良法。❽居無為之位二句　典出老子《道德經・上篇》：「聖人處無為之事，行不言之教。」無為是為了無所不為，不言是為了無所不教。《呂氏春秋・審分覽・君守》：「大聖無事，而千官盡能。此乃謂不教之教，無言之詔。」❾寂而無聲二句　指君王必須以寧靜為寶。《韓非子・揚權》：「黃帝有言曰：『上下一日百戰。』」這樣一來，君主成了孤家寡人，怎麼能夠治理好國家？因此，要制約群臣百官，只能既寧又靜，才可以為天下正，才能使千官盡能。❿執一無端二句　指君王執一，為治國之源泉。一，即君主無為而治之道。所謂執一，就是執守根本。《韓非子・揚權》：「故聖人執一以靜，使名自命，令事自定。」這是指令臣下自陳其言，君以其言授之事，臣以其事形其功，君以其功而定賞罰，故人主執賞罰之權以靜觀臣下之功。執一的目的是為了使權力和政令集中在君王一人手中，使君王真正成為主宰萬事萬物的主人。《呂氏春秋・審分覽・執一》：「王者執一，而為萬物正。軍必有將，所以一之也；國必有君，所以一之也；天下必有天子，所以一之也；天子必執一，所以摶之也。一則治，兩則亂。今御驪馬者，使四人，人操一策，則不可以出於門閭者，不一也。」此處強調只有集中統一才能治理好國家，分散多頭只會造成混亂，譬如並排駕車的四匹馬，讓四個人各執一根馬鞭來驅使馬，那就連里門也出不去，就是因為指揮不統一。無端，即臣子無以窺其端倪，《韓非子・主道》云：「君無見其所欲，君見其所欲，臣自將雕琢；君無見其意，君見其意，臣將自表異」；「道在不可見，用在不可知。虛靜無事，以闇見疵。」只允許君王見臣子言行之端倪，不允許臣子窺測君王意願之端始，此即君王治國之法術。⓫因國以為身十句　因，先秦諸子的不少著作中，都曾提出過「因」的概念，《管子・心術上》云：「無為之道因也。因也者，無益無損也。以其形因為之名，此因之術也。」又云：「故道貴因，因者因其能者，言所用也。」前一句中的「因」，指要尊重客觀存在的事物及其因果關係；後一句中的「因」，是要求憑藉客觀的因果關係來為自己達到一定的目的。《管子》把「因」這個觀念運用到君王何以治國，何以處理君臣之間的關係中去。《呂氏春秋・審分覽・任數》云：「古之王者，其所為少，其所因多。因者，君術也。」所謂因，也就是無為而治的帝王南面之術。因國以為身，此處把治國譬喻作人的完整身體。君使臣猶如身之使臂，臂之使指。《呂氏春秋・季春紀・圜道》便是把國家譬喻作人之形體，臣子則被譬喻作四肢，云：「人之有形體四肢，其能使之也，為其感而必知也。感而不知，則形體四肢不使矣。」因臣以為心，君王要知道臣子的賢與不肖，才能有效地使用臣子，而要做到這一點，就得因臣以為心，不要什麼事都由自己來幹。《韓非子・主道》：「明君之道，使智者盡其慮，而君因以斷事，故君不窮於智。」以臣言為聲二句，此處強調君王應當善於役使群臣，使群臣各盡其職，而自己應處於虛靜無為之道。《韓非子・主道》：「群臣陳其言，君以其言授其事，事以責其功。功當其事，事當其言，則賞。功不當其事，事不當其言，則誅。明君之道，不得陳言而不當。」有聲必有響二句，此處指為臣者的言論必有反響，其行事必有後果，或功或過。君王可以由此而判斷其聲之清濁，形之曲直，從而判斷出其人之善惡。⑫故為君虛心靜處四句　此處指出君王虛心靜處是聰聽其響、明視其影的前提。《管子・心術上》：「心之在體，君之位也。九竅之有職，官之分也。心處其道，九竅循理。嗜慾充益，目不見色，耳不聞聲。故曰：上離其道，下失其事。」心不在焉，耳目便不能發揮視聽的作用。聰聽其響二句，指聲可以由響而知其清濁，形可以由其影而知其曲直。《管子・宙合》：「景不為曲物直，響不為惡聲美，是以聖人明乎物之性者必以其類來也。」此處強調物體曲則影亦曲，聲音惡則響亦惡。有因必有果，所以君子必須慎其所始。以行賞罰之象，指君行賞罰時必須根據人臣的言之美惡，事之功過，以此為民眾樹立言行的準則。⑬其行賞罰也五句　此處指賞罰必須與聲之清濁、形之曲直相當，以比喻士之榮辱進絀必須與其言行相符合。《管子・立政》：「君之所審者三，一曰德不當其位；二曰功不當其祿；三曰能不當其官。此三本者，治亂之原也。故國有德義未明於朝者，則不可加於尊位；功力未見於國者，則不可授以重祿；臨事不信於民者，則不可使任大官。」⑭擥名考質四句　擥，同「攬」。此處所言，一是賞罰必須攬名參實，二是賞罰必須信而有徵。《韓非子・主道》：「功當其事，事當其言，則賞；功不當其事，事不當其言，則誅」；「是故明君之行賞也，曖乎如時雨，百姓利其澤；其行罰也，畏乎如雷霆，神聖不能解也。故明君無偷賞，無赦罰。賞偷則功臣墮其業，赦罰則姦臣易為非。是故誠有功，則雖疏賤必賞；誠有過，則雖近愛必誅。近愛必誅，則疏賤者不怠，而近愛者不驕也。」⑮是以群臣分職而治六句　分職而治，指群臣各盡其職，不得逾越其職分行事。《韓非子・二柄》舉了一個例子，韓昭侯醉而寢，典冠者怕他著寒受涼，就在他身上披了一件衣服。韓昭侯醒來知道這件事後，殺了典冠而罪典衣。罪典衣是因為他失職，而殺典冠是因為他逾越了自己的職責範圍。韓昭侯並非是願意受寒，但他認為侵官之害甚於寒。韓非由此而下結論說：「明主之畜臣，臣不得越官而有功。」各官皆盡其職，君王也就能無為而治。《呂氏春秋·審分覽·君守》也舉了一個例證，云：「奚仲作車，蒼頡作書，后稷作稼，皋陶作刑，昆吾作陶，夏鮌作城。此六人者所作當矣，然而非主道者，故曰作者憂，因者平。惟彼君道，得命之情，故任天下而不彊。此之謂全人。」六人各有所作，君主得載其中，故君主不作而有天下，此即無為順應自然之術。⑯聖人由之三句　此處指君王無為而治，臣任其勞，而明主之名則歸於君。《韓非子·主道》：「賢者敕其材，君因而任之，故君不窮於能。有功則君有其賢，有過則臣任其罪，故君不窮於名」；「臣有其勞，君有其成功，此之謂賢主之經也。」

【語　譯】聲音有順耳和逆耳的區分，也有清和濁的區分；事物的形態上則有美與醜的區分，行進的線條上則必有曲和直的區分。所以聖人聽到人們發出的聲音，便能判別其中的清濁；見到人們行事的形態，便能判別其中的曲直。而且要能在濁音中辨別出清音，在清音中辨別出濁音，在曲折中看到其中包含的直，在直線中看到曲折。對於聲音，不因其微弱而不分辨其清濁；對於事物的形體，也不因其微小而不舉出其曲直；不因顯著的一般情況而掩蓋其細微的差異，不因多數而掩蓋其中個別或少數的例外。總之，都要根據各自的實際情況，得到其相應的回報。這樣才能做到像黑與白那樣地界線分明，然後百姓才能知道應該捨棄什麼，追隨什麼。當百姓知道了什麼應該靠近，什麼應該保持距離，然後國家就能真正得到治理，這就是要充分發揮榜樣的作用。如果這樣做的話，君主可以使自己處於無為而治的君位上，實施不用自己去進行說教的教化，要使自己沉寂而沒有任何聲響，虛靜而不露任何形狀，才能掌握好治理天下的道術，要使自己不流露出任何端倪，這才是君王治理好國家的訣竅和力量的源泉。君王要把整個國家作為一個整體，充分利用臣子的智慧和聰明，把臣子們的言論作為聲響，臣子們的行事作為形體。有聲音必定有回響，有形體必然會產生影子。聲音從內部出來，外面必定可以聽到反響；形體站立在上面，下面便能看到它的影子。回響中有清有濁，影子也有曲有直。回響不會是單一的，影子所顯示的形體也不是單一的。所以作為君王，必須使自己處於虛心安靜的狀態，用耳朵的聰來聆聽其發出的聲響，用眼睛的明來觀看其曲直。這樣可以準確地實施賞罰。在實施賞罰時，對那些發出清音的聲響給予榮譽，對那些發出濁音的聲響則給予恥辱；通過影子顯示其為人正直廉潔的，可以讓其升遷，通過影子顯示其為人枉屈不正的可以罷黜。依據其名聲來考察他的本質，與其實際政績相互參證檢驗。這樣既不白白地憑空去賞賜，也不無端地去處罰。賞罰公正而恰當，群臣便都能做好自己職務以內的事，大家才能抱著敬業的精神去辦事，爭相顯示自己的功績，以顯揚自己的名聲；君主則參與其中而獲得成功。這是自然而然使臣子盡力的方法，聖人便是依照這種方法去治理國家的。功勞是臣子出力做出來的，而名聲則歸之於君王。

【研　析】本章論述的主題是君王在國家管理過程中，如何運用刑德二柄以控制其臣子，以便使「群臣分職而治」，其關鍵是君王必須掌握好「因」之道。

董仲舒提倡人君「居無為之位，行不言之教」，語出老子《道德經・上篇》的「聖人處無為之事，行不言之教」。這一思想在《管子》的〈心術上〉中闡述得比較具體，云：「無為之道，因也。因也者，無益無損也，以其形因為之名，此因之術也。」《呂氏春秋・審分覽・任數》則明確指出：「因者，君術也。」所謂君術，即君王南面之術。

「因」這個字，顯示了人在認識和實踐過程中，主體與客體之間的相互關係。主體是君王，客體是臣子。它既是一個認識的過程，即真實地認識客體實際狀況——臣子的言和行。言表現為聲和響，行表現為形和影。同時，它又有明確的目的性，即是使「群臣分職而治」。這一過程不僅僅是主體對客體的反映過程，也包括君王的行為，即運用刑德二柄以導致和制約其臣子爭功，以達到其致治的目的，所以它又是主體的實踐過程。主體要達到有效的目的，即主觀目的性與客觀因果性的統一，那麼正確地反映客體又是它的前提。

《管子・心術上》：「有道之君，其處也，若無知，其應物也，若偶之，靜因之道也。」若無知，指的是君王的心態要保持寂靜，平直如鏡子，才能客觀而真實地反映事物。如果鏡面是彎曲的，那它反映的客體會如哈哈鏡一樣，是一個被扭曲的形象。唯其是平直的，在「因」應客體去達到一定目的時，才能如符契一樣相耦合，文中強調的「聞其聲則別其清濁，見其形則異其曲直」，「於濁之中，必知其清；於清之中，必知其濁」，「於曲之中，必見其直；於直之中，必見其曲」，以及於聲於形皆要無小不取等，都是為了使主體認知客體時，進行細緻的分析，不以偏概全。唯其如此，才能認知和掌握事物的本來面貌，正確地運用刑德二柄，使臣子中清者榮，濁者辱，正者進，枉者絀，使賞罰做到黑白分明，以激勵臣屬發揚積極向上的精神。只有這樣，才能激勵千官盡能，群臣分職而治，最終是事功出於群臣，聖主之名歸於君王。

君王無為而無所不為。通過上述認識和實踐過程的分析，可以幫助我們認識道、法家所倡導的「無為而治」，在哲學上有其合理的成分。但在實際生活上要做到這一點是很難的。在認知過程中，人不可能沒有先入的主觀偏見，只有反覆失敗的過程才能使人變得冷靜而聰明。同時人也不可能沒有偏執的利益驅動來蒙蔽自己的眼睛，這也要千錘百煉才能使自己排除私利的蒙蔽。中國古代思想家的著作中，從《老子》、《管子》、《韓非子》、《呂氏春秋》、《淮南子》直到《春秋繁露》，反覆地論述帝王之道。然而在古往今來的帝王中，實在很難找到一個一輩子能長期奉行其術，正確地衡量主客觀條件，合理地提出目標而取得最後成功者。言者諄諄，聞者藐藐。在現代生活中，不乏靠反對主觀主義起家的偉人，但最終自己在晚年卻陷入主觀主義的泥潭之中。問題不僅僅是一個認識論上的方法問題，關鍵在於一切權力集中在君王手中，君王由認識上的差錯而造成的決策上嚴重失誤時，誰也沒有辦法去糾正。要糾正它唯有君王的自然更替或人為的更替。自然的更替是老皇帝去世，新皇帝上臺；人為的更替或者是宮廷政變，或者是人民反抗，造成王朝的更迭。但無論哪一種方式都是痛苦的過程。這是二千多年中國歷史反覆證明了的。「無為而治」，實際上只是希望君王成為一個裁判者，擺脫決策和施政的實際事務。在這種情況下，出了失誤，比較容易糾正，因為認識過程的客觀法則決定了人世間不可能有一個一貫永遠正確的天才和聖人。

卷第七

考功名　第二十一

【題解】本篇論述對官員要實行考核制度，並據以獎功罰罪。

根據內容，我們將它分為三章。第一章論述考績的要求及黜陟、賞罰諸項原則。其中「擧名責實」一說頗為精彩。如說，「不能致功，雖有賢名，不予之賞」；反過來，「官職不廢，雖有愚名，不加之罰」。賢和愚都只是名，不能就此定出賞罰。如果雖賢而沒有「致功」之實，或雖愚而有「官職不廢」之實，還應分別作出不賞、不罰的處理。第二章敘述考核之法。分兩類，一類是天子考天下百官，一類是州郡考其所部，各有不同考核間隔時間的規定，總的原則是「大者緩，小者急，貴者舒而賤者促」，可見對達官貴人還是要講寬容，嚴格考核的重點放在大量中下級官吏上。第三章敘述具體的考核計算方法。共分九個等第，即上、中、下三個檔次，每個檔次再細分出上、中、下三個等第。其中上上稱「最」，中中稱「中」，下下稱「殿」。此後歷代的考課也大略如此。

值得一提的是本篇論旨雖僅為一項具體制度，作者還是力圖賦予某些天人宇宙論的色彩。如言興利除害，分別以「春氣之生草」、「川瀆之瀉於海」為喻，而論「聖人積聚眾善以為功」則由「天道積聚眾精以為光」引出。這些除了修辭學上的意義以外，似乎還蘊含有哲學上的思考。

第一章

考績之法，考其所積也❶。天道積聚眾精以為光，聖人積聚眾善以為功❷。故日月之明，非一精之光也；聖人致太平，非一善之功也。明所從生，不可為源；善所從出，不可為端❸。量勢立權，因事制義❹。故聖人之為天下興利也，其猶春氣之生草也，各因其生小大，而量其多少❺；其為天下除害也，若川瀆之瀉於海也，各順其勢傾側，而制於南北❻。故異孔而同歸，殊施而鈞德，其趣於興利除害一也❼。是以興利之要在於致之，不在於多少；除害之要在於去之，不在於南北。考績絀陟，計事除廢❽。有益者謂之公，無益者謂之煩。擥名責實❾，不得虛言。有功者賞，有罪者罰；功盛者賞顯，罪多者罰重。不能致功，雖有賢名，不予之賞；官職不廢，雖有愚名，不加之罰。賞罰用於實，不用於名；賢愚在於質，不在於文❿。故是非不能混，喜怒不能傾，姦軌不能弄，萬物各得其真。則百官勸職，爭進其功⓫。

【章　旨】本章論述對官員考績及黜陟、賞罰諸項原則，要求務必做到循名責實，各得其真，從而使百官勸職，爭進其功。

【注　釋】❶考績之法二句　意謂考核各級官吏政績的方法，是考察他們積累起來的功和過。績，指功業、成績。積，指累積。《尚書・舜典》：「三載考績，三考，黜陟幽明，庶績咸熙。」《路史・後記》卷十一注引《周傳・考績訓》：「三歲小考，正職而行事。九歲大考，黜無職而賞有功也。一之三以至九年，天數窮矣，陽德終矣。積不善至於幽，六極以類降，故黜之。積善至於明，五福以類升，故陟之。皆所自取。」❷天道積聚眾精以為光二句　劉師培以為「兩『聚』字均衍文」，當可從，積已有聚意。此以天道喻人事。當有所本。言天道積日、月、星辰之精以為光者，如《淮南子・天文訓》：「積陽之熱氣生火，火氣之精者為日；積陰之寒氣為水，水氣之精者為月。日月之淫為精者為星辰。」言人需積眾善而方為聖人者，如《荀子・儒效》：「塗之人百姓，積善而全盡，謂之聖人。彼求之而後得，為之而後成，積之而後高，盡之而後聖。故聖人也者，人之所積也。」又，王符《潛夫論・慎微》亦曾云：「仲尼曰：湯武非一善而王也，桀紂非一惡而亡也。三代之廢興也，在其所積，積善多者，雖有一惡，未足以亡；積惡多者，雖有一善，是謂誤中，未足以存。人君聞此可以悚息，布衣聞此可以改容。」❸明所從生四句　此句承前立論。意謂既然日月之光明由積眾精而生，眾精便不可能有單獨的源頭；既然聖人之善是積眾善而成，眾善亦不可能有單獨的始端。又，冒廣生以為「『源』當作『元』，聲同而誤」，錄以備考。❹量勢立權二句　意謂對官員的考核需根據各自的職責和相關的事實，參照當時的情勢，因地制宜地進行評斷。量，度量。權，秤錘，此處指衡量的標準。義，意義，引申為規則。唐代對職事官考課標準有四善二十七最。四善屬於個人品德和工作作風，包括「德義有聞，清慎明著，公平可稱，恪勤匪懈」，是對所有官員的共同要求。二十七最則是根據各項職能對官員個人提出的要求。如對吏兵二部任銓選的官員要求「銓衡人物，擢盡才良，為選司之最」；對考功官員要求「揚清激濁，褒貶必當，為考校之最」；對宿衛官員「部統有方，警守無失，為宿衛之最」；對法官「推鞫得情，處斷平允，為法官之最」；對刺史、縣令「禮儀興修，肅清所部，為政教之最」。故對各部門各級官吏考功應依其職事，既有共同標準，又有不同要求。此即所謂因事而制義。❺聖人之為天下興利也四句　此句言「興利」，與下句「除害」對舉。興利除害，為政事之要。此句以春氣吹發草木比喻聖人的舉善興利；草木有大有小，對春氣的需要各自有異，興利亦當依據實際情況而有多有少。《周易・繫辭上》：「備物致用，立功成器，以為天下利，莫大乎聖人。」❻其為天下除害也四句　此句以川瀆的流瀉入海比喻聖人的為天下百姓除害；水流入海過程中會各依地勢的傾側而或南或北，消除禍害亦須因勢因事而異，當有不同的側重點。川瀆，指河流。中國古代以江、河、淮、濟四水為四瀆。❼異孔而同歸三句　意謂功業雖各不相同，但均有德於百姓，就其興利除害這一目標而言，都是一致的。孔，途徑。異孔而同歸，即殊途而同歸。施，功勞也。鈞，同「均」。趣，通「趨」。

❽考績絀陟二句　意謂考核官員政績的優劣，以決定其升遷或貶黜；計量官員為政行事的好惡，以決定其授任或罷免。絀，通「黜」。貶退。陟，升遷。除，任命。廢，罷免。❾擥名責實　意謂根據其任職名目，考求其實際成效。擥，通「攬」。把持。❿賞罰用於實四句　此言考績務求質實，不應以虛譽行賞罰、定賢愚。先秦典籍中亦有類此論述。如《管子．明法解》：「亂主不察臣之功勞，譽眾者，則賞之；不審其罪過，毀眾者，則罰之。如此者邪臣無功而得賞，忠正無罪而有罰。故功多而無賞，則臣不務盡力；行正而有罰，則賢聖無從竭能。行貨財而得爵祿，則汙辱之人在官；寄託之人不肖而位尊，則民倍公法而趨有勢。如此則慤願之人失其職，而廉潔之吏失其治，故〈明法〉曰：官之失其治也，是主以譽為賞而以毀為罰也。」⓫是非不能混六句　此言賞罰須「各得其真」，即各按其真實的政績，才能達到百官各自努力盡職立功的目的。而要做到「各得其真」，句中列舉了三個條件：一是事實的是非不能混淆；二是執掌者不應介入個人喜怒哀樂的感情因素；三是不許邪偽奸刁之徒在考績上弄虛作假。漢元帝時為太常丞的谷永在對策時亦曾有論及，文中稱：「治天下者尊賢考功則治，簡賢違功則亂。誠審思治人之術，歡樂得賢之福。論材選士，必試於職，明度量以程能，考功實以定德，無用比周之虛譽，毋聽浸潤之譖訴，則抱功修職之吏無蔽傷之憂，比周邪偽之徒不得即工，小人日銷，俊艾日隆。經曰：三載考績，三考，黜陟幽明。又曰：九德咸事，俊艾在官。未有功賞得於前，眾賢布於官而不治者也。」（《漢書》本傳）又，句中「軌」，董天工《春秋繁露箋注》作「宄」。《尚書．舜典》：「寇賊奸宄。」「軌」乃「宄」之假借。

【語　譯】考核官員政績的辦法，就是考察他們所累積的功勞或過失。上天積聚眾多的精氣方可產生光明，聖人積聚眾多的善事才能成就功業。所以日月的光明，不是某一精氣所發出的光輝；聖人能使天下太平，並非某一件善事的功業。日月的光明是由眾多精氣積聚產生的，所以某一精氣不可能成為整個光明的源頭；達到天下太平的功業是由眾多善事彙集而成的，因而某一善事不能成為全部功業的始端。對官員政績的考核，應估量當時的情勢定出章程，依據各官的職事制定標準。聖人為天下興利，就像春天暖氣催促草木的生長那樣，要各自依據草木大小的不同需要供給或多或少；聖人為天下除害，就像大小河川流向大海那樣，沿途要各自依順地勢，或者引向南側，或者導向北側。所以儘管通過的途徑不一，歸宿仍然相同；具體的做法有別，表現的功德是一樣的，也就是說為百姓興利除害這個總目標是一致的。由此可見，興利的關鍵在於確實有利於百姓，不在於利的多少；除害的關鍵在於確實為百姓除掉了禍害，不在於它在南面還是北面。對官員要依據考核的成績決定或者升遷或者降職，計量他們的功過確定是任用還是廢黜。官員的政事，凡是有益於百姓的，稱為「公」，無益於百姓的，稱為「煩」。要根據任職的名目考查他的實際的效果，不能說空話。有功者一定要賞，有罪的一定要罰；功績顯著的要大賞，罪錯眾多的要重罰。不能建立功績的，雖然有賢良的名聲也不能給予獎賞；能忠實履行職責的，雖然名聲不好，也不必加以處罰。凡是賞罰都要按照實際的行政業績，不是依據他的名聲；賢能或愚拙在於為政的實績，不在於表面文章。在考績中要注意事情的是非不能混淆，個人的喜怒好惡情緒不可介入，奸邪之徒不許玩弄算計，使考核的所有內容都獲得真憑實據。做到這樣，那麼百官便會勉力於各自的職責，爭向為朝廷建功立業。

【研　析】本章在論述考績制度中涉及到兩個問題。一是關於考績的標準要「因事制義」，即要對各級官司不同職事的官吏制定不同的考核標準，不可強求一律。二是考核時要「擘名責實」，即要依據職名職掌考查其實績，必須各得其真，不務虛名，賞罰要與功過相當。只有這樣才能調動諸司各級官吏的積極性，使整個官僚化的國家機器得以協調地運轉起來。

在中國古代歷史上，官僚制度的產生及其相應的考核制度的建立，是有一個發展過程的。在春秋及春秋以前的宗法分封制度下，世卿制在選官中占據主導的地位。天子、公卿、大夫皆生而有其位，世司其職，以親親的貴族身分確定其據官的資格。春秋末至戰國以降，世卿制下的貴族制度動搖了，國家機器開始官僚化，各個行政部門分科分層專門規範化的管理逐漸形成。在列國變法過程中，由各級官僚組成的科層式的行政組織逐漸推廣開來，由任人唯親開始向任人唯賢轉變，推舉賢才，因能授官成了普遍的呼聲，儒墨二家都在不同程度上顯示了這種傾向。士這個階層的崛起，從「學在官府」到「學下私人」，為列國官僚化的國家機器提供了所需要的後備隊。因而如何選拔官員，如何考核眾多官員政績的問題，勢必提到議事日程上來了。這個問題在戰國時已表現得相當突出。《韓非子》在〈顯學〉篇中便說：「觀容服，聽辭言，仲尼不能以必士；試之官職，課其功伐，則庸人不疑於愚智。故明主之吏，宰相必起於州部，猛將必發於卒伍。夫有功者必賞，則爵祿厚而愈勸；遷官襲級，則官職大而愈治。夫爵祿大而官職治，王之道也。」故在戰國時關於官員考課的制度已有相當發展，《周禮》關於考課的記載，大體上亦屬於戰國時的狀況。如天官大宰的職掌之末云：「歲終則令百官府各正其治，受其會，聽其致事，而詔王廢置。三歲，則大計群吏之治而誅賞之。」即每年的歲末，各級官府要整理全年政績資料，接受考核，按照其得失功過，呈報君王加以賞罰、升遷或降免。三年，則仔細考核所有官吏政績，呈報王者請求慶賞或者誅罰。大宰職掌中的八柄，即是君王對群臣依其政績實施慶賞誅罰的手段。第一是「爵」，以爵位勸勵賢臣；第二是「祿」，以俸祿激勵賢臣；第三是「予」，給予表彰，用以獎勵賢臣；第四是「置」，給予位置，以表彰賢臣的德行；第五是「生」，勸勉臣子使他們子孫得到福祉；第六是「奪」，剝奪罪臣，使他們貧窮；第七是「廢」，撤銷其職務，以懲罰有罪的臣子；第八是「誅」，使罪臣得到災禍，以示懲罰。

第二章

考試之法，大者緩，小者急，貴者舒而賤者促❶。諸侯月試其國，州伯時試其部，四試而一考❷。天子歲試天下，三試而一考。前後三考而絀陟，命之曰計❸。

【章　旨】敘述對大小、貴賤不同官吏考課的原則，以及諸侯對郡國、天子對百官的考課之制的構想。

【注　釋】❶大者緩三句　此為董仲舒提出的對各級官吏進行考課的原則。對大官、高官的考課，在時間間隔上可長一些，故稱「大者緩，貴者舒」。對下級與低級官吏的考課，在時間間隔上要短一些，故稱「小者急，賤者促」。至於因何需作出此等區別，則與任其職者之品格高下有關。本書〈官制象天〉篇稱：「人之材固有四選，如天之時固有四變也。聖人為一選，君子為一選，善人為一選，正人為一選，由此而下者，不足選也。」在董仲舒看來，大官、高官與小官、卑官在為人的品格上亦相應有高下之分，故對其考課的間隔時間亦須有長短、緩急之別。一般考課時間都是以年為單位，但似亦有例外。如《周禮》關於宰夫的職掌規定有：「歲終則令群吏正歲會，月終則令正月要。旬終，則令正日成，而以考其治，治不以時舉者，以告而誅之。」宰夫所考核的對象是低級官吏，在年末、月末、旬末都要進行考核，要會計文書，作為政績的根據，如有怠廢失職之事，便要呈報上級加以誅罰。❷諸侯月試其國三句　此為董仲舒提出的中央對地方官吏考核的一種設想，並非漢代當時考課實際情況。國，指郡國。州伯，州之長官。時，此處指一個季度。漢代初年分封制與郡縣制並行，諸侯是封國首長，在郡的首長是太守，郡國以下為縣。諸侯月試其國，謂郡國的首長每個月要考課其屬下之縣。漢代在郡國之上設州，州置刺史，刺史的職掌是以「六條」問事，監察郡國。郡國每歲的上計並不通過州，直接考課諸侯或太守的是朝廷，不是州的刺史。但刺史巡行郡國有權刺察守相，歲盡詣京師奏事，而其時正當郡國上計，故朝廷可借刺史的奏事甄別郡國計簿的真僞。刺史本身則受中央御史中丞的督課。至東漢，刺史由監察官轉變為最高地方行政長官，州成為郡的上級主管，自然也就有了考課郡國的實權。大致是諸侯或太守每月考課其屬縣，刺史按季考課其所屬的郡國，四次季課構成一歲考。❸天子歲試天下四句　絀，通「黜」，降級。陟，升遷。計，指會計官吏的功過。《漢書・司馬遷傳》顏師古注曰：「會稽，山名，本茅山也，禹於此會諸侯之計，因名曰會稽。」此為董仲舒提出的天子對各級官吏實施考課的一種設想，它的根據便是《尚書・舜典》所言：「三載考績，三考，黜陟幽明，庶績咸熙。」每年考核一次，三年構成一考，要三考即九年才行黜陟。後世也有以為間隔時間太長的，如北魏孝文帝太和中曾下詔稱：「三載考績，自古通經，三考黜陟，已彰能否。今若待三考然後黜陟，可黜者不足為遲，可進者大成賒緩。是以朕今三載有一考，考即黜陟。欲令愚滯無妨於賢者，才能不壅於下位。」（《魏書・高祖紀下》）漢代實際的上計考課，是每年年終由郡國上計吏攜帶計簿到京師上計，稱「常課」；三年一考察治狀，稱「大課」。漢代的考課制度有兩個系統：一是公卿守相或各官司主管官員各課其掾史屬官，這是部門系統；一是中央課郡國，郡課縣，這是中央到地方的系統。在中央，由皇帝親自主持考課，即董仲舒所言「天子歲試天下」，實際多屬具文。天子行幸郡國也有偶而就地上計的事例，如《漢書・武帝紀》：「元封五年（西元前一〇六年）春，三月，還至泰山，增封。……因朝諸侯王列侯，受郡國計。」「太初三年（西元前一〇四年）冬十月，行幸泰山。……春還，受計於甘泉。」實際主持郡國考課者，多為丞相與御史二府，丞相主要負責歲終考殿最上聞，御史大夫主要負責按察虛實真僞。對於殿最的賞罰，每年都進行，並非要等到三年大課之時。如《漢書・丙吉傳》載：「歲竟，丞相課其殿最，奏行賞罰。」《漢書・賈誼傳》載：「河南守吳公治平為天下第一，徵為廷尉。」《漢書・兒寬傳》載兒寬為左內史，「後有軍發，左內史以負租課，殿，當免。民聞當免，皆恐失之，大家牛車，小家擔負，輸租繦屬不絕，課更以最。」前者屬陟，後者是先黜後陟，說明每年考課後對郡守治績好壞表現突出者，確實有陟有黜。

【語　譯】考核官吏的原則，對官職大的可寬緩些，官職小的要急迫些；地位高貴的可寬舒些，對地位低下的要急促些。考核的間隔時間，諸侯對王國下屬的官員是每月一次，州的長官對部屬是每季度一次，一年進行四次稽核構成一考。天子每年考核天下百官一次，三次稽核構成一考，再根據前三考的成績決定升遷或者降黜。這種考核官員的活動統稱為「計」。

【研　析】官吏的任用和考核是緊密聯繫在一起的一種人事制度。官吏任用後，要通過考核才能確認其是否稱職，作出賞罰，決定黜陟。到戰國時，隨著各國官僚制度的形成，便同時出現了考核官吏政績的上計與考課制度。《韓非子・外儲說右下》提到田嬰相齊時，「人有說王者曰：『歲終之計，王不一以數日之間自聽之，則無以知吏之奸邪得失也。』」說明齊國當時已建立了每年上計的制度。《史記・范雎傳》載：「昭王召王稽，拜河東太守，三歲不上計。」王稽三歲未上計史籍作為特例加以記載，亦證明秦國那時上計的制度早已建立。同傳《集解》注引司馬彪對秦國此制所記更詳：「凡郡掌治民，進賢，勸功，決訟，檢奸。常以春行所至縣，勸民農桑，振救乏絕；秋冬遣無害吏，案訊問諸囚，平其罪法，論課殿最，歲盡遣吏上計。」《商君書・禁使》篇也講到「十二月而計書以定，事以一歲別計，而主以一聽」。這些材料都說明各級官吏每年歲終上計考核在秦統一以前已成定制。漢代的上計制度大體沿襲秦制。《後漢書・百官志五》州郡本注曰：「皆掌治民，顯善勸義，禁奸罰惡，理訟平賊，恤民時務，秋冬集課，上計於所屬郡國。」這是縣一級對屬吏的考課，劉昭注引「胡廣曰：『秋冬歲盡，各計縣戶口墾田，錢穀入出，盜賊多少，上其集簿。丞尉以下，歲詣郡，課校其功，功多、大為最者，於廷尉勞勉之，以勸其後。負多尤為殿者，於後曹別責，以糾怠慢也。諸對辭窮尤困，收主者，掾史關白太守，使取法，丞尉縛責，以明下轉相督敕，為民除害也。』」這是漢代郡國對下屬諸縣考課的狀況。至於中央對郡國的考課反而比較流於形式。漢宣帝黃龍元年（西元前四九年）正月，其詔書講到：「上計簿具文而已，務為欺謾，以避其課。三公不以為意，朕將何任？諸請詔省卒徒自給者皆止。御史察計簿，疑非實者，按之，使真偽毋相亂。」（《漢書・宣帝紀》）至於君王親自受郡國計簿，只是一種儀式而已。《韓非子・外儲說右下》提到孟嘗君即田嬰相齊時，有人建議君王親自聽取歲終的上計，「聞之，即遽請於王而聽其計。王將聽之矣，田嬰令官具押券、斗石參升之計。王自聽計，計不勝聽，罷食，後復坐，不復暮食矣。田嬰復謂曰：『群臣所終歲日夜不敢偷怠之事也，王以一夕聽之，則群臣有為勸勉矣。』王曰：『諾。』俄而王已睡矣，吏盡揄刀削其押券、升石之計，王自聽之，亂乃始生」。這是一則寓言，意在說明「王自聽之，亂乃始生」，君王是不應親自去處理聽取上計一類具體事務的。考課上計，只是官僚機構上下級之間的一種制約手段。董仲舒所言「天子歲試天下」，亦只是表明皇帝要對此予以足夠重視，並非一定主張要躬親其事。漢宣帝不滿意上計簿中「務為欺謾」，也只能讓御史府去按驗其真偽，不可能親自去過問。

在漢代的察舉制度中，與考課相關的，有尤異與廉吏二科，是根據功次吏能來加以銓敘的。《後漢書・百官志五》：「諸州常以八月巡行所部郡國，錄囚徒，考殿最。初歲盡至京者奏事，中興但因計吏。」注引「胡廣曰：『課第長吏不稱職者為殿，舉免之。其有治能者為最，察上尤異州，……歲舉一人。』」被舉為尤異或廉吏的《漢書》中記載頗多。如《趙廣漢傳》，廣漢「為陽翟令，以治行尤異，遷京輔都尉」。又如《黃霸傳》，稱霸「領郡錢穀計簿書正，以廉稱，察補河東均輸長。後察廉，為河南太守丞」。尤異有時亦稱「治行第一」，如《張敞傳》：「潁川太守黃霸，以治行第一入京守京兆尹。」漢代的官僚機構成員大致可分為文法吏和儒生這樣兩部分人。漢沿秦制，文官多因文法而得選，因勞績而升遷；儒生則多由賢良、孝廉諸科進入仕途。文法吏作為官僚隊伍中的骨幹力量，皆因廉吏、察廉遷升，而廉吏大都是酷吏，這在《漢書·酷吏傳》中可以得到印證。漢元帝為太子時，「見宣帝所用文法吏，以刑名繩下，大臣楊惲、蓋寬饒等坐刺譏辭語為罪而誅，嘗侍燕從容言：『陛下持刑太深，宜用儒生。』宣帝作色曰：『漢家自有制度，本以霸王道雜之，奈何純任德教，用周政乎！且俗儒不達時宜，好是古非今，使人眩於名實，不知所守，何足委任！』乃歎曰：『亂我家者，太子也！』」（《漢書·元帝紀》）現代國家機關的公務員中，仍可以看到這兩類人的影子，而考課制度則是文法吏得以逐級升遷的階梯。

自戰國到秦漢，逐漸在實踐中定型的考課制度，一直延續了兩千多年，至清末大體未變。蘇輿的注文稱：「元初令官吏計日月，考殿最。明制有考滿、考察二法。考察通天下內外官計之，其八曰：曰貪，曰酷，曰浮躁，曰不及，曰老，曰疾，曰罷，曰不謹。分致仕、降調、閑住為民有差。考滿論一身歷俸，分稱職、平常、不稱職三等，三年初考，六年再考，九年通考，其分年三考之典，沿古法也。我朝考績之法，在內曰京察，在外曰大計，各以三年為期。武職曰軍政，名雖略殊，計典一也。內外通限三年，軍政不過五年。」從歷史的實際情況看，這套考課制度亦僅限於對基層和中下級官員的管理有一定的效率，對高級官員的管束幾乎起不到什麼作用。這大概就是董仲舒說的「貴者舒而賤者促」吧？

第三章

考試之法，合其爵祿❶，并其秩❷，積其日❸，陳其實❹，計功量罪，以多除少❺，以為名定實，先內弟之。其先比二三分，以為上中下，以考進退，然後外集，通名曰「進退」。增減多少，有率為第❻。九分三三列之，亦有上中下。以為一「最」，五為「中」，九為「殿」。有餘歸之於中，中而上者有「得」，中而下者有「員」。得少者，以一益之，至於四；員多者，以四減之，至於一，皆逆行。三四十二而成於計，得滿計者絀陟之。次次每計，各逐其第，以通來數。初次再計，次次四計，各不失故第，而亦滿計絀陟之❼。初次再計，謂上第二也；次次四計，謂上第三也。九年為一第，二得九，并去其六，為置三第，六六得等，為置二，并中者得三盡去之，并三三計得六，并得一計得六。此為四計也。絀者亦然❽。

【章旨】敘述具體考核之法，包括州伯考核其所部、天子考核天下百官各自如何計功量罪、考評等第等，都作了詳細介紹。

【注釋】❶合其爵祿　爵和祿是君王對百官賞罰的主要手段。《周禮・天官・大宰》職掌中提到「以八柄詔王馭群臣：一曰爵，以馭其貴；二曰祿，以馭其富。」有關爵祿之制戰國前後有較多變化。春秋時，天子之爵分五等，即公、侯、伯、子、男；諸侯之爵分三等，卿、大夫、士。授有一定的爵位，便可獲得相應的祿。祿是以田邑來計算的。戰國時，官職發生了變化，爵祿制度亦隨之有了改變。以軍功爵代替原來的五等爵制，爵與官開始分流，爵與祿的聯繫也不似過去緊密。秦國依軍功行二十等爵，據《漢書・百官公卿表》載錄為：「一級曰公士，二上造，三簪裊，四不更，五大夫，六官大夫，七公大夫，八公乘，九五大夫，十左庶長，十一右庶長，十二左更，十三中更，十四右更，十五少長造，十六大上造，十七駟車庶長，十八大庶長，十九關內侯，二十徹侯。」漢沿秦之二十等爵，最高是徹侯，最低為公士。這二十等爵實際是由原來的列侯以及卿、大夫、士加以細分而成。就士庶而言，有了爵可以為官，可以得到田宅、役使庶子，還可以用來贖罪。對君王來說，可以用爵來賞賜臣下，收攬民心，還可以用來出賣，增加內庫收入。西漢的鼂錯曾有過「令民入粟以受爵」的奏議。由於賜爵過於輕濫，西漢自武帝後，它在社會上影響逐漸淡化，至東漢，軍功爵的制度便趨於衰亡。東漢末曹操執政時，曾企圖建立新的爵位，大多屬於「虛封」，已沒有多少實際意義。

❷并其秩　秩指官階。有幾等秩即為幾級官。增秩和減秩即是官階的升降。與秩相聯繫的為俸，依秩的高低而定。秦

制在《史記・秦始皇本紀》記有「斗食」、「七百（石）之令」、「六百（石）之餘」等便是官秩。俸是按月發放的稱月食。官員有過失時，可以扣除其秩俸來償還罰款或債務。《漢書・百官公卿表》顏師古注記載了漢代的秩俸：「漢制，三公號稱萬石，其俸每月各三百五十斛穀。其稱中二千石者月各百八十斛，二千石者百二十斛，比二千石者百斛，千石者九十斛，比千石者八十斛，六百石者七十斛，比六百石者六十斛，四百石者五十斛，比四百石者四十五斛，三百石者四十斛，比三百石者三十七斛，二百石者三十斛，比二百石者二十七斛，一百石者十六斛。」《後漢書・百官志五》亦載錄了漢代的秩俸，在秩一百石之下，尚有「斗食俸，月十一斛；佐史俸，月八斛。凡諸受俸，皆半錢半穀」。石是定級的虛名，斛才是實俸。❸積其日　指累計其在官的日期，即後代的所謂年資。官階的升遷要根據其年資。❹陳其實　指在官時的治狀，即其具體政績。地方官上計時，其政績包括其轄區內戶口、墾田的增減，錢穀出入的數字，盜賊的多少，以確定其功過。在漢時，有祭彤「除偃師長，視事五年，縣無盜賊，州課第一，遷襄賁令」（《太平御覽》卷二六一）。這裡「視事五年」是積其日，為年資；「縣無盜賊」是計簿上所陳的事實；「州課第一」是全州考課的名次；「遷襄賁令」是以遷官為獎勵。按：以上「合其爵祿，并其秩」和「積其日，陳其實」，是須考核的基本內容。前者是該員原來的官爵和俸祿，後者為在任的時日和治績。具體考核方法即下文所言「計功量罪，以多除少」，即根據年資和治狀，功過可以相抵，功多罪少或罪小功大者皆可「以多除少」，從而折算其政績，評出等第。❺計功量罪二句　蘇輿注援引多例，說明古代可以功抵罪。文中稱：「東漢朱勃上書訟馬援：臣聞《春秋》之義，罪以功除。《詩・氓》鄭箋云：『士有百行，可以功過相除。』魯桓公十三年何休注：『祭仲知國重君輕，君子以存國除逐君之罪。雖不能防其難，罪不足而功有餘，故得為賢。』又魯莊公三年注：『紀季稱字言之者，以存先祖之功，則除出先奔之罪。』魯莊公四年注：『賢襄公為諱，以復讎之義，除滅人之惡。』……此亦《春秋》多少相除之義。」❻以為名定實九句　蘇輿引俞樾云：「『比二』皆衍文。內弟，弟古第字。」此為董仲舒所設想的考課的具體過程，其細節已無法悉知，只能參照相關事例推知其大概。以為名定實，即應考之官，皆須具錄當年之功過，先自行定其等第，其等第分為上、中、下三等。外集，謂部門內的評議。西漢時郡國考課屬縣，一般採取大會都試的形式。《漢書・尹翁歸傳》：「收取人必於秋冬課吏大會中。」顏師古注：「於大會中及行縣時則收取罪人，以警眾也。」《漢官儀》：「八月，太守都尉、令、長、丞、尉會都試，課殿最。」《後漢書・百官志五》注引胡廣曰：「秋冬歲盡，各計縣戶口墾田、錢穀出入，盜賊多少，上其集簿，丞尉以下，歲詣郡，課校其功。」大會，即諸縣令、尉面對本郡太守，當眾宣讀其自報的課第，議其優劣，定其考第。《漢書・蕭望之傳》記有望之之子蕭育參加考課事例。文中稱：育「為茂陵令，會課，育第六，而漆令郭舜殿，見責問，育為之請，扶風怒曰：『君課第六，裁自脫，何暇欲為左右言？』及罷出，傳召茂陵令詣後曹，當以職事對。」蕭育評為「第六」即中下等，僅為免予處分。郭舜評為「殿」，即下下最末一等，按規定要赴後曹受糾責。僅能自免的蕭育還想為郭舜說情，結果亦被傳到後曹受到責問。外集，即上文所言會課。應考官在這會課中由主司決定其自報課第之進或退。增減多少，有率為第，指課第的進退，大體須有一個標準。這個標準即胡廣注文所言「戶口墾田」、「錢穀出入」、「盜賊多少」三個方面。《漢書・循吏傳》保留了漢代考課的若干案例。如〈黃霸傳〉載黃霸以「入穀沈黎郡，補左馮翊二百石卒史。馮翊以霸入財為官，不署右職，使領郡錢穀計。簿書正，以廉稱，察補河東均輸長，復察廉河南太守丞」。卒史是官名，二百石是其秩，屬於郡守的屬吏。以廉稱、察廉都是吏員考課的名目，先後得以遷補均輸長、河南太守丞。漢宣帝即位後召為廷尉正，後又任守相長史。黃霸以上職務均屬於文法吏。要進一步遷升，需懂得儒術，於是他從夏侯勝受《尚書》。夏因故繫獄，黃霸在獄中從夏侯勝學，三年乃出。夏侯勝出獄為諫大夫，薦黃霸，霸被擢為揚州刺史，成為方面大員。滿三年，又以考課高第擢為潁川太守，秩比二千石。其在潁川任上「以外寬內明得吏民心，戶口歲增，治為天下第一，徵守京兆尹，秩二千石」。以上所引便是考課結論。「戶口歲增」為其實績，「治為天下第一」是其名次；所給的嘉獎是遷轉京兆尹，秩由比二千石升為二千石。但不久黃霸又以「坐發民治馳道不先以聞，又發騎士詣北軍馬不適士」受到貶秩，於是「詔歸潁川太守官，以八百石居治如前」。這是以降減俸秩作為處罰，潁川太守的秩應是比二千石，而黃霸居此職位僅為秩八百石。結果是「前後八年，郡中愈治」，宣帝特下詔稱揚，「賜爵關內侯，黃金百斤，秩中二千石」。後又徵為太子太傅，遷御史大夫，代丙吉為相。黃霸的遷升歷程，正是通過考課和歲舉，按部就班直至到達人臣之極的宰相高位。這是一個比較典型的「宰相必起於州部」（《韓非子・顯學》）的實例。❼九分三三列之二十四句　此為董仲舒設計的具體實施三年考課的評估計算方法。只能推知其大概，簡釋如下：九分三三列之，即把上、中、下又各分為上、中、下，共九等。其序列為：上上、上中、上下，中上、中中、中下，下上、下中、下下。這九等再分三個檔次：最、中、殿。故下文言：「以為一最，五為中，九為殿。」以為一最，據他本當作「以一為最」。一即上上，為「最」；五為中中，在中間，故稱「中」；九，即下下，為「殿」。有餘，指計功量罪，以多除少之積餘。計算時以中為起點，有餘屬功者，在五之上相加稱有得；屬過失者，在五之下相加稱有負。原文「有員」，據他本應改為「有負」。下一「員」字亦同。負多者，至四為止，以功抵過，逐級減其負數，至一為止。負和得二者皆是逆行而上，即負者由四上行至一，即中下；有得者亦由中中而上，至於四，即上上。董仲舒設想州伯每季一試、一年四試而成一歲考。這樣三年考績即三四十二次試課，構成一計，便可根據其積分進行賞罰和職務的升降黜陟。天子是三年一考，須歷三考即九年才作出升降黜陟。在這九年中，每次考核都要登錄其等第，即所謂「次次四計，各逐其第，以通來數」。天子是三考為滿計，「初次再計，次次四計，各不失故第」，意謂前面六年每次考核都保持原來的紀錄，如果沒有下降，便可按滿計進行黜陟。這樣一套具體而又瑣細的考核辦法，在史著中尚未見有具體案例的記載。在居延漢簡中有若干得算與負算的規定，亦只是零星片斷，難窺全豹。《唐六典》中載有考課評估計算方法的詳盡資料，或可得到某些印證。唐考課的評估方法有四善二十七最。四善屬品德方面，適用於各級各類官吏。四善一為德義有聞，二為清慎明著，三為公平可稱，四為恪勤匪懈。二十七最是分別適用於二十七類職官的各不相同的評估標準。如對中書、門下官員，「獻替可否，拾遺補闕，為近侍之最」；兵吏二部參預銓選的官員，「銓衡人物，擢盡才良，為選司之最」；負責考功的官員，「揚清激濁，褒貶必當，為考核之最」；禮部及太常寺、鴻臚寺的官員，「禮制儀式，動合經典，為禮官之最」；刑部、大理寺等司法系統的官員，「決斷不滯，與奪合理，為判事之最」；兵部及諸衛之武官，「部統有方，警守無失，為宿衛之最」。以善、最的多少分為九等。一最四善者為上上，一最三善或四善而無最者為上中，一最二善或三善無最者為上下，一最一善或無最而有二善為中上，一最或無最而有一善者為中中。職事粗理，善最弗聞為中下；愛憎任情，處斷乖理為下上；背公向私，職務廢缺為下中；居官諂詐，貪濁有狀為下下。各官犯罪負殿者，以負為計算單位，十負為一殿。當上上者，雖有殿不降，自中以下，一殿降一等。食祿之官考在中上以上，可以加一等（在漢指官秩，在唐指散官品階），加祿一季；中下以下，每退一等，奪祿一季。唐代的這些評估方法，皆可付諸實際操作。❽初次再計十五句　此為董仲舒依二章所言天子「三試而一考，前後三考而絀陟」而設計的具體評估方法。初次再計，指三考之第二考。次次四計，指三考之第三考。九年為一第，指合起來九年構成考課的一個完整過程。餘下所言之計算方法，難釋其詳。按此段文字，歷來注家多有存疑。惠棟以為「脫誤不可解」，譚獻則稱「此節疑舊注入」。蘇輿注曰：「此法漢時似未通行，故人但知京房考功課吏法，今史文不詳，無由訂董、京異同得失矣。」由於語義難詳，此處語譯姑且照錄原文，並用括號標出。

【語　譯】考核的方法，是要綜合官吏的爵祿和官秩，累計他的官資，列舉他的具體政績，然後計算功績，估量錯失，以多減少，依據事實，確定名目，先自定一個等第。考評分上、中、下三個等第，用來確定或進或退。然後「外集」，也就是集合本部門官吏會課政績，通常稱為「進退」。依照積分多少的原則，排定次序。分為九等，也就是在上、中、下三等的基礎上，再各自三等分。以一等為「最」，以第五等為「中」，以第九等為「殿」。個人功過相抵後積分有餘的歸為中，在中以上的等級稱「得」，在中以下的等級稱「負」。得少的可以加一，以加四至一等為最高；得負分的最多是減四，最少減到一為止。它們計算方法都是逆向行的加減法。州長官是每季一考一年四考，三年就是三四十二次考核，構成一計。考滿一計的可以根據功過多少實施降級或升遷。天子是三年一考，前後三考即九年的考核過程中，每次考核都要做好登記，分出等第，前後的考核可以打通計算。前三年的考核，後三年的考核，六年的考核都能保持原來等次而不下降的，也可以按九年考滿來降職或升遷。（初次再計，謂上第二也；次次四計，謂上第三也。九年為一第，二得九，并去其六，為置三第，六六得等，為置二，并中者得三盡去之，并三三計得六，并得一計得六。此為四計也。絀者亦然。）

【研　析】本章所言皆為董仲舒所設想的在考績中計量功罪和據以絀陟的具體方法。其中一些細節，我們已很難通解其詳情。秦漢時期官僚機構的逐步建立和健全，考課制度已經在實踐中誕生並實際執行，董仲舒所設計的這套考核方法也只是從當時考課制度中提煉起來，加以程式化而已。從《漢書》的〈循吏傳〉和〈酷吏傳〉中，我們可以看到傳主的出身和經歷大都有與考課制度相關的痕跡，說明此項制度確是付諸實施的，只是其實施的過程和具體細節沒有留下更多的文字記載。漢代至元帝時考課制度已流於形式，這從京房與元帝的一次對問中可以得到證明。京房治《易》，長於災變之說，以孝廉得補為郎。元帝數召見問，房對曰：「古帝王以功舉賢，則萬化成，瑞應著；末世以毀譽取人，故功業廢而致災異。宜令百官各試其功，災異可息。」元帝聽了頗有興趣，就要京房提出實施的方案來。於是「房奏考課吏法。上令公卿朝臣與房會議溫室，皆以房言煩碎，令上下相司，不可許。上意鄉之。時部刺史奏事京師，上召見諸刺史，令房曉以課事，刺史復以為不可行。唯御史大夫鄭弘、光祿大夫周堪初言不可，後善之」《漢書・京房傳》。從這個討論過程中，可以看到實際管事的公卿與地方刺史都認為京房提出的方案太煩碎，行不通。只有鄭弘、周堪兩個人，開頭也不贊成，後來因為看到元帝有興趣，才「善之」的。元帝後來還曾讓京房做魏郡太守，允許他「以考功法治郡」。由於史著記載甚略，我們現在已無法詳知京房所提的「考功課吏法」的具體內容及其在魏郡試驗的情況。或許也僅僅是紙面上的東西，近似於董仲舒在本章所描述的方案，因較為「煩碎」而很難付諸實施。歷史上考課制度還是以《唐六典》所載最為完整：考課時間是每年秋冬至來年初春，從上到下有專門管理機構，執掌其事為尚書省吏部，具體由考功司負責內外官的考課工作，考功郎中判京官考，員外郎判外官考。另外每年從京官中挑選德高望重者二人為校考使，監督內外官的考課。唐初諸帝對考課也頗為重視，貞觀年間太宗還曾親自過問此事。但時間一久，漸漸也會流於形式。試舉二例。一是玄宗開元十四年（西元七二六年），「御史大夫崔隱甫充校外官考事，舊例皆委參問，經春未定，隱甫召天下朝集使，一時集省中，一日校考使畢，時人伏其敏斷」《冊府元龜・銓選部・考課一》）。另一例是德宗貞元七年（西元七九一年），有「考功奏，准考課令，諸司官皆據每年功過行能，定其考第；又准開元天寶以前敕，朝官每司有中上考，亦有中中考，自三十年來，諸司並一例申中上考。且課積之義，不合雷同，事久因循，恐廢朝典。自今以後，諸司朝官，皆須據每年功過行能，仍比類格文，定其升降，以書考第，不得一例申中上考」（《唐會要》卷八一〈考上〉）。前一例還是作為正面事跡來記載的，說是崔隱甫「一日校考使畢」，當時人都敬佩他的「敏斷」。但一天工夫就把全部外官也就是京師以外的地方官都校考完畢，這種跑馬觀花式的做法能做到符合實際、公平公正嗎？後一例是說在德宗時期三十年來，全國那麼多官司、那麼多官員，申報的都是「中上考」。考課的本意是為了獎功罰罪，獎勤罰懶，如今卻像幼稚園那樣來一個「排排坐，吃果果」，平均分攤，這樣的考課還能有什麼意義嗎？歷史上常常有這樣的事：一種思想理念，當它為決策者所接受，於是有人據以制訂出相應的制度和操作程式，又配備像模像樣的執行機構，接著便宣稱收效如何顯著，成績如何巨大，但實際情況卻往往是另一回事。這些歷史現象提醒我們，對於政府行為，不能光看思想家的設想或公文公告的宣布，而是應當到實際運行過程中去觀察其作用和效果，才能作出恰如其分的判斷。字面上的東西往往只是華麗的外衣而已。當然我們並不懷疑思想家們的真誠，但光有真誠還是很不夠的啊！董仲舒有一句話還是說得很好，那就是要「覈名責實」。

通國身　第二十二

【題解】篇名〈通國身〉，意謂治國與養身在道理上是可以相通的。全篇以治身喻治國，皆以比喻、對偶文句寫成，通俗可讀。

上半篇論述因何要致賢。如同養身者只有內心積蓄足夠的精氣才能使全身血液暢通那樣，作為一國之主的國君，身旁必須聚集足夠的賢士，才能上下相制使，百官各盡其職，國家得以長守永存。下半篇論述如何去致賢。如同養身者想要獲得精氣必須虛靜身心那樣，君主要招致賢士務必卑謙其身，因為賢士甘願事奉的只能是那些謙尊自卑的君主。君主若能致賢，便可達到「德澤洽而國太平」的目的。

崇尚賢士幾乎是先秦諸子的共同主題。董仲舒所以要一唱三歎重新加以張揚，還另有當時的歷史動因。我們在篇末寫了個簡略的說明，供讀者參考。

氣之清者為精，人之清者為賢❶。治身者以積精為寶，治國者以積賢為道❷。身以心為本，國以君為主❸。精積於其本，則血氣相承受；賢積於其主，則上下相制使❹。血氣相承受，則形體無所苦；上下相制使，則百官各得其所❺。形體無所苦，然後身可得而安也；百官各得其所，然後國可得而守也。夫欲致精者，必虛靜其形；欲致賢者，必卑謙其身❻。形靜志虛者，氣精之所趣也；謙尊自卑者，仁賢之所事也。故治身者，務執虛靜以致精；治國者，務盡卑謙以致賢。能致精，則合明而壽仁；能致賢，則德澤洽而國太平❼。

【注釋】❶氣之清者為精二句　此以精氣喻賢者。氣，古人以氣為天地之起源。氣有輕清、重濁之分。氣之清陽者為氣之精華亦稱精氣。《淮南子・天文訓》：「氣有涯垠，清陽者薄靡而為天。」故本書第十九篇〈立元神〉云：「天積眾精以自剛。」以為日、月、星辰皆由精氣結集而成。人之清者為賢，此以氣喻人。人有賢愚之分，與氣之清濁相比，故以賢者為人中之精英。❷治身者以積精為寶二句　此以治身喻治國之道。《呂氏春秋・審分》：「夫治身與治國，一理之術也。」治身者以積精為寶，治身，指調養身體。中醫理論把人的所謂精氣視為構成和維持人體生命活動的基本物質。在人的生命活動中精氣不斷消耗，又能從食物營養即所謂水穀之精中不斷獲得補充。精的化生賴於氣，精氣足則神旺，精氣虛則神衰，精脫者則死亡。故古人養身以積精為寶，以喻治國需積賢為致太平之道，即本書〈立元神〉篇所云：「天道務盛其精，聖人務眾其賢。」❸身以心為本二句　此以人之心喻國之君。身以心為本，中醫理論關於心的觀念是指人的神經中樞。《黃帝內經・素問・靈蘭祕典論》：「心者，君主之官也，神明出焉。」人的神經中樞在一定範圍內能協調人的生理活動，如果神經中樞和心理有了病變，失卻了神明和意志的統率作用，那麼其他腑臟的生理功能和抵抗疾病的能力也會隨之下降，故養身須以養心為本。此處以身與心之關係喻國與君之關係，故謂「國以君為主」。《管子・心術上》云：「心之在體，君之位也；九竅之有職，官之分也。耳目者，視聽之官也。心而無與於視聽之事，則官得守其分矣。夫心有欲者，物過而目不見，聲至而耳不聞也。故曰：上離其道，下失其事。」❹精積於其本四句　此以身體之積精氣喻君主之聚賢者。血氣，依照中醫理論，血是傳遞精氣和營養至全身的媒介，同時又影響著肢體諸運動，如目之視物，足之步行，掌、指之握攝活動等；但血的這些功能，又必須在氣的推動下才能充分發揮其作用。故人體的保養，以積貯精氣為本，而又需血氣來作為承擔傳遞的媒介。以此喻君主的治國，必須積集賢能之士於其周圍，才能自上而下地指揮各級官僚機構的運作。❺血氣相承受四句　此以人之身體因有血氣相承受而得以體魄健全，喻國家機構因能上下相制使才能正常運行，百官在各自崗位上克盡其職。在帝王制度下，官僚機構的建置是寶塔形的科層結構。權力集中於寶塔的頂點，君主的號令自上而下無所壅塞，國家機構才能運行。形體，指身形和體質。《呂氏春秋・圜道》：「令圜，則可不可、善不善無所壅矣。無所壅者，主道通也。故令者，人主之所以為命也，賢不肖安危之所定也。人之有形體四肢，其能使之也，為其感而必知也。」❻夫欲致精者四句　此以虛靜其形才能致精，喻君主欲招致賢者，必須有卑謙的態度。養身應以虛靜為上。《黃帝內經・素問・上古天真論》：「恬憺虛無，真氣從之，精神內守，病安從來。是以志閑而少欲，心安而不懼，形勞而不倦，氣從以順。」《管子・心術上》：「道在天地之間也，其大無外，其小無內。故曰不遠而難極也。虛之與人也無間，唯聖人得虛道。故曰並處而難得。世人之所職者精也，去欲則宣，宣則靜矣。靜則精，精則獨立矣。獨則明，明則神矣，神者至貴也。」虛靜致精以養身為中醫理論傳統的養身觀念，以比喻治國，則君主須卑謙其身，方能致賢者於己旁。《說苑・尊賢》：「人君之欲治平天下而垂榮名者，必尊賢而下士。《易》曰：『自上下下，其道大光。』又曰：『以貴下賤，大得民也。』夫明王之施德而下下也。將懷遠而致近也。」君主卑謙其身常見的做法是，不與賢者君臣相稱而尊之為師為友。如《呂氏春秋・開春論・察賢》：「立功名亦然，要在得賢。魏文侯師卜子夏，友田子方，禮段干木，國治身免。」《戰國策・燕策》記燕昭王訪郭隗，郭隗對曰：「帝者與師處，王者與友處，霸者與臣處，亡國與役處。」馬王堆帛書《帝王書》亦言：「帝者臣名臣，其實師也；王者臣名臣，其實友也；霸者臣名臣也，其實〔賓也；危者〕臣名臣也，其實庸也；亡者臣名臣也，其實虜也。」❼能致精四句　句中「合明」，董天工箋注本改為「神完」，鍾肇鵬校釋本疑當作「神明」。此為全篇結論：身能致精則長壽，君能致賢則國太平。能虛靜致精可得長壽，這也是中醫的一種養生理論。如《黃帝內經・素問・上古天真論》：有真人者，能「把握陰陽，呼吸精氣」，「壽敝天地」；有至人者，能「積精全神」，為「益其壽命而強者也」；有聖人者，「外不勞形於事，內無思想之患，以恬愉為務，以自得為功；形體不敝，精神不散，亦可以百數」。以之喻治國，君主若能招致四方賢士，便可以德澤洽天下，致國家於太平之盛世。《潛夫論・思賢》：「是故養壽之士，先病服藥；養世之君，先亂任賢，是以身常安而國脈永也。上醫醫國，其次醫身。夫人治國，固治身之象，疾者身之病，亂者國之病也。身之病待醫而愈，國之亂待賢而治。治身有黃帝之術，治世有孔子之經。」

【語　譯】氣中清輕的是精氣，人中清純的是賢人。修養身體的人以積貯精氣作為法寶，治理國家的人以聚集賢士作為法道。人的身體以心為根本，國家以君為主宰。精氣積聚在人的心中，那麼周身血氣便可相互傳受而暢通；賢士聚集在君主周圍，那麼國家機構上下之間便可相互制約和驅使。血氣能夠相互傳受，那麼人的軀體便不會感受病害所帶來的痛苦；國家機構上下之間能夠順利運行，那麼百官就能在各自崗位上克盡其職。人的軀體沒有痛苦，從而人的身心便可得到安適康泰；百官能夠各盡其職，從而國家便可獲得長守永存。大凡想獲得精氣的，一定要使身心處於虛寂寧靜的狀態；要想招致賢士的，一定要有一個謙遜卑躬的態度。形體清靜心志虛寂的人，正是精氣會自動趨向的人；屈尊紆貴、謙卑待人的君主，正是仁人賢士願意事奉的君主。所以修養身體的人，一定要注意虛靜身心來獲得精氣；治理國家的君主，一定要以謙卑的態度來招致賢士。能夠獲得精氣的人，就會彙聚精華而達到長壽仁愛的境界；能夠招致賢士的君王，就會德澤普洽而使國家永享太平。

【研　析】本篇借養身喻治國，一唱三歎，反覆強調養身以積精為寶，治國以聚賢為道；為君主者唯有謙尊自卑、禮賢下士，才能德澤普洽而使國家永享太平。這種尚賢思想可說是中國古代諸子百家的共同主題。這除了國家確需由賢士來協助君主治理這個客觀事實以外，還有一個諸子並未明說的涵義，那就是「毛遂自薦」。諸子的書大多就是寫給當時的君主看的，其中或多或少都帶有點推銷自己的意思。因而只要稍加留意便可看出，他們所說的「賢者」往往並非泛指所有賢能之士，而是專指本學派。這一點董仲舒也沒有例外。他所說的賢者亦不是泛指，而是專指儒生。他是委婉地在為當時的儒生們進入仕途製造輿論。

漢代進入仕途的官僚隊伍，其出身前後有不少變化。漢初壟斷仕途的是在秦漢之際逐鹿戰爭中追隨劉邦馬前鞍後的那些功臣宿將，他們囊括了三公九卿、王國相、郡太守等大部分職位。儒生則長期得不到重用。好讀書而被人稱之為「狂生」的酈食其，一次想去拜見劉邦以求一官半職，劉邦的騎士說：「沛公不好儒，諸客冠儒冠來者，沛公輒解其冠，溲溺其中。與人言，常大罵。未可以儒生說也。」（《史記・酈生列傳》）動不動就脫下儒者的帽子來撒尿，這儘管也是劉邦的無賴性格使然，但也說明他對儒生的輕視已到了何等程度！陸賈在劉邦面前引說《詩》、《書》，「高帝罵之曰：『乃公居馬上而得之，安事《詩》、《書》！』陸生曰：『居馬上得之，寧可以馬上治之乎？』」（同上）叔孫通降漢，隨從的儒生弟子百餘人皆不得志。至漢五年（西元前二〇二年）叔孫通為劉邦制訂朝儀，七年（西元前二〇〇年）十月朝賀行朝儀，「高帝曰：『吾乃今日知皇帝之貴也！』乃拜叔孫通為太常。」（《史記・叔孫通列傳》）叔孫通為新朝制訂朝儀，讓劉邦嘗到了做皇帝的威風，功勞著實不小，但也只是拜了個太常卿，地位並不高。至於叔孫通的那些隨從儒生，還只能當個郎官，在宮庭站崗放哨而已。

在中國歷史上，改朝換代靠的都是暴力，所謂「爭地以戰，殺人盈野；爭城以戰，殺人盈城」（《孟子・離婁上》），在像劉邦那樣當上了新皇帝的勝利者看來，天下是騎在馬上打出來的，功勞最大的是刀把子或槍桿子，只會《詩》曰《書》云的儒生頂什麼用！所以每個新王朝之初，知識分子往往只能屈居於丘八之下，在上個世紀下半葉還曾落到了「臭老九」那樣的屈辱地位。西漢要到建國三、四十年後的文景時期，儒生的地位才逐漸有所上升，但也仍然受到出身於功臣宿將的諸侯王的排擠和打擊，最著名的例子便是賈誼和鼂錯，他們都是巴結新帝而終於進入中央決策層的，但結局都很慘。儒生地位的真正改觀那是要到漢武帝執政以後。讀一下董仲舒〈天人三策〉的第二策，就可以知道那是董氏在為儒生們進入仕途而大聲疾呼。董仲舒在其中分析了當時官僚隊伍狀況：「今之郡守、縣令，民之師帥，所使承流而宣化也；故師帥不賢，則主德不宣，恩澤不流。」「夫長吏多出於郎中、中郎，吏二千石子弟選郎吏又以富訾，未必賢也。」（《漢書・董仲舒傳》）一是當時的郡守、縣令不賢；二是長吏的來源不是高官子弟，就是富豪之家，實際所指就是那些功臣宿將的後代即當時的高幹子弟們。還有一些是從下級官僚逐級爬上高位的，情況又是怎麼樣呢？他說：「且古所謂功者，以任官稱職為差，非所謂積日累久也。……今則不然，累日以取貴，積久以致官，是以廉恥貿亂，賢不肖渾淆未得其真。」（同上）這一批評是指向那些以資歷升為高官的文法吏們。董仲舒的建議有兩條，一是興辦太學。他在策文中說：「太學者，賢士之所關也，教化之本原也。今以一郡一國之眾，對亡應書者，是王道往往而絕也。臣願陛下興太學，置明師，以養天下之士，數考問以盡其材，則英俊宜可得矣。」二是行察舉。他說：「臣愚以為使諸列侯、郡守、二千石各擇其吏民之賢者，歲貢各二人，以給宿衛，且以觀大臣之能；所貢賢者有賞，所貢不肖者有罰。」（同上）這兩條建議都是為儒生入仕開闢通道的，後來都為漢武帝所接受。影響所及，此後連那些文法吏要爬上高位也須補上《詩》、《書》、《春秋》的課，因而不得不去拜博士弟子們為師。這種情形很有點類似如今大陸那些沒有學歷或學歷低下的官員紛紛「快速」補學歷的盛況，以致買賣假文憑也成為一種半公開的「行業」。在漢代，從武帝到宣帝時期，用人大體是儒生與文法吏並重，外儒而內法；元帝以後則是儒生占據主導地位，如蕭望之、梁丘賀、夏侯勝、衛玄成、嚴彭祖、尹更始等都是以儒術入仕的。至西漢末年，以高揚儒家思想為號召，卻造就了王莽篡漢這樣一個歷史大曲折，這大概是董仲舒們始料所未及的吧？

三代改制質文 第二十三

【題 解】本篇以《公羊傳》若干釋文為據，論述夏、商、周三代制度的相互因循和變革，藉以闡明三正、三統、四法之說。文中一再宣稱，若新王即位，必須依三正、三統、四法實行改制，以示受命於天。

全篇分為七章：第一章由《公羊傳》對經文「王正月」三字的解釋，敷衍天命之說；第二章論述王者改制須遵循的科條，並以商湯、文王、武王、成王為先後相繼受命的實例；第三章敘述黑、白、赤三統各自的曆法、天象、物候，以及與之相應的朝會、祭祀制度和冠、婚、喪等禮儀；第四章闡述依照三正、三統改制的重大意義及其操作過程，強調三統之變為華夏中國所特有，其要在統正，「統正，其餘皆正」；第五章以為《春秋》所行即新王之法，內容包括依三統之說而變周之制，絀夏存周，分別錄以大、小之國；第六章、第七章詳述「一商、一夏，一質、一文」四法即四種循環往復的禮制模式，並分別與舜、禹、湯、文四王相對應，作了具體敘述。

從本篇起，本書對改制問題還有一系列論述。〈官制象天〉、〈堯舜不擅移、湯武不專殺〉、〈服制〉、〈度制〉、〈爵國〉諸篇，論旨均與改制相關。在古代社會裡，一個新的國家機構的產生，不是由民眾自己自由選擇，而是通過「逐鹿戰爭」以武力強制的形式建立起來的。勝利者為了穩固自己的地位，需要為已經取得的政權尋求一個權威的承認。但在中國古代的王者，既不是去尋求法律的支持，亦不是去尋求民眾的認可，他們擡頭想到了上天，把用武力奪到的政權說成是上天授予的，是天命所歸。這就是產生天命觀的社會基礎。那麼王者又從何獲得「天命」呢？按董仲舒的理論是唯有改制（改正朔、易服色、制禮樂），改制是接受天命的標誌。歷史上任何一個王朝都不能永世長存，舊王朝的被「革命」，新王朝的受命，被認為是正常的歷史現象，因而相隔一段時間，當新王受命而王時，都會面臨一個如何因循和變革前朝制度的問題，本篇中所說的三正、三統、四法，就是董仲舒專為新王改制而設計的，這三正、三統、四法依次循環往復，萬世不變，新王只要選擇其中與自己相應的一正、一統、一法就行了。由於是對天命的闡述，加上陰陽循環之說，全篇充斥著神學的色彩。

關於本篇篇名，蘇輿注稱：「《玉海》四十列目作〈三代改制〉，與前篇目同，云一作文質。疑此篇名，一作〈三代改制〉，一作〈三代文質〉，而後人誤合之也。」又云：「惟四法一節，乃緯家說，疑為羼入。」對羼入一說，鍾肇鵬校釋本則以為「董子學術思想實緯學之理論基礎」，故不應以此為疑。

第一章

《春秋》曰：「王正月。」❶《傳》曰：「王者孰謂？謂文王也。曷為先言王而後言正月？王正月也。」❷何以謂之王正月？曰：王者必受命而後王。王者必改正朔、易服色、制禮樂，一統於天下。所以明易姓非繼仁，通以己受之於天也❸。王者受命而王，制此月以應變，故作科以奉天地❹，故謂之王正月也。

【章旨】本章以《公羊傳》對《春秋》經文「王正月」之解釋為據，敷衍天命之說。

【注釋】❶春秋曰二句　《春秋》經文原句為：「元年春王正月。」此處僅引句末三字。是年為魯隱公元年（西元前七二二年）。❷傳曰五句　《傳》指《公羊傳》。下文引自《公羊傳》對「王正月」三字的闡釋。王正月，指周曆正月。夏、商、周三代不同曆。《史記・曆書》：「夏正以正月，殷正以十二月，周正以十一月。」亦即夏、商、周三代作為歲首的正月各不相同。文王，指周文王。《公羊傳》特列名文王，是把他看作周曆改正朔的代表。先言王而後言正月，其意便是為了說明是周文王用周曆統一天下諸侯的曆法。據說在名義上周王每年都要向諸侯國頒布曆書，使諸侯國奉行周曆，但實際情況並非完全如此。有一些諸侯國所奉行的並不是周曆，如杞國行夏曆，宋國行殷曆，晉、楚等大國亦不行周曆。❸何以謂之王正月七句　此是董仲舒對《春秋》所言「王正月」三字的闡釋。王者必受命而後王，受命，是指受天命，從而把改朝換代稱作是「革命」，即更易天命。天命更易時，要改正朔。正，指正月，即一年之始月。朔，謂月之始日。殷朝以丑月即夏曆十二月為正月，以雞叫時為朔。周曆改為以子月即夏曆十一月為正月，以半夜為朔。易服色，指變更禮服的正色。夏朝尚黑色，殷朝尚白色，周朝尚赤色。制禮樂，指新朝要變更舊朝的禮樂制度。一統天下，指新朝要將新的曆法、服色和禮樂制度頒行於天下。所以明易姓非繼仁二句中「仁」通「人」，意謂上述種種做法是用來表明，新朝並非舊朝的繼承人，而是受命於天。❹王者受命而王三句　王者，指文王，受天命而稱王。制此月，指以子月即夏曆十一月為周曆之正月。應變，指以此來應天革命。作科，謂製作科條，即變更服色、製作新的禮樂制度等，這些都用來「侍奉天地」。

【語　譯】《春秋》說：「王正月。」《公羊傳》解釋說：「王是指誰呢？是指周文王。為什麼要先說王，然後再說正月呢？這是指周文王確定的正月。」那麼為什麼要說這是周文王確定的正月呢？回答說：王者必須接受天命方能稱王。所以王者稱王時，一定要更改正朔，變易服色，制定新的禮樂制度，統一頒布於天下。借此來表明這次王朝變易姓氏，新朝並非舊朝的繼承人，向世人通告新朝已受命於上天。王者是受天命而稱王，規定這個月為一歲的頭一個月，就是為了回應天命的變更，所以同時又制定各種科條來侍奉天地。由以上這些緣故，所以要稱「王正月」。

【研　析】《春秋》經文「王正月」三字，《左傳》與《穀梁傳》的闡釋，不同於《公羊傳》。《左傳》只有「王周正月」四個字，即說明《春秋》用的是周曆之正月。《穀梁傳》稱「雖無事項，必舉正月，謹始也。」認為書此三字，亦只是表示紀歲月之始點而已。而《公羊傳》把「王」說成是指周文王，並據以做出大篇文章：「王者孰謂？謂文王也。曷為先言王而後言正月？王正月也。何言乎王正月？大一統也。」何休認為《公羊傳》所以要把王說成文王，是為了由此引出文王受天命、制法度、改正朔。董仲舒在本章中，亦正是借此闡發了王權來自天命的觀念。那麼《春秋》經文中「王正月」這三個字的真實涵義究竟是什麼呢？顧炎武在《日知錄・王正月》中說：「聖人作《春秋》，於歲首則書王，說者謂謹始以正端。

今晉人作鼎而曰『王十月』，是當時諸侯皆以尊王正為法，不獨魯也。李夢陽言：今人往往有得秦權者，亦有王正月字，必魯史本文也。言王者所以別於夏殷，並無他義。」按照顧炎武的說法，「王正月」其實是魯史的一句原文，並非孔子修《春秋》所加，更談不上孔子在這三個字裡藏著什麼「微言大義」。

儘管由「王正月」三字引出王權來自天命的思想實屬牽強，但董氏的天命觀能自成一說，卻也並非無源之水、無根之木。原來在古代關於天命的觀念，具體到文王受天命的說法，有著悠遠的歷史。在《詩經．大雅》中，天命觀幾乎成了詩人們吟詠的共同主題。如〈大雅．文王〉說的便是文王應天命以周代殷的故事，〈大雅．大明〉亦說「有命自天，命此文王」。〈大雅．蕩〉據說序是召公、穆公所作，假託文王指斥殷紂王以譏刺周厲王，其中心思想亦是稱揚天命觀。所謂「靡不有初，鮮克有終」，是說夏、商失天命而相繼亡去，前鑒不遠，周厲王應當懂得天命靡常的道理。《尚書》中同樣充滿有關天命的記述。傅斯年據〈周誥〉十二篇統計，提到命的共有一百零四處，其中指天命的多達七十三處。《尚書．康誥》稱：「惟時怙冒，聞於上帝，帝休，天乃大命于文王，殪戎殷。」《尚書．湯誓》：「有夏多罪，天命殛之。」「予畏上帝，不敢不正。」這說明在殷人與周人心目中，君權是神授的，王朝的權力來自天命，君王行事若多有罪，上天將予以討伐。在《周易》中還把王朝的興廢與天命更迭提到哲學高度加以論述，並稱之為「革命」，竭力讚揚。如《周易．革．彖傳》：「天地革而四時成，湯武革命，順乎天而應乎人。『革』之時，大矣哉！」天命的觀念，在孔子學說中也占有重要地位。孔子說：「君子有三畏：畏天命，畏大人，畏聖人之言。」（《論語．季氏》）大人指周天子及各國諸侯，聖人指周文王；三畏中，天命列於首位。孔子還說：「不知命，無以為君子也。」（《論語．堯曰》）君子在孔學中是一種理想人格，有時也指在位君主。孔子認為他們的必備條件是懂得天命，否則便沒有這個資格。孔子對自己一生思想發展的軌跡有一個著名的概括，他說：「吾十有五而志於學，三十而立，四十而不惑，五十而知天命，六十而耳順，七十而從心所欲，不逾矩。」（《論語．為政》）從十五歲為學起，經過三十五年的努力，到五十歲方才理解什麼是天命，到了七十歲終於能夠自覺地依照天命來規範自己的思想行為了，這也就是人們通常說的從必然王國進入了自由王國。

從以上簡略的敘述可以看出，董仲舒藉《春秋》經文「王正月」三個字來引申和展示他的天命觀，首先是利用了前人的思想資料和現實中已經存在的思想觀念；但他之所以在西漢王朝已經建立了半個多世紀以後的武帝時期，而不是在別的時期，提出他的這個命題，主要還是由當時的歷史需要所決定。即除了歷史淵源，還有現實的動因。若按常情，漢受天命伐秦以興這樣一種說法，應當在漢王朝一建立就提出來的，但當時卻沒有這樣做。這恐怕既不是劉邦疏忽，也不是思想家們沒有想到，而是當時根本還不具備這樣做的條件。劉邦在高祖五年（西元前二〇二年）垓下打敗了項羽以後，受諸侯的擁戴而由漢王稱了皇帝。《漢書・高帝紀》載其事稱：「於是諸侯上疏曰：『楚王韓信、韓王信、淮南王英布、梁王彭越、故衡山王吳芮、趙王張敖、燕王臧荼昧死再拜言，大王陛下：先時秦為亡道，天下誅之。大王先得秦王，定關中，於天下功最多，存亡定危，救敗繼絕，以安萬民，功盛德厚。又加惠於諸侯王，有功者，使得立社稷。地分已定，而位號比擬，亡上下之分，大王功德之著，於後世不宣。昧死再拜上皇帝尊號。』漢王曰：『寡人聞帝者賢者有也，虛言亡實之名，非所取也。今諸侯王皆推高寡人，將何以處之哉？』諸侯王皆曰：『大王起於細微，滅亂秦，威動海內。又以辟陋之地，自漢中行威德，誅不義，立有功，平定海內，功臣皆受地食邑，非私之也。大王德施四海，諸侯王不足以道之，居帝位甚實宜，願大王以幸天下。』漢王曰：『諸侯王幸以為便於天下之民，則可矣。』」從這段話中可以知道，天下是漢王與諸侯王一起打下來的，其中漢王功最大，所以被擁戴為皇帝；諸侯王也論功行賞，「皆受地食邑」，故天下「非私之也」。在這種情況下，劉邦能大言不慚地說，這天下是他劉氏一姓受命於天得來的嗎？當然不行。他不是不想這樣說，而是既沒有相應的實力，也沒有穩固的地位，不可能這樣說。儘管劉邦登上皇帝寶座由各異姓諸侯王所擁立，但那些異姓諸侯王的存在畢竟是他鞏固皇位的肘腋之患，因此在他的皇帝地位確立後不久，便設法收拾異姓諸侯王。但是，對那些與他一同起家的功臣宿將，他不僅無法一舉殲滅，而且還得依賴他們去實現翦滅異姓諸侯王的宿願，更害怕他們聯合在一起反對自己。所以他在收拾掉以楚王韓信為代表的異姓諸侯王的同時，封那些功臣宿將為侯。高祖六年（西元前二〇一年），「始剖符封功臣曹參等為通侯」（《漢書・高祖紀》）。此後，功臣封侯者達百餘人。高祖晚年，異姓諸侯王已被消滅殆盡，只留下勢力較弱的長沙王吳芮，已不足以對漢王朝構成威脅，劉邦這時已重病纏身，生前留下的時間已經不多了，身後還得依靠這些功臣宿將來執掌朝政和維護漢王朝的統治，於是劉邦便設法與他們訂立盟約，這就是「白馬之盟」，訂立的時間是在高祖十二年（西元前一九五年）的三月間，地點在首都長安。結盟是戰國以來盛行的習俗，各國之間或君臣之間通過刑白馬歃血和剖符的程序訂盟，雙方立誓信守盟約。白馬之盟的盟誓內容有二條：一是「非劉氏不得王」，另一條是「非有功不得侯」。《史記・漢興以來諸侯王年表》云：「漢興，序二等。高祖末年，非劉氏而王者，若無功上所不置而侯者，天下共誅之。高祖子弟同姓為王者九國，惟獨長沙異姓，而功臣侯者百有餘人。」這是劉邦臨終以前的狀況。高祖去世後，從惠帝、呂后執政時期，直到文帝、景帝時期，白馬之盟的盟誓曾經一再被提起。《漢書・王陵傳》載王陵之言有：「高皇帝刑白馬而盟曰：『非劉氏而王者，天下共擊之。』」《漢書・周亞夫傳》載：「亞夫曰：高帝約『非劉氏不得王，非有功不得侯。不如約，天下共擊之』。」呂后當時要立諸呂為王，竇太后要給皇后之兄王信封侯，都被王陵、周亞夫據此盟誓而加以抵制。盟詞帶有某種契約關係，不存在什麼天命的觀念。但皇帝既然是諸侯王擁立的，便不可能像天授那樣在人間有至高無上的絕對權威。劉邦即皇帝位後，君臣之間在禮儀上的尊卑關係尚未完全確立，以致在朝堂上出現了「群臣飲爭功，醉或妄呼，拔劍擊柱」（《史記・叔孫通列傳》）這樣一種亂哄哄的局面。劉邦很不高興，就讓叔孫通為他制定朝儀。於是「自諸侯王以下莫不振恐肅敬。……竟朝置酒，無敢喧嘩失禮者。於是高帝曰：『吾乃今日知為皇帝之貴也！』」

但朝儀畢竟還只是形式。在漢初，皇權至高無上地位的確立，還有一段長長的路要走。其中包括劉邦在軍事上、政治上對異姓諸侯王的打擊，景帝對吳楚七國之亂的平定和對同姓諸侯王的限制，直到武帝時推恩令的頒布和酎金制度的實施，在政治上、經濟上瓦解了諸侯王的勢力以後，才能把地方的權力集中到中央，中央的權力集中到皇帝一個人身上。到這時候才具備了用天命觀念來替代白馬盟誓的現實條件。作為對比，不妨提一下先於董仲舒的賈誼。還在漢文帝時，賈誼就曾提出過「改正朔，易服色制度，定官名，興禮樂」的奏議，這些改革的實質，就是宣告漢室之有天下係受命於天。結果卻引起了政治上代表諸侯王利益的功臣權貴們的竭力反對，「絳、灌、東陽侯、馮敬之屬盡害之，乃毀誼曰：『雒陽之人年少初學，專欲擅權，紛亂諸事。』」（《漢書・賈誼傳》）在這種壓力下，文帝也只能疏遠賈誼，年少氣盛博學能文的賈生，先後被貶為長沙王、梁王太傅，悒鬱不得志而死，年僅三十三歲。到漢武帝時，以諸侯王為代表的漢初功臣權貴的地位急遽下降，皇權獨擅之勢已成。武帝又是個雄心勃勃的皇帝，正是他，首先想到了要用天命觀念來為皇帝制度奠定穩固的思想基礎。他在給董仲舒策問的制文中，便提出了「三代受命，其符安在」（《漢書・董仲舒傳》）；在給公孫弘策問的制文中亦提到「天命之符，廢興何如」（《漢書・公孫弘傳》），問的都是天命問題。所以董仲舒可說是適逢其時，他在《春秋繁露》及〈天人三策〉中一再闡述的天命觀念，正反映了那個時代帝王們的政治需要。

第二章

王者改制作科奈何❶？曰：當十二色❷。歷各法而正色❸，逆數三而復❹。絀三之前曰五帝❺，帝迭首一色，順數五帝相復❻，禮樂各以其法象其宜❼。順數四而相復❽，咸作國號，遷宮邑，易官名，制禮作樂❾。故湯受命而王，應天變夏作殷號，時正白統❿。故親夏虞，絀唐謂之帝堯，以神農為赤帝⓫。作宮邑於下洛之陽，名相宮曰尹⓬。〔作〈濩〉樂，制質禮，以奉天⓭。文王受命而王，應天變殷作周號，時正赤統⑭。親殷故夏，絀虞」爵謂之帝舜，軒轅曰黃帝，推神農以為九皇⑮。作宮邑於豐，名相宮曰宰。作〈武〉樂，制文禮，以奉天⑯。武王受命，作宮邑於鄗，制爵五等，作〈象〉樂，繼文以奉天⑰。周公輔成王受命，作宮於洛陽，成文武之制，作〈汋〉樂以奉天⑱。殷湯之後稱邑，示天之變反命⑲。故天子命無常，唯命是德慶⑳。故《春秋》應天作新王之事，時王黑統。正魯，尚黑，絀夏，親周，故宋㉑。樂宜親〈招〉、〈武〉，故以虞錄親，樂制宜商，合伯子男為一等㉒。

【章　旨】論述王者改制須遵循的若干科條，並以商湯、文王、武王、成王相繼受命為實例作了具體敘述。章末以為孔子作《春秋》便是為未來新王立新制，則可說是作者為當朝改制提出的具體建議。

【注　釋】❶王者改制作科奈何　意謂王者改制時，在科目條文上有哪些規定。❷十二色　指一年十二個月，每月草木作物生長過程中的色澤各不相同，故有十二色。❸歷各法而正色　歷，鍾肇鵬校釋本以為「本作『曆』，因清高宗諱弘曆避諱改作『歷』」。歷、曆原亦可通假。而蘇輿注：「疑當作『其』。」意謂曆法各自在十二色中採用相應一色作為正色。新王朝建立時要改正朔，也就是頒布新的曆法，在十二月中另選一個月份作為正色，亦即作為一年之歲首。天子常以每年冬季頒來年正朔於諸侯，諸侯受之，每月奉月朔甲子以告於廟，即所謂稟正朔。❹逆數三而復　意謂新朝改變正朔的順序與地支原來的順序相反，即須逆著子、丑、寅三正的順序而循環往復。如夏代建寅以孟春一月為歲首；殷代建丑，以季冬十二月為歲首；周代建子，以仲冬十一月為歲首。若按「逆數三而復」的原則，秦應回復到建寅，以孟春一月為歲首；但秦卻以孟冬十月為歲首，漢初又沿襲了秦的正朔，違反了「逆數三而復」的原則，所以需要提出改正朔。❺絀三之前曰五帝　絀，罷絀；退出。按董仲舒的三統說，如何絀三王而歸入五帝，或絀五帝而歸入九皇，詳下❿以後諸注。三王，指夏、商、周三代。五帝，《白虎通義・號》：「五帝者，何謂也？《禮》曰：黃帝、顓頊、帝嚳、帝堯、帝舜，五帝也。」❻帝迭首一色二句　句中第二「帝」字，據諸本當作「而」。意謂五帝輪流以一種顏色為首色，順著五行的次序而循環往復。如黃帝屬土德，崇尚黃色，其下依次為青、赤、白、黑諸色。❼禮樂各以其法象其宜　謂各自依照五行的法則制訂適合其時的禮樂制度。《史記・趙世家》：「及至三王，隨時制法，因事制禮。法度制令各順其宜，衣服器械各便其用。」❽順數四而相復　蘇輿注以為即指下文所言一商一夏、一質一文的次序而往復循環。❾咸作國號四句　指三王五帝改制時，都要變更國號，遷徙宮城，變易官名，制禮作樂。其變易的順序有循三而往復的，有循四而往復的，有循五而往復的，而董仲舒的主張則是以三統為說。❿湯受命而正三句　句中「而正」、「曰統」，據淩曙本當作「而王」、「白統」。此下為董仲舒依《公羊》學三統說對古代歷史所作的推演和解釋。湯，商之開國君主。名履，又稱天乙、成湯。相傳為契的後代。自契至湯，凡十四代，八遷，至湯始居於亳。夏，朝代名，在商之前。由於夏桀暴虐、荒淫，舊稱「湯奉天命伐夏桀」，滅了夏朝改國號為商，至盤庚遷都於殷，始改國號為殷。《史記・殷本紀》稱：「湯改正朔，易服色，上白，朝令以晝。」夏尚黑，故湯改尚白以示區別。時正，指殷以季冬十二月為正。《白虎通義・三正》稱：「十二月之時，萬物始芽而白。白者陰氣，故殷為地正，色尚白。」⓫故親夏虞三句　句首「故親夏虞」，據淩曙本應改為「親夏故虞」。按三統說新朝之改制，當以前二朝為二統，以備參考和借鑒。故商朝立國改制時，以其前二朝夏與虞為二統，夏為近故稱親；虞為遠，故稱故，亦即故舊。虞為舜之國號。絀唐，按三統說唐已在三統之外，故罷絀之。唐為帝堯之稱號。堯傳為帝嚳之次子，初封陶，後遷封唐，故又稱陶唐氏。神農，傳說中黃帝以前的聖君，《史記・五帝本紀》稱：「軒轅之時，神農氏世衰。」《正義》引《帝王世紀》云：「神農氏，姜姓也，母曰任姒，有蟜氏女，登為少典妃，遊華陽，有神龍首，感生炎帝。初都陳，又徙魯。」以神農為赤帝，是以神農為五帝之首。依《公羊》學三統說，殷時，殷、夏、虞舜為三統，三統以上，自帝堯上推，帝嚳、顓頊、黃帝、神農為五帝。又，既以神農為五帝之首，參之下文，其下當有「推神農以為九皇」一句。⓬作宮邑於下洛之陽二句　意謂商湯作宮邑於洛水下游之北，相官的名稱為尹，如伊尹，即為商湯的輔佐。句末「相宮」，據淩曙本當為「相官」。⓭作濩樂三句　〈濩〉，古樂名。歌頌湯德政的樂舞。《呂氏春秋・仲夏紀・古樂》：「湯命伊尹作為〈大濩〉。」《白虎通義・禮樂》：「湯曰〈大濩〉者，言湯承衰，能護民之急也。」制質禮以奉天，在禮儀制度上一商一夏、一質一文循環往復，商以質禮糾夏尚文之衰敝，故以質禮奉天。按：自此句至下文「絀虞」止，共三十二字，為四庫本所無。此係盧文弨校補，用方括號標出以為區別。⑭文王受命而王三句　文王，指周文王。姓姬，名昌，商紂時為西伯，亦稱伯昌。《史記・周本紀》稱其「受命之年稱王而斷虞、芮之訟」。《正義》引《易緯》云：「文王受命，改正朔，布王號於天下。」文王應天命變更國號，改殷為周。時正，指周以十一月為正。《白虎通義・三正》稱：「十一月之時，陽氣始養根株黃泉之下，萬物皆赤，赤者盛陽之氣也。故周為天正，色尚赤也。」⑮親殷故夏四句　句中「爵」，疑為衍文。按三統說，周取代殷建立新朝時，前二統為殷與夏，在時間上以殷為近而為親，夏遠而為故舊。絀虞，虞舜已在三統之外應絀之，進入五帝，故稱帝舜，為五帝之末，以黃帝為五帝之首。軒轅，姓公孫，軒轅為名，相傳為少典之子。平定蚩尤後，諸侯尊之為天子，代炎帝神農氏，號黃帝。神農由五帝退而歸入九皇。《公羊》家認為三王之前有五帝，五帝之前有九皇，九皇之前還有六十四民。故九皇係泛指五帝以前傳說中的遠古帝王，除神農氏外，見於記載的，尚有庖羲氏、有巢氏、燧人氏、葛天氏、女媧氏等。依《公羊》說，隨著朝代的更替，三王、五帝者將依次上推而絀，有的由王絀為五帝之列，有的由帝絀為九皇之列。⑯作宮邑於豐五句　豐，周文王所作之宮邑，故址在今陝西戶縣北。《史記・周本紀》：文王「伐崇侯虎，而作豐邑，自岐下而遷都豐。」相宮，據淩曙本當作「相官」，指輔佐天子之官，在周代其名稱為宰。《周禮》有天官冢宰。冢，大也。掌建邦之六典，以佐王治邦。〈武〉，古樂名。董仲舒以為係周文王所作，他書則多記為周武王之作。如《漢書・禮樂志》、《呂氏春秋》、《荀子》等。樂曲的內容為歌頌以武功定天下。經今文學家認定文王受命而王，故將征伐作樂之功亦歸之於文王。文王改制禮儀，以尚文區別於殷之尚質，故稱「制文禮以奉天」。⑰武王受命五句　武王，姓姬名發，文王之子。滅商，正式建立西周王朝，遷都於鄗，今陝西長安灃水之東。制爵五等，指建立公、侯、伯、子、男五等封爵制度。〈象〉，古樂名。歌頌周武王伐紂之樂曲。《墨子・三辨》：「武王勝殷殺紂，環天下自立。因先王之樂，又自作樂，命曰〈象〉。」然《呂氏春秋・仲夏紀・古樂》則以為係周公所作，其文云：「商人服象，為虐於東夷，周公遂以師逐之，至於江南，乃為〈三象〉，以嘉其德。」武王禮儀制度繼承文王而尚文。⑱周公輔成王受命四句　周公，姓姬名旦，文王之子，武王之弟，因采邑在周，稱周公。曾幫助武王滅商，武王死後，成王年幼，故為之攝政，先後平定管叔、蔡叔的叛亂及殷人的反叛。洛陽，今河南洛陽。周公營建洛邑，為周之東都，以加強對中原地區的控制。汋，亦作「勺」、「酌」。汋、勺、酌，古通。勺是古代舀酒的器具，樂器籥亦稱勺。古人執以舞。此為古樂名。《漢書・禮樂志》稱：「周公作〈勺〉。勺，言能勺先祖之道也。」在祭天時演奏〈汋〉樂，以奉上帝。⑲殷湯之後稱邑二句　意謂周滅殷湯後，封殷湯之後裔微子於宋，以奉其先祀，其社在亳稱邑。邑，泛指一般城市。古有「大曰都，小曰邑」之說。所以這樣做，是用以顯示上天反對那些違反天命的統治者。天之變，指天命之改變。反命，指違反天命者，如夏桀、商紂。《尚書・泰誓中》對夏桀、商紂違反天命的事都有所揭露。如說夏桀「弗克若天，流毒下國，天乃佑命成湯，降黜夏命」；商紂「謂己有天命，謂敬不足行，謂祭無益，謂暴無傷」。而據《尚書・君奭》宣稱，周的滅商便是接受了天命，周也只有順從天命，才能永保吉祥。文中稱：「天降喪于殷，殷既墜厥命，我有周既受。我不敢知曰：厥基永孚於休。若天棐忱，我亦不敢知曰：其終出於不祥。」⑳天子命無常二句　意謂天命是無常的，並不專佐一家一姓，唯有德者是輔。天命無常這一理念是周公旦「以成王命興師伐殷，殺武庚祿父、管叔，放蔡叔」後，又以「武庚殷餘民封康叔為衛君」（《史記・衛世家》）時提出來的，意在對康叔的告誡。語見《尚書・康誥》：「惟命不于常，汝念哉！」本書引此，對在位執政者亦是一個有力的警示。句中「子」，蘇輿注：「疑作『之』。」㉑春秋應天作新王之事七句　《公羊傳》和董仲舒以為孔子編《春秋》是為新王立法。這一說法，在《史記》中亦有所反映。如〈太史公自序〉引壺遂曰：「孔子之時，上無明君，下不得任用，故作《春秋》，垂空文以斷禮義，當一王之法。」漢初承秦制，至漢武帝重新提出改制，董仲舒此論正是為武帝的改制提供參考依據，以為漢不應繼承秦統，可依《春秋》為新王所立之法，直接繼承周統。時王黑統，句中「王」，據凌曙本應為「正」。時正黑統，意謂在未來新王的體制中，歲時應以黑統為正，即建寅，以孟春一月為歲首。正魯，據凌曙本當作「王魯」，指《春秋》以魯為假想之王。孔子作《春秋》紀魯十二公，二百四十二年。其用意按司馬遷的說法是「以制義法，王道備，人事浹」（《史記・十二諸侯年表》），「明是非，定猶豫，善善惡惡」，「撥亂世，反之正」（《史記・太史公自序》）。尚黑，依三統說，繼周統者，以孟春一月為正，色尚黑。絀夏，指在三統中罷黜夏代，以夏禹為五帝之末。親周，在時間上以周為春秋之前二統中的親近者。故宋，殷之後裔封於宋，以宋續殷，為前二統之遠者，所以為故舊。此說在《史記・孔子世家》亦有類似表達。文中稱《春秋》「據魯親周故殷，運之三代，約其文辭而指博」。何休的《公羊解詁》亦接受這一說法，並在〈文謚例〉中把親周、故宋，以《春秋》當新王，作為《春秋》要旨的三科九旨中的一科三旨。㉒樂宜親招武四句　招、武均古樂名。〈招〉即〈韶〉，招與韶可通。《論語・八佾》：「子謂〈韶〉，盡美矣，又盡善矣。謂〈武〉，盡美矣，未盡善也。」〈韶〉是舜樂，〈武〉指武王樂。孔子傾向於舜樂。《論語・述而》：「子在齊聞〈韶〉，三月不知肉味，曰：『不圖為樂之至於斯也。』」若孔子為新王制訂新樂，當為舜之〈韶〉樂。《漢書・禮樂志》：「舜作〈招〉」，「招，繼堯也。」顏師古注：「〈韶〉之言紹，故曰繼堯也。」故下文云

「以虞錄親」。虞即虞舜，意謂親近於虞舜。樂制宜商，盧文弨云：「樂制，疑當作『制爵』。」盧說與下文「合伯子男為一等」相合。合伯子男為一等，指把五等爵中後三等合而為一等，使之成為公、侯、伯三等。此係恢復商代舊制，屬尚質。《白虎通義・爵》云：「爵有五等，以法五行也，或三等者，法三光也。質家據天，故法三光；文家者據地，故法五行。」又引《含文嘉》曰：『殷爵三等。』」殷爵三等謂公侯伯也。所以合子從伯者何？王者受命，改文從質，無虛退人之義，故上就伯也。《春秋》傳曰：『合伯子男為一爵。』」

【語　譯】新王改制，相關的科目條例應當如何制定呢？回答說：改易曆法，各自可以在十二色中選擇相應的一色作為歲首的正色，按照倒數著子、丑、寅三正的順序往復循環。絀退的三代以前的君王稱五帝，五帝亦依次以一種顏色作為各自的主色，順著木、火、土、金、水五行的順序循環往復。禮樂制度要各自根據相應的法度作出適合時宜的更改，大體是順著一商一夏、一質一文的次序循環往復。凡是新王，都要建立國號，遷移宮城，改變職官的名稱，制訂相應的禮儀和樂舞。所以商湯接受天命稱王時，順應上天變革天命的意旨，把國號由夏改稱殷，歲時則按白統為正。以夏朝為近親，以虞舜為故舊。從三統中絀退唐堯，稱為帝堯。以神農為五帝之首，稱為赤帝。在洛水下游的北面修建都城和宮殿，把輔佐君王的大臣稱作尹。〔創作〈濩〉樂作為國樂，制定質樸的禮儀制度來敬奉上天。周文王接受天命稱王時，又一次順應上天變革天命的意旨，把國號由殷改為周，歲時則按赤統為正。以殷朝為近親，以夏朝為故舊。從三統中絀退虞舜，〕稱為帝舜。改稱軒轅氏為黃帝，作為五帝之首，把神農氏上推到九皇的行列。在豐這個地方建造都城和宮殿，把輔助君王的大臣稱為宰。創作〈武〉樂作為國樂，制訂華美的禮儀來敬奉上天。周武王受命時，在鄗那個地方修造都城和宮殿，規定公、侯、伯、子、男五等爵位，創作〈象〉樂作為國樂，繼承文王時期華美的禮儀來敬奉上天。周公輔助成王接受天命時，在洛陽修建都城和宮殿，成就文王、武王所開創基業，創作〈汋〉樂作為國樂來敬奉上天。封殷湯的後裔在宋地，都城稱邑，藉以顯示上天反對那些違反天命的統治者。所以天命不是恆常不變的，它只授命於那些有德行的王者。孔子作《春秋》亦是上應天命，為將來新的王者建立體制。這個體制就是歲時按黑統為正，以魯國作假想的王者，崇尚黑色，夏代退出三統進入五帝的行列，在三統中以周朝為近親，以殷商的後人宋國為故舊。國樂適宜用〈韶〉和〈武〉，所以比較親近虞舜。爵位制度以採用商代的為宜，改五等爵為三等爵，就是把伯、子、男三等合為一等。

【研　析】本章末提到孔子作《春秋》是「應天作新王之事」，牽涉到《公羊》學也是儒學中的一個重要問題，不妨略作說明。

在漢儒尤其是《公羊》家的心目中，《春秋》不僅是一部編年史書，更為重要的是孔子以《春秋》來「貶天子，退諸侯，討大夫，以達王事而已矣」（《史記・太史公自序》），其本意是在為新的王制製造輿論。本章中說得更具體：「《春秋》應天作新王之事，時王（正）黑統。正（王）魯，尚黑，絀夏，親周，故宋，樂宜親〈招〉、〈武〉，故以虞錄親，樂（爵）制宜商，合伯子男為一等。」即從曆法到禮樂、爵位之制等等，《春秋》都已為未來新王作了詳細規劃，孔子可真算得上當時的皇家總設計師了，難怪古人要稱孔子為「素王」。鄭玄《六藝論》謂：「孔子既西狩獲麟，自號素王，為後世受命之君制明王之法。」

董仲舒所闡述的這個觀念，在《論語》中似也可以找到某些依據。《論語・為政》記孔子與子張的一次對話：「子張問：『十世可知也？』子曰：『殷因於夏禮，所損益可知也；周因於殷禮，所損益可知也。其或繼周者，雖百世可知也。』」孔子以為後朝對前朝的禮儀制度增加減少、修改補充的範圍都不會太大，所以不僅十世，即便百世亦大致可以推算出來。這裡所說的便是「天不變，道也不變」的歷史循環論。《論語・衛靈公》載：「顏淵問為邦，子曰：『行夏之時，乘殷之輅，服周之冕，樂則〈韶〉舞。』」就是主張新王的建制，不妨擷取前朝所長，綜合而成為一種比較理想的體制。

漢人不僅在思想上承認《春秋》是孔子為後王所立的法制，在具體政務上亦常常以《春秋》為行事的立法依據。在董仲舒的著作中，就有一部《春秋決獄》。他的弟子呂步舒擔任長史時，「持節使決淮南獄，於諸侯擅專斷，不報，以《春秋》之義正之，天子皆以為是」（《史記・儒林傳》）。當時以《春秋》

（還有《尚書》）大義治獄成為一種時尚時，甚至出身於文法吏的官員，為求升遷，也不得不請博士弟子授以《春秋》、《尚書》。董仲舒晚年去位歸居，在家以修學著書為事，但「朝廷如有大議，使使者及廷尉張湯就其家而問之，其對皆有明法」（《漢書・董仲舒傳》）。漢代一些著名的法官，如于定國，官至廷尉，尚且要「迎師學《春秋》，身執經，北面備弟子禮」（《漢書》本傳）。漢代君臣，根據孔子《春秋》來判斷是非、創制立法的事例，見之於兩漢書的，有數十處之多。

第三章

然則其畧說奈何？曰：三正以黑統初❶。〔正黑統奈何？曰：正黑統者，歷正日月朔於營室，斗建寅❷。天統氣始通化物，物見萌達，其色黑❸。故朝正服黑，首服藻黑，正路輿質黑，馬黑，大節綬幘尚黑，旗黑，大寶玉黑，郊牲黑❹，犧牲角卵❺。冠於阼❻，昏禮逆於庭❼，喪禮殯於東階之上❽。祭黑牲，薦尚肝❾，樂器❿黑質。法不刑有懷任新產，是月不殺⓫。聽朔，廢刑發德⓬，具存二王之後也⓭。親赤統⓮，故日分平明，平明朝正⓯。

正白統奈何？曰：正白統者，歷正日月朔於虛，斗建丑⓰。天統氣始蛻化物，物始芽，其色白⓱。故朝正服白，首服藻白，正路輿質白，馬白，大節綬幘尚白，旗白，大寶玉白，郊牲白⓲，犧牲角繭⓳。冠於堂⓴，昏禮逆於堂，喪事殯於楹柱㉑

之間。祭牲白牲㉒，薦尚肺，樂器白質。法不刑有身懷任，是月不殺。聽朔，廢刑發德，具存二王之後也㉓。親黑統，故日分鳴晨，鳴晨朝正㉔。

正赤統奈何？曰：正赤統者，〔歷正日月朔於牽牛，斗建子。天統氣始施化物，物始動，其色赤。故朝正服赤，首服藻赤，正路輿質赤，馬赤〕㉕，大節綬幘尚赤，旗赤，大寶玉赤，郊牲騂㉖，犧牲角栗。冠於房㉗，昏禮逆於戶㉘，喪禮殯於西階㉙之上。祭牲騂牲，薦尚心，樂器赤質。法不刑有身，重懷藏以養微㉚，是月不殺。聽朔，廢刑發德，具存二王之後也㉛。親白統，故日分夜半，夜半朝正。

【章　旨】敘述黑、白、赤三統各自的曆法、天象、物候，以及與之相應的朝會、郊祀制度和冠、婚、喪等禮儀。

【注　釋】❶三正以黑統初　意謂三正以黑統為起始。三正，指三種正朔體系。如夏以十三月（即一月）為正，殷以十二月為正，周以十一月為正。亦稱王者之三統。受命之王各正一統。黑統，三統之一。與白統、赤統合而稱三統。❷正黑統奈何五句　句首方括號內十一字，《四庫》本原文無此，俞樾《諸子平議》以為應補。按以下白統、赤統兩節文例，亦應有此，故依俞說增補。此言黑統之曆亦即夏曆，其正月初一日太陽與月亮會合在營室，北斗星的斗柄指向寅的位置。正，指夏曆之正月。朔，初一。日月，太陽和月亮。營室，二十八宿之一，即室宿，屬北方玄武七宿之第六宿。《周禮・冬官》：「營室北方玄武之宿。」《石氏星經》：「室名營室。」室有二星，一名玄宮，一名清廟，今屬飛馬座。《朱子詩傳》：「定星昏而正中，夏正十月也。是時可以營制宮室，故謂之營室。」斗，指北斗。寅，夏曆以十二地支標月名，正月為寅月。北斗星循天而轉，一月轉一辰，一辰三十六度。其序為：正月建寅，二月建卯，三月建辰，四月建巳，五月建午，六月建未，七月建申，八月建酉，九月建戌，十月建亥，十一月建子，十二月建丑。

❸天統氣始通化物三句　此言孟春一月之物候。是月天地統領之氣已開始貫通而造化萬物，萬物開始成長。《白虎通義・三正》：「十三月之時，萬物始達，孚甲而出，皆黑，人得加功，故夏為人正，色尚黑。」《三禮義宗》：「十三月萬物始達，其色皆黑，人得加功以展其業，夏以人正為歲，色尚黑，平旦為朔。」❹朝正服黑八句　此言與黑統相應的朝會及郊祀制度。因黑統尚黑，故服飾、車乘以至祭天用犧牲均須用黑色。朝正，指元旦之朝會。首服藻黑，指君王頭上所戴之冠亦為黑色，並繪有水藻狀花紋。正路輿質黑，指君王所乘車輿其底色亦為黑色。路，即輅。大節，即符節，君王發布政令之憑證。綏，據他本當作「緌」。下文白統、赤統中二「緌」字亦同。緌為絲帶，古人衣服上用以繫物之帶。應劭《漢官》曰：「緌長一丈二尺，法十二月；廣三尺，法天地人。」幘，裹髮之頭巾。大寶玉，君王所執之玉珪。郊牲，祭天用之犧牲，即牛。❺犧牲角卵　謂祭天用牛犢角須剛萌生，其大小如卵。❻冠於阼　冠，指冠禮。古代貴族男子成年要舉行加冠之禮。《禮記・冠義》：「冠者，禮之始也。是故古者聖王重冠。」阼，東階。冠禮通常是在宗廟進行，故此阼當指宗廟之東階。《禮記・冠義》：「古者重冠，重冠故行之於廟。」即在其列祖列宗神主前舉行冠禮。❼昏禮逆於庭　昏禮即婚禮。昏，同「婚」。《禮記・昏義》：「昏禮者，將合二姓之好，上以事宗廟，而下以繼後世也。」逆，迎。謂舉行婚禮時，男子迎女子於廟庭，亦即親往婦家迎親。《禮記・昏義》載古代迎親的過程為：「父親醮子而命之迎，男先於女也。子承命以迎，主人筵几於廟，而拜迎于門外。婿執雁入，揖讓升堂，再拜奠雁，蓋親受之於父母也。降，出御婦車，而婿授綏。御輪三周，先俟於門外，婦至，婿揖婦以入，共牢而食，合巹而酳。」何休《公羊解詁》隱公二年（西元前七二一年）：「夏后氏逆於庭。」❽喪禮殯於東階之上　殯，死者殮而未葬。《禮記・檀弓上》：「夏后氏殯於東階之上，則猶在阼也。」謂夏時之喪禮，死者停棺於宗廟東階之上，以舉行祭奠。這是為了表示不忍死其親，殯之於此，猶在阼階以迎客也。❾祭黑牲二句　祭黑牲，依黑統，喪禮祭祀用黑色的犧牲，此句凌曙本作「祭牲黑牡」，則為雄性黑牛。本書以夏行黑統，證之於《禮記・檀弓上》：「夏后氏尚黑，大事斂用昏，戎事乘驪，牲用玄。」薦尚肝，意謂祭祀時須將犧牲之肝臟置於上方。又，他本無此三字。❿樂器　指演奏樂舞時所使用的樂器及道具，如鐘、鼓、管、磬、羽籥、干戚等。⓫法不刑有懷任新產二句　有懷任新產，據凌曙本當作「有懷任新產者」。任，通「妊」。指法律不對孕婦及新產嬰兒之產婦執行死刑。是月，謂建正之月。不殺，指暫不執行已決犯的死刑。漢章帝元和二年（西元八五年）正月「詔三公曰：『方春生養，萬物莩用，宜助萌陽，以育時物。其令有司，罪非殊死且勿案驗，及吏人條書相告不得聽受，冀以息事寧人，敬奉天氣。立秋如故。』」至秋七月章帝又下詔

曰：「《春秋》於春每月書『王』者，重三正，慎三微也。律十二月立春，不以報囚。〈月令〉冬至之後，有順陽助生之文，而無鞫獄斷刑之政。朕咨訪儒雅，稽之典籍，以為王者生殺，宜順時氣。其定律，無以十一月、十二月報囚。」《後漢書・章帝紀》這是規定每年的十一月、十二月、正月不得決死刑。這個傳統在中國歷史上保持很長時間，《唐律疏義・斷獄》對違反的官吏還有懲罰的規定：「諸婦人犯死罪懷孕當決者，聽產後一百日乃行刑；若未產而決者徒二年。」「諸立春以後，秋分以前，決死刑者徒一年。其所犯雖不待時，若於斷屠月及禁殺日而決者，各杖六十，待時而違者加二等。」關於斷屠月和禁殺日，唐代《獄官令》有具體規定。斷屠月是正月、五月、九月；禁殺日是每月中的一、八、十、十五、十八、二十三、二十四、二十八、二十九、三十，共十天。一年中秋分以前、立春以後，亦不得決死刑，已判的死刑要到秋分後才行刑。還規定大祭祀致齋，朔望、上下弦、二十四節氣日，雨未晴，夜未明，以及節假日都不得奏決死刑。禁殺的具體時間雖歷代有異，但禁殺之制則一直延續至清代。⓬聽朔二句　意謂凡舉行聽朔禮之日，要廢棄刑罰，施行德教。聽朔，每月初一諸侯聽朔於太廟，頒本月之日曆及政事。《禮記・玉藻》：「諸侯玄端以祭，裨冕以朝，皮弁以聽朔於大廟。」⓭具存二王之後也　由新王前溯二代王之後裔稱二王之後。如夏以前二王為唐堯和虞舜。周時二王指夏與殷，故周初封夏之後於杞，殷之後於宋。二王之後可郊天以天子之禮，祭其始祖受命之王，自行其正朔服色。⓮親赤統　按三統說，若夏為黑統，依次上推，虞舜為赤統，唐堯為白統。對夏而言，應是親虞舜，故唐堯，故稱「親赤統」。⓯日分平明二句　日分平明，平明，亦稱平旦，天亮之時。意謂以天亮之時作為前後兩日的分界線。因為是正月初一，所以亦是新舊兩年的分界線。《白虎通義・三正》引《尚書大傳》曰：「夏以十三月為正，色尚黑，以平旦為朔。」《公羊傳》魯隱公三年（西元前七二二年）何休注：「夏以斗建寅之月為正，以平旦為朔，法物見，色尚黑。」平明朝正，指天子在此日天亮之時正式朝見群臣。⓰正白統者三句　此言白統之曆法。正白統者，指三正中以白統為正者。夏屬黑統，如殷商代夏，即以白統繼黑統。虛，二十八宿之一，玄武七宿之第四宿。虛宿在女宿東南，包含十個星座。《石氏星經》稱虛為天節，這個節可能指冬至節。以夜半虛居於南中時為交冬至之節。虛，又稱玄枵。《禮記・月令》鄭玄注：「季冬者，日月會於玄枵。」白統以夏曆十二月初一日為歲曆的正日，是月日月會於虛宿。斗建丑，謂是月北斗星的斗柄指丑，故殷商以丑月為正月。⓱天統氣始蛻化物三句　此言季冬十二月之物候。此月天地統領之氣開始蛻變萬物，促使發芽，呈白色。《白虎通義・三正》：「十二月之時，萬物始芽而白，白者陰氣，故殷為地正，色尚白也。」⓲朝正服白八句　此言與白統相應的朝會及郊祀制度。因白統尚白，故服飾、車乘以至祭天用犧牲皆須用白。參閱前[4]注。[19]犧牷角繭　謂祭天時所用犧牲其角當如蠶繭那樣大。《禮記・王制》：「祭天地之牛角繭栗，宗廟之牛角握，賓客之牛角尺。」祭祀用牛以牛犢為貴。牷，純色之全牲。原注已言「他本作牲」。牷、牲均可通。[20]冠於堂　謂冠禮在宗廟的正室即廳堂舉行。堂，正室。[21]楹柱　似當作「兩楹」。《禮記・檀弓》：「殷人殯於兩楹之間，則與賓主夾之也。」孔子曾自稱「丘也，殷人也。予疇昔之夜，夢坐奠於兩楹之間。夫明王不興，而天下其孰能宗予，予殆將死也，蓋寢疾七日而沒」。[22]牲　凌曙本作「牡」。牡，雄性鳥獸。[23]具存二王之後也　三統說以殷屬白統。殷之時，二王指殷以前之夏與虞。[24]日分鳴晨二句　白統以夏曆十二月為正，十二月一日為歲首之朔日，是日前後兩日、同時亦是新舊兩年的分界線定在雞鳴辰時。天子亦在此時舉行朝會，接受群臣朝見。《白虎通義・三正》引《尚書大傳》曰：「殷以十二月為正，色尚白，以雞鳴為朔。」[25]歷正日月朔於牽牛九句　以下共四十字為《四庫》本所無。蘇輿本則有此。按前黑白二統敘述文例，當不應有此脫略，故據蘇輿本補之，並用方括號標出，以為區別。敘述與正赤統相應的天象、物候以及朝會、郊祀制度。依三統說，繼白統者為赤統，周以赤統繼殷商之白統。曆正日月朔於牽牛，赤統以仲冬十一月為正，其朔即初一日，日月會於牽牛。牽牛是二十八宿之一，北方七宿之第二宿。周初之曆象合朔在冬至前十日，故稱日月皆起於牽牛。斗建子，子為十一月，是月北斗星的斗柄指向子位。天統氣始施化物，仲冬十一月，天地統領之氣開始催化萬物，萬物萌動於黃泉之下，微而未著，其色赤，赤代表著陽氣。《白虎通義・三正》：「十一月之時，陽氣始養根株黃泉之下，萬物皆赤，赤者，盛陽之氣也。故周為天正，色尚赤也。」因赤統尚赤，故此下天子參加朝會、郊祀的服飾、車乘以至拉車的馬匹皆須用赤。參閱前[4]注。[26]騂　原為赤色之馬，此處指赤色。《禮記・檀弓上》：「周人尚赤，大事斂用日出，戎事乘騵，牲用騂。」[27]房　指正室兩旁的偏房。[28]戶　原指單扇的門，此處指門口或闈前。[29]西階　指宗廟之西階。西階古為迎客之階，故《禮記・檀弓上》謂：「周人殯於西階之上，則猶賓之也。」[30]微　指尚處於微弱狀態的生命，包括人和動植物。黑、白、赤三統所建正之月，亦即十三月（一月）、十二月、十一月三個月處於冬春之交，正是一切生命孕育、化生之時，故亦稱三微之月。《後漢書・章帝紀》注引《尚書大傳》云：「必以三微之月為正者，當爾之時，物皆尚微，王者受命，當扶微理弱，奉成之義也。」[31]具存二王之後也　按三統說周屬赤統，周以前的二王為夏與商，故周封夏之後裔於杞，封商之後裔於宋，以奉行夏、商之正朔。

【語　譯】那麼關於三正大略說來是怎麼樣的呢？回答說：三正以黑統為起始。〔以黑統為正是怎麼樣的呢？回答說：以黑統為正的，它的曆法〕，是把歲首元日定在太陽和月亮在營室會合的時候，北斗星斗柄向寅時的位置。天地統領之氣開始普遍地造化萬物，萬物展現初生的活力，它們都呈玄黑色。據此，朝會時君臣的禮服亦應是黑色的，頭上戴的都是繪有水藻花紋的黑色的帽子，君王出行用的車輿以黑色為底色，駕車的馬匹也是黑色的。君王手持的符節及佩戴飾物用的綬帶，裹髮的頭巾，都崇尚黑色。旗幡是黑色的，大寶玉亦為黑色。郊祀祭天時，作犧牲用的牛犢，毛色是黑的，頭上角要像雞蛋那麼大。冠禮在東階舉行；行婚禮時，新郎應在庭院迎接新娘；喪禮靈柩停放在東階之上。宗廟祭祖用黑色雄性犧牲，奉獻時要把犧牲的肝臟放在上位。演奏樂曲用的樂器以黑色為底色。刑法不懲罰懷有身孕的婦女。在歲首這個月裡不執行死刑。每月舉行聽朔典禮那一天，應廢棄刑罰而施行寬鬆的德教。要存撫前面二朝君王的後代，親近其中屬於赤統的那一朝。日與日以天亮作為分界，在元日天亮時，天子要舉行朝會，接受諸侯與群臣的朝賀。

三正中以白統為正又是怎麼樣的呢？回答說：以白統為正的，它的曆法，是把歲首定在太陽和月亮在虛宿會合的時候，北斗星的斗柄正指向丑時的位置。天地統領之氣開始蛻化生萬物，萬物初次萌發幼芽，它們都呈銀白色。據此，朝會時君臣的禮服亦應是白色的，頭上戴的是繪有水藻花紋的白色的帽子。君王出行用的車輿以白色為底色，駕車的馬亦是白色的。君王手持的符節，佩戴飾物的綬帶，裹髮的頭巾，都崇尚白色。旗幡是白色的，大寶玉亦為白色。祭天時作犧牲用的牛犢毛色是白的，頭上的角像蠶繭那麼大。冠禮在宗廟的堂上舉行；行婚禮時，新郎在廟堂上迎接新娘；喪禮靈柩停放在兩楹之間。宗廟祭祖用白色的雄性犧牲，奉獻時要把犧牲的肺臟放在上位。演奏樂曲用的樂器以白色為底色。刑法不懲罰懷有身孕的婦女，重視懷有身孕者是為了養養護處於微弱狀態的生命。在歲首這個月裡不執行死刑。每月舉行聽朔典禮那一天，應廢棄刑罰而施行寬鬆的德教。要存撫前面二朝君王的後代，親近其中屬黑統的那一朝。日與日以清晨雞叫作為分界，在元日雞叫時，天子要舉行朝會，接受諸侯與群臣的朝賀。

三正中以赤統為正又是怎麼樣的呢？回答說：以赤統為正的，它的曆法，「是把歲首元日定在太陽和月亮在牽牛宿會合的時候，北斗星的斗柄正指向子時的位置。天地統領之氣開始化育萬物，萬物初始萌動，它們都呈赤紅色。據此，朝會時君臣的禮服亦應是紅色的，頭上戴的是繪有水藻花紋的紅色的帽子。君王出行用的車輿以紅色為底色，駕車的馬匹亦是紅色的。」君王手持的符節，佩戴飾物的綬帶，裹髮的頭巾，都崇尚紅色。旗幡是紅色的，大寶玉亦為紅色。祭天時作犧牲用的牛犢毛色是紅的，頭上的角像栗子那麼大。冠禮在宗廟偏房舉行；行婚禮時，新郎要到門口去迎接新娘；舉行喪禮靈柩停放在西階之上。宗廟祭祖用紅色的雄性犧牲，奉獻時要把犧牲的心臟放在上位。演奏樂曲用的樂器以紅色為底色。刑法不懲罰懷有身孕的婦女，重視懷有身孕者。是為了養護處於微弱狀態的生命。在歲首這個月裡不執行死刑。每月舉行聽朔典禮那一天，要廢棄刑罰而施行寬鬆的德教。要存撫前面二朝君王的後代，親近其中屬於白統的那一朝。日與日之間以半夜作為分界，在元日半夜時分，天子要舉行朝會，接受諸侯與群臣的朝賀。

【研　析】改制是天命觀念在王朝禮儀制度上的具體化。本篇第一章以《公羊傳》對「王正月」三字的解釋為據敷衍天命之說，我們在章末的說明中略述了漢代天命觀所以成為時尚的歷史背景。第二章把改制作為新王受天命而王的標誌，以夏、商、周三代先後受命為例，敘述了新王改制時必須依照的若干科條原則。本章則是具體論述黑、白、赤三統，亦即歷史上夏、商、周三代是如何實現改制的。作者這些論述，目的是為漢代改制提供歷史依據。

夏、商、周三代的改制，包括三正、三統。三正指三種建正，亦即三種曆法體系。三統指黑、白、赤三統。夏以夏曆正月為歲首，以黑色為天統的象徵；商以夏曆十二月為歲首，以白色為天統的象徵；周以夏曆十一月為歲首，以赤色為天統的象徵。在《公羊》家看來，這三統是循環往復地不斷演化和發展的，但其前後承續的次序不會被打亂。三統各有相應的朝會、服飾和禮樂制度以及刑罰禁忌，以體現天命的更迭；同時又在一定範圍內保存前兩個王朝的後代及其相應的禮儀制度，以顯示王朝更迭的承續關係，說明新王受天命而王的正統性。當然作者現實的目的很明確，他之所以把夏、商、周三代的歷史過程作了如此這般的演繹，無非是要從中推導出越過秦代繼周而王的新王——漢王，在改制時應當遵循的若干科條原則來。

本章中有關三代改制的主要內容可列表如下：

三統＼制度	正日月朔	歲首	其色	犧牲	行冠禮處	婚禮迎親處	喪禮停殯處	薦物	刑法	朝正
黑統	營室	建寅	黑	角卵	阼	庭	東階	肝	不刑有身是月不殺	平明
白統	虛	建丑	白	角繭	堂	堂	楹柱間	肺	同前	鳴晨
赤統	牽牛	建子	赤	角栗	房	戶	西階	心	同前	夜半

從上表可以看出，這些所謂改制，只是對上層建築中某些典制作些更改，並不觸及社會原有的基本秩序，與經濟基礎更是不相干。本書首篇〈楚莊王〉中亦說：「今所謂新王必改制者，非改其道，非變其理，受命於天，易姓更王，非繼前王而王也。」說得明白一點，無非是為了顯示新王的統治是天命之所歸而已。所以在改制過程中，凡涉及到體制性的問題或與平民百姓切身有關的事，「若夫大綱、人倫、道理、政治、教化、習俗、文義盡如故，亦何改哉！」結論是：「故王者有改制之名，無易道之實。」所改的只是「制」，「道」是萬萬改不得的！這亦就是董仲舒在〈天人三策〉中所言：「道之大原出於天，天不變，道亦不變。」中國歷史上每次改朝換代時宣稱的所謂「與民更始」的改制，都不過就是皇權改

姓易幟在禮儀上上演的一齣專給別人看的戲。其實自一九一一年推翻清王朝以來的歷史又何嘗不是這樣呢？其操作過程都有非常隆重的儀式，有的還宣告了「改天換地」、「史無前例」一類豪言壯語，但對照古今，恐怕也還是演戲的成分多了些。最實際的一點：這樣的改易對國民究竟有多大的現實意義呢？恐怕還得讓今後的歷史來作結論。

漢代改制中比較有實質性內容的是關於曆法的變更，所謂三正的改制主要便是曆法的變更。自有記載以來，我國古代使用的都是陰陽曆。它的特徵是同時兼顧了以一個回歸年三百六十五日作為計算的平均值，而月日的安排還要考慮到月相的盈虧。一年十二個月，大月三十日，小月二十九日，每月的朔、望日要與月相相符。但這樣算來，平年的十二個月加在一起只有三百五十四到三百五十五日，比一個回歸年要少十天二十一小時。為了彌補這個短缺，就需要加閏，每隔二年或三年插入一個閏月，在十九年內共設置七個閏月。此外對一年內四季及寒暑節氣，如春分、秋分和夏至、冬至等，都作出了安排。所以在我國古代，每年須布一次曆法，實際上是對來年季節和節氣的預告，除了朝廷的禮儀活動以及司法刑事方面若干禁令，它還牽涉到各地一年農事的安排，包括催收催種政令的下達等等，在以農業為主業的古代社會裡，實在是關係到國計民生的一件大事。《史記・曆書》稱：「夏以正月，殷以十二月，周以十一月。蓋三王之正若循環，窮則反本。天下有道，則不失紀序；無道，則正朔不行於諸侯。」天子每年向諸侯國須布正朔成了天朝向諸侯國行使主權的象徵，而「幽厲之後，周室微，陪臣執政，史不記時，君不告朔，故疇人（指曆算家）子弟分散或在諸夏，或在夷狄，是以機祥廢而不統」。所以在春秋到戰國這個時期，各國的曆法並不統一，據《漢書・律曆志》記載，流行的曆法，「有黃帝、顓頊、夏、殷、周及魯曆」等六種之多。《漢書・藝文志》所錄曆書則有：「《黃帝五家曆》三十三卷，《顓頊曆》二十一卷，《夏殷周魯曆》十四卷。」從《春秋》等史籍的記載來看，魯國的曆法在文公、宣公前後也有變化。若按夏曆，冬至所在的十一月為子月，那麼季冬十二月是丑月，孟春十三月即正月便是寅月。但魯國在文公、宣公之前，冬至大都在十二月，這是以丑月為正月，屬於商的白統；在宣公以後，冬至大都在正月，那就是以子月為正月，屬於周的赤統。而晉國地區所用的曆法是以寅月為正月，屬於夏的黑統。杜預〈春秋後序〉云：「晉太康中，汲縣人發其界內舊塚，得古書簡，皆編科斗文字，記晉國起自殤叔，次文侯、昭侯，以至曲沃莊伯，莊伯之十一年十一月，魯隱公之元年正月也。皆用夏正建寅之月，為歲首編年。」《左傳》所記晉國的史事，與《春秋》經文所載的在時間上要差兩個月，這是由於經文從周正而傳文從夏正的緣故。還有像殷的後裔宋，除朝覲會同用周之正朔外，在本國仍自用先王之正朔。根據這些情況，近代學者以為三正並不像漢儒描述的那樣在夏、商、周三代嚴格統一依次行用的三種不同歲首的曆法，在春秋戰國時期列國曾經並行過多種曆法。

秦始皇統一中國以後，頒行的是顓頊曆，它以十月為歲首，建亥，色尚黑。漢初繼承了秦的各項制度，包括曆法亦沿用秦的顓頊曆。到漢武帝時，此曆逐漸顯露了若干缺陷。一是以十月為歲首，先冬後春，不應四時次序，給農事安排帶來諸多不便。二是此曆時間上原本就稍有誤差，經過一百多年的積累，終於出現了「朔晦月見，弦望滿虧」（《漢書．律曆志》）的混亂狀態，曆法的更改已勢在必行。正巧，按當時的測算，元封七年（西元前一〇四年）十一月甲子日的夜半，恰好合朔交冬至，這在古代認為是曆元的理想時刻，於是「太中大夫公孫卿、壺遂、太史令司馬遷等言：『曆紀壞廢，宜改正朔。』是時御史大夫兒寬明經術，上乃詔寬曰：『與博士共議，今宜何以為正朔？服色何上？』皆曰：『帝王必改正朔，易服色，所以明受命於天也。創業變改，制不相復，推傳序文，今夏時也。』」（同上）這樣便依照三正的原則，漢上承周（把秦排除在外），回到夏曆，以寅月為正，以黑色為上，並改元封七年為太初元年（西元前一〇四年），制訂了太初曆。這是武帝改制中的一件大事。董仲舒關於三正的論述，正是為了適應這次改制的需要。到西漢末年，劉歆進一步把三統說引進了太初曆。按太初曆的朔望月和回歸年的資料，從有曆元時刻起，過一千五百三十九年之後，朔和冬至時刻又回到同一天的夜半，過三個一千五百三十九年之後，朔和冬至又回到了同一個甲子日的夜半。這本是天體自然運行的結果，劉歆則把這一千五百三十九年的週期稱之為一統，三個一千五百三十九年就是「三統」。所以他把他的曆法定名為三統曆，並說：「三代各據一統，明三統常合，而迭為首。」（《漢書・律曆志》）現在我們在《漢書・律曆志》中看到的就是這部三統曆。劉歆的三統說對董仲舒所主張的夏為黑統、商為白統、周為赤統的三統論，雖亦可說是一種印證，但兩家的目的卻正好是南轅而北轍：董仲舒三統論是要為大一統的劉漢王朝妝點「奉天承運」的神聖光環，而劉歆的三統說則是為王莽篡漢獲得新的天命提供輿論準備。這看來似乎矛盾的歷史現象，倒恰好把所謂「應天命而改制」的本質揭示得再清楚不過了。原來它只不過是那些「王者」手裡的一件工具，既可以為鞏固和穩定某姓皇權效命，也可以為另一姓起而代之建立新王朝服務。

第四章

改正之義，奉元而起❶。古之王者受命而王，改制稱號正月，服色定，然後郊告天地及群神，近遠祖禰，然後布天下❷。諸侯廟受，以告社稷宗廟山川，然後感應一其司❸。三統之變，近夷遐方無有，生煞者獨中國❹。然而三代改正，必以三統天下❺。曰三統五端❻，化四方之本也。天始廢始施，地必待中，是故三代必居中國❼，法天奉本，執端要以統天下，朝諸侯也。是以朝正之義，天子純統色衣❽，諸侯統衣纏緣紐❾，大夫士以冠❿，參近夷以綏，遐方各衣其服而朝⓫，所以明乎天統之義也。其謂統三正者，曰：正者正也，統致其氣，萬物皆應而正；統正，其餘皆正。凡歲之要，在正月也⓬。法正之道，正本而末應，正內而外應，動作舉錯，靡不變化隨從，可謂法正也⑬。故君子曰：「武王其以正月矣。」⑭

【章　旨】闡述依照三統三正改制的重大意義及其操作過程，特別強調三統之變為華夏中國所獨有，其要在統正，「統正，其餘皆正」。

【注　釋】❶改正之義二句　意謂更改正朔的原由，便是奉天命而起。改正之義，意謂更改正朔之理由或依據。正，指正朔，亦即曆法。奉元，蘇輿注疑為「奉天」。本書首篇〈楚莊王〉即有「《春秋》之道，奉天而法古」之句。❷改制稱號正月五句　改制，指受天命之王更改王朝相關典制。稱號，即稱帝稱王。《白虎通義・號》：「帝王者何？號也。號者，功之表也。所以表功明德，號令臣下者也。德合天地稱帝，仁義合者稱王。」正月，依照三統的原則重新確定正朔。服色定，即按黑、白、赤三統中所屬之統，重新確定禮服的顏色。郊告天地及群神，謂受命之王，將改制事宜在郊祀時告諸天地及群神。古代祭天地在郊外。《詩・周頌・昊天有成命序》：「昊天有成命，郊祀天地也。」周代於冬至日祭天於南郊，稱「郊」；夏至日祭地於北郊，稱「社」。祭告天地時，日月星辰及山川諸神皆列位陪祭。近遠祖禰，泛指帝室之列祖列宗。禰，指亡父在宗廟所立之神主。《公羊傳》隱公元年：「惠公者何，隱之考也。」何休注：「生稱父，死稱考，入廟稱禰。」又，近遠，諸本亦有為「遠追」者。鍾肇鵬校釋本以為當作「遠近」。上述改制、祭告畢，然後才布告天下百姓。❸諸侯廟受三句　諸侯廟受，指諸侯在宗廟接受天子頒布來年正朔。其後諸侯每月奉朔時，再需祭告於境內的社稷、宗廟和山川諸神。社稷，《白虎通義・社稷》：「封土立社，示有土也。稷，五穀之長，故立稷而祭之。」天子與諸侯皆有社稷。天子之社稷廣五丈，諸侯半之。社無屋，以達天地之氣，但要種樹，以便識別。只有亡國之社，上有屋覆蓋，下面堆有木柴，以隔斷與天地之氣相通，如商代之蒲社便是如此。宗廟，指諸侯的祖廟。然後感應一其司，大意謂通過頒正朔授曆，使全國同稟統一的曆法，以達到天時人事相互感應諧和運作。❹生煞者獨中國　大意謂三統的循環更迭，相生相剋，為中華宗主國所獨有，其他遠近各蠻夷之國都不可能有。蘇輿注：「天以中為主。『煞』同『殺』，猶生剋。」又，冒廣生校以為「『生煞』猶言損益」。中國，古時稱「中國」者，涵義不一。或指京師。如《詩・大雅・民勞》：「惠此中國，以綏四方。」毛傳：「中國，京師也。」《史記・五帝本紀》：「夫而後之中國，踐天子位焉。」集解：「劉熙曰：『帝王所都為中，故曰中國。』」或指華夏族、漢族，因其古時多建都於黃河南北，處於「四夷」之中，故稱中國。如《詩・小雅・六月序》：「小雅盡廢，則四夷交侵，中國微矣。」又《禮記・中庸》：「是以聲名洋溢乎中國，施及蠻貊。」此處當取後一義。與中土、中原、中夏、中華，涵義大致相同。❺必以三統天下　蘇輿疑此句「有奪字，或當重『統』字」。即似應為「必以三統統天下」。❻五端　指《春秋》經文所言之「元年、春、王、正月、公即位」。據何休《公羊解詁》解釋，此五端存在著相依相承的關係。其文稱：「即位者，一國之始。政莫大於始。《春秋》以元之氣正天之端，以天之端正王之政，以王之政正諸侯之即位，以諸侯之即位正境內之治。諸侯不上奉王之政，則不得即位，故先言正月，後言即位。政不由王出則不得為正，故先言王而後言正月也。王者不承天以制號令則無法，故先言春而後言王。天不深正其元則不能成其化，故先言元而後言春。五者同日並見，相須成體，乃天人之大本，萬物之所繫，不可不察也。」❼天始廢始施三句　大意謂天命在開始廢棄舊統、施立新統時，所擇之地必定在天下之中央，所以夏、商、周三代皆建都在中華之地。這是為我國古代幾個主要王朝均建都黃河南北提供天命依據。待中，惠棟校以為當作「得中」。中國，詳前❹注。❽天子純統色衣　此言元正朝會之時天子之服飾。純統色衣，蘇輿注以為當作「統衣純色」。統衣，謂循天統之色的上衣。純色，純一不雜。如屬黑統，即用黑布製成純黑色的禮服。《後漢書・明帝紀》永平二年注引董巴《輿服志》：「顯宗初服冕衣裳以祀天地。衣裳以玄上纁下。」從漢代天子冕服的實際情況看，純色限於上衣，不包括下裳。❾諸侯統衣纏緣紐　此言元正朝會之時諸侯之服飾。纏，諸說不一。蘇輿以為係衍文，孫詒讓則云：「纏，當作『纁』，諸侯玄衣而纁緣，不以纁為帶紐，降於天子，不得純玄也。」似以孫說為是。緣，衣邊緣上廣半寸之貼邊，以為裝飾。紐，帶紐；扣帶。謂諸侯穿的統衣，其邊緣和帶紐須鑲以纁色，即絳色，以區別於天子的純色統衣。❿大夫士以冠　此言元正朝會之時大夫、士之服飾。大夫、士以其所戴之冠的不同來區別其身分。漢時天子冠旒冕，百官執事者冠長冠。⓫參近夷以緩二句　此言遠近諸夷來朝參時之服飾。近夷，與後「遐方」相對而言，指與華夏較為親近的周邊國家，相當於藩屬，故對其服飾亦有規定。緩，據淩曙本當作「綏」。綏，孫詒讓云：「綏，緌之借字。」緌為古代冠帶結在頷下部分。謂近夷朝見天子時，可以緌帶的不同顏色作為標誌。遐方，指居於遙遠絕域前來朝見的諸夷。《白虎通義・王者不臣》謂王者不臣者有三，其中之一便是夷狄：「夷狄者，與中國絕域異俗，非中和氣所生，非禮義所能化，故不臣也。《尚書大傳》曰：『正朔所不加，即君子所不臣也。』」由於夷狄是王者正朔所不加，所以遠夷朝見天子可各衣其服，不需改易。⓬其謂統三正者九句　此句闡釋承黑、白、赤三統以改正朔的意義。正者正也，前「正」為名詞，指歲首之正月；後「正」為動詞，意謂端正諸項制度，包括君王之所為，便可進而正天下。故下文言「統致其氣，萬物皆應而正；統正，其餘皆正」。此意董仲舒在〈天人三策〉中亦有論及，文中稱：「《春秋》謂一元之意，一者萬物之所從始也，元者辭之所謂大也，謂一為元者，視大始而欲正本也。《春秋》深探其本，而反自貴者始。故為人君者，正心以正朝廷，正朝廷以正百官，正百官以正萬民，正萬民以正四方。四方正，遠近莫敢不壹於正，而亡有邪氣奸其間者。」(《漢書・董仲舒傳》) 凡歲之要在正月，言王者一歲之行政，最要緊的是在一月要有一個端正的起點，這亦是把一月稱為正月的原由。⑬法正之道六句　法正之道，正，指正朔，亦即正月。意謂為政者要效法歲首之月稱為正月這個道理，敬始重本，從而達到「正本而末應，正內而外應」。就君臣而言，君為本臣為末；就地域而言，京師為內，其餘則是外。王者必先正己才能正百官，先正京師才能正諸夏。劉向《說苑・指武》：「內治未得，不可以正外；本惠未襲，不可以制末。是以《春秋》先京師而後諸夏，先諸華而後夷狄。」動作舉錯二句，謂通過更改正朔，使王政歸於正道，則一切舉措動作，百姓無有不隨從而回應者。錯，同「措」。⑭故君子曰二句　此句以武王為「法正」之範例。意謂武王之行政，符合《春秋》所言「正月」之涵義。句中「以」諸本多作「似」，當據以改。武王，指周武王。《春秋》經文有「隱公元年，春，王正月」之句。劉向《說苑・君道》云：「孔子曰：文王似『元年』，武王似『春王』，周公似『正月』。」又稱：「武王正其身以正其國，正其國以正天下。伐無道，刑有罪，一動天下正，其事正矣。」

【語譯】更改正朔的原由，是奉天命而來的。古代的王者受天命而稱王時，要更改前朝的制度、稱號，重新確定哪個月份作為歲首的正月，改定禮服的顏色，然後舉行郊祀，祭告天地以及諸方眾神，在祖廟祭告歷代祖先，最後再布告天下。諸侯在宗廟接受正朔以後，還要祭告本國境內的社稷、宗廟以及山川諸神。這樣做了以後，天人之間才能相互感應，一起協調運作。這種黑、白、赤三統依次變易的做法，是無論鄰近或遠方的夷狄都沒有的，而為華夏中央國所特有。因而夏、商、周三代更改正朔，必定以三統統一天下。也就是說三統與五端是歸化四方的根本。上天開始廢棄舊統、施行新統，必定選擇在處於天下中心的地方，所以夏、商、周三代都是定都在中華之地，效法天地，奉行根本，把握五端的要點，接受諸侯的朝見，來統理天下的。關於元正朝會的儀注，天子服用純色的統衣，諸侯的統衣要鑲有絳色的貼邊，大夫和士戴長冠。夷狄的朝參，鄰近的，繫上不同顏色的綏帶；遠方的，可以穿他們本國的禮服。這樣做的目的，在於彰明王者上承天統的大義。至於以三統統率三正的涵義，可以這樣說：正，就是端正的意思，統是會聚元氣，這樣萬事萬物都會應和歸正；所以只要統正，其餘的一切都會走上正途。大凡一年中最緊要之處，就在於確定歲首之月，使之有一個規正的開端。取法這個「正」的道理用於政事，那就是要首先端正根本，末節就會隨著端正；首先端正內部，外部也會隨著端正。做到這樣，那麼王者所採取的動作舉措，天下百姓沒有不隨從響應的，這可以說就是效法「正」獲得的效果了。所以有位君子曾經說過：「武王做的大概就達到正月這個『正』字所表述的涵義了吧。」

【研　析】 本章敘述改制的意義及其具體操作過程。董仲舒為漢王朝改制設想的操作過程包括三個步驟：一是奉天命以改正朔、定服色；二是把改制的決定祭告天地及祖先，然後在宗廟向諸侯頒朔以布告於天下；三是在朝會和祭祀時，通過更改服色以顯示天統。其後便是將改制的涵義貫徹於政事各個方面，天子在正月必須正己慎始，重在一個「正」字；「正本而末應，正內而外應」，總之是「統正，其餘皆正」。文中特別指出：天命所施「地必待中」；三統三正，為華夏中國所獨有。反覆強調的是一個正統觀念。

董仲舒的三統說在淵源上與鄒衍的「五德終始」說有緊密聯繫。鄒衍認為列代帝王的受命都與五行中某一德相應，從《呂氏春秋・有始覽・應同》可知黃帝至夏以前屬土德，夏屬木德，殷屬金德，周屬火德，繼周者應是水德。秦始皇統一中國後，自居於水德，尚黑，數六，以十月為歲首。劉邦建漢，亦自以為獲水德，沿用秦之正朔，以十月為歲首。秦尚黑，而劉邦則以為漢居南方，屬火德，故尚赤。漢六年（西元前二〇一年），張蒼為計相時，「緒正律曆」，仍沿秦十月為歲首，而改色尚黑，也就是服色亦沿用秦的黑色。以後伏勝亦主張三統說，認為漢應行夏正，以孟春一月為歲首，主張服色尚黑。賈誼是張蒼的學生，但他主張色尚黃。文帝十五年（西元前一六五年），魯人公孫臣提出要改正朔，服色尚黃，那是承認秦為水德，漢滅秦，漢應為土德，故色尚黃。而張蒼仍認為漢應為水德，歲始十月，色則外黑內赤。董仲舒依三統說，是主張正朔應從夏正，色尚黑。武帝太初元年（西元前一〇四年）改制的結論是：「以正月為歲首，色上黃，數用五。」（《漢書・武帝紀》）也就是行夏時，以建寅之月為歲首；張晏注曰：「漢據土德，土數五，故用五，謂印文也，若丞相曰：『丞相之印章。』」在服色上，則是折衷於五德終始與三統說之間，主張漢以土德尚黃、水德尚黑、火德尚赤兼而有之。至此才改變了漢初沿用秦正朔、服色制度的狀況。這次改制董仲舒沒有參與，但他的三統說中的黑統行夏時以建寅之月為歲首這一條，還是被採用。這個以建寅之月為正月的制度，以後沿用了近兩千年，直到一九一一年中華民國成立後，才改用西曆。

董仲舒根據《公羊傳》「何言乎王正月？大一統也」這段注文所提出的以為唯華夏中國所獨有的正統觀念，包含著正與統兩重意義，而歷代帝王真正關注的往往只是「統」，而不是「正」。這一點，在漢武帝召董仲舒以賢良對策中已露端倪。武帝制文所關心的是：「三代受命，其符安在？」而董仲舒在對策中強調的是：「《春秋》謂一元之意，一者萬物之所從始，元者辭之所謂大也。謂一為元者，視大始而欲正本也。《春秋》深探其本，而反自貴者始。故為人君者，正心以正朝廷，正朝廷以正百官，正百官以正萬民，正萬民以正四方。」（《漢書・董仲舒傳》）這也是就是說，前者關心的是如何顯示天統，以證明自己的統治係天命所歸；後者的著眼點是如何以正統正，正本而使末應，正內而使外應。這大致已預示了董仲舒所提出的這個正統論的歷史命運。至宋，歐陽脩作〈正統論〉，對西晉以下，何者為正統的承續，頗多感慨。他說：「西晉之滅，而南為東晉、宋、齊、梁、陳，北為後魏、北齊、後周、隋。私東晉者曰：隋得陳，然後天下一，則推其統曰晉、宋、齊、梁、陳、隋；私後魏者曰：統必有所受，則推其統曰：唐受隋，隋受之後周，後周受之後魏。至其相戾也，則為南史者詆北曰虜，為北史者詆南曰夷。」歐陽脩明確提出他的正統觀是：「正天下之不正」，「合天下之不一」（《六一居士集・正統論》），側重點顯然亦在正。但後世統治者感興趣的卻偏偏不是「正天下之不正」，而是「合天下之不一」，即只顧想當大一統的皇帝，至於天下的正不正似乎並不那麼緊要。南宋末年，有個叫劉整的，便是用這番道理遊說忽必烈南下滅宋的。《元史》本傳載其事稱：「至元四年（西元一二六七年）十一月，（劉整）入朝，勸伐宋，曰：『自古帝王非四海一家不為正統。聖朝有天下十七八，何置一隅不問，而自棄正統耶？』世祖曰：『朕意決矣！』」這裡劉整搬用的便是董仲舒正統論的前一半，還有一半，即關於正的涵義：「為人君者，正心以正朝廷，正朝廷以正百官，正百官以正萬民。正萬民以正四方」，他沒有說。不說是因為他知道忽必烈根本不會聽，說了也白說，弄不好還會惹出禍事來。由此可見，所謂理論，或者用現代話叫作什麼主義，具有決定意義的不在它本身的好壞，而是在統治者看來對他是否有用。全部有用用全部，一點有用用一點。內容無用名聲有用就託名假借，掛羊頭賣狗肉。內容和名聲全對他無用，即便再好，也必然只能棄之若敝屣了！所以在強權者面前，理論或主義永遠是那樣蒼白，既無力又無奈。

第五章

《春秋》曰：「杞伯來朝。」王者之後稱公，杞何以稱伯？《春秋》上黜夏，下存周，以《春秋》當行新王❶。《春秋》當新王者奈何？曰：王者之法，必正號。絀王謂之帝，封其後以小國，使奉祀之❷。下存二王之後以大國，使服其服，行其禮樂，稱客其朝❸。故同時稱帝者五，稱王者三，所以昭五瑞，通三統也❹。是故人之王，尚推神農為九皇，而改號軒轅謂之皇帝，因存帝顓頊、帝嚳、帝堯之帝號，絀虞而號舜曰帝舜，錄五帝以小國。下存禹之後於杞，存湯之後於宋，以方百里，爵號公。皆使服其服，行其禮樂，稱先王客而朝❺。《春秋》作新王之事，變周之制。當正黑統，而殷、周為王者之後，絀夏改號禹謂之帝，錄其後以小國，故曰「絀夏存周」。以《春秋》當新王，不以侯，弗同王者之後也。稱「子」又稱「伯」何？見殊之小國也❻。

黃帝之先諡，四帝之後諡，何也？曰：帝號必存五，帝代首天之色，號至五而反。周人之王，軒轅直首天黃號，故曰黃帝云。帝號尊而諡卑，故四帝後諡也❼。帝，尊號也，錄以小何❽？曰：遠者號尊而地小，近者號卑而地大，親疏之義也。故王者有不易者❾，有再而復者❿，有三而復者⓫，有四而復者⓬，有五而復者⓭，有九而復者⓮。明此通天地、陰陽、四時、日月、星辰、山川、人倫，德侔天地者稱「皇帝」，天祐而子之，號稱「天子」⓯。故聖王生則稱天子，崩遷則存為三王，絀滅則為五帝，下至附庸，絀為九皇，下極其為民⓰。有一謂之三代，故雖絕地，廟位祝牲猶列於郊號，宗於代宗。故曰：聲名魂魄施於虛，極壽無疆⓱。

【章　旨】本章以《春秋》經文「杞伯來朝」為據，詳述孔子以《春秋》行新王之法，依三統之說而變周之制，絀夏存周，並分別錄其後以大、小之國。對歷代先王，包括三王、五帝、九皇以及下極而之於民，亦各按親疏之義作了敘述，並認為他們的聲名與魂魄將永存於天地之間。

【注　釋】❶春秋曰七句　杞，古國名。周武王滅商，封夏禹之後東樓公於杞。杞建都於雍丘，故址在今河南杞縣。

杞伯，據《公羊傳》，《春秋》對王者之後稱公，其餘大國稱侯，小國稱伯、子、男。杞為小國，故稱其君為杞伯。事見《春秋》魯莊公二十七年（西元前六六七年）、文公十二年（西元前六一五年）、成公四年（西元前五八七年）及十八年（西元前五七三年）。以《春秋》當行新王，《公羊傳》原文為「《春秋》當新王」，此處疑衍一「行」字。對杞國之君何以不稱公作出回答是：因為孔子以《春秋》當新王之法，按通三統原則絀夏禹為帝，夏之後為小國，故稱其君為伯。❷王者之法五句　此謂孔子修《春秋》為新王立法，王者通三統，《春秋》為繼周之新王，其前二王即為殷、周，故需正三王之名號，絀夏於三統之外，推居於五帝之列，封其後以小國，使奉祀其先祖。按：此下直至「見殊之小國也」，均為對「《春秋》當新王者奈何」的回答。❸下存二王之後以大國四句　依照通三統的原則，新王須存前二王之後，封以大國。《禮記・郊特牲》：「天子存二王之後，猶尊賢也。」《春秋》魯隱公三年（西元前七二〇年）春王二月《公羊傳》何休注：「王者存二王之後，使統其正朔，服其服色，行其禮樂，所以尊先聖通三統。師法之義，恭讓之禮，於是可得而觀之。」如周為新王後，即封夏之後於杞，殷之後於宋，各在其境內行其正朔、服其服色，朝會時待以客禮而不臣，以示對先王之敬重。末句「稱客其朝」，他本多作「稱客而朝」。❹同時稱帝者五四句　句中「瑞」，原注已言他本作「端」，且上章已有「三統五端」之句，應作「端」。新王與二王之後，合為三王。三王之前，上推稱帝者五，故言同時稱帝者五，稱王者三，以與五端、三統相對應。五端，董仲舒以《春秋》經文首句「元年春王正月公即位」為求王道之端，謂之五端。元年之元為元氣，大始而正本；春者，天之始作為也；王者，人之始也；正月，一歲為政之始，大一統也；公即位，以王之政正諸侯，以諸侯之正正境內也。❺是故人之王十三句　據諸本句首「是故」下脫一「周」字。此言按通三統原則，周為新王時當上推五帝九皇、下存二王後之事。九皇，指五帝以前之諸王。董仲舒作九皇，孔安國《尚書・序》、皇甫謐《帝王世紀》皆作三皇，《白虎通義》則以伏羲、神農、燧人為三皇。諸說皆異。以下神農、黃帝、顓頊、帝嚳、帝堯、帝舜，皆為傳說中古代之帝王。神農，又稱炎帝。《白虎通義・號》：「謂之神農何？古之人民，皆食禽獸肉。至於神農，人民眾多，禽獸不足，於是神農因天之時，分地之利，制耒耜，教民耕作，神而化之，使民宜之，故謂之神農也。」黃帝，《史記・五帝本紀》稱：「黃帝者，少典之子，姓公孫，名曰軒轅。」《大戴禮記・五帝德》以黃帝為五帝之首，稱其「與赤帝戰於阪泉之野，三戰然後得行其志」。《白虎通義・號》：「黃者，中和之色，自然之性，萬世不易。黃帝始作制度，得其中和，萬世常存，故稱黃帝也。」顓頊，《大戴禮記・五帝德》稱：「顓頊，黃帝之孫，昌意之子也，曰高陽。」帝嚳，名高辛。《史記・五帝本紀》：「帝嚳高辛者，黃帝之曾孫也。」又云：「高辛於顓頊為族子。」帝堯，名放勳，帝嚳之子，號陶唐。帝舜，名重華，自昌意至帝舜七世。相傳堯傳位於舜。周為新王時，則以黃帝、顓頊、帝嚳、帝堯、帝舜為五帝。司馬遷在《史記》中立有〈五帝本紀〉，其文云：「學者多稱五帝，尚矣。然《尚書》獨載堯以來，而百家言黃帝，其文不雅馴，薦紳先生難言之。孔子所傳〈宰予問五帝德〉、〈帝系姓〉，儒者或不傳。余嘗西至空桐，北過涿鹿，東漸於海，南浮江淮矣，至長老皆各往往稱黃帝、堯、舜之處，風教固殊焉，總之不離古文者近是。」錄五帝以小國，謂周為新王時，列五帝之後封以小國，使奉其祭祀。《史記・周本紀》云：「武王追思先聖王，乃褒封神農之後於焦，黃帝之後於祝，帝堯之後於薊，帝舜之後於陳。」下存禹之後於杞，禹，傳說時代之聖君，因治水有功，被舜舉為國君。為夏之立國者。周武王滅商，封「大禹之後於杞」（《史記・周本紀》）。又，《正義》引《括地志》：「汴州雍丘縣，古杞國。《地理志》云：古杞國理此城。周武王封禹後於杞，號東樓公，二十一代為楚所滅。」存湯之後於宋，湯，亦稱武湯、成湯。商朝的建立者。原為商族領袖，與有莘氏通婚，任用伊尹執政。後滅夏立商。周武王滅商後，封紂子武庚、祿父以續殷祀，使蔡叔、管叔傅相之。成王時管蔡與武庚一起作亂，周公誅武庚、殺管叔、放蔡叔，命微子開代殷後，奉其先祀。微子開是帝紂之庶兄，建國於宋，稱公。使服其服，行其禮樂，稱先王客而朝，指夏商之後所建之杞、宋二國，仍可在各自國內服其服色，行其正朔和禮樂制度；赴周朝會，可享受賓客待遇，不必行君臣之禮。但實際上杞與宋在其國內仍行先王之制時間也沒有多久，這從孔子的下面一段話裡可以得到證明：「子曰：夏禮，吾能言之，杞不足徵也；殷禮，吾能言之，宋不足徵也。文獻不足故也。足，則吾能徵之矣。」（《論語・八佾》）❻春秋作新王之事十二句　此言孔子在《春秋》中改變周制而行新王之事。內容包括存殷、周為二王之後，絀夏禹入五帝之列；由於夏禹已為五帝之一，其後裔杞國亦由二王之後變為五帝之後，因而杞國國君亦不再稱杞侯而改稱杞伯，並封以小國，以便與周二王之後有所區別。稱「子」又稱「伯」，《春秋》於莊公二十七年（西元前六一五年）、成公四年（西元前六三三年）則書「杞子來朝」，是於杞既稱「子」又稱「伯」。❼黃帝之先諡十二句　此言五帝稱謂中，諡與號孰先孰後之原由。諡是古時帝王和貴族死後依其生前行狀給予的一個帶有評價性的稱號，有美諡、惡諡之分。《逸周書・諡法解》：「諡者，行之跡也；號者，功之表也；車服者，位之章也。是以大行受大名，細行受細名，行出於己，名生於人。」帝王之諡，由禮官議上；臣下之諡，由朝廷賜予。黃帝之先諡，黃為諡，帝為號，故稱「先諡」。四帝後諡，指帝顓頊、帝嚳、帝堯、帝舜四帝，顓頊、嚳、堯、舜皆為諡，在帝號之後，故稱「後諡」。帝號必存五二句，鍾肇鵬校釋本作「帝號必存五代，黃首天之色」。謂三王以上之帝數必為五，以與五端相應；首天之色即黃色。謂黃帝之黃為首天之色，而帝為首天之號。蔡邕《獨斷・帝謚》：「靖民則法曰黃。」黃為美謚。周人之王，軒轅直首天黃號，故曰黃帝云，意謂周人為新王時，正值軒轅氏為五帝之首，處於天色的第一色，即黃色，故稱黃帝。帝號尊而謚卑，故四帝後謚也，四帝之謚與其號相比，帝號比謚更尊貴，所以都是帝號在先而謚在後。❽錄以小何　句中「小」下，鍾肇鵬校釋本據陶鴻慶《讀諸子劄記》補一「國」字。陶曰：「『小』下當有『國』字。上文云：『封其後以小國。』『錄其後以小國。』皆其證。」❾王者有不易者　指天與道皆不變。道指王道。董仲舒在與漢武帝的第三次對策中稱：「道之大原出於天，天不變，道亦不變。」《漢書》本傳）❿有再而復者　指一質一文交替反復。《白虎通義・三正》引《禮三正記》：「文質再而復。」又云：「王者必一質一文者何？所以承天地，順陰陽。陽之道極則陰道受，陰之道極則陽道受，明二陰二陽不能相繼也。」⓫有三而復者　指正朔三度而反復。亦即由建寅、建丑、建子三個曆法體系循環往復。《白虎通義・三正》：「正朔有三何？本天有三統，謂三微之月也。」又引《禮三正記》：「正朔三而改。」⓬有四而復者　有二說。蘇輿以為是「一商一夏，一質一文」。鍾肇鵬校釋本則以為「當指春、夏、秋、冬而言」。似以蘇說較勝。⓭有五而復者　即上文所言「帝號必存五代」、「號至五而反」。⓮有九而復者　指五帝前之九皇，九度而復。⓯明此通天地陰陽四時日月星辰山川人倫四句　句中「祐」即「佑」字。明此，指明於上述自「王者有不易者」至「有九而復者」的道理。明於上述王者之道，而又能窮天人之際，德配天地的便可稱為皇帝；得到上天佑護並被認為其子的，便可稱為天子。這是董仲舒對皇帝、天子稱號作出的解釋。天子之稱，古人解釋還有很多。如《禮記・曲禮下》：「君天下曰天子。」《呂氏春秋・孟春紀・本生》：「始生者，天也；養成之者，人也。能養天之所生而勿攖之謂天子。」《白虎通義・爵》：「所以稱天子者何？王者父天母地，為天之子也。」至於皇帝的稱號，實際上始於秦始皇，事見《史記・秦始皇本紀》。始皇帝二十六年（西元前二二一年）使丞相衛綰、御史大夫馮劫、廷尉李斯議帝號，經與博士等議後奏議稱「泰皇」，「王曰：去『泰』著『皇』，采上古『帝』位號，號曰『皇帝』。」⓰聖王生則稱天子六句　此言為王者生、死、絀、降之不同稱謂。崩遷，指帝王之死。《禮記・曲禮下》：「天子死曰崩。」遷，即遷化，隱諱死之稱。先二代之王崩遷後存於二王之後。絀滅，指早於三王以前之王，因離今王年代久遠被絀退至五帝的行列。九皇，泛指遠古先王。附庸，指封地不及方圓五十里的小國，為諸侯之附庸。《禮記・王制》：「不合於天子，附於諸侯，曰附庸。」注：「不合謂不朝會也。小城曰附庸。附庸者，以國事附於大國，未能以其名通也。」《孟子・萬章》：「不能五十里，不達於天子，附於諸侯，曰附庸。」謂屬於九皇後裔者，當降為諸侯之附庸。民，指上推九皇以前王之後裔，則降為民。古先聖王之後裔，隨著時間的推移，其社會地位亦逐級下降，直至最後成為平民。⓱有一謂之三代七句　有一謂之三代，難以通解。蘇輿以為「『三』，疑『先』之誤。『有』與『又』同，『一』猶『同』也」。大意謂：雖下降為平民，亦同樣是先王之後裔。故雖絕地，因已下降為民，故不再有封地。廟位祝牲猶列於郊號，郊，指君王在京郊舉行祭天的儀式。《荀子・禮論》：「郊者，並百王於上天而祭祀之。」君王郊祭上天時，先王的廟位（即神主）、祝牲（指祭祀時供祝的犧牲），亦並列於祭臺之上。《漢舊儀》：「祭三王、五帝、九皇、六十四民，皆古帝王，凡八十一姓。」宗於代宗，代宗即「岱宗」，指泰山。謂在泰山行封禪之禮時，先王亦受到尊崇而一起被陪祭。聲名魂魄施於虛，極壽無疆，虛，虛空，指天地之間。《晉書・天文志上》：「日月眾星，自然浮生虛空之中，其行其止，皆須氣也。」意謂先王之聲名和魂魄，復歸於天地之間，永世長存。《禮記・郊特牲》：「魂氣歸於天，形魄歸於地，故祭求陰陽之義也。」《白虎通義・情》：「魂猶紜紜也，行不休也。少陽之氣，故動不息，於人為外，主於情也。」

【語　譯】《春秋》中說：「杞伯前來朝見。」王者的後裔按規定應當稱「公」，這裡為什麼對杞國國君不稱「公」而稱「伯」呢？《春秋》上絀退夏朝，下存撫周的後裔，這說明它秉掌的是作為新王的行事原則。那麼《春秋》以新王行事具體又是怎麼樣呢？回答說：作為新王立法，必須改正前王名號，將三王之一絀退上推到五帝的行列，封給它的後裔一個小國，使它得以奉祀先祖。存撫新王以前二王的後裔，各封給一個大國，讓他們依舊穿先王的服色，通行先王的禮樂制度，可以賓客的身分朝見新王。這樣，同時稱帝的有五位，稱王的有三位，以便與五端、三統相對應。所以當周人為王的時候，就要把神農上推到九皇的行列，改稱軒轅為五帝之首的黃帝，保存帝顓頊、帝嚳、帝堯的帝號，絀退虞改舜稱帝舜，列出以上五帝的後裔，各封給一個小國。五帝之下再存撫二王的後裔，亦就是封給禹的後裔杞國，封給湯的後裔宋國，土地一百里方圓，爵號稱公。都讓他們依舊穿先王的服色，通行先王的禮樂制度，可以賓客的身分朝見新王。孔子寫《春秋》作為新王行事，要改變周朝的制度。三統中正當黑統，把殷、周作為二王之後，從三王中絀退夏朝，改稱禹為帝，封給他的後代一個小國。所以說是「絀夏存周」。《春秋》相當於新王，不稱杞侯，表示它是與王者之後不同的。那麼為什麼有時稱它為子爵，有時又稱它為伯爵呢？這是為了顯示它是不同於一般的小國。

五帝中，黃帝的謚號在帝號前面，另外四帝的謚號在帝號後面，這是為什麼呢？回答說：帝號必須是五個，黃色是天色的第一位，而帝號到了第五個就要反復。周人稱王的時候，正值軒轅氏為五帝之首，對應於天色第一位的黃色，所以被尊稱為黃帝。由於帝號尊貴，所以五帝中後面四帝都是帝號在前，謚號在後。既然帝號比王號尊貴，那又為什麼五帝的後裔反而只封小國呢？回答說：時代久遠的先王，名號雖然尊貴但封地較狹小；時代比較近的先王，名號雖然比較卑微封地反而廣大，那是為了從時間的遠近上與新王區別親疏關係的緣故。所以王者治國的道理，有的是永恆不變的，有的是二者循環反復的，有的是三者相互反復的，有的是四者相互反復的，有的是五者相互反復的，有的是九者相互反復的。明白了這些道理，進而通達天地、陰陽、四時、日月、星辰、山川與人倫之間互為影響的關係，在德行方面又能與天地齊等的人，可稱為皇帝；得到上天佑護並被上天作為兒子看待的，可稱為天子。這樣，聖明的聖王，在世時稱為天子，去世以後進入三王之列，超過三代絀退三王行列上推稱為五帝，他們的後裔下降為附庸；再往上推，退出五帝行列成為九皇，他們的後裔下降到最低層，就成為平民。雖然下降為平民，他們仍然還是先王的後裔；儘管已經沒有封地，但在郊祀祭天時，他們的先王依舊列有陪祭的廟位，供祝的犧牲；在泰山行封禪之禮時，亦照樣被供於尊位。所以說，歷代先王的聲名和魂魄永存於天地之間，萬壽無疆。

【研　析】本章後半部分有張歷代先王的等第排列表，頗可一說。

蘇輿《春秋繁露義證》引《漢舊儀》有這樣一段話：「祭三王、五帝、九皇、六十四民，皆古帝王，凡八十一姓。」這亦是一張等第表，與本章中所列名號是相同的，不同處在於董仲舒是從今王如何對待歷代先王這個角度提出問題來的，排列的順序是依照正統的王朝更迭，對待的原則是所謂「親疏之義」。

據此，他將歷代先王以時代的遠近分為四個等級，即三王、五帝、九皇以及民。新王加上被封以大國的前二代王的後嗣為三王，構成所謂三統；再往前推五代為五帝，封其後以小國；五帝以前為九皇，其後裔降為諸侯國之附庸；九皇以上先王的後代便絕地而列為民。這樣一個以漢民族和中原地區為中軸線，按照與今王遠近親疏的不同關係，綜合而成為一個統一的九皇、五帝、三王的承續系統，其中包括了各個民族、各個地區有關遠古先王的種種神話傳說，從而把文化的多元起源整合成為一元起源。仔細研究一下這個歷史排列該是一件很有興味也頗有意義的事。在這裡，我們只能簡略說兩點意思，一是它對歷史的警示作用，一是它對歷史的實際影響。

董仲舒的這張排列表實際上告訴人們，沒有一個王朝是可以永世長存的，即使是所謂受天命之王，「天祐而子之，號稱天子」，亦有天命終絕的時候，「崩遷存為三王，絀滅則為五帝」。同樣，帝王的後裔亦將隨著時間的推移，地位不斷向下降落：先是封以大國，繼而封以小國，接著就「下至附庸」，最後完全失去封地，「下極其為民」。這個認識，該是古人總結了大量歷史事實，特別是經歷了春秋戰國長達四、五百年的戰亂以後得來的。「周之所封四百餘，服國八百餘，今無存者矣，雖存皆嘗亡矣！」（《呂氏春秋．先識覽．觀世》）這就是當時人們的感歎。所以孟子說：「君子之澤，五世而斬。」（《孟子．離婁下》）孟子還不斷按照他的觀點向世人發出警告：「三代之得天下也以仁，其失天下也以不仁。國之所以廢興存亡者亦然。天子不仁，不保四海；諸侯不仁，不保社稷；卿大夫不仁，不保宗廟；士庶人不仁，不保四體。」（《孟子．離婁上》）這樣的認識，顯然要比秦始皇稱皇帝時，宣告「朕為始皇帝，後世以計數，二世、三世至於萬世，傳之無窮」（《史記．秦始皇本紀》）要明智而又現實得多。任何帝王、權貴都不可能千年百代傳承下去。歷史的演進猶如長江大河，任何人都無法改變這個不斷變動的趨勢。東晉王導、謝安兩大世族，曾經顯赫一時，富貴無匹。但當唐代詩人劉禹錫路過王謝舊居時，看到的已是一片敗落，滿目蒼涼。詩人吟詠道：「朱雀橋邊野草花，烏衣巷口夕陽斜。舊時王謝堂前燕，飛入尋常百姓家。」這是多麼深刻的歷史惋歎！

再說一點，董仲舒的這張等第表在歷史上產生的實際影響。就以其中的「存二王之後」來說吧，漢是將秦排除在正統之外逕自繼周而興的，這樣漢的存二王之後，便是立殷、周之後。但經歷了數百年的戰亂，要找到真正的殷、周之後，已是一件頗不容易的事。史書第一次提到漢對二王後的封事是在武帝元鼎四年（西元前一一三年）。《史記．孝武本紀》：是年武帝「過雒陽，下詔曰：『三代邈絕，遠矣難存。其以三十里地封周後為周子南君，以奉先王祀焉。』」《史記》沒有說這個找到的「周後」是誰，《漢書．武帝紀》說了，是一個「孽子」，即媵妾所生之子，名叫「嘉」。文中稱：這年孟冬十月，武帝在雍祀五時，在汾陰立后土祠，還至洛陽以後，下詔說：「觀於周室，邈而無祀，詢問耆老，乃得孽子嘉，其封為周子南君，以奉周祀。」原來這個嘉還是臨時問了耆老才找到的，這使後人對他是否真是周王室的後裔產生了懷疑。有人認為他是衛國的後裔，儘管衛的始封康叔亦是周文王的幼子，但畢竟不是嫡長。至於殷的後代，那就更加杳如黃鶴，終武帝之世也沒有找到。到漢成帝綏和元年（西元前八年）再次重提存二王後之事，殷的後裔還是踏破鐵鞋無覓處，最後只好找了個孔子的後代孔吉來湊數。詔文是這樣寫的：「『蓋聞王者必存二王之後，所以通三統也。昔成湯受命，列為三代，而祭祀廢絕，考求其後，莫正孔吉，其封吉為殷紹嘉侯。』三月，進爵為公，及周承休侯皆為公，地各百里。」所以在漢代要存二王之後已經是這樣困難，若是依照董仲舒的排列表，再要錄五帝後以小國，列九皇後於附庸，那是根本無法付之操作實施的事。也許把實際上辦不到的事託之於虛空的形式，是合乎思維邏輯的，於是在《漢舊儀》上就有了本文頭裡提到的那樣一段話：「祭三王、五帝、九皇、六十四民，皆古帝王，凡八十一姓。」好在祭祀時多設幾個神主牌位，多供幾份犧牲，畢竟還是容易辦到的事。

魏晉以後直至隋唐，情況就有所不同。這個時期新舊王朝的更迭都是直接發生的，因而如何處置前朝後裔便成了一個擺在新王面前的極為現實的問題。處置的原則首先自然要有利於新朝的鞏固，但同時又要把事情做得冠冕堂皇。這時候人們又想到董仲舒的「存二王之後」那一套做法，唐代的杜佑還把它作了兼併和概括，變成了「二王三恪」。他在《通典．賓禮》中說：「周得天下，封夏、殷為二王後，又封舜後謂之三恪。恪，敬也，義取王之所敬也，並二王後為三國。其後轉降，示敬而已，故曰三恪。」

從魏晉以後的實際情況看，列朝對前王都是有所分封的。如魏封禪位的漢獻帝為山陽公，晉封曹魏的末帝為陳留王，劉宋封東晉末帝為零陵王，蕭齊封劉宋末帝為汝陰王，蕭梁封蕭齊末帝為巴陵王，陳封蕭梁末帝為江陰王，隋封周靜帝為介國公，唐封隋帝楊侗為酅國公，封北周後為介國公。五代，梁取代唐，封唐李氏宗子李嵷為萊國公、隋楊氏子為酅國公作二王後，又以北周元氏後為韓國公。但如果進一步剖視一下這些作為二王後即亡國之君或其後裔的實際遭遇，卻大多悽惶悲涼，有的被殺，有的悒鬱而終。魏末帝曹奐禪位後，被晉武帝封為陳留王後還活了三十七年，境況史闕其詳。但總體看來，曹氏宗室在晉處處遭忌，如曹植之子曹志，因參議齊王司馬攸之事有違於晉武帝而被免官居家喜怒失常而卒，估計曹奐的境況也不會好多少。劉裕建立劉宋王朝後，封晉恭帝為零陵王，《晉書．恭帝紀》稱其「居於秣陵，行晉正朔，車旗服色一如其舊，有其文而不備其禮。帝自是以後，深慮禍機，褚后常在帝側，飲食所資，皆出褚后，故宋人莫得伺其隙。宋永初二年（西元四二一年）九月丁丑，裕使后兄叔度請后，有間，兵人逾垣而入，弒帝於內房，時年三十六」。可見冠冕堂皇的對外宣告與內裡實際執行的並不是一回事，二者各有其用。南朝齊高帝蕭道成在劉宋順帝遜位後，「封帝為汝陰王，待以不臣之禮，行宋正朔，上書不為表，答書不稱詔」（《宋書．順帝紀》）；但不久宋順帝即為蕭道成所殺，而「宋之王侯，無少長皆幽死」（《南史．宋本紀》）。梁武帝在齊和帝禪位後的第一天，須詔宣告：「奉帝為巴陵王，宮於姑孰，行齊正朔，一切如故事。」（《南齊書．和帝紀》）但第二天就把和帝殺掉了。陳霸先即位後，又把前代的故事演了一遍：先封梁敬帝為江陰王，「行梁正朔，車旗服色，一依前准，宮館資待，務盡優隆」（《梁書．元帝紀》）；但不久，「江陰王薨於外邸」（《梁書．敬帝本紀》），實際是陳霸先派人殺了的。南朝是如此，北朝也沒有例外。隋文帝受禪後，封北周靜帝為介公，同時卻大肆誅滅宇文氏諸王，介公被封後三個月，亦被隋文帝祕密殺害。隋恭帝禪位於唐高祖李淵，被封為酅國公，只有一年時間，便不明不白死去，要到過了二十四年後的貞觀十七年（西元六四三年），由於旱災與日食，唐太宗以為是上天警示，這才依禮安葬了恭帝。隋楊的後代，在唐朝的日子也過得頗為艱難。玄宗時，有煬帝的玄孫楊慎餘、楊慎矜、楊慎名弟兄三人，一度得到玄宗器重，其中楊慎矜官至御史中丞。但他們作為前王的後裔，玄宗總是心存芥蒂，在一旁的李林甫便乘機中傷，說楊慎矜「是隋家子孫，心規克服隋室，故畜異書，與凶人來往，而說國家休咎」。玄宗一聽果然相信，結果是「詔楊慎矜、慎餘、慎名並賜自盡」。「慎名嘗覽鏡，見其鬚面神采，有過於人，覆鏡歎惋曰：『吾兄弟三人，盡長六尺餘，有如此貌，如此材，見容當代以期全，難矣！何不使我少體弱耶？』竟如其言。」（《舊唐書．楊慎矜傳》）前朝的後裔，要想在新朝見容期全，難矣哉！所謂「存二王之後」云云，只不過是在血淋淋的皇權爭奪戰中，作為勝利者的新王用來掩飾其兇殘面目的一塊遮羞布罷了。「存二王之後」的做法，形式上在唐以後仍還繼續，如朱溫建立的梁取代唐後，即以唐室宗子李嶸為萊國公，以介國公為三恪，而以酅國公、萊國公為二王後。扮演了千百年的戲劇，是很難一下子退出歷史舞臺的，我們如果讀一下溥儀的《我的前半生》，對照一下他的後半生的經歷，就不難看到某種相似的歷史影子。

第六章

何謂再而復、四而復❶？《春秋》鄭忽何以名？《春秋》曰：「伯子男一也，辭無所貶。」❷何以為一？曰：周爵五等，《春秋》三等❸。《春秋》何三等？曰：王者以制，一商一夏，一質一文。商質者主天，夏文者主地，《春秋》者主人，故三等也❹。

主天法商而王，其道佚陽，親親而多仁樸❺。故立嗣予子，篤母弟❻，妾以子貴⑦。昏冠之禮，字子以父，別眇⑧。夫婦對坐而食⑨，喪禮別葬⑩，祭禮先臊⑪，夫妻昭穆別位⑫。制爵三等，祿士二品⑬。制郊宮⑭，明堂員⑮，其屋高嚴侈員⑯。惟祭器員⑰，玉厚九分，白藻五絲⑱。衣制大上，首服嚴員⑲。鸞輿尊蓋，法天列象，垂四鸞⑳。樂載鼓㉑，用錫儛，儛溢員㉒。先血毛而後用聲㉓。正刑多隱，親戚多諱㉔。封禪於尚位㉕。

主地法夏而王，其道進陰，尊尊而多義節㉖。故立嗣與孫，篤世子㉗，妾不以子稱貴號㉘。昏冠之禮，字子以母㉙，別眇。夫婦同坐而食㉚，喪禮合葬㉛，祭禮先享㉜，婦從夫為昭穆㉝。制爵五等，祿士三品㉞。制郊宮，明堂方，其屋卑污方㉟。祭器方，玉厚八分，白藻四絲。衣制大下，首服卑退㊱。鸞輿卑，法地周象載㊲，垂二鸞。樂設鼓，用纖施儛㊳，儛溢方。先烹而後用聲。正刑天法㊴。封壇於下位㊵。

主天法質而王，其道佚陽，親親而多質愛㊶。故立嗣予子，篤母弟，妾以子貴。昏冠之禮，字子以父，別眇。夫婦對坐而食，喪禮別葬，祭禮先嘉疏㊷，夫婦昭穆別位。制爵三等，祿士二品。制郊宮，明堂內員外橢，其屋如倚靡㊸員橢。祭器橢，玉厚七分，白藻三絲。衣長前衽㊹，首服員轉㊺。鸞輿尊蓋，備天列象㊻，垂四鸞。樂程鼓㊼，用羽籥儛㊽，儛溢橢。先用玉聲而後烹㊾，正刑多隱。親戚多赦[50]。封壇於左位。

主地法文而王，其道進陰，尊尊而多禮文[51]。故立嗣予孫，篤世子，妾不以子稱貴號。昏冠之禮，字子以母，別眇。夫妻同坐而食，喪禮合葬，祭禮先秬鬯[52]，婦從夫為昭穆。制爵五等，祿士三品。制郊宮，明堂內方外衡，其屋習而衡[53]。祭器衡同，作秩機[54]，玉厚六分，白藻三絲[55]。衣長後衽，服首習而垂流[56]。鸞輿卑，備地周象載，垂二鸞。樂縣鼓[57]，用萬儛，儛溢衡[58]。先亨而後用樂。正刑文公[59]。封壇於左位[60]。

【章　旨】以《春秋》直指鄭忽之名為據，論定《春秋》合伯子男為一等，進而引申出王者之制有「一商、一夏，一質、一文」四法，然後詳述此四法亦即四種循環往復的禮制模式。

【注　釋】❶何謂再而復四而復　此設問意謂在禮儀制度中，哪些為二者反復，哪些為四者反復。其答案皆在下文對四種禮儀制度的具體敘述中。❷春秋鄭忽何以名四句　鄭忽，即春秋時之鄭昭公，鄭莊公之子。莊公卒，祭仲立忽為昭公，宋逼祭仲立公子突，忽出奔於衛。其事載《春秋》魯桓公十一年（西元前七〇一年）：「鄭忽出奔衛。」何以名，意謂《春秋》在記載此事時，為何直指鄭忽之名而不稱其爵號。《春秋》曰，此下係傳文非經文，故應作「《公羊傳》曰」。伯子男一也，辭無所貶，此即《公羊傳》對「《春秋》鄭忽何以名」所作的解釋。《春秋》對當年喪父的國君皆貶爵以稱，如宋桓公卒，宋襄公即位，經文便稱他為「宋子」而不稱「宋公」，即由公爵降至子爵。鄭忽原為「伯」。此處所問便是：《春秋》為何不按慣例貶爵稱鄭忽為「鄭子」而是直指其名？《公羊傳》的回答是：因為《春秋》改周之文，從殷之質，合伯子男三等為一等，稱其子並不能貶其爵，故去爵而直稱其名以貶之。❸何以為一四句　此是問《公羊傳》所言伯子男為一是什麼意思。董仲舒的回答是：西周的爵制分為五等，孔子作《春秋》，把爵制改為三等。

《春秋》魯僖公九年（西元前六五一年）：「夏，公會宰周公、齊侯、宋子、衛侯、鄭伯、許男、曹伯于葵丘。」這裡所提到爵號正好有公、侯、伯、子、男五等，其中宋子是宋襄公，因在喪未逾年，故降爵稱子。《禮記・王制》：「王者之制祿爵，公、侯、伯、子、男凡五等。」亦有異者，如《孟子・萬章下》載北宮錡問周室之爵，孟子曰：「天子一位，公一位，伯一位，子、男同一位，凡五等也。」《春秋》三等，即把伯、子、男合為一等。《公羊傳》魯隱公五年（西元前七一八年）：「天子三公稱公，王者之後稱公，其餘大國稱侯，小國稱伯子男。」❹春秋何三等九句　《春秋》何三等，鍾肇鵬本據淩曙校注補一「以」字，作「《春秋》何以三等」。一商一夏二句，指商質者主天，夏文者主地；主天法質而王，主地法文而王，亦即下文所闡釋的四種禮制模式。《春秋》者主人二句，句中「人」，疑為「天」之訛。意謂《春秋》爵所以為三等，是因為《春秋》主天法質而王，故合伯子男為一作三等。全句係董仲舒對《春秋》爵何以分三等的解釋。類似的解釋，在漢代時間上與董仲舒相近的尚有：劉向《說苑・修文》：「商者常也，常者質，質主天；夏者大也，大者文也，文主地。故王者一商一夏，再而復者也。」《白虎通義・爵》：「爵有五等，以法五行；或三等者，法三光也。或法三光，或法五行何？質家者據天，故法三光；文家者據地，故法五行。」所謂三光是指明日、月、星辰。此外《含嘉文》等緯書亦有所論述，都是對董說的解釋。本書〈十指〉篇亦提到《春秋》「承周文而反之質」。關於文與質，孔子在《論語・雍也》說：「質勝文則野，文勝質則史，文質彬彬，然後君子。」文是文采，質為質樸。文與質的關係，常常表現為形式與內容的關係。孔子對禮雖然也說過：「周監於二代，郁郁乎文哉，吾從周。」（《論語・八佾》）然而承周文敝之後，他更傾向於儉樸而質直。作為禮儀的風尚，在質與文的關係上，自然會不斷在二極之間反覆演化，但董氏把夏商與法天地聯繫在一起，不免使他的論述染上神學的色彩。❺主天法商而王三句　此下為董仲舒設想的四種循環往復的禮儀制度之一。天與地，商與夏，質與文，都是互相對應的，以之組合成四種往復循環的禮制模式。主天法商而王，此謂王者若主天則法商而尚質。天屬陽，地屬陰，故下文言「其道佚陽」。佚陽，猶溢陽。意謂其道盛於陽氣。親親而多仁樸，親親，指兄弟間相親親，質家多親親。何休《公羊解詁》魯桓公十一年（西元前七〇一年）：「王者起所以必改質文者，為承衰亂救人之失也。天道本下親親而質省，地道敬上尊尊而文煩。故王者始起先本天道以治天下，質而親親，及其衰敝，其衰也親親而不尊，故後王起，法地道以治天下，文而尊尊，及其衰敝，其失也尊尊而不親，故復反之於質也。」❻立嗣予子二句　謂君王雖立子為嗣，然亦親於同母之兄弟。篤，厚待。《春秋》魯隱公七年（西元前七一六年）：「齊侯使弟來聘。」《公羊傳》：「其稱弟何？母弟稱弟，母兄稱兄。」

何休《公羊傳解詁》注云：「《春秋》變周之文，從殷之質，質家親親，明當厚異於群公子也。」所謂篤母弟，實際反映的是商代王位傳承為立子與立弟並行的制度。湯以後，在《史記・殷本紀》有記載的十七世三十一帝中，兄終弟及的便有十三次之多。結果是「自中丁以來，廢適而更立諸弟子，弟子或爭相代之，比九世亂，於是諸侯莫朝」。殷商之後，兄終弟及之制尚有餘緒。如宋微子啓卒，由其弟衍即位；閔公卒，由其弟煬公熙立；宣公卒由其弟和立，是為穆公；穆公卒，立其兄之子與夷為殤公。由於立子立弟二制並行，宗室諸弟間爭奪君位的矛盾頗為尖銳。❼妾以子貴　在古代一夫多妻制度下，正妻之子稱嫡子，媵妾之子稱庶子。若君王無嫡子可立，則庶子亦可被立為太子，並繼位為國君，其母的地位亦將隨之提高，原來是媵妾的，可以成為正夫人。《春秋》隱公元年（西元前七二二年）《公羊傳》：「母以子貴。」何休注：「禮，妾子立，則母得為夫人。」漢代妾以子貴之例，如文帝母薄姬原為魏王豹宮女，漢滅魏，薄姬輸織室，劉邦納於後宮，生劉恆，恆立為代王，後由大臣迎立為文帝，文帝尊其母為皇太后。❽昏冠之禮三句　昏冠之禮，指婚禮與冠禮。冠禮即古代貴族男子的成人禮。一般二十而冠，天子與諸侯亦可十二而冠。商禮尚質，婚禮迎於堂，冠禮亦行之於堂。字子以父，字，用如動詞，意為取表字。古代貴族男子除名外，又有表字，如《史記・老子列傳》：「姓李氏，名耳，字伯陽。」通常行冠禮同時起表字。《禮記・冠義》：「既冠而字之，成人之道也。」字子以父，意謂由父親為其子起表字。眇，微也，此處指未行冠禮之少年。行冠後表示已為成人，要與未成年人有所區別，故言「別眇」。❾夫婦對坐而食　此言夫婦間禮儀。依商禮，夫婦對坐而食。《儀禮・士昏禮》：「婦至，主人揖婦而入。及寢門，揖入，升自西階，媵布席於奧。夫入於室即席，婦尊西南面，媵、御沃盥交。」「御布對席，贊啟會卻於敦南，對敦於北。贊告具，揖婦即對筵，皆坐皆祭，祭薦黍稷肺，贊爾黍，授肺脊，皆食，以湆醬，皆祭舉、食舉也。三飯卒食。」此即所謂「夫婦對坐而食」，合商禮。❿喪禮別葬　謂在喪禮上夫婦分別安葬。《禮記・檀弓上》：「季武子曰：『合葬非古也，自周公以來，未之有改也。』」可知周以前喪禮夫婦別葬。⓫祭禮先臊　謂祭祀時先奉獻未煮過的生腥之肉。臊，腥臊。⓬夫妻昭穆別位　此處言在宗廟內夫妻的神主要分別按昭穆的次序排列。昭穆為古代宗廟之制。太祖居中，二世、四世、六世居左，謂之昭；三世、五世、七世居右，謂之穆。⓭制爵三等二句　謂商代所制定爵號分為公、侯、伯三等，祿分二級。《白虎通義・爵》亦謂：「殷爵三等，謂公、侯、伯也。所以合子、男從伯者何？王者受命改文為質，無虛退人之義，放上就伯也。」但此說似缺少文獻上的直接依據，故《漢書・王莽傳》云：「莽奏言，今制禮作樂，實考周爵五等，地四等，有明文。殷爵三等，有其說，無其文。」從甲骨卜辭看，殷爵有侯、伯、子、婦四種，其間並未見有明確的等級次序。侯有丁侯、伊侯、光侯等；伯有井白、兒白、宋白等。侯、伯都有自己的土地和人民，對商王有進貢、納稅、戍邊等義務。子有子央、子宋等。董作賓〈五等爵在殷商〉一文指出：稱子某者共二十三人，皆為王子，都有封地，封於外服是為了幫助商王加強邊疆的統治。商代「諸婦」之封多達六十四人，她們都領有土地，要為王率兵出征，婦女地位頗高。⑭制郊宮　郊宮，天子在郊外祭祀天地的宮室。《禮記．祭法》：「殷人禘嚳而郊冥，祖契而宗湯。」⑮明堂員　員，通「圓」，下同。明堂是古代天子宣明政教的場所。關於明堂的構制，歷來眾說紛紜。《呂氏春秋》構想的明堂是中方外圓，不同的方位有不同的名稱：東為青陽，南為明堂，西為總章，北為玄堂。四堂各有一個正室稱太廟；二個側室，左側為左个，右側為右个。个，即隔，間隔。《漢書．平帝紀》應劭注曰：「明堂所正四時，出教化。明堂上圜下方，八窗四達，布政之宮，在國之陽。上八窗法八風，四達法四時，九室法九州，十二重法十二月，三十六法三十六旬，七十二牖法七十二侯。《孝經》曰：『宗祀文王於明堂，以配上帝。』上帝謂五時帝太昊之屬。黃帝曰合宮，有虞曰總章，殷曰陽館，周曰明堂。辟雍者，象璧圜，雍之以水，象教化流行。」此外，蔡邕又作〈明堂論〉，對其規制有更詳細的記述。其實此類說法大抵多屬陰陽家理想，很難說歷史上真有過明堂建置。史著有明確記載的已是唐以後的事。武則天垂拱四年（西元六八八年）「春二月，毀乾元殿，就其地造明堂」（《舊唐書．則天皇后紀》）。⑯其屋高嚴侈員　這是董仲舒依主天法商尚質的原則，構想的明堂的規模和形狀。高嚴，即高峻。侈，《周禮．春官．典同》：「侈聲筰。」侈為鐘之十二種病聲之一。鐘口大，中央小，其聲「筰」（迫促）。此處似指明堂之建築狀若鐘，圓形而上小下大。⑰祭器員　謂祭祀所用之尊、彝，罍諸器皆為圓形。⑱玉厚九分二句　意謂祭祀用的玉器其厚度為九分，用白色中雜有其他顏色的五股絲繩串聯玉石。《禮記．玉藻》鄭玄注：「雜采曰藻。」孔穎達疏：「藻謂雜采之絲繩，以貫於玉。」⑲衣制大上二句　謂衣服的式樣上端寬大，所戴的冠高而圓。首服，指冠。⑳鸞輿尊蓋三句　鸞輿，即鸞車。《禮記．明堂位》：「鸞車，有虞氏之路也。」尊蓋，指鸞輿有高大的圓形車蓋。鸞，傳說中的神鳥，雌名和，雄稱鸞。相傳鸞輿行駛時，鸞鳥飛集其上，雄鳴於衡，雌應於軾，其聲鳴曰和敬。法天列象，意謂鸞輿之製作當效法天象，如日月星辰等。《大戴禮記．保傅》：「古之為路車也，蓋圓以象天，二十八橑以象列星，軫方以象地，三十輻以象月。故仰則觀天文，俯則察地理；前視則睹鸞和之聲，側聽則觀四時之運，此巾車教之道。」垂四鸞，即在車前懸掛四個鈴鐺。干寶《周禮》注：「和鸞皆以金為鈴。」㉑樂載鼓　鼓為古代主要樂器。凌曙注引《書鈔》云：「鼓所以檢樂，為群音之長也。」此言建鼓，當是商代鼓的名稱。關於建鼓的沿革，《隋書・音樂志下》稱：「革之屬五，一曰建鼓，夏后氏加四足，謂之足鼓。殷人柱貫之，謂之楹鼓。周人懸之，謂之懸鼓。近代相承，植而貫之，謂之建鼓。蓋殷所作也。」董仲舒以王者受命改制必改樂器，此處「主天法商而王」列載鼓，下文另三種禮制模式則分別列設鼓、程鼓、懸鼓。㉒用錫儛二句　儛，同「舞」。此下諸「儛」字亦同。錫舞，即干舞或武舞。據《文獻通考》，舞者執朱色盾牌，盾背以錫箔為飾，故稱錫舞。《白虎通義・禮樂》：「王者之樂有先後者，各上其德也。此言以文得之先以文，謂持羽毛舞也。以武得之先以武，謂持干戚舞也。」《通典》云：「持朱干玉戚，所以增威武也。戚，斧。干，楯也。」《春秋》魯宣公八年（西元前六〇一年）「萬入去籥。」《公羊傳》：「萬者何？干舞也。籥者何？籥舞也。」何休《公羊解詁》：「干，謂楯也，能為人扞難，而不使害人。故聖王貴之。以為武樂。……吹籥而舞，文樂之長。」湯武以征伐得天下，故「萬舞有奕」，見於〈商頌〉；「方將萬舞」，見於〈邶風〉。儛溢員，謂舞蹈隊排列成圓形。溢，同「佾」。排列。《漢書・禮樂志・郊祀歌》：「千童羅舞成八溢。」㉓先血毛而後用聲　謂祭祀時先奉獻犧牲的毛和血，然後再演奏音樂而人舞。用聲，奏樂。㉔正刑多隱二句　謂若對王室犯罪人員執行刑罰，應於隱蔽之所；對王室親戚犯罪的事，要多予隱諱。傶，古「戚」字。《禮記・文王世子》：「公族之罪，雖親不以犯有司，正術也，所以體百始也。刑於隱者，不與國人慮兄弟也。」又云：「公族其有死罪，則磬於甸人」；「公族無官刑。」㉕封禪於尚位　相傳古代受天命的帝王，都要到泰山築壇祭天稱「封」，在山南梁父山上辟基祭地稱「禪」。《白虎通義・封禪》：「所以必於泰山何？萬物之始，交代之處也。必於其上何？因高告高，順其類也。故升封者，增高也。下禪梁父之基，廣厚也。天以高為尊，地以厚為德。故增泰山之高以報天，附梁甫之基以報地。」行封禪之禮時，祭天地的祭壇有上下左右四方，主天法商而王者，以上方為尚，設天主、地主於祭壇的上位。㉖主地法夏而王三句　此下為董仲舒所設想的四種反復循環禮儀制度之二。其道進陰，指繼主天法商而王的陽道之後，進而轉為主地法夏而王的陰道。尊尊而多義節，指崇尚為子為臣者要敬重君父之尊位，因而多於顯示尊敬尊者的道義和禮節。㉗立嗣與孫二句　依《公羊》說，若嫡子去世，王位的繼承，文家尊尊，主張立其嫡孫，厚待嫡子世系；質家親親，主張立世子弟。主地法夏而王者屬文家，故言「立嗣與孫，篤世子」。何休《公羊解詁》注魯隱公元年（西元前七二二年）：「嫡子有孫而死，質家親親先立弟，文家尊尊先立孫。」㉘妾不以子稱貴號　謂文家主張，若妾子立為君者，其子不得尊母以貴號。㉙字子以母　文家以陰為上，故行冠禮時，由母為其子取表字，以區別於質家的「字子以父」。㉚夫婦同坐而食　亦由於文家以陰為上，故婚禮後，夫婦並坐而食，以區別於質家的夫婦對坐而食。㉛喪禮

合葬　質家是夫婦別葬，文家主張夫婦合葬。《白虎通義・崩薨》：「合葬者何？所以同夫婦之道也。故《詩》曰：『穀則異室，死則同穴。』又《禮記・檀弓》曰：『合葬非古也。自周公以來，未之有改也。』」㉜祭禮先享　享，他本多作「亨」。亨即「烹」。質文二家在祭禮上的區別是，前者先奉未烹煮之生腥牲肉，後者則先奉已烹煮過的牲肉。㉝婦從夫為昭穆　文家主張在宗廟裡，夫婦的神主同依昭穆排列，以區別於質家的夫妻昭穆別位。㉞制爵五等二句　爵五等為公、侯、伯、子、男。祿三等為百里、七十里、五十里。《禮記・王制》：「公、侯，田方百里，伯七十里，子、男五十里。」《白虎通義・爵》：「士有三等，有百里，有七十里，有五十城。」㉟其屋卑污方　言明堂房屋比較低矮，呈方形。蘇輿注：「『污』同『窪』，下也。」康有為《春秋董氏學》：「今之宮室方衡卑污，遵用夏說。蓋禹卑宮室，孔子美之，以古者徭役皆用民力，非若後世雇役。故築三臺，築南門，皆譏不恤下，故貴卑衡也。」㊱首服卑退　意謂文家之冠前低後高，呈俯仰之狀，以示謙卑；有別於質家之高而圓。㊲鸞輿卑二句　指主地法夏者之鸞輿較為低矮，其車輿之製作效法地周之象而呈方形，以承載萬物。《禮記・郊特牲》：「地載萬物，天垂象，取財於地，取法於天。」文家主地，故其車輿「法地周象載」。㊳纖施儛　當即旄舞。纖施，旄牛之尾。領舞者手執旄牛之尾以作指揮。《周禮・春官・樂師》所列六種舞中有旄舞，鄭司農注：「旄舞者，旄牛之尾。」賈公彥疏：「按《山海經》云：淄侯之山有獸如牛，而節有毛，其名曰旄牛。注云：今旄牛髀腳胡尾皆有長毛，故先鄭據而言之。」㊴正刑天法　指執法稱天而行，不避親戚，以區別於上文質家的「正刑多隱，親戚多諱」。㊵封壇於下位　封壇，即前㉕注所言「封禪」。壇，通「禪」。謂主文之家，行祭祀天地的封禪禮時，對著下位即南方行禮。㊶主天法質而王三句　此下為董仲舒設想的四種反復循環的禮儀制度之三。天屬陽，故言其道佚陽。文中若干較為難解詞語，請參閱「主天法商而王」相關注釋。㊷嘉疏　菰蔬一類食物。《禮記・曲禮》：「凡宗廟之禮……稻曰嘉疏。」鄭玄注：「稻，菰蔬之屬也。」㊸倚靡　諸說不一。蘇輿注：「《漢書・司馬相如傳》『離靡廣衍』顏注：『離靡，相連不絕也。』倚靡，猶離靡也。」冒廣生則以為：「『倚』，當為『奇』，奇者不正之謂。『靡』者，小也。對方而言曰奇，對侈而言曰靡。」二說相較，似以蘇說為是。㊹袵　前襟。㊺員轉　即圓轉，正圓形。㊻備天列象　蘇輿注：「『備』疑作『法』。」恐非。此「備天列象」及後文「備地周象載」，與上文「法天列象」、「法地周象載」相對為文，顯係有意為之。備，阮元《經籍纂詁》：「《左氏》哀十五年傳：『寡君使蓋備使』注：猶副也。」備猶副，此處似可釋為描摹、仿照。意謂仿照天象，一一繪之以圖。㊼程鼓　程，鍾肇鵬校釋本以為「當作『程』」。程鼓，高置於長几之上的大鼓。㊽羽籥儛　吹籥持羽毛而舞。羽，指翟毛。籥，古代的管樂器。《詩經・邶風・簡兮》：「左手籥，右手秉翟。」㊾先用玉聲而後烹　意謂先用玉聲奏樂，然後再烹煮犧牲。《禮記・郊特牲》：「殷人尚聲，臭味未成，滌蕩其聲，樂三闋然後迎牲。聲音之號，所以詔告於天地之間也。」㊿親戚多赦　意謂王室親戚若犯罪，要多予赦免。此類事史著亦有所載。如《史記・魯周公世家》記魯閔公二年（西元前六六〇年）慶父殺閔公欲自立，季友奉閔公弟申立為僖公，慶父恐而奔莒，季友以賂如莒求慶父，慶父歸，又使人殺慶父，慶父要求容許其逃亡，季友勿聽而「使大夫奚斯行哭而往。慶父聞奚斯聲，乃自殺」。此事《春秋》亦簡略提到，《公羊傳》對其所以沒有緊急捕殺慶父的評論是：「緩者逸賊，親親之道也。」又如《禮記・文公世子》載有「三宥」之說：「獄成，有司讞於公，其死罪則曰某之罪在大辟，其刑罪則曰某之罪在小辟。公曰：宥之。有司又曰：在辟。公又曰：宥之。有司又曰：在辟。及三宥，不對走出，致刑於甸人。公又使人追之曰：雖然，必赦之。有司對曰：無及也。反命於公。公素服不舉，為之變，如其倫之喪，無服，親哭之。」(51)主地法文而王三句　此下為董仲舒設想的反復循環的禮儀制度之四。地屬陰，故言其道進陰。文中若干較為難解詞語，參閱前「主地法夏而王」相關注釋。(52)秬鬯　用黑黍釀成的酒，祭祀時用於降神。《禮記・郊特牲》：「周人尚臭，灌用鬯臭，鬱合鬯臭，陰達於淵泉；灌以圭璋，用玉氣也。既灌然後迎牲，致陰氣也。」(53)明堂內方外衡二句　謂明堂構制裡面是方形的，外面呈長方形，其房屋建築雙層重疊，周邊亦是長方形。衡，同「橫」。此處與正方相對，當指長方。習，重疊。《周易・坎卦・彖》：「習坎，重陰也。」陸績注：「習，重也。」(54)祭器衡同二句　費解。若按他本「秩」作「佚」，仍難解。盧文弨疑「秩」當為「旋」。《尚書・舜典》有「璿璣玉衡，以齊七政」之句，孔安國傳：「璿，美玉。璣衡，王者正天文之器，可運轉者。」孔穎達疏：「璣衡者，璣為轉運，衡為橫簫，運璣使動於下，以衡望之。」一說璿璣玉衡為北斗七星，一至四星名魁，為璿璣；五至七星為杓，為玉衡。若依此說，全句勉強可解釋為：樣子像「璿璣」。(55)白藻三絲　上文「主天法質而王」為「白藻三絲」，此處當有別，疑為「白藻二絲」。(56)服首習而垂流　服首，誤倒，應作「首服」。習而，盧文弨以為衍文而刪之，是。垂流，流，同「旒」。旒，古代冕冠前後懸垂之玉串，以示不邪視。《白虎通義・紼冕》：「《禮器》云：『天子麻冕，朱綠藻，垂有十二旒者，法四時十二月也。諸侯九旒，大夫七旒，士爵弁無旒。』」(57)樂縣鼓　《禮記・明堂位》：「夏后氏之鼓足，殷楹鼓，周縣鼓。」縣，同「懸」。當為懸掛之鼓。(58)用萬儛二句　萬舞，本為商族傳統祭祀樂舞，春秋時衛、魯、齊、楚、宋諸國都有過用萬舞的記載。《春秋》魯宣公八年（西元前六〇一年）「萬人去籥」，《公羊傳》曰：「萬者何？干舞也。」依《公羊》說，萬舞即是干舞。何休《公羊解詁》：「干，謂楯也。能為人扞難，而不使害人。故聖王貴之，以為武樂。」舞溢衡，指舞者為長方形列隊。㊾正刑文公 文公，蘇輿本作「天法」。凌曙稱：「據上文當作『天法』。然『天法』亦誤，似缺『多隱親戚』云云六字。」㊿左位 蘇輿注：「『左』當作『右』。」上文「主天法質而王」為左位，此處應為右位。

【語 譯】哪些是二者之間循環往復？哪些是四者之間循環往復？這便是下面要說到的。《春秋》為什麼對鄭忽直呼其名呢？《春秋》（《公羊傳》）說：「伯、子、男三個爵位合為一個等級，所以在稱謂上已經顯不出貶責的意思。」為什麼要把三個爵位合為一個等級呢？回答說：周的爵位分成五等，《春秋》改為三等，因而就得把伯、子、男合為一個等級。《春秋》為什麼要改為三等呢？回答說：王者所定的制度，是一商、一夏，一質、一文，相互交替反復的。商以質為重，推崇天道；夏以文為重，推崇地道。《春秋》是以人（天）道為主，所以把爵位定為三等。

推崇天道而效法商道稱王的，推行的道陽氣興盛，親愛自己親近的兄弟，充滿仁愛和純樸。所以雖然立嫡子為嗣，同時亦厚待同母的兄弟，為妾的可以因兒子地位的高貴而獲得到尊榮。關於婚禮和冠禮：冠禮，由父親為兒子取表字，從而使他與其他稚童區別開來；婚禮，夫妻在洞房內東西相對坐而飲食。喪禮規定，夫妻分開安葬；祭禮規定，先奉獻生腥的牲肉；在宗廟裡，夫妻的神位要依左昭右穆的次序分別陳列。制定的爵位分三等，給予士的祿田為二等。修建天子在京郊祭祀天地的宮室，明堂的外廓為圓形，房屋建築要高大寬敞，呈圓形。祭祀用的器皿亦是圓的，玉器的厚度是九分，用白色與其他顏色摻雜的五股絲繩串聯玉器。祭祀時穿的禮服上身較為寬大，頭上戴的帽子則要高而圓。君王乘坐的鑾車的車蓋要高大，繪有效法天象日月星辰的圖紋，車前垂掛四個稱作鸞和的鈴鐺。奏樂用載鼓，舞蹈用干舞，演員的隊列排成正圓形。祭祀先奉獻犧牲的毛和血，然後再奏樂獻舞。執行刑罰，對王室成員或親戚要在隱蔽之所，並多加隱諱。行封禪之禮時，天地的神主設在上位。

推崇地道而效法夏道稱王的，推行的道轉為陰柔，尊敬尊長，崇尚氣節和道義。如果嫡子去世，就立嫡孫為繼承人，厚待世子一系，作為妾，不能因兒子地位尊貴而獲得高貴的名號。關於婚禮和冠禮：

冠禮，由母親為兒子取表字，從而使他與其他稚童區分開來；婚禮，夫妻在洞房內並坐而飲食。喪禮規定，夫妻要合葬在一起；祭禮規定，先奉獻已煮熟的祭品；在宗廟裡，夫妻的神位要依左昭右穆的次序一起陳列。制定的爵位分五等，給予士的祿田為三等。修建天子在京郊祭祀天地的宮室，明堂的外廓為方形，房屋較為低矮，呈方形。祭祀用的器皿亦是方的，玉器的厚度為八分，用白色中摻雜其他顏色的四股絲繩串聯玉器。祭祀時穿的禮服下身比較寬大，頭上戴的帽子的冕板前面低後面高。君王乘坐的鸞車比較低矮，繪有效法地周承載萬物的圖象，車前垂掛兩個稱作鸞和的鈴鐺。奏樂用設鼓，舞蹈用旄舞，演員的隊列成正方形。祭祀先奉獻煮熟的犧牲，後奏樂獻舞。執行刑罰稱天而行，不避貴戚。行封禪之禮時，天地的神主設在下位。

推崇天道而取法質樸稱王的，推行的道陽氣興盛，親愛自己親近的兄弟，充滿仁愛和質樸。所以雖然立嫡為嗣，同時亦厚待同母的兄弟，為妾的可以因兒子地位的高貴而獲得尊榮。關於婚禮和冠禮：冠禮，由父親為兒子取表字，從而使他與其他稚童區別開來；婚禮，夫妻在洞房內東西相對坐而飲食。葬禮規定，夫婦要分開安葬；祭禮規定，先奉獻菰蔬；在宗廟裡，夫妻的神位要按左昭右穆的次序分別陳列。制定的爵位分三等，給予的祿田為二等。修建天子在京郊祭祀天地的宮室，明堂的內層是圓的，外廓則呈橢圓形，房屋的形狀圓與橢圓層疊相連。祭祀用的器皿亦是橢圓形的，玉器的厚度為七分，用白色與其他顏色摻雜的三股絲繩串聯玉器。祭祀時穿的禮服前襟比較長大，頭上戴的帽子呈圓轉形。君王乘坐的鸞車的車蓋高大，繪有模仿天象日月星辰的圖紋，車前垂掛四個稱作鸞和的鈴鐺。奏樂用程（桯）鼓，舞蹈用羽籥舞，演員的隊列排成橢圓形。祭祀時先用玉磬擊聲，然後奉獻已煮熟的祭品。執行刑罰，對王室成員或親戚要在隱蔽之所，並多加赦免。行封禪之禮時，天地的神主設在左位。

推崇地道而取法文采稱王的，推行的道轉為陰柔，尊敬尊長而崇尚禮儀。所以如果嫡子去世，就立嫡孫為繼承人，厚待世子一系，作為妾，不能因兒子地位尊貴而獲取高貴的名號。關於婚禮和冠禮：冠禮，由母親為兒子取表字，從而與其他稚童區分開來；婚禮，夫妻在洞房內並坐而飲食。喪禮規定，夫妻要合葬在一起；祭禮規定，先奉獻黑黍和香草釀成的酒；在宗廟裡，夫妻的神位要依左昭右穆的次序一起陳列。制定的爵位分五等，給予士的祿田為三等。修建天子在京郊祭祀天地的宮室，明堂內層是方的，外廓則呈長方形，房屋重複相連成橫列行。祭祀用的器皿亦為長方形，樣子像「璿璣」。玉器的厚度為六分，用白色中摻雜其他顏色的三股絲繩串聯玉器。祭祀時穿的禮服後襟比較長，頭上戴的帽子前後垂掛著旒。君王乘坐的鸞車比較低矮，繪有模仿地周承載萬物的圖象，車前垂掛兩個稱作鸞和的鈴鐺。奏樂用懸鼓，舞蹈用萬舞，演員的隊列排成長方形。祭祀時先奉獻煮熟的犧牲，然後再演奏音樂。執行刑罰稱天而行，不避王公貴戚。行封禪之禮時，天地的神主在祭壇的左（右）方。

【研析】本章敘述的與三正、三統相匹配的四種往復循環的禮制模式（本篇下章稱「四法」），即「主天法商而王」、「主地法夏而王」、「主天法質而王」和「主地法文而王」，其中牽涉到人與天、地、鬼、神及王室內部的父母、兄弟之間的相互關係，而其核心則是立嗣子為王儲，以保證王位的繼承。禮儀是人們在處理這些相互關係中已經制度化的行為方式，它不是一成不變的，隨著歷史的發展，必然會出現這樣那樣的不適應，需要予以作適當修訂。本章所列的這四種禮制模式，便是董仲舒為提供王者改制選用而設計的，四種模式的共同特點是在基本格局不變的前提下，各自與前朝相較，作些局部性的調整。

本章開頭是以「何謂再而復、四而復」提出問題的，這在四種禮制模式中亦可以找到對應。再而復者，如立嗣，親親與尊尊；冠禮，字子以父與字子以母；婚禮，對坐而食與同坐而食；葬禮，夫婦別葬與夫婦合葬；宗廟神主，夫婦昭穆別位與婦從夫為昭穆等，都是二者之間交替往復。此外，爵祿之制的爵五等與爵三等，祿二品與祿三品，亦屬再而復之例。四而復者，如郊宮明堂有圓形、方形和內圓外橢、內方外衡四種規制，祭祀用玉石的厚度分為九分、八分、七分、六分四種，繫玉石的絲繩亦有五絲、四絲、三絲、二絲的區別，奏樂的鼓分別用載鼓、設鼓、桯鼓、懸鼓，祭祀穿的禮服式樣有上大與下大，衣襟有前長與後長，封禪的神主之位有上、下、左、右的不同，它們各自配伍成組，依次循環往復。也許一個新王宣布照此改制時，形式上可能會給人面目一新的感覺，王朝的體制卻並沒有發生任何實質性的變化。這其實也正是董仲舒的目的。他在本書首篇〈楚莊王〉中對他所設想的改制的本意作過這樣宣告：「若夫人倫、道理、政治、教化、習俗、文義盡如故，亦何改哉？故王者有改制之名，無易道之實。」後來在歷史上，改制亦被稱作改革，或者叫改良，中國士大夫知識分子中不少人，為了這樣的改制、改革或改良，曾經不斷發出他們激昂的聲音，特別當衰亂之世，更是大聲疾呼，有的還演出了可歌可泣的歷史劇。應當看到後世的改革，如唐代柳宗元、宋代王安石等，不少內容都已超越了本章所列的範圍，但就其宗旨是為了維護正統皇權這一點來說，仍然沒有跳出董仲舒所設定的框架結構。晚清龔自珍是個著名公羊家，主張「通經致用」，力倡改革。他在〈乙丙之際著議第七〉中曾慷慨陳辭：「一祖之法無不敝，千夫之議無不靡，與其贈來者以效改革，孰若自改革。抑思我祖所以興，豈非革前代之敗耶？前代之所以興，又非革前代之敗耶？何其然不一姓也，天何必不樂一姓耶？鬼何必不享一姓邪？奮之，奮之！將敗則豫師來姓！」如此疾言厲色地呼喚變易和改革，在那個「萬馬齊喑」的年代裡，確實起到了振聾發聵的作用，但其終極目的仍是為了延續一姓的帝皇權力，這亦就是董仲舒所說的「天不變，道亦不變」《漢書・董仲舒傳》的中心主題。

第七章

四法修於所故，祖於先帝❶。故四法如四時然，終而復始，窮則反本。四法之天施符，受聖人王法❷，則性命形乎先祖，大昭乎王君❸。故天將授舜，主天法商而王，祖錫姓為姚氏。至舜形體，大上而員首，而明有二童子，性長於天文，純於孝慈❹。天將授禹❺，主地法夏而王，祖錫姓為姒氏，至於生發於背❻。形體長，長足肵，疾行先左，隨以右，勞左佚右也❼，性長於行，習地明水❽。天將授湯❾，主天法質而王，祖錫姓為子氏。謂契母吞玄鳥卵生契，契先發於胸❿，性長於人倫。至湯，體長專小⓫，足左扁而右便⓬，勞右佚左也。性長於天光⓭，質易純仁。天將授文王⓮，主地法文而王，祖錫姓姬氏。謂后稷母姜原，履天之跡而生后稷⓯。后稷長於邰⓰土，播田五穀。至文王，形體博長，有四乳而大足⓱，性長於地文勢。故帝使禹、皋論姓：知殷之德，陽德也，故以子為姓；知周之德，陰德也，故以姬為姓。故殷王改文，書始以男；周王以女書姬⓲。故天道各以其類動，非聖人孰能明之？

【章　旨】本章將上章的四法亦即四種禮制模式，分別與舜、禹、湯、文四王相對應，並據以列述四王的身世、形體和特長，說明天道與人事「各以其類動」。

【注　釋】❶四法修於所故二句　意謂編修上章所言四種法度的歷史依據，便是傳承於從前歷代聖王。四法，指上章所言「主天法商而王」、「主地法夏而王」、「主天法質而王」、「主地法文而王」四種禮制模式。所故，指其歷史依據。祖，效法；沿襲。先帝，前代帝王，具體指下文所言舜、禹、湯、文王。❷四法之天施符二句　解釋不一。蘇輿注：「『之』疑『則』誤。」即以為當是「四法則天施符，受聖人王法」。惠棟以為「天施」係倒文，即應作「四法之施，天符受聖人王法」。鍾肇鵬校釋本比較二說後稱：「蘇改無據。惠讀作『四法之施，天符受聖人王法』，文從字順。今從惠校乙正。」細讀原文，「天施」似也可不倒乙，「之」亦可不改為「則」。「之」為助語，猶「是」。全句意謂四法系天降符命，授予聖人以王者之法。❸性命形乎先祖二句　此句總領以下四位先帝。意謂聖王皆受之於天，其獨特的秉性，首先表現在其先祖身上，到王者本人就更為光大顯著。形，用如動詞，表現。❹天將授舜八句　此言作為「主天法商」王者的舜，其身世及形體、擅長等方面的情況。舜，傳說中的古代聖王。姓姚氏，名重華，字都君。祖錫姓為姚氏，謂舜祖上被賜姓為姚氏。錫，賜也。大上而員首，謂舜之形體上身較大，頭渾圓。員，通「圓」。《帝王世紀》稱舜「龍顏、大口、黑色，身長六尺一寸」，此處言「大上而員首」，似乎意在與上章「主天法商而王者」，其明堂員、祭器員、衣制大上等等相對應。明有二童子，眼睛有兩個瞳仁。童，同「瞳」。性長於天文，謂舜天性擅長於天文。似亦有所據，如《史記・五帝本紀》謂：「舜入於大麓，烈風雷雨不迷，堯乃知舜之足授天下。」但主要恐怕還是為了與「主天法商而王」相對應。純於孝慈，謂舜能孝順父母，友愛兄弟。據《帝王世紀》，舜父為瞽叟，姓嬀；母握登，見大虹意感而生舜於姚墟，因姓姚氏。傳說其父頑母嚚，弟象又傲，但舜仍能謹守孝道。對此，民間有眾多故事，廣為流傳。按：此下對禹、湯、文王的形體、擅長等方面的敘述，為了分別與「主地法夏而王」、「主天法質而王」、「主地法文而王」相對應，亦或有牽強附會之處，只要與上章稍加比較便可自明，不再詳注。❺禹　傳說中的古代聖王。姓姒氏，名文命。父鯀，治水無功而受誅，禹續其業而為司空，平水土，居外十三年，以開九州。❻至於生發於背句中「於」他本多作「禹」，應據以改。禹由其母裂胸而生，古籍多有記載，當屬神話傳說。如《楚辭・天問》：「何勸子屠母，而死分竟地。」王逸注：「屠，裂剝也。言禹愊剝母背而生，其母之身，分散竟地。」又，《帝王世紀》：「父鯀妻修己，見流星貫昴，夢接意感，又吞神珠薏苡，胸坼而生禹。名文命，字密，身九尺二寸長，本西夷人也。」《史記・楚世家》注引干寶曰：「若夫前志所傳，修己背坼而生禹，簡狄胸剖而生契，歷代久遠，莫足相證。」❼形體長五句　此言禹體形及步行的特徵。胻，陳蒲清校注：「胻，通『踦』，跛足。」佚，通「逸」，安逸。大意謂禹身高修長，腳亦長，但兩腳高低不一，快步行走時，總是左先右後，重量多在左腳上。關於禹有足病，古籍載錄頗多。如《尚書大傳・略說》：「禹其跳，其跳者踦也。」《荀子・非相》「禹跳」注引《尸子》云：「禹之勞十年，腫不生毛，偏枯之病，步不相過，人曰禹步。」《帝王世紀》稱：「世傳禹為偏枯，足不相過，至今巫稱禹步是也。」❽習地明水　熟悉地理，通曉水脈。淩曙注引《尚書》：「禹長於地理水泉九州，得括象圖，故堯以為司空。」❾湯　商朝建立者。又稱成湯、天一，甲骨文稱唐、大乙，姓子氏，建都於亳，今山東曹縣南。其祖為契。商係游牧民族，自契至湯，凡十四世，八次遷徙其都城，至湯始定居於亳。❿謂契母吞元鳥卵生契二句　元鳥，一作「玄鳥」，即燕子。先發於胸，當作「生發於胸」。董天工箋注本已改為「生」。此為關於契誕生的神話傳說。《淮南子・修務訓》：「契生於卵。」《史記・殷本紀》：「殷契，母曰簡狄，有娀氏之女，為帝嚳次妃。三人行浴，見玄鳥墮其卵，簡狄取吞之，因孕生契。」又，同書〈楚世家〉集解引干寶云：「簡狄胸剖而生契。」⓫體長專小　專，讀作「團」。意謂體形矮小而敦實。⓬足左扁而右便　指左足偏枯，右足便捷。《荀子・非相》：「湯偏。」《尚書大傳・略說》：「湯扁，扁者，枯也。」鄭玄注：「湯本體小，象扁枯。」⓭天光　諸本多同，唯王謨《漢魏叢書》本作「天文」。當據以改。⓮文王　指周文王。姓姬名昌，商紂時為西伯，因亦稱伯昌。曾被商紂囚於羑里（今河南湯陰北）。其後國勢漸盛，建都於豐邑（今陝西長安灃河以西）。在位五十年。其先祖為后稷。⓯謂后稷母姜原二句　此為關於后稷誕生的神話傳說。《史記・周本紀》稱「姜原出野，見巨人跡，心忻然說，欲踐之，踐之而身動如孕者。居期而生子，以為不祥，棄之隘巷，馬牛過者皆避不踐；徙置之林中，適會山林多人，遷之；而棄渠中冰上，飛鳥以其翼覆薦之。姜原以為神，遂收養長之。初欲棄之，因名曰棄。」相傳棄堯時為農師，舜時為后稷，因號后稷，賜姓姬氏。自后稷至文王，其世系不詳。⓰郃　古封國名。舜封后稷於郃，今陝西武功西南。⓱形體博長二句　此言文王之形體特徵。《史記・周本紀》注引《帝王世紀》：「文王，龍顏虎肩，身長十尺，胸有四乳。」《雒書・靈准聽》云：「蒼帝姬昌，日角鳥鼻，高長八尺二寸，聖智慈理也。」⓲帝使禹皋論姓十句　此以陰陽之學解釋殷、周姓氏之依據。帝使禹、皋論姓，帝，指堯。皋，皋陶，亦稱咎繇，相傳為舜大臣，掌管刑法獄訟。意謂堯使禹與皋陶一起議論如何設定姓氏。古代姓氏的設定是為了同姓不相婚娶，避免血緣上近親結婚。《尚書・堯典》有「九族既睦，平章百姓」之語。百姓，百官也。官有世功，可受為姓氏。《左傳》魯隱公八年（西元前七一五年）載魯隱公問眾仲有關氏族姓氏之事。眾仲回答說：「天子建德，因生以賜姓。」賜姓的根據是兩條，一是出生地，如，《國語・晉語》：「司空季子曰：昔少典娶於有蟜氏，生黃帝、炎帝，黃帝以姬水成，炎帝以姜水成，成而異德，故黃帝為姬，炎帝為姜。」韋注：成，謂所生長以成功也，指生長之地。《帝王世紀》：「舜母名握登，生舜於姚墟，因姓姚氏。」另一條是德。如《國語・晉語》載：「司空季子曰：異姓則異德；異德則類，異類雖近，男女相及，以生民也。同姓則同德，同德則同心，同心則同志。同志雖遠，男女不相及。」然此德非倫理道德之德，實為圖騰之名稱。賈誼《新書》：「物得以生謂之德。」斯維至在〈周公思想及政策〉一文中說：「德的本義是生，由生孽乳為姓、性二字，這是文字學的通則。如今人謂某人的品性謂之德性，正是古語之遺。」

各個部族有自己的圖騰，這個圖騰便是其姓的標誌，所以稱「同姓則同德」、「異姓則異德」。故周有周德，商有商德，周商各有其德。如在《尚書》中，〈康誥〉告誡周人「克明德」，〈如誥〉指責殷人「不敬厥德」，便各指本族之德。而董仲舒則基於自己的學說用陰陽來解釋姓氏。他以商族尚陽德，故舜賜契姓子氏；又以周尚陰德，故舜賜棄以帶有女字偏旁的姬姓，以文改質。

【語　譯】四種法度是歷史中總結出來的，是從先帝那裡繼承過來的，因此這四種法度如同一年的四個季節那樣，周而復始地從終點回到起點。這四種法度都是上天降下符瑞把這王者之法授給聖人，從而使四種法度得以施行。聖王的秉性首先表現在先祖身上，到聖王本人就更加光大昭著了。所以上天將天命授給舜時，舜便推崇天道，效法商道而稱王。舜的先祖受賜姓為姚氏，傳到舜，舜的形體上身比較大，頭渾圓，眼睛有兩個瞳仁，天性擅長於天文，專一於孝順父母，敬愛兄弟。上天將天命授給禹時，禹便推崇地道，效法夏道而稱王。禹的先祖受賜姓為姒氏，傳到禹，禹是從母親背上出生的，形體高大，腳長而跛，快步行走時，總是先出左腳，然後右腳跟上，所以重心都在左腳上，右腳不著力。禹天性擅長於行走，熟悉地理，通曉水脈。上天將把天命授給湯時，湯便推崇天道，效法質樸而稱王。湯的先祖受賜姓為子氏。據說契的母親是吞食燕子蛋而懷上契的，契從母親的胸口出生。契天性擅長於處理人倫關係。傳到湯，湯形體比較矮小敦實，左腳偏枯，右腳便捷，所以行路右腳多勞而左腳不著力。湯天性擅長天文，為人質樸、平和、純厚而仁愛。上天將把天命授給文王時，文王便推崇地道效法文采而稱王。文王的先祖后稷受賜姓姬氏。據說后稷的母親姜原是踩了上天的足跡而受孕生后稷的。后稷在邰這個地方長大，教百姓播種五穀。傳到文王，文王的形體肥壯高大，有四個乳頭，腳很大。文王天性擅長於掌握土地的特性。帝堯曾經要禹和皋陶議論姓氏的問題，從而認識到殷代的德屬陽德，所以賜給一個「子」姓；周的德屬陰德，所以賜給一個「姬」姓。就為這個緣故，殷人在稱王時，改文為質，用男子的「子」作為姓；周人稱王時，因屬陰德，用「女」旁的「姬」作為姓。由此可見，天道是按照事物各自的類別而運動的，不是聖人誰能明白這些道理呢？

【研 析】本章將四法對應為一個歷史過程：舜，主天法商而王；禹，主地法夏而王；湯，主天法質而王；周，主地法文而王。而本篇前幾章論述的三統說，亦同樣可與歷史聯繫起來，即夏為黑統，商為白統，周為赤統，三統與四法都是依次循環往復的，所以如果認定漢是繼周而興，那麼無論四法或是三統，漢都是站在新一輪循環的起點上。三統、四法合而為一，漢的體制應當是：以寅月為歲首，尚黑；主天法商而王，以質糾周文之衰敝。

董仲舒的這個設計可謂完整而精緻，但畢竟人為因素太多，頗有點像只可供觀賞卻不切實用的空中樓閣。也許董氏自己也意識到了這一點的，所以在〈天人三策〉中，他並沒有把三統、四法作為一個完整的方案呈獻給漢武帝。因而有關三統、四法的論述，除本書以外，在有關漢代的史著中，只能找到若干零星的片斷。如《漢書・外戚傳下》中提到漢哀帝曾下詔說：「漢家之制，推親親以顯尊尊。」親親、尊尊，在四法中是分別屬主天、主地的。關於三統，〈元后傳〉稱：王莽「更漢家黑貂，著黃貂，又改漢正朔、伏臘日。太后令其官屬黑貂，至漢家正臘日，獨與其左右相對飲酒食。」這黑貂當屬水德，與武帝時尚黃、土德又前後不一。此外還有火德說，如〈王莽傳〉：「漢劉火德盡而傳於新室也。」可見這些記載不但零散，而且往往相互矛盾。仔細想來，董氏三統、四法的歷史命運大抵也只能如此。如果有誰想要在改制上憑主觀設想一套系統完整的東西全搬到社會現實生活中去，那他只能以徹底失敗告終，王莽的改制便是一個失敗的典型。歷史的演進有其自身的發展規律，螳臂當車固然可笑，揠苗助長同樣可悲。班固在評述王莽失敗時，說過這樣一段話：「推是言之，亦天時，非人力之致矣！」（《漢書・王莽傳贊》）

官制象天　第二十四

【題解】篇名〈官制象天〉，已點出了本篇要旨：王者應仿效天象來設定職官之制。

全篇分三章。第一章言王者設官應取儀於天象，以一季有三月、一年有四季而行三臣為一選、四選而終止，從而設定三公、九卿、二十七大夫、八十一元士之數。第二章論述天之大經和天之十端，賦予三、四、十、十二這些數字以神祕的涵義，稱之為「天數」，並與公、卿、大夫、士之官數作了對應。第三章以人之形體結構與天體運行可「相參相得」起論，進而認為天有四時之節，人之天賦亦有「大小厚薄」之別，故王者應據以分四選，從聖人、君子、善人和正直之人中，分別選拔公、卿、大夫、士之官。

綜合篇中所述天道、人體、官制的對應關係，大致為：天有四季，每季三月，再乘以十年，為一百二十月；人有四肢，每肢三節；王者行四選，每選三臣，再乘以十端，為一百二十臣。

第一章

王者制官❶，三公、九卿、二十七大夫、八十一元士❷，凡百二十人，而列臣備矣。吾聞聖王所取儀，金天之大經❸，三起而成，四轉而終❹，官制亦然者，此其儀與？三人而為一選，儀於三月而為一時也；四選而止，儀於四時而終也❺。三公者，王之所以自持也。天以三成之❻，王以三自持。立成數以為植而四重之❼，其可以無失矣。備天數以參事，治謹於道之意也。此百二十臣者，皆先王之所與直道而行也。是故天子自參以三公，三公自參以九卿，九卿自參以三大夫，三大夫自參以三士，三人為選者四重❽，自三之道以治天下，若天之四重，自三之時以終始歲也。一陽而三者❾，非自三之時與？而天四重之，其數同矣。天有四時，時三月；王有四選，選三臣。是故有孟、有仲、有季，一時之情也；有上、有下、有中，一選之情也❿。三臣而為一選，四選而止，人情盡矣。人之材固有四選，如天之時固有四變也。聖人為一選，君子為一選，善人為一選，正人為一選，由此而下者，不足選也⓫。四選之中，各有節⓬也。是故天選四堤，十二而人變盡矣⓭。盡人之變，合之天，唯聖人者能之，所以立王事也。

【章　旨】論述王者制官須效法天象，以一季有三月、一年有四季而行三臣為一選、四選而終止，從而設定三公、九卿、二十七大夫、八十一元士之數。

【注　釋】❶王者制官　謂王者制定官制。如《史記・魯周公世家》稱：「成王在豐，天下已安，周之官政未次序，於是周公作《周官》，官別其宜。」《尚書》之〈周官〉是周公為成王建立的官制。今文《尚書》無〈周官〉篇目，已佚；現存之〈周官〉屬古文《尚書》。❷三公九卿二十七大夫八十一元士　亦見於《禮記・王制》和〈昏義〉。漢今文學家以為公、卿、大夫、士為周代建置。《春秋公羊傳》魯桓公八年（西元前七〇四年）何休注：「天子置三公、九卿、二十七大夫、八十一元士，凡百二十官，下應十二子。」《北堂書鈔》引《五經異義》：「今《尚書》夏侯、歐陽說，天子三公，一曰司徒，二曰司馬，三曰司空，九卿、二十七大夫、八十一元士，凡百二十，在天為星辰，在地為山川。」《春秋漢含孳》：「三公在天為三臺，九卿為北斗，故三公象五嶽，九卿法四海，二十七大夫法山陵，八十一元士法谷阜。」天子官制中公、卿、大夫、士的區分，還見於《孟子‧萬章下》北宮錡問周室爵祿之事，孟子說：「天子一位，公一位，伯一位，子、男一位，凡五等也。君一位，卿一位，大夫一位，上士一位，中士一位，下士一位，凡六等。」前者為內爵，後者為外爵。關於公、卿、大夫、士稱謂之由來，《白虎通義‧爵》稱：「公之為言公正無私也。卿之為言章也，章善明理也。大夫之為言大扶，扶進人者也。士者，事也，任事之稱也。故《傳》曰：『通古今，辯然否，謂之士。』」以下幾段引文，說明公、卿、大夫、士是春秋時期曾經實際存在過的官制結構，並曾依此等級以行祿秩或賞罰。《左傳》桓公二年（西元七一〇年）記晉大夫師服之言：「故天子建國，諸侯立家，卿置側室，大夫有貳宗，士有隸子弟，庶人工商各有分親，皆有等衰。是以民服事其上，而下無覬覦。」《國語‧晉語四》記晉文公元年（西元前六三五年）所行之政令：「公食貢，大夫食邑，士食田，庶人食力，工商食官，皂隸食職，官宰食加，政平民阜，財用不匱。」《左傳》哀公二年（西元前四九三年）記趙簡子伐鄭之誓詞：「克敵者，上大夫受縣，下大夫受郡，士田十萬，庶人工商遂，人臣隸圉免。」❸金天之大經　句首「金」，俞樾《諸子平議》以為當作「法」。其文稱：「此金字乃法字之誤。言聖人所取者，無不儀乎天之大經也。法，古文作『⿱亼正』，因誤作金矣。」❹三起而成二句　指一年分成四季，每季分成三個月；每三個月轉一季，四季構成一年。❺三人而為一選四句　此言設置官制的法則仿效於一年四季。以三人為一選之三公，即仿照三個月為一季。選，此處作量詞。以三個人為選，即為一組。四選而止，指天子、卿、大夫，各選三人為組，合起來即為三公、九卿、二十七大夫、八十一元士，恰好是三之四次方數而終止。三的二次方數，由三公而為九卿；三的三次方數為二十七大夫；三的四次方數為八十一元士。以四選而止儀於四時而終，三、九、二十七、八十一四數之和為一百二十，正好與一年十二月相對應，即前文所言「凡百二十人，而列臣備矣」。如此牽強附會的拼湊，已近乎數字遊戲。❻天以三成之　成之，鍾肇鵬校釋本據陶鴻慶《讀諸子劄記》改為「成時」，即上文所言「三月而為一時也」。但若以「三」為抽象之數，似也可以不改。《白虎通義‧封公侯》有云：「天道莫不成於三：天有三光，日月星；地有三形，高下平；人有三尊，君父師。……各自有三法，物成於三，有始，有中，有終，明天道而終之也。」❼立成數以為植而四重之　成數，指三。古人以三為成數，參見前注。《老子》云：「道生一，一生三，三生萬物。」是以三為萬物之母。植，此處或可作「基準」解。以三為基準數而四次求其方數，便可得出三、九、二十七、八十一這樣四個數。古人以為以此分別作為公、卿、大夫、士的官數，與三月為一季、四季為一年、全年十二月的天數相對應，「其可以無失矣」。❽天子自參以三公五句　這是具體解釋設官如何以三為成數而四重之的辦法。即天子設三公以扶持自己，每一公又設三卿以扶持自己，合起來是九卿；每一卿再設三大夫以扶持自己，合起來是二十七大夫；每一大夫又各設三士以扶持自己，合起來是八十一元士。這就是以三人為一組，自公至卿、大夫、士共四重。《說苑・臣術》：「伊尹曰：三公者，所以參五事也。九卿者，所以參三公也。大夫者，所以參九卿也。列士者，所以參大夫也。故參而又參，是謂事宗，事宗不失，外內若一。」❾一陽而三者　即第三章所言，春為少陽，夏為太陽，散而各為三月。蘇輿注：「言陽氣一也，而散為三月。《文選・琴賦》注引《纂要》云：『一時三月為之春。』又，〈詠懷〉詩注引《春秋元命苞》：『陽氣數成於三，故時別三月；陽數極於九，故三月一時，九十日。』」❿有孟有仲有季四句　四季的第一月稱孟月，次月稱仲月，第三個月稱季月。如春季的三個月，依次為孟春、仲春、季春。人有上、中、下之分，以時喻人，意謂一個季度三個月有孟、仲、季之分，一選三個人中亦有上、中、下三等之別。⓫人之材固有四選八句　人之材，謂人之品德和才能。四選指四個層次，亦即下文所言聖人、君子、善人、正人。《荀子・哀公》：「孔子曰：人有五儀：有庸人，有士，有君子，有賢人，有大聖。」⓬節　交接；關聯。意謂四等人選之間各有關聯之處，並非截然而分。⓭天選四堤二句　此句文字恐有訛誤。蘇輿注：「疑當云：『天選四時，終十二而天變盡矣。』」

【語　譯】王者制定官制，有三公、九卿、二十七大夫、八十一元士，定員總共一百二十人，這樣臣下的各種職分已經定備無缺了。我聽說聖王之所以如此設置官職，是效法上天的大經。三個月構成一個季節，四個季節構成一年，王者設官分職亦是如此，這是它們共同的規則吧？以三個人構成一組，是仿照三個月構成一個季節；分四個層次為止，是仿照一年分四個季節而終結。三公，是君王用來扶持自己的官員，上天以三為成數，君王亦以三個人來扶持自己。把三作為成數，以此為基準，分四個重合的層次，如此這般地設官分職，大致可以不會有失誤了。依照天數設置官員輔助君王處理政務，是謹慎地對待治國之道的意思。這一百二十位臣子，都是先王與他們一起遵循正道行事的啊！所以天子要用三公來佐助自己，三公又各用三卿來佐助自己，合起來是九卿；九卿又各用三大夫來佐助自己，大夫們亦各用三士來佐助自己，這樣以三個人為一組，合起來有四個層次，就是用「三」之道來治理天下之事，如同上天規定一年有四季，三個月為一季，用這種方式構成一年從開頭到結尾一樣。一陽分散成為三個月，難道不就是由三這個數構成一個季節的嗎？而上天又四次重合成一年，那數字同樣是個「三」。天有四季，每季三個月；設置官職亦分四個層次，每個層次亦以三個人構成一個單元。同樣的道理，三個月有孟、仲、季，這是一個季度中的區分；三個人有上、中、下，這是一個組中的等次。三個臣子為一組，到四個層次為止，人臣中間的等次差異可以包羅無遺了。人的才能原本就有四個層次，如同天時節氣一年向來就有四次變化一樣。聖人是一個層次，君子是一個層次，善人是一個層次，正人是一個層次，在這以下的就不值得再挑選了。在這四個層次的人才中，各有相互關聯的環節，不是截然而分的。所以說，天有四時、十二月，人有四選、三臣，人臣中間的等次差異就包羅無遺了。這種人盡其才的選官辦法，符合上天四時變化的道理，只有聖人能夠做到，目的就是要用來輔佐君王建立王道事業。

【研　析】本章所描述的「三公、九卿、二十七大夫、八十一元士，凡百二十人」這樣一個官制體系，在董仲舒之前，已見於《禮記．王制》。其文稱：「天子：三公，九卿，二十七大夫，八十一元士。大國：三卿，皆命於天子；下大夫五人，上士二十七人。次國：三卿，二卿命於天子，一卿命於其君；下大夫五人，上士二十七人。小國：二卿，皆命於其君；下大夫五人，上士二十七人。」這裡的卿，相當於孟子所說的上大夫，而下大夫即是大夫，在諸侯稱下大夫，在天子則稱大夫。

〈王制〉撰作的時間，應是漢文帝十六年（西元前一六四年）。《史記．封禪書》載文帝郊祀五帝於渭陽，「使博士諸生刺《六經》中作〈王制〉。」〈王制〉當是一本帝王欽定的依照《六經》編撰的託古改制著作，〈王制〉的內容包括爵制、祿制、田制、分封制、官制、朝聘巡狩制、田獵制、財政與積聚制、喪葬制、宗廟制、祭祀制、賦役制、選舉制、學校制、訴訟制、刑罰制、養老制、監察制等，涉及到政治、經濟、文化以及社會生活的方方面面。看來，這些制度既有以古代及漢代當時實際存在為依據，同時又按照儒家觀點作過理想化、規範化的處理。《春秋繁露》中有關官制、選舉、集權、斷獄、田制、賦役、祭祀等方面的論述，大抵以〈王制〉為據，以天命論為緣飾，更多地從理論上作了闡釋和發揮，以迎合當局者的需要。

如果對照一下歷史，那麼無論是〈王制〉，還是董仲舒的這篇〈官制象天〉，都與實際狀況存在著相當大的距離。他們的描述含有很大的臆想或理想成分，並非歷史實錄。三公、卿、大夫、士這些官稱，在商、周二代，我們現在只能找到一些零星的材料。如三公之太師、太傅、太保，在商代，《詩經・商頌・長發》有「實維阿衡，實左右商王」之句，《尚書・君奭》提到：「在太甲，時則若有保衡。」這裡「阿衡」或「保衡」都是指伊尹，阿亦即保，是君王少年時的監護官，後來發展為國君的輔佐大臣。在周代，《尚書・君奭》也只有「召公為保，周公為師，相成王為左右」的記載，都沒有出現完整的「三公」。到古文《尚書》的〈周官〉才有了這樣的話：「立太師、太傅、太保，茲惟三公，論道經邦，燮理陰陽。」但〈周官〉係偽古文，不足以證明周初已有三公的設置。「三公」這個名詞的出現，已到了戰國時期，《縱橫家書・蘇秦謂齊王章四》：「王舉霸王之業而以臣為三公，臣有以矜於世矣。」所以三公作為古代官制的一個組成部分，自有其歷史形成過程，不是按照什麼以「三」為數那樣憑空設計出來的。卿、大夫、士的官稱亦是如此。《尚書・酒誥》是周公命令康叔在衛國宣布戒酒的誥詞，其中列舉的官職有外服與內服之分，外服指諸侯，「越在外服，侯、甸、男、衛、邦、伯」；內服指天子諸臣，「越在內服，百僚、庶尹，惟亞、惟服、宗工」。《尚書・立政》是周公晚年對成王的誥詞，闡述了設官理政的法則，文中稱：「立政：任人、准夫、牧作三事；虎賁、綴衣、趣馬、小尹、左右攜僕、百司庶府；大都小伯、藝人、表臣百司；太史、尹伯、庶常、吉士、司徒、司馬、司空、亞旅；夷、微、盧、烝；三亳、阪尹。」立政就是設立的官長，其下便是一系列官職名稱。其中百司庶府是宮中職務，表臣百司指政府諸司，司徒、司馬、司空也是政府職務，太史是記載儀式的證人，虎賁、綴衣是君王身旁的侍衛和侍臣，亞、旅是軍事人員，夷、微、盧、烝、三亳、阪尹是管理四族及殷商舊族的官員。這個名單顯示了文武分途，宮官和府官的分野，是因人因事而設的，並非出於主觀想像。《尚書・周官》除三公外，還設置了「冢宰，掌邦治，統百官，均四海；司徒，掌邦教，敷五典，擾兆民；宗伯，掌邦禮，治神人，和上下；司馬，掌邦政，統六師，平邦國；司冠（寇），掌邦禁，詰奸慝，刑暴亂；司空，掌邦土，居四民，時地利。六卿分職，各率其屬，以倡九牧，阜成兆民。」三公九卿連稱，最早當見於《呂氏春秋》，其十二紀〈孟春紀〉：「立春之日，天子親率三公、九卿、諸侯大夫，以迎春於東郊。」以後便是《禮記・王制》了，至東漢，《漢書・百官公卿表》又複述了這個說法。可見它的制度化、系統化有一個隨著歷史演進自然形成的過程。漢代的官職顯然也不可能硬性依照三的倍數來設定公、卿、大夫、士的員數。漢文帝雖然令博士諸生刺《六經》而作〈王制〉，但他並沒有下詔施行。在歷史上真把這套建置付諸實施的只有一個人，那就是王莽。莽於始建國元年（西元九年），「置大司馬司允，大司徒司直，大司空司若」等，「與三公司卿凡九卿，分屬三公。每一卿置大夫三人，一大夫置元士三人，凡二十七大夫，八十一元士，分主中都官諸職」。他還「更名秩百石曰庶士，三百石曰下士，四百石曰中士，五百石曰命士，六百石曰元士，千石曰下大夫，比二千石曰上大夫，中二千石曰卿。車服黻冕，各有差品」（《漢書・王莽傳》）。撇開今古文的爭論，單就把儒家改制的理想付諸實施這一點來說，當推王莽為第一人。其結果卻是天下大亂，亦導致了新莽政權的崩潰。理想世界的伊甸園只存在於天國的彼岸，倘有哪一個統治者真要把天國的伊甸園搬到地國此岸來，一本正經地（其實也就是用暴力強制性地）付諸實施，那只能像王莽那樣葬身於天下大亂的火海之中。

第二章

何謂天之大經❶？三起而成日，三日而成規❷，三旬而成月，三月而成時，三時而成功。寒暑與和，三而成物❸；日月與星，三而成光；天地與人，三而成德❹。

由此觀之，三而一成，天之大經也，以此為天制。是故禮三讓而成一節[5]，官三人而成一選。三公為一選，三卿為一選，三大夫為一選，三士為一選，凡四選三臣，應天之制：凡四時之三月也。是故其以三為選，取諸天之經；其以四為制，取諸天之時；其以十二臣為一條，取諸歲之度；其至十條而止，取之天端[6]。

何謂天之端？曰：天有十端[7]，十端而止矣。天為一端，地為一端，陰為一端，陽為一端，火為一端，金為一端，木為一端，水為一端，土為一端，人為一端，凡十端而畢，天之數也。天數畢於十，王者受十端於天。而一條之率[8]，每條一端以十二時[9]，如天之每終一歲以十二月也。十者天之數也，十二者歲之度也。用歲之度，條天之數，十二而天數畢。是故終十歲而用百二十月，條十端亦用百二十臣，以率被之，皆合於天。其率三臣而成一慎[10]，故八十一元士為二十七慎，以持二十七大夫；二十七大夫為九慎，而持九卿；九卿為三慎，以持三公；三公為一慎，以持天子。天子積四十慎，以為四選，選十慎[11]三臣，皆天數也。是故以四選率之，則選三十人，三四十二，百二十人，亦天數也。以十端四選[12]，十端積四十慎，慎三臣，三四十二，百二十人，亦天數也。以三公之勞[13]率之，則公四十人，三四十二，百二十人，亦天數也。故散而名之為百二十臣，選而賓之⑭為十二長，所以名之雖多，莫若謂之四選十二長。然而分別率之，皆有所合，無不中天數者也。

【章　旨】論述天之大經和天之十端，賦予三、四、十、十二這些數字以神祕的涵義，稱之為「天數」，並與公、卿、大夫、士的定員數反覆作了對應。

【注　釋】❶大經　猶大綱、大法。此處指「三」這個數。《說文》釋三：「子文，一耦二為三，成數也。」又云：「三，天地人之道也。」❷三起而成日二句　三起而成日，謂早、中、晚三起，合而成一日。三日而成規，指以三日為一個單元。規，猶周，古代的一個時間單位。《周易》中「三日」凡五見，如〈明・初九〉：「明夷于飛，垂其翼。君子于行，三日不食。」❸寒暑與和二句　意謂作物需經歷寒、暑、溫和這樣三種氣候的交融變化，才得以長成。《白虎通義・封公侯》：「天道莫不成於三：天有三光，日、月、星；地有三形，高、下、平；人有三尊，君、父、師。」❹天地與人二句　《周易・說卦傳》：「昔者聖人之作易也，將以順性命之理，是以立天之道曰陰與陽，立地之道曰柔與剛，立人之道曰仁與義。」古人把天時、地利、人和視為處世行事不可或缺的三個重要因素。《呂氏春秋・十二紀》和《禮記・月令》都是依據天象、地物來安排一年十二個月人事的。帛書《十大經》云：「上知天文，下知地利，中知人事。」《荀子・王霸》：「上不失天時，下不失地利，中得人和，而百事不廢。」《孟子・公孫丑下》載孟子名言：「天時不如地利，地利不如人和。」董仲舒則以為，所謂王者，就是通天、地、人三者之道。如本書〈王道通三〉篇稱：「古之造文者，三畫而連其中，謂之王。三畫者，天地與人，而連其中者，通其道也。取天地與人之中以為貫而參通之，非王者孰能當是。」❺禮三讓而成一節　謂古人迎賓時，需三揖三讓方始完成迎賓接客的禮儀。《儀禮・冠服》：「擯者告，主人迎出門左，西面再拜。賓答拜。主人揖贊者，與賓揖，先入。每曲揖。至於廟門，揖入。三揖至於階，三讓。」賈公彥疏：「曲揖者，主人在南，賓在北，俱東向，是一曲，故一揖也；至廟南，主人在東北面，賓在西北面，是曲為二揖，故云直廟將北曲，又揖也。通下將入廟，又揖三也。」三次謙讓，構成門前迎賓禮儀的全過程。不僅冠禮，婚禮亦是如此。❻其以三為選八句　末句「取之天端」中「之」，似應為「諸」；「天」下，依以上文例需補一「之」

字，作「取諸天之端」。這是把一年四個季節、十二月，加上天經三、天端十這樣四個數字拼湊到一起，用來作為經緯朝廷設官分職定員之數的依據。三公、三卿、三大夫、三元士都是以三為組合的單元，仿照天經三；公、卿、大夫、士分四個等級，仿照一年四季；以十二個臣子為一條，對應於一年有十二個月；公、卿、大夫、士定員總數為一百二十，也即十條，則是對應於天有十端。在古人心目中天道是至高無上的，而天道浩渺，無從把握，能夠憑直覺觀察到的便是日月星辰和季節變化，而它們又都是可以用簡單的數字來計量的，於是三、四、十、十二這樣一些本來很平常的數字便被賦予了神祕的象徵意義，因而想方設法把人事的建置與這些神祕的數字對應起來，以使人事建置亦具有了神聖不可侵犯的權威性。❼天有十端　端，猶要端、要點、要素。十，古人亦以為是一個具有特殊意義之數。康有為《春秋董氏學》：「《論語．公治長》：『聞一以知十。』一為數始，十為數終。物生而有象，象而後滋，滋而後有數。凡物皆有天統，一為之始，必有條理，十為之終。一之與十，終而復始，道盡是矣。」此下所列十端，由三組基本概念組合而成。一是天、地、人；二是陰陽；三是五行即火、金、木、水、土。天、地、人與陰陽，歷史上早有比較完整的表述，皆見於《周易》。《周易》本身便是由「⚋」（陰）、「⚊」（陽）這兩個符號演化為六十四卦的。其〈說卦傳〉云：「觀變於陰陽而立卦。」又謂：「立天之道曰陰與陽，立地之道曰柔與剛，立人之道曰仁與義。」天、地、人為三才，陰、陽為對偶，皆是古人觀察和描述萬物生息變化及其相互關係的一種符號或稱之為象。五行在古籍中最早見於《尚書．洪範》，到《管子》的〈幼官〉、〈四時〉、〈五行〉、〈輕重〉諸篇，開始把陰陽和五行這兩組基本概念配置在一起，成為天地萬物變化的認知圖式。董仲舒在此基礎上增加了天、地、人三要素，稱為「天之十端」，意欲構建一個無所不包的認知宇宙萬事萬物的基本模式。這種想用若干個認知要素構築一個包容一切的思想體系，可說是戰國以降思想界發展的一個總趨勢，從《管子》、鄒衍的陰陽五行說，到《呂氏春秋》、《淮南子》都反映了這樣一種意圖。只是董氏的學說更為龐大和完整些，神學色彩也顯得更為濃厚。本書第二十篇後各篇的題目，大都不脫十端，如以陰陽為題的有六篇，以五行為題的有九篇，以天道或天地為題的亦有九篇之多，他如〈郊語〉、〈郊義〉、〈郊祭〉、〈郊祀〉、〈求雨〉、〈止雨〉諸篇，亦均與天道有關。❽而一條之率　此句諸家解釋、句讀恐均有誤。凌曙本、蘇輿本皆作「而一條之率」。冒廣生云：「『之』字絕句。『率』字上依下文例當有『其』字。凌讀『而一條之率』五字句，非。」鍾肇鵬校釋本則謂：「冒說未確。『一條之』，言王者條貫之使之成標準、規律。冒以『率』屬下讀，又增『其』字，未是。」按：此句若聯繫下文「其率三臣而為一慎」、「以四選率之」、「以十端率之」、「以三公之勞率之」、「分別率之」，當可通解。率，原指標準或比率，此處用如動詞，意為計算。《漢書．高帝紀下》：「各以其口率。」顏師古注：「率，計也。」以上諸句，便是用不同基準數，對一百二十這個「天數」作出計算，實際也就是一道簡單的四則應用題：即三、四、十、十二、四十諸數都是一百二十的因數，而一百二十則是它們的公倍數。若此，諸本以「率」字斷句恐亦未當。應以上句「王者受十端於天」斷句，而此句覆下。「而」同「以」。「之率」疑誤倒，當作「率之」。其文為：「而一條率之，每條一端以十二臣……」意謂如果以一條十二臣作為基準數計算，那麼便如何如何。❾十二時　蘇輿注：「『時』疑當作『臣』。」是，應為「十二臣」。❿三臣而成一慎　「慎」之解釋不一。惠棟疑「慎」係「植」之訛。蘇輿注：「《太平御覽》引韋昭《釋名》：『臣，慎也。』慎於其事以奉上也。」鍾肇鵬校釋依惠說，以為「本文以『植』為計量臣下之單位，三臣為一『植』與上文『立成數以為植』前後相應」。惠、鍾之說似非。且上文「立成數以為植」之「植」，亦不應作「三臣為一植」解。以蘇說為勝。⓫十慎　十，惠棟校為「一」，蘇輿依之。是，當作「一慎」。⓬以十端四選　俞樾《諸子平議》曰：「上文『是故以四選率之』，此當云『以十端率之』。『四選』二字，涉上而誤。」俞說是，當據以改。⓭三公之勞　勞，俞樾以為「當讀為『僚』」。並云：「昭七年《左傳》：『隸臣僚。』服注：『僚，勞也。』是『僚』之與『勞』聲近而義通。」⓮賓之　猶敬之。

【語　譯】什麼是上天的大經？三起合起來成為一日，三日合起來成為一規，三旬合起來成為一月，三月合起來成為一個季節，春、夏、秋三個季節，作物成熟可以收穫。寒冷、暑熱與溫和，這三種氣候育成了穀物；太陽、月亮與星辰，這三種天體合成了光明；天時、地利與人和，這三種要素彙成了造就王者之業的大道。由此看來，是「三」成就了一切，三便是上天的大經，上天正是用「三」作為它的法制。依據這個道理，禮儀要三揖三讓才完成一個禮節，選官的人數要三人合成一組。三公為第一個選官等級，三卿為第二個選官等級，三大夫為第三個選官等級，三士為第四個選官等級，一共選拔四個等次，每組由三人組成。這樣做是為了對應上天的法則：一年四個季節，每個季節是三個月。這就是說，之所以要三人為一組，是效法上天「三」這個大經；之所以規定選四個等級，是效法天時一年有四個季節；之所以由十二個臣子組成一條，是仿照一年十二月；之所以官員總數到十條為止，是仿照天端的總數亦是十。

什麼是上天的要端？回答說：上天有十個要端，而且就到十個為止。天是一端，地是一端，陰是一端，陽是一端，火是一端，金是一端，木是一端，水是一端，土是一端，人是一端，到十端完畢，這個十便是天數。天數到十終結，君王便從上天接受這十個要端。拿一條這個基數來計算吧，每條一端包括十二個臣子，如同天時的每過完一年就是十二個月。十，這是天數；十二，是一年中要過的月份的次數。用一年要過的月份數「十二」對應天端的總數「十」，那麼天端數延伸到十二就完畢。照此算來，過完十年就是一百二十個月。一條十二臣，與天端的總數十相乘，亦就是公、卿、大夫、士的總數共一百二十臣。用這個比率來衡量都能符合上天的安排。如果用三個臣子構成一慎作為基數來計算，那麼八十一元士構成二十七慎，分別佐助二十七大夫；二十七個大夫構成九個慎，分別佐助九個卿；九個卿構成三個慎，分別佐助三個公；三個公構成一個慎，共同來輔助天子。天子身邊積聚四十慎，分為四個層次，每組一慎三個臣子，這些亦都與天數對應。倘若拿四個層次作為基數來計算，那麼每個層次都是三十人，三個四是十二，亦是一百二十人，同樣符合天數。用十端作為基數來計算，十端累積四十人，每慎三個臣子，三個四是十二，總共一百二十人，這亦符合天數。再拿三公的僚屬來統計，那麼每公四十人，三個四是十二，亦是一百二十人，符合天數。所以分散來稱呼那是一百二十個臣子，選拔出來讓人尊敬的三公九卿共有十二個長官，所授給的官名雖然多，總起來都可稱之為四個等次、十二位長官。上面分別用不同基數作了計算，沒有不符合天數的。

第三章

求天數之微，莫若於人❶。人之身有四肢，每肢有三節，三四十二，十二節相持，而形體立矣。天有四時，每一時有三月，三四十二，十二月相受，而歲數終矣。官有四選，每一選有三人，三四十二，十二臣相參，而事治行矣。以此見天之數，人之形，官之制，相參相得也❷。人之與天，多此類者，而皆微忽，不可不察也❸。

天地之理，分一歲之變以為四時，四時亦天之四選已❹。是故春者少陽之選也，夏者太陽之選也，秋者少陰之選也，冬者太陰之選也❺。四選之中，各有孟仲季❻，是選之中有選，故一歲之中有四時，一時之中有三長❼，天之節也。人生於天而體天之節，故亦有大小厚薄之變，人之氣也。先王因人之氣而分其變，以為四選。是故三公之位，聖人之選也；三卿之位，君子之選也；三大夫之位，善人之選也；三士之位，正直之選也❽。分人之變，以為四選，選立三臣❾，如天之分歲之變，以為四時，時有三節也。天以四時之選與十二節相和而成就歲，王以四位之選與十二相砥礪而致極，道必極於其所至，然後能得天地之美也❿。

【章旨】本章以人之形體結構與天時變換規律可「相參相得」起論，進而以為天有四時之節，人的天賦亦有「大小厚薄」之別，故王者據以分四選，從聖人、君子、善人和正直之人中，分別選擇公、卿、大夫、士之官。

【注釋】❶求天數之微二句　意謂天數奧妙難測，要想求知，最好從人的形體上去獲得啓示。微，奧祕。《老子》：

「微妙玄通，深不可測。」本書〈人副天數〉篇亦云：「天地之符，陰陽之副，常設於身，身猶天也。數與之相參，故命與之相連也。」又謂：「觀人之體，一何高物之甚，而類於天也。」❷人之身有四肢十九句　此以天數、人形、官制三者各自之數相互對應，以為可「相參相得」。相受，意謂十二個月前後相互承接。歲數終，一年已盡。《周禮．春官．大史》：「正歲年以序事。」注云：「中數曰歲，朔數曰年。」中數，指前後兩年自冬至至冬至，日行一周天，稱一歲。朔數，指前後兩年自正月朔至正月朔，稱一年。這種以天人之間的類比作說，在漢代頗為流行，類似董氏此說的，如《淮南子．天文訓》：「跂行喙息，莫貴於人，孔竅肢體，皆通於天。天有九重，人亦有九竅；天有四時以制十二月，人亦有四肢以使十二節。故舉事而不順於天者，逆其生者也。」《黃帝內經．靈樞．邪客》：「天有風雨，人有喜怒；天有雷電，人有音律；天有四時，人有四肢；天有五音，人有五臟；天有六律，人有六腑。」❸不可不察也　本章旨在以人擬天。對於古人此種思維特徵，蘇輿有一注，頗引人思索。文中稱：「古者制度始創，率取法象於天，故無虛設之數。然天之四時三月，亦由人定。疑聖人先因人之四肢、三節，然後推之於天，考之以度。所謂人生於天，而體天之節也。《說文》尺下云：『因制寸、尺、咫、尋、常、仞諸度量，皆以人之體為法。』《大戴禮記．天圓》：『曾子曰：天之所以生上首，地之所以生下首，上首之謂圓，下首之謂方。』盧注：『人首圓足方，因繫之天地，天地為方圓也。此亦先人後天之說。後世製作日繁，近師前代，隨時適變。所謂天之數者，亦不能密合矣。』」❹天之四選已　已，凌曙本作「也」。❺春者少陽之選也四句　此處把陰陽引入四時，以為四時的變化是由陰陽消息的結果。《白虎通義．四時》：「歲時何謂？春夏秋冬也。時者期也，陰陽消息之期也。」《周易．繫辭》有太極生兩儀、兩儀生四象之說，所謂四象，即四時各有其象。以筮法言，蓍草七揲為少陽之爻，以象春也；九揲為老陽之爻，以象夏也；八揲者為少陰之爻，以象秋也；六揲為老陰之爻，以象冬也。在漢人心目中，少陽、太陽、少陰、太陰已成為四時的象徵，而且被尊為神，分別祭於戶、竈、門、行。如蔡邕《獨斷》：「秋為少陰，其氣收成，祀之於門。春為少陽，其氣始出生養，祀之於戶。冬為太陰，盛寒為水，祀之於行。夏為太陽，其氣長養，祀之於竈。」❻孟仲季　孟，長也，始也。四時之首月稱孟月。仲，中也。古人以伯、仲、叔、季為長少之次，故以四時之次月稱仲月。季，少稱，故以四時第三個月稱季月。❼三長　即指上文所言孟、仲、季。❽人生於天而體天之節十三句　在古人心目中，人由天地造化而成，人的身體與天體是同構的。天之氣，人之氣，皆指陰陽二氣。《周易》關於陰陽變易的說法，可以貫穿於天地萬物，亦可貫穿於人體的結構。故云人生於天而體天之節，天有一年四時變化，人有大小厚薄的不同。天之四時變化和人的大小厚薄，均是陰陽二氣消息變易的結果。大小厚薄，鍾肇鵬校釋本以為「均指關節而言」，恐非。此「大小厚薄」當與下文聖人、君子、善人、正直相對應，應指人所受天賦在氣質才智方面的差別。王者正是依據人的這種氣質才智上的不同，分別以四個等次選官。這樣，人因天賦有別，而有聖人、君子、善人，正直之分，在官職與社會地位上便表現為公、卿、大夫、士的不同等級。董仲舒通過陰陽學說，把天體與人體、人的不同氣質與其社會地位和官職分野，都變成同一構造的事物。❾選立三臣　指以三人為一組，進行臣下的選拔。❿天以四時之選與十二節相和而成就歲四句　此以天之四時十二節與官制的四位十二臣相對應。砥礪，磨鍊。致極，指達到國家治理的最高境界。十二臣，可有二解，一為三公加九卿，皆係與天子朝夕相處的輔佐大臣。一為四個層次，每個層次各三臣，共十二臣。似以前說較符合歷史情況。天地之美，以審美的觀念看待天下之治，以為進入到最美好的境界。

【語　譯】若要求知天數的奧祕，最好的辦法是從人的身體上去獲得啓示。人的身體長有四肢，每肢都分成三節，三乘四十二，十二個關節相互支援，人的形體便站立起來了。天時一年有四個季節，每個季節有三個月，三乘四十二，十二個月相互銜接，一年的歲數便告完成了。官制有四個層次，每一個單元都是三個臣子，三乘四十二，十二個臣子相互扶持，國家的政事便可以有條不紊地得到治理了。由此可見，天時的數目與人的形體結構、官員設置的數目，都是互相參驗可以得到印證的。人與天的關係，大多與此相類似，兩者的聯繫是那麼微妙，這是人們不能不仔細審察的。

天地運行的規則，是把一年劃分為四個季節，這四個季節亦就是天的四個層次。春天是屬於少陽的層次，夏天是屬於太陽的層次，秋天是屬於少陰的層次，冬天是屬於太陰的層次。這四個層次又各有孟月、仲月、季月的區分，那是在層次中再劃分層次。所以一年之中有四個季節，一季之中又分三個段落，這便是上天運行的規則。人的生命來自天工造化，人的形體體現了天體運行的結構，所以各人稟受的天賦亦有大小厚薄的區分，那便是人的不同的氣質。古代聖王依據人們氣質上差異，把它分為四個層次。所以三公的職位，挑選聖人去擔任；三卿的職位，挑選君子去擔任；三大夫的職位，挑選善人去擔任；三士的職位，挑選正直的人去擔任。根據人們不同的特質，分為四個層次，每個層次以三個臣子作為一個單元，猶如上天把一年分成四個季節，每個季節又分成三個月那樣。天時以四個季節十二個月合在一起構成一歲，王者用四個不同職位的層次挑選出十二個臣子，與他們一起互相激勵使國家達到最好的治理，為王之道一定要達到它的極致，然後才能獲得天地間最為美好的境界。

【研　析】以上兩章引入「天數」這個概念。文中所說的天數是指計算一年時間幾個常用的數字，如三、四、十、十二。古人紀年、紀日，用十天干、十二地支，以甲、乙、丙、丁、戊、己、庚、辛、壬、癸為十天干，以子、丑、寅、卯、辰、巳、午、未、申、酉、戌、亥為十二地支。天干和地支共二十二個，它們既可各自代指某數，又分別具有特定的象徵意義。據《漢書・律曆志》的解釋，地支和天干分別被視為農作物從萌芽、出土、盛長、茁壯、豐茂到成熟、收穫，再從出甲開始的孕育新一輪生命過程的動態系統。所以名之為天數，大概是由於它顯示了由時間的推移而形成的一個完整的生命演化過程吧？

中國古代最早引入天數這個神祕概念的，當是《周易・繫辭》。它把奇數作為天數，偶數作為地數，亦即一、三、五、七、九為天數，二、四、六、八、十為地數。天數之和二十五，地數之和為三十，「凡天地之數五十有五，此所以成變化而行鬼神也」。古代筮法便是從天地數之和起始。備五十五策蓍草，去掉六策，象六爻。筮時，將四十九策蓍草分為二，一部分橫置上方以象天，一部分橫置下方以象地。在上方之蓍草中抽出一策，置於上下二部分之間，構成天、地、人三才。再將上方之蓍草每四策為一組分數之，是為揲之以四，這個四象徵四時。將所餘之蓍草（當是一或二或三或四）置於左旁，以象閏月。繼而再將下方的蓍草揲之以四，其所餘的蓍草置於右旁，然後將上、下兩部分蓍草合併一起，再操作一次。經過如此連續三次操作，餘下的蓍草的組合有四種情況：一為九揲，是為老陽之爻；二為七揲，是為少陽之爻；三為六揲，是為老陰之爻；四為八揲，是為少陰之爻。六爻構成一卦。以蓍草占卜的過程就是如此。這裡就包含著天數、四時、太陽、少陽、太陰、少陰這樣一些概念，董仲舒在本篇中所運用的這些概念，當與古老的筮法有一定聯繫。

以十二為天數，最早可能就是《左傳》。魯哀公七年（西元前四八八年），魯國的子服景伯對吳人說：「周之王也，制禮，上物不過十二，以為天之大數也。」還有便是《禮記・郊特牲》：祭天之日，「王被袞以象天，戴冕璪十有二旒，則天數也」。而一旦十二與地支和陰陽聯繫起來，更被認為將出現化生萬物的神奇景象。《漢書・律曆志上》：「行於十二辰，始動於子。參之於丑，得三。又參之於寅，得九。又參之於卯，得二十七。又參之於辰，得八十一。又參之於巳，得二百四十三。又參之於午，得七百二十九。又參之於未，得二千一百八十七。又參之於申，得六千五百六十一。又參之於酉，得萬九千六百八十三。又參之於戌，得五萬九千四十九。又參之於亥，得十七萬七千一百四十七。此陰陽合德，氣鍾於子，化生萬物者也。」

堯舜不擅移、湯武不專殺 第二十五

【題　解】本篇繼續稱揚王者受命於天，駁詰「堯舜擅移」、「湯武不義」的觀點，指出：天立王以為民也，德足以安民者，天予之；惡足以害民者，天奪之。故堯舜的禪位和湯武的伐桀紂，皆由天命所致。依內容，分為二章。上章以兒子不敢將繼嗣重任讓與他人為喻，說明作為上天之子的堯舜亦不會擅自禪天下於人，堯舜「禪讓」的原因，是上天未授命他們「私傳」。下章尊奉湯武為與堯舜同列的聖王，批駁以湯武伐桀紂為不義的論點，強調以有道伐無道為古今同一的「天理」，「其所伐皆天之所奪也」。

蘇輿《春秋繁露義證》以為「此篇非董子文」，提出了「董惡秦特甚，而此云周為無道，而秦伐之，與湯武相提並論」等五條理由，「疑此即轅固生與黃生爭論語，後人誤採入《繁露》」。茲錄以備考。

第一章

堯舜何緣而得擅移天下哉❶？《孝經》之語曰：「事父孝，故事天明。」❷事天與父，同禮也。今父有以重予子，子不敢擅予他人❸，人心皆然。則王者亦天之子也，天以天下予堯舜，堯舜受命於天而王天下，子猶安敢擅以所重受天者予他人也❹！天有不以予，堯舜漸奪之❺。故明為子道，則堯舜之不私傳天下而擅移位也，無所疑也。

【章　旨】以兒子不敢將繼嗣重任讓予他人為喻，說明作為上天之子的堯舜亦不會擅自授天下予人，堯舜「禪讓」的原因，在於上天未授命他們私傳。

【注　釋】❶堯舜何緣而得擅移天下哉　這是對傳說中的堯禪位於舜、舜禪位於禹提出疑問。堯與舜均為傳說中的古代聖君。堯名放勳，帝嚳之子，姓伊祁氏。《帝王世紀》云：「堯都平陽，於《詩》為唐國。」舜，名重華，相傳為昌意之七世孫，姓姚氏，封國在虞，故稱虞舜。擅移，指堯禪位於舜，舜禪位於禹。擅，專擅。擅亦可通「禪」。《荀子·正論》：「堯舜擅讓。」楊倞注：「擅與禪同。」按董仲舒的天人之學，以為王者所以王天下，是天命所歸，任何人無權擅自將天下讓於別人。故此處對堯舜相繼禪位的傳統說法提出了疑問。❷孝經之語曰三句　《孝經》，儒家經典之一，十八章，孔門後學所作，漢代列為七經之一。引文出自《孝經》之〈感應章〉。事父孝二句，意謂事父能孝者，事天亦能明天之道。事父之孝能感應以通天之事也。事，侍奉。❸今父有以重予子二句　全句意謂父親以承宗續嗣之重任予兒子，為子者豈敢將此重任擅自讓予他人。重，指承宗為後以重本。《公羊傳》魯莊公二十四年(西元前六七〇年)：「大夫宗婦覿。」何休《公羊解詁》：「大夫妻言宗婦者，大夫為宗子者也。族所以有宗者，為調族理親疏，令昭穆親疏各得其序也。故始統世世繼重者為大宗，旁統者為小宗，小宗無子則絕，大宗無子則不絕，重本也。」《管子·幼官》「十年重適」尹注：「重適，謂承重也。適，諸侯之世子也。」《後漢書·桓帝紀》：「永為大宗之重，深思嗣續之福。」❹子猶安敢擅以所重受天者予他人也　校諸他本，句中「子猶」應作「猶子」；「受天」需補一「於」字，當作「受於天」。蘇輿注：「案『受於天』，疑當作『受於父』。」是。又，俞樾《諸子平議》以為此句有闕文：「當云：『子猶不敢擅以所重受於父者與他人，堯舜安敢以所重受於天者與他人也。』」錄以備考❺天有不以予二句　這是董仲舒對傳說中的堯舜禪位之事作出自己的解釋。句中「漸」，原注稱「他本誤作『斬』」。蘇輿則以為當作「斬」。注云：「堯舜均不得傳子，故云『斬奪子』。言天所以斬奪之，必有其故。孟子言非人之所能為也，天也。」大意謂上天沒有讓堯舜把天下傳給他們的兒子，所以堯舜終止了在自己家族中的傳承。即其禪位與他人亦係奉天之命。《孟子·萬章上》亦有類似說法：「萬章曰：堯以天下與舜，有諸？孟子曰：否。天子不能以天下與人。然則舜有天下也，孰與之？曰：天與之。天與之者，諄諄然命之乎？曰：否。天不言，以行與事示之而已。」即亦把堯舜的禪讓歸之於天命，非其個人行為。

【語　譯】堯舜因什麼緣由把天下擅自禪讓給他人呢？《孝經》上有這麼一句話：「因為事奉父親孝順，所以事奉上天亦能明於道理。」事奉父親與事奉上天，從禮儀上講是相同的。如今為父親的把繼承大宗的重任給予他的兒子，做兒子的當然不敢把這樣的重任擅自讓給別人，這是人們共同的心理狀態吧。那麼作為君王同樣亦是上天的兒子，上天把天下託付給堯舜，堯和舜都是受命於天而稱王天下的，他們就像天的兒子，怎麼敢把從上天接受來的重任擅自讓給他人呢？是上天不讓堯舜把天下傳給他們的兒子，他們才終止了在自己家族中的傳承。所以只要懂得了如何為人之子的道理，那麼對堯舜的不傳位給兒子而把王位轉移給他人，就不會再有任何疑問。

【研　析】堯舜禪讓是儒家一個傳統的說法，但它與君權神授的天命說之間有著一條很難逾越的鴻溝。《論語・堯曰》便提到堯舜禪讓的故事：「堯曰：『咨爾舜！天之歷數在爾躬，允執厥中，四海困窮，天祿永終。』舜亦以命禹。」《論語》上的這些話並非出自孔子之口，不過是雜採《尚書・堯典》之文而成。儒家比較具體完整地敘述堯舜禪讓過程的，當是《孟子・萬章上》。孟子已把禪讓說與天命說結合到了一起：「『昔者，堯薦舜於天，而天受之；暴之於民，而民受之。故曰，天不言，以行與事示之而已矣。』曰：『敢問薦之於天，而天受之；暴之於民，而民受之，如何？』曰：『使之主祭，而百神享之，是天受之；使之主事，而事治，百姓安之，是民受之也。天與之，人與之，故曰，天子不能以天下與人。舜相堯二十有八載，非人之所能為也，天也。堯崩，三年之喪畢，舜避堯之子於南河之南，天下諸侯朝覲者，不之堯之子而之舜；訟獄者，不之堯之子而之舜；謳歌者，不謳歌堯之子而謳歌舜，故曰天也。』」後來司馬遷在《史記・五帝本紀》介紹堯舜禪讓的故事亦本此而來。但在儒家內部主此說法的也只有思孟這一派，荀子就不贊成。《荀子・正論》稱：「世俗之為說者曰：堯舜擅讓。是不然。天子者，勢位至尊，無敵於天下，夫有誰與讓矣。」「夫曰堯舜擅讓，是虛言也，是淺者之傳，陋者之說也。」儒家以外，說法更各不相同了。如《韓非子・顯學》稱：「孔子、墨子俱道堯舜，而取捨不同，皆自謂真堯舜。堯舜不復生，將誰使定儒墨之誠乎？」《史記．五帝本紀》之《正義》引《括地志》：「《竹書》云：昔堯德衰，為舜所囚也。又有偃朱故城，在縣西北十五里。《竹書》云：舜囚堯，復偃塞丹朱，使不與父相見也。」

堯舜禪讓的真相究竟如何？後人已無緣獲知，但儒家關於禪讓一說，在歷史上卻一再被人提起，究其原因，多由當時政治需要，其中禪讓調子唱得最高的，當數漢魏之際。袁宏《漢紀》載漢帝詔曰：「夫大道之行，天下為公，選賢與能，故唐堯不私於厥子，而名播於無窮。朕羡慕焉，今其追踵堯典，禪位於魏王。」禪讓時舉行了盛大的儀式，〈獻帝傳〉作了這樣記載：「辛未，魏王登壇受禪，公卿、列侯、諸將、匈奴單于、四夷朝者數萬人陪位，燎際祭天地、五嶽、四瀆。」儀式結束後，曹丕「顧謂群臣曰：『舜禹之事，吾知之矣。』」（《魏氏春秋》）其後政權的交替方式，雖都不是明火執仗的逼宮，就是兵臨城下的逼降，全無絲毫謙讓可言，卻偏偏亦要上演「禪讓」滑稽劇，像煞有介事地祭告天地一番，以示天命之所歸。如晉武帝司馬炎代魏而興時，魏元帝曹奐（後被廢為陳留王）亦像當年漢獻帝那樣，照著葫蘆畫瓢來一番「禪讓」。在策文中，曹奐大言不慚，說是「我皇祖有虞氏誕膺靈運，受終於陶唐，亦以命於有夏」；而你司馬炎亦「應受上帝之命協皇極之中」，又照搬了堯禪位於舜時的幾句套話，什麼天序「歷數，實在爾躬，允執其中，天祿永終。於戲，王其欽順天命」（《晉書．武帝紀》）。此後，這一類鬧劇在晉宋、宋齊、齊梁、梁陳、北周與隋，隋與唐之間，還反復演出過。

第二章

儒者以湯武為至賢大聖也，以為全道究義盡美者，故列之堯舜，之謂聖王❶，如法則之。今足下以湯武為不義❷，然則足下之所謂義者，何世之王也？曰：「弗知。」弗知者，以天下王為無義者邪？其有義者而足下不知邪？則答之以「神農。」

應之曰：神農氏之為天子，與天地俱起乎？將有所伐乎？神農氏有所伐，可；湯武有所伐，獨不可，何也❸？且天之生民，非為王也；而天立王，以為民也。故其德足以安樂民者，天予之；其惡足以賊害民者，天奪之❹。《詩》云：「殷士膚敏，祼將于京。侯服于周，天命靡常。」❺言天之無常予，無常奪也。故封太山之上，禪梁父之下❻，易姓而王，德如堯舜者七十二人❼。王者天之所予也，其所伐皆天之所奪也。今唯❽以湯武之伐桀紂為不義，則七十二王亦有伐也。推足下之說，將以七十二王為皆不義也。故夏無道而殷伐之，殷無道而周伐之，周無道而秦伐之，秦無道而漢伐之。有道伐無道，此天理也，所從來久矣，寧能至湯武而然耶？夫非湯武之伐桀紂者，亦將非秦之伐周❾，〔漢之伐秦，〕非徒不知天理，又不明人禮。禮，子為父隱惡❿。今使伐人者而信不義，當為國諱之，豈宜如誹謗者？此所謂一言而再過者也⓫。君也者，掌令者也，令行而禁止也⓬。今桀紂令天下而不行，禁天下而不止，安在其能臣天下也，果不能臣天下，何謂湯武弒⓭？

【章旨】稱揚湯武為與堯舜同列的聖王，批駁湯武伐桀紂為不義的論點，強調以有道伐無道乃古往今來皆適用的「天理」。

【注釋】❶儒者以湯武為至賢大聖也四句　此是董氏借「儒者」云云，先表明自己觀點。湯，亦稱天乙、成湯，甲骨文稱唐、大乙、高祖乙，商王朝的建立者。前後十一次出征，滅葛、韋、顧、昆吾等國，最終滅夏桀。因以武力得天下，故稱武王。《史記・殷本紀》稱：「湯曰：吾甚武，號曰武王。」《呂氏春秋・似順論・分職》稱其「一日而盡有夏商之民，盡有夏商之地，盡有夏商之財，以其民安而天下莫敢之危」。武，指周武王，姓姬名發，西周王朝的建立者。承其父文王之遺緒，出兵攻打商紂王，牧野之戰，商人倒戈，滅商，建立了西周王朝。儒家對湯武多持讚揚態度。如《孟子・滕文公下》：「湯始征，自葛載，十一征而無敵於天下。東面而征，西夷怨；南面而征，北狄怨，曰：奚為後我？民之望之，若大旱之望雨也。歸市者弗止，芸者不變，誅其君，弔其民，如時雨降，民大悅。」其〈盡心下〉：「孟子曰：堯舜，性者也，湯武，反之也。」反指反之於身，身安乃以施人，推己及人，仁也。《荀子・臣道》稱：「奪，然後義；殺，然後仁；上下易位，然後貞；功參天地，澤被生民：夫是之謂權險之平，湯武是也。」❷今足下以湯武為不義　此以假設性的「足下」提出「湯武為不義」，作為論戰對象。足下，敬辭，稱對方。樂毅〈報燕惠王書〉：「恐傷先王之明，有害足下之義，故遁逃走趙。」一說「足下」之稱，始於春秋時晉文公稱介之推。劉敬叔《異苑》卷十：「介之推逃祿隱跡，抱樹燒死。文公拊木哀嗟，伐而制屐，每懷割股之功，俯視其屐曰：『悲乎足下！』足下之稱將起於此。」以湯武為不義，指以湯武伐桀紂為不義。以為桀紂是君，湯武伐之不義。持此種觀點者，歷史上亦不乏其人。如《莊子・盜跖》：「大怒曰……堯舜作，立群臣，湯放其主，武王殺紂。自是以後，以強淩弱，以眾暴寡。湯武以來，皆亂人之徒也。」雖係寓言，當亦有持此論者。漢初有黃生者，更從正面揭示了湯武之不義。《漢書・儒林・轅固傳》載：「黃生曰：『冠雖敝必加於首，履雖新必貫於足，何者？上下之分也。今桀紂雖失道，然君上也；湯武雖聖，臣下也。夫主有失行，臣不正言匡過以尊天子，反因過而誅之，代立南面，非殺而何？』」❸以天下王為無義者邪十二句　此是從對方以湯武伐桀紂為不義的論斷逆推：那麼是否所有以征伐得天下的都不義呢？這樣便迫使對方推出了神農氏。這當然亦是董仲舒有意設定的。原因是在五帝以前的先王中，神農是當時公認的聖王，包括先秦諸子對神農都沒有任何貶詞。關於神農氏的傳說，見於《周易・繫辭下》：「包犧氏沒，神農氏作，斫木為耜，操木為耒，耒耨之利，以教天下。」《莊子・盜跖》對從黃帝到堯、舜、禹、湯、文、武以至伯夷、叔齊等等當時人心目中的聖君賢者一概予以貶斥，唯獨對神農則稱：「神農之世，臥則居居，起則于于，民知其母，不知其父，與麋鹿共處，耕而食，織而衣，無有相害之心，此至德之隆也。」據傳說，神農前尚有伏犧氏等，故此處以「神農氏之為天子，與天地俱起乎」提出詰問。既然神農並非與天地俱起，定然亦會有所征伐。《漢書・藝文志》所錄以神農為名的先秦著作，除與農耕相關的《神農》二十篇外，亦有《神農兵法》一篇，屬陰陽家和兵家，這或許就是神農亦「有所伐」的依據。由此得出的結論是：既然足下提出的義君亦是有所征伐而獲得天下的，那麼湯武的討伐桀紂就不應被視為不義。❹天之生民八句　句中「而天立王」，他本多一「之」字，作「而天之立王」。此處所表述的大致可謂民本思想，先秦諸子中儒墨二派多有論及。著名的如《孟子・盡心下》：「民為貴，社稷次之，君為輕。」〈離婁下〉：「君之視臣如手足，則臣視君如心腹；君之視臣如犬馬，則臣視君如國人；君之視臣如土芥，則臣視君如寇讎。」《荀子・王制》：「傳曰：君者，舟也。庶人者，水也。水則載舟，水則覆舟，此之謂也。故君人者欲安，則莫若平政愛民矣。」《墨子・節用中》：「古者明王聖人所以王天下、正諸侯者，彼其愛民謹忠，利民謹厚，忠信相連，又示之以利。」《呂氏春秋》亦有多處。如關於立君為民：「凡君之所立，出乎眾也。」（〈用眾〉）「群之可聚也，相與利之也。利之出於群也，君道立也。故君道立則利出於群，而人備可完矣。」又云：「置君非以阿君也，置天子非以阿天子也，置官長非以阿官長也。」（〈恃君〉）關於不行君道者可廢而另立之：「自上世以來，天下亡國多矣，而君道不廢者，天下之利也。故廢其非君，而立其行君道者。君道何如？利而物利章。」（〈恃君〉）只是董氏所論皆附以天命之說。❺詩云五句　所引見《詩經・大雅・文王》。引詩與今本《詩經》文句互倒，今本《詩經》作「侯服于周，天命靡常。殷士膚敏，祼將于京」。全詩共七節，為歌頌周文王之作。所引為第五節前四句，詩意承第四節而來。第四節後四句大意謂：商族的子孫有十幾萬，上天命令他們臣服於周族。故第五節開頭便說：「侯服于周，天命靡常。」侯，惟也。服，臣服。靡常，無常。殷人亦曾經接受過天命，如今天命已轉向周族，故言天命無常，不會恆久屬於一姓一族。殷士膚敏，殷士，指殷商子孫。膚敏，高亨《詩經今注》以為「膚，當讀為『薄』。《方言》：『薄，勉也。』」于省吾說：「『敏，勉也。』」（《澤螺居讀詩劄記》）膚敏即黽勉努力」。祼將于京，祼，祭祀時神主前鋪以白茅，將酒灑瀝於茅上稱祼。將，獻上祭品。京，指周之京城鎬城。按所引詩句次序，大意謂：殷商的子孫一個個勤勉努力，到鎬京來奉行祼將之禮；他們衷心臣服文王，就因為懂得天命無常。據記載，武王克商後，曾經把東方的商人成族地遷至關中扶風、岐山一帶，以鞏固周人的統治。此種所謂「強幹弱枝」政策後來還屢被施行，如秦曾遷天下富戶十二萬戶以實長安，漢亦曾遷關東之大族以實陵邑。所引詩句美化了周人對被遷徙的商人的統治。董仲舒引此則意在說明上天設立君王，不是為了君王，而是為了民眾；誰殘害了民眾，上天就剝奪它的統治權力；誰能安撫百姓，上天就授命於誰。所以湯武伐桀紂是奉天命行事，他們應是仁義之師。❻封太山之上二句　太山即泰山。封泰山、禪梁父是古代帝王祭告天地、受命改制的一種儀式。在泰山上築土為壇以祭天稱封，在泰山南側梁父山上辟基祭地稱禪。泰山，亦稱岱山、岱宗。在山東中部，海拔一五二四公尺。山峰突兀峻拔，雄偉壯麗，齊魯之士以五嶽中泰山最高，賦以神祕的涵義，孔子曾有「登泰山而小天下」之說。梁父，一作「梁甫」，泰山南部之支阜。《白虎通義・封禪》：「王者易姓而起，必升封泰山何？報告之義也。始受命之日，改制應天，天下太平功成，封禪以告太平也。所以必於泰山何？萬物之始，交代之處也。必於其上何？因高告高，順其類也。故升封者，增高也。下禪梁甫之基，廣厚也。皆刻石紀號，著己之功跡以自效也。天以高為尊，地以厚為德，故增泰山之高以報天，附梁甫之基以報地，明天之命，功成事就，有益於天地，若高者加高，厚者加厚矣。」❼德如堯舜者七十二人　謂古先王中德望如堯舜而上泰山行封禪之禮的有七十二王。事見於《史記・封禪書》，為管仲勸阻齊桓公欲上泰山行封禪之禮的說辭。「管仲曰：『古者封泰山禪梁父者，七十二家，而夷吾所記者十有二焉。』」被列名的十二家有無懷氏、虙羲氏、神農氏、炎帝、黃帝、顓頊、帝嚳、堯、舜、禹、湯、成王，除周成王外，其他皆是傳說時代的古先王。董仲舒藉古代七十二先王行封禪之禮一事，說明以往易姓而王亦各有征伐，若以湯武之伐桀紂為不義，則古代七十二王亦皆淪為不義，豈不動搖了先王行為之正義性。❽唯　凌曙本作「推」。❾夫非湯武之伐桀紂者二句　此句下，盧文弨校補有「漢之伐秦」四字，凌曙等本並從之。今據以增補，並用方括號標出。這是把有關歷史問題的討論，引向了一個現實而又敏感的政治問題。董仲舒在這裡使用的論辯方法是，先設定有道伐無道是個由來已久的「天理」，它既不始於湯武，亦不止於湯武：湯武之前有德如堯舜者眾多聖王；湯武之後有周無道而秦伐之，秦無道而漢伐之。所以如果非難湯武伐桀紂，那就必然進而非難秦之伐周和漢之伐秦；如果「以湯武為不義」之說可以成立，那麼劉漢王朝建立的正義性豈非亦成了問題！儘管這樣的推論有些勉強，但卻確實使對方很難辯駁。關於湯武伐桀紂義與不義的問題，在漢初景帝時確實有過一場爭論，事見《漢書・儒林傳》，詳本章末研析。❿禮子為父隱惡　意謂按禮儀規定，子當為父隱諱過錯。如《禮記・檀弓》：「事親有隱而無犯。」鄭玄注：「隱謂不稱揚其過失也。」《論語・子路》：「葉公語孔子曰：『吾黨有直躬者，其父攘羊，而子證之。』孔子曰：『吾黨之直者異於是：父為子隱，子為父隱。直在其中矣。』」為尊者隱諱亦為《春秋》所立之義。孔廣森《春秋公羊通義》云：「尊尊親親而賢其賢。尊者有過，是不敢譏；親者有過，是不可譏；賢者有過，是不忍譏。」自然更要為君王隱惡。《白虎通義・諫諍》：「所以為君隱惡何？君至尊，故設輔弼，置諫官，本不當有過失。」⓫此所謂一言而再過者也　一言，指本篇二章所假設的「足下」的觀點：「以湯武為不義」。再過，雙重錯誤，即上文所言「非徒不知天理，又不明人禮」。以有道伐無道為古今天理，而「足下」以湯武為不義，就是「不知天理」，此其一錯。非湯武伐桀紂，必然導致非漢之伐秦，即使你以為伐人即不義，作為人臣，按禮儀亦當為國家隱諱，而「足下」卻在這裡稱揚誹謗，那就是「不明人禮」，此其二錯。

⑫君也者三句 《白虎通義・號》：「君之為言群也。」《尸子・貴言》：「一天下者，令於天下則行，禁焉則止。桀紂令天下而不行，禁焉而不止，故不得臣也。」⑬何謂湯武弒 弒，古多指下殺上。《釋名・釋喪制》：「下殺上曰弒。弒，伺也，伺間而後得施也。」如《周易・坤・文言》：「臣弒其君，子弒其父。」若以湯武弒桀紂，亦即認定其行為之不義。故儒家多不以湯武為「弒」。如《孟子・梁惠王下》：「聞誅一夫紂矣，未聞弒君也。」《荀子・正論》：「桀紂無天下，而湯武不弒君。」康有為《春秋董氏學》卷六下曰：「孔子以天下之民生養護育，付之予君，不能養民則失君職一也。辱而失位，已為不君二也。若令不行，禁不止，臣民不為用，無君之實，謂之獨夫三也。況殘賊其民，直謂之賊。天之立王，為何愛於一人，使肆民上。《易》曰：『湯武革命，順乎天而應乎人。』《孟子》曰：『聞誅一夫紂耳，未聞弒君也。』此孔子之大義也。」

【語　譯】儒生們尊奉商湯和周武王為至聖大賢，認為他們在道德和仁義上是盡善盡美的人，所以把他們與堯舜並列，稱之為聖王，作為效法和遵循的榜樣。如今足下卻認為商湯和周武王討伐夏桀和商紂是不義的行為，那麼足下認為哪一世王者可以稱為正義的呢？回答說：「不知道。」你所說的不知道是認為天下的王者都是不義呢？還是有義者而你不知道呢？你回答說：「神農氏。」那我要進一步問：神農氏當天子，是與天地一起開始呢？還是亦是有所征伐而取得天下的呢？既然神農氏可以通過征伐取得天下而不為不義，唯獨商湯與周武王卻不可以那樣做，這是為什麼？實際上上天生養人民，並非是為了君王；上天之所以授命立王，恰恰正是為了人民的休養生息。所以君王的德行足以使人民安居樂業的，上天就把天下交給他來統治；如果他的惡行足以殘害人民的，上天便剝奪他統治天下的權利。《詩經》上說：「殷商的子孫一個個勤勉努力，到鎬京來奉行祼將之禮；他們衷心臣服文王，就因為懂得天命無常。」這詩說的就是上天並沒有把天下永久地交給哪一姓，亦沒有永久地剝奪哪一姓擁有天下。所以從古以來，在改姓換代中稱王，到泰山頂上、梁父山下奉行封禪之禮的，前後共有七十二人，他們的品德都像堯舜那樣高尚。他們所以成功為王者，都是上天所授予的；被他們征伐的都是上天所要剝奪的。如果認為商湯和周武王征伐夏桀和商紂屬於不義，那麼這七十二王亦有過征伐的呀，按照足下的說法，這七十二王亦將通通變成不義的了！歷史上夏王無道，殷王起來討伐他；殷王無道，周王起來討伐他；周王無道，秦王起來討伐他；秦王無道，漢王起來討伐他，以有道的君王討伐無道的君王，這是天理，由來已經很久遠了，難道僅是到商湯和周武王才這樣做的嗎？況且非難商湯和周武王討伐夏桀與商紂，亦必然將進而非難秦王討伐周王，〔漢王討伐秦王，〕這就不僅僅是不懂得什麼叫天理，亦不明白做人要遵守的起碼的禮儀。按禮儀，做兒子的要為父親隱諱過錯。即使你相信討伐別人是不義的行為，作為臣子，亦應當為朝廷隱諱此事，怎麼能夠像誹謗者那樣誹謗朝廷呢？這正是人們說的一句話犯了兩個錯誤呀！所謂君王，就是發布號令的人，要能夠做到令行而行，令禁而止。如今夏桀和商紂向天下頒布命令而沒有人去執行，要禁止什麼也沒有人去聽從，這怎麼能使天下的人民臣服於他呢？既然不能使人民臣服，那又怎麼能把商湯和周武王討伐的行為稱作「弒君」呢？

【研析】本章的主題是論辯湯武伐桀紂義與不義的問題。有關這個問題的爭論可謂由來已久。大體說來，儒家以為湯武伐桀紂是義舉，黃老則多持相反觀點。《孟子・梁惠王下》記有齊宣王與孟子的一番對話。「齊宣王問曰：『湯放桀，武王伐紂，有諸？』孟子對曰：『於傳有之。』曰：『臣弒其君可乎？』曰：『賊仁者謂之賊，賊義者謂之殘，殘賊之人謂之一夫，聞誅一夫紂矣，未聞弒君也。』」《荀子・正論》亦提到這個問題，文中稱：「世俗為之說者曰：桀紂有天下，湯武簒而奪之，是不然。」荀子的解釋是「湯武非取天下也，修其道，行其義，興天下之同利，除天下之同害，而天下歸之也。桀紂非去天下也，反禹湯之德，亂禮義之分，禽獸之行，積其凶，全其惡，而天下去之也。天下歸之為王，天下去之謂亡，故桀紂無天下，而湯武不弒君，由此之效也。」在以上引文中，齊宣王和「世俗為之說者」都是對湯武伐桀紂持懷疑態度的。我們在本章注❷中所引的《莊子・盜跖》中的話，則更為徑直激烈些。《呂氏春秋・離俗》講了一個類似寓言的故事：湯將伐桀去找務光商量，務光拒絕了。後來湯伐桀成功去請務光出來做事，務光的回答是：「廢上，非義也。殺民，非仁也。人犯其難，我享其利，非廉也。吾聞之：『非其義，不受其利；無道之世，不踐其土。』況於尊我乎，吾不忍久見也。」接著務光便採取了一個極端態度：「乃負石而沉於募水」。

早於董仲舒數十年，漢初的朝堂上，還曾發生過一場有關湯武伐桀紂是否正義的爭論，據《漢書·儒林傳》記載，爭論的雙方，一個是以治《詩》而任博士的轅固，一個是持黃老觀點的黃生。首先由黃生發難：「湯武非受命，乃殺也。」轅固的回答針鋒相對：「不然！夫桀紂荒亂，天下之心皆歸湯武，湯武因天下之心而誅桀紂，桀紂之民弗為使而歸湯武，湯武不得已而立，非受命而何？」黃生作了一個帽子與鞋子的有趣的比喻，他說：「冠雖敝必加於首，履雖新必貫於足，何者？上下之分也。今桀紂雖失道，然君上也；湯武雖聖，臣下也。夫主有失行，臣不正言匡過以尊天子，反因過而誅之，代立南面，非殺而何？」正是在這種情況之下，轅固把問題從歷史轉到現實，由學術引向政治。他說：「必若云，是高皇帝代秦即天子之位，非邪？」他的這一著很厲害，使對方不能有辯駁的餘地。爭論出現了僵局。這時漢景帝便講了一句幽默話，使這場劍拔弩張的爭論，得以在輕鬆的氣氛中不了了之。他說：「食肉毋食馬肝，未為不知味也；言學者毋言湯武受命，不為愚。」但事情仍有餘波，好黃老之學的竇太后還是因此發怒了，硬是罰轅固到圈欄裡去殺野豬。景帝明知轅固只是好直言，並無過錯，特地給了他一件鋒利的兵器。轅固一出手就結果了野豬的性命，竇太后這才沒有話說，不再怪罪轅固。

本章的論旨大抵沒有超出當年轅固答辯的範圍，只是論說更為酣暢透徹而已。這裡的問題是：為什麼數十年前力主此說的轅固先是景帝不讓他在朝堂上繼續爭論，繼而又受到竇太后的責罰，而數十年後的董仲舒，不僅可以舊話重提，還寫成文章，著諸簡帛呢？原因就在於時代變了，武帝當國，罷黜百家，獨尚儒術，給了董仲舒這樣一個機會。其實中國古代歷史上，改朝換代，易姓為王，說到底，無非是兩種方式，一是所謂禪讓，一是征伐。前者實際多為宮廷政變，後者則是逐鹿戰爭中的勝利者。所謂天命說、正義說，什麼庶民擁戴、天下歸心，都不過是儒家為勝利者提供的說辭而已。

服制第二十六

【題解】本篇分上下兩章，敘述依據爵位尊卑制定的衣服、宮室、舟車諸制及相關禁令。此類規定，是以帝王為至上的等級制度在經濟、文化領域內的延伸和體現。所謂「無其爵，不敢服其服」，「無其祿，不敢用其財」，顯示了在帝王制度下，處於尊位的人們在經濟、文化生活中超物質的等級霸權。

本篇文字可能有脫漏，譚獻《董子》以為「乃〈度制〉篇文錯簡」，鍾肇鵬校釋本則「疑為董子論制度文中之片段」。現存內容多採自《管子・立政》中關於服制的一章，僅個別字句稍有出入。

第一章

率得十六萬國三分之則各❶，度爵而制服，量祿而用財❷。飲食有量，衣服有制❸，宮室有度，畜產、人徒有數，舟車、甲器有禁❹。生則有軒冕、之服位、貴祿、田宅之分❺，死則有棺槨、絞衾、壙襲之度❻。

【章旨】敘述官員爵祿之制，以及與之相應的飲食、衣服、宮室、畜產、婢僕以至死葬等方面待遇的規定。

【注釋】❶率得十六萬國三分之則各　此十一字，盧文弨校本引錢塘云：「上下有脫文，此首二句亦與服制無涉。」盧說是。揆諸全書，疑由第二十八篇〈爵國〉錯入。彼處原文有「與方里六十六，定率得十六萬口。三分之，則各五萬三千三百三十三口，為大〔國〕口軍三」等語，所言為公侯大國的軍隊編制，與此篇言服制風馬牛不相及，應予刪除。語譯已作刪除處理。❷度爵而制服二句　爵，《白虎通義・爵》：「爵者，盡也。各量其職，盡其才也。」周爵為公、侯、伯、子、男五等。王者之臣分公、卿、大夫三等。諸侯之臣為卿、大夫、上士、中士、下士五等。爵者天子所有，天子爵人於朝，示不私人以官。《管子・權修》：「將立朝廷者，則爵服不可不貴也。爵服加於不義，則民賤其爵服；民賤其爵服，則人主不尊；人主不尊，則令不行矣。」度爵而制服，謂依據爵位之高低而制定不同的服飾，以顯示尊卑貴賤之等第。《禮記・王制》：「革制度衣服者為畔，畔者君討。」祿，官吏的俸祿。古代依照官員爵位高低給予俸祿。《禮記・王制》：「諸侯之下士視上農夫，祿足以代其耕也。中士倍下士，上士倍中士，下大夫倍上士，卿四大夫祿，君十卿祿。次國之卿三大夫祿，君十卿祿。小國之卿倍大夫祿，君十卿祿。」又云其國學之優秀者，「升諸司馬曰進士，司馬辯論官材，論進士之賢者以告於王而定其論，論定然後官之，任官然後爵之，位定然後祿之」。量祿而用財，指公、卿、大夫、士要依據俸祿的收入來使用財物，不能超過既定標準。具體即指下文所言之宮室、車船、飲食、衣飾等，都不能超越其爵位的等第。《荀子・富國》：「德必稱位，位必稱祿，祿必稱用。」又云：「使民必勝事，事必出利，利足以生民。皆使衣食百用，出入相掩，必時藏餘，謂之稱數。」❸飲食有量二句　謂飲食、衣服皆須依貴賤在數量和式樣上作出限制。《禮記・王制》：「齊八政以防淫。」又曰：「八政：飲食、衣服、事為、異別、量、度、數、制。」關於飲食，《周禮・王官・膳夫》載：「凡王之饋，食用六穀，膳用六牲，飲用六清，羞用百二十品，珍用八物，醬用百二十甕。王日一舉，鼎有十二物，皆有俎，以樂侑食。」這是王者飲食的規格，只有遇大喪、大災時才不殺牲。《禮記・玉藻》亦有載，天子上朝聽政後用早餐，中餐食早餐之餘，食時奏樂。每日一少牢，即殺一頭羊或一頭豬；朔日則用太牢，即殺牛、羊、豬三牲。桌上放置水、漿、酒等五種飲料。諸侯則穿朝服用餐，每日用一牲，設三俎，用豬肺在食前舉行祭禮，傍晚則用豬肉進行食前的祭禮。夫人可以與國君一起進餐。又規定國君無故不可殺牛，大夫無故不可殺羊，士無故不可殺犬、豬。還有一項顯示君子高貴的特別規定：「君子遠庖廚，凡有血氣之類，弗身踐也。」至於庶民，《禮記・王制》在養老一節中提到：「五十異糧，六十宿肉，七十二膳，八十常珍，九十飲食不離寢，膳食從于遊可也。」異糧，指異於年輕人而能吃到一些細糧。宿肉，指隔日吃一次牲肉。從這些對五十以上老人不一定能完全兌現的優待中亦可以看出，當時平民百姓的飲食的狀況還是非常窘迫的。關於衣服，《太平御覽》引《尚書大傳》：「天子衣服，其文華蟲、作繪、宗彝、藻火、山龍；諸侯作繢、宗彝、藻火、山龍；子男宗彝、藻火、山龍；大夫藻火、山龍；士山龍。」衣服上的文采玄黃之飾，是為了表示尊卑貴賤的區別；即使是天子衣服，在不同禮儀場合亦互不相同。《周禮・春官・司服》「掌王之吉凶衣服，辨其名物，與其用事。王之吉服，祀昊天上帝，則服大裘而冕，祀五帝亦如之。享先王則袞冕，享先公饗射則鷩冕，祀四望山川則毳冕，祭社稷五祀則絺冕，祭群小祀則玄冕。」諸侯及大夫、士在各個場合的衣服，《禮記・玉藻》均有所載錄。諸侯祭宗廟戴玄冕，朝天子穿裨服戴冕，每月朔日戴皮弁，平時則穿朝服。大夫、士上朝穿玄端服，行告朔禮時穿皮弁服，傍晚穿深衣，深衣的腰圍、袖口尺寸都有具體規定。不能用帛做內衣。辭官離職後，不能穿兩種顏色的衣服。至於百姓衣食的實際狀況，董仲舒就說過：「貧民常衣牛馬之衣，而食犬彘之食。」（《漢書・食貨志》）❹宮室有度三句　此言宮室、畜產、人徒、舟車、甲器，亦各以官位尊卑而區分等差。《周禮・春官・典命》：「上公九命為伯，其國家、宮室、車旗、衣服、禮儀皆以九為節。侯伯七命，其國家、宮室、車旗、衣服、禮儀皆以七為節。子男五命，其國家、宮室、車旗、衣服、禮儀皆以五為節。」《荀子・王制》：「衣服有制，宮室有度，人徒有數，喪祭械用皆有等宜。」宮室有度，古代宮室建築各有等差，沿至唐代，《唐六典》卷二三左校署職掌規定：「自天子至於士庶，各有等差。」其原注云：「天子之宮殿皆施重栱、藻井。王公、諸臣三品以上九架，五品以上七架，並廳廈兩頭，六品以下五架；其門舍三品以上五架三間，五品以上三間兩廈，六品以下及庶人一間兩廈。五品已上得制烏頭門。若官修者，左校署為之，私家自修者，制度准此。」戰國秦漢，這方面的限制當會更多。畜產人徒有數，《管子・立政》原文作「六畜人徒有數」。六畜，指牛、馬、羊、豬、犬、雞。人徒，指士卒胥徒。謂牛馬及奴婢僕從皆依擁有者之爵位高低而規定數額。《史記・商鞅列傳》：「明尊卑爵秩等級，各以差次名田宅、臣妾、衣服以家次，有功者顯榮，無功者雖富無所芬華。」《管子・立政》：「凡出入不時，衣服不中，圈屬群徒不順於常者，閭有司見之。」舟車甲器有禁，《管子・立政》原文作「舟車陳器有禁」。舟車，古代貴族使用的舟車亦與其身分的尊卑爵位之等級有關。舟，《爾雅・釋水》：「天子造舟，諸侯維舟，大夫方舟，士特舟，庶人乘泭。」車，天子乘的車稱路。《周禮・春官・巾車》載王有五路，即玉路、金路、象路、革路、木路。百官所乘稱服車，即服事者之車。服車亦五：「孤乘夏篆，卿乘夏縵，大夫乘墨車，士乘棧車，庶人乘役車。」等級以外的尚有良車、散車等。《尚書大傳》：「古之帝王，必有命民，能敬長矜孤，取捨好讓者，命於其君然後得乘飾車、駢馬，衣文錦。未有命者，不得衣，不得乘，乘、衣者有罰。」甲器，俞樾云：「『甲』乃『申』字之誤。申器即陳器。定四年《穀梁傳》：『徙陳器。』范注：『陳器，樂縣也。』」樂縣，指朝會和祭祀時所懸掛樂器的數量和規模。有嚴格的等級限制。周時，天子宮縣，諸侯軒縣，大夫曲縣，士特縣。有禁，指對舟、車的形制及樂器的懸掛均依不同身分有嚴格規定，不得逾越。《後漢書・輿服志》：「夫禮服之興也，所以報功章德，尊仁尚賢。故禮尊尊貴貴，不得相逾，所以為禮也。非其人不得服其服，所以順禮也。順則上下有序，德薄者退，德盛者縟。」❺生則有軒冕之服位貴祿田宅之分　《管子・立政》原文作「生則有軒冕、服位、穀祿、田宅之分」。此處句中「之」字衍，「貴」當是「穀」之誤。軒冕，古時標誌卿大夫身分的車服。《漢書・律曆志下》：「始垂衣裳，有軒冕之服，故天下號曰軒轅氏。」顏師古注：「軒，軒車也，冕，冕服也。《春秋左氏傳》曰：『服冕乘軒。』」服位，指依爵位高低確定的不同服飾，參見前注❸。穀祿，指公、卿、大夫、士之俸祿。《禮記・王制》：「諸侯之下士祿食九人，中士食十八人，上士食三十六人，下士食七十二人，卿食二百八十八人，君食二千八百八十人。次國之卿食二百一十六人，君食二千一百六十人。小國之卿食百四十四人，君食千四百四十人。」食若干人，指以若干農夫的賦役作為其俸祿的收入。田宅，指公卿、大夫、士田宅的配給。《禮記・王制》：「公侯田方百里，伯七十里，子男五十里。」又云：「天子之三公之田視公侯，天子之卿視伯，天子之大夫視子男。」古代人口稀少，空荒地和宅園地由國家統一分配。庶民的占有額自然要遠遠低於貴族和官吏。《孟子・盡心上》提到一個參考數，文中稱：「五畝之宅，樹牆下以桑，匹婦蠶之，則老者足以衣帛矣。五母雞，二母彘，無失其時，老者足以無失肉矣。百畝之田，匹夫耕之，八口之家足以無飢矣。」亦即《禮記・王制》所謂「制農田百畝，百畝之分，上農夫食九人」。分，份額；規格。謂公、卿、大夫、士在活著時，其軒冕、服飾、俸祿、土地和宅園的占有皆有相應的規格和份額。❻死則有棺槨絞衾壙襲之度　棺槨，棺即棺材，裝殮屍體的器具。槨，則是棺之外套。《白虎通義・崩薨》：「所以有棺槨何？所以掩藏形惡也。」因死者身分不同而制定棺槨之不同規格。《白虎通義・崩薨》引《禮記・王制》曰：「天子棺槨九重，衣衾百二十稱。公侯五重，衣衾九十稱。大夫有大棺三重，衣衾五十稱。士再重，無大棺，衣衾三十稱。單袷備為一稱。」今《禮記・王制》無此文，蓋逸禮也。《禮記・檀弓上》：「天子之棺四重，水兕革棺被之，其厚三寸，杝棺一，梓棺二，四者周。」其〈喪大記〉則稱：「君松槨，大夫柏槨，士雜木槨。」絞衾，絞，捆縛屍體所用之繩索和帶子。衾，覆屍薦屍用之單被。《釋名・釋喪制》：「所以束之曰絞衾。絞，交也，交結之也；衾，禁也，禁繫之也。」壙，墓穴。襲，屍衣。《釋名・釋喪制》：「衣屍曰襲。襲，匝也。以衣周匝覆衣之也。」襲亦有等級之差。《後漢書・趙咨傳》注：「天子襲十二稱，諸公九稱，諸侯七稱，大夫五稱，士三稱。小斂，尊卑同，十九稱。大斂，天子百稱，上公九十稱，侯伯七十稱，大夫五十稱，士三十稱。衣單覆具曰稱。」又，此「襲」字，《管子・立政》原文作「壟」。壟，指墓穴之封土。《白虎通義・崩薨》引《含文嘉》

云：「天子墳高三仞，樹以松。諸侯半之，樹以柏。大夫八尺，樹以欒。士四尺，樹以槐。庶人無墳，樹以楊柳。」《周禮・冢人》亦云：「先王之葬居中，以昭穆為左右。凡諸侯居左右以前，卿、大夫居後，各以其族。」「凡有功者居前，以爵等為丘封之度，與其樹數。」鄭玄注引《漢律》云：「列侯墳高四丈，關內侯以下庶人各有差。」

【語譯】國家依據官員的爵位規定服飾制度，官員估量各自的俸祿收入使用財物。飲食供給各按定量，衣著服飾都有標準；宮室的建築須遵守相應的限度，畜產僕役的數量要符合份額，車乘、船隻和陳設的器物都不得超過規定。總之，官員活著的時候，有關舟車、冠冕、服飾、俸祿、田宅，都可享有應得的待遇；死後，對棺木、絞衾、墓穴的配備，亦有相應的制度。

【研析】本篇文字雖然皆採自《管子・立政》中關於服制的一章，但從內容看，也還是承接以上諸篇而來，成為一個有機組成部分。自受命改制，設官分職，即在政治上君臣之間等級結構確立以後，便須進一步向經濟文化領域延伸：所謂「量祿而用財」，便是在經濟上依照君臣尊卑等級分配各自享有的利益；所謂「度爵而制服」，則是在禮儀文化上鞏固政治上等級制度。這些做法自然也不是董仲舒或管子獨創，在先秦諸子和「三禮」中類似的論述是很多的。如《禮記・王制》篇列述了爵制、祿制、田制，〈玉藻〉篇對服制有諸多規定，而維護君臣之間尊卑貴賤的等級秩序，正是孔子在《春秋》中一以貫之的基本觀點。

由政治上等級結構向經濟和禮儀文化上貫徹滲透，如本章中所述，包括自天子至公卿、大夫、士以及庶人，在爵位、俸祿和田產、婢僕以及衣、食、住、行等等方面，直至死後的喪葬，都有具體細緻的規定。這實際上就是把人為的等級關係物質化，精神化，二者一經一緯，編織成一張巨大的網，沒有人能夠逃脫它的籠罩。當然體制外與體制內是大不相同的。處在體制內的人，或多或少都可以從中獲得物質上、精神上的相應好處，因而他們會自覺或不自覺地與這張網融為一體，盡職盡忠，不少的人還會竭盡全力一級級往上攀升，有的甚至不惜為此排擠同僚，出賣親友，殘害百姓，目的無非為了獲得更多一點好處。真所謂「不知廬山真面目，只緣身在此山中」，在中國長達數千年的歷史中，處於體制內的人，極少能清醒地認識到這樣一點。他們固然因在體制內而能獲得不同等差的好處，但同時卻付出了巨大的代價：喪失了獨立的人格，成了帝王制度的附庸。難得如陶淵明，也只有經歷了險些被五斗祿米折斷腰骨後，才唱起了「歸去來兮，田園將蕪胡不歸」，脫卻烏紗，高蹈而去。培育人的依附性，是帝王制度、帝王文化的本質。「溥天之下，莫非王土；率土之濱，莫非王臣。」（《詩經．小雅．北山》）中國古代的職官，多由帝王家臣轉化而來。所謂「食君祿，受君恩」，他們是自願被帝王雇用的，「學成文武術，貨與帝王家」。正史上這樣的記載屢見不鮮，當皇帝向一個臣子「賜死」時，這個臣子還要磕頭跪拜，「謝主隆恩」。按說這樣的歷史悲劇早該過去，但可惜的是不僅等級制度的實際影響依然存在，與等級制度相伴而生的人的依附性更是大量存在。五四的啟蒙之光固然令人追念，只是過於短暫，且又已經遠去。如今我們又彷彿回到了廬山中，橫看豎看，不是貞觀盛世，便是雍正好皇帝，即使偶有與現代文明不相符合的，也不妨自我陶醉說一句：這是中國特色嘛！

第二章

雖有賢才美體，無其爵不敢服其服；雖有富家多貲，無其祿不敢用其財❶。天子服有文章，夫人不得以燕饗公以廟❷，將軍大夫不得以燕卿❸以廟。將軍大夫以朝，官吏以命❹，士止於帶緣❺。散民不敢服雜采❻，百工商賈不敢服狐貉❼，刑餘戮民不敢服絲元纁乘馬❽。謂之服制。

【章　旨】敘述有關服制之所禁，強調「無其爵不敢服其服」，「無其祿不敢用其財」。

【注　釋】❶雖有賢才美體四句　《管子・立政》原文，「賢才美體」作「賢身貴體」；「多貲」作「多資」。這兩句是相對於篇首「度爵而制服，量祿而用財」的負面而言，此即所謂在禮制上「小不得僭大，賤不得逾貴」。《漢書・成帝紀》：「永始四年（西元一三年）詔曰：聖王明禮制以序尊卑，異車服以章有德。雖有其財而無其尊，不得逾制。」類似的說法，尚見於劉向《說苑・修文》：「命然後得乘飾與駢馬，未得命者不得乘，乘者皆有罰。故民雖有餘財侈物，而無仁義功德，則無所用其餘財侈物。」命，即是要經過君王或官府的批准和允許。王符《潛夫論・浮侈》所說「今京師貴戚，衣服、飲食、車輿、文飾、廬舍皆過王制」，亦從反面證明過去在這些方面確實有過限制。蘇輿在注中還引了一則實例：「《晉語》叔向云：『絳之富商韋藩木楗以過於朝，唯其功庸少也。』韋注：『言無功庸。雖富，不得服尊服過於朝。』」木楗，木製之肩輿，賤者所乘。❷天子服有文章二句　《管子・立政》原文作「天子服文有章，而夫人不敢以燕以饗廟。」此處句中「公」為衍字，「有文」誤倒。全句大意謂天子與皇后的禮服，只是用於廟祭，不能用以燕饗，即閒居與日常飲食應穿便服。夫人，指皇后。燕饗，同宴饗，帝王飲宴群臣。天子的禮服，包括大裘冕、袞冕、毳冕、絺冕，皆為吉服，分別於祭祀上天昊帝及先王、先公時服用。天子冕服有十二章，八章在衣，日、月、星辰、山龍、華蟲、火、宗彝；四章在裳，藻、粉米、黼、黻。皇后禮服有褘衣，揄狄、闕狄、鞠衣、展衣、緣衣、素沙等。褘衣受冊封、助祭、朝會諸大事服之，鞠衣親蠶服之，宴見賓客則服鈿釵禮衣。《漢書・賈誼傳》有「古天子后服，所以廟而不宴者也」之語，顏師古注曰：「入廟則服之，宴處則不著，蓋貴之也。」❸燕卿　據凌曙本當作「燕饗」。❹官吏以命　意謂官員各遵其爵秩享受物質、文化待遇，不得違制。命，古代帝王以爵位儀物賜給臣屬時的詔書。《周易・師》：「王三錫命。」因亦稱官員按爵品所穿的衣服為命服。❺士止於帶緣　古人衣服皆有帶子繫腰，自天子至大夫、士所用的腰帶皆有區別，以顯示其不同的身分等級。意謂士只能束腰帶，而在帶子的下垂部分有緣飾。《禮記・玉藻》：「士練帶，率下辟。」辟，讀如「紕」，緣飾，亦即鑲邊。❻散民不敢服雜采　散民，指庶民百姓。雜采，泛指有文采之衣服。《禮記・玉藻》：「庶人無文飾。」❼百工商賈不敢服狐貉　百工商賈，指手工業者和商人。我國古代長期以農為本，工商業被視為「末」，受到種種限制。《管子・小匡》提出「制國以為二十一鄉，商工之鄉六，士農之鄉十五。」工商業者居住是被固定的，「處工必就官府，處商必就市井」。其職業亦是世襲的：「工之子常為工」，「商之子常為商」。然而在實際生活中，誠如《史記・貨殖列傳》所言：「用貧求富，農不如工，工不如商。」結果是「工虞商賈，為權利以成富，大者傾郡，中者傾縣，下者傾鄉里，不可勝數」。《管子・幼官》因而又提出了「重本飭末」的政策。抑止商人地位的上升，有眾多措施，其中之一便是衣著等方面加以限制。《漢書・高帝紀》記有高帝特為此下的詔令：「賈人毋得衣錦繡綺縠絺紵罽，操兵，騎馬。」狐貉，《管子・立政》原文作「鬖貂」。狐與貉的毛皮在古代皆可製作名貴的衣帽。《禮記・玉藻》：「君衣狐白裘。」又云：「錦衣狐裘，諸侯之服也。」故禁止百工商賈服用狐貉皮毛製作的衣帽。❽刑餘戮民不敢服絲元纁乘馬　刑餘戮民，古代刑罰以肉刑為主，墨、劓、宮、刖、殺五刑，前四刑均為肉刑。受過肉刑的人，身體都留有殘疾印記，故稱刑餘戮民。絲元纁，淩曙本作「絲玄纁」。玄和纁分別為黑色和絳色染料，古代用以染製祭服。《周禮・天官・染人》：「凡染，春暴練，夏纁玄。」鄭玄注：「玄纁者，天地之色，以為祭服。」又，《管子・立政》原文非「絲元纁」，僅為一「絻」字。絻，同「冕」，禮冠。乘馬，古代乘馬亦為身分的一種標誌，如上注所引高帝詔書中便禁止商人騎馬。

【語　譯】即使有賢明的才幹，美妙的形體，沒有相應的爵位，亦不敢穿那種有爵位人穿的衣服；即使是豪門富戶，家資巨萬，沒有相應的俸祿，亦不敢像有俸祿的人那樣去使用財富。天子的禮服上繪有各種文彩，但天子和皇后不能穿著它去參加宴會，只能用於宗廟祭祀。將軍和大夫的禮服，亦不能穿著它去參加宴會，只能用於宗廟祭祀。將軍、大夫可以穿朝服，官吏穿命服，士可在束腰帶邊緣上有些裝飾。平民百姓不得穿染有彩色的衣服，工匠和商賈不許穿戴狐皮和貉皮製作的衣帽。受過刑罰的人不許穿染有彩色的絲織衣服，並不准騎馬。以上便是有關服飾方面的制度。

【研　析】上章之末的說明，我們說到爵祿及服飾之制，是在君臣尊卑等級結構確立以後，進一步向經濟文化領域的延伸或稱物化。這樣一來，穿衣戴帽這些本屬個人行為的小事，亦被視為與經國治邦密切相關的大事，必須明確規定哪些人可穿什麼，哪些人不可穿什麼。上章說的是令，本章說的是禁。董仲舒只是寫寫文章，實際上古代還正式著之於律令。對違反服制定出懲罰性規定的，最早見於戰國時李悝為魏國修訂的《法經》。《晉書・刑法志》對《法經》有所引錄，說是它把「輕狡、越城、博戲、借假不廉、淫侈逾制以為〈雜律〉一篇」。其中「淫侈逾制」，便是針對違反服制行為的處罰條例。逾制的嚴重性，在於它將動搖帝王制度賴以建立起來的尊卑秩序。《史記・貨殖列傳》對此列有眾多實例，其中說：「千金之家比一都之君，巨萬者乃與王者同樂，豈所謂『素封』者邪？」所謂「素封」，就是雖無封爵卻像王侯那樣享受著錦衣美食的優越生活，這當然要被看作非常可怕。漢初高帝八年（西元前一九九年）雖尚在百廢待興之際，還特地頒發了「禁止商人衣錦繡和騎馬」的詔令，亦可見穿衣戴帽這樣的小事在那時當國者心目中占有何等重要的地位。漢文帝時賈誼又重提此事，他在奏疏中說：「是古天子后服，所以廟而不宴者也，而庶人得以衣婢妾。白縠之表，薄紈之裡，緁以偏諸，美者黼繡，是古天子之服，今富人大賈嘉會召客者以被牆。古者以奉一帝一后而節適，今庶人屋壁得為帝服，倡優下賤得為后飾，然而天下不屈者，殆未有也。」（《漢書・賈誼傳》）到成帝永始四年（西元一三年），再次下詔重申前議。詔曰：「聖王明禮制以序尊卑，異車服以章有德。雖有其財而無其尊，不得逾制，故民興行，上義而下利。方今世俗奢僭罔極，靡有厭足。公卿列侯親屬近臣，四方所則，未聞修身遵禮，同心憂國者也。或乃奢侈逸豫，務廣第宅，治園池，多畜奴婢，被服綺縠，設鐘鼓，備女樂，車服嫁娶葬埋過制。吏民慕效，寖以成俗，而欲望百姓節儉，家給人足，豈不難哉！」（《漢書・成帝紀》）王符在《潛夫論・浮侈》所言情況，較之西漢成帝所述，可謂有過之而無不及。文中說：「今京師貴戚，衣服、飲食、車輿、文飾、廬舍皆過王制，僭上甚矣。從奴僕妾，皆服葛子升越，筒中女布，細緻綺縠，水紈錦繡，犀象珠玉，琥珀玳瑁，石山隱飾，金銀錯鏤，獐麂履舄，文組彩褋，驕奢僭主，轉相誇詫。箕子所唏，今在僕妾。富貴嫁娶，車軿各十，騎奴侍僮，夾轂節引，富者競欲相過，貧者恥不逮及，是故一饗之所費，破終身之本業。」這類情況，在每個王朝都能見到。看來服飾之制雖然一朝又一朝地被重申，但卻無法改變淫侈逾制日益泛濫的總趨勢。

那麼服飾制度不斷被突破，其根源又何在呢？《管子・立政》的「三本」一章中曾說：「君之所審者三，一曰德不當其位，二曰功不當其祿，三曰能不當其官，此三本者治亂之源。」那就是君王對臣下所授的職位必須當其能，爵祿和賞賜必須當其德與功。但事實上卻往往無法做到這三「當」。等級制度的本意是為了尊君卑臣，但它必然會伴生出超越制定者本意的副產品，那就是僭越心理。等級制度越是森嚴，僭越心理還會越是強烈。僭越心理官場有，民間也有，但主要是在官場，而且越是高官對皇權構成的威脅亦越大。西漢末年，劉向正是首先從車服之制的僭越上，看出了王氏家族對劉漢王朝已是莫大危險。他在一份奏疏中向成帝痛心疾首地指出：「今王氏一姓，乘朱華轂者二十三人，青紫貂蟬充盈幄內，魚鱗左右，……歷上古至秦漢，外戚僭貴未有如王氏者也。」（《漢書・劉向傳》）後來果然是王莽顛覆了西漢王朝。衝擊建立在等級關係上的禮儀制度更直接亦更恆久的原因，則是商賈階層的逐漸興起。在中國古代，商賈之業雖然受到種種壓制，但它還是逐漸興起，恰恰說明了它確實是生產與消費之間不可或缺的中間環節。起初還只是面對面的物物交易，或者一手交錢、一手交貨那種初級方式，後來隨著生產和社會的發展，單是這種方式已不能滿足需要了，於是便由賣買雙方的中介分化出一種新型的商人。所謂「通物曰商，居賣物曰賈」（《周禮・地官・司市》鄭玄注語），這種通物的商人，通過長距離的遠程販運，利用地區之間的差價可以產生巨額利潤。他們還常常與官府權力結合在一起，獲取超額的壟斷利益。而這些擁有千金巨萬的商人，往往是來得快去得也快，所謂「富無經業，則貨無常主，能者輻湊，不肖者瓦解」（《史記・貨殖列傳》）。他們闖蕩江湖，沉浮無常，不像農民那樣拘謹保守，更看重現實的快活和享受。基於這種心理，他們會對傳統的禮儀服飾等制度對他們的限制，很不以為意，總是躍躍欲試，以求一逞。以上兩種衝擊會帶來怎樣的後果？該如何來應對這些衝擊？董仲舒的這篇〈服制〉就是企圖來回答這些問題的。至於他的答案是否正確，是否可行，那自當另作別論。

◎新譯易經讀本

郭建勳／注譯　黃俊郎／校閱

《易經》是中國最古老的典籍之一，對中國古代的哲學思想、倫理道德、文學藝術乃至於自然科學等許多領域，都產生了巨大而深遠的影響。《易經》也是一部結構和表達方式十分特殊的哲學著作，它由卦形符號和多種文辭所組成，並用取物象徵的手法來揭示義理，形式簡約，意涵卻無比豐富，因此閱讀與理解都有一定的難度。本書旨在幫助一般讀者讀懂《易經》，了解《易經》，除書前詳盡的導讀外，每卦之前有「卦旨」提示全卦大義，每段文辭後有「章旨」簡要解說，注譯並力求淺顯易懂，是您研究《易經》的最佳入門讀本。

◎新譯郁離子

吳家駒／注譯

「郁離子」是本書書名，也是書中主人翁的名字。作者為明朝開國大臣劉基。他經歷元末政治腐敗，社會黑暗，民族衝突的丕變，對於種種的不公不義感到忿懣，故撰寫《郁離子》以抒發自己的看法與主張。本書內容皆為單篇獨立的短文，所言包羅萬象，包括揭露黑暗，抨擊時弊；政治主張，以德治國；重視人才，舉賢任能；褒貶世風，闡發哲理。形式上則大量運用寓言筆法，並引用歷史人物或事件，增強了故事的真實感。其精巧的構思，新奇而又恰當的比喻，使得本書不僅意蘊深刻，而且妙趣橫生，給人耳目一新之感。此外詳盡的注釋、語譯與精湛的研析，更增添其價值與光彩。想一睹中國文學的寓言之美，一定不能錯過本書。

◎新譯老子解義

吳　怡／著

有關《老子》的注解與著述，自古至今少說也有幾百種，對後人而言確實是一筆豐富的資產，但其中紛紜複雜的考證和妙絕言詮的玄談，往往使人望而卻步。本書跳脫一般古籍的注釋形式，吳怡教授以語譯和豐富的解義，透過不斷自問的方式，把問題一層層地剝開。有些問題也許並非老子所料及，但卻是通過老子的提示，用現代人的思考，面對現代人的環境而開展出來的。本書希望成為了解《老子》真義，而能用之於自己生活、思想上的讀者的最佳選擇。

◎新譯傳習錄

李生龍／注譯

王陽明不但是有明一代文韜武略兼備的人物，更是最具代表性的思想家。他所提倡以「尊德行」、「致良知」、「知行合一」為核心的心學，在中國、日本、韓國以及東南亞國家都有重要而深遠的影響。《傳習錄》一書則是由其弟子輯錄整理陽明之論學語及論學書簡而成，是研究王陽明哲學思想及心學發展的重要著作。本書不僅注譯詳贍精當，對於王陽明的心學亦頗多闡發，能幫助讀者深入了解王陽明的為人、心靈轉折與思想精華。

◎新譯呂氏春秋

朱永嘉、蕭木／注譯　黃志民／校閱

《呂氏春秋》是秦朝丞相呂不韋召集門下賓客學士集體創作的一部綜合巨著，它有三個方面堪稱「獨一無二」：一是內容的廣泛性，自古代社會到那時代的全部認識成果，它幾乎都作了檢閱和評說；二是學派的兼容性，它雖被視為雜家，但卻力圖融會各家，建構一個自屬的體系；三是構制的規整性，使讀者產生一種嚴格按照預定藍圖，集百工智慧而由一人運籌帷幄的感受。如此一部奇書，值得一讀。本書在前賢時彥的研究基礎上，進行全面而深入的導讀、校注和語譯，是今人研讀《呂氏春秋》的不二之選。

◎新譯鶡冠子

趙鵬團／注譯

《鶡冠子》作為先秦道家著作，最早著錄於《漢書・藝文志》。《鶡冠子》較之早期道家學說，最為鮮明的一點，就是不惜篇幅地強調陰陽術數的運行機制和作用。今本《鶡冠子》保持了古書的面貌，特別是思想宗旨基本上因襲了舊文，十九篇文字，十二篇為專題文章，七篇為對話體，雖紛雜繁複，總體上仍本於道家以虛無為本、因循為用的宗旨。

◎新譯鄧析子

徐忠良／注譯
劉福增／校閱

鄧析是春秋末期鄭國大夫，先秦名家和法家的先驅者，長於辯說，又精通法理，善教民訴訟、為百姓仗義執言。所著《鄧析子》展現他敢言敢辯的思辨色彩，以及豐富的政治倫理思想。本書譯注大量吸收了前哲時賢的相關研究成果，書後更附有關於鄧析學說及鄧析史實等資料，讓讀者對鄧析有更完整的認識。

國家圖書館出版品預行編目資料

新譯春秋繁露(上)／朱永嘉,王知常注譯.——二版一刷.——臺北市：三民，2024
冊； 公分.——(古籍今注新譯叢書)
參考書目：面
ISBN 978-957-14-7799-2 （上冊：平裝）
ISBN 978-957-14-7801-2 （下冊：平裝）
1. 春秋繁露 2. 注釋

122.141 113006002

古籍今注新譯叢書
新譯春秋繁露(上)

注譯者 朱永嘉 王知常
創辦人 劉振強
發行人 劉仲傑
出版者 三民書局股份有限公司(成立於1953年)

三民網路書店
https://www.sanmin.com.tw

地址 臺北市復興北路386號 (復北門市) (02)2500-6600
臺北市重慶南路一段61號(重南門市) (02)2361-7511

出版日期 初版一刷2007年2月
初版三刷2017年10月
二版一刷2024年6月
書籍編號 S033050
ISBN 978-957-14-7799-2